Die Rechtsgrundsätze

des

Königlich Preußischen

Ober-Verwaltungsgerichts.

Begründet von K. Parey.

Dritte, gänzlich neue bearbeitete u. bis zur Gegenwart ergänzte Auflage

herausgegeben

von

Fr. Kunze
Wirkl. Geheimer Ober-Regierungsrat.

und

Dr. G. Kautz
Ober-Regierungsrat u. Abteilungsdirigent
im Kgl. Polizei-Präsidium zu Berlin.

Ergänzungs-Band 1902.

Berlin 1902.
J. J. Heines Verlag.

Vorwort.

Der „Ergänzungsband 1902" berücksichtigt die Rechtsprechung des Königl. Oberverwaltungsgerichtes seit dem Erscheinen des „Ergänzungsbandes 1901" bis gegen Ende des Jahres 1901.

Es sind wiedergegeben die Entscheidungen aus Bd. XXXVIII u. XXXIX und aus Bd. IX in Steuersachen der offiziellen Sammlung, die in der angegebenen Zeit im Pr. Verwaltungsblatt und im Zentralblatt der Unterrichtsverwaltung veröffentlichten, sowie ungedruckte Entscheidungen wichtigeren Inhaltes und einige solche aus der Deutschen Juristenzeitung.

Auf klare, scharfe Systematisierung, leicht verständliche Darstellung und, wo erforderlich, ausgiebige Beigebung von Thatbeständen und Gründen zu den Rechtsgrundsätzen ist auch in diesem Bande besonderer Wert gelegt worden.

Grunewald, / Charlottenburg, im Mai 1902.

Fr. Kunze. Dr. G. Kautz.

Inhaltsverzeichnis.

Erste Abteilung.

Angelegenheiten der Kommunalverbände.

Zweite Abteilung.

Kultus, Schule, Zwangserziehung, Personenstand und Staatsangehörigkeit.

Dritte Abteilung.

Polizeiliche Angelegenheiten.

Vierte Abteilung.

Anderweitige Zuständigkeiten der Verwaltungsgerichte.

Fünfte Abteilung.

Sechste Abteilung.

Entscheidungen in Steuersachen.

Erste Abteilung.

Angelegenheiten der Kommunalverbände.

I.

Provinzialverbände.

II.

Kreise.

Litteratur: v. Brauchitsch, die neuen Verwaltungsgesetze. Fortgeführt von Studt und v. Braunbehrens. Bd. I, 17. Gesammtausg., 6. Bearbeitg., Berlin 1901. — Graf Hue de Grais, Handbuch der Verfassung und Verwaltung in Preußen und dem deutschen Reiche, 14. Aufl., Berlin 1901. — Illing-Kautz, Handbuch für preußische Verwaltungsbeamte, 8. Aufl., Berlin 1902. — Lindemann, die Kreis-, Provinzial-, Städte- und Landgemeindeordnung für die Provinz Westfalen, Dortmund 1901. — Stier-Somlo, Kommentar zum Gesetz über die allgemeine Landesverwaltung vom 30. Juni 1883. Aus „Haynsche Sammlung verwaltungsrechtlicher Gesetze", Berlin 1901.

B. Kreisabgaben.

Nr. 1. Entsch. v. 25. I. 1901 Nr. II 154 (Pr.-V.-Bl. Bd. XXII S. 567).

Kr.-Ordn. v. $\frac{13.\ XII.\ 72}{19.\ III.\ 81}$ (G.-S. 1881 S. 179) § 17 Geb.-St.-Ges. v. 21. V. 61 (G.-S. S. 317) § 3. Grundsteuerges. v. 21. V. 61 (G.-S. S. 253) § 4.

1. Ein zur Dienstwohnung gehöriger Hausgarten ist von der Kreissteuer befreit, sofern er nicht über einen Morgen groß ist.

Allerdings erklärt der — im § 17 der Kr.-Ordn. in Bezug genommene — § 3 Nr. 2 des Geb.-St.-Ges. v. 21. V. 61 nur Gebäude des Staats (denen nach § 1 des R.-G. v. 25. V. 73 diejenigen des Reichs gleich stehen) für steuerfrei, sofern sie zu Dienstwohnungen für Beamte bestimmt sind, und ebenso ist es richtig, daß im § 4 des Grund.-St.-Ges. v. 21. V. 61 keine Rede von Dienstgrundstücken ist. Allein da Hausgärten, deren Flächeninhalt einen Morgen nicht übersteigt, gesetzlich als Zubehör des betreffenden Gebäudes angesehen werden, so erstreckt sich die Steuerfreiheit auch auf sie (vgl. E.-O.-V. Bd. XIV. S. 13).

2. Ob ein Hausgarten vorliegt, ist Thatfrage. Dagegen spricht nicht ohne Weiteres, daß er im Kataster als Ackerland verzeichnet ist. Die thatsächliche Eigenschaft als Hausgarten (räumlicher Zusammenhang mit dem Wohnhause, Größe und Art der Benutzung) entscheidet. Handelt es sich um einen zu 2 Dienstwohnungen gehörigen Hausgarten, so darf auch dieser, um

abgabenfrei zu sein, die Größe eines Morgens nicht übersteigen. Wohnen dagegen 2 Beamte, z. B. 2 Landbriefträger, in demselben Hause, und hat jeder von ihnen einen besonderen, räumlich abgegrenzten, nicht über einen Morgen großen Garten überwiesen erhalten, so sind beide abgabenfrei.

Grundstücke, die Beamten zur Nutzung überwiesen sind, können unter diejenigen dem Staate oder dem Reiche gehörigen, zu einem öffentlichen Dienste oder Gebrauche bestimmten Liegenschaften fallen, die nach § 17 der Kr.-Ordn. bezw. § 1 des R.-G. v. 25. V. 73 von den Kreislasten befreit sind (vgl. E.-O.-V. Bd. XXXV. S. 13). Die Frage, ob ein dem Postfiskus gehöriges Stück Ackerland, das einem Briefträger zur Nutzung überwiesen ist, als ein zu einem öffentlichen Dienst oder Gebrauche bestimmtes Grundstück angesehen werden kann, ist ebenfalls Thatfrage.

In dieser Hinsicht unterliegt es zunächst keinem Zweifel, daß die Landbriefträger einen öffentlichen Dienst wahrnehmen. Denn sie üben insofern öffentlich-rechtliche Funktionen aus, als sie Zustellungen zu bewirken haben, also mit öffentlichen Glauben ausgestattete Urkundspersonen sind. Es fragt sich deshalb, ob die Ueberweisung des Grundstücks an sie erfolgt ist, um ihren Dienst unmittelbar zu fördern. Dies erscheint nicht gerade als wahrscheinlich, kann aber auch nicht von vornherein als ausgeschlossen angesehen werden.

Nr. 2. Entsch. Bd. XXXVIII S. 12 v. 15. I. 1901 I A 63/1900.

Kr.-Ordn. v. $\frac{13.\ \text{XII}.\ 72}{19.\ \text{III}.\ 81}$ (G.-S. 1881 S. 179) §§ 11, 14—16, 18.

Komm.-Abg.-Ges. v. 14. VII. 93 (G.-S. S. 152) § 91[1].

1. Eine Gemeinde, die von der ihr nach § 91 Nr. 1 des Komm.-Abg.-Ges. v. 14 VII. 93 zustehenden Befugnis zur Aufbringung der Kreisabgaben im Wege der Kommunalbesteuerung keinen Gebrauch macht, wird zur Erhebung von Kreisabgaben erst dadurch berechtigt, daß ihr der auf sie entfallende Anteil durch den Kreisausschuß zur Unterverteilung auf die einzelnen Steuerpflichtigen gemäß § 11 Abs. 1 der Kr.-Ordn. „überwiesen" wird. Der Gemeindevorstand hat kein Recht, den Betrag der von der Gemeinde aufzubringenden Kreisabgaben selbständig und nach dem unzutreffenden Maßstabe der für das Vorjahr veranlagten Staatssteuern zu berechnen und einen von ihm selbst ermittelten und mit dem vom Kreistag oder Kreisausschusse festgesetzten Prozentsatze nicht übereinstimmenden Zuschlag zu den beitragspflichtigen Staatssteuern von den Kreisabgabenpflichtigen zu erheben.

2. Eine Ueberweisung des Kreisabgabensolls einer Gemeinde an diese zur Unterverteilung auf die einzelnen Steuerpflichtigen zur Einziehung und zur Abführung an den Kreis gemäß § 11 der Kr.-Ordn. setzt voraus, daß eine Individualbesteuerung durch den Kreisausschuß zur Ausführung gebracht und die Summe der hiernach von den Kreisabgabenpflichtigen in jeder einzelnen Gemeinde zu entrichtenden Kreisabgaben als das auf die Gemeinde entfallende Kreisabgabensoll ermittelt worden ist. Die Gemeinde darf auf die Kreisabgabenpflichtigen in ihrem Bezirke keine anderen Kreisabgaben unterverteilen, als die in der angegebenen Weise vom Kreisausschuß individuell berechneten und zur Einziehung von den Kreisabgabenpflichtigen überwiesenen. Für die Berechnung kommen nur diejenigen Kreisabgabepflichtigen in Betracht, die bei Beginn des laufenden Steuerjahres innerhalb des Kommunalbezirkes seßhaft gewesen sind, und die ihnen für dieses Steuerjahr auferlegten Staatssteuersätze, keinesfalls aber Personen,

die im Vorjahr in der Gemeinde steuerpflichtig gewesen waren, und die Steuersätze des Vorjahrs.

Mag es nun zur Verminderung des Schreibwerkes auch angängig sein, daß der Kreisausschuß die in einem Gemeindebezirke seßhaften kreisabgabenpflichtigen Personen der Gemeinde bei Ueberweisung des Kreisabgabensolls nicht namentlich bezeichnet und nicht für jede einzelne von ihnen die Kreisabgaben berechnet, sondern daß er hinsichtlich der abgabenpflichtigen Personen und der auf sie entfallenden Prinzipalsteuersätze auf die Staatssteuerrollen Bezug nimmt und nur den als Zuschlag zu erhebenden Prozentsatz der Staatssteuer angiebt, so ist dies doch nur insoweit zulässig, als die Kreisabgabenpflichtigen und der für jeden von ihnen zum Ansatze zu bringende Prinzipalsteuersatz aus jenen Steuerrollen ohne weiteres ersehen werden können. Das trifft aber weder zu bei den im § 14 der Kr.-Ordn. bezeichneten Kreisabgabenpflichtigen, die in der Regel vom Kreisausschusse behufs Ermittelung des Prinzipalsteuersatzes gemäß § 15 besonders einzuschätzen sind, noch bei den Personen, deren Einkommen nach § 16 zur Vermeidung einer Doppelbesteuerung teilweise von Kreisabgaben freizulassen ist, noch bei denjenigen, deren Grundstücke oder Einkommen nach § 18 ganz oder teilweise von den Kreislasten befreit sind. In allen solchen Fällen bedarf es einer von der Veranlagung in den Staatssteuerrollen unabhängigen Ermittelung des Prinzipalsteuersatzes durch den Kreisausschuß. Wird einer Gemeinde das Kreissteuersoll unter Bezugnahme auf die Steuersätze in den Staatssteuerrollen für das laufende Jahr und unter Angabe des als Kreisabgabe zu erhebenden Prozentsatzes dieser Steuersätze überwiesen, so bedarf es mindestens noch der Absetzung der in den Steuerrollen enthaltenen, nicht kreisabgabenpflichtigen Steuerbeträge mit Namhaftmachung der dazu veranlagten Staatssteuerschuldner und ferner der Zusetzung der in den Staatssteuerrollen nicht enthaltenen Prinzipalsätze für solche nicht staatssteuerpflichtigen Personen, die nach § 14 der Kreisordnung dem Kreise abgabenpflichtig sind.

Bevor der Kreisausschuß eine derartige, auf dem Grundsatze der Individualbesteuerung beruhende Zusammenstellung der Prinzipalsteuersätze, auf welche die Kreisabgaben zu verteilen sind, angefertigt hat, ist er gar nicht in der Lage, den von einer Gemeinde zu tragenden Anteil an dem Kreisabgabensoll zu berechnen und ihr zur Unterverteilung und Einziehung zu überweisen.

3. Eine nur vorläufige Erforderung von Kreisabgaben durch den Kreisausschuß, insbesondere eine solche nach den Prinzipalsteuersätzen des Vorjahrs, die demnächst durch diejenigen für das laufende Jahr berichtigt werden sollen, ist unbedingt ausgeschlossen. (Vgl. E.-O.-V. Bd. XX. S. 1.) Sie kann auch nicht dadurch Gültigkeit erhalten, daß der Gemeindevorstand sie „anstandslos annimmt". Auf ihrer Grundlage oder in der Voraussicht verfrühter Einforderung hat der Gemeindevorstand weder die Pflicht, noch auch nur das Recht, zur Unterverteilung und Einziehung von Kreisabgaben, vorbehaltlich des etwa erforderlich werdenden späteren Ausgleichs, zu schreiten. Thut er es dennoch, so handelt er ungesetzlich und kann sich auch damit nicht entschuldigen, daß er zu seinem Vorgehen durch das ebenfalls der gesetzlichen Grundlage entbehrende Verfahren des Kreisausschusses bei Ausschreibung der Kreissteuern veranlaßt worden sei. Ebenso unbegründet ist seine etwaige Befürchtung, daß die Kreisabgaben, falls er sie nicht sofort aus eigenen Mitteln zahle, zwangsweise vom Kreisausschuß eingezogen werden möchten. In dem Erlaß des Min. d. J. v. 28. VIII. 86 (M.-Bl. S. 199) ist dargelegt, daß es vorerst einer Zwangsetatisierung durch den Regierungspräsidenten bedurft haben würde (siehe auch E.-O.-V. Bd. XVI. S. 20 ff.).

4. Wahrheitswidrige Berichterstattung an eine vorgesetzte Behörde stellt ein Dienstvergehen dar. Unter ihren Begriff fällt aber nicht der Vortrag irriger Rechtsauffassungen, in denen ein Beamter, ohne daß ihm dabei eine Fahrlässigkeit zur Last fällt, befangen ist.

Nr. 3. Entsch. Bd. XXXIX S. 21 v. 15. I. 1901 II C 246/1900.

Kr.-Ordn. v. $\frac{13.\ \mathrm{XII}\ 72}{19.\ \mathrm{III}\ 81}$ (G.-S. 1881 S. 179) § 11
Komm.-Abg.-Ges. v. 14. VII 93 (G.-S. S. 152) § 91.
Eink.-St.-Ges. v. 24. VI. 91 (G.-S. S. 175) § 59

1. Eine Nachforderung von Kreisabgaben darf unter Umständen stattfinden beispielsweise dann, wenn ein Zensit bei der ersten Ausschreibung mit Unrecht übergangen war. So würde auch grundsätzlich nichts entgegenstehen, die Veranlagung einer erst im Laufe des Steuerjahrs in die Kreissteuerpflicht eintretenden Person im Wege der Nachforderung zu bewirken, falls der Kreis in der That überhaupt ein Recht auf deren Besteuerung hätte.

2. Durch die Uebernahme der Kreisabgaben auf den Gemeindehaushalt ist die Gemeinde nicht zur Zensitin des Kreises geworden. Vielmehr hat die Uebernahme den Erfolg, daß die einzelnen Kreisabgabenpflichtigen zwar die eigentlichen Zensiten bleiben, andererseits aber die Gemeinde als Selbstschuldnerin an die Stelle jedes Einzelnen tritt und dessen Rechte und Pflichten überkommt.

3. Für einen Kreisangehörigen, der vor Umlegung der Kreisabgaben aus dem Kreise ausgeschieden oder verstorben ist, darf keine Steuer angesetzt werden. Der Grund dafür ist nicht der, daß der Kreis die vor der Ausschreibung eingetretenen Abgänge tragen müßte, sondern beruht darin, daß das Besteuerungsrecht des Kreises durch Lösung des Subjektionsverhältnisses, in welchem der ehemalige Kreisangehörige zum Kreise stand, vor Ausübung des Besteuerungsrechts verloren gegangen ist. Da aber das System der Kreisabgaben von dem Grundsatze der Individualbesteuerung beherrscht wird, darf auch einer Gemeinde keine Steuer abverlangt werden für eine Person, die der Kreis bei Anwendung des § 11 Abs. 1 der Kr.-Ordn. heranzuziehen nicht mehr befugt gewesen wäre.

4. Nicht der Eintritt von eigentlichen — auf Veränderung der subjektiven Steuerpflicht beruhenden — Zu- und Abgängen im Staatssteuersoll, sondern nur die unabhängig von den Zu- und Abgängen und im Gegensatze zu ihnen auf Grund der Einlegung von Rechtsmitteln erfolgende Erhöhung oder Ermäßigung der einzelnen Sätze des staatlichen Solls bedingt nach § 91 des Komm.-Abg.-Ges. eine Veränderung der Kreisumlagen, soweit sie in reinen Zuschlägen bestehen. Demnach ist der im Gesetze zwar nicht ausgesprochene, aber sich aus dem Ueberweisungssystem des § 11 der Kr.-Ordn. ergebende Grundsatz, daß bei den Kreisabgaben die Ab- und Zugänge auf die Gemeinden fallen, dahin zu verstehen, daß sie die Ausfälle zu tragen und die Mehreinnahmen zu beanspruchen haben, die durch nachträgliche Veränderungen der subjektiven Kreissteuerpflicht verursacht werden, wie auch die Ausfälle bei der Einziehung wegen Unpfändbarkeit der Pflichtigen die Gemeinden treffen. Als Zeitpunkt für das Vorhandensein einer „nachträglichen“ Veränderung ist nun nicht derjenige der wirklichen Veranlagung, sondern der Beginn des Steuerjahrs — jetzt also der 1. April — bestimmend. Bei allen Jahressteuern — und zu ihnen gehört die Kreiseinkommensteuer — kommen der Regel nach für die allgemeine Veranlagung nur die

Verhältnisse des 1. April in Betracht. Das gilt zunächst von der Staatseinkommensteuer. Sie wird auf den 1. April bezogen, ihre Veranlagung erfogt „zum" 1. April, mag sie auch in Wirklichkeit früher oder später bewirkt werden. Die sich aus ihr ergebende Summe bildet das „Soll", demgegenüber die gedachten Veränderungen als Ab- und Zugänge erscheinen. Dementsprechend bestimmt das Einkommensteuergesetz selbst den Begriff der Zu- und Abgänge in seinem § 59 Abs. 1, welcher lautet:

„Im Uebrigen tritt innerhalb des Steuerjahrs eine Veränderung in den Steuerrollen nur ein entweder infolge von Zugängen, indem Personen durch Zuzug aus anderen Bundesstaaten und aus dem Auslande, durch Austritt aus einer besteuerten Haushaltung, durch Ausscheiden aus dem Militärdienst u. s. w. steuerpflichtig werden, oder infolge von Abgängen, indem bei Steuerpflichtigen die Voraussetzungen, an welche die Steuerpflicht geknüpft ist, erlöschen."

Steht hiernach der Begriff der Ab- und Zugänge für die Staatssteuer fest, so kann ihm für die Kreissteuer, die sich den Staatssteuern des laufenden Jahres auf das Engste anschließt und für die Bedürfnisse eines einzelnen Etatsjahrs (§ 127 der Kr.-Ordn.) erhoben wird, kein anderer Inhalt beigelegt werden, zumal es im Wesen der Sache liegt, daß, wenn die ordnungsmäßige Veranlagung (und mit einer solchen rechnet das Gesetz) „zum" 1. April erfolgt, auch die Ueberweisung „zu" diesem Zeitpunkt erfolgen muß. Der Gesetzgeber hat kaum etwas Anderes wollen können und jedenfalls etwas Anderes nicht zum Ausdrucke gebracht. Es wäre auch unzweckmäßig, wenn bei der Kreisbesteuerung nicht der ein für allemal feststehende Beginn des Steuerjahrs, sondern ein von dem Belieben des Kreises abhängiger und bei allmählich erfolgender Veranlagung oft nicht einmal genau erkennbarer Zeitpunkt eine Bedeutung haben sollte, die für das Rechtsverhältniß der Kreise und Gemeinden zu einander und zu den Zensiten von Wichtigkeit ist.

Demgemäß fehlt dem Kreise die Befugnis, Personen zu veranlagen, die am 1. April des Etatsjahrs noch nicht kreissteuerpflichtig waren; nur eine Heranziehung dieser Personen seitens der Gemeinden kann für die Zugänge in Frage kommen, wenn die Gemeinden die Kreissteuern nicht auf den Etat übernommen haben.

5. In einzelnen Erkenntnissen des O.-V.-G. ist allerdings von Ab- und Zugängen als von Veränderungen „nach geschehener Veranlagung" die Rede; damit hat aber nicht eine andere, als die oben vertretene Anschauung kundgegeben werden sollen. Der Ausdruck ist gebraucht worden in dem Sinne von „nach dem Zeitpunkte der Veranlagung", wobei mit einer Veranlagung „zum" Beginne des Steuerjahrs gerechnet wurde. Andere Entscheidungen sprechen denn auch von Veränderungen „im Laufe des Steuerjahrs" (vgl. Bd. V S. 54, Bd. VII S. 121, Bd. XVI S. 2, Bd. XXXV S. 3).

Nr. 4. Entsch. Bd. XXXIX S. 27 v. 19. II. 1901 II C 184/1900.

Kr.-Ordn. v. $\frac{13.\ XII.\ 72}{19.\ III.\ 81}$ (G.-S. 1881 S. 179) § 16.

Komm.-Abg.-Ges. v. 14. VII. 93 (G.-S. S. 152) §§ 36, 49, 51, 91[4], 92.

1. Das Komm.-Abg.-Ges. hat durch § 91 Nr. 4 den für die Gemeindeeinkommensteuer geltenden Veranlagungsvorschriften auch für die Kreisbesteuerung der in verschiedenen Kreisen steuerpflichtigen physischen Personen Wirksamkeit verliehen. Dadurch ist zwar nicht die Vorschrift des § 49, die vor der Novelle v. 30. VII. 95 den Wohnsitzgemeinden auch das außerpreußische Einkommen zur Besteuerung überwies, eingeführt; denn sie enthielt materielles Steuerrecht. Wohl aber findet

nunmehr auch für die Kreisbesteuerung die Veranlagungsvorschrift des § 36 Abs. 2 Anwendung, die dahin zu verstehen ist, daß überall da, wo nicht Zuschläge zu einem bei der Staatssteuerveranlagung festgestellten Steuersatz erhoben werden, sondern der Prinzipalsatz erst anderweit ermittelt werden muß, dem Steuerberechtigten die selbstständige Einschätzung zusteht. Damit ist die Regelvorschrift im § 16 der Kr.-Ordn. betr. die Ausscheidung des in Forensalkreisen erwachsenden Einkommens beseitigt worden. Daß diese Auslegung des § 91 Nr. 4 den Absichten des Komm.-Abg.-Ges. entspricht, geht auch daraus hervor, daß es im § 92 den § 51 mit seinem Berichtigungsverfahren (Abs. 1 Satz 2), für das ohne jene selbständige Schätzung kaum Raum wäre, für anwendbar erklärt.

2. Das Recht der selbständigen Schätzung ist aber nicht etwa dahin zu verstehen, daß der Kreisausschuß eine beliebige Summe benennen und von dem Steuerpflichtigen den Beweis der Ueberbürdung erwarten dürfte. Vielmehr würde er sowohl das von ihm geschätzte Gesammteinkommen wie auch die auszuscheidenden forensischen Einkommensteile beziffern müssen und sich gegenüber den Deklarationen des Zensiten nicht auf allgemeines Bestreiten beschränken dürfen, sondern etwaige Beanstandungen im Einzelnen darzulegen und zu begründen haben.

3. Zu denjenigen Beträgen, die, wie die nicht radizierten oder durch die Erträge der zunächst belasteten Einkommensquelle nicht gedeckten Schuldenzinsen, auf die einzelnen Einkommensteile (und zwar nicht nur auf die in Preußen, sondern auch auf die etwa im Auslande noch erwachsenden) zu verteilen sind, gehören auch die bei ausländischen Einkommensquellen entstandenen Fehlbeträge. Sie stehen den zu bestreitenden Ausgaben auch insofern gleich, als sie auf angemessenen Abschreibungen — für Abnutzung, Substanzverringerung u. s. w. — beruhen (vgl. E.-O.-V. in Bd. V S. 270). Dem berechtigten Verlangen, hierüber nähere Darlegungen zu geben, kann sich der Zensit nicht deswegen entziehen, weil die Staatssteuerbehörden den angegebenen Fehlbetrag als richtig angenommen haben. Denn die Feststellungen der Staatssteuereinschätzung sind, wie im Ganzen, so auch im Einzelnen nicht maßgebend, wenn auch bei der Beurteilung der Verhältnisse ihre Verwertung und Prüfung zweckmäßig erscheint.

4. Uebersteigt die Gesammtsumme der als steuerpflichtig ermittelten Teileinkommen den Höchstbetrag der Staatssteuerstufe so hat das Herabsetzungsverfahren des § 51 einzutreten, wenn sich das in den Kreisen steuerpflichtige Einkommen mit dem im Staate steuerpflichtigen „deckt", d. h. wenn der Staat nur solche und alle diejenigen Objekte besteuern durfte, die den Kreisen pflichtig sind. Dagegen findet § 51 keine Anwendung, wenn dieser Fall nicht vorliegt, wenn z. B. im Auslande dem Kreisabgabenpflichtigen noch andere Einkommen erwachsen deren Besteuerung wohl dem Staate, nicht aber den Kreisen freisteht.

5. Andererseits hat der Wohnsitzkreis infolge seines Rechtes und seiner Pflicht zur selbständigen Schätzung keinen Anspruch auf eine Quote des staatlich festgesetzen Steuersatzes, vielmehr muß er sich mit einem niedrigen Satze begnügen, wenn sich die staatliche Einschätzung als zu hoch erweisen sollte.

6. Für die Berechnung des Prinzipalsatzes des Wohnsitzkreises ist die im § 49 Abs. 1 letzter Satz des Komm.-Abg.-Ges. gebebene Veranlagungsvorschrift bestimmend, und nach Maßgabe des Gesagten wird der (nach Verhältnis des auswärtigen Einkommens herabzusetzende) Prinzipalsatz im Falle der Anwendung des § 51 mit dem Staatssteuersatze zusammenfallen, in

den übrigen Fällen sich ohne Rücksicht auf die staatliche Einschätzung nach dem Betrage des ermittelten Gesammteinkommens richten, mag dasselbe aus dem Inland oder aus dem Auslande stammen. (Vgl. E.-O.-V. Bd. XXXVI S. 34 ff.)

C. Wahlangelegenheiten.

Nr. 1. Entsch. Bd. XXXVIII S. 1 v. 16. X. 1900 II C 204/1900.

Kr.-Ordn. v. $\frac{13.\ XII.\ 72}{19.\ III.\ 81}$ (G.-S. 1881 S. 179) §§ 84, 89, 91, 93, 100, 111, 112.

Die Wahlbezirke, die zum Zwecke der Wahl der von dem Verbande der Landgemeinden zu wählenden Kreistagsabgeordneten nach § 91 der Kr.-Ordn. zu bilden sind, müssen mindestens eine Landgemeinde umfassen und können aus mehreren Landgemeinden bestehen. Eine Wahlbezirksbildung dergestalt, daß eine einzige Landgemeinde in mehrere Wahlbezirke zerlegt wird, ist ausgeschlossen. Insbesondere folgt das aus § 100 der Kr.-Ordn., wo vorgeschrieben ist, daß die Wahlmänner der Landgemeinden von der Gemeindeversammlung oder Gemeindevertretung gewählt werden sollen. Da eine Teilung der Gemeindeversammlung oder -Vertretung nicht möglich, müßte, falls eine Zerlegung einer Gemeinde in mehrere Bezirke zulässig scheinen sollte, die Gemeindeversammlung oder -Vertretung die Wahlen für sämmtliche Bezirke vornehmen, und es könnte dann der Fall eintreten, daß Wahlmänner für einen Bezirk thätig zu sein hätten, dem sie gar nicht angehören. Jedenfalls zeigt diese Möglichkeit, daß für dergleichen Fälle Sondervorschriften unentbehrlich sein würden, und daran fehlt es.

Ebenso **Entsch. Bd. XXXVIII S. 5** i. d. Anm. v. 22. III. 1901 II. C. 344/1900, wo es heißt:

> „Zuzugeben ist allerdings, daß die Anwendung der erörterten Grundsätze bei so großen Landgemeinden zu Unbilligkeiten führt, und der Gedanke liegt nahe, daß bei Erlaß der Kreisordnung an so große Landgemeinden überhaupt nicht gedacht worden ist. Indessen, wie dem auch sei, jedenfalls können dergleichen Unzuträglichkeiten, wie sie im vorliegenden Falle zu Tage getreten sind, nur im Wege der Gesetzgebung beseitigt werden."

Nr. 2. Entsch. Bd. XXXIX S. 4 v. 15. III. 1901 II C 337/1900.

Kr.-Ordn. v. $\frac{13.\ XII.\ 72}{19.\ III.\ 81}$ (G.-S. 1881 S. 179) §§ 89, 108, 110—112.

1. Wenn der § 89 der Kr.-Ordn. v. 13. XII. 72 vorschreibt, daß die Zahl der von dem Wahlverbande der Städte in den Kreistag zu entsendenden Abgeordneten nach Verhältnis der städtischen und ländlichen Bevölkerung, wie es durch die letzte allgemeine Volkszählung festgestellt worden sei, bestimmt werde, so ist damit das definitive Ergebnis der Allgemeinen Volkszählung gemeint. Es darf daher bei der Vorbereitung der Kreistagswahlen mit dem vorläufigen Ergebnisse der Volkszählung nicht gerechnet werden.

2. Das Berichtigungsverfahren gemäß § 110 Abs. 2 der Kr.-Ordn. v. 13. XII. 72 findet statt, wenn das zu berichtigende Verzeichnis Berechtigte zu Unrecht übergangen oder Unberechtigte zu Unrecht aufgenommen oder einer Landgemeinde eine unrichtige Zahl von Wahlmännern zugewiesen hat. Der Antrag, im Hinblick auf mutmaßlich demnächst eintretende Veränderungen, ein Verzeichnis zurückzuziehen und dessen Auf-

stellung vorläufig zu vertagen, hat keinen Raum im Berichtigungsverfahren.

3. Nach § 108 der Kr.-Ordn. sollen die regelmäßigen Ergänzungswahlen zum Kreistag alle drei Jahre im November stattfinden. Diese Bestimmung ist nicht in dem Sinne zwingend, daß eine Abweichung von ihr notwendigerweise die Ungültigkeit der Wahlen zur Folge haben müßte (vgl. E.-O.-V. Bd. XXII S. 1).

4. Die Vorschrift in § 112 der Kr.-Ordn., daß die nach § 111 a. a. O. festgestellte Verteilung der Kreistagsabgeordneten das erste Mal für drei Jahre, sodann für einen Zeitraum von zwölf Jahren maßgebend bleiben solle, nach dessen Ablauf sie durch den Kreisausschuß einer Revision zu unterwerfen sei, kann nur dahin ausgelegt werden, daß die Revision und neue Feststellung des Planes für die Zeit nach dem Ablaufe seiner Gültigkeit zu erfolgen habe. Der Plan muß daher vor Ablauf jenes Zeitraums festgestellt werden. Denn er bildet mit den im § 110 vorgeschriebenen Verzeichnissen der Wahlberechtigten eine unentbehrliche Grundlage für die Ergänzungswahlen.

Nr. 3. Entsch. Bd. XXXIX S. 10 v. 10. V. 1901 II C 58/1901.

Ges. v. 6. VI. 1900 (G.-S. S. 147) betr. die Bildung des Wahlverbandes der größeren ländlichen Grundbesitzer und des Wahlverbandes der Städte in den Kreisen Niederbarnim und Teltow §§ 2, 5.

Kr.-Ordn. v. $\frac{13.\ XII.\ 72}{19.\ III.\ 81}$ (G.-S. 1881 S. 179) §§ 89—93, 200.

Instr. v. 10. III. 73 Art. 7[4].

1. Die Regelvorschrift in § 93 der Kr.-Ordn. v. 13. XII. 72, betreffend die Ausgleichung von Bruchteilen, die sich bei der Verteilung der Kreistagsabgeordneten auf den Wahlverband der Städte ergeben, findet keine Anwendung, soweit es sich um die Vereinigung mehrerer Städte zu einem Wahlbezirke handelt (§ 92 Abs. 2 a. a. O.).

Der § 92 der Kr.-Ordn. mit der Ueberschrift „Verteilung der vom Wahlverbande der Städte zu wählenden Abgeordneten auf die einzelnen Stadtgemeinden, beziehungsweise Bildung von Städtewahlbezirken" enthält im ersten Abs. die Regel, daß die Zahl der vom Wahlverbande der Städte überhaupt zu wählenden Kreistagsabgeordneten auf die einzelnen Städte des Kreises nach Maßgabe der Seelenzahl verteilt werden soll. Gleichwertig mit dieser Regel ist die im zweiten Abs. enthaltene Vorschrift, daß, sofern in einem Kreise mehrere Städte vorhanden sind, auf die nach der Regel des ersten Abs. nicht je ein Abgeordneter fällt, diese Städte behufs der Wahl mindestens eines gemeinschaftlichen Abgeordneten zu einem Wahlbezirke, gewissermaßen zu einer fiktiven Einheit dergestalt vereinigt werden sollen, daß diese Einheit in dem weiteren Verfahren dieselbe Stellung einnimmt, wie diejenigen Städte, auf welche mindestens ein Abgeordneter entfällt. Weiter kommt dann in Betracht die Regelvorschrift des § 93 der Kr.-Ordn. Ergeben sich — so heißt es dort — bei den nach Maßgabe der §§ 89 bis 92 des Ges. vorzunehmenden Berechnung Bruchteile, so werden sie nur insoweit berücksichtigt, als sie $^1/_2$ erreichen oder übersteigen. Diese Regel versagt, wenn der im § 93 a. a. O. vorgeschriebene Ausfall der $^1/_2$ nicht erreichenden Bruchteile zur Folge hat, daß die Zahlen der auf die einzelnen Städte bezw. Landgemeinden (vgl. § 2 des Ges. v. 6. VI. 1900) zu verteilenden Abgeordneten zusammengenommen die Gesammtzahl der nach § 89 Nr. 1 auf die städtische Bevölkerung fallenden Abgeordneten nicht erreichen oder in Berücksichtigung der $^1/_2$ erreichenden oder darüber hinausgehenden Bruchteile übersteigen. Ausgefüllt wird die im Gesetze vorhandene Lücke durch die auf Grund des § 200 der Kr.-Ordn. erlassene Instr. v. 10. III. 73. Dort heißt es unter Nr. 4 des Artikel 7 wörtlich, wie folgt:

„Die Feststellung der auf die einzelnen Städte bezw. Städte-Wahlbezirke entfallenden Zahl von Abgeordneten geschieht in der Weise, daß zunächst durch Division mit der Zahl der städtischen Abgeordneten in die Gesammt-Einwohnerzahl aller Städte die auf einen Abgeordneten fallende Einwohnerzahl und sodann durch Division mit dieser Zahl in die Bevölkerungszahlen der einzelnen Städte bezw. Städte-Wahlbezirke die jeder bezw. jedem der letzteren zukommende Zahl von Abgeordneten ermittelt wird. Ergeben sich bei dieser Berechnung für die einzelnen Städte bezw. Städte-Wahlbezirke neben ganzen Teilen Bruchteile, so ist in Betreff der letzteren nach den Bestimmungen des § 93 mit folgenden Maßgaben zu verfahren:

a) Wenn der im § 93 vorgeschriebene Ausfall der $^1/_2$ nicht erreichenden Bruchteile zur Folge hat, daß die Zahlen der auf die einzelnen Städte bezw. Städte-Wahlbezirke zu verteilenden Abgeordneten zusammengenommen die Gesammtzahl der § 89, Nr. 1 auf die städtische Bevölkerung fallenden Abgeordneten nicht erreichen, so erhält diejenige Stadt bezw. derjenige Städte-Wahlbezirk den übrig bleibenden Abgeordneten, für welche bezw. für welchen die Berechnung den größesten, $^1/_2$ sich am meisten nähernden Bruchteil ergeben hat.

b) Wenn die Anrechnung der $^1/_2$ erreichenden oder übersteigenden Bruchteile für voll zur Folge hat, daß die Zahl der auf die einzelnen Städte bezw. Städte-Wahlbezirke zu verteilenden Abgeordneten zusammengenommen die Gesammtzahl der nach § 89, Nr. 1 auf die städtische Bevölkerung fallenden Abgeordneten übersteigen, so erhält, unbeschadet der Bestimmungen im 2. und 3. Absatze des § 92, diejenige Stadt bezw. derjenige Städte-Wahlbezirk einen Abgeordneten weniger, für welche bezw. für welchen die Berechnung den kleinsten, hinter einem ganzen Teile am weitesten zurückbleibenden Bruchteil ergeben hat. Haben also beispielsweise die 7 Städte eines Kreises mit einer Gesammt-Einwohnerzahl von 40392 Seelen im Ganzen 7 Abgeordnete zu wählen, so entfällt auf eine Zahl von 2376 städtischen Einwohnern 1 Abgeordneter.

Die Stadt B. hat 24365 Einwohner, R. 8176, Fr. 3342, Fl. 1932, Pr. 1532 und Rh. 1045.

Da keine der drei Städte Fl., Pr. und Rh. die Zahl von 2376 für sich erreicht, so sind dieselben zu einem Wahlbezirke zu vereinigen.

Es berechnet sich dann die Zahl der Abgeordneten

für die Stadt B. auf $10\frac{606}{2376}$ (weniger als $^1/_2$) also 10

„ „ „ R. auf $3\frac{1038}{2376}$ „ „ „ „ 3

„ „ „ Fr. auf $1\frac{966}{2376}$ „ „ „ „ 1

für die Städte Fl., Pr. und Rh. mit zusammen

4509 Einwohnern auf $1\frac{2133}{2376}$ (mehr als $^1/_2$), also auf 2

Sa. 16

Da aber der Wahlverband der Städte 17 Abgeordnete zu wählen hat, so erhält die Stadt R., welche den größten, $^1/_2$ sich am meisten nähernden Bruchteil aufzuweisen hat, 4 Abgeordnete."

2. In Frage käme nur noch, ob etwa die Instr. mit dem Ges. unverträglich wäre, da in einem solchen Falle der Instruktion das Gesetz selbst oder die unmittelbar daraus abzuleitenden Grundsätze vorzugehen haben würden. Indessen von diesen Voraussetzungen trifft keine zu. Der hier gegebene Fall kann durch keine unmittelbar dem Ges. entnommene Regel, geschweige durch das Ges. selbst erledigt werden, und es besteht darum kein Zweifel, daß die Vorschriften der Instruktion eine durchaus zulässige Ergänzung der Kr.-Ordn. darstellen, wie dies auch bereits hinsichtlich des Art. 8 der auf Grund des § 122 der Hann. Kr.-Ordn. erlassenen Instr., welcher Art. dem Art. 7 der Instr. v. 10. III. 73 nachgebildet ist, in E.-O.-V. v. 26. VI. 88 Bd. XVI S. 10 ausgesprochen wurde.

Nr. 4. Entsch. Bd. XXXIV S. 18 v. 21. VI. 1901 II B 4/1901.

Rh.-Kr.-Ordn. v. 30. V. 87 (G.-S. S. 209) §§ 35, 50.

Kr.-Ordn. v. $\frac{13.\ XII.\ 72}{19.\ III.\ 81}$ (G.-S. 1881 S. 179) § 86.

Ges. v. 6. VI. 1900 (G.-S. S. 147) betr. die Bildung des Wahlverbandes der größeren ländlichen Grundbesitzer und des Wahlverbandes der Städte in den Kreisen Niederbarnim und Teltow.

Ländlicher Grundbesitzer im Sinne des § 50 der Rh.-Kr.-Ordn. ist ein Jeder, der irgend ein Grundstück im Kreise besitzt, das auf dem platten Lande, d. h. nicht in einer, dem Wahlverbande der Städte zugehörigen Gemeinde gelegen ist.

Daß die Rh.-Kr.-Ordn. in § 50 unter ländlichen Grundbesitzern nur die Besitzer landwirtschaftlich genutzter Grundstücke verstehe, ist irrig. Sie ist der Kr.-Ordn. für die östlichen Provinzen nachgebildet, und deshalb ist nicht anzunehmen, daß sie den Ausdruck in einem anderen Sinne gebraucht, als jene. Die Kr.-Ordn. v. 13. XII. 72 aber rechnet in § 86 zu den größeren ländlichen Grundbesitzern alle Grundbesitzer, „welche von ihrem gesammten, auf dem platten Lande belegenen Grundeigentume den Betrag von mindestens 225 Mk an Grund- und Gebäudesteuer zu entrichten haben. „Es ist stets anerkannt worden, daß hiernach ein auf dem platten Lande belegenes Grundeigentum genügt, für das 225 Mk. entweder an Grundsteuer oder an Gebäudesteuer entrichtet werden, oder — um mit dem neueren Rechte zu reden — welches in der angegebenen Höhe zur Grund- und Gebäudesteuer veranlagt ist. Gerade deshalb ist auch das Ges. v. 6. VI 1900 (G.-S. S. 147) für nötig erachtet worden, das die Bedeutung des Gebäudebesitzes in den Kreisen Teltow und Niederbarnim zu Gunsten des landwirtschaftlichen Grundbesitzes beschränkt. Demnach kann kein Zweifel darüber obwalten, daß die Kreisordnung für die östlichen Provinzen den Ausdruck „ländlich“ gleichbedeutend mit „auf dem platten Lande belegen“ gebraucht, und die Rh.-Kr.-Ordn. enthält nichts, was zur Unterstellung eines anderen Sinnes nötigte. Namentlich kann dafür nichts aus dem Umstand entnommen werden, daß sie in § 35 die Zugehörigkeit zum Verbande der größeren Grundbesitzer von der Entrichtung (Veranlagung) eines gewissen Betrags an Grundsteuer abhängig macht, also dem Gebäudebesitze hier jede Bedeutung versagt. Es erklärt sich das daraus, daß stellenweise in der Rheinprovinz größere Güter innerhalb der Stadtbezirke vorhanden sind, daß dergleichen Güter, die zum Teile früher Virilstimmen auf den Kreistagen besaßen, trotz ihrer städtischen Lage dem Wahlverbande der Großgrundbesitzer zugeschlagen werden mußten, daß man aber den mit hoher Gebäudesteuer belegten städtischen Besitz diesem Wahlverbande nicht zulegen konnte, weil sonst die Stimmen der Besitzer größerer Baulichkeiten (ähnlich wie bisher in den Kreisen Teltow und Niederbarnim) überwogen haben würden. Weil nun die Rh.-Kr.-Ordn. den Wahlverband der größeren Grundbesitzer nicht nur aus den Besitzern des platten Landes, sondern auch aus denen der Städte bildet, so spricht sie nicht, wie die Kr.-Ordn. v. 13. XII. 72, von einem Wahlverbande der größeren Grundbesitzer schlechthin und zeigt dadurch deutlich, daß sie das Wort ländlich ebenso wie ihr älteres Vorbild gebraucht, d. h. im Sinne von „auf dem platten Lande gelegen“ und im Gegensatze zu „städtisch“. Denn hätte die Rh.-Kr.-Ordn. ländlichen Besitz im Gegensatze zum Gebäudebesitze verstanden, so hätte sie, die doch den Gebäudebesitz bei dem Großgrundbesitzerverbande nicht berücksichtigt, gerade das von ihr vermiedene Wort im § 35 gebrauchen müssen. Sie hat es aber vermieden, weil sie hier auch den städtischen Großgrundbesitz berücksichtigt wissen wollte; im § 50 Abs. 1 Nr. 2 aber, woselbst für die Wahlfähigkeit im Verbande der größeren Grundbesitzer und Landbürgermeistereien die Eigenschaft eines ländlichen Grundbesitzers verlangt wird, wendet sie es an und muß es anwenden, um nicht allen städtischen Besitzern die Wahlfähigkeit zu geben (die städtischen Großgrundbesitzer haben die Wahlfähigkeit dadurch, daß sie auf der Verbandsversammlung ein Stimmrecht ausüben).

Nr. 5. Entsch. Bd. XXXIX S. 1 v. 21. IX. 1900 II B 25/1900.

Rh. Kr.-Ordn. v. 30. V. 87 (G.-S. S. 209) § 45.

Rh.-Gem.-Ordn. v. $\frac{23.\ VII.\ 45}{15.\ V.\ 56}$ $\frac{(G.\text{-}S.\ S.\ 523)}{(G.\text{-}S.\ S.\ 435)}$ §§ 61, 76, 85—88, 94, 95, 100, 102.

Vertreter von Landgemeinden, die dem Wahlverbande der größeren Grundbesitzer angehören, sind auf Grund des § 45 der Rh.-Kr.-Ordn. zur Beteiligung an der Wahl der Kreistagsabgeordneten zuzulassen, wenn ihre Vollmachten vom Bürgermeister ausgestellt sind.

Nach § 85 der Rh. Gem.-Ordn. v. $\frac{23.\ VII.\ 45}{15.\ V.\ 56}$ vertritt der Bürgermeister die Gemeinde nach außen und nicht — wie es in § 23 der Westf. Landgem.-Ordn. v. 19. III. 56 bestimmt ist — der Gemeindevorsteher. Dieser ist nach § 76 der Rh.-Gem.-Ordn. ein Organ des Bürgermeisters für die Verwaltung der Gemeindeangelegenheiten und zu einer Mitwirkung dabei nur in den vom Gesetze vorgesehenen Fällen berufen. Als eine die Selbständigkeit des Bürgermeisters bei der Ausstellung von Urkunden einschränkende Bestimmung könnte nur § 102 der Rh.-Gem.-Ordn. in Betracht kommen, wo bestimmt ist:

„Urkunden, welche die Gemeinde verbinden sollen, müssen Namens derselben vom Bürgermeister und Vorsteher unterschrieben werden, die Beschlüsse des Gemeinderats und die Genehmigung der Staatsbehörden sind in den geeigneten Fällen der Urkunde in beglaubigter Form beizufügen (§ 66)."

Zu solchen Urkunden ist aber die schriftlich ausgesprochene Bestellung eines Vertreters der wahlberechtigten Gemeinde gemäß § 45 der Kr.-Ordn. nicht zu rechnen. Eine derartige Vollmacht ermächtigt zur Ausübung einer der Gemeinde durch die Kreisordnung verliehenen, die Vertretung und Verwaltung der Kreiskorporation berührenden, öffentlich-rechtlichen Befugnis. Für die Gemeinde hat sie weder die Uebernahme von Verbindlichkeiten Dritten gegenüber zur Folge, noch werden Vermögensangelegenheiten oder Veranstaltungen der Gemeinde davon betroffen. Die Vollmacht greift daher auch nicht in den der Beschlußfassung und sonstigen Bestätigung des Gemeinderats gesetzlich zugewiesenen Geschäftsbereich ein, wie dieser besonders in den §§ 61, 86 bis 88, 94, 95 und 100 der Gem.-Ordn. festgelegt ist.

Fehlt es aber an einer beschränkenden Vorschrift, so folgt aus dem allgemeinen Rechte des Bürgermeisters zur Vertretung der Gemeinden nach außen auch seine Befugnis zur Ausstellung solcher Vollmachten, wie sie hier in Frage stehen.

Nr. 6. Entsch. v. 21. XII. 1900 Nr. II 1679 (Pr.-V.-Bl. Bd. XXII S. 339).

Rh.-Kr.-Ordn. v. 30. V. 87 (G.-S. S. 209) §§ 49, 106.

1. Eine an sich gültige Wahl zum Kreistagsabgeordneten wird durch Versäumung der Frist, innerhalb deren die Annahme der Wahl erklärt werden muß, unwirksam.

Nach § 49 der Rh.-Kr.-Ordn. müssen die in den einzelnen Wahlverbänden vorzunehmenden Wahlen nach näherer Vorschrift des diesem Gesetze beigefügten Wahlreglements erfolgen. Für jede Wahl greift somit auch § 10 des Reglements Platz, der lautet:

„§ 10. Der Vorsitzende des Wahlvorstandes hat die Gewählten von der auf sie gefallenen Wahl mit der Aufforderung in Kenntnis zu setzen, sich über die Annahme oder Ablehnung innerhalb längstens fünf Tagen zu erklären. Wer diese Erklärung nicht abgiebt, wird als ablehnend betrachtet."

Eine Verlängerung der hier gesetzlich geordneten fünftägigen Frist ist ausgeschlossen; ihre Versäumnis hat für den Gewählten den Verlust des Rechts aus der Wahl zur Folge; die letztere wird für ihn und für die beteiligten Körperschaften unwirksam. Dementsprechend ermächtigt auch die in Ausführung des § 106 der Kr.-Ordn. ergangene zweite Instr. des Ministers des Innern v. 9. VI. 87 im Art. 1 I Nr. 16 den Wahlvorsteher, eine Neuwahl sowohl für den Fall der ausdrücklichen Ablehnung einer Wahl, wie für den dieser gleichzuachtenden Fall der nicht rechtzeitigen Erklärung auf die ergangene Aufforderung anzuordnen.

2. Wenn Streit darüber entsteht, ob die Erklärung eines Gewählten eine Annahme oder aber eine Ablehnung der Wahl enthalte, oder ob die Annahme innerhalb der vorgeschriebenen Frist erfolgt sei, so hat darüber der Kreistag zu beschließen.

D. Verpflichtung der Kreisangehörigen zur Annahme von unbesoldeten Aemtern in der Kreisverwaltung.

Nr. 1. Entsch. v. 21. XII. 1900 Nr. II 1675 (Pr.-V.-Bl. Bd. XXII S. 337).

Kr.-Ordn. v. $\frac{13.\ XII.\ 72}{19.\ III.\ 81}$ (G.-S. 1881 S. 179) § 8.

Ein Kreisangehöriger, der sich der Verwaltung eines ihm übertragenen Ehrenamts entzieht, muß ordnungsmäßig zur Wahrnehmung dieses Amts vom Kreisausschusse, der darüber Beschluß gefaßt haben muß, aufgefordert worden sein, bevor der Kreistag über Verhängung der im § 8 der Kr.-Ordn. angedrohten Nachteile beschließen kann.

In der Uebermittlung einer Anzahl von Rechnungen zur Vornahme der Prüfung ist eine Aufforderung im Sinne des § 8 nicht zu finden. Unter dieser Aufforderung ist vielmehr eine Mahnung zu verstehen, die an denjenigen, dem ein Ehrenamt übertragen ist, mit Rücksicht darauf erfolgt, daß eine Weigerung, dieses Amt wahrzunehmen, von seiner Seite zu befürchten ist. Ebensowenig ist eine solche Aufforderung in einem Schreiben des Vorsitzenden des Kreisausschusses zu finden, in dem dieser um Rückgabe der zu prüfenden Rechnungen für den Fall bittet, daß der Betroffene bei seinem Willen verharren sollte, die Prüfung nur gegen Entgelt vorzunehmen. Uebrigens würde auch eine seitens des Landrats als Vorsitzenden des Kreisausschusses ergangene Aufforderung dem Erfordernis des Gesetzes nicht genügen. Denn dieses verlangt eine Aufforderung durch den Kreisausschuß selbst. Es muß also klar erhellen, daß dieser den Erlaß einer solchen beschlossen habe.

G. Oberaufsicht über die Kreisverwaltung.

Nr. 1. Entsch. Bd. XXXVIII S. 6 v. 10. VII. 1900 I A 5/1900.

1. Die Körung von Hengsten ist eine landespolizeiliche Einrichtung. Kosten ihrer Ausführung, insbesondere Tagegelder und Reisekosten, die einem Beamten als Mitgliede des Schauamts für die zum Zwecke der Teilnahme an Körterminen ausgeführten Dienstreisen zustehen, sind unmittelbare Polizeikosten und fallen als solche den Kreiskorporationen selbst dann nicht zur Last, wenn sie bei Ausübung eines Zweiges

der Polizei entstehen, dessen Verwaltung gesetzlich dem Vorsteher des Kreises, dem Landrat, übertragen ist. Umsoweniger kann die Landespolizeibehörde dadurch, daß sie zur Mitwirkung bei einem polizeilichen Geschäfte kreisweise gebildete Kommissionen beruft und den Vertretungen der Kreise einen gewissen Einfluß auf ihre Zusammensetzung einräumt, die Verpflichtung zur Aufbringung der Kosten jenes Geschäfts auf den Kreis übertragen. Dadurch werden die Kosten nicht zu solchen der Kommunalverwaltung des Kreises.

2. Im vorliegenden Falle hatte man besonders aus § 11 der betr. Körordnung, welcher lautete:

> „Für jeden durch das Schauamt zur Bedeckung zugelassenen Hengst sind an Gebühren zur Kreiskommunalkasse zu zahlen: das erste Mal 6 Mk., jedes folgende 3 Mk. Für abgekörte Hengste wird eine Gebühr nicht erhoben"

eine gegenteilige Ansicht gefolgert, jedoch mit Unrecht.

Aus § 11 könnte die Pflicht des Kreises zu der geforderten Leistung nur hergeleitet werden, wenn anzunehmen wäre, daß die Erteilung einer Berechtigung zur Hebung von Verwaltungsgebühren die Verbindlichkeit zur Aufbringung sämmtlicher Kosten des entsprechenden Verwaltungszweigs als notwendige rechtliche Folge nach sich ziehe. Ein solcher Satz ist jedoch nicht anzuerkennen, wie das Beispiel der Gesetzgebung über die Erteilung von Jagdscheinen zeigt. Sowohl die ältere Vorschrift in § 14 des Jagdpolizeiges. v. 7. III. 50 (G.-S. S. 165) als auch die neueren in §§ 3 und 4 des Jagdscheinges. v. 31. VII. 95 (G.-S. S. 304) bestimmen, daß die Jagdscheingelder, die sich als Ausfertigungsgebühren kennzeichnen, zur Kreiskommunalkasse zu entrichten sind. Es ist aber daraus zu keiner Zeit und von keiner Seite gefolgert worden, daß die Kosten der Jagdpolizei oder auch nur die Ausgaben, die mit den Entscheidungen über die Erteilung oder Versagung des Jagdscheins zusammenhängen, von den Kreisen getragen werden müßten. Vielmehr ist es anerkannten Rechtens, daß die Kreise nur die Kosten der Herstellung der Formulare zu tragen haben, ja es ist sogar für notwendig erachtet worden, diese Verpflichtung in den Ausführungsbestimmungen zum Jagdscheinges. v. 2. VIII. 95 (M.-Bl. d. i. V. S. 231) noch besonders zu betonen.

Wollte man aber auch die Pflicht zur Aufbringung der Verwaltungskosten als notwendige rechtliche Folge der Befugnis zur Hebung von Verwaltungsgebühren ansehen, so würde selbst dann eine Pflicht des Kreises zu der geforderten Leistung deshalb zu verneinen sein, weil die im § 11 erteilte Ermächtigung der rechtlichen Wirksamkeit entbehrt. Die Frage, in welcher Weise die Kosten polizeilicher Einrichtungen von dem Träger der Polizeikostenlast zu beschaffen sind, ist überhaupt kein Gegenstand polizeilicher Regelung. Die Einführung von Verwaltungsgebühren für polizeiliche Akte gehört daher selbst bei weitester Auslegung des § 6 des Polizeiges. v. 11. III. 50 (G.-S. S. 265) nicht zu denjenigen Verhältnissen, die einer Regelung durch Polizeiverordnung fähig sind, und zwar umsoweniger, als nach Art. 102 der Verfassung Gebühren von Staats- oder Kommunalbeamten nur auf Grund des Gesetzes erhoben werden können.

III.

Amtsverbände in den Provinzen Ost- und Westpreußen, Brandenburg, Pommern, Schlesien, Sachsen und Schleswig-Holstein.

Litteratur: v. Brauchitsch, die neuen Verwaltungsgesetze. Fortgeführt von Studt und v. Braunbehrens. Bd. I, 17 Gesammtausg., 6. Bearbeitg., Berlin 1901. — Graf Hue de Grais, Handbuch der Verfassung und Verwaltung in Preußen und dem deutschen Reiche, 14. Aufl., Berlin 1901. — Illing-Kautz, Handbuch für preußische Verwaltungsbeamte, 8. Aufl., Berlin 1902. — Stier-Somlo, Kommentar zum Gesetz über die allgemeine Landesverwaltung vom 30. Juni 1883. Aus „Haynsche Sammlung verwaltungsrechtlicher Gesetze“, Berlin 1901.

C. Die Kosten der Amtsverwaltung.

Nr. 1. Entsch. Bd. XXXVIII S. 23 v. 11. I. 1901 C 133/99.

Kr.-Ordn. v. $\frac{13. \text{ XII. } 72}{19. \text{ III. } 81}$ (G.-S. 1881 S. 179) §§ 10, 12, 14—18, 70, 70a.

Komm.-Abg.-Ges. v. 14. VII. 93 (G.-S. S. 152) § 91², ⁴.

1. Nach § 70a der Kr.-Ordn. hat nicht der Amtsvorsteher, sondern der Amtsausschuß auf Beschwerden und Einsprüche gegen die Heranziehung zu den Kosten der Amtsverwaltung zu beschließen und folglich auch die gefaßten Beschlüsse im Verwaltungsstreitverfahren zu vertreten. Die Benennung des Amtsvorstehers als Beklagten entspricht daher nicht den gesetzlichen Vorschriften.

2. In zusammengesetzten Amtsverbänden kommen bei Umlegung der Kosten der Amtsverwaltung auf die beteiligten Gemeinden und Gutsbezirke fingierte Einkommensteuersätze von dem Einkommen des Fiskus aus Grundbesitz, Gewerbe- oder Bergbaubetrieb nicht zum Ansatze. Die Bestimmung im letzten Absatze des § 70 der Kr.-Ordn.: „In den zusammengesetzten Amtsbezirken gilt für die Aufbringung der Verwaltungskosten in Ermangelung einer Vereinbarung unter den Beteiligten der nach Maßgabe dieses Gesetzes in dem Kreise für die Kreisabgaben festgestellte Maßstab“ hat nicht nur die Bedeutung, daß die Kosten der Amtsverwaltung nach dem Maßstabe derjenigen Steuern zu verteilen sind, die entsprechend dem vom Kreistage gemäß § 12 der Kr.-Ordn. gefaßten Beschlusse der Verteilung der Kreisabgaben zu Grunde zu legen sind. Aus der Bestimmung geht vielmehr weiter hervor, daß für die Aufbringung der Amtsverwaltungskosten die Regeln der §§ 10, 12, 14 bis 18 der Kr.-Ordn. maßgebend sind, daß aber die im § 10 daselbst und § 91 Nr. 2 des Komm.-Abg.-Ges. zugelassene Mehr- oder Minderbelastung einzelner Steuerarten nicht von dem Ermessen des Amtsausschusses abhängt, sondern auch insoweit die Beschlüsse des Kreistags über den Verteilungsmaßstab der Kreisabgaben für das Amt verbindlich sind. Danach ist eine Belastung der Gutsbezirke und Gemeinden mit Beiträgen zu den Kosten der Amtsverwaltung nach dem Verhältnisse fingierter Einkommensteuersätze von dem Einkommen des Fiskus aus Grundbesitz, Gewerbe- und Bergbaubetrieb durch § 14 Abs. 3 der Kr.-Ordn. ausgeschlossen, da nach den hier getroffenen durch § 94 Nr. 4 des Komm.-Abg.-Ges. nicht berührten Vorschriften der Fiskus von einem Einkommen der bezeichneten Art zu den Kreisabgaben nicht herangezogen werden darf.

IIIa.

Landbürgermeistereien in der Rheinprovinz und Aemter in Westfalen.

Litteratur: v. Brauchitsch, die neuen Verwaltungsgesetze. Fortgeführt von Studt und v. Braunbehrens. Bd. I, 17. Gesammtausg., 6. Bearbeitg., Berlin 1901. — Graf Hue de Grais, Handbuch der Verfassung und Verwaltung in Preußen und dem deutschen Reiche, 14. Aufl., Berlin 1901. — Illing-Kautz, Handbuch für preußische Verwaltungsbeamte, 8. Aufl., Berlin 1902. — Lindemann, die Kreis-, Provinzial-, Städte- und Landgemeindeordnung für die Provinz Westfalen, Dortmund 1901. — Stier-Somlo, Kommentar zum Gesetz über die allgemeine Landesverwaltung vom 30. Juni 1883. Aus „Haynsche Sammlung verwaltungsrechtlicher Gesetze“, Berlin 1901.

Kosten der Polizeiverwaltung.

Nr. 1. Entsch. Bd. XXXIX S. 33 v. 15. III. 1901 I B 55/99

Kr.-Ordn. v. $\frac{13.\ XII.\ 72}{19.\ III.\ 81}$ (G.-S. 1881 S. 179) § 70.

Westf.-Kr.-Ordn. v. 31. VII. 86 (G.-S. S. 217) § 29.

Westf. Land.-Gem.-Ordn. v. 19. III. 56 (G.-S. S. 265) §§ 5, 74, 77.

1. Die Westf. Landgem.-Ordn. v. 19. III. 56 enthält nicht, wie der § 70 Abs. 4 der Kr.-Ordn. v. 13. XII. 72 die ausdrückliche Vorschrift, daß das Amt die Kosten der Amtsverwaltung trägt, sondern bestimmt nur im § 77, daß die zu einem Amte vereinigten Gemeinden und selbständigen Güter zu „den gemeinschaftlichen Bedürfnissen des Amtes“ beizutragen haben, und überläßt im § 5 der Amtsversammlung, darüber zu beschließen, welche Angelegenheiten Gegenstand des Amtskommunalverbandes sein sollen, aber sie beschränkt doch das Ermessen der Amtsversammlung durch den Zusatz: „sofern sie nicht durch gesetzliche Vorschrift besonders bestimmt sind“. Diese Worte enthalten zwar einen Hinweis auch auf die rechtliche Möglichkeit, daß künftige Gesetze bestimmte Angelegenheiten dem Amtskommunalverband übertragen, vor allem aber beziehen sie sich auf die in der Landgem.-Ordn. selbst enthaltenen, die Befugnisse des Amtshauptmanns regelnden Vorschriften, namentlich auf die des § 74, nach der die Polizei im Amtsbezirke vom Amtmann zu führen ist. Aus der angezogenen Bestimmung in Verbindung mit der den Amtmann als Träger der Ortspolizei, den Gemeindevorsteher als sein Organ bezeichnenden Vorschrift im § 29 Abs. 2 der Westf. Kr.-Ordn. v. 31. VII. 86 ist zu entnehmen, daß die Polizeiverwaltung im Amtsbezirk eine gemeinsame Angelegenheit des Amtes ist. Dieselben Gründe, aus denen die auf dem Boden der Kr.-Ordn. v. 13. XII. 72 stehenden E.-O.-V. Bd. VII S. 121, Bd. XVI S. 44, Bd. XVII S. 74 unterscheiden zwischen den aus der Einrichtung und Thätigkeit des Verwaltungsorganismus unmittelbar erwachsenden Kosten einerseits und den Aufwendungen zur Erfüllung derjenigen materiellen Aufgaben andererseits, deren Pflege der Obhut der Polizei anvertraut ist, führen daher auch im Bereiche der Landgem.-Ordn. v. 19. III. 56 zu einer gleichen Unterscheidung und somit zu dem Ergebnisse, daß hier wie dort die Kosten der ersteren Art zu den Lasten des Amtes, die der letzteren zu denen der einzelnen Gemeinden und selbständigen Güter zählen.

2. Unter Aufwendungen der ersteren Art, den unmittelbaren Kosten der örtlichen Polizeiverwaltung sind (vgl. E.-O.-V. Bd. XXVII S. 65 und 66) solche Ausgaben zu verstehen, die durch Einsetzung und

Unterhalt des verwaltenden Personals und durch dessen Ausrüstung mit dem zum Dienstbetrieb Erforderlichen an Grundstücken, Materialien, Gerätschaften, Hilfsleistungen Dritter und anderen sächlichen Bedürfnissen erwachsen, während zu denen der letzteren Art den mittelbaren Polizeikosten, diejenigen Ausgaben gehören, die erst in Folge der verwaltenden Thätigkeit durch die Ausführung der gegen Dritte getroffenen Anordnungen, durch die Herstellung polizeimäßiger Zustände in der Außenwelt entstehen. Unter den Begriff der mittelbaren Polizeikosten fallen daher, neben uneinziehbaren Kosten der von der Polizeibehörde selbst bewirkten Durchführung von Anordnungen, die sie gegen Dritte physische oder von den Gemeinden ihres Amtsbezirkes verschiedene juristische Personen gerichtet hat, auch Kosten, die durch die von den Gemeinden zu unterhaltenden, polizeilichen Zwecken dienenden kommunalen Anstalten (Nachtwachen, Feuerlöschhilfe) verursacht werden.

3. Daß die Aufwendungen für Erbauung und Einrichtung von Polizeigefängnissen zu denjenigen, die durch Ausrüstung der Polizeibehörde mit dem zum Dienstbetrieb Erforderlichen entstehen, zu rechnen sind und sonach zu den unmittelbaren Polizeikosten gehören, ist nicht zu bezweifeln und auch schon in E.-O.-V. Bd. XXVI S. 144 ausgesprochen. An dieser rechtlichen Natur der Aufwendung ändert sich aber auch dann nichts, wenn ein Polizeigefängnis nicht dem ganzen Amtsbezirke, sondern nur einem Teile, insbesondere einer einzelnen Gemeinde dient. Denn dadurch verliert das Gefängnis nicht die Eigenschaft eines zur Ausrüstung der Polizeibehörde mit dem zum Dienstbetrieb Erforderlichen bestimmten Gebäudes und wird insbesondere nicht zu einer von der Gemeinde zu unterhaltenden, polizeilichen Zwecken dienenden Anstalt. Die Kosten seiner Erbauung und Einrichtung werden also auch nicht aus unmittelbaren Polizeikosten zu mittelbaren. Deshalb ist in einem derartigen Falle das Amt als der zur Tragung der Kosten verpflichtete Verband anzusehen. Denn seine Verbindlichkeit, die unmittelbaren Polizeikosten zu tragen, beruht nicht darauf, daß die einzelnen polizeilichen Einrichtungen, welche die Ausrüstung der Polizeibehörde zum Dienstbetrieb erfordert, allen Teilen des Amtes dienen, sondern darauf, daß die Polizeiverwaltung eine gemeinsame Angelegenheit des Amtsverbandes ist. Dies tritt ganz besonders hervor bei den Aufwendungen für die Beschaffenheit technischer Hilfsmittel und die Heranziehung technischer Hilfskräfte bei polizeilichen Ermittelungen und Untersuchungen, so z. B. bei der Heranziehung von Sachverständigen zur Feststellung des Ausbruchs ansteckender Krankheiten unter den Menschen oder dem Viehstande, zur Revision der Maße und Gewichte oder gewerblicher Anlagen, bei Anschaffung von Apparaten zur Untersuchung von Lebensmitteln, welche die Polizeibehörde selbst vornimmt oder durch ihr unterstellte Beamte vornehmen läßt. Nicht immer und nicht einmal regelmäßig tritt daß Bedürfnis zu solchen Untersuchungen und Feststellungen in allen Teilen des Amtsbezirkes hervor, vielmehr beschränkt sich in der überwiegenden Mehrzahl der Fälle das Bedürfnis zu einer unter Heranziehung von Sachverständigen vorzunehmenden, besondere Kosten verursachenden Untersuchung auf einzelne Ortschaften. Trotzdem hat das Amt für die Kosten einzutreten ohne Rücksicht darauf, ob die Notwendigkeit ihrer Aufwendung durch dem ganzen Amtsbezirke gemeinsame Verhältnisse oder durch die besonderen eines Teiles herbeigeführt worden ist. Davon ist auch in der Rechtsprechung ausgegangen; so ist in E.-O.-V. Bd. V S. 60ff. der Aufwand für die Feststellung des Ausbruchs der Diphtheritis auf Grund des § 70 Abs. 4 der Kr.-Ordn. v. 13. XII. 72 dem Amtsbezirke zur Last gelegt worden, obwohl

es sich lediglich um den Ausbruch der Krankheit in einem einzelnen zum Amtsbezirke gehörigen Dorfe gehandelt hatte.

Gegen die gleiche Beurteilung des vorliegenden Falles kann freilich eingewendet werden, daß es sich bei dem Aufwande für polizeiliche Ermittelungen aus Anlässen, wie die vorbezeichneten, um die Befriedigung von Bedürfnissen handelt, die bald hier, bald da wechselnd hervortreten, während gegenwärtig die Kosten einer dauernden polizeilichen Einrichtung, die ihrer Natur nach für eine einzelne Gemeinde bestimmt ist, im Streite befangen sind. Allein es fehlt in der Rechtsprechung auch nicht an Beispielen, in denen für derartige Kosten das Amt in Anspruch genommen worden ist; so sind in E.-O.-V. Bd. XIII S. 62 ff. die Kosten der Setzung von Höhenpfählen in einem Privatflusse zum Zwecke der polizeilichen Kontrolle über die ordnungsmäßige Räumung des Flußbetts dem Amtsbezirke zur Last gelegt worden, ohne daß auch nur untersucht wäre, ob der Fluß alle oder nur einzelne zum Amtsbezirke gehörige Gemeinden und Gutsbezirke durchströmte.

Nr. 2. Entsch. Bd. XXXIX S. 38 v. 16. IV. 1901 I B 24/1900.

Polizeiges. v. 11. III. 50 (G.-S. S. 265) §§ 1, 3.

Kr.-Ordn. v. $\frac{13.\ \text{XII.}\ 72}{19.\ \text{III.}\ 81}$ (G.-S. 1881 S. 179) § 70.

Rh. Gem.-Ordn. v. 23. VII. 45 (G.-S. S. 523) §§ 8, 108, 113.

Rh. Gem.-Verf. Ges. v. 15. V. 56 (G.-S. S. 435) Art. 1.

Rh. Kr.-Ordn. v. 30. V. 87 (G.-S. S. 209) § 28.

1. Das Polizeiges. v. 11. III. 50, dessen § 3 die Kosten der örtlichen Polizeiverwaltung „den Gemeinden" auferlegt, war zusammen mit der Gem.-Ordn. von demselben Tage (G.-S. S. 213) erlassen worden und hatte daher die dort getroffene Gemeindeorganisation zur Voraussetzung. Es ging im § 1 davon aus, daß die örtliche Polizeiverwaltung von den nach den Vorschriften jener Gemeindeordnung dazu bestimmten Beamten geführt werden solle. Die Gem.-Ordn. v. 11. III. 50 ist aber durch Ges. v. 24. V. 53 (G.-S. S. 238) wieder aufgehoben worden. Soweit in den an ihre Stelle getretenen Gemeindeverfassungsgesetzen und in den später erlassenen Kreisordnungen die Ortspolizeiverwaltung nicht Gemeindebeamten übertragen worden ist, sondern Polizeibezirke gebildet worden sind, die mehrere Gemeinden (oder selbständige Güter) umfassen, kommen für die Frage, wer in diesen Bezirken die Polizeiverwaltungskosten zu tragen hat, nicht lediglich die Vorschriften des Polizeiges. v. 11. III. 50, sondern in erster Linie die besonderen Bestimmungen der neueren Gesetze zur Anwendung. Demgemäß ist nie bezweifelt worden, daß in den alten preußischen Provinzen die sogenannten unmittelbaren Polizeiverwaltungskosten als „Kosten der Amtsverwaltung" gemäß § 70 der Kr.-Ordn. v. 13. XII. 72 von dem Amte, also der Gesammtheit der den Amtsbezirk bildenden Gemeinden (Gutsbezirke) zu tragen sind, mithin nicht einer einzelnen Gemeinde im Amtsbezirke für einen bestimmten, sich in ihrem Bezirke bethätigenden Teil der Polizeiverwaltung auferlegt werden können, daß vielmehr nur die sogenannten mittelbaren Kosten der Polizeiverwaltung jeder einzelnen Gemeinde, in deren Bezirke die betreffende Anordnung, die Herstellung eines polizeimäßigen Zustandes, zur Ausführung gelangt, auf Grund des § 3 des Polizeiges. v. 11. III. 50 zur Last fallen (vgl. E.-O.-V. Bd. VII S. 121, Bd. XVI S. 46, Bd. XVII S. 75; Bd. XXVII S. 62). Die gleichen Grundsätze müssen auch im Geltungsgebiete der Rh. Gem.-Ordn. gelten, die ebenfalls gegenüber dem Polizeiges.

v. 11. III. 50 als das neuere Recht anzusehen ist. In der Rheinprovinz ist an Stelle der aufgehobenen Gem.-Ordn. v. 11. März 50 durch Ges. v. 15. V. 56, Art. 1, die Gem.-Ordn. v. 23. VII 45 mit den durch das bezeichnete Ges. bestimmten Aenderungen wieder eingeführt worden. Ihre Bestimmungen in der Gestalt, die sie durch das Ges. v. 15. V. 56 erhalten haben, gehen daher, soweit sie mit dem Polizeiges. v. 11. III. 50 nicht in Einklang stehen, diesem vor. Nun bestimmt § 8 der Rh. Gem.-Ordn. Folgendes:

„Die Bürgermeisterei bildet zugleich in Ansehung solcher Angelegenheiten, welche für alle zu der Bürgermeisterei gehörige Gemeinden ein gemeinschaftliches Interesse haben, einen Kommunalverband mit den Rechten einer Gemeinde. Welche Angelegenheiten Gegenstand des Bürgermeisterei-Kommunalverbandes sein sollen, wird, soweit sie nicht durch gesetzliche Vorschrift besonders bestimmt sind, durch Beschluß der Bürgermeisterei-Versammlung (§ 109) unter Genehmigung der Regierung festgestellt."

Hiernach bedarf es eines von der Aufsichtsbehörde genehmigten Beschlusses der Bürgermeisterei-Versammlung nur dann, wenn eine Angelegenheit zum Gegenstande des Bürgermeisterei-Kommunalverbandes gemacht werden soll, die es nicht bereits nach der Gemeindeordnung selbst oder anderen Gesetzen ist. Durch § 108 der Gem.-Ordn. aber und ebenso durch § 28 der Rh. Kr.-Ordn. v. 30. V. 87 ist die Verwaltung der Ortspolizei dem Bürgermeister für den ganzen Bezirk der Bürgermeisterei übertragen worden. Er führt diese Verwaltung nicht für jede Gemeinde besonders als deren Polizeiverwalter, sondern als ein einheitliches Amt, in gleicher Weise wie die Verwaltung der Kommunalangelegenheiten der Bürgermeisterei. Wenn dort (§ 108 a. a. O.) bestimmt ist, daß der Bürgermeister „als die Polizeiobrigkeit des Bürgermeistereibezirkes in demselben die Polizeiverwaltung zu besorgen hat", so ist dadurch die Ortspolizeiverwaltung des Bürgermeisters gesetzlich ein „Gegenstand des Bürgermeisterei-Kommunalverbandes" geworden. Ihre unmittelbaren Kosten sind daher Kosten dieses Kommunalverbandes und gehören „zu den gemeinschaftlichen Bedürfnissen der Bürgermeisterei", zu denen die einzelnen Gemeinden nach Maßgabe des § 113 der Gem.-Ordn. beizutragen haben.

2. Daß die durch die Anstellung von Polizeidienern entstehenden Kosten zu den unmittelbaren, von der Bürgermeisterei zu tragenden Polizeiverwaltungskosten zu rechnen sind, kann keinem Zweifel unterliegen. Zu ihnen sind alle Kosten zu rechnen, die aus der Einsetzung und Erhaltung des die Ortspolizei handhabenden Personals, aus dessen Ausrüstung mit den erforderlichen Hilfsmitteln und Organen und aus dessen Dienstbetrieb unmittelbar erwachsen (vgl. E.-O.-V. Bd. XXVII S. 62 und Bd. XXXV S. 99).

3. Der Wert des Streitgegenstandes beträgt bei zwangsetatisierten wiederkehrenden Leistungen zur Besoldung eines Beamten, dessen Anfangsgehalt durch Alterszulagen zu einem Höchstbetrage ansteigt, nicht das zwölfeinhalbfache des Mindestgehaltes, er beläuft sich vielmehr, da der Streit nicht eine Leistung betrifft, deren künftiger Wegfall gewiß ist, sondern eine solche von unbeschränkter Dauer, gemäß Nr. VII des Kostentarifs v. 27. II. 84 auf den fünfundzwanzigfachen Betrag des Durchschnittsgehaltes der Stelle.

IV.

Städte.

Litteratur: v. Brauchitsch, die neuen Verwaltungsgesetze. Fortgeführt von Studt und v. Braunbehrens. Bd. I, 17. Gesammtausg., 6. Bearbeitg., Berlin 1901. — Graf Hue de Grais, Handbuch der Verfassung und Verwaltung in Preußen und dem deutschen Reiche, 14. Aufl., Berlin 1901. — Illing-Kautz, Handbuch für preußische Verwaltungsbeamte, 8. Aufl., Berlin 1902. — Lindemann, die Kreis-, Provinzial-, Städte- und Landgemeindeordnung für die Provinz Westfalen, Dortmund 1901. — Stier-Somlo, Kommentar zum Gesetz über die allgemeine Landesverwaltung vom 30. Juni 1883. Aus „Haynsche Sammlung verwaltungsrechtlicher Gesetze“, Berlin 1901. — Exert, die Dreiklassenwahl in den Stadt- und Landgemeinden nach dem Gesetze vom 30. Juni 1900, Berlin 1901. — Gerstmeyer, Städteordnung für die östlichen Provinzen, Kiel 1901. — Harnisch, Städteordnung für die Provinz Westfalen, Düsseldorf 1901. — Jebens, die Instruktion für die Stadtmagisträte vom 25. Mai 1835 nach neuestem Recht, Berlin 1901. — Kappelmann, die Städteordnung für die sechs östlichen Provinzen der preußischen Monarchie vom 30. Mai 1853, Berlin 1901. — Kremski, Kommunalbeamtengesetzgebung, Berlin 1901. — Ledermann, Städteordnung für die östlichen Provinzen, Berlin 1901/2. — Suffert, Gemeindewahlrecht, Gr. Lichterfelde 1901.

A. Grundlagen der städtischen Verfassung. Ortsrecht. Bürgerrecht. Bürgerrechtsgeld.

Nr. 1. Entsch. Bd. XXXVIII S. 26 v. 21. IX. 1900 II B 13/1900.

Oestl. St.-Ordn. v. 30. V. 53 (G.-S. S. 261) §§ 5, 16.

Unter Hausbesitzern im Sinne des § 16 der St.-Ordn. vom 30. V. 53 sind Miteigentümer eines Hauses nicht zu verstehen.

§ 16 lautet wie folgt:

„Die Hälfte der von jeder Abteilung zu wählenden Stadtverordneten muß aus Hausbesitzern (Eigentümern, Nießbrauchern und solchen, die ein erbliches Besitzrecht haben) bestehen.“

In Wechselbeziehung mit § 16 steht der § 5 der St.-Ordn., nach dessen zweitem Abs. jeder selbständige Preuße das Bürgerrecht erwirbt, wenn er seit einem Jahre — außer den daselbst unter Nr. 1 bis 3 genannten Erfordernissen — entweder

a) ein Wohnhaus im Stadtbezirk besitzt (§ 16), oder
b) ein stehendes Gewerbe selbständig als Haupterwerbsquelle und in Städten von mehr als 10000 Einwohnern mit wenigstens 2 Gehilfen selbständig betreibt, oder
c) zur Einkommensteuer u. s. w. veranlagt ist.

Da für beide Paragraphen die Ausdrücke „Eigentum“ und „Besitz“ einander gleichstehen, so ist der Hausbesitzer des § 16 ein Einwohner, der Eigentümer u. s. w. eines Wohnhauses ist. Steht das Eigentum an einem Wohnhause mehreren Personen zu, ist also ein Miteigentum vorhanden, so erstreckt sich zwar das Recht eines jeden Miteigentümers auf jeden Teil des Hauses; aber keiner von ihnen hat, da das Recht eines Jeden durch die Rechte der Uebrigen eingeschränkt ist, ein ganzes Haus. In der St.-Ordn. v. 30. V. 53 sind nun für die Ausübung des Bürgerrechts durch Miteigentümer keine besonderen Bestimmungen getroffen. Daß aber das Gesetz das von dem Besitz eines Wohnhauses abhängige, aktive und passive Wahlrecht der unbeschränkten Zahl von Mitbesitzern eines Hauses hätte einräumen wollen, ist weder nach dem Wortlaute der mitgeteilten Vorschriften, noch nach den bei der Beratung des Entwurfs der St.-Ordn. zu § 5 Nr. 4 gepflogenen Verhandlungen anzunehmen.

(Folgt eingehende Begründung, insbesondere auch aus der Entstehungsgeschichte der Landgem.-Ordn. v. 3. VII. 91.)

Nr. 2. Entsch. v. 9. XI. 1900 Nr. II 1475 (Pr.-V.-Bl. Bd. XXII S. 384).

St.-Ordn. v. 30. V 53 (G.-S. S. 261) § 5[4]b.

Zu den in § 5^{4b} der St.-Ordn. v. 30. V. 53 genannten Gehilfen können die Lehrlinge nicht gerechnet werden. Für die Auslegung des Wortes „Gehilfe" ist maßgebend der Begriff, der nach der damaligen Gesetzgebung damit verbunden wurde. Hierfür entscheidend ist nicht nur die Preuß.-Gew.-Ordn. v. 17. I. 45 (G.-S. S. 41), die zwischen Gesellen und Gehilfen einerseits und Lehrlingen andererseits unterscheidet (s. namentl. §§ 134, 138, 146 mit den Inhaltsangaben in margine), sondern auch das damals geltende Ges. v. 30. V. 20 wegen Entrichtung der Gewerbesteuer (G.-S. S. 147), da bei den Bestimmungen der angegebenen Nr. 4 die Besitz-, Einkommens- und Steuerverhältnisse maßgebend sind. Das Gew.-St.-Ges. aber bestimmt in § 12:

„Gewerbesteuerfrei sind:

a) Handwerker, welche in der Regel nur um Lohn oder nur auf Bestellung arbeiten, ohne auch außer den Jahrmärkten ein offenes Lager von fertigen Waren zu halten, solange sie das Gewerbe nur für ihre Person oder mit einem erwachsenen Gehilfen und mit einem Lehrlinge betreiben."

Auch hier wird also der Lehrling von dem Gehilfen unterschieden.

Nr. 3. Entsch. Bd. XXXVIII S. 49 v. 30. XI. 1900 II B 33/1900.

Rh. St.-Ordn. v. 15. V. 56 (G.-S. S. 406) § 5.
Eink.-St.-Ges. v. 24. VI. 91 (G.-S. S. 175) §§ 74ff.

1. Wo sich das Bürgerrecht, abgesehen von sonstigen Voraussetzungen, auf einen bestimmten Steuersatz stützt, kann von einer Aufnahme in die Wählerliste nur dann die Rede sein, wenn der Zensit thatsächlich zur Steuer veranlagt ist. Unter einem Steuersatz ist nur die von der berufenen Behörde festgesetzte Steuer zu verstehen. Der Steuersatz ist der äußerliche Anhalt, der Nachweis für die Leistungsfähigkeit, die der Gesetzgeber bei der Bestimmung eines Zensus im Auge gehabt hat.

2. Es müssen aber alle Bedingungen des Bürgerrechts zur Zeit des Offenliegens der Wahlliste erfüllt sein. Hat zu dieser Zeit eine Veranlagung zur Steuer entsprechend dem Zensus stattgefunden, so hat der Zensit auch Anspruch auf Aufnahme in die Liste. Dagegen fehlt es an diesem Rechtsgrunde bei allen denjenigen, die steuerfrei veranlagt oder übergangen sind oder bei denen die Veranlagung noch nicht abgeschlossen oder wegen weiterer Ermittelungen ausgesetzt ist. Daß ein solcher Rechtszustand zu Unbilligkeiten führen kann, ist freilich zuzugeben. Das Gesetz, wie es einmal gegeben ist, gestattet aber keine Abweichung, und es kann Personen, die sich in der letztbezeichneten Lage befinden, nur überlassen bleiben, Anträge bei den Veranlagungsbehörden zu stellen, um eine Veranlagung noch rechtzeitig zu erwirken.

Nr. 4. Entsch. Bd. XXXVIII S. 33 v 22. X. 1900 II B 2/1900.

Eink.-St.-Ges. v. 24. VI. 91 (G.-S. S. 175) §§ 77, 85.
Schl.-Holst. St.-Ordn. v. 14. IV. 69 (G.-S. S. 589) § 7c[4].

1. Der nach seiner Entstehung, seiner Wortfassung und seinem Aufbau zu erheblichen Zweifeln über die Bedeutung des dritten Abs. Anlaß gebende § 77

des Eink.-St.-Ges. v. 24. VI. 91 gilt, abgesehen von den Hohenzollerschen Landen und der Insel Helgoland, für den Umfang der ganzen Monarchie, insbesondere also auch für die Provinz Schleswig-Holstein nur in seinem ersten Absatze. Dagegen ist der Geltungsbereich des zweiten und dritten Absatzes auf die Rheinprovinz beschränkt.

(Folgt sehr eingehende Beweisführung aus der Entstehungsgeschichte des Gesetzes in Abweichung von dem in einer Entsch. v. 26. V. 99 bezüglich des Statutarrechts in der Stadt E. eingenommenen entgegengesetzten Standpunkte.)

2. Demgemäß ergiebt sich folgender Rechtszustand für die Städte der Provinz Schleswig-Holstein:

Zu unterscheiden sind diejenigen Städte, die den Erwerb des Wahlrechts an ein Einkommen geknüpft haben, von denjenigen, die anstatt eines Einkommens einen Klassensteuersatz beschlossen haben.

Für jene ergiebt sich, daß der erste Absatz der lit. c. Nr. 4 des § 7 der St.-Ordn. keine Aenderung erfahren, daß vielmehr die Autonomie der Städte mit Zensus in Form eines Einkommensbetrages weder durch Ges. v. 25. V. 73 (G.-S. S. 213) noch durch das Eink.-St.-Ges. v. 24. VI. 91 eine Einschränkung erfahren hat.

Was die Städte der zweiten Gattung anlangt, so stand zur Zeit des Erlasses der St.-Ordn. das Ges., betreffend die Einführung einer Klassen- und klassifizierten Einkommensteuer, vom 1. V. 51 (G.-S. S. 193) in Geltung. Es teilte die Klassensteuer in Stufen und Unterstufen, für die sich entsprechend feste Beträge herausgebildet hatten. In der Minst.-Inst. v. 1. V. 67 (M.-Bl. S. 265, § 29) sind jene Beträge für 200 bis 250 Thaler auf 4 Thaler, für 400 bis 500 Thaler auf 10 Thaler beziffert. Wo daher durch Statut ein Klassensteuersatzzensus von 4 Thalern bestand, gab bei richtiger Veranlagung schon ein Einkommen von 200 Thalern das Wahlrecht. Da nun das Ges. betr. Abänderung des Klassensteuerges. v. 25. V. 73 (G.-S. S. 213) den Satz von 4 Thalern erst für Einkommen von 300 bis 350 Thalern einführte, würde die bloße gesetzliche Steuersatzänderung allen Zensiten mit einem Einkommen von 200 bis 300 Thalern ihr Wahlrecht genommen haben. Dem trat der § 9b des Ges. v. 25. V. 73 mit einer doppelten Bestimmung entgegen. Einmal setzte er überall den Satz von 4 Thalern auf 2 Thaler herab und hob die Statuten auf, die einen höheren Klassensteuersatz zum Zensus gemacht hatten. Sodann aber gewährte er den Gemeiden ein neues Statutarrecht dahin, daß sie das Wahlrecht von der Veranlagung zur 2. bis 8. Steuerstufe — daß heißt mit einem Steuersatze von 2 bis 12 Thalern (Einkommen von 220 bis 600 Thalern) — abhängig machen durften. Daß diese Bestimmung gerade auch in der Proinz Schleswig-Holstein Gültigkeit haben sollte, wurde damals ausdrücklich festgestellt, wie es ja auch den Gesetzesworten entspricht (Sitzung des H.-H. v. 22. IV. 73 S. 382, 384, des A.-H. v. 9. V. 73 S. 1847, 1848, des H.-H. v. 14. V. 73 S. 590). Somit wurden durch das Ges. v. 25. V 73 in Schleswig-Holstein die statutarischen Steuersätze überall von 4 auf 2 Thaler ermäßigt, die mehr als 4 Thaler bedingenden Statuten aufgehoben und gleichzeitig ein neues jus statuendi mit den Sätzen von 2 bis 12 Thalern eingeführt. Diese Aenderung traf aber, wie gesagt, nicht die Städte mit einem Einkommenszensus, da ja die Einkommensnorm von der Tarifveränderung nicht berührt wurde, sondern nur diejenigen Städte, in denen ein Steuersatzzensus galt.

Der gleiche Vorgang wiederholte sich infolge der abermaligen Herabsetzung der Steuersätze im Jahre 1891. Diesmal trat nach § 77 Abs. 1 des Eink.-St.-Ges. an die Stelle der gesetzlichen und statutarischen Zensussätze von 6 Mk. der nunmehr dem Einkommen von mehr als 660 bis 900 Mk. entsprechende Satz von 4 Mk, Dagegen fehlt es — bei der Beschränkung der letzten beiden Absätze des § 77 auf das Rheinische Städtegebiet — an einer Neuregelung des jus statuendi für Schleswig-Holstein. Die Bestimmung des § 9b des Ges. v. 25. V. 73 ist zugleich mit dem ganzen Ges. v. 25. V. 73 durch den § 85 des Eink.-St.-Ges. aufgehoben worden (vgl. E.-O.-V. Bd. XXXIII S. 72). Mit dieser Aufhebung ist natürlich nicht das bereits vorher — durch das Ges. v. 25. V. 73 — außer Kraft gesetzte jus statuendi des letzten Absatzes in § 7 der dortigen Städteordnung wieder aufgelebt, sondern es ist eine Lücke entstanden. Die Städte, die einen Satzzensus eingeführt haben, haben demnach kein autonomes Recht mehr, einen anderen Satz als Zensus zu nehmen. Es würde ihnen also, wenn eine Aenderung beliebt wird, nur übrig bleiben, von dem unberührt gebliebenen Rechte bezüglich des Einkommenszensus Gebrauch zu machen. Mithin folgt aus der Beschränkung jener Gesetzesvorschriften auf die Rheinprovinz, bis zur anderweitigen gesetzlichen Regelung des Kommunalwahlrechts, der Rechtszustand, daß Statuten mit einem Satzzensus von 6 Mk. eine Herabsetzung des Zensus auf 4 Mk. erfahren haben, hinsichtlich jeden anderen Satzes aber mit den § 76 des Eink.-St.-Ges. bestimmten Aenderungen erhalten geblieben sind und weitere Aenderungen des hiernach bestehenden Satzes nicht mehr vorgenommen werden können. Für jede Stadt ist also bei der Spaltung des Statutarrechts besonders zu untersuchen, welche Entwickelung die Lokalgesetzgebung genommen hat.

Diese Wirkung der Gesetzgebung ist erst mit dem 1. IV. 92 eingetreten. Denn die §§ 76ff. setzen, wenngleich das Eink.-St.-Ges. schon am 30. VII 91 in Kraft getreten ist (vgl. E.-O.-V. Bd. I S. 224) voraus, daß die bisherigen Steuersätze ihre Wirkung verloren haben, wie denn auch die im dritten Absatze des § 85 des Eink.-St.-Ges. aufgeführten Ges. erst am 1. IV. 92 außer Kraft getreten sind.

Nr. 5. Entsch. Bd. XXXVIII S. 69 v. 16. X. 1900 II C 279/99.

Westf. St.-Ordn. v. 19. III. 56 (G.-S. S. 237) § 5.
Ges. v. 14. V. 60 (G.-S. S. 237), betr. das städtische Einkaufs-, Bürgerrechts- und Einzugsgeld, §§ 2, 9.

Die Anforderung des Bürgerrechtsgeldes nach Maßgabe des Ges. v. 14. V. 60 hat nicht zur Voraussetzung, daß der zur Zahlung Aufgeforderte zur Zeit der Inhebungsstelle noch Bürger ist. Vielmehr kann, wenn der Herangezogene zu dieser Zeit wieder aufgehört hat, Bürger zu sein, der Heranziehung nur mit dem Einwande der Verjährung begegnet werden.

Nr. 6. Entsch. v. 9. XI. 1900 Nr. II 1475 (Pr.-V.-Bl. Bd. XXII S. 384).

Ges. v. 14. V. 60 (G.-S. S. 227) betr. das städtische Einzugs-, Bürgerrechts- und Einkaufsgeld, §§ 5, 7.
Mil.-Kirchenordnung v. 12. II. 32 (G.-S. S. 69) §§ 109ff.

1. Gemäß § 5 des Ges. v. 14. V. 60 sind befreit vom Einzugsgelde, was nach § 7 des Ges. auch für das Bürgerrechtsgeld gilt:

> Die unmittelbaren oder mittelbaren Staatsbeamten, die Lehrer und die Geistlichen, welche gemäß dienstlicher Verpflichtung ihren Wohnsitz in der Stadt nehmen.

2. Unter „Lehrern“ sind nur die an öffentlichen Schulen angestellten Lehrer zu verstehen. Denn nur bei ihnen trifft die Voraussetzung zu, daß sie gemäß dienstlicher Verpflichtung ihren Wohnsitz in der betreffenden Stadt nehmen. Auch spricht dafür die Gleichstellung mit den Staatsbeamten und der Umstand, daß auch sonstige Vorrechte in Bezug auf die Verpflichtung

zu Gemeindelasten nur den an öffentlichen Schulen angestellten Lehrern zugebilligt sind (vgl. z. B. östl. St.-Ordn. v. 30. V. 53 § 4, Westf. St.-Ordn. v. 19. III. 56 § 4, Rh. St.-Ordn. v. 15. V. 56 § 4), während kein genügender Grund für die Freilassung der Privatlehrer vorlag.

3. Den bei Militärkirchengemeinden angestellten Küstern steht ebenfalls eine Befreiung vom Bürgerrechtsgeld nicht zu. Daß das, was in dieser Beziehung von den Geistlichen gilt, nicht auf die Küster und diesen gleichstehende Bedienstete ausgedehnt werden kann, bedarf keiner weiteren Ausführung. Ebensowenig sind sie zu den Staatsbeamten zu zählen. Namentlich sind sie nicht Beamter der Militärverwaltung, sondern der Militärkirchengemeinde (vgl. E.-O.-V. Bd. XVIII S. 121). Die besondere Stellung, die sie als solche einnehmen, ergiebt sich aus den §§ 109 ff. der Mil.-Kirchen-Ordn. v. 12. II. 32, in denen der Militärküster als „Kirchendiener" bezeichnet wird.

B. Stadtverordnetenversammlung.

1. Wahlangelegenheiten.

Nr. 1. Entsch. v. 12. X. 1900 Nr. II 1331 (Pr.-V.-Bl. Bd. XXII S. 286).
St.-Ordn. v. 30. V. 53 (G.-S. S. 261) §§ 16, 22, 23—26.

1. Keine einzelne Privatperson und keine Partei hat ein Recht darauf, daß ihr von der städtischen Behörde eine Abschrift der Liste der Stimmfähigen erteilt oder Abschriftnahme gestattet werde. Gelangt durch ein unzulässiges Verfahren eines Beamten solche Abschrift in fremden Besitz, so ist das eine eventuell von der Aufsichtsbehörde zu rügende Ungehörigkeit.

2. Der Vorschrift im § 23 der St.-Ordn. bezüglich schriftlicher Einladung zur Wahl ist genügt, sobald die Einladungsschreiben zur Absendung gelangt sind, mag die schriftliche Einladung an Stelle der öffentlichen Bekanntmachung oder neben ihr zur Anwendung kommen. Es kommt somit nicht darauf an, ob und eventuell welcher Teil der Einladung als unbestellbar zurückgekommen ist.

3. Der Einwand, daß städtische Polizeibeamte in Uniform während der Dienststunden säumige Wähler in den Wohnungen aufgesucht und zur Erfüllung der Wahlpflicht aufgefordert hätten, ist nur dann erheblich, wenn gleichzeitig behauptet wird, daß auf die betreffenden Wähler ein ihre freie Willensmeinung bei der Stimmabgabe beengender Druck ausgeübt sei.

4. Der Grundsatz, daß die nach der Offenlegung formell festgestellte Wählerliste die unabänderliche Grundlage der Wahlen bildet (vgl. E.-O.-V. Bd. XXXI S. 9), schließt nicht aus, daß für den Gebrauch in den Wahlterminen der einzelnen Abteilungen eine Abschrift (Auszug) dient. Es muß dann aber eine mit der Urschrift übereinstimmende Abschrift vorliegen. Im vorliegenden Falle war eine davon abweichende Abschrift benutzt, was zur Folge hatte, einmal, daß nicht an alle Stimmfähigen, nämlich nicht an die in der Abschrift Ausgelassenen die herkömmliche schriftliche Einladung abgesendet, sodann, daß nicht alle erschienenen Stimmberechtigten zur Wahl zugelassen waren. Mag eine solche Unregelmäßigkeit auch nicht unter allen Umständen die Wahlhandlung nichtig machen, so fällt doch in das Gewicht, daß ihr Einfluß auf die Gestaltung und Entwickelung des Wahlergebnisses mit rechnerischer Bestimmtheit selten festzustellen

sein wird und, soweit sie in einen unbestimmbaren Kreis von Beteiligten hinübergreift, nur mit einer gewissen Wahrscheinlichkeit zu ermessen sein wird. Deshalb wird über solche Unregelmäßigkeiten nur ausnahmsweise und nur dann hinweggegangen werden können, wenn eine Einwirkung auf das ermittelte Ergebnis der Wahl als den Ausdruck des freien Willens der Wahlberechtigten für ausgeschlossen zu erachten ist. Zu dieser Feststellung bedarf es der Gegenüberstellung der Wähler, die gültige Stimmen abgegeben haben, der hiernach berechneten Mehrheitszahlen und derjenigen — bei der Feststellung der absoluten Stimmenmehrheit mitzuzählenden — Wähler, die ohne die Unregelmäßigkeit möglicherweise gestimmt hätten, während auch davon auszugehen ist, daß sie zu Gunsten eines Gegners der als gewählt proklamierten Personen gestimmt haben würden.

5. Mehrere in einem Wahlverfahren von einem Wähler abgegebene Stimmen dürfen deshalb, weil dieser Wähler nicht soviel wählbare Personen, als gewählt werden sollen, bezeichnet hat, oder weil er neben wählbaren auch nicht wählbare Personen bezeichnet hat, nicht für ungültig erklärt werden. Dazu kommt, daß das Erfordernis der Wahrung der in den §§ 16, 22 der St.-Ordn. vorgeschriebenen Anzahl von Hausbesitzern für jede Wahlabteilung nur eine relative, erst nach dem Wahlergebnis zu beurteilende Nichtwählbarkeit bewirkt. Weiter wird durch die Vorschrift im § 26 Abs. 1 a. a. O., daß von mehreren Personen, die die absolute Stimmenmehrheit erhalten haben, die durch die meisten Stimmen Bezeichneten gewählt seien, die Reihenfolge bestimmt, in der sie als gewählt für den Fall angesehen werden sollen, daß sie nicht sämmtlich Aufnahme in die Stadtverordnetenversammlung finden können. Sind also 2 Stadtverordnete und darunter ein Hausbesitzer zu wählen und haben zwei Nichthausbesitzer die absolute Mehrheit und die meisten Stimmen erhalten, so ist die Wahl dessen, der von den Beiden die meisten Stimmen erhalten hat, gültig, die des Zweiten aber ungültig. (Vgl. E.-O.-V. Bd. XXXII S. 9, Bd. XIV S. 67.)

Nr. 2. Entsch. v. 11. XII. 1900 Nr. II 1613 (Pr.-V.-Bl. Bd. XXII S. 240).
St.-Ordn. v. 30. V. 53 (G.-S. S. 261) §§ 20ff.

Der Vorschrift des § 20 Abs. 2 der St.-Ordn., wonach die Wählerliste zur öffentlichen Kenntnis offenzulegen ist, wird genügt, wenn die Wählerliste jedem zur Einsichtnahme Berechtigten zugänglich gemacht wird. Dies ist auch dann der Fall, wenn die Liste unter Verschluß gehalten und den Interessenten auf Verlangen vorgezeigt wird; ebenso dann, wenn sie nicht einmal auf dem gewöhnlichen Platze liegt, sondern sich zeitweise in einem nicht verschlossenen Fache befindet. Sollte sie einmal während kurzer Zeit verlegt gewesen sein, so würde auch das unerheblich sein, sofern nicht infolge dieses Umstandes irgend ein Interessent an der Einsichtnahme gehindert ist. Eine unzulässige Beschränkung der Einsichtnahme würde dagegen vorliegen, wenn die Interessenten sich nur davon hätten überzeugen dürfen, ob ihr eigener Name in der Liste stehe.

2. Eine Bekanntmachung des Wahltermins in der für sonstige Bekanntmachungen üblichen Weise kann auch dort erfolgen, wo bisher schriftliche Einladung zu den Wahlen üblich war. Nach § 23 der St.-Ordn. sind die Wähler zwei Wochen vor der Wahl mittels schriftlicher Einladung oder ortsüblicher Bekanntmachung zu berufen. Es genügt also, daß die eine oder die andere Art der Berufung rechtzeitig erfolgt ist. Im vorliegenden Falle gab der Beklagte zu, daß öffentlicher Ausruf die gewöhnliche Art der Bekanntmachung sei, und behauptet nur, daß die Berufung zu den

Wahlen seit längeren Jahren schriftlich erfolgt sei. Dieser Umstand nötigt aber nicht zu der Annahme, daß die schriftliche Einladung bei den Wahlen die ortsübliche Bekanntmachung ist. Allerdings kann in derselben Gemeinde die Art der ortsüblichen Bekanntmachung nach dem Gegenstande der letzteren verschieden sein. Aber aus der Behauptung des Beklagten folgt nur, daß man bisher den Wahltermin nicht in ortsüblicher Weise bekannt gemacht, sondern von der durch die St.-Ordn. alternativ gegebenen Befugnis, schriftlich einzuladen, Gebrauch gemacht hat. Nichts hindert aber, in irgend einem Falle von dieser Art der Berufung abzusehen und statt dessen die Aufforderung in ortsüblicher Weise, d. h. hier mittels Ausrufs, ergehen zu lassen.

3. Die Personen, die in die Wählerliste aufgenommen worden, sind befugt, an der Wahl teilzunehmen, falls hinsichtlich ihrer kein Einspruch erfolgt ist.

Nr. 3. Entsch. v. 19. X. 1900 Nr. II 1372 (Pr.-V.-Bl. Bd. XXII S. 239).
Rh. St.-Ordn. v. 15. V. 56 (G.-S. S. 406) §§ 13, 14.

Daraus, daß in einem Eingemeindungsvertrage bestimmt ist, daß eine der bisherigen getrennten Gemeinden einen besonderen Wahlbezirk bei den Stadtverordnetenwahlen bilden solle und daß die von diesem Bezirk zu wählenden Stadtverordneten ihren Wohnsitz im Bezirk haben müßten, folgt für die Wahlbezirke im Gebiet der andern bisher selbstständigen Gemeinde nicht, daß auch in ihnen nur Stadtverordnete, die dort ihren Wohnsitz haben, gewählt werden dürfen.

Auch wenn im Einzelfalle von der Befugnis des § 13 Abs. 2 der Rh. St.-Ordn.[1]) Gebrauch gemacht wird, können in den einzelnen Bezirken Personen gewählt werden, die in einem anderen Bezirke wohnen, sofern nicht der Bezirksausschuß nach Vorschrift des § 14 etwas anderes bestimmt hat.

Nr. 4. Entsch. v. 16. IV. 1901 Nr. II 626 (C.-Bl.-U.-V. S. 906).
St.-Ordn. v. 30. V. 53 (G.-S. S. 261) § 17³.

Für die Entscheidung der Frage, ob ein Lehrer von der Wählbarkeit zum Stadtverordneten auszuschließen, ist nicht die Art des von ihm zu erteilenden Unterrichts, sondern der Charakter der Schule maßgebend, bei der er angestellt ist. Unter den Elementarschulen aber sind nur die der allgemeinen Schulpflicht dienenden und über die Endziele des obligatorischen Volksschulunterrichts nicht hinausgehenden Schulen zu verstehen. (E.-O.-V. Bd. XII S. 197, Bd. XIV S. 70, Bd. XVII S. 157, Bd. XVIII S. 176, Bd. XX S. 120, Bd. XXIII S. 87.)

2. Amtsgeschäfte.

Nr. 1. Entsch. v. 14. VI. 1901 Nr. II 998 (Pr.-V.-Bl. Bd. XXIII S. 138).
Rh. St.-Ordn. v. 15. V. 56 (G.-S. S. 406) §§ 36, 53.
Zust.-Ges. § 15.

Eine von der Stadtverordnetenversammlung vorgenommene Wahl von zwei Sparkassenmitgliedern ist vielleicht nicht als Beschluß im Sinne des § 36 der Rh. St.-Ordn., jedenfalls aber als Beschluß im Sinne des § 15 Zust.-Ges. anzusehen und kann deshalb beanstandet werden.

---

[1]) „Enthält eine Stadtgemeinde mehrere Ortschaften, so kann dieselbe mit Rücksicht hierauf in Wahlbezirke eingeteilt werden."

Im vorliegenden Falle hatte der Bürgermeister den Beschluß der Versammlung, in geheimer Wahl durch Stimmzettel zu wählen nicht gebilligt und erklärt, „daß er solche Wahl, weil ungesetzlich, hiermit beanstande." Die Versammlung nahm gleichwohl die Wahl vor und der Bürgermeister beanstandete nunmehr den Beschluß, „durch welchen die Wahl — — erfolgte." Das O.-V.-G. erklärte die Beanstandung für zulässig, auch wenn in ihr nur eine Beanstandung der Wahl selbst gefunden werden sollte, und für gerechtfertigt, da die von dem Bürgermeister mündlich geschehene Beanstandung des Beschlusses nicht beseitigt war, eine Wahl auf Grund dieses Beschlusses also garnicht vorgenommen werden konnte.

Nr. 2. Entsch. Bd. XXXIX S. 47 v. 19. II. 1901 II B 36/1900.
Hess.-Nass. St.-Ordn. v. 4. VIII. 97 (G.-S. S. 254) § 88.

Zum Nachweise einer Beanstandungsverfügung im Sinne des § 88 der Hess.-Nass. St.-Ordn. gegenüber einem Beschlusse der Stadtverordnetenversammlung ist es nicht gerade unabweislich notwendig, daß die Verfügung, der die Eigenschaft einer Beanstandungsverfügung beigemessen werden soll, sich des Ausdrucks der Beanstandung selbst bedient, obschon dies zur Vermeidung späterer Unzuträglichkeiten niemals unterbleiben sollte. Vielmehr wird jede einfache Verfügung, die in dem Adressaten keinen Zweifel daran aufkommen lassen kann, daß durch sie eine Beanstandung erfolgen solle, als ausreichend angesehen werden können, um dagegen ein Vorgehen im Wege der Klage zu ermöglichen. (Vgl. E.-O.-V. Bd. XXI S. 32.) Wesentlich ist nur, daß in der Verfügung die Absicht der Beanstandung inhaltlich zum klaren Ausdrucke gelangt. Das ist nicht der Fall, wenn der Magistrat den „Beschluß" lediglich als eine für ihn nicht verbindliche Meinungsäußerung angesehen hat.

C. Magistrat, Gemeindebeamte, städtische Deputationen.

Litteratur: Jebens, die Instruktion für die Stadtmagistrate vom 25. Mai 1835 nach neuestem Recht, Berlin 1901.

Nr. 1. Entsch. v. 8. I. 1901 Nr. II 41 (Pr.-V.-Bl. Bd. XXII S. 324).
St.-Ordn. v. 30. V. 53 (G.-S. S. 261) §§ 37, 44, 56—58, 69.

1. Ein Bürgermeister, der von der Gemeinde wegen Schadensersatzleistung in Anspruch genommen, hat sich aller Amtshandlungen, die auf diesen, sein persönliches Interesse angehenden Rechtsstreit von Einfluß sein können, zu enthalten (vgl. E.-O.-V. Bd. IV S. 328, Bd. XVI S. 357, Bd. XXIII S. 212).

2. Ein mit der Führung eines Prozesses für die Stadtgemeinde beauftragtes Magistratsmitglied (Anwalt) darf an der Abstimmung über Angelegenheiten, die den Prozeß betreffen, teilnehmen, insofern sein besonderes Privatinteresse durch die Magistratsabstimmung nicht berührt wird.

Mit seiner auf Grund des § 44 Abs. 2 der St.-Ordn. erfolgten Bestellung zum Anwalt der Stadtgemeinde hinsichtlich der Führung des Prozesses tritt der Anwalt an die Stelle des Magistrats, der sonst seinerseits nach § 56 Nr. 5 und 8 der St.-Ordn. die Gemeinde in Rechtsstreitigkeiten zu vertreten hat. Alle in Ausführung des erhaltenen Auftrages von dem Anwalt pflichtgemäß unternommenen Geschäfte berühren daher das städtische Interesse und nötigen den Genannten als Mitglied des Magistrats nicht, bei einer den Prozeß betreffenden Beratung und Abstimmung sich der Teilnahme nach § 57 Abs. 3 der St.-Ordn. zu enthalten. In beiden Eigenschaften hat er den Vorteil der Stadt wahrgenommen, sodaß sein **Privatinteresse bei dem Magistratsbeschlusse** nicht berührt ist.

3. Unter Berufung auf § 58 der St.-Ordn., der den **Bürgermeister zur Leitung und Beaufsichtigung der städtischen Verwaltung** beruft, kann **das den Stadtverordneten im** § 37 der St.-Ordn. **ausdrücklich eingeräumte Recht der Kontrolle der Verwaltung nicht eingeschränkt** werden.

Gemäß § 37 der St.-Ordn., welcher lautet:

„Die Stadtverordneten-Versammlung kontrolliert die Verwaltung. Sie ist daher berechtigt, sich von der Ausführung ihrer Beschlüsse und der Verwendung aller Gemeinde-Einnahmen Ueberzeugung zu verschaffen. Sie kann zu diesem Zwecke von dem Magistrat die Einsicht der Akten verlangen und Ausschüsse aus ihrer Mitte ernennen, zu welchen der Bürgermeister ein Mitglied des Magistrats abzuordnen befugt ist."

ist der Stadtverordnetenversammlung ein Recht der Kontrolle über die Verwaltung des Gemeinwesens eingeräumt. Als ein Ausfluß dieses Rechts ist **die von der Stadtverordnetenversammlung vorgenommene Wahl zweier Revisoren** zur erneuten Durchsicht der der Gemeindevertretung sonst nach § 69 der St.-Ordn. zugänglichen Jahresrechnung und der Beläge um so mehr anzusehen, als auch der Prozeß, zu dessen Durchführung die Durchsicht in Aussicht genommen ist, jenem Rechte seine Entstehung verdankt. Damit der Magistrat sich von der zweckdienlichen Ausübung dieser Befugnis Kenntnis verschaffe, kann die **Abordnung eines Magistratsmitgliedes** zu dem betreffenden Ausschusse erfolgen. Darüber hinaus an Stelle der von den Stadtverordneten ernannten Personen andere zu bezeichnen, ist dem Bürgermeister versagt. Wenn man sich für seine gegenteiligen Ausführungen auf den § 58 der St.-Ordn. stützt, der den Bürgermeister zur Leitung und Beaufsichtigung des ganzen Geschäftsganges der städtischen Verwaltung beruft, so kann vermittelst dieser Vorschrift nicht der Inhalt des den Stadtverordneten ausdrücklich eingeräumten Kontrollrechts geschmälert werden; ebensowenig wird dadurch dem — jene Thätigkeit für sich und nicht für seinen gesetzlichen Stellvertreter in Anspruch nehmenden — Magistratsdirigenten die Einwirkung auf einen Civilprozeß gestattet, an dem er in der Rolle eines Mitbeklagten beteiligt ist.

Nr. 2. Entsch. Bd. XXXIX S. 47 v. 19. II. 1901 II B 36/1900.

Hess.-Nass. St.-Ordn. v. 4. VIII. 97 (G.-S. S. 254) § 61,
Ges. v. 30. VII. 99 (G.-S. S. 141) betr. die Anstellung und Versorgung der Kommunalbeamten, § 8.

1. Die auf **Beamte der städtischen Betriebsverwaltungen** sich beziehende Vorschrift im § 61 Nr. 6 der Hess.-Nass. St.-Ordn. v. 4. VIII. 97 ist nicht etwa nur auf solche Gemeindeveranstaltungen anwendbar, mit denen ein **technischer Betrieb verbunden** ist. Für eine so enge Auslegung bietet das Gesetz keinen Anhalt. Weder die Hess.-Nass. St.-Ordn., noch das in der besagten Richtung dieser St.-Ordn. folgende Ges. v. 30. VII. 99, betr. die Anstellung und Versorgung der Kommunalbeamten, giebt eine **Abgrenzung des Begriffs der Betriebsverwaltungen**. Es ist jedoch bei Beratung des letzteren Ges. über die Auslegung des Begriffs im allgemeinen Einverständnis dahin erzielt worden, daß, abgesehen von besonderen Umständen des Einzelfalls, eine **Betriebsverwaltung** überall da angenommen werden kann, wo ein abgesondertes wirtschaftliches Unternehmen oder **eine abgesonderte wirtschaftliche Verwaltung der Stadt mit eigenem Personale** besteht, und diese Voraussetzungen können bei dergleichen Veranstaltungen (Sparkassen) ohne Zweifel zutreffen.

Es steht nichts im Wege, dieselben Grundsätze auch für die Auslegung des § 61 der Hess.-Nass. St.-Ordn. zu verwerten, da, wie bereits angedeutet, die Vorschrift im § 8 des Ges. v. 30. VII. 99 der entsprechenden jener St.-Ordn. nachgebildet ist.

D. Gemeindeholzungen und Gemeindeanstalten.

Nr. 1. Entsch. Bd. XXXVIII S. 52 v. 7. XII. 1900 II B 21/1900.

Zust.-Ges. § 18.

1. Zu dem Vermögen der Stadtgemeinde W. gehört die sogenannte Bürgerforst, deren Nutzungen ehedem lediglich 628 Bürgern, nämlich den sogenannten Reihehausbesitzern überlassen waren. Die alljährlich vorgenommene Naturalteilung des gewonnenen Holzes wurde im Laufe des 19. Jahrhunderts in eine Verteilung des aus dem Holzverkauf erzielten Erlöses umgewandelt, im Jahre 1867 aber durch den von der Gräflich Stolberg'schen Regierung am 27. IX. 67 genehmigten Gemeindebeschluß v. 20. VIII. 67 dahin geregelt, daß vom Jahre 1868 ab die nach Deckung aller Ausgaben verbleibenden Ueberschüsse der Bürgerforstkasse zu einer Hälfte an die berechtigten Hausbesitzer nach gleichen Teilen für jedes einzelne Haus verteilt werden, zur anderen Hälfte in die Kämmereikasse fließen sollten. Beide Beschlüsse, sowohl der die Naturalteilung abschaffende, als der die Teilnahmerechte der Reihehausbesitzer beschränkende, wurden von den Stadtverordneten gefaßt und vom Magistrate genehmigt. Im Jahre 1894 verlangte eine größere Anzahl von Reihehausbesitzern, unter ihnen auch der jetzige Berufungskläger, daß die frühere Verteilungsart wiederhergestellt, d. h. jedem Reihehausbesitzer der volle auf ihn entfallende Teilbetrag der Nutzungen gewährt werde. Der Antrag wurde an den Magistrat und an die Stadtverordnetenversammlung gerichtet und lautet wörtlich, wie folgt:

> unter Aufhebung des Beschlusses v. 20. VIII. 67 den früheren Verteilungsmodus bezüglich der Nutzungen aus dem Bürgerforst wiederherzustellen.

Der Magistrat lehnte diesen Antrag ab.

2. Das O.-V.-G. entschied, daß das Verwaltungsstreitverfahren § 18 Zust.-Ges. hier überhaupt nicht zulässig sei.

Der bei den städtischen Körperschaften gestellte Antrag, gewisse den Antragstellern ungünstige Beschlüsse über die Teilnahme an den Nutzungen des Gemeindevermögens einer erneuten Prüfung zu unterziehen und, wenn thunlich, wieder zu beseitigen, ist weder eine Beschwerde noch ein Einspruch im Sinne des § 18 des Zust.-Ges. Ebensowenig läßt sich eine hierauf erteilte verneinende Antwort des Magistrats als ein Beschluß im Sinne jener Gesetzesvorschrift ansehen.

3. Ob und inwieweit gewisse, im letzten Grunde auf der Zugehörigkeit zur Gemeinde beruhenden, Rechte auf das Gemeindevermögen begründet sind, bestimmt sich nach der jeweiligen Ortsverfassung zur Zeit der Geltendmachung des Anspruchs auf die Nutzungen, der je nach Inhalt der Ortsverfassung in jedem Jahre neu entsteht. Die Ortsverfassnng aber kann nicht durch Verjährung, sondern, abgesehen von Gemeindebeschlüssen, die formell und inhaltlich den an sie zu stehenden Anforderungen entsprechen, und abgesehen von einem Wechsel der Gesetzgebung, nur durch Observanz abgeändert werden. Für das Recht der Städte kommen neben dem geschriebenen Rechte in gewissen Fällen ungeschriebene Normen in Betracht. Es können sich innerhalb der einzelnen Stadtgemeinden für solche Verhältnisse, auf die die Gesetze

besonders verweisen oder die sie unentschieden gelassen haben, Gewohnheiten oder Observanzen herausbilden, die je nachdem sie sich gestaltet und entwickelt haben, objektives Recht schaffen. Voraussetzung einer solchen örtlichen Observanz oder Gewohnheit ist die Rechtsüberzeugung, die sich unter den Teilnehmern einer gewissen Gemeinschaft, einer bestimmten Klasse von Personen an einem bestimmten Orte gebildet hat, und die Erfordernisse, welche die Lehre für die Gültigkeit einer ungeschriebenen Rechtsnorm verlangt, sind: Mehrere Handlungen, Gleichförmigkeit derselben, ununterbrochene Wiederholung bei den dazu vorkommenden Gelegenheiten durch eine längere Reihe von Jahren, und zwar auf Grund einer allgemeinen Rechtsansicht (opinio juris seu necessitatis) (vgl. E.-O.-V. Bd. V S. 159, 160, Bd. VII S. 146, Bd. XXIV S. 102).

Nr. 2. Entsch. Bd. XXXVIII S. 58 v. 11. I. 1901 II B 18/1900.

Ges. v. $\frac{\text{18. III. 68 (G.-S. S. 227)}}{\text{9. III. 81 (G.-S. S. 273)}}$ §§ 1, 2, 6.

Zust.-Ges. § 18.

1. Die Rechtshilfe des § 18 Nr. 1 des Zust.-Ges. hinsichtlich des Rechts zur Mitbenutzung der öffentlichen Gemeindeanstalten ist auch da gegeben, wo zwar nicht die Mitbenutzung als solche streitig gemacht, wohl aber darüber gestritten wird, ob gewisse für das Mitbenutzungsrecht aufgestellte Bedingungen oder Modalitäten berechtigt sind oder nicht.

2. Der Betrieb eines von einer Gemeinde auf Grund des Gesetzes vom $\frac{\text{18. III. 68}}{\text{9. III. 81}}$ errichteten, öffentlichen Schlachthauses bedarf der näheren Regelung des Verkehrs daselbst, und jede Gemeinde, die ein öffentliches Schlachthaus unterhält, ist berechtigt, durch Erlaß einer Schlachthofordnung (Reglement, Regulativ) für einen ordnungsmäßigen Betrieb in dem Schlachthause Fürsorge zu treffen, damit jeder, der in dem Schlachthause Schlachtungen vornehmen will, zu seinem Rechte kommt, soweit dies unter Achtung der gleichen Rechte aller übrigen Interessenten thunlich und ausführbar ist. Derartige, den inneren Verkehr auf dem Schlachthofe regelnde Normativbestimmungen bedürfen weder der statutarischen Regelung noch einer Genehmigung der Aufsichtsbehörde.

Insbesondere fällt eine solche Schlachthofordnung nicht unter die Vorschriften in §§ 1 und 2 des genannten Gesetzes.

Die a. a. O. den Gemeinden gegebenen Befugnisse gehen weit hinaus über das, was man unter kommunaler Autonomie zu verstehen gewohnt ist, und sind zum großen Teile polizeiliche Machtbefugnisse von einschneidender und weittragender Bedeutung, wie beispielsweise, abgesehen von dem Schlachtzwange in § 1, die Ermächtigung zu den Verboten, daß das nicht im Schlachthaus ausgeschlachtete frische Fleisch vor Vornahme einer Untersuchung in dem Gemeindebezirke nicht feilgeboten werden darf, und daß in öffentlichen, im Eigentum und in der Verwaltung der Gemeinde stehenden Fleischverkaufshallen frisches Fleisch von Schlachtvieh nicht feilgehalten werden darf, wenn es nicht im öffentlichen Schlachthaus ausgeschlachtet ist (§ 2 Nr. 2 und 5). Die Befugnis zum Erlaß einer Schlachthausordnung findet keine Schranke in den §§ 1 und 2 des Schlachthausges. Sie beruht vielmehr auf dem Rechte der Gemeinde, über die Einrichtung und Benutzung der Gemeindeanstalten zu beschließen; sie liegt in der Natur der Sache, wie insbesondere auch aus dem naheliegenden Beispiel erhellt, daß, wenn mehrere Interessenten gleichzeitig dieselben Einrichtungen des Schlachthauses benutzen wollen, notwendig eine

Instanz gegeben sein muß, welche die Reihenfolge der Interessenten bestimmt. Ferner ist es selbstverständlich, daß nicht jeder im Schlachthause der Stadt beliebige Tiere schlachten darf. Das Schlachthaus ist in der Hauptsache nur bestimmt zur Schlachtung solcher Tiere, deren Fleisch nach allgemeiner Anschauung zur Ernährung des Menschen dient, und es leuchtet nicht minder ein, daß es zu den allergrößten Unzuträglichkeiten führen müßte, wenn es jedermann gestattet sein sollte, in einem öffentlichen Schlachthaus über die anzuwendende Schlachtmethode frei zu bestimmen.

3. Keine ein öffentliches Schlachthaus unterhaltende Gemeinde ist verpflichtet, die Anwendung des Schächtschnitts zu gestatten; vielmehr folgt ihre Berechtigung zu einem entsprechenden Verbot aus der Befugnis, Normativbestimmungen auch über die anzuwendende Schlachtmethode aufzustellen. Von einem Eingriffe in die durch § 1 R.-Gew.-Ordn. gewährleistete Gewerbefreiheit kann nicht die Rede sein, zumal letztere überhaupt kein Begriff von positivem Rechtsinhalt und noch viel weniger ein subjektives Recht, sondern nur die Negation gesetzlicher Beschränkungen der allgemeinen Handlungsfreiheit in Bezug auf die gewerbliche Thätigkeit ist. Geht sie aber dazu über, die ausnahmsweise Anwendung des Schächtschnitts zu gestatten, so müssen die näheren Modalitäten und der Umfang der Tödtung von Schlachttieren mittels des Schächtschnitts in gleicher Weise für alle, die Benutzung des Schlachthauses in Anspruch nehmenden Interessenten bestimmt sein, gleichviel welcher Religion sie angehören und ob sie das Schlachten gewerbsmäßig betreiben oder nicht. Ausnahmevorschriften zu Gunsten der jüdischen Schlächter oder einer Anzahl bestimmter Schlächter verletzen den Grundsatz der Parität und sind daher nicht rechtsgültig.

E. Gemeindehaushalt und Zwangsetatisierung.

Nr. 1. Entsch. Bd. XXXVIII S. 15 v. 12. VI. 1900 I A 15/99.

Polizeikostenges. v. 20. IV. 92 (G.-S. S. 87) §§ 1, 2.

1. Wenn im § 2 des Polizeikostenges. v. 20. IV. 92 unter den nach § 1 vom Staate zu übernehmenden Kosten der örtlichen Polizeiverwaltung auch „Fuhr- und Transportkosten" aufgezählt sind, so ist daraus nicht zu folgern, daß die infolge der Handhabung der örtlichen Polizeiverwaltung entstehenden Kosten für den Transport von Personen oder Sachen ohne Ausnahme dem Staate zur Last fallen. Vielmehr ist (vgl. E.-O.-V. Bd. XXVII S. 63 ff., S. 75 ff.) zu unterscheiden, ob die Kosten durch den polizeilichen Dienstbetrieb unmittelbar erwachsen oder erst infolge der verwaltenden Thätigkeit der Polizeibehörden, durch die Ausführung ihrer im Verwaltungswege gegen Dritte getroffenen Anordnungen, durch Herstellung polizeimäßiger Zustände in der Außenwelt entstehen.

Wollte man diesen Unterschied nicht machen, so würde man zu dem unannehmbaren Ergebnisse gelangen, daß in Fällen, wo die Polizeibehörde zur Herstellung eines polizeimäßigen Zustandes erforderliche bauliche Ausführungen selbst übernimmt, die dadurch erwachsenden, nicht einziehbaren Kosten verschieden zu beurteilen wären, je nachdem sie durch die Anschaffung und Verarbeitung von Baumaterial oder durch dessen Anfuhr erwachsen sind, was der Gesetzgeber unmöglich gewollt haben kann. Die Worte „Fuhr- und Transportkosten" im § 2 des Polizeikostenges. v. 20. IV. 92 sind daher einschränkend auszulegen und nur auf solche Kosten dieser Art zu beziehen, die durch den polizeilichen Dienstbetrieb entstehen, umsomehr als in der angeführten

Gesetzesstelle sonst ausschließlich Ausgaben aufgezählt sind, die durch Einsetzung und Unterhaltung des verwaltenden Personals und seine Ausrüstung mit dem zum Dienstbetrieb Erforderlichen an Materialien, Gebäuden und Gerätschaften oder doch durch die polizeiliche Thätigkeit unmittelbar erwachsen — eine Voraussetzung, die beispielsweise bei Polizeigefängnißkosten zutrifft.

2. Die Anordnung, daß ein gemeingefährlicher Geisteskranker in einer Irrenanstalt unterzubringen ist, hat den Zweck, etwaigen von dem Kranken zu erwartenden Störungen der öffentlichen Ordnung und Sicherheit vorzubeugen und die dem Publikum oder doch einzelnen Mitgliedern desselben, namentlich den Hausgenossen des Kranken drohende Gefahr abzuwenden. Sie ist sonach auf Herstellung eines polizeimäßigen Zustandes in gleicher Weise gerichtet, wie diejenigen polizeilichen Verfügungen, die die zwangsweise Heilung geschlechtskranker Prostituierten anordnen. Die durch ihre Ausführung erwachsenden Kosten sind also mittelbare Polizeikosten. Dies trifft nach E.-V.-G. Bd. XXVII S. 75 ff. unzweifelhaft bei den Kosten der Heilung und Verpflegung in der Irrenheilanstalt dann zu, wenn sie sich nicht als Armenpflegekosten kennzeichnen, gilt aber auch hinsichtlich der Kosten der Ueberführung nach der Anstalt. Denn auch diese stellt sich als Teil der Ausführung einer auf Herstellung eines polizeimäßigen Zustandes gerichteten, im Verwaltungswege getroffenen Verfügung dar. Der Einwand, daß der Polizeibehörde ein zur Ausführung des Transports nach der Anstalt verpflichteter Dritter nicht gegenüberstehe, auch ein die Ueberführung anordnendes Gebot an einen Dritten nicht erlassen sei, vielmehr der Akt der Anordnung und der Ausführung sich nicht voneinander scheiden lasse, geht fehl. Steht der Polizeibehörde ein zur Herstellung eines polizeimäßigen Zustandes verpflichteter Dritter nicht gegenüber, so kann auch ein die Herstellung anordnendes Gebot an niemand erlassen und das Erforderliche nur dadurch erreicht werden, daß die Polizeibehörde die Herstellung des polizeimäßigen Zustandes selbst übernimmt, also unmittelbar eingreift. Daraus folgt aber nicht, daß die hierdurch erwachsenden Ausgaben aus mittleren Polizeikosten zu unmittelbaren werden (vgl. E.-O.-V. Bd. XXVIII S. 91 und 92). Zudem geht er von unzutreffenden Voraussetzungen aus. Der zur Befolgung der polizeilichen, auf Herstellung eines polizeimäßigen Zustandes gerichteten Anordnung verpflichtete Dritte ist der Kranke selbst und gegen ihn wird die auf Unterbringung in eine Anstalt gehende Anordnung wegen seiner krankhaften Willensunfähigkeit, die kein anderes Zwangsmittel gestattet, im Wege unmittelbaren Zwanges durchgesetzt. Daher kann auch die Stellung eines Transportmittels als Hilfeleistung bei der Anwendung unmittetbaren Zwanges, also einem Akte des polizeilichen Dienstbetriebs, erscheinen, aber nicht unter allen Umständen, sondern nur dann, wenn sie dazu bestimmt ist, die Ueberwachung und Festhaltung des Kranken während der Ueberführung sowie die Ueberwindung eines von ihm zu erwartenden Widerstandes zu erleichtern. Eine solche Bestimmung wird der Regel nach anzunehmen sein, wenn ein Transportmittel benutzt wird, das mit besonderen, die Ueberwachung und Festhaltung des zu Ueberführenden erleichternden Vorrichtungen versehen ist, wie die Gefangenenwagen, nicht aber ohne weiteres dann, wenn im gewöhnlichen Verkehre gebräuchliche Transportmittel gewählt werden, z. B. Droschken. Deshalb ist sofern ein anderer Grund für die Benutzung eines Fuhrwerkes erkennbar ist, davon auszugehen, daß die Benutzung im Interesse einer Beschleunigung der Ueberführung und mit Rücksicht auf die Länge der zurückzulegenden Entfernung erfolgt ist, daß sich daher die Stellung des Fuhrwerks als Ausführung des Transports-

durch einen Dritten unter Aufsicht des mit der Begleitung des Irren beauftragten exekutiven Polizeibeamten kennzeichnet.

3. Mit diesem Ergebnisse steht auch die Entsch. in E.-O.-V. Bd. XXX S. 97 nicht im Widerspruche. Wenn dort die Kosten für die Ueberführung hilflos auf den Straßen aufgefundener Personen in ein Krankenhaus für unmittelbare Polizeikosten erklärt worden sind, so ist dies gerade deshalb geschehen, weil derartige polizeiliche Maßnahmen nicht dem Zwecke der Herstellung eines polizeimäßigen Zustandes, sondern dem der Fürsorge für den Hilflosen selbst durch vorläufige polizeiliche Verwahrung und Beobachtung der Ursachen seiner Hilflosigkeit zwecks Vorbereitung der Entschließung über etwa weiter zu ergreifende Maßnahmen dient, während hier der Transport ein Teil der Ausführung einer bereits getroffenen, auf Herstellung eines polizeimäßigen Zustandes abzielenden Anordnung bildet.

4. Der Hinzutritt einer nicht zuständigen Behörde zu der von der zuständigen Behörde bewirkten Feststellung, daß eine Leistung einem Kommunalverbande gesetzlich obliege, macht diese nicht zu einer von einer unzuständigen Behörde erlassenen und ebensowenig macht der Mangel einer rechtlich zutreffenden Begründung die Feststellung unrechtmäßig oder wirkungslos. Entscheidend ist vielmehr, daß die streitigen Kosten, mögen sie mittelbare Polizeikosten oder Armenpflegekosten sein, in jedem Falle der klagenden Stadtgemeinde gesetzlich obliegen.

Nr. 2. Entsch. v. 23. XI. 1900 Nr. I 1698 (Pr.-V.-Bl. Bd. XXII S. 567).

Polizeiverwaltungsges. v. 11. III. 50 (G.-S. S. 265) §§ 3, 4, L.-V.-G. § 18.
Kommunalbeamtenges. v. 30. VII. 99 (G.-S. S. 141) § 11

1. Nach § 4 des Polizeiverwaltungsges. v. 11. III. 50 ist die Regierung, an deren Stelle nach § 18 L.-V.-G. der Regierungspräsident getreten ist, berechtigt, über die Einrichtungen, die die örtliche Polizeiverwaltung erfordert, besondere Vorschriften zu erlassen. Zu diesen Einrichtungen gehört aber auch die Anstellung der Polizeibeamten und die Bemessung ihrer Besoldung. Ein Regierungspräsident handelt daher innerhalb der ihm in seiner doppelten Eigenschaft als Polizei- und Kommunalaufsichtsbehörde zustehenden Befugnisse, wenn er die Verpflichtung einer Stadtgemeinde zur Erhöhung der Besoldung der Polizeibeamten auf das von ihm für erforderlich erachtete Maß feststellt, und macht dadurch auch nur eine der Stadtgemeinde gesetzlich obliegende Leistung gegen sie geltend, da ihre Pflicht, die zur Verwaltung der örtlichen Polizei erforderlichen Beamten anzustellen und angemessen zu besolden, ohne Weiteres aus der im § 3 des Ges. v. 11. III. 50 den Gemeinden auferlegten Verpflichtung, die Kosten der örtlichen Polizeiverwaltung zu bestreiten, folgt. Daran ist auch durch die neueren Vorschriften in dem mit dem 1. IV. 1900 in Kraft getretenen Ges., betr. die Anstellung und Versorgung der Kommunalbeamten v. 30. VII. 99, nichts geändert, da es nach dem letzten Absatz des § 11 a. a. O. betreffs der Polizeibeamten bei der Bestimmung im § 4 Abs. 1 Satz 1 des Ges. vom 11. III. 50 bewendet.

2. Die Notwendigkeit und Zweckmäßigkeit der so ergangenen Zwangsetatisierung unterliegt einer Nachprüfung durch den Verwaltungsrichter nicht. (E.-O.-V. Bd. XIII S. 68, Bd. XIV S. 107, Bd. XXVI S. 144.)

V.

Landgemeinden und Gutsbezirke.

Litteratur: v. Brauchitsch, die neuen Verwaltungsgesetze. Fortgeführt von Studt und v. Braunbehrens. Bd. I, 17. Gesammtausg., 6. Bearbeitg., Berlin 1901. — Graf Hue de Grais, Handbuch der Verfassung und Verwaltung in Preußen und dem deutschen Reiche, 14. Aufl., Berlin 1901. — Jlling-Kautz, Handbuch für preußische Verwaltungsbeamte, 8. Aufl., Berlin 1902. — Lindemann, die Kreis-, Provinzial-, Städte- und Landgemeindeordnung für die Provinz Westfalen, Dortmund 1901. — Stier-Somlo, Kommentar zum Gesetz über die allgemeine Landesverwaltung vom 30. Juni 1883. Aus „Haynsche Sammlung verwaltungsrechtlicher Gesetze", Berlin 1901. — Erert, die Dreiklassenwahl in den Stadt- und Landgemeinden, nach dem Gesetze vom 30. Juni 1900, Berlin 1901. — Suffert, Gemeindewahlrecht, Gr. Lichterfelde 1901.

A. Rechtliche Stellung der Landgemeinden und Gutsbezirke. Kommunale Eigenschaft. Aenderung der Bezirksgrenzen. Auseinandersetzungen.

Nr. 1. Entsch. v. 12. VI. 1900 Nr. I 925 (Pr.-V.-Bl. Bd. XXII S. 589).

Land-Gem.-Ordn. v. 3. VII. 91 (G.-S. S 233) §§ 2—4.
A.-L.-R. II 7 §§ 91, 92.

1. Ein vom Kreisausschusse auf Grund des § 4 Abs. 2 der Landgem.-Ordn. v. 3. VII. 91 gefaßter vorläufiger Beschluß kann die Veranlassung zur Erhebung einer Klage im Verwaltungsstreitverfahren sein, bildet aber nicht den Gegenstand der Entscheidung in diesem Verfahren. Er verliert von selbst seine Bedeutung, sobald eine seinem Inhalt widersprechende Entscheidung auf Grund der Vorschrift im § 4 Abs. 1 ergangen und rechtskräftig geworden ist.

2. In der Provinz Posen haben nicht bloß adelige Güter, sondern auch solche Grundstücke die Eigenschaft eines selbständigen Gutsbezirks, die am 1. III. 17 freie Landgüter gewesen sind und deren Besitzer auf Grund eines Provinzialgesetzes, eines Privilegs oder der Verjährung das Recht gehabt hatten, Unterthanen zu haben und über sie herrschaftliche Macht auszuüben.

3. Gewerbliche Berechtigungen, die von der Obrigkeit an einen Gewerbetreibenden verliehen worden sind, z. B. ein Mahlzwangsrecht, sind keine herrschaftlichen Rechte, wenn sie auch auf Grund einer herrschaftlichen Befugnis des Verleihenden zur Verleihung beruhen.

Nr. 2. Entsch. v. 26. VI. 1900 Nr. I 987 (C.-Bl.-U.-V. 1901 S. 313).

1. Die im Jahre 1614 erfolgte Verleihung eines Guts durch den Markgrafen Johann Sigismund zu kölmischen Rechten, ohne daß hierbei herrschaftliche Rechte über das Gut und seine Bewohner dem Erwerber besonders verliehen wurden, hat das Gut nicht zu einer herrschaftlichen Besitzung gemacht (vgl. E.-O.-V. Bd. XVI S. 223, Bd. XXI S. 115). Es blieb vielmehr unter der Gutsherrschaft des landesherrlichen Fiskus und wurde demnächst, falls auch ein Erwerb herrschaftlicher Rechte durch Verleihung oder Verjährung nicht nachgewiesen ist, Bestandteil eines fiskalischen Gutsbezirks.

2. Gänzlich verfehlt ist die Behauptung, daß es deshalb adlige Rechte habe und ein selbständiger Gutsbezirk sei, weil es vor der Verleihung

dem Landesherrn, Markgrafen Johann Sigismund, einem „Adligen", gehört habe. Wenn § 2 des Zus. 162 des Ostpr. Provinzialrechts bestimmt, daß unadlige Güter, die „einer vom Adel" vor 1612 an sich gebracht hat, adlige Rechte haben, so ist hiermit keineswegs ausgesprochen, daß alle Landgüter, die sich vor dem Jahre 1612 in landesherrlichem Besitz befunden haben, dauernd adlige Rechte haben sollen, gleichviel an wen und mit welchen Rechten sie später verliehen worden sind. Vielmehr ist, wie sich aus dem Zusammenhange jener Vorschrift mit der vorhergehenden des § 1 ergiebt, nur bestimmt, daß auch diejenigen Güter adlige Rechte haben sollen, die zwar nicht „ursprünglich" (d. h. bei der ersten Verleihung durch den Landesherrn) einem vom Adel oder mit adligen Gerechtigkeiten verschrieben sind oder durch eine spätere Verschreibung herrschaftliche Rechte erhalten haben, aber doch vor dem Jahre 1612 von einem Adligen erworben worden waren. Der Landesherr, der in der Regel der Verleiher des Grundbesitzes in Ostpreußen gewesen ist, gehört nicht zu denen „vom Adel" im Sinne jener Vorschrift, sondern steht im Gegensatz zu dem adligen Landesunterthan, der das Gut erwirbt. Die gegenteilige Auffassung über die Bedeutung der erwähnten Gesetzesvorschrift würde notwendig zu dem Schlusse führen, daß es bäuerlichen Besitz in Ostpreußen überhaupt nicht geben kann, weil die betreffenden Grundstücke sämmtlich in ältester Zeit vou dem Landesherrn besessen und von ihm ausgethan worden sind.

Nr. 3. Entsch. Bd. XXXIX S. 103 v. 24. V. 1901 I C 90/1900.

A.-L.-R. II 7 § 18.
Hann.-Vd. v. 18. IX. 19 (G.-S. I. Abth. S. 77).
Hann.-Landesverfassungsges. v. 6. VIII. 40 (G.-S. I. Abth. S. 141) § 45.

1. Im nordwestlichen Deutschland sind die Landgemeinden in früherer Zeit aus den alten Markgenossenschaften entstanden. Sie waren insofern Realgemeinden, als nur die mit Haus und Hof in dem Dorfe angesessenen Markgenossen das Gemeinderecht besaßen und zusammen die Gemeinde bildeten. Von jeher aber war die Gemeinde eine „Gebietskörperschaft", deren Autonomie und Zwangsgewalt sich auf ein bestimmt begrenztes Territorium erstreckte. Dieses Territorium, das Gebiet der Gemeinde, war nicht der gesammte Grundbesitz der Gemeindeglieder ohne Rücksicht auf seine Lage, so daß Aenderungen der Eigentumsverhältnisse, der Uebergang von Grundeigentum des Mitglieds einer Gemeinde an ein Mitglied einer anderen Gemeinde auch eine entsprechende Aenderung des Gemeindegebiets zur Folge gehabt hätten. Das Gemeindegebiet war vielmehr von Alters her fest begrenzt, sowie der Regel nach unveränderlich und bestand aus der Dorfmark, die der einzelnen Dorfmarkgenossenschaft bei der Teilung der in ältester Zeit vorhanden gewesenen großen Marken zugeteilt worden waren. Die Dorfgemeinen waren „auf den Umfang einer Dorfmark beschränkte Markgenossenschaften mit allen Rechten und Verbindlichkeiten einer jeden anderen Markgenossenschaft". Ihre Grundlage war die Markgemeinschaft. Ihr Bezirk bestand in der Regel aus dem eigentlichen Dorfe (den Bauernhöfen), der geteilten Feldmark des Dorfes und der ungeteilten Feld- oder Waldmark. Die Gesammtheit der in der Markgemeinschaft lebenden Bauern nannte man die „Bauerschaft". Daß nicht das „Personalprinzip" geherrscht hat, wonach sämmtlicher Grundbesitz jedes Gemeindemitglieds zum Bezirke derjenigen Gemeinde gehört haben soll, in der das Gemeindemitglied wohnte, ergiebt sich schon aus dem Bestehen des Begriffs der Ausmärker, der bereits für die Rechtsverhältnisse des fünfzehnten Jahrhunderts in Urkunden bezeugt wird. Es wurden darunter Personen

verstanden, die zwar in der Dorfmark Grund und Boden besaßen, aber anderwärts ihren Wohnsitz hatten. Zu ihnen gehörten auch die auswärtigen Besitzer eines Gemeindenutzens, die von jeher in nicht geringer Zahl vorhanden gewesen sind. Es muß hiernach als Regel gelten, daß jede Landgemeinde im nordwestlichen Deutschland schon in früheren Jahrhunderten ihren bestimmt begrenzten und von Eigentumsveränderungen ihrer Mitglieder unabhängigen Bezirk besessen hat, auf den sich die Amtsgewalt des markgenossenschaftlichen Vorstandes, die Dorf- und Feldpolizei und die Dorfmarkgerichtsbarkeit erstreckte. Neben die sich als Realgemeinde darstellende Dorfmarkgenossenschaft ist in späterer Zeit ein aus allen im Dorfe eingesessenen Leuten (Bausassen, Hintersassen), also auch aus den Häuslern und selbst Heuerlingen bestehende Personalgemeinde getreten, aus der demnächst die jetzige politische Gemeinde entstanden ist, ohne daß hierdurch aber das Gebiet der Gemeinde, der jetzige Gemeindebezirk, eine Aenderung erfahren hätte.

2. An diesem Rechtszustande hat hinsichtlich der Begrenzung der Gemeindebezirke das A.-L.-R. nichts geändert, das in der im Jahre 1794 zum Königreiche Preußen gehörigen Grafschaft Lingen eingeführt und nach der im Jahre 1815 erfolgten Abtretung der niederen Grafschaft (dem heutigen Kreise Lingen), an das Königreich Hannover durch die Hann. Vd. v. 18. IX. 19 (G.-S. I. Abt. S. 77) als Provinzialrecht aufrecht erhalten worden ist. Wenn das A.-L.-R. im § 18 Tit. 7 T. II bestimmt, daß die Besitzer der in einem Dorfe oder in dessen Feldmark gelegenen bäuerlichen Grundstücke zusammen die Dorfgemeine ausmachen, so weist es ausdrücklich auf das Dorf und dessen Feldmark als den Gemeindebezirk hin, spricht aber keineswegs aus, daß auch die außerhalb des Dorfes und seiner Feldmark belegenen Grundstücke der Gemeindemitglieder zum Gemeindebezirke gehören. Die Behauptung, daß der Rechtsbegriff des Gemeindebezirkes im ehemaligen Königreiche Hannover vor Einführung des Landesverfassungsges. v. 6. VIII. 40 nicht bestanden habe, ist hiernach, jedenfalls soweit der Kreis Lingen in Betracht kommt, irrig.

Wenn es im § 45 jenes Gesetzes heißt, daß jedes Grundstück und jedes Haus in Beziehung auf öffentliche Verhältnisse einer Gemeinde oder einem Verbande mehrerer Gemeinden oder aber einen für sich bestehenden bebauten Dominial- oder sonstigen Gute angehören muß, so ist damit nicht erst die Bildung von Gemeindebezirken angeordnet, sondern ihr Bestehen vorausgesetzt worden.

(Folgt noch weitere Begründung).

3. Die Begrenzung der Gemeindebezirke auf die Dorffeldmark schloß allerdings nicht aus, daß außerhalb der Gemeindebezirke auch Gemeinheiten, Marken, Forsten und Moore bestanden, die ungeteilt verschiedenen Gemeinden gehörten (siehe § 25 des Hann. Ges. über Gemeindewege und Landstraßen v. 28. VII. 51, G.-S. I. Abt. S. 141) und entweder kommunalfrei waren oder selbständige Kommunalbezirke (Güter) bildeten (vgl. E.-O.-V. Bd. XIX S. 155ff.).

4. Bemerkt mag noch werden, daß ein Rechtszustand, wonach einer Gemeinde Nutzungsrechte in einer fremden ungeteilten Gemeindemark zustanden, in früherer Zeit nicht selten vorkam, daß namentlich sehr häufig ganze Gemeinden solche Berechtigungen in fremden Gemeindewaldungen hatten. Das Plaggenmähen in der offenen Mark war auch in der Grafschaft Lingen an sich ein gemeinschaftliches Recht aller Markgenossen.

3*

Nr. 4. Entsch. v. 11. V. 1900 Nr. I 743 (Pr.-V.-Bl. Bd. XXII S. 321).
Ges. v. 31. XII. 42 (G.-S. 1843 S. 8) über die Verpflichtung zur Armenpflege, § 6.

1. Die Annahme, daß es dem freien Ermessen des Verwaltungsrichters überlassen sei, aus welchen Umständen er den Thatbestand des § 6³ des Ges. v. 31. XII. 42 herleiten wolle, ist unzutreffend. Der § 74 des L.-V.-G. ist nicht geeignet, diese Auffassung zu stützen; denn dort wird nur ausgesprochen, daß der Verwaltungsrichter an keine bestimmten Beweisregeln gebunden ist und seine thatsächlichen Feststellungen auf Grund freier aus dem Inbegriff der Verhandlungen und Beweise geschöpfter Ueberzeugung zu treffen hat, also nur eine Regel für die Beweiswürdigung, aber nicht eine solche für die Unterstellung der als erwiesen angenommenen Thatsachen unter die gesetzliche Vorschrift gegeben, und um diese handelt es sich bei der Frage, aus welchen Umständen der gesetzliche Thatbestand zu folgern ist.

2. § 6 des Ges. v. 31. XII. 42 spricht seinem Wortlaute nach gar nicht von der thatsächlichen Behandlung der Gutsabsplisse als Teil des Gemeindebezirks, sondern von einer schon vor Publikation des Gesetzes wirklich, wenn auch ohne ausdrückliche Zustimmung der Gemeinde und Genehmigung der Landespolizeibehörde, so doch ohne Widerspruch der Beteiligten in Ausführung gekommenen Vereinigung eines von einem Dominium zu Eigentums-, Erbpacht- oder Erbzinsrechten veräußerten Grundstücks mit einer Gemeinde. Als eine solche thatsächlich ausgeführte Vereinigung eines Gutsabsplisses mit einer Gemeinde kann aber nicht jeder Akt, der die Auffassung erkennen läßt, daß das betreffende Grundstück der Gemeinde zuzurechnen sei, angesehen werden, insbesondere genügt dazu nicht, daß das Grundstück in einer oder der anderen Urkunde als Teil der Gemeinde bezeichnet ist, es ist vielmehr der Nachweis solcher erforderlich, aus denen hervorgeht, daß der Besitzer thatsächlich an Rechten und Pflichten der Gemeinde teilgenommen hat. Dies ist auch in E.-O.-V. Bd. II S. 117ff. ausgesprochen. Denn dort folgt der Ausführung, daß die im Streit befangenen Grundstücke rechtlich zum Gemeindebezirk gehören, wenn sie vor Erlaß des Ges. v. 31. XII. 42 als Teile der Gemeinde behandelt worden sind, unmittelbar der Zusatz: „d. h. wenn sie ohne Widerspruch an den Lasten und Vorteilen der Gemeinde teilgenommen haben" (vgl. Seite 123 a. a. O.). Damit ist aber die Teilnahme an Lasten und Vorteilen der Gemeinde nicht als ein Beispiel der thatsächlichen Zurechnung zum Gemeindebezirk angeführt, sondern als diejenige Handlung hingestellt, in welcher jene den rechtlich erheblichen Ausdruck finden.

3. Daraus, daß mindestens in der Zeit nach Erlaß des Ges. v. 14. IV. 56 ein Gutsabschluß in vielen Beziehungen als Teil des Gemeindebezirks behandelt worden sei, zu schließen, daß eine gleiche Behandlung auch für die vorhergehende Zeit anzunehmen sei, ist rechtsirrig. Denn es ist eine formlose Vereinigung mit der Gemeinde nicht erst durch die Vorschriften im § 1 des angeführten Gesetzes ausgeschlossen, sondern schon durch die älteren im § 6 des Ges. v. 31. XII. 42. Diese Gesetzesstelle erklärt nur die in der Vergangenheit bereits vollzogenen thatsächlichen Vereinigungen in Ziffer 3 für rechtswirksam, schließt aber für die Zukunft die formlose Vereinigung aus, und läßt nur eine solche in den Formen der Ziffern 2 und 4 zu.

4. Aus der Rechtsregel, daß Veränderungen nicht vermutet werden, folgt nur, daß die Fortdauer eines Zustandes, der für einen bestimmten in der Vergangenheit liegenden Zeitabschnitt nachgewiesen ist, so lange anzunehmen ist, als nicht eine zur Aenderung geeignete Thatsache nachgewiesen wird, aber nicht auch umgekehrt, daß ein für die Gegenwart

oder einen bestimmten Zeitabschnitt nachgewiesener Zustand auch in einer älteren Vergangenheit bestanden haben müsse, sofern nicht die spätere Entstehung nachgewiesen worden ist.

5. Weder das Grundbuch noch die Grundsteuermutterrolle und Gemarkungskarte sind dazu bestimmt, die kommunale Zugehörigkeit der darin verzeichneten Grundstücke in einer den Verwaltungsrichter bindenden Weise zu beurkunden. Das Grundbuch dient vielmehr nur dem Nachweis privatrechtlicher Verhältnisse und das Grundsteuerkataster nur den Zwecken der Steuererhebung. Es kann daher völlig dahingestellt bleiben, ob das streitige Grundstück jetzt im Grundbuch und dem Grundsteuerkataster als Teil einer Gemeinde bezeichnet ist oder doch früher als solcher bezeichnet war (vgl. E.-O.-V. Bd. XXX S. 128—130). Was die Separationsverhandlungen und die auf Grund derselben geschlossenen Rezesse betrifft, so können diese freilich für die Beurteilung der kommunalen Zugehörigkeit maßgebende Bestimmungen enthalten; allein diese sind nicht schon darin zu finden, daß ein Grundstück in dem der Auseinandersetzung zu Grunde gelegten Vermessungs- und Bonitierungsregister nachgewiesen ist, am allerwenigsten dann, wenn das gar nicht in die Teilungsmasse eingeworfen ist.

6. Liegt das betreffende Grundstück im Geltungsbereiche der Vd. v. 31. III. 33 (G.-S. S. 62), betr. die Regulierung der während der Westfälischen Zwischenregierung entstandenen Verhältnisse zwischen den Dominien und Gemeinden in den zur Provinz Sachsen gehörigen ehemals Westfälischen Landesteilen, so kommen § 6 [1] des Ges. vom 31. XII. 42 in Verbindung mit § 9 der Vd., wonach von Domänen oder Rittergütern abverkaufte Trennstücke der Gemeinde, in der sie liegen, hinzutreten, falls sie nicht sofort mit einem anderen Gute gleicher Eigenschaft verbunden werden, zur Anwendung und es ist dann der räumliche Zusammenhang mit der Flur der Gemeinde, dem sonst eine rechtliche Bedeutung nicht beizumessen (E.-O.-V. Bd. V S. 116 ff.) entscheidend.

Nr. 5. Entsch. v. 2. X. 1900 Nr. I 1420 (Pr.-V.-Bl. Bd. XXIII S. 37).

Ges. v. 31. XII. 42 (G.-S. 1843 S. 8) über die Armenpflege § 6³.
A.-L.-R. II 6 § 26.

1. Die Eintragungen im Grundsteuerkataster erbringen für die Frage, welchem Kommunalbezirke Grundstücke angehören, keinen Beweis. Sie haben jedoch eine Bedeutung insofern, als sie ebenso, wie Eintragungen im Grundbuche, in Separationsrezessen oder Schulmatrikeln der Schulordre v. 11. XII. 45, einen Anhaltspunkt für die Annahme geben, daß sich in ihren Vorgängen urkundliche Nachweise über die für Beurteilung der kommunalen Zugehörigkeit erheblichen Thatsachen befinden. Die Durchforschung jener Vorgänge nach derartigen urkundlichen Nachweisen ist keine unerläßliche Pflicht des Verwaltungsrichters, deren Unterlassung einen wesentlichen Mangel des Verfahrens bildet.

2. Aus § 6 Ziff. 3 des Ges. v. 31. XII. 42 über die Armenpflege folgt nicht, daß bäuerliche Grundstücke, die vor dem Inkrafttreten dieses Gesetzes vom Gutsherrn erworben waren, ohne Genehmigung der Regierung durch die bloße Thatsache, daß die Beteiligten nicht widersprachen, Teile des Gutsbezirks geworden sind. Diese Bestimmung bezieht sich vielmehr nur auf die von herrschaftlichen Gütern veräußerten Grundstücke und deren Vereinigung mit Gemeinden. (E.-O.-V. Bd. VIII S. 109 ff.)

Zu jener Zeit galt der Grundsatz des § 26 II 6 A.-L.-R., daß Korporationen ihre Grundverfassung nicht ohne Genehmigung des Staates mit rechtlicher Wirkung ändern konnten. Aus diesem allgemeinen Satze aber folgt, daß Beschlüsse der Landgemeinden über eine Aenderung ihres örtlichen Bezirks, dessen Begrenzung einen Teil ihrer Grundverfassung bildet, der Genehmigung der zuständigen Staatsaufsichtsbehörden, damals der Regierungen bedurften. Dem entsprechend ist auch in dem bei von Kamptz, Annalen, Bd. XVI Heft 1 S. 235, abgedruckten Min.-Erl. v. 8. X. 32 der Auffassung Ausdruck gegeben, daß zu einer Bezirksveränderung ein Uebereinkommen der Beteiligten nicht genüge, vielmehr die Genehmigung der Kommunalaufsichtsbehörde (höheren Behörde nach dem Ausdruck des Erlasses) hinzutreten müsse.

Nr. 6. Entsch. v. 2. XI. 1900 Nr. I 1612 (Pr.-V.-Bl. Bd. XXIII S. 21).

St.-Ordn. v. 30. V. 53 (G.-S. S. 261) § 2.
Land-Gem.-Ordn. v. 3. VII. 91 (G.-S. S. 233) § 2.

1. Auf Grund der Kab.-Ord. v. 12. II. 94 war durch Min.-Erl. v. 5. V. 94 aus dem Anteile des Kreises Kammin am Stettiner Haff mit ungefähr 12769 ha ein selbständiger Gutsbezirk gebildet worden. Zwischen dem Fiskus als Eigentümer des Haffs und der Stadtgemeinde Kammin war streitig, ob die sog. Carpine, eine bei der Ausmündung des Schwenzer Bachs in den Kamminer Bodden gelegene Bucht, zu jenem Gutsbezirke oder zum Stadtbezirke Kammin gehöre.

Das O.-V.-G. ging davon aus, daß Carpine nicht Teil des neu gebildeten Gutsbezirkes geworden sein könne, wenn sie früher zum Stadtbezirke Kammin gehört habe, und entschied sich für das Letztere aus folgenden Gründen.

2. Bei Bildung der Gutsbezirke aus den Haffgewässern ist deren Kommunalfreiheit nach dem Min.-Erl. v. 5. I. 82 vorausgesetzt. Dieser Min.-Erl. wies zugleich darauf hin, daß von den angrenzenden Kommunalbezirken kein Anspruch auf Zugehörigkeit der Wasserfläche erhoben worden sei, und auch ein späterer Min.-Erl. v. 16. XII. 87 erwähnte, daß der Kreisausschuß des Kreises Kammin keinen Vorbehalt in Bezug auf die kommunale Zugehörigkeit der öffentlichen Gewässer gemacht habe. Der Kreisausschuß hat sich nach dem Wortlaute seines Beschlusses v. 4. IV. 82 auch nur in Bezug auf die kommunalfreien Teile der Haffgewässer für die Bildung eines selbständigen Gutsbezirks ausgesprochen. Zur Abtrennung eines Teils vom Stadtbezirke Kammin würde nach § 2 Nr. 6 der Landgem.-Ordn. v. 3. VII. 91 in Verbindung mit Nr. 4 ebenda — ebenso wie nach § 2 Abs. 4 der St.-Ordn. v. 30. V. 53 — die Anhörung der Vertreter der Stadt und die Einholung eines Gutachtens des Kreistages, außerdem aber nach § 2 Nr. 4, 6 und 7 der Landgem.-Ordn. auch die Beschlußfassung des Bezirksausschusses erforderlich gewesen sein. Da von alledem abgesehen worden ist, muß man annehmen, daß eine Abtrennung von anderen Kommunalbezirken nicht beabsichtigt gewesen ist. Nur die kommunalfrei gewesenen Grundstücke sollten sämmtlich mit den neuen Kommunalbezirken vereinigt werden. Die Verhandlungen über die Bildung eines Gutsbezirks aus den Haffgewässern im Kreise Usedom-Wollin ergeben auch, daß diejenigen Wasserflächen ausgenommen sein sollten, von denen angenommen wurde, daß sie in kommunaler Hinsicht zu den angrenzenden Gemeinde- und Gutsbezirken gehörten. Soweit dies nicht anerkannt würde, sollte ferner den Kommunalverbänden vorbehalten bleiben, die kommunale Zugehörigkeit im Verwaltungsstreitverfahren geltend zu machen (Min.-Erl. v. 16. XII. 87). Die Absicht, alle nicht ausdrücklich ausgenommenen Teile der öffentlichen Gewässer

ungeachtet etwaiger sonstiger kommunaler Zugehörigkeit mit den neu gebildeten Gutsbezirken zu vereinigen, lag also nicht vor.

Andernfalls würde in Betracht kommen, daß der Verwaltungsrichter bei organisatorischen Verwaltungsakten nicht nachzuprüfen hat, ob die erforderlichen thatsächlichen Voraussetzungen eines solchen Akts vorlagen (vgl. O.-V.-G. Bd. XXII S. 84ff., 89ff., Bd. XXV S. 153ff.). Insbesondere würde auch einer Vereinigung der Carpine mit dem neuen Gutsbezirke, wenn sie in der irrigen Voraussetzung erfolgt wäre, daß die Carpine kommunalfrei sei, nicht wegen der Unrichtigkeit dieser Voraussetzung die rechtliche Anerkennung vom Verwaltungsrichter versagt werden dürfen. Aus Vorstehendem ergiebt sich jedoch, daß man die Carpine überhaupt nicht besonders im Auge gehabt hat, vor Bildung des Gutsbezirks nicht zur Sprache gekommen ist, ob sie schon zu einem Kommunalbezirke gehöre, sowie daß man nicht beabsichtigt hat, Teile von fremden Kommunalbezirken abzutrennen und mit den neuen Gutsbezirken zu vereinigen.

Daher rechtfertigt sich die Annahme, daß die Carpine nach der Absicht bei Bildung des neuen Gutsbezirks diesem nicht mitzugelegt ist, wenn sie früher zum Stadtbezirke Kammin gehört hat. Dagegen würde sie dem neuen Gutsbezirke als einverleibt zu erachten sein, wenn sie vorher kommunalfrei gewesen wäre; denn die Absicht ging dahin, alle kommunalfreien öffentlichen Gewässer in dem neu gebildeten Gutsbezirke zu vereinigen, und als ein Teil der öffentlichen Haffwässer, insonderheit des Kamminer Boddens, kann die Carpine nach ihrer örtlichen Lage und nach dem wechselnden Sprachgebrauche jedenfalls angesehen werden.

Eine solche Auslegung der Tragweite des Akts, durch den der Gutsbezirk gebildet worden ist, liegt ohne Frage innerhalb der Befugnisse des Verwaltungsrichters (E.-O.-V. Bd. XXII S. 91, Bd. XXV S. 160).

Somit hängt die Zugehörigkeit der Carpine zum fiskalischen Gutsbezirke davon ab, ob sie früher kommunalfrei gewesen ist oder zum Stadtbezirke Kammin gehört hat.

Welche Partei in dieser Beziehung die Beweislast hat, kann dahingestellt bleiben; denn der Verwaltungsrichter muß die kommunale Zugehörigkeit bei einem Streite hierüber mit Rücksicht auf das öffentliche Interesse von Amtswegen festzustellen suchen, dabei ergiebt sich aber, daß die Carpine zum Stadtbezirke Kammin gehört.

Auch öffentliche Gewässer können einem Gemeindebezirke angehören. Die E.-O.-V. (Bd. IV S. 93ff.) ausgesprochenen Grundsätze, die schon früher von den Verwaltungsbehörden befolgt wurden (vgl. Min.-Erl. v. 17. VI. 68 — M.-Bl. S. 244 —) sind in der späteren Rechtsprechung des O.-V.-G.'s stets festgehalten worden. Durch das im § 21 Tit. 14 T. II des A.-L.-R.'s anerkannte gemeine Eigentum des Staats wird die Zugehörigkeit zu einem Gemeindebezirke somit nicht ausgeschlossen. Der Gemeingebrauch Aller hindert nicht das Dasein besonderer rechtlicher Beziehungen zu dem umgebenden Gemeindebezirke.

Die öffentlichen Gewässer sind nur regelmäßig den umgebenden Kommunalbezirken zuzurechnen (E.-O.-V. Bd. VI S. 97). Dasselbe muß für die Carpine gelten. Denn sie wird im Süden und Norden — auf den beiden längeren Seiten, da sie sich von Osten nach Westen ausdehnt — sowie auch im Osten vom städtischen Gebiete umgeben. Gegenüber der Stadt Kammin auf der nördlichen Seite der Carpine liegt das sogenannte Dammfeld, das von Alters her zur Stadt Kammin gehört hat. Nur auf der kürzeren westlichen Seite öffnet sich die Carpine nach dem Kamminer Bodden hin. Hier hat sich aber früher unstreitig eine lange Brücke befunden, die die Verbindung mit dem gegenüberliegenden Ufer herstellte und die Carpine vom Kamminer Bodden trennte. Vorhandene Pfahlreste erinnern an die frühere Brücke. Danach darf angenommen werden, daß man die Carpine auch weiterhin als im städtischen Herrschaftsgebiete gelegen erachtet hat.

Ueber die sonstigen rechtlichen Verhältnisse der Carpine hat sich nach den vorliegenden Materialien kein klares Bild gewinnen lassen.

(Folgt Beweisführung).

Wie sich das aber auch verhält, so ist doch nach dem Vorangeschickten nicht zu bezweifeln, daß die Carpine zum Bereiche der städtischen Herrschaft gehört hat.

Wenn der Grundsatz, daß die öffentlichen Gewässer regelmäßig zu den sie umgebenden Kommunalbezirken gehören, bei den Haffgewässern und namentlich auch beim Kamminer Bodden nach deren Größe und Gestalt mit Recht im Allgemeinen für unanwendbar erachtet wird, so trifft dies doch bei der geringen Ausdehnung der Carpine und ihrem fast vollständigen Umschlossensein vom Stadtgebiete nicht zu.

Da die Oeffentlichkeit eines Gewässers dessen Zugehörigkeit zu einem Gemeindebezirke nicht hindert, so kann unentschieden bleiben, ob und seit wann die Carpine ein öffentliches Gewässer ist, und ebensowenig braucht erörtert zu werden, ob sie im gemeinen Eigentume des Staats steht, da auch das gemeine Eigentum des Staats die Zugehörigkeit zum Stadtgebiete nicht ausschließt. Wenn übrigens die Carpine von Natur schiffbar ist, so ist auch die Oeffentlichkeit der Carpine anzuerkennen, mag man sie als Teil des Kamminer Boddens oder als Ausmündung des Schwenzer Bachs ansehen. Im ersten Falle muß sie gleich dem Kamminer Bodden, der von der Dievenow durchflossen ist, für öffentlich gelten (vgl. E.-O.-G. Bd. XI S. 238), im zweiten Falle würde ihre Oeffentlichkeit daraus folgen, daß der Schwenzer Bach, soweit als er die Carpine bildet, ein von Natur schiffbarer Strom ist. War der Schwenzer Bach bis zur Carpine früher nicht schiffbar, so war er bis zur Carpine freilich nicht öffentlich, das steht aber der Oeffentlichkeit der schiffbaren Strecke — d. i. der Carpine — nicht entgegen (vgl. Entsch. des Ob.-Trib. Bd. LVIII S. 1, Bd. LXXX S. 136, E.-O.-V. Bd. XII S. 249, Bd. XIII S. 64, Bd. XVIII S. 229). Ob und wann sonst der Schwenzer Bach schiffbar gemacht worden ist und welche rechtlichen Folgen dies gehabt habt, braucht nicht untersucht zu werden. Durch ein künstliches Hindernis der Schiffahrt, wie es die frühere Brücke über die Carpine bildete, wurde die Oeffentlichkeit nicht ausgeschlossen (E.-O.-V. Bd. XXVIII S. 288, Entsch. R.-G.'s in Civ. Bd. XLV S. 183).

Dies ist indessen nach dem Gesagten für die Frage der kommunalen Zugehörigkeit nicht entscheidend. Die Zugehörigkeit der Carpine zum Stadtbezirke Kammin ist vielmehr aus den vorangeführten Gründen zu bejahen und demgemäß ihre Zugehörigkeit zum Gutsbezirke „Kamminer Haffanteil" zu verneinen.

Nr. 7. Entsch. v. 9. XI. 1900 Nr. I 1655 (Pr.-V.-Bl. Bd. XXII S. 614).

Land-Gem.-Ordn. v. 3. VII. 91 (G.-S. S. 233) §§ 2, 3.

1. Die Besitzer derjenigen Grundstücke, über deren kommunale Zugehörigkeit ein Verwaltungsstreitverfahren schwebt, sind zum Verfahren beizuladen. (E.-O.-V. Bd. X S. 92, Bd. XII S. 182.) Zur Aufhebung einer in erster Instanz erfolgten Beiladung ist das Berufungsgericht nicht befugt. (E.-O.-V. Bd. XXXIV S. 450.)

2. Ebenso wie die kommunale Bezeichnung eines Grundstücks im Kataster kein Beweis für seine kommunale Zugehörigkeit ist, wird diese auch nicht durch die Eintragung in dem zur Beurkundung von Privatrechtsverhältnissen bestimmten Grundbuche bewiesen. (E.-O.-V. Bd. XXX S. 128, Bd. XIII S. 189.) Die Eintragung im Grundbuche begründet auch keine Vermutung für die kommunale Zugehörigkeit. Ingleichen besteht eine solche nicht dafür, daß alle einer Kirche gehörigen Grundstücke zu der Civilgemeinde, in der die Kirche ihren Sitz hat, gehören.

3. Klagt jemand auf Anerkennung einer kommunalen Zugehörigkeit und kann den Beweis für seine Behauptungen nicht erbringen, so ist deshalb die Klage nicht ohne Weiteres abzuweisen. Der Verwaltungsrichter muß vielmehr die Zugehörigkeit mit Rücksicht auf das öffentliche Interesse an deren Feststellung von Amtswegen zu ermitteln suchen. (E.-O.-V. Bd. XVI S. 229.) Für die Beurteilung werden Auseinandersetzungsrezesse, ältere Grundakten, frühere Besitzverhältnisse, Eintragungen im Feuersozietätskataster und deren Unterlagen von Wert sein.

Einen Rückschluß auf die kommunale Zugehörigkeit würde aber auch die fortgesetzte Entrichtung der Abgaben an die eine oder andere Gemeinde gestatten. Denn dadurch würde die kommunale Zugehörigkeit bethätigt sein, eine solche fortgesetzte Bethätigung der kommunalen Zugehörigkeit aber würde beim Mangel anderer entgegenstehender Momente die Vermutung für deren rechtliches Bestehen begründen können. Wie bei einem privaten Grenzstreit der Besitzstand entscheidet, falls die richtige Grenze nicht ermittelt werden kann (vgl. § 920 des B.-G.-B., §§ 377 ff. besonders § 380 Tit. 17 T. I A.-L.-R.), so ist auch bei einem Streite über die kommunale Zugehörigkeit eines Grundstücks auf das bisherige thatsächliche Zugehörigkeitsverhältnis zu sehen, wenn die rechtliche Zugehörigkeit sonst nicht nachgewiesen werden kann (vgl. E.-O.-V. Bd. VI S. 97 ff. wegen einer ähnlichen analogen Anwendung eines privatrechtlichen Grundsatzes).

Nr. 8. Entsch. v. 16. XI 1900 Nr. I 1706 (Pr.-V.-Bl. Bd. XXII S. 603).

Land-Gem.-Ordn. v. 3. VII. 91 (G.-S. S. 233) §§ 2, 3.

Ges. v. 31 XII 42 (G.-S. 1843 S. 8) über die Armenpflege, §§ 6, 8.

1. Nach Erlaß des Ges. v. 31. XII. 42 hat die Eingemeindung eines Trennstücks eines Rittergutes in einen Gemeindebezirk stillschweigend, ohne ausdrückliche Erklärung der zuständigen Behörde, nicht erfolgen können. Sie konnte vielmehr, wie sich aus § 8 des erwähnten Ges. ergiebt, nur durch eine Anordnung der Landespolizeibehörde, während der Geltung der Gemeindeordn. v. 11. III. 50 durch einen vom Minister des Innern genehmigten Beschluß der mit der Gemeindebildung beauftragten Kreiskommission und nach Erlaß des Gemeindeverfassungsgesetz. v. 14. IV. 56 durch eine Anordnung des Oberpräsidenten bewirkt werden. Nach Erlaß der Kr.-Ordn. v. 13. XII 72, der Zust.-Ges. v. 26. VII. 76 und 1. VIII. 83 sowie der Landgem.-Ordn. v. 3. VII. 91 bedurfte es hierzu eines Beschlusses des Kreisausschusses.

2. Die thasächliche Behandlung eines Grundstücks als Teil des Gemeindebezirks, z. B. seine Heranziehung zu Gemeindeabgaben, begründet keine Rechtsvermutung für die rechtliche Zugehörigkeit, wenn sie auch unter Umständen als ein Beweismoment für diese verwertet werden kann.

Nr. 9. Entsch. Bd. XXXIX S. 120 v. 8. I 1901 I C 7/99

A.-L.-R. II 7 §§ 18, 19.

1. Eine Landgemeinde und der Vertreter eines Gutsbezirks sind nicht befugt, über die Wahrung der richtigen Grenzen des Gemeinde- oder Gutsbezirkes hinaus auf eine Feststellung dahin zu klagen, daß eine andere Ortschaft, die sie nicht für jenen Bezirk selbst in Anspruch nehmen, eine Landgemeinde sei.

2. Ueber die Eigenschaft einer Ortschaft als Landgemeinde kann nur unter Zuziehung eines Vertreters des öffentlichen Interesses und sämmtlicher — zum Mindesten beizuladender — Grundbesitzer daselbst verhandelt und erkannt werden.

3. Zur Begründung der Behauptung, daß eine Ortschaft rechtlich eine selbständige Landgemeinde sei und daher nicht Bestandteil eines Gutsbezirkes sein könne, muß vorweg bemerkt werden, daß für den Nachweis dieser Gemeindeeigenschaft alle die thatsächlichen Anführungen der Parteien und Beigeladenen unerheblich sind, wonach die Preußischen Staatsbehörden unter der Herrschaft des A.-L.-R.'s die Ortschaft als Landgemeinde behandelt haben. Denn dadurch würde die Ortschaft unter keinen Umständen die Eigenschaft einer Landgemeinde erhalten haben, wenn sie ihr nicht schon vorher zukam. Andernfalls hätte sie die Gemeindeeigenschaft nur durch eine Anordnung des Königs, durch Kab.-Ord. erlangen können. Ebenso unerheblich ist es für die rechtliche Zugehörigkeit oder Nichtzugehörigkeit der Ortschaft zu einem Gutsbezirke, welche Auffassung der Besitzer dieses Gutes hierüber seit der Aufrichtung der Preußischen Landeshoheit in dem hier in Betracht kommenden Gebiete gehabt und betätigt hat, da von da an durch seine Anerkenntnisse oder Anordnungen allein die öffentlich-rechtliche kommunale Begrenzung seines Gutsbezirkes keine Aenderung mehr erfahren konnte. Maßgebend für die Entscheidung ist vielmehr lediglich die kommunale Eigenschaft am 1. III. 17, dem Zeitpunkte der Einführung des A.-L.-R.'s in dem an die Krone Preußen abgetretenen, bis dahin Königlich Sächsischen Landestheile, der hier in Frage kommt, falls nicht später Veränderungen in der kommunalen Eigenschaft des Ortes eingetreten sind. Das A.-L.-R hat aber bei seiner Einführung durch § 19 Tit. 7 T. II die Rechte der öffentlichen Korporationen allen damals thatsächlich bestehenden Landgemeinden verliehen, gleichviel ob sie nach dem bis dahin geltenden Rechte Korporationen gewesen waren oder nicht (E.-O.-V. Bd. VII S. 180). Es kam daher im vorliegenden Falle nicht darauf an, ob die Ortschaft bereits von der Sächsischen Staatsregierung vor dem 1. III 17 zu einer Korporation ausdrücklich oder stillschweigend erklärt worden war, sondern nur darauf, ob die Ortschaft am 1. III. 17 eine Landgemeinde („Dorfgemeine" im Sinne des § 18 Tit. 7 T. II A.-L.-R.) gewesen ist. Hat die Ortschaft schon damals eine Gemeindeverfassung gehabt, so galt sie nach Einführung des A.-L.-R.'s ohne weiteres als eine mit Korporationsrechten ausgestattete Landgemeinde, ohne daß es des Nachweises einer früheren Verleihung der Gemeindeeigenschaft oder von Korporationsrechten durch den Landesherrn oder die Staatsregierung bedurfte. Daß eine Ortschaft vor Einführung des Landrechts eine Gemeindeverfassung thatsächlich gehabt hat, ist schon dann anzunehmen, wenn zu der Ortschaft eine bäuerliche Feldmark mit bäuerlichen Besitzern gehörte und hiermit die regelmäßige Grundlage des § 18 a. a. O. für das Bestehen einer „Dorfgemeine" geschichtlich gegeben war. Aber auch wo diese normale Grundlage fehlte, bedarf es nicht des Nachweises einer früher erfolgten Verleihung von Korporationsrechten, sondern nur des Nachweises, daß zur Zeit des Inkrafttretens des A.-L.-R.'s

eine dessen Vorschriften entsprechnde Organisation und Wirksamkeit als Gemeinde in der Ortschaft vorhanden gewesen ist (E.-O.-V. Bd. IX S. 92 ff.). Hat eine Ortschaft bereits vor jenem Zeitpunkt ohne Widerspruch der Aufsichtsbehörde ein Gemeindeleben im Rahmen der damals hiermit verbundenen Rechtsbegriffe geführt, so gehört sie nach Einführung des Landrechts zu den Gemeinden, als einer mit Korporationsrechten versehenen Klasse der Gesellschaften (E.-O.-V. Bd. VII S. 204). Als Kennzeichen eines solchen Gemeindelebens in der Zeit vor Einführung des A.-L.-R.'s gelten das Vorhandensein eines Gemeindevorstandes von Gerichtspersonen, gemeinsamer Einrichtungen und einer auf Gemeindezwecke gerichteten Thätigkeit z. B. von Einrichtungen zur Armenpflege.

Nr. 10. Entsch. v. 5. II. 1901 Nr. I 203 (Pr.-V.-Bl. Bd. XXIII S. 71).

Land-Gem.-Ordn. v. 3. VII. 91 (G.-S. S. 233) §§ 2–4.
L.-V.-G. §§ 79, 92.

1. Eine Stadtgemeinde, die ein Grundstück außerhalb ihres Gemeindebezirks besitzt, kann nur in ihrer Eigenschaft als privatrechtliche Eigentümerin dieses Grundstücks eine Klage über die kommunale Zugehörigkeit des Grundstücks anstellen, wenn dessen Zugehörigkeit zu dem eignen Gemeindebezirk nicht in Frage steht, nicht etwa als politische Gemeinde, da es sich eben um Grenzen ihres Gemeindebezirks garnicht handelt.

2. Der Berufungsrichter hat im Verwaltungsstreitverfahren nicht, wie der Revisionsrichter, die Aufgabe einer rechtlichen Kontrolle der Entscheidung des Vorderrichters und ihrer Aufhebung, wenn sie auf unrichtiger Rechtsanwendung oder wesentlichen Mängeln des Verfahrens beruht. Er ist vielmehr dazu berufen, unter Würdigung des gesammten Thatbestandes, erforderlichenfalls unter Nachholung versäumter Prozeßhandlungen und nach Aufnahme von Beweisen, eine selbständige sachliche Entscheidung zu treffen. Gleichwohl ist die Möglichkeit einer Verweisung der Sache in die erste Instanz auch für den Berufungsrichter nicht ausgeschlossen, sofern sie nach Lage der Sache für zweckmäßig erachtet werden kann.

Nr. 11. Entsch. v. 19. X. 1900 Nr. I 1536 (Pr.-V.-Bl. Bd. XXII S. 393).

Land-Gem.-Ordn. v. 3. VII. 91 (G.-S. S. 231) § 3.
Pr. Schulordn. v. 11. XII. 45 (G.-S. 1846 S. 1) §§ 39, 40, 45, 46, 55, 56, 60.

Mittels Allerh. Erl. v. 14. VII. 95 wurde genehmigt, daß aus dem im Kreise F. belegenen Gute R. unter Abtrennung vom domänenfiskalischen Gutsbezirke „Amt K." ein selbständiger Gutsbezirk gebildet werde. Der Gutsbezirk wurde darauf im Jahre 1896 vom Vorstande der Schule zu W. zur Lieferung von 6,25 Raummetern weichen Klobenholzes als Brennmaterial für die Schule herangezogen. Der Eigentümer des Guts R., Gutsbesitzer M., klagte gegen den Fiskus mit dem Antrage, diesen zur ferneren Lieferung des Brennholzes zu verurteilen; die Klage wurde aber durch rechtskräftig gewordenes Endurteil des Kreisausschusses abgewiesen, weil die Verpflichtung des Fiskus zur Schulbrennholzlieferung durch die Erhebung von R. zum selbständigen Gutsbezirke erloschen sei. Der Gutsbesitzer M. beantragte darauf, im Wege des Auseinandersetzungsverfahrens gemäß § 3 der Landgem.-Ordn. v. 3. VII. 91 dem Fiskus die Verpflichtung zur Zahlung einer dem jährlichen Werte der Brennholzlieferung entsprechenden Abfindungssumme aufzuerlegen, weil die Verpflichtung zur Schulbrennholzlieferung vom Fiskus auf den Kläger übergegangen sei. Das O.-V.-G. bestätigte die den Fiskus befreienden Vorentscheidungen aus folgenden Gründen.

1. Nach § 3 Abs. 2 der Landgem.-Ordn. kann dem Besitzer eines Gutsbezirks, der durch Abtrennung von Grundstücken eine Erleichterung in öffentlich-rechtlichen Verpflichtungen erfährt, eine Beihilfe zu den dem neugebildeten Gutsbezirke erwachsenden Ausgaben auferlegt werden. Der Fiskus ist auch als Besitzer des Gutsbezirks, zu dem R. gehört hatte, von seiner Verpflichtung zur Schulbrennholzlieferung hinsichtlich der abgetrennten Ortschaft befreit worden (vgl. E.-O.-V. Bd. VIII S. 241). Diese Verpflichtung ist zwar nicht auf den neuen Gutsherrn übergegangen, da als Privatgutsherr in Ermangelung eines ihn verpflichtenden Herkommens die dem Fiskus im § 45 der Preuß. Schulordn. v. 11. XII. 45 auferlegten Lasten an sich nicht zu tragen hat (§ 46 a. a. O.), sondern die Verpflichtung zur anteilsweisen Lieferung des Schulbrennholzes ruht jetzt — wie überhaupt die Pflicht zur Schulunterhaltung — nach den §§ 39 und 40 der Schulordnung auf der „Ortschaft", den vom Grundherrn vertretenen Anwohnern, dergestalt freilich, daß der neue Gutsherr als Grundherr, soweit als die Anwohner dazu nicht im stande sind, die Kosten zu bestreiten hat (§§ 55, 56, 60 der Schulordnung). Dies würde aber die Anwendung des § 3 Abs. 2 der Landgem.-Ordn. nicht ausschließen, weil die Ausgabe, die bisher auf dem Fiskus ruhte, nunmehr doch vom neuen Gutsbezirke zu tragen ist, und könnte nur der Zahlung einer einmaligen Abfindungssumme an den Gutsbesitzer entgegenstehen, weil dieser nur subsidiär als Grundherr haftet und sonst beim Wechsel des Besitzers dem Gutsbezirke die Entschädigungssumme überhaupt verloren ginge.

2. Allein die Auferlegung einer Beihilfe zu den dem neuen Gutsbezirke erwachsenden Ausgaben setzt das Vorhandensein besonderer Gründe voraus. Es ist zweifellos nicht die Absicht des Gesetzes, daß ein neu gebildeter Gutsbezirk wegen der ihm gesetzlich obliegenden Ausgaben regelmäßig von dem insoweit erleichterten verkleinerten Kommunalbezirke entschädigt werden soll, und daß die rechtlichen Wirkungen der Bezirksveränderung in Bezug auf die Tragung der öffentlich-rechtlichen Verpflichtungen regelmäßig durch Gewährung von Beihilfen ausgeglichen werden sollen. Die Bezirksveränderung will ja gerade die Träger der öffentlich-rechtlichen Verpflichtungen ändern. Wird ein Gutsbezirk neu gebildet, so hat er auch selbstverständlich die gesetzlichen Lasten eines solchen zu tragen. Nur ausnahmsweise „kann" dem Restkommunalbezirke eine Beihilfe zu den Ausgaben auferlegt werden, es müssen aber im einzelnen Falle besondere Billigkeitsgründe den Anspruch auf eine Ausgleichung rechtfertigen.

Die Mittel zur Schulunterhaltung sind nach § 39 der Schulordn. von den Ortsgemeinden und Ortschaften aufzubringen, falls nicht aus besonderen Rechtsgründen andere Verpflichtete vorhanden sind. Dies gilt auch von der Lieferung des Schulbrennholzes — abgesehen davon, daß Privatgutsherrn nach Herkommen zur Lieferung des Schulbrennholzes verpflichtet sein können —, und nur bei Domänendörfern besteht nach § 45^5 die gesetzliche Lieferungspflicht des Fiskus. Fällt somit die Verpflichtung des Fiskus zur Lieferung des Brennholzes weg, weil die Ortschaft aus dem domänenfiskalischen Gutsbezirke ausscheidet, so tritt — da von einer herkömmlichen Verpflichtung des neuen Privatgutsherrn keine Rede sein kann — lediglich die gesetzliche Regel ein, nach der die Ortschaft das Schulbrennholz ebenso wie die anderen Mittel zur Schulunterhaltung aufbringen muß. Eine Last aber, die außer in Domänendörfern gesetzlich auf den Ortschaften ruht, kann nicht für ungewöhnlich gelten. In der Ungewöhnlichkeit kann also auch nicht ein besonderer Grund der Entschädigungspflicht erblickt werden.

Andererseits läßt sich auch nicht der Vorteil, der dem Fiskus durch die Befreiung von der Schulbrennholzlieferung erwächst, wie eine unbillige Bereicherung auf Kosten des neuen Gutsbezirks ansehen, da die Verpflichtung, die ohnehin auch nur dem Fiskus im Gegensatz zu allen anderen Gutsherren gesetzlich obliegt, naturgemäß mit dem Ausscheiden des Orts aus dem domänenfiskalischen Gutsbezirke aufhört.

3. Dagegen ist die Leistungsunfähigkeit des neugebildeten Gutsbezirks keine unerläßliche Voraussetzung des Anspruchs auf Beihilfe, falls nicht etwa der sonst fehlende besondere Grund des Anspruchs in der Leistungsunfähigkeit gefunden werden könnte. Im Uebrigen kommt es auf die Leistungsfähigkeit des Gutsbezirks als solchen, nicht des jeweiligen Besitzers an, dessen Vermögenslage wechseln kann, wie der Besitzer selbst.

Nr. 12. Entsch. Bd. XXXIX S. 110 v 5. II. 1901 I C 153/99

Land-Gem.-Ordn. v. 3. VII. 91 (G.-S. S 233) § 3.

Kr.-Ordn. v. $\frac{31 \text{ XII. } 72}{19 \text{ III } 81}$ (G.-S. 1881 S. 179) § 31

1. Die öffentlich-rechtlichen Pflichten der Besitzer der früher mit herrschaftlichen Rechten über Unterthanen ausgestatteten Güter, insbesondere der alten adligen Güter, bestehen einmal in solchen, die sich auf das herrschaftliche Vorwerksland, den Gutsbezirk des heutigen Rechtes, beziehen und andererseits in solchen, die in der obrigkeitlichen Gewalt des Gutsherrn über die zum vormaligen Herrschaftsbezirke gehörigen Gemeinden ihre Wurzel haben. Nur die Pflichten der ersteren Art — deren Umfang in dem nicht neues Recht schaffenden, sondern nur das bestehende aufrecht erhaltenden § 31 der Kr.-Ordn. v. 13. XII. 72 dahin bestimmt ist, daß für den Bereich eines selbständigen Gutsbezirkes der Gutsbesitzer (im Falle der Teilung des Gutes der Restgutsbesitzer) zu den Pflichten und Leistungen verbunden ist, die den Gemeinden für den Bereich ihres Gemeindebezirkes im öffentlichen Interesse obliegen — können im Falle der Auflösung eines Gutsbezirkes auf diejenigen Gemeinden übergehen, denen Teile des aufgelösten Gutsbezirkes einverleibt werden. Dagegen ist es undenkbar, daß eine Rechtsnachfolge der so vergrößerten Gemeinden bei denjenigen Pflichten und Leistungen eintritt, die in der Gutsherrschaft über die neben dem Gutsbezirke bestehenden Gemeinden wurzeln. Denn hier würde die Rechtsnachfolge voraussetzen, daß Gemeinden durch die Einverleibung von Teilen eines Gutsbezirkes zu Gutsherren anderer Gemeinden werden, eine Annahme, die keiner ernsten Widerlegung bedarf. In E.-O.-V. Bd. XXXI S. 175ff. ist denn auch mit aller Schärfe und im Einklange mit der älteren Rechtsprechung (vgl. Bd. XVII S. 267ff.) ausgesprochen, daß die Auflösung eines Gutsbezirkes die Bedeutung einer Beseitigung der Gutsherrschaft hat und deshalb von einer Rechtsnachfolge in ihre Leistungen und Pflichten gar nicht die Rede sein kann.

Durch Auflösung eines Gutsbezirkes erlöschen alle öffentlich-rechtlichen Pflichten, die ihren Grund in der obrigkeitlichen Gewalt des Gutsherrn über die zu seinem vormaligen Herrschaftsgebiete gehörigen Gemeinden hatten, daher auch die persönliche gutsherrliche Pflicht, zur Unterhaltung der im Bezirke solcher Gemeinden bestehenden Schulen beizutragen.

2. Daraus folgt für den vorliegenden Fall, daß die weggefallenen Leistungen des Dominiums Gr. an die Schule zu L. von denjenigen zu übernehmen sind, die neben ihm zur Unterhaltung jener Schule verpflichtet waren. Ist dies die Gemeinde L. allein, was jedenfalls dann zutrifft, wenn der Schulbezirk sich mit dem Gemeindebezirke deckt,

so ist allerdings anzuerkennen, daß ihr infolge der Bezirksveränderung ein Nachteil in Höhe des Wertes der gutsherrlichen Leistungen entstanden ist, aber darauf läßt sich noch nicht der Schluß bauen, daß dieser Nachteil im Wege des Auseinandersetzungsverfahrens nach § 3 der Landgem.-Ordn. auszugleichen sei. Nach Abs. 1 der angeführten Gesetzesstelle findet die infolge einer Veränderung der Grenzen der Landgemeinden und Gutsbezirke notwendig werdende Auseinandersetzung nur zwischen den Beteiligten statt. Unter den „Beteiligten" im Sinne des ersten Abs. aber können nach seiner Fassung und seinem Zusammenhange nur die an der Bezirksveränderung Beteiligten gemeint sein. Darunter sind in erster Reihe zu verstehen die Gemeinde- und Gutsbezirke, deren Grenzen sich ändern, ferner solche Rechtssubjekte, die persönlich oder ihrem Besitze nach denjenigen Bezirken angehören, deren kommunalrechtliche Verhältnisse durch die Aenderung betroffen werden, endlich auch der frühere Träger der gutsherrlichen Rechte und Pflichten im Falle der Auflösung eines Gutsbezirkes (vgl. E.-O.-V. Bd. XXXVI S. 145 ff.). Dagegen erscheint es ausgeschlossen, zu den Beteiligten in dem angegebenen Sinne auch diejenigen Gemeinden zu zählen, deren Bezirk durch die eingetretenen Grenzveränderungen garnicht berührt wird, deren Pflichten aber dadurch eine Erweiterung erfahren, daß die Teilnahme einer Gutsherrschaft an der ihnen obliegenden Schulunterhaltung infolge der Auflösung des Gutsbezirkes wegfällt.

3. Diese regelmäßig, ja notwendig eintretende Folge einer Erweiterung des Gemeindebezirkes, daß das Grundsteuersoll der Gemeinde und der Flächeninhalt ihres Gemeindebezirkes gewachsen sind, gestattet für sich allein noch nicht die Annahme, daß sie für die Gemeinde vorteilhaft sei. Ob das zutrifft, oder ob nicht vielmehr gerade ein der Ausgleichung bedürftiger Nachteil für die erweiterte Gemeinde eingetreten ist, kann erst beurteilt werden, wenn der erforderliche Anhalt für eine Vergleichung der Steigerung der Steuerkraft mit der bei einer Gebietserweiterung fast unausbleiblichen Steigerung der Gemeindelasten vorliegt. Noch weniger kann im vorliegenden Falle der Anspruch auf Teilnahme an den erweiterten Schullasten auf den Umstand gestützt werden, daß die Besitzer der einverleibten Grundstücke dem Restgutsbesitzer gegenüber verpflichtet waren, zu den ihm als Träger der Gutsherrschaft obliegenden Leistungen an Schulen beizutragen. Diese Pflicht ist durch die Auflösung des Gutsbezirkes zwar nicht erloschen, aber sie ist durch die Beseitigung der Gutsherrschaft und ihrer Pflichten gegenstandslos geworden. Von einem Eintritt der vergrößerten Gemeinde in jene auf privatrechtlichen Vereinbarungen beruhenden Rechte des Restgutsbesitzers kann noch weniger die Rede sein wie von einem Uebergange der ihm als Träger der Gutsherrschaft obliegenden Pflichten. Daran ändert auch nichts, daß eine Verteilung der gutsherrlichen Lasten gegenüber der Schule im Wege der Abgabenregulierung stattgefunden hat. Denn eine solche war gesetzlich nicht zulässig (E.-O.-V. Bd. XII S. 174 ff.).

4. Im übrigen hat auch eine Ordnung, die den Gutsbesitzer zur Erhebung öffentlicher Abgaben berechtigt, wie sie ausnahmsweise auf Grund des § 8 des Ges. v. 8. III. 71 hinsichtlich der Kosten der Armenpflege getroffen werden kann, den Fortbestand des Gutsbezirkes zur Voraussetzung und verliert mit seiner Auflösung ihre Kraft.

Nr. 13. Entsch. Bd. XXXIX S. 117 v. 17. V. 1901 I B 7/1900.

Schl-Holst Land-Gem.-Ordn v 4. VII 92 (G-S. S. 155) § 3.
Zust-Ges §§ 8, 25.
Schulordn. für die Herzogtümer Schleswig und Holstein v. 24. VIII. 14 (Chron Samml S. 112ff) §§ 30, 52.
Reg.-Instr v. 23. X 17 (G.-S. S 248) § 18k.

Am 1. VII 96 waren Teile der Landgemeinde D. (Provinz Schleswig-Holstein) unter Abtrennung von dieser mit der Stadtgemeinde W. vereinigt und infolge der Bezirksveränderung die in den umgemeindeten Teilen einheimischen Kinder aus der Distriktsschule zu D. in die städtischen Schulen zu W. eingeschult worden, deren Kinderzahl dadurch um fünfundzwanzig stieg. Mit Rücksicht hierauf stellte die Stadtgemeinde W. bei dem Bezirksausschusse den Antrag auf Ausgleichung öffentlicher Interessen im Wege der Auseinandersetzung nach § 3 der Landgem-Ordn. v. 4 VII 92 mit der Begründung, daß sie, während die Schulgemeinde D von der Notwendigkeit einer Schulerweiterung entlastet worden sei, einen Nachteil teils durch einmalige Ausgaben für Errichtung eines Anbaues an eines ihrer Schulhäuser, teils durch dauernde, unverhältnißmäßige Erhöhung der jährlichen Ausgaben erlitten habe. Der Antrag wurde abgelehnt.

1. Die im ersten Abs. des § 3 der Landgem.-Ordn v. 4. VII. 92 den „Beteiligten" vorbehaltene Klage ist an eine Frist von zwei Wochen gebunden (E.-O.-V. Bd. XXXIII S. 133, 139). Der den Anspruch auf Auseinandersetzung oder Ausgleichung öffentlich-rechtlicher Interessen ablehnende Beschluß wird also insoweit unanfechtbar, als er nicht rechtzeitig mit der Klage angegriffen wird.

2. Die rechtliche Zulässigkeit einer Auseinandersetzung ist nicht schon gegeben, wenn einer der streitenden Teile zu den „Beteiligten" gehört, sondern erst dann, wenn beide als „Beteiligte" anzusehen sind. Allerdings beschränkt sich der Kreis der „Beteiligten" im Sinne der angeführten Gesetzesstelle nicht auf städtische oder ländliche Gemeinden und Gutsbezirke, deren Bezirk sich geändert hat, sondern erstreckt sich, wie die Vorschriften im Abs. 2 zeigen, auch auf die Angehörigen desjenigen Gebiets, dessen kommunale Zugehörigkeit sich ändert, aber es ist völlig ausgeschlossen, zu ihnen auch nicht zur Klasse der politischen Gemeinden gehörige Korporationen und Sozietäten des öffentlichen Rechtes zu zählen, deren räumlicher Bezirk durch die Folgen einer Veränderung in der Abgrenzung der Stadt- oder Landgemeinden oder der Gutsbezirke mittelbar berührt wird. Hierzu kommt noch, daß die Schulordn. für die Herzogtümer Schleswig und Holstein v. 24. VIII. 14 zwar zwischen Bürgerschulen in den Städten und Flecken und Landschulen unterscheidet, aber keine die organisatorische Befugnis der Schulaufsichtsbehörde einschränkende Bestimmungen enthält, also die Schulaufsichtsbehörde auch in der Provinz Schleswig-Holstein befugt ist, auf Grund der dort durch den Allerh. Erl. v. 20. VI. 68 (G.-S. S. 620) eingeführten Reg.-Instr. v. 23. X. 17 § 18 lit. k die Grenzen der Schulbezirke abweichend von denen der politischen Gemeinden zu bestimmen und Teile einer Stadtgemeinde einer Landschule oder Teile des platten Landes einer städtischen Schule zuzuweisen. Auch im vorliegenden Falle ist somit die Umschulung der Kinder aus den neu hinzugetretenen Stadtteilen zwar aus Veranlassung der Veränderung in der Begrenzung der Stadtgemeinde erfolgt, aber nicht als eine von Rechts wegen eintretende Folge dieser Veränderung anzusehen. Die Umschulung konnte daher, selbst wenn der Stadtgemeinde als Trägerin der Schullast eine an sich zu den „Beteiligten" zu rechnende Korporation gegenüberstände, nicht zu den einer Ausgleichung bedürftigen Folgen jener Veränderung gerechnet werden.

B. Gemeindeverbände. Hebammenbezirke. Armenverbände.

Litteratur: Krech, die Reichsgesetze über den Unterstützungswohnsitz in der Fassung der Novelle vom 12. März 1894, die Freizügigkeit, den Erwerb und Verlust der Bundes- und Staatsangehörigkeit, 5. Aufl., Berlin 1901. — Wohlers-Krech, das Reichsgesetz über den Unterstützungswohnsitz, 9. Aufl., Berlin 1901.

C. Gemeinderecht und Gemeindewahlen.

Nr. 1. Entsch. Bd. XXXVIII S. 155 v. 18. V. 1900 I C 7/1900.

Hess.-Nass. Land-Gem.-Ordn. v. 4. VIII. 97 (G.-S. S. 301) §§ 31, 46, 48.
Land-Gem.-Ordn. v. 3. VII 91 (G.-S. S. 233) § 60.
L.-V.-G. § 70.

1. Im Verwaltungsstreitverfahren über die Gültigkeit der Wahl von Gemeindeverordneten sind die Gewählten gemäß § 70 L.-V.-G. beizuladen. Denn es kann über das Recht der Gewählten nicht ohne deren Zuziehung entschieden werden. (E.-O.-V. Bd. XIX S. 149.)

2. Beisitzer des Wahlvorstandes bei der Wahl von Gemeindeverordneten kann ein der Wahlversammlung Angehöriger auch dann sein, wenn er mit dem Vorsitzenden des Wahlvorstandes verwandt oder verschwägert ist. Denn ein gesetzliches Verbot, wie im § 46 Abs. 4 der Landgem.-Ordn. v. 4. VIII 97 besteht hinsichtlich des Wahlvorstandes nicht.

3. Nach § 31 der Hess.-Nass. Landgem.-Ord. v. 4. VIII. 97 ernennt der Vorsitzende einen der beiden von der Wahlversammlung zu wählenden Beisitzer zum Schriftführer. Nur ein Beisitzer darf somit zum Schriftführer ernannt werden. Eine Bestimmung, ähnlich der im letzten Satze des § 48 a. a. O. getroffenen, wonach bei der Wahl des Bürgermeisters u. s. w. auch eine nicht zur Wahlversammlung gehörige Person zum Schriftführer ernannt werden kann, fehlt in Betreff der Wahl der Gemeindeverordneten. Wenn es auch statthaft ist, die mechanische Schreibarbeit unter Aufsicht eines der Beisitzer als Schriftführer durch eine andere Person verrichten zu lassen (vgl. E.-O.-V. Bd. XXVIII S. 18 ff.), so darf eine andere Person doch nicht selbständiger Schriftführer sein. Ist sie das, so liegt darin ein Verstoß gegen die Vorschriften über die Kontrolle des Wahlverfahrens durch die Mitglieder des Wahlvorstandes. Ohne Beobachtung dieser Vorschriften mangelt es aber an der vom Gesetzgeber für nötig erachteten Gewähr für den gesetzmäßigen Verlauf und die richtige Beurkundung des Wahlverfahrens und es ist daher das Wahlverfahren ungültig. Eine bloß instruktionelle Bedeutung hat die Bestimmung wegen Ernennung eines Schriftführers offenbar nicht.

4. Dabei ist zu bemerken, daß die Ernennung eines Beisitzers zum Schriftführer nicht ausdrücklich zu erfolgen braucht, sondern daß es für die Gültigkeit des Wahlverfahrens genügt, wenn ein Beisitzer mit stillschweigender Genehmigung des Bürgermeisters die Obliegenheiten eines Schriftführers thatsächlich wahrnimmt. In der Landgem.-Ordn. v. 3. VII. 91 ist bei der Gemeindeverordnetenwahl — vgl. § 60 ebenda — von Ernennung eines Schriftführers überhaupt keine Rede, und eine wesentliche Abweichung, wie sie in dem Erfordernis ausdrücklicher Ernennung eines Schriftführes liegen würde, sollen die betreffenden Bestimmungen der Hess.-Nass. Landgem.-Ordn. nach der Begründung zu den §§ 23 bis 37 nicht enthalten. Entscheidend ist nach beiden Gesetzen, daß eine nicht zum Wahlvorstande gehörige Person nur mechanische Hilfe leisten, ihr aber nicht die Ver-

antwortlichkeit eines Schriftführers übertragen werden darf. Freilich muß nach § 31 a. a. O. ein Beisitzer die besondere Verantwortlichkeit für die Niederschrift tragen, die allgemeine Verantwortlichkeit des gesammten Wahlvorstandes für die Richtigkeit der einer anderen Person übertragenen Protokollführung reicht darnach also nicht hin.

Nr. 2. Entsch. v. 21 XII. 1900 Nr. II 1678 (Pr.-V.-Bl. Bd. XXII S. 324).

L.-V.-G. § 70.

Westf. Land-Gem.-Ordn v 19. III 56 (G.-S. S. 265) § 28 Abs. 6.

Im Verwaltungsstreitverfahren kann über die Gültigkeit einer Wahl zur Gemeindevertretung ohne vorgängige Beiladung des Gewählten nicht entschieden werden.

Die nach den Bestimmungen der Gemeindeordnungen und des Zust.-Ges. ergehenden Entscheidungen über die Gültigkeit von Wahlergebnissen sind absolut geltende, dergestalt, daß eine Wahl einem jeden Beteiligten gegenüber nur entweder gültig oder ungültig sein kann. Wenn z. B. schon einmal auf Klage des Gemeindevorstandes durch rechtskräftiges Urteil im Sinne der Ungültigkeit einer Wahl entschieden ist, besteht nicht die Möglichkeit, auf eine neue Klage des Gewählten selbst bezüglich desselben Wahlergebnisses anders zu entscheiden (vgl. E.-O.-V. Bd. XXVI S. 120/122). Hiernach unterscheidet sich der gegenwärtige Fall erheblich von denjenigen, die der Gerichtshof in E.-O.-V. Bd. IV S. 178 behandelt hat. Denn dort ist ausgesprochen worden, die Unterlassung der Beiladung habe nur die Folge, daß die Entscheidung dem Nichtbeigeladenen gegenüber keine Geltung erlange. In der vorliegenden Sache soll aber die Entscheidung unter allen Umständen auch gegen den Gewählten gelten, sodaß dieser, der zufolge des Beschlusses der Gemeindeversammlung in diese eingetreten ist, aus ihr selbst dann wieder ausscheiden müßte, wenn die Ungültigkeit der Wahl auch ohne seine Zuziehung rechtskräftig ausgesprochen werden sollte. Da nun demjenigen, dessen Wahl von der Gemeindevertretung für gültig erklärt worden, keine Parteirolle durch das Gesetz zugewiesen ist, ihm aber Gelegenheit dazu, sein Recht auf Sitz und Stimme in der Gemeindeversammlung zu vertreten, gegeben werden muß und der einzige Weg der der Beiladung ist, so folgt hieraus, daß die dem Gerichte gegebene Befugnis zur Beiladung in einem derartigen Falle zur Verpflichtung wird, daß also in Wahlsachen zu Ungunsten des Gewählten nicht vor dessen Beiladung erkannt werden darf, und die Unterlassung der Beiladung jedenfalls dann einen wesentlichen Mangel des Verfahrens bildet, wenn das Gericht zu dem Ergebnisse gelangt, daß eine von der Gemeindevertretung als gültig behandelte Wahl für ungültig zu erklären sei, und nicht etwa aus Aeußerungen des Gewählten erhellt, daß dieser selbst für die Ungültigkeit seiner Wahl eintritt. (Vgl. E.-O.-V. Bd. XIII S. 220, Bd. XIX S. 149, Bd. XXXI S. 113.)

Nr. 3. Entsch. v. 1. II. 1901 Nr. II. 11 (Pr.-V.-Bl. Bd. XXII S. 627).

Westf Land-Gem.-Ordn. v. 19. III. 56 (G.-S. S. 265) §§ 13, 26, 28, 29.

Zust.-Ges. § 27.

1. Die Gemeindevertretung hat darüber zu erkennen, ob die von dem Wahlvorsteher als zu Gemeindeverordneten gewählt bekannt gemachten Personen gültig gewählt sind, nicht darüber hinaus andere Personen als gewählt zu bezeichnen.

2. Materielle Unrichtigkeiten der Wählerliste, z. B. Unrichtigkeiten in den eingetragenen Steuerbeträgen, oder unrichtige Verteilungen der letzteren auf die verschiedenen Wählerklassen, sind belanglos, sobald in

der vorgeschriebenen Auslegungszeit die Liste nicht angefochten worden ist.

3. Die Zuteilung einer bestimmten Anzahl von Gemeindeverordneten an die im Gebiet der westfälischen Landgemeindeordnung bestehenden sogenannten „Bauerschaften“ und sonstigen Ortschaften, die die Gemeinde bilden, ist zulässig (vgl. E.-O.-V. Bd. XXX S. 147 ff.), und es ist namentlich darin keine gesetzwidrige Beschränkung des Wahlrechts der Gemeindeglieder zu erblicken. Sollen nun nach solchem Statutarrecht von den für eine Gemeinde festgesetzten zwölf Verordneten sechs in bestimmten Ortschaften der Gemeinde wohnen und von jeder Wählerabteilung zwei dieser sechs Verordneten aus den jeder Abteilung zugewiesenen Orten (Bauerschaften) entnommen werden, so ist daraus zu folgern, daß alle Stimmen, die auf einen in der von der betreffenden Abteilung zu berücksichtigenden Ortschaft nicht wohnenden Kandidaten fallen, ungültig sind. Daß zufällig von einer anderen Abteilung in ihrer der örtlichen Beschränkung nicht unterliegenden Wahl ein Einwohner aus der Bauerschaft schon gewählt war, löst die Wähler jener Abteilung nicht von der sie bindenden Satzung, wonach stets ein von ihr gewählter Verordneter aus Bu. der Gemeindevertretung angehören soll.

4. Es ist zweckmäßig, in der Bekanntmachung, durch die die Stimmberechtigten zur Wahl eingeladen werden, auf derartige Vorschriften jedesmal ausdrücklich hinzuweisen, und es würde, wenn ein solcher Hinweis durch das Gesetz bestimmt wäre, die Unterlassung nicht durch die im Wahltermine seitens des Wahlvorstehers erfolgte Erklärung, daß der von der betreffenden Abteilung zu wählende Gemeindeverordnete seinen Wohnsitz in einer bestimmten Bauerschaft haben müsse, geheilt werden. Indes eine gesetzliche Vorschrift der bezeichneten Art besteht nicht, weshalb der in Rede stehende Umstand ohne Einfluß auf die Gültigkeit der Wahl ist. Die Ergreifung zweckmäßiger Maßnahmen, die zur Vermeidung von Irrtümern der Wähler beitragen können, ist Sache der Gemeinde bezw. Aufsichtsbehörde.

„Die Zahl der aus den klassensteuerpflichtigen, mit einem Wohnhause nicht angesessenen Einwohner (§ 15 II Nr. 3 Litt. b) zu wählenden Gemeindeverordneten darf höchstens ein Drittel der Gesammtzahl der gewählten Gemeindeverordneten betragen. Ist eine gleichmäßige Verteilung dieser Zahl auf die einzelnen Wahlklassen nicht möglich, so erfolgt die Ausgleichung durch das Los. Ist die Zahl der aus diesen Einwohnern Gewählten größer, so müssen diejenigen, welche die wenigsten Stimmen gehabt haben, zurücktreten.“

5. Prüft man die Bedeutung des hier hauptsächlich in Betracht kommenden zweiten Satzes, so ergiebt sich, daß der durch das Los ermittelten Abteilung eine Erweiterung des Wahlrechts zufällt, insofern sie vor der anderen einen zweiten Verordneten aus den Nichthausbesitzern wählen darf, daß aber erst durch das Los die zur Ausübung jenes Vorrechts berufene Abteilung bestimmt wird. Solange in einer Gemeinde nur neun Verordnete sind, kann jede der drei Abteilungen einen Nichthausbesitzer wählen; mit der Vermehrung der Verordneten auf zwölf hat das Los darüber zu entscheiden, welche Abteilung in Zukunft den nach § 29 zulässigen vierten Nichthauseigentümer wählen darf. Wenn dieses auf dem vorgeschriebenen Wege nicht bestimmt ist, so wird dieser Mangel durch alsbaldige Nachholung des Losens zu heben und wird die durch das Los festgestellte Abteilung ein für allemal bekannt zu machen sein, damit jeder Wähler wissen kann, ob und wieviel Hausbesitzer in seiner Abteilung gewählt werden müssen: Denn ohne solche Kenntnis sind die Wähler in der Ausübung ihres Wahlrechts und bei der Fassung der betreffenden Entschlüsse behindert. Die Folgen jenes Mangels anlangend, so ist die erörterte Vorschrift des § 29 nicht denjenigen beizurechnen, deren Außerachtlassung die

Ungültigkeit der davon betroffenen Wahlen ohne Weiteres nach sich zieht, vielmehr bleibt die Frage bestehen, ob trotz des Verstoßes die einzelnen Wahlen noch als der Ausdruck des freien Willens der Wähler gelten können oder nicht.

6. Wo immer das Gesetz eine gemeinsame Wahl mehrerer Verordneten in einer Wahlhandlung gestattet, widerspricht es dem Wesen der Sache, die einheitliche Handlung der Wahl in so viele einzelne Akte zu zerlegen, als Verordnete zu wählen sind.

Nr. 3. Entsch. v. 5 II. 1901 Nr. I 202 (Pr.-V.-Bl. Bd. XXIII S. 198).

1. Die ortsübliche Einladung zur Gemeindewahl durch Zettelumlauf bezweckt, die Wahltermine allgemein bekannt zu machen. Ist ein solcher Umlauf nachgewiesen, so wird seine Bedeutung für alle Gemeindeglieder dadurch nicht beseitigt, daß die Benachrichtigung einzelnen nicht zugegangen ist. Ob im einzelnen Falle die Zahl derjenigen Mitglieder, die den Zettel nicht erhalten haben, so groß ist, daß dieserhalb die Bekanntmachung als nicht gehörig bewirkt angesehen werden müßte, unterliegt der freien richterlichen Beurteilung

2. Ein Versehen geringfügiger Art in der Fassung der Urteilsgründe kann als ein wesentlicher Verfahrensmangel nicht angesehen werden.

Nr. 4. Entsch. v 12. VII. 1901 Nr. I 1203 (C.-Bl.-U.-V S 974)
Land-Gem.-Ordn v 3. VII 91 (G.-S. S 233) § 53.
St.-Ordn v 30 V. 53 (G.-S. S 261) § 17

1. Volksschullehrer sind nicht allein in der Gemeinde ihres Anstellungsortes, sondern allerorten im Geltungsgebiete des § 53 [5] der Landgem.-Ordn. v. 3. VII. 91 von der Wählbarkeit zur Gemeindevertretung ausgeschlossen. Nach § 53 a. a. O. sind als Gemeindeverordnete nicht wählbar

5. Geistliche, Kirchendiener und Volksschullehrer.

Schon der hier gewählte ganz uneingeschränkte Wortlaut spricht dafür, daß Geistliche, Kirchendiener und Volksschullehrer als solche, gleichviel wo sie angestellt sind und von wem sie besoldet werden, von der Wählbarkeit in sämmtlichen Landgemeinden innerhalb des Geltungsbereichs der Landgem.-Ordn. ausgeschlossen sein sollen. Das findet seine Bestätigung in den gesetzgeberischen Materialien, insbesondere zum § 17 der St.-Ordn. v. 30. V. 53.

(Folgt eingehende Begründung.)

2. Uebrigens hat nicht bloß die Landgem.-Ordn. v. 3. VII. 91 nach dem Vorbilde der St.-Ordn. für die östlichen Provinzen und der Westf. Gem.-Ordn., mit der darin die Westf. St.-Ordn. übereinstimmt, die Geistlichen, Kirchendiener und Elementarlehrer für nicht wählbar zur Gemeindevertretung erklärt. Eine im Wesentlichen gleichlautende Vorschrift kehrt in den St.- und Landgem.-Ordn. für die Rheinprovinz, für die Provinz Schleswig-Holstein und die Provinz Hessen-Nassau, in dem Gem.-Verf.-Ges. für die Stadt Frankfurt a. M. und in der Hohenz. Gem.-Ordn., — kurz in allen seitdem erlassenen Gemeindeverfassungsgesetzen wieder. Auch von der Mitgliedschaft im Gemeindevorstande sind Geistliche, Kirchendiener und Elementar-(Volksschul-)lehrer, desgleichen die insoweit mit den letzteren auf eine Linie gestellten sonstigen öffentlichen Lehrer, überall ausgeschlossen. Ja selbst weit über den

Rahmen der Gemeindegesetzgebung hinaus nehmen Geistliche, Kirchendiener und Elementar-(Volksschul-)lehrer (nicht auch Lehrer an anderen öffentlichen Unterrichtsanstalten) hinsichtlich des Rechtes und der Pflicht, in öffentlichen Ehrenämtern thätig zu werden, eine Ausnahmestellung ein. Sie können nach Vorschrift der Kreisordnungen für die verschiedenen Landesteile nicht Mitglieder des Kreisausschusses, ebenso (s. § 49 Abs. 3 des Ges., betr. Schutzwaldungen und Waldgenossenschaften, v. 6. VII. 75, G.-S. S. 416) nicht Mitglieder eines Waldschutzgerichts sein und nicht zu dem Amte eines Schöffen oder Geschworenen berufen werden (s. §§ 34 Nr. 8, 85 Abs. 2 des Ger.-Verf.-Ges. in der neuen Fassung). Bestimmend hierfür sind durchweg dieselben Erwägungen gewesen, welche seiner Zeit bei der Beratung der St.-Ordn. v. 30. V. 53 den Ausschlag gegeben hatten.

D. Gemeinde- und Gutsvorsteher. Gemeindebeamte.

Nr. 1. Bescheid v. 7. XI. 99 Nr. I 1790 und
Entsch. v. 9. I. 1900 Nr. I 40 (Pr.-V.-Bl. Bd. XXII S. 180).
Zust.-Ges. § 36 L.-V.-G. §§ 52, 61.

1. Durch Verf. v. 30. VI. 99 setzte der Landrat des Kreises Th. gegen den Kläger eine Ordnungsstrafe von 9 Mk. fest, weil er die Pflichten, die ihm sein Amt auferlegt, verletzt habe. Kläger bat zunächst um Niederschlagung dieser Strafe und legte, nachdem unter dem 25. VII. 99 seine Bitte zurückgewiesen worden war, gegen die Straffestsetzung Beschwerde ein.

Durch Verf. v. 12. IX. 99 eröffnete ihm hierauf der Landrat im Namen des Regierungspräsidenten, daß der Beschwerde aus den in der Strafverfügung angegebenen Gründen nicht stattgegeben werden könne. Gegen diesen Bescheid beschwerte sich Kläger bei dem Oberpräsidenten. Seine Beschwerde wurde durch Verf. des Oberpräsidenten v. 12. X. 99, ihm zugegangen am 18. X., als unbegründet zurückgewiesen. Das O.-V.-G. erkannte durch Bescheid, daß die gegen diese Verfügung sich richtende Klage gesetzlich unzulässig sei.

Gemäß § 36 Zust.-Ges. ist der *Instanzenzug für die Anfechtung gegen Gemeindevorsteher verhängter Ordnungsstrafen in der Weise geregelt, daß gegen die Strafverfügungen des Landrats innerhalb zwei Wochen die Beschwerde an den Regierungspräsidenten und gegen den* auf die Beschwerde ergehenden *Beschluß des Letzteren innerhalb der gleichen Frist* nicht die weitere Beschwerde an den Oberpräsidenten, sondern unmittelbar die *Klage bei dem* O.-V.-G. stattfindet. Mit der Klage anfechtbar wäre deshalb nur die im Namen des Regierungspräsidenten ergangene Verf. v. 12. IX. 99 gewesen. Die Anfechtung kann aber nicht mehr erfolgen, weil zur Zeit der Einreichung der Klage die für ihre Anbringung vorgesehene, gemäß § 52 L.-V.-G. präklusivische zweiwöchige Frist längst verstrichen war.

2. Gegen diesen Bescheid hat der Kläger rechtzeitig den Antrag auf Anberaumung der mündlichen Verhandlung gestellt. Er erkannte die Zurückweisung der gegen den Beschluß des Oberpräsidenten gerichteten Klage als gerechtfertigt an, hielt aber dafür, daß eine *formell gültige Verfügung auf seine* gegen die Straffestsetzung erhobene *Beschwerde* noch nicht ergangen sei, als solche insbesondere *der im Namen des Regierungspräsidenten von dem Landrat ihm erteilte Bescheid* nicht angesehen werden könne, weil der Landrat in der Beschwerdeinstanz Partei gewesen sei und deshalb gemäß der E.-O.-V. Bd. XXI S. 194/196 „zu seiner Bescheidung nicht hätte verwendet

werden dürfen". Diese Ausführung ist nicht geeignet, eine Abänderung der getroffenen Entscheidung herbeizuführen.

Wollte man sich auf den Standpunkt des Klägers stellen, so würde jede rechtliche Grundlage für das Verwaltungsstreitverfahren fehlen. Denn alsdann läge ein Beschluß, der mit der Klage angefochten werden könnte, überhaupt noch nicht vor. Im Uebrigen geht aber auch der Kläger mit seinen Ausstellungen an dem eingeschlagenen Verfahren fehl. Es ist durch keine gesetzliche Bestimmung verboten, daß bei Beschwerden im Dienstaufsichtswege die angerufene Beschwerdeinstanz die Unterinstanz ermächtigt, den Beschwerdeführer in einem bestimmten Sinne zu bescheiden. Das Gegenteil wird insbesondere auch nicht in der vom Kläger angeführten Entscheidung des Gerichtshofs ausgesprochen; diese hat sich mit der hier zur Erörterung stehenden Frage überhaupt nicht befaßt, hat vielmehr in Anwendung der klaren Bestimmungen des § 61 L.-V.-G. ein im Verwaltungsstreitverfahren erlassenes, zweitinstanzliches Bezirksausschuß-Urteil aufgehoben, weil ein Mitglied des Bezirksausschusses auch bei Erlassung der Entscheidung erster Instanz als Richter mitgewirkt hatte.

Nr. 2. Bescheid v. 28. IX. 1900 Nr. I 1069 (Pr.-V.-Bl. Bd. XXII S. 225).

Vd. v. 24. XII. 16 (G.-S. 1817 S. 57), betr. die Verwaltung der den Gemeinden und öffentlichen Anstalten gehörigen Forsten in den Provinzen Westfalen, Kleve, Berg und Niederrhein §§ 2—4, 6.

1. Im Geltungsgebiet der Vd. v. 24. XII. 16, betr. die Verwaltung der den Gemeinden und öffentlichen Anstalten gehörigen Forsten in den Provinzen Westfalen, Kleve, Berg und Nieder-Rhein ist der Regierungspräsident befugt, die Dienstbezüge der Gemeindeforstbeamten, insbesondere der gemeinsamen Gemeindeoberförster, festzusetzen.

Der § 6 der Vd. stellt der Regierung die Aufgabe, zu bestimmen, ob die Bewirtschaftung des Gemeindewaldes die Anstellung eines eigenen Forstbeamten unumgänglich erfordere, oder gegen angemessene Remuneration einem benachbarten Königlichen Forstbeamten übertragen werden könne, sowie ferner im ersteren Falle die gewählten Personen zu prüfen und als Kommunalbeamte zu bestätigen. Wird hier die Aufsichtsbehörde zur Entscheidung über die Angemessenheit der Remuneration für die nebenamtlich beschäftigten Gemeindeforstbeamten ausdrücklich berufen, so läßt sich ohne die Annahme völliger Grundsatzlosigkeit die gleiche Befugnis bezüglich der im Hauptamte thätigen nicht in Zweifel ziehen. Solche sind auch bisher in der Rechtsprechung und Verwaltungspraxis nicht hervorgetreten, vielmehr ist schon im § 1 der Inst. v. 31. VIII. 39 (von Kamptz, Annalen Bd. 23 S. 24) diese Befugnis den Regierungen zugewiesen. Sie ergiebt sich auch aus den weiteren Bestimmungen der Gesetze, insbesondere aus den §§ 2, 3 und 4 der Vd. v. 24. XII. 16, die deutlich erkennen lassen, daß der Umfang der Oberaufsichtsbefugnisse bezüglich der Verwaltung der Gemeindewaldungen nicht geringer sein soll als bezüglich des sonstigen Gemeindevermögens. Nach dem § 86 der Rh. Landgem.-Ordn. bildet aber der Beschluß des Gemeinderats und folglich auch derjenige der über die gemeinschaftlichen Angelegenheiten mehrerer Gemeinden beschließenden, aus ihren Bürgermeistereivertretern bestehenden Versammlung in Ansehung derjenigen Ausgaben, die zur Erfüllung der Pflichten der Gemeinden notwendig sind, somit auch derjenigen, die zur Verwaltung der Gemeindewaldungen erforderlichen Forstbeamten anzustellen und angemessen zu besolden, nur ein bloßes Gutachten, und die Gemeinde ist verpflichtet, dasjenige zu leisten, was nach den Festsetzungen der Staatsbehörde erfordert wird. Daraus folgt, daß die Regierung, jetzt nach § 18 L.-V.-G. der Regierungspräsident, befugt ist, die Dienstbezüge der Gemeindeforstbeamten, also auch die der gemeinsamen Gemeindeoberförster festzusetzen, da die spätere Gesetzgebung, insbesondere der § 32 Nr. 4 des Zust.-Ges. und das Ges. betreffend die Anstellung der Kommunalbeamten, v. 30. VII. 99 die Vorschriften der Vd. v. 24. XII. 16 nicht berührt haben, wie aus § 30 Abs. 2 des ersteren und § 23 Nr. 2 des letzteren Ges. hervorgeht.

2. Läßt sich hiernach die Zuständigkeit des Regierungspräsidenten zu einer solchen Anordnung nicht bestreiten, so kann sie auch nicht mit der Behauptung angefochten werden, daß ein Bedürfnis zur Erhöhung der Dienstbezüge nicht vorliege. Dieser Einwand betrifft nicht die Rechtmäßigkeit der Anordnung des beklagten Regierungspräsidenten, sondern nur deren Notwendigkeit und Angemessenheit, die nach feststehender Rechtsprechung des O.-V.-G. einer Nachprüfung im Verwaltungsstreitverfahren nicht unterliegen. (E.-O.-V. Bd. XIII S. 68, Bd. XIV S. 107, Bd. XXVI S. 144.)

Die Feststellungsverfügung ist überhaupt keine durch Klage im Verwaltungsstreitverfahren anzugreifende Zwangsetatisierung, sondern bereitet diese erst vor. Sie kennzeichnet sich als eine Ausübung der Staatsaufsicht über die Verwaltung der Gemeindeangelegenheiten namentlich der besonders geordneten Aufsicht über die Verwaltung der Gemeindeforsten in der Rheinprovinz und kann daher nur mit der Beschwerde bei den höheren Aufsichtsinstanzen angegriffen werden, da keine gesetzliche Bestimmung besteht, die die Klage gegen Anordnungen der Aufsichtsbehörden in den bezeichneten Angelegenheiten zuläßt.

Nr. 3. Entsch. v. 20. II. 1900 Nr. I 283 (Pr.-V.-Bl. Bd. XXII S. 382).
Hann. Land-Gem.-Verf.-Ges. v. 28. IV. 59 (Hann. G.-S. S. 393) § 45.

§ 45 des Hann. Landgem.-Verf.-Ges. v. 28. IV. 59, wonach der Gemeindevorsteher die Gemeindeglieder zu den Gemeindeversammlungen bei Geldstrafe bis zu 3 Mk. laden kann, ist noch fortdauernd in Geltung.

E. Gemeindebeschlüsse.

Nr. 1. Bescheid v. 28. IX. 1900 Nr. I 1069 (Pr.-V.-Bl. Bd. XXII S. 223).
Rh. Gem.-Verfassungsges. v. 15. V. 56 (G.-S. 435) Art. 15.

Einer auf Grund des Art. 15 des Gesetzes vom 15. V. 56 gebildeten Versammlung von Bürgermeistereivertretern fehlt die Befugnis, die Gemeinden, über deren Angelegenheiten sie zu beschließen haben, nach Außen zu vertreten. Sie kann daher auch eine solche nicht auf von ihr ernannte Bevollmächtigte übertragen.

F. Gemeindevermögen und Gemeindegliedervermögen.

Nr. 1. Entsch. v. 7. XII. 1900 Nr. I 1806 (Pr.-V.-Bl. Bd. XXIII S. 52).
Land-Gem.-Ord. v. 3. VII. 91 (G.-S. S. 233) § 68.
Deklaration v. 26. VII. 47 (G.-S. S. 327) § 2.

Für die Frage, ob Gemeindegliedervermögen oder Interessentenvermögen vorliegt, ist stets der Rechtsgrund der Befugnis der Nutzung entscheidend. Beruht diese auf öffentlich-rechtlichen Titel der Gemeindeangehörigkeit, so handelt es sich um „Gemeindegliedervermögen". Das Eigentum an solchem Vermögen steht der Gemeinde zu, während die Gemeindeglieder oder einzelne von ihnen die Nutzungen vermöge ihrer Eigenschaft als Gemeindeglieder haben. Beruht das Nutzungsrecht der Gemeindeangehörigen dagegen auf einem Privatrechte, so liegt „Interessentenvermögen", das ist Privatvermögen der Nutzungsberechtigten, vor. Ist z. B. durch Rezeß eine Schmiede den im Rezesse bezeichneten Separationsinteressenten zum „gemeinschaftlichen Eigentum" überwiesen worden, so unterliegt keinem Zweifel, daß die Nutzung an dem Schmiedegrundstücke den betreffenden Grundbesitzern auf Grund eines privatrechtlichen Titels, nämlich ihres Miteigentums, zusteht. Das Schmiedegrundstück steht mithin nicht im Eigentume der Gemeinde und gehört nicht zum Gemeindevermögen im Sinne des § 68 der Landgem.-Ordn. Daher ist der Gemeindevorsteher zur Vertretung der Gesammtheit der Miteigentümer der Schmiede und zu ihrer Verwaltung nur dann befugt, wenn ihm diese auf Grund des Ges. v. 2. IV. 87, betreffend die durch ein Auseinandersetzungsverfahren begründeten gemeinschaftlichen Angelegenheiten von der Auseinandersetzungsbehörde übertragen worden ist. Ist dies nicht geschehen, so ist der Gemeindevorsteher auch nicht befugt, von den Beteiligten, den sogenannten „schmiedeberechtigten Wirten", Leistungen für die Schmiede zu fordern und zu erzwingen. Die Verwaltung dieses gemeinschaftlichen Eigentums kann vielmehr nur nach privatrechtlichen Regeln erfolgen, wobei auch die Erfüllung der den einzelnen Miteigentümern obliegenden Leistungen nur im ordentlichen Rechtswege erzwungen werden kann.

G. Gemeindehaushalt. Staatsaufsicht, insbesondere Zwangsetatisierung.

Nr. 1. Entsch. Bd. XXVIII S. 179 v. 30. XI. 1900 I C 65/1900.

Ges v 30. III 87 (G.-S S 95), betr die Aufhebung mehrerer älterer Verordnungen über das Feuerlöschwesen in Schlesien; Land-Gem.-Ordn. v. 3. VII 91 (G.-S. S. 233) § 122.

1. Das Feuerlöschwesen ist eine kommunale, polizeilichen Zwecken dienende Veranstaltung, die von den Gemeinden und Gutsbezirken selbstthätig unterhalten werden muß.

Die für Feuerlöschzwecke nötigen Einrichtungen sind herkömmlich immer von den Gemeinden und Dominien selbst beschafft und unterhalten worden, namentlich auch in Schlesien. Durch das Gesetz, betreffend die Aufhebung mehrerer älterer Verordnungen über das Feuerlöschwesen in Schlesien, v. 30. III. 87 hat an der grundsätzlichen Verpflichtung der Gemeinden und Gutsbezirke zur Beschaffung und Unterhaltung der Feuerlöscheinrichtungen nichts geändert und nur für anderweitige Regelung durch Polizeiverordnungen Raum geschaffen werden sollen. Das O.-V.-G. hat denn auch wiederholt das Feuerlöschwesen unter denjenigen polizeilichen Angelegenheiten erwähnt, in denen die Gemeinden die erforderlichen Einrichtungen selbstthätig zu unterhalten haben (vgl. E.-O.-V. Bd. XVIII S. 144ff., Bd. XXVI S. 140, Bd. XXVII S. 65, Bd. XXX S. 429ff.). Dasselbe muß gemäß § 122 der Landgem.-Ord. v. 3. VII. 91 für Gutsbesitzer im Bereiche selbständiger Gutsbezirke gelten. Zu den nötigen Feuerlöscheinrichtungen gehört auch die Beschaffung des für Löschzwecke erforderlichen Wassers. Sind die vorhandenen Einrichtungen zur Wasserbeschaffung unzulänglich, so kann die Ortspolizeibehörde nach ihrem Ermessen eine Ergänzung fordern (vgl. E.-O.-V. Bd. XVIII S. 145, besonders S. 148, Bd. XXVI S. 140, Bd. XXVII S. 65, 66, Bd. XXV S. 140), soweit nicht etwa durch Polizeiverordnung das Maß des Erforderlichen bestimmt ist.

2. Aus dem Erfordernisse der Genehmigung eines Dritten zu der durch eine polizeiliche Verfügung gebotenen Handlung ist die Unzulässigkeit der Verfügung nicht unbedingt zu folgern.

Allerdings darf der Natur der Sache nach eine polizeiliche Verfügung nichts Unmögliches verlangen (vgl. E.-O.-V. Bd. XXIV S. 385), aber aus dem Erfordernisse der Genehmigung eines Dritten folgt nicht die Unmöglichkeit, wenn der Dritte zur Erteilung der Genehmigung bereit ist. Um die Bereitwilligkeit anzunehmen, bedarf es nicht notwendig einer verpflichtenden und auch nicht notwendig einer ausdrücklichen Erklärung des Dritten, sondern die Bereitwilligkeit kann auch aus dessen seitherigem Verhalten geschlossen werden. Versagt er dann doch wider Erwarten seine Zustimmung, so wird damit freilich die Ausführung der polizeilichen Verfügung unmöglich und es wird deshalb auch die fernere Androhung und Anwendung von Zwangsmitteln unzulässig, aber wegen der bloßen Möglichkeit, daß die Ausführung unmöglich werde, kann eine polizeiliche Verfügung nicht für unzulässig erachtet werden, so wenig wie sonst der Erlaß einer solchen darum unzulässig ist, weil sich ihrer Befolgung ein unerwartetes Hindernis entgegenstellen kann.

VI.

Kommunalabgabenrecht.

Litteratur: Fredrich, Kommunalabgabengesetz. Lichterfelde 1901. — Laue, Maßgebende Erkenntnisse des Oberverwaltungsgerichts in Kommunalabgabensachen nebst Beispielen für Berechnung der Gemeindeeinkommensteuer, Wiesbaden 1902. — Nöll, Kommunalabgabengesetz vom 14. Juli 1893, 4. Aufl., Berlin 1902. — Schaff, Kommunalabgabengesetz und Gesetz wegen Aufhebung direkter Staatssteuern, 2. Aufl. Hannover 1901.

A. Allgemeines. Begriff der Gemeindelasten. Observanzen. Abgabenregulierungspläne. Schlesische Urbarien. Abgabepflicht der „Wüsten Hufen“. Unterhaltung der Bürgersteige.

Nr. 1. Entsch. Bd. XXXVIII S. 169 v. 12. X. 1900 I C 47/99.

Komm.-Abg.-Ges. v. 14. VII. 93 (G.-S. S. 152) §§ 24, 91—93.
Kurh. Gem.-Ordn. v. 23. X. 34 (Kurh. G.-S. S. 181) §§ 5, 9.
Kurh. Verf. Urkunde v. 5. I. 31 (Kurh. G.-S. S. 1) § 47.

Rittergüter und Freigüter, die nach Maßgabe der Kurhessischen Gemeindeordnung mit einer Gemeinde „in Ansehung der örtlichen Verwaltung“ vereinigt sind, gehören kommunalrechtlich nicht zum Gemeindebezirk und sind daher der Gemeindeabgabenpflicht nicht unterworfen. Nach der geschichtlichen, auf den Unterschied zwischen gutsherrlichem und bäuerlichem Besitze beruhenden Entwickelung der ländlichen Kommunalverhältnisse haben auch im vormaligen Kurfürstentume Hessen die Rittergüter und die adligen Freigüter außerhalb des Gemeindeverbandes gestanden. Ihr Territorium war für die Ortsgemeinde ebenso als fremd anzusehen wie das Areal anderer Gemeinden. Diesen geschichtlich entwickelten Rechtszustand hat die Kurh. Verfassungsurkunde v. 5. I. 31 im § 47 anerkannt. Wenn sie zugleich eine Verbindung der Rittergüter und adligen Freigüter mit den Gemeinden in „polizeilichen und anderen bestimmten Beziehungen“ in Aussicht nahm und die nähere Regelung des Verhältnisses der künftig zu erlassenden Gemeindeordnung überwies, so ergiebt schon der Wortlaut, daß als das zu erreichende Ziel keineswegs eine völlige Einverleibung der Rittergüter und adligen Freigüter in die Gemeinden hingestellt wurde. Daß aber der § 5 der Landgem.-Ordn. v. 23. X. 34 über die Verfassungsbestimmung hinausgegangen sei, obwohl er gerade zu deren Ausführung dienen sollte, ist nicht anzunehmen. Bei der dort nur vorgeschriebenen Verbindung „in Ansehung der örtlichen Verwaltung" kann mithin lediglich die Eigenschaft der Gemeinden als örtlicher Polizeibezirke und unterster staatlicher Verwaltungsbezirke, aber nicht die als öffentlich-rechtlicher Korporationen ins Auge gefaßt worden sein. Dem steht auch nicht entgegen, daß der Abs. 4 in § 5 der Gem.-Ordn. für die Rittergüter und adligen Freigüter eine „Regelung in Ansehung ihrer Teilnahme an den Lasten und Vorteilen des Gemeindeverbandes" vorsieht. Damit ist nur die Möglichkeit gegeben, die Verbindung über die Gemeinsamkeit örtlicher Verwaltung hinaus auch auf die Gemeinschaft kommunaler Aufgaben zu erstrecken, aber keineswegs ausgesprochen, daß die Verbindung in Ansehung der örtlichen Verwaltung die Zugehörigkeit zum Gemeindeverbande zur unmittelbaren rechtlichen Folge habe.

Es fehlt somit bei den nur in Ansehung der örtlichen Verwaltung mit einer Gemeinde verbundenen Gütern die erste Voraussetzung einer Gemeindesteuerpflicht nach Maßgabe des Komm.-Abg.-Ges. v. 14. VII. 93, nämlich ihre rechtliche Zugehörigkeit zum Gemeindebezirke. Daher können auch die im Falle einer Verbindung in Ansehung der örtlichen Verwaltung nach § 5 Abs. 4 der Gem.-Ordn. v. 23. X. 34 zu regelnden Leistungen nicht als eigentliche Gemeindesteuern, sondern nur als Beiträge zu den gemeinsamen Lasten des weiteren, die Gemeinde und das vom Gemeindeverbande frei gebliebene Gut umfassenden Verbandes angesehen werden. Der Gemeindevorstand hat sie zwar auszuschreiben und einzuziehen, aber er handelt hierbei nicht in Ausübung eines der Gemeinde zustehenden Steuerrechts, sondern in Vertretung jenes weiteren Verbandes, in ähnlicher Weise, wie der Gemeindevorstand des Schulorts bei Ausschreibung der Schulverbandslasten. Daran hat auch das Komm.-Abg.-Ges. nichts geändert; denn dieses hat, abgesehen von den im § 6 Tit. 2 T. I und in den §§ 91 bis 93 T. II gegebenen, hier jedoch nicht in Betracht kommenden Vorschriften nur die Gemeindeabgaben, nicht die Abgaben an weitere Verbände zum Gegenstande. Daraus aber folgt weiter, daß der Gemeindevorstand von den der Gemeinde in Ansehung der örtlichen Verwaltung einverleibten Gütern Abgaben nur auf Grund von Festsetzungen und Anordnungen verlangen kann, die in Ausführung des § 5 Abs. 4 der Gem.-Ordn. v. 23. X. 34 ergangen sind.

Der Anwendbarkeit dieses Grundsatzes steht auch nicht etwa entgegen, daß die Verbindung in Ansehung der örtlichen Verwaltung nicht auf einer gemäß § 5 Abs. 1 der Gem.-Ordn. v. 23. X. 34 erlassenen Anordnung beruht, sondern unstreitig schon vor Erlaß der Gemeindeordnung bestanden hat. Denn hat ein Zustand, den das Gesetz mittels besonderer Anordnungen herbeigeführt wissen will, schon vor dessen Inkrafttreten thatsächlich bestanden, so können daraus nicht Folgen hergeleitet werden, die weiter gehen, als diejenigen, die ausdrückliche Anordnungen des in dem Gesetze vorgeschriebenen Inhalts gehabt haben würden, sondern es ergiebt sich daraus höchstens, daß eine ausdrückliche Anordnung nicht mehr erforderlich war, um den thatsächlich vorhandenen Zustand zu einem rechtlich bestehenden zu machen, weil er eben dem Gesetz entsprach.

Nr. 2. Entsch. v. 17 V. 1901 Nr. II 805 (E.-Bl.-U.-B. S 906).

Komm -Abg.-Ges. v. 14. VII. 93 (G -S S. 152) §§ 20, 78, 96.
Schulregl. v. 18. V. 1801 (Neue Kornsche Ed.-Samml Bd. VII S. 266) für die niederen katholischen Schulen Schlesiens pp , §§ 18 ff

1. Die Unterhaltung der Reglementsschulen liegt den zur Schule geschlagenen Herrschaften und Gemeinden ob. Gehören zu einem Schulverbande mehrere politische Gemeinden, so nimmt der Schulvorstand die sogenannte Oberverteilung der Schulbedürfnisse auf die einzelnen Gemeinden vor und diese haben dann je nach ihrer Verfassung für die Aufbringung zu sorgen. Der auf die einzelne Gemeinde treffende Betrag hat keinen anderen Charakter, wie jeder andere Ausgabeposten des Gemeindeetats und die zur Deckung jener Beiträge ausgeschriebenen Umlagen sind reine Gemeindeabgaben, zu denen jeder beizutragen hat, der in der Gemeinde steuerpflichtig ist.

2. Vielfach ist aber in den Gemeinden eine Einrichtung dahin getroffen worden, daß die evangelischen Gemeindeangehörigen eine eigene konfessionelle Schule für sich gegründet haben und dann von den auf die Schullast fallenden Gemeindeabgaben freigelassen sind. Ein derartiges Abkommen ist auf Anregung und mit Genehmigung der Regierung im Jahre 1865 zwischen dem Gemeindeverbande Z. und dem katholischen Schulverbande Z. einerseits und der evangelischen Schulgemeinde Z. andererseits vereinbart worden. Aehnliches ist 1871 wegen des Ausscheidens der jüdischen Einwohner von Alt- und Klein-Z. und einigen anderen Orten beschlossen worden.

Infolgedessen sind seither die evangelischen und bis 1899 auch die jüdischen Einwohner von Alt-Z. zu den Kosten der katholischen Schullast nicht mehr herangezogen worden, wohl aber die Forensen ohne Unterschied des Bekenntnisses, sowie juristische Personen. Die gedachten Abmachungen hält der Beklagte für besondere Rechtstitel, die den evangelischen und jüdischen Einwohnern die Abgabenfreiheit gewährten, hat aber aus neuerdings ergangenen verwaltungsgerichtlichen Entscheidungen entnehmen zu sollen geglaubt, daß hinsichtlich der jüdischen Einwohner ein besonderer Rechtstitel nicht bestehe. Unter diesen Umständen hat die Gemeindevertretung zu Alt-Z. wegen der Deckung der Gemeindebedürfnisse für 1899 einen Beschluß gefaßt, der wörtlich lautet:

„1. Die Realsteuern sollen auch in diesem Jahre unter sich gleichmäßig und mit einem um 50 vom Hundert höheren Satze belastet werden, mit welchem die Einkommensteuer belastet wird; ausgenommen ist die Betriebssteuer, welche mit einem Zuschlage von 100% herangezogen wird.

2. Bei Anwendung dieses Maßstabes sind zur Bestreitung des für 1899 im Gemeindehaushaltsanschlag nachgewiesenen Abgabenbedarfs von

		90 220,88 Mk.,
für Gemeindezwecke und von		62 828,71 „
für Unterhaltung der katholischen Schulen		
zusammen		153 049,59 Mk.,
90 vom Hundert der Einkommensteuer sämmtlicher Zensiten . .	52 113,96 Mk.,	
80 vom Hundert der Einkommensteuer der katholischen und jüdischen Zensiten, Forensen juristischen Personen	42 209,20 Mk.,	
Seitenbetrag . . .	94 323,16 Mk.,	153 049,59 Mk.,

Uebertrag . . .	94 323,16 Mk.,	153 049,59 Mk.,
140 vom Hundert der Real- und Gewerbesteuern sämmtlicher Zensiten	37 691,92 Mk.,	
80 vom Hundert der Real- und Gewerbesteuern der katholischen und jüdischen Zensiten, Forensen und juristischen Personen . .	20 619,51 Mk.,	
100 vom Hundert der Betriebssteuer	415,00 Mk.,	
		153 049,59 Mk.,

zu erheben."

Der Beschluß widerstreitet den Vorschriften des Komm.-Abg.-Ges., weil er in den 80 Prozent Zuschlag, die er zur Deckung der Schulbedürfnisse erheben will, eine Zwecksteuer schafft, während das Komm.-Abg.-Ges. solche Zwecksteuern nicht zuläßt. Die von Nöll im Anschluß an § 59 der Westf. Landgem.-Ordn. v. 19. III. 56 zu § 20 des Komm.-Abg.-Ges. in der Anm. 11 (3. Aufl. des Komm.-Abg.-Ges.) angeregten Zweifel, ob nicht möglicherweise diejenigen Vorschriften älterer Gemeindeordnungen, die die ausschließliche Besteuerung einzelner Klassen von Gemeindeangehörigen für die ihnen ausschließlich zu Gute kommenden Zwecke zulassen, neben dem Komm.-Abg.-Ges. in Kraft geblieben sind, können hier nicht entstehen, weil für Schlesien derartige Vorschriften nicht ergangen sind. Hier könnte es nur fraglich sein, ob etwa auf Grund des § 20 Abs. 2 des Komm.-Abg.-Ges. für diejenigen Zensiten, denen die katholische Volksschule in besonders geringem Maße zu statten kommt, eine Minderbelastung hätte beschlossen werden dürfen, wenn nämlich die Schule als eine Veranstaltung im Sinne des § 20 gelten könnte. Doch kommt das nicht weiter in Betracht, weil eine gänzliche Freilassung einzelner Klassen beschlossen, und diese unter allen Umständen unzulässig ist. Der Versuch, die Abmachungen von 1865 und 1871 als besondere, den Evangelischen und Juden zur Seite stehende Rechtstitel hinzustellen und ihre Gültigkeit von diesem Gesichtspunkte aus zu verteidigen, ist verfehlt. Das Komm.-Abg.-Ges. kennt keine Befreiungen ganzer Einwohnerklassen von der Einkommensteuer auf Grund besonderer Rechtstitel.

3. Ebensowenig können jene Abmachungen etwa zu den ortsrechtlichen Satzungen gerechnet werden, die nach §§ 78, 96 des Komm.-Abg.-Ges. bis auf Weiteres bestehen geblieben sind. Denn selbst wenn sie die Steuerverfassung der politischen Gemeinden berührt hätten, so würden sie doch keine „Ordnungen über die Aufbringung von Gebühren, Beiträgen, indirekten oder direkten Steuern oder Diensten" darstellen, sondern Exemtionen von Gemeindeabgaben, die für Zwecke der katholischen Schule aufzubringen waren. Sie sind demnach für das steuerliche Gebiet ohne jede Bedeutung, während sie, was hier nicht erörtert zu werden braucht, für die Schulverfassung auch jetzt noch bestimmend sein mögen.

Nr. 3. Entsch. Bd. XXXIX S. 42 v. 10. VI. 1901 IV B 2/1901.

Komm.-Abg.-Ges. v. 14. VII. 93 (G.-S. S. 152) §§ 69, 70.
Zust.-Ges. § 56.

1. **Eine Verfügung, worin zwei verschiedene, wenn auch von derselben Person vertretene Behörden, die Wegepolizeibehörde und der Gemeindevorstand, eine einheitliche Leistung aus ver-**

schiedenen rechtlichen Gesichtspunkten, als wegebauliche Leistung und als Gemeindeabgabe, fordern, ist rechtlich unzulässig. Wohl kennt das Gesetz in einzelnen Fällen ein Zusammenwirken mehrerer Behörden. So ist z. B. für die Genehmigung und die Beaufsichtigung der mit Maschinenkraft betriebenen Kleinbahnen der Regierungspräsident im Einvernehmen mit der vom Minister bezeichneten Eisenbahnbehörde zuständig, so erfolgt ferner die Entscheidung über die Abtretung von Grundstücken zum Bergwerksbetriebe durch einen gemeinschaftlichen Beschluß des Oberbergamts und des Bezirksausschusses (Ges. über Kleinbahnen v. 28. VII 92 §§ 3 Nr. 1, 22, 52; Berggeſ. v. 24. VI. 65 § 142, 145; Zust.=Ges. § 150). Aber in den erwähnten Fällen ist das Zusammenwirken der mehreren Behörden ausdrücklich vom Gesetze vorgesehen, die Anfechtung der ergehenden Anordnungen und Beschlüsse ist meist besonders geregelt, und es handelt sich dabei regelmäßig um eine einheitlich, nach demselben materiellen öffentlichen Rechte zu beurteilende Angelegenheit.

2. Keine dieser Voraussetzungen trifft hier zu. Es handelt sich für die Polizei um eine wegepolizeiliche Leistung, für den Gemeindevorstand um die Heranziehung zu einer kommunalen Abgabenleistung. Nirgends ist hierfür im Gesetz ausdrücklich oder stillschweigend ein gemeinsames Vorgehen der beiden Behörden, die Möglichkeit einer gemeinsamen Verfügung vorgesehen. Wenn es sich also auch für die beiden Anforderungen um denselben Geldbetrag handelt, so können sie doch nicht gleichzeitig in einer gemeinsamen Verfügung als eine einheitliche Forderung gestellt werden. Denn ein und dieselbe Leistung kann nicht gleichzeitig eine polizeiliche Wegebauleistung und auch eine Gemeindeabgabe sein. Wegebauleistung und Gemeindeabgabe sind rechtlich völlig verschieden, sie sind durch ganz verschiedene Rechtsnormen, das öffentliche Wegerecht und die kommunale Abgabenverfassung geregelt, nach ganz verschiedenen rechtlichen Gesichtspunkten zu prüfen und mit verschiedenen Rechtsmitteln anfechtbar. Daran ändert auch der Umstand nichts, daß in Düsseldorf der Oberbürgermeister sowohl die Wegepolizei handhabt, als auch den Gemeindevorstand vertritt. Denn trotz dieser Vereinigung zweier Funktionen in seiner Person bleiben seine Anordnungen doch rechtlich verschieden, je nachdem er sie als Wegepolizeibehörde oder als Gemeindevorstand erläßt. Freilich weisen der Einspruch gegen die Anordnung der Wegepolizei und der gegen die Heranziehung des Gemeindevorstandes insofern keine Verschiedenheit auf, als sie beide bei dem Oberbürgermeister anzubringen sind, aber rechtlich handelt es sich immer um verschiedene Rechtsmittel. Das zeigt sich im vorliegenden Falle insofern besonders deutlich, als gegen die Entscheidung des Bezirksausschusses über die Heranziehung nur die Revision, gegen die Entscheidung über die wegepolizeiliche Anordnung dagegen die Berufung zulässig ist, über ein und dieselbe Verfügung aber immer nur einheitlich, im Rahmen eines und desselben Rechtsmittelganges entschieden werden kann.

3. Die Fälle, in denen eine Behörde dieselbe Leistung aus verschiedenen rechtlichen Gesichtspunkten fordert, haben mit dem vorliegenden Falle nichts gemein (vgl. E.=O.=V. Bd. XXXII S. 340). Denn hier steht gerade in Frage, ob zwei verschiedene Behörden — eine Polizei- und eine Gemeindebehörde — zwei rechtlich verschiedene Leistungen als eine Anforderung in einer gemeinsamen Verfügung verlangen können. Das muß nach dem Gesagten verneint werden.

Nr. 4. Entsch. v. 10. IV. 1900 Nr. I 552 (E.-Bl.-U.-V. S. 291).

Komm.-Abg.-Ges. v. 14. VII. 93 (G.-S. S. 152) §§ 9, 11, 12, 96.

1. Streitig war die Frage, ob Schulabgaben für eine katholische Schule, die von der politischen Gemeinde zu leisten waren, als direkte Gemeindesteuern im Sinne des § 1 des Wahlges. v. 29. VI. 93 zu erachten seien. Es wurde eingewendet, daß die Abgaben, die die Gemeinde zur Deckung ihres Schulbeitrages von ihren Steuerpflichtigen erhebt, deshalb die Eigenschaft von Gemeindeabgaben verloren hätten, erstens weil hierbei nicht sämmtliche Steuerpflichtigen herangezogen würden, und zweitens weil nach der bestehenden Ortsschulverfassung die katholische Schule daselbst, ebenso wie die evangelische und die jüdische eine Sozietätsschule sei.

2. Mit der letzteren Behauptung steht es nicht im Einklang, wenn die einzelnen Pflichtigen zu den Schulabgaben für die katholische Schule nicht unmittelbar von dem Schulvorstand, sondern von dem Gemeindevorstand veranlagt werden, was unzulässig sein würde, wenn die katholische Schule eine Sozietätsschule wäre. Eine Schuleinrichtung, wonach an Stelle der zur Unterhaltung der katholischen Schule nach den Schles. Schulreglements vom 1765 und 1801 gesetzlich verpflichteten Gemeinden die Gesammtheit der zu der Schule gewiesenen Hausväter oder eine Sozietät der Abgabenpflichtigen katholischen Glaubens in dem Schulbezirk oder in einem Teile desselben gesetzt sein würde, wäre aber gesetzwidrig und hätte mit rechtlicher Verbindlichkeit weder nach Einführung des Allgemeinen Landrechts herkömmlich sich bilden noch von den beteiligten Gemeinden oder der Schulaufsichtsbehörde getroffen werden können (vgl. E.-O.-V. v. 8. III. 93 Bd. XXIV S. 174).

3. Ebenso ist die Frage, ob die Beträge, die von den Gemeindeangehörigen und sonstigen Abgabenpflichtigen zum Zwecke der Aufbringung des von der Gemeinde zu leistenden Schulbeitrags zu entrichten sind, die Eigenschaft von „direkten Gemeindeabgaben" nach dem kommunalen Steuerrecht deshalb nicht besitzen, weil sie thatsächlich von den Gemeindeabgabenpflichtigen evangelischen und jüdischen Glaubens nicht erhoben werden, zu verneinen.

Es kann dahingestellt bleiben, ob die Befreiung der Evangelischen und der Juden von der erwähnten Gemeindeabgabe, die nach dem früheren kommunalen Steuerrecht zulässig gewesen sein mag, es auch noch nach dem Inkrafttreten des Komm.-Abg.-Ges. v. 14. VII. 93 ist. Denn dadurch, daß eine Gemeindesteuer unzulässiger Weise von gewissen Abgabenpflichtigen nicht erhoben wird, verliert sie nicht ihre Eigenschaft als Gemeindeabgabe. Die Gemeinden können nach Erlaß des Komm.-Abg.-Ges. zur Deckung ihrer Ausgaben und Bedürfnisse keine anderen Abgaben von den Gemeindeangehörigen und sonstigen Abgabenpflichtigen erheben, als die in diesem Gesetze vorgesehenen, also abgesehen von den Bürgerrechts-, Einkaufsgeldern und gleichartigen Abgaben, den Marktstandsgeldern, Schlachthausgebühren und Kurtaxen nur direkte und indirekte Steuern, Gebühren und Beiträge. Von diesen Abgabenarten kann nur die der direkten Steuern begrifflich die hier streitigen Schulabgaben umfassen. Namentlich können letztere nicht als „Beiträge" im Sinne des § 9 des Komm.-Abg.-Ges. gelten, da sie nicht zur Unterhaltung einer Anstalt dienen, die besondere wirtschaftliche Vorteile für Grundeigentümer und Gewerbtreibende gewährt.

Nr. 5. Entsch. v. 2. X. 1900 Nr. I 1418 (Pr.-V.-Bl. Bd. XXII S. 382).

Komm.-Abg.-Ges. v. 14. VII. 93 (G.-S. S. 152) §§ 21, 40—42, 68.

1. Nach § 5 des Wegereglements für Westpreußen und die Netzdistrikte v. 4. V. 1796 liegt die Wegebaulast nicht den Gemeinden, sondern

einzelnen eigentümlichen Grundbesitzern ob, die verpflichtet sind, die innerhalb der Grenzen ihrer Grundstücke befindlichen Wege, Brücken, Stege, Fahrdämme und Abzugsgräben auf eigene Kosten und von eigenen Materialien zu unterhalten. Diese Bestimmung läßt jedoch, wie in (E.-O.-V. Bd. XIX S. 260 ff.) des Näheren dargelegt ist, abweichende ortsrechtliche Bildungen zu.

2. Hiernach kann die Wegebaulast zu einer Kommunallast werden, wenn sich eine dahingehende, von § 5 des Reglements abweichende Observanz gebildet hat. Nicht minder ist möglich, daß ein Regulierungsrezeß eine vertragsmäßige anderweitige Regelung schafft, indem er den Eigentümern bestimmter Grundstücke die Wegebaulast auferlegt. Auch dann aber ist letztere eine Kommunallast, sofern der Rezeß die bestehende Verteilung der Kommunallasten im Allgemeinen und der Wegebaulast im Besonderen nicht ändern oder neu regeln, sondern nur als die auch in Zukunft maßgebende Norm bezeichnen will, wenn also der Rechtstitel, nicht der Rezeß allein, sondern die in diesem bezeugte, auf Herkommen beruhende Ortsverfassung ist.

3. Beansprucht ein Freischulzengutsbesitzer die Befreiung von den Naturaldiensten einer solchen Kummunallast und spricht mangels Nachweises eines anderen Rechtsgrundes die Vermutung für den Zusammenhang der Befreiung mit der Pflicht zur Verwaltung des Schulzenamts, so ist aus § 35 der Kr.-Ordn. v. 13. XII. 72/19. III. 81 und § 95 der Landgem.Ordn. v. 3. VII. 91 mit Recht die Aufhebung jener Befreiung zu folgern.

Aber auch wenn er sich nicht darauf, sondern auf einen Regulierungsrezeß als Rechtsgrund der Befreiung berufen sollte und wenn man auch in dem Rezeß einen besonderen Rechtstitel finden, der den Besitzern des Freischulzenguts ohne Rücksicht auf ihre Verpflichtung zur Verwaltung des Schulzenamts Befreiung von Wegebaudiensten gewährt, so würde der Befreiungsanspruch nicht gerechtfertigt sein. Für diese sind jetzt die Bestimmungen des § 68 des Komm.-Abg.-Ges. v. 14. VII 93 maßgebend. Dieser regelt im Schlußsatz auch die noch aufrecht zu erhaltenden Befreiungen, er erwähnt aber nur diejenigen der in den §§ 40, 41, 42 des Ges. genannten Personen und gedenkt der auf besonderem Rechtstitel beruhenden Vorrechte einzelner Grundstücke nicht, enthält sonach keine dem § 21 des Ges. entsprechende Vorschrift. Daher können auch Befreiungen bestimmter Grundstücke selbst dann nicht zu denjenigen gezählt werden, die das eine erschöpfende Regelung der Pflicht zu Gemeindeabgaben und Diensten beabsichtigte Komm.-Abg.-Ges. noch als zu Recht bestehend anerkennt, wenn sie auf einem besonderen Rechtstitel beruhen. Denn der § 21 des Ges. bezieht sich allein auf Gemeindesteuern, aber nicht auf Naturaldienste. (Bd. XXX S. 137 ff.)

Nr 6. Entsch. v. 14. XII. 1900 Nr. I 1842 (Pr.-V.-Bl. Bd. XXIII S. 39).

Hann. Wegeges. v. 28. VII. 51 (H. G.-S. Abt. I S. 319) §§ 21, 22, 29.
Komm.-Abg.-Ges. v. 14. VII. 93 (G.-S. S. 152) §§ 10, 11, 96.

1. Das Anschlußprinzip der Hannöverschen Wegeordnung v. 28. VII. 51 (Verteilung der Gemeindewegelast unter die Gemeindemitglieder nach Pfändern) ist durch das Komm.-Abg.-Ges. v. 14. VII. 93 nicht beseitigt worden. Letzteres enthält nicht eine vollständige Regelung aller Verpflichtungen der Gemeindeangehörigen zu Leistungen, die zur Erfüllung einer der Gemeinde obliegenden Verbindlichkeit gefordert werden können. Es bezieht sich vielmehr nur auf die Befugnis der Gemeinde, von ihren Angehörigen Steuern, Beiträge, Gebühren und Naturaldienste auf Grund der Gemeindeabgabenverfassung zu fordern. Es ist hiernach allerdings

gesetzlich unzulässig, daß die Gemeinde auf Grund einer ortsstatutarischen Festsetzung, mag diese auch von der Aufsichtsbehörde genehmigt worden sein, Leistungen der bezeichneten Art unter anderen Voraussetzungen, als den im Kommunalabgabengesetz vorgesehenen, von ihren Angehörigen fordert. Daß aber vermögensrechtliche Leistungen von diesen auf Grund besonderer Gesetze auch zur Deckung von Ausgaben und Bedürfnissen der Gemeinde verlangt werden dürfen, ist in dem Komm.-Abg.-Ges. selbst insofern anerkannt, als hier in den §§ 10, 11 und 96 ausgesprochen wird, daß die Vorschriften über die Erhebung von Beiträgen auf Grund des Straßenfluchtliniengesl. v 2. VII. 75, von Marktstandgeld auf Grund des Ges. v. 26. IV 72, von Gebühren für die Schlachthausbenutzung auf Grund der Ges. v. 18. III 68 und 9. III. 81 und für die Fleischuntersuchung auf Grund des Ges. v. 9. III. 81, sowie die Vorschriften wegen Erhebung von Bürgerrechtsgeldern, Einkaufsgeldern und gleichartigen Abgaben unberührt bleiben Es kann sich nur fragen, ob diese Aufzählung der älteren gesetzlichen Vorschriften, auf Grund deren die Gemeinden auch noch nach Erlaß des Komm.-Abg -Ges ihre Angehörigen zu Leistungen heranziehen können, eine erschöpfende ist. Diese Frage ist zu verneinen. Das Komm.-Abg.-Ges. ist an die Stelle der Vorschriften der Gemeindeverfassungsgesetze getreten, die das Abgabenwesen betrafen, aber nicht an die Stelle von Spezialgesetzen, die den Gemeindegliedern außerhalb des Gemeindeabgabenwesens Lasten für bestimmte Gemeindezwecke auferlegen. Daß vor Einführung des Komm.-Abg.-Ges. die in der Hann. St.-Ordn. v. 24. VI. 58 erfolgte Regelung des Gemeindeabgabenwesens die Möglichkeit einer Heranziehung der Gemeindeangehörigen nach Maßgabe einer hergebrachten Pfandwirtschaft auf Grund des § 29 des Hann. Wegeges. v. 28. VII. 51 nicht beseitigt hat, daß diese Spezialvorschrift vielmehr neben den die Gemeindeabgaben betreffenden Vorschriften der Städteordnung fortbestanden hat, ist in E.-O.-V. Bd. XXV S. 105/106 dargelegt worden. Ein Gleiches muß auch hinsichtlich des Komm.-Abg.-Ges. v. 14. VII. 93 gelten. Die Gemeinde kann daher, wo die Voraussetzungen des § 29 des bezeichneten Wegeges. zutreffen, von den ihr hiernach Pflichtigen ein opus fordern, während das Komm.-Abg.-Ges., ebenso wie früher die Hann. St.-Ordn. nur die Leistung von operae (Naturaldiensten) vorsieht. Ein Herkommen, wonach die Verteilung der Gemeindewegelast nach Pfändern besteht, ist mithin auch keine unter § 96 Abs. 2 bis 4 des Komm.-Abg.-Ges. fallende „Ordnung über die Aufbringung von Gebühren, Beiträgen, indirekten und direkten Steuern oder Diensten“, die mit den Vorschriften dieses Gesetzes in Uebereinstimmung hätte gebracht werden müssen. Auch die Vorschrift im § 96 Abs. 5 des Komm.-Abg.-Ges., wonach mit dessen Inkrafttreten alle ihm entgegenstehenden gesetzlichen Bestimmungen außer Kraft treten, bezieht sich nur auf solche Bestimmungen, die Verpflichtungen der Gemeindeangehörigen betreffen, die durch das Komm.-Abg.-Ges. geregelt sind, also auf die Verpflichtung, Steuern, Beiträge, Gebühren an die Gemeinde zu zahlen und ihr Naturaldienste zu leisten. Zu diesen Verpflichtungen gehört aber nicht die, eine bestimmte Wegestrecke an Stelle der Gemeinde zu unterhalten, wie sie im § 29 des Hann. Wegeges. v. 28. VII. 51 behandelt wird. Ist eine solche Verteilung der Gemeindewegelast unter die Mitglieder der Gemeinde nach Pfändern erfolgt, so entfällt, solange und soweit sie besteht, jedes Bedürfnis der Gemeinde, zur Erfüllung der ihr aus der Gemeindewegelast erwachsenden Verpflichtungen ihre Angehörigen zu Steuern, Gebühren, Beiträgen oder Diensten heranzuziehen, wie es der Regel nach vorhanden und gemäß § 27 des bezeichneten Gesetzes zu befriedigen ist. Freilich bleibt auch im Falle der Verteilung der Gemeindewegelast nach Pfändern der Wegepolizeibehörde gegenüber die Verpflichtung der Gemeinde bestehen. Die Pfandpflichtigen können zur Erfüllung ihrer Wegebaupflicht nicht durch die Wegepolizeibehörde, sondern nur durch die Gemeindebehörde herangezogen werden (vgl. E.-O.-V. Bd. XX S. 270ff.). Ihre Heranziehung stellt sich als eine Heranziehung zu einer Gemeindelast im Sinne des § 34 Nr. 2 des Zust.-Ges. dar, gegen die der Einspruch bei dem Gemeindevorstand gemäß dieser Gesetzesvorschrift zulässig ist, da sie nicht zu den vom Komm-Abg.-Ges. betroffenen Gemeindelasten gehört, hinsichtlich deren die Rechtsmittel durch §§ 69 und 70 dieses Ges. geordnet sind.

2. Die Wegepflicht begreift nach § 21 des Hann. Wegeges. den Neubau und die Unterhaltung der Wege. Diese umfaßt nach § 21a auch die Erneuerung, die Verbesserung und den Umbau der Wege, mithin auch die Erhöhung des Wegekörpers zur Verbesserung seiner Fahrbarkeit. Die Verteilung der Gemeindewegelast nach Pfändern hat nach § 29 die vollständige Unterhaltung des Weges zum Gegenstande. Eine Beschränkung der Verpflichtung der Gemeindeangehörigen auf einzelne der Unterhaltung dienende Wegearbeiten ist dort nicht vorgesehen. Es bedarf daher zum Nachweis, daß die Wegeunterhaltung im vollen Umfange nach den Grundsätzen der Pfandwirtschaft bei Einführung des Wegeges. v. 28. VII. 51 hergebracht gewesen ist, nicht einer besonderen Beweisführung hinsichtlich jeder Art von Wegeunterhaltungsarbeiten. Vielmehr genügt hierzu der Beweis, daß diejenigen Arbeiten, die notwendig geworden sind, von den Pfandpflichtigen ausgeführt worden sind. Der Umstand, daß eine Erhöhung des Weges in früherer Zeit nie ausgeführt worden ist, würde hiernach nicht geeignet sein, die nach den Grundsätzen der Pfandwirtschaft Unterhaltungspflichtigen von dieser Leistung zu entbinden, wenn sie notwendig wird.

3. Der Einwand, daß die angeordnete Unterhaltung eines Weges dem Bedürfnis und den Kräften der Pflichtigen nicht entspreche, ist auch dem Gemeindevorstand gegenüber zulässig, wenn die betreffende Anordnung von der Gemeinde getroffen ist (vgl. E.-O.-V. Bd. XXV S. 110 und 111). Beruht sie aber nicht auf einer freiwilligen Entschließung der Gemeinde, sondern stellt sich als eine Verfügung der Wegepolizeibehörde dar, so hätte die Gemeinde den Einwand der Wegepolizeibehörde gegenüber im Wege des Einspruchs und der Klage erheben können. Nachdem dies unterblieben und die Anordnung der Wegepolizeibehörde unanfechtbar geworden ist, kann gegenüber der dem Anschlußprinzip entsprechenden Unterverteilung der angeordneten Gesammtleistung auf die einzelnen Pflichtigen und ihrer Heranziehung durch die Gemeindebehörde ein auf die Vorschrift des § 22 Abs. 2 gegründeter Einspruch von den einzelnen Pflichtigen nicht erhoben werden.

4. Die Befugnis zur Androhung eines Zwangsmittels aus § 132 L.-V.-G. bezieht sich nur auf Anordnungen, die in Ausübung der obrigkeitlichen Gewalt, aber nicht auf solche, die auf dem Gebiete der Kommunalverwaltung getroffen sind (vgl. E.-O.-V. Bd. IX S. 398). Ebensowenig gewährt die Hann. Wegeordn. v. 28. VII. 51 der Gemeindebehörde Zwangsbefugnisse. Der Gemeindebehörde steht daher, wenn die Leistung, zu der sie die Pfandpflichtigen auf Grund des § 29 des Hann. Wegeges. aufgefordert hat, bis zu dem gestellten Termine nicht erfolgt, nur das Recht zu, die Arbeit durch einen Dritten ausführen zu lassen und die hierdurch entstehenden Kosten von den Verpflichteten im Wege des Verwaltungszwangsverfahrens einziehen zu lassen, wie ein solches sich aus der Natur der Sache ergebendes Recht ihr auch hinsichtlich der nicht geleisteten Gemeindedienste durch § 90 Abs. 2 des Komm.-Abg.-Ges. ausdrücklich beigelegt ist. Einer

vorgängigen Androhung dieser dem Gebiete der Zwangsvollstreckung angehörenden Maßregel bedarf es nicht (vgl. E.-O.-V. Bd. IX S. 61/62), mag eine solche Androhung auch zweckmäßig sein.

Nr. 7. Entsch. v 12. VII. 1901 Nr. I 1205 (Pr.-V.-Bl. Bd. XXIII S. 119).
Hann. Wegeges. v 28. VII 51 (H. G.-S. Abt. I S. 319) §§ 27, 29.
Komm.-Abg.-Ges. v. 14. VII. 93 (G.-S. S. 152) §§ 10, 11, 69, 70, 78, 96.
Zust.-Ges. § 34.

1. Streitig ist zwischen den Parteien lediglich die Frage, ob das sogenannte „Anschußprinzip" in der Gemeinde O. noch zu Recht besteht oder durch das Komm.-Abg.-Ges. beseitigt worden ist.

2. Dem Kläger ist darin beizutreten, daß die Vorschrift des § 96 Abs. 4 des Komm.-Abg.-Ges. von dem Vorderrichter unzutreffend zur Begründung seiner Entscheidung herangezogen worden ist, weil diese Vorschrift, wonach bis zum Inkrafttreten des bezeichneten Gesetzes in Geltung gewesene Ordnungen bis zu ihrer Abänderung durch Gemeindebeschluß oder Anordnung der Aufsichtsbehörde bestehen bleiben, sich nur auf Ordnungen über die Aufbringung von Gebühren, Beiträgen, indirekten Steuern oder Diensten bezieht. Die Unterhaltung einer Wegestrecke nach dem Anschußprinzip stellt aber nicht die Leistung eines Naturaldienstes, sondern die Herstellung eines Werkes (opus) dar und ist daher nicht nur nach der Art und dem Umfange der zu leistenden Arbeiten, sondern auch begrifflich etwas von der Leistung von Diensten (operae) Verschiedenes.

3. Der Vorderrichter stützt aber seine Entscheidung auch darauf, daß, abgesehen von der Bestimmung im § 96 a. a. O., das Anschußprinzip deshalb durch das Komm.-Abg.-Ges. nicht beseitigt worden ist, weil der § 29 des Hann. Wegeges. eine durch das Komm.-Abg.-Ges. gar nicht berührte Spezialbestimmung sei. Hierin mußte dem Vorderrichter beigetreten werden. Der Gerichtshof hat sich bereits in einer Entscheidung, die in einer Entscheidung, die in einer Veraltungsstreitsache zwischen dem Kirchspielsgericht zu W. und zwei dortigen Grundbesitzern am 12. III. 1901 ergangen ist — I. 447 — über die streitige Frage ausgesprochen und dort Folgendes ausgeführt:

„Das Komm.-Abg.-Ges. enthält nicht eine vollständige Regelung aller Verpflichtungen der Gemeindeangehörigen zu Leistungen, die zur Erfüllung einer der Gemeinde obliegenden Verbindlichkeit gefordert werden können. Es bezieht sich vielmehr nur auf die Befugnis der Gemeinde, von ihren Angehörigen Steuern, Beitrage, Gebühren und Naturaldienste auf Grund der Gemeindeabgabenverfassung zu fordern. Es ist hiernach allerdings gesetzlich unzulässig, daß die Gemeinde auf Grund einer ortsstatutarischen Festsetzung, mag diese auch von der Aufsichtsbehörde genehmigt worden sein, Leistungen der bezeichneten Art unter anderen Voraussetzungen, als den im Komm.-Abg.-Ges. vorgesehenen, von ihren Angehörigen fordert. Daß aber vermögensrechtliche Leistungen von diesen auf Grund besonderer Gesetze auch zur Deckung von Ausgaben und Bedürfnissen der Gemeinde verlangt werden dürfen, ist in dem Komm.-Abg.-Ges. selbst insofern anerkannt, als hier in den §§ 10, 11 und 96 ausgesprochen wird, daß die Vorschriften über die Erhebung von Beiträgen auf Grund des Straßenfluchtliniengeſ. v. 2. VII. 75, von Marktstandsgeld auf Grund des Ges. v. 26. IV. 72, von Gebühren für die Schlachthausbenutzung auf Grund der Ges. v. 18. III. 68 und 9. III. 81 und für die Fleischuntersuchung auf Grund des Ges. v. 9. III. 81 sowie die Vorschriften wegen Erhebung von Bürgerrechtsgeldern, Einkaufsgeldern und gleichartigen Abgaben unberührt bleiben. Es konnte sich nur fragen, ob diese Aufzählung der älteren gesetzlichen Vorschriften, auf Grund deren die Gemeinden auch noch nach Erlaß des Komm.-Abg.-Ges. ihre Angehörigen zu Leistungen heranziehen können, eine erschöpfende ist. Diese Frage mußte verneint werden. Das Komm.-Abg.-Ges. ist an die Stelle der Vorschriften der Gemeindeverfassungsgesetze getreten, die das Abgabenwesen betrafen, aber nicht an die Stelle von Spezialgesetzen, die den Gemeindegliedern außerhalb des Gemeindeabgabenwesens Lasten für bestimmte Gemeindezwecke auferlegen. Daß vor Einführung des Komm.-Abg.-Ges. die in der Hann. St.-Ordn. v. 24. VI. 58 erfolgte Regelung des Gemeindeabgabenwesens die Möglichkeit einer Heranziehung der Gemeindeangehörigen nach Maßgabe einer hergebrachten Pfandwirtschaft auf Grund des § 29 des Hann. Wegeges. v. 28. VII. 51 nicht beseitigt hat, daß diese Spezialvorschrift vielmehr neben den die Gemeindeabgaben betreffenden Vorschriften der St.-Ordn. fortbestanden hat, ist in E.-O.-V. Bd. XXV S. 105/106 dargelegt worden. Ein Gleiches muß auch hinsichtlich des Komm.-Ab.-Ges. gelten. Die Gemeinde kann daher, wo die Voraussetzungen des § 29 des bezeichneten Wegeges. zutreffen, von den ihr hiernach Pflichtigen ein opus fordern, während das Komm.-Abg.-Ges., ebenso wie früher die Hann. St.-Ordn., nur die Leistung von operae (Naturaldiensten) vorsieht. Ein Herkommen, wonach die Verteilunng der Gemeindewegelast nach Pfändern besteht, ist mithin auch keine unter § 96 Abs. 2 bis 4 des Komm.-Abg.-Ges. fallende „Ordnung über die Aufbringung von Gebühren, Beiträgen, indirekten und direkten Steuern oder Diensten", die mit den Vorschriften dieses Gesetzes in Uebereinstimmung hätte gebracht werden müssen. Auch die Vorschrift im § 96 Abs. 5 des Komm.-Abg.-Ges., wonach mit dessen Inkrafttreten alle ihm entgegenstehenden gesetzlichen Bestimmungen außer Kraft treten, bezieht sich nur auf solche Bestimmungen, die Verpflichtungen der Gemeindeangehörigen betreffen, die durch das Komm.-Abg.-Ges. geregelt sind, also auf die Verpflichtung, Steuern, Beiträge, Gebühren an die Gemeinde zu zahlen und ihr Naturaldienste zu leisten. Zu diesen Verpflichtungen gehört aber nicht die, eine bestimmte Wegestrecke an Stelle der Gemeinde zu unterhalten, wie im § 29 des Hann. Wegeges. behandelt wird. Ist eine solche Verteilung der Gemeindewegelast unter die Mitglieder der Gemeinde nach Pfändern erfolgt, so entfällt, so lange und soweit sie besteht, jedes Bedürfnis der Gemeinde, zur Erfüllung der ihr aus der Gemeindewegelast erwachsenden Verpflichtungen ihre Angehörigen zu Steuern, Gebühren, Beiträgen oder Diensten heranzuziehen, wie es der Regel nach vorhanden und gemäß § 27 des bezeichneten Gesetzes zu befriedigen ist. Freilich bleibt auch im Falle der Verteilung der Gemeindewegelast nach Pfändern der Wegepolizeibehörde gegenüber die Verpflichtung der Gemeinde bestehen. Die Pfandpflichtigen können zur Erfüllung ihrer Wegebaupflicht nicht durch die Wegepolizeibehörde, sondern nur durch die Gemeindebehörde herangezogen werden (vgl. E.-O.-V. Bd. XX S. 270ff.). Ihre Heranziehung stellt sich als eine Heranziehung zu einer Gemeindelast im Sinne des § 34 Nr. 2 Zust.-Ges. dar, gegen welche der Einspruch bei dem Gemeindevorstand gemäß dieser Gesetzesvorschrift zulässig ist, da sie nicht zu den vom Kommunalabgabengesetz betroffenen Gemeindelasten gehört, hinsichtlich deren die Rechtsmittel durch §§ 69 und 70 dieses Gesetzes geordnet sind“.

4. An diesen Rechtsgrundsätzen mußte in der vorliegenden Streitsache festgehalten werden. Mit ihnen stehen auch die Ausführungen in E.-O.-V. Bd. XXXIV S. 173 ff. nicht in Widerspruch. Hier ist nur ausgesprochen worden, daß die Gemeinden nicht befugt seien, durch Gemeindebeschlüsse oder statutarische Anordnungen ihren Gemeindegliedern Naturalleistungen aufzuerlegen. Die Entsch. v. 2. V. 99 (Pr.-V.-Bl. Bd. XXI S. 26/27) erklärt, daß Statuten und Observanzen, durch welche solches vor dem Inkrafttreten des Komm.-Abg.-Ges. geschehen ist, durch dieses Gesetz beseitigt seien. Im vorliegenden Falle handelt es sich aber nicht um eine durch Gemeindestatut oder örtliche Observanz begründete Verpflichtung zu bestimmten Naturalleistungen behufs Befriedigung von Gemeindebedürfnissen, sondern um die durch ein Spezialgesetz begründete Verpflichtung, die der Gemeinde obliegende Wegebaulast für bestimmte Wegestrecken zu erfüllen. Es fehlte in jenen Fällen an einer gesetzlichen Vorschrift, die die Bildung eines geschriebenen oder ungeschriebenen Ortsrechts zuläßt, wodurch die Verpflichtung zu Naturalleistungen auferlegt wird, während im vorliegenden Falle eine solche gesetzliche Bestimmung im § 29 der Hann. Wegeordnung gegeben ist.

Nr. 8. Entsch. v. 17 V 1901 Nr I/881 (Pr.-V.-Bl. Bd. XXIII S. 118).
Komm.-Abg.-Ges. v 14. VII 93 (G.-S. S. 152) §§ 1, 10, 11, 68, 96.
Land-Gem.-Ordn. v 3. VII 91 (G.-S. S 233) § 6.

1. Durch Beschluß v. 6. XI. 95, der am 12. XII. desselben Jahres vom Kreisausschuß bestätigt worden war, hatte die Gemeindevertretung zu G. festgesetzt, daß die innerhalb des Gemeindebezirks belegenen Wege von den anliegenden Grundbesitzern nach der „bisherigen Observanz“ zu unterhalten seien und diese Unterhaltungspflicht sich auch auf die von der Gemeinde selbst auf den zu unterhaltenden Wegen angelegten Kiesbahnen erstrecken solle. Auf Grund dieses Beschlusses hat der beklagte Gemeindevorsteher die beiden Kläger Mitte November 1898 aufgefordert, die innerhalb ihrer Grundstücke liegenden öffentlichen Wege abzurunden, die Geleise mit geeignetem Material auszufüllen und überhängende Zweige der Bäume an den Wegen soweit abzuschneiden, daß der Verkehr nicht behindert werde, und den gegen die Aufforderung gerichteten Einspruch der Kläger durch Beschluß v. 7. XII. 98 zurückgewiesen. Kläger begehrten hierauf Freistellung von der geforderten Leistung im Wege der Klage, wurden in erster und zweiter Instanz abgewiesen, während das O.-V.-G. der Revision aus folgenden Gründen entsprach.

2. Das Neumärkische Provinzialrecht, um dessen Gebiet es sich im vorliegenden Falle handelt, legt zwar die Wegebaulast den Gemeinden und Gutsbezirken auf, enthält aber keine Regeln über die hier streitig gewordene Unterverteilung dieser Last im Gemeindebezirk. Diese richtet sich daher nach dem örtlich geltenden Recht, namentlich den im Rahmen der Gemeindeverfassungsgesetze entwickelten Gewohnheiten und Gemeindebeschlüssen. Der Vorderrichter ist daher mit Recht davon ausgegangen, daß die Gemeindevertretung befugt war, die Aufbringung der zur Unterhaltung der Wege erforderlichen Leistungen durch den Beschluß vom 6. XI. 95 zu regeln, er irrt aber in der Annahme, daß der Inhalt dieses Beschlusses im § 68 Abs. 2 des Komm.-Abg.-Ges. eine rechtliche Grundlage finde. Denn der angeführte Beschluß will die Anlieger der öffentlichen Wege der Gemeinde gegenüber verpflichten, diejenigen Teilstrecken, an die ihre Grundstücke anschießen, in dem Zustande zu erhalten, zu dessen Herstellung die Gemeinde selbst der Wegepolizeibehörde gegen-

über verpflichtet ist. Zu dieser Unterhaltung der Wege reicht die Leistung von Naturaldiensten, die sich in Gestellung von Gespannen und Verrichtung gewöhnlicher Handarbeiten erschöpft, nicht aus, es muß vielmehr noch die Beschaffung von Wegebaumaterial und unter Umständen z. B. bei Anlegung, Instandhaltung und Wiederherstellung von im Zuge des Weges befindlichen oder erforderlichen Brücken die Leistung handwerksmäßiger Arbeit hinzukommen. Ein Gemeindebeschluß, der die Unterhaltung der öffentlichen Wege unter die Anlieger verteilt, geht daher weit über den Rahmen der im § 68 Abs. 1 des Komm.-Abg.-Ges. den Gemeinden gegebenen Befugnis, die Gemeindesteuerpflichtigen zur Leistung von Naturaldiensten (Hand- und Spanndiensten) heranzuziehen, hinaus und kann deshalb auch nicht als Gebrauch von der am Schlusse des zweiten Abs. gegebenen Ermächtigung, Abweichungen von den in dieser Gesetzesstelle gegebenen Vorschriften mit Genehmigung der nach § 77 desselben Gesetzes zuständigen Beschlußbehörde zu beschließen, angesehen werden. Denn mit dieser Vorschrift sind nur solche Abweichungen zugelassen, die sich auf die Berechtigung der Gemeinde, Naturaldienste von den Gemeindesteuerpflichtigen oder einzelnen Klassen derselben zu fordern, beziehen, nicht aber solche, welche auf eine Beschwerung von Gemeindesteuerpflichtigen mit weitergehenden Lasten, namentlich mit der Verpflichtung zu Naturalleistungen, die keine Dienste sind, hinauslaufen.

3. Bei freier Beurteilung war die Klage als begründet anzuerkennen. Neben der Berechtigung, Naturaldienste zum Zweck der Befriedigung ihrer Bedürfnisse zu fordern, giebt das Komm.-Abg.-Ges. den Gemeinden nur die, zur Deckung ihrer Ausgaben Gebühren und Beiträge, direkte und indirekte Steuern zu erheben (§ 1), dagegen erwähnt es eine solche, zur Deckung ihres Bedürfnisses auch Lieferung von Naturalien oder Leistung kunst- oder handwerksmäßiger Arbeiten zu fordern, an keiner Stelle, namentlich auch da nicht, wo es von Berechtigung der Gemeinden zur Hebung von Abgaben spricht, die das Gesetz unberührt läßt (§§ 10, 11 und 96 Abs. 7). Daraus folgt, daß das Komm.-Abg.-Ges. keine Grundlage für einen Gemeindebeschluß enthält, der die Gemeindesteuerpflichtigen oder eine Klasse derselben zu Leistungen an die Gemeinde verpflichten will, die sich als Naturalleistungen im Gegensatz zu Naturaldiensten darstellen. Ebensowenig aber kann ein derartiger Beschluß auf § 6 der Landgem.-Ordn. v. 3. VII. 91 gestützt werden. Denn diese Gesetzesstelle hat nicht den Zweck, die Berechtigung der Gemeinde von ihren Angehörigen vermögenswerte Leistungen zur Deckung ihrer Ausgaben und Bedürfnisse zu erfordern, über die in den folgenden (jetzt durch die Vorschriften des Komm.-Abg.-Ges. ersetzten) §§ 10 bis 27 und 29 bis 36 gezogenen Grenzen zu erweitern (vgl. E.-O.-V. Bd. XXXIV S. 175). Der Beschluß v. 6. XI. 95 entbehrt also jedenfalls insoweit der Rechtswirksamkeit, als er den Anliegern der öffentlichen Wege die Beschaffung von Wegebaumaterial und die Herstellung kunst- oder handwerksmäßiger Wegebauarbeiten auflegt.

4. Der Beklagte stützt indes die angefochtene Heranziehung nicht allein auf jenen Gemeindebeschluß, sondern in erster Reihe auf die von ihm behauptete Observanz und führt aus, daß diese auch insoweit, als sie mit dem Komm.-Abg.-Ges. im Widerspruch stehen sollte, nach § 96 Abs. 4 in Kraft geblieben sei. Dies ist irrig. Es kann dahingestellt bleiben, inwieweit eine Observanz des behaupteten Inhalts noch unter der Herrschaft der Landgem.-Ordn. hätte bestehen können, denn zu den Ordnungen im Sinne der angeführten Gesetzesstelle können zwar nicht nur geschriebene, durch Gemeindebeschluß und Bestätigung der Aufsichtsbehörde festgesetzte, sondern auch gewohnheitsrechtlich ausgebildete Normen gezählt werden, aber immer nur unter der Voraussetzung, daß sie sich als Ordnungen im Sinne des zweiten Absatzes derselben Gesetzesstelle kennzeichnen, also die Auf-

bringung von Gebühren, Beiträgen, indirekten und direkten Steuern oder Naturaldiensten betreffen, was dann nicht zutrifft, wenn sie sich auf die Aufbringung ganz anders gearteter Leistungen, namentlich Lieferung von Naturalien beziehen (vgl. E.-O.-V. Bd. XXXVI S. 170 ff.).

5. Fraglich kann daher nur erscheinen, ob der Beschluß v. 6. XI. 95 völlig rechtsunwirksam ist, oder ob er wenigstens insoweit zu Recht besteht, als er die Verteilung der bei Wegebauten erforderlichen Naturaldienste unter die Dienstpflichtigen regelt. Das Erstere ist indes schon deshalb anzunehmen, weil der Beschluß nicht verschiedene voneinander unabhängige Bestimmungen über die Lieferung der zu Wegebauten erforderlichen Materialien und über die Aufbringung der zu gleichem Zwecke zu leistenden Naturaldienste, sondern eine einheitliche in sich zusammenhängende Regel über die Verteilung der Pflicht, an der Unterhaltung der Wege teilzunehmen, enthält.

Wäre aber auch von der entgegengesetzten Auffassung auszugehen, so würde doch die Frage, inwieweit der Beschluß v. 6. XI. 95 zu Recht besteht, im Ergebnis nicht anders beantwortet werden können. Es ist zwar zulässig, daß eine bestimmte konkrete zur Besserung der Wege dienende und zu diesem Zwecke von dem Gemeindevorsteher angeordnete Arbeit, zu der nur die Leistung von Naturaldiensten erforderlich ist, unter die Dienstpflichtigen nach Wegestrecken verteilt wird, aber es ist nicht für zulässig zu erachten, daß die dauernde Unterhaltung bestimmter Wegestrecken einzelnen Gemeindesteuerpflichtigen insoweit aufgegeben wird, als sie durch Leistung von Naturaldiensten (Hand- und Spanndiensten) beschafft werden kann. Im ersteren Falle wird dem Dienstpflichtigen, dem die Ausführung der vom Gemeindevorsteher angeordneten Arbeit auf einer bestimmten Wegestrecke auferlegt ist, lediglich die Ausführung mechanischer, weder handwerksmäßiger, noch kunstmäßiger Verrichtungen nach Anordnung und Anleitung des Gemeindevorstehers zur Pflicht gemacht. Im andern aber wird ihm zugemutet, die zur Besserung des Weges nötigen Anordnungen aus eigener Entschließung und auf eigene Verantwortung zu treffen und, wenigstens zunächst, selbst darüber zu befinden, ob eine Besserung oder Instandsetzung des Weges erforderlich ist und was zu diesem Zwecke angemessener Weise geschehen muß, damit aber wird ihm eine Thätigkeit zugemutet, die über die Leistung bloßer Naturaldienste, die sich in der Verrichtung mechanischer Arbeit erschöpft, weit hinausgeht. Deshalb können Beschlüsse und Gewohnheiten, die eine Verteilung der Unterhaltung der Wege nach Pfändern zum Gegenstand haben, unter der Herrschaft des Komm.-Abg.-Ges. rechtliche Geltung auch dann nicht beanspruchen, wenn sie lediglich denjenigen Teil der Unterhaltung betreffen, der nur die Leistung von Naturaldiensten erfordert. Es sei denn, daß besondere Bestimmungen des provinziellen Wegerechts ihnen zur Stütze dienen. Solche enthält das hier in Betracht kommende Neumärkische Provinzialrecht nicht.

Nr. 9. Entsch. Bd. XXXVIII S. 178 v. 23. VI. 99 I C 4/99.

Komm.-Abg.-Ges. v. 14. VII. 93 (G.-S. S. 152) § 21.

Die Bestimmung eines Regulierungsrezesses „die Kommunalabgaben, welche bisher von den bäuerlichen Nahrungsstellen getragen worden, verbleiben ihnen nach wie vor" stellt keinen besonderen Rechtstitel dar, durch den die Abfindungsländereien der Gutsherrschaft Befreiung von den Gemeindeabgaben erlangt hätten. Diese Bestimmung hat keine selbständige Bedeutung, sondern enthält nur den Ausspruch einer durch das Ausscheiden der Abfindungsländereien aus dem Gemeindeverbande herbeigeführten, gesetzlichen Folge der Regulierung, wie sie bereits im Regulierungsedikte v. 14. IX. 11 vorgesehen war, und auch ohne entsprechende ausdrückliche Feststellung im Rezesse eintreten mußte. Eine gesetzliche Bestimmung bildet, auch wenn sie in einen Rezeß aufgenommen wird, keinen besonderen Rechtstitel im Sinne des § 21 des Komm.-Abg.-Ges. Als solcher könnte eine in den Rezeß aufgenommene Bestimmung über Befreiung von Gemeindesteuern nur dann angesehen werden, wenn sie sich nicht als eine allgemeine und für alle gleichartigen Fälle geltende Regel des Gesetzes- oder Gewohnheitsrechts, sondern als eine von der Regel abweichende Ausnahme darstellt (vgl. E.-O.-V. Bd. XXXI S. 103).

Nr. 10. Entsch. Bd. XXXVIII S. 169 v. 12. X. 1900 I C 47/99.

Komm.-Abg.-Ges. v. 14. VII. 93 (G.-S. S. 152) § 21.
Kurh. Gem.-Ordn. v. 23. X 34 (Kurh. G.-S. S. 181) § 5.
Hess.-Nass. Land-Gem.-Ordn. v. 4. VIII. 97 (G.-S. S. 301) § 3.

1. Der Vorderrichter hatte im vorliegenden Falle ein im Gebiete des vormaligen Kurfürstentums Hessen geltendes Gewohnheitsrecht festgestellt, wonach die Rittergüter Anspruch auf Befreiung von Gemeindesteuern hätten. Er bezeichnete den von ihm festgestellten Rechtssatz als einen „besonderen Rechtstitel" im Sinne des § 21 des Komm.-Abg.-Ges. Indem er sich hierfür auf die Entstehungsgeschichte des Gesetzes berief, war er der Meinung, die den Rittergütern gewohnheitsrechtlich zustehenden Steuerbevorzugungen seien durch das Komm.-Abg.-Ges. insoweit aufrechterhalten, als sie nicht in Vereinbarungen und Festsetzungen auf Grund des § 5 der Gem.-Ordn. v. 23. X. 34 ihre Begrenzung fänden. Das O.-V.-G. trat ihm aus folgenden Gründen nicht bei.

2. Unter einem besonderen Rechtstitel versteht der Sprachgebrauch des Rechtslebens nicht aus dem geschriebenen Gesetz oder dem Gewohnheitsrechte fließende Regeln, die objektives Recht schaffen, sondern Rechtshandlungen, durch die für die daran beteiligten Personen oder doch für einen Teil derselben subjektive „besondere Rechte" erworben sind. Rechtsregeln sind zwar ebenfalls Rechtstitel, aber nicht „besondere", gleichviel, ob sie auf geschriebenem Gesetz oder einem provinziellen oder lokalen Gewohnheitsrechte beruhen. In der Rechtsprechung des O.-V.-G. ist denn auch in Uebereinstimmung mit der des vormaligen Obertribunals auf anderen Gebieten, z. B. bei Anwendung der Preußischen Schulordn. v. 11. XII. 45 (G.-S. 1846 S. 1), zwischen besonderem Rechtstitel und Herkommen unterschieden und dem letzteren die Eigenschaft eines besonderen Rechtstitels abgesprochen worden (vgl. die §§ 38, 39, 44 ff. a. a. O., sowie E.-O.-V. Bd. XII S. 214, Bd. XIV S. 207, Bd. XV S. 227). Die Bestimmung im § 21 des Komm.-Abg.-Ges., daß auf besonderen Rechtstiteln beruhende Befreiungen einzelner Grundstücke von Gemeindesteuern in ihrem bisherigen Umfange fortbestehen, kann daher nicht auf Bevorzugungen bezogen werden, die einer ganzen Gattung von Grundstücken auf Grund allgemeiner Rechtssätze zustehen, sondern nur auf solche, die für einzelne d. h. individuell bestimmte Grundstücke durch Rechtshandlungen besonders erworben sind.

(Folgt eingehende Begründung, insonderheit aus der Entstehungsgeschichte zu § 21.)

Nr. 11. Entsch. v. 1. II. 1901 Nr. II 206 (Pr.-V.-Bl. Bd. XXIII S. 40).

Komm.-Abg.-Ges. v. 14. VII. 93 (G.-S. S. 152) § 21.
Ges. v. 11. II. 70 (G.-S. S. 85), betr. Regelung der Grundsteuer in den neuen Provinzen, § 15 Abs. 1, Nr. 1.
Gebäudesteuerges. v. 21. V. 61 (G.-S. S. 317) § 2.

Streitig war, ob ein Privilegium des Grafen von Holstein und Stormarn vom Jahre 1346 als ein die Befreiung von Kommunal-,

Grund- und Gebäudesteuern und Realschulabgaben gewährender besonderer Rechtstitel gemäß § 21 des Komm.-Abg.-Ges. angesehen werden könne. Das O.-V.-G. bejahte die Frage. Dem Landesherrn stand es frei, auch für Kommunalabgaben im heutigen Sinne Privilegien zu erteilen. Eine darin ausgesprochene Befreiung zu Gunsten bestimmter Personen und Grundstücke von allen möglichen Diensten, Auflagen und Abgaben auf ewige Zeiten kann auch dadurch nicht beeinträchtigt werden, daß die damals als Wiesen und Gärten benutzten Ländereien im Laufe der Zeit eine andere Bewirtschaftung oder eine Bebauung erfahren haben. Die Bezeichnung hatte lediglich zum Zweck, die privilegierten Grundstücke kenntlich zu machen. Ebensowenig kann § 15 des Ges. v. 11. II. 70 eingewirkt haben, da es sich bei diesem Gesetze um die Entschädigung für Außerkraftsetzung von Privilegien dem Staate, nicht der Gemeinde gegenüber handelt.

Nr. 12. Entsch. v 26 VI 1900 Nr. I 985 (Pr.-V.-Bl. Bd. XXII S. 300).
Land-Gem.-Ordn. v. 3. VII 91 (G.-S. S. 233) § 28.

Auf Grund des § 28 der Landgem.-Ordn. v. 3. VII. 91 kann nur die Gemeinde (nicht der Gutsherr) eine Entscheidung darüber beantragen, nach welchen Grundsätzen und in welcher Höhe in Zukunft die Gemeindeabgaben für wüste Hufen zu zahlen sind.

(Folgt Begründung, wie in E.-O.-V. Bd XXXVI S. 174 (181); vgl. Erg.-Bd. 1901 S. 52 f., Entsch. Nr. 6 Ziffer 3 und 4.)

B. Gebühren und Beiträge.

1. Im Allgemeinen.

Nr. 1. Entsch. v. 19. X. 1900 Nr. II 1371 (Pr.-V.-Bl. Bd. XXII S. 312).
Komm.-Abg.-Ges. v. 14. VII. 93 (G.-S. S. 152) §§ 4, 9.

1. Die Frage, ob ein Grundstück als an die städtische Kanalisation angeschlossen zu beurteilen sei, wenn es in einen Privatkanal abwässert, der seinerseits an die städtische Kanalisation angeschlossen ist, läßt sich nicht ohne weiteres verneinen, daß der mittelbare Anschluß dem unmittelbaren Anschlusse gleichstehe und die städtische Kanalisation für die Abwässer des Grundstücks benutzt werde. Denn ob ein solches Verhältnis vorliegt oder aber die Abwässer des Grundstücks durch ihre Ueberleitung auf das Terrain, auf dem sich der Privatkanal befindet, zu Abwässern dieses Terrains werden, ob also nur dessen Eigentümer die städtische Kanalisation durch die Einleitung der von ihm übernommenen Wässer in einen städtischen Kanal benutzt, hängt von den näheren Umständen ab, die genau festzustellen sind.

2. Der Umstand, daß für den Anschluß eines Grundstücks an die städtische Kanalisation die einmalige, die Einmündungs-, Gebühr gezahlt ist, steht der Zulässigkeit der Erhebung der fortlaufenden Gebühren nicht entgegen. Denn die Einführung der letzteren ist, wenn man die einmaligen Gebühren als Gebühren im Sinne des § 4 des Komm.-Abg.-Ges. ansieht, auch unter der Annahme, daß sie für dieselbe Leistung sowie zu demselben Zwecke, wie die fortlaufenden Gebühren, gefordert wurden und gefordert werden, ebensowenig ausgeschlossen, wie dies eine Erhöhung der einmaligen Gebühren sein würde. Es könnte nur das Bedenken entstehen, ob nicht der Betrag der im Ganzen zu zahlenden Gebühren ein zu hoher sei. Diese Frage aber untersteht nicht der Entscheidung der Verwaltungsgerichte.

Letztere haben nur die Gesetzmäßigkeit der Gebührenordnung zu prüfen. Das Gesetz aber, speziell das Komm.-Abg.-Ges., bestimmt keine Grenze für die Höhe der Gebühren. Der § 4 bestimmt in seinem 2. Abs. nur, daß die Gebührensätze in der Regel so zu bemessen sind, daß die Verwaltungs- und Unterhaltungskosten der bezüglichen Veranstaltung, einschließlich der Ausgaben für die Verzinsung und Tilgung des aufgewendeten Kapitals, gedeckt werden. Den Gemeinden steht es frei, von dieser Regel abzuweichen, und für die Gültigkeit einer solchen Abweichung wird nicht mehr als für die der Ordnung überhaupt, d. h. die Genehmigung der Aufsichtsbehörden erfordert (vgl. E.-O.-V. Bd. XXX S. 97 ff.). Die Sache stellt sich auch nicht anders, wenn man mit dem Kläger die einmaligen Gebühren als Beiträge im Sinne des § 9 des Komm.-Abg.-Ges. ansieht. Denn im § 4 Abs. 2 ist nur vorgeschrieben, daß die Erhebung von Gebühren geschehen muß, wenn die Ausgleichung der durch die Veranstaltung gewährten Vorteile nicht durch Beiträge rc. erfolgt ist, nicht aber, daß sie nur dann geschehen darf, wenn eine solche Ausgleichung nicht erfolgt ist.

3. Daß ferner die Kanalisation besonders den Hausbesitzern zum Vorteil gereicht, kann nicht bestritten werden; denn die Möglichkeit einer zweckmäßigen Entwässerung der Häuser und die dadurch bewirkte Erhöhung ihres Verkaufs- und Gebrauchs-Wertes kommt nur den Hausbesitzern zu gute, während der Nutzen und die Annehmlichkeit, die die Kanalisation jedem Einwohner bietet, wie Reinlichkeit der Straßen, Verbesserung der sanitären Verhältnisse u. s. w., auch ihnen zu teil werden. Namentlich haben nicht die Mieter dieselben Vorteile von der Kanalisation. Denn unter normalen Verhältnissen müssen sie, falls das Haus an die Kanalisation angeschlossen ist, höhere Miete bezahlen, als wenn es nicht der Fall ist. Ist die Ausführung der Kanalisation dadurch veranlaßt, daß die unterhalb der Stadt liegenden Dorfschaften sich über die Verunreinigung von Wasserläufen durch die Abwässer der Stadt bei dem Minister beschwert hätten, und dieser der Stadt die Beseitigung des Uebelstandes aufgegeben habe, so ist dagegen zu bemerken, daß es auf die Veranlassung der Anlegung der Kanalisation nicht ankommt, da diese, gleichviel welches jene Veranlassung sei, eine im öffentlichen Interesse unterhaltene Anstalt ist und den Hausbesitzern Vorteile bietet. Im allgemeinen muß noch darauf hingewiesen werden, daß nach § 4 Abs. 2 des Gesetzes nicht etwa das Recht der Gemeinde zur Erhebung von Gebühren davon abhängig gemacht wird, daß die Veranstaltung einzelnen Gemeindeangehörigen oder einzelnen Klassen von solchen vorzugsweise zum Vorteil gereicht, sondern daß dieses die Voraussetzung ist, unter welcher die Gemeinde zur Erhebung von Gebühren verpflichtet sein soll.

4. Das Bestehen eines polizeilichen Zwanges zum Anschlusse der Grundstücke an die städtische Kanalisation ist kein Hindernis für die Erhebung der Gebühren. Der 3. Absatz des § 4 des Gesetzes sagt nur, daß beim Bestehen eines solchen Zwanges unter Berücksichtigung des öffentlichen Interesses, dem die Veranstaltung diente, und der den Einzelnen gewährten besonderen Vorteile eine entsprechende Ermäßigung der Gebührensätze gestattet ist, und daß in Fällen dieser Art die Erhebung von Gebühren ganz unterbleiben kann. Er enthält also nur eine Beschränkung der im 2. Absatze unter der dort angegebenen Voraussetzung eintretenden Verpflichtung zur Erhebung von Gebühren, spricht aber nicht die entgegengesetzte Verpflichtung beziehungsweise ein entsprechendes Verbot aus. Ob von jener Gestaltung und Befugnis Gebrauch gemacht werden soll, hängt zunächst von dem Ermessen der Gemeindebehörden ab. Beschließen diese, daß Gebühren ohne Ermäßigung zu erheben seien, so ist

das — die Genehmigung der Aufsichtsbehörde vorausgesetzt — rechtsgültig und kann vom Verwaltungsrichter nicht beanstandet werden.

5. Darauf, ob der Stadt durch die Anlegung des Kanals Kosten erwachsen sind, kommt es nicht an. Denn dieses ist ja die notwendige Voraussetzung für die Zulässigkeit der Erhebung der Gebühren. Uebrigens kommen auch die Kosten der Unterhaltung des Kanals in Betracht, und ferner hat als die Veranstaltung, für deren Benutzung die Gebühren gefordert werden, die gesammte Kanalisation, nicht der einzelne Kanal, zu gelten.

6. Ob die Stadt mit den Hausbesitzern Verträge abgeschlossen hat, durch die sie gegen Zahlung einer Gebühr (der Einmündungsgebühr) die Unterhaltung der Kanäle übernommen, ist ohne Bedeutung, weil die Autonomie der Gemeinde, das Recht der lokalen Gesetzgebung, aus dem die Gebührenordnung hervorgegangen ist, durch einen Verzicht, wie er in solchen Verträgen liegen würde, nicht beschränkt werden konnte.

Nr. 2. Entsch. v. 27. XI. 1900 Nr. II 1558 (Pr.-V.-Bl. Bd. XXII S. 347).
Komm.-Abg.-Ges. v. 14 VII 93 (G.-S. S. 152) §§ 1, 4, 6, 7, 9, 20, 77

In der Stadt H. war ein Ortsstatut, betr. Kanalbau- und Betriebs- und Abfuhrkosten nach Erlaß des Komm.-Abg.-Ges. ergangen, dessen Rechtsgültigkeit das O.-V.-G. in folgenden Punkten beanstandete.

In Abschnitt I behandelt das Statut die Kosten der Straßenkanäle und Kläranlagen, sowie der Hausanschlüsse und schreibt hinsichtlich der beiden ersteren in § 1 folgendes vor:

„Zinsen und Amortisation des Anlagekapitals der seit dem Jahre 1888 angelegten und noch zu erbauenden Kanäle und Kläranlagen, sowie die durch Unterhaltung und Betrieb dieser wie auch der älteren Kanäle erwachsenden Kosten verteilen sich auf nachstehende Pflichtige:

a) Zunächst haben Beiträge zu leisten die Besitzer der an die städtischen Kanäle angeschlossenen Fabriken und gewerblichen Anlagen, welche den ersteren eine über das Maß einer gewöhnlichen Haushaltung hinausgehende Menge von Schmutzwässern zuführen.

Die Höhe dieser Beiträge wird nach dem Verhältnisse der durchschnittlichen Menge dieser Zuflüsse zu der Gesammtmenge der zur Klärung kommenden Abwässer abgeschätzt und durch den Magistrat festgesetzt. Besitzer derartiger Anlagen haben sich denjenigen Bestimmungen zu unterwerfen, welche von der Polizeiverwaltung behufs einer vorgängigen Unschädlichmachung der Abwässer — sei es durch Desinfektion, Neutralisierung, Kühlung oder auf sonstigem Wege — für nötig erachtet werden.

b) Von der hiernach verbleibenden Summe werden nach Maßgabe der Gebäudesteuer Beträge umgelegt:
1. Sechs Zehnteile auf diejenigen Hausbesitzer, welche den städtischen Kanälen neben den Küchenwässern auch menschliche Abgänge zuführen;
2. vier Zehnteile auf sämmtliche Hausbesitzer.

Hinsichtlich der ganz von der Gebäudesteuer befreiten oder solcher Gebäulichkeiten, deren Einschätzung zur Staatssteuer noch nicht erfolgt ist, wird zwecks der Heranziehung zu diesen Kostenbeitägen eine besondere Einschätzung nach den für die Staats-Gebäudesteuer bestehenden Grundsätzen von dem Magistrat vorgenommen."

In dieser Hinsicht kommt Folgendes in Betracht:

1. Für die Herstellung und Unterhaltung von Straßenkanälen und Kläranlagen — Veranstaltungen, die durch das öffentliche Interesse herbeigeführt werden — „Beiträge" zu erheben, sind die Gemeinden nach § 9 des Komm.-Abg.-Ges. wohl berechtigt. Wenn die Stadt H. diesen Weg beschreiten wollte, was den Worten im § 1 bei a des Statuts entnommen werden könnte, so waren die für die Einführung von „Beiträgen" gegebenen

formellen und materiellen Vorschriften innezuhalten. In ersterer Beziehung fehlt aber die Beobachtung des im § 9 Abs. 3 vorgesehenen, die Prüfung von Einwendungen der Pflichtigen durch die Beschlußbehörden sichernden Verfahrens. Den Vorstellungen der sich benachteiligt fühlenden Beteiligten soll aber das vor der Genehmigung des Statuts ihnen gesetzlich gewährleistete Verfahren nach § 9 Abs. 3 cit. vorbeugen; ein ohne das letztere gefaßter Beschluß über Erhebung von Beiträgen entbehrt der Rechtsgültigkeit (vgl. E.-O.-V. Bd. XXXII S. 109ff., insbes. 116/117).

2. Die notwendige Beteiligung der Gemeinde als solcher an der Tragung der Kosten der Kanäle und Kläranlagen erhellt aus dem Statut nicht.

3. Wollte man jedoch die nach § 1 des Statuts umzulegenden Kosten, namentlich die zu a und b 1 eingeführten Anteile nicht als „Beiträge" im gesetzlichen Sinne, sondern als „Gebühren" — § 4 des Komm.-Abg.-Ges. — zu Lasten der die Abwässer und Auswurfstoffe zuführenden Fabrikbesitzer und Hausbesitzer ansehen, so würde auch unter dieser Voraussetzung die in Rede stehende Bestimmung gesetzwidrig erscheinen, da nach § 7 des Komm.-Abg.-Ges. „Gebühren" im voraus nach festen Normen und Sätzen zu bestimmen sind (vgl. E.-O.-V. Bd. XXXIV S. 76).

Dieser Vorschrift mag der in § 1 unter litt. b der Satzungen für die Unterverteilung des dort vorgesehenen Restes der Kosten angenommene Maßstab der Gebäudesteuer genügen, nicht aber die Bestimmung unter a Abs. 2 daselbst. Denn wenn auch das Verhältnis der durchschnittlichen Menge der aus den Fabriken und gewerblichen Anlagen herrührenden Schmutzwässer zu der Gesammtmenge der zur Klärung kommenden Abwässer vielleicht durch Messungen ermittelt werden kann, so ist doch für die Festsetzung der Höhe des auf die Gesammtheit der Werkbesitzer und auf jeden einzelnen entfallenden Kostenanteils keine Messung und noch weniger die Art einer solchen vorgeschrieben, sondern es ist lediglich die Abschätzung der Zuflußmengen und die daraufhin erfolgende Festsetzung der Beiträge durch den Magistrat vorgesehen. Ist hiernach der § 7 cit. bei litt. a nicht beobachtet, so ist solches ebenfalls hinsichtlich der litt. b nicht der Fall, da die Höhe des nach litt. b zu verteilenden Restes der Kosten gerade von der Größe der — nicht durch feste Normen und Sätze geregelten — unter litt. a behandelten Beiträge abhängen soll. Mit dem Begriff der „Gebühr" würde ferner die unter b Ziffer 2 vorgesehene Belastung sämmtlicher Hausbesitzer mit vier Zehnteilen des nach Abzug des Zuschusses der Werkbesitzer verbleibenden Kostenbedarfs unvereinbar sein, solange nicht die wirkliche Benutzung der städtischen Kanäle durch alle diese in Anspruch genommenen Hausbesitzer feststeht, weil Gebühren als Abgaben öffentlich-rechtlicher Natur lediglich für öffentliche Leistungen und für die Benutzung öffentlicher Einrichtungen erhoben werden dürfen (vgl. E.-O.-V. Bd. XXVIII S. 76, Bd. XXIX S. 62).

Der II. Abschnitt des Statuts beschäftigt sich mit dem Abfuhrwesen (für Hofraithen mit Gruben), und es lautet der dahin gehörige § 4 zu A folgendermaßen:

„Die Kosten des Abfuhrwesens, einschließlich derjenigen für die im § 62 der Polizeiverordnungen vom heutigen Tage vorgeschriebenen allgemeinen Grubendesinfektionen, ferner für Verzinsung und Tilgung der zur Anschaffung der Apparate und Anlage von Sammelgruben aufgewendeten Kapitalien, sowie für Unterhaltung und Ergänzung des bezüglichen gesammten Inventars werden aus der Stadtkasse bestritten und, wie folgt, wieder aufgebracht.

Die Zuziehung der nicht steuerpflichtigen Besitzer von geschlossenen Abtrittsgruben erfolgt nach dem Verhältnisse der, wie oben im Schlußsatze des § 1 angegeben, zu ermittelnden fingierten Gebäudesteuerbeträge:

a) es kommen in Aufrechnung die nach litt. B und C — unten — für Extra-Gruben-Entleerungen und Desinfektionsmaterial eingehenden Gelder:

b) der verbleibende Restbetrag wird auf die betreffenden Gebäudebesitzer nach Maßgabe ihrer Gebäudesteuerbeträge umgelegt."

Hierüber ist Nachstehendes zu bemerken:

Ob und inwieweit in H. das Abfuhrwesen zu einer Gemeindeangelegenheit (vgl. E.-O.-V. Bd. XXXII S. 305) mit der Wirkung gemacht werden sollte, daß der Polizeibehörde gegenüber lediglich die Gemeinde und nicht mehr die einzelnen Gebäudebesitzer als zur Räumung und Abfuhr Verpflichtete gelten, ist aus der obigen Vorschrift mit Sicherheit um so weniger zu entnehmen, als die im § 4 mehrfach genannte Poliz.-Vd. gar nicht in Kraft getreten ist. Sollte die Stadt die betreffende Verpflichtung nicht übernommen haben, so würde sie nicht befugt sein, zwischen die Polizeibehörde und die dieser gegenüberstehenden Verpflichteten zu treten (E.-O.-V. Bd. XXVI S. 45). Andernfalls würde sie auch hier einen falschen Weg zur Heranziehung der Gebäudebesitzer eingeschlagen haben. Für die unter B und C der § 4 behandelten außerordentlichen Grubenentleerungen und Grubendesinfektionen sind nämlich teils hinsichtlich der Kosten besondere Vereinbarungen zwischen der Polizeibehörde und den Grubenbesitzern zugelassen, teils hängt in Einzelfällen die Kostenerhebung für Entleerungen von besonderen Anlässen ab. Solchen Bestimmungen gegenüber bleibt es ausgeschlossen, die im § 4 A zu b der Satzungen den Gebäudebesitzern auferlegten Grubenentleerungskosten, die behufs Aufbringung der nach Eingang der unter B und C behandelten Gelder noch zu deckenden Kosten erhoben werden sollen, zu den — feste Normen und Sätze verlangenden — Gebühren zu rechnen. Hierzu kommt, daß jeder der „betreffenden Gebäudebesitzer", also auch der, der das städtische Abfuhrwesen nicht benutzt hat, in Anspruch genommen wird. Da auch der Begriff des „Beitrages" nach dem oben Gesagten ausscheiden muß, so bliebe nach § 1 des Komm.-Abg.-Ges. als mögliche Form einer Schätzung nur noch die „Steuer" übrig, die den Besitzern von Hofraithen mit Gruben für die ihnen dargebotene städtische Abfuhr auferlegt sein könnte. Aber auch bei dieser Charakterisierung würde die in Rede stehende Abgabe sich nicht als rechtmäßig erweisen. Denn bei dem beschränkten Kreise der von einer solchen Steuer Ergriffenen wäre sie eine Zwecksteuer, die, wenn ihr nicht schon § 20 des Komm.-Abg.-Ges. entgegenstände, der fehlenden ministeriellen Genehmigung wegen rechtswidrig sein würde (E.-O.-V. Bd. XXXI S. 55).

Nr. 3. Entsch. v. 11. XII. 1900 Nr. II 1614 (Pr.-V.-Bl. Bd. XXII S. 360).

Komm.-Abg.-Ges. v. 14. VII. 93 (G.-S. S. 152) §§ 4, 7, 9.

Bei Untersuchung der Frage, ob ein Grundstück als angrenzend an eine Straße anzusehen und als solches zu Sielbaukostenbeiträgen heranzuziehen sei, ist davon auszugehen, ob überhaupt eine „Straße" in Frage kommt.

Zu einer Straße gehört nur das Terrain, auf dem sie thatsächlich angelegt, das dem gemeinen Gebrauche überwiesen und dadurch unter die Aufsicht und Obhut der Wegepolizeibehörde gestellt worden ist, nicht aber solches, das zum Zweck der Anlegung oder Verbreiterung einer Straße erworben, dazu aber noch nicht verwendet ist. In dieser Erwerbung, in der kundgegebenen Bestimmung zu Straßenzwecken kann eine thatsächliche Widmung für den öffentlichen Verkehr noch nicht gefunden worden.

Nr. 4. Entsch. v. 5. II. 1901 Nr. II 227 (Pr.-V.-Bl. Bd. XXIII S. 103).
St.-Ordn. v. 30. V. 53 (G.-S. S. 261) § 56.
Komm.-Abg.-Ges. v. 14. VII. 93 (G.-S. S. 152) §§ 4 ff., 61, 69.
Zust.-Ges. § 18.

Die Bestimmung eines Regulativs, wonach Gemeindegebühren (z. B. solche für Benutzung einer öffentlichen Straße durch Aufstellung eines Gerüstes) von der Baupolizeiverwaltung festgesetzt werden sollen, ist ungesetzlich. Schon nach § 56 Nr. 9 der St.-Ordn. v. 30. V. 53 hat der Magistrat die städtischen Gemeindeabgaben und Dienste nach den Gesetzen und Beschlüssen auf die Verpflichteten zu verteilen und die Beitreibung zu bewirken. An dieser auch in späteren Gemeindeverfassungsgesetzen dem Magistrate oder dem sonstigen Gemeindevorstande zugewiesenen Aufgabe der Steuerverwaltung hat das Komm.-Abg.-Ges. v. 14. VII. 93 nichts geändert; es weist noch ausdrücklich in § 61 die Veranlagung der direkten Gemeindesteuern — wozu allerdings die hier in Rede stehende Abgabe nicht gehört — dem Gemeindevorstande oder einem besonderen Steuerausschusse zu und gewährt in § 69 gegen die dort bezeichneten Abgaben der Pflichtigen nur den Einspruch bei dem Vorstande. Der Polizeibehörde ist weder in den erwähnten Gesetzen, noch in dem Zust.-Ges. — § 18 — eine Mitwirkung in der Veranlagung und Festsetzung städtischer Steuern eingeräumt; eine solche kann der Polizei auch durch örtliche Satzungen schon um deswillen nicht übertragen werden, weil sie kein Organ des Magistrats und diesem nicht unterstellt ist, vielmehr ihr Amt selbständig im Namen des Königs ausübt und die ihr gesetzte staatliche Aufsicht anders, als gegenüber der städtischen Verwaltungsbehörde, geordnet ist. Es sind hiernach die genannten Gebühren von dem Magistrat festzusetzen.

Nr. 5. Entsch. v. 30. IV. 1901 Nr. II 716 (Pr.-V.-Bl. Bd. XXIII S. 136).
Komm.-Abg.-Ges. v. 14. VII. 93 (G.-S. S. 152) § 9.

Einzelne Wege oder Wegeteile (Brücken), deren Unterhaltung einer Gemeinde obliegt, bilden in der Regel nicht eine selbständige besondere Veranstaltung im Sinne des § 9 des Komm.-Abg.-Ges.; als solche gilt vielmehr die Gesammtheit der Gemeindewege.

Jedes den Weg oder die Brücke benutzende Gemeindemitglied hat die gleichen Rechte hinsichtlich der Brücke, wie aller anderen Wege innerhalb des Gemeindebezirks. Demgemäß muß auch nach § 9 des Komm.-Abg.-Ges. die Beitragspflicht für die Unterhaltung der als einheitliche Veranstaltung anzusehenden Gesammtheit der Gemeindewege gleichmäßig festgesetzt, nicht aber darf sie auf einzelne bestimmte Wege oder gar Teile eines Gemeindeweges beschränkt werden.

Ausnahmen von dieser Regel können nur unter ganz besonderen Voraussetzungen für einzelne außergewöhnliche Anlagen anerkannt werden, z. B. für ausgedehnte Schmuckplätze, neuere größere Flußbrücken u. dergl.

2. Anliegerbeiträge.

Nr. 1. Entsch. Bd. XXXVIII S. 127 v. 25. VI. 1900 IV C 48/1900.
Fluchtliniengeſ. v. 2. VII. 75 (G.-S. S. 561) § 15.

1. Bereits in E.-O.-V. Bd. XXXIII S. 126, 129 ist näher dargelegt, daß die Verpflichtung des Anliegers aus § 15 des Ges. v. 2. VII. 75 zwei Voraussetzungen hat: einmal, daß die Straße ausgebaut ist und die Kosten, die von der Gemeinde aufgewendet sind und erstattet werden sollen, festgestellt werden können, und zweitens, daß ein Gebäude an

der Straße errichtet wird. Erst wenn beide Voraussetzungen gegeben sind, kann die Verpflichtung des Anliegers entstehen. Daraus ergiebt sich als notwendige Folge, daß auch Maß und Umfang der Verpflichtung sich nach dem Zeitpunkt ihrer Entstehung bestimmen müssen, also nach dem, in welchem die beiden gesetzlichen Voraussetzungen zusammentreffen, und daß nicht etwa der frühere Zeitpunkt entscheiden kann, in dem der Anlieger an der noch nicht fertigen, erst in der Anlegung begriffenen Straße ein Gebäude errichtet hat. Diese Folgerung ist deshalb notwendig, weil der rechtliche und thatsächliche Umfang einer Verpflichtung sich nicht nach Verhältnissen richten kann, wie sie zu einer Zeit gegeben waren, als die Verpflichtung noch in keiner Weise, auch nicht als eine bedingte, ins Leben getreten war. Vielmehr können immer nur diejenigen Verhältnisse bestimmend sein, die beim Inslebentreten der Verbindlichkeit bestanden. Denn auf der Grundlage dieser Verhältnisse entsteht erst die Verpflichtung (vgl. E.-O.-V. Bd. XXXVI S. 64).

2. Ist hiernach das Errichten eines Gebäudes an der neuen, schon vorhandenen oder doch projektierten Straße eine Voraussetzung für die Entstehung der Beitragspflicht, so kann es diese rechtliche Wirkung nur haben, wenn es sich unter einem die Beitragspflicht überhaupt — und für die betreffende Straße und die betreffende Art des Gebäudes — einführenden Ortsstatute, vollzieht. Ist noch gar kein Ortsstatut erlassen, eine Beitragspflicht also überhaupt noch gar nicht durch örtliche Rechtsnorm vorgeschrieben, so ist das Errichten eines Gebäudes eine für die Beitragspflicht rechtlich völlig unerhebliche Handlung, welche ihre rechtliche Bedeutungslosigkeit auch durch den späteren Erlaß eines Statuts nicht verlieren, also niemals eine gesetzliche Voraussetzung für die Entstehung der Beitragspflicht werden kann. Wird die Straße erst nachher gebaut, so ist jenem Anlieger gegenüber immer nur eine der beiden Voraussetzungen gegeben. Er kann also beim Mangel der zweiten — Errichten eines Gebäudes unter der Herrschaft des Ortsstatuts — nicht beitragspflichtig werden. War dagegen schon ein Ortsstatut erlassen, wonach das Errichten dieses bestimmten Gebäudes an dieser bestimmten Straße die Beitragspflicht begründen konnte, so ist damit auch die eine Voraussetzung der Beitragspflicht gegeben und sie verliert diesen rechtlichen Charakter nicht dadurch, daß in einem späteren Ortsstatute, welches den Rechtsgrund der Beitragspflicht unberührt läßt, der Inhalt und Umfang des Beitrages oder die Art seiner Erhebung verändert werden. Beide Voraussetzungen — das Errichten eines Gebäudes an einer in der Anlegung befindlichen Straße und die Vollendung der Straße — müssen sich unter einem auf Grund des § 15 des Ges. v. 2. VII. 75 erlassenen Ortsstatute vollziehen, aber es ist keineswegs notwendig, daß dies unter demselben Ortsstatute geschieht. Wird nach Eintritt der einen Voraussetzung das Statut geändert, so kann nur das geänderte, beim Eintritt der zweiten Voraussetzung und damit beim Entstehen der Beitragspflicht geltende Statut für den Umfang und die Einziehung des Beitrags maßgebend sein, gleichviel ob das geänderte Statut für den Anlieger günstiger oder ungünstiger sein mag.

Nr. 2. Entsch. v. 10. XII. 1900 Nr. IV 2001 (Pr.-V.-Bl. Bd. XXII S. 444).

Fluchtliniengeſ. v. 2. VII. 75 (G.-S. S. 561) § 15.

Komm.-Abg.-Ges. v. 14. VII. 93 (G.-S. S. 152) §§ 9, 10, 22—27.

1. Gebäude im Sinne des § 15 des Ges. v. 2. VII. 75 sind auch solche Bauwerke, die nur vorübergehender Zwecke wegen errichtet und demnächst wieder beseitigt werden. Ein Gebäude hört darum nicht auf, ein Gebäude zu sein, wenn es nur für eine bestimmte Zeit stehen bleiben soll.

Weshalb ferner z. B. der Anschluß an den Kanal und die Wasserleitung zum Begriffe eines Gebäudes gehören soll, ist nicht wohl erfindlich, zumal Kosten für Entwässerung des Gebäudes und für Wasserleitung auf Grund des § 15 a. a. O. gar nicht zu ersetzen sind.

2. Nach der ständigen Rechtsprechung des O.-V.-G. fallen alle Gebäude unter den § 15 a. a. O. v. 2. VII. 75, die von Beginn der Anlegung der Straße an an ihr errichtet werden und zur Zeit der Fertigstellung der Straße noch vorhanden sind, so daß für alle solche Gebäude nach Maßgabe des erlassenen Ortsstatuts die Eigentümer der Grundstücke die Straßenbeiträge zu zahlen verpflichtet sind.

3. Der Einwand, daß ein solches Ortsstatut deshalb keine Rechtsgültigkeit habe, weil es mit den in den §§ 22 bis 27 des Komm.-Abg.-Ges. aufgestellten Forderungen gleichartiger Belastung aller Pflichtigen in Widerspruch stehe, ist irrig. Die dort aufgestellten Forderungen, sowie die im § 9 l. c. enthaltenen Grundsätze haben offensichtlich mit den Anforderungen, die an ein auf Grund des § 15 des Ges. v. 2. VII. 75 erlassenes Ortsstatut zu stellen sind, nichts zu thun. Wenn ein Ortsstatut dieser Art sich in den Schranken des genannten § 15 a. a. O. hält und formell gültig erlassen ist, so ist es rechtswirksam. So auch E.-O.-V. v. 2. V. 99 II. 601, wo ausgeführt ist, daß das Komm.-Abg.-Ges. den Gemeinden zum Zwecke der Befriedigung der städtischen Bedürfnisse, abgesehen von dem Geltungsgebiete des § 15 des Ges. v. 2. VII. 75, nur das Recht zur Erhebung von Gebühren, Beiträgen, indirekten und direkten Steuern, sowie Naturaldiensten (§ 1) gebe, so daß jedes Ortsgesetz, das Naturalleistungen außerhalb des Rahmens des § 15 a. a. O. auferlege, mit dem Inkrafttreten des Komm.-Abg.-Ges. auf Grund des § 96 Abs. 5 daselbst seine Gültigkeit verloren habe. Darin ist ausgedrückt, daß die auf Grund des § 15 a. a. O. erlassenen Ortsstatute nur nach den Grundsätzen dieses Paragraphen, und (vgl. § 10 des Komm.-Abg.-Ges.) für ihre materielle Gültigkeit nicht nach den Vorschriften des Komm.-Abg.-Ges. zu beurteilen sind.

Nr. 3. Entsch. v. 3. VI. 1901 Nr. IV 1086 (Pr.-V.-Bl. Bd. XXII S. 537).
Fluchtliniengeſ. v. 2. VII. 75 (G.-S. S. 561) § 15.

Bei Feststellung der Beitragspflicht des Eisenbahnfiskus zu den Baukosten einer in die Auffahrt eines Bahnhofes einmündenden öffentlichen Straße, von der aus eine auf dem Bahnhof errichtete Trinkbude mittelst dieser Auffahrt den Zugang hat, ist zutreffend davon auszugehen, daß das ganze Bahnhofgrundstück, abgesehen von Teilen, die nicht für Bahnzwecke benutzt werden, sondern z. B. als Kohlenlagerplatz oder Gartenland verpachtet sind, als einheitliches Grundstück anzusehen ist. Die in dieser Fläche liegenden Auffahrten, die den Zugang von der Straße nach dem Empfangsgebäude vermitteln, heben diese Einheitlichkeit nicht auf, sondern gehören als private Bahnhofszugänge zu dem Bahnhofsgrundstück und bilden dessen integrierende Bestandteile.

Liegt die Trinkbude nun an der Beiträge erfordernden Straße, von der aus die Bude ihren Zugang hat, der durch jene Auffahrten ermittelt wird, so ergiebt sich aus der Einheitlichkeit des Grundstücks, daß das ganze Bahnhofgrundstück durch den Bau der Trinkbude beitragspflichtig wird.

Der Umstand, daß die Trinkbude von einem Pächter auf Bahnhofsgelände errichtet worden ist, fällt nicht ins Gewicht, wenn sie in erster Linie für das die Eisenbahn benutzende Publikum bestimmt ist, also den Zwecken des Eisenbahnunternehmens dient.

Nr. 4. Entsch. v. 20. XII. 1900 Nr. IV 2061 (Pr.=V.=Bl. Bd. XXII S. 445).

Fluchtliniengeſ. v. 2. VII. 75 (G.=S. S. 561) § 15.
Komm.=Abg.=Geſ. v. 14. VII. 93 (G.=S. S. 152) § 10.

Was zu den von den Anliegern gemäß § 15 des Fluchtliniengeſ. v. 2. VII. 75 aufzubringenden Kosten der ersten Einrichtung einer von der Gemeinde neu angelegten Straße gehört, richtet sich nach dem von den städtischen Behörden bei der Anlegung aufgestellten Programm. Ist bei diesem Programm auch die Freilegung eines bebauten Terrains zu Straßenzwecken in Aussicht genommen, so gehören auch die Kosten des Grunderwerbes jenes Terrains zu den Kosten der ersten Einrichtung. Dagegen ist es unerheblich, ob die Freilegung noch zur Fertigstellung der Straße gehört. Denn der Beitragspflichtige hat keinen Anspruch darauf, daß die Gemeinde die Straße fertig stelle, bevor sie den Beitrag zu den bereits aufgewendeten Kosten erhebt.

Nr. 5. Entsch. v. 3. I. 1901 Nr. IV 11 (Pr.=V.=Bl. Bd. XXII S. 479).

Baufluchtliniengeſ. v. 2. VII. 75 (G.=S. S. 561) § 15.
Komm.=Abg.=Geſ. v. 14. VII. 93 (G.=S. S. 152) § 9.

1. Darüber, was nach § 15 des Fluchtliniengeſ. v. 2. VII. 75 zur „ersten Einrichtung“ einer neuen Straße „in der dem Bedürfnisse entsprechenden Weise“ gehört, hat die Gemeinde zu bestimmen, sei es durch allgemeine Festsetzungen im Ortsstatut, sei es durch den besonderen für die einzelne Straße aufgestellten Bauplan (vgl. E.=O.=V. Bd. XXXV S. 78).

2. Der beitragspflichtige Anlieger hat — sofern nicht etwa im Statut abweichende Anordnungen getroffen sind — keinen Anspruch auf eine „Fertigstellung“ der Straße vor Heranziehung zu den Beiträgen, sondern nur darauf, daß er nicht eher herangezogen wird, bevor die gesammten erstattungsfähigen Kosten feststehen. Denn er soll, falls das Statut nicht eine Spaltung der Kosten vorzieht, immer nur einmal, mit dem ganzen von ihm geschuldeten Beitrage herangezogen werden.

3. Ein Straßenanlieger kann nicht Zinsen einer Kaution, die die Stadtgemeinde ihm schuldet, also einen privatrechtlichen Anspruch, gegen eine Beitragsforderung aus dem Baufluchtliniengesetz in dem Verfahren über diesen öffentlich=rechtlichen Beitrag geltend machen.

Denn in dem, die Heranziehung zu dem Anliegerbeitrage betreffenden Streitverfahren fungiert der Magistrat lediglich in Ausübung und Vertretung des der Stadtgemeinde verliehenen öffentlich=rechtlichen Finanzhoheitsrechts, als Behörde der kommunalen Steuerverwaltung. Es fehlt ihm also jede Legitimation, in diesem Verfahren die Stadtgemeinde gegen irgendwelche privatrechtliche, mit dem Steuerrecht der Gemeinde in keinem Zusammenhange stehende Ansprüche zu vertreten.

Nr. 6. Entsch. Bd. XXXVIII S. 141 v. 8. X. 1900 IV C 18/1900.

Fluchtliniengeſ. v. 2. VII. 75 (G.=S. S. 561) § 7 Abſ. 1, §§ 11, 15.

1. Die Feststellung von Fluchtlinien ist keine notwendige Voraussetzung für die Einziehung von Straßenbaubeiträgen gemäß § 15 des Geſ. v. 2. VII. 75. Allerdings werden seit Erlaß des gedachten Gesetzes für neuanzulegende Straßen regelmäßig Fluchtlinien festgestellt werden, und damit beginnt dann jedenfalls die Anlegung der Straße. Aber hieraus folgt keineswegs, daß die Anlegung einer Straße rechtlich an die Festsetzung von Fluchtlinien gebunden sei, eine Straße ohne Fluchtlinienfestsetzung gar nicht angelegt werden und rechtlich nicht entstehen könne. Für diese Auffassung giebt das Gesetz keinen Anhalt, und insbesondere ist auch aus seinem § 15 in keiner

Weise zu entnehmen, daß die Gemeinde nur bei solchen neu angelegten Straßen Beiträge erheben dürfe, für die vorher Fluchtlinien förmlich festgestellt sind. Vielmehr kann sich die Anlegung einer Straße unter Umständen sehr wohl auch ohne förmlich festgestellte Fluchtlinien vollziehen. Das wird insbesondere dann angängig sein, wenn sich das ganze zur Straßenanlage erforderliche Gelände bereits im Eigentume der Gemeinde befindet, die Straße durch und über Grundstücke der Gemeinde gelegt wird. Bei einer ohne Fluchtlinienfestsetzung angelegten Straße wird die Gemeinde freilich die an eine solche Festsetzung geknüpften Rechte (vgl. § 11 Satz 2 des Ges. v. 2. VII. 75) nicht erlangen. Aber für die Erhebung von Beiträgen aus § 15 daselbst steht eine derartige, thatsächlich neu angelegte Straße jeder anderen, bei der eine förmliche Fluchtlinienfestsetzung stattgefunden hat, rechtlich gleich.[1])

2. Die rechtliche Zulässigkeit einer Abmachung, daß der Kaufpreis für ein Grundstück gleichzeitig eine Entschädigung für den von einer Stadt als Verkäuferin zu den Straßen herzugebenden Grund und Boden und insbesondere für die von dem Käufer an sich zu dessen Kosten zu zahlenden Beiträge darstellen solle, ist nicht zu beanstanden (E.-O.-V. Bd. XXXIII S. 103, 107). Auch wird nicht unbedingt erforderlich sein, daß das Abkommen schriftlich oder doch ausdrücklich abgeschlossen ist; auch eine stillschweigende Vereinbarung könnte genügen. Aber erkennbar muß allerdings sein, daß beide Teile, übereinstimmend die Befreiung von den Beiträgen zu den Kosten des Grunderwerbs zum Gegenstande des Vertrages gemacht haben. Daß einer oder auch beide beim Abschluß des Vertrages an die Kosten des Grunderwerbs nicht gedacht haben, würde nicht entscheidend sein und die Stadtgemeinde als Verkäuferin nicht hindern können, ihren gesetzlichen Anspruch auf die darauf entfallenden Beiträge geltend zu machen, maßgebend ist vielmehr, ob die Kontrahenten übereinstimmend diese Kosten von der Beitragspflicht ausdrücklich oder stillschweigend haben ausschließen wollen.

Nr. 7. Entsch. Bd. XXXVIII S. 145 v. 24. I. 1901 IV C 96/1900.

Fluchtliniengeſ. v. 2. VII. 75 (G.-S. S. 561) §§ 12, 15.

1. Wenn auch die Anliegerbeiträge zu den öffentlich-rechtlichen Gemeindelasten gehören, und es rechtlich unzulässig und deshalb nicht bindend ist, wenn eine Gemeindebehörde im voraus auf die Regelung und Handhabung der Gemeindeabgaben-Verfassung für die Zukunft ganz oder teilweise verzichtet, so können doch über die Leistung einer einzelnen bestimmten Abgabenforderung, eines einzelnen Anliegerbeitrages, sehr wohl Abmachungen zwischen der Gemeinde und dem Beitragspflichtigen stattfinden. Insbesondere kann die Gemeinde den einzelnen Beitrag mit Rücksicht auf andere Leistungen des Pflichtigen oder auf sonstige besondere Umstände für abgegolten erklären, den Beitrag herabsetzen oder von der Einziehung gänzlich absehen, wie dies in vielen Ortsstatuten auch noch besonders hervorgehoben ist. Derartige Abmachungen über einen einzelnen Beitrag berühren den Bestand des öffentlich-rechtlichen Finanzhoheitsrechts nicht, sie stellen keinen Verzicht auf das kommunale Besteuerungsrecht dar, sondern betreffen nur die einzelne Abgabenforderung, über deren Tilgung gerade in Ausübung und Verwaltung des Besteuerungsrechts mit dem Pflichtigen verhandelt wird (vgl. E.-O.-V. Bd. XXXIII S. 106/107).

---

[1]) Anderer Meinung u. A. v. Brauchitsch, Neue Preußische Verwaltungsgesetze, Bd. IV 13 Aufl. S. 354 Anm. 58 und anscheinend auch Min.-Erl. v. 6. VI. 88 (M.-Bl. S. 125).

2. Der Begriff der „historischen“ Straße kommt für die Anwendung des § 15 des Ges. v. 2. VII. 75, abweichend von § 12 daselbst, nicht in Betracht. Für § 15 ist allein maßgebend, ob die Straße schon bei Erlaß des Ortsstatuts als städtische Straße vorhanden war, ob sie als Straße dem städtischen inneren Verkehr und Anbau diente und dazu von den städtischen Behörden bestimmt war, gleichviel ob sie schon allen Anforderungen, die an die Einrichtung städtischer Straßen zu stellen waren, in vollem Umfange entsprach oder noch in einzelnen Beziehungen unfertig war (vgl. E.-O.-V. Bd. XXVII S. 55, 57; Bd. XXXIII S. 96).

3. Wenn eine Gemeindebehörde erklärt hat, für eine Straße Anliegerbeiträge nicht erheben zu wollen, weil sie irrtümlich glaubte, dazu nicht berechtigt zu sein, so liegt darin kein der Erhebung der Beiträge entgegenstehender Erlaß oder Verzicht. Die Geindebehörde ist vielmehr berechtigt, sobald sie ihren Irrtum erkannt und sich überzeugt hat, daß der Straßenteil unter das Ortsstatut falle, nunmehr die statutarischen Beiträge zu erheben, soweit nicht etwa die Frist des § 87 Nr. 2 des Komm.-Abg.Ges. v. 14. VII. 93 abgelaufen ist.

4. Ein Beitrag kann nicht gefordert werden, wenn der Bau errichtet wird, bevor die Anlegung der Straße begonnen hat, oder bevor die Absicht der städtischen Behörden, eine neue Straße anzulegen, in irgend einer Weise nach außen erkennbar hervorgetreten ist und deshalb dem Erbauer nicht bekannt sein konnte (vgl. E.-O.-V. Bd. III S. 298 ff.). Im übrigen kommt es aber auf die Kenntnis des Bauenden von seiner Beitragspflicht und auf seinen Irrtum über diese Pflicht nicht an. Vielmehr kann nur entscheiden, ob thatsächlich alle Voraussetzungen für die Beitragspflicht gegeben waren, gleichviel ob der Kläger sie kannte oder nicht.

Nr. 8. Entsch. Bd. XXXIX S. 56 v. 18. II. 1901 IV C 78/1900.

Fluchtliniengeſ. v. 2. VII. 75 (G.-S. S. 561).

1. Bei der Heranziehung zu Anliegerbeiträgen ist die Frage, wann die Anlegung einer Straße begonnen hat, nach dem zur Zeit der Beitragspflicht geltenden Statut zu entscheiden.

2. Die Einschränkung des Kreises der Pflichtigen durch ein Ortsstatut, welches bestimmt, daß allein die Fluchtlinienfestsetzung für den Beginn der Anlegung maßgebend sein soll, hat zur Folge, daß alle diejenigen, die früher gebaut haben, zu Anliegerbeiträgen nicht herangezogen werden können.

Es mag sein, daß der durch die Fluchtlinienfestsetzung bestimmte feste unabänderliche Zeitpunkt den Magistrat bei der Veranlagung der oft schwierigen Frage, wann die Anlegung einer Straße begonnen sei, überheben und dem Anlieger ein festes Merkmal geben soll, woran er erkennen kann, ob sein Bau vor oder nach der Straßenanlegung stattgefunden habe, sowie daß um der Sicherheit willen, die damit erlangt wird, die Stadt die Möglichkeit preisgiebt, Anlieger heranzuziehen, die vor der Fluchtlinienfestsetzung gebaut haben. Damit beschränkt das Statut gegenüber dem Gesetze den Kreis der Pflichtigen, weil nach dem Gesetz auch in anderen Umständen außer in der Fluchtlinienfestsetzung der Beginn der Straßenanlegung gefunden werden kann.

Nr. 9. Entsch. Bd. XXXIX S. 52 v. 18. IV. 1901 IV C 150/1900.

Fluchtliniengeſ. v. 2. VII. 75 (G.-S. S. 561) §§ 12, 15.

1. Die Thatsache, daß eine Straße zur Zeit des Erlasses eines Ortsstatuts über die Erhebung von Anliegerbeiträgen eine sog. „historische“,

eine fertige, städtische Straße war, ist zwar für § 12, nicht aber für § 15 des Ges. v. 2. VII. 75 erheblich. Für § 15 kommt es vielmehr darauf an, ob eine Straße zu jener Zeit als städtische Straße schon vorhanden, wenn auch noch nicht ganz fertig und darum keine „historische" war. Denn schon wenn ersteres zutraf, war sie keine „neue" im Sinne des § 15. (Vgl. E.-O.-V. Bd. XXXVIII S. 149.)

2. Wegen solcher Gebäude, die errichtet sind, bevor es dem Anbauer möglich war, zu erkennen, daß er an einer künftigen, bereits in der Anlegung begriffenen Straße baue, findet eine Heranziehung zu Anliegerbeiträgen nicht statt.

3. Der Beginn der Anlegung kann auch in anderen Umständen als in der Fluchtlinienfestsetzung, z. B. darin gefunden werden, daß die Gemeindebehörden die Anlegung beschließen und der Beschluß zur Kenntnis der Anlieger gebracht wird. So würde die Absicht der städtischen Kollegien, eine Straße als städtische anzulegen, klar erhellen, wenn sie der Allgemeinheit, sei es durch ausdrückliche Bekanntmachung, sei es in anderer Weise, kund gegeben worden ist. Der Umstand allein, daß ihr Beschluß in öffentlicher Sitzung gefaßt worden ist, genügt nicht. Die Oeffentlichkeit der Sitzungen kommunaler und staatlicher Vertretungen, der Gerichte u. s. w. ist eingeführt worden, um dem Publikum die Möglichkeit zu gewähren, von ihren Verhandlungen Kenntnis zu nehmen, nirgends ist aber dabei die Absicht erkennbar, daß das in öffentlicher Sitzung Verhandelte nunmehr als allgemein bekannt zu fingieren sei, wie das bei der Publikation von Gesetzen, Polizeiverordnungen u. s. w. in amtlichen Blättern der Fall ist. Ist aber außerdem die Fassung des Beschlusses so allgemein, daß daraus allein, zumal ohne Kenntnis von dem ihm zu Grunde liegenden Straßenplane, keineswegs mit Sicherheit erkennbar ist, ob eine Straße davon betroffen wurde, so kann aus einer derartigen — oder anderen, ähnlichen — unbestimmten Andeutung nicht erkannt werden, ob die städtischen Kollegien die Aufstellung bestimmter Fluchtlinien schon beschlossen haben, oder ob eine solche Beschlußfassung nur für künftig in Aussicht genommen ist. In letzterem Falle würde die Anlegung noch nicht begonnen haben.

C. Indirekte Gemeindesteuern.

1. Verbrauchssteuern.

Nr. 1. Entsch. Bd. XXXIX S. 99 v. 1. II. 1901 II C 229/1900.

Ges. v. 27. V. 85 (R.-G.-Bl. S. 109), betr. die Abänderung des Zollvereinigungsvertrags v. 8. VII. 67.
Komm.-Abg.-Ges. v. 14. VII. 93 (G.-S. S. 152) § 14.

Eine Steuerordnung, die eingeführtes Wildgeflügel (z. B. norwegische Birk- und Schneehühner) mit einer städtischen Einführungssteuer belegt, widerstreitet nicht den reichsgesetzlichen Vorschriften. Unter „Fleisch und Fleischwaren", die das Ges. v. 27. V. 85 dem Besteuerungsverbote des Zollvereinigungsvertrags v. 8. VII. 67 entzieht, versteht der gewöhnliche Sprachgebrauch auch Wild und Geflügel. Darum müssen auch diese Gegenstände als unter das erstere Gesetz fallend angesehen werden, wenn nicht nachgewiesen werden kann, daß der Gesetzgeber jene Ausdrücke in einem anderen, als dem gewöhnlichen Sinne gebraucht habe.

Das ist nicht der Fall.

(Folgt eingehende Begründung. Schließlich fährt das O.-V.-G. fort:)

Das Gegenteil ergiebt sich vielmehr aus folgender Erwägung: Schon der Vertrag v. 8. V. 41 (G.-S. S. 141) enthielt in seinem Art. 3 Bestimmungen des Inhaltes, daß ausländische Erzeugnisse im Inlande von anderen als Verarbeitungs-Abgaben freizuhalten seien (I), und daß inländischen Abgaben nur gewisse inländische Erzeugnisse unterworfen sein sollten (II). Als derartige inländische Erzeugnisse sind (neben Taback) genau dieselben wie im Vertrage von 1867 aufgeführt; nur sind statt „Fleisch und Fleischwaren" allein „Fleischwaren" genannt. Aber selbst dieser Ausdruck hat nach der Anschauung der an erster Stelle beteiligten Behörden u. s. w. auch Wild und Wildgeflügel umfaßt; denn sonst würde die Kab.-Ord. v. 24. IV. 48 (G.-S. S. 131), die die Einführung einer Steuer von inländischem Wilde in den mahl- und schlachtsteuerpflichtigen Städten zuläßt, gegen den Vertrag von 1841 verstoßen haben, und es ist nicht anzunehmen, daß ein solcher Verstoß begangen und von den übrigen Vertragsstaaten unbeanstandet geblieben sein sollte.

Schließlich mag noch hervorgehoben werden, daß auch der § 14 des Komm.-Abg.-Ges. die Einführung von Wildpret- und Geflügelsteuern ohne Einschränkung gestattet und nicht etwa beabsichtigt hat, die Kab.-Ordr. v. 24. IV. 48 hinsichtlich ihres Vorbehaltes für ausländisches Wild aufrecht zu erhalten.

2. Lustbarkeitssteuern.

Nr. 1. Entsch. v. 21. VI. 1901 Nr. II 1046 (Pr.-V.-Bl. Bd. XXIII S. 151).

Komm.-Abg.-Ges. v. 14. VII. 93 (G.-S. S. 152) § 15.

Für die Beurteilung der Frage, ob bei der Veranstaltung einer öffentlichen Lustbarkeit ein höheres wissenschaftliches oder Kunstinteresse obwaltet, kommt es auch darauf an, ob die Umstände, unter denen die Lustbarkeit veranstaltet wird, den Genuß der objektiv vielleicht künstlerischen Leistung gestatten. Die angebotene Leistung oder Schaustellung muß nämlich geeignet sein, einem höheren Kunstinteresse zu dienen, sei es, daß durch sie die Kunst gefördert oder der Genuß an deren Erzeugnissen verbreitet und zugänglich gemacht wird. Um zu dieser Annahme zu gelangen, reicht aber nicht in vielen Fällen schon die Feststellung der erforderlichen Begabung und Ausbildung des beteiligten Spielers oder Darstellers, sowie des geeigneten Inhalts der vorgetragenen Stücke hin; es muß dabei auch der Ausschluß solcher Umstände gewahrt sein, die die künstlerische Leistung und Auffassung von vornherein erheblich schmälern oder den Genuß daran überhaupt nicht aufkommen lassen. Werden musikalische oder gesangliche Vorträge an Orten geboten, wo fortgesetzt Unruhe und äußere Störungen eintreten, so kann naturgemäß weder auf Seiten des Vortragenden, noch bei den Zuhörern ein höheres Kunstinteresse vorwalten.

3. Umsatzsteuern.

Nr. 1. Entsch. v. 12. X. 1900 Nr. II 1334 (Pr.-V.-Bl. Bd. XXII S. 265).

1. Wenn ein Teilhaber einer offenen Handelsgesellschaft ein ihm gehöriges Grundstück in die Gesellschaft einbringt, so ist die Umsatzsteuer von dem ganzen Grundstückswerte zu berechnen und nicht nur nach einer der Zahl der Gesellschafter entsprechenden Quote. Denn die Sache scheidet nicht nur zu ideellen, der Zahl der übrigen Gesellschafter entsprechenden Quoten, sondern ganz aus dem Sondervermögen des Gesellschafters aus. (Vgl. E.-O.-V. Bd. XXX S. 78 ff.)

2. Die Höhe der Umsatzsteuer richtet sich nach dem gemeinen Werte, den die Grundstücke zur Zeit der Auflassung hatten. Unter dem gemeinen Werte ist derjenige Wert zu verstehen, den eine Sache für jedermann hat, den also der jeweilige Besitzer der Sache durch ihren Verkauf erzielen kann. Für diesen Wert sind nicht ohne Weiteres maßgebend die auf die Herstellung der Sache verwendeten Kosten. Insbesondere kann auch der gemeine Wert eines Gebäudes — z. B. wegen der ungünstigen Lage oder der unpraktischen Einrichtung desselben — hinter den Baukosten erheblich zurückbleiben. Es ist deshalb nicht angängig, daß die Sachverständigen in ihre Berechnung des Werts der bebauten Grundstücke als einen Faktor diejenigen Kosten einstellen, für welche Häuser der in Betracht kommenden Art gemeiniglich hergestellt werden können (vgl. E.-O.-V. Bd. V S. 63, Bd. VI S. 6).

3. Der sicherste Maßstab für den gemeinen Wert einer Sache ist derjenige Preis, der bei einer öffentlichen Versteigerung der Sache erzielt ist, vorausgesetzt, daß bei der Versteigerung nicht anormale Verhältnisse obgewaltet haben, und daß zwischen dem für die Wertberechnung maßgebenden Zeitpunkte einerseits und der Versteigerung anderseits nicht eine wesentliche Wertsänderung stattgefunden hat. In ersterer Beziehung wird in Betracht kommen, ob nicht etwa das Ergebnis der Versteigerung ungünstig beeinflußt ist durch eine von den Kauflustigen benutzte Notlage der Verkäufer oder dadurch, daß der Verkauf der Grundstücke unter Ausschluß jeder „Gewähr für juristische oder physische Mängel" der Kaufobjekte erfolgt ist. Was die Frage betrifft, ob eine Wertsänderung eingetreten ist, so kann in Betracht kommen, daß in der Zeit zwischen der Auflassung der Grundstücke und deren Versteigerung der gemeine Wert der Grundstücke in der fraglichen Ortsgegend nicht allein nicht gesunken, sondern noch gestiegen sei. Nach diesen Gesichtspunkten ist zu prüfen, ob die bei der Versteigerung der Grundstücke erzielten Preise als deren gemeiner Wert angesehen werden können, oder ob dieser durch Vergleichung mit den durch den Verkauf anderer Grundstücke erzielten Preisen, nötigenfalls nach Anhörung sachkundiger Personen, ermittelt werden muß.

Nr. 2. Entsch. v. 5. VII. 1901 Nr. II 1137 (Pr.-V.-Bl. Bd. XXIII S. 202).

Die Umsatzsteuerpflicht tritt nicht ein, wenn eine Aktiengesellschaft, die sämmtliche Anteile einer Gesellschaft m. b. H. erworben hat, ihre Auflassung auf die Grundstücke bewirkt, als deren Eigentümerin die Gesellschaft m. b. H. eingetragen war.

Im Urteil des O.-V.-G. v. 8. II. 1901 ist bezüglich des Erwerbes der Grundstücke einer Aktiengesellschaft (R.'er Metallwerke) durch eine andere Aktiengesellschaft (Rh.'sche-Metallwaren und Maschinenfabrik), die im Besitze sämmtlicher Aktien der ersteren war und nach deren Auflösung und Liquidation deren Grundstücke vom Liquidator aufgelassen erhielt, Folgendes ausgeführt: „Indem die Klägerin, welche bereits alle Aktien der Aktiengesellschaft R.'er Metallwerke besaß, als die Auflösung dieser Gesellschaft beschlossen wurde, sich in Gemäßheit des Liquidationsbeschlusses die noch nicht versilberten Vermögensstücke der aufgelösten Gesellschaft überweisen ließ, machte sie lediglich ihr Recht aus dem Aktienbesitze geltend, das durch die Ueberweisung realisiert wurde. Hierin liegt zwar ein Uebergang des Eigentums an jenen Vermögensstücken von der früheren Aktiengesellschaft auf die Klägerin, nicht aber eine Eigentumsübertragung, an welche die Umsatzsteuerordnung die Steuerpflicht knüpft." Die nämlichen Grundsätze greifen hier Platz, wo eine Gesellschaft m. b. H. existierte und alle ihre Anteile durch die Aktiengesellschaft erworben und in einer Hand vereinigt worden sind. In diesem Falle liegt eine freiwillige Veräußerung überhaupt nicht vor, sondern nur der Rechtsakt eines Eigentumsüberganges ohne vorgängige freiwillige Veräußerung — im Sinne des Ges., betreffend den Eigentumserwerb an Grundstücken ꝛc., v. 5. V. 72 (G.-S. S. 433) —, infolge der Vereinigung aller Gesellschaftsrechte in der Person des Alleinbesitzers sämmtlicher Anteile. Es würde daher auch einer Auflassung der Grundstücke nicht bedurft, sondern die bloße Eintragung des Eigentümers genügt haben.

Nr. 3. Entsch. Bd. XXXVIII S. 95 v. 8. VI. 1900 II C 228/99.

1. Der Umsatzsteuer können auch veräußerliche selbständige, kein Zubehör eines Grundstückes bildende, einen Gegenstand des grundbuchmäßigen Verkehrs darstellende Gerechtigkeiten unterworfen werden. Die gesetzwidrig erfolgte Eintragung im Grundbuche verleiht aber einer Gerechtigkeit die Eigenschaft einer selbständigen veräußerlichen Gerechtigkeit nicht, sofern dazu die erforderlichen Voraussetzungen fehlen. Nicht auf die bloße Thatsache der Eintragung, sondern auf die Eintragungsfähigkeit kommt es an. Diese liegt bei persönlichen Apothekerkonzessionen nicht vor.

2. Dergleichen persönliche Konzessionen werden zwar in dem Tarif zum Stempelges. v. 31. VII. 95 (Pos. 22 sub a) insofern als vererblich und veräußerlich bezeichnet, als sie demjenigen, auf den die Apotheke im Wege des Erbganges oder eines Veräußerungsgeschäfts übergeht, regelmäßig, wenn nämlich gegen dessen Person keine besonderen Bedenken vorliegen, nach thatsächlich geübter Verwaltungspraxis von neuem erteilt werden. In Wirklichkeit aber findet in diesen Fällen eine Vererbung oder Veräußerung der Konzession keineswegs statt. Vielmehr erlischt die dem bisherigen Apothekeninhaber verliehen gewesene Konzession durch dessen Tod oder Verzicht, und dem Nachfolger wird eine neue Konzession erteilt.

3. Unrichtig ist, daß der für das Privilegium gezahlte Teil des Kaufpreises dem für das Grundstück gezahlten Preisteile zuzurechnen sei. Jener Teil des Kaufpreises ist dafür bezahlt, daß der Verkäufer zu Gunsten des Käufers auf das ihm erteilte Privilegium verzichtet und damit die Möglichkeit eröffnet hat, daß es nach der bestehenden Verwaltungspraxis dem Käufer erteilt werde. Daß der für den Verzicht auf die Apothekerkonzession gezahlte Teil des Kaufpreises dem Grundstückspreise nicht zuzurechnen ist, hat auch das Reichsgericht in einem Urteile angenommen, das im XIII. Band S. 265 der Entsch. in Civ. abgedruckt ist.

Nr. 4. Entsch. Bd. XXXVIII S. 105 v. 23. XI. 1900 II C 116/1900.

Eine Umsatzsteuerordnung, die für den Fall, daß die Auflassung eines Grundstücks auf Grund mehrerer Veräußerungsverträge von dem ersten Veräußerer auf den letzten Erwerber erfolgt, die Steuer nach den Erwerbspreisen sämmtlicher Veräußerungsgeschäfte bemißt, ist weder mit dem Wesen der Umsatzsteuer unvereinbar, noch durch positive Gesetzesvorschrift verboten. Insbesondere giebt es keine Vorschrift, die den Wert des Grundstücks als den ausschließlich zulässigen Maßstab für die Bemessung der Steuer bezeichnete, wie denn auch die Mustersteuerordnung selbst in den gewöhnlichen Veräußerungsfällen, in denen der bisherige Eigentümer das Grundstück demjenigen aufläßt, dem er es verkauft hat, nicht den Wert, sondern den Kaufpreis für maßgebend erklärt, falls der letztere den ersteren übersteigt.

Gegen die Härten, die aus solcher Bestimmung für den bisherigen und den neuen Eigentümer entstehen können, vermag sich der letztere durch die Bemessung des Kaufpreises, der erstere allerdings nur dadurch zu schützen, daß er bei dem Verkaufe oder der sonstigen Veräußerung des Grundstücks die Abtretung des Anspruchs auf Auflassung nach Maßgabe des § 399 B.-G.-B. vertragsmäßig ausschließt.

Nr. 5. Entsch. v. 23. XI. 1900 Nr. II 1542 (Pr.-V.-Bl. Bd. XXII S. 301).

Die Umsatzsteuer ist zweimal zu entrichten, wenn der Grundstückskauf durch einen Bevollmächtigten geschehen ist und die Auflassung an den Auftraggeber erfolgt ist.

Wenn auch der erste Kauf auf Rechnung oder in Vollmacht des Auftraggebers geschlossen sein mag, so war doch der Bevollmächtigte Eigentümer geworden und nur obligatorisch verpflichtet, die Auflassung an jenen weiter vorzunehmen. Dadurch, daß Letzteres geschah, wurde der Auftraggeber Eigentümer, und auch dieser Erwerb erfolgte auf Grund einer freiwilligen Veräußerung, weil der Bevollmächtigte freiwillig das Rechtsverhältnis eingegangen war, das für ihn eine erzwingbare Rechtspflicht zur Folge hatte (E.-O.-V. Bd. XXXII S. 71).

Hiernach liegen zwei Eigentumsübergänge auf Grund zweimaliger freiwilliger Veräußerung vor, und damit ist die Umsatzsteuer sowohl seitens des Bevollmächtigten als des Auftraggebers verwirkt.

Nr. 6. Entsch. v. 7. XII. 1900 Nr. II 1600 (Pr.-V.-Bl. Bd. XXII S. 536).
A.-L.-R. I, 11, §§ 447 ff.; B.-G.-B. §§ 2371, 2374.

Ein vor dem 1. I. 1900, unter der Herrschaft des A.-L.-R.'s abgeschlossener Erbschaftskauf verpflichtet den Erbschaftskäufer nicht zur Zahlung der Umsatzsteuer für ein Grundstück, das in diesem Erbschaftskauf einbegriffen ist.

Wie in E.-O.-V. Bd. XXXV S. 39 ausgeführt ist, erfolgte nach dem Ges. über den Eigentumserwerb und die dingliche Belastung der Grundstücke, Bergwerke und selbständigen Gerechtigkeiten v. 5. V. 72 (G.-S. S. 433) bei unbeweglichen Sachen die freiwillige Veräußerung erst durch die Auflassung selbst, und es stehen sich nach bisherigem Rechte, also im Gebiete des Immobiliarverkehrs, als Eigentumserwerbsarten nur die Auflassung und solche Ausnahmefälle gegenüber, bei denen — wie bei dem Erbgang — der freie Wille außer Betracht bleibt und vielmehr das Ereignis — wie der Tod — gesetzlich den Eigentumsübergang bewirkt. Unter diese Fälle gesetzlichen Eigentumsübergangs ohne Auflassung gehörte nach A.-L.-R. auch der Erbschaftskauf. Gegenstand desselben sind nämlich nicht die zum Nachlaß gehörigen Gegenstände, sondern das Erbrecht — § 447 Tit. 11 T. I — also nicht eine Sache, nicht ein Grundstück, sondern ein Recht. Deshalb wird für den Erwerb des Käufers das Erfordernis im § 451 a. a. O. aufgestellt, daß er fähig sein muß, die Erbschaft zu erwerben und anzutreten und im § 454 wird die Wirkung des Erwerbes dahin angegeben, daß bei einem wirklichen Erbschaftskaufe der Käufer — durch Universalsuccession — in alle Rechte und Pflichten des Erwerbers eintritt. Der Erbschaftskäufer erwirbt also den Nachlaß als Einheit mit den darauf lastenden Ansprüchen, und dieser Rechtserwerb zieht gesetzlich den Eigentumserwerb aller Nachlaßbestandteile nach sich, und zwar an den darin befindlichen Grundstücken ohne Auflassung. In Uebereinstimmung mit dieser Rechtslage trägt die durch den Min.-Erl. v. 5. IV. 96 (M.-Bl. S. 71) empfohlene Mustersteuerordnung die Ueberschrift „Ordnung für die Erhebung einer Gemeindesteuer bei dem Erwerbe von Grundstücken" und verordnet gleichlautend im § 1:

Jeder auf Grund einer freiwilligen Veräußerung erfolgende Eigentumserwerb eines im Stadtbezirk belegenen Grundstücks unterliegt einer Steuer von ein Prozent des Werts des veräußerten Grundstücks. Sie setzt also zum Erfordernis der Steuerpflicht nicht den Erwerb eines Rechts oder einer Vermögenseinheit (universitas juris), wie der Erbschaft voraus, sondern einen durch Auflassung zu vollendenden Eigentumserwerb an einem Grundstück gemäß § 1 des Ges. v. 5. V. 72. Bei dem hier vorliegenden Erbschaftskauf — für welchen übrigens der Nacherbe als wirklicher Erbe zu gelten hat — bedarf es nach Vorstehendem keiner Auflassung, mag solche auch neuerdings, gemäß §§ 2371, 2374 des B.-G.-B. erforderlich geworden sein. Würde eine solche aber nötig sein, so läge, in deren Ermangelung, ein Eigentumserwerb überhaupt noch nicht vor.

Nr. 7. Entsch. v. 1. II. 1901 Nr. II 207 (Pr.-V.-Bl. Bd. XXIII S. 89).
Code civ. Art. 1184, 1641 ff.

Auch im Gebiete des Rheinischen Rechts ist bei der Rückauflassung des Grundstücks an den Verkäufer infolge eines sich auf Art. 1641 ff. gründenden gerichtlichen Urteils Umsatzsteuer zu zahlen.[1] Denn es enthält keine Bestimmungen, die zu einer abweichenden Beurteilung führen konnten. Die Ansicht, daß es sich hier um einen Fall des sogenannten Resiliationsrechts handle, dessen Geltendmachung eine Auflösung ex tunc und mit dinglicher Wirkung zur Folge hat, ist unzutreffend. Das Resiliationsrecht ist im Code civ Art. 1184 gegeben, wenn der Gegenkontrahent eine vertragsmäßig übernommene Verpflichtung nicht erfüllt. Davon ist hier nicht die Rede. Auf die gesetzliche Verpflichtung des Verkäufers zur Gewährleistung für verborgene Mängel beziehen sich die Art. 1641 ff. Wenn Art. 1644 bestimmt, daß der Käufer die Wahl habe, entweder die Sache zurückzugeben und sich den Kaufpreis zurückzahlen zu lassen, oder die Sache zu behalten und sich einen Teil des Preises zurückzahlen zu lassen, so kann diese Bestimmung keinen Zweifel darüber aufkommen lassen, daß es sich dabei lediglich um obligatorische Beziehungen handelt, und daß insbesondere, wenn der Käufer sich dahin entscheidet, daß er die Sache zurückgeben wolle, die Sache nicht ipso jure in das Eigentum des Verkäufers zurückfällt, sondern erst durch die Zurückgabe. Es ist also bei Grundstücken die Auflassung erforderlich, damit das Eigentum an den Verkäufer zurückgelangt, wie denn auch das vom Oberlandesgericht bestätigte Urteil des Landgerichts die jetzige Klägerin zur Entgegennahme der Auflassungserklärung verurteilt hat. Somit erfolgt auch nach Rheinischem Rechte in Fällen der vorliegenden Art mit der Rückgabe der Sache eine freiwillige Veräußerung, von der die örtliche Steuerordnung die Verpflichtung zur Zahlung der Umsatzsteuer abhängig macht.

Nr. 8. Entsch. v. 5. II. 1901 Nr. II 226 (Pr.-V.-Bl. Bd. XXIII S. 55).

1. Werden für verschiedene gleichberechtigte Forderungen dieselben Sachen eines Schuldners gleichzeitig gepfändet, so ist der bei der Versteigerung der gepfändeten Sachen erzielte Erlös unter die Gläubiger pro rata ihrer Forderungen zu verteilen.

2. Dem Beklagten waren aus zwei Heranziehungsverfügungen zwei verschiedene Umsatz-Steuerforderungen gegen denselben Schuldner erwachsen. Wegen beider Forderungen war Mobiliar des Schuldners durch einen und denselben Akt des Vollstreckungsbeamten gepfändet worden, das Mobiliar auch, nach einer

[1] Siehe jetzt §§ 459 ff., insbes. § 462 des Bürgerlichen Gesetzbuchs.

pro rata gegebenen und angenommenen Zahlung von 350 M., wegen des verbliebenen Gesammtrestes beider Forderungen versteigert, aber schließlich nur ein unzureichender Reinerlös verblieben. Für die Beurteilung dieses Verfahrens und seiner Folgen kommt der § 709 der Civ.-Pr.-Ordn. v. 30. I. 77 (mit dem der jetzige § 804 des Ges. v. 20. V. 98 wörtlich übereinstimmt) in Betracht, da nach § 14 des Ausf.-Ges. zur Civ.-Pr.-Ordn. v. 24. III. 79 (G.-S. S. 281) diese Vorschrift auf die Zwangsvollstreckungen seitens zuständiger Verwaltungsbehörden Anwendung findet.

Nach § 709 a. a. O. entsteht, im Anschluß an das gemeine Recht (Windscheid, Pandekten, T. I § 233, Dernburg, Pfandrecht, T. I § 53, T. II § 119), jedoch im Gegensatz gegen das französische Recht (code civil Art. 2093 ff., code de procédure Art. 656 ff.), durch die Pfändung ein Pfandrecht an dem gepfändeten Gegenstande. Dieses Pfandrecht gewährt dem Gläubiger (laut Abs. 2) auch im Verhältnis zu andern Gläubigern dieselben Rechte wie ein durch Vertrag erworbenes Faustpfandrecht. Die Wirkung der Pfändung beschränkt sich also nicht auf ein bloßes Vorzugsrecht, sondern es wird ein volles Faustpfandrecht geschaffen, wie auch schon § 41 Nr. 9 der Konk.-Ordn. diejenigen, die durch Pfändung ein Pfandrecht erlangt hatten, den Faustpfandgläubigern gleichgestellt hatte. Ueber die Wirkung des konventionellen Pfandrechtes geht nun nach gemeinem, hier zur Anwendung gelangenden Rechte die herrschende Meinung dahin, daß eine gleichzeitige Bestellung des Pfandrechts für mehrere Forderungen als eine Bestellung pro rata zu betrachten ist, daß deshalb dabei, ohne daß der Gläubiger Wahlrecht hat, der Erlös an jeder pro rata abzurechnen ist. Insbesondere führt Dernburg bei Auslegung von § 3 lex 96 Dig. 46,3 de solutionibus aus: „Wenn gleichzeitig dieselbe Sache für mehrere Kontrakte verpfändet wird, so muß der Kreditor auf beide verhältnismäßig abrechnen. Der Grund liegt darin, daß die Pfandhaftung für jede Forderung sich in solchem Fall im Zweifel nach dem Willen der Parteien nur auf einen entsprechenden Teil der Sache erstreckte. So zweifelsohne, wenn mehrere Gläubiger sich für ihre Forderung dieselbe Sache verpfänden lassen; was aber hier gilt, muß auch in diesem Falle zur Anwendung kommen, da es ja die Forderungen, nicht zunächst die Personen der Gläubiger sind, zu deren Gunsten die Pfandhaftung besteht" (Dernburg, Pfandrecht, Bd. II S. 211).

Wenn hiernach gemeinrechtlich eine gleichzeitige kontraktliche Faustpfandbestellung die proratarische Pfandhaftung zur Folge hat, so tritt dieselbe Folge gemäß § 709 Abs. 2 der Civ.-Pr.-Ordn. auch bei der gleichzeitigen Pfändung im Zwangsvollstreckungsverfahren ein.

Zu dem gleichen Ergebnis muß man aber auch gelangen, wenn man den § 709 a. a. O. nicht direkt auf das Verhältnis des Gläubigers zu dem Schuldner oder zu den mehreren Schuldnern für anwendbar erachtet. Denn jede Verpfändung begründet ein eigenes Pfandrecht an dem ideellen Teile des Pfandobjekts, welcher dem Verhältnis ihres Betrages im Vergleich zur Höhe der gleichzeitigen Gesammtschuld entspricht. Anders aber, als bei der Verpfändung durch Vertrag, kann auch nicht die Pfandbestellung durch die Obrigkeit bei dem pignus in causa judicati captum wirken, weil jenes Prinzip allein dem Wesen der Sache entspricht. Vielmehr bringt der Vollstreckungsbeamte bei gleichzeitiger Pfändung derselben Sachen für verschiedene gleichberechtigte Forderungen ein dem Verhältnis derselben entsprechendes Pfandrecht zur Entstehung. Daraus folgt, daß auch durch den Erlös eine proratarische Forderungstilgung herbeigeführt werden muß.

Nr. 9. Entsch. v. 5. III. 1901 Nr. II 409 (Pr.-V.-Bl. Bd. XXIII S. 193).

Jemand hatte von einer Stadtgemeinde ein Grundstück gekauft und ein anderes gegen ein gleichwertiges vertauscht und war von dem Erwerbswerte beider Grundstücke zur Umsatzsteuer herangezogen worden. Seine Klage hiergegen hatte keinen Erfolg; im einzelnen hatte er folgende Einwendungen erhoben:

1. Er sei den Kauf- und Tauschvertrag nur aus Gefälligkeit gegen die Stadtgemeinde eingegangen. Indessen kommt es nicht auf das Motiv des abgeschlossenen Vertrages an, sondern darauf, ob der zufolge desselben stattgehabte Erwerb von Grundstücken unter die Satzungen der lokalen Steuerordnung fällt. Dabei brauchte auch die Gemeinde nicht, wie der Kläger meint, neben dem Preise die Zahlung der Steuer sich noch besonders auszubedingen, soweit solche ihr auf Grund ihrer Steuerhoheit von Rechtswegen zustand.

2. Bezüglich des Tausches machte er geltend, daß die Stadt selbst verpflichtet sein würde, die Steuer, sei es voll, sei es zur Hälfte, zu entrichten, und daß sogar im ersteren Falle die ganze Forderung zu seinen Gunsten durch Konfusion erloschen sein würde, er dann also nichts zu bezahlen haben würde. Auch dieser Einwand ist nicht stichhaltig. Allerdings ist bei einem Tauschvertrage jeder der Vertragschließenden der Erwerber des eingetauschten Grundstücks, und zwar in dessen ganzem Umfange. Deshalb ist gemäß dem ersten Satze des § 5 der hier maßgebenden Steuerordnung, nach welchem zur Entrichtung der Steuer der Erwerber verpflichtet ist, in Verbindung mit § 5 Abs. 2, lautend:

> „Derselbe", nämlich der Erwerber, „hat innerhalb vier Wochen nach Abschluß des betreffenden Kauf-, Tausch- oder sonstigen Rechtsgeschäftes dem Oberbürgermeister hiervon schriftlich oder mündlich Anzeige zu machen unter gleichzeitiger Vorlage des Erwerbstitels oder einer den Eigentumsübergang und den gesammten Preis oder Wert des Grundstücks, sofern ein solcher festgesetzt ist, nachweisenden notariellen oder gerichtlichen Bescheinigung. Auf besondere Aufforderung des Oberbürgermeisters hat der Erwerber außerdem die den Eigentumsübergang und den gesammten Wert des Grundstücks nachweisenden Urkunden innerhalb einer Frist von 14 Tagen, von der Zustellung dieser Aufforderung ab gerechnet, vorzulegen. Bei Tauschverträgen liegen, sofern beide Tauschgegenstände im Stadtbezirke belegen sind, diese Verpflichtungen beiden Vertragsschließenden ob."

und mit § 2, lautend:

> „Bei Tauschverträgen über Grundstücke wird der Steuersatz nur nach dem Werte des einen der beiden vertauschten Gegenstände und zwar desjenigen, wofür der höchste Wert zu ermitteln ist, berechnet.
>
> Umfaßt der Tauschvertrag auch außerhalb des Stadtbezirks belegene Grundstücke, so bleiben diese außer Betracht."

die nach dem höchsten Tauschwert zu ermittelnde Umsatzsteuer einmal, aber von jedem der Tauschkontrahenten voll zu entrichten. Dies wird insbesondere durch den Schlußsatz des § 5 bestätigt; denn dort ist die Pflicht zur Anzeige der für die Besteuerung wesentlichen Momente bei dem Tauschvertrage beiden Vertragschließenden auferlegt. Wenn daher die Gemeinde von ihrem Besteuerungsrecht bei Tauschverträgen vollen Gebrauch gegenüber beiden Kontrahenten machen sollte, so würde jeder auf das Ganze herangezogen werden. Im vorliegenden Falle ist nur der Kläger herangezogen worden. Während bei dem staatlichen Stempel jeder Kontrahent schon durch das Gesetz selbst pflichtig wird, entsteht die konkrete Steuerforderung der Gemeinde nicht eher als durch die Heranziehung. Eine Heranziehung der Stadt, wenn sie hier überhaupt hätte erfolgen können, hat nicht stattgefunden, und es ist demnach eine Steuerforderung gegen die Stadt nicht entstanden; es kann also schon aus diesem Grunde nicht davon die Rede sein, daß das durch die rechtmäßige Heranziehung des Klägers entstandene Recht des Beklagten zufolge einer Konfusion ganz oder teilweise erloschen sein sollte. Für den Verwaltungsstreit kommt es nur auf die nach dem Gesagten zu verneinende Frage an, ob die vom Steuergläubiger gegen den Kläger geltend gemachte Forderung unbegründet war, und ob sie etwa inzwischen erloschen sein sollte. Dagegen gehört die Frage, ob der Kläger auf Grund des Vertrages einen Ersatzanspruch gegen die Mitkontrahentin erheben darf, weil nicht öffentlich-rechtlich, vor den Civilrichter.

Nr. 10. Entsch. Bd. XXXIX S. 85 v. 8. I. 1901 II C 86/1900.

Die Zugehörigkeit gewisser Grundstücke zu der „Bahneinheit", die nach § 1 des Ges., betr. das Pfandrecht an Privateisenbahnen und Kleinbahnen und die Zwangsvollstreckung in sie, v. 19. VIII. 95 (G.-S. S. 499) von den dem Bahnunternehmen gewidmeten Vermögenswerten gebildet wird, ist weder davon abhängig, daß die Grundstücke im Bahngrundbuch als Bestandteile der Privat- oder Kleinbahn verzeichnet sind, noch davon, daß die Zugehörigkeit in dem über die Grundstücke geführten Grundbuche vermerkt war. Dies ergiebt sich aus § 4 Abs. 2 a. a. O., wonach das Bestehen der Bahneinheit von der Eintragung der Bahn in das Bahngrundbuch überhaupt nicht abhängig ist. Entscheidend ist vielmehr nach § 4 Abs. 1 Nr. 1 bezw. Abs. 2, ob die Grundstücke dem Bahnunternehmen dauernd gewidmet sind, und — falls die Bahn in das Bahngrundbuch noch nicht eingetragen ist — ob sie mit dem Bahnkörper zusammenhängen oder ihre Widmung für das Bahnunternehmen sonst äußerlich erkennbar gemacht worden ist. Liegen diese Voraussetzungen vor, so ist die Veräußerung solcher Grundstücke ohne Beibringung eines von der Bahnaufsichtsbehörde ausgestellten Unschädlichkeitsattestes ungültig und deshalb nicht geeignet, die Umsatzsteuerpflicht auf Grund einer freiwilligen Veräußerung herbeizuführen.

Nr. 11. Entsch. v. 8. I. 1901 Nr. II 44 (Pr.-V.-Bl. Bd. XXII S. 374).

Eine Zwangsversteigerung liegt nicht schon dann vor, wenn der Eigentümer eines Grundstücks oder sein Vertreter durch die Umstände gezwungen wird, zu einer Veräußerung mittels Ausgebots zu schreiten. Setzt die Umsatzsteuerordnung ein Zwangsversteigerungsverfahren voraus, so muß ein solches vorhergehen und durch Erteilung des Zuschlages für ein Meistgebot abgeschlossen werden. Dieses war früher durch das Gesetz, betr. die Zwangsvollstreckung in das unbewegliche Vermögen, vom 13. VII. 83 (G.-S. S. 131) geregelt (an dessen Stelle inzwischen das Gesetz über die Zwangsversteigerung und Zwangsverwaltung v. 20. V. 98, R.-G.-Bl. S. 369 getreten ist). Insbesondere erklärte der § 180 jenes Gesetzes für den besonderen Fall der durch den Konkursverwalter beantragten Versteigerung die über Einleitung des Verfahrens, Teilnahmerechte der Interessenten, Versteigerung, sowie Belegung und Verteilung des Kaufgeldes gegebenen Vorschriften für anwendbar. Dieses Verfahren, in welchem ein den Zuschlag erteilendes Urteil erlassen wird (§ 81), hatte im vorliegenden Falle nicht stattgefunden. Vielmehr hatte der Konkursverwalter von der ihm durch § 116 der damaligen Konkurs-Ordn. v. 10. II. 77 (jetzt § 126 der Konkurs-Ordn.

v. 20. V. 98) verliehenen Befugnis, die Zwangsversteigerung bei der zuständigen Behörde zu beantragen, keinen Gebrauch gemacht. Er hatte nicht einmal den Weg der freiwilligen gerichtlichen Versteigerung gewählt, wie sie durch die Allgemeine Gerichtsordnung, §§ 66 ff. Tit. 52 T. I, Vd. v. 6. IV. 39, Instr. v. 20. V. 39 (jetzt Art. 66 ff. des Ausf.-Ges. z. Ges. über die freiwillige Gerichtsbarkeit v. 21. IX. 99, G.-S. S 249) geordnet war. Es hatte also innerhalb des Konkursverfahrens überhaupt keine der gesetzlich geordneten Arten eines Verfahrens zur Versteigerung von Immobilien, sondern lediglich die Veräußerung eines zu einer Konkursmasse gehörigen Grundstücks stattgefunden, das der Konkursverwalter mit Genehmigung des Gläubigerausschusses zu einem Preise verkauft hatte, der in einem zur Entgegennahme von Geboten abgehaltenen Termine erzielt worden war. Das aber war keine Veräußerung im Zwangsversteigerungsverfahren.

Nr. 12. Entsch. Bd. XXXVIII S. 99 v. 19 X 1900 II C 259/99

1. Die von den Gemeinden zu erlassenden Steuerordnungen bedürfen zu ihrer Wirksamkeit keiner Publikation. Sie treten in Kraft, sobald die gesetzlich vorgesehenen Genehmigungen und Zustimmungen erteilt sind.

2. Eine Steuerordnung, die bestimmt, daß sie am Tage ihrer Bekanntmachung in Kraft trete, tritt mit Beginn dieses Tages in Kraft.

3 Der in der Steuerordnung bezeichnete Tag der Bekanntmachung ist als Einheit zu verstehen. Es kann nicht angenommen werden, daß die Steuerordnung erst mit dem Augenblick ihrer Bekanntmachung, also im Laufe des Tages der Bekanntmachung Kraft erlangen und damit in höchst unzweckmäßiger Weise die Notwendigkeit herbeiführen wollte, bezüglich der auf diesen Tag fallenden Eigentumserwerbungen eine umständliche und in ihren Ergebnissen möglicherweise unzuverlässige Untersuchung anzustellen, ob der Zeitpunkt der Bekanntmachung oder derjenige des Eigentumserwerbs der frühere sei. Demnach kann es sich nur darum handeln, ob die Steuerordnung bei Beginn des Tages der Bekanntmachung oder aber bei Ablauf dieses Tages Geltung erlangt hat. In dem letzteren Falle wäre die Steuerordnung erst in Kraft getreten mit dem auf die Bekanntmachung folgenden Tage, da sie in keinem Augenblicke des Tages der Bekanntmachung schon Geltung gehabt hätte. Diesen Sinn in die vorerwähnte Bestimmung hineinzulegen, gestattet aber der Sprachgebrauch nicht. Dagegen ist es nicht sprachwidrig, für ein Gesetz oder ein Statut, das bei Beginn eines bestimmten Tages Geltung erlangen soll, vorzuschreiben, daß es an diesem Tage in Kraft trete.

Nr. 13. Entsch. Bd. XXXVIII S. 100 v. 14. XII. 1900 II C 189/1900.

1. Eine gesetzliche Veröffentlichungspflicht, wie sie für Reichs- und Landesgesetze besteht, ist für Steuerordnungen nicht eingeführt worden. Dagegen verlangt die Ausf.-Anw. v. 10. V. 94 in Art. 9 Nr. 4 die ortsübliche Bekanntmachung der Steuerordnungen. Kann daher auch die Bekanntmachung von Aufsichtswegen erzwungen werden, so ist sie doch keine Vorbedingung für die Rechtsgültigkeit der Ordnungen.

2. Eine Umsatzsteuerordnung kann auf diejenigen Fälle keine Anwendung finden, die hinter dem Zeitpunkte zurückliegen, mit dem sie ihre Gültigkeit erlangt hat, und zwar auch dann nicht, wenn sie sich selbst rückwirkende Kraft durch Einführung eines Anfangstermins für die Rechtskraft beilegt und wenn die genehmigende Behörde hieran keinen Anstoß genommen hat.

Für das Besteuerungsrecht der Gemeinde besteht ein Unterschied zwischen den direkten und den indirekten Steuern. Bei den ersteren, die vom Grundbesitze, Gewerbebetrieb und Einkommen bestimmter Steuerpflichtiger erhoben werden können, muß zur Zeit der Veranlagung ein Subjektionsverhältnis bestehen, wodurch die zu besteuernden Realitäten oder Personen mit der Gemeinde verbunden sind. Dagegen kann bei der Umsatzsteuer, einer indirekten Steuer, eine gleiche Voraussetzung nicht verlangt werden. Denn bei einer Umsatzsteuer können Handlungen oder Ereignisse besteuert werden, gleichviel ob dadurch ein der Gemeinde irgendwie angehörender oder aber ein völlig Fremder beschatzt wird. Deshalb genügt zum Entstehen der Steuerpflicht, daß ein Steuergesetz in dem Zeitpunkte vorliegt, in dem die Handlung vorgenommen wird oder das Ereignis eintritt, und in diesem Falle kann das hierdurch zur Entstehung gelangende Besteuerungsrecht innerhalb der Verjährungsfrist geltend gemacht werden, mag auch zur Zeit der Heranziehung kein sonstiger Zusammenhang zwischen dem Zensiten und der Gemeinde bestehen. Damit ein Besteuerungsrecht zur Entstehung gelange, muß aber auch ein Rechtsverhältnis der bezeichneten Art ins Leben gerufen sein; ist nämlich in jenem Zeitpunkt eine Steuerordnung noch nicht vorhanden gewesen, so ist keine Verbindung zwischen dem Handelnden oder demjenigen, den das Ereignis betroffen hat, und der Gemeinde entstanden. Dann findet die später erlassene Ordnung, weil das Ereignis oder die Handlung bereits geschehen war, keinen Thatbestand mehr vor, den sie treffen könnte. Dem vergangenen Ereignisse steht sie gegenüber, als wenn es nie eingetreten wäre, und es fehlt das Objekt für die Ausübung der Steuerhoheit.

Nr. 14. Entsch. Bd. XXXIX S. 88 v. 2. IV. 1901 C 217/1900.

Stempelsteuerges. v. 31. VII. 95 (G.-S. S. 413) § 5.
Dekl. v. 27. VI. 11 (G.-S. S. 313) zum Stempelges. v. 20. XI. 10.

1. Eine milde Stiftung ist dann vorhanden, wenn der Hauptzweck der Anstalt (oder des Vereins) auf die Unterstützung hilfsbedürftiger Personen durch unentgeltliche Zuwendungen gerichtet ist. Unter diesen Begriff fällt auch eine Genossenschaft, die statutenmäßig der Pflege und dem Unterricht armer, blinder, verwahrloster und verwaister Kinder gewidmet ist, gleichviel ob sie daneben noch eine Thätigkeit entwickelt, die nicht als Ausübung der Mildthätigkeit, sondern nur als gemeinnützige angesehen werden kann.

2. Die Deklaration v. 27. VI. 11, die alle Angelegenheiten der milden Stiftungen für stempelfrei erklärt, ohne zwischen anerkannten und nicht anerkannten milden Stiftungen zu unterscheiden, ist durch das Stempelsteuerges. v. 7. III. 22 aufrecht erhalten worden und gehört zu den durch frühere Gesetze bewilligten Steuerbefreiungen, die nach § 5 Abs. 4 des Stempelsteuerges. v. 31. VII. 95 auch fernerhin in Kraft geblieben sind. Wo in Umsatzsteuerordnungen wegen der sachlichen oder persönlichen Steuerbefreiungen oder -Ermäßigungen auf die Landesgesetze über den Urkundenstempel verwiesen wird, ist in diesem Hinweis auch die Deklaration vom 27. VI. 11 einbegriffen.

Bei der ihr hiernach zukommenden Freiheit von Umsatzsteuer macht es keinen Unterschied, ob der Zweck des Erwerbes des Grundstücks im Rahmen derjenigen Thätigkeit liegt, die die Genossenschaft als milde Stiftung erscheinen läßt, da es sich um eine persönliche Steuerfreiheit handelt.

Nr. 15. Entsch. Bd. XXXIX S. 91 v. 8. VI 1901 II C 18/1900.

Aus der staatsrechtlichen Stellung des Reiches zu dem Bundesstaate Preußen folgt nicht, daß der Preußischen Gemeinde verwehrt wäre, das Reich, sofern es als Erwerber von Grundstücken innerhalb eines Preußischen Gemeindebezirkes auftritt, zu einer, den Eigentumserwerb auf Grund einer freiwilligen Veräußerung belastenden Umsatzsteuer heranzuziehen.

Allerdings kann dem Reiche, insoweit ihm durch die Reichsverfassung staatsrechtliche Funktionen übertragen sind, der Besitz einer Staatsgewalt, die derjenigen der Einzelstaaten selbständig und als höhere gegenübersteht, mit Grund nicht bestritten werden. Ferner ist es richtig, daß eine Steuergewalt, wie die der Gemeinden, vielfach allein schon durch die Souveränität des in Anspruch zu nehmenden hinfällig wird. Das trifft überall da zu, wo die Abgabenpflicht lediglich auf einer persönlichen Subjektion unter die Steuergewalt beruht, insbesondere also bei den eigentlichen „Schatzungen", für die die notwendige, zugleich aber auch alleinige Voraussetzung in der Thatsache beruht, daß der Zensit der sich bethätigenden Finanzhoheit unterthan ist. Unterthänigkeit und Souveränität sind Gegensatze; darum wird bei diesen Abgaben, deren Eigenart besonders scharf bei der sogenannten Kopfsteuer hervortritt, zu denen aber auch z. B die Preußische Einkommensteuer gezählt werden muß, der Grund für die Pflichtigkeit durch die Souveränität ausgeschlossen; und folglich ist die Zustimmung des souveränen Reiches erforderlich, wenn es einem Bundesstaat oder einer Kommune für derartige Abgaben pflichtig gemacht werden soll. Es ist auch kaum angängig, von dieser hoheitlichen Stellung diejenigen Stationen des Reichsfiskus auszunehmen, die ihn bei einer privatwirtschaftlichen Thätigkeit vertreten und zu ihnen den Postfikus zu rechnen. Denn in den Verhandlungen über das Komm.-Abg.-Ges. v. 27. VII. 85 ist anerkannt worden, daß es auch zu einer Besteuerung des Einkommens aus reichsfiskalischen Gewerbebetrieben der Zustimmung des Reiches bedürfe. Und wenn vielleicht trotz dieses Anerkenntnisses für eine Ausnahmestellung der privatwirtschaftlichen Unternehmungen eingetreten werden könnte, so hat doch stets Uebereinstimmung darin geherrscht, daß dem Betriebe von Post und Telegraphie nicht sowohl ein privatwirtschaftlicher Charakter, als vielmehr die Eigenschaft einer Einrichtung des öffentlichen Dienstes zum gemeinen Besten innewohne (E.-O.-V. Bd. IV S. 11). Demnach kann auch der Postfiskus den unmittelbar gegen ein pflichtiges Subjekt gerichteten Schatzungen ohne Einwilligung der zuständigen Stelle nicht unterworfen werden.

Es giebt aber auch Abgaben, die ein persönliches Subjektionsverhältnis nicht voraussetzen, bei denen vielmehr die Finanzgewalt sich zunächst ohne Rücksicht auf die Person nur gegenüber gewissen Ereignissen bethätigt und gegenüber den dabei beteiligten Personen nur mittelbar wirksam wird. Dahin werden im allgemeinen neben den Gebühren des Komm.-Abg.-Ges. die Preußischen indirekten Steuern gerechnet werden dürfen, insbesondere auch die von ihm zugelassene Umsatzsteuer. Durch die Anforderung dieser Angabe wird augenscheinlich der Souveränität des Reiches ebensowenig zu nahe getreten, wie durch die Erhebung eines Wasserzinses oder einer Abgabe für Bier, das etwa das Reich für den Bedarf seiner Werkstättenarbeiter in eine Gemeinde einführte. Keine derartige Anforderung würde sich an das Reich als an einen Unterthan wenden. Zwar ist es denkbar, daß eine sehr weit ausgebildete Souveränität sich auch jeder indirekten Berührung mit der Steuergewalt eines untergeordneten Subjekts entzieht; aber eine derartige Ausbildung hat die Souveränität des Reiches bis jetzt nicht erfahren.

(Folgt eingehende Begründung dieses Satzes.)

Nr. 16. Entsch. Bd. XXXIX S. 96 v. 21. VI. 1901 II C 236/1900.

Stempelsteuergeſ. v. 31. VII. 95 (G.-S. S. 413) § 5.

Die im § 5 litt. g des Stempelsteuergeſ. v. 31. VII. 95 den Aktiengeſellſchaften, Genoſſenſchaften und Geſellſchaften mit beſchränkter Haftung gewährte Stempelsteuerfreiheit ſetzt zwar voraus, daß der durch Statut beſtimmte Zweck ausſchließlich darauf gerichtet iſt, unbemittelten Familien geſunde und zweckmäßig eingerichtete Wohnungen in eigens erbauten oder angekauften Häuſern zu billigen Preiſen zu verſchaffen, verlangt aber nicht, daß die Erfüllung des ſtatutenmäßigen Zweckes nur im Vermieten von Wohnungen beſtehen ſolle. Unter Umſtänden kann dieſer Zweck auch durch den Verkauf von Häuſern an Unbemittelte erfüllt werden.

Dafür, daß der Geſetzgeber dieſe Form habe ausſchließen wollen, ſpricht der Wortlaut des Geſ. keineswegs. Denn das Geſ. verlangt nur, daß die Geſellſchaft oder die Genoſſenſchaft die Häuſer, in denen ſie Wohnungen gewähren will, ihrerſeits zu eben dieſem Zwecke erbaut oder angekauft hat, nicht aber, daß die Häuſer für alle Zeit in ihrem Eigentume verbleiben. Allerdings muß bei dem Verkauf eines Hauſes durch die Geſellſchaft Vorſorge dafür getroffen werden, daß das Haus ſeiner Beſtimmung erhalten bleibt. Verfehlt iſt es auch, daß ein Verkauf von Häuſern an unbemittelte Perſonen überhaupt nicht möglich ſei. Auch unbemittelten Perſonen kann durch eine ihren Verhältniſſen angepaßte Feſtſetzung der Zahlungsbedingungen ſehr wohl die Möglichkeit gegeben werden, ein Haus eigentümlich zu erwerben.

4. Hundesteuer.

Nr. 1. Entsch. v. 24. V. 1901 Nr. II 859 (Pr.-V.-Bl. Bd. XXIII S. 121).

Komm.-Abg.-Geſ. v. 14. VII. 93 (G.-S. S. 152) § 16.

1. Im Allgemeinen kann die Unentbehrlichkeit eines Hundes für Zwecke der Bewachung nur unter der Vorausſetzung anerkannt werden, daß der Beſitzer des Hundes zunächſt anderweitige Vorſichtsmaßregeln, wie ſie nach billigem Ermeſſen von jedem ſorgſamen Hausvater verlangt zu werden pflegen, nicht verabſäumt hat, trotzdem aber noch ein ſolches Maß von Unſicherheit beſtehen bleibt, daß um dieſer Unſicherheit willen das Halten eines Wachthundes notwendig erſcheint. Dagegen iſt die bloße Möglichkeit, die Sicherheit durch Einrichtungen, die mit erheblichen Schwierigkeiten und Koſten verknüpft ſind, zu erhöhen, auch wenn der objektive Maßſtab für das Verhalten eines ſorgſamen Hausvaters zu Grunde gelegt wird, nicht dazu angethan, die Unentbehrlichkeit, ſofern ſie nach den ſonſtigen Umſtänden anzuerkennen iſt, in Frage zu ſtellen.

2. Die Annahme, daß ein Wachthund zur Sicherheit von Waren überhaupt nur dann in Frage kommen könne, wenn die zu bewachenden Waren im Freien lagern, iſt allgemein nicht zutreffend. Freilich enthalten zahlreiche Steuerordnungen eine Spezialvorſchrift dieſes Inhalts. Mangels einer ſolchen aber beſteht an ſich kein Unterſchied zwiſchen Waren, die im Innern der Gebäude, und ſolchen, die im Freien aufbewahrt werden, wenn auch zuzugeben ſein wird, daß die erſteren meiſtenteils in geringerem Maße gefährdet ſein werden.

D. Direkte Gemeindesteuern.

1. Realsteuern.

a) Vom Grundbesitze

Nr. 1. Entsch. v. 16. XI. 1900 Nr. II 1524 (Pr.-V.-Bl. Bd XXII S. 336).

Komm.-Abg.-Ges. v. 14. VII. 93 (G.-S. S. 152) § 24 c, i

1. Der Grundsatz, daß „Kirchhöfe" der Gemeinden überhaupt wie der Kirchengemeinden im besonderen von Staats- und Gemeindegrundsteuer frei sein sollen, ist schon früher Rechtens gewesen. — Kab.-Ord. v. 8. VI. 34 (G.-S. S. 87), Ges. v. 21. V. 61 § 4c (G.-S. S. 253); (vgl. E.-O.-V. Bd. V S. 125 135). Dieser Grundsatz ist im Komm.-Abg.-Ges. beibehalten, indem die Bestimmung in § 24c wie die in § 24i dahin zu verstehen ist. In der ersteren ist von den zu öffentlichem Dienste oder Gebrauche bestimmten Grundstücken der Gemeinden die Rede, an der zweiten Stelle von den Grundstücken der Kirchen, soweit sie für deren Zwecke unmittelbar benutzt werden. Erstere Bestimmung, soweit sie hier in Betracht kommt, deckt sich mit dem Inhalte der älteren Grundsteuergesetze.

2. Unter „Bestimmung" zu öffentlichem Dienste oder Gebrauche ist nur die verwirklichte Bestimmung, mit der die Verwendung zusammenhängt, zu verstehen.

Die Befreiung der Kirchhöfe von Gemeindegrundsteuern erstreckt sich also nicht auf Grundstücke, die zur Verwendung als Kirchhof angekauft sind, aber thatsächlich noch nicht hierzu benutzt werden. Es kommt hiernach im Einzelfalle darauf an, ob das ganze gekaufte Areal schon die Eigenschaft eines Kirchhofes hat, und zwar seiner Hauptbestimmung nach, die durch Nebennutzungen nicht alteriert wird. Das liegt nicht vor, wenn das Gesammtareal zur Anlegung von Grabstellen und zur Verpachtung dient, aber nicht in der Form einer gemischten Benutzung, in welchem Falle von Hauptbestimmung und Nebenzwecken die Rede sein kann, sondern in der Form verschiedener Benutzung einzelner Teile, deren Sonderung voneinander durch die Herstellung einer Umfriedigung des zunächst als Kirchhof in Gebrauch genommenen Teiles in die Erscheinung tritt.

3. Aus der für die Kirchengemeinden bestehenden Notwendigkeit, bei Erwerbung des Kirchhofsterrains auf längere Zeit (beispielsweise 40 Jahre) vorzusorgen, läßt sich die Berechtigung zu der Annahme nicht ableiten, daß jedes zu Kirchhofszwecken erworbene Grundstück von vornherein (ohne Rücksicht auf die erst später eintretende Belegung mit Grabstellen) und im ganzen Umfange der Bestimmung zu öffentlichen Zwecken diene. Denn es kommt, wie oben schon hervorgehoben, auf die wirkliche und nicht schon auf die beabsichtigte Verwendung an.

4. Die Behauptung, daß das zu Kirchhofszwecken erworbene Terrain der freien Veräußerung entzogen sei und deshalb nicht nach dem gemeinen Werte eingeschätzt werden könne, trifft nicht zu, weil mit Genehmigung der Aufsichtsbehörde solches Terrain ebenso wie andere kirchliche Grundstücke veräußert werden kann. Sogar ein bestehendes Veräußerungsverbot würde in diesem Falle, wo es auf den gemeinen Wert ankommt, unerheblich sein, weil als solcher der Verkaufswert, der aus den im Verkehr unter normalen Verhältnissen für objektiv gleichartige Grundstücke thatsächlich gezahlten Preisen zu erkennen ist, angesehen werden muß. Möge ein Eigentümer für seine Person thatsächlich oder rechtlich behindert

sein, sein Grundstück zu verkaufen, so kommt dies nicht für die Bemessung des gemeinen Wertes in Betracht (vgl. E.-O.-V. in Bd. V S. 78, Bd. VII S. 245).

Nr. 2. Entsch. v. 15. I. 1901 Nr. II 86 (Pr.-V.-Bl. Bd. XXIII S. 102).

Komm.-Abg.-Ges. v. 14. VII. 93 (G.-S. S. 152) § 24.
A.-L.-R. II, 11, §§ 772, 778.

1. Dienstgrundstücke der Geistlichen sind nur diejenigen Liegenschaften, deren Verwaltung und Nutzung dem jeweiligen Inhaber der Stelle rechtlich zusteht. Es kommt nicht darauf an, ob das Grundstück thatsächlich von dem dazu Berechtigten benutzt wird

2. Anders liegt aber der Fall, wenn bezüglich früherer Dienstgrundstücke keiner der in die Parochie berufenen Geistlichen die Verfügung über die Art der Nutzung der Grundstücke und über ihr Erträgnis hat, wenn sie vielmehr von der Kirchengemeinde in Uebereinstimmung mit den Anordnungen der Aufsichtsbehörden in rechtsgültiger Weise übernommen worden ist, die daraus eine Pfarrkasse zur Bestreitung der festgesetzten Gehälter und Aufsparung der Ueberschüsse für spätere gleichartige Verwendung gebildet hat. Mögen auch die Letzteren die von den Gemeindeorganen gewünschte Bildung einer allgemeinen Kasse für „kirchliche Zwecke“ aus den Einkünften des Pfarrvermögens nicht gebilligt, sondern auf ihre Sonderung von anderen Fonds gehalten, auch ihre Bestimmung zur Besoldung der vorhandenen, wie der noch hinzutretenden Pfarrer wiederholt hervorgehoben haben, so ist doch damit die zum Wesen des Dienstgrundstücks gehörende unmittelbare Nutzung der Ländereien seitens der jeweiligen Stelleninhaber in keiner Weise aufrecht erhalten. Die Erträge wirklichen Pfarrvermögens können nicht zur Dotierung künftig zu schaffender geistlichen Stellen dienen, so daß, wenn eine solche Verwendung und Aufsparung zulässig ist, die Eigenschaft eines Pfarrdotationsvermögens der betreffenden Vermögensmasse fehlt.

Nr. 3. Entsch. Bd. XXXIX S. 133 v. 8. VI. 1901 II C 336/1900.

Rh. Gem.-Ordn. v. 23. VII. 45 (G.-S. S. 523) §§ 29, 31.
Rh. Gem.-Verf.-Ges v. 15. V. 56 (G.-S. S. 435) Art. 10.
Komm.-Abg.-Ges. v. 14. VII. 93 G.-S. S. 152) § 24.

Nach eingehender Erwägung und Motivierung aus den gesetzgeberischen und sonstigen Materialien — auf die hier nicht näher eingegangen werden kann — hat das O.-V.-G. in Abweichung von der früher vertretenen Auffassung die Ueberzeugung gewonnen, daß der Gesetzgeber mit der Bestimmung der Rh. Gemeindeverfassungsgesetze denselben Sinn verbunden hat, den die Städteordnungen für die östlichen Provinzen und die Gemeindeverfassungsgesetze für Westfalen in unzweideutiger Weise dahin zum Ausdrucke bringen, daß sämmtliche Dienstgrundstücke — Gebäude und Liegenschaften — der Geistlichen von den Gemeindeauflagen befreit sind, und zwar nicht nach Maßgabe der Kab.-Ord. v. 8. VI. 34, sondern „überhaupt“.

Nr. 4. Entsch. Bd. XXXVIII S. 163 v. 23. XI. 1900 II C 305/99.

Komm.-Abg.-Ges. v. 14. VII. 93 (G.-S. S. 152) §§ 24, 68; Ausf.-Anw. v. 10. V. 94 Art. 16a.
Kab.-Ord. v. 8. VI. 34 (G.-S. S. 87).

1. Der § 24 litt. c des Komm.-Abg.-Ges. befreit die dem Staate, den Provinzen, den Kreisen, den Gemeinden oder sonstigen kommunalen Verbänden gehörigen Grundstücke und Gebäude von den auf den Grundbesitz

gelegten Steuern unter der Voraussetzung, daß sie zu einem öffentlichen Dienste oder Gebrauche bestimmt sind. Diese Bestimmung muß eine unmittelbare sein. Den Grundstücken des Staates stehen gemäß § 1 des Reichsges. v. 25. V. 73 (R.-G.-Bl. S. 113) die des Reiches gleich.

2. Ein Militärschießplatz ist an sich für den öffentlichen Dienst bestimmt, da die Schießübungen, zu denen er benutzt wird, zum Militärdienste gehören. Wenn die Militärbehörde den Schießplatz so groß anlegt, daß das Abirren der Kugeln auf benachbarte Grundstücke thunlichst vermieden wird, so ist auch der diesem Sicherheitszwecke gewidmete Teil des Schießplatzes zum öffentlichen Dienste bestimmt; denn der ganze Platz erfüllt einen und denselben Zweck, die Abhaltung von Schießübungen zu ermöglichen. Wird der Schießplatz daneben auch als Acker- und Weideland benutzt, so verliert er dadurch noch nicht die Eigenschaft eines zum öffentlichen Dienste bestimmten Grundstücks; denn seine Benutzung für den eigentlichen Zweck wird durch die teilweise Verpachtung nicht ausgeschlossen. Ebensowenig ist der Umstand von Belang, daß die Benutzung einen Ertrag liefert; denn für die Steuerfreiheit wird nach dem Gesetze etwas weiteres, als das Vorliegen der unter litt. c des § 24 angegebenen Voraussetzungen, nicht gefordert. Auch die Kab.-Ord. v. 8. VI. 34 ergiebt etwas anderes nicht. Allerdings sind deren Bestimmungen nach dem letzten Absatze des § 24 a. a. O. in Geltung geblieben, sodaß auch in Zukunft bei neuen Erwerbungen zu öffentlichen Zwecken die Realverpflichtungen, die vermöge des Kommunalverbandes vor der Erwerbung geleistet wurden, fernerhin zu leisten sind; allein diese Pflicht ist, wie ausdrücklich ausgesprochen wird, auf den Fall der Erwerbung von Gebäuden beschränkt und darf nicht auf Grundstücke bezogen werden, die mit Gebäuden nicht besetzt sind.

3. Naturaldienste konnten nach der vor dem Komm.-Abg.-Ges. geltenden Gesetzgebung von dem Fiskus nicht gefordert werden, weil die Kab.-Ord. v. 8. VI. 34 die Freiheit von Diensten festsetzte. Das Komm.-Abg.-Ges. hat eine Verpflichtung nicht eingeführt; der § 68 daselbst sagt nur, daß die Steuerpflichtigen zu Naturaldiensten herangezogen werden können; der Fiskus als Eigentümer des Schießplatzes gehört aber, wie oben ausgeführt, nicht zu den Steuerpflichtigen (vgl. E.-O.-V. Bd. II S. 23).

Nr. 5. Entsch. v. 7. XII. 1900 Nr. II 1598 (Pr.-V.-Bl. Bd. XXII S. 323).

Komm.-Abg.-Ges v. 14. VII 93 (G.-S. 152) §§ 26, 60 und Ausf.-Anw. Art. 41.
Gebäudesteuerges. v. 21 V. 61 (G.-S. S. 317) §§ 15, 17.

Die Pflicht zur Entrichtung einer als Zuschlag zur staatlich veranlagten Gebäudesteuer erhobenen Gemeindesteuer erlischt mit dem Termin der Inabgangstellung der staatlich veranlagten Steuer, somit am Ende des Monats, in dem die Anzeige einer im § 15 Ziffer 2—5 des Gebäudesteuerges. v. 21. V. 61 vorgesehenen Aenderung bei dem Katasteramt erfolgt, nicht bereits mit dem Zeitpunkt, in dem die Aenderung thatsächlich eingetreten ist.

Ausschlaggebend ist § 60 Abs. 1 des Komm.-Abg.-Ges., der folgendermaßen lautet:

> „Soweit sich die Gemeindesteuern den Staatssteuern anschließen und etwas Anderes nicht bestimmt ist, gelten für den Zeitpunkt des Beginnes und des Erlöschens der Steuerpflicht die für die entsprechende Staatssteuer bestehenden Vorschriften."

Daß unter den den Staatssteuern sich anschließenden Gemeindesteuern die in der Form von Zuschlägen zu den staatsseitig veranlagten Steuern zur Hebung gelangenden Gemeindeumlagen zu verstehen sind, hat der Gerichtshof wiederholt ausgesprochen (vgl. E.-O.-V. Bd. XXXII S. 26, Bd. XXXV S. 53). Hinsichtlich der zeitlichen Begrenzung der Steuerpflicht haben, abgesehen von der hier nicht in Betracht kommenden Bestimmung in § 26 Abs. 4 des Komm.-Abg.-Ges., die für die entsprechende Staatssteuer bestehenden Vorschriften weder durch das Komm.-Abg.-Ges., noch durch das auf sie in seinem § 3 verweisende Gesetz wegen Aufhebung direkter Staatssteuern v. 14. VII. 93 eine Aenderung erfahren. Greifen demnach diese Vorschriften Platz, so hat nach dem einschlägigen Gebäudesteuergesetz v. 21. V. 61, § 17 Abs. 2, der Eigentümer eines Gebäudes, das von einer der in § 15 zu 2 bis 5 des Gesetzes vorgesehenen, eine Steuerverminderung oder eine Steuerbefreiung herbeiführenden Aenderung betroffen wird, die Steuer bis für den Monat einschließlich fortzuentrichten, in dem die Anzeige von der Aenderung erfolgt ist.

Nr. 6. Entsch. v. 3. VII. 1900 Nr I 1025 (Pr.-V.-Bl. Bd. XXII S. 623).

1. Der Begriff des „gemeinen Werts“ im Sinne des Komm.-Abg.-Ges. ist derselbe, wie in dem des Ergänzungssteuergesetzes, also hat die Feststellung des gemeinen Werts der Grundstücke bei ihrer Heranziehung zur Gemeindesteuer vom Grundbesitz nach denselben Regeln zu erfolgen, wie bei der Veranlagung zur Ergänzungssteuer. Allein daraus folgt keineswegs, daß die Feststellungen der Staatssteuerveranlagungsbehörden für die Entscheidung im Verwaltungsstreitverfahren bindend sind. Es bleibt vielmehr beim Mangel einer den §§ 36 und 37 des Komm.-Abg.-Ges. entsprechenden Bestimmung über die Feststellung des gemeinen Werts bei der Befugnis des Gemeindevorstehers oder des an seine Stelle tretenden Steuerausschusses zu freier Schätzung und der Pflicht des Herangezogenen und seiner Rechtsnachfolger, das zum Nachweise einer Ueberbürdung erforderliche Material zu beschaffen, die hierauf bezüglichen Verhältnisse klarzulegen und die dafür notwendigen Beweise zu erbringen. (E.-O.-V. Bd. XVI S. 217.)

2. Der gemeine Wert eines Grundstücks entspricht demjenigen Preise, der im gemeingewöhnlichen Verkehr nach seiner objektiven Lage und Beschaffenheit ohne Rücksicht auf ungewöhnliche oder lediglich persönliche Verhältnisse (sei es des Käufers, sei es des Verkäufers) erzielt werden kann. Das Verlangen einer Berechnung nach dem kapitalisierten Wirtschaftsertrage ist mit Recht abzulehnen. Denn die Auffassung, daß der Wert landwirtschaftlich genutzter Grundstücke nur nach dem Ertrage berechnet werden könne, findet in dem Wortlaut und der Entstehungsgeschichte des Komm.-Abg.-Ges. und des mit diesem gleichzeitig beratenen und erlassenen Ergänzungssteuergesetzes keine Stütze. Maßgebend ist der Wert des Gutes zur Zeit der Veranlagung.

3. Der Verkaufswert eines Gutes oder der Preis, der im gemeingewöhnlichen Verkehr durch seinen Verkauf erzielt werden kann, wird nicht allein durch Flächeninhalt, Bodenbeschaffenheit und Kultur der nutzbaren Ländereien bestimmt, sondern auch durch den Zustand der Wirtschaftsgebäude. Sind diese nicht ausreichend oder nicht in gutem baulichen Zustande, so muß der Käufer, um das Gut in betriebsfähigen Zustand zu setzen, sofort nach dem Ankauf Kapitalaufwendungen machen, die er bei der Bemessung des anzulegenden Kaufpreises berücksichtigen und in Abzug bringen wird. Stellt aber hiernach der Wert der Gebäude einen wesentlichen Faktor für Bildung des Gesammtpreises dar, so kann seine Zurechnung zu dem Werte des Grund und Bodens nicht grundsätzlich für unzulässig erklärt werden, sondern nur dann, wenn der Bodenwert nach Einheitspreisen ermittelt ist, die durch eine Verteilung des Gesammtpreises baulich gleich gut eingerichteter Güter nach Maß-

gabe des Flächeninhalts berechnet sind. Aehnlich liegt die Sache bei denjenigen Gebäuden, die auf als Bauland geschätzten Grundstücken errichtet sind. Freilich kann diese Art der Schätzung eine Berücksichtigung des vollen Werts der Gebäude ausschließen, nämlich wenn der Grund und Boden bebauter Grundstücke wegen der Möglichkeit einer künftigen Bebauung mit anderen wertvolleren Gebäuden und der dadurch bedingten Steigerung der Bodenpreise zu einem höheren Werte geschätzt wird, als das Grundstück bei der gegenwärtigen Gestalt der Bebauung hat, weil die bei Bemessung des Wertes vorausgesetzte Art der Verwendung die Beseitigung der bestehenden Gebäude erfordert, wie ein solcher Fall vorkommt, wenn ein in günstiger Lage belegenes, mit einer Villa oder mit Stallungen bebautes Grundstück sich zur Bebauung mit vierstöckigen Wohnhäusern eignet. In solchen Fällen kann allerdings der Wert der vorhandenen Gebäude nur nach dem Abbruchswerte in Ansatz kommen. Wird dagegen der Grund und Boden der bebauten Stellen nur nach demjenigen Werte angesetzt, den er unter Beibehaltung der bisherigen Bebauung hat, und eine höhere Schätzung gerade deshalb für unzulässig erklärt, weil jene Gebäude für den landwirtschaftlichen Betrieb unentbehrlich oder doch wenigstens dienlich und förderlich sind, so ist in der Anrechnung des Wertes der Gebäude weder ein Rechtsirrtum noch ein wesentlicher Mangel des Verfahrens zu finden.

4. Solange ein zu veranlagender Besitz eine wirtschaftliche Einheit bildet, ist auch der gemeine Wert derjenige, der durch den Verkauf des Ganzen erzielt werden kann. Ob eine wirtschaftliche Einheit vorliegt, hängt allein von der Beurteilung thatsächlicher Verhältnisse ab und unterliegt daher der Nachprüfung des Revisionsrichters nur nach der Richtung, ob ihr wesentliche Mängel des Verfahrens zu Grunde liegen. Solche liegen nicht vor, wenn der Vorderrichter die wirtschaftliche Einheit daraus folgert, daß der ganze Besitz von einem landwirtschaftlichen Betriebe umfaßt wird und das Gut mit Gebäuden versehen ist, die der Bewirtschaftung des Ganzen dienen, also dauernde Einrichtungen getroffen sind, die auf eine Beibehaltung des einheitlichen landwirtschaftlichen Betriebes abzielen. Ebensowenig sind einzelne Teile des Besitzes, z. B. solche Flächen, auf denen von Milchpächtern und Schankwirten bewohnte Gebäude errichtet sind, deshalb als wirtschaftlich selbständige Grundstücke anzusehen, weil die Bewohner zur Miete wohnen und die Eigenschaft selbständiger Gewerbetreibender haben. Es bedarf keiner Ausführung, daß einzelne, zu einem einheitlichen Landgute gehörige Gebäude dadurch, daß sie vermietet werden, noch nicht aus dem wirtschaftlichen Zusammenhange mit dem Gute ausscheiden, am allerwenigsten dann, wenn sie an Gewerbetreibende vermietet werden, von denen der Besitzer Abnahme seiner Erzeugnisse oder Versorgung der Gutsleute mit Lebens- oder Genußmitteln erwarten darf.

5. Die Anschauung, daß die wirtschaftliche Einheit eine Berücksichtigung des höheren Werts bebauter oder doch zur Bebauung geeigneter Teile ausschließe, ist unzutreffend. Die Behandlung des Grundbesitzes als eines einheitlichen Wert- und Steuerobjekts schließt allerdings die Schätzung der einzelnen Teile nach denjenigen Verkaufspreisen, die bei einer Zerstückelung des Ganzen erlangt werden könnten, aus, aber nicht die Berücksichtigung derjenigen Erhöhung des Gesammtpreises, die notwendig dann entsteht, wenn einzelne Teile nach ihrer objektiven Lage und Beschaffenheit sich zu einem besonderen, ihren Wert erhöhenden Gebrauche eignen

6. Darin, daß der bei der Veranlagung zur Kommunalgrundsteuer geschätzte Wert nicht durch eine Vergleichung mit den thatsächlich für gleichartige Grundstücke gezahlten Preisen ermittelt ist, ist ebenfalls ein

wesentlicher Mangel des Verfahrens nicht zu finden. Jene Methode der Ermittelung ist nur für das Verfahren der Staatssteuerveranlagungsbehörden bei Feststellung der Ergänzungssteuer als maßgebend zu erachten.

Nr. 7. Entsch. v. 30. X. 1900 Nr. II 1427 (Pr.=V.=Bl. Bd. XXII S. 346).
Komm.=Abg.=Ges. v. 14. VII. 93 (G.=S. S. 152) §§ 26, 27

1. Bei Feststellung des gemeinen Wertes von Vermögensstücken darf jedes eine wirtschaftliche Einheit bildende Stück nur als Ganzes geschätzt werden. Es bedarf dabei einer besonderen Feststellung und Begründung in der Hinsicht, ob mit einer oder mit mehreren (eventuell mit welchen) wirtschaftlichen Einheiten bei der Ermittelung des gemeinen Werts zu rechnen ist.

2. Die Beurteilung dieser Frage ist nicht davon abhängig, ob der Steuerpflichtige den Besitz oder einzelne seiner Teile als ein einheitliches Ganzes ererbt oder auf sonstige Weise erworben hat, sondern hauptsächlich davon, welche Einrichtungen er für seine Nutzung getroffen hat (vgl. E.=O.=V. in St. Bd. VI S. 10 und 151).

3. Der gemeine Wert jeder hiernach ermittelten Einheit wird dargestellt durch den Preis, der bei einem Verkaufe dieser Einheit (d. h. der Einzelfläche oder des Flächenkomplexes) als Ganzes erzielt werden könnte. Mit dem Verkaufe als Ganzes darf aber nicht der „auf einmal" in Teilen erfolgende Verkauf verwechselt werden. Dem Besitzer eines Grundstückes oder eines einheitlichen Komplexes kann nicht die Rolle eines Parzellanten unterstellt werden, und der gemeine Wert seines Grundstückes (oder Komplexes) ist nicht gleich dem Werte, der durch eine Parzellierung erzielt werden könnte, sondern nur gleich dem, der bei einem Verkaufe der ganzen Einheit, gegebenenfalls allerdings mit Rücksicht auf die Möglichkeit einer Parzellierung zu erreichen wäre (zu vgl. Art. 4 der Anl. v. 26. XII. 93 zur Ausführung des Erg.=St.=Ges.). Zwischen diesen beiden Werten liegt der Betrag, der dem Parzellanten als Unternehmergewinn, wegen seines Risikos u. s. w. zukommt. Es ist hiernach wohl zulässig, bei der Schätzung einer Grundstückseinheit den Preis zu berücksichtigen, den eine Parzellierung bringen würde; der Wert der Einheit aber ist nicht gleich der Summe der Einzelpreise, vielmehr bedarf diese Summe einer Reduzierung im Hinblick auf die Gewinnabsichten dessen, der das Ganze zum Zwecke einer Parzellierung kauft.

Nr. 8. Entsch. Bd. XXXVIII S. 110 v. 27. XI. 1900 II C 120/1900.
Komm.=Abg.=Ges. v. 14. VII. 93 (G.=S. S. 152) §§ 20, 24, 27.

1. Der § 27 Abs. 2 des Komm.=Abg.=Ges. bezieht sich auch auf diejenigen gemäß dem Ges. v. 2. VII. 75 festgesetzten Baufluchtlinien, die der Zeit vor Erlaß des Komm.=Abg.=Ges. angehören. Ob die Wertsteigerung vor oder nach Erlaß des Komm.=Abg.=Ges. eingetreten ist, ist unerheblich. Bereits in E.=O.=V. Bd. XXX S. 67 ff. ist dargelegt, daß durch das Komm.=Abg.=Ges. diejenigen Ergebnisse aller gemäß dem Ges. v. 2. VII. 75 vorgenommenen Fluchtlinienfestsetzungen getroffen sein sollten, die zur Zeit der Veranlagung bereits vorliegen, d. h. in einer Werterhöhung unbebauter Liegenschaften bestehen, und daß Beschränkungen hinsichtlich des zeitlichen Eintritts solcher einmaligen oder allmählichen Steigerung dem Gesetze fremd sind.

2. Schreitet eine Gemeinde zur Einführung der Bauplatzsteuer, so hat sie der Steuer alle Liegenschaften des Gemeindebezirkes,

für die dieselben thatsächlichen Voraussetzungen bestehen, zu unterwerfen.

In § 24 sind der Realbesteuerung „die", d. h. grundsätzlich alle in der Gemeinde belegenen Grundstücke unterworfen. Soweit das Gesetz nicht besondere Ausnahmevorschriften giebt, muß die Gemeinde alle Beteiligten mit gleichem Maße messen, wie sie auch Grundsteuerzuschläge etwa nur von einem Teile der in ihrem Bezirke belegenen Grundstücke zu erheben, unbeschadet der in § 20 Abs. 2 zugelassenen quotitativen Mehr- oder Minderbelastung, behindert sein würde.

3. Träger der Bauplatzsteuer ist das Grundstück und Besteuerungsgrund das Vorhandensein eines konkreten Wertzuwachses, dessen eben dieses Grundstück durch Fluchtlinienfestsetzung, d. h. durch einen positiven Schritt zur Straßenanlegung, der dem Grundstücke Bauplatzeigenschaft verleiht, teilhaftig geworden ist. Die Fluchtlinienfestsetzung, an die sich der die Steuerpflicht begründende Wertzuwachs knüpft, muß auf Grund des Ges. v. 2. VII. 75 erfolgt sein. Daneben ist jedoch anerkannt, daß nicht bloß Grundstücken, an die sog. Baufluchten unmittelbar gelegt sind, Bauplatzeigenschaft beiwohnt, sondern daß zwischenliegende Grundstücke unter Umständen kein Hindernis bilden, auch den dahinterliegenden Grundstücken noch die Bauplatzeigenschaft zuzusprechen. Hierin stimmen überein die zu § 27 a. a. O. erlassenen Ausf.-Best. (Art. 18 der Anw. v. 10. V. 94) und die Rechtsprechung des O.-V.-G. Besonders ist zu verweisen auf E.-O.-V. Bd XXX S. 67 ff., ferner auf eine, durch den Druck nicht veröffentlichte Entsch. v. 18. VI. 98 (II. C. 23), worin gesagt ist: „Die Bauplatzsteuer hat nicht etwa wirkliche Baustellen, zur sofortigen Bebauung reife, also an eine bereits fertig gestellte Straße angrenzende Grundstücke zur notwendigen Voraussetzung. Sie soll schon zulässig sein in Ansehung von Liegenschaften . . . die, weil von einem bereits feststehenden Bebauungsplane mitumfaßt, in absehbarer Zeit Gegenstand der Bebauung werden können, sich daher jetzt schon als Bauterrain darstellen . . ." und auf eine Entscheidung von demselben Tage (II. C. 456), woselbst es unter Hinweis auf Art. 18 a. a. O. heißt: „. . . es genügt, daß durch die Festsetzung von Baufluchtlinien eine Werterhöhung stattgefunden hat. Hiernach wird durch sogenannte Masken und sonstige zwischenliegende Grundstücke die Zulässigkeit der Besteuerung nicht ausgeschlossen. Der die Bebauung erschwerende Umstand ist von den Sachverständigen . . . gleichfalls besonders berücksichtigt worden."

4. Weiterhin wird es auf das Vorhandensein des Wertzuwachses im Sinne des Gesetzes und dessen Bemessung ankommen. Die Bemessung soll geschehen nach dem Ergebnisse der Wertsteigerung, die sich in dem Zeitraume zwischen der die Bauplatzeigenschaft verleihenden Fluchtlinienfestsetzung und dem Beginne der Veranlagungsperiode vollzogen hat. Nur die Wertsteigerung kommt aber in Betracht, welche die Folge ist von einer oder von mehreren, das Grundstück mitumfassenden Fluchtlinienfestsetzungen. Ob der Bebauungsplan das Gelände auf einmal oder zu verschiedenen Zeiten erfaßt, macht hierbei keinen Unterschied. Nur ist als Beginn der steuerpflichtigen Wertsteigerung der Zeitpunkt festzuhalten, mit dem die das Grundstück zu irgend einem Teile zum erstenmal erfassende Fluchtlinienfestsetzung vor sich geht, mit anderen Worten, in dem das Grundstück durch sie die Bauplatzeigenschaft erhält. Nicht steuerpflichtig ist ein Wertzuwachs, der schon vorher durch irgend welche vorbereitende nicht diesen, aber benachbarten Grund und Boden der Straßenanlegung erschließende Festsetzungen eingetreten war. Aus der örtlichen Einwirkung der Fluchtlinienfestsetzung auf das Grundstück muß die Wertsteigerung hevorgehen, welche das Gesetz in § 27 verlangt. So scheidet denn auch der Wertzuwachs aus, der

— sei es in, sei es vor die kritische Zeit fallend — anderweitigen Ursachen, wie allgemeinen oder örtlichen Verkehrs- und Geschäftsverhältnissen zuzuschreiben ist. — Auch dieser Grundsatz ist bereits teils in E.-O.-V. Bd. XXX S. 71, 73, teils in einer Entsch. v. 15. II. 99 (II. C. 257/98) zum Ausdrucke gelangt. In der letzteren wird ausgeführt:

„Was nun den für die Vergleichung der Preise maßgebenden Zeitpunkt anlangt, so kann, da nach § 27 des Komm.-Abg.-Ges. die Besteuerung nach Maßgabe des durch die Baufluchtlinienfestsetzung erhöhten Wertes erfolgen soll, nur derjenige Zeitpunkt in Betracht kommen, wo der Plan nach Erledigung der gegen ihn erhobenen Erinnerungen förmlich festgestellt ist und seine Offenlegung begonnen hat (§ 8 des Flutliniengef. v. 2. VII. 75), während eine etwa vorher eintretende Preiserhöhung bis zur wirklichen Feststellung eine ungewisse Erwartung bleibt, mit welcher nicht zu rechnen ist. Wenn daher die Festsetzung der Fluchtlinien bei Beginn der Offenlegung einen derartigen nachweisbar höheren Wert schon vorfindet, so kann die Steuer nur den hierüber noch hinaus gesteigerten Wert ergreifen."

Um bei der Bemessung des steuerpflichtigen Wertzuwachses im einzelnen Falle den hier dargelegten gesetzlichen Erfordernissen gerecht zu werden, genügt es, erstens den Wert, den das Grundstück zur Zeit der Veranlagung ohne das Vorhandensein der ihm Bauplatzeigenschaft verleihenden Fluchtlinienfestsetzung haben würde, zweitens den Wert, den es mit und infolge eben derselben und etwaiger später hinzugetretener Fluchtlinienfestsetzung hat, zu ermitteln. Soweit ist für jedes in Frage kommende Grundstück, wenn, wie im vorliegenden Falle, mehrere Fluchtlinienfestsetzungen auf seinen Wert eingewirkt haben, festzustellen, welche dieser Festsetzungen aus dem Grundstück einen Bauplatz gemacht hat. Ein Wertzuwachs durch frühere Festsetzungen, die aber nicht die Wirkung gehabt haben, das Grundstück zu einem Bauplatze zu machen, bleibt frei. Ein Zuwachs durch nachfolgende Festsetzung tritt dem bereits durch die vorangegangene Festsetzung erworbenen Zuwachse hinzu, weil der volle zur Zeit der Veranlagung sich ergebende Zuwachs in dem Werte zur Zeit der Veranlagung zur Geltung kommen muß.

5. Schreitet der Verwaltungsrichter zur Vernehmung von Sachverständigen so wird er nicht verabsäumen dürfen, sowohl bei Instruktion der Sachverständigen als auch bevor er die Gutachten verwertet, den Parteien ausdrücklich zur Aeußerung Gelegenheit zu geben. Besonders gilt dies von den bei der Schätzung in erster Linie zu Grunde zu legenden Vergleichsobjekten, d. h. den ähnlichen und unter normalen Verhältnissen verkauften Grundstücken von beiderlei Art, der von Fluchtlinienfestsetzung erfaßten und der nicht davon erfaßten Grundstücke.

Nr. 9. Entsch. v. 28. VI. 1901 Nr. II 1086 (Pr.-V.-Bl. Bd. XXIII S. 170).

Komm.-Abg.-Ges. v. 14. VII. 93 (G.-S. S. 152) § 27.

1. Gemäß § 27 Abs. 2 des Komm.-Abg.-Ges., dürfen nur Bauplätze, d. h unbebaute Liegenschaften, die durch Festsetzung von Baufluchtlinien in ihrem Werte erhöht worden sind, zu einer höheren Steuer, als die übrigen Liegenschaften, herangezogen werden. Bei jeder Grundsteuer, also auch bei der Bauplatzsteuer, kann Träger der Steuer nur eine individuell bestimmte Liegenschaft, bestehend aus einer oder mehreren örtlich begrenzten Parzellen, sein. Lage und Flächeninhalt sind somit bestimmend für die Voraussetzung sowohl, als auch für den Umfang der Steuerpflicht bei allen Grundsteuern und bei der Bauplatzsteuer noch

besonders, weil die Bauplatzeigenschaft ihrem Wesen nach von der Belegenheit abhängt (vgl. E.-O.-V. Bd. XXXVIII S. 113). Wenn daher ein zur Bauplatzsteuer herangezogener Zensit seine Steuerpflicht überhaupt bestreitet, indem er noch dazu die Bauplatzeigenschaft eines Grundstückes, auf dessen Besitz die gegen ihn erhobene Steuerforderung gegründet ist, in Abrede stellt, so kann auch über die Steuerpflicht an sich niemals ohne Feststellung von Lage und Flächeninhalt des betreffenden Grundstücks entschieden werden. Für einen Teil eines Grundstücks, der nicht nach seinen Grenzen genau bestimmt ist, kann die Bauplatzsteuer nicht gefordert werden. Die Belegenheit muß eine bestimmte sein, weil die Bauplatzsteuer gleich der staatlichen Grundsteuer auf dem System der Stückvermessung beruht.

2. Die Schätzung des Wertes, den ein Grundstück als Bauplatz hat, ist durch Vergleichung von anderen gleichartigen Grundstücken, deren Wert durch Festsetzung von Baufluchtlinien erhöht worden ist, mit solchen, bei welchen dies nicht der Fall ist, vorzunehmen. Eine direkte Schätzung der Werterhöhung ist unzulässig.

b) Vom Gewerbebetriebe.

Nr. 1. Entsch. v. 4 I. 1901 Nr II 12 (Pr.-V.-Bl. Bd XXII S. 361).

Erg.-St.-Ges. v. 14 VII 93 (G.-S. S. 134) §§ 4, 6, 9—11 und Art. 10, 12 der Ausf.-Anw. v. 6. VII 1900 Gew.-St.-Ges. v. 24 VI 91 (G.-S. S. 205) § 23 und Ausf.-Anw. v. 4. XI 95 Art 17

1. Eine Bewertung des Anlage- und Betriebskapitals, das gemäß § 23 des Gew.-St.-Ges. sämmtliche dem betreffenden Gewerbebetriebe dauernd gewidmeten Werte umfaßt, hat nach dem gemeinen Werte seiner einzelnen Bestandteile zu erfolgen. (Vgl. E.-O.-V. in St. Bd. IV S. 443). Dasselbe Ermittelungsobjekt ist in der Hauptsache das dem Betriebe eines Gewerbes dienende Anlage- und Betriebskapital, von dem in den §§ 4, 6 und 9 bis 11 des Erg.-St.-Ges. v. 14. VII. 93 die Rede ist, wobei allerdings zu berücksichtigen bleibt, daß nach den Motiven zum § 6 des Ergänzungssteuergesetzes für die Ergänzungssteuer auch die dem Betriebe vorübergehend gewidmeten Werte in Betracht kommen. Folglich ist der Weg, der nach jenen Bestimmungen des Erg.-St.-Ges. zur Feststellung des Anlage- und Betriebskapitals führt, auch bei der Ermittelung desselben Objekts als Merkmal für die Gewerbesteuerveranlagung gangbar, und es entspricht den Grundsätzen der staatlichen Steuerveranlagung, die Schätzungsergebnisse der Ergänzungssteuerveranlagung bei der Gewerbesteuerveranlagung zu benutzen und umgekehrt selbstverständlich unter der Voraussetzung, daß die zu übernehmenden Ergebnisse ohne Mangel festgestellt sind (vgl. E.-O.-V. in St. Bd. IV S. 447).

2. Im vorliegenden Falle handelte es sich um eine Heranziehung eines Pflichtigen zur Gemeindegewerbesteuer, der auf seinem Grundstücke eine Obstbaumschule, daneben aber auch Obst-, Feld- und Gartenbau betrieb. Zweifelsohne lag ein Betrieb vor, der sowohl nach seinem inneren Wesen (technische Ausbildung des Inhabers) als nach seiner äußeren Gestaltung (Umfang, Personal, kaufmännische Rechnungsführung) sich als eine gewerbesteuerpflichtige Kunst und Handelsgärtnerei darstellte.

Wenn hier eine selbständige Bewertung des Anlage- und Betriebskapitals vorgenommen werden muß, so werden dieselben Grundsätze, die bei der Ergänzungssteuerveranlagung gemäß §§ 4 und 6 des Ges. und Art. 10 und 12 der Ausf.-Anw. v. 6. VII. 1900 maßgebend sind, anzuwenden sein. Dies gilt zunächst hinsichtlich des Gegenstandes der Bewertung als eines Ganzen und der teils als unmittelbare teils als mittelbare Rechnungsfaktoren in Betracht kommenden einzelnen Bestandteile (vgl. E.-O.-V. in St. Bd. VI S. 30ff., besonders S. 36), sodann aber auch in Bezug auf den Modus der Ermittelung, die, soweit möglich, von den in gleichartigen Fällen wirklich erzielten Kaufpreisen, eventuell von den Seitens des Gewerbetreibenden selbst in neuerer Zeit unter gemeingewöhnlichen Verhältnissen gezahlten Kaufpreisen ausgehen soll (vgl. E.-O.-V. in St. Bd. V S. 117). Nicht unberücksichtigt darf dabei gelassen werden, daß alle Schätzungsunterlagen, denen maßgebende Bedeutung zuerkannt werden soll, dem Censiten zur Gegenäußerung mitzuteilen sind (vgl. E.-O.-V. in St. Bd. V S. 117 und wegen der notwendigen Eigenschaften eines Sachverständigen-Gutachtens E.-O.-V. in St. Bd. IV S. 443).

3. Der Wert des Grundstücks, auf dem ein steuerfreier Betrieb und zugleich ein steuerpflichtiger Gewerbebetrieb, ohne daß einer von beiden Hauptzweck ist, muß behufs Ermittelung des auf den Gewerbebetrieb fallenden Anlagekapitals verhältnißmäßig verteilt werden. (E.-O.-V. Bd. IV S. 426.)

Nr. 2. Entsch. Bd. XXXVIII S. 92 v 8. I. 1901 II C 79/1900.

1. Zum Begriffe der für die Annahme eines Gewerbebetriebs vorausgesetzten Gewinnerzielung, insbesondere dem Thatbestande gegenüber, daß die Aktionäre einer die Anlage eines botanischen, Zier- und Lustgartens unterhaltenden Aktiengesellschaft unter gewissen Bedingungen für sich und ihre Familien das Recht freien Eintritts erhalten, bemerkt das O.-V.-G. Folgendes:

2. In dem Umstande, daß die Gesellschaft dem Publikum den Besuch ihrer Gartenanlagen nur gegen Zahlung eines Eintrittsgeldes gestattet, kann nicht ohne weiteres der Beweis des Gewerbebetriebs gefunden werden. Zwar setzt ja der Gewerbebetrieb die Absicht einer Gewinnerzielung voraus, (E.-O.-V. Bd. XXXIII S. 81) allein die Erhebung eines Eintrittsgeldes kann auch lediglich den Zweck verfolgen, die Kosten des Unternehmens ganz oder teilweise zu decken.

3. Aus der Bestimmung in § 14 des Statuts, daß ein etwaiger Reinertrag — nach Abzug von 10 Prozent zu Gunsten eines Reservefonds — unter die Aktionäre als Dividende zu verteilen ist, kann ebensowenig ohne weiteres auf einen Gewerbebetrieb der Gesellschaft geschlossen werden. Entscheidend ist, ob thatsächlich die Absicht der Gewinnerzielung besteht und ob sie den gemeinnützigen Zwecken gegenüber als der überwiegende Zweck anzusehen ist. (E.-O.-V. Bd. XXXIII S. 86.) Hierfür bietet eine Bestimmung, wie sie im § 14 enthalten ist, allerdings einen gewissen Anhalt; indes die Bedeutung einer solchen Bestimmung wird dann erheblich herabgemindert, wenn, wie hier der Fall, eine Gewinnverteilung thatsächlich niemals erfolgt und gleichwohl, ungeachtet des langjährigen Bestehens der Gesellschaft, auf eine Aenderung ihres Unternehmens nicht Bedacht genommen worden ist. Ebensowenig folgt das Vorhandensein eines Gewerbebetriebs aus dem Umstande, daß ein Aktionär, der auf die Aktie 60 Mk. zuzahlt, für seine Person das Recht des freien Eintritts in den Floragarten erhält und daß ebenso ein Besitzer von fünf Aktien, der 300 (auf jede Aktie 60) Mk. zuzahlt, für sich und seine Familie das Recht zum unentgeltlichen Besuche der Anlagen erwirbt. Denn in der Nichterhebung eines Eintrittsgeldes mag ein Vermögensvorteil für diejenigen Aktionäre liegen, die jene Bedingung erfüllen, nicht aber kann darin für die Gesellschaft als solche eine Gewinnerzielung gefunden werden. Es ist nicht

einzusehen, wie Jemand dadurch, daß er auf eine Einnahme verzichtet, einen Gewinn erzielen sollte. Allerdings ist in E.-O.-V. in St. Bd. III S. 313 die Thatsache, daß der Inhaber einer Aktie der Aktiengesellschaft Zoologischer Garten in Berlin für seine Person und seine Angehörigen freien Eintritt in den Zoologischen Garten hat, für die Feststellung eines Gewerbebetriebes auf Seiten dieser Aktiengesellschaft mitverwertet. Trotz der Verschiedenheit der dort und hier vertretenen Auffassung war es nicht erforderlich, die Frage einer Plenarentscheidung des Gerichtshofs zu unterbreiten und zwar aus dem Grunde nicht, weil die thatsächlichen Verhältnisse, die dem früheren Falle zu Grunde liegen, von dem gegenwärtigen Thatbestand abweichen. Nach den Statuten des Berliner Zoologischen Gartens haben die Inhaber nur einer Aktie lediglich das Recht des freien Eintritts und keinen Anspruch auf Dividende, die Inhaber mehrerer Aktien aber für eine Aktie nur das Recht des freien Eintritts und lediglich wegen der übrigen Aktien Anspruch auf Dividende. Somit haben alle Aktionäre ohne weiteres das Recht des freien Eintritts, und zwar tritt das Recht für diejenige Aktie, mit welcher es verbunden ist, an Stelle des Anspruchs auf Dividende. Die Statuten der klagenden Gesellschaft aber gewähren nur solchen Aktionären das Recht des unentgeltlichen Besuchs, die eine bestimmte Zuzahlung machen. Auch sind diejenigen Aktien, auf die eine Zuzahlung gemacht ist und die deshalb zum freien Eintritte berechtigen, von einer etwaigen Dividendenverteilung nicht ausgeschlossen, sondern daran beteiligt. Uebrigens ist zu bemerken, daß der Sechste Senat, Erste Kammer, in einer Entscheidung v. 9. I. 96 angenommen hat, für die Berechnung des Ertrages, welcher der von der Aktiengesellschaft des Berliner Zoologischen Gartens zu zahlenden Gewerbesteuer zu Grunde zu legen sei, dürfe der dem Rechte der Aktionäre zum freien Eintritt entsprechende Geldwert nicht in Betracht gezogen werden.

Nr. 3. **Entsch.** v. 16. IV 1901 Nr. II 621 (Pr.-V.-Bl. Bd XXII S 576).

1. Streitig war, ob eine Kirchengemeinde ein Gewerbe betreibt, wenn sie für die gärtnerische Pflege von Gräbern insoweit sorgt, als diese Pflege für ein würdiges Aeußeres des Kirchhofes notwendig erscheint, und hierfür Beiträge in der irrigen Meinung erhebt, daß sie zur Erhebung dieser Beiträge als öffentlicher Abgaben berechtigt sei. Die klagende Kirchengemeinde bestritt das Vorliegen eines Gewerbebetriebes und machte namentlich geltend, daß sie bei Einforderung der Beiträge ein öffentliches Hebungsrecht geltend gemacht habe, das ihr durch eine seitens des Konsistoriums festgesetzte Taxe v. 14. XII. 48 verliehen worden sei. Die Vorentscheidung führte nun aus, daß die Taxe der Klägerin kein Hebungsrecht gebe, und erklärte die Einnahmen aus der Gräberpflege für steuerpflichtig, weil bei dem Fehlen eines Hebungsrechtes dem Gärtnereibetriebe der Charakter eines Gewerbebetriebes nicht abgesprochen werden könne.

2. Das O.-V.-G. gab der Klage aus folgenden Gründen statt: Es kann der Klägerin zwar nicht zugegeben werden, daß sie für die Voraussetzungen zur Ausübung eines öffentlichen Hebungsrechtes hinsichtlich der für die beschränkte Gräberpflege beanspruchten Gebühren vorliegen. Es kann dahingestellt bleiben, ob in den Sätzen der Taxe v. 14. XII. 48 öffentlich-rechtliche Gebühren geschaffen werden sollten, und ob die Bedingungen dafür in jeder Hinsicht erfüllt worden sind. Denn die seinerzeit gepflogenen Verhandlungen beseitigen jeden Zweifel darüber, daß die damals festgesetzten Gebühren dem Totengräber zufließen sollten. Die Klägerin irrt, wenn sie glaubt, daß sie das durch die Taxe möglicherweise geschaffene Hebungsrecht ohne weiteres zu ihrem Vorteile weiter ausüben könne, nachdem sie die Totengräber auf feste Be-

soldung gestellt habe: denn wenn auch das zu Gunsten der Totengräber geschaffene Hebungsrecht — dessen öffentlich-rechtliche Natur immer vorausgesetzt — auf der öffentlichen Stellung der Gemeinde selbst beruhte und insofern ein Recht der Gemeinde selbst gewesen sein mag, so war doch die Bestimmung über die Person des Bezugsberechtigten ein zu wesentlicher Bestandteil der Ordnung, als daß sie ohne Mitwirkung aller bei der Schaffung dieser Ordnung Beteiligten hätte abgeändert werden können.

Muß danach den von der Klägerin unter Anwendung der Taxe vom 14. XII. 48 im Steuerjahre für die beschränkte Gräberpflege eingezogenen Beträgen die Eigenschaft rechtmäßig erhobener öffentlicher Abgaben abgesprochen werden, so ist es doch nicht möglich, sie für eine aus Gewerbebetrieb erzielte Einnahme zu erklären. Das wären sie nur, wenn die Klägerin sich mit der Gräberpflege berufsmäßig und in der Absicht, einen privatwirtschaftlichen Gewinn zu erzielen, an dem öffentlichen Erwerbsleben beteiligt hätte. Das hat sie nicht gethan; mag die Gräberpflege auch im übrigen nach Art eines Gewerbebetriebes ausgeübt sein, um einen solchen zu verwirklichen, fehlt es an der erwähnten Absicht der Klägerin. Nach der jetzigen Aktenlage ist anzunehmen, daß die Klägerin der eines gewissen Anhalts nicht entbehrenden Meinung war, in der Taxe v. 14. XII. 48 sei eine öffentliche Gebührenordnung geschaffen, und das aus ihr entspringende Hebungsrecht könne von ihr für ihre Kasse ausgeübt werden. Da sie ferner die Vergütungen für die Gräberpflege stets auf Grund jener Taxe gefordert hat, so erscheint es ausgeschlossen, daß sie bei Ausübung der Gräberpflege und Einforderung der Gebühr die Absicht gehabt hat, zu dem Publikum in privatrechtliche Beziehungen zu treten, für eine privatwirtschaftliche Thätigkeit in einer vertraglichen Vergütung einen privatwirtschaftlichen Gewinn zu erzielen, vielmehr ist es klar, daß sie der Meinung und des Willens gewesen ist, in Erfüllung ihrer öffentlichen Pflicht der Unterhaltung des Kirchhofes eine öffentliche Thätigkeit auszuüben und eine öffentliche Abgabe zu erheben. Dann steht sie nicht anders da, wie z. B. eine Stadt, welche auf Grund ungültiger, von ihr aber für gültig gehaltener Gebührenordnungen Wasserleitungs- und Abfuhrgebühren erhebt. Ebensowenig wie eine solche Stadt deswegen, weil ihr für jene Einkünfte der öffentlich-rechtliche Titel fehlt, nachträglich zu der gewerblichen Unternehmerin einer Wasserversorgungs- oder Abfuhranstalt wird, ebensowenig wird die beschränkte Gräberpflege der Klägerin wegen des Versagens ihres Titels zu einer gewerblichen Gärtnerei. Anders liegt es mit derjenigen Gräberpflege, die über das Maß des für ein würdiges Aeußere des Kirchhofes Notwendigen hinausgeht, denn hinsichtlich ihrer wußte die Klägerin, daß sie nicht in den Rahmen ihrer öffentlichen Aufgaben gezogen und darum auch nicht zum Ausgangspunkte für eine öffentliche Abgabe gemacht werden kann.

Nr. 4. Entsch. Bd. XXXIX S. 72 v. 22. II. 1901 II C 126/1900.

Komm.-Abg.-Ges. v. 14. VII. 93 (G.-S. S 152) §§ 29 ff.
Ausf.-Anw. Art 20[1]

1. Die Möglichkeit, in einer und derselben Gemeinde nur gewisse Gewerbetreibende zu einer besonderen Gewerbesteuer, die übrigen mit Prozenten der staatlich veranlagten Gewerbesteuer heranzuziehen, ist durch das Komm.-Abg.-Ges. nicht ausgeschlossen, übrigens in der Ausf.-Anw. zu diesem Gesetz — Art. 20 Nr. 1 — ausdrücklich hervorgehoben.

2. Eine Gewerbesteuerordnung, die allgemeine Voraus-

setzungen der Steuerpflicht aufstellt, sodaß alle Gewerbebetriebe, bei denen diese Voraussetzungen zutreffen, steuerpflichtig werden, kann aus dem Grunde nicht angefochten werden, daß thatsächlich jene Voraussetzungen nur bei einem einzigen Gewerbebetriebe der Gemeinde zutreffen. Auch wenn die städtischen Körperschaften nur den einen Gewerbebetrieb im Auge gehabt haben sollten, weil sie wußten, daß damals nur er unter die Bestimmungen des Nachtrags falle, und weil sie annahmen, daß dies auch künftig der Fall sein werde, so würde doch dadurch die Gültigkeit nicht in Frage gestellt werden. Allerdings würde es unzulässig sein, für einen einzigen bestimmten Gewerbebetrieb oder einzelne bestimmte Gewerbebetriebe eine besondere Steuerordnung zu erlassen. Verschieden hiervon ist aber eine Ordnung, die Voraussetzungen aufstellt, unter denen alle Gewerbebetriebe steuerpflichtig sind, auf die jene Voraussetzungen zutreffen. Wäre die entgegengesetzte Auffassung richtig, so würde eine Steuerordnung ihre Gültigkeit verlieren, wenn mehrere zunächst unter sie fallende Gewerbebetriebe in der Folge bis auf einen einzigen wegfielen. Der Erlaß einer Steuerordnung, die, sozusagen, auf den Leib eines einzelnen Gewerbetreibenden zugeschnitten wird, mag vielleicht als ein Mißbrauch des kommunalen Gesetzgebungsrechts bezeichnet werden können. Ungültig ist aber eine solche Steuerordnung deswegen nicht, solange nur die Möglichkeit besteht, daß auch andere Gewerbebetriebe, als derjenige, der hat getroffen werden sollen, unter die Voraussetzungen fallen, von denen sie die Besteuerung abhängig macht.

3. Die Gewerbesteuer ist keine persönliche Steuer wie die Einkommensteuer, sondern eine Realsteuer. Wird sie vom Ertrag erhoben, so kann ein steuerpflichtiger Ertrag vorhanden sein, obgleich der Gewerbetreibende, weil er Schulden zu verzinsen hat, kein steuerpflichtiges Einkommen erzielt. Gegen die §§ 1 und 7 Nr. 6 der R.-Gew.-Ordn. verstößt die Abgabe nicht, da sie eine an die Gemeinde zu entrichtende Gewerbesteuer ist und nur zufolge des Gewerbebetriebs gezahlt wird.

4. Entstehen aus der Höhe der geforderten Steuer gegen ihre Angemessenheit Bedenken, so können sie nur von den Aufsichtsbehörden bei der Beschlußfassung über die Genehmigung der Steuerordnung in Berücksichtigung gezogen werden. Die von dem Verwaltungsrichter allein zu prüfende Rechtsgültigkeit der Bestimmungen der Steuerordnung wird durch sie nicht in Frage gestellt, da das Gesetz die Höhe der besonderen Gewerbesteuern nicht beschränkt hat.

5. Auf die Bestimmungen des § 54 des Komm.-Abg.-Ges., dem zufolge mehr als 200 % der Realsteuern in der Regel nicht erhoben werden sollen, darf der einzelne sich nicht berufen, weil für ihn die besondere Gewerbesteuer mehr als 200 % der staatlich veranlagten Gewerbesteuer ausmache.

6. Die Beiträge, die in einer Gemeinde für ein bestimmtes Steuerjahr in Betreff der einzelnen Steuerarten aufzubringen sind, sind in Prozenten der vom Staate in der Gemeinde veranlagten Steuern (Einkommensteuer und Realsteuern) auszudrücken und auf die in solcher Weise bestimmten Steuerbeträge auch die Beträge der entsprechenden besonderen Steuern zu verrechnen (siehe E.-O.-V. Bd. XXXIV S. 58, 59).

Nr. 5. Entsch. v. 8. VI. 1901 Nr. II 427 (Pr.-V.-Bl. XXIII S. 137).

Gew.-St.-Ges. v. 24. VI. 91 (G.-S. S. 205) § 24 Abs. 2.

1. Hat nach einer Steuerordnung die Veranlagung zu der Gemeindegewerbesteuer unter Anwendung der für die Veranlagung zur Gewerbesteuer nach dem Ges. v. 24. VI. 91 geltenden Grundsätze zu erfolgen, so ist auch

die Vorschrift im § 24 Abs. 2 dieses Gesetzes anzuwenden, wonach für die Veranlagung maßgebend ist das Anlage- und Betriebskapital nach seinem mittleren Stande, in dem bei Vornahme der Veranlagung abgelaufenen Jahre, d. i. in dem abgelaufenen Kalenderjahre oder in dem abgelaufenen Geschäftsjahre, wenn dieses nämlich mit dem Kalenderjahre nicht zusammenfällt. Daß das Geschäftsjahr mit dem Kalenderjahre zusammenfällt, ist anzunehmen, falls von keiner Seite etwas Gegenteiliges behauptet wird.

2. Wenn zu einer schon bestehenden Fabrik eine zweite erbaut wird, die demselben gewerblichen Unternehmen, wie die erste, dient, mag sie auch ein vollständig neues Werk mit selbständiger Maschinen- und Kesselanlage sein, so liegt doch nur eine Erweiterung eines schon bestehenden gewerblichen Betriebes (nicht aber ein neues gewerbliches Unternehmen) vor.

Nr. 6. Entsch. Bd. XXXIX S. 144 v. 8. VI 1901 II C 259 1900.
Komm.-Abg.-Ges v 14 VII. 93 (G.-S. S. 152) §§ 20, 27, 30, 31

1. Eine sich der staatlichen Veranlagung zur Gewerbesteuer anschließende Zuschlagssteuer im Sinne der §§ 30 und 31 des Komm.-Abg.-Ges. liegt nur vor, wenn die staatliche Veranlagung für die Gemeindesteuer unbedingt maßgebend ist, nicht aber dann, wenn die Ergebnisse der staatlichen Veranlagung bloß insoweit von dem Gemeindesteuerausschusse zu verwerten sind, als er sie bei selbständiger Nachprüfung für zutreffend erachtet.

2. Nach § 31 des Komm.-Abg.-Ges. soll die verschiedene Abstufung der Gewerbesteuersätze und Prozente nicht mit Rücksicht auf die Klassenzugehörigkeit, sondern nur nach Gewerbearten, und nur unter den im § 31 hervorgehobenen Voraussetzungen zulässig sein. Hieraus geht hervor, daß § 31 nicht auch auf besondere Gewerbesteuern bezogen werden darf, für die er nach seinem Inhalte nicht paßt und für die er auch nicht gelten soll, wie die Ausf.-Anw. (vgl. Art 20 Nr. 3) deutlich erkennen läßt. Für besondere Gewerbesteuern eine verschiedene Abstufung der Steuersätze ausdrücklich zu erlauben, hätte keinen Sinn gehabt, da eine Steuer ohne abgestufte Sätze undenkbar ist, folglich die Befugnis zur Vornahme jener Abstufung im Wesen der Sache liegt. Die Erlaubnis einer verschiedenen Abstufung der Prozente war für sie einerseits (sofern darin die Einräumung einer Freiheit liegen sollte) überflüssig, andererseits (sofern sie durch die Forderung gewisser Voraussetzungen eine Beschränkung enthielt) bedeutungslos, da durch die Abstufung der Sätze dasselbe erreicht werden kann, wie durch die Abstufung der Prozente. Aus diesen Gründen darf der § 31 nur bezogen werden auf das Zuschlagssystem, bei dem es unter Umständen von Wichtigkeit ist, trotz Aufrechterhaltung der staatlichen Einschätzung in Gewerbesteuerklassen die Steuersätze anderweit abzustufen oder unter Festhaltung der Steuersätze die Zuschläge zu ihnen verschieden zu bemessen. In der Abstufung der Steuersätze liegt auch kein Verstoß gegen den § 20 des Komm.-Abg.-Ges., der vorschreibt, daß die direkten Gemeindesteuern auf alle der Besteuerung unterworfenen Pflichtigen nach festen und gleichmäßigen Grundsätzen zu verteilen sind. Eine Steuerordnung genügt dieser Forderung dadurch, daß sie Normen aufstellt, die den veranlagenden Steuerausschuß binden, die Einschätzung seiner Willkür entziehen und jeden Gewerbetreibenden treffen, sobald die Voraussetzungen der Steuerordnung bei ihm vorliegen. Die dahin vorgesehene Progression, daß die Zuschlagseinheit bei einer Vergrößerung der Arbeiterzahl wächst, steht nicht im

Widerspruch mit der Forderung der Gleichmäßigkeit der Grundsätze. Diese ist dadurch gewahrt, daß jeder, der eine größere Arbeiterzahl hält, unter Zugrundelegung des höheren Zuschlags veranlagt wird. Eine Bestimmung, wie sie der § 27 für die Steuern vom Grundbesitz enthält, und die die Verteilung der Steuern nach gleichen Normen und Sätzen verlangt, besteht für die Gewerbesteuern nicht. Bei ihnen läßt das Gesetz den Gemeinden eine große Bewegungsfreiheit; gestattet doch selbst, wie oben erwähnt, der § 31 bei Zuschlagssteuern unter Umständen eine verschiedene Abstufung, während § 36 bei der Einkommensteuer die strenge Forderung gleichmäßiger Zuschläge aufstellt.

Nr. 7. Entsch. Bd. XXXIX S. 81 v 18. VI. 1901 II C 228 1900.

Komm.-Abg.-Ges v 14. VII 93 (G.-S. S 152) § 29
Gew.-St.-Ges. v. 24. VI 91 (G.-S. S. 205) § 23 und Ausf.-Anw dazu Art 17

1. Nach § 29 des Komm.-Abg.-Ges. können die besonderen Gewerbesteuern namentlich bemessen werden nach dem Ertrage des letzten Jahres oder einer Reihe von Jahren, nach dem Werte des Anlagekapitals oder des Anlage- und Betriebskapitals, nach sonstigen Merkmalen für den Umfang des Betriebs oder nach einer Verbindung mehrerer dieser Maßstäbe. Nun kann allerdings nicht bezweifelt werden, daß unter Anlage- und Betriebskapital im Sinne dieser Vorschrift dasselbe zu verstehen ist, was das Gew.-St.-Ges. in § 23 darunter versteht, also nur die dem Gewerbebetriebe dauernd gewidmeten Werte. Wenn der § 29 des Komm.-Abg.-Ges. den Gemeinden aber freistellt, die Steuern auch nach „sonstigen", a. a. O nicht näher bezeichneten Merkmalen zu bemessen, so ist bei der großen Bewegungsfreiheit, die das Gesetz den Gemeinden auf diesem Gebiete gestattet, nicht abzusehen, weshalb als solche Merkmale neben den dem Gewerbebetriebe dauernd gewidmeten Werten nicht auch die nur vorübergehend gewidmeten Werte bezeichnet werden könnten. Eine Steuerordnung, die alle dem Gewerbebetriebe gewidmeten Werte für maßgebend erklärt, verstößt daher nicht gegen das Gesetz und insbesondere nicht gegen den Charakter der Gewerbesteuer als einer Ertragssteuer; denn da das Gewerbesteuergesetz selbst für die Bemessung der Steuer unter Umständen nicht den Ertrag, sondern das Anlage- und Betriebskapital als Grundlage gelten läßt, wohnt der Gewerbesteuer jener Charakter nicht notwendig bei.

2. Das Anlage- und Betriebskapital umfaßt begrifflich nicht nur das dem Betriebe gewidmete Aktivvermögen, sondern auch die Geschäftsschulden. In Uebereinstimmung hiermit ist im Art. 17 der Ausf.-Anw. zum Gew.-St.-Ges. bestimmt, daß bei Berechnung des Anlage- und Betriebskapitals von den dem Betriebe dauernd gewidmeten Werten die laufenden Schulden in Abzug zu bringen sind, und Art. 10 der Ausf.-Anw. zum Erg.-St.-Ges., in dessen Sinne nicht nur die dauernd, sondern auch die nur vorübergehend dem Betriebe gewidmeten Werte zum Anlage- und Betriebskapitale gehören, erklärt alle zur Begründung, Verbesserung, Erweiterung und Fortsetzung des Betriebs aufgenommenen Schulden, einschließlich der laufenden Betriebs- und Geschäftsschulden, für abzugsfähig. Will eine Steuerordnung einen gegensätzlichen Standpunkt einnehmen und lediglich die aktiven Werte als Anlage- und Betriebskapital ansehen, so muß sie dies zum deutlichen Ausdrucke bringen. Ist dies nicht geschehen so muß das (hier in Frage kommende) Ortsgesetz dahin ausgelegt werden, daß das Anlage- und Betriebskapital auf der einen Seite zwar alle, auch die nur vorübergehend gewidmeten Werte, auf der anderen Seite aber auch alle Schulden der Gesellschaft, nicht nur die laufenden, sondern auch die zur Begründung, Fortsetzung, Verbesserung und Erweiterung des Betriebs

aufgenommenen in sich begreift, so zwar, daß nur der Ueberschuß jener über diese das Anlage- und Betriebskapital darstellt.

Nr. 8. Entsch. Bd. XXXVIII S. 88 v. 21. IX. 1900 II C 55/1900.
Komm.-Abg.-Ges. v. 14. VII 93 (G.-S. S. 152) §§ 32, 47, 48, 48a, 71
Gew.-St.-Ges. v 24. VI 91 (G.-S. S. 205) § 38.

1. Erstreckt sich ein einheitlicher Gewerbebetrieb über mehrere Gemeinden, von denen eine jede eine besondere Gewerbesteuer eingeführt hat, so findet zur Beseitigung etwaiger bei der Wahl verschiedener Gewerbesteuerarten durch die verschiedenen Betriebsorte entstehender Unbilligkeiten ein Verteilungsverfahren nach Analogie der §§ 71ff. des Komm.-Abg.-Ges. nicht statt.

2. Die in § 38 des Gew.-St.-Ges. v. 24. VI. 91 vorgesehene Verteilung des staatlich veranlagten Steuersatzes kann nur denjenigen Gemeinden gegenüber wirksam werden, in denen Prozente der staatlich veranlagten Gewerbesteuer erhoben werden. Dort gegen eine unter Zugrundelegung eines zu hohen Prinzipalsatzes erfolgte Besteuerung rechtzeitig Einspruch zu erheben, ist Sache des Gewerbetreibenden.

3. Wenn das Komm.-Abg.-Ges. (§ 32 a. a. O.) vorschreibt, daß bei besonderen, nach dem Ertrage zu bemessenden Gewerbesteuern, denen ein sich über mehrere Gemeinden erstreckender Gewerbebetrieb unterliegt, die Veranlagung unter sinngemäßer Anwendung der §§ 47 und 48 des Ges. zu erfolgen habe, so sind damit die einschlägigen Grundsätze der Einkommensteuer für anwendbar erklärt. Zu ihnen gehört auch der § 48a daselbst, dessen Vorschriften bereits befolgt worden sind, ehe die Novelle vom 30. VII. 95 eingeführt wurde. Er findet mithin gegebenen Falles auch auf Gewerbesteuern nach dem Ertrage Anwendung.

Nr. 9. Entsch. v. 2. X. 1900 Nr. II 1274 (Pr.-V.-Bl. Bd. XXII S. 252).
Komm.-Abg.-Ges. §§ 32, 47, 48.

1. Nur für Gewerbesteuern, die von dem Ertrage erhoben werden, ist die Doppelbesteuerung nach den §§ 47 u. 48 des Komm.-Abg.-Ges. verboten.

2. Die Vorschrift des § 32 Abs. 2 des Komm.-Abg.-Ges., wonach besondere Gewerbesteuern nach Maßgabe des in der Gemeinde belegenen Teils des Gewerbebetriebes zu veranlagen sind, bedeutet lediglich, daß ein sich über mehrere Gemeindebezirke erstreckender Gewerbebetrieb der Gewerbesteuer in der Einzelgemeinde nur insoweit unterliegen solle, als er sich dort vollzieht. Sie schließt aber nicht aus, daß bei seiner Besteuerung in der Gemeinde zum Maßstabe der Besteuerung der Gesammtertrag des Unternehmens gemacht wird. Er kann demgemäß mit einem nach diesem Maßstabe erhöhten Steuersatze belegt werden, wenn es die Billigung der Aufsichtsbehörde findet. (Vgl. E.-O.-V. Bd. XXXVI S. 29.)

Nr. 10. Entsch. Bd. XXXVIII S. 117 v. 21. XII. 1900 II C 209/1900.
Gew.-St.-Ges. v. 24. VI. 91 (G.-S. S. 205) §§ 59ff.
Komm.-Abg.-Ges. v. 14. VII. 93 (G.-S. S. 152) §§ 20, 29

Den Gemeinden steht es frei, an Stelle der nach §§ 59ff. des Gew.-St.-Ges. veranlagten Betriebssteuer eine besondere Abgabe von dem Betriebe der Gastwirtschaft und der Schankwirtschaft sowie dem Kleinhandel mit Branntwein zu erheben. Gehen sie hierzu über, so können sie zum Maßstabe für die Höhe der Steuer unter anderem auch den Ertrag oder den Umfang des Betriebs nehmen oder auch beide Maßstäbe miteinander verbinden (§ 29 des Komm.-Abg.-Ges.). Aber ungeachtet aller Freiheit bei dieser Wahl darf der § 20 des Komm.-Abg.-Ges. nicht außer Acht gelassen werden, der die Verteilung der direkten Gemeindesteuern auf alle der Besteuerung unterworfenen Pflichtigen nach festen und gleichmäßigen Grundsätzen fordert.

Mangels solcher Grundsätze ist eine Steuerordnung rechtsungültig. Wird die Steuer nach Maßgabe des Ertrages und des Umfanges des Betriebs verteilt, so muß näher angegeben werden, in welchem Verhältnisse diese beiden Maßstäbe zu einander stehen, welche Teile der Steuer nach dem Ertrage und welche nach dem Betriebsumfang unterverteilt werden sollen.

Nr. 11. Entsch. Bd. XXXVIII S. 121 v. 8. I. 1901 II C 230/1900.

Gew.-St.-Ges. v. 24. VI. 91 (G.-S. S. 205) § 60.
Ausf.-Anw. v. 5. III. 94 zur Veranlagung der Betriebssteuer, Art. 7.
Komm.-Abg.-Ges. v. 14. VII. 93 (G.-S. S. 152) §§ 33—52.

Jede Betriebsstätte begründet bei Zuschlägen zur Betriebssteuer eine besondere Steuerpflicht in subjektiver wie objektiver Hinsicht, etwa so, wie das für die Gebäudesteuer bei jedem selbständigen Hause zutrifft. Wird ein Schankgeschäft von einem Hause einer Stadt in ein anderes verlegt, so wird in dem zweiten Hause kein neuer Betrieb eröffnet, sondern nur der alte fortgeführt. Daß dieser Thatbestand vorliegt, kann auch gegenüber einer prinzipalen staatlichen Veranlagung, die in einem solchen Falle mit der Eröffnung eines neuen Betriebs rechnet, eingewendet werden. Der Einwand trifft dann nicht den Prinzipalsatz, sondern die städtische Steuerpflicht selbst.

3. Gemeindeeinkommensteuer.

a) Wohnsitz und Aufenthalt.

Nr. 1. Entsch. Bd. XXXVIII S. 79 v. 23. XI. 1900 II C 186/1900.

Komm.-Abg.-Ges. v. 14. VII. 93 (G.-S. S. 152) §§ 33, 39, 61.
Ausf.-Anw. Art. 23 Abs. 2.
Freizügigkeitsges. v. 1. XI. 67 (B.-G.-Bl. S. 55) § 8.

Die Ausübung der auf § 33 Abs. 4 des Komm.-Abg.-Ges. beruhenden, die Heranziehung Neuanziehender betreffenden Steuerberechtigung setzt einen Gemeindebeschluß voraus, wonach von dem Rechte Gebrauch gemacht werden soll.

Ohne einen solchen Beschluß mangelt es an der notwendigen Grundlage für die Heranziehung. Denn, während der § 33 des Komm.-Abg.-Ges. in seinem ersten Abs. die dort aufgeführten physischen Personen und anderen Rechtsträger ohne weiteres für steuerpflichtig erklärt, so daß — abgesehen von der Ausnahme des § 39 — die Gemeinde, wenn sie überhaupt Einkommensteuer erhebt, sie auch heranziehen muß, sagt er in seinem vierten Abs. hinsichtlich der „Neuanziehenden" in Uebereinstimmung mit § 8 des Freizügigkeitsges. v. 1. XI. 67, daß sie, „auch wenn sie in der Gemeinde keinen Wohnsitz haben, gleich den übrigen Gemeindeeinwohnern zur Steuer herangezogen werden können, sofern ihr Aufenthalt die Dauer von drei Monaten übersteigt". Nach dem klaren Wortlaute dieser Bestimmung hat also die Gemeinde aus eigener Entschließung darüber zu befinden, ob sie die „Neuanziehenden" besteuern will oder nicht. Das kann aber nicht dahin verstanden werden, als ob sich die Gemeinde nun von Fall zu Fall über die Heranziehung schlüssig machen, bald heranziehen, bald freilassen und die Bestimmung darüber ihrer ausführenden Veranlagungsbehörde überlassen könne. Es muß vielmehr eine gleichmäßige Behandlung erfolgen, und das kann nur durch ein für allemal geltende allgemeine Beschlüsse derjenigen Gemeindebehörden geschehen, die der Regel nach berufen sind, den Willen der Gemeinde zum Ausdrucke zu bringen.

b) Einkommen aus Kapitalvermögen.

Nr. 1. Entsch. v 22. I. 1901 Nr. II 133 (Pr.=V.=Bl. Bd. XXIII S 548).
B.=G.=B. §§ 1684, 1656, 1649, E=G z. B.=G.=B. Art. 203.

Vor dem Inkrafttreten des B.=G.=B. (1. I. 1900) stand im Geltungsgebiete des A.=L.=R.'s der Mutter ein gesetzliches Nutzungsrecht an dem Vermögen ihres ehelichen Kindes nicht zu. Es erwuchs daher nicht ihr, sondern dem Kinde das Einkommen aus dem Kapitalvermögen des letzteren. Bezog die Mutter — deren Alimentationspflicht nur dann und insoweit in Frage kommt, als das eigene Einkommen der Kinder für deren standesmäßigen Unterhalt nicht ausreicht — die Zinsen aus den in Rede stehenden Kapitalien auf Grund einer mit dem Pfleger getroffenen Vereinbarung als Entgeld für den dem Kinde gewährten Unterhalt, so hatte sie lediglich, wie jeder andere Gläubiger, einen obligatorischen Anspruch auf einen Geldbetrag in Höhe der dem Kinde zuwachsenden Zinsen.

Nr. 2. Entsch. v. 15. I. 1901 Nr. II 85 (Pr.=V.=Bl. Bd. XXIII S. 547).

1. Bei der Ermittelung des Einkommens eines Steuerpflichtigen aus seiner Beteiligung an der Zuckerfabrik dürfen diejenigen Beträge, die statutenmäßig zur vollständigen Leistung der Stammeinlagen zurückbehalten werden, und die Rücklagen der Gesellschaft in den Reservefonds (vgl. E.=O.=V. Bd. XXXIII S. 69) nicht unberücksichtigt gelassen werden.

2. Sofern die Höhe des den Gesellschaftern für gelieferte Pflicht= und Ueberrüben zu gewährenden Entgelts nach dem Gesellschaftsvertrage (Gesellschaft mit beschränkter Haftung) von dem finanziellen Ertrage des Unternehmens abhängt, ist das etwa über den Marktpreis hinaus gewährte Entgeld als verteilte Dividende anzusehen. Als Entgelt kommen, abgesehen von dem zur Ergänzung der Stammeinlagen zurückbehaltenen Betrage und den Rücklagen in den Reservefonds, die dem Gesellschafter bar gezahlten Beträge und die zurückgegebenen Schnitzel in Betracht.

3. Hinsichtlich des für die Frage, ob und in welcher Höhe eine Gewinnverteilung anzunehmen ist, maßgebenden Marktpreises ist zu bemerken, daß, wenn ein solcher nach dem Preise der Kaufrüben nicht zu ermitteln ist, weil Kaufrüben in der in Betracht kommenden Gegend nicht geliefert sind, derjenige Preis zu berücksichtigen ist, der sich nach Maßgabe der Bedingungen bezüglich des Anbaues, der Lieferung und der Bezahlung noch als eine angemessene Entschädigung der Gesellschafter darstellt (vgl. E.=O.=V. in St. Bd. IV S. 281 und Bd. VI S 415). Bei Ermittelung der als Gewinnverteilung anzusehenden Differenz zwischen diesem und dem den Gesellschaftern gezahlten Preise wird, wenn den Gesellschaftern besonders hohe Schmutzprozente in Abzug gebracht werden, dieser Umstand nicht außer Betracht bleiben dürfen.

c) Einkommen aus Grundvermögen.

Nr. 1. Entsch. Bd. XXXVIII S 159 v. 2. X. 1900 II C 42/1900.
Eink.-St.-Ges. v. 24. VI. 91 (G.-S. S. 175) §§ 7, 13.
Ausf-Anw. v. 5. VIII 91 Art. 13.

Das steuerpflichtige Einkommen aus Holzungen wird nur aus denjenigen Nutzungen gebildet, die thatsächlich stattgefunden haben und unter Schonung des Holzbestandskapitals erfolgt sind. Unter dem Holzbestandskapital aber ist derjenige Bestand zu verstehen, der nach forsttechnischen Grundsätzen zur Sicherstellung der regelmäßigen Nutzung dauernd erhalten bleiben muß, und dessen Größe dem unmittelbar nach der regelmäßigen Holzernte verbleibenden Bestande entspricht. Beim Vorhandensein eines forsttechnischen Wirtschaftsplans ergiebt sich aus ihm auch die Höhe des Holzbestandskapitals. Ist dagegen ein Wirtschaftsplan nicht vorhanden, so wird das Holzbestandskapital durch denjenigen Teil des Aufwuchses dargestellt, der nach allgemeinen forsttechnischen Grundsätzen und unter Berücksichtigung der besonderen, für die Waldwirtschaft in Betracht kommenden örtlichen Verhältnisse bei zweckmäßiger Bewirtschaftung und Nutzung des Grundstücks dauernd erhalten werden muß. Nutzungen, die nach den vorstehenden Grundsätzen bereits in früheren Jahren durch Vornahme von Abtrieben hätten erzielt werden können, aber nicht erzielt sind, stellen steuerpflichtiges Einkommen desjenigen Jahres dar, in dem sie gezogen sind. Dagegen sind alle Abtriebe, die über die regelmäßigen Nutzungen nach Maßgabe der vorstehend aufgestellten Gesichtspunkte hinausgehen, Eingriffe in das Holzbestandskapital und der Steuerpflicht nicht unterworfen.

d) Einkommen aus Handel und Gewerbe.

Nr. 1. Entsch. v. 16. X. 1900 Nr. II 1352 (Pr.-V.-Bl. Bd. XXII S. 372).

Die Thätigkeit, die der Teilhaber einer offenen Handelsgesellschaft in der Führung der Geschäfte der Gesellschaft entfaltet, übt er in seiner Eigenschaft als Gesellschafter und nicht als Gewerbegehilfe aus. Das Einkommen, das ihm für diese Thätigkeit zufließt, ist deshalb nicht ein seitens der Gesellschaft einem Dritten gezahltes Gehalt und als solches Einkommen aus gewinnbringender Beschäftigung, sondern Einkommen aus dem Betriebe des Handelsgewerbes, und zwar auch dann, wenn es dem Gesellschafter fest zugesichert ist und wegen etwaigen Mangels eines Geschäftsgewinnes dem Kapitalvermögen der Gesellschaft entnommen werden muß. Ob es überhaupt möglich ist, daß dieser Grundsatz infolge besonders gearteter Verhältnisse eine Ausnahme erleidet, kann hier auf sich beruhen bleiben, da das Vorhandensein einer solchen Ausnahme jedenfalls nicht schon deshalb anzuerkennen ist, weil dem Gesellschafter eine Vergütung für seine Geschäftsführung ohne Rücksicht auf das Ergebnis des Geschäftsbetriebs zugesichert ist.

Nr. 2. Entsch. Bd. XXXIX S. 127 v. 5. III. 1901 II C 59/1900.
Eink.-St.-Ges. v. 24. VI. 91 (G.-S. S. 175) §§ 1, 9, 14, 16.
Ausf-Anw. Art. 18—20.

Der § 14 des Eink.-St.-Ges. enthält die Vorschriften sowohl über das Wesen des Einkommens aus „Handel und Gewerbe einschließlich des Bergbaues", als auch über die Ermittelung dieses Einkommens. Er findet Anwendung bei allen steuerpflichtigen Gewerbetreibenden mit alleiniger Ausnahme der im § 1 Nr. 4 und 5 a. a. O. bezeichneten Steuerpflichtigen, für die der § 16 a. a. O. Sonderbestimmungen trifft. Eine verschiedene Behandlung solcher Gewerbetreibenden, die als „Kaufleute“ gesetzlich verpflichtet sind, Bücher nach den Grundsätzen der handelsgesetzlichen Vorschriften und des Gebrauchs „ordentlicher“ Kaufleute zu führen, und solcher, die dies nicht nötig haben, ist im § 14, besonders auch in dessen ganzen Abs. 1, nicht vorgeschrieben. Für diejenigen aber, die keine Bücher nach solchen Grundsätzen oder überhaupt keine Bücher führen und vorlegen, kann die Ermittelung des Geschäftsgewinns nicht von den Ergebnissen der Buchführung ausgehen. Daß sich hieraus eine Verschiedenheit in dem Gegenstand und der Form der Ermittelung ergeben muß, folgt schon aus der Divergenz der Vorschriften in § 9 I 5 und § 14 Abs. 1 des Eink.-St.-Ges., worüber in der Entsch. der vereinigten Steuersenate v. 27. XI. 96 gesagt ist:

„Aus der Entstehungsgeschichte der Vorschriften in § 9 I 5 und § 14 Abs. 1 des Ges. ergiebt sich zunächst, daß die an der letzteren Stelle vorgesehenen regelmäßigen jährlichen Abschreibungen, welche einer angemessenen Berücksichtigung der Wertsverminderung entsprechen, als mit der Ermittelung des Einkommens aus Handel und Gewerbe auf Grund einer kaufmännischen Bilanz zusammenhängend und deshalb nach Art. 31 des allgemeinen Deutschen Handelsgesetzbuchs jeder Wertsverminderung sämmtlicher Vermögensstücke des Kaufmanns Rechnung tragend, von den in der ersteren Gesetzesvorschrift erwähnten, regelmäßigen jährlichen Absetzungen für Abnutzung von Gebäuden, Maschinen, Betriebsgerätschaften u. s. w. völlig verschieden sind.“

Wenn nun auch nicht zu bezweifeln ist, daß die Buchführung nach den Grundsätzen der handelsrechtlichen Vorschriften in der Regel bei den sogenannten Vollkaufleuten und nur ausnahmsweise bei anderen Gewerbetreibenden zu finden sein wird, so ist es bei der Fassung des § 14 a a. O. doch nicht ausgeschlossen, daß andere Gewerbetreibende — darunter auch der Staatsfiskus — wenn sie ihre Bücher nach jenen Grundsätzen führen, der Gewinnberechnung ihre Bücherabschlüsse und Bilanzen zu Grunde legen dürfen, soweit nicht entgegenstehende Bestimmungen des Eink.-St.-Ges. Berichtigungen erforderlich machen. So bestimmen auch Art. 18 und 19 (vgl. Art. 20) der Ausf.-Anw. in der Fassung vom 6. VII. 1900 (die allerdings von der früheren Fassung abweicht, nach der bei Gewerbetreibenden, die nicht Kaufleute im Sinne des Handelsgesetzbuchs waren, der Geschäftsgewinn sich aus Gegenüberstellung der Betriebs-Einnahmen und Ausgaben ergeben sollte). Die Rechtsprechung der Steuersenate des O.-V.-G. hat denselben Standpunkt eingenommen, und noch in einer neueren Entsch. des V. Sen. v. 22. XII. 1900, die die Beschwerde eines Ziegeleibesitzers und die Höhe der Abschreibung bei Gebäuden betraf, ist das Vorhandensein einer „kaufmännischen Buchführung“ als genügender Grund für die Ermittelung des Geschäftsgewinns gemäß Art. 19 a. a. O. angesehen worden.

Nr. 3. Entsch. v. 21. VI. 1901 Nr. II 1047 (Pr.-V.-Bl. Bd. XXIII S. 183).
Eink.-St.-Ges. v. 24. VI. 91 (G.-S. S. 175) § 10.

Ob durch Zutritt eines Gesellschafters in ein bisher allein betriebenes Handelsgeschäft eine wesentliche Veränderung der Einkommensquelle, sei es im Umfange und der Natur des Geschäftsunternehmens, sei es in den persönlichen Verhältnissen oder sonstigen Umständen eingetreten ist, sodaß die Einkommensquelle des Pflichtigen nicht mehr fortbesteht, sondern eine andere, nicht mehr gleichartige geworden ist und daher die Berechnung des steuerpflichtigen Einkommens nach dem Durchschnitt der drei Vorjahre nicht stattfinden darf, ist eine rein thatsächliche Frage. (Vgl. E.-O.-V. in St. Bd. I S. 144 und Bd. VII S. 134.) Dabei darf keinesfalls etwa von einem Grundsatze ausgegangen werden, daß der Zutritt eines Gesellschafters niemals eine wesentliche Aenderung der Einnahmequelle zur Folge haben könne, und ebensowenig von einem solchen, daß nach einem derartigen Zutritt niemals die Quelle gleichartig bleiben könne.

Nr. 4. Entsch. v. 4. VII. 1901 (Pr.-V.-Bl. Bd. XXIII S. 42).

Eink.-St.-Ges. §§ 8, 9, 15; Ausf.-Anw. Art. 4. II[3]

1. Den Gegenstand der Beschwerde bildete der Abzug einer Jahresprämie für die Versicherung des Beschwerdeführers bei dem Allgemeinen Deutschen Versicherungsvereine in Stuttgart gegen Schaden aus dem Amte (Regreßansprüche). Das O.-V.-G. erkannte die Abzugsfähigkeit an.

2. Die Versicherung dient zur Deckung von Schäden, die dem Beschwerdeführer aus der Führung des von ihm bekleideten Amtes erwachsen können. Entstände aus seiner Amtsführung ein von ihm zu vertretender Schaden, so würde der Schaden selbst von dem Ertrage der Quelle gewinnbringender Beschäftigung in vollem Umfange abzugsfähig sein.

Bereits früher hat das O.-V.-G. in Bezug auf einen Verlust, den der Teilhaber einer offenen Handelsgesellschaft der Gesellschaft durch seine vermeintliche Fahrlässigkeit zugefügt und freiwillig erstattet hatte, die Eigenschaft eines nicht abzugsfähigen Vermögens- und Kapitalverlustes verneint und die Abzugsfähigkeit gemäß § 9 I 1 a. a. O. anerkannt (Entsch. V A 1169 v. 22. IX. 96). Den hierin enthaltenen Rechtsgrundsatz auf die Quelle des Gewerbebetriebes zu beschränken, bieten die gesetzlichen Bestimmungen keinen Anhalt. Vielmehr sind die gleichen Vorgänge im Bereiche anderer Ertragsquellen nach demselben Rechtsgrundsatze zu beurteilen. Dies gilt insbesondere auch für die Quellen der gewinnbringenden Beschäftigung. Wenn ein Beamter oder im Privatdienste Angestellter, ein Arzt oder ein Rechtsanwalt u. s. w. bei Ausübung seines Berufes ein Versehen begeht, und infolge dessen gegenüber dem Geschäftsherrn oder dritten Personen zum Ersatze des von ihm verschuldeten Schadens verpflichtet ist, handelt es sich für ihn um eine mit seinen Berufspflichten übernommene Gegenleistung, also um Aufwendungen, die mit seinem Berufe in ursächlicher Verbindung stehen und als solche aus dem quellmäßigen Rohertrage bestritten werden müssen, bevor ihm ein als Einkommen zu verwendender und anzurechnender Reinertrag verbleibt (§ 9 I 1 a. a. O.). Die Möglichkeit, daß dem Beamten u. s. w. infolge des begangenen Versehens das Amt entzogen oder die Ausübung des Berufes unmöglich gemacht werden kann, ist eine Zufälligkeit, die an dieser rechtlichen Beurteilung nichts ändert.

3. Ob das Versehen hätte vermieden werden können, ist unerheblich, da für die Aussonderung der Aufwendungen gemäß § 9 I 1 aus dem Rohertrage der Quelle nach feststehender Rechtsprechung überall der thatsächliche Zustand, nicht aber die Möglichkeit der Vermeidung oder Verminderung von Ausgaben entscheidet. Ebensowenig kommt es darauf an, ob die Erstattung des Schadens mittelst einmaliger Gesammtleistung oder in Raten oder in einer Rente geschieht. Nach der Fälligkeit bestimmen sich nur Höhe und Zeit der Abzugsfähigkeit, nicht aber die Abzugsfähigkeit selbst. Ist der zu deckende Schaden so hoch, daß der Ersatzpflichtige zur Deckung sein Kapitalvermögen angreifen muß, so verliert er zwar hiermit einen entsprechenden Teil seines Kapitalvermögens und dieser Kapital-

verlust als solcher ist selbstverständlicher Weise nicht abzugsfähig. Die Abzugsfähigkeit des auf solche Weise gedeckten Schadens wird aber hiervon garnicht berührt. Der ersetzte Betrag bleibt vielmehr eine abzugsfähige Aufwendung im Bereiche der Quelle ohne Rücksicht auf die Höhe und die Art der Deckung. Denn der Begriff des Kapitals hängt keineswegs von der zahlenmäßigen Höhe einer Geldsumme ab. Wollte man nach der Höhe des Schadensersatzes und der Art der Deckung unterscheiden, so würde es nicht nur an jeder Möglichkeit für die Bestimmung einer Grenze fehlen, sondern es würde auch die Abzugsfähigkeit von Zufälligkeiten aller Art, insbesondere von dem Umstande abhängen, ob der Ersatzpflichtige über Vermögen zur Deckung verfügt oder nicht.

4. Würde hiernach der Verlust infolge des Schadensersatzes selbst in vollem Umfange abzugsfähig sein, so erscheint die zur Sicherung gegen Schadensersatzansprüche dienende Versicherungsprämie zweifellos als eine zur Sicherung des quellenmäßigen Einkommens verwendete Ausgabe. Sie gehört mithin zu den nach § 9 I 1 a. a. O. abzugsfähigen Betriebskosten.

f) Die Steuerpflicht der Forensen.

Nr. 1. Entsch. v. 21. VI. 1901 Nr I 1074 (Pr.-V.-Bl. Bd. XXIII S 134)
Komm -Abg.-Ges. v. 14. VII. 93 (G -S. S. 152) § 32.
Eink -St -Ges. v. 24. VI 91 (G.-S. S. 175) §§ 10, 13.
Ausf.-Anw v 6. VII. 1900 Nr I u. II Art. 11, 42.

1. Zur Heranziehung eines Forensen zur Gemeindesteuer durch Zuschläge von dem Einkommen eines Grundstückes bedarf es gemäß § 36 Abs. 2 des Komm.-Abg.-Ges. der Feststellung des Steuersatzes nach den für die Veranlagung der Staatseinkommensteuer geltenden Grundsätzen. (E.-O.-V. Bd. XXXVII S. 40.) Da die Einnahmen aus nicht verpachteten, landwirtschaftlich benutzten Grundstücken schwanken, so müssen sie gemäß § 10 des Eink.-St.-Ges. nach dem Durchschnitte der drei vorhergegangenen Jahre berechnet werden. Hierbei sind alle Anführungen des Klägers, auch wenn sie keinen vollständigen Nachweis seiner Einkommensverhältnisse in den drei Vorjahren liefern können, möglichst zu berücksichtigen, da sie erhebliche Anhaltspunkte für die Schätzung bieten. (E.-O.-V. in St. Bd. IV S. 71 ff., 106.)

Die Schätzung, die sich auf die thatsächlichen Einkommen in den für den Durchschnitt maßgebenden Vorjahren zu erstrecken hat (vgl. E.-O.-V. in St. Bd. VII S. 222, 223, 225, 230) darf nur eintreten, soweit als die Berechnung versagt. Die Möglichkeit der Berechnung des wirklichen Einkommens auch nur für ein Jahr der Durchschnittsperiode würde die Schätzung jedenfalls für dieses Jahr ausschließen, und außerdem würde das Ergebnis ein wesentlicher Anhaltspunkt bei der Schätzung für die übrigen Jahre sein (E.-O.-V. in St. Bd. IV. S. 146, 71 ff.). Wenn auch eine genaue Berechnung des Einkommens aus dem Forensal-Grundstücke in der Gemeinde G. schon darum ausgeschlossen ist, weil der Kläger dies Grundstück zusammen mit seinem Grundbesitze in der Wohnsitzgemeinde bewirtschaftet, so ist doch das Gesammteinkommen aus dem ganzen Grundbesitze von wesentlicher Bedeutung für die Schätzung des Betriebsergebnisses der einzelnen Grundstücke. Da ferner bei der Schätzung des Einkommens aus Grundbesitz die individuellen Verhältnisse des Besitzers berücksichtigt werden müssen (E.-O.-V. in St. Bd. VII S. 25, 229, Bd. IV S. 113 ff., 116), so verdient auch die Behauptung des

Klägers Beachtung, daß seine Frau gänzlich, er selbst aber theilweise arbeitsunfähig und deshalb der Bedarf an fremder Arbeitskraft größer sei.

2. Es empfiehlt sich daher, den Kläger aufzufordern, seine Aufzeichnungen über die Einnahmen und Ausgaben in den betreffenden Jahren vorzulegen (vgl. E.-O.-V. in St. Bd. VII S. 11, 51). Soweit als es erforderlich erscheint (§ 76 L.-V.-G., vgl. E.-O.-V. Bd. XII S. 85ff.), ist über die Angaben des Klägers, die für die Berechnung oder für die Schätzung seines Einkommens in Betracht kommen, Beweis durch Vernehmung von Zeugen und Sachverständigen zu erheben. Mit Rücksicht auf den Zusammenhang der Bewirtschaftung des Grundbesitzes in W. und in G. ist zu schätzen, wie sich die Einnahmen und Ausgaben auf den Grundbesitz in den einzelnen Gemeinden verteilen. Dabei ist es im Verhältnisse des Klägers zur Gemeinde G. nicht entscheidend, inwieweit die betreffenden Einnahmen dem Kläger schon bei der Gemeindeeinkommensteuer in W. als Teil des dort bezogenen Einkommens angerechnet worden sind. Der Kläger hätte zur Vermeidung einer Ueberbürdung durch die Besteuerung seines Einkommens in beiden Gemeinden die Verteilung seines gemeindesteuerpflichtigen Einkommens gemäß § 71 des Komm.-Abg.-Ges. beantragen können.

3. Schuldenzinsen sind zu kürzen, wenn die Schulden auf dem Grundbesitze haften. Dabei ist aber eine Eintragung im Grundbuche nicht unerläßlich, sondern es genügt ein wirtschaftlicher Zusammenhang mit dem Einkommen aus den Grundstücken (vgl. E.-O.-V. Bd. XXV S. 60ff., 64, 69; in St. Bd. II S. 107).

Nr. 2. Entsch. v. 15. I. 1901 Nr. II 62 (Pr.-V.-Bl. Bd. XXII S. 527).
A.-L.-R. I 21 § 70 Eink.-St.-Ges. v. 24. VI. 91 (G.-S. S. 175) § 11.

1. Jemand war als Forense aus einem seiner Ehefrau als Miteigentümerin gehörigen Grundstücke, auf dem für ihn selbst eine Hypothek eingetragen war, zu Gemeindeabgaben herangezogen worden. Er verlangte, daß diese Zinsen bei der Besteuerung nicht berücksichtigt würden. Das O.-V.-G. erkannte dies als berechtigt an aus folgenden Gründen:

2. Zunächst ist zu bemerken, daß die fraglichen Hypothekenzinsen nicht etwa nur auf dem ideellen Anteile der Ehefrau an dem in Rede stehenden Grundbesitze lasten. Soweit sie auf den Anteilen der übrigen Miteigentümer ruhen, ist nicht abzusehen, wie sie dem Einkommen des Klägers aus dem Grundbesitz sollten hinzugerechnet werden können. Soweit sie aber auf dem Anteile der Ehefrau ruhen, müssen sie von dem aus diesem Anteile erwachsenden Einkommen in Abzug gebracht werden. Denn wenn dem Kläger an dem Vermögen seiner Ehefrau der Nießbrauch zusteht und er demnach die Hypothekenzinsen zu berichtigen hat, die auf dem zu diesem Vermögen gehörigen Grundbesitz ruhen und während bestehenden Nießbrauchs fällig werden, gehen die hier fraglichen Hypothekenzinsen infolge des letzteren Umstandes nicht etwa unter. Die Vorschrift in § 70 Tit. 21, T. I A.-L.-R.'s hat nämlich die Bedeutung, daß der Nießbraucher nur dem Eigentümer gegenüber verpflichtet ist, die Zinsen der auf der Sache haftenden Schulden zu berichtigen, nicht aber hat der Gläubiger ein persönliches Recht gegen den Nießbraucher (Plenarbeschl. d. Obertr. v. 1. III. 47, Entsch. d. Obertr. Bd. XIV S. 17). Für den vorliegenden Fall ergiebt sich hieraus, daß zwar der Kläger seiner Ehefrau gegenüber verpflichtet ist, sich wegen der fraglichen Zinsen aus dem ihm aus dem Anteile seiner Ehefrau an dem Grundbesitz zufließenden Einkommen bezahlt zu machen, daß der Anspruch auf die Zinsen selbst aber durch das Nießbrauchsrecht des Klägers in keiner Weise berührt wird. Falls dem Kläger aber etwa der Nießbrauch an dem Vermögen seiner Ehefrau

nicht zustehen sollte, wäre vollends nicht abzusehen, weshalb die dem Kläger zustehenden Zinsen von dem Einkommen aus dem Anteile der klägerischen Ehefrau an dem fraglichen Grundbesitz nicht sollten in Abzug gebracht werden dürfen. In diesem Falle würde übrigens der Kläger selbst in der Forensalgemeinde überhaupt nicht steuerpflichtig sein, da die Vorschrift des § 11 Abs. 1 des Eink.-St.-Ges. für Forensalgemeinden nicht gilt (E.-O.-V. Bd. XXVII S. 113).

Nr. 3. Entsch. v. 25. I. 1901 Nr. II 152 (Pr.-V.-Bl. Bd. XXII S. 626).
Eink.-St.-Ges. v. 24. VI. 91 (G.-S. S 175) § 9.

1. Ein Gewerbetreibender hatte außerhalb seines Wohnsitzes auf fiskalischem Grundeigentum Kasernen gebaut und wurde von seinem Einkommen daraus als Forense zu Kommunallasten herangezogen. Streitig war, ob die Zinsen eines zum Bau der Kasernen aufgenommenen Darlehns, zu dessen Sicherung vertragsmäßig die Mietsansprüche an den Darlehnsgeber abgetreten waren, auf der besonderen Einnahmequelle aus Forensalvermögen, oder auf dem Gesammtvermögen lasteten. Das O.-V.-G. kam zu folgender Entscheidung.

2. Rechtlich haftet die Darlehnsschuld zwar auf der Forensalquelle nicht. Denn Einnahmequelle ist das superfiziarische Recht selbst und dieses Recht wird durch den Darlehnsvertrag nicht belastet. Der Vertrag enthält vielmehr nur eine Anweisung darüber, wie die aus jener Quelle fließenden Einnahmen nach der Absicht des Einkommensberechtigten ihre Verwendung finden sollen. Damit ist noch nicht einmal ein der Hypothek ähnliches Verhältnis rechtlicher Haftung der Quelle selbst herbeigeführt, mag auch immer der Ersatz einer solchen Quelle geplant worden sein.

3. Dennoch ist die Zinsenausgabe für das Darlehn bei der Forensalbesteuerung abziehbar, sofern und soweit jene mit der Forensaleinkommensquelle in wirtschaftlichem Zusammenhange steht. Ein solcher Zusammenhang kann auch dann bestehen, wenn die Bauten, für die das Darlehn aufgenommen, schon ein Jahr früher ausgeführt worden sind. Eine solche Zeitdifferenz schließt den Zusammenhang z. B. dann nicht aus, wenn ein Unternehmer den ganzen Bau ausführt und erst später den Betrag seiner Forderung erhält. Ebensowohl kann der Bauherr vorübergehend bereite Mittel, die für andere Zwecke beschafft oder bestimmt sind, im Hinblick auf die bevorstehende Darleihung schon für den augenblicklichen Bedarf verwenden. Dagegen besteht ein wirtschaftlicher Zusammenhang weder für die Ausgaben zur Amortisation, noch für Reparaturkosten, er beschränkt sich vielmehr auf die Verwendung des Darlehns zu den Neubauten.

g) Die Steuerpflicht der nichtphysischen Personen insbesondere.

δ) Insbesondere des Fiskus.

Nr. 1. Entsch. v. 5. VII. 1901 Nr. II 1132 (Pr.-V.-Bl. Bd. XXIII S. 200).
Komm.-Abg.-Ges. v. 14. VII. 93 (G.-S. S. 152) § 47.

Die Grundsätze, nach denen eine Verteilung des gemeindeeinkommensteuerpflichtigen Einkommens des Eisenbahnfiskus vorzunehmen ist, umschreibt das Komm.-Abg.-Ges. (§ 47 lit. b. Abs. 2), wie folgt:

„Erstreckt sich eine Betriebsstätte, Station u. s. w., innerhalb deren Ausgaben an Gehältern und Löhnen erwachsen, über den Bezirk mehrerer Gemeinden, so hat die Verteilung nach Lage der örtlichen Verhältnisse unter Berücksichtigung des Flächenverhältnisses und der den beteiligten Gemeinden durch das Vorhandensein der Betriebsstätte, Station u. s. w. erwachsenen Kommunallasten zu erfolgen."

Welche Bedeutung dieser Vorschrift zukommt, ist in O.-V.-G. Bd. XXXVI S. 53 ff. näher klargelegt worden. Nach den Ausführungen daselbst verlangt das Gesetz für die Verteilung zwei Faktoren (Teilungsmaßstäbe), die jeder für sich und beide im Verhältnis zu einander gewürdigt werden müssen. „Flächenverhältnis" einerseits und „erwachsene Kommunallasten" andererseits sind ziffermäßig feststellbar. Ihre Ziffern sind aber nicht ohne Weiteres verwendbar; vielmehr sind sie nur als Unterlagen für die Verteilung und zwar in ihrer relativen (zweckmäßig in Prozentziffern auszudrückenden) Bedeutung zu benutzen. Dabei ist aber dem billigen Ermessen und der Würdigung der gesammten örtlichen Verhältnisse im gegebenen Falle die Beurteilung darüber vorbehalten, ob das gleiche, event. welches Gewicht der räumlichen Ausdehnung der Betriebsstätte im Verhältnis zu der durch ihr Vorhandensein veranlaßten Vermehrung der Kommunallasten zukommt. Für eine Frage des billigen Ermessens lassen sich selbstverständlich keine allgemeinen und unter allen Umständen zu beachtenden Regeln aufstellen; immerhin aber wird es in der Mehrzahl der Fälle, soweit keine abnormen Verhältnisse in Betracht kommen, angemessen sein, von dem zu verteilenden Einkommen ebensoviel nach der Fläche wie nach den Lasten zu verteilen. Weiter aber ergiebt sich aus dem Gesetz, das die beiden zu Grunde zu legenden Faktoren (Teilungsmaßstäbe) in selbständiger Bedeutung nebeneinander nennt, die Notwendigkeit, jeden der beiden Faktoren für sich zu beziffern, insbesondere dann, wenn eine Berücksichtigung mehrerer, das Flächenverhältnis schärfer ausprägender Spezialmomente für angemessen erachtet wird (vgl. E.-O.-V. Bd. XXXIV S. 110). Soll also in dem Flächenverhältnisse neben der einfachen Quadratmeterzahl auch der Umfang der bebauten Fläche (sei es nach Flächenraum, nach Kubikinhalt oder nach der Zweckbestimmung) zur Geltung kommen, so sind alle die nach diesen Gesichtspunkten ermittelten Prozentualziffern untereinander dergestalt in Beziehung zu bringen, daß schließlich nur ein einziges, in zwei Ziffern ausgedrücktes Verhältnis in Rechnung gestellt werden kann. Gegen diese Grundsätze hat der Vorderrichter in einem Punkte verstoßen. Für das Flächenverhältnis sind nach seiner Auffassung vier Spezialmomente in Betracht zu ziehen. Er rechnet zuerst mit der Fläche im Allgemeinen; sodann unterscheidet er die bebauten Flächen, die dem Personen- und Güterverkehr dienenden Flächen, mögen sie bebaut oder nicht bebaut (z. B. nur mit Gleisen bedeckt) sein, endlich die mit Werkstätten bedeckten Flächen. Von der dem Personen- und Güterverkehre dienenden Fläche entfallen nach seiner oben mitgeteilten Berechnung auf St. 42 und auf R. 58 Prozent. Insoweit entspricht das Verfahren den Intentionen des Gesetzes. Wie bekannt, war für die fragliche Vorschrift des Komm.-Abg.-Ges. das Ges. v. 27. VII. 85 vorbildlich, dessen Wortlaut in dem hier in Betracht kommenden Teile auf einem Antrage beruht, der aus der Mitte des Abgeordnetenhauses gestellt wurde. Der Abgeordnete von Schenkendorff bemerkte hierzu:

„Was das Flächenverhältnis anlangt, so verstehe ich darunter keineswegs allein das einfache Flächenverhältnis nach dem Quadratfuß, dies bildet vielmehr nur einen Faktor. Als zweiten Faktor nehme ich an das Verhältnis der bebauten Flächen, als dritten Faktor die dem Betriebe, dem Personen- und Güterverkehr dienenden Flächen und als vierten Faktor endlich da, wo Werkstätten u. s. w. vorhanden sind, die dem Gewerbe dienenden Flächen. Ich glaube, daß sich aus einer Zusammenstellung dieser Faktoren sehr leicht nach Lage der örtlichen Verhältnisse das allgemeine Flächenverhältnis bestimmen lassen wird."

Im Allgemeinen entspricht das Verfahren des Vorderrichters auch den Grundsätzen des Gerichtshofes (vgl. E.-O.-V. Bd. XXXVI S. 58). Allein es entspricht ihnen insofern nicht, als der Vorderrichter bei den Ziffern 42 und 58 nicht stehen geblieben ist. Freilich war er in der Lage, auch noch ein fünftes Spezialmoment für die Bewertung der Flächen in Betracht zu ziehen. Es war ihm unbenommen, eine fünfte Unterscheidung nach Maßgabe der größeren oder geringeren Wichtigkeit der auf beiden Gebieten stehenden Gebäude aufzustellen, also einen Teil des Einkommens nach den von den besonders wichtigen Gebäuden eingenommenen Flächen zu verteilen. Allein, wenn er dies für zweckmäßig erachtete, so mußte er die Verhältniszahlen nach Maßgabe dieses Gesichtspunktes genau in derselben Weise ermitteln, wie die sonstigen Verhältniszahlen, aus denen sich seine Schlußrechnung zusammensetzt. Statt dessen hat er das Teilverhältnis der dem Personen- und Güterverkehre dienenden Fläche, von der auf St. 42 und auf R. 58 Prozent entfielen, willkürlich dahin geändert, daß er für St. mit einem der Wirklichkeit nicht entsprechenden, also fingierten Anteile von 84 Prozent rechnet und dementsprechend ebenso willkürlich den Anteil von R. auf 16 Prozent herabmindert. Da sich nicht absehen läßt, ob bei richtig durchgeführter Berücksichtigung der wichtigen Gebäude St. benachteiligt ist, mußte die Vorentscheidung wegen Verletzung des § 47 des Komm.-Abg.-Ges. aufgehoben werden.

h) Die Steuerpflicht der Beamten.

Nr. 1. Entsch. Bd. XXXVIII S. 75 v. 16. XI. 1900 II C 107/1900.

Eink.-St.-Ges. v. 24. VI. 91 (G.-S. S. 175) §§ 7, 9, 18.
Komm.-Abg.-Ges. v. 14. VII. 93 (G.-S. S. 152) § 41.
Vd. v. 28. IX. 67 (G.-S. S. 1648), betr. die Heranziehung der Staatsdiener zu den Kommunalauflagen § 1[4].

1. Der Kanzlist H. zu M. bezog im Jahre 1899 ein Jahreseinkommen von 2 227 M., bestehend aus Dienstbezügen von 2 047 und aus einer Militärinvalidenpension von 180 M. Zur Gemeinde-Einkommensteuer wurde er nach einem Gesammteinkommen von 1 874 M. zu einer Steuer von $\left(\frac{31 \;.\; 100}{100} =\right)$ 31 M. herangezogen. Hierbei war das Gesammteinkommen in der Weise berechnet, daß ein Abzug von 188 M. (nämlich 38 M. als Sterbekassenbeitrag und 150 M. für drei Kinder unter 14 Jahren), verhältnismäßig auf die, des Beamtenvorrechts nicht teilhaftigen, Dienstbezüge mit 173 M. und auf die Pension mit 15 M. verteilt, sodann aber die Pension als abgabenfrei ausgeschieden wurde. Der Zensit verlangte Herabsetzung des Steuersatzes auf 26 M., weil die Militärpension bis zur Höhe von 750 M. von allen direkten Gemeindebeiträgen frei und deshalb ganz außer Betracht bleiben müsse, sowie weil nach § 18 des Eink.-St.-Ges. beim Vorhandensein von drei Kindern unter vierzehn Jahren auf jeden Fall eine Ermäßigung um eine Stufe stattzufinden habe. Die Klage wurde zurückgewiesen aus folgenden Gründen:

2. Nach § 1 Ziff. 4 der Vd. v. 23. IX. 67 gebührt dem Kläger allerdings für seine Militärinvalidenpension vollständige Befreiung von allen direkten Kommunalauflagen. Wenn er aber verlangt, daß die

von ihm bezogene Pension auch schon bei Ermittelung des gemeindesteuerpflichtigen Reineinkommens völlig außer Berücksichtigung bleiben solle, da ihr Genuß sonst eine unzulässige Einschränkung erfahre, so stehen ihm hierfür weder die Vorschriften der Vd. noch andere positive Bestimmungen zur Seite. Als Einkommen gelten beim Kläger die Einnahmen aus seiner Thätigkeit als Kanzlist und aus Militärpension. Setzt sich, wie hier, das Gesammteinkommen aus steuerpflichtigem und steuerfreiem Einkommen zusammen, so sind abzugsfähige Ausgaben und Lasten verhältnismäßig auf beide Einkommen zu verteilen, wenn sie nicht wirtschaftlich in besonderer Beziehung zu einer einzelnen Quelle stehen. Das trifft zunächst für den Sterbekassenbeitrag von 38 M. nicht zu; er haftet auf dem Gesammteinkommen, also verhältnismäßig auf der steuerfreien Pension wie auf den steuerpflichtigen Einnahmen des Klägers. Ein gleiches muß aber auch bei dem nach § 18 des Ein.-St.-Ges. zulässigen Abzuge für Familienglieder unter vierzehn Jahren gelten. Die Kosten, die durch das Vorhandensein solcher jüngeren Familienglieder verursacht werden und die nach der grundsätzlichen Bestimmung des § 18 mit 50 M. für jedes von ihnen dann angesetzt werden sollen, wenn das Einkommen des Zensiten den Betrag von 3000 M. nicht übersteigt, sind nach E.-O.-V. Bd. XXIV S. 54ff. wie eine das Roheinkommen mindernde sonstige Last zu behandeln und dementsprechend mit dem Sterbekassenbeitrage auf das steuerpflichtige und das steuerfreie Einkommen zu verteilen. Wird hiernach verfahren, so entfallen von den Abzügen von 38 + (3 mal 50) = 150 = 188 M. auf die Militärpension rund 15 M., auf das übrige Einkommen rund 173 M., und es ergiebt sich als Summe des pflichtigen Einkommens der Betrag von (2047 — 173) = 1874 M., dem ein Steuersatz von 31 M. entspricht. Den Kläger würde nun keine höhere Steuer treffen, falls lediglich der Beitrag von 38 M., nicht auch die Summe von 150 M. zur Verteilung auf die beiden Einkommensquellen gebracht worden wäre, sodaß ihm also die Anwendung der grundsätzlichen Bestimmung — nämlich der Abzug von 50 M. für jedes Kind unter vierzehn Jahren — keine Ermäßigung gewährt; denn mit und ohne verhältnismäßige Abrechnung verbleibt er in der die Einkommen von 1800 bis 2100 M. umfassenden Stufe. Daher ist weiter zu fragen, ob dem Kläger die von ihm für verletzt erachtete subsidiäre Bestimmung des § 18, wonach beim Vorhandensein von drei oder mehr Kindern (Familiengliedern) unter vierzehn Jahren auf jeden Fall eine Ermäßigung um eine Stufe stattfinden soll, zur Seite steht. Allein auch das ist zu verneinen. Denn obwohl bei der zweiten Vorschrift des § 18 nicht mit festen Summen gerechnet wird, so liegt doch auch ihr die Erwägung zu Grunde, daß durch das Vorhandensein jüngerer Familienglieder besondere Ausgaben verursacht werden. Das in E.-O.-V. Bd. XXIV S. 54ff. ausgesprochene Prinzip muß daher auch bei der subsidiären Vorschrift zu einer verhältnismäßigen Verteilung führen, indem der hier nicht mit einer bestimmten Summe angesetzte Aufwand für drei oder mehr Kinder zum Teile aus dem steuerfreien, zum Teile aus dem steuerpflichtigen Einkommen gedeckt wird. Im vorliegenden Falle, wo nur drei Kinder vorhanden sind, entfällt nicht die ganze, durch deren Unterhalt verursachte Last auf das steuerpflichtige Einkommen, sodaß die zweite Vorschrift des § 18 nicht Anwendung finden kann.

Hätte der Kläger dagegen vier Kinder unter vierzehn Jahren, so würde sich ergeben, daß zwar nach der prinzipiellen Vorschrift — der Verteilung von 4 . 50 = 200 M. — auch noch keine Ermäßigung des Steuersatzes von 31 M. eintreten würde, weil ein Einkommen von mehr als 1800 M. aus der steuerpflichtigen Quelle — den Dienstbezügen — verbleibt; wohl aber würde, da auf die letzteren der Aufwand von mehr als drei Kindern entfiele,[1]) zufolge der subsidiären Bestimmung die Herabsetzung des Satzes von 31 auf 26 M. geboten sein.

Die Vorschrift des § 18 a. a. O. duldet keine wörtliche, sondern beim Zusammentreffen von freiem und pflichtigem Einkommen nur eine sinngemäße Anwendung.

Nr. 2. Entsch. Bd. XXXVIII S. 81 v. 7. XII. 1900 II C 20/1900.

Vd. v. 23. IX. 67 (G.=S. S. 1648), betr. die Heranziehung der Staatsdiener zu den Kommunalaufl. pp., § 2. Komm.=Abg.=Ges. v. 14. VII. 93 (G.=S. S. 152) § 41.

1. Der Vorderrichter erkannte dem Kläger, einem Revierlotsen, zwar die Eigenschaft eines unmittelbaren Staatsbeamten im Sinne der Vd. v. 23. IX. 67 zu, verneinte jedoch, daß der Kläger mit fester Besoldung angestellt sei. In dieser Hinsicht lauteten die Gründe seiner Entscheidung wie folgt:

> „Im § 2 der Vd. v. 23. IX. 67 ist ausdrücklich ausgesprochen, daß zu den Beamten im Sinne derselben nur mit fester Besoldung angestellte, beziehentlich in Ruhestand getretene öffentliche Beamte gehören. Nun ist zwar nach der Art der Anstellung der Revierlotsen in S. deren Eigenschaft als unmittelbare Staatsbeamte nicht zu bezweifeln, aber ebensowenig kann ein Zweifel darüber bestehen, daß sie nicht mit fester Besoldung angestellt sind. Denn sie erhalten überhaupt keinerlei Besoldung aus Staatsmitteln, sondern nur die von Privatpersonen aufzubringenden Gebühren, die allerdings durch die Staatsbehörde nach bestimmten Regeln auf die einzelnen Revierlotsen verteilt werden, deren Gesammtertrag aber schwankend ist und von Zufälligkeiten abhängt. Unter diesen Umständen kann von einer festen Besoldung nicht die Rede sein."

Dazu wird noch bemerkt, daß die Revierlotsen den Gerichtsvollziehern in Beziehung auf die hier in Betracht kommende Voraussetzung nicht gleichgestellt werden könnten, weil die letzteren außer den von Privaten zu zahlenden Gebühren eine Entschädigung aus Staatsmitteln bezögen und ihnen vom Staate ein bestimmtes Mindesteinkommen zugesichert sei. Diesem Ergebnisse trat das O.=V.=G. nicht bei.

2. Irrig ist es zunächst, wenn der Vorderrichter dem Umstande, daß die Revierlotsen keinerlei Besoldung aus Staatsmitteln erhalten, anscheinend maßgebliche Bedeutung beilegt, wobei vorerst dahingestellt bleiben mag, ob die Voraussetzung, mit der hier gerechnet wird, thatsächlich richtig ist. Denn, wie in E.=O.=V. Bd. IX S. 34ff. näher ausgeführt, sind unter dem Diensteinkommen keineswegs nur die aus einer Staatskasse zu zahlenden Bezüge zu verstehen, und die Rechtsprechung hat niemals unmittelbare Staatsbeamte nur um deswillen, weil sie mit ihren Gehältern nicht auf die Staatskasse angewiesen sind, als nicht unter das Gesetz v. 11. VII. 22

---

[1]) Die Rechnung würde sich folgendermaßen gestalten:

das gesammte Roheinkommen beträgt	2227 M.,
das steuerpflichtige Einkommen (a) beträgt	2047 „
das steuerfreie Einkommen (b)	180 „

Auf beiden Beträgen ruht der Sterbekassenbetrag mit 38 M. Hiervon entfallen
auf a . . . 35 M.
„ b . . . 3 „

Das steuerpflichtige Einkommen sinkt somit von 2047 auf (2047 — 35) = 2012 M. Um nun schließlich zu ermitteln, inwieweit der durch die Erziehung von vier Kindern nötige Aufwand das steuerpflichtige Einkommen belastet, bedarf es einer Verhältnisberechnung und zwar auf Grund der nachstehenden Proportion:

das Roheinkommen gekürzt um den Sterbekassenbetrag (2227 — 38) = 2189 M. verhält sich zu dem steuerpflichtigen Einkommen 2012 M., wie 4 : x.

Hiernach beträgt x rund 3,7. Mithin ruht auf dem steuerpflichtigen Einkommen der Aufwand für die Erziehung von mehr als drei Kindern.

fallend angesehen. Weiter aber geht der Vorderrichter auch fehl, wenn er dem Umstande, daß das Einkommen der Revierlotsen schwankend und von Zufälligkeiten abhängig sei, dergestalt entscheidenden Wert beimißt, daß er von einer Prüfung der Frage absehen zu dürfen geglaubt hat, ob sich das Einkommen des Klägers aus Stücklöhnen zusammensetze. Der dem Gesetze v. 11. VII. 22 fremde, erst in der Vd. v. 23. IX. 67 auftauchende Ausdruck „feste Besoldung" hat der Gesetzesauslegung allerdings gewisse Schwierigkeiten bereitet. Indessen ist die Rechtsprechung, namentlich im Hinblicke darauf, daß, wie der Eingang der Vd. lehrt, bei ihrem Erlasse die Absicht bestanden hat, die Staatsdiener in den im Jahre 1866 erworbenen Landesteilen in Bezug auf ihre Beitragspflicht zu den Kommunalbedürfnissen den Staatsdienern in der übrigen Monarchie nach Maßgabe des Gesetzes v. 11. VII. 22 gleichzustellen, zu dem Grundsatze gelangt, daß mögliche Schwankungen eines Dienstbezuges dem Begriffe der festen Besoldung grundsätzlich noch nicht widerstreiten. Vielmehr ist unter fester Besoldung im Sinne der Vd., wie es in E.-O.-V. Bd. XVII S. 262 heißt, „der wenn auch vielleicht seinem Betrage nach schwankende und bei einem nicht dauernden Dienstverhältnisse künftig vielleicht wieder wegfallende, so doch mit Rücksicht auf das gesammte Dienstverhältnis und für dessen Dauer zugesicherte, in diesem Sinne feste Entgelt im Gegensatze zu dem reinen Stücklohne verstanden. Von entscheidender Bedeutung für den vorliegenden Fall war also die Frage, ob sich das dem Kläger durch seine Thätigkeit als Revierlotse zufließende Einkommen aus Stücklöhnen zusammensetzt, und die Vorentscheidung war, da sie diese Frage nicht erörtert, geschweige beantwortet hat, aufzuheben.

3. Bei freier Beurteilung kam das O.-V.-G. bezüglich der Eigenschaft der Lotsengebühren aus allen Unterlagen über die Stellung der Revierlotsen, namentlich aus der Auskunft des Ministers für Handel und Gewerbe zu dem Schlusse, daß zwischen den Revierlotsen und dem ihre Dienste beanspruchenden Publikum hinsichtlich der Gebühren keinerlei rechtliche Beziehungen bestehen. Der Staat ist es, der den Privatpersonen, welche die Dienste der vom Staate ihnen zur Verfügung gestellten Revierlotsen in Anspruch nehmen, hinsichtlich der Gebühren als Gläubiger gegenübersteht. Die von ihnen gezahlten Gebührenbeträge fließen nicht den Lotsen oder einer aus ihnen gebildeten Gemeinschaft, sondern dem Staate zu, und der Staat benutzt diese Einnahme, um daraus die Revierlotsen zu besolden. Das Gesammterträgnis freilich bestimmt sich nach den Einzelleistungen und steigt und fällt, je nachdem die Dienstleistungen der Revierlotsen in erheblicherem oder geringerem Maße in Anspruch genommen werden; was jedoch der einzelne Revierlotse aus dem durch die Gebühren gebildeten Fonds erhält, ist keineswegs lediglich davon abhängig, welche Gebühren gerade durch seine Dienste aufgekommen sind. Denn abgesehen davon, daß ein gewisser Prozentsatz der aufkommenden Gebühren vorweg zur Pensionskasse fließt, werden die vorhandenen Mittel nicht nach Maßgabe der Einzelleistungen, sondern nach Köpfen verteilt, und auch die kranken oder beurlaubten Revierlotsen, die also zur Speisung des Gebührenfonds zeitweise nicht mitgewirkt haben, können bei der Verteilung so berücksichtigt werden, als ob sie niemals behindert gewesen wären, ihren Dienst zu versehen. Endlich ist zu beachten, daß die Revierlotsen, außer der ihrem Erwerbe gewidmeten Berufsthätigkeit, verpflichtet sind, auch im Interesse des Staates gewisse Aufgaben zu erfüllen. Der Staat aber gewährt ihnen hierfür keine eigentliche Besoldung, sondern nur Tagegelder und steht im übrigen auf dem Standpunkte, daß auch die Besoldung für die in seinem Interesse geübte Thätigkeit der Revierlotsen durch die Bezüge aus dem Gebührenfonds ab-

gegolten sei. Diese Bezüge bilden also das Entgelt für die gesammte dienstliche Thätigkeit der Revierlotsen und können daher nicht wie Stücklöhne angesehen werden. Vielmehr ist ihnen die Natur der festen Besoldung im Sinne der Vd. v. 1867 zuzuerkennen. Daß bei einer Blockade im Kriegsfall oder im Falle der Sperrung des den Revierlotsen zu S. angewiesenen Reviers aus einem anderen Grunde der Gebührenfonds auf Null herabsinken kann, ist allerdings nicht zu bestreiten. Allein das gewonnene Ergebnis wird dadurch nicht in Frage gestellt, da derartige Möglichkeiten weit entfernt und jedenfalls bei Ordnung der hier in Betracht kommenden dienstlichen Verhältnisse nicht in Erwägung gezogen worden sind.

Der Anspruch des Klägers auf Anerkennung des sogenannten Beamtenprivilegs ist nach alledem an sich begründet.

i) Die Steuerpflicht der Geistlichen, Kirchendiener und Elementarschullehrer.

Nr. 1. Entsch. v. 1. VI. 1900 Nr. I 868 (C.-Bl.-U.-V. S. 304).
Komm.-Abg.-Ges. v. 14. VII 93 (G.-S. S. 152) § 41.
Vd. v. 23. IX 67. (G.-S. S. 1648) betr. die Heranziehung der Staatsdiener zu den Gemeindelasten, § 1

Die Befreiung von Gemeindeabgaben kommt allen an öffentlichen Volksschulen angestellten Lehrern ohne Rücksicht auf den religiösen Charakter der Schule und die Religion des Lehrers zu.

Ist somit jemand als Lehrer an einer öffentlichen Volksschule zu betrachten, so genießt er hinsichtlich seines Einkommens als Lehrer, obschon er Jude und die Schule eine jüdische ist, Freiheit von den Gemeindesteuern.

Nr. 2. Entsch. v. 18. IX. 1900 Nr II 1197 (Pr.-V.-Bl. Bd. XXII S. 204).
Komm.-Abg.-Ges. v. 14. VII. 93 (G.-S. S. 152) § 41.

Die den Geistlichen zustehende Freiheit von Kommunalsteuern bezieht sich nicht auf das Lehrergehalt, das ein an einem Gymnasium als Religionslehrer angestellter Geistlicher bezieht und das mit diesem Lehreramt verbunden ist. Denn wenn auch der Geistliche die durch die Weihen erlangte Eigenschaft eines Priesters der katholischen Kirche durch die Anstellung als Gymnasiallehrer selbstverständlich nicht verlieren kann, so könnte die Freilassung des Lehreramts von Gemeindeabgaben höchstens dann mit Grund gefordert werden, falls der Nachweis erbracht würde, daß dieses Lehreramt in den Organismus der katholischen Kirche gliedlich eingefügt ist — ganz abgesehen von der Frage, ob das Steuersonderrecht in der That auch auf ein Einkommen sich beziehen würde, das etwa lediglich für ein kirchliches Lehreramt an einem Gymnasium gewährt werden sollte.

Nr. 3. Entsch. v. 29. III. 1901 Nr. II 552 (Pr.-V.-Bl. Bd. XXIII S. 104).
Komm.-Abg.-Ges. v. 14. VII. 93 (G.-S. S. 152) § 41.

Küster und Rendanten der evangelischen Kirche gehören nicht zu den mittelbaren Staatsbeamten, sondern zu den Kirchendienern. (E.-O.-V. Bd. XV S. 79). Gemeindeeinkommensteuer-Freiheit steht ihnen also nur insoweit zu, als sie ihnen zur Zeit der Verkündigung der Gem.-Ordn. v. 11. III. 50 zustand. Denn die Kirchendiener im Sinne der St.-Ordn. v. 30. V. 53, sollten nach § 4 Abs. 12 dieses Ges. von den direkten persönlichen Gemeindeabgaben hinsichtlich ihres Diensteinkommens insoweit befreit bleiben, als ihnen diese Befreiung zur Zeit der Verkündigung der Gem.-Ordn. v. 11. III. 50 zustand. Dabei ist es auch unter der Herrschaft des Komm.-Abg.-Ges. v. 14. VII. 93 verblieben, dessen § 41 den Sinn hat, daß bis zum Erlasse des besonderen Ges., das in Aussicht gestellt ist, an dem bestehenden Rechte, wie es sich in der Vd. v. 23. IX. 67 darstellt, festgehalten werden soll. Daß nach dem 1850 bestehenden Rechtszustande den Kirchendienern eine Immunität gleich derjenigen der Geistlichen nur dann zuerkannt werden kann, wenn sie durch Spezialgesetz, insonderheit durch eine noch in Geltung stehende legale Kirchenordnung, den Geistlichen hinsichtlich deren Vorrechte ausdrücklich gleichgestellt sind (wie dies bereits in dem Min.-Erl. v. 9. IV. 42, M.-Bl. S. 109, näher dargelegt ist), hat das O.-V.-G. mehrfach ausgesprochen. (Vgl. Bd. XV S. 79).

1) Vermeiden der Doppelbesteuerung.

Nr. 1. Entsch. v. 22 I 1901 Nr. II 133 (Pr.-V.-Bl. Bd. XXII S 548).

Komm.-Abg.-Ges v 14 VII. 93. (G.-S S. 152) § 50

§ 50 Abs. 3 des Komm.-Abg.-Ges. gilt in gleicher Weise für Aufenthaltsgemeinden, wie für Wohnsitzgemeinden. (Vgl. E.-O.-V. Bd. XXX S. 16).

Nr. 2. Entsch. Bd. XXXIX S. 59 v. 22. II. 1901 II C 166/1900.

Komm.-Abg -Ges v 14 VII 93 (G.-S. S 152) §§ 49—51

1. Wenn der § 49 Abs. 1 des Komm -Abg.-Ges. bei Regelung des Verhältnisses der Wohnsitzgemeinden zu den Forensalgemeinden hinsichtlich des in den letzteren radizierten Einkommens verlangt, daß dieser Teil des Gesammteinkommens bei der Heranziehung des Steuerpflichtigen in der Wohnsitzgemeinde außer Berechnung gelassen werden solle, so ist damit nicht ausgesprochen, daß der forensale Teil des Gesammteinkommens als von dem Gesammteinkommen gänzlich losgelöst zu denken sei, dergestalt, daß für seine Berechnung lediglich die etwa auf ihm haftenden Lasten, nicht aber sonstige Lasten des Gesammteinkommens in Betracht gezogen werden dürften. Vielmehr bleibt der forensale Teil immer ein Teil des Gesammteinkommens und haftet anteilig für alle Lasten des Gesammteinkommens, die in einer besonderen Quelle keine Deckung finden.

2. § 51 Abs. 2 Komm.-Abg.-Ges. kommt nicht in Betracht, soweit es sich um nicht radiziertes Einkommen handelt. Hinsichtlich des Einkommens aus Kapitalvermögen ist dort nichts bestimmt. Die Vorschrift ist in das Gesetz nur aufgenommen, um gewisse für die Berechnung des Einkommens physischer Personen bestehende Regeln auch in Betreff der juristischen Personen anwendbar zu machen. Dadurch sollte ermöglicht werden, daß ein Verlust bei einer Einnahmequelle von dem Gewinne bei einer anderen Einnahmequelle in Abzug gebracht wird, wenn die verschiedenen Einnahmequellen in derselben Gemeinde belegen sind.

4. Verpflichtung der Betriebsgemeinden zur Leistung von Zuschüssen.

Nr. 1. Entsch. v. 26. X. 1900 Nr. II 1403 (P.-V.-Bl. Bd. XXII S. 373).

Komm.-Abg.-Ges. v. 14. VII. 93 (G.-S. S. 152) §§ 35, 53.

Voraussetzung für die im § 53 des Komm.-Abg.-Ges. vorgesehene Zuschußleistung ist unter anderem, daß der Gemeinde, die den Zuschuß verlangt, ein Besteuerungsrecht nach § 35 a. a. O. nicht zusteht. Das Gewerbe, durch dessen Betrieb der Gemeinde Mehrausgaben erwachsen, darf in ihr nicht steuerpflichtig sein. Diese negative Voraussetzung entfällt also, sobald das betreffende gewerbliche Unternehmen in der den Zuschuß fordernden Gemeinde, der Arbeiterwohnsitzgemeinde, steuerpflichtig ist, z. B. weil sich dessen Betriebsstätte auf die letztere erstreckt, mag sich der Betrieb auch nur zum kleinsten Teile in ihr vollziehen. Gleichgültig ist es, ob die Arbeiter, die die Mehrausgaben veranlassen, gerade in der Betriebsstätte beschäftigt sind, die die Steuerpflicht des Gewerbebetriebes in der Wohnsitzgemeinde begründet. Denn das Steuerrecht der Gemeinde richtet sich gegen das gewerbliche Unternehmen als solches, nicht gegen die einzelnen Betriebsstätten.

Nr. 2. Entsch. Bd. XXXVIII S. 124 v. 30. X. 1900 II B 32/1900
Komm.-Abg.-Ges. v. 14. VII 93 (G.-S. S. 152) § 53.
Ausf.-Anw. Art. 38[3]

1. Das Komm.-Abg.-Ges. bestimmt für die Erhebung der Zuschußforderung aus § 53 daselbst ausdrücklich keine Frist. Es liegt aber in der Natur der Sache, daß ein Zuschuß, der den Bedürfnissen eines bestimmten Jahres dienen, dazu beitragen soll, den Gemeindehaushalt für dieses Jahr im Gleichgewicht zu erhalten, nicht mehr gefordert werden kann, wenn jenes Jahr abgelaufen ist und seine Bedürfnisse rechnungsmäßig — sei es auch nur durch Uebertragung eines Fehlbetrags auf den Voranschlag des folgenden Jahres — gedeckt sind. Deshalb erklärt die Ausf.-Anw. zum Komm.-Abg.-Ges. die nachträgliche Erhebung von solchen Ansprüchen für bereits abgelaufene Rechnungsjahre mit Recht für ausgeschlossen.

2. Dagegen ist nicht ersichtlich, warum einer Gemeinde die Erhebung der Forderung im Laufe und namentlich noch gegen Ende ihres Rechnungsjahrs versagt sein sollte. Insbesondere ergiebt sich das nicht aus dem soeben gegen die nachträgliche Geltendmachung angeführten Grunde, weil ja der Betrag noch am Ende des Rechnungsjahres zur Befriedigung seiner Bedürfnisse verrechnet werden kann. Ebensowenig zwingt der aus der Bestimmung des Zuschusses entnommene Grund dazu, die Forderung aufzustellen, daß der Anspruch noch vor Ablauf des Rechnungsjahrs der Beschlußbehörde unterbreitet werden müsse. Auch das Gesetz, das die Beteiligten zunächst auf den Weg der gütlichen Einigung verweist, stellt eine solche Forderung nicht auf. Mithin muß die rechtzeitige Erhebung des Anspruchs bei der Betriebsgemeinde genügen. Die Erwägung, daß bei der Zulassung eines späteren Antrages auf Beschlußfassung die Finanzverhältnisse der Betriebsgemeinde leicht in Unordnung geraten könnten, reicht, selbst wenn sie zuträfe, nicht aus, eine fehlende gesetzliche Bestimmung zu ersetzen. Abgesehen hiervon kann ja auch die Betriebsgemeinde derartige Unzuträglichkeiten vermeiden, wenn sie den Anspruch, soweit er begründet ist, anerkennt. Uebrigens würden derartige Störungen der äußeren Ordnung im Rechnungswesen der Betriebsgemeinde nur dann gänzlich ausgeschlossen werden, wenn ihr die Aufnahme eines dem Zuschusse entsprechenden Ausgabepostens schon bei Aufstellung ihres Haushaltsplans ermöglicht würde. Das aber ist nicht angängig. Die Wohnsitzgemeinde kann und darf selbst ihre Forderung erst nach Aufstellung ihres eigenen Voranschlags und nur unter Berücksichtigung der Verhältnisse des Rechnungsjahrs bemessen, und da die Feststellung dieser Verhältnisse vielfach zeitraubende Ermittelungen notwendig macht, so wird sie häufig kaum in der Lage sein, mit einem ausreichend begründeten Anspruche schon bald nach Beginn des Etatsjahrs, geschweige längere Zeit vorher an die Verpflichteten heranzutreten.

5. Verteilung des Steuerbedarfes auf die verschiedenen Steuerarten.

Nr. 1. Entsch. Bd. XXXVIII S. 166 v. 30. XI. 1900 II C 178/1900.

Komm.-Abg.-Ges v. 14. VII 93 (G.-S. S. 152) §§ 54, 56.

Wird eine besondere Grundsteuer in Prozenten des gemeinen Wertes erhoben, so ist die zum Zwecke der Einzelveranlagung vorgenommene Einschätzung der pflichtigen Grundstücke auch maßgebend für die Prüfung der Frage, ob sich die erhobene Steuer in den durch §§ 54 und 56 des Komm.-Abg.-Ges. gezogenen Grenzen bewegt. Unzutreffend ist die Meinung, daß der bei den Einzelveranlagungen ermittelte Gesammtwert für die Berechnung des Prozentsatzes ungeeignet sei, weil bei seiner Einstellung der Prozentsatz im Laufe des Steuerjahrs jedesmal geändert werden müsse, so oft infolge von Reklamationen Einzeleinschätzungen herabgesetzt würden. Denn der in gesetzlicher Weise gefundene Prozentsatz bleibt für das ganze Jahr (übrigens auch bei Zugängen) maßgebend. Es entspricht aber nicht dem Gesetze, daß mit unrichtigen Größen gerechnet wird, während der Einstellung der richtigen nichts im Wege steht und hierdurch das Verlangen des Gesetzes, daß die ausgeschriebene Grundsteuer auf das zulässige Maß herabgemindert werden soll, erreicht wird.

Nr. 2. Entsch. v. 2. VII. 1901 Nr. I 1143 (C.-Bl.-U.-V. S. 972).

Komm-Abg.-Ges v. 14. VII. 93 (G.-S. S. 152) §§ 54, 55.
Zust.-Ges § 47

Nach §§ 54, 55 Komm.-Abg.-Ges. unterliegen freilich Kommunalsteuerzuschläge über den vollen Satz der Staatseinkommensteuer hinaus und von mehr als 200 Prozent der Realsteuern, desgl. Abweichungen von den Vorschriften über die Verteilung des Steuerbedarfs auf die verschiedenen Steuerarten der aufsichtsbehördlichen Genehmigung, die zu Abweichungen der letztbezeichneten Art nur aus besonderen Gründen erteilt werden soll. Allein damit sind unmittelbar nur dem Steuererhebungsrechte der Gemeinden selbst Schranken gesetzt. Den zuständigen Aufsichtsbehörden räumt das Gesetz ausdrücklich die Befugnis ein, Ueberschreitungen des regelmäßigen Höchstmaßes der kommunalen Steuerbelastung nach pflichtmäßigem Ermessen zuzulassen. Sie sind daher an jenes Höchstmaß auch dann nicht gebunden, wenn es sich darum handelt, im geordneten Wege — beispielsweise durch Zwangsetatisierung oder durch Beschluß gemäß § 47 des Zust.-Ges. — eine Gemeinde zur Erfüllung von Verpflichtungen anzuhalten, die ihr gesetzlich obliegen. Das Gleiche gilt für den Verwaltungsrichter, wo immer er aufsichtsbehördliche Anordnungen, zu deren Erfüllung die betroffene Gemeinde Zahlungsmittel durch Ausschreibung neuer oder erhöhter Steuern herbeischaffen soll, nicht nur auf ihre Gesetzmäßigkeit, sondern auch — und das trifft zu bei der Anfechtung von Schulbaubeschlüssen mittels Klage — nach Gesichtspunkten der Notwendigkeit und Angemessenheit nachzuprüfen hat. Zuzugeben ist, daß sich alsdann der Verwaltungsrichter, sofern der regelmäßig festzuhaltende höchste Satz von Kommunalsteuerzuschlägen bereits erreicht oder sogar überschritten ist, sorgfältiger Prüfung nicht entziehen darf, ob eine noch stärkere Anspannung der Steuerkraft ohne Gefährdung der nachhaltigen Leistungsfähigkeit der Pflichtigen angängig erscheint.

E. Naturaldienste.

Nr. 1. Entsch. v. 8. VI. 1900 Nr. I 897 (Pr.-V.-Bl. Bd. XXII S. 250).
Komm.-Abg.-Ges. v. 14. VII 93 (G.-S. S. 152) § 20 Abs. 2, § 68, Ausf.-Anw. Art. 44. Land-Gem.-Ordn. v. 3. VII 91 (G.-S. S. 233) §§ 18, 102 Abs. 1. A.-L.-R. I 8 §§ 100, 106, II 6, § 51, II 7, §§ 19 ff.

1. Die Bestimmungen des § 68 Abs. 2 des Komm.-Abg.-Ges. und des § 18 Abs. 3 der Landgem.-Ordn. v. 3. VII. 91 beziehen sich nur auf Handdienste, die der Gemeinde zu leisten sind, nicht aber auf Dienste, zu denen Interessenten untereinander verpflichtet sind (z. B. Dienste zur Grabenräumung, § 100 A.-L.-R. I 8).

Die Gemeindevertretung ist auch nicht befugt, über die Verteilung anderer Dienste als Gemeindedienste Beschluß zu fassen. Denn nur die Angelegenheiten der Gemeinde sind der Beschlußfassung ihrer Organe unterworfen. (Vgl. E.-O.-V. Bd. XXI. S. 147 ff.).

Waren die Grabenräumungsdienste früher keine Gemeindedienste, so können sie auch nicht durch die Beschlüsse der Gemeindevertretung in Gemeindedienste verwandelt werden, wenn auch die der Gemeinde an sich nicht obliegende Grabenräumung von dieser hätte übernommen und dann die Heranziehung der Gemeindeglieder als solcher zu Handdiensten bei der Grabenräumung von der Gemeinde hätte beschlossen werden können.

2. Im vorliegenden Falle bestimmte ein Rezeß Folgendes:

> „Die erste Anlage und Instandsetzung aller Kmmunnikationsstraßen, Wege und Abzugsgräben, sowie der dazu erforderlichen Brücken erfolgt nach den Grundsätzen der §§ 96 und 97 der Gemeinheitsteilungsordnung vom 7 Juni 1821 von den nachstehend genannten Interessenten nach dem in Kolonne I angegebenen Beitragsverhältnis.
>
> Dagegen haben die Interessenten die fernere Unterhaltung aller Kommunikationswege und Abzugsgräben nebst Brückenbauten, sowie sämmtliche Planwege, Gräben und Brücken in den bäuerlichen Abfindungen nach dem in Kolonne II angegebenen Verhältnis zu übernehmen."

Im Anschlusse hieran führte der Rezeß die einzelnen Interessenten auf — zuerst die Gutsherrschaft, die Pfarre, einen Wassermühlenbesitzer mit seiner Ehefrau und hierauf die einzelnen bäuerlichen Wirte —, indem bei einem jeden Interessenten in einer Spalte die Quote des Beitrags zur Anlage und in einer zweiten Spalte die Quote des Beitrags zur ferneren Unterhaltung der Wege, Gräben u. s. w. in tausend Teilen mit zwei Dezimalstellen angegeben ist.

Damit ist eine wechselseitige Verpflichtung der Gemeinheitsteilungsinteressenten begründet. Von der politischen Gemeinde, die als solche an der Schließung des Rezesses überhaupt nicht Teil genommen hat, ist dort keine Rede. Die Grabenräumung ist auch an sich keine Pflicht der Gemeinde. Insbesondere müssen zur Unterhaltung neuer Entwässerungsgräben die, die davon Nutzen haben, verhältnismäßig beitragen. Aehnliches ist hinsichtlich der Entwässerungs- und hinsichtlich der Grenzgräben im § 97 der Gemeinheitsteilungsordn. v. 7. VI. 21 — in Verbindung mit den §§ 95 und 96 ebenda — bestimmt, worauf obige Rezeßbestimmung ausdrücklich Bezug genommen hat. Ist die Unterhaltung der Gräben keine Angelegenheit der Gemeinde, so läßt sich nicht annehmen, daß die Dienste zur Unterhaltung der Gräben der Gemeinde zu leisten seien. Wenn neben den Gräben auch Wege genannt werden, deren Unterhaltung in der Mark Brandenburg Gemeindelast ist, so kann doch nicht daraus geschlossen werden, daß die Gemeinde auch die Unterhaltung der Gräben übernommen habe. Danach kann nur angenommen werden, daß im

Rezesse die wechselseitige Pflicht der Interessenten zur Mitwirkung bei der Grabenunterhaltung geregelt ist. Um so weniger kann an eine Bestimmung des Umfangs von Gemeindelasten gedacht werden, als im Rezesse nicht bloß Gemeindeangehörige aufgezählt, sondern daneben auch die Gutsherrschaft und die Pfarre aufgeführt sind. Allein der Gesammtheit der bäuerlichen Wirte, worunter die politische Gemeinde verstanden sein könnte, ist die Verpflichtung nicht auferlegt.

3. In Bezug auf die fernere Behandlung dieser Angelegenheit bemerkt das O.-V.-G. Folgendes:

Auf Grund des Ges. v. 2 IV. 87, betreffend die durch ein Auseinandersetzungsverfahren begründeten gemeinschaftlichen Angelegenheiten, kann bei der Auseinandersetzungsbehörde beantragt werden, daß dem Gemeindevorsteher die Verwaltung der Grabenangelegenheit übertragen werde. Als Verwalter hat der Gemeindevorsteher nach § 6 Abs. 2 a. a. O. insbesondere für die Ausführung der zur ordnungsmäßigen Unterhaltung erforderlichen Arbeiten durch die Verpflichteten zu sorgen. Das Beitragsverhältnis bestimmt sich nach dem Rezesse (vgl. § 6 Abs. 3 a. a. O.), es kann aber im Hinblick auf die Schwierigkeit der Handhabung des rezeßmäßigen Beitragsverhältnisses versucht werden, eine Vereinbarung der Interessenten über ein anderes billiges Beitragsverhältnis herbeizuführen.

Es ist aber auch zu erwägen, ob nicht darauf hinzuwirken ist, daß die Gemeinde mit Genehmigung der Aufsichtsbehörde die Grabenunterhaltung übernehme. Werden dann die Steuerpflichtigen gemäß § 68 des Komm.-Abg.-Ges. zu Handdiensten herangezogen, so braucht dies nicht notwendig gleichheitlich zu geschehen, was vielleicht unbillig sein würde, sondern mit Genehmigung des Kreisausschusses kann nach § 68 Abs. 2, letzter Satz, und § 20 Abs. 2 des Komm.-Abg.-Ges. auch eine Abstufung des Maßes der Handdienstpflicht eingeführt werden. Zugleich mit der Uebernahme der Grabenunterhaltung seitens der politischen Gemeinde könnte also beschlossen werden, daß die Heranziehung zu den erforderlichen Handdiensten in einem bestimmten, der Billigkeit entsprechenden Verhältnisse erfolgen solle, und es könnte zugleich für diesen Beschluß die Genehmigung der Aufsichtsbehörde nachgesucht werden. Die Gemeinde könnte aber auch von der Heranziehung zu Naturaldiensten absehen und die Kosten der Grabenunterhaltung aus ihren sonstigen Einkünften bestreiten.

Nr. 2. Entsch. v. 12. VI. 1900 Nr. I 921 (Pr.-V.-Bl. Bd. XXII S. 202).

Komm.-Abg.-Ges. v. 14. VII 93 (G.-S. S. 152) § 68.

1. Nach § 7 einer Steuerordnung über die Aufbringung der Gemeindeabgaben und Dienste waren die der Gemeinde obliegenden Spanndienste von den gespannhaltenden Grundbesitzern in der Gemeinde nach dem Verhältnis der Anzahl der Zugtiere, die die Bewirtschaftung ihres Grundstücks erfordert, in Natur zu leisten.

Hiernach kommt es nicht darauf an, wieviel Zugtiere die Spanndienstpflichtigen thatsächlich halten, sondern wieviel zur Bewirtschaftung des in ihrem Eigentume stehenden, im Gemeindebezirk belegenen Grundbesitzes erforderlich sind.

2. Für die Frage der Verpflichtung zur Leistung von Spanndiensten ist es nicht entscheidend, ob der Verpflichtete im Stande ist, die Leistung mit den thatsächlich von ihm gehaltenen Zugtieren zu erfüllen. Reichen sie hierzu nicht aus, so muß er sich das nötige Zugvieh

mietweise beschaffen oder die Leistung auf mehrere Fuhren verteilen oder es sich gefallen lassen, daß der Gemeindevorsteher den nicht erfüllten Teil des Dienstes auf seine Kosten durch einen Dritten leisten läßt.

Nr. 3. Entsch. v. 7 XII. 1900 Nr. I 1808 (Pr.-V.-Bl. Bd. XXII S. 418).
Komm.-Abg.-Ges. v 14. VII. 93 (G.-S S. 152) §§ 54ff, 68, 87
Ausf.-Anw. Art. 44.

1. Der § 68 Abs. 2 des Komm.-Abg.-Ges. beginnt mit dem Satze: Spanndienste sind von den Grundbesitzern nach dem Verhältnis der Anzahl der Zugtiere, welche die Bewirtschaftung ihres im Gemeindebezirke belegenen Grundbesitzes erfordert, Handdienste von sämmtlichen Steuerpflichtigen „gleichheitlich“ zu leisten. Dieser Wortlaut allein ergiebt schon, daß der Gesetzgeber nicht bloß eine allgemeine Normativbestimmung für die Abfassung von Gemeindebeschlüssen über die Verteilung von Naturaldiensten, sondern einen unmitelbar anwendbaren Verteilungsmaßstab hat vorschreiben wollen und vorgeschrieben hat. Für den ersten von den Spanndiensten handelnden Teil des Satzes folgt dies so unmittelbar aus seiner Fassung, daß jeder Zweifel völlig ausgeschlossen ist, es muß aber auch von dem zweiten, die Handdienste betreffenden gelten; denn die Annahme, daß der Gesetzgeber zwei Bestimmungen von ganz verschiedener Tragweite in denselben Satz zusammengefaßt und mit gleichen Worten zum Ausdruck gebracht hat, ist schlechthin unzulässig. Ist aber die angezogene Bestimmung über die Handdienste als Feststellung eines unmittelbar anwendbaren Verteilungsmaßstabes aufzufassen, so kann das Wort „gleichheitlich“ nur in dem Sinne von im gleichen Maße oder im gleichen Umfange verstanden werden; denn eine hiervon abweichende Auslegung ist mit dem Charakter der Bestimmung unvereinbar. Namentlich gilt dies von der Annahme, daß in dem Wort „gleichheitlich“ nur eine Bestimmung dahin zu finden wäre, daß die Verteilung der Handienste nach gleichmäßigen Grundsätzen zu erfolgen habe. Denn eine derartige Bestimmung ist nicht unmittelbar anwendbar, sondern bedarf der Ergänzung durch Feststellung derjenigen dem Erfordernis der Gleichmäßigkeit entsprechenden Grundsätze, die der Verteilung zu Grunde zu legen sind.

2. Naturaldienste werden auch dann, wenn sie nach dem Maßstabe der Staatssteuern umgelegt werden, nicht zu Steuern, sondern behalten die rechtliche Natur von Diensten. Auf Naturaldienste aber sind die Bestimmungen in §§ 54ff. des Komm.-Abg.-Ges. nicht andwendbar.

3. Wenn die Gemeinden nach § 68 des Komm.-Abg.Ges. die Befugnis haben, zu gestatten, daß an Stelle des Naturaldienstes ein angemessener Geldbeitrag geleistet wird, so sind sie darum noch nicht berechtigt, von den zur Leistung von Naturaldiensten Verpflichteten die Zahlung der Geldbeiträge, die statt der Dienste geleistet werden dürfen, im Wege der Heranziehung zu fordern. Sie können immer nur zur Leistung von Diensten heranziehen und müssen dem Pflichtigen überlassen, ob er statt der Naturalleistung die Zahlung des von der Gemeinde bestimmten als Ersatz dienenden angemessenen Geldbeitrages vorziehe. Daran könnte auch eine etwaige, ein für allemal abgegebene Erklärung des Pflichtigen, daß er der Naturalleistung der Dienste die Zahlung des Geldäquivalents vorziehe, nichts ändern. Wollte man aber auch annehmen, daß eine derartige Erklärung die Gemeinde an sich berechtigen würde, vom Pflichtigen Geldzahlungen an Stelle der Naturalleistung von Handdiensten zu fordern, so würde doch die Heranziehung zu den Geldzahlungen, die Zulässigkeit dieser Forderung immer beschränkt bleiben durch die Vorschriften des § 87 des Komm.-Abg.-Ges. über die Fristen, innerhalb deren

die Nachforderung von Naturaldiensten erfolgen darf. Da nach diesen die Nachforderung der Dienste nur innerhalb des laufenden Rechnungsjahres zugelassen ist, können nach Ablauf des Rechnungsjahres Ansprüche der Gemeinde auf Zahlung solcher Geldbeiträge nicht geltend gemacht werden.

Nr. 4. Entsch. v. 7. XII. 1900 Nr. I 1806 (Pr.-V.-Bl. Bd. XXIII S. 52).

Komm.-Abg.-Ges. v. 14. VII. 93 (G.-S. S. 152) §§ 68, 88, 90.

Die Gemeinden können keine Strafbestimmungen gegen Gemeindemitglieder, die in ihren Verpflichtungen zu Gemeindediensten säumig sind, erlassen. Der Gemeindevorstand ist nach § 90 Abs. 2 des Komm.-Abg.-Ges. bei Säumnis der Pflichtigen nur befugt, die Dienste auf Kosten der Säumigen durch Dritte leisten zu lassen. Die Gemeinde kann ihm keine Strafbefugnisse verleihen, die er gesetzlich nicht besitzt. Eine Anwendung des § 82 des erwähnten Ges., durch den die Androhung von Geldstrafen in Steuerordnungen zugelassen ist, steht hier nicht in Frage.

F. Veranlagung und Erhebung.

Nr. 1. Entsch. v. 13. XI. 1900 Nr. II 1499 (Pr.-V.-Bl. Bd. XXII S. 335).

Komm.-Abg.-Ges. v. 14. VII. 93 (G.-S. S. 152) § 36.
Eink.-St.-Ges. v. 24. VI. 91 (G.-S. S. 175) §§ 9, 18.

1. Wenn das gemeindesteuerpflichtige Einkommen des Klägers mit dem staatssteuerpflichtigen sich nicht deckt, ist die Gemeinde zu seiner selbständigen Veranlagung befugt. Hierbei muß sie aber die für die Veranlagung der Staatseinkommensteuer geltenden Vorschriften befolgen. Zu diesen Vorschriften gehört die Bestimmung in § 9 des Eink.-St.-Ges. unter I. 7, daß Versicherungsprämien die für die Versicherung des Steuerpflichtigen auf den Todes- oder Lebensfall gezahlt werden, soweit sie den Betrag von 600 Mk. jährlich nicht übersteigen, abzugsfähig sind, z. B. Lebensversicherungsbeiträge. Da dieselben weder rechtlich noch wirtschaftlich auf einem bestimmten Einkommensteile haften, belasten sie gleichmäßig das gesammte Einkommen, nicht bloß den der Gemeindebesteuerung nicht unterliegenden Teil (E.-O.-V. Bd. XXIV S. 59).

2. Der Abzug für drei Kinder unter 14 Jahren ist ebenso zu beurteilen wie der der Lebensversicherungsbeiträge. Die Bestimmung in § 18 des Eink.-St.-Ges., daß für jedes Familienmitglied unter 14 Jahren von dem steuerpflichtigen Einkommen des Haushaltungsvorstandes, sofern es den Betrag von 3000 Mk. nicht übersteige, der Betrag von 50 Mk. in Abzug gebracht werde, ist eine Veranlagungsvorschrift, also auch bei der selbständigen Veranlagung der Gemeinde-Einkommensteuer zu befolgen. Die 50 Mk. sind ein Anschlag der durch das Familienmitglied erwachsenden besonderen Kosten; sie sind wie eine das gesammte Roheinkommen mindernde sonstige Last zu behandeln und deshalb auf das der Gemeindesteuer unterliegende und nicht unterliegende Einkommen verhältnismäßig zu verteilen. (E.-O.-V. a. a. O.)

Nr. 2. Entsch. Bd. XXXIX S. 149 v. 1. II. 1901 II C 98/1900.

Komm.-Abg.-Ges. v. 14. VII. 93 (G.-S. S. 152) §§ 65, 69.

Der § 69 Abs. 2 des Komm.-Abg.-Ges. enthält überhaupt keine Bestimmung darüber, in welcher Weise die Veranlagung zu Kommunalabgaben in den verschiedenen Fällen bekannt zu machen ist, sondern schreibt lediglich vor, wann der Lauf der Einspruchsfrist beginnt, je nachdem die Veranlagung auf die eine oder die andere Art bekannt gemacht worden ist. Darüber aber, wie die Mitteilung der Veranlagung zu erfolgen hat, enthält lediglich der § 65 des Komm.-Abg.-Ges. Vorschriften, die sich jedoch nur auf direkte Gemeindesteuern beziehen. Ist indessen die Bestimmung im Abs. 2 des § 65, zufolge deren bei Erhebung besonderer Gemeindesteuern die Bekanntmachung für die im Gemeindebezirke wohnenden steuerpflichtigen physischen Personen mittels Auslegung der Hebeliste, für die übrigen Steuerpflichtigen aber durch besondere Mitteilung zu geschehen hat, nach E.-O.-V. Bd. XXX S. 103 auf indirekte Steuern und Gebühren, insbesondere auf Kanalgebühren, analog anzuwenden, so hat sie in diesen Fällen auch im vollen Umfange und namentlich mit der dort gemachten Unterscheidung zwischen den der Gemeinde angehörigen physischen Personen einerseits und anderen Personen andererseits Geltung zu beanspruchen. Das Gesetz bietet in keiner seiner Bestimmungen einen Anhalt dafür, daß nicht physischen Personen und solchen physischen Personen, die in der Gemeinde nicht wohnen, die Veranlagung zu Kommunalabgaben mittels Hebeliste bekannt gemacht werden könnte. Man würde deshalb bei Erhebung von Gebühren die Bekanntmachung mittels Hebeliste an andere, als in der Gemeinde wohnende physische Personen selbst dann nicht für zulässig halten dürfen, wenn der Grund, der den Gesetzgeber bestimmt hat, bei Erhebung besonderer direkter Steuern die besondere Mitteilung an solche anderen Personen vorzuschreiben, bei Erhebung von Gebühren nicht zuträfe. Allein dieser Grund, der darin liegt, daß anderen als den in der Gemeinde wohnenden Personen nicht zugemutet werden kann, sich darum zu bekümmern, wann die Hebeliste offen liegt, und wenn sie gleichwohl davon Kenntnis erlangt haben, sich an den Ort der Offenlegung zu begeben, trifft bei der Erhebung von Gebühren nicht minder zu als bei der Erhebung von besonderen Gemeindesteuern. Das Urteil vom 11. XI. 96 (vgl. auch E.-O.-V. Bd. XXXVII S. 101) steht den vorstehenden Ausführungen nicht entgegen. Da es sich damals um die Heranziehung einer in der Gemeinde wohnenden Person handelte, war kein Anlaß gegeben, besonders hervorzuheben, daß die Heranziehung von anderen Personen nicht mittels Hebeliste geschehen könne.

Nr. 3. Entsch. Bd. XXXIX S. 127 v. 5. III. 1901 II C 59/1900.

Eink.-St.-Ges. v. 24. VI. 91 (G.-S. S. 175) § 10.
Ausf.-Anw. Art. 5.

Die Vorschrift im § 10 des Eink.-St.-Ges. geht dahin, daß schwankende Einnahmen nach dem Durchschnitte der drei der Veranlagung unmittelbar vorangegangenen Jahre zu berechnen sind. Im Anschluß an das Ges. bestimmt die Ausf-Anw. (Art. 5 Nr. 2 Abs. 2): „Als das der Veranlagung unmittelbar vorangegangene Wirtschaftsjahr gilt das letzte, dessen Ergebnisse zur Zeit der Veranlagung (Steuererklärung) festgestellt werden können.“ Formelle „Steuererklärungen“ der Gemeinde gegenüber giebt es indessen nicht, folglich ist bei selbständiger Veranlagung zur Kommunal-Einkommensteuer der maßgebende Zeitpunkt der 1. April, der Beginn des Steuerjahrs, es sei denn, daß die Veranlagung schon vor dem 1. April stattgefunden hätte. Ganz bedeutungslos ist dabei, ob die Veranlagung zwei Monate oder zwei Jahre nach dem 1. April stattfindet, weil eben der Beginn des Steuerjahrs der späteste Zeitpunkt für die Festlegung der Steuermerkmale unter allen Umständen bleiben muß, und dem Zensiten weder ein Vorteil noch ein Nachteil aus einer Verspätung der rechtmäßigen Veranlagung erwachsen darf (vgl. E.-O.-V. Bd. XXVII S. 28, E.-O.-V. in St. Bd. VI S. 1).

Nr. 4. Entsch. v. 3. V. 1901 Nr. II 738 (Pr.-V.-Bl. Bd. XXIII S. 121).
Komm.-Abg.-Ges v 14. VII 93 (G.-S. S. 152) §§ 65, 69.

Eine Heranziehung zur Gemeindesteuer kann durch die Zufertigung eines Steuerzettels wirksam erfolgen, ohne daß die Unterschrift des Gemeindevorstandes unter dem Zettel erforderlich wäre. Es genügt, wenn der Zettel als von dem Gemeindevorstande ausgegangen hinreichend erkennbar ist. Das ist der Fall, wenn dem Steuerpflichtigen ein Auszug aus dem Heberegister mit der Unterschrift des Steuererhebers zugestellt wird. Die Unterschrift des Erhebers unter dem als Auszug aus dem Heberegister sich darstellenden Zettel hat eine ähnliche Bedeutung wie die Beglaubigung eines Bureaubeamten unter einer per copiam decreti ergehenden Verfügung.

G. Rechtsmittel.

1. Frist und Form.

Nr. 1. Entsch. v. 15. I. 1901 Nr II 85 (Pr.-V.-Bl. Bd XXII S. 547).
Komm.-Abg.-Ges v 14 VII 93 (G.-S S. 152) §§ 69, 70.

So lange ein Einspruchsbescheid dem Einspruchserhebenden nicht zugestellt worden, kann die Frist zur Klageerhebung nicht beginnen zu laufen. Dagegen ist Erhebung der Klage gegen einen Einspruchsbescheid nicht notwendig, daß dieser dem Kläger zugestellt ist. Denn die Erhebung der Klage ist nicht davon abhängig, daß die Klagefrist zu laufen begonnen hat. Ein Einspruchsbescheid selbst aber liegt thatsächlich vor.

Nr. 2. Entsch. v. 14. VI. 1901 Nr. II 1000 (Pr.-V.-Bl. Bd. XXIII S. 138).
Komm.-Abg.-Ges. v 14. VII 93 (G.-S S. 152) §§ 69, 70; L.-V.-G. § 52.

1. Der Revisionsrichter hat die Frage, ob die gesetzlichen Fristen in den Verhandlungen gewahrt sind, von Amtswegen zu prüfen.

2. Da § 69 des Komm.-Abg.-Ges. verlangt, daß der Zensit den Einspruch binnen einer Frist von vier Wochen einlege, so ist es Sache des Herangezogenen, innerhalb jener Frist sich zu entschließen, ob er die an ihn gestellte Forderung ablehnen will. Gerade dafür ist die Frist gegeben, daß die Erwägungen, ob die Heranziehung thatsächlich und rechtlich begründet erscheint, angestellt und eventuell die Bedenken dem Gemeindevorstand zu einer Entscheidung unterbreitet werden, welche dann dem Instanzenwege untersteht. Ist der Kläger durch nichts gehindert gewesen, die Einspruchsfrist zu benutzen, so kann er nicht hinterher auf Grund einer abweichenden Rechtsansicht, mag er diese auf einen Schriftsteller oder auf das Erkenntnis eines Gerichtshofs stützen, die seit Jahren endgültig gewordene Heranziehung aus der Welt schaffen, sondern er hat es der eigenen Säumnis zuzuschreiben, daß er die Frage nicht im geordneten Wege rechtzeitig zur Entscheidung verstellt hat.

Nr. 3. Entsch. v. 8. VI. 1900 Nr. I 897 (Pr.-V.-Bl. Bd. XXII S. 250).
Komm.-Abg.-Ges. v. 14. VII. 93 (G.-S. S. 152) §§ 68, 69, 70, 90.

1. Die Rechtsmittel des fünften Titels des Komm.-Abg.-Ges. sind gegen die Heranziehung zu Naturaldiensten, nicht gegen die gemäß § 90 Abs. 2 daselbst stattfindende Beitreibung der Kosten gegeben.

2. In der Erteilung eines sachlichen Bescheides auf einen nicht fristzeitig erhobenen Einspruch liegt eine stillschweigende Wiedereinsetzung in den vorigen Stand. (Vgl. E.-O.-V. Bd. XXXV S. 135 ff.)

Nr. 4. Entsch. v. 14. VI. 1901 Nr. II 999 (Pr.-V.-Bl. Bd. XXIII S. 122).

Komm.-Abg.-Ges. v. 14. VII. 93 (G.-S. S. 152) §§ 69, 70.

Wiedereinsetzung in den vorigen Stand kann nicht ohne weiteres in jedem Falle angenommen werden, wo die angerufene Behörde auf einen verspätet gestellten Antrag sachlich, ohne die Fristversäumnis zu rügen, Beschluß gefaßt hat. Denn ein Rechtssatz des Inhaltes, daß in jedem sachlichen Eingehen auf eine verspätete Beschwerde eine Wiedereinsetzung liege, besteht nicht. Vielmehr muß in jedem Falle geprüft werden, ob Wiedereinsetzung gewährt werden sollte oder nicht.

2. Rechtsgrundsätze für das Verfahren.

Nr. 1. Entsch. v. 12. VI. 1900 Nr. I 921 (Pr.-V.-Bl. Bd. XXII S. 202).

Komm.-Abg.-Ges. v. 14. VII. 93 (G.-S. S. 152) §§ 69, 70.

1. Den Gemeindedienstpflichtigen steht nach §§ 69 und 70 des Komm.-Abg.-Ges. nur das Recht zu, gegen eine bestimmte Heranziehung zu einem Dienste Einspruch und Klage zu erheben. Dagegen können sie nicht im Verwaltungsstreitverfahren eine grundsätzliche Entscheidung darüber verlangen, in welchem Maße sie in Zukunft zu Diensten herangezogen werden dürfen.

2. Verfahrensmängel der ersten Instanz können nicht zur Begründung eines Angriffs auf die Entscheidung zweiter Instanz dienen.

Nr. 2. Entsch. v. 13. XI. 1900 Nr. II 1499 (Pr.-V.-Bl. Bd. XXII S. 335).

Komm.-Abg.-Ges. v. 14. VII. 93 (G.-S. S. 152) §§ 69, 70.

Die unerläßliche Vorbedingung für die Klage im Verwaltungsstreitverfahren in Kommunalsteuerangelegenheiten ist nach § 70 des Komm.-Abg.-Ges. ein Beschluß des Gemeindevorstandes, d. i. in den Städten der östlichen Provinzen des Magistrats, über den erhobenen Einspruch. Ein solcher Beschluß des Gemeindevorstandes kann durch den des Gemeindesteuer-Ausschusses nicht ersetzt werden. Beides sind wesentlich verschiedene Stellen.

Dem Erfordernisse eines Beschlusses des Gemeindevorstandes wird keineswegs dadurch genügt, daß dieser im Streitverfahren sich der Ansicht des Steuerausschusses anschließt und auf dessen Beschluß Bezug nimmt. Denn dem steht, abgesehen von anderen Bedenken, der Grundsatz entgegen, daß die Voraussetzungen für die Zulässigkeit seiner Klage schon bei deren Anstellung vorliegen müssen.

Nr. 3. Entsch. v. 7. XII. 1900 Nr. I 1806 (Pr.-V.-Bl. Bd. XXIII S. 52).

Komm.-Abg.-Ges. v. 14. VII. 93 (G.-S. S. 152) §§ 69, 70.

Es ist für die Zulässigkeit der Rechtsmittel aus §§ 69 und 70 des Komm.-Abg.-Ges. unerheblich, ob der Gemeindevorsteher befugt war, eine Heranziehung zu den geforderten Gebühren, Beiträgen, Steuern oder Naturaldiensten vorzunehmen. Entscheidend ist nur, ob er thatsächlich eine solche Heranziehung vorgenommen hat. Die eingelegten Rechtsmittel sind daher nicht deshalb für unzulässig zu erachten, weil die Last, zu der jemand herangezogen ist, (objektiv) keine Kommunallast darstellt. Es genügte für die Anwendbarkeit jener Gesetzesvorschriften, daß der Gemeindevorsteher (subjektiv) jene Last für eine Kommunallast hielt und demgemäß verfuhr, daß er z. B. von der Ansicht ausging, ein Gegenstand des Interessentenvermögens gehöre zum Gemeindevermögen und sei daher von ihm zu verwalten.

Nr. 4. Entsch. v. 22. II. 1901 Nr. II 322 (Pr.-V.-Bl. Bd. XXII S. 615).
Komm.-Abg.-Ges. v. 14. VII. 93 (G.-S. S. 152) §§ 69, 70.

Ein Schriftsatz, worin gegen eine Gebührenforderung lediglich eingewendet wird, sie sei zu hoch bemessen, kann nicht als ordnungsmäßiger Einspruch im Sinne des § 69 des Komm.-Abg.-Ges. gelten, da in einem solchen die erhobene Forderung entweder vollständig bestritten oder angegeben werden muß, inwieweit die Forderung bestritten wird. Denn nur dadurch wird ersichtlich, in welcher Höhe der Einspruchsbescheid zu ergehen hat und in welcher Höhe die Heranziehung endgültig geworden ist. (Vgl. E.-O.-V. Bd. XII S. 99, Bd. XX S. 9.)

Nr. 5. Entsch. v. 29. III. 1901 Nr. II 555 (Pr.-V.-Bl. Bd. XXIII S. 25).
Komm.-Abg.-Ges. v. 14. VII. 93 (G.-S. S. 152) §§ 69, 70.

Nach den §§ 69 f. des Komm.-Abg.-Ges. setzt die Steuerbefreiungsklage einen Einspruch voraus, der sich gegen eine Heranziehung richtet, und eine weitere Voraussetzung ist die, daß auf diesen Einspruch ein Bescheid ergangen ist, der den erhobenen Befreiungsanspruch gänzlich oder teilweise ablehnt.

Ein Magistratsbeschluß, der das Ersuchen eines noch nicht zur Hundesteuer herangezogenen Zensiten um Befreiung von der Hundesteuer ablehnt, ist kein Einspruchsbescheid im Sinne des § 69 und zwar auch dann nicht, wenn in diesem Beschlusse gesagt wird, daß gegen den Beschluß innerhalb zwei Wochen die Klage im Verwaltungsstreitverfahren offen stehe.

Nr. 6. Entsch. v. 29. IV. 1901 Nr. IV 868 (Pr.-V.-Bl. Bd. XXII S. 550).
Komm.-Abg.-Ges. v. 14. VII. 93 (G.-S. S. 152) §§ 69, 70.
St.-Ordn. v. 30. V. 53 (G.-S. S. 261) § 10.

Die Klage aus § 70 des Komm.-Abg.-Ges. kann sich nur gegen den auf Einspruch ergangenen Beschluß des Gemeindevorstandes richten und hat also einen solchen zur unentbehrlichen Voraussetzung. Was die Frage anlangt, ob ein mündlicher Bescheid des Gemeindevorstehers als Einspruchsbescheid im Sinne des § 70 angesehen werden kann, so hat das O.-V.-G. in E.-O.-V. Bd. VII S. 147 ff. bei Anwendung des § 49 des Zust.-Ges. v. 26. VII. 76 auch einen mündlichen Bescheid des Gemeindevorstehers für eine genügende Grundlage der Klageerhebung erachtet. (Vgl. auch E.-O.-V. Bd. VIII S. 155.) Ob sich diese Auffassung gegenüber dem § 70 aufrecht erhalten läßt, kann hier dahingestellt bleiben (vgl. Art. 45 ² der Ausf.-Anw.: „der Beschluß ist schriftlich abzufassen“). Denn in einer mündlichen Aeußerung des zweiten Bürgermeisters (wie im vorliegenden Falle) kann überhaupt kein Beschluß nach § 70 im Sinne von § 70 cit. erblickt werden. Nach dieser Vorschrift hat über den Einspruch der „Gemeindevorstand“ zu beschließen. Gemeindevorstand ist in Städten stets der kollegiale Magistrat. Ein Beschluß des Magistrats oder ein einem solchen nach den maßgebenden Vorschriften (Instr. für die Stadt-Magistrate v. 25. V. 35 — von Kamptz, Annalen Bd. XIX S. 733; E.-O.-V. Bd. XXXIV S. 88, 89 —) gleichstehender Bescheid liegt hier nicht vor, zumal wenn in keiner Weise erkennbar ist, daß etwa der zweite Bürgermeister die Erklärung, daß die Veranlagung zu Recht bestehe, im Auftrage und im Namen des Magistrats abgegeben hat. Die mündliche Aeußerung eines Magistratsmitgliedes, die sich äußerlich garnicht als eine im Namen des Magistrats abgegebene Entscheidung darstellt, kann aber nicht als ein „Beschluß des Gemeindevorstandes" im Sinne von 70 cit. angesehen werden; sie ist lediglich eine unverbindliche, garnicht in den Rahmen des § 70 fallende Erklärung über die Ansicht des betreffenden Magistratsmitgliedes. Gegen eine solche Erklärung ist deshalb auch die Klage aus § 70 Abs. 2 nicht zulässig.

Nr. 7. Entsch. v. 26. VI. 1900 Nr. I 985 (Pr.-V.-Bl. Bd. XXII S. 300).
Komm.-Abg.-Ges. v. 14. VII. 93 (G.-S. S. 152) §§ 24 ff., 69, 70.

Die Gemeinde, die Grundsteuer fordert, hat im Verwaltungsstreitverfahren dem die Verpflichtung bestreitenden Zensiten gegenüber die örtliche Lage des Grundstücks und im Falle, daß Zuschläge zur staatlich veranlagten Grundsteuer erhoben werden, auch den auf das Grundstück fallenden Betrag dieser Steuer nachzuweisen.

Nr. 8. Entsch. v. 2. X. 1900 Nr. I 1420 (Pr.-V.-Bl. Bd. XXIII S. 37).
Komm.-Abg.-Ges. v. 14. VII. 93 (G.-S. S. 152) §§ 69, 70.

1. Eine Wiedereinsetzung in den vorigen Stand liegt nicht schon dann vor, wenn der Beschluß über einen Einspruch aus § 69 des Komm.-Abg.-Ges. die Versäumung der Einspruchsfrist ungerügt läßt, sondern erst dann, wenn er auf dem Grunde sachlicher Prüfung des erhobenen Freistellungs- oder Minderungsanspruchs beruht und dies dem Kläger gegenüber zum Ausdruck gebracht ist (vgl. E.-O.-V. Bd. XXXV S. 138).

2. Die Befreiung von der Steuerpflicht kann nur durch Ersitzung erworben werden. Voraussetzung für den Beginn der Ersitzung ist ein der Heranziehung entgegenstehendes Untersagungsrecht. Dieses wird dadurch erworben, daß der Abgabenpflichtige die Erfüllung der Steuerpflicht weigert und der Abgabenberechtigte sich bei dieser Weigerung beruhigt. Das Steuerrecht erlischt nicht durch bloßen Nichtgebrauch seitens des Berechtigten.

Nr. 9. Entsch. v. 22. I. 1901 Nr. I 131 (Pr.-V.-Bl. Bd. XXIII S. 69).
Komm.-Abg.-Ges. v. 14. VII. 93 (G.-S. S. 152) § 70; Zust.-Ges. § 46.

1. In der auf § 70 des Komm.-Abg.-Ges. sich gründenden Klage kann die Steuerpflicht in abstracto nicht zum Gegenstand des Streites gemacht werden. Diese Klage ist nur zulässig, wenn sie eine gänzliche oder teilweise Freistellung des Klägers von einer bestimmten von ihm geforderten Leistung fordert (Reklamationsklage).

2. Der Verwaltungsrichter darf die Rechtmäßigkeit einer geforderten Steuer nur danach beurteilen, ob der Rechtsgrund, aus dem sie gefordert ist, die Forderung rechtfertigt; er darf die rechtliche Grundlage der Veranlagung nicht verschieben. Nimmt er z. B. im Gegensatze zu der Auffassung der Parteien, daß es sich bei der Heranziehung der Kläger um die Heranziehung zu einer Gemeindesteuer handele, an, daß die im Streite befindlichen Leistungen rechtlich Hausväterbeiträge darstellten, die von den Klägern als Mitgliedern der Schulgemeinde zu leisten seien, und daß zu deren Einziehung der beklagte Gemeindevorstand kraft besonderer Observanz an Stelle des Schulvorstandes befugt sei, so hat er damit die Heranziehung der Kläger auf eine völlig verschiedene rechtliche Grundlage

gestellt; denn auch wenn die von ihm angenommene Observanz als vorhanden anzuerkennen wäre, würden die in ihrer Ausübung einzuziehenden Schulbeiträge rechtlich nicht den Charakter von Gemeindesteuern erlangen können. Zu einer derartigen Verschiebung der rechtlichen Grundlage der Veranlagung ist der Verwaltungsrichter nicht befugt (E.-O.-V. Bd. V S. 185). Er muß vielmehr, wenn er die thatsächlich erfolgte Heranziehung als auf einer unrichtigen rechtlichen Grundlage beruhend erkannt hat, an sich zu deren Aufhebung gelangen, vorbehaltlich der Befugnis der zuständigen Behörde, sei es des Schulvorstandes oder des Gemeindevorstandes, demnächst eine anderweitige, dem rechtlichen Charakter der einzufordernden Steuer entsprechende Heranziehung zu bewirken.

3. Hat ein Klageantrag lediglich den Zweck, die seitens des Beklagten bewirkte Heranziehung der Kläger für ein bestimmtes Rechnungsjahr außer Kraft zu setzen, so hält er sich innerhalb der für die Zulässigkeit einer Reklamationsklage gesetzlich vorgeschriebenen Grenzen und entbehrt insbesondere deshalb nicht der nötigen Bestimmtheit, weil in ihm nicht ziffermäßig zum Ausdruck gebracht ist, um welchen Betrag mit Rücksicht auf die von den Klägern zum Teil anerkannte Verpflichtung, zu den Gemeindesteuern beizutragen, die erfolgte Heranziehung zu ermäßigen sei. Im vorliegenden Falle handelt es sich bei der Heranziehung der Kläger soweit diese streitig ist, nicht um Gemeindesteuern, sondern um Hausväterbeiträge für die Schulsozietät, welche letztere der beklagte Gemeindevorstand zusammen mit den ersteren unterschiedslos und in einer ungeteilten Summe von den Klägern erfordert hat. Für die Einziehung von Hausväterbeiträgen unterliegen aber die Kläger nicht dem Besteuerungsrecht der Landgemeinde, sondern dem Besteuerungsrecht der Schulgemeinde, auch wenn nach der Organisation der letzteren der Gemeindevorstand zur Erhebung der von der Schulgemeinde beschlossenen Hausväterbeiträge für die Schulgemeinde befugt sein sollte. Hiernach sind die Kläger die Ermäßigung der ihnen auferlegten Gemeindesteuer deshalb zu fordern berechtigt, weil sie, soweit in jener Steuer Hausväterbeiträge enthalten sind, dem Besteuerungsrecht der Landgemeinde nicht unterliegen, und in einem solchen Fall hat der beklagte Steuergläubiger die ziffermäßige Berichtigung des Steuerbetrages vorzunehmen. Ist dies seitens des Beklagten nicht geschehen, so ist die Heranziehung der Kläger, so wie sie erfolgt ist, nach ihrem ganzen Betrage als unzulässig aufzuheben.

4. Die Heranziehung der einzelnen Steuerpflichtigen zu den ordnungsmäßig beschlossenen Hausväterbeiträgen kann nun zwar auch durch den Gemeindevorstand bewirkt werden, wenn die Zuständigkeit dieser Behörde zu solchen Funktionen durch eine an sich zulässige besondere Organisation der Schulgemeinde begründet ist. Dann muß sie aber dergestalt getrennt von einer Heranziehung zu Gemeindesteuern bewirkt werden, daß die einzelnen Hausväterbeiträge ziffermäßig für sich angegeben und nicht mit etwaigen Gemeindesteuern in einer untrennbaren Summe verbunden werden. Die Notwendigkeit einer solchen Scheidung ergiebt sich aus dem verschiedenen rechtlichen Charakter der Hausväterbeiträge und der Gemeindesteuern.

Nr. 10. Entsch. v. 21. VI. 1901 Nr. I 1074 (Pr.-V.-Bl. Bd. XXIII S. 134).

Komm.-Abg.-Ges. v. 14. VII. 93 (G.-S. S. 152) §§ 33[2], 69, 70; L.-V.-G. § 92.
Land-Gem.-Verf.-Ges. v. 14. IV. 56 (G.-S. S. 359) § 1 Abs. 4.
Land-Gem.-Ordn. v. 3. VII. 91 (G.-S. 233) § 2[4].

1. Bei der Versäumnis der Einspruchsfrist gegen eine Heranziehung zu Gemeindeabgaben ist vom Revisionsrichter stillschweigende Wiedereinsetzung in den vorigen Stand anzunehmen, sobald als

einzige Grundlage des abweisenden Einspruchsbescheides sachliche Gründe angegeben sind. (E.-O.-V. Bd. XXXV S. 138.)

2. Der beklagte Gemeindevorsteher hat, wenn die Zugehörigkeit eines Grundstücks zum Gemeindebezirk bestritten wird und die Steuerpflicht von dieser Zugehörigkeit abhängt, letztere zu beweisen. (E.-O.-V. Bd. XXVII S. 47, Bd. XXX S. 128.) Ein solcher Beweis kann durch Eintragungen im Kataster oder im Grundbuche nicht geführt werden.

3. Zur Abtrennung eines Grundstückes von einem Gutsbezirke und zu dessen Vereinigung mit einem Gemeindebezirke bedarf es eines Staatshoheitsakts. Bloß durch die thatsächliche Vereinigung — die „Zuschlagung" und Heranziehung der Besitzer zu Gemeindelasten — konnte sich nach dem Erlasse des Ges. v. 31. XII. 42 über die Verpflichtung zur Armenpflege (vgl. § 6 [3]) eine Eingemeindung nicht mehr vollziehen. (E.-O.-V. Bd. V S. 120 ff.)

4. Eine Aenderung des Klagegrundes stellt eine in der Berufungsinstanz nicht mehr zulässige Aenderung der Klage dar (E.-O.-V. Bd. IX S. 14, Bd. XI S. 399).

5. Behauptet der Steuerpflichtige, mit Steuer überbürdet zu sein, so trägt er dafür die Beweislast. (E.-O.-V. Bd. XIV S. 142, Bd. XV S. 130, Bd. XVI S. 217, Bd. XXIV S. 53.)

Nr. 11. Entsch. Bd. XXXIX S. 67 v. 15. III. 1901 II C 279/1900.

Ges. v. 15. IV 89 (G.-S. S. 99), betr Erlaß oder Ermäßigung der Grundsteuer infolge von Ueberschwemmungen, § 1.
Ges v. 14. VII 93 (G.-S. S. 119) wegen Aufhebung direkter Staatssteuern § 11
Komm.-Abg.-Ges. v. 14. VII. 93 (G.-S. S. 152) §§ 69, 70.

In § 1 des Ges. v. 15. IV. 89 heißt es unter Nr. 1:

> „Der Finanzminister wird ermächtigt, die Grundsteuer von solchen Liegenschaften, deren Ertrag infolge von Ueberschwemmung für ein oder mehrere Jahre ganz oder zu einem erheblichen Teil verloren geht, auf ein oder mehrere Jahre ganz oder teilweise zu erlassen;"

und § 11 Abs. 2 des Ges. v. 14. VII. 93 (G.-S. S. 119) bestimmt:

> „Die Ermächtigung zum Erlasse und zur Ermäßigung veranlagter Steuern . . . . geht auf die Gemeinden über."

Wenn hiernach die früher dem Finanzminister zustehende Befugnis, die Grundsteuer infolge von Ueberschwemmungen den hierdurch geschädigten Grundbesitzern ganz oder teilweise für ein oder mehrere Jahre zu erlassen, auf die Gemeinden übertragen worden ist, so hat damit keine Ausnahme für die in Steuerreklamationssachen sonst geltenden Regelvorschriften geschaffen werden sollen. Die Gemeinden sind in solchen Fällen nicht nur berechtigt, Steuererlasse zu bewilligen, sondern es ist ihnen auch die Pflicht auferlegt, sobald der vom Gesetze getroffene Thatbestand vorliegt, die Grundsteuer gänzlich oder teilweise zu erlassen, und dem Herangezogenen kann das rechtliche Gehör nicht verweigert werden, wenn er im Streitverfahren behauptet, daß ihm ein Steuererlaß zu Unrecht verweigert worden sei.

3. Das Verteilungsverfahren gemäß §§ 71 ff. des Komm.-Abg.-Ges.

Nr. 1. Entsch. v. 12. X. 1900 Nr. II 1335 (Pr.-V.-Bl. Bd. XXII S. 226).
Komm.-Abg.-Ges. v. 14. VII. 93 (G.-S. S. 152) §§ 71 ff.

Konkurrieren bei der Gemeindeeinkommenbesteuerung eines Zensiten zwei Gemeinden, von denen die eine eine rechtskräftig gewordene, d. h. infolge endgültiger Entscheidung auf ein Rechtsmittel (Einspruch, Klage) unanfechtbar gewordene Steuerforderung geltend gemacht hat, so kann ein Verteilungsverfahren gemäß § 71 des Komm.-Abg.-Ges. nicht stattfinden, da es sich nur noch um die Bezifferung des Steueranspruchs der anderen Gemeinde handeln könnte. In solchem Falle bleibt vielmehr nur der Einspruch gegen die Steuerforderung der zweiten Gemeinde zugelassen. (Vgl. E.-O.-V. Bd. XXXII S. 11.)

Nr. 2. Entsch. v. 16. X. 1900 Nr. II 1352 (Pr.-V.-Bl. Bd. XXII S. 372).
Komm.-Abg.-Ges. v. 14. VII. 93 (G.-S. S. 152) § 71.

Es entspricht nicht der Vorschrift im § 71 Abs. 3 des Komm.-Abg.-Ges., wenn der Bezirksausschuß in seinem Beschlusse über die Verteilung gemeindesteuerpflichtigen Einkommens nur die auf die Gemeinden entfallenden Prinzipalsätze und nicht die ihnen entsprechenden Steuerbeiträge festgesetzt hat.

Nr. 3. Entsch. Bd. XXXVIII S. 71 v. 26. X. 1900 II C 151/1900.
Komm.-Abg.-Ges. v. 14. VII. 93 (G.-S. S. 152) §§ 71 ff., 83, 84.

Für das Verteilungsverfahren gemäß §§ 71 ff. des Komm.-Abg.-Ges. ist es gleichgültig, ob von der die zweite oder eine weitere Steuerforderung erhebenden Gemeinde die Steuer des laufenden Rechnungsjahres oder eine Nachsteuer gefordert wird.

Das Gegenteil folgt insbesondere nicht daraus, daß in § 83 Abs. 3 des Komm.-Abg.-Ges. die das Verteilungsverfahren regelnden §§ 71 ff. nicht erwähnt sind, weil § 83 eine allgemeine Regelung des Rechtsmittelverfahrens für Nachsteuern nicht enthält.

Ebenso verfehlt ist es, die Nachsteuer nicht als Steuer, sondern als Schadensersatzforderung zu bezeichnen und etwa deshalb das Verteilungsverfahren auszuschließen.

Nr. 4. Entsch. v. 21. VI. 1901 Nr. II 1046 (Pr.-V.-Bl. Bd. XXIII S. 151).
Komm.-Abg.-Ges. v. 14. VII. 93 (G.-S. S. 152) §§ 47, 71.

1. Für die Auffassung, daß ein Verteilungsverfahren gegenüber einer Aktiengesellschaft dann unzulässig sei, wenn diese auf dem Standpunkte stehe, daß ihr Einkommen nicht aus einem einheitlichen Unternehmen, sondern aus zwei verschiedenen, je für sich bestehenden Unternehmungen herrühre, bietet der § 71 des Komm.-Abg.-Ges. keinen Anhalt.

Die Voraussetzungen für das Verteilungsverfahren sind immer dann gegeben, wenn ein Zensit in mehreren Gemeinden zur Einkommensteuer herangezogen ist und es sich um Ermittelung des in diesen Gemeinden steuerpflichtigen Einkommens handelt, somit auch dann, wenn es sich um das Einkommen einer Aktiengesellschaft handelt, die in den betreffenden Gemeinden verschiedene, für sich bestehende gewerbliche Unternehmungen hat.

2. Bei Aktiengesellschaften, die in verschiedenen Gemeinden gewerbliche Anlagen haben, spricht die Vermutung für die Einheitlichkeit des Unternehmens, zumal in dem Falle, wenn die Unternehmungen in den verschiedenen Gemeinden gleichartige sind und von dem Sitze der Verwaltung aus geleitet werden. Liegen die Voraussetzungen der Gleichartigkeit vor, so ist gleichgültig, ob der merkantile Betrieb und die Verwaltung auf beiden Werken voneinander getrennt, und ob die Anlagen gleichzeitig oder erst nacheinander erworben worden sind.

3. Das Teilungsverfahren ist der civilrechtlichen Teilungsklage (actio de communi dividundo) vergleichbar und dergestalt einheitlich, daß die von verschiedenen Seiten erhobenen Ansprüche auf das Teilungsobjekt als Anträge zu derselben Sache angesehen werden müssen, und daß die strenge Sonderung der Beteiligten in Kläger und Beklagte fortfällt, ähnlich wie bei einer civilrechtlichen Teilungsklage (judicium duplex, wo jeder Partei sowohl die Rolle eines Klägers wie die eines Beklagten zukommt). Diese Natur des Teilungsverfahrens bringt es mit sich, daß der Antrag eines Beteiligten auf anderweitige Verteilung des Einkommens nicht nur zum Nachteile, sondern gegebenenfalls auch zu Gunsten der anderen Beteiligten Wirksamkeit äußert, und zwar selbst in dem Falle, daß entsprechende Anträge der Beteiligten nach dieser Richtung nicht vorliegen.

J. Nachforderung. Verjährung.

Nr. 1. Entsch. Bd. XXXVIII S. 131 v. 12. VII. 1900 IV C 1,1900.

Fluchtlinien-Ges. v. 2. VII 75 (G.-S. S. 561) § 15.
Komm.-Abg.-Ges. v. 14. VII 93 (G.-S. S. 152) §§ 83, 87, 88, 94.

1. Die dreijährige Frist, auf die sich die Berechtigung der Gemeinden zur Nachforderung von Beiträgen nach § 87 Abs. 2 des Komm.-Abg.-Ges. beschränkt, würde in der Revisionsinstanz nur dann volle Berücksichtigung finden können, wenn sie als eine Ausschlußfrist aufzufassen wäre. Denn die Wahrung der Ausschlußfristen ist von Amtswegen in allen Instanzen zu prüfen (vgl. E.-O.-V. Bd. XXII S. 178). Sie ist aber keine Ausschlußfrist, sondern eine Verjährungsfrist.

Der Unterschied zwischen beiden Fristen besteht, wie in E.-O.-V. Bd. XVII S. 234 näher dargelegt, darin, daß durch Verjährung ein zeitlich an sich unbeschränktes Recht infolge der Nichtausübung innerhalb der bestimmten Frist aufgehoben wird, während die Ausschlußfrist schon die Entstehung des Rechts einer zeitlichen Schranke unterwirft, dergestalt, daß es nur durch Ausübung innerhalb der Frist zur Entstehung gelangen kann. Prüft man hieran die Natur der in § 87 a. a. O. festgesetzten Frist, so muß sie als Verjährungsfrist aufgefaßt werden. Denn das Recht der Gemeinden, die Pflichtigen zu Steuern, Gebühren und Beiträgen heranzuziehen, ist an sich unbeschränkt. Der Gesetzgeber hat aber seine Ausübung aus Gründen der Zweckmäßigkeit an bestimmte Grenzen gebunden, mit deren Ablaufe das Recht erlischt. Diese Auffassung wird auch durch den Wortlaut des § 87 Nr. 2 bestätigt. Denn wenn dort die Frist bestimmt wird auf drei Jahre „seit dem Ablauf desjenigen Jahres, in welchem die Forderung entstanden ist“, so geht das Gesetz ersichtlich davon aus, daß das Recht der Gemeinde nachträglich durch den Ablauf der Frist wieder aufgehoben wird, und nicht davon, daß es infolge des Fristablaufs garnicht zur Entstehung gelangt.

Nun bestimmt allerdings § 94 des Komm.-Abg.-Ges.:

„Alle in dem gegenwärtigen Gesetze vorgeschriebenen Fristen sind Ausschlußfristen."

Aber diese Bestimmung muß trotz ihrer allgemeinen Fassung einschränkend ausgelegt werden. Sie bezieht sich offenbar, wie schon ihr Zusammenhang mit den folgenden Sätzen des § 94 erkennen läßt, zunächst auf das sich an die Heranziehung anschließende Verfahren, also im wesentlichen auf die für die Geltendmachung der Rechtsmittel gegebenen Fristen, nicht auf diejenigen, die im achten Titel des Gesetzes für die „Nachforderungen und Verjährungen" vorgeschrieben sind. Eine Anwendung jenes Satzes auf die letztgedachten Fristen ist schon deshalb ausgeschlossen, weil sie wiederholt und ausdrücklich als „Verjährungsfristen" bezeichnet werden, so in § 83 und § 88. Der § 94 kann nicht vorschreiben wollen, daß auch diese vom Gesetz ausdrücklich als „Verjährungsfristen" bezeichneten Fristen trotzdem „Ausschlußfristen" sein sollen. Es ist also bei den Fristen, die sich nicht auf das Verfahren beziehen, jedesmal nach ihrer innerlichen rechtlichen Beschaffenheit zu prüfen, ob sie unter die „Ausschlußfristen" des § 94 fallen, was für die Frist des § 87 Nr. 2 verneint werden muß.

(Folgt eingehende Beweisführung aus der Entstehungsgeschichte des Gesetzes.)

2. Ist aber die Frist in § 87 Nr. 2 des Komm.-Abg.-Ges. nicht als Ausschlußfrist, sondern als Verjährungsfrist aufzufassen, so folgt daraus, daß die sich auf diese Vorschrift stützende Behauptung der Verjährung nicht zu berücksichtigen ist, wenn sie erst in der Revisionsinstanz neu aufgestellt wird. Denn ein aus der Verjährung entnommener Angriff muß sich notwendig auf eine Reihe von thatsächlichen Angaben gründen, die den Beginn und den Ablauf der Verjährungsfrist darthun sollen. Dazu gehören z. B. im Falle von Anliegerbeiträgen Behauptungen, daß und wann der Ausbau der Straße beendet und für den Magistrat die Möglichkeit gegeben war, die Berechnung der Beiträge aufzustellen. Solche neue thatsächliche Anführungen können aber nicht zur Stütze der Revision dienen; die Behauptung, daß und warum der Anspruch des Beklagten verjährt sei, hätte in erster Instanz aufgestellt werden müssen.

3. Dabei mag noch hervorgehoben werden, daß die Natur der in § 87 Nr. 2 des Komm.-Abg.-Ges. aufgestellten Frist als Verjährungsfrist an sich den Verwaltungsrichter nicht hindert, die Einhaltung der Frist auch von Amtswegen zu prüfen. Denn das Verwaltungsstreitverfahren beruht nicht auf der Verhandlungsmaxime und der Verwaltungsrichter ist nicht an das thatsächliche Vorbringen der Parteien gebunden, er kann vielmehr auch thatsächliche Umstände berücksichtigen und zum Gegenstande der Erörterung machen, die von den Parteien übersehen und nicht geltend gemacht worden sind.

Nr. 2. Entsch. Bd. XXXIX S. 62 v. 2. XI. 1900 II C 72/1900.

Komm.-Abg.-Ges. v. 14. VII 93 (G.-S. S. 152) § 84.

Die Regelvorschrift des § 84 Abs. 3 des Komm.-Abg.-Ges., daß die Veranlagung der Nachsteuer einheitlich für den ganzen Zeitraum, auf den sich die Verpflichtung erstreckt, erfolgen soll, bringt es mit sich, daß, wenn gegen die ganze, aus mehreren Jahresbeträgen zusammengesetzte Steuerforderung Einspruch erhoben worden ist, auch der Einspruchsbescheid die gesammte Steuerforderung zum Gegenstande haben muß. Ein Einspruchsbescheid, der nur über einen von mehreren Jahresbeträgen Entscheidung trifft, ist mithin unstatthaft und muß, wenn ihn der

Steuerschuldner im Wege der Klage anficht, außer Kraft gesetzt werden, ohne daß es angängig wäre, die sachliche Begründung der Steuerforderung zu erörtern.

Nr. 3. Entsch. Bd. XXXIX S. 64 v. 11. XII. 1900 II C 130/1900.

Komm.-Abg.-Ges. v. 14. VII. 93 (G.-S. S. 152) §§ 36, 84, 95.

Eink.-St.-Ges. v. 24. VI. 91 (G.-S. S. 175) §§ 56, 57, 58, 80.

1. Der § 36 Abs. 3 des Komm.-Abg.-Ges. lautet:

„Die auf Grund der Einlegung von Rechtsmitteln, sowie die auf Grund der §§ 57 und 58 des Einkommensteuergesetzes vom 24. Juni 1891 erfolgte Erhöhung oder Ermäßigung der veranlagten Staatseinkommensteuer zieht die entsprechende Aenderung des Gemeindezuschlags nach sich."

Die hier erwähnten §§ 57 und 58 des Eink.-St.-Ges. stellen den Grundsatz auf, daß Vermehrungen oder Verminderungen des Einkommens während des laufenden Steuerjahrs in der Regel keine Veränderungen in der schon erfolgten Veranlagung begründen. Tritt eine vom Gesetz als solche anerkannte Ausnahme hiervon ein, wie namentlich die Vermehrung des Einkommens infolge eines Erbanfalls (§ 57 a. a. O.), so muß die zugelassene anderweitige Veranlagung, entsprechend der Vorschrift in § 56 des Eink.-St.-Ges., wonach die Veranlagung der Einkommensteuer für jedes Rechnungsjahr (Steuerjahr) erfolgt, stets auf den dem maßgebenden Ereignisse folgenden Abschnitt des laufenden Steuerjahrs beschränkt bleiben, kann also ein volles Steuerjahr niemals umfassen. Im vorliegenden Falle, wo der Tod der Erblasserin am 30. III. 99 eingetreten war, konnten nur noch die beiden letzten Tage des mit dem 31. III. schließenden Rechnungsjahres 1898 in Betracht kommen. Folglich blieb eine den Steuersatz des Jahres 1898 beeinflussende anderweitige Veranlagung gemäß § 57 des Eink.-St.-Ges. ausgeschlossen, da hiernach der Erbe zur Entrichtung der Steuer erst von dem Beginne des auf den Anfall der Erbschaft folgenden Monats ab verpflichtet ist. Die im September 1899 von der Staatssteuerbehörde dem Kläger dahin gemachte Mitteilung, daß er vom 1. IV. 99 ab mit einer der Erbschaft wegen erhöhten Steuer in Zugang gestellt sei, war also keine gemäß § 57 a. a. O. bewirkte Veranlagung, sondern eine auf den § 80 des Ein.-St.-Ges. sich gründende Nachbesteuerung, weil der Kläger für das Steuerjahr 1899 zu einer, dem wirklichen Einkommen vom 1. April 1899 nicht entsprechenden niedrigen Steuerstufe veranlangt worden war (vgl. E.-O.-V. Bd. VIII S. 265).

2. Mit der Nichtanwendbarkeit des zur Grundlage der Vorentscheidung dienenden § 57 a. a. O. wird auch die Berufung auf § 36 Abs. 3 des Kommunalabgabengesetzes hinfällig. Es bedarf hier keiner Eröterung, in welcher Weise die letztgedachte Bestimmung im Falle, daß der § 57 des Eink..-St.-Ges. zutrifft, gegenüber einem Beamten, dem das Steuersonderrecht zusteht, anzuwenden ist.

3. Das Recht der Nachforderung, das der § 80 des Einkommensteuergesetzes dem Staate auch denjenigen Steuerpflichtigen gegenüber gewährt, die zu einer ihrem wirklichen Einkommen nicht entsprechenden niedrigeren Steuerstufe veranlagt worden sind, ist den Gemeinden nach § 84 des Komm.-Abg.-Ges. insoweit versagt geblieben (E.-O.-V. Bd. XXXII S. 40 f.). Von der Kommunalbesteuerung für das Jahr 1899 hätte die durch den Erbanfall herbeigeführte Einkommensvermehrung daher nur dann ergriffen werden können, wenn die dem Beklagten nach § 36 Abs. 2 des Komm.-Abg.-Ges. zustehende selbständige Veranlagung des Zensiten zur Gemeinde-Einkommensteuer aus irgend einem Grunde erst zu einer Zeit erfolgt wäre, in

der dem Beklagten die Vermögensvermehrung bereits bekannt und der Steuergläubiger daher in der Lage gewesen wäre, das ganze am 1. IV. 99 vorhandene Einkommen zu berücksichtigen.

Nr. 4. Entsch. v. 11. I. 1901 Nr. II 63 (Pr.-V.-Bl. Bd. XXII S. 349).

Komm.-Abg.-Ges. v. 14. VII. 93 (G.-S. S. 152) § 84

Geb.-St.-Ges. v. 21. V. 61 (G.-S. S. 317) § 4.

Wird ein Grundbesitzer irrtümlich nur wegen eines Teils der auf seinem Grundstück stehenden Gebäude zur Gebäudesteuer veranlagt, so liegt kein Fall der Uebergehung, sondern der Fall einer zu niedrigen Veranlagung vor Es ist somit eine Nachforderung von Kommunalzuschlägen wegen späterer staatlicher Nachveranlagung unzulässig. Der Unterschied zwischen einer teilweisen und einer gänzlichen Uebergehung in dem Sinne, daß auch die erstere die Anwendung des § 84 des Komm.-Abg.-Ges. rechtfertigt, ist dem Gesetze fremd. Er könnte weder dem § 4 des Geb.-St.-Ges. noch dem § 84 des Komm.-Abg.-Ges. entnommen werden. Allerdings sprechen die Ausführungsanweisungen zu dem letzteren in Art. 52 Nr. 1 und zu dem Eink.-St.-Ges. v. 24. VI. 91 in Art. 85 von einem gänzlichen Uebergehen der Steuerpflichtigen; auch schreibt § 5 des Verjährungsges. bei öffentlichen Abgaben v. 18. VI. 40 vor:

„Eine Nachforderung von Grundsteuern ist zulässig sowohl bei gänzlicher Uebergehung als bei zu geringem Ansatze" . . .

Eine besondere Bedeutung ist aber dem Worte „gänzlich" an keiner dieser Stellen beigemessen; scheidet man es aus, so bleibt überall der gleiche Sinn bestehen. So hat denn auch der § 80 des Eink.-St.-Ges. neben der Uebergehung die Veranlagung zu einer dem wirklichen Einkommen nicht enstprechenden niedrigeren Steuerstufe besonders genannt und dadurch zu erkennen gegeben, daß eine zu geringe Veranlagung keine Uebergehung ist.

Nr. 5. Entsch. Bd. XXXVIII S. 138 v. 19. XI. 1900 IV C 93/1900.

Fluchtlinien-Ges v. 2. VII. 75 (G.-S. S. 561) § 15.

Komm.-Abg.-Ges. v. 14. VII. 93 (G.-S. S. 152) §§ 69, 70, 87.

Der Ablauf der dreijährigen Verjährungsfrist des § 87 des Komm.-Abg.-Ges. kann auch durch eine sachlich nicht einwandfreie Heranziehungsverfügung verhindert werden, da letzere immerhin eine Heranziehung im Sinne des § 69 des Komm.-Abg.-Ges. bleibt. So entspricht z. B. die provisorische Einforderung eines Teiles des einheitlichen Anliegerbeitrags unter dem Vorbehalte späterer Nachforderung nicht dem Gesetze und kann deshalb von dem Anlieger als eine verfrühte Heranziehung zurückgewiesen werden. Aber die Heranziehung behält jedenfalls für die Wahrung der Frist ihre volle Bedeutung, da sie wegen jenes Vorbehalts von Nachforderungen keineswegs als gänzlich nichtig und gar nicht vorhanden erachtet werden darf.

Zweite Abteilung.

Kultus, Schule, Zwangserziehung (Fürsorgeerziehung), Personenstand u. Staatsangehörigkeit.

I.

Die evangelische Kirche.

Materialien: Vd. v. 11. V. 1901 (Kirchl. Gef. u. Vd.=Bl. S. 31) über die Ausführung des Kirchengef. v. 7. V. 1900, betr. die mit der evangelischen Landeskirche in Verbindung stehenden deutschen Kirchengemeinden außerhalb Deutschlands.

C. In den im Jahre 1866 einverleibten Gebietsteilen.

Nr. 1. Entsch. v. 2. X. 1900 Nr. I 1416 (Pr.=V.=Bl. Bd. XXII S. 392).

Schulaufsichtsgef. v. 11. III. 72 (G.=S. S. 183) Reg.=Instr. v. 23. X. 17 (G.=S. S. 248) § 18e. Kirchengef. v. 28. IX. 91 (G.=S. S. 349), betr. die Kirchenvisitationen in der ev. luth. Kirche der Provinz Hannover §§ 4b, 11.

Die Kosten kirchlicher Schulvisitationen in der Provinz Hannover liegen den evangelisch=lutherischen Kirchengemeinden nicht ob, da eine solche Verpflichtung auf das Kirchengef. betreffend die Kirchenvisitationen in der evangelisch=lutherischen Kirche der Provinz Hannover vom 28. IV. 91, dessen § 11 alle ihm entgegenstehenden Bestimmungen außer Kraft gesetzt hat, nicht gestützt werden kann.

Bis zu dem Inkrafttreten des L.=V.=G. in der Provinz Hannover, d. h. bis zum 1. VII. 85 hatten die dortigen Provinzial=Konsistorien nicht nur die Kirchengewalt, sondern auch die Leitung und Beaufsichtigung des Volksschulwesens in erster Instanz wahrzunehmen. Als Organe der Provinzial=Konsistorien fungierten von jeher sowohl in Kirchen= als auch in Schulsachen die Superintendenten, denen insbesondere auch die Abhaltung der Spezial=Kirchen= und Schulvisitationen aufgetragen war. Dieses Visitationswesen war in den einzelnen Konsistorialbezirken je nach den von den zuständigen Provinzial=Konsistorien hierüber erlassenen Ausschreiben verschieden ausgestaltet. Die speziell im Konsistorialbezirk Stade ergangenen Verordnungen unterscheiden zwar zwischen Kirchen= und Schulvisitationen nach den verschiedenen Zwecken beider Visitationen, gleichwohl gehen sie davon aus, daß beide Visitationen zeitlich möglichst aneinander anzuschließen und soweit es die Natur der dabei zu erledigenden Geschäfte gestattete, zu einem äußerlich einheitlichen Akte zu verbinden seien. Dies entsprach der damaligen Kirchen= und Schulverfassung, die in der einheitlichen Gestaltung der sämmtlichen Aufsichtsinstanzen ihren Ausdruck fand. Diese Verhältnisse haben im Konsistorialbezirk Stade infolge des Gef. v. 11. III. 72 eine erhebliche

Aenderung nicht erfahren. Vielmehr ist in der Rundverfügung der Regierung zu Stade v. 6. VIII. 86 ausdrücklich bezeugt, die Schulrevisionen seien bisher von den Kreisschulinspektoren in der Weise abgehalten worden, daß die elf- und mehrjährigen Kinder aller Schulen derselben Parochie zusammen in der Pfarrkirche in der Religion und danach in dem Schullokale des Pfarrortes in den übrigen Lehrgegenständen geprüft worden seien, und schließlich ein Gesammtbericht über den Stand des Schulwesens des ganzen Inspektionsbezirks nach dem Ergebnisse der Schulrevisionen und nach den Mitteilungen der Lokalschulinspektoren erstattet sei. Nur beiläufig wird in der Rundverfügung erwähnt, daß diejenigen Kreisschulinspektoren, die nicht zugleich Superintendenten seien, wohl, soweit der Regierung bekannt geworden, die ihnen unterstellten Schulen einzeln revidiert, aber doch Gesammtberichte erstattet hätten. Eine durchgreifende Aenderung dieser Verhältnisse trat erst ein, nachdem die Regierung auf Grund des § 25 L.-V.-G. an Stelle des Königlichen Konsistoriums die Funktionen der Schulaufsichtsbehörde übernommen hatte. Durch die Verf. v. 10. I. 87 sind von der Königlichen Regierung in Ausübung der ihr nach § 18 lit. e der Reg.-Instr. v. 23. X. 17 zustehenden Befugnisse für die Visitation der Volksschulen durch die Kreisschulinspektoren allgemeine Grundsätze aufgestellt worden, durch welche dieses Visitationswesen, soweit es überhaupt den Schulaufsichtsbehörden unterstellt ist, in erschöpfender Weise und völlig unabhängig von dem nach dem geltenden Rechte den kirchlichen Aufsichtsbehörden etwa zustehenden Visitationsrecht geregelt ist. Das gesetzlich begründete Visitationsrecht der Kirchlichen Aufsichtsbehörden hat durch die Verf. v. 10. I. 87 **nicht** aufgehoben werden sollen. Das Gegenteil ergiebt sich aus der Nr. 6 der Verf. und aus dem den gleichen Gegenstand behandelnden Ausschreiben des Konsistoriums v. 30. III. 87; diese beiden Verordnungen sind im gegenseitigen Einvernehmen der zuständigen Behörden erlassen. Unstreitig beruhen die jetzt in Frage stehenden sogenannten kirchlichen Schulvisitationen nicht auf der Verf. v. 10. I. 87, vielmehr leitet das Konsistorium die Befugnis der Superintendenten, diese Visitationen abzuhalten, aus **einem Visitationsrechte der kirchlichen Aufsichtsbehörden** ab, das nicht das ganze Gebiet des Schulunterrichts, sondern lediglich den Religionsunterricht zum Gegenstande habe. Dies ist als richtig anzuerkennen; denn das in der Kirchen- und Schulverfassung des vormaligen Königreichs Hannover begründete Recht der Religionsgesellschaften, den Religionsunterricht in den christlichen Volksschulen zu leiten, ist durch die Einführung der Preußischen Verfassungsurkunde v. 31. I. 50 nicht aufgehoben vorbehaltlich des Erlasses des in den Art. 26 und 112 daselbst vorgesehenen besonderen Gesetzes. Gleichwohl steht der Durchführung des streitigen Anspruches das Kirchenges., betr. die Kirchenvisitationen in der evangelisch-lutherischen Kirche der Provinz Hannover v. 28. IX. 91 entgegen. Selbstverständlich kann dieses Gesetz nicht als das in den angezogenen Artikeln der Verfassungsurkunde vorgesehene Ausführungsgesetz in Betracht kommen, und zwar schon deshalb nicht, weil es kein Staats-, sondern ein Kirchengesetz ist. Wohl aber enthält dieses Gesetz bindende Normen für die Kirchenregierung und die Kirchengemeinden sowie für deren Organe und Mitglieder. Für die Beantwortung der Frage nun, ob die sogenannten kirchlichen Schulvisitationen den Vorschriften des Kirchenges. v. 28. IX. 91 unterliegen, ist der Zweck entscheidend, dem jene Visitationen dienen sollen. Sind sie ausschließlich dazu bestimmt, den kirchlichen Visitatoren von dem Stande des Religionsunterrichtes in den Volksschulen in Ausübung des der evangelisch-lutherischen Kirche der Provinz Hannover zustehenden Rechtes, den Religionsunterricht in den Volksschulen kirchlich zu leiten, Kenntnis zu verschaffen, so ergiebt sich daraus, daß die sogenannten **kirchlichen Schulvisitationen keinen anderen Zweck** verfolgen als denjenigen, der nach der ausdrücklichen Vorschrift im § 4b des Ges. als ein integrierender Bestandteil der Kirchenvisitationen anerkannt ist, und daß sie daher rechtlich als Kirchenvisitationen im Sinne des Ges. v. 28. IX. 91 zu beurteilen sind. Als solche unterliegen sie auch hinsichtlich der Verpflichtung zur Tragung der Kosten den Vorschriften dieses Ges., dessen § 11, alle jenem Kirchengesetze entgegenstehende Bestimmungen außer Kraft gesetzt hat.

IV.

Schulangelegenheiten.

Litteratur: Meyer-Wimmer, das Dotations-, Pensions- und Reliktengesetz für Volksschullehrer, 2. Aufl. Langensalza 1901. — Butz, die Gesetze über Ruhegehalt pp. der Volksschullehrer, Neuwied 1901. — Schneider, die wichtigsten Gesetze und Verordnungen, die Volksschulen betreffend, Danzig 1901.

Materialien: Vd. v. 11. VI. 94 (G.-S. S. 123), über die Einführung des Ges., betr. das Ruhegehalt der Lehrer und Lehrerinnen an den öffentlichen nichtstaatlichen mittleren Schulen und die Fürsorge für ihre Hinterbliebenen, in den Reg.-Bez. Wiesbaden.

A. Allgemeines.

2. Unterrichtsgegenstände. Schulzwang.

Nr. 1. Entsch. v. 28. IX. 1900 Nr. I 1386 (Pr.-V.-Bl. Bd. XXII S. 203).

L.-V.-G. § 7; Zust.-Ges. § 18.

Die Frage, ob Eltern berechtigt sind, ihre Kinder in eine bestimmte öffentliche Volksschule zu schicken, kann im Wege des Verwaltungsstreitverfahrens nicht entschieden werden. Nach § 7 L.-V.-G. ist das Verwaltungsstreitverfahren nur in den von dem Gesetz ausdrücklich zugelassenen Fällen statthaft, und es giebt keine gesetzliche Vorschrift, durch die den Verwaltungsgerichten die Befugnis übertragen worden ist, darüber zu entscheiden, ob jemand berechtigt ist, seine schulpflichtigen Kinder in eine bestimmte Stadtschule zu schicken. Eine solche Zuständigkeit der Verwaltungsgerichte läßt sich auch aus dem § 18 Abs. 3 Zust.-Ges., woselbst bestimmt ist, daß der Entscheidung im Verwaltungsstreitverfahren Streitigkeiten der Beteiligten über ihre in dem öffentlichen Rechte begründete Berechtigung oder Verpflichtung zu den Nutzungen des Gemeindevermögens beziehungsweise zu den Gemeindelasten unterliegen, nicht ableiten, weil die dort zugelassene Klage nur dem einen beitragspflichtigen Verbandsgenossen gegen einzelne oder alle anderen Verbandsgenossen, nicht aber gegen den Verband, die berechtigte Gemeinde, oder gegen den Gemeindevorstand gegeben ist.

3. Rechtliche Bedeutung der Schulmatrikeln und Vokationen.

Nr. 1. Entsch. v. 26. VI. 1900 Nr. I 987 (C.-Bl.-U.-V. 1901 S. 313).

1. Die Schulrezesse (Schulmatrikeln) sind keine Verträge zwischen den Beteiligten und der Schule. Sie schaffen kein neues Recht, sondern stellen nur das bestehende Recht fest, das auf Gesetz, Her-

kommen, Verträgen oder anderen besonderen Rechtstiteln beruhen kann. Hat aber ein Gutsbesitzer dem beklagten Fiskus gegenüber durch Vertrag ein Recht erworben, wonach er berechtigt wäre, von dem Fiskus zu fordern, daß dieser das auf den Gutsbezirk gesetzlich entfallende Schulbrennholz liefere, so würde eine solche Verpflichtung des Fiskus nur eine privatrechtliche sein, die auf die dem Schulinstitut gegenüber bestehende öffentlich-rechtliche Verpflichtung des Klägers ohne Einfluß sein würde. Einen solchen privatrechtlichen Anspruch würde der Kläger nicht dem Schulvorstande, sondern nur dem Fiskus gegenüber und auch nur im Wege des ordentlichen Civilprozesses geltend machen können.

2. Irrig ist die Annahme, daß der beklagte Schulvorstand die Schulunterhaltungspflichtigen nur zu denjenigen Leistungen für die Schule heranziehen dürfe, die als ihnen obliegende in dem Schulrezesse verzeichnet stehen. Ist es auch der Zweck des Schulrezesses, das geltende Recht hinsichtlich einer bestimmten Schule festzustellen, so ist doch die Gültigkeit dieses Rechts nicht davon abhängig, daß es im Schulrezesse verzeichnet steht. Die rechtliche Wirksamkeit von Thatsachen, die in den Rechtsverhältnissen zwischen der Schule und den Schulunterhaltungspflichtigen eine Aenderung herbeizuführen geeignet sind, ist nicht davon abhängig, daß diese Aenderung in dem Schulrezesse verzeichnet wird. Stehen die Feststellungen des Schulrezesses hinsichtlich der Unterhaltungspflicht der Beteiligten mit dem wirklichen Rechtszustande nicht im Einklang, so ist dieser, und nicht der Inhalt des Schulrezesses, für die Befugnis des Schulvorstandes zur Heranziehung der Verpflichteten maßgebend.

Nr. 2. Entsch. v. 23. XI. 1900 Nr. I 1742 (C.-Bl.-U.-V. 1901 S. 368).

Ueber die Frage, ob Leistungen (der Gutsherrschaft) zur Deckung des Grundgehalts des Lehrers zu dem kirchlichen oder zu dem Einkommen aus dem Schulamte des Stelleninhabers gehören, entscheidet die örtliche Schulverfassung. In der von allen Beteiligten sowie von den staatlichen und kirchlichen Aufsichtsbehörden vollzogenen, bezw. genehmigten Einkommensnachweisung ist ein vollgültiger Beweis für das Bestehen einer Ortsschulverfassung zu erblicken. Die rechtliche Bedeutung der Einkommensnachweisung ist nicht die Uebernahme einer neuen, bis dahin nicht bestandenen Verpflichtung, sondern nur das Anerkenntnis eines bereits vorher begründeten Rechtsverhältnisses. (Vgl. E.-O.-V. Bd. XI S. 166).

4. Rechtsverhältnisse der Schulvorstände.

Nr. 1. Entsch. v. 20. III. 1900 Nr. I 452 (C.-Bl.-U.-V. 1901 S. 240).

Reg.-Instr. v. 23. X. 17 (G.-S. S. 248) § 18k.
A.-L.-R. II 6 §§ 51 ff; L.-V.-G. § 94.

1. Nach § 22b der von der Regierung zu Merseburg erlassenen Geschäftsanweisung für die Schulvorstände an den ländlichen Volksschulen v. 3. VIII. 94 (Amtsbl. S. 244) ist die Genehmigung der Schulgemeinde neben der der Schulaufsichtsbehörde zur Feststellung des Voranschlags erforderlich. Soweit die durch den Voranschlag oder einen besonderen Beschluß der Schulgemeinde festgestellten Ausgaben nicht anderweit gedeckt sind, hat der Schulvorstand nach § 18 a. a. O. die erforderlichen Abgaben auf die Mitglieder der Schulgemeinde auszuschreiben. Ohne einen gehörig zu Stande gekommenen Voranschlag oder besonderen Beschluß der Schulgemeinde ist also der Schulvorstand — außer in den im § 18 miterwähnten Fällen der Fest-

stellung durch die Beschlußbehörde nach dem Ges. v. 26. V. 87 und der Zwangsetatisierung — zur Ausschreibung von Abgaben nicht ermächtigt.

Die Rechtsgültigkeit dieser Bestimmung der Geschäftsanweisung unterliegt keinem Bedenken, denn die Regierung, die Schulsozietäten einrichten und Schulvorstände einsetzen darf (Reg.-Instr. v. 23. X. 17, § 18k, Reskr. v. 28. X. 12, betreffend Anordnung von Schulvorständen für die Landschulen), kann auch die Befugnisse der letzteren im Einklange mit den allgemeinen gesetzlichen Vorschriften näher bestimmen. Auch nach allgemeinen gesetzlichen Vorschriften ist der Schulvorstand (vgl. E.-O.-V. Bd. XVI S. 257, 261) nicht befugt, selbständig Umlagen zu beschließen, sondern hierzu ist ein Beschluß der Schulgemeinde nötig. Danach genügt nicht einmal die Feststellung der Ausgabe durch die Genehmigung des Voranschlages, sondern es muß auch die Umlage von der Schulgemeinde beschlossen sein (vgl. E.-O.-V. Bd. VI S. 118).

2. Unter der Schulgemeinde als Willensorgan der Korporation sind die sämmtlichen Mitglieder zu verstehen. Diese können ihren Gesammtwillen nur durch Beschlüsse einer gehörig zusammenberufenen Versammlung äußern (§§ 51 ff. Tit. 6 T. II A.-L.-R.'s). Es genügt nicht, wenn der Voranschlag statt der Genehmigung durch Beschluß der versammelten Schulgemeinde — zur Einsicht ausgelegt und Gelegenheit zur Anbringung von Beschwerden geboten wird.

3. Wegen angeblicher Schwierigkeit der Einberufung der Schulgemeinde darf die rechtlich notwendige Beschlußfassung der zu versammelnden Schulgemeinde nicht unterbleiben oder willkürlich auf besonders wichtige Fälle beschränkt werden. Auch das Einverständnis der Schulgemeinde selbst mit der Unterlassung ihrer Einberufung kann das Erfordernis der Genehmigung des Voranschlages durch die versammelte Schulgemeinde nicht beseitigen. Ebensowenig kann in der Erfüllung der Abgabeforderung durch die Mehrheit der Schulgemeindemitglieder nicht eine dem Beschlusse der Schulgemeindeversammlung gleichstehende Willensäußerung der Schulgemeinde als Organs der Korporation gefunden werden.

4. Der beklagte Schulvorstand beruft sich endlich noch darauf, daß der Haushaltungsplan nachträglich — am 27. III. 99 — durch eine ordnungsmäßig einberufene Versammlung der Schulgemeinde genehmigt worden sei. Abgesehen aber davon, daß diese neue Thatsache in der Revisionsinstanz überhaupt nicht berücksichtigt werden darf, bleibt die ohne die erforderliche rechtliche Grundlage erfolgte und darum mit Recht angefochtene Heranziehung unzulässig, auch wenn die fehlende rechtliche Grundlage später geschaffen wird. Uebrigens kann nach den §§ 5, 6 und 14 des Ges. v. 18. VI. 40 auch nicht nachträglich noch auf Grund des Beschlusses vom 27. III. 99 eine Nachforderung der Abgabe für das Steuerjahr 1897/98 erfolgen.

5. Die rechtliche Grundlage der Heranziehung hat der Verwaltungsrichter von Amtswegen zu prüfen. Diese Prüfung hat ungeachtet der Bestätigung der Schulaufsichtsbehörde zu geschehen. (E.-O.-V. Bd. XXX S. 39.)

Nr. 2. Entsch. v. 24. V. 1901 Nr. I 922 (C.-Bl.-U.-V. S. 897).

A.-L.-R. II 6 §§ 114 ff.

Der Schulvorstand ist allein ohne Zustimmung der Hausväterversammlung oder der von dieser gewählten mit entsprechender Vollmacht versehenen Repräsentanten nicht befugt, Namens der Schulgemeinde Vergleiche zu schließen, die das örtliche Schulsteuerrecht ändern.

Der Schulvorstand ist freilich anerkannt als das gesetzliche Organ zur Vertretung der Schulgemeinde; er hat insofern die rechtliche Stellung, die sonst nach den §§ 114 ff. A.-L.-R. II 6 die Repräsentanten einer Korporation haben, (vgl. E.-O.-V. Bd. I S. 166, bes. S. 171, Bd. VI S. 177/178). Aber eigenmächtig darf der Schulvorstand nicht Namens der Schulgemeinde durch Vertrag mit einem ihrer Mitglieder dessen Beitragspflicht abweichend vom Gesetze dauernd auf eine bestimmte Summe einschränken. Die Befugnisse des Schulvorstands zur selbständigen Vertretung der Schulgemeinde sind zwar gesetzlich nicht näher bestimmt (vgl. E.-O.-V. Bd. XVI S. 261), sie erstrecken sich aber keinesfalls so weit, daß der Schulvorstand die gesetzliche Pflicht der einzelnen Schulgemeindemitglieder zur Leistung von Schulbeiträgen durch besondere Verträge verschieben dürfte. Darin liegt eine Aenderung der Ortsschulverfassung (E.-O.-V. Bd. XXI S. 166), zu einer solchen Aenderung kann aber der Schulvorstand als Organ für die laufende Verwaltung nicht für ermächtigt erachtet werden.

C. Heranziehung zu Abgaben und Leistungen für Schulen, die der allgemeinen Schulpflicht dienen.

1. Allgemeine Grundsätze, insbesondere für das Verwaltungsstreitverfahren. Begriff der Schulbeiträge, der Beteiligten. Ein- und Ausschulungen.

Nr. 1. Entsch. v. 20. IV. 1900 Nr. I 606 (C.-Bl.-U.-V. 1901 S. 297).

Zust.-Ges. § 46.

1. Die unzulässige Verbindung einer Interessenten- mit einer Reklamationsklage steht der sachlichen Entscheidung über die letztere, unter Zurückweisung der ersteren lediglich wegen der Klageverbindung, nicht entgegen. Dagegen ist eine materielle Entscheidung über die in unzulässiger Weise angebrachte Interessentenklage nicht statthaft, wenn die Reklamationsklage aus anderen Gründen, als wegen der Klagehäufung abgewiesen wird.

2. Die Reklamationsklage setzt voraus, daß eine Heranziehungsverfügung erlassen worden ist. Unter Heranziehung zu einer Abgabe versteht das Gesetz die mit Zahlungsaufforderung verbundene Mitteilung des zu entrichtenden Betrages. Eine solche liegt nicht schon in der Kundgebung von Grundsätzen, nach denen die Verteilung einer Abgabe beabsichtigt wird. Es bedarf vielmehr der Bezeichnung einer Leistung, die der Pflichtige erfüllen soll. Diese Bezeichnung braucht nicht gerade in einer ziffermäßigen Angabe des zu zahlenden Betrages zu bestehen, sie muß aber notwendig die Höhe der Anforderung soweit erkennbar machen, daß der Zensit in der Lage ist, durch eine einfache Rechenoperation die zu zahlende Summe zu finden.

3. Das Verlangen nach grundsätzlicher Freiheit von Schulbeiträgen darf der veranlagenden örtlichen Behörde gegenüber nicht geltend gemacht werden. (Vgl. E.-O.-V. Bd. XXV S. 174 ff., 180 ff.)

Nr. 2. Entsch. v. 14. VI. 1901 Nr. I 1023 (C.-Bl.-U.-V. S. 962).

Zust.-Ges. § 46.

Einspruch und Klage gegen die Heranziehung zu Schulunterhaltungsbeiträgen können niemals darauf gestützt werden, daß andere Pflichtige übergangen oder zu niedrig veranlagt seien. In einem solchen Fall steht dem Herangezogenen lediglich die Klage auf Uebernahme, bezw. Erstattung des von ihm zu viel Geforderten oder auf Feststellung der Beitragspflicht an sich gegenüber denjenigen offen, die er statt seiner für öffentlich-rechtlich verpflichtet erachtet.

Nr. 3. Entsch. v. 24. IV. 1900 Nr. I. 625 (Pr.-V.-Bl. Bd. XXII S. 298).

Zust.-Ges. § 46.

1. Die Klage im Verwaltungsstreitverfahren auf Rückzahlung einer gezahlten Abgabe kann nicht mit dem allgemeinen Hinweise darauf gerechtfertigt werden, daß derjenige, aus dessen Vermögen ohne Veranlagung und unter Androhung der Exekution ein Betrag abgefordert worden sei, zur Rückforderung berechtigt sein müsse, da das Verwaltungsstreitverfahren nur in den vom Gesetz ausdrücklich zugelassenen Fällen statthaft ist und durch keine gesetzliche Vorschrift eine derartig begründete Klage im Verwaltungsstreitverfahren zugelassen ist. Gegenstand der Reklamationsklage aus § 46 Abs. 2 Zust.-Ges. kann nicht die Abgabenpflicht im Allgemeinen sein, sondern es kann sich bei ihr nur um die Freistellung von einzelnen bestimmten Leistungen handeln, z. B. um die Rückerstattung der für eine bestimmte Zeit gezahlten Abgaben. Ein Anspruch hierauf aber kann im Verwaltungsstreitverfahren gegen den Schulvorstand nur dann verfolgt werden, wenn dieser die Heranziehung zu den streitigen Abgaben bewirkt und andererseits der Betroffene gegen die Heranziehung rechtzeitig Einspruch erhoben hat.

2. Die Heranziehung eines Forensen erfordert nicht immer eine besondere Benachrichtigung über die Veranlagung. Sie ist auch dadurch möglich, daß der Forense Kenntnis davon erhält, daß ein Dritter für ihn einen bestimmten Abgabenbetrag, der für eine bestimmte Zeit von dem Forensen gefordert sei, gezahlt habe oder daß sein mit schriftlicher Vollmacht versehener Bevollmächtigter Kenntnis von der Steuerforderung erhält. (Vgl. E.-O.-V. Bd. III S. 70ff., Bd. VIII S. 148, Bd. X S. 79ff.)

Darnach ist dann auch die dreimonatliche Reklamationsfrist zu berechnen.

Nr 4. Entsch. v. 21. XII. 1900 Nr. I 1882 (Pr.-V.-Bl. Bd. XXIII S. 25).

1. In Schulverbänden, in denen die Schullasten den Besitzern der im Schulbezirke liegenden Grundstücke ohne Rücksicht auf ihre persönliche Zugehörigkeit zur Schulgemeinde obliegen (wo sie öffentlich-rechtliche Reallasten sind) und in denen die Heranziehung zu den Schullasten nach den staatlich veranlagten Steuern erfolgt, kann der Fiskus nicht zu den Schullasten herangezogen werden.

Wenn z. B. nach der Schulverfassung, abgesehen von den anderen staatlich veranlagten Steuerarten, auch die halbe Einkommensteuer bei der Heranziehung zu den Schullasten berücksichtigt werden darf, so ist diese letztere Vorschrift mit Rücksicht auf den dinglichen Charakter der Schullasten nur auf das einkommensteuerpflichtige Einkommen aus dem im Schulverbande liegenden Grundvermögen zu beziehen (E.-O.-V. Bd. XXII S. 174). An dieser letzteren, für die Heranziehung nach dem Maßstabe der Einkommensteuer notwendigen Voraussetzung fehlt es für den Fiskus, da er speziell, auch der Eisenbahnfiskus, weder überhaupt noch nach dem Einkommen aus Grundvermögen der Einkommensteuer unterworfen ist (Art. 26 Nr. 4 der Ausf.-Anw. vom 5. VIII. 91 zum Eink.-St.-Ges.).

2. Eine Heranziehung der mit Grundbesitz angesessenen Forensen zu den Schullasten aus dem Einkommen von ihrem Grundvermögen nach Maßgabe nicht nur der staatlich veranlagten Einkommensteuer, sondern auch einer fingierten Einkommensteuerschätzung ist grundsätzlich nicht ausgeschlossen. Diese letztere Art der Besteuerung hat aber zu ihrer unerläßlichen Voraussetzung das Bestehen einer entsprechenden örtlichen Steuerverfassung für den Schulverband, vermöge der die örtliche Schulbehörde ermächtigt wird, eine selbständige Einschätzung des Einkommens aus dem Grundvermögen vorzunehmen.

Nr. 5. Entsch. v. 16. XI. 1900 Nr. I 1709 S. 365 (C.-Bl.-U.-V. 1901 S. 365).

Ges. v. 18. VI. 40 (G.-S. S. 140), betr. die Verjährungsfristen bei öffentlichen Abgaben, §§ 6, 14.

Wenn in Vorjahren Schulabgaben überhaupt nicht ausgeschrieben, sondern die Ausgaben für die Schulbedürfnisse aus anderweit verfügbaren Mitteln vorschußweise geleistet worden sind und wenn nunmehr zu deren Deckung Zahlungsmittel beschafft werden müssen, so stehen Ausgaben in Frage, die, obschon die Verpflichtung dazu schon in den Vorjahren entstanden war, gleichwohl in den Etat für das laufende Rechnungsjahr gehören. Solche Ausgaben dürfen dann nachträglich auf die Unterhaltungspflichtigen umgelegt werden und stellen keine im Sinne des Ges. v. 18. VI. 40 unzulässige Nachforderung dar.

Nr. 6. Entsch. v. 7. XII. 1900 Nr. I 1810 (Pr.-V.-Bl. Bd. XXIII S. 88).

Ein Rechtsirrtum, in dem sich der Schulvorstand bei der Heranziehung eines Pflichtigen zu Schulbeiträgen befindet, ist unerheblich, falls die Heranziehung dem objektiven Recht entspricht.

Nr. 7. Entsch. v. 2. IV. 1901 Nr. I 601 (C.-Bl.-U.-V. S. 812).

Zust.-Ges. § 46; Komm.-Abg.-Ges. v. 14. VII. 93 (G.-S. S. 152) §§ 69, 70.

1. Da der Schulvorstand nach der Pr. Schulordn. v. 11. XII. 45 nur die auf den Gutsbezirk im ganzen entfallenden Schulbeiträge zu veranlagen hat, während die weitere Veranlagung auf die Pflichtigen im Gutsbezirke, die kommunale Unterverteilung, dem Gutsbesitzer obliegt (E.-O.-V. Bd. XXIII S. 162), so ist bei einem Streit darüber, wem die grundherrlichen Schulbeiträge im Gutsbezirke zur Last fallen, nicht § 46 Abs. 3 Zust.-Ges. maßgebend, sondern die gleichlautende Bestimmung im § 70 Abs. 3 des Komm.-Abg.-Ges. v. 14. VII. 93 (vgl. § 69 letzter Absatz ebenda).

2. Wenn der Bezirksausschuß meint, mit der Außerkraftsetzung der Heranziehung sei das Interesse des Klägers an einer Abbürdung der Leistung weggefallen (vgl. E.-O.-V. Bd. XXI S. 229 ff., Bd. XXXVI S. 280), so trifft dies nicht zu, solange dem Kläger die von ihm erforderten Leistungen nicht zurückerstattet worden sind. Der Kläger verlangt im vorliegenden Falle vom Beklagten, als dem angeblichen wirklichen Grundherrn, Erstattung derjenigen Beträge, die von dem Kläger als vermeintlichen Grundherrn erfordert und gezahlt worden sind. Ein solcher Anspruch ist an sich begründet, sei es nach den §§ 268 und 269 A.-L.-R. I 13 aus dem Gesichtspunkte der nützlichen Verwendung (vgl. E.-O.-V. Bd. XVIII S. 172) oder nach § 9 A.-L.-R. II 14 auf Grund der dort in Bezug genommenen Vorschriften über eine ohne ausdrücklichen Vertrag entstandene Gemeinschaft (vgl. E.-O.-V. Bd. XXIII S. 146, 149 ff. bes. 151). Der Grund des Anspruches ist die Zahlung der vom Beklagten zu entrichtenden Beiträge seitens des

Klägers. Die Heranziehung des Klägers ist keine Voraussetzung der Klage gegen den wirklich Verpflichteten, daher wird das Klagerecht auch nicht durch die Außerkraftsetzung der Heranziehung aufgehoben. Der Erstattungsanspruch ist nach § 70 Abs. 3 des Komm.-Abg.-Ges. im Verwaltungsstreitverfahren zu verfolgen, wenn darüber gestritten wird, wem die öffentlich-rechtliche Verpflichtung zu der Leistung obliege (vgl. E.-O.-V. Bd. XVIII S. 174, Bd. XXIII S. 145). Die erfolgte Heranziehung ist daher zwar insofern von Bedeutung, als danach feststeht, daß der Kläger als vermeintlicher Grundherr, also in Erfüllung einer behaupteten öffentlich-rechtlichen Pflicht und nicht aus irgend einem privatrechtlichen Grunde die Beiträge gezahlt hat (vgl. E.-O.-V. Bd. XXIII S. 130). Aber der rechtliche Bestand der Heranziehung ist kein Erfordernis des Erstattungsanspruches gegen den wirklich Verpflichteten.

3. Nirgend ferner ist in den Gesetzen bestimmt, daß die Erstattungsklage eines Herangezogenen gegen den wirklichen Abgabepflichtigen durch Einlegung von Rechtsmitteln gegen die Heranziehung bis zur Erledigung oder bis zur Durchführung dieser Rechtsmittel ausgeschlossen würde. Nur eine Verbindung der Interessentenklage mit der Klage gegen die veranlagende Behörde ist unstatthaft (E.-O.-V. Bd. XXXIII S. 236 ff.). Daraus folgt aber nicht, daß nicht das eine Verfahren neben dem anderen hergehen könnte. Solange für die Interessentenklage der ordentliche Rechtsweg offen stand (vgl. § 79 in Verbindung mit § 9 A.-L.-R. II 14), wurde dessen Zulässigkeit nicht durch ein schwebendes Reklamationsverfahren berührt. Dadurch aber, daß die Streitigkeiten zwischen den Beteiligten den Verwaltungsgerichten überwiesen worden sind, hat das Klagerecht nicht eingeschränkt werden sollen.

Der Bezirksausschuß verkennt nicht, daß die Klage gegen den Abgabepflichtigen neben den Rechtsbehelfen gegen die Heranziehung hergehen darf, er macht aber geltend, daß der Kläger nicht zwei voneinander unabhängige vollstreckbare Titel wegen Erstattung derselben Beiträge erlangen dürfe, außer dem Titel gegen die Behörde, deren Heranziehung außer Kraft gesetzt worden ist, nicht noch einen zweiten Titel gegen den wirklichen Grundherrn. Wenn der Kläger aber auch nur Anspruch auf einmalige Erstattung hat, so folgt doch daraus nicht notwendig die Unzulässigkeit einer Mehrheit vollstreckbarer Titel, die — wie bei Solidarschuldnern — in dem Verhältnisse zu einander stehen können, daß nur eine einmalige Leistung auf Grund der verschiedenen Titel verlangt werden darf. Durch Schritte gegen die veranlagende Behörde behufs Wiedererlangung des erforderten Betrages wird der Erstattungsanspruch gegen den Abgabepflichtigen solange nicht beseitigt, als nicht die Rückzahlung seitens der Behörde erfolgt ist.

Nr. 8. Entsch. v. 25. VI. 1901 Nr. I 1097 (C.-Bl.-U.-V. S. 969).

Zust.-Ges. §§ 46, 47.

1. Die auf dem Gesetze beruhende Beitragspflicht der Gutsherrschaften in Schlesien erstreckt sich, sofern ihre Voraussetzungen an sich gegeben sind, auch auf Kosten für die Beheizung der Klassenzimmer, Schornsteinreinigung und Anschaffung und Unterhaltung von Subsellien und sonstigen Geräten in den Klassenzimmern. In welchem Verhältnisse aber miteinander konkurrierende Herrschaften und Gemeinden beitragen sollen, ist in den Schlesischen Schulreglements v. 3. XI. 1765 und 18. V. 01 nicht gesagt und deshalb (vgl. E.-O.-V. Bd. XX S. 182) im Streit- oder Bedarfsfalle beim Mangel

gültiger Vereinbarungen oder rechtsbeständiger Gewohnheiten von der Schulaufsichtsbehörde nach billigem Ermessen zu bestimmen.

2. Die Schulaufsichtsbehörde kann solche Feststellungen immer nur im Einzelfalle treffen. Allgemeine Normen über die Aufbringung und Verteilung sachlicher Schulunterhaltungslasten festzustellen oder die durch das Gesetz ihr zugewiesenen Entscheidungen nachgeordneten Behörden zu übertragen, ist sie nicht befugt.

3. Die Kosten der mietweisen Beschaffung von Schulräumen haben dieselbe rechtliche Natur, wie Baukosten, und sind als solche im Sinne der Vorschriften zu beurteilen, die das Verfahren bei der Anforderung von Schulunterhaltungsleistungen regeln. (E.-O.-V. Bd. XX S. 177, Bd. XXIII S. 154, Bd. XXVIII S. 157 ff. Vgl. § 47 Abs. 1 Zust.-Ges.)

Nr. 9. Entsch. v. 28. IX. 1900 Nr. I 1386 (Pr.-V.-Bl. Bd. XXII S. 202).
Zust.-Ges. § 18; A.-L.-R. II 12, § 1; Reg.-Instr. v. 23. X. 17 (G.-S. S. 248) § 18.

1. Oeffentliche Volksschulen sind, auch wenn sie von politischen Gemeinden unterhalten werden, keine Gemeindeanstalten im Sinne des § 18 Abs. 1 Zust.-Ges. Unstreitig sind sie Schulen, die der allgemeinen Schulpflicht dienen und nach § 1 Titel 12 Teil II des A.-L.-R. eine Veranstaltung des Staates ist. Durch die Reg.-Instr. v. 23. X. 17 ist der Regierung die Aufsicht und Verwaltung des gesammten Elementarschulwesens, insbesondere die Aufsicht und Verwaltung sämmtlicher äußeren Schulangelegenheiten, sowie die Befugnis, Schulsocietäten einzurichten und zu verteilen, wo die Ortschaften es wünschen oder die Lokalumstände es nötig machen, übertragen worden (§ 18 litt. e, f und k a. a. O.). Diese Befugnisse der Regierung bestehen noch gegenwärtig, soweit sie nicht durch die §§ 45—49 Zust.-Ges. und durch das Ges., betreffend die Feststellung von Anforderungen für Volksschulen, v. 26. V. 87 (G.-S. S. 175) eine Einschränkung erfahren haben. Eine derartige Einschränkung steht aber hier unstreitig nicht in Frage. Auch die Artikel 20—26 der Verfassungsurkunde v. 31. I. 50 haben an diesem Rechtszustande nichts geändert, da das in den Artikeln 26 und 112 daselbst vorgesehene allgemeine Unterrichtsgesetz bisher nicht erlassen ist. Unerheblich ist es endlich in der hervorgehobenen Beziehung, ob eine Gemeinde kraft ihrer Autonomie an Stelle der in dem A.-L.-R. vorgesehenen Hausvätersocietät die Trägerin der Schullast geworden ist. Hieraus ergiebt sich nur, daß zur Deckung des Schulbedarfs die Stadtgemeinde als öffentlich-rechtlich Verpflichtete in Anspruch zu nehmen ist, und daß, falls die Gemeinde zur Erfüllung dieser von ihr übernommenen Verpflichtung den ihrem Besteuerungsrecht Unterworfenen Abgaben auferlegt, diese Abgaben die Natur von Kommunalabgaben haben. Weiter aber wird hierdurch die Zweckbestimmung der Anstalt, der allgemeinen Schulpflicht zu dienen, nicht berührt, und nach dieser entscheidenden Zweckbestimmung regelt sich der Umfang der Befugnisse der Regierung als der gesetzlich bestellten Verwaltungs- und Aufsichtsbehörde für das Elementarschulwesen für die öffentliche Volksschule.

2. Dasselbe, was (im hier vorliegenden Falle) bezüglich der städtischen Volksschule ausgeführt ist, gilt nach der ausdrücklichen Vorschrift im § 148 der Landgem.-Ordn. v. 3. VII. 91 auch für Volksschulen, soweit ihnen die Eigenschaft von Anstalten der Landgemeinden beiwohnt, sodaß sowohl für Landschulen als auch für Stadtschulen die hier streitige Zuständigkeit nach dem gleichen Grundsatze zu beurteilen ist.

Nr. 10. Entsch. Bd. XXXVIII S. 192 v. 5. X. 1900 I A 123/99.
Lehrerbesoldungsges. v. 3. III. 97 (G.-S. S. 25) §§ 16, 21, 25.

1. Die Pflicht zur Gewährung des Anspruchs eines Volksschullehrers auf Mietsentschädigung kann gegenüber dem Träger der Unterhaltungslast von der Schulaufsichtsbehörde festgestellt und im Wege der Zwangsetatisierung durchgesetzt werden.

Irrig ist die Anschauung, daß gemäß § 25 des Lehrerbesoldungsges. v. 3. III. 97 mit dem Streite, der zwischen einer Gemeinde und den Lehrern an der von ihr ortsverfassungsmäßig zu unterhaltenden Volksschule über die Höhe der Mietsentschädigungen entstanden ist, ausschließlich der ordentliche Richter befaßt werden könne. Wenn die angeführte Gesetzesstelle den ersten Abschnitt des Ges. betreffend die Erweiterung des Rechtswegs, v. 24. V. 61 (G.-S. S. 241) für anwendbar auch auf Volksschullehrer und Lehrerinnen erklärt, so entspricht das im wesentlichen dem bereits früher in Geltung gewesenen Rechte. Die Bestimmung mit den ihr hinzugefügten Maßgaben ist nur aufgenommen worden, weil es notwendig erschien, für den Fall der Klage wegen Alterszulagen die Passivlegitimation zu regeln. Eine Aenderung des bisherigen Rechtszustandes ist also nicht eingetreten. Nach diesem aber kann bei Streit über die von mittelbaren Staatsbeamten, also auch von Lehrern einer städtischen Volksschule, aus ihrem Dienstverhältnis erworbenen vermögensrechtlichen Ansprüche die Aufsichtsbehörde deshalb, weil der ungestörte Gang der Verwaltung die Integrität der Beamten und folglich die pünktliche Zahlung der ihnen gebührenden Einkommensbezüge erheischt, gegenüber der anstellenden Korporation feststellen, was dem Lehrer rechtlich zusteht.

2. Unter der Herrschaft einer Besoldungsordnung, nach deren Bestimmungen unverheiratete Lehrer ohne eigenen Hausstand eine gegen den Normalsatz verkürzte Mietsentschädigung beziehen, steht einem sich verheiratenden Lehrer die unverkürzte Mietsentschädigung vom Zeitpunkte der Eheschließung, nicht erst vom Beginne des darauf folgenden Vierteljahres an zu. Ein Vorbehalt dahin, daß die nach endgültiger Anstellung eine Ehe schließenden oder einen eigenen Hausstand einrichtenden Lehrer auf die geringere Mietsentschädigung noch bis zum Schlusse desjenigen Vierteljahrs beschränkt sein sollen, in dem sich die Veränderung vollzogen hat, obgleich sie schon von deren Eintritt an gesteigerte Aufwendungen für die Miete machen müssen, würde mit dem Lehrerbesoldungsgesetze schwerlich vereinbar sein. Ebensowenig ist als im bestehenden Rechte begründet ein allgemeiner Grundsatz des Inhalts anzuerkennen, daß da, wo bei wiederkehrenden Geldleistungen die Einzelbezüge je für gewisse Zeitabschnitte im Voraus zu zahlen sind, nach einmal geleisteter Zahlung ein neuerworbener Anspruch auf einen höheren Betrag für die Vergangenheit nicht mehr verfolgbar sei.

Nr. 11. Entsch. v. 25. VI. 1901 Nr. I 1098 (C.-Bl.-U.-V. S. 971).
Lehrerbesoldungsges. v. 3. III. 97 (G.-S. S. 25) §§ 27 Abs. 1, 28 Abs. 8.
Ges. v. 14. VI. 88 (G.-S. S. 240), betr. Erleichterung der Volksschullasten, §§ 1—3.

Die in den §§ 1—3 des Ges. v. 14. VI. 88 gegebenen Vorschriften über die bei der Verrechnung des Staatsbeitrags zu beobachtende Reihenfolge der Lehrerunterhaltungsleistungen einer Mehrzahl von Pflichtigen sind durch § 28 Abs. 8 des Lehrerbesoldungsges. v. 3. III. 97 beseitigt. Gegenwärtig werden aus dem Staatsbeitrag alle Lehrerunterhaltungsleistungen ohne Unterschied ihres Gegenstandes und ihrer Aufbringungsweise verhältnismäßig übertragen (§ 27 Abs. 1 a. a. O.) und ist es daher bei einer Berechnung an sich völlig belanglos, ob die in Ansatz zu bringenden beiderseitigen Leistungen um einen auf sie entfallenden Anteil an dem Staatsbeitrage gekürzt werden oder nicht. Das Verhältnis, in dem die Leistungen zu einander stehen, bleibt davon unberührt. Unter keinen Umständen darf der Anteil am Staatsbeitrage nur zu Gunsten eines der mehreren Beteiligten, aber nicht auch zu Gunsten des anderen in Ansatz gebracht werden. Denn die Wohlthat der Entlastung durch den Staatsbeitrag soll allen nach öffentlichem Rechte Schulunterhaltungspflichtigen, insbesondere den Gutsherrschaften ebenso wie den Gemeinden zu Statten kommen (s. E.-O.-V. Bd. XXII S. 151); dabei hat es auch unter der Herrschaft des Lehrerbesoldungsges. sein Bewenden behalten.

Nr. 12. Entsch. Bd. XXXVIII S. 195 (201) v. 15. I. 1901 I B 54/99.

Zust.-Ges. § 46.

1. Daraus allein, daß die Kirche von jeher den Volksunterricht mit als ihre Aufgabe betrachtet hat, kann nicht die besondere Pflicht eines einzelnen kirchlichen Instituts hergeleitet werden, für den Schulunterricht zu sorgen. Da man den Schulunterricht als eine Angelegenheit der Kirche, als einen Teil ihrer selbst, nach dem Ausdrucke des Westfälischen Friedens als ein Annexum der Religionsübung ansah, so gehörte der Schulunterricht freilich auch zu den allgemeinen Aufgaben der kirchlichen Institute, namentlich solcher, die, wie die Kollegiatstifter, über erhebliche Mittel verfügten. Aber die allgemeinen, die Schulunterhaltung mitumfassenden kirchlichen Aufgaben der Stifter stellen sich nicht als besondere Pflichten dar, die infolge der Säkularisation mit dem Vermögen der Stifter auf den Staat übergegangen wären.

Im § 35 des hier in Frage kommenden Reichsdeputationshauptschlusses v. 25. II. 03, ist bestimmt:

> „Alle Güter der fundierten Stifter . . . werden der freien und vollen Disposition der resp. Landesherren sowohl zum Behufe des Aufwandes für Gottesdienst, Unterrichts- und andere Gemeinnützige Anstalten, als zur Erleichterung der Finanzen überlassen unter dem Vorbehalte der festen und bleibenden Ausstattung der Domkirchen . . . und der Pensionen für die aufgehobene Geistlichkeit."

Bis auf diesen hier nicht in Betracht kommenden Vorbehalt haben also die Landesherren die freie Verfügung über die Güter der ehemaligen Sifter. Sie können bestimmen, zu welchen Zwecken die Güter verwendet werden sollen, und sind an die Zweckbestimmung vor Aufhebung der Stifter nicht gebunden. Die frühere allgemeine Zweckbestimmung kann also keine Verpflichtung begründen, die auf die Landesherren oder auf den Staat übergegangen wäre. Soweit daher die Sorge für Schulzwecke den aufgehobenen Stiftern nur darum oblag, weil sie zu den allgemeinen Aufgaben derartiger kirchlicher Institute mitgehörte, hatte der Uebergang des Stiftsvermögens auf den Staat nicht die Folge, daß für diesen die rechtliche Verpflichtung zu einer ähnlichen Verwendung entstand. Uebergegangen sind vielmehr nur die besonders begründeten Verpflichtungen gegenüber einzelnen Schulinstituten.

Etwas anderes folgt auch nicht aus den Vorschriften in den §§ 63 und 65 des Reichsdeputationshauptschlusses v. 25. II. 03, wonach jede Religion im Besitz und im ungestörten Genuß ihres eigentümlichen Kirchenguts, auch Schulfonds, nach der Vorschrift des Westfälischen Friedens verbleiben soll, ferner fromme und milde Stiftungen wie jedes Privateigentum zu erhalten sind. Denn die Gewährleistung des Besitzes und Genusses kann nicht für die Güter der fundierten

Stifter u. s. w. gelten, die nach der vorerwähnten Bestimmung im § 35 der freien Verfügung des Landesherrn überlassen sind. Die Vorschrift aber, daß fromme und milde Stiftungen wie jedes Privateigentum zu erhalten sind, kann nur auf solche Stiftungen bezogen werden, die neben den der Einziehung unterworfenen Stiftern eine rechtliche Selbständigkeit haben. Allerdings konnten die Schulen eines Kollegiatstifts eine besondere Rechtspersönlichkeit haben und darum Rechte gegen das Stift erwerben. Soweit aber keine Pflicht des Stiftes gegenüber der Schule angenommen werden kann, bestand die Pflicht zur Erfüllung seiner Aufgaben — auch der des Unterrichts — nur gegenüber der Kirche selbst. Die allgemeinen Rechte der Kirche auf stiftungsgemäße Verwendung des Siftsvermögens sind aber durch die Säkularisation aufgehoben.

2. Eine Verpflichtung des Kollegiatstifts durch Observanz wäre insofern möglich, als sich vor dem Inkrafttreten des A.-L.-R.'s eine Observanz hätte bilden können, wonach es verpflichtet gewesen wäre, für den Schulunterricht der Kinder oder der Töchter insbesondere zu sorgen. Allein es müssen dann auch die thatsächlichen Voraussetzungen der Bildung einer dahingehenden Observanz vorliegen.

3. Ferner könnte unvordenkliche Verjährung in Frage kommen, die vor dem Inkrafttreten des A.-L.-R.'s ein subjektives Recht oder doch die Vermutung für das Bestehen eines solchen begründete. Aber an den thatsächlichen Voraussetzungen der unvordenklichen Verjährung fehlt es dann, wenn nicht feststeht, daß das Stift die Schule oder die an dieser angestellten Lehrkräfte zwei Generationen hindurch in der Ueberzeugung rechtlicher Verpflichtung ausschließlich unterhalten habe. Hinzu kommt bei der Verjährung — und zwar im allgemeinen auch bei der unvordenklichen —, daß die Wirkung nicht weiter reicht als der thatsächliche Zustand (vgl. E.-O.-V. Bd. XVI S. 297) und daher auch das Stift zu Leistungen für die Mädchenschule nur im Umfange seiner früheren Leistungen verpflichtet sein würde.

4. Durch Vereinbarung, insbesondere auch durch Anerkenntnis kann bei Hinzutritt ausdrücklicher oder stillschweigender Genehmigung der Schulaufsichtsbehörde eine öffentlich-rechtliche Ortsschulverfassung entstehen (vgl. E.-O.-V. Bd. XI S. 169).

5. Auch die Ersitzung ist zur Begründung öffentlich-rechtlicher Verhältnisse nicht schlechthin ungeeignet (E.-O.-V. Bd. XIV S. 207, Bd. XV S. 227, Bd. IX S. 168, Bd. XII S. 253 ff., Bd. XXI S. 190). Es kann aber dann von Ersitzung nicht die Rede sein, wenn darauf Erhöhung früherer Leistungen gegründet wird. Denn das Recht auf eine Erhöhung früherer Leistungen kann nicht ersessen werden, da der Rechtserwerb durch Ersitzung nicht weiter reicht, als der Besitz des Rechtes, sich also nur auf Leistungen erstrecken kann, die thatsächlich gemacht worden sind. (Vgl. E.-O.-V. Bd. XVI S. 297.)

6. Nützliche Verwendung ist kein selbständiger Klagegrund neben der angeblichen Verpflichtung des nach § 46 Abs. 3 Zust.-Ges. in Anspruch genommenen, sondern nur der rechtliche Gesichtspunkt, aus dem dieser beim Vorhandensein einer öffentlich-rechtlichen Unterhaltungslast erstattungspflichtig sein würde. In einem solchen Falle muß dann auch die nützliche Verwendung vom Verwaltungsrichter berücksichtigt werden. (E.-O.-V. Bd. XVIII S. 169 ff.)

Nr. 13. Entsch. v. 22. I. 1901 Nr. I 131 (C.-Bl.-U.-V. S. 691).

A.-L.-R. II 12 §§ 29 ff.

Die Heranziehung der einzelnen Steuerpflichtigen zu den ordnungsmäßig beschlossenen Hausväterbeiträgen kann auch durch den Gemeindevorstand bewirkt werden, wenn die Zuständigkeit dieser Behörde zu solchen Funktionen durch eine an sich zulässige Organisation der Schulgemeinde begründet ist. Doch ist eine solche Heranziehung dergestalt getrennt von einer Heranziehung zu Gemeindesteuern zu bewirken, daß die einzelnen Hausväterbeiträge ziffermäßig für sich angegeben und nicht mit etwaigen Gemeindesteuern in einer untrennbaren Summe verbunden sind. Die Notwendigkeit einer solchen Scheidung ergiebt sich aus dem verschiedenen rechtlichen Charakter der Hausväterbeiträge und der Gemeindesteuern.

Nr. 14. Entsch. v 2. IV 1901 Nr. I 605 (C.-Bl.-U.-V. S. 816).

Zust.-Ges § 46, Civ.-Pr.-Ordn. § 256.

Mit der Klage aus § 46 Abs. 3 Zust.-Ges. kann ein Beteiligter gegen einen anderen Beteiligten nicht bloß auf Uebernahme oder Erstattung einzelner bestimmter Leistungen, sondern auch auf grundsätzliche Feststellung der Leistungspflicht dringen. Dabei ist es allerdings, ebenso wie bei der durch § 256 der Civ.-Pr.-Ordn. geregelten Feststellungsklage erforderlich, daß ein rechtliches Interesse an der verlangten Feststellung obwaltet (E.-O.-V. Bd. XXXVI S. 280).

Nr. 15. Entsch. v. 4. VI 1901 Nr. I 962 (C.-Bl.-U.-V. S 901).

Zust.-Ges § 46.

Der Schulvorstand als örtliche Schulbehörde kann in einem Verwaltungsstreitverfahren über die Heranziehung zu Schulabgaben nach § 46 Nr. 2 Zust.-Ges. niemals die Parteirolle des Klägers, sondern nur immer diejenige des Beklagten übernehmen. Ein solches Verwaltungsstreitverfahren setzt ferner die Heranziehung zu bestimmten Schulabgaben, die Erhebung eines Einspruches dagegen sowie die Fassung eines den Einspruch zurückweisenden Beschlusses voraus und darf endlich nicht die Abgabenpflicht im allgemeinen, sondern nur die Verpflichtung zur Leistung der einzelnen ausgeschriebenen Abgaben zum Gegenstande haben (E.-O.-V. Bd. XV S. 217 ff.). Das neben dem vorstehend charakterisierten durch § 46 Abs. 3 Zust.-Ges. zugelassene Verwaltungsstreitverfahren zwischen den „Beteiligten" kann sich zwar auch auf die Feststellung der Abgabenpflicht im allgemeinen erstrecken, diese letztere Klage steht aber nicht der zum Zwecke der Schulunterhaltung gebildeten Korporation, der durch den Schulvorstand vertretenen Hausvätersocietät, sondern nur den wirklich oder vermeintlich Pflichtigen gegeneinander zu (E.-O.-V. Bd. XXV S. 175 ff.).

Nr. 16. Entsch. Bd. XXXVIII S. 195 v. 15. I. 1901 I B 54/99.

Zust.-Ges. §§ 46, 47; L.-V.-G. § 113; Civ.-Pr.-Ordn. §§ 303, 304, 322, 512.

1. Die Klage aus § 46 Abs. 3 Zust.-Ges. auf Uebernahme oder Erstattung von Schulleistungen oder auf Anerkennung der Leistungspflicht an sich steht im Gebiete des A.-L.-R.'s nur den einzelnen Hausvätern und Dritten, statt ihrer oder neben ihnen wirklich oder vermeintlich nach öffentlichem Rechte Pflichtigen untereinander, niemals aber der Hausvätersocietät oder deren gesetzlichem Vertreter, dem

Schulvorstande zu. Denn die Schulgemeinde gehört nicht zu den Verpflichteten im Sinne des § 46 Abs. 3. (E.-O.-V. Bd. XXV S. 174.)

2. Wenn in § 47 Abs. 3 des Zust.-Ges. neben dem Baue der Schule von deren Unterhaltung die Rede ist, so kann nur die Unterhaltung des Schulgebäudes gemeint sein. Dasselbe ergiebt sich aus dem Zusammenhange mit § 47 Abs. 1. Streitigkeiten der Beteiligten untereinander sind ebenso wie ihre Streitigkeiten mit der Behörde dem Verwaltungsstreitverfahren überwiesen, um die Einheitlichkeit der Rechtsprechung zu sichern. Daher bezieht sich die Bestimmung im § 47 Abs. 3 auch nur auf Streitigkeiten über solche Leistungen, die nach der unmittelbar vorhergehenden Bestimmung von der Schulaufsichtsbehörde angeordnet werden können, also nur auf Streitigkeiten über bauliche, nicht aber über sonstige Leistungen zur Schulunterhaltung. (E.-O.-V. Bd. XXV S. 184, Bd. XII S. 228.)

3. Ein gemäß § 113 Abs. 4 des L.-V.-G. erlassenes Zwischenurteil über die Einrede der Unzuständigkeit ist mit demselben Rechtsmittel wie ein Endurteil anfechtbar und geht daher, wenn es nicht mit dem zulässigen Rechtsmittel der gesetzlichen Frist angefochten wird, in Rechtskraft über. Verwaltungsgerichtliche Zwischenurteile dagegen, durch die über andere Streitfragen, beispielsweise über die Legitimation der Parteien, vorab entschieden worden ist, sind der Rechtskraft nicht fähig und unterliegen der Anfechtung zusammen mit dem späteren Endurteile. Denn nur über die Einrede der Unzuständigkeit der Verwaltungsgerichte darf nach § 113 Abs. 4 des Landesverwaltungsgesetzes vorab entschieden werden, nicht aber über die Legitimation zur Klage im Verwaltungsstreitverfahren (E.-O.-V. Bd. I S. 246ff., Bd. V S. 63). Selbst wenn man aber ein Zwischenurteil über diesen Präjudizialpunkt im Verwaltungsstreitverfahren für zulässig erachten wollte, so würde doch keinesfalls angenommen werden können, daß auch ein solches gesetzlich nicht ausdrücklich zugelassenes Zwischenurteil mit demselben Rechtsmittel wie ein Endurteil angefochten werden dürfe und mit Ablauf der Frist rechtskräftig werde.

Nr. 17. Entsch. v. 27. III. 1900 Nr. I 487 (C.-Bl.-U.-V. 1901 S. 243).
Reg.-Instr v. 23. X. 17 (G.-S. S. 248) § 18e; Zust.-Ges. § 49.

1. Nur das Kollegium der Regierungs-Schulabteilung ist zuständig sowohl zur Umschulung wie zu der Anordnung, daß die ausgeschulten Hausväter bis zur vollständigen Einrichtung des neuen Schulsystems noch ferner die Schule des alten Verbandes mitzubenutzen und in letzterem Unterhaltungsbeiträge mit Ausnahme solcher zu baulichen Bedürfnissen zu entrichten hätten.

2. Da gesetzliche oder Verwaltungsvorschriften über die Form von Regierungs-Anordnungen wegen Einrichtung und Verteilung von Schulsocietäten nicht bestehen, ist es der Regierung unverwehrt, für die ihr zweckdienlich erscheinenden Zusatzbestimmungen zu dem Umschulungsbeschlusse eine neben diesem einhergehende besondere Verfügung zu wählen.

3. In der den Regierungen übertragenen Zuständigkeit zu Umschulungen ist begriffsmäßig die Befugnis enthalten, die Art der Ausführung im Einzelfalle zu regeln, daher auch Bestimmung dahin zu treffen, daß die Umschulung nicht alsbald durchweg, sondern zum Teile erst von einem späteren Zeitpunkte ab wirksam werden solle. Beide Fälle gleichen einander genau darin, daß eine Ausschulung von einem bestimmten Zeitpunkte ab angeordnet und teilweis, nämlich in Ansehung der Baubeitragspflicht sofort in Vollzug gesetzt, in vollem Umfange aber, d. h. durch Befreiung der Hausväter auch von der sonstigen Unterhaltungslast erst mit der

Fertigstellung der neuen Schule und deren Besuch durch die ihr zugewiesenen Kinder wirksam wird. Ob dabei die in Betracht kommenden Hausväter und Schulkinder „auszuschulende" oder „ausgeschulte" genannt werden, ist ohne ausschlaggebende Bedeutung. Je nachdem die schon eingetretene oder die einstweilen noch ausgesetzte Wirkung der Umschulung in das Auge gefaßt wird, kann der eine wie der andere Ausdruck am Platze sein.

4. Die Schulaufsichtsbehörden können hierbei Verträge, durch die sie sich einer Verkürzung ihrer obrigkeitlichen Befugnisse unterwerfen, mit rechtlicher Wirkung nicht eingehen.

Nr. 18. Entsch. v. 2. IV 1901 Nr. I 605 (C.-Bl.-U.-V. S. 816).
Reg.-Instr. v. 23. X. 17 (G.-S. S. 248) § 18 k.
L.-V.-G. § 7, Zust.-Ges. § 49.

Den Regierungen ist es nach § 18 litt. k der Reg.-Instr. v. 23. X. 17 vorbehalten, „Schulsocietäten" — d. h. nicht etwa bloß landrechtliche Hausvätersocietäten, sondern allgemein die einer Schulanstalt zuzuweisenden örtlichen Bezirke, Schulverbände — „einzurichten und zu verteilen, wo die Ortschaften es wünschen oder Lokalumstände es nötig machen." Ueber derartige organisatorische Maßnahmen der Schulaufsichtsbehörde findet das Verwaltungsstreitverfahren nicht statt, da es durch keine besondere gesetzliche Bestimmung, deren es dazu bedurft haben würde, zugelassen, sondern im Gegenteil durch die Bestimmung im § 49 Abs. 3 Zust.-Ges. noch ausdrücklich ausgeschlossen ist. Selbst inzidenter ist die Notwendigkeit und Angemessenheit von Ein- und Umschulungsverfügungen der Schulaufsichtsbehörde im Streitverfahren nicht nachzuprüfen.

2. Das Geltungsbereich des Allgemeinen Landrechts.

Nr. 1. Entsch. v. 20. III. 1900 Nr. I 452 (C.-Bl.-U.-V. 1901 S. 240).
A.-L.-R. II 12 §§ 29 ff.

Der Wohnsitz eines Geisteskranken, von dem seine Verpflichtung zu Hausväterbeiträgen abhängt, ist eine Thatfrage, bei deren Beantwortung es wesentlich auf die voraussichtliche Dauer seines Aufenthalts in der Irrenanstalt ankommt. Ein unheilbar Geisteskranker hat regelmäßig da, wohin ihn sein gesetzlicher Vertreter zu dauernder Anstaltspflege hat bringen lassen, seinen Wohnsitz. (Vgl. E.-O.-V. in St. Bd. VI S. 19, E.-O.-V. Bd. XIII S. 113 ff.)

Gehört er vermöge seines Wohnsitzes innerhalb einer Schulgemeinde zu dieser, so genügt auch ihm gegenüber die gemäß der Geschäftsanweisung für den Schulvorstand erfolgte Auslegung des Verteilungsplanes, ohne daß eine besondere Mitteilung an seinen gesetzlichen Vertreter nötig wäre, auch wenn letzterer seinen Wohnsitz außerhalb des Schulbezirkes hat.

Nr. 2. Entsch. v. 27. III. 1900 Nr. I 481 (C.-Bl.-U.-V. 1901 S. 243).

Nach feststehender Rechtsprechung gilt das einmal begründete rechtliche Verhältnis des Wohnsitzes so lange als fortbestehend, bis seine Beseitigung nachgewiesen ist. Zum Aufgeben des Wohnsitzes reicht ferner ein bloß innerer Entschluß nicht aus, sondern es muß die äußerlich aus Thatsachen erkennbare Ausführung des Entschlusses hinzutreten.

Nr. 3. Entsch. v. 25. VI. 1901 Nr. I 1093 (Pr.-V.-Bl. Bd. XXIII S. 148).
A.-L.-R. II 12 §§ 29 ff.; Komm.-Abg.-Ges. v. 14. VII. 93 (G.-S. S. 152) § 33.

1. Bestimmt sich die Schulunterhaltungspflicht nach den §§ 29 ff. Tit. 12 T. II A.-L.-R., so sind beitragspflichtig nur Personen, die im Schulbezirke einen Wohnsitz haben, nicht aber Forensen. Durch einen Aufenthalt von mehr als drei Monaten ohne Begründung eines Wohnsitzes entsteht nicht die Verpflichtung, zur Schule des Aufenthaltsorts mit beizutragen. An einen drei Monate übersteigenden Aufenthalt ist zwar nach § 33 letzter Abs. des Komm.-Abg.-Ges. v. 14. VII. 93 die Gemeindesteuerpflicht geknüpft (vgl. auch § 8 des Freizügigkeitsges. v. 1. XI. 67), nicht aber die Schulsteuerpflicht.

2. Ein mehrfacher Wohnsitz bildet die Ausnahme. Regelmäßig hat man nur einen Mittelpunkt seiner Lebensverhältnisse und verteilt man sie nicht so auf mehrere Orte, daß jeder für sich als besonderer Mittelpunkt anzusehen ist. Zur Annahme eines zweiten Wohnsitzes gehört ein Aufenthalt während eines so erheblichen Teils des Jahres, daß sich der betreffende Ort gleichmäßig wie der sonstige Wohnsitz als Mittelpunkt der Lebensverhältnisse darstellt.

Entscheidend ist auch nicht, daß die Hauptvermögensverwaltung ihren Sitz am Aufenthaltsorte hat. Denn es handelt sich nicht um den Mittelpunkt der Vermögensverwaltung, sondern um den Mittelpunkt der persönlichen Lebensbeziehungen. Beides kann auseinanderfallen, zumal wenn zur Vermögensverwaltung ein besonderes Organ bestellt ist, das sich nicht am Wohnsitze des Vermögensinhabers zu befinden braucht.

3. Aus dem Vorhandensein einer standesgemäßen Wohnung in Verbindung mit dem Aufenthalte während eines erheblichen Teils des Jahres kann allerdings geschlossen werden, daß dieser Ort ein zweiter Mittelpunkt der Lebensverhältnisse, d. i. ein zweiter Wohnsitz, sei. Jedoch bei einem bloßen Absteigequartiere, worunter man Räume versteht, die nur zum gelegentlichen und vorübergehenden Aufenthalte bestimmt sind und hierzu auch nur gebraucht werden, ist ein derartiger Schluß nicht möglich (vgl. E.-O.-V. Bd. XV S. 61, Bd. XXX S. 28).

Auch Räume im Mietswert von 2000 bis 3000 Mk. können als Absteigequartier gelten, wenn mit Rücksicht auf den Stand und das Vermögen des Inhabers solche Räume als angemessen für eine Wohnung nicht anzusehen sind.

Nr. 4. Entsch. v. 20. III. 1900 Nr. I 452 (C.-Bl.-U.-V. 1901 S. 240).

Bei den Zuschlägen zur Staatseinkommensteuer, die als Schulsteuer von den Mitgliedern der Schulgemeinde erhoben werden, braucht derjenige Teil des Einkommens nicht außer Ansatz zu bleiben, der aus auswärtigem Grundbesitze fließt. (E.-O.-V. Bd. XV S. 214 ff.)

Nr. 5. Entsch. v. 18. V. 1900 Nr. I 783 (C.-Bl.-U.-V. 1901 S. 300).
A.-L.-R. II 12 §§ 29 ff.

1. Gehören zu einer Stadtschule die Stadtgemeinde, eine Vorstadtgemeinde, welche beide die Schullasten auf den Gemeindehaushalt übernommen haben, und ein Gutsbezirk, so besteht den Grundsätzen des A.-L.-R.'s gemäß eine Schulsocietät, der einmal die für die Beiträge ihrer evangelischen Mitglieder aufkommenden Kommunalkörper der Stadt und der Vorstadt und außerdem die Hausväter des Gutsbezirks angehören (E.-O.-V. Bd. XXIV, S. 136).

2. Innerhalb des so zusammengesetzten Verbandes gebührt nach allgemeinen Regeln die Ausschreibung der Unterhaltungskosten der städtischen Schuldeputation. Dabei hat die Schuldeputation die Hausväter im Gutsbezirke zu ihren Einzelanteilen unmittelbar heranzuziehen, von der Stadt und der Vorstadt dagegen die Summe der je auf die Gesammtheit ihrer Hausväter entfallenden Beiträge als Schulabgabe zu erfordern, wonächst es die Aufgabe des Magistrats in der Stadt und des Gemeindevorstehers in der Vorstadt ist, die Unterverteilung auf die ihnen Pflichtigen nach den Vorschriften des Komm.-Abg.-Ges. v 14. VII. 93 zu bewirken.

3. Jene Regel schließt aber nicht partikulare Sondergestaltungen aus. Sowohl in einfachen, nur eine Stadt umfassenden, wie in solchen Schulverbänden, die sich auf den Bezirk einer Stadt und eingeschulte Landgemeinden oder Gutsbezirke mit dem Sitze der Schule in der Stadt erstrecken, kommt es vielmehr, auch ohne daß die Schule eine Kommunalanstalt im eigentlichen Sinne des Wortes ist, nicht selten vor, daß sich der Magistrat — neben der Schuldeputation oder dem Schulvorstande — im Besitze der äußeren Schulverwaltung einschließlich der Schulsteuerausschreibung in der Weise, wie diese Funktionen ehedem gemäß § 31 Tit. 12 T. II A.-L.-R.'s der Gerichtsobrigkeit zustanden, behauptet hat. Derartige Einrichtungen sind, sofern sie sich nachweisbar mit Billigung der Schulaufsichtsbehörde herausgebildet haben, von dem Gerichtshofe stets als zu Recht bestehend anerkannt worden.

Nr. 6. Entsch. v 26. X. 1900 Nr. I 1572 (C.-Bl.-U.-V. 1901 S. 360).

A.-L.-R. II 12 §§ 29 ff

Ges v. 8. II 67 (G.-S. S. 185), betr die Unterverteilung und Erhebung der Grundsteuer, § 45.

Ges. v 21 V 61 (G.-S. S. 317), betr die Einführung einer allgemeinen Gebäudesteuer, §§ 14—17

Die Möglichkeit der Heranziehung eines Hausvaters zu Schulbeiträgen in Form von Zuschlägen zur Grund- und Gebäudesteuer ist nur gegeben, insoweit seine Veranlagung zur Grund- und Gebäudesteuer stattgefunden hat. Veranlagt wird der Eigentümer eines Grundstücks, sowohl zur Grundsteuer als auch zur Gebäudesteuer. Nach § 45 des Ges. betr. die Unterverteilung und Erhebung der Grundsteuer v. 8. II. 67 und nach den §§ 14—17 des Ges., betr. die Einführung einer allgemeinen Gebäudesteuer vom 21. V. 61 ist zur Entrichtung der Grund- und Gebäudesteuer der in die Grundsteuermutterrolle bezw. Gebäudesteuerrolle eingetragene Eigentümer verpflichtet, und nur er allein kann daher auch mit Zuschlägen zu diesen Steuern, die den Charakter einer persönlichen Abgabe haben, belastet werden. Wenn im § 45 des Ges. v. 8. II. 67 bestimmt ist, daß der Staat sich wegen der während einer Pacht- oder Nießbrauchszeit fälligen Grundsteuer auch an den Pächter oder Nießbraucher zu halten berechtigt ist, so kann aus dieser allein die Erhebung der Steuer betreffenden Bestimmung eine Berechtigung anderer öffentlich-rechtlicher Korporationen, die Grundsteuer als eine dem Nießbraucher bezw. Pächter persönlich obliegende Abgabe zu behandeln, nicht hergeleitet werden, denn der prinzipaliter Steuerpflichtige bleibt stets der Eigentümer.

Nr. 7. Entsch. v. 11. I. 1901 Nr. I 67 (C.-Bl.-U.-V. S. 690).

Durch bloßen Nichtgebrauch kann das Recht auf Hausväterbeiträge nicht verjähren. Durch — an sich rechtlich mögliche — Ersitzung aber würde jemand ein Recht auf Freilassung nur erlangt haben, wenn er, von dem Schulvorstande zur Beitragsleistung aufgefordert, diese verweigert und der Schulvorstand sich bei der Verweigerung rechtsverjährte Zeit hindurch beruhigt hätte (s. E.-O.-V. Bd. XXXI S. 146). Ebenso Entsch. v. 22. I. 1901 Nr. I 135 (C.-Bl.-U.-V. S. 691).

Nr. 8. Entsch. v. 19. II. 1901 Nr. I 312 (C.-Bl.-U.-V. S. 707).

A.-L.-R. II 12 §§ 29 ff.

1. Nach § 29 A.-L.-R. II 12 liegt die Schulunterhaltung subsidiär den sämmtlichen Hausvätern jedes Orts, allen zur Schule gewiesenen Einwohnern ohne Unterschied des Glaubensbekenntnisses und ohne Unterschied, ob sie Kinder haben oder nicht, jedoch mit der Einschränkung ob, daß beim Vorhandensein mehrerer Schulen an einem Orte für die Einwohner verschiedenen Glaubensbekenntnisses jeder Einwohner nur zur Unterhaltung des Schullehrers von seiner Religionspartei beizutragen verbunden ist. Unter den Hausvätern und Einwohnern versteht das Gesetz die physischen, wirtschaftlich selbständigen Personen, die in dem örtlich begrenzten Bezirke der Schule ihren Wohnsitz haben.

2. Mit Unrecht nimmt der Kläger im vorliegenden Falle an, daß er um deswillen, weil er reformierter Konfession und Mitglied der reformierten Johannesgemeinde in L. sei, nicht zu den beitragspflichtigen Hausvätern der evangelischen Schulsocietät B. gehöre.

In B. giebt es anscheinend allerdings außer der evangelischen auch eine katholische und jüdische Schulsocietät. Allein einer von ihnen müßte der Kläger als am Orte wohnhafter Hausvater unbedingt angehören, und es kann, da er weder katholisch, noch Jude, sondern reformierter Christ ist, keinem Zweifel unterliegen, daß auch beim Vorhandensein mehrerer Societäten für verschiedene Religionsparteien die evangelische Societät diejenige sein würde, welcher er beizuzählen wäre. Denn die Union in den altländischen Provinzen hat zwar grundsätzlich den Fortbestand der lutherischen und der reformierten Kirchengsellschaften als verschiedener Religionsparteien nicht beseitigt; auch innerhalb der Union bleibt vielmehr der Regel nach jede Kirchengemeinde entweder lutherisch oder reformiert. Andererseits sind aber durch die Union die beiden reformatorischen Bekenntnisstände zu einer Gemeinsamkeit der Verfassung und des Gemeinlebens in der evangelischen Landeskirche dergestalt zusammengeschlossen, daß sie gleichmäßig einen Bestandteil derselben darstellen. Selbst wenn im Unionsgebiet eine örtliche Kirchenverfassung (Lehrunion) dahin errichtet wird, daß eine Gemeinde ohne ausschließliche Beziehung zu einem der beiden Bekenntnisse der Augsburgischen Konfession lediglich auf dem Unionskonsensus steht, hören doch dadurch deren Mitglieder nicht auf, evangelische Christen im landeskirchlichen Verbande zu sein (E.-O.-V. Bd. XXXV S. 175 ff). Ein evangelisch-reformierter Christ und keineswegs, wie er selbst sich bezeichnet, „lediglich Christ" ist daher der Kläger auch in dem Falle, wenn etwa, was er nicht einmal behauptet, die reformierte Johannesgemeinde in L. eine derartige Verfassung mit Genehmigung der kirchlichen Aufsichtsbehörde angenommen haben sollte. Ja sogar für den nicht zu vermutenden Fall, daß jene Gemeinde der Union überhaupt nicht beigetreten ist, würde der Kläger als reformierter Christ immerhin der evangelischen Schulsocietät in B. näher stehen, als einer katholischen und jüdischen und also, da er kraft des Gesetzes notwendig als zu irgend einer für seinen Wohnort bestimmten Schule gewiesen gelten muß, der evangelischen Societät als Mitglied angehören.

3. § 31 A.-L.-R. II 12 beschränkt sich auf die Vorschrift, daß die Schulunterhaltungskosten als eine gemeine Last auf die Hausväter nach Verhältnis ihrer Besitzungen und Nahrungen billig zu verteilen sind,

und überläßt es den Beteiligten, einen mit dieser Regel in Einklang stehenden Besteuerungsfuß — vorbehaltlich aufsichtsbehördlicher Genehmigung — zu beschließen. Nach Grundsätzen der Billigkeit soll also der für Alle gemeinsame Besteuerungsfuß festgestellt werden, nicht aber der Beitrag des Einzelnen gegenüber der Gesammtheit. Dessen Höhe ist vielmehr dem bestehenden Rechte gemäß, d. i. unter Anwendung der geltenden Beitragsordnung zu bestimmen. Nicht unzulässig ist ein Verteilungsmaßstab der die Ausschreibung der Schulsteuern durch Zuschläge allein zu den auf Hausväter staatlich veranlagten Einkommensteuerbeträgen vorsieht. Denn bei der Einschätzung zur Einkommensteuer und also nicht minder bei der Heranziehung zu Schulbeiträgen nach Maßgabe der Einkommensteuer finden, dem § 31 a. a. O. entsprechend, sowohl das Verhältnis der Besitzungen (das Einkommen aus Grundbesitz, sei es im Schulbezirk oder auswärts), wie das der Nahrungen (das Einkommen aus Kapital und Arbeit) gleichmäßig Berücksichtigung (E.-O.-V. Bd. XIV S. 230).

4. Fremd ist dagegen dem Schulsteuerrecht eine Teilung des Einkommens bei mehrfachem Wohnsitz eines Hausvaters. Es fehlt an einer Norm, durch welche Doppelbesteuerung eines und desselben Einkommens für Schulzwecke ähnlich ausgeschlossen wäre, wie es auf anderen Gebieten des Abgabenwesens durch Gesetz, beispielsweise auf dem Gebiete der Gemeindebesteuerung durch das Komm.-Abg.-Ges. v. 14. VII. 93, §§ 47 ff., geschehen ist (E.-O.-V. Bd. XV S. 214 ff., Bd. XX S. 144/145).

Nr. 9. Entsch. v. 24. V. 1901 Nr. I 922 (E.-Bl.-U.-V. S. 897).

A.-L.-R. II 12 § 31.

1. Für unbedingt unzulässig ist ein Abkommen der Schulgemeinde mit einem einzelnen Hausvater, wonach dieser nicht über einen bestimmten Betrag hinaus zu Schulbeiträgen herangezogen werden darf, nicht zu erachten. Denn wenn auch die Schulbeiträge gemäß § 31 A.-L.-R. II 12 unter die Hausväter nach Verhältnis ihrer Besitzungen und Nahrungen billig zu verteilen sind, so ist doch darum eine abweichende vertragsmäßige Regelung der Beitragspflicht nicht ausgeschlossen, wie ja auch nach § 31 A.-L.-R. II 7 die Verpflichtung der Mitglieder einer Dorfgemeinde zur Tragung der gemeinen Lasten durch Vertrag geregelt sein konnte und eine Befreiung von Abgaben durch Verträge im § 4 A.-L.-R. II 14 erwähnt wird. Das O.-V.-G. hat demgemäß stets anerkannt, daß durch Verträge eine vom Gesetze abweichende Ortsschulverfassung geschaffen werden kann (vgl. E.-O.-V. Bd. XI S. 169, Bd. XIV S. 246, 251, Bd XIII S. 264), insbesondere aber auch, daß Befreiungen von Schulbeiträgen — darunter Hausvaterbeiträgen — durch Verträge begründet werden können. Der sonst auch für Schulbeiträge geltende Grundsatz der Gleichmäßigkeit der Besteuerung kann durch Vertrag mit einzelnen Abgabepflichtigen durchbrochen werden. Ein unzulässiger Widerspruch mit dem Gesetze (vgl. E.-O.-V. Bd. XXIX S. 183) liegt nicht vor, wenn das Gesetz nicht unbedingt zwingender Natur ist.

2. Allein ein derartiger Vertrag, wodurch die Verpflichtung eines einzelnen Mitglieds der Schulgemeinde zur Leistung von Beiträgen für die Schule in Abweichung vom Gesetze dauernd eingeschränkt und damit die Grundverfassung der Schulgemeinde hinsichtlich der Beitragsleistungen geändert werden soll (vgl. E.-O.-V. Bd. XXI S. 166), bedarf zur öffentlich-rechtlichen Geltung der Genehmigung der Schulaufsichtsbehörde (vgl. E.-O.-V. Bd. XI S. 169, Bd. XIV S. 188, Bd. IV. S. 113, Bd. VII S. 138, 190, Bd. XIII S. 264,

Bd. XXXI S. 152), die aber auch stillschweigend erteilt werden kann (E.-O.-V. Bd. XXI S. 192, Bd. XXVIII S. 193, Bd. XXIX S. 142, 213).

Nr. 10. Entsch. v. 14. VI. 1901 Nr. I 1023 (C.-Bl.-U.-V. S. 962).

A.-L.-R. II 12 § 29.

1. Die Feststellung eines Verteilungsmaßstabes zwischen den Hausvätern mehrerer zu einer Schule gehörenden Gemeinden kann rechtswirksam nur erfolgen durch die Anordnung eines für alle Hausväter gemeinsamen Besteuerungsfußes. (E.-O.-V. Bd. XXIV S. 144.)

2. Eine Abänderung der Vorschrift im A.-L.-R. II 12 § 29 durch Bildung einer Observanz ist unzulässig.

Nr. 11. Entsch. v. 10. IV. 1900 Nr. I 554 (C.-Bl.-U.-V. S. 293).

A.-L.-R. II 12 §§ 29 ff.; Land-Gem.-Ordn. v. 3. VII. 91 (G.-S. S. 233) §§ 41, 124.

1. Die Freilassung des Klägers als Gutsherr des Schulortes von den Hausväterbeiträgen ist ungerechtfertigt, wenn die Auflassung des Miteigentums eines Ritterguts an ihn nur ein simuliertes Rechtsgeschäft gewesen ist, da er dann jenes Miteigentum garnicht erworben haben und folglich auch nicht Gutsherr geworden sein würde (vgl. E.-O.-V. Bd. XXVI S. 264). Mag aber auch die Befreiung des Klägers von den Hausväterbeiträgen für die Schule der Beweggrund für die Uebertragung des Miteigentums des Ritterguts an ihn gewesen sein, so ist doch deshalb diese Uebertragung noch nicht als eine ernstlich nicht gewollte und nur zum Scheine erfolgte anzusehen.

2. Unzutreffend ist ferner auch die Behauptung, daß der Kläger durch Erwerb des ideellen Anteils von einem Viertel des Rittergutes nicht die Rechte und Pflichten des Gutsherrn erlangt habe, und daß diese bei geteiltem Eigentume an einem Rittergute nur demjenigen Miteigentümer zukommen, der den größten ideellen Anteil besitzt. In E.-O.-V. Bd. XXXII S. 182 ff. ist ausgeführt worden, daß der Ehemann einer Gutsherrin nicht auch selbst Gutsherr sei, dagegen die Frage, ob ihm diese Stellung zukomme, wenn er Miteigentümer des Gutes sei, unentschieden geblieben. Es kann aber keinem Bedenken unterliegen, sie zu bejahen. Das ideelle Miteigentum umfaßt auch das Stammgut, dessen Besitzer mit dem Erwerb des Grund und Bodens die öffentlich-rechtliche Stellung des Gutsherrn erlangt. Gutsherr des Schulortes ist, wenn die Schule in einer Gemeinde liegt, gegenwärtig der Eigentümer — d. h. der Träger der ortsobrigkeitlichen Befugnisse und kommunalen Pflichten — desjenigen Gutes, mit dessen Besitz in früherer Zeit die obrigkeitliche Gewalt über jene Gemeinde verbunden war. Eine hier nicht in Betracht kommende Ausnahme von dieser Regel konnte nur dort eintreten, wo bei der Veräußerung eines zum Domanium des Fiskus gehörigen Rittergutes, mit dem die Gutsherrlichkeit über eine Landgemeinde verbunden war, diese dem Fiskus als Gutsherrn des Domänenamtes vorbehalten wurde. Stand das Eigentum an dem herrschaftlichen Gute mehreren Personen zu ideellen Teilen zu, so waren sie auch sämmtlich Träger der öffentlich-rechtlichen Befugnisse und Pflichten der Gutsherrschaft, mag auch die Ausübung der Rechte nicht jedem einzelnen von ihnen, sondern nur ihrer Gesammtheit durch einen gemeinschaftlichen Vertreter zugestanden haben. Bei diesem Rechtszustande ist es auch nach Erlaß der Landgem.-Ordn. v. 3. VII. 91 verblieben. Auch dieses Gesetz geht davon aus, daß die öffentlich-rechtlichen Befugnisse, die das Eigentum an einem selbständigen Gute auf kommunalem Gebiete verleiht, an sich allen Miteigentümern des Gutes zukommen, und daß

nur ihre Ausübung nicht jedem einzelnen von ihnen, sondern nur der Gesammtheit zusteht. Es ergiebt sich dies aus der Vorschrift des § 124 Nr 1, wonach die Bestellung eines Stellvertreters des Gutsvorstehers erfolgen muß, wenn mehrere Besitzer des Gutes sich nicht darüber einigen, wer von ihnen die Geschäfte des Gutsvorstehers wahrnehmen soll. Wenn das Gesetz hier zuläßt, daß mehrere Miteigentümer des Gutes durch übereinstimmende Willenserklärung einem von ihnen die Ausübung eines gutsherrlichen Rechtes übertragen können, so hat es zur rechtlichen Voraussetzung, daß die gutsherrlichen Rechte an sich allen Miteigentümern zustehen und nicht nur demjenigen von ihnen, der den größten ideellen Anteil an dem Gute besitzt. Die Führung des Amtes des Gutsvorstehers ist überdies nicht nur ein Recht des Gutsbesitzers, sondern auch eine Pflicht, mit der eine vermögensrechtliche Belastung verbunden ist. Was von dem Rechte der Miteigentümer auf Bestellung des Gutsvorstehers gesagt ist, gilt daher auch von deren Pflicht. Ist aber der Gesetzgeber bei Erlaß der Landgem.-Ordn. von der Auffassung ausgegangen, daß die Miteigentümer eines selbständigen Gutes auch sämmtlich Träger der gutsherrlichen Rechte und Pflichten sind, so kommt auch jedem einzelnen von ihnen die öffentlich-rechtliche Stellung des Gutsherrn zu. Fraglich kann nur sein, in welcher Weise sie auf öffentlich-rechtlichem Gebiete mit Rücksicht auf die bestehende Gemeinschaft ihre Rechte auszuüben und ihre Pflichten zu erfüllen haben. Einer Beantwortung dieser Frage bedarf es im vorliegenden Falle nicht, insbesondere auch nicht der Frage, ob die aus dem Miteigentume fließenden öffentlich-rechtlichen Verpflichtungen jedem einzelnen Miteigentümer oder nur der Gesammtheit gegenüber von der forderungsberechtigten Behörde geltend gemacht werden können (vgl. E.-O.-V. Bd. XXVI S. 394, Bd. XXX S. 296, hinsichtlich der polizeilichen Pflichten). Es mag aber hinsichtlich der Ausübung der öffentlichen Rechte auf die den ähnlichen Fall des Miteigentums an einem Wohnhause betreffende Bestimmung im § 41 Abs. 2 und 3 der Landgem.-Ordn. verwiesen werden. Für den vorliegenden Fall kam es nicht darauf an, welchem von mehreren Miteigentümern eines Grundstückes die Ausübung der mit diesem verbundenen Rechte zukommt. Entscheidend war vielmehr, daß sich sämmtliche Miteigentümer im Besitze dieser Rechte befinden. Hiernach sind sämmtliche Miteigentümer eines selbständigen Gutes auch Gutsherren dieses Gutes im öffentlich-rechtlichen Sinne, gleichviel wem von ihnen die Ausübung der ihnen gemeinschaftlich zustehenden Rechte übertragen worden ist.

Nr. 12. Entsch. v. 11. I. 1901 Nr. I 67 (C.-Bl.-U.-V. S. 690).

A.-L.-R. II 12 §§ 29 ff.

Die in dem gutsherrlich-bäuerlichen Verhältnisse begründeten Rechte und Pflichten des Besitzers eines selbständigen Gutes sind zwar nicht durchweg, wohl aber allerdings in verschiedenen Beziehungen, u. a. auch insoweit öffentlich-rechtlicher Natur, als sie sich auf das in den §§ 29 ff. A.-L.-R. II 12 behandelte Verhältnis des Gutsherrn zu einer Schule beziehen, die in den Grenzen des ehedem der gutsherrlichen obrigkeitlichen Gewalt unterworfen gewesenen Gebiets liegt oder errichtet wird. Sie sind aber nicht dinglich dergestalt, daß an ihnen und insbesondere an der Exemtion von Hausväterbeiträgen zur Schulunterhaltung jeder Erwerber von herrschaftlichen Grundstücken Teil hätte. Bei Veräußerungen von domänenfiskalischen Grundstücken hatten nach den Vorschriften der Domänenveräußerungsinstruktion v. 25. X. 10 (abgedruckt bei Koch, Recht u. s. w. der Preußischen Domänen S. 273) die mit der Veräußerung betrauten Staatsbehörden nicht bloß die privatrechtlichen, sondern auch die öffentlich-rechtlichen Verhältnisse zu regeln.

Dabei sollten „in der Regel" den Verträgen gewisse Bedingungen, insbesondere (s. Nr. 29) die Bedingung zu Grunde gelegt werden, „daß der Käufer in Ansehung der ständischen als auch der übrigen, nicht anders bestimmten Verhältnisse in die Kategorie der Rittergutsbesitzer trete". Da jedoch Ausnahmen von der „Regel" nicht ausgeschlossen waren, konnte durch den Vertrag auch — wie notorisch häufig geschehen ist — festgestellt werden, daß der Käufer die Gutsherrschaft für den ihm zu übereignenden Besitz nicht erhalte.

Nr. 13. Entsch. v. 22. I. 1901 Nr. I 135 (C.-Bl.-U.-V. S. 691).
A.-L.-R. II 12 §§ 29 ff.; II 7 § 91.

1. Mag auch in vielen Fällen gerade die gutsherrliche Stellung und die mit ihr verbundene Fürsorge für das Wohl der Unterthanen Anlaß zur Gründung oder Dotierung von Kirchen und zu dem daraus fließenden Erwerbe des Kirchenpatronats gewesen sein, so ist doch zu keiner Zeit und in keinem Rechtsgebiet der Besitz gutsherrlicher Rechte Voraussetzung des Kirchenpatronats gewesen. Ebensowenig ist anzuerkennen, daß das Kirchenpatronat und die Gutsherrlichkeit auf gleichen Grundlagen beruhen. Beide haben nur das miteinander gemein, daß der Träger durch den Besitz eines bestimmten Gutes bezeichnet wird oder doch bezeichnet werden kann. Während aber die Gutsherrlichkeit ein persönliches Recht des Gutsherrn bleibt und deshalb bei Teilungen herrschaftlicher Güter nicht ohne weiteres auf jeden Anteilsbesitzer übergeht, sondern bei dem Besitzer des Haupt- oder Restgutes zurückbleibt, stellt das Kirchenpatronat, sofern es mit einem Gute verbunden ist, einen Komplex von subjektiv dinglichen Rechten und objektiv dinglichen Pflichten dar, der auf jeden Besitzer eines Anteils übergeht, wenn auch die Ehrenrechte nicht von jedem einzelnen, sondern nur von der Gesammtheit ausgeübt werden können. Bei dieser verschiedenen Gestaltung beider Rechte erscheint es ausgeschlossen, aus der Gemeinsamkeit des einen bei verschiedenen Besitzern auch die des anderen zu schließen.

2. Die Beleihung eines Guts mit der Gerichtsbarkeit schließt zwar die Verleihung des Rechts, Unterthanen zu haben und anzusetzen, in sich, aber die Gerichtsbarkeit ist kein notwendiger Bestandteil der gutsherrlichen Rechte (vgl. E.-O.-V. Bd. VIII S. 84, 85). Daher ist auch nicht ausgeschlossen, daß innerhalb derselben Gerichtsherrlichkeit mehrere mit herrschaftlichen Rechten über Unterthanen verbundene Güter sich bilden können.

3. Der Besitz der Gutsherrschaft über eine Ortschaft setzt nicht voraus, daß die Vorfahren der heutigen Gutsherren die Ortschaft gegründet haben, vielmehr konnte der Erwerb der Gutsherrschaft auch auf andere Weise z. B. durch Verleihung erfolgen.

4. Wo in demselben Orte mehrere Gutsherren vorhanden sind, kann nur derjenige als Gutsherr des Schulorts im Sinne des § 30 A.-L.-R. II 12 angesehen werden, in dessen Herrschaftsbezirk die Schule belegen ist (vgl. E.-O.-V. Bd. XVI S. 252 ff.). Doch sind mehrere Gutsherren des Schulortes anzuerkennen, wenn z. B. die Schule im Herrschaftsgebiet mehrerer Anteile belegen ist (vgl. E.-O.-V. Bd. XXXII S. 188 ff.).

5. Durch die Teilung eines herrschaftlichen Guts gehen die aus der Gutsherrlichkeit fließenden Rechte nicht ohne weiteres auf die Erwerber von Teilstücken über. Aus diesen können sich selbständige herrschaftliche Güter entwickeln und namentlich konnte dies vor Aufhebung der Gutsunterthänigkeit auch dadurch geschehen, daß der Anteilsbesitzer thatsächlich guts-

herrliche Rechte über ihm zugewiesene oder von ihm selbst angesetzte Unterthanen ausübte und das Recht, solche zu haben und anzusetzen, durch Ersitzung erwarb. Immer aber konnte der Anteilsbesitzer gutsherrliche Rechte nur innerhalb des ihm zugefallenen Anteils erwerben, während die mit dem ungeteilten Gute verbundene obrigkeitliche Gewalt über bereits abgetretene nicht an den einen oder anderen Anteilsbesitzer überwiesene Unterthanen verliehene Teilstücke bei dem Haupt- oder Restgut verblieb.

Im vorliegenden Falle wird für notwendig erachtet, zu erforschen, welcher Teil der früher eine rechtliche und wirtschaftliche Einheit darstellenden Besitzung „Haus E." das Haupt- oder Restgut darstellt, wobei namentlich darauf Gewicht zu legen ist, welcher Teil die größere Bedeutung hat und insbesondere den Mittelpunkt der ganzen Besitzung, die Burg, umfaßt. Sollte diese weder dem einen noch dem anderen Teile zugeschlagen, sondern gemeinsam geblieben sein, so ist ferner zu erwägen, ob nicht der von der Teilung ausgeschlossene und gemeinsam gebliebene Teil als das eigentliche Haupt- und Restgut, mit dem die gutsherrlichen Rechte über die Schule verknüpft sind, anzusehen sind und demzufolge beiden Anteilsbesitzern solche zustehen, da die Eigenschaft eines Gutsherrn des Schulortes nicht nur dem Alleineigentümer, sondern auch jedem Miteigentümer des herrschaftlichen Gutes zusteht. (E.-O.-V. Bd. XXXVII S. 203.) Zu dem gleichen Ergebnisse wird die Beurteilung auch dann führen müssen, wenn die Teilung zwar eine vollständige, die Bemessung der beiden Anteile aber eine solche gewesen ist, daß für eine Unterscheidung des einen als Haupt- und Restguts und des anderen abgezweigten Trennstücks keine Grundlage gegeben und insbesondere auch aus der Lage der Burg kein Anhalt zu entnehmen ist, weil diese sowohl dem einen, wie dem anderen Teile gleichmäßig zugerechnet werden muß.

Nr. 14. Entsch. v. 24. V. 1901 Nr. I 922 (C.-Bl.-U.-V. S. 897).
A.-L.-R. II 12 §§ 29 ff.

Die Rechte und Pflichten des Gutsherrn in Bezug auf die Schulunterhaltung sind einer mit Zustimmung der Aufsichtsbehörde erfolgenden vertragsmäßigen Aenderung der Uebertragung nicht entzogen. (Vgl. E.-O.-V. Bd. XI S. 169, Bd. XIII S. 261, Bd. XIV S. 213, 246.)

Nr. 15. Entsch. v. 7. XII. 1900 Nr. I 1810 (Pr.-V.-Bl. Bd. XXIII S. 88).
A.-L.-R. II 12 §§ 29 ff.

1. Die Schulunterhaltungspflicht aus §§ 29 ff. II 12 A.-L.-R.'s liegt den Hausvätern des Schulverbandes ob, soweit nicht durch Stiftungen im Sinne des § 29 a. a. O. etwas Abweichendes bestimmt ist. Eine solche Stiftung liegt vor, wenn sich in einer von der Schulaufsichtsbehörde genehmigten Verhandlung der Gutsherr zu Schulbeiträgen nach bestimmten Besitzquoten verpflichtet hat. Diese Stiftung bildet so lange einen Teil der örtlichen Schulverfassung, als sie weder durch einen rechtsgültigen Beschluß der Beteiligten, noch durch eine Entscheidung der Schulaufsichtsbehörde eine Abänderung erfahren hat.

2. Auf eine dingliche Natur dieser Stiftungsverpflichtung ist so lange nicht zu schließen, als angenommen werden kann, daß der Besitzstand nur als Maßstab für die Beurteilung der Leistungsfähigkeit im Allgemeinen gedient hat.

Nach den Vorschriften des A.-L.-R.'s sind die gesetzlichen Rechte und Pflichten des Gutsherrn in Ansehung der Schule nicht dinglicher, sondern persönlicher Natur (E.-O.-V. Bd. XVI S. 249 ff.), und es ist nicht einzusehen, weshalb die vorliegend von den Gutsbesitzern für sich und ihre Gutseinsassen übernommenen Verpflichtungen einen von der gesetzlichen Regel abweichenden rechtlichen Charakter haben sollen. Es ist vielmehr eine Verpflichtung der Gutsbesitzer als solcher durch den Hinzutritt der Genehmigung der Schulaufsichtsbehörde eine öffentlich-rechtliche geworden. Die auf diese Verpflichtung bezüglichen besonderen Festsetzungen betreffen nur den Verteilungsmaßstab, und dieser ist durch ziffermäßige Quoten bestimmt, die nach keiner Richtung irgend welchen Anhalt dafür bieten, daß damit die Natur der von den Gutsbesitzern übernommenen Verpflichtungen als dinglicher habe festgestellt werden sollen. Wenn die Festsetzung der Quoten nach dem Besitzstande erfolgt ist, so ist dies für die Feststellung des rechtlichen Charakters der in Frage stehenden Verpflichtungen unerheblich; denn der Besitzstand kann damals sehr wohl auch zu Grunde gelegt worden sein als Maßstab für die Beurteilung der Leistungsfähigkeit der Beteiligten im Allgemeinen.

Nr. 16. Entsch. v. 4. I. 1901 Nr. I 18 (C.-Bl.-U.-V. S. 684).
A.-L.-R. II 12 §§ 29 ff.

1. Wo immer im Gesetz oder im Ortsrechte begründete Schulunterhaltungspflichten einer Gutsherrschaft zur Entstehung gekommen sind, äußert auf deren Fortdauer die Zerstückelung des herrschaftlichen Grundbesitzes einen Einfluß nicht.

Die auf dem Grundbesitz oder auf einem sonstigen Rechtsverhältnisse beruhenden gutsherrlichen Rechte und Pflichten können nicht anders untergehen, als durch eine staatshoheitliche Anordnung, durch die der Gutsbezirk als solcher aufgelöst, oder mit einem anderen Guts- oder einem Gemeindebezirke vereinigt wird (E.-O.-V. Bd. I S. 196, Bd. XVII S. 267). Von privatrechtlichen Veränderungen in dem Umfange des Grundbesitzes, der dem Gutsherrn eigentümlich gehört, bleibt der obrigkeitliche Territorialbestand eines Gutsbezirks unberührt.

Andererseits haften die mit dem gutsherrlichen Rechte verbundenen öffentlich-rechtlichen Verpflichtungen nicht dinglich auf den Grundstücken, aus denen sich das gutsherrliche Gebiet zusammensetzt. Sie sind persönlicher Natur und gehen daher so wenig bei der Abtrennung einzelner von jenen Grundstücken, wie im Falle gänzlicher Zerstückelung des Gutes auf die Trennstückserwerber über, verbleiben vielmehr, sofern nicht ortsrechtlich Abweichendes festgesetzt wird, dem Besitzer des Restguts, dergestalt, daß dieser für sie in vollem Umfange trotz der Verkleinerung seines Besitzes aufkommen muß, und zwar auch dann, wenn das Restgut überhaupt nicht in Grundbesitz, sondern in Renten für abgelöste Gerechtsame oder an deren Stelle getretenen Abfindungskapitalien besteht. Wer nach völliger Zersplitterung eines Gutes der Restgutsbesitzer ist, läßt sich nicht allgemein, sondern nur je nach der Bewandtnis des Einzelfalls beurteilen. (E.-O.-V. Bd. XVI S. 246 ff.)

2. Was die Anfechtbarkeit von Abgabenregulierungsplänen aus der Zeit der Geltung des Ges. v. 3. I. 45 anlangt, so war (vgl. E.-O.-V. Bd. XXIX S. 184/5) im § 20 des Ges. der Regierung die Befugnis beigelegt, Streitigkeiten über Existenz, Umfang und rechtliche Natur der zu verteilenden Lasten geeignetenfalls selbst zu entscheiden sowie darüber zu befinden, ob die Voraussetzungen ihrer Zuständigkeit oder derjenigen der Gerichte vorlagen. Der gegen die Festsetzungen der Regierung zugelassene Rekurs fand zwar nur innerhalb einer Ausschlußfrist statt. Doch sollten nach § 23 des Ges. der von der Regierung bestätigte oder durch Rekursentscheidung festgesetzte Plan nur die Wirkung einer gerichtlich bestätigten und vollstreckbar erklärten Urkunde haben. Gerichtlich bestätigte Urkunden aber — deren

Vollstreckbarkeitserklärung keine weitere Bedeutung hat, als daß Einwendungen die Vollstreckung nicht aufhalten — unterlagen nach der damaligen Gesetzgebung der Anfechtung sowohl wegen innerer Mängel des beurkundeten Rechtsgeschäfts — obschon insoweit nur mit prozessualen Erschwerungen — als auch wenn bei der Aufnahme ein Irrtum untergelaufen war, der die Willenserklärung ungültig machte. Um einen die Willenserklärung entkräftenden Irrtum handelt es sich aber, wenn im Abgabenregulierungsverfahren Lasten verteilt sind, die nach den gesetzlichen Vorschriften nicht zu verteilen waren, so z. B. dann, wenn die Regierung oder die Rekursinstanz bei Zerstückelung des Grundbesitzes in einem selbständigen Gutsbezirke die den Gemeindelasten entsprechenden Leistungen des Gutsherrn oder bei Zerstückelung eines Bauerhofs die dem Besitzer als Hausvater obliegenden Schulbeiträge auf die Erwerber der Trennstücke verteilt hat. Abgabenregulierungspläne mit derartigen gesetzwidrigen Festsetzungen stellen daher nicht unanfechtbare und unwiderrufliche Entscheidungen dar, sondern sind jederzeit auf Anrufen eines Beteiligten aufzuheben oder abzuändern (Min.-Erl. v. 22. IV. 73 — M.-Bl. 74 S. 123 —, und E.-O.-V. Bd. XII S. 174, 209).

Nr. 17. Entsch. v 12. II. 1901 Nr I 254 (C.-Bl.-U.-V S 695).
A.-L.-R. II 12 § 29.

1. Schon unter der Herrschaft des kanonischen Rechts konnten Schulen der Dom- und Kollegiatstifte Rechtspersönlichkeit haben und Rechte auch gegenüber dem Stifte erwerben. Es braucht jedoch nicht die Stiftung als eine dritte Person neben dem Domstift und der Schule aufgefaßt zu werden, obwohl grundsätzlich die Entwickelung der Stiftung zu einer besonderen juristischen Person nicht ausgeschlossen gewesen ist.

2. Die Frage, ob durch die Einverleibung des Bistums Paderborn in den preußischen Staat und durch die Säkularisation seiner geistlichen Stifter, darunter des Domstiftes am Sitze des bischöflichen Stuhles, die durch die Schulstiftung begründeten Leistungspflichten auf den Fiskus übergegangen sind, ist zu bejahen.

Infolge der Säkularisation ist zwar die kirchliche allgemeine Unterrichtsfürsorgepflicht des Domstifts erloschen, dagegen nicht auch die ihm durch Stiftung auferlegte besondere Pflicht, Substanz und Einkünfte der Schulstiftung zu keinem anderen als dem stiftungsmäßigen Zwecke, nämlich zur Bestreitung der persönlichen und sächlichen Bedürfnisse der Domschule zu verwenden. In diese Pflicht, der das jus quaesitum der Schule auf Erfüllung gegenüberstand, ist dadurch, daß das Vermögen des Domstiftes für Staatsgut erklärt und einschließlich des Vermögens der Domschulstiftung von dem Staate in Besitz genommen wurde, der Fiskus eingetreten.

3. Andererseits ist Rechtsnachfolger der früheren Domtrivialschule die heutige Domvolksschule oder richtiger, da nach den Grundsätzen des A.-L.-R. nicht die gemeinen Schulen selbst, sondern die zu deren Unterhaltung verpflichteten Hausvätersocietäten Rechtspersönlichkeit haben, die katholische Schulgemeinde zu Paderborn geworden. Nach § 29 A.-L.-R. II 12 sind aber die Hausväter nur in Ermangelung von Stiftungen schulbeitragspflichtig und also berechtigt, zu verlangen, daß sie zu Beiträgen erst herangezogen werden, wenn nicht vorhandene Stiftungen zu den Ausgaben hinreichen. Wie daraus folgt, war im vorliegenden Falle der Schulvorstand aktiv legitimiert und sachlich berechtigt, aus dem Rechte der Hausvätersocietät und kraft seiner behördlichen Befugnisse den Fiskus zu Beiträgen im Rahmen der Stiftung heranzuziehen.

3. Die Provinzialrechte.

a) Geltungsbereich der Preußischen Schulordnung vom 11. Dezember 1845.

Nr. 1. Entsch. v. 11. V. 1900 Nr. I 744 (Pr.-V.-Bl. Bd. XXII S. 190).
Pr.-Schulordn. v. 11. XII. 45 (G.-S. 1846 S. 1).

1. In den ehemaligen Kämmereidörfern sind noch jetzt die Städte die Gutsherren im Sinne des § 44 der für die damalige Provinz Preußen gegebenen Schulordn. v. 11. XII. 45 ohne Rücksicht, ob sie dort noch Grundbesitz oder Hintersassen haben oder eine Regelung der gutsherrlich-bäuerlichen Verhältnisse erfolgt ist. (Vgl. E.-O.-V. Bd. X S. 127 ff.)

2. Wenn auch das im § 6 der Schulordn. anerkannte Lehrerberufungsrecht ein Ausfluß der gesetzlich anerkannten Stellung des Gutsherrn als solchen war, so konnte sich doch bezüglich jenes Berufungsrechtes sehr wohl ein abweichendes Herkommen bilden unbeschadet der Fortdauer der dem Gutsherrn der Schule gegenüber obliegenden Leistungen, und es darf daher aus dem Fortfall jenes Rechtes durch Nichtgebrauch keineswegs eine Befreiung von diesen Leistungen gefolgert werden (vgl. Min.-Erl. v. 15. XI. 62, C.-Bl.-U.-V. S. 758).

3. Eine Befreiung durch Observanz wäre an sich möglich. Eine solche ist aber nur insoweit und in dem Umfange die maßgebende Rechtsnorm, als sie durch die gleichmäßige Uebung bei jeder sich darbietenden Gelegenheit in der auf Seiten aller Beteiligten beruhenden Ueberzeugung von deren rechtlicher Notwendigkeit kund gegeben ist. Ein Irrtum, z. B. über die Tragweite des geschriebenen Rechts, würde ihre Bildung verhindern. (Vgl. E.-O.-V. Bd. XV S. 230.)

4. Eine Befreiung durch Verjährung wäre nur in den Formen einer erwerbenden Verjährung möglich. (Vgl. E.-O.-V. Bd. XXXI S. 146.)

Nr. 2. Entsch. v. 9. XI. 1900 Nr. I 1658 (C.-Bl.-U.-V. 1901 S. 362).
Pr.-Schulordn. v. 31. XII. 45 (G.-S. 1846 S. 1) §§ 32, 38, 39, 60.

1. Aus der Aufgabe des Gutsvorstehers, kraft seiner obrigkeitlichen Gewalt die Erfüllung der öffentlichen Lasten im Gutsbezirk zur Durchführung zu bringen, ergiebt sich, daß seiner obrigkeitlichen Gewalt jeder unterworfen ist, der nach Maßgabe des Gesetzes in diesem Gutsbezirk eine öffentliche Last zu tragen hat. (E.-O.-V. Bd. XXIII S. 162.) Der Gutsvorsteher ist daher ebenso berechtigt, als verpflichtet, die Anwohner und den Grundherrn in dem Gutsbezirk zu den ihnen gemäß § 60 der Schulordnung auferlegten Schullasten heranzuziehen. Dagegen können Leistungen auf Grund eines besonderen Rechtstitels nicht etwa ebenfalls von dem Gutsvorsteher deshalb umgelegt werden, weil die Schule im Gutsbezirk belegen ist. Zu den auf Stiftungen oder besonderen Rechtstiteln beruhenden Leistungen hat der die Rechte der Schule und der Schulkasse vertretende Schulvorstand die Pflichtigen unmittelbar heranzuziehen, wie er auch die Schulbeiträge, die auf die zur Schule gehörigen Ortschaften entfallen, auf diese zu verteilen hat. Nur die Unterverteilung der hiernach von einer Ortschaft aufzubringenden Schulbeiträge auf die einzelnen Zahlungspflichtigen ist Aufgabe der betreffenden Gemeindevorsteher und Gutsvorsteher.

2. Abgabenregulierungspläne, die auf Grund des Ges. v. 3. I. 45 (G.-S. S. 25) aufgestellt worden sind, sind zwar besondere Titel des öffentlichen Rechts und können als solche auch, wenn sie die Zustimmung der Schulaufsichtsbehörde gefunden haben, bei Bezirksveränderungen die Verpflichtungen

von Gemeinden und Gutsbezirken zu Leistungen an die Schule mit öffentlich-rechtlicher Wirkung regeln. Jedoch kann innerhalb eines Gutsbezirks durch einen Abgabenregulierungsplan keine öffentlich-rechtlich erzwingbare Beitragspflicht der Angehörigen des Gutsbezirks zu Gunsten des Gutsherrn begründet werden. (E.-O.-V. Bd. XII S. 174, Bd. XXIX S. 181.)

Nr. 3. Entsch. v. 7. XII. 1900 Nr. I 1809 (Pr.-V.-Bl. Bd. XXIII S. 6).

Im Geltungsbereiche der Schulordnung für die Provinz Preußen v. 11. XII. 45 (G.-S. 1846 S. 1) bilden die zu einer Schule gewiesenen Gemeinden und Anwohner auf gutsherrlichem Lande keinen korporativen und von dem Schulvorstande zu vertretenden Verband (E.-O.-V. Bd. XXVII S. 159, Bd. XXI S. 198/199).

Nr. 4. Entsch. v. 12 III. 1901 Nr I 446 (C.-Bl.-U.-V S. 803)
A.-L.-R. II 12 §§ 29, 34, Pr.-Schulordn v 11 XII 45 (G.-S 1846 S 1) §§ 39, 40, 72 Land-Gem.-Ordn. v. 3. VII 91 G.-S. S. 233) § 148.

1. Die §§ 29, 34 A.-L.-R. II 12 sind für das Geltungsbebiet der Pr. Schulordnung v 11. XII. 45 (§ 72 a. a. O.) außer Kraft gesetzt worden. Die Anwendung des Kommunalprinzips bei der Regulierung der Schulverhältnisse setzt daher hier eine besondere örtliche Schulverfassung, wie sie für das Geltungsgebiet des A.-L.-R. erforderlich ist, nicht voraus, sondern folgt unmittelbar aus den Vorschriften der Schulordnung v. 11. XII. 45.

2. Gehören zu einer Schule außer einer Landgemeinde noch die Anwohner eines benachbarten Gutsbezirks, so hat die Regulierung der Schullasten nach § 40 der Schulordnung zu erfolgen. Das Fortbestehen dieser Vorschrift auch nach Einführung der Landgem.-Ordn. v. 3. VII. 91 ergiebt sich aus § 148 dieses Ges. Die Höhe des von der Landgemeinde aufzubringenden Anteils an den Schullasten bestimmt sich nach dem von der Schulaufsichtsbehörde für eine bestimmte Reihe von Jahren festgesetzten Verteilungsmaßstabe, und die zur Aufbringung dieses Anteils auszuschreibenden Umlagen haben nach der klaren Bestimmung der §§ 39, 40 der Schulordnung die Eigenschaft von Gemeindesteuern.

Nr. 5. Entsch. v. 7. VI. 1901 Nr. I 987 (C.-Bl.-U.-V. S. 903).
Pr.-Schulordn. v 11 XII. 45 (G.-S. 1846 S. 1) §§ 55 ff.

1. Die Befreiung von Kommunalabgaben, die den Geistlichen nach § 41 des Komm.-Abg.-Ges. v. 14. VII. 93 in Verbindung mit dem § 1 Nr. 3 der Vd. v. 23. IX. 67 zusteht, gilt an sich nicht auch für die nach §§ 55 ff der Pr. Schulordn. v. 11. XII. 45 von den Anwohnern eines Gutsbezirks zu leistenden Schulbeiträge. Andererseits ist aber — ebenso wie bei allen übrigen Anwohnern — Voraussetzung der Heranziehung eines im Gutsbezirke wohnenden Geistlichen zu Schulbeiträgen gemäß § 60 der Schulordn. eine Festsetzung der Regierung, wieviel er beizusteuern hat (E.-O.-V. Bd. IV S. 196, Bd. VI S. 185, Bd. VIII S. 168, Bd. IX S. 137 ff.). Erklärt somit die Regierung die im Gutsbezirke wohnenden Geistlichen für frei von Schulbeiträgen, so fehlt die rechtliche Möglichkeit, sie zu Schulbeiträgen heranzuziehen (vgl. E.-O.-V. Bd. XVIII S. 175).

2. Auf die Zeit der Entstehung des Bedürfnisses, zu dessen Deckung die Beiträge bestimmt sind, kommt es nicht an, sondern es muß nur zur Zeit der Ausschreibung des Beitrags durch Verfügung der Regierung feststehen, wie hoch der Kläger herangezogen werden darf. Die Festsetzung der Regierung ist eine Voraussetzung der Heranziehung der Anwohner, muß

also vor der Heranziehung erfolgt sein. Sie gilt aber für die nach der Festsetzung auszuschreibenden Schulbeiträge ohne Rücksicht darauf, wann die Schulkosten erwachsen sind. Die Festsetzung der Regierung begründet nicht erst die Verpflichtung der Anwohner zur Aufbringung der Schulkosten, sondern sie bestimmt nur das Maß für die Heranziehung. Wenn die Anwohner den Anteil der Schulkosten nur nach Maßgabe der Regierungsbestimmung aufzubringen haben, so folgt daraus offenbar nicht, daß die Regierungsverfügung ergangen sein muß, ehe die Schulkosten entstehen, oder daß die Regierungsverfügung im Zweifel nur auf künftig entstehende Schulbedürfnisse zu beziehen wäre. Es liegt ja auch in der allgemeinen Ausschreibung früher erwachsener Schulkosten keine Nachforderung im Sinne der §§ 5 und 6 des Ges. v. 18. VI. 40 (E.-O.-V. Bd. II S. 106/107, Bd. X S. 115/116).

Nr. 6. Entsch. v. 26. VI. 1900 Nr. I 987 (C.-Bl.-U.-V. 1901 S. 313 (316)).
Pr.-Schulordn. v. 31. XII. 45 (G.-S. 1846 S. 1) §§ 38, 39, 40, 46, 47, 55ff.

1. Die Heranziehung eines Gutsbezirkes zur Brennholzlieferung auf Grund der §§ 39, 40, 55ff. der Schulordn. kann dann nicht erfolgen, wenn der Fiskus auf Grund eines besonderen Rechtstitels (§§ 38, 39 a. a. O.) oder auf Grund des Herkommens (§§ 46, 47 daselbst) zur Lieferung auch des nach der Zahl der Haushaltungen auf den Gutsbezirk entfallenden Anteils an dem Brennholze verpflichtet ist.

2. Besteht eine solche Verpflichtung des Fiskus nicht, so ist nicht der Gutsbesitzer als Grundherr seiner angeblich leistungsfähigen Hintersassen zur Hergabe dieses Brennbedarfs heranzuziehen, sondern der Gutsbezirk, der hierbei durch den Gutsvorsteher vertreten wird. Die Unterverteilung der dem Gutsbezirk obliegenden Brennholzlieferung oder des zu ihrer Beschaffung aufzubringenden Geldbetrages auf die Anwohner des Gutsbezirkes und den Grundherrn, die gemäß § 60 a. a. O. nur auf Grund einer Festsetzung der Regierung als Schulaufsichtsbehörde erfolgen kann, liegt dem Gutsvorsteher ob, gegen dessen Verteilung jedem Herangezogenen Einspruch und Klage gemäß § 122 der Landgem.-Ordn. v. 3. VII. 91 (vgl. E.-O.-V. Bd. XXIII S. 158) zustehen.

3. Der Umstand, daß ein Gutsbezirk erst durch eine Kab.-Ord. v. 1896 zum Gutsbezirk erhoben worden ist, entbindet den Gutsbezirk nicht von der nach der Pr. Schulordn. den Kommunalverbänden obliegenden Schulunterhaltungspflicht, da in dieser Hinsicht die Gutsbezirke neueren Rechts den aus den vormals herrschaftlichen Besitzungen entstandenen älteren Rechts völlig gleichstehen. (E.-O.-V. Bd. XI S. 164, Bd. XIII S. 241.)

Nr. 7. Entsch. v. 19. II. 1901 Nr. I 315 (C.-Bl.-U.-V. S. 799).
Pr.-Schulordn. v. 11. XII. 45 (G.-S. 1846 S. 1) §§ 39, 40, 45.

Ein den Fiskus zur Lieferung des Brennbedarfes verpflichtendes Herkommen ist bis zu der im § 45[5] der Schulordn. v. 3. XII. 45 angegebenen Maximalgrenze zulässig und hat insoweit die Befreiung eines Gutsbezirkes von der aus §§ 39, 40 a. a. O. sich ergebenden Verpflichtung zur anteiligen Lieferung des Brennbedarfes zur Folge.

Nr. 8. Entsch. Bd. XXXIX S. 170 v. 19. III. 1901 I C 14/1900.
Pr.-Schulordn. v. 11. XII. 45 (G.-S. 1846 S. 1) §§ 44—47, 55ff.
Ostpr. Provinzialrecht v. $\frac{\text{4. VIII. 01}}{\text{6. III. 02}}$ Zusatz 203.

1. Die Bestimmung im § 45 Nr. 5 der Schulordn. v. 11. XII. 45, wonach der Fiskus für die Schulen in Domänendörfern das Brenn-

material frei von Anweisegeld zu gewähren hat, die Gemeinden aber zur Anfuhr verpflichtet sind, legt dem Fiskus den Schlägerlohn nicht zur Last. Wenn es nach dem Wortlaute des Gesetzes vielleicht zweifelhaft sein könnte, ob nicht zur Gewährung des Brennmaterials auch das Schlagen des Holzes gehöre, so wird doch diese Annahme durch die in dem Erk. des O.-Trib. v. 12. V. 73 (Entsch. Bd. LXX S. 41 ff.) mitgeteilte Entstehungsgeschichte der gesetzlichen Bestimmung ausgeschlossen. Dies steht in Einklang mit dem Ostpr. Provinzialrechte, nach dessen Zus. 203 das Deputatholz der Geistlichen und Schulbedienten von den Eingepfarrten unentgeltlich geschlagen und angefahren werden muß.

2. Auf Privatgutsherren beziehen sich die Bestimmungen im § 45 der Schulordn. an sich nicht, aber nach § 46 der Schulordn. soll es, „wo die im § 45 erwähnten Leistungen ganz oder teilweise herkömmlich auch von anderen Gutsherren gewährt werden", dabei sein Bewenden behalten. Ein solches Herkommen konnte sich noch nach dem Inkrafttreten der Schulordnung bilden (E.-O.-V. Bd. XV S. 227 ff.). Allein nur insoweit erkennt § 46 der Schulordn. ein Herkommen an, als danach die im § 45 dem Fiskus auferlegten Leistungen ganz oder teilweise von anderen Gutsherren zu erfüllen sind. Also nur zu den im § 45 erwähnten Leistungen können Privatgutsherren durch Herkommen verpflichtet werden, aber nicht zu anderen oder größeren Leistungen. Die im § 45 aufgeführten Leistungen können ihnen vermöge Herkommens ganz oder teilweise obliegen, aber in einem größeren Umfange, als die Leistungen nach § 45 auf dem Fiskus kraft Gesetzes lasten, können Privatgutsherren zu gutsherrlichen Leistungen durch Herkommen nicht verpflichtet sein.

3. Dabei ist zu bemerken, daß auch die Verpflichtungen des Fiskus, die der § 45 der Schulordn. vorsieht, nicht durch Herkommen erweitert werden können. Zwar gilt auch für § 45 der im § 44 gemachte Vorbehalt: „sofern nicht Verträge oder Herkommen ein Anderes bestimmen", wie durch die Bezugnahme auf § 44 im Eingange des § 45 angedeutet ist. Aber der Vorbehalt besteht nach dem Wortlaute des § 44 gegenüber den Bestimmungen des Gesetzes über die Verpflichtungen des Gutsherrn, sodaß diese Verpflichtungen ausgeschlossen oder eingeschränkt sein können. Durch die nachträgliche Hinzufügung des Vorbehaltes hat nicht die herkömmliche Begründung irgendwelcher anderer gutsherrlicher Verpflichtungen zugelassen werden sollen. Im Interesse der Verwaltung der Domänen und Forsten ist vielmehr auf Anregung des Ressortministers nur eine Einschränkung für den Fall abweichender Regelung durch Vertrag oder Herkommen gemacht worden (vgl. Entsch. O.-Trib. Bd. LI S. 304 und 305). So hat auch das O.-V.-G. aus dem Vorbehalt immer nur die Zulässigkeit eines befreienden Herkommens hergeleitet (E.-O.-V. Bd. XV S. 226, Bd. XXV S. 179; s. auch Bd. XII S. 221, Bd. XIII S. 240).

4. Die Pflicht zur Unterhaltung der Schule ruht nach den §§ 38 und 39 der Schulordn., wo besondere Stiftungen und besondere Rechtsgründe fehlen, auf den Ortsgemeinden und den sonst zur Schule gehörigen Ortschaften. Zu den besonderen Rechtsgründen und Rechtstiteln im Sinne der Schulordn. gehört aber das Herkommen nicht (E.-O.-V. Bd. XII S. 214, Bd. XIV S. 207, Bd. XV S. 224). Soweit die Schulordn. nicht auf Herkommen verweist, können ihre Bestimmungen auch nicht durch Herkommen geändert werden (E.-O.-V. Bd. VIII S. 356 ff., bes. S. 358, Bd. XXIV S. 179, Bd. XX S. 184, Bd. XXIII S. 294 ff., Bd. XXXVI S. 231, Bd. XXXVII S. 219). Daß man insbesondere eine Aenderung des im § 40 der Schulordn.

bestimmten Maßstabs der Schullastenverteilung durch Observanz nicht hat zulassen wollen, geht aus den Verhandlungen des Staatsministeriums über den Entwurf der Schulordnung klar hervor (vgl. die Mitteilung in der Entsch. des O.-Trib. Bd. LXX S. 337ff.).

5. Ein Herkommen, das den Gutsherren Leistungen für die Schule auferlegt, die sie gesetzlich nicht zu tragen haben, überträgt insoweit die Schulunterhaltungslast von den gesetzlich verpflichteten Ortsgemeinden und Ortschaften auf die Gutsherren und ändert damit die Bestimmungen des Gesetzes (vgl. E.-O.-V. Bd. XXXV S. 207). In Betreff des Umfanges der gutsherlichen Leistungen — im Gegensatze zu den grundherrlichen — ist es gleichgültig, ob zur Schule Gemeinden oder Gutsbezirke gehören, ob es sich um Gemeinden handelt, die der Gutsherrlichkeit unterworfen waren, oder um Anwohner auf gutsherrlichem Lande (E.-O.-V. Bd. XII S. 215ff., Bd. XIV S. 205). Im letzteren Falle ruht die gesetzliche Schulunterhaltungslast nach Maßgabe der §§ 55ff. der Schulordn. auf den Anwohnern und bei deren Unvermögen auf dem Grundherrn — denen daher insbesondere auch, ebenso wie das im § 45 Nr. 5 den Gemeinden auferlegte Anfahren des Brennmaterials, das Schlagen des Holzes obliegt — und es mindert sich folgeweise die Schulunterhaltungslast der Anwohner und die subsidiäre des Gutsherrn insoweit, als die Schule vom Gutsherrn zu unterhalten ist (vgl. E.-O.-V. Bd. XII S. 222, Bd. XIV S. 205ff.). Ein Herkommen, wodurch dem Gutsherrn Leistungen für die Schule auferlegt werden, ist daher auch da, wo keine Gemeinden als Träger der Schulunterhaltungslast in Frage kommen, nur soweit zulässig, als die Schulordn. auf Herkommen verweist.

6. Geschieht dies auch mehrfach in der Schulordn. (außer in den §§ 44 bis 47, z. B. in den §§ 6 und 35), so ist doch darum dem Herkommen nach der Schulordn. keine allgemeine Geltung beigelegt, insbesondere nicht in Bezug auf die Regelung der Schulunterhaltungslast zwischen den Ortsgemeinden und Ortschaften einerseits und den Gutsherren andererseits. Wenn im § 54 der Schulordn. für den Fall der Errichtung neuer Schulen bestimmt ist, daß es bei einer durch Vertrag oder Herkommen hinsichtlich der gutsherrlichen Leistungen gebildeten abweichenden Norm bewendet, so ist hier die rechtsgültige Entstehung der Norm vorausgesetzt, nicht etwa die allgemeine Zulässigkeit der Bildung eines Herkommens bei den gutsherrlichen Leistungen anerkannt. Allerdings ist in der Rechtsprechung des O.-V.-G. wiederholt auf die besondere Bedeutung hingewiesen worden, die das Herkommen für die gutsherrlichen Leistungen nach der Schulordn. hat (E.-O.-V. Bd. XII S. 261, Bd. XIV S. 208, Bd. XV S. 226) — wie sich dies auch aus den §§ 44 bis 47 der Schulordn. ergiebt — aber es hat damit nicht eine Regelung des Umfanges der gutsherrlichen Leistungen durch Herkommen allgemein ohne Rücksicht auf die besonderen Bestimmungen der Schulordn. für statthaft erklärt werden sollen.

7. Kann somit ein Privatgutsherr nicht durch Herkommen zu anderen oder größeren Leistungen verpflichtet werden, als § 45 der Schulordn. dem Fiskus auferlegt, so ist auch ein Herkommen ausgeschlossen, wonach er verpflichtet wäre, den Schlägerlohn zu tragen. Denn das Schlagen des Holzes oder die Zahlung des Schlägerlohns gehört nicht zu den dem Fiskus nach § 45 der Schulordn. obliegenden Leistungen. Die Verpflichtung zur Tragung des Schlägerlohnes würde die im § 45 Nr. 5 der Schulordn. bestimmte Verpflichtung zur Lieferung des Brennmaterials vergrößern. Wollte man darin auch nur eine „Modalität" der Lieferung erblicken, so liegt doch in der erschwerenden Modalität eine Vergrößerung der Leistung und es ist zwischen dem Mehr oder Minder einer solchen Vergrößerung

bei Beurteilung der Zulässigkeit des Herkommens nicht zu unterscheiden. Daneben kommt in Betracht, daß nach dem zweiten Satze des § 46 der Schulordn. die Bestimmungen im § 45 unter 5 und 6 für alle zur Gewährung von Deputatbrennholz verpflichteten Gutsherren „verbindlich" sein sollen. Besteht also überhaupt herkömmlich eine gutsherrliche Verpflichtung zur Gewährung von Deputatbrennholz, so soll sich ihr Umfang nach den Bestimmungen im § 45 unter 5 und 6 bemessen und es ist das Herkommen für den Umfang der Verpflichtung nicht entscheidend. Es liegt nicht im Sinne des zweiten Satzes des § 46, daß die in Bezug genommenen Bestimmungen des § 45 nur für den Gutsherrn verbindlich und darum nur insoweit maßgebend sein sollen, als sie den Gutsherrn belasten, sondern es ist anzunehmen, daß damit nach beiden Seiten der Umfang der Verpflichtung geregelt sein soll.

Eine Observanz, wonach der Kläger als Gutsherr den Schlägerlohn zu tragen hätte, konnte danach im vorliegenden Falle nicht entstehen.

8 Wäre übrigens die Observanz rechtlich möglich gewesen, so würde folgendes nicht unberücksichtigt zu lassen sein. Soweit nicht der Gutsherr zu Leistungen für die Schule verpflichtet ist, ruht da, wo keine Gemeinde zur Schule gehört, die Schulunterhaltungslast ausschließlich auf der Ortschaft — dem Gutsbezirke — nach Maßgabe der §§ 55 ff. der Schulordn. an erster Stelle auf den Anwohnern und bei deren Unvermögen auf dem Grundherrn. Es ist daher möglich, daß der Kläger nicht als Gutsherr, sondern als Mitträger der Lasten des Gutsbezirkes, als Grundherr, den Schlägerlohn getragen hat. Trifft dies zu, so fehlt es an einer gutsherrlichen Leistung und es konnte also auch darum die angebliche den Gutsherrn als solchen verpflichtende Observanz nicht entstehen. Was die Frage angeht, ob sich etwa eine den Kläger als Grundherrn verpflichtende Observanz hätte bilden können, so ist zu bemerken, daß die Schulordn. keine Observanz zuläßt, wonach sich die gesetzliche subsidiäre Verpflichtung des Grundherrn in eine prinzipale verwandelte und der Grundherr betreffs der Schulunterhaltungslast an Stelle der Anwohner träte. In dem Verhältnisse des Grundherrn zu den Anwohnern verweist nämlich die Schulordn. nirgends auf Herkommen (vgl. die §§ 55 ff.). Außerdem darf der Grundherr als solcher nicht vom Schulvorstande zu Leistungen für die Schule herangezogen werden, sondern der Schulvorstand hat die Leistungen des Gutsbezirkes für die Schule vom Gutsvorsteher zu erfordern, während die Heranziehung des Grundherrn durch den Gutsvorsteher oder durch den stellvertretenden Gutsvorsteher zu geschehen hat (E.-O.-V. Bd. XXIII S. 162 ff.). Zu ihrer Anfechtung mittels Einspruchs und Klage ist sowohl der Gutsvorsteher Namens des Gutsbezirkes als solcher, wie der Grundherr für seine Person legitimiert.

Wenn übrigens der Kläger das Holz ohne Anspruch auf Erstattung des Schlägerlohns liefern mußte, so folgt doch daraus nicht, daß er selbst dem Lehrer oder für diesen an die Schulkasse einen entsprechenden Geldbetrag zu zahlen hätte. Der Kläger würde zur Lieferung geschlagenen Holzes sowie zur Bezahlung des Schlägerlohns an die Holzschläger angehalten werden können, kann aber nicht genötigt werden, dem Lehrer oder für diesen an die Schulkasse eine bare Summe in Höhe des Schlägerlohns zu zahlen.

b) Provinz Schlesien.

α) Katholische Volksschulen.

Nr. 1. Entsch. v. 20. III. 1900 Nr. I 451 (C.-Bl.-U.-V. 1901 S. 239).

Schulregl. v. 18. V. 01 (Neue Kornsche Samml. Bd. VII S. 266) für die niederen katholischen Schulen Schlesiens pp., §§ 12, 19a.

Die dem ordnungsmäßig bestellten Vertreter eines Lehrers an einer öffentlichen Volksschule für diese Vertretung zustehenden Bezüge bilden das Diensteinkommen der also berufenen Lehrperson und sind, soweit es sich dabei um bares Geld handelt, nach dem im § 19a des Schles. Schulregl. v. 18. V. 01 vorgeschriebenen Verteilungsmaßstabe in gleicher Weise aufzubringen, wie dies der Gerichtshof bereits in früheren Fällen bei der Aufbringung des Bargehalts einer Industrielehrerin, der „halben Besoldung eines Adjuvanten an Gelde" und von Zuschüssen zu dem Bargehalt, die den Lehrern über das im § 12f. a. a. O. bestimmte Minimum von 50 Rthlr. hinaus nach Anordnung der Regierung zu zahlen waren, angenommen hat (vgl. E.-O.-V. Bd. XV S. 233ff.).

Nr. 2. Entsch. v. 3. VII. 1900 Nr. I 1026 (Pr.-V.-Bl. Bd. XXII S. 526).

Schulregl v. 18. V. 01 (Neue Kornsche Gd.-Samml. Bd. VII S. 266) für die niederen katholischen Schulen Schlesiens pp, § 19

1. Zu einer ordnungsmäßigen Heranziehung zur Lieferung von Naturalien (Deputatgetreide) für die an einer katholischen Schule Schlesiens angestellten Lehrer gehört die Forderung eines bestimmten Abgabebetrages. (E.-O.-V. Bd. III S. 70ff., VII S. 151, X S. 79.) Steht aber die Höhe der Abgabe ohnehin fest, haben z. B. die alle Jahre gezahlten, feststehenden Beiträge zum Deputatgetreide einen ganz präzisen, bezüglich der Höhe nicht im Geringsten angezweifelten Ausgabeposten des Leistungspflichtigen (Klägers) gebildet, so ist deren ziffermäßige Angabe bei der Heranziehung nicht erforderlich.

2. § 19 des Schulregl. v. 18. V. 01 bezieht sich auf die Aufbringung der Besoldung sämmtlicher Lehrer, die an den jenem Reglement unterworfenen Schulen angestellt sind (nicht bloß etwa auf den ersten Lehrer).

3. Die durch § 19b a. a. O. festgestellte öffentlich-rechtliche Verpflichtung zur Lieferung des Deputatgetreides kann durch eine besondere ortsschulverfassungsmäßige Regelung eine Abänderung erfahren. Diese bedarf aber zu ihrer Rechtsgültigkeit nicht nur einer Vereinbarung der Beteiligten, sondern auch einer Genehmigung der zuständigen Schulaufsichtsbehörde.

Nr. 3. Entsch. v. 5. X. 1900 Nr. I 1439 (Pr.-V.-Bl. Bd. XXII S. 404).

Ges. v. 23. VII. 47 (G.-S. S. 263) betr., die Rechtsverhältnisse der Juden, §§ 66, 67.
Schulregl. v. 18. V. 01 (Neue Kornsche Gd.-Samml. Bd. VII S. 266) für die niederen katholischen Schulen Schlesiens pp., § 19a.

1. Durch Errichtung einer öffentlichen jüdischen Schule wird der Maßstab nicht geändert, nach welchem die Verteilung (Oberverteilung) der Schullast unter die zu einer sogenannten Reglementsschule gehörigen Gemeinden zu erfolgen hat.

2. Zu diesem Rechtsgrundsatz giebt das O.-V.-G. im vorliegenden Falle folgende Gründe:

> Wenn die Revisionsklägerin sich für das Gegenteil zunächst auf den § 30 Tit. 12 T. II A.-L.-R.'s berufen hat, so ist bereits in E.-O.-V. Bd. XXV S. 198 ausgeführt, daß die angezogene gesetzliche

Bestimmung nur auf eine Mehrheit von Societätsschulen, niemals aber bei verschiedenen Kommunalschulen oder bei der Konkurrenz einer solchen mit einer Societätsschule anwendbar sei. Dieser letztere Fall liegt hier vor, insoweit es sich um die Beurteilung des Verhältnisses der katholischen Reglementsschule zu der nach § 67 Nr. 2 des Ges. v. 23. VII. 47 von den jüdischen Einwohnern des Schulbezirks zu unterhaltenden jüdischen Schule handelt. Auch das Schlesische Provinzialrecht enthält für den Fall der Errichtung einer jüdischen Volksschule keine besonderen Bestimmungen (E.-O.-V Bd. XXXIV S. 228), vielmehr ist für die Beurteilung der Rechtsverhältnisse der jüdischen Schule das Ges. v. 23. VII. 47 maßgebend, das die Frage wegen der Unterhaltung der katholischen Reglementsschule durchaus unberührt gelassen hat. Durch den Min.-Erl. v. 26. II. 72 ist gegen den Widerspruch der Gemeinden B. und M. auf Grund des § 66 Abs. 2 a. a. O. die Umwandlung der jüdischen Privatschule in eine öffentliche Schule genehmigt worden, und für die Unterhaltung dieser Schule traten demnächst lediglich die Vorschriften des Ges. v. 23. VII. 47 in Kraft. Nachdem durch die Erklärung der Deputierten der Filialsynagogengemeinde zur Verhandlung v. 22. VIII. 71 auf eine nach § 67 Abs. 3 a. a. O. eventuell zu gewährende Entschädigung verzichtet worden war, blieb für die Verbindlichkeit der Interessenten gegen die Schulverbände, denen sie bisher angehört hatten, die Bestimmung unter § 67 Abs. 4 a. a. O. maßgebend, worauf die Regierung, Abteilung für Kirchen- und Schulwesen, zu O. in ihrer an das Landratsamt gerichteten Verf. v. 2. III. 72 ausdrücklich hingewiesen hat. Diese letztere Vorschrift sichert nun zwar den Juden, die eine öffentliche jüdische Schule unterhalten, Befreiung zu sowohl von der Entrichtung des Schulgeldes als auch von allen unmittelbaren persönlichen Leistungen zur Unterhaltung der ordentlichen Ortsschulen, bei dem von der Klägerin geltend gemachten Anspruche handelt es sich aber nicht um eine Freistellung der einem besonderen jüdischen Schulverbande angehörigen Juden, sondern um eine Freistellung der politischen Gemeinde Kl.-Z. als Mitträgerin der Schullast für die katholische Reglementsschule. Eine Freistellung der letzteren Art ist weder in dem durch die Regierungsverf. v. 2. III. 72 mitgeteilten Min.-Erl. v. 26. II. 72 noch in der Regierungsverf. v. 2. III. 72 angeordnet worden, und hätte auch rechtsgültig von der Schulaufsichtsbehörde auf Grund der ihr durch das Ges. v. 23. VII. 47 erteilten Befugnisse garnicht angeordnet werden können. Zuzugeben ist der Klägerin allerdings, daß in der auf einer selbständigen Entschließung des Landrats beruhenden Verf. desselben v. 21. XII. 72 an die beteiligten Dorfgerichte eine abweichende Auffassung des Rechtsverhältnisses zum Ausdruck gelangt, und daß demnächst thatsächlich auch von den Dorfgerichten der landrätlichen Anweisung entsprechend verfahren worden ist. Allein jene die Zuständigkeit des Landrats überschreitende Verf. v. 21. XII. 72, die in ihrer Bezugnahme auf den Min.-Erl. v. 26. II. 72 deutlich erkennen läßt, daß sie auf einer irrtümlichen Auffassung des in Frage stehenden Rechtsverhältnisses beruht, kann als bindende Norm für die Regelung der Schulunterhaltungslast nicht in Betracht kommen. Aus den vorstehenden Ausführungen ergiebt sich ohne Weiteres, daß es für die hier zu treffende Entscheidung unerheblich ist, ob die Gemeinden B. und M. zur Zeit der Umwandlung der jüdischen Privatschule in eine öffentliche Schule dem katholischen Schulverbande Z. angehört haben, und ob jene Umwandlung des Charakters der jüdischen Schule seiner Zeit nicht von der Synagogengemeinde, sondern von der Schulaufsichtsbehörde angeregt worden ist.

Es bleibt weiter die Frage zu erörtern, ob etwa, abgesehen von den auf Grund des Ges. v. 23. VII. 47 von der Schulaufsichtsbehörde getroffenen Festsetzungen, eine besondere örtliche Schulverfassung für die katholische Schule in Z. sich gebildet hat, die die Anwendung des von der Klägerin verlangten Verteilungsmaßstabes rechtfertigt. Auch diese Frage ist von dem Vorderrichter mit Recht verneint worden. Nach den in Bezug genommenen und vorgelegten Akten war das Schulkollegium als Vertreter der katholischen Schule in Z. zwar zur Verhandlung v. 22. VIII. 71 geladen, ist aber weder in dieser Verhandlung erschienen, noch später den daselbst abgegebenen Erklärungen beigetreten. Die Verhandlung v. 2 VII. 74, in der der katholische Schulvorstand vertreten gewesen ist, hatte ausweislich ihres Inhalts überhaupt nicht den Zweck, das Beitragsverhältnis zwischen den Katholiken und den Juden anderweitig zu regeln, sondern die Beteiligten, von der in der landrätlichen Verf. v. 21. XII. 72 ausgedrückten irrigen Ansicht beeinflußt, haben damals nur beabsichtigt, innerhalb des Kreises der ihrer Meinung nach allein beitragspflichtigen Katholiken einen anderweitigen, den damaligen Verhältnissen entsprechenden Verteilungsmaßstab nach Verhältnis der Grund- und Gebäudesteuer zu vereinbaren. Es fehlt daher an einer Vereinbarung der Beteiligten über eine anderweite Regelung des Beitragsverhältnisses zwischen den Katholiken und den Juden, geschweige denn, daß die Regierung als zuständige Schulaufsichtsbehörde zu einer solchen ihre Genehmigung erteilt hätte, ohne welche eine auf Vereinbarung beruhende örtliche Schulverfassung Rechtswirksamkeit nicht erlangen konnte. Eine Observanz ist aber als Grundlage einer gültigen örtlichen Schulverfassung im vorliegenden Falle schon deshalb ausgeschlossen, weil die bisherige Uebung bezüglich der Freilassung des Steuersolls der Juden augenscheinlich durch die rechtsirrtümliche Anw. v. 21. XII. 72 beeinflußt gewesen ist, und dieser Irrtum der Bildung einer Observanz hindernd entgegengestanden haben würde. (E.-O.-V. Bd. XV S. 230, Bd. XX S. 184).

Nr. 4. Entsch. v. 5. X. 1900 Nr. I 1440 (Pr.-V.-Bl. Bd. XXII S. 407).

Schulregl. v. 18. V 01 (Neue Kornsche Ed.-Samml. Bd. VII S. 266) für die niederen katholischen Schulen Schlesiens pp, § 19a.

1. Der Maßstab der Verteilung (Oberverteilung) der Schullast unter die zu einer sog. Reglementsschule gehörigen Gemeinden ist der Grundsteuerreinertrag (§ 19a des Schles. Schulregl. v. 18 V. 01). Wenn daher der Schulvorstand als örtliche Schulbehörde die Träger der Schullast zu den erforderlichen Schulbeiträgen heranzieht, so darf er dies nur thun nach Maßgabe des für die Erfüllung der Schulunterhaltungspflicht geltenden objektiven Rechtes, indem anderenfalls die von ihm bewirkte Heranziehung bei ihrer Prüfung im Wege der Rechtskontrolle der Aufhebung unterliegen muß. Legt er, wie im vorliegenden Falle, bei der Verteilung der nach § 19a a. a. O. aufzubringenden Leistungen „das gesammte Staatssteuersoll" zu Grunde, nicht etwa in der Annahme, daß dieser Verteilungsmaßstab durch eine besondere, sei es auf Observanz beruhende oder auf eine andere rechtsgültige Weise zu Stande gekommene örtliche

Schulverfassung sich rechtfertige, sondern lediglich deshalb, weil dieser Maßstab unter den gegenwärtig bestehenden thatsächlichen Verhältnissen sich aus der unmittelbaren Anwendung der angeführten gesetzlichen Vorschrift ergebe, so widerspricht dies nicht nur der bisherigen Verwaltungspraxis, sondern auch der ständigen Rechtsprechung des O.-V.-G. Nach welchen Gesichtspunkten der Gesetzgeber die Leistungsfähigkeit der Pflichtigen bei Feststellung eines Besteuerungsmaßstabes berücksichtigt wissen will, kann nur nach den darüber für jeden einzelnen Fall getroffenen Anordnungen beurteilt werden, und eine solche Anordnung ist für Fälle der vorliegenden Art im § 19a a. a. O. unzweideutig dahin getroffen, daß die zwei Drittel der dort aufgeführten, von den Gemeinden aufzubringenden Abgaben unter diese Gemeinden nach dem katastrierten Ertrage derselben zu verteilen sind. Unter dem katastrierten Ertrage im Sinne dieser Bestimmung kann nach der damals geltenden, auf dem Patent v. 23. IV. 1743 beruhenden Schles. Grundsteuerverfassung nur der Reinertrag von Grund und Boden, wie solcher in das damals bestehende Kataster eingetragen werden mußte, verstanden werden, und an Stelle dieses Ertrages ist demnächst der nach Maßgabe des § 6 des Ges. v. 21. V. 61, betr. die anderweite Regelung der Grundsteuer (G.-S. S. 253) ermittelte Reinertrag der ertragsfähigen Grundstücke — der Liegenschaften —, der Grundsteuerreinertrag getreten. Dieser allein, nicht auch der Gebäudesteuernutzungswert ist nach der gegenwärtig geltenden Steuerverfassung der gesetzliche Verteilungsmaßstab für die nach § 19a des Schulregl. v. 18. V. 01 von den pflichtigen Gemeinden aufzubringenden Lasten, wogegen zu dem nach § 19b a. a. O. zu liefernden Deputatgetreide nur die wirklichen Ackerbesitzer, nicht auch die Besitzer anderer grundsteuerpflichtiger Liegenschaften beizutragen haben (E.-O.-V. Bd. XIV S. 215). Durch eine Verschiebung der wirtschaftlichen Verhältnisse in den pflichtigen Dörfern haben diese ihre rechtliche Eigenschaft als Landgemeinden nicht verloren und ebensowenig unterliegt es der Prüfung des Verwaltungsrichters, ob nach einer wesentlichen Aenderung der früheren Verhältnisse zur Beseitigung der daraus sich erhebenden Härten und Unbilligkeiten Aenderung des bestehenden Rechtszustandes, sei es im Wege der Gesetzgebung, sei es im Wege der Autonomie angezeigt erscheint.

2. Durch Errichtung einer öffentlichen jüdischen Schule wird dieser Maßstab nicht geändert.

(Folgt Begründung wie in E.-O.-V. v. 5. X. 1900 Nr. I 1439 oben Nr. 3.)

3. Das Bestehen einer besonderen örtlichen Schulverfassung auf der Grundlage einer Vereinbarung der Beteiligten gemäß welcher die aufzubringenden Schullasten nach dem Verhältnis der Grund- und Gebäudesteuer zu verteilen seien, kann dann nicht angenommen werden, wenn es an der hierzu unerläßlichen Voraussetzung, der Genehmigung der Schulaufsichtsbehörde, fehlt. Allerdings kann diese Genehmigung formlos und auch stillschweigend erteilt werden; allein die Möglichkeit zur Erteilung einer solchen Genehmigung ist erst gegeben, nachdem die Schulaufsichtsbehörde von einer entsprechenden Vereinbarung Kenntnis erlangt hat, und dieser letztere Umstand darf nicht ohne Weiteres deshalb vermutet werden, wenn es sich um einen Schulverband von 38000 Seelen handelt.

Nr. 5. Entsch. v. 6. III. 1900 Nr. I 366 (C.-Bl.-U.-V. 1901 S. 226).

Aus dem Umstande, daß die politischen Gemeinden und Gutsbezirke nach den Schlesischen katholischen Schulreglements die Träger der Schullast gegenüber einem selbständigen Schulinstitute sind, folgt keineswegs, daß diese Schullast den Charakter einer Gemeindeabgabe hat.

Nr. 6. Entsch. v. 12. X. 1900 Nr. I 1485 (Pr.-V.-Bl. Bd. XXII S. 370).

Zust.-Ges. §§ 46 Abs. 3, 47 Abs. 3.

1. Auch wenn es sich um die Feststellung der Beitragspflicht zu den sächlichen Schulunterhaltungskosten für eine katholische Schule im Allgemeinen, und nicht um die Feststellung der Verpflichtung zu einzelnen bestimmten Leistungen handelt, ist das Verwaltungsstreitverfahren und nicht etwa der ordentliche Rechtsweg zuständig. Gerade diese allgemeine Feststellungsklage ist als eine im Verwaltungsstreitverfahren verfolgbare den Beteiligten — und zu diesen gehören im Geltungsbereiche der katholischen Schulreglements von 1765 und 1801 die beitragspflichtigen Gemeinden und Gutsherrschaften — durch § 46 Abs. 3 und § 47 Abs. 3 Zust.-Ges. gegeben, ohne Rücksicht darauf, ob eine Heranziehung des Pflichtigen zu einzelnen bestimmten Leistungen seitens der örtlichen Schulbehörde nach § 46 Abs. 1 a. a. O. stattgefunden hat, bezw. ob ein Beschluß der Schulaufsichtsbehörde nach § 47 Abs. 1 a. a. O. ergangen ist (E.-O.-V. Bd. VII S. 219 ff., Bd. VIII S. 179 ff., Bd. XVI S. 259 ff.). Wenn also mehrere Gemeinden als Klägerinnen beantragt haben, den Beklagten als Besitzer eines Gutes zur Anerkennung seiner Beitragspflicht zu den sächlichen Schulunterhaltungskosten für eine katholische Schule nach Maßgabe des Schulreglements v. 3. XI. 1765 zu verurteilen, so entbehrt dieser Antrag nicht der erforderlichen Bestimmtheit. Aber auch nachdem diesem Antrage entsprechend rechtskräftig erkannt ist, werden die Klägerinnen nicht befugt sein, den Beklagten wegen Erstattung einzelner bestimmter Leistungen in Anspruch zu nehmen, bevor nicht der Verteilungsmaßstab für die Aufbringung der sächlichen Schulunterhaltungskosten gegenüber den beteiligten Dominien und Gemeinden durch die zuständige Schulaufsichtsbehörde, die Königliche Regierung, Abteilung für Kirchen- und Schulwesen, festgesetzt ist.

2. Solange ein Irrtum über die Tragweite des geschriebenen Rechtes besteht, hindert er die Entstehnng einer rechtsgültigen Observanz (E.-O.-V. Bd. XV S. 230).

Nr. 7. Entsch. v. 12. II. 1901 Nr. I 260 (C.-Bl.-U.-V. S. 697).

Schulregl. v. 18. V. 01 (Neue Kornsche Ed.-Samml. Bd. VII S. 266) für die niederen katholischen Schulen Schlesiens pp., §§ 5, 6, 19 ff., 22.
Generallandschulregl. v. 3. XI. 1765 (Kornsche Ed.-Samml. Bd. VIII S. 180) §§ 13, 14.

1. Für die Frage, ob auf die Unterhaltung einer schlesischen katholischen Schule das Schlesische katholische Schulreglement v. 18. V. 01 oder das A.-L.-R. Anwendung findet, ist der Zeitpunkt der Errichtung der katholischen Schule ohne entscheidende Bedeutung.

Wenn vor 1801 die Anzahl der katholischen Stellenbesitzer verschwindend gering gewesen ist, muß das Dorf im Sinne des § 6 a. a. O. den ganz protestantischen beigezählt werden. Bei Zugrundelegung dieses Thatbestandes ist davon auszugehen, daß sich die Unterhaltung der evangelischen Schule in derselben Ortschaft, von der feststeht, daß sie bereits im 18. Jahrhundert bestanden hat, nicht nach dem Provinzial-, sondern nach dem A.-L.-R. regelt. Unter solchen Umständen kann unmöglich die katholische Schule, gleichviel wann sie errichtet worden ist, zu den Sonderschulen einer konfessionellen Minderheit gehören, deren Unterhaltung den glaubensverwandten Hausvätern obliegt. Vielmehr kennzeichnet sich die katholische Schule, selbst wenn sie erst nach dem Normaljahre ins Leben gerufen sein sollte, als eine sogenannte Reglementsschule und daraus folgt, daß für ihre Bedürfnisse die Gemeinde mit Konkurrenz der Herrschaft aufkommen muß.

2. Die Behauptung, daß durch die im Art. 42 der Verf.-Urk. v. 31. I. 50 ausgesprochene Aufhebung der Gutsherrlichkeit alle in ihr ehedem einbegriffen

gewesenen Rechte und Pflichten beseitigt oder auch durch die spätere Gesetzgebung nicht wieder hergestellt worden seien, ist unzutreffend. Der angezogene Verfassungsartikel, wonach ohne Entschädigung aufgehoben waren die Gutsherrlichkeit, die gutsherrliche Polizei- und obrigkeitliche Gewalt sowie die aus diesen Befugnissen, aus der Schutzherrlichkeit und der früheren Erbunterthänigkeit hergeleiteten Verpflichtungen, hatte aktuelles Recht nicht geschaffen, sondern nur Grundsätze aufgestellt, nach denen die Gesetzgebung jene Gegenstände anderweit regeln solle (E.-O.-V. Bd. X S. 142). An die Stelle des Art. 42 trat nach dem Ges. v. 14. IV. 56 (G.-S. S. 353) die Bestimmung: Ohne Entschädigung bleiben aufgehoben nach Maßgabe der ergangenen besonderen Gesetze . . . 2. die aus dem gerichts- und schutzherrlichen Verbande, der früheren Erbunterthänigkeit . . . herstammenden Verpflichtungen. Ein besonderes Ges. aber, wonach die in den §§ 19 ff. des Schlesischen Schulregl. v. 18. V. 01 und in den §§ 13, 14 des älteren Regl. v. 3. XI. 1765 wurzelnden Pflichten der Gutsherrschaften gegenüber der Schule aufgehoben waren, ist nicht ergangen. Die Fortdauer der dort verordneten Schulbeitragspflicht der „Herrschaften", deren Stelle jetzt für den Bereich eines selbständigen Gutsbezirks der Besitzer des Gutes einnimmt, ist darum von dem O.-V.-G. fortgesetzt anerkannt worden. (E.-O.-V. Bd. I S. 196 u. a.)

3. Die auf dem Grundbesitz oder auf einem sonstigen Rechtsverhältnisse beruhenden gutsherrlichen Rechte und Pflichten, können, wo sie einmal zur Entstehung gekommen sind, nicht anders als kraft einer staatshoheitlichen Anordnung, durch die der Gutsbezirk als solcher aufgelöst wird, untergehen. Mit Rücksicht hierauf kann unerörtert bleiben, ob vor dem Jahre 1848 die Bauern von C. dem Gutsherrn robotpflichtig gewesen sind, sowie ob der Gutsherr bis dahin im Besitze der Jagd auf der Gemeindefeldmark geblieben war und ob es im Dorfe noch gegenwärtig eine der Verfügungsgewalt des Gutsherrn — unbeschadet des gemeinen Gebrauchs — unterliegende Dorfaue giebt oder nicht.

4. Nicht minder ist, da privatrechtliche, mit dem ursprünglich herrschaftlichen Besitze vorgenommene Veränderungen den obrigkeitlichen Territorialbestand eines Gutsbezirks nicht berühren, die Behauptung unerheblich, daß der Gutsherr infolge von Veräußerung der gesammten herrschaftlichen Liegenschaften keinen Morgen Feld, Wald oder Wiese in der Gemeinde C. besitze. Ist dem so, dann äußert es doch auf die gutsherrliche Schulbeitragspflicht des Klägers lediglich insoweit Einfluß, daß er von der Teilnahme an der nur den wirklichen Ackerbesitzern im Schulbezirke zur Last fallenden Lieferung des Getreidedeputats befreit bleibt, wohingegen er nichts desto weniger das Dominialdrittel zu dem Baargehalt und dem Brennmateriale leisten muß.

Nr. 8. Entsch. v. 29. III. 1901 Nr. I 584 (C.-Bl.-U.-V. S. 809).

Schulregl. v. 18. V. 01 (Neue Kornsche Ed.-Samml. Bd. VII S. 266) für die niederen katholischen Schulen Schlesiens pp., §§ 4—6, 13, 22.

1. Nach den Bestimmungen des Schulregl. v. 18. V. 01 regelt sich die Aufbringung des Unterhalts auch anderer, als der Hauptlehrer, und auch über die im § 12 angegebenen Mindestsätze hinaus ein für allemal, so daß in jedem Falle, sofern sich nicht Abweichendes aus dem Ortsrecht ergiebt, Gemeinde und Gutsherrschaft zu der Gesammtbesoldung nach dem im § 19 vorgesehenen Verhältnisse beizutragen schuldig sind, mithin auch da, wo eine Vermehrung der Lehrkräfte oder eine Erhöhung ihrer Bezüge über die ursprünglichen Normalsätze hinaus in geordnetem

Wege festgestellt ist. (Vgl. E.-O.-V. Bd. I S. 205, Bd. III. S. 143, Bd. IV S. 186, Bd. XIII S. 256.)

Das Regl. v. 1801 sieht zwar als die Regel an, daß jedes Dorf seine Schule und jede Schule nur einen Lehrer oder zu dessen Unterstützung noch einen Adjuvanten hat. Außerdem behandelt das Reglement speciell nur noch den Fall des Vorhandenseins zweier Schulen mit je einem Lehrer verschiedener Konfession in Dörfern vermischter Religion, und zwar dies hauptsächlich, wenn auch nicht ausschließlich, mit dem Absehen, den Konfessionsstand der Schulen festzulegen. Dagegen sind besondere Vorschriften über die Regelung der Unterhaltungslast bei Anstellung mehrerer Lehrer an einer und derselben Schule im Regl. nicht enthalten und ebensowenig ist daselbst ausdrücklich gesagt, wie die Kosten aufgebracht und verteilt werden sollen, wenn es sich als notwendig erwiesen hat, das im § 12 den damaligen Zeitverhältnissen entsprechend festgesetzte Diensteinkommen aufzubessern. Der § 19a beschränkt sich in Ansehung des Baargehalts und Brennmaterialienbedarfs auf den Ausspruch, daß die Oberverteilung zwischen der zur Schule geschlagenen Gemeinde und ihrer Herrschaft nach dem Verhältnisse wie 2 zu 1 und die Unterverteilung zwischen je mehreren Gemeinden oder Herrschaften unter sich nach dem katastrierten Ertrage zu bewirken sei. Allein das berechtigt keineswegs zu der Schlußfolgerung, daß die Leistungen der Herrschaft pp. niemals weiter, als auf den Unterhalt je eines Lehrers und allenfalls noch eines Adjuvanten für jede Schule sich erstrecken sollen. Am wenigsten läßt diese sich darauf gründen, daß das Reglement wiederholt, so in den §§ 4, 5, 6, 13, 22 von „dem“ Lehrer in der Einzahl, statt von Lehrern überhaupt in der Mehrzahl spricht und daß es sich im § 22 sowohl des Wortes „Lehrer“ wie des Wortes „Schule“ bedient, um bereits vorhandene, mit nur einem Lehrer besetzte Unterrichtsanstalten zu bezeichnen. Unter „dem“ Lehrer ist dort genau so wie an solchen Stellen, wo umgekehrt der unbestimmte Artikel gebraucht ist — beispielsweise im § 12 (s. auch § 15) bei der Bestimmung des Einkommens, welches „ein Lehrer auf dem Lande wenigstens“ haben muß — die Gattung der an öffentlichen Volksschulen angestellten Lehrpersonen zu verstehen.

2. Was in das Erlöschen seiner Beitragspflicht durch „befreiende Verjährung“ oder durch „befreiende Observanz“ anlangt, so reicht die Thatsache, daß ein Dominium hundert Jahre lang zum Diensteinkommen des ersten Lehrers niemals beigetragen, für sich allein nicht entfernt hin, um aus ihr ein Recht des Dominialherrn auf Freilassung von Unterhaltungsbeiträgen für die erst in neuerer Zeit errichtete zweite Lehrerstelle herzuleiten. Insbesondere kann durch bloßen Nichtgebrauch das Recht des Schulvorstandes, den Dominialherrn heranzuziehen, nicht verjähren. Durch — an sich mögliche — Ersitzung aber würde er ein Recht auf Freilassung nur erlangen, wenn er, vom Schulvorstande zur Beitragsleistung aufgefordert, diese verweigert und der Schulvorstand sich bei der Weigerung rechtsverjährte Zeit hindurch beruhigt (E.-O.-V. Bd. XXXI S. 144 ff.).

Nr. 9. **Entsch.** v. 6. III. 1900 Nr. I 366 (C.-Bl.-U.-V. S. 226).

1. Die aus den katholischen Schulreglements für Schlesien v. 3. XI. 1765 und 18. V. 01 sich ergebenden gutsherrlichen Verpflichtungen sind dinglicher und nicht persönlicher Natur (vgl. E.-O.-V. Bd. XVI S. 249 ff.). Hat daher jemand mehrere Parzellen eines Gutsbezirkes erworben, mit dem gutsherrliche Verpflichtungen für eine Schule verbunden sind, so gehen letztere nicht anteilig auf ihn über. Sie verbleiben vielmehr dem Gutsherrn als

solchen, falls die abverkauften Parzellen nicht etwa das Stamm- oder Restgut bilden und den Käufer damit zum Gutsherrn machen.

2. Ein Abgaben-Regulierungsplan wird nur dann zum Teile der örtlichen Schulverfassung, wenn er die Zustimmung der Beteiligten und der Aufsichtsbehörde gefunden hat. Ist das nicht der Fall, so kann er auch bei langjähriger Uebung als auf unrichtiger Grundlage beruhend angefochten werden. (E.-O.-V. Bd. XII S. 174, Bd. XXIX S. 182.)

3. Ebensowenig kann die langjährige Uebung als solche eine Observanz begründen, weil anderenfalls nicht der in den Schlesischen Schulreglements unentschieden gelassene Maßstab, nach welchem die Verteilung der Schullasten unter den zu einer Schule gewiesenen Dominien und Gemeinden zu bewirken ist, näher bestimmt, sondern gegen die positiven Vorschriften jener Schulreglements der Kreis der Schulunterhaltungspflichtigen durch Hinzuziehung des dem Schulverbande nicht angehörigen Klägers in unzulässiger Weise erweitert worden wäre.

Nr. 10. Entsch. v. 26. VI. 1900 Nr. I 989 (C.-Bl.-U.-V. 1901 S. 316).

Die Brennholzlieferung eines Dominiums für eine katholische Reglementsschule setzt voraus, daß die Schulaufsichtsbehörde einen bestimmten Maßstab für die Begrenzung der Beitragspflicht der Gutsherrschaft festgesetzt hat. (Vgl. E.-O.-V. Bd. XX S. 176, 190 ff.) Die Verf. der Regierung zu Oppeln v. 11. VII. 89 ist eine solche Festsetzung nicht. Sie giebt nur diejenigen allgemeinen Grundsätze bekannt, nach denen die Regierung in Zukunft die Verteilung vorzunehmen gedenkt, falls nicht besondere Umstände eine Abweichung geboten erscheinen lassen. Damit hat sie sich ihre Entscheidung für den Einzelfall ausdrücklich vorbehalten.

Nr. 11. Entsch. v. 4. I. 1901 Nr. I 18 (C.-Bl.-U.-V. S. 684).

Generallandschulregl. v. 3. XI. 1765 (Kornsche Ed.-Samml. Bd. VIII S. 180) § 14.
Schulregl. v. 18. V. 01 (Neue Kornsche Ed.-Samml. Bd. VII S. 266) für die niederen katholischen Schulen Schlesiens pp., §§ 19 ff., 13.

Eine katholische, mit der Küsterei der Ortskirche organisch verbundene schlesische Volksschule ist, abgesehen von der nach dem Regl. de gravaminibus v. 8. VIII. 1750 und dem Ges. v. 21. VII. 46 zu beurteilenden Baupflicht, von der Gemeinde mit Konkurrenz der Gutsherrschaft zu unterhalten, soweit nicht die erforderlichen Aufwendungen in Einkünften aus kirchlichen Quellen Deckung finden oder die Unterhaltungslast durch rechtsgültige ortsrechtliche Satzungen (von der Aufsichtsbehörde genehmigte Verträge, Auseinandersetzungsrezesse, Observanzen) abweichend geregelt ist.

Nach den gesetzlichen oder ortsrechtlichen Normen für die Verteilung der Unterhaltungskosten zwischen Gemeinde und Gutsherrschaft sind nicht etwa nur die schon in den Schulreglements vorgesehenen Bedürfnisse in dem dort angegebenen Umfange aufzubringen, sondern nicht minder alle seitdem auf Grund gesetzlicher Vorschriften oder verbindlicher Verwaltungsanordnungen hinzugetretenen Leistungen, insbesondere auch die auf den Ges. v. 3. III. 97 und 23. VII. 93 (G.-S. S. 25 und 194) beruhenden Lehrerbesoldungszulagen und Ruhegehaltskassen- und Alterskassen-Beiträge (E.-O.-V. Bd. XIII S. 256, Bd. XXIX S. 165). Jene beiden Gesetze sprechen allerdings nur von „Schulverbänden" oder den „zur Schulunterhaltung Verpflichteten", ohne die Träger der Last näher und insbesondere die Gutsbezirke als in einzelnen Landesteilen zu ihnen gehörig zu bezeichnen. Das berechtigt indes keineswegs zu der Schlußfolgerung, als dürften die Gutsherrschaften in Schlesien zu anderen als den in den Schulreglements positiv und auch dem Beitrage nach festbestimmten Unterhaltungslasten nicht herangezogen werden; es ergiebt sich daraus vielmehr gerade umgekehrt, daß es bei den im A.-L.-R. und in den verschiedenen Provinzialgesetzgebungen niedergelegten materiellen Unterhaltungsgrundsätzen auch hinsichtlich neuer oder erhöhter Leistungen sein Bewenden behalten hat.

β) Evangelische Volksschulen.

Nr. 1. Entsch. v. 5. X. 1900 Nr. I 1438 (Pr.-V.-Bl. Bd. XXII S. 488).

A.-L.-R. II 12 §§ 29 ff.

1. Die Bestimmung in Nr. 19 a des katholischen Schulreglements vom 18. V. 01, wonach die Herrschaften ein Drittel zum baren Gehalte des Lehrers beizutragen haben, ist unanwendbar, wenn es sich um eine evangelische Schule in einem Dorfe handelt, das auch nicht im Sinne des Reglements zu den Dörfern vermischter Religion gehört.

Maßgebend sind hier die §§ 29 ff. Tit. 12 T. II A.-L.-R., nach denen die Unterhaltung des Lehrers den sämmtlichen Hausvätern obliegt, ohne daß die Gutsherrschaft eine Quote hierzu beizutragen hat. Eine solche Verpflichtung der Gutsherrschaft konnte nach dem Inkrafttreten des A.-L.-R. auch nicht mehr durch Observanz entstehen.

2. Dagegen ist rechtlich möglich, daß durch rechtsverbindliche Willenserklärungen der Gutsherrschaft unter Zustimmung der Schulaufsichtsbehörde eine örtliche Schulverfassung begründet worden ist, kraft deren jene ein Drittel zum Bargehalte des Lehrers beizutragen hat. Auf die Gründe dieser Willenserklärungen kommt es nicht an. Der Gutsherr, der sich verpflichtet hat, zum Bargehalte des Lehrers an einer evangelischen Schule ein Drittel beizutragen, kann gegen die Rechtsgültigkeit seiner Verpflichtungserklärung nicht einmal einwenden, daß er in dem Irrtum sich befunden hätte, die Bestimmungen des Schulreglements für katholische Schulen v. 18. V. 01, wonach die Gutsherrschaft zum Bargehalt des Lehrers ein Drittel beizutragen hat, fänden auch auf evangelische Schulen Schlesiens statt der Bestimmungen des A.-L.-R.'s, wonach die Gutsherrschaft als solche zur Unterhaltung des Lehrers beizutragen nicht verpflichtet ist, Anwendung. (Vgl. E.-O.-V. Bd. XI S. 166.)

Nr. 2. Entsch. v. 14. VI. 1901 Nr. I 1021 (C.-Bl.-U.-V. S. 904).

A.-L.-R. II 12 §§ 29 ff.

Schulregl. v. 18. V. 01 (Neue Kornsche Eb.-Samml. Bd. VII S. 266) für die niederen katholischen Schulen Schlesiens pp., § 18; B.-G.-B. §§ 1105, 1108.

1. Die Unterhaltungspflichtigen können sich mit Zustimmung der zuständigen Aufsichtsbehörde sowohl miteinander über die Verteilung der dem Schulverbande obliegenden Lasten verständigen, als auch mit einem ihrem Kreise nicht angehörigen Dritten ein Abkommen treffen, wonach dieser sich verbindlich macht, für die Last ganz oder teilweise einzutreten. Uebernimmt hierbei der Dritte dauernde Leistungen für die Zwecke des Verbandes, so wird die Vereinbarung durch die ihr von Staatshoheitswegen erteilte Bestätigung in die Verfassung des Verbandes eingereiht, deren Befolgung zu überwachen und nötigenfalls zu erzwingen, die Schulaufsichtsbehörde berechtigt und verpflichtet ist. Hiernach können sowohl Gemeinden als auch Gutsherren dort, wo sie zur Schulunterhaltung gesetzlich nicht verpflichtet sind, Leistungen hierfür auf dem Wege der Vereinbarung dauernd übernehmen, und zwar derart, daß ihnen durch die hinzutretende Ge-

nehmigung der Schulaufsichtsbehörde eine dauernde, den gesetzlichen Verpflichtungen gleichstehende Verbindlichkeit erwächst. Im Gebiete des A.-L.-R.'s deutet auf eine solche von der gesetzlichen Regel abweichende Ordnung der Schulunterhaltung der im § 29 II 12 gebrauchte Ausdruck „Stiftung" hin, im Bereiche des Schulregl. v. 18. V. 01 aber dessen § 18 Abs. 2, der die „bisherige observanzmäßige Aufbringung" der Last erwähnt, ohne hiermit andere örtliche Rechtsquellen auszuschließen. Die Entstehung derartiger Vereinbarungen, die infolge ihrer Bestätigung durch die Schulaufsichtsbehörde objektive Normen des örtlichen Schulrechts werden, kann sich auch ohne förmliche Beschlüsse und ausdrückliche Willenserklärungen durch konkludente Handlungen der Beteiligten mit Hinzutritt der in gleicher Weise erkennbar gewordenen Genehmigung der Aufsichtsbehörde vollziehen.

2. Die Eigenschaft eines Gutes als Familien-Fideikommiß bildet kein Hindernis dafür, daß sein Besitzer als Gutsherr Vereinbarungen der gedachten Art treffen kann, und daß diese durch Bestätigung der Schulaufsichtsbehörde objektives Recht werden, das auch die Nachfolger im Fideikommißbesitze als Gutsherren bindet. Der Einwand, daß die betreffende Last eine dingliche, auf dem Fideikommißgrundstück ruhende sei und dieselben rechtlichen Eigenschaften haben wie eine privatrechtliche Reallast, trifft nicht zu, da es sich hier nicht um Leistungen handelt, „die aus dem Grundstück zu entrichten sind" (B.-G.-B. § 1105). Auch die Naturalleistungen an den Lehrer sind von dem Gutsherrn herzugeben ohne Rücksicht darauf, ob sie dem Grundstücke selbst entnommen werden können oder durch Kauf beschafft werden müssen. Der Gutsherr haftet persönlich nicht nur wie der Eigentümer eines mit einer Reallast belasteten Grundstücks, für die während der Dauer seines Eigentums fällig werdenden Leistungen (B.-G.-B. § 1108 Abs. 1), sondern auch für die aus der Zeit seines Vorgängers in der Gutsherrschaft rückständig gebliebenen. Bei einer Teilung des Grundstücks, mit dessen Besitz die Gutsherrlichkeit verbunden ist, gehen die gutsherrlichen Verpflichtungen nicht auf die einzelnen Teile über, sodaß deren Besitzer für sie geteilt oder ungeteilt haftet, sondern verbleiben ungeteilt allein dem Besitzer des Restguts, während bei Teilung des mit einer Reallast belasteten Grundstücks die Eigentümer der einzelnen Teile als Gesammtschuldner haften (B.-G.-B. § 1108 Abs. 2). Die gutsherrlichen Verpflichtungen sind hiernach nicht Lasten eines Grundstücks, sondern Verbindlichkeiten derjenigen Person, die ein gewisses Grundstück besitzt. Letzteres haftet für diese Verpflichtungen nicht unbedingt, sondern kann behufs ihrer Erfüllung nur unter denselben Voraussetzungen und in demselben Umfange in Anspruch genommen werden, wie irgend ein anderes der Verfügung des Gutsherrn unterliegendes Vermögensstück. Soweit eine Zwangsvollstreckung in ein Grundstück wegen Schulden des Besitzers durch seine Eigenschaft als Familienfideikommiß ausgeschlossen ist, ist sie es auch wegen der gutsherrlichen Verpflichtungen des Fideikommißbesitzers.

γ) Insbesondere die Dörfer gemischter Religion.

Nr. 1. Entsch. v. 28. IX. 1900 Nr. I 1388 (Pr.-V.-Bl. Bd. XXII S. 263).

A.-L.-R. II 12 §§ 29 ff.; Schles. Schulregl. v. 18. V. 01.

1. Wo zur Zeit der Publikation des Schles. kath. Schulregl. v. 18. V. 01 neben der evangelischen auch eine katholische Ortsschule vorhanden und der Bekenntnisstand der zu ihr geschlagenen Dörfer im Sinne der §§ 6, 22 a. a. O. ein gemischter war, sind die unmittelbar maßgebenden gesetzlichen Normen für die Unterhaltung der evangelischen Schule dem

A.-L.-R. zu entnehmen: Nach §§ 29 ff. II 12 A.-L.-R.'s liegt die Unterhaltung der Lehrer, wie der Schulgebäude und Schulmeisterwohnungen in Ermangelung von Stiftungen den Hausvätern jeden Ortes, allen zur Schule gewiesenen Einwohnern ohne Unterschied ob, d. h. den physischen, wirtschaftlich selbständigen Personen, die im Schulbezirke Wohnsitz haben. Eine exemte Stellung mit besonderen Rechten und besonderen Pflichten gegenüber der Schule räumen die §§ 33, 36 a. a. O. nur dem Besitzer des Gutes ein, „wo die Schule sich befindet," während die Besitzer anderer Güter im Schulbezirke, sofern sie daselbst auch wohnen, zu den Hausvätern gehören und als solche auch beitragspflichtig sind. Eine Nebenschule begründet für den Besitzer des Guts, auf dem sie sich befindet, nicht die exemte Stellung, die nach den §§ 33 ff. A.-R.-L. II 12 der Gutsherr des Schulorts hat. Diese kommt lediglich dem Besitzer des Guts zu, auf dem sich die Hauptschule befindet.

2. Daran ändert der Umstand nichts, daß jener angeblich fortgesetzt ebenso, wie seine Vorbesitzer, sei es allein oder zusammen mit anderen Dominialherren den Lehrer berufen haben. Denn das Recht, den Lehrer zu berufen, ist nicht begriffsnotwendig und untrennbar mit der Gutsherrschaft über den Schulort verbunden, kann vielmehr einem Dritten zustehen, wie es denn auch im vorliegenden Falle anscheinend den Gutsherren nicht als solchen, sondern in der Eigenschaft als Mitinhabern des Patronats über die evangelische Ortskirche zusteht, mit deren Küsterei das Amt des ersten Lehrers organisch verbunden ist; der Besitz oder Nichtbesitz des Lehrerberufungsrechts liefert sonach keinen Beweis für die gutsherrliche Exemtion von Hausväterbeiträgen.

3. Nicht minder unerheblich ist der Umstand, daß die Schulgemeinde und die Verwaltungsbehörden früher den Besitzer des Gutes mit der Nebenschule und seine Besitzvorgänger als Gutsherren des Schulorts angesehen und behandelt haben.

4. Auch durch nachlandrechtliche Observanz konnte der Besitzer des Gutes mit der Nebenschule ein Recht auf Beitragsfreiheit dem Gesetze zuwider nicht erlangen.

5. Vereinbarungen der Beteiligten über eine von den gesetzlichen Vorschriften abweichende Regelung der Unterhaltungslast sind freilich nicht ausgeschlossen. Darauf abzielende, gültig zu Stande gekommene Vereinbarungen bilden, wenn sie von der berufenen Aufsichtsbehörde genehmigt sind, als Bestandteile der Schulverfassung objektive Normen des örtlichen Rechts und erzeugen somit Rechte und Pflichten, die im öffentlichen Rechte wurzeln. Schulverfassungsmäßige Regelungen können sich endlich auch ohne förmliche Beschlüsse und ausdrückliche Willenserklärungen durch konkludente Handlungen der Beteiligten mit Hinzutritt der in gleicher Weise erkennbar gewordenen aufsichtsbehördlichen Genehmigung vollziehen (E.-O.-V. Bd. XI S. 169, Bd. XVI S. 222, Bd. XXIX S. 141/2). Zu ihnen gehören aber Vereinbarungen, die lediglich für einen Einzelfall zu Stande gekommen sind, nicht.

d) Vormals Königlich Sächsische Landesteile.

Nr. 1. Entsch. v. 24. V. 1901 **Nr.** I 921 (C.-Bl.-U.-V. S. 896).

Diese Entsch. wiederholt die in E.-O.-V. Bd. XI S. 147 (s. im Hauptwerk Bd. I S. 597) ausgeführten Grundsätze, wonach in den zum vormaligen Königreich Westfalen gehörigen Teilen der Provinz Sachsen der Gutsherr des Schulortes zu den Hausvätern der Schulgemeinde nicht gehört.

e) Linksrheinische Gebietsteile.

Nr. 1. Entsch. v. 2. IV. 1901 Nr. 605 (C.-Bl.-U.-V. S. 816).

Zust.-Ges. § 46; Reg.-Instr. v. 23. X. 17 (G.-S. S. 248) § 18e.

1. Im Bereiche des Französischen Rechts liegt die Unterhaltung der Primärschulen den bürgerlichen Gemeinden ob (Art. 8 Nr. 10 des Ges. v. 11. Frimaire VII und Art. I, III des Ges. v. 11. Floréal X, — Bulletin des lois Absch. 7 Nr. 247 bezw. Bd. 6 S. 216). Hier, wie überall, wo kommunale Ortsverbände für die Bedürfnisse der Schule zu sorgen haben, wohnt den Unterhaltungsleistungen der den Schulverband bildenden Gemeinden (oder Gutsbezirke) in deren Verhältnisse zu der forderungsberechtigten Schule wie untereinander die rechtliche Natur von Schullasten bei. Als solche sind die Einzelanteile der Verbandsgenossen auf diese im Wege der Oberverteilung von der örtlichen Behörde — in der Regel einem besonderen kollegialischen Schulvorstande, bisweilen auch dem zugleich die Funktionen des Schulvorstandes wahrnehmenden Gemeindevorstande des Schulorts — gemäß § 46 Abs. 1 Zust.-Ges. vorbehaltlich des den Herangezogenen nach Abs. 2 freistehenden Einspruchs mit nachfolgender Reklamationsklage, auszuschreiben. Ebenso können sich mehrere beteiligte Kommunalkörper, mag eine Heranziehung vorhergegangen sein oder nicht, über ihre öffentlich-rechtliche Beitragsverpflichtung mittels Anstellung der durch Abs. 3 a. a. O. eröffneten Interessentenklage vor den Verwaltungsgerichten auseinandersetzen. Anders ist nur das Verhältnis einer beteiligten Gemeinde zu den ihr abgabepflichtigen Personen zu beurteilen. Diesen gegenüber kennzeichnet sich, was an Schullasten auf die Gemeinde entfällt, als ein Teil des Gemeindesteuerbedarfs, der nach den Regeln des Komm.-Abg.-Ges. v. 14. VII. 93 aufzubringen ist. Nur auf die im Kreise der Gemeindeangehörigen durch Unterverteilung umzulegenden Beiträge bezieht sich der Abs. 8 a. a. O., wonach die Vorschriften des § 46 auf solche Abgaben und Leistungen für Schulen, die zu den Gemeindelasten gehören, keine Anwendung finden. Insoweit bleibt auch im Gebiete des Französischen Rechts der § 46 außer Anwendung, weil es daselbst besondere Schulsocietäten als selbständige Korporationen nicht giebt, die Schullasten vielmehr Gemeindelasten sind und wie alle kommunalen Bedürfnisse behandelt werden. Auf Mißverständnis aber beruht es, wenn als Kommunalabgaben auch Beiträge für Schulzwecke angesehen werden, die von der korporativen Gesammtheit einer Gemeinde zu leisten sind. Derartige Beiträge stellen, gleichviel ob die Gemeinde ganz oder nur teilweis und ob sie allein oder zusammen mit anderen Gemeinden oder Gemeindeteilen zu der Schule gewiesen ist, Schullasten dar und fallen daher unter die Vorschriften, durch die im siebenten Titel des Zust.-Ges. das Verfahren in Schulangelegenheiten geregelt ist (E.-O.-V. Bd. XXXVI S. 222).

2. Sind also nach Französischem Rechte Träger der Schulunterhaltungslast die bürgerlichen Gemeinden, so folgt daraus — auch ohne eine, es noch ausdrücklich bestätigende gesetzliche Vorschrift — von selbst, daß im Falle der Vereinigung mehrerer Gemeinden zu einem Schulverbande alle Verbandsgenossen zu den Schulbedürfnissen beitragen müssen und also jeder von ihnen zu den Beteiligten im Sinne § 46 Abs. 3 Zust.-Ges. gehört. In welchem Verhältnisse aber in solchergestalt zusammengesetzten Schulverbänden die Last von den beteiligten Gemeinden getragen werden soll, hat das Gesetz — anders als beispielsweise die Pr. Schulordn. v. 11. XII. 45 die als Verteilungsmaßstab die Zahl der Haushaltungen bezeichnet — unentschieden gelassen. Es erübrigt daher auch für das Geltungsgebiet des Französischen Rechts nur, auf den im Bereiche des Schlesischen und des Kurhessischen Provinzialrechts unter

ähnlichen Voraussetzungen von dem O.-V.-G. in gleichmäßiger Rechtsprechung befolgten Grundsatz zurückzugehen, wonach die Regierungen kraft der ihnen durch § 18 litt. e der Reg.-Instr. v. 1817 übertragenen Aufsicht und Verwaltung des gesammten Elementarschulwesens beim Mangel rechtsgültiger ortsrechtlicher Satzungen entweder im streitigen Einzelfalle den Anteil jedes Kontribuenten oder ein für allemale einen Maßstab für dessen Berechnung nach pflichtmäßigem Ermessen zu bestimmen haben und die hierüber ergangenen Beschlußnahmen zwar der Anfechtung mittels Beschwerde im Aufsichtswege, dagegen einer Nachprüfung durch den Verwaltungsrichter daraufhin, ob sie zweckdienlich und billig sind, nicht unterliegen (vgl. E.-O.-V. Bd. XIII S. 282, Bd. XVIII S. 224/5).

Eine Aenderung kann wenigstens nur durch Vereinbarung zwischen den Parteien mit Genehmigung der Schulaufsichtsbehörde oder im Beschwerdewege erzielt, unter keinen Umständen aber durch den dafür nicht zuständigen Verwaltungsrichter festgesetzt werden.

f) Provinz Hannover.

Nr. 1. Entsch. v. 19. VI. 1900 Nr. I 955 (Pr.-V.-Bl. Bd. XXII S. 535).
Hann. Volksschulges. v. 26. V. 45 (Hann. G.-S. Abt. I S. 465).

1. Die Bildung einer Observanz, wonach entgegen der Vorschrift des Hann. Volksschulges. v. 26. V. 45 auch Forensen zu den Schullasten beizutragen haben, ist rechtlich möglich. (E.-O.-V. Bd. XVI S. 277.)

2. Die Frage, welcher Zeit es zum Entstehen einer Observanz bedarf, hängt von dem durch die Einzelheiten des konkreten Falles bestimmten richterlichen Ermessen ab. Bei alljährlich wenigstens einmal oder gar mehrmals wiederholten Steuerheranziehungen ist stets, im Bereiche des gemeinen Rechts nicht minder wie in dem des A.-L.-R.'s, ein mehr als zehnjähriger Zeitraum für ausreichend gehalten worden (E.-O.-V. Bd. VII S. 158). Rechtsirrtümlich ist daher der Satz, daß es hierzu einer durch mindestens etwa 30 Jahre bestehenden Uebung bedürfe.

3. Die Ueberzeugung rechtlicher Notwendigkeit der bethätigten Uebung gehört unbestritten zu der unerläßlichen Voraussetzung einer Observanz. Allein sie braucht nicht noch besonders nachgewiesen zu werden, wenn eine lange Zeit hindurch eingehaltene Uebung nach der Art und Weise ihrer Bethätigung ohnehin die Annahme rechtfertigt, daß sie auf der den Beteiligten gemeinsamen Ueberzeugung von dem aus den Umständen geschöpften notwendigen Rechte beruht habe.

4. Unter den in dem Bezirk eines öffentlich-rechtlichen Verbandes wohnhaften und dort mit Grundbesitz angesessenen Personen, den Forensen des Bezirks, kann eine Observanz, die eine das gemeinsame Interesse berührende Angelegenheit regelt, durch die von und gegenüber einem einzelnen Forensen bethätigte Uebung entstehen, sofern dieser der einzige war und also durch sein Vorhandensein der zu jeder Observanzbildung begriffsmäßig erforderliche Kreis von Interessenten geschlossen wurde.

Nr. 2. Entsch. Bd. XXXIX S. 184 v. 26. III. 1901 I C 60/1900.
A.-L.-R. II 12 §§ 29, 34.

Das O.-V.-G. hat wiederholt ausgesprochen, daß die Schulunterhaltungspflicht in der Provinz Hannover auf Grund eines besonderen Herkommens ausnahmsweise die Natur einer dinglichen Last annehmen könne, die von den Besitzern der innerhalb des Schulbezirkes gelegenen Grundstücke zu tragen sei. Jene Entscheidungen bezogen sich aber nur auf den gemeinrechtlichen Teil des vormaligen Königreichs Hannover, nicht auch auf das Gebiet Ostfriesland, woselbst durch Publikationspatent v 3. II. 1794 das A.-L.-R. eingeführt worden ist. Die §§ 29 und 34 Tit. 12 T. II A.-L.-R.'s stellen die Schulunterhaltungspflicht als eine persönliche, von den Hausvätern des Schulbezirkes zu tragende Last hin und schließen für ihren Geltungsbereich die Bildung einer entgegenstehenden Observanz aus.

Im vormaligen Fürstentum Ostfriesland sind diese Schulunterhaltungsvorschriften des A.-L.-R.'s von der späteren Hannoverschen Gesetzgebung unberührt geblieben. Es kann sich daher nicht ein örtliches Gewohnheitsrecht bilden, wonach die Schullasten ganz oder teilweise von den Besitzern der im Schulgemeindebezirke gelegenen Grundstücke getragen werden

Nr. 3. Entsch. v 1 VI 1900 Nr I 868 (C.-Bl.-U.-V. S. 304).

Hann Schulordn für die jüdischen Schulen v 5 II 54 (Hann G.-S. S 49) § 10 Abs 4.

Die nach Maßgabe der Hann. Schulordn. für die jüdischen Schulen vom 5. II 54 vollständig eingerichteten jüdischen Elementarschulen sind als öffentliche Volksschulen anzusehen

Wenn nach § 10 Abs. 4 der Schulordn. mit Genehmigung der Landdrostei — jetzt der Regierung — festzusetzen ist, wo vollständig eingerichtete jüdische Schulen und wo bloße Religionsschulen bestehen sollen, so bedarf es doch dazu nicht notwendig einer ausdrücklichen Erklärung der Landdrostei oder der Regierung noch nach Erlaß der Schulordnung. Die frühere, mit Genehmigung der Landdrostei erfolgte Regelung behält vielmehr bis zur Abänderung ihre Geltung. Außerdem enthält die fernere thatsächliche Anerkennung des Bestehens der Schule durch die Behörden — namentlich durch die Landdrostei und durch die Regierung — die erforderliche Genehmigung, da diese auch stillschweigend erteilt werden kann. Dem Verfahren der Behörden liegt nicht die irrtümliche Annahme früherer ausdrücklicher Genehmigung, sondern der Wille zu Grunde, daß die Schule als vollständig eingerichtete jüdische Schule für den bestimmten Bezirk bestehen soll. Denn mangels Nachweises, daß die Schule nur darum geduldet worden wäre, weil eine frühere ausdrückliche Genehmigung irrtümlich vorausgesetzt wurde, muß angenommen werden, daß die den Behörden bekannte und bei ihren Anordnungen festgehaltene Regelung des jüdischen Schulwesens auch von den Behörden gewollt ist.

Nr. 4. Entsch. v 11. XII. 1900 Nr. I 1823 (Pr.-V.-Bl. Bd. XXIII S. 54).

Hann. Volksschulges. v. 26. V 45 (H.-G.-S. Abt. I S. 465) § 14.
Reg.-Instr. v. 23. X. 17 (G.-S. S. 248) § 18k.

1. Das Hannoversche Schulrecht räumt dem Konfessionscharakter einer Schule weitergehende als die ihm im A.-L.-R. beigelegten Wirkungen hinsichtlich der Unterhaltungspflicht ein. Es enthält namentlich keine dem § 31 Tit. 12 T. II A.-L.-R.'s entsprechende Vorschrift, wonach jeder im Schulbezirke wohnhafte Hausvater, auch bei abweichender Konfession, zur Schulunterhaltung beitragen muß, wenn nicht für seine Konfession eine besondere Schule bestimmt ist. In der Provinz Hannover läßt sich die Zugehörigkeit christlicher Andersgläubiger zu einer konfessionellen Ortsschule, wenngleich sie von der Aufsichtsbehörde durch besondere Zuweisung begründet werden kann, doch nicht lediglich aus dem Wohnsitz innerhalb der räumlichen Grenzen des Schulverbandes herleiten, — und zwar selbst dann nicht, wenn sonst die Andersgläubigen wegen Nichtvorhandenseins einer ihrer eigenen Konfession gewidmeten

Schule gar keinem Schulverbande angehören sollten. Denn ungeachtet der Spezialvorschrift im § 14 des Volksschulges. von 1845, wonach auf Gütern, die einem bestimmten Schulverbande bisher nicht angehört haben, die Wohnungen der Häuslinge und Deputatisten einem Schulverbande beigelegt werden sollen, braucht doch in Hannover, was der § 14 Nr. 1 der zu dem Gesetze erlassenen Ausf.-Instr. v. 31. XII. 45 mit ausdrücklichen Worten besagt, keineswegs Jedermann irgendwo Mitglied eines Schulverbandes zu sein. (Vgl. Min.-Erl. v. 15. XI. 84 Schneider und v. Bremen, Volksschulwesen, Bd. II S. 54, E.-O.-V. Bd. XXVI S. 183, Bd. XXXV S. 178.)

2. Dennoch wird ein ursprünglich nur für Angehörige einer bestimmten christlichen Konfession bestehender Hannoverscher Schulverband zu einem auch Angehörige anderer christlicher Konfessionen umfassenden Schulverbande, wenn mit Vorwissen und ohne Widerspruch der Aufsichtsbehörde letztere als berechtigte und verpflichtete Mitglieder des Schulverbandes längere Zeit hindurch thatsächlich behandelt worden sind.

Für die altländischen Provinzen hat das O.-V.-G. nach dem Vorgange des Unterrichtsministers (siehe den Erl. v. 3. I. 69 bei Schneider und von Bremen, Volksschulwesen, Bd. II S. 20) fortgesetzt daran festgehalten, daß es, um das Bestehen eines Schulgemeindeverbandes zu erweisen, nicht der Beibringung einer förmlichen Einschulungsverfügung bedürfe, daß vielmehr bei von altersher bestehenden Verbindungen deren stillschweigendes Anerkenntnis durch die Aufsichtsbehörde der nach § 18 litt. k der Reg.-Instr. v. 23. X. 17 (vgl. auch § 49 Abs. 3 Zust.-Ges.) den Regierungen überwiesenen Einrichtung von Schulsocietäten gleich zu erachten sei (E.-O.-V. Bd. XII S. 204). Bei Anwendung dieses Grundsatzes, der auch für die Provinz Hannover gilt, weil daselbst die Reg.-Instr. und das Zust.-Ges. ebenfalls Gesetzeskraft haben, wäre im vorliegenden Falle aus der unstreitigen Thatsache, daß in E. die nicht evangelisch-lutherischen Einwohner seit 1883 stets einerseits als zur Inanspruchnahme der Dienste der Ortsschule ohne weiteres berechtigt, andererseits als zur Teilnahme an der Schulunterhaltung verpflichtet angesehen und behandelt worden sind, deren Zugehörigkeit zu dem Schulverbande zu entnehmen, falls so mit Vorwissen und ohne Widerspruch der Aufsichtsbehörde unter Umständen verfahren worden ist, die die Annahme gestatten, daß es sich nicht um vereinzelte Ausnahmefälle gehandelt habe.

g) Provinz Schleswig-Holstein.

Nr. 1. Entsch. v. 19. VI. 1900 Nr. I 952 (C.-Bl.-U.-V. S. 308).

Nach dem klaren Wortlaute der Schlesw.-Holst. Kirchenordn. v. 9. III. 1542 (von Cronhelm, Corpus statutorum provincialium Holsatiae Nr. II) und der vormaligen Holst. Schulordn. v. 31. XII. 1747 (von Cronhelm, Corpus constitutionum Regio-Holsaticarum Bd. I Seite 471) steht die Freiheit von allen öffentlichen Lasten nur den Inhabern von Aemtern im Kirchen- und Schuldienste zu und nur für die Dauer der Anstellung, dagegen nicht noch darüber hinaus nach der Versetzung in den Ruhestand. Angesichts dessen kann es ganz dahingestellt bleiben, ob das Steuerprivilegium, wie es dort begründet war, noch gegenwärtig — auch außerhalb des Bereichs der Vd. v. 23. IX. 67 (G.-S. S. 1648) — in gesetzlicher Geltung steht oder in Ansehung der Personalschulsteuern dadurch beseitigt worden ist, daß die Schulordn. v. 24. VIII. 14 es nicht wieder aufgenommen und im § 77 alle bisherigen, das Schulwesen betreffenden Verordnungen und Verfügungen (mit Ausnahme der bereits interimistisch genehmigten speziellen Schulregulative) aufgehoben und außer Kraft gesetzt hat. Denn wollte man selbst ersteres annehmen, so würde doch daraus immer nur die Fortdauer des Privilegiums in dem ursprünglichen Umfange, d. i. zum Vorteile aktiver, aber nicht auch emeritierter Lehrer folgen. Bemerkt sei nur noch, daß sich in demselben Sinne auch die Regierung zu Schleswig und hinsichtlich der kirchlichen Steuern, die insoweit nicht anders als wie die Schulabgaben zu beurteilen sind, der Minister der geistlichen Angelegenheiten ausgesprochen haben (vgl. die bei Kuntze, Volksschulwesen der Provinz Schleswig-Holstein, Band I S. 304/5, mitgeteilten Regierungsreskripte v. 11. V. 74 und v. 5. XI. 77, von denen das jüngere mit Ermächtigung des Ministers erlassen war).

Nr. 2. Entsch. v. 21. IX. 1900 Nr. I 1351 (Pr.-V.-Bl. Bd. XXII S. 452).

Schl.-Holst. Schulordn. v. 24. VIII. 14 (Chron. Samml. 1814 S. 112), L.-V.-G. §§ 52, 85, 86.

1. Unter den Parteien herrschte Einverständnis darüber, daß der Kläger adeliger Gutsbesitzer im Schulbezirke sei und als solcher die im § 59 der Schulordn. von 1814 vorgesehene Freiheit von Schulleistungen genieße. Streitig war nur, ob sich auf die in seinem Besitze befindlichen, mit dem Gute räumlich zusammenhängenden und wirtschaftlich vereinigten Kanalgrundstücke die Immunität nicht erstreckt. Der Kläger nahm sonach nicht Befreiung von einer allgemeinen gesetzlichen Verbindlichkeit in Anspruch, sondern er stellte das Bestehen desjenigen Rechtsgrundes in Abrede, aus dem auf ihn nach Behauptung des Beklagten eine allgemeine gesetzliche Steuerfreiheit keine Anwendung finden soll.

2. Die Beweislast hierfür trifft nicht ihn; es muß vielmehr das Schulkollegium, das den Besitzer eines gesetzlich von Schullasten befreiten Gutes wegen bestimmter, mit dem Gute räumlich zusammhängender Grundstücke zu Schullasten heranziehen will, die kommunale Nichtzugehörigkeit zu dem Gute beweisen. Denn es ist Sache jeder Korporation, die eine Steuer fordert, das Bestehen einer Steuerpflicht des Herangezogenen, sofern es von diesem bestritten wird, darzuthun. (E.-O.-V. Bd. XXX S. 128, Bd. XXVII S. 47.)

3. Nach §§ 85, 86 Abs. 1 in Verbindung mit § 52 L.-V.-G. ist die Berufung, bei Verlust des Rechtsmittels, innerhalb einer mit der Zustellung des Endurteils beginnenden Frist von zwei Wochen bei dem Gerichte, gegen dessen Entscheidung sie gerichtet ist, nicht nur anzumelden, sondern auch zu rechtfertigen, letzteres mit der Maßgabe, daß (s. § 86 Abs. 3) das Gericht zur Rechtfertigung der Berufung eine Nachfrist gewähren kann.

Nr. 3. Entsch. v. 30. XI. 1900 Nr. I 1778 (Pr.-V.-Bl. Bd. XXIII S. 5).

Schl.-Holst. Schulordn. v. 24. VIII. 1814 (Chron. Samml. S. 113 ff.) §§ 2, 64.
Reg.-Instr. v. 23. X. 17 (G.-S. S. 248) § 18 und Allerh. Erl. v. 20. VI. 68 (G.-S. S. 620).

1. Im Gebiet des vormaligen Herzogtums Schleswig, insbesondere auch in den zum Kreise Tondern gehörigen Teilen, ist hinsichtlich der Vertretung der Schulverbände im allgemeinen die Schulordn. für die Herzogtümer Schleswig-Holstein v. 24. VIII. 14 maßgebend, nach deren § 64 für jede Distriktsschule zwei Schulvorsteher unter Genehmigung der Kirchenvisitatoren zu bestellen sind mit der Aufgabe, für die Erhaltung des Schulgebäudes zu sorgen, die Hebungen der Schullehrer einzufordern und pünktlich an die Schullehrer abzuliefern, denen daher auch, wie in E.-O.-V. Bd. XXII S. 162 dargelegt ist, die Vertretung der Schule und des Schulverbands nach außen hin gebührt. Jedoch hat dieses Gesetz keine, abweichende örtliche Bildungen ausschließende Bedeutung, es weist vielmehr im § 2 ausdrücklich auf eine nähere Ausgestaltung seiner Vorschriften durch besondere Schulregulative, die zwar in

Uebereinstimmung mit den allgemeinen Grundsätzen und Regeln zu setzen sind, aber doch auf „Lokalitäten" gegründete Abweichungen enthalten können. Daher sind auch abweichende örtlich geltende Normen über die Befugnisse und die Zusammensetzung des Schulvorstandes nicht als rechtlich unzulässig anzusehen. Die Rechtsgültigkeit dieser Normen ist auch indirekt dadurch anerkannt worden, daß im § 59 der Gemeindeordnung für die evangelisch-lutherischen Kirchengemeinden in der Provinz Schleswig-Holstein v. 16. VIII. 69 (Amtsbl. der Kgl. Reg. zu Schleswig S. 291 ff.) bestimmt ist:

„Sobald in den einzelnen Gemeinden in Gemäßheit dieser Verordnung die Kirchenvorstände gebildet sind, haben die bisherigen Gemeindevertretungen ihre Wirksamkeit einzustellen. Insoweit dieselben jedoch zugleich Schul- und Armenkollegien sind, bleiben sie bestehen, bis das Nähere in dieser Beziehung geordnet wird"

2. Jedoch ist weder der Ortsschulinspektor, noch der Kirchenvorstand, noch auch das Kirchenvisitatorium befugt, die Vertretung des Schulverbands anderweit zu organisieren, vielmehr ist hierzu nur die Kgl. Regierung, Abteilung für Kirchen- und Schulwesen zu Schleswig nach § 18 der in allen Teilen des Staats geltenden, für die Provinz Schleswig-Holstein durch den Allerh. Erl. v. 20. VI. 68 eingeführten Reg.-Instr. v. 23. X. 17 zuständig. Dagegen kann die z. B. vom Kirchenvisitatorium beliebte anderweite Ordnung der Vertretung des Schulverbands als eine von der Kgl. Regierung stillschweigend genehmigte angesehen werden, wenn der Kirchenvorstand, wie im vorliegenden Falle, während eines Zeitraumes von mindestens 24 Jahren die Funktionen des Schulvorstandes versehen und die Gemeinde nach außen hin vertreten, ohne daß die Regierung, der jene Funktionen nicht entgangen sein können, dagegen etwas erinnert hat.

3. Ist hiernach mangels einer auf geordnetem Wege eingeführten anderweiten Organisation der Kirchenvorstand das zur Vertretung der Schulgemeinde befugte Organ, so kann er doch nur in den durch §§ 30 ff. der Kirchengem.-Ordn. v. 16. VIII. 69 vorgeschriebenen Formen thätig werden. Den einzelnen Mitgliedern fehlt also die Befugnis, für sich allein und ohne Zuziehung des vorsitzenden und zur Ausführung der Beschlüsse berufenen Pfarrers und Ortsschulinspektors nach außen hin für das Kollegium handelnd aufzutreten, zu klagen oder ein gegen die Schulgemeinde ergangenes Urteil anzufechten, selbst dann, wenn sie die Mehrheit bilden.

Nr. 4. Entsch. Bd. XXXIX S. 187 v. 7. VI. 1901 I C 7/1901.

Lehrerbesoldungsges. v. 3. III 97 (G.-S S. 25) §§ 18, 27
Lauenburgische Landschulordn. v. 10. X. 68 (Off. Wochenbl. S. 441) § 48.

1. Gemäß § 27 Nr. I des Ges. v. 3. III. 97 wird der Staatsbeitrag zu dem Diensteinkommen der Lehrer und Lehrerinnen und, soweit er hierzu nicht erforderlich ist, zur Deckung der Kosten für andere Bedürfnisse des Schulverbandes an dessen Kasse gezahlt. Das Diensteinkommen, zu dem die Staatskasse in erster Linie beiträgt, besteht nach § 1 Abs. 2 a. a. O. aus dem Grundgehalte, den Alterszulagen und freier Dienstwohnung oder entsprechender Mietsentschädigung. Auf das Grundgehalt sind nach § 20 der Ertrag der Landnutzung, die sonstigen Diensteinkünfte an Geld oder Naturalleistungen und das Brennmaterial anzurechnen. Zu den „sonstigen Diensteinkünften", deren Anrechnung auf das Grundgehalt das Gesetz vorschreibt und deren Verrechnung auf den Staatsbeitrag also geboten ist, gehören gleich der Landnutzung selbst, wo eine solche gewährt wird, auch die „sonstigen Berechtigungen", deren noch außer der Landnutzung im § 18 Abs. 5 mit dem

Hinzufügen Erwähnung geschieht, daß es bei ihnen sein Bewenden behalten soll, sofern sie bisher mit einer Stelle verbunden waren.

2. Zu diesen mit einer Lehrerstelle verbundenen „sonstigen Berechtigungen" gehören im Geltungsbereiche der Lauenburgischen Landschulordn. vom 10. X. 68 die von den landbesitzenden Schulinteressenten zur Bearbeitung des Dienstlandes zu leistenden Spanndienste sowie ihr Geldwert, auf dessen Zahlung der Stelleninhaber Anspruch hat, wenn das Dienstland ganz oder teilweise verpachtet ist.

Die Ersatzsumme ist auf das Grundgehalt anzurechnen und auch bei der Verrechnung des gesetzlichen Staatsbeitrags zu dem Diensteinkommen und zwar ohne Rücksicht auf den Umfang der Beitragspflicht etwa vorhandener Exemten, in Ansatz zu bringen.

h) Kurhessen.

Nr. 1. Entsch. v. 20. IV 1900 Nr I 606 (C.-Bl.-U.-V. 1901 S. 297).

1. Im Gebiete des vormaligen Kurfürstentums Hessen hat der Gemeindevorstand des Schulorts die in anderen Landesteilen den besonders bestellten Schulvorständen übertragenen Rechte und Pflichten wahrzunehmen, falls nicht von der Schulaufsichtsbehörde Abweichendes angeordnet wird (E.-O.-V. Bd. XVIII S. 218).

2. Träger der Schulunterhaltungslast sind nach kurhessischem Provinzialrechte die bürgerlichen Gemeinden und selbständigen Gutsbezirke, soweit nicht gemäß dem Konsistorialausschreiben v. 28. II. 1766 bei Küsterschulen am Orte einer Mutterkirche für Baubedürfnisse die Eingepfarrten aufkommen müssen. (E.-O.-V. Bd. XVIII S. 218, Bd. XXIX S. 196 ff.) Befindet sich am Schulorte nur eine Tochter-, nicht eine Mutterkirche, so würde für die Anwendung des Konsistorialausschreibens kein Raum sein und die gesammte bauliche wie sonstige Unterhaltung der Schule daselbst, wenngleich sie mit der Küsterei der Ortskirche dauernd verbunden ist, den den Schulverband ausmachenden Kommunalkörpern zufallen.

3. Den durch Gesetz nicht vorgeschriebenen Maßstab für die Verteilung der Last hat, sofern er nicht schulverfassungsmäßig feststeht, im Streitfalle die Schulaufsichtsbehörde zu bestimmen, die dabei den Staatssteuerfuß — und zwar unter besonderer Ermächtigung des Schulvorstandes auch zu fingierten Einkommensteuerveranlagungen — wählen kann, aber nicht muß, sondern rechtlich nicht behindert ist, auch einen anderen ihr billig erscheinenden Maßstab, beispielsweise nach dem Vorgange der Schlesischen Regierungen einen neben der sich in dem Staatssteuersoll ausdrückenden Leistungsfähigkeit zugleich das Interesse an der Schule (nach der Zahl der schulpflichtigen Kinder aus den eingeschulten Ortschaften) berücksichtigenden Maßstab festzusetzen.

Nr. 2. Entsch. v. 16. XI. 1900 Nr. I 1709 (C.-Bl.-U.-V. 1901 S. 365).

Reg.-Instr v. 23. X. 17 (G.-S. S. 248) § 18k; Zust.-Ges. § 46.

1. Nach Kurhessischem Provinzialrechte liegt die Unterhaltung der Volksschule — abgesehen von der durch das Konsistorialausschreiben und Regulativ v. 28. II. 1766 (Neue Samml. der Landesordn. Bd. III S. 175) geregelten Pflicht der Eingepfarrten zur baulichen Unterhaltung der Küsterschulen am Orte der Mutterkirche — den bürgerlichen Gemeinden und selbständigen Gutsbezirken ob (E.-O.-V. Bd. XVIII S. 215 ff., Bd. XXIX S. 196 ff.). Demgemäß ist der Kläger als Besitzer des Rittergutes B. der Schule in der gleichnamigen Landgemeinde beitragspflichtig, sofern deren Bezirk

sich auf das Gut miterstreckt und ihm nicht ortsrechtliche Befreiungsgründe zur Seite stehen.

2. Wie in den altländischen Provinzen, so bedarf es auch im Gebiete des vormaligen Kurfürstentums Hessen nicht der Beibringung einer förmlichen Einschulungsverfügung, um das Bestehen eines Schulverbandes zu erweisen. Bei von altersher beibehaltenen Verbindungen ist vielmehr deren stillschweigendes Anerkenntnis durch die Aufsichtsbehörde der nach § 18 k der Reg.-Instr. v. 23. X. 17 den Regierungen überwiesenen Einrichtung von Schulverbänden gleichzuachten (E.-O.-V. Bd. XII S. 206/207).

3. In Kurhessen ist (E.-O.-V. Bd. XVIII S. 218) in Ermangelung entgegenstehender Weisungen der Schulaufsichtsbehörde, der Gemeindevorstand zur Ausschreibung der Schullasten zuständig.

4. Eine vom Kläger behauptete Ortsobservanz, welcher gemäß er nur zu Bauleistungen im Rahmen des Konsistorialausschreibens v. 28. II. 1766 verpflichtet, dagegen von allen sonstigen Schulunterhaltungsbeiträgen befreit sein will, ist nicht grundsätzlich ausgeschlossen, weil das zur Anwendung kommende Gemeine Deutsche Recht dem örtlichen Herkommen derogatorische Kraft selbst in dem Verhältnisse zum Gesetzesrecht einräumt und nur insoweit die Anerkennung versagt, als es sich gegen ein zwingendes, Abänderungen seinem Wortlaut oder seinem Wesen nach verbietendes Gesetz richtet (E.-O.-V. Bd. XXIV S. 178, Bd. XX S. 183/184).

5. Der Gemeindevorstand ist, soweit er die in anderen Landesteilen besonderen Schulvorständen übertragene Funktion der örtlichen Behörde im Sinne des § 46 Zust.-Ges. wahrnimmt, durchaus nicht befugt, Schulbeiträge auf die Gemeindeangehörigen und die im Gutsbezirke wohnhaften oder angesessenen Personen individuell zu verteilen. Seine Befugnis als Organ des Schulverbandes beschränkt sich darauf, die Oberverteilung der Last zwischen den Schulunterhaltungspflichtigen, d. i. der Landgemeinde einer- und dem Gutsbezirk andererseits — und zwar für letzteren durch Zustellung nicht an den Gutsvorsteher, sondern an den Gutsbesitzer — zu bewirken. Was so der Gemeinde auferlegt wird, hat er demnächst in der Eigenschaft als deren Organ, die von seiner Eigenschaft als örtliche Schulbehörde begrifflich verschieden ist, innerhalb der Gemeinde im Wege der Unterverteilung nach Maßgabe des Komm.-Abg.-Ges. v. 14. VII. 93 umzulegen. In gleicher Weise kann freilich der Besitzer des Gutes gegen die Gutsanwohner nicht vorgehen. Er muß persönlich mit der ganzen Steuerkraft des Gutsbezirks für die Gesammtsumme des Beitrags aufkommen, der auf dem Gutsbezirk als solchen nach dem im Schulverbande eingeführten Verteilungsmaßstab entfällt. Denn das Gesetz kennt, abgesehen von gewissen hier nicht in Betracht kommenden Ausnahmefällen, namentlich auch für die Schullasten kein Recht des Gutsbesitzers zur Unterverteilung der Ortskommunallasten auf die Gutseinsassen. Dem Gutsbesitzer sind nur vertragsmäßige Vereinbarungen hierüber mit den Gutseinsassen unverwehrt, die jedoch lediglich die privatrechtlichen Verhältnisse regeln, öffentlich-rechtlich dagegen bedeutungslos sind.

k) Vormals Königl. Bayerische Gebietsteile.

Nr. 1. Entsch. v. 16. II. 1900 Nr. I 255 (C.-Bl.-U.-V. 1901 S. 224).

Nach dem amtlichen Sprachgebrauch im Königreiche Bayern sind unter der Bezeichnung „Deutsche Schulen“ die Volksschulen zu verstehen (Erlaß des Staatsministeriums des Innern v. 25. X. 35 in Döllingers Sammlung Bd. 9 III. Abt. S. 1030), und demnach bezieht sich das Bayerische Ges. vom

10. XI. 61, die Aufbringung des Bedarfs für die Deutschen Schulen betreffend, auf die damals der bayerischen Gesetzgebung unterworfenen Volksschulen, soweit nicht nach Inhalt des Ges. selbst Ausnahmen von dieser Regel anzunehmen sind. Das Ges. v. 10. XI. 61, das nach Art. 9 daselbst mit Ausnahme der für die Pfalz gegebenen Sonderbestimmungen mit dem 1. X. 62 in Kraft getreten ist, ist in dem Gesetzblatt für das Königreich Bayern (S. 298) ordnungsmäßig verkündet, und hat damit auch für die evangelische Schule zu G., deren Bezirk erst durch das Ges. v. 24. XII. 66 (G.-S. S. 876) mit der Preußischen Monarchie vereinigt worden ist, Gültigkeit erlangt. Nach Art. 1 des Ges. v. 10. XI. 61 sind die Deutschen Schulen Gemeindeanstalten, und es ist deshalb den politischen Gemeinden die Verpflichtung auferlegt zur Bestreitung des gesammten Aufwandes für die Errichtung und für den Unterhalt der Deutschen Schulen, vorbehaltlich der Bestimmungen der Art. 6 und 7, insoweit nicht dieser Aufwand von Dritten vermöge privatrechtlicher Verpflichtung geleistet werden muß oder aus den für Schulzwecke bestehenden örtlichen Stiftungen, dann aus den für diese Zwecke bestimmten besonderen Einnahmen gedeckt ist. Nach der weiteren Vorschrift in Art. 6 a. a. O. ist der Bedarf der Deutschen Schulen, der durch die in Art. 1 und 3 bis 5 aufgezählten Mittel nicht gedeckt wird, soweit nicht andere Einnahmen der Gemeinde die Deckungsmittel bieten, durch Umlagen nach den für diese gesetzlich geltenden Bestimmungen aufzubringen. Daraus folgt, daß die rechtliche Zulässigkeit solcher Umlagen nach den für die Erhebung von Kommunalabgaben maßgebenden Grundsätzen des Komm.-Abg.-Ges. zu beurteilen ist.

D. Verfahren bei Feststellung von Anforderungen für Volksschulen auf Grund des Gesetzes vom 26. Mai 1887.

Nr. 1. Entsch. v. 10. IV. 1900 Nr. I 556 (C.-Bl.-U.-V. S. 295).

Aus dem Umstande, daß der Fiskus observanzmäßig einen erheblichen Teil der Schulunterhaltungskosten und speziell einen erheblichen Teil der Lehrerbesoldung trägt, darf die prinzipielle Uebernahme der gesammten Schulunterhaltungslast und speziell die Verpflichtung, für neue oder erhöhte Bedürfnisse der Schule aufzukommen, nicht gefolgert werden.

Nr. 2. Entsch. v. 12. X. 1900 Nr. I 1481 (Pr.-V.-Bl. Bd. XXII S. 358).

Lehrerbesoldungsges. v. 3. III. 97 (G.-S. S. 25) § 4.
Ges. v. 26. V. 87 (G.-S. S. 175), betr. Feststellung von Anforderungen für Volksschulen, § 2.
Ges. v. 14. VI. 88 (G.-S. S. 240) und 31. III. 89 (G.-S. S. 64), betr. Erleichterung der Volksschullasten.

Die ortsschulverfassungsmäßig begründete Verpflichtung eines Schulverbandes, zu den Besoldungen des Hauptlehrers und Lektors sowie des zweiten Knabenlehrers und Kantors feste Beiträge (fixierte Schulgelder) jährlich zu leisten, deren Fortzahlung die Schulaufsichtsbehörde verlangt, ist weder durch die Ges. v. 14. VI. 88 und v. 31. III. 89 noch durch das Ges. v. 3. III. 97 beseitigt, insbesondere kommt für die Bemessung des Mindestbetrages der Besoldungen dieser Stellen nicht der § 2, sondern der § 4 des zuletzt genannten Gesetzes zur Anwendung, sofern es sich um die dauernde Verbindung von Kirchen- und Schulämtern handelt. Ebensowenig steht hier die Anforderung einer neuen oder erhöhten Leistung im Sinne des § 2 des Ges. v. 26. V. 87 in Frage, auch wenn infolge der vollständigen Durchführung des Lehrerbesoldungsgesetzes, speziell infolge der Durchführung des Systems der Alterszulagen für den Träger der Schullast die Notwendigkeit vermehrter Ausgaben sich ergeben sollte. Ob eine Mehrforderung im Sinne des § 2 des Ges. v. 26. V. 87 vorliegt, ist für jede einzelne Leistung, die von dem zur Unterhaltung der Schule Verpflichteten gefordert wird, sowohl nach ihrem Rechtsgrunde als auch nach ihrem Betrage zu prüfen, und diese Prüfung führt im vorliegenden Falle zu dem Ergebnisse, daß, abgesehen von den hier nicht zu berücksichtigenden Bewilligungen für andere Stellen und von den selbständig zu beurteilenden Alterszulagen, die Schulaufsichtsbehörde sich lediglich darauf beschränkt hat, die Fortgewährung des bisherigen Grundgehaltes von demselben Verpflichteten zu verlangen. Die Schulgemeinden können aber nicht mit Rücksicht auf sonstige neugeforderte Leistungen eine Aenderung der bisherigen öffentlich-rechtlichen Verpflichtungen verlangen. Auch können gegenüber einer rechtlich feststehenden Verpflichtung Billigkeitsgründe ebensowenig berücksichtigt werden, wie der Umstand, daß die Schulgeldfixa anderer Stelleninhaber einer abweichenden Behandlung unterzogen sind.

Nr. 3. Entsch. v. 16. X. 1900 Nr I 1506 (Pr.-V.-Bl. Bd. XXII S. 417).

Aus der Anordnung der Schulaufsichtsbehörde, eine Lehrerwohnung durch Anlage einer Giebelstube zu vergrößern, folgt nicht die Verpflichtung der Gemeinde das Brennmaterial für Heizung dieser Stube zu liefern.

Vielmehr würde eine dahingehende Anforderung auf den Widerspruch des Herangezogenen, etwa der Gemeinde, einer vollständig selbständigen Prüfung auch mit Rücksicht auf eine behauptete Leistungsunfähigkeit nach Maßgabe des Ges. v. 26. V. 87 (G.-S. S. 175) zu unterziehen sein.

Nr. 4. Entsch. v. 7. XII. 1900 Nr. I 1809 (Pr.-V.-Bl. Bd. XXIII S. 6).
Ges. v. 26. V 87 (G.-S. S. 175), betr. die Feststellung von Anforderungen für Volksschulen.

1. Die Feststellung einer erhöhten Leistung, deren Erfüllung von den Schulunterhaltungspflichtigen verweigert wird, nach Existenz und Umfang steht nicht dem Schulvorstande, sondern den Beschlußbehörden zu. Die Letzteren sind befugt, bei Beurteilung der Leistungsfähigkeit der Unterhaltungspflichtigen die regierungsseitige Zusage einer Staatsbeihülfe in Betracht zu ziehen.

2. Ungültig ist dagegen eine Zwangsetatisierung gegen eine Gemeinde, wenn ein gesetzlicher Grund für die angesonnene Leistung fehlt. Daher ist der Beschluß des Provinzialrats, die Besoldung einer zweiten Lehrerstelle aufzubessern, wirkungslos, wenn es an einem Beschlusse, diese Lehrerstelle zu errichten, fehlt.

3. Stimmt eine Gemeinde der Errichtung einer zweiten Lehrerstelle unter der Voraussetzung zu, daß ihr daraus keine Kosten erwachsen, so ist ihre Zustimmung als an eine auflösende Bedingung geknüpft anzusehen, bei deren Eintritt sie ihre rechtliche Wirkung verliert. Zu einer solchen bedingten Zustimmung ist sie wohl befugt, da ihr ja sogar ein Mehreres, nämlich die gänzliche Versagung der Einverständniserklärung freisteht. (E.-O.-V. Bd. XXIII S. 120.) Gegenstand einer solchen auflösenden Bedingung kann z. B. eine vorausgesetzte staatliche Beihilfe sein.

Nr. 5. Entsch. v. 4. I. 1901 Nr. I 19 (Pr.-V.-Bl. Bd. XXIII S. 8).
Ges. v. 26. V. 87 (G.-S. S. 175), betr. die Feststellung von Anforderungen für Volksschulen, § 2.

1. Die dem Träger der Schullasten für eine öffentliche Volksschule aufgegebene Leistung zur Anstellung einer neuen Lehrkraft ist eine neue

im Sinne des § 2 des Ges. v. 26. V. 87, die vor der Zwangsetatisierung im Beschlußverfahren festgestellt sein muß. Die Notwendigkeit und Angemessenheit der so beschlossenen Leistung unterliegt nicht der Nachprüfung im Verwaltungsstreitverfahren. (E.-O.-V. Bd. XXIV S. 134.)

2. Dagegen unterliegt die Zwangsetatisierungsverfügung der Aufhebung, wenn sie eine ihrem Betrage nach bestimmte Leistung überhaupt nicht zum Gegenstande hat. Ein solcher wesentlicher Mangel ist nicht schon in dem Umstande zu finden, daß die Höhe der für eine sechste Lehrkraft aufzubringenden Besoldung weder in dem Beschlusse des Kreisausschusses bezw. des Provinzialrats noch in der Zwangsetatisierungsverfügung ziffermäßig, sondern lediglich durch eine Bezugnahme auf die bestehende Besoldungsordnung zum Ausdrucke gebracht worden ist. Wäre aus der letzteren die Höhe der aufzubringenden Besoldung unzweifelhaft zu ersehen, so würde die Auflage nicht der erforderlichen Bestimmtheit entbehren. Ist aber die Ansicht bei dem Erlasse der Zwangsetatisierungsverfügung in Wirklichkeit dahin gegangen, daß die Höhe der in jedem Falle in den Etat einzutragenden resp. vorläufig außeretatsmäßig zu verrechnenden Summe sich erst ergeben könne, wenn der Unterhaltungspflichtige sich für die Anstellung eines Lehrers oder einer Lehrerin entschlossen haben würde, so ist die Zwangsetatisierung unzulässig. Wenn es sich um die zwangsweise Erfüllung einer alternativ nach der Wahl des Schuldners zu erfüllenden Verpflichtung handelt, ist, bevor zur Zwangsetatisierung geschritten werden kann, zunächst durch Ausübung des Wahlrechts festzustellen, welche bestimmte Leistung beigetrieben werden soll.

Nr. 6. Entsch. v. 4. I. 1901 Nr. I 19 (C.-Bl.-U.-V. S. 688).

Ges. v. 26. V. 87 (G.-S. S. 175), betr. die Feststellung von Anforderungen für Volksschulen, § 2.

1. Neue Anforderungen im Sinne des § 2 des Ges. v. 26. V. 87 müssen vor der Zwangsetatisierung im Beschlußverfahren festgestellt sein. Der Feststellungsbeschluß des Provinzialrats unterliegt hinsichtlich der Notwendigkeit und Angemessenheit der streitigen Leistung nicht der Nachprüfung im Verwaltungsstreitverfahren. (E.-O.-V. Bd. XXIV S. 134.)

2. Die Zwangsetatisierungsverfügung muß eine ihrem Betrage nach bestimmte Leistung zum Gegenstande haben. Ein in der Unbestimmtheit liegender wesentlicher Mangel ist aber nicht schon in dem Umstande zu finden, daß die Höhe der für eine neue Lehrkraft aufzubringenden Besoldung nicht ziffermäßig, sondern lediglich durch Bezugnahme auf die bestehende Besoldungsordnung zum Ausdrucke gebracht wird. Die Zwangsetatisierungsverfügung entbehrt dann der erforderlichen Bestimmtheit nicht, wenn die Höhe der aufzubringenden Besoldung aus der Besoldungsordnung unzweifelhaft zu ersehen ist.

3. Geht dagegen die Verfügung dahin, daß die Höhe der Besoldung sich erst ergeben kann, wenn sich die Pflichtigen für die Anstellung eines Lehrers oder einer Lehrerin entschieden haben, so ist die Zwangsetatisierung unzulässig. Denn wenn es sich um die zwangsweise Erfüllung einer alternativ nach der Wahl des Schuldners zu erfüllenden Verpflichtung handelt, so ist, bevor zur Zwangsetatisierung geschritten werden kann, zunächst durch Ausübung des Wahlrechts festzustellen, welche bestimmte Leistung beigetrieben werden soll.

Nr. 7. Entsch. v. 5. III. 1901 Nr. I 385 (C.-Bl.-U.-V. S. 803).
Ges. v. 26. V. 87 (G.-S. S. 175).

Die ordnungsmäßig zu stande gekommenen Beschlüsse (über die Höhe der Alterszulagen) werden durch ihre Bestätigung durch die Schulaufsichtsbehörde zu einem Bestandteil der örtlichen Schulverfassung und verpflichten den Träger der Schullast ihrem Inhalt entsprechend öffentlich-rechtlich, ohne Rücksicht darauf, ob die Beschlußfassenden bei der Fassung des Beschlusses von unzutreffenden Voraussetzungen über die Unterverteilung der Schullasten innerhalb des Schulbezirkes ausgegangen sind. Nach der Genehmigung der Schulaufsichtsbehörde ist eine nachträgliche einseitige Zurücknahme einer Verpflichtungserklärung unstatthaft, und eine auf Grund der Erklärungen erfolgte Inanspruchnahme nach Maßgabe des aufgestellten Verteilungsplanes charakterisiert sich daher nicht als eine neue oder erhöhte Anforderung im Sinne des § 1 des Ges. v. 26. V. 87.

F. Aufbringung von Pensionen, Gemeindebeiträge, Ruhegehaltskassenbeiträge des Gesetzes vom 23. Juli 1893. Berechnung der Dienstzeit bei Dienstalterszulagen.

Nr. 1. Entsch. v. 10. IV. 1900 Nr. 1 556 (C.-Bl.-U.-V. S. 295).

Ueber die Verpflichtung zur Tragung der an die Lehrer-Witwen- und Waisenkasse zu entrichtenden Beiträge kann im Streitfalle nur im ordentlichen Rechtswege entschieden werden.

Nr. 2. Entsch. v. 5. X. 1900 Nr. I 1440 (Pr.-V.-Bl. Bd. XXII S. 407).
Ges. v. 22. XII. 69 (G.-S. 1870 S. 1), betr. die Schullehrer-Witwen- und Waisenkassen, § 4.

Die nach § 4 des Ges. v. 22 XII. 69 zu zahlenden Gemeindebeiträge gehören überhaupt nicht zu den Abgaben und sonstigen nach öffentlichem Recht zu fordernden Leistungen für Schulen, die der allgemeinen Schulpflicht dienen (E.-O.-V. Bd. XXIV S. 189 ff.).

Nr. 3. Entsch. v. 10. IV. 1900 Nr. I 556 (C.-Bl.-U.-V. S. 295).
Lehrerbesoldungsges. v. 3. III. 97 (G.-S. S. 25) §§ 8, 25.

Erstattungsansprüche des Lehrers an den Schulverband wegen von dem letzteren nicht gezahlter Beiträge zur Alterszulagekasse sind nach öffentlichem Recht nicht gegeben und können daher von der Schulaufsichtsbehörde nicht festgestellt werden. Nach dem Ges. v. 3. III. 97 sind zwar die Schulverbände offentlich-rechtlich verpflichtet, ihre ordnungsmäßig festgestellten Beiträge an die Alterszulagekasse, nicht aber an den Lehrer zu entrichten, wogegen die Kasse die Alterszulagen an die Bezugsberechtigten zu zahlen hat (§ 8 Abs. 4 a. a. O.). Glaubt der Lehrer sich indessen in seinen Ansprüchen auf Besoldung, soweit es sich um Zahlungen aus der Alterszulagekasse handelt, verkürzt, so muß es ihm eventuell überlassen bleiben, den im § 25 des Ges. vorgesehenen Rechtsweg gegen den Schulverband und die Regierung als Verwalterin der Alterszulagekasse zu beschreiten.

Nr. 4. Entsch. v. 5. X. 1900 Nr. I 1438 (Pr.-V.-Bl. Bd. XXII S. 488).
Lehrerbesoldungsges. v. 3. III. 97 (G.-S. S. 25) § 8.

Da das Lehrerdiensteinkommensges. v. 3. III. 97 keine Bestimmung über die Unterverteilung der Alterszulagekassenbeiträge enthält, muß angenommen werden, daß die Beiträge zur Alterszulagekasse von denen zu bestreiten sind, die sonst die Gehaltszulage aufzubringen hätten.

Nr. 5. Entsch. Bd. XXXVIII S. 208 v. 19. VI. 1900 I B 58/99.

Ges. v. 23. VII. 93 (G.=S. S. 194), betr. Ruhegehaltskassen für Lehrer und Lehrerinnen an öffentlichen Volksschulen, § 7.

Ges. v. 6. VII. 85 (G.=S. S. 298), betr. die Pensionierung der Lehrer und Lehrerinnen an öffentlichen Volksschulen, § 1 Abs. 2, § 4.

Lehrerbesoldungsges. v. 3. III. 97 (G.=S. S. 25) §§ 1, 3, 16.

1. Für die Verteilung des Kassenbedarfs der Lehrerruhegehaltskassen auf die Schulverbände bildet den Maßstab die Jahressumme des Diensteinkommens aller Schulstellen, deren Inhabern überhaupt einmal ein Ruhegehalt gewährt werden kann.

In dem Verteilungsplane sind daher auch unbesetzte sowie solche Stellen zu berücksichtigen, die mit einstweilig angestellten oder noch nicht vier Jahre im öffentlichen Schuldienste thätigen Lehrern besetzt sind.

2. Für Festsetzung der Höhe des ruhegehaltsberechtigten Diensteinkommens sind folgende Grundsätze maßgebend:

Was zunächst die Besoldung anbetrifft, so kann diese zwar nach § 1 Abs. 2 des Lehrerpensionsges. v. 6. VII. 85 auch dann schon ruhegehaltsberechtigt sein, wenn sie von einem endgültig angestellten jüngeren Lehrer nur in dem durch § 3 des Besoldungsges. v. 1897 beschränkten Umfange bezogen wird. Gleichwohl ist in Uebereinstimmung mit dem Min.=Erl. v. 10. II. 99 (C.=Bl.=U.=V. S. 383) anzunehmen, daß auch in einem solchen Falle das volle Grundgehalt der Stelle in Anrechnung zu bringen ist. Denn es würde dem Zwecke der Ruhegehaltskassen, eine möglichst gleichmäßige Verteilung der Pensionslasten sicher zu stellen, nicht entsprechen, wenn bei der Ausschreibung der Beiträge auf die einzelnen Schulverbände nicht die Versetzung in den Ruhestand, wie das Gesetz sie als den Regelfall voraussetzt, sondern der nicht zu vermutende Eintritt einer ausnahmsweise zugelassenen Versetzung in den Ruhestand nach Maßgabe des § 1 Abs. 2 und 4 des Ges. v. 6. VII. 85 zu Grunde gelegt werden sollte. Daß das Gesetz die dann nur anrechnungsfähigen Einkommensbezüge als Maßstab habe angewandt wissen wollen, darf mangels einer ausdrücklichen dahin gehenden Bestimmung nicht angenommen werden, und es muß daher bei Feststellung des Verteilungsplans stets das volle Grundgehalt zur Anrechnung gebracht werden, mag es sich um eine gleichviel wie immer besetzte oder um eine unbesetzte Lehrerstelle handeln.

Wesentlich dieselben Grundsätze gelten auch für die Anrechnung der Mietsentschädigung, soweit sie nicht durch die positive Vorschrift im § 4 des Pensionsges. ausgeschlossen sind. Aus den dort gegebenen Vorschriften über die Berechnung der Pension in Verbindung mit denen in § 16 Abs. 2 des Besoldungsges., betr. die Kürzung der Mietsentschädigung für unverheiratete Lehrer ohne eigenen Hausstand, sowie aus dem Zwecke der Ruhegehaltskassen folgt ohne weiteres, daß für die mit solchen Lehrern besetzten Stellen in die Verteilungspläne der Ruhegehaltskassen nur die gekürzten Mietsentschädigungen einzusetzen sind. Denn in Fällen der vorausgesetzten Art kann mit Rücksicht auf die persönlichen Verhältnisse der Stelleninhaber die Möglichkeit einer anderen Feststellung der Pension und demgemäß auch die Möglichkeit einer anderen Berechnung der Ruhegehaltsbeiträge als nach Maßgabe der gekürzten

Mietsentschädigung nicht in Frage kommen. In allen übrigen Fällen ist aber diese Möglichkeit keineswegs in der gleichen Weise begrenzt, und daraus rechtfertigt es sich, die Mietsentschädigung überall sonst, also auch für Stellen, die mit einstweilig angestellten oder noch nicht vier Jahre im öffentlichen Schuldienste thätigen Lehrern besetzt sind, in den Verteilungsplan in derjenigen Höhe einzustellen, in der sie von dem Gesetze regelmäßig und ganz allgemein als pensionsberechtigt anerkannt ist, nämlich nach den für verheiratete Lehrer bestimmten Sätzen.

Nr. 6. Entsch. v. 10. VII. 1900 Nr. I 1056 (C.-Bl.-U.-V. 1901 S. 322).
Ruhegehaltskassenges. v. 23. VII. 93 (G.-S. S. 194) § 15.
Lehrerpensionsges. v 6. VII. 85 (G.-S. S. 298) Art. I § 26.

Nach § 15 des Ruhegehaltskassenges. in Verbindung mit Art. I § 26 des Lehrerpensionsges. v. 6. VII. 85 sind die laut Verteilungsplan der Bezirksregierung von den Schulverbänden zu entrichtenden Kassenbeiträge innerhalb der Verbände von den Trägern der Pensionslast und, sofern weder solche noch aus besonderen Rechtstiteln verpflichtete Dritte vorhanden sind, von den zur Unterhaltung des Lehrers während der Dienstzeit Verpflichteten aufzubringen. Bei der Verteilung auf die Verbandsgenossen gehen den gesetzlichen etwaige schulverfassungsmäßige Normen über die Unterhaltungslast, auch soweit sie auf an sich zulässigen Observanzen beruhen, vor (E.-O.-V. Bd. XXIX S. 159, 166, 167). Steht der Klägerin eine sie befreiende objektive Norm des örtlichen Rechts nicht zur Seite, so ist Sie, dem Gesetzrechte gemäß, verpflichtet, an der Aufbringung des auf den Schulverband ausgeschriebenen Kassenbeitrags teilzunehmen. Den dabei anzuwendenden Maßstab für die Oberverteilung zwischen Gemeinden und Dominien (nach Dritteln) und für die weitere Verteilung des Dominialdrittels zwischen mehreren in Betracht kommenden Dominien (nach dem Grundsteuerreinertrage) ergiebt § 19a des Regl. v. 18. V. 01.

Nr. 7. Entsch. v. 19. II. 1901 Nr. I 316 (C.-Bl.-U.-V. S. 799).
Lehrerruhegehaltskassenges. v. 23. VII. 93 (G.-S. S. 194) § 7.
Lehrerbesoldungsges. v. 3. III. 97 (G.-S. S. 25) § 1.

Nach § 7 des Ges. v. 23. VII. 93 bildet den Maßstab für die Verteilung des Bedarfes die Jahressumme des ruhegehaltsberechtigten Diensteinkommens der Lehrpersonen und dieses Diensteinkommen besteht nach § 1 des Ges. v. 3. III. 97 aus dem Grundgehalt, den Alterszulagen und freier Dienstwohnung oder entsprechender Mietsentschädigung. Bei dauernder Verbindung eines Schul- und Kirchenamtes ist das aus diesen beiden Aemtern ihrem Inhaber zustehende Diensteinkommen grundsätzlich als ein einheitliches zu behandeln, und daraus ergiebt sich, daß die den Inhabern solcher dauernd verbundener Aemter zustehenden Dienstwohnungen ihrem vollen Werte nach als Teile des ruhegehaltsberechtigten Diensteinkommens im Sinne des § 7 des Ges. v. 23. VII. 93 anzusehen sind, ohne Rücksicht darauf, ob die Dienstwohnungen von den Schulunterhaltungspflichtigen oder von den kirchlichen Interessenten oder von Dritten, etwa aus einem besonderen Titel Verpflichteten zu beschaffen oder zu unterhalten sind. Unabhängig von demjenigen Teile des ruhegehaltsberechtigten Diensteinkommens, der durch die Gewährung freier Dienstwohnung oder entsprechender Mietsentschädigung gebildet wird, ist das Grundgehalt der Stelleninhaber zu berücksichtigen. Es ist unzulässig die Verpflichtung der kirchlichen Interessenten zur teilweisen Beschaffung einer freien Dienstwohnung als kirchliche Bezüge des Stelleninhabers behandeln und die für die letzteren hinsichtlich ihrer Anrechnung auf das Grundgehalt erlassenen Bestimmungen auch auf jene Verpflichtung der kirchlichen Interessenten zur Anwendung zu bringen. Die Verpflichtung zur Gewährung einer freien Dienstwohnung oder einer entsprechenden Mietsentschädigung ist bei der Feststellung desjenigen Teiles des ruhegehaltsberechtigten Diensteinkommens, der durch das Grundgehalt gebildet wird, nach den angeführten gesetzlichen Vorschriften außer Betracht zu lassen.

Nr. 8. Entsch. Bd. XXXIX S. 163 v. 18. VI. 1901 I B 20/1901.

Lehrerbesoldungsges. v. 3. III. 97 (G.-S. S. 25) §§ 8, 27.
Lehrerruhegehaltskassenges. v. 23. VII. 93 (G.-S. S. 194) §§ 13, 14.

1. Ein Fehlbetrag, der sich bei dem Jahresabschluß einer Alterszulagekasse gegenüber dem Verteilungsplan ergiebt, durch dessen Aufstellung und Veröffentlichung die Bezirksregierung die von den beteiligten Schulverbänden zu entrichtenden Kassenbeiträge ausgeschrieben hatte, ist zum Zwecke der Ausgleichung bei der Bemessung des Bedarfs für das nächstfolgende Jahr in Zugang zu bringen.

Die Verwaltung der Alters- und Ruhegehaltskassen ist durch gesetzliche Vorschriften den Bezirksregierungen übertragen, und hierbei ist der Gesetzgeber selbstverständlich davon ausgegangen, daß diese Behörden die ihnen übertragenen Obliegenheiten und Befugnisse unter Berücksichtigung aller in Betracht zu ziehenden thatsächlichen und rechtlichen Verhältnisse nach pflichtmäßigem Ermessen wahrnehmen. Weichen dem ungeachtet die thatsächlichen Einnahmen und Ausgaben der Kassen von den Festsetzungen der Verteilungspläne ab, so handelt es sich um Ueberschüsse und Fehlbeträge eines einzelnen Rechnungsjahrs, und diese sind, wie der § 14 des Ges. v. 23. VII. 93 ohne Rücksicht auf die Ursache ihrer Entstehung unterschiedslos anordnet, dadurch auszugleichen, daß sie bei der Veranschlagung des Bedarfs für das auf den Jahresabschluß folgende Jahr in Abgang oder Zugang gebracht werden. Zuzugeben ist, daß sich, wenn in dem so geregelten Verfahren die Ausgleichung eines Fehlbetrags stattfindet, die von den einzelnen Schulverbänden zu zahlenden Beiträge höher oder niedriger stellen können, als es bei einer von Hause aus richtigen Veranschlagung der Fall gewesen sein würde. Allein der Eintritt solcher vorübergehenden Ungleichheiten (vgl. E.-O.-V. Bd. XXXVII S. 215 ff.) ist mit Rücksicht auf den erstrebten Zweck, die von den Schulverbänden aufzubringenden Lasten für die Dauer möglichst gleichmäßig zu verteilen, unerheblich. Um so weniger kann bei Feststellungen der hier streitigen Art, deren Gegenstand die öffentlich-rechtlichen Verbindlichkeiten der Schulverbände gegenüber den erhebungsberechtigten Kassen bilden, eine Abweichung von den gesetzlichen Vorschriften durch Billigkeitsrücksichten gerechtfertigt werden. Ist einer Alterszulagekasse zur Deckung des Fehlbetrags für ein bestimmtes Rechnungsjahr aus Ueberschußbeständen anderer Kassen eine Unterstützung bewilligt worden (§ 27 Ziff. VII des Ges. v. 3. III. 97), so mindert sich entsprechend der Fehlbetrag. Der alsdann noch ungedeckt bleibende Rest des Fehlbetrags soll bei der Veranschlagung des Bedarfs in demjenigen Rechnungsjahre berücksichtigt werden, für welches die Bezirksregierung den nächsten Verteilungsplan festzustellen hat.

2. Unstatthaft ist es, einen Schulverband zu Kassenbeiträgen für dasselbe Jahr mehrmals heranzuziehen; eine Heranziehung zu gesteigerten Beiträgen darf weder mittels Abänderung des ein-

mal veröffentlichten Verteilungsplans, noch in der Weise geschehen, daß der Verteilungsplan aufgehoben und durch einen anderen ersetzt wird. Die den Bezirksregierungen für die Verwaltung der Alterszulage- und Ruhegehaltskassen übertragenen Zwangsbefugnisse beruhen allein auf den die Einrichtung der Kassen anordnenden Gesetzen und dürfen nur nach Maßgabe der in ihnen enthaltenen Vorschriften ausgeübt werden. Das Gesetz v. 23. VII. 93, auf welches in dieser Beziehung das Ges. v. 3. III. 97 lediglich verweist, kennt die Abänderung eines einmal festgestellten Verteilungsplans nur im Wege des Verwaltungsstreitverfahrens, und daraus folgt, daß für die Regierung eine aus ihrer freien Entschließung hervorgegangene Abänderung keine Zwangsbefugnisse gegen die Schulverbände im Sinne jener Gesetze zu begründen vermag. Was von einer bloßen Abänderung gilt, muß in noch verstärktem Maße von einer vollständigen Aufhebung der festgestellten Verteilungspläne gelten; andernfalls könnte das Verbot einer Abänderung jeder Zeit durch ausdrückliche Aufhebung eines bereits festgestellten Verteilungsplans und demnächstige Wiedereinfügung eines Teiles desselben in den neuen, ebenfalls den Gesammtbedarf desselben Rechnungsjahrs umfassenden Verteilungsplans vereitelt werden. Dieser formale Standpunkt rechtfertigt sich auch aus der Natur der Sache. Denn gerade um Schwankungen in den Voranschlägen der Schulverbände thunlichst vorzubeugen, ist es den Bezirksregierungen zur Pflicht gemacht worden, die Höhe der einzelnen Kassenbeiträge gleichmäßig immer für die Dauer eines Rechnungsjahrs festzustellen und den ordnungsmäßig festgestellten Verteilungsplan bekannt zu machen. Ist diese Bekanntmachung einmal erfolgt, so haben die beteiligten Schulverbände einen wohlbegründeten Anspruch darauf, für dasselbe Rechnungsjahr zu anderen als den in ihnen bekannt gemachten Beiträgen für Kassenzwecke nicht mehr herangezogen zu werden, zumal da ja das Gesetz für die Fälle eines unvorgesehenen Mehr- oder Minderbedarfs ausdrücklich auf die Deckung aus den Beiträgen eines späteren Rechnungsjahrs hinweist.

G. Die Schulbaulast.

1. Zuständigkeit der Aufsichtsbehörden und Verwaltungsgerichte bei Schulbaustreitigkeiten. Begriff der Beteiligten.

Nr. 1. Entsch. Bd. XXXVIII S. 185 v. 1. VI. 1900 I C 99/99.

Zust.-Ges. §§ 46, 47.

1. Der Schulvorstand kann Baubeiträge auch auf Zensiten, die nicht Mitglieder eines korporativen Schulverbandes sind (Gemeinden, Gutsbezirke und Dritte aus besonderen Rechtstiteln Verpflichtete) ausschreiben, sowie auf erhobenen Einspruch Beschluß fassen, sofern es sich um laufende Ausgaben für die Gebäudeunterhaltung handelt, die in einem von dem Herangezogenen wenigstens stillschweigend genehmigten Schulkassenetat vorgesehen waren.

2. Hat der Schulvorstand Baubeiträge zusammen mit anderen Unterhaltungskosten in ungetrennter Summe ausgeschrieben und den Einspruch des Herangezogenen zurückgewiesen, so unterliegt sein mittels Klage angegriffener Beschluß, falls er sich betreffs der Baukosten als gesetzwidrig, im übrigen als gerechtfertigt erweist, nicht lediglich um jener Verbindung willen durchweg der Aufhebung. Dem Verwaltungsrichter liegt es dann

vielmehr ob, durch Verhandlung mit den Parteien, geeignetenfalls durch Erhebung von Beweis festzustellen, wie sich die angeforderte Summe auf beide Arten von Leistungen verteilt. Nur wenn sich auf diesem Wege Aufklärung nicht gewinnen läßt, sind der Beschluß und die darin aufrecht erhaltene Heranziehung im ganzen Umfang außer Kraft zu setzen.

Nr. 2. Entsch. v. 19. VI. 1900 Nr. I 956 (Pr.-V.-Bl. Bd. XXII S. 274).

Zust.-Ges. § 47 Abs. 3; L.-V.-G. §§ 52, 86, 95, 112; C.-P.-O. v. 20. V. 98 (R.-G.-Bl. S. 410) § 182.

1. Bei der Erstattungsklage aus § 47 Abs. 3 Zust.-Ges. hat die Parteirolle des Klägers derjenige Verband zu übernehmen, aus dessen Mitteln der zu erstattende Betrag gezahlt ist.

2. Die Entscheidung über die Beschwerde gegen eine Verfügung, durch die der Vorsitzende des Kreisausschusses die Revision gegen ein in der Berufungsinstanz ergangenes Urteil des Bezirksausschusses als verspätet zurückgewiesen hat, steht dem Oberverwaltungsgericht, nicht dem Bezirksausschusse zu.

3. Die Frage, ob eine ordnungsmäßige Zustellung stattgefunden hat, ist nicht nach Vereinbarungen des Adressaten mit der Post über die Nachsendung von Briefen oder über die von dem Adressaten in dieser Beziehung der Postbehörde zu erkennen gegebenen Wünsche, sondern allein nach den für Zustellungen erlassenen Vorschriften zu beurteilen.

4. Ein Rechtsirrtum, z. B. über den Lauf der Frist zur Einlegung von Rechtsmitteln, ist zur Begründung der Wiedereinsetzung in den vorigen Stand ungeeignet.

5. Für die Frage, ob die Voraussetzungen für eine Wiedereinsetzung in den vorigen Stand vorliegen, ist es unerheblich, daß die Gegenpartei ihr Einverständnis mit der beantragten Wiedereinsetzung erklärt, da diese Fragen im Verwaltungsstreitverfahren vom Verwaltungsrichter von Amtswegen, unabhängig von den Parteierklärungen zu prüfen sind.

Nr. 3. Entsch. v. 21. IX. 1900 Nr. I 1348 (C.-Bl.-U.-V. 1901 S. 343) und **Entsch.** v. 2. VII. 1901 Nr. I 1143 (C.-Bl.-U.-V. S. 972).

Zust.-Ges. § 47.

In Schulbaustreitigkeiten erstreckt sich die Rechtskontrolle auch auf die Leistungsfähigkeit des durch Beschluß der Schulaufsichtsbehörde in Anspruch Genommenen (E.-O.-V. Bd. XXXI S. 152ff.),

Nr. 4. Entsch. v. 23. XI. 1900 Nr. I 1743 (C.-Bl.-U.-V. 1901 S. 368).

Reg.-Instr. v. 23. X. 17 (G.-S. S. 248) § 18.
Zust.-Ges. § 49, L.-V.-G. § 79.

Der Verwaltungsrichter hat bei Streitigkeiten über die Anordnung von Neu- und Reparaturbauten der der allgemeinen Schulpflicht dienenden Schulen in demselben Umfange und demselben Maße zu befinden, wie ehemals die Bezirksregierungen nach § 18 der Reg.-Instr. vom 23. X. 17, unter Beachtung der durch § 79 L.-V.-G. und § 49 Abs. 2 und 3 Zust.-Ges. gesetzten Schranken. Es ist deshalb insbesondere über die Zweckmäßigkeit der streitigen Anordnung und die Leistungsfähigkeit des Schulverbandes Entscheidung zu treffen. Bei der Prüfung der Zweckmäßigkeit mußte im vorliegenden Falle, abgesehen von der Reparaturfähigkeit des vorhandenen Schulgebäudes, auch die Frage geprüft werden, ob die von der Schulaufsichtsbehörde angeordneten Um- und Anbauten etwa aus dem Gesichtspunkte mit den Grundsätzen einer richtigen Wirtschaftsführung nicht in Einklang stehen sollten, weil das reparierte Gebäude trotz der jetzt erforderlichen Aufwendungen dennoch nach verhältnismäßig kurzer Zeit durch einen Neubau würde ersetzt werden müssen oder wegen seiner baulichen Beschaffenheit auch nach der Reparatur dauernd so erhebliche Unterhaltungskosten erfordern würde, daß die gegenwärtige Ersparnis an Baukosten dadurch aufgewogen oder gar eine größere Belastung der Schulgemeinde herbeigeführt werden könnte.

Nr. 5. Entsch. v. 30. XI. 1900 Nr. I 1776 (Pr.-V.-Bl. Bd. XXII S. 604).
Zust.-Ges. §§ 47, 49.

Die Klage aus § 47 Abs. 2 Zust.-Ges. muß in jedem Falle zugleich wegen Uebernahme der streitigen Leistungen gegen einen Drittverpflichteten gerichtet werden, ohne daß der Einwand entgegengesetzt werden darf, daß ein Drittverpflichteter nicht besteht. Dieser Rechtsatz findet nach § 49 Abs. 1 Zust.-Ges. auch Anwendung, wenn die Schule mit einer Küsterei verbunden ist und von jemand als Kirchenpatron eine Leistung verlangt wird. Soweit die Klage auf einer Nichtverpflichtung des Klägers beruht, kann ihr ein Erfolg nur dann nicht versagt werden können, wenn sie zugleich gegen einen Drittverpflichteten gerichtet und der Nachweis erbracht wird, daß eine solche Verpflichtung des mitbeklagten Dritten besteht, möge diese letztere in einem patronatlichen, einem gutsherrlichen oder einem anderen öffentlich-rechtlichen Verhältnisse begründet sein. Eine derartige Gestaltung des Verfahrens entspricht dem öffentlichen Interesse und verstößt nicht gegen die Absicht des Gesetzgebers, der bei dem Erlasse der fraglichen Bestimmung mit Recht davon ausgegangen ist, daß die Schulaufsichtsbehörde die ihr übertragenen Befugnisse nur nach pflichtmäßigem Ermessen ausüben werde.

Nr. 6. Entsch. v. 1. III. 1901 Nr. I 371 (C.-Bl.-U.-V. S. 800).
Zust.-Ges. §§ 47, 49.

1. Schulbauten, deren Notwendigkeit von der Errichtung einer neuen Lehrerstelle abhängt, dürfen erst angeordnet werden, nachdem diese vorher, sei es durch Einverständnis der Unterhaltungspflichtigen oder in dessen Ermangelung durch eine im Wege des Ges. v. 26. V. 87 (G.-S. S. 175) herbeizuführende vollstreckbare Feststellung der Beschlußbehörde gesichert ist (vgl. E.-O.-V. Bd. XXX S. 164, 168 ff.). Dabei handelt es sich nicht um eine Bestimmung von bloß instruktioneller Bedeutung, sondern um eine materielle Norm des Schulbaurechts. Denn die Träger der Schulbaulast sind nur zu notwendigen Schul-, Neu- oder Reparaturbauten gesetzlich verpflichtet. Von der Notwendigkeit der Erbauung eines neuen Schulhauses mit Klassenzimmer und Lehrerwohnung kann aber erst die Rede sein, wenn die Berufung eines neuen Lehrers, dem die erweiterten Räume überwiesen werden sollen, im geordneten Wege sichergestellt ist.

2. Der Verwaltungsrichter kann auch die Leistungsfähigkeit des durch Beschluß der Schulaufsichtsbehörde in Anspruch Genommenen seiner Nachprüfung unterwerfen. (E.-O.-V. Bd. XXXI S. 151 ff.)

3. Die Fähigkeit der im vorliegenden Falle beteiligten drei Landgemeinden zur Uebernahme der Hand- und Spanndienste noch außer dem anzuleihenden Barbetrage deshalb anzuerkennen, weil ihre Belastung für

Schulzwecke mit prozentualen Zuschlägen zu den direkten Staatssteuern, einschließlich der für die Verzinsung und allmähliche Tilgung des Baudahrlehns erforderlichen, hinter dem Mindestsatze von 50 Prozent zurückbleibe, von dem der Unterrichtsminister in dem Erl. v. 15. II. 95 (C.-Bl.-U.-V. S. 367) die Gewährung von Staatsbeihilfen an unvermögende Schulverbände abhängig gemacht habe, ist verfehlt. (Vgl. E.-O.-V. Bd. XXXI S. 152 ff.) Der Min.-Erl. v. 15. II. 95 fällt einmal nicht unter die allgemeinen Anordnungen der Schulaufsichtsbehörde über die „Ausführung von Schulbauten", welche nach § 49 Abs. 2 Zust.-Ges. der Nachprüfung des Verwaltungsrichters entzogen sind. Durch den Erlaß ist zudem ein rein mechanischer Maßstab für die Leistungsfähigkeit der Schulunterhaltungspflichtigen, der unbedingt überall anzuwenden wäre, keineswegs angeordnet worden. Das geht aus dem Erlasse selbst klar hervor und ist von dem Unterrichtsminister in der Sitzung des Abg.-Hauses am 9. III. 96 mit dem Bemerken bestätigt worden, daß in jedem Einzelfalle neben den Schullasten auf die anderen öffentlichen Abgaben sowie auf die besonderen wirtschaftlichen und Erwerbsverhältnisse der Beteiligten billige Rücksicht genommen werden müsse, — ein Grundsatz, der nebenbei bemerkt, auf anderen Gebieten der Verwaltung, z. B. in dem Pfarrbesoldungsges. v. 2. VII. 98 Art. 4 (G.-S. S. 155) sogar gesetzlich festgelegt ist.

4. Was die bei Schulbauten erforderlichen Hand- und Spanndienste anlangt, so geht die Behauptung der Schulgemeinde, daß deren Leistung in Natur „veraltet und heutzutage nicht mehr ausführbar" sei, Angesichts der aus neuester Zeit herstammenden gesetzlichen Vorschriften auf verwandten Gebieten, beispielsweise dem des Komm.-Abg.-Ges. v. 14. VII. 93 (§§ 1, 68 ff), offenbar zu weit. Ebensowenig ist aber aus den Erl. v. 5. IV. 72 (M.-Bl. S. 163) und v. 26. III. 73 (C.-Bl.-U.-V. S. 505) zu entnehmen, daß die Dienste unter keinen Umständen aus Staatsfonds übertragen werden dürften. Ob die Schulaufsichtsbehörde befugt ist, die Naturalleistung zu erzwingen, oder nicht vielmehr den Beteiligten nach Belieben die Verdingung freisteht, kann dahingestellt bleiben. Jedenfalls bilden die Dienste auch im Falle allseitigen Einverständnisses darüber, daß sie zur Minderung des Barbedarfs in Natur zu leisten sind, eine Last der Beteiligten und es hat also im Streitfalle der Verwaltungsrichter über die Fähigkeit der Beteiligten zur Erfüllung dieser Last zu befinden. Wird dagegen von den Beteiligten ohne Widerspruch der Aufsichtsbehörde die Verdingung der Dienste beschlossen, dann steht der Wert der Dienste etwaigen Barbeiträgen der Dienstpflichtigen gleich. In solchen Fällen sollen allerdings den angeführten Ministerialerlassen gemäß Staatsbeihilfen zur Uebertragung der Dienste, grundsätzlich nicht gewährt werden. Dieser Grundsatz beruht indes doch nur auf verwaltungsbehördlichen Zweckmäßigkeitserwägungen und enthält keine verpflichtende Norm des bestehenden Rechts; geeignetenfalls kann vielmehr, worauf denn auch in dem Erl. v. 1873 ausdrücklich hingedeutet wird, die Aufsichtsbehörde zur Uebertragung des Werts der Dienste auf eine Staatsbeihilfe zurückgreifen.

Daß durch die bestimmte Zusage von Staatsbeihilfe der Einwand der Leistungsunfähigkeit beseitigt werden kann, ist außer Zweifel. Andererseits ist es gegenüber einer Neubauanordnung, sofern die Beschaffung von Räumen an sich notwendig, die Leistungskraft der Pflichtigen aber unzureichend erscheint und die Zusage entsprechender Staatsbeihilfe ausbleibt, dem Verwaltungsrichter unverwehrt, je nach Bewandtnis der Umstände zu erkennen, daß dem Bedürfnisse ganz oder zum Teil anders als durch Neubau, beispielsweise durch Anmietung von Wohn- oder Unterrichtsräumen abzuhelfen sei.

Nr. 7. Entsch. v. 3. VII. 1900 Nr. I 1023 (C.-Bl.-U.-V. 1901 S. 317).

Zust.-Ges. § 47; A.-L.-R. II 11 § 759.

1. Hat die Regierung als Schulaufsichtsbehörde einmal die Anordnung der Erbauung einer Filialschule, sodann eine ziffermäßige Verteilung der mutmaßlichen Baukosten auf die baupflichtigen Mitglieder des Schulverbandes, letzeres in Verbindung mit der Festsetzung des Verteilungsmaßstabs, der in der Schlesischen Provinzialgesetzgebung unentschieden gelassen, daher im Streitfalle von der Schulaufsichtsbehörde und zwar beim Nichtvorhandensein einschlägiger ortsrechtlicher Vorschriften nach billigem Ermessen, vorbehaltlich nur der Beschwerde an den Unterrichtsminister, zu bestimmen ist, so steht gegen die Bauordnung wie gegen die Kostenverteilung, d. i. gegen die auf § 47 Zust.-Ges. beruhende resolutorische Entscheidung den Beteiligten die Klage im Verwaltungsstreitverfahren offen. Mangels einer solchen Klage ist der Beschluß — zwar nicht, wie ein gerichtliches oder verwaltungsgerichtliches, mit dem zulässigen Rechtsmittel nicht angegriffenes Urteil rechtskräftig, wohl aber — für die darin als pflichtig Bezeichneten unanfechtbar geworden. Allerdings kann die Regierung gleichwohl den Beschluß noch abändern, jedoch ist sie nicht befugt, die von ihr gesetzte Verteilungsnorm, nachdem unter deren Herrschaft der Bau vollendet war, durch eine andere, gleich jener nach Gesichtspunkten der Angemessenheit und Zweckmäßigkeit gewählte Norm zu ersetzen. Im Uebrigen ergiebt sich aus der rechtlichen Natur der Schulbauresolute, daß es der Schulaufsichtsbehörde unverwehrt ist, von ihr getroffene Bauanordnungen und Baukostenverteilungen durch weitere Beschlüsse nicht bloß zu ergänzen, sondern auch zu ändern und aufzuheben (E.-O.-V. Bd. XXV S. 191, Bd. XX S. 183).

2. Dagegen hat der Schulvorstand ein solches Recht nicht. Bauresolute der Schulaufsichtsbehörde geben einen sofort vollstreckbaren Titel und zwar für das Schulinstitut, sofern es, wie im Bereiche der Schlesischen katholischen Schulreglements, juristische Persönlichkeit hat und die Träger der Baulast ihm unmittelbar verpflichtet sind, andernfalls, beispielsweise im Gebiete des A.-L.-R.'s, für den korporativen Verband (Schulgemeinde, Schulsocietät), dem gesetzlich die Baulast obliegt. Daher ist der Schulvorstand als Vertreter der Schule oder der Schulgemeinde befugt, die durch einen Baubeschluß in Anspruch genommenen Rechtssubjekte zur Zahlung der Beiträge aufzufordern. Darin liegt dritten Rechtssubjekten gegenüber (bürgerlichen und Kirchengemeinden, Gutsherren, Patronen oder aus speziellen Rechtstiteln Verpflichteten) nur die Aufforderung zur Zahlung des von der Schulaufsichtsbehörde Veranlagten, Festgesetzten, aber nicht eine neue selbständige, unter den § 46 Zust.-Ges. fallende Veranlagung durch den Schulvorstand. Als eine solche kennzeichnet sich erst die Unterverteilung der einer Schulgemeinde auferlegten Leistung auf die Hausväter. Zahlen die Dritten das resolutorisch Festgesetzte, so ist die Angelegenheit erledigt. Zahlen sie auf die Aufforderung nicht, so handelt es sich um die Vollstreckung des Resoluts, und auch diese kann Gegenstand einer Klage aus § 46 a. a. O. nicht sein.

Nr. 8. Entsch. v. 16. X 1900 Nr. I 1506 (Pr.-V.-Bl. Bd. XXII S. 417).

Zust.-Ges. § 47.

Die Schulaufsichtsbehörde, die nach § 47 Abs. 1 Zust.-Ges. zur Anordnung von Schulbauten, sofern Streit entsteht, zuständig ist, braucht nach entstandenem Streit das Bauprojekt, dessen Ausführung sie anordnet, dem Baupflichtigen nicht mitzuteilen.

Nr. 9. Entsch. v. 16. X. 1900 Nr. I 1508 (Pr.-V.-Bl. Bd. XXII S. 513).

Zust.-Ges. § 47 Abs. 2, § 56 Abs. 4, § 66 Abs. 2; Reg.-Instr. v. 23. X. 17 (G.-S. S. 248) § 8 Abs. 7.

1. Auf gewissen Gebieten der Verwaltung, bei Schulbauten, Wegebauten und Grabenräumungen erheischt im Falle des Entstehens von Streit das öffentliche Interesse unbedingt ein positives Ergebnis des Verfahrens dahin, daß die Behörde in der Lage bleibt, von ihr angeordnete Herstellungen, sofern sie keinen Aufschub dulden, schon vor der endgültigen Entscheidung über die Aufbringung und Verteilung der Kosten durchzusetzen. Darum ist nach den im wesentlichen übereinstimmenden Vorschriften in den §§ 47 Abs. 2, 56 Abs. 4 und 66 Abs. 2 des Zust.-Ges. dem von der Behörde in Anspruch Genommenen die Klage gegen diese allein nur insoweit gegeben, als er die Zuständigkeit der Behörde oder die Notwendigkeit und Zweckmäßigkeit ihrer Anordnungen bekämpfen will. Dagegen kann er die ihm angesonnene Leistung auf einen anderen, den er aus Gründen des öffentlichen Rechts statt seiner für verpflichtet erachtet, nur dadurch abbürden, daß er die Klage zugleich und zwar mit Erfolg auch gegen ihn richtet. Ob sich die Behörde bei der Verteilung der Last rechtlich oder thatsächlich geirrt hat, unterliegt daher der verwaltungsrichterlichen Nachprüfung nur in dem Umfange, wie es der Beurteilung im Zusammenhange mit der zu erörternden Leistungspflicht eines mitbeklagten Dritten bedarf. (Vgl. E.-O.V. Bd. XXXIII S. 239.)

2. Baubeschlüsse der Schulaufsichtsbehörde können, da sie Akte der Verwaltung, nicht der Verwaltungsrechtsprechung sind, in Rechtskraft überhaupt nicht übergehen, sondern nur für die davon Betroffenen — infolge von Versäumnis der zweiwöchigen Frist zu ihrer Anfechtung mittels Klage oder durch Verzicht auf die Klage — unanfechtbar werden. Der Schulaufsichtsbehörde steht grundsätzlich die Befugnis zu, ihr gegenüber unanfechtbar gewordene Baubeschlüsse zu ergänzen, zu ändern, ganz zurückzuziehen und von neuem zu erlassen. Unter gewissen Umständen ist sie zu Aenderungen sogar verpflichtet, dann nämlich, wenn sie mittlerweile die Ueberzeugung gewonnen hat, daß von ihr getroffene Festsetzungen dem bestehenden Rechte zuwiderlaufen. (E.-O.-V. Bd. XXV S. 186 ff.)

Nr. 10. Entsch. Bd. XXXIX S. 179 v. 11. XII. 1900 I C 17/1900.

Zust.-Ges. § 47.

Die durch § 47 Abs. 1 Zust.-Ges. der Schulaufsichtsbehörde übertragene Befugnis, über die öffentlich-rechtliche Verpflichtung zur Aufbringung von Schulbaukosten, sowie über deren Verteilung auf Gemeinden (Gutsbezirke), Schulverbände und Dritte, statt derselben oder neben denselben Verpflichtete, sofern Streit entsteht, zu beschließen, erstreckt sich, wie bereits in E.-O.-V. Bd. XV S. 262 ff. ausgeführt worden ist, nur auf solche Anordnungen, die gegen die a. a. O. aufgeführten Verbände und die dort bezeichneten Dritten, d. h. gegen die Träger der Schulbaulast gerichtet sind. Dagegen sind Anordnungen, bei denen es sich um die von den einzelnen Mitgliedern pflichtiger Verbände zu leistenden Beiträge handelt, der Zuständigkeit der Schulaufsichtsbehörde nicht überwiesen und unterliegen deshalb wegen Unzuständigkeit der Schulaufsichtsbehörde, wenn diese sie trotzdem erlassen hat, im Wege der Rechtskontrolle der Aufhebung.

Nr. 11. Entsch. v. 5. X. 1900 Nr. I 1438 (Pr.V.-Bl. Bd. XXII S. 488).

Zust.-Ges. §§ 46, 47

1. Im Rahmen des § 46 Abs. 2 Zust.-Ges. kann nur über die Verpflichtung zu der geforderten einzelnen Leistung gestritten werden

(E.-O.-V. Bd. XIV S. 194, Bd. XV S. 216, 220, Bd. XXV S. 178); durch § 46 Abs. 3 ebenda ist auch nicht das Verwaltungsstreitverfahren über die Beitragspflicht überhaupt zwischen dem angeblich Pflichtigen und der Schulgemeinde oder dem Schulvorstande eröffnet, weil die Schulgemeinde oder der Schulvorstand nicht zu den Beteiligten im Sinne des § 46 Abs. 3 gehört. (Vgl. E.-O.-V. Bd. XXV S. 180ff., Bd. XXV S. 174ff.)

2. Für einen Streit über Schulbauleistung ist § 47 Abs. 3 Zust.-Ges. maßgebend. Die Schulgemeinde gehört zu den Beteiligten im Sinne dieser Bestimmung (E.-O.-V. Bd. XXV S. 184ff.). Indessen darf eine Klage aus § 47 Abs. 3 auf Feststellung der Befreiung von Schulbauleistungen nicht mit der Klage aus § 46 Abs. 2 verbunden werden. In der Rechtsprechung des O.-V.-G. steht fest, daß die Klage aus § 46 Abs. 3 nicht mit der Klage aus § 46 Abs. 2 verbunden werden darf (E.-O.-V. Bd. XXXIII S. 236ff.), und ferner auch, daß eine Verbindung der Klage aus § 47 Abs. 3 mit der Klage aus § 47 Abs. 2 unstatthaft ist (vgl. E.-O.-V. Bd. XXXIII S. 240, Bd. XXV S. 256). Dasselbe muß umsomehr hinsichtlich einer Verbindung der Klagen aus § 46 Abs. 2 und § 47 Abs. 3 gelten, weil es sich hier um verschiedenartige Leistungen handelt.

Im Uebrigen trifft auch dabei die Erwägung zu, daß die Haushaltsinteressen der abgabeberechtigten Korporation die Einbeziehung anderer Fragen in den Streit über die geforderte einzelne Leistung nicht gestatten (E.-O.-V. Bd. XXXIII S. 239).

3. Die Klage auf Anerkennung der Befreiung von Schulbauleistungen ist dann unzulässig, wenn kein Streit hierüber zwischen den Parteien besteht. Wenn § 47 Abs. 3 Zust.-Ges. „Streitigkeiten" der Beteiligten zum Verwaltungsstreitverfahren verweist, so ist zwar damit keine materielle Voraussetzung der Klage bezeichnet, sondern es ist nur eine Bestimmung über die Zuständigkeit der Verwaltungsgerichte getroffen. Allein das sich für Feststellungsklagen aus § 231 — jetzt § 256 — der Civ.-Pr.-Ordn. ergebende Erfordernis eines rechtlichen Interesses an der Feststellung ist durch die Verweisung vor die Verwaltungsgerichte nicht beseitigt (vgl. E.-O.-V. Bd. XXI S. 229ff., Bd. XXXVI S. 280). Kann nun der Kläger nicht behaupten, daß ihm Leistungen zum Bau einer Schule angesonnen worden seien, so ist nicht erfindlich, welches Interesse er an einer richterlichen Feststellung seiner Befreiung von derartigen Leistungen haben sollte.

2. Begriff und Umfang der Schulbaulast.

Nr. 1. Entsch. Bd. XXXIX S. 151 v. 12. IV. 1901 I B 50/1900.

Ges. v. 26. V. 87 (G.-S. S. 175), betr. die Feststellung neuer Anforderungen für Volksschulen.
Lehrerdiensteinkommensges. v. 3. III. 97 (G.-S. S. 25) § 14.
A.-L.-R. I 2 §§ 4, 76, 84, II 11 § 786, II 12 § 34; B.-G.-B. §§ 95, 98, 544.
Zust.-Ges. §§ 47, 49.

1. Durch das Ges. v. 26. V. 87 ist die Feststellung neuer Anforderungen für Volksschulen den Kreis- und Bezirksausschüssen mit Zulassung der Beschwerde an den Provinzialrat übertragen, aber der § 5 dieses Ges. schließt dessen Anwendung auf Schulbausachen im Sinne des § 47 Abs. 1 Zust.-Ges. aus. In Bezug auf die Anordnung von Neu- und Reparaturbauten bei Schulen ist es also abgesehen von der Zulässigkeit des Verwaltungsstreitverfahrens bei dem Festsetzungsrechte der Schulaufsichtsbehörde verblieben. Zu den Anordnungen von Schulbauten gehören die Anordnungen der baulichen Herstellung von Lehrerwohnungen (vgl. E.-O.-V. Bd. III S. 148ff. Bd. XIX

S. 185, Bd. XXI S. 216, Bd. XXIV S. 133.) Aus § 14 Abs. 2 des Lehrerdiensteinkommensges. v. 3. III. 97 geht ebenfalls hervor, daß die Schulaufsichtsbehörden Festsetzungen über die Einrichtung von Lehrerdienstwohnungen — vorbehaltlich der Anfechtung im Verwaltungsstreitverfahren — treffen können.

2. Die Frage, ob die Beschaffung eines Kochherds für die Dienstwohnung eines Lehrers zu den baulichen Herstellungen gehört, namentlich in Gegenden, wo die Kochherde von dem jedesmaligen Wohnungsinhaber beschafft zu werden pflegen, hat das O.-V.-G. für Kochherde ebenso wie für Oefen bejaht, weil die Räume ohne Kochherd und Oefen nicht das sein können, wozu sie bestimmt sind, und weil es sich bei einer konstruktiven Verbindung mit dem Gebäude um Substanzteile handelt, bewegliche Koch- und Heizvorrichtungen aber zum Ersatze für konstruktiv verbundene dienen (E.-O.-V. Bd. XIX S. 187 ff. und 192 Anm., Bd. XXIII S. 120).

Mit dem Inkrafttreten des B.-G.-B. haben indessen die früheren Rechtsausführungen, soweit sie sich auf die Bestimmungen des A.-L.-R.'s über Substanzteile und Pertinenzen stützten, ihre unmittelbare Bedeutung verloren. Allerdings sind die Vorschriften des A.-L.-R.'s nur soweit aufgehoben, als sie sich nicht auf öffentliches Recht beziehen (Art. 89 Nr. 1b des Pr Ausf.-Ges. v. 20. IX. 99, Art. 55 des Einf.-Ges. zum B.-G.-B.). Aber die Vorschriften des A.-L.-R.'s über die Substanz und über die Pertinenzen eines Wohnhauses oder einer Wohnung waren an sich privatrechtlicher Natur. Das öffentliche Interesse ist an der Einrichtung einer Privatwohnung zunächst und im allgemeinen nicht beteiligt, wenn auch ein sozialpolitisches Interesse an der Besserung der Wohnungsverhältnisse bestehen und hierauf insbesondere die Bestimmung im § 544 B.-G.-B. über das Recht zur Kündigung gesundheitsgefährlicher Wohnungen beruhen mag. Keinesfalls lag den landrechtlichen Vorschriften über Substanz und Pertinenzen einer Wohnung und eines Wohnhauses ein sozialpolitischer Gesichtspunkt zu Grunde; sie regelten auch nicht die öffentlich-rechtliche Schulbaupflicht, sondern kamen nur, weil sie Wohnungen überhaupt betrafen, für Dienstwohnungen mit in Betracht.

3. Allein man gelangt ohne die besonderen Bestimmungen des A.-L.-R.'s — namentlich in den §§ 4 und 76 Tit. 2 T. I — gleichfalls zu dem Ergebnisse, daß die Beschaffung eines Kochherds für die Dienstwohnung eines Lehrers zu deren baulicher Herstellung im Sinne des § 47 Zust.-Ges. gehört. Wenn es auch in einzelnen Gegenden Sitte ist, daß Kochherd und Oefen von dem jeweiligen Wohnungsinhaber beschafft werden, und daher bewegliche Koch- und Heizvorrichtungen dort nicht als Zubehör der Wohnung angesehen werden, so herrscht doch ohne Zweifel im größten Teile des Staatsgebiets die entgegengesetzte Anschauung, wonach zur Vollständigkeit und zur Benutzbarkeit einer Wohnung als solcher das Dasein von Kochherd und Oefen erfordert wird und deren Beschaffung dem Erbauer mit obliegt. Als Beweis hierfür kann die aufgehobene Bestimmung im § 84 Tit. 2 T. I A.-L.-R. über die Pertinenzeigenschaft beweglicher Oefen jetzt noch dienen. Bei der Frage, ob es sich um eine zur Zuständigkeit der Schulaufsichtsbehörde gehörende bauliche Anordnung im Sinne des § 47 Abs. 1 Zust.-Ges. oder um eine nach Maßgabe des Ges. v. 26. V. 86 festzustellende sonstige Anforderung für Volksschulen handelt, kommt es nicht auf die besondere Sitte der einzelnen Gegend an, sondern es ist die allgemeine Anschauung über den Umfang der baulichen Leistungen entscheidend. Die Zuständigkeit der Regierung zum Erlaß eines Schulbaubeschlusses hat offenbar nicht von Anschauungen abhängig sein sollen, die gerade in der Gegend, wo die Schule liegt, über das zu einer Wohnung Gehörige verbreitet sind. Der Schul-

baubeschluß soll, ebenso wie die frühere interimistische Entscheidung der Regierung über Schulbauten, dem öfentlichen Interesse dienen (E.-O.-V. Bd. XXV S. 189), daher kann die Verkehrsanschauung in der jedesmal durch die Lage der Schule bestimmten Gegend nicht über die Zulässigkeit der Beschlußfassung im Einzelfall entscheiden. Außerdem ist darauf hinzuweisen, daß Koch- und Heizvorrichtungen, die durch Maurer- und Töpferarbeit in dauerde konstruktive Verbindung mit dem Gebäude gebracht sind, sich als dessen Bestandteile darstellen, die Herstellung solcher Koch- und Heizvorrichtungen also jedenfalls baulicher Art ist. Die Beschaffung beweglicher Koch- und Heizvorrichtungen kann aber nicht anders beurteilt werden, weil sie demselben Bedürfnisse dienen und die Aufsichtsbehörde, die zur Forderung festverbundener Koch- und Heizvorrichtungen als einer baulichen Leistung jedenfalls zuständig wäre, sich nur zur Erleichterung der Baupflichtigen mit dem Ersatze durch bewegliche Vorrichtungen begnügt (vgl. E.-O.-V. Bd. XXIII S. 154 ff.).

4. Die Vorschriften des B.-G.-B. über Bestandteile und Zubehör einer Sache stehen hiermit im Einklange. Wenn nach § 95 Abs. 2 B.-G.-B. Sachen, die nur zu einem vorübergehenden Zwecke in ein Gebäude eingefügt sind, nicht zu dessen Bestandteilen zählen und wenn ferner nach § 97 Abs. 2 ebenda die vorübergehende Benutzung einer Sache für den wirtschaftlichen Zweck einer anderen die Zubehöreigenschaft nicht begründet, so trifft dies bei einem Kochherde, der für eine Dienstwohnung zu dauerndem Gebrauch ihrer Inhaber beschafft werden soll, nicht zu. Allerdings gilt eine Sache nach § 97 Abs 1 Satz 2 nicht als Zubehör, wenn sie nicht im Verkehr als Zubehör angesehen wird. Die Sitte, daß in einzelnen Gegenden Koch- und Heizvorrichtungen regelmäßig von dem jedesmaligen Wohnungsinhaber beschafft werden, mag danach für die Beurteilung der dortigen Privatrechtsgeschäfte in Betracht kommen. Aber die Zuständigkeit der Schulaufsichtsbehörde zu baulichen Anordnungen steht, wie schon hervorgehoben wurde, nicht unter Herrschaft der Verkehrssitte einzelner Gegenden. Bei Abgrenzung der Zuständigkeit der Behörden kann es nur darauf ankommen, ob die Koch- und Heizvorrichtung nach der allgemeinen Verkehrsanschauung als Bestandteil oder als Zubehör einer Wohnung angesehen wird, was unbedenklich bejaht werden muß, nicht aber darauf, ob dies auch gerade an dem Orte der Fall ist, für den die Schulaufsichtsbehörde ihre Anordnung erläßt. Auch nach den §§ 95 bis 98 B.-G.-B. sind Kochherd und Oefen — abgesehen von der erwähnten, für die Zuständigkeit der Behörden nicht maßgebenden ausnahmsweisen Sitte — Bestandteile oder Zubehör der Wohnungen. Ersteres sind sie im Falle dauernder konstruktiver Verbindung mit dem Gebäude. Daher behält auch die Erwägung hinsichtlich des Ersatzes baulicher Bestandteile durch bewegliche Koch- und Heizvorrichtungen ihre Bedeutung. Wenn ferner bewegliche Sachen nach § 97 Abs. 1 B.-G.-B. erst durch ihre Bestimmung, dem wirtschaftlichen Zwecke der Hauptsache zu dienen, und durch die Herstellung eines entsprechenden räumlichen Verhältnisses Zubehör werden, so ist darum doch nicht zu bezweifeln, daß die Beschaffung des Zubehörs zur Beschaffung der Hauptsache gehört, wenigstens soweit es sich nicht um Zubehör handelt, das nur durch menschliche Willkür diese Eigenschaft erhält (E.-O.-V. Bd. XIII S. 270, 272, 273).

5. Somit ist die Anordnung der Schulaufsichtsbehörde, einen Kochherd für die Dienstwohnung eines Lehrers zu beschaffen, auch nach dem Inkrafttreten des B.-G.-B. als bauliche im Sinne des § 47 Abs. 1 des Zust.-Ges. zu erachten und daher die Zuständigkeit der Schulaufsichtsbehörde zum Erlasse einer Anordnung wie der hier streitigen nach wie vor anzuerkennen.

6. Gegen den Beschluß der Schulaufsichtsbehörde findet jedoch die Klage im Verwaltungsstreitverfahren statt. Dies ist zunächst im § 47 Abs. 2 Zust.-Ges. und dann wieder im § 14 Abs. 2 des Lehrerdiensteinkommensges. v. 3. III. 97 ausgesprochen. Für die im Verwaltungsstreitverfahren nach § 47 Zust.-Ges. zu treffenden Entscheidungen waren nach § 49 Abs. 2 ebenda die allgemeinen Anordnungen der Schulaufsichtsbehörden über die Ausführung von Schulbauten maßgebend. In einer Reihe von Erlassen hat der Unterrichtsminister gleichmäßig für alle Landesteile den Grundsatz ausgesprochen, daß die Dienstwohnungen der Volksschullehrer der Regel nach mit Oefen für die heizbaren Zimmer und mit einer Kochmaschine auszustatten sind. Die Verbindlichkeit dieser allgemeinen Anordnung für den Verwaltungsrichter hat das O.-V.-G. auch wiederholt anerkannt.

Es fragt sich aber, ob der Verwaltungsrichter auch jetzt noch an allgemeine Anordnungen hinsichtlich der Ausstattung von Dienstwohnungen gebunden ist, nachdem der § 14 des Lehrerdiensteinkommensges. im zweiten Abs. das Verwaltungsstreitverfahren ohne Einschränkung zugelassen hat. Wie aus der Entstehungsgeschichte des Ges. hervorgeht, ist die Frage zu verneinen.

(Folgt eingehende Begründung.)

Das bisherige Verwaltungsstreitverfahren, wofür die allgemeinen Anordnungen der Aufsichtsbehörden maßgebend waren, hat durch ein Verfahren mit freier Prüfung des Verwaltungsrichters ersetzt werden sollen, in denen der Verwaltungsrichter nicht durch allgemeine Anordnungen der Aufsichtsbehörden gebunden ist. Gemäß § 49 Abs. 2 Zust.-Ges. sind sonach zwar für die im Verwaltungsstreitverfahren „nach § 47“ zu treffenden Entscheidungen die von den Schulaufsichtsbehörden erlassenen allgemeinen Anordnungen über die Ausführung von Schulbauten maßgebend, aber für die auf Grund des § 14 Abs. 2 des Lehrerdiensteinkommensges. zu treffenden Entscheidungen fehlt es an einer gleichen Bestimmung.

7. Hiernach hat der Verwaltungsrichter unabhängig von den allgemeinen Anordnungen des Unterrichtsministers die Notwendigkeit der Beschaffung des streitigen Kochherds für eine Dienstwohnung zu prüfen. Zur Bejahung reicht aber der Regel nach schon die Erwägung hin, daß der Wohnungsinhaber einen Kochherd notwendig braucht. Die örtlichen Verhältnisse, die nach § 14 Abs. 1 des Lehrerdiensteinkommensges. zu berücksichtigen sind, können in dieser Beziehung im allgemeinen keinen Unterschied machen. Darauf, ob es sonst in der Gegend üblich ist, daß der jedesmalige Inhaber der Wohnung für die Beschaffung eines Kochherds ebenso wie für die Beschaffung von Oefen sorgt, kommt es bei der öffentlich-rechtlichen Verpflichtung zur Einrichtung einer Dienstwohnung nicht an. Nach § 1 des Lehrerdiensteinkommensges. besteht das Diensteinkommen der an einer öffentlichen Volksschule endgültig angestellten Lehrer neben dem Bargehalt in freier Dienstwohnung oder entsprechender Mietsentschädigung. Im Falle der Gewährung einer Dienstwohnung muß aber auch Alles gewährt werden, was zur Einrichtung einer Dienstwohnung notwendig ist. Die Verkehrssitte in einer einzelnen Gegend entscheidet nicht darüber, inwieweit die notwendige Einrichtung der Dienstwohnung den Schulunterhaltungspflichtigen oder dem Wohnungsinhaber selbst zur Last falle. Daß aber ein Kochherd zur Einrichtung der Wohnung als solcher notwendig gehört, entspricht der im größten Teile des Staatsgebiets herrschenden allgemeinen Anschauung, die für die Auslegung der Bestimmung des Lehrerdiensteinkommensges. über die Verpflichtung zur Gewährung einer Dienstwohnung maßgebend ist. Wenn die örtlichen Verhältnisse bei der Anlage und Veränderung

von Dienstwohnungen berücksichtigt werden sollen, so bestimmt sich darum doch nicht nach den örtlichen Verhältnissen, ob eine an sich notwendige Einrichtung von den Schulunterhaltungspflichtigen zu gewähren ist oder nicht. Daneben mag auf die Unzuträglichkeiten hingewiesen werden, die bei Versetzungen von Lehrern entstehen, wenn die Koch- und Heizvorrichtungen mitgenommen, neu angeschafft oder vom Vorgänger übernommen werden müssen.

3. Die Schulbaupflichtigen.

a) Im Geltungsgebiete des Allgemeinen Landrechts.

α) Bei gewöhnlichen Volksschulen.

Nr. 1. Entsch. v. 6. III. 1900 Nr. I 366 (C.-Bl.-U.-V. 1901 S. 226).
A.-L.-R. II 11 §§ 157—159, 217, 710ff., 787ff., II 12 § 37.

1. In der mittels Staatsvertrags v. 15. VI. 16 aus Schwarzburg-Sondershausenscher Landeshoheit an den Preußischen Staat übergegangenen Herrschaft Allersberg ist durch Vd. v. 25. V. 18 (G.-S. S. 45) das A.-L.-R. nebst den nachher erfolgten abändernden, ergänzenden und erläuternden Bestimmungen v. 1. X. desselben Jahres an eingeführt worden. Bis dahin hatten daselbst das gemeine deutsche Kirchenrecht und als Landesgesetze die Kirchenordn. v. 23. I. 1618 und 29. X. 1649 sowie angeblich eine Kirchenordnung vom Jahre 1587 gegolten. Letztere muß, da ihre Herbeischaffung nicht gelungen ist, außer Betracht bleiben. Die beiden jüngeren Kirchenordnungen enthalten nirgends, namentlich auch nicht in ihren, von der Verwaltung der Kirchengüter handelnden Abschnitten (S. 20ff. der Ordn. v. 1618, S. 40ff. der Ordn. v. 1649), Bestimmungen über die Kirchenbaulast und hatten es also insoweit bei den Grundsätzen des gemeinen Kirchenrechts belassen. Nach diesen brauchte der Patron zur Errichtung oder Unterhaltung geistlicher Gebäude bei Unzulänglichkeit des Kirchenvermögens nur in dem Falle beizutragen, wenn er aus dem Kirchengute Einkünfte bezog (E.-O.-V. Bd. XXI S. 201ff.).

2. Waren sonach in vorlandrechtlicher Zeit die Patrone der Kirche zu Z. von Beiträgen zur baulichen Unterhaltung der Kirche, Pfarre und Küsterei kraft gesetzlicher Vorschrift frei, so kann von Begründung ebenderselben Freiheit durch örtliches Gewohnheitsrecht oder von der in einem solchen wurzelnden Einschränkung der Patronatspflicht auf die Lieferung von Bauholz keine Rede sein, da unter Gewohnheitsrecht immer nur ein Zustand zu verstehen ist, der sich wider das gemeine Recht oder neben demselben her gebildet hat, niemals aber ein solcher, der gerade auf diesem Rechte beruht. Der von dem Vorderrichter festgestellten Observanz, welcher gemäß den Klägern vor Einführung des A.-L.-R.'s die Lieferung des erforderlichen Bauholzes und nur diese obgelegen haben soll, würde mithin — ihr erweisliches und rechtsgültiges Zustandekommen vorausgesetzt — nicht die Bedeutung einer die Kläger von Mehrleistungen befreienden, sondern umgekehrt die Bedeutung einer sie zu dieser Leistung verpflichtenden ortsrechtlichen Norm beizumessen sein. Mußten ferner schon zu der Zeit, als in Z. noch das gemeine Recht galt, abweichend von dessen Regeln nach Ortsrecht die Patrone Bauholz liefern, so ändert das nichts daran, daß ihnen mit Einführung des A.-L.-R.'s die dort in § 37 Tit. 12 T. II und §§ 787ff. in Verbindung mit §§ 710ff. Tit. 11 T. II vorgesehene weitergreifende Patronatspflicht zufiel, im Falle der Unzulänglichkeit des Kirchenvermögens zusammen mit den Eingepfarrten die gesammten Baukosten mit Ausnahme nur der eine Ver-

bindlichkeit der Eingepfarrten allein darstellenden Spann- und Handdienste, und zwar in dem bei Landkirchen anzuwendenden Verhältnisse von 2 zu 1, zu übernehmen.

3. Nach feststehender Rechtsprechung ist weder aus einer für das Kirchen- oder Pfarrgebäude nachgewiesenen Observanz notwendig zu folgern, daß sie auch für das Küsterschulhaus gilt, noch aus der für Reparaturbauten beobachteten Uebung notwendig ein Gleiches für Neubauten, vielmehr je nach den besonderen Umständen, unter denen sich die Uebung in dem einzelnen Falle bethätigt hat, die Observanz ihrem Umfange nach von dem Richter zu bestimmen (E.-O.-V. Bd. XXI S. 208/9).

4. Rechtlich möglich ist, daß sich seit der Einführung des A.-L.-R.'s im Jahre 1818 eine das Patronat von den dort vorgeschriebenen subsidiären Patronatsleistungen bei Küsterschulbauten bis auf die Lieferung von Bauholz befreiende Observanz, die rechtlich möglich gewesen wäre, thatsächlich gebildet hat.

5. Einem durch den Kirchenvorstand ausgesprochenen allgemeinen Anerkenntnisse des nach der Rechtsanschauung des Erklärenden nur nachweisbaren Umfangs der Patronatslast kommt, da das objektive Recht freier richterlicher Beurteilung unterliegt, ausschlaggebende Bedeutung nicht zu. Uebrigens würde der Kirchenvorstand ohne die Zustimmung erwählter Gemeinderepräsentanten und ohne Genehmigung der kirchlichen Oberen gar nicht befugt gewesen sein, einen die gesetzliche Patronatslast einschränkenden ortsrechtlichen Titel verbindlich für die Gemeinde anzuerkennen.

Nr. 2. Entsch. Bd. XXXIX S. 190 v. 17. V. 1901 I C 78/1900.

1. In der Provinz Posen giebt es zahlreiche, seit dem zwölften Jahrhundert in Polen entstandene Deutsche Dörfer, deren Bewohner nicht Hörige, wohl aber Unterthanen des Grundherrn waren, und sich von den Polnischen Bauerndörfern hauptsächlich dadurch unterschieden, daß sie einmal die Befugnis hatten, sich selbst zu besteuern sowie, abgesehen von der höheren, dem Grundherrn verbleibenden Gerichtsbarkeit, sich selbst zu richten, und daß sie ferner Freiheit genossen von allen Leistungen an den Grundherrn, die nicht vertragsmäßig bedingt waren. Trotz dieser auf dem Deutschen Rechte der Ansiedler beruhenden Privilegien, die den Polnischen Bauern nicht zukamen, gehörten auch die Deutschen Zinsbauern zu den Unterthanen des Gutsherrn, wie auch im vorliegenden Falle das Privileg ihre Verpflichtungen „der Herrschaft" gegenüber festsetzt und die Gutsherrschaft als „Obrigkeit" der Hauländer bezeichnet.

Dieses dem öffentlichen Rechte des Königreichs Polen entsprechende gutsherrlich-bäuerliche Verhältnis ist durch die spätere Gesetzgebung nicht beseitigt worden.

(Folgt eingehende Begründung).

2. Auch dort liegen daher, obwohl die Gutsherren nach der Wiedervereinigung des Großherzogtums Posen mit dem Preußischen Staate im Jahre 1816 die Gerichtsbarkeit und das sogenannte Schulpatronat nicht erhielten, dem Gutsherrn des Schulorts die in § 36 Tit. 12 T. II A.-L.-R. bestimmten Verpflichtungen zu Leistungen bei Schulbauten ob, die „auf dem Gute, wo die Schule sich befindet, gewachsenen oder gewonnenen Materialien, soweit selbige hinreichend vorhanden und zum Baue notwendig sind, unentgeltlich zu verabfolgen." Unter dem „Gute" ist nicht das Dorf zu verstehen, sondern das herrschaftliche Gut, mit dessen Besitze die Guts-

herrlichkeit über dieses Dorf verknüpft gewesen ist, zusammen mit dem Gemeindebezirke des letzteren (vgl. E.-O.-V. Bd. XXIX S. 188, Bd. XXXIII S. 254, 259.)

β) Bei Schul- und Küsterhäusern insbesondere.

Nr. 1. Entsch. v. 8. VI. 1900 Nr. I 899 (Pr.-V.-Bl. Bd. XXII S. 555).

Ges. v. 21. VII. 46 (G.-S. S. 392), betr. Bau und Unterhaltung der Schul- und Küsterhäuser. A.-L.-R. II 11 §§ 710, 790, II 12 § 37.

1. Beim Neubau von Schulhäusern, die zugleich Küsterwohnungen sind, fallen nicht bloß die Kosten der Herstellung der Küsterwohnung, sondern auch diejenigen Kosten, die die Herstellung der Schulräume in ihrer bisherigen Größe (Fläche) betreffen, den Pfarrbaupflichtigen zur Last, während die Kosten für erweiterte Schulräume (Lehrerwohnungen und Klassen) durch die Schulgemeinde zu tragen sind. So ist schon in E.-O.-V. Bd. XVI S. 263 ff. ausgesprochen, daß ein durch das Schulbedürfnis erforderlich gewordener Neubau ohne Konkurrenz der Schulgemeinde zu Lasten der kirchlichen Interessenten zu erfolgen habe, so lange er nur eine Wiederherstellung der früheren Schulräume in ihrem bisherigen Flächenraume bezweckt. Ist aber die Notwendigkeit eines Neubaues an sich anzuerkennen, so wird die Baupflicht der kirchlichen Interessenten auch nicht dadurch beeinträchtigt, daß das neue Gebäude auf einem anderen als dem bisherigen Baugrund errichtet werden soll. Entscheidend für die Baupflicht der kirchlichen Interessenten ist allein die Zweckbestimmung, der das neue Gebäude dienen soll (E.-O.-V. Bd. XIV S. 262) und diese Zweckbestimmung als Küster- und Schulhaus liegt ungeachtet der Wahl eines anderen Bauplatzes vor, zumal wenn dies mit ausdrücklicher Zustimmung der Pfarrgemeinde, die den neuen Platz an Stelle des alten, ihr gleichfalls gehörigen zur Verfügung gestellt hat, geschieht. Einwendungen gegen die Wahl eines neuen Bauplatzes wären an sich denkbar aus dem Gesichtspunkt der Angemessenheit, insofern durch eine solche Wahl die an die Baupflichtigen zu stellenden Anforderungen über das Bedürfnis hinaus erschwert werden sollten.

2. Als Maßstab für die Verteilung der Kosten zwischen den Schul- und den Pfarrbaupflichtigen kann das Verhältnis der bebauten Grundfläche des alten Küster- und Schulhauses zu der bebauten Grundfläche des projektierten Hauses angenommen werden.

3. Von der auf § 37 A.-L.-R. II 12 sich gründenden Last können die Pfarrbaupflichtigen durch Observanz befreit sein, da das Ges. vom 21. VII. 46, betreffend den Bau der Schul- und Küsterhäuser nur die Bildung einer Observanz ausschließt, durch die die Schulgemeinde von den ihr durch jenes Gesetz aufgelegten Lasten befreit wurde.

Nr. 2. Entsch. v. 23. XI. 1900 Nr. I 1743 (C.-Bl.-U.-V. 1901 S. 368).

A.-L.-R. II 12 § 37; Zust.-Ges. § 47.
Ges. v. 27. VII. 46 (G.-S. S. 392), betr. den Bau und die Unterhaltung der Schul- und Küsterhäuser.

1. In einem nach § 47 Abs. 2 Zust.-Ges. einzuleitenden Verwaltungsstreitverfahren ist die Rechtsgültigkeit einer von der Schulaufsichtsbehörde erlassenen Anordnung nach Maßgabe des geltenden objektiven Rechts zu prüfen und muß, soweit sie diesem Rechte nicht entspricht, der Aufhebung unterliegen. Will eine Schulgemeinde die nach objektivem Recht einem anderen Interessenten obliegende Bauverpflichtung freiwillig übernehmen, so bleibt ihr dies vorbehaltlich der Genehmigung der Schulaufsichtsbehörde zwar unbenommen.

Es kann aber durch eine solche freiwillige Erklärung ein unbeteiligter Dritter zur Uebernahme einer nach objektivem Recht ihm nicht obliegenden Verpflichtung nicht angehalten werden. An der hier in Frage stehenden Haupt- oder Kantorschule ist das Amt des Hauptlehrers von jeher organisch mit dem Kirchenamt des Küsters, Kantors und Organisten verbunden gewesen und der Inhaber dieser kombinierten Aemter hat von jeher seine Dienstwohnung in dem Kantor- und Schulhause gehabt. Damit waren für die Beurteilung der öffentlich-rechtlichen Bauverpflichtung nach dem bisherigen Rechtsverhältnis die Voraussetzungen für die Anwendbarkeit des § 37 Tit. 12 T. II A.-L.-R.'s und des diese Vorschrift abändernden Ges. v. 21. VII. 46 gegeben.

2. Nicht das privatrechtliche Eigentum an einem Küster- und Schulhause, sondern die Bestimmung des letzteren zur Küsterwohnung ist die Voraussetzung der Anwendbarkeit des § 37 II 12 A.-L.-R.'s. (E.-O.-V. Bd. XIV S. 258 ff.)

b) Nach Provinzialrechten.

α) In Ost- und Westpreußen.

Nr. 1. Entsch. v. 9. XI. 1900 Nr. I 1656 (C.-Bl.-U.-V. 1901 S. 361).

Pr.-Schulordn. v. 31. XII. 45 (G.-S. 1846 S. 1) § 44.

1. Die durch § 44 der Preuß. Schulordn. dem Gutsherrn des Schulbezirks auferlegte Verpflichtung, Beiträge in Natur oder in Geld zu den Kosten der Schulbauten zu leisten, erstreckt sich auch auf die Kosten für die mietsweise oder anderweite Beschaffung von Schulräumen, wie solches vom O.-V.-G. bereits wiederholt hinsichtlich der Baulast der Gutsherren in anderen Rechtsgebieten ausgesprochen worden ist (vgl. E.-O.-V. Bd. XX S. 177, 178, Bd. XXVIII S. 159). Die rechtliche Natur der Mietskosten für Schulräume ist in Ansehung der Verpflichtung der Gutsherren zu ihrer Aufbringung die gleiche, wie die der Baukosten. Die thatsächliche Leistung von Mietskosten ist daher auch geeignet, eine herkömmliche Verpflichtung zur Leistung von Baukosten für einen Gutsherrn des Schulbezirks zu begründen, sofern die sonstigen Voraussetzungen für die Bildung eines Herkommens vorliegen und aus den Umständen entnommen werden kann, daß die Zahlung der Mietskosten durch den Gutsherrn deshalb erfolgt ist, weil er sich für den Baupflichtigen gehalten hat.

2. Zur Bildung eines Herkommens bedarf es keineswegs unter allen Umständen des Ablaufes eines 10jährigen Zeitraums der Rechtsübung. Welcher Zeitraum hierzu notwendig ist, hängt von dem durch die Einzelheiten des betreffenden Falles bestimmten richterlichen Ermessen ab. (E.-O.-V. Bd. VII S. 158.)

Nr. 2. Entsch. v. 30. XI. 1900 Nr. I 1776 (Pr.-V.-Bl. Bd. XXII S. 604).

Pr.-Schulordn. v. 11. XII. 45 (G.-S. 1846 S. 1) §§ 44, 47.

1. Die Lieferung von Baumaterialien zu einem Schulhause kann noch gefordert werden, wenn der Schulbau bereits fertiggestellt ist. Denn die Materialien können auch nach thatsächlicher Vollendung des Baues sehr wohl Verwendung finden zu dem Zwecke, zu dem jemand nach Vorschrift der Gesetze sie zu liefern verpflichtet ist, nämlich zur Deckung der Kosten für den als notwendig anerkannten Neubau. Es handelt sich dabei um Bauholz, Steine, Ziegel und Kalk, also um sogenannte fungible Sachen, durch deren Lieferung in der erforderlichen Quantität und Qualität der Pflichtige von seiner

gesetzlichen Lieferungspflicht befreit wird, ohne Rücksicht darauf, ob die einzelnen gelieferten Materialien auch thatsächlich bei dem Bau Verwendung finden, auf welche thatsächliche Verwendung der zur Lieferung Verpflichtete andererseits keinen rechtlichen Anspruch hat.

2. Der Einwand, daß im Sommer Bauholz nicht gefordert werden könne, weil es im Sommer nach wirtschaftlichen Regeln nicht gefällt werden dürfe, ist unzutreffend. Die maßgebenden gesetzlichen Bestimmungen des Ostpr. Provinzialrechts und der Schulordn. v. 11. XII. 45 machen die Verpflichtung des Kirchenpatrons und Gutsherrn zur Lieferung von Bauholz von einer solchen Voraussetzung nicht abhängig.

γ) In Pommern.

Nr. 1. Entsch. Bd. XXXIX S. 179 v. 11. XII. 1900 I C 17/1900.

Reg. v. 29. VIII. 31 (v. Kamptz Ann. Bd. XV S. 564), betr. die Einrichtung und Unterhaltung der Landschulen in Neuvorpommern, Art. 1—5.

In Neuvorpommern ruht nach dem Reg. v. 29. VIII. 31 die Schulbaupflicht nicht als Reallast auf den einzelnen, im Schulbezirke mit Grundstücken angesessenen Personen, sondern auf der korporativen Schulgemeinde, jedoch mit der Maßgabe, daß nur die Grundbesitzer baubeitragspflichtig und auf sie die Bauleistungen durch den Schulvorstand, und zwar, sofern nicht das Ortsrecht Abweichendes bestimmt, nach dem Werte des Grundbesitzes zu verteilen sind.

Nr. 2. Entsch. v. 21. VI. 1901 Nr. I 1071 (C.-Bl.-U.-V. S. 963).

A.-L.-R. II 11 §§ 260, 261, 710, 714, 729—732, 788ff., II 12 § 37.
Vd. v. 2. V. 11 (G.-S. S. 193).
Ges. v. 21. VII. 46 (G.-S. S. 892), betr. Bau und Unterhaltung von Schul- und Küsterhäusern.
Pommersche Kirchenordnung v. 1535/63.

1. Hat ein Schulhaus, auf dessen dominium civile es dabei nicht ankommt, die rechtliche Natur eines Küsterschulhauses in der Begriffsbestimmung des § 37 Tit. 12 T. II des A.-L.-R.'s, weil mit dem Amte des darin wohnenden Lehrers das Amt des Küsters an der Ortskirche herkömmlich, und zwar wegen der Eigenschaft der Kirche als Mutterkirche nicht auf Grund der Vd. v. 2. V. 11 vereinigt ist (vgl. E.-O.-V. Bd. XIV S. 258, Bd. XXXVI S. 200), so muß die Unterhaltung und auch die erforderliche Erneuerung von Küsterschulhäusern in der Regel auf eben die Art, wie bei Pfarrbauten vorgeschrieben ist, besorgt werden. Dieser Grundsatz hat eine Aenderung erfahren durch das Ges. v. 21. VII. 46, wo u. a. (siehe § 3) die durch die Entwickelung des Schulwesens herbeigeführte Herstellung neuer oder erweiterter Unterrichtsräume oder Lehrerwohnungen den Schul- an Stelle der Pfarrunterhaltungspflichtigen zugewiesen ist. Soweit nicht das genannte Ges. Anwendung findet, behält es in Ansehung der Kirchen- und Pfarr-, also auch der den letzteren gleichzuachtenden Küsterschulbauten nach wie vor sein Bewenden bei dem in den §§ 788ff., 710 Tit. 11 T. II A.-L.-R.'s aufgestellten Grundsatze, daß in erster Linie die Provinzialgesetzgebung und das Partikularrecht entscheiden.

2. Die als Provinzialgesetz für Pommern in fortdauernder Geltung stehende Pommersche Kirchenordnung von 1535/63 hat das Kirchen-, Pfarr- und Küsterschulbaurecht erschöpfend geregelt. In ihrem Gebiete ist sonach für die Anwendung der landrechtlichen Vorschriften kein Raum. (Vgl. E.-O.-V. Bd. XVIII S. 177.)

In der jüngeren von den beiden angezogenen diesseitigen Entscheidungen sind die Normen der Pommerschen Kirchenordnung dahin zusammengefaßt:

1. Die durch Bauten und Unterhaltung der Kirchen- und Küstereigebäude entstehenden Kosten werden zunächst aus Kirchenmitteln, die Bau- und Unterhaltungskosten der Pfarrgebäude aus dem für diesen Zweck bestehenden Fonds, insofern ein solcher vorhanden, bestritten. Ist solcher Fonds nicht vorhanden, so liegt die Erbauung und Unterhaltung der Pfarrgebäude, soweit die Letztere nicht von dem Pfarrer zu übernehmen, dem Kirchspiel ob.
2. Der Patron und die Herrschaft giebt zu allen diesen Bauten Bauholz. In welchem Maße ist nicht gesagt.
3. Was in solcher Weise nicht zu beschaffen ist, muß von den Eingepfarrten (Kirchspielskindern, Kirchspielsverwandten) durch einen Kirchenschoß aufgebracht werdem. Nach welchen Grundsätzen der Kirchenschoß aufzubringen ist, darüber enthält die Kirchenordnung keine Bestimmung.

3. Hiernach ist die persönliche Kirchengemeindemitgliedschaft des in der Parochie wohnhaften Patrons nicht grundsätzlich ausgeschlossen. Unter der Herrschaft der Pommerschen Kirchenordnung verhält es sich damit nicht anders als im landrechtlichen Gebiete. Nach §§ 260 II 11 A.-L.-R.'s ist, „wer in einem Kirchspiele seinen ordentlichen Wohnsitz aufgeschlagen hat, zur Parochialkirche des Bezirks eingepfarrt". Daher kann auch der Patron, wenn er als Individuum sich zur Religionspartei der betreffenden Kirche bekennt, zu dem Eingepfarrten, deren Inbegriff die Kirchengemeinde darstellt, mitgehören.

Abweichendes ist in der Pommerschen Kirchenordnung nicht verordnet und läßt sich für ihren Bereich auch nicht aus allgemeinen Rechtsgrundsätzen herleiten.

Im Uebrigen weist aber die Pommersche Kirchenordnung nach dem Vorgange des Gemeinen Kirchenrechts, dem darin später auch das A.-L.-R. gefolgt ist, dem Patron eine Stellung gegenüber dem Eingepfarrten an, die in ihrer organischen Gesammtheit, ohne den Patron als solchen, die Kirchengemeinde bilden. Sie verleiht ihm, neben dem Präsentationsrechte, die cura beneficii sowie — damit noch weiter gehend als das Kanonische Recht und das A.-L.-R. — die Gerichtsgewalt und deren exercitium über die Unterthanen auf Grundstücken, die zur Pfarrdotation gewidmet sind oder für die Kirche bewirtschaftet werden. Dementsprechend versteht die Kirchenordnung, wo immer sie von den „Kirchspielskindern" und „Kirchspielsverwandten" spricht oder den gleichbedeutenden kürzeren Ausdruck „Kirchspiel" gebraucht, darunter die Eingepfarrten allein, nicht sie mit Einschluß des Patrons, der ja gerade in dieser seiner Eigenschaft zusammen mit „jedes Orts Obrigkeit" die unmittelbare Aufsicht über die Verwaltung im Kirchengemeindeverbande führen soll und u. a. über einen den Eingepfarrten zu Kirchbauzwecken erforderlichenfalls aufzuerlegenden Schoß seinerseits zu befinden hatte. Auf die etwaige persönliche Verbandsmitgliedschaft des Patrons kommt es dabei überall ebensowenig an, wie auf die Zugehörigkeit eines Beamten der allgemeinen Landesverwaltung zu der politischen Gemeinde seines Wohnsitzes, über die er die staatshoheitliche Kommunalaufsicht wahrzunehmen berufen ist. Eine den Patron mitumfassende „Gesammtheit der Kirchspielsgenossen", die begrifflich von der durch die neuere Gesetzgebung für sämmtliche östliche Provinzen einheitlich gestalteten, den Patron als solchen nicht einschließenden Kirchengemeinde verschieden und als drittverpflichtete Trägerin der Baulast anzusprechen wäre, giebt es in Pommern nicht.

4. Das Verhältnis zwischen dem Patron und der seinem Schutze anvertrauten Kirche hat zwar stets als Quelle gewisser Fürsorgeverbindlichkeiten des Inhabers des Patronats gegolten, unter denen die Subsidiar-

pflicht der Beihilfe zur Unterhaltung der geistlichen Gebäude als eine der wichtigsten im Vordergrunde steht. Erzwingbar sind indes Bauleistungen des Patrons nur, soweit das Gesetz sie ausdrücklich normiert hat. Unter der Herrschaft des gemeinen kanonischen Rechts hatte der Patron nur, wenn er aus dem Kirchengute Einkünfte bezog, zu Kirchenbauten bei Unvermögen des Aerars beizutragen (E.-O.-V. Bd. XXI S. 202 ff.). Das A.-L.-R. legt bei Landkirchen die Dienste den Eingepfarrten ohne Unterschied auf, verteilt den Geldbeitrag zwischen Patron und Kirchengemeinde in dem Verhältnisse von 2 zu 1 mit der Befugnis beider Teile, darauf den anschlagmäßigen Preis der in ihrem Besitze vorhandenen, zum Baue zu liefernden Materialien anzurechnen, und verpflichtet außerdem den Patron, wenn er Rustikalgrundstücke im Kirchspiele besitzt, davon gleich einem anderen Eingepfarrten mit beizutragen (§§ 714, 729 bis 732 Tit. 11 T. II). In der Pommerschen Kirchenordnung ist die Patronatsleistung darauf beschränkt, etwas Holz zu geben, wo kein Holz bei den Kirchen oder auf dem Pfarrhofe ist (T. VI Tit. 12 S 129). Daraus hat der Gerichtshof in seiner Entsch. v. 22. XI. 95 Nr. I 1465 mit Ausführungen, auf die hier verwiesen werden kann, den Schluß gezogen, daß die Pflicht der Holzhergabe die einzige ist, die dem Patron in dieser seiner Eigenschaft obliegt.

ζ) In Kurhessen.

Nr. 1. Entsch. Bd. XXXVIII S. 185 v 1. VI. 1900 I C 99/99

1. Nach Kurhessischem Provinzialrechte liegt die Schulunterhaltungspflicht — abgesehen von der sich nach dem Konsistorialausschreiben v. 28. II. 1766 (Neue Samml. der Landesordnungen u. s. w. Bd. III S. 175) regelnden Pflicht der Eingepfarrten zur baulichen Unterhaltung der Küsterschulhäuser am Orte der Mutterkirche — den bürgerlichen Gemeinden und selbständigen Gutsbezirken ob. (E.-O.-V. Bd. XVIII S. 219, Bd. XXIX S. 196.) Bestreitet daher jemand die Schulzugehörigkeit eines Gutsbezirkes, so ist diese in erster Linie und zwar unter Berücksichtigung der für das Gegenteil vorgebrachten Anhaltspunkte, insbesondere Einholung einer Auskunft der Schulaufsichtsbehörde außer Zweifel zu stellen (vgl. hierzu E.-O.-V. Bd. XII S. 206/307, wonach von Alters her bestehende und geduldete Schulverbindungen den durch Verfügungen der Aufsichtsbehörde eingerichteten gleichzuachten sind).

2. Die ehedem von der Kurh. Gesetzgebung den Besitzern obiger Güter eingeräumten Grundsteuerbevorzugungen sind durch die Einführung der Preuß. Grundsteuergesetzgebung im Gebiete des vormaligen Kurfürstentums Hessen teils mit, teils ohne Entschädigung erloschen oder doch nur für bestimmte Ausnahmefälle in Geltung geblieben. (Vd. v. 28. IV. 67 — G.-S. S. 538, Ges. v. 11. II. 70 — G.-S. S. 85, s. besonders § 3 des letzteren Ges.) Gegenwärtig ist nach § 94 der Hess.-Nass. Landgem.-Ordn vom 4. VIII. 97, G.-S. S. 301 (vgl. auch für die Zeit vor Erlaß dieses Ges. den § 37 der Hess.-Nass. Kreisordn. v. 7. VI. 85, G.-S. S. 193), für den Bereich eines selbständigen Gutsbezirkes im Regierungsbezirke Cassel der Besitzer des Gutes regelmäßig zu den Pflichten und Leistungen verbunden, die den Gemeinden für den Bereich ihres Gemeindebezirkes im öffentlichen Interesse gesetzlich obliegen.

3. Die Schulbeitragspflicht der Gutsbesitzer beschränkt sich, wenngleich sie persönlicher Natur ist und nicht an dem Grund und Boden haftet, in Ansehung der Zuschläge zur Grund- und Gebäudesteuer auf

diejenigen Steuerbeträge, die von den im Schulbezirke gelegenen Teilen des Gutes staatlich veranlagt sind. Doch ziehen Kommunalbezirksveränderungen, wo die Schulverbände aus Gemeinden und Gutsbezirken als kommunalen Einheiten bestehen, von selbst zugleich eine Aenderung der Schulbezirksgrenzen nach sich. Besonderer Anordnungen der Schulaufsichtsbehörde bedarf es dazu nicht. Sie sind umgekehrt nur notwendig, wenn mit einer Gemeinde oder einem Gutsbezirke vereinigte auswärtige Grundstücke ein Bestandteil des Schulverbandes, dem der vergrößerte Kommunalbezirk bereits vorher angehört hatte, nicht werden sollen. Dagegen ermangeln Heranziehungen mit Zuschlägen zu einer fingierten veranlagten Einkommensteuer der gesetzlichen Grundlage. Denn die Bestimmungen des Komm.-Abg.-Ges. v. 14. VII. 93 haben auf dem Gebiete der Schulbesteuerung keine Geltung. Ebensowenig lassen sich jene aus dem kommunalen Charakter der Kurhessischen Schulunterhaltungspflicht oder aus dem Begriffe des Staatssteuerfußes rechtfertigen. Fingierte Steuereinschätzungen behufs Erhebung prozentualer Zuschläge kennzeichnen sich keineswegs als eine Anwendung des Staatssteuerfußes, sondern umgekehrt als eine Abweichung davon und stehen den Schulverbänden nur frei, sofern sie im Ortsrechte, d. h. durch Vereinbarung der Beteiligten mit Genehmigung der Schulaufsichtsbehörde, durch Festsetzung der letzteren oder durch Herkommen besonders begründet sind. (E.-O.-V. Bd. XXXVI S. 222 ff.) Die Heranziehung zu bewirken, war nach den Grundsätzen, von denen der Gerichtshof für den Bereich des Kurhessischen Provinzialrechts fortgesetzt ausgegangen ist (Urt. vom 4. V. 89, E.-O.-V. Bd. XVIII S. 218), in Ermangelung entgegenstehender Weisungen der Schulaufsichtsbehörde, die im vorliegenden Falle von keiner Seite behauptet sind, der Gemeindevorstand des Schulorts zuständig.

Nr. 2. Entsch. v. 15. II. 1901 Nr. I 278 (C.-Bl.-U.-V. S. 700).

Kurh. Konsistorialausschreiben und Regulativ v. 28. II 1766 (Neue Samml. der Landesverordn pp Kurhessens Bd III S 175), die Beiträge zur Unterhaltung der Mutterkirchen, wie auch der Pfarr-, Küster- und Schulgebäude u s w betreffend, §§ 1—8, 14.

1. Im Anwendungsbereiche des mit Gesetzeskraft erlassenen und noch jetzt als Provinzialgesetz in Kraft stehenden (Kurhessischen) Konsistorialausschreibens und Regulativs v. 28. II. 1766 bildet die bauliche Unterhaltung des Küsterschulhauses am Orte der Mutterkirche eine persönliche Last der Eingepfarrten, während alle außer den Bauten erforderlichen Aufwendungen für die mit der Mutterkirche verbundene Schule, desgleichen die Kosten überhaupt für alle sonstigen Schulen, einschließlich der Küsterschulen an Filialorten, zufolge Ueberganges der Fürsorge für die Schule von der Kirche auf den Staat den bürgerlichen Gemeinden und selbständigen Gutsbezirken obliegen (E.-O.-V. Bd. XVIII S. 216 ff., Bd. XXIX S. 196 ff.).

2. Das Konsistorialausschreiben von 1766 war durch oftmals vorgefallene Streitigkeiten und gerichtliche Prozesse mit den Filialgemeinden wegen des Beitrags zur Unterhaltung und Reparierung der Mutterkirche und deren Pfarr-, Küster- und Schulgebäude veranlaßt worden und hatte sich die Aufgabe gestellt, dem für die Folge durch Erläuterung, Verbesserung und Erweiterung früher ergangener Resolutionen vorzubeugen. Es erklärt im § 1 unter der Ueberschrift: „Beitragspflicht der Einwohner des Orts der **Mutterkirche** und der Eingepfarrten" alle zu einer ihnen gemeinschaftlichen Kirche gehörigen Einwohner von Außenorten, welche keinen besonderen Gottesdienst haben, seien es Gemeinden oder nicht im Gemeindeverbande stehende Mühlen, Vorwerke oder einzelne Höfe, gleich den am Orte der Mutterkirche Wohnenden für Ein-

gepfarrte und darum für verpflichtet, zur Unterhaltung der Kirche wie auch der Pfarr-, Küster- und Schulgebäude nach der Mannschaft und dem Fuße des monatlichen Kontributionsquanti beizutragen. Weiterhin wird eingehend das Verhältnis der **Filialgemeinden** zu den Muttergemeinden und zwar zunächst in Ansehung des Kirchengebäudes behandelt, hierbei Beitragsfreiheit solchen Filialgemeinden, die von jeher besondere Kirchengebäude und besonderen Gottesdienst gehabt haben, zugestanden (§ 2), allen übrigen aber, je nach dem Maße ihrer Mitbenutzung der Kirche in matre, entweder der dritte oder der vierte Teil des von den Parochianen der Mutterkirche zu leistenden Beitrags auferlegt (§§ 3 bis 5). Daran schließen sich Bestimmungen über die Aufbringung der bei den Pfarr-, Küster- und Schulgebäuden am Mutterkirchorte erwachsenden Baukosten; zu ihnen müssen nach § 6 „alle Gattungen von Filialgemeinden ohne Unterschied", d. i. wie sich aus dem Zusammenhange mit dem Vorhergehenden ergiebt, ohne Rücksicht darauf, ob sie eigene derartige Gebäude unterhalten oder nicht, zum dritten Teile beitragen. Nachdem sodann noch im § 7 eine hier nicht interessierende Bestimmung über die Kirchen- und Schulbauleistungen der Vikariate eingeschaltet worden, bezeichnet § 8 speziell betreffs der Schulhäuser in matre Voraussetzungen, unter denen solche Gemeinden, die von jeher mit einem eigenen Schulmeister versehen gewesen sind, Befreiung genießen sollen.

3. Danach macht das Konsistorialausschreiben allerdings in gewissen Fällen das Bestehen oder doch den Umfang einer Beitragspflicht der Filialgemeinden davon abhängig, ob und unter welchen näheren Umständen ihnen die Unterhaltung eigener geistlicher Gebäude obliegt. Nirgends aber bietet das Konsistorialausschreiben einen Anhalt dafür dar, als würden von seinen Normen nur Filialgemeinden, dagegen nicht Gemeinden (Gutsbezirke) ohne eigene Kirche und mit einer unmittelbar zur Mutterkirche gehörigen Einwohnerschaft betroffen, — und als greife im Falle des Vorhandenseins von Gemeinden beiderlei Art ein zwiefaches Beitragsverhältnis bei einem und demselben Bauc Platz, dergestalt, daß in den Filialgemeinden die Eingepfarrten persönlich nach Maßgabe des Konsistorialausschreibens, außerhalb der Filialgemeinden (und des Mutterkirchorts) die bürgerlichen Gemeinden (Gutsbezirke) nach dem in Kurhessen die Schulbau- und Unterhaltungslast im übrigen regelnden Kommunalprinzipe pflichtig seien. Das Gegenteil erhellt ganz klar aus § 1 des Konsistorialausschreibens, woselbst ja die zur Mutterkirche gehörigen, aber nicht am Kirchorte, sondern außerhalb in Gemeinden, Mühlen, Vorwerken und einzelnen Höfen Wohnhaften ausdrücklich als Eingepfarrte den Vorschriften des Gesetzes unterstellt sind. Denn wäre es auch nicht undenkbar, daß mit den auswärtigen Gemeinden nur solche gemeint seien, die eigene Kirchen (oder Schulen) haben, so versteht es sich doch von selbst, daß davon bei Mühlen, Vorwerken oder einzelnen Höfen nicht die Rede sein kann; diesen aber stellt das Konsistorialausschreiben den Gemeinden hinsichtlich der Baubeitragspflicht gleich.

4. Hiernach ist eine unerläßliche Vorbedingung für die Anwendbarkeit des Konsistorialausschreibens nur die Eigenschaft einer Kirche als Mutterkirche, während die Beitragspflicht der Filialen je nach Bewandtnis der Umstände verschiedener Gestaltung fähig ist. Genießt eine vor mehreren oder die einzige vorhandene Filialgemeinde Beitragsfreiheit, sei es auf Grund ortsrechtlicher Normen oder in Ansehung des Schulgebäudes wegen Zutreffens der Voraussetzungen des § 8, so bewendet es bei der Vorschrift des § 1, wonach — entsprechend den Grundsätzen des gemeinen evangelischen Kirchenrechts — die zu einer ihnen gemeinschaftlichen Kirche Gehörigen baupflichtig

sind. War auch das Konsistorialausschreiben erlassen worden, um Streitigkeiten zwischen den Mutter- und Filialgemeinden vorzubeugen, so bleibt doch, wie der § 8 deutlich zeigt, die im § 1 an die Spitze gestellte gemeinrechtliche, die Parochianen der Mutterkirche verpflichtende Regel selbst dann in Geltung, wenn im Einzelfall eine Filialverpflichtung nicht besteht. Anderenfalls müßte, wenn eine allein vorhandene Filialgemeinde, die zum dritten oder vierten Teile schulbaupflichtig war, auf Grund eines besonderen Titels Befreiung gegenüber der Muttergemeinde erlangt, dies den Uebergang der gesammten Last auf die bürgerlichen Gemeinden und selbständigen Gutsbezirke im Schulverbande selbst dann zur Folge haben, wenn sie zur Herstellung des Titels nicht mitgewirkt haben, — eine Annahme, die mit allgemeinen Rechtsgrundsätzen nicht vereinbar sein würde. In E.-O.-V. Bd. XXIX S. 196 ff. ist der Grundsatz, daß die bauliche Unterhaltung des Küsterschulhauses in matre den Eingepfarrten obliegt, ganz allgemein ausgesprochen. Eine Einschränkung für den Fall, daß die im Konsistorialausschreiben als Regel verordnete konkurrierende Beitragspflicht von Filialgemeinden ausnahmsweise fortfällt, ist dort nicht gemacht. Sie läßt sich auch weder auf den Wortlaut des Gesetzes stützen, noch aus dem Zusammenhange seiner Einzelbestimmungen herleiten. Das Gesetz unterscheidet von anderen Küsterschulhäusern die Küsterschulhäuser am Orte der Mutterkirche, teilt aber nicht noch die letzteren in zwei Gattungen, von denen die eine von den zur mater und zur filia Eingepfarrten gemeinschaftlich, die andere, sofern eine Filialgemeinde befreit ist, ganz oder teilweise nach dem Kommunalprinzipe zu unterhalten wäre.

5. Das Konsistorialausschreiben führt neben Küstergebäuden, d. i. den Wohngebäuden für Küster, die ein Schulamt nicht bekleiden, Schulgebäude auf und kann darunter keine anderen als diejenigen Gebäude verstehen, die bestimmt sind, zur Wohnung eines auch als Lehrer angestellten Küsters sowie zur Aufnahme der Schulkinder zu dienen. Dagegen fehlt es im Gesetz an Anhalt, auf Grund dessen sich eine Unterscheidung zwischen der Haupt- und der Nebenbestimmung von Gebäuden der letztgedachten Art, den in der heutigen Amtssprache kurzweg Küsterschulhäuser genannten Gebäuden, aufrecht erhalten ließe. Hat ein Gebäude die Bestimmung, für den Unterrichtsbetrieb und zugleich zur Wohnung des Küsters und Lehrers zu dienen, so müssen beide Bestimmungen als für die rechtliche Natur des Gebäudes gleichwertig gelten.

Andererseits hat freilich das Konsistorialausschreiben durchweg, auch da, wo es von Schulgebäuden schlechthin spricht, ausschließlich geistliche Gebäude im Auge. Schulgebäude pflegen nun zwar, wenn sie dem herkömmlich dauernd zugleich ein Schulamt bekleidenden Küster zur Wohnung angewiesen sind, die Eigenschaft geistlicher Gebäude zu haben. Dabei ist das Privateigentum an dem Gebäude ohne entscheidende Bedeutung, und ebensowenig kommt es darauf ausschlaggebend an, ob das Schulhaus vor oder nach der provinzialrechtlichen Entwickelung der Schule aus einer Einrichtung (einem annexum) der Kirche zu einer staatlichen Veranstaltung erbaut und einem Küsterlehrer Wohnung darin eingeräumt worden ist (vgl. hierzu für das altpreußische Rechtsgebiet E.-O.-V. Bd. XXXVI S. 200). Niemals aber kann ein Schulhaus dadurch allein, daß die Unterrichtsverwaltung es zugleich dem Küsterlehrer zur Wohnung anweist, ein aus dem Kirchenvermögen und aushilfsweise von den Eingepfarrten zu unterhaltendes geistliches Gebäude werden. Dazu bedarf es unter allen Umständen der Zustimmung der Kirchengemeinde und der Genehmigung der geistlichen Aufsichtsbehörde.

6. Eine die Muttergemeinde befreiende Observanz ist rechtlich möglich. Denn das Gemeine Recht gesteht dem Gewohnheitsrechte derogative Kraft im Verhältnis auch zu dem Gesetzesrechte zu und versagt — im Gegensatze zu allgemeinen Gewohnheiten, deren Wirkung sogar noch über die sogleich anzugebende Grenze hinausgeht — dem örtlichen Herkommen die Anerkennung nur, sofern es sich gegen ein zwingendes, Abänderungen seinem Wortlaut oder seinem Wesen nach ausschließendes Gesetz richtet, ein unbedingt gebietendes Gesetz ist aber das Konsistorialausschreiben nicht.

(Folgt Beweisführung.)

V.

Zwangserziehung verwahrloster Kinder.

Litteratur: Aschrott, Gesetz über die Fürsorgeerziehung Minderjähriger vom 2 Juli 1900, Berlin 1901 — Nölle, das Gesetz über die Fürsorgeerziehung Minderjähriger vom 2. Juli 1900, 2. Aufl., Berlin 1901 — Regent, Gesetz über die Fürsorgeerziehung Minderjähriger, Heiligenstadt 1901. — Rücker, die Mitwirkung der bürgerlichen Gesellschaft bei Ausführung des Fürsorgeerziehungsgesetzes, Wittenberg 1901. — Schmitz, die Fürsorgeerziehung Minderjähriger Gesetz vom 2. Juli 1900, 3 Aufl, Berlin 1901 — Schulzenstein und Köhne, das deutsche Vormundschaftsrecht und das preußische Gesetz über die Fürsorgeerziehung Minderjähriger vom 2. Juli 1900, 2 Aufl., Berlin 1901. — Stückmann, die Fürsorge für die gefährdete und verwahrloste Jugend mit besonderer Berücksichtigung des Gesetzes vom 2 Juli 1900, Dortmund 1901

VI.

Angelegenheiten des Personenstandes.

Litteratur: Fidler, Reichsgesetz über die Beurkundung des Personenstandes und die Eheschließung vom 6. Februar 1875, Berlin 1901. — Käubler, Reichsgesetz über die Beurkundung des Personenstandes und die Eheschließung mit den Ausf.-Best. für das Deutsche Reich und das Königreich Sachsen, Leipzig 1901 — Sartorius, Personenstandsgesetz, München 1902.

VII.

Staatsangehörigkeit.

Litteratur: Graf Hue de Grais, Handbuch der Gesetzgebung in Preußen und dem Deutschen Reiche, Bd. I, Berlin 1901.

Nr. 1. Entsch. Bd. XXXVIII S. 393 v. 22. V. 1900 I A 7/1900.

Ges. v. 1. VI. 70 (B.-G.-Bl. S. 355), über die Erwerbung und den Verlust der Bundes- und Staatsangehörigkeit, §§ 2 ff, 21.

1. Der Verlust der Staatsangehörigkeit durch zehnjährigen Aufenthalt im Auslande beruht nicht auf der Annahme eines durch eine konkludente Handlung erklärten, also Geschäftsfähigkeit voraussetzenden Verzichts auf die Angehörigkeit; dies um so weniger als dem Deutschen Rechte abweichend von anderen Nationalitätsgesetzgebungen ein Erlöschen des Staatsbürgerrechts durch einseitigen Willensakt des Austretenden (Naturalisation im Auslande, Auswanderung, établissement en pays étranger u. a.) gänzlich fremd ist. Er wird lediglich durch die Thatsache des ununterbrochenen Auslands-

aufenthalts bewirkt und tritt daher auch für Personen ein, die vor erreichter Volljährigkeit ohne ihren Vater und ohne väterliche oder vormundschaftliche Genehmigung ausgewandert sind und im Auslande verweilen.

2. Einem ehemaligen Deutschen, der so der Staatsangehörigkeit verlustig gegangen ist, steht bei seiner Rückkehr in das Reichsgebiet und Niederlassung in einem Bundesstaat ein Rechtsanspruch auf Wiederaufnahme dann nicht zu, wenn er inzwischen Angehöriger eines fremden Staates geworden war. (Vgl. E.-O.-V. Bd. XXVI S. 377, Bd. XXX S. 408 und Entsch. d. R.-Ger. in Strafsachen Bd. XXVI S. 427, Bd. XXVIII S. 25, Bd. XXX S. 297, 326.) Aus der Entstehungsgeschichte zu § 21 Abs. 5 des Ges. v. 1 VI. 70 geht klar hervor, daß der Abs. 5 nur dazu bestimmt war, die Härte zu mildern, die sich aus dem Verluste der Reichsangehörigkeit durch bloßen Fristablauf möglicherweise für den Abwesenden, ganz ohne dessen Zuthun, ergeben könne. Diesem sollte, wenn er zurückkehrte, gegen die Folgen der langen Abwesenheit eine in integrum restitutio gewährt werden. Auf Personen dagegen, die nach Erwerb einer durch Naturalisation erlangten ausländischen Nationalität zurückkehren, bezieht sich Abs. 5 überhaupt nicht. Auch ihnen in Bezug auf Wiedererwerb der verloren gegangenen Reichsangehörigkeit eine Vergünstigung zu gewähren, hat dem Gesetzgeber durchaus fern gelegen. Im Reichstag und bei den verbündeten Regierungen herrschte darüber volles Einverständnis, daß ehemalige Deutsche, die nicht allein thatsächlich durch langdauernde Abwesenheit, sondern auch bewußt und absichtlich durch Eintritt in einen fremden Staatsverband das sie mit der Heimat verknüpfende Band gelöst haben, bei ihrer Rückkehr als Ausländer schlechthin zu betrachten sind, demnach nur auf die in § 2 des Reichsges. angegebene Art wieder zu Deutschen werden können.

3. Ebenso verhält es sich unter der Herrschaft eines Staatsvertrags, wie des zwischen dem Norddeutschen Bunde und den Vereinigten Staaten von Amerika geschlossenen, als Reichsvertrag fortgeltenden v. 22. II. 68 (B.-G.-Bl. S. 228), woselbst die zehnjährige, bis auf eine fünfjährige Frist, verbunden mit Naturalisation in dem fremden Staate, vermindert ist. Alsdann wird insbesondere auch durch Verzicht auf die aus der fremdstaatlichen Naturalisation erworbenen Rechte ein Anspruch auf Wiederaufnahme nicht begründet. Diese Vergünstigung bezieht sich vielmehr ausschließlich auf diejenigen Personen, die die Staatsangehörigkeit durch 10jährigen Auslandsaufenthalt eingebüßt und eine andere nicht erworben haben. (Vgl. E.-O.-V. Bd. XIV S. 392, Bd. XXII S. 388.)

4. Dieser Vertrag bezieht sich übrigens ebenso wie der ihn stillschweigend in Bezug nehmende dritte Abs. des § 21 des Ges. v. 1. VI. 70, lediglich auf Deutsche Reichsangehörige, nicht aber auf Personen, die die Reichsangehörigkeit zwar ehemals besessen, aber durch Fristablauf oder sonst wie verloren hatten, also zur Zeit ihrer Naturalisation in Amerika staatlos (oder vielleicht einem anderen Staate angehörig) waren. Für solche Personen ist von einem Verzicht auf das Amerikanische Bürgerrecht gemäß Art. 4 des Vertrags ebensowenig wie für sonstige naturalisierte Amerikaner, die sich in Deutschland dauernd aufhalten, die Rede.

5. Die Thatsache, daß jemand nach seiner Rückkehr aus Amerika in Deutschland zum Militärdienste herangezogen wird, ändert hieran nichts. Wenn § 11 des Reichsmilitärges. v. 2. V. 74 ausnahmsweise auch Nichtinländer der Gestellungspflicht vor den Ersatzbehörden und Aushebung unterwirft, so ist doch der Gesetzgeber weit davon entfernt gewesen, an die Einstellung solcher Personen, die er von dem nach Lage des Einzelfalls zu übenden Ermessen

der Militärbehörde abhängig machte, eine stillschweigende Renaturalisation oder auch nur eine Verpflichtung der Eingestellten zur Nachsuchung ihrer Wiederaufnahme zu knüpfen. Sie bleiben Ausländer bis zu dem Zeitpunkte, in dem ihnen auf ihren Antrag die deutsche Reichsangehörigkeit nach Maßgabe der §§ 2 ff., § 21 Abs. 4 und 5 des Reichsges. v. 1. VI 70 verliehen oder wieder verliehen wird. Die bloße Heranziehung zum Militärdienst ist nicht geeignet, die Naturalisation oder Wiederaufnahme zu ersetzen. (E.-O.-V. Bd. XXXV S. 423.)

Nr. 2. Entsch. v. 25. VI. 1901 Nr. I 1094 (D Jur.-Z. 1902 S. 79).

Ges. v. 1. VI. 70 (B.-G.-Bl. S. 355) über den Erwerb und den Verlust der Bundes- und Staatsangehörigkeit, § 21

Das R.-G. v. 1. VI. 70 hat, wenn es den Verlust der Staatsangehörigkeit von einem zehnjährigen Aufenthalt im Ausland abhängig macht, zwar Bestimmung darüber getroffen, daß die Abwesenheitsfrist nicht durch bloßes Zusammenrechnen von verschiedenen, durch verschiedene Zeitabstände getrennten Aufenthaltszeiten gewonnen werden soll; in diesem Sinne soll der Auslandsaufenthalt ein ununterbrochener sein. Aber es hat in keiner Weise die Auffassung zum Ausdrucke bringen wollen, daß der auswandernde Deutsche, um dem Fristenablaufe die ungehemmte Wirkung zu sichern, es vermeiden müsse, während der zehn Jahre überhaupt den heimatlichen Boden zu betreten. Vielmehr liegt auch jenem Gesetze, wie allen Gesetzen, die an Aufenthalt einer Person in einem räumlichen Bezirke rechtliche Folgen knüpfen, der Gedanke zu Grunde, daß ein Aufenthaltsverhältnis trotz vorübergehender Entfernung fortdauern kann. Durch Aufsuchen der Heimat wird hiernach der Aufenthalt im Ausland im Sinne des § 21 Abs. 1 des Ges. nicht notwendig unterbrochen. Kann sonach die dem § 21 gegebene Deutung, wonach jede Rückreise nach Deutschland eine Unterbrechung des Auslandsaufenthalts darstelle, demnach den Lauf der dort vorgesehenen zehnjährigen Verlustfrist hemme, nicht als zutreffend anerkannt werden, so bleibt nur übrig festzustellen, ob etwa thatsächlich eine oder mehrere der in den zehn Jahren seit seinem Austritt aus dem Reichsgebiete nach Deutschland und in Deutschland unternommenen Reisen seinen Aufenthalt im Ausland unterbrochen haben. Es erhellt indessen im voliegenden Falle auch nicht für eine einzige, daß sie unter Umständen erfolgt sei, die in äußerlich erkennbarer Form auf die Aufgabe des im Auslande begründeten Aufenthaltsverhältnisses hindeuteten. Im Gegenteil ergiebt sich unzweideutig, daß es sich für den Kläger, als er Deutschland verließ, von Anfang an um einen nicht bloß vorübergehenden, sondern ständigen Aufenthalt außerhalb Deutschlands handelte, und daß dieser mehr als zehn Jahre hindurch fortgesetzt worden ist. Von verschiedenen, durch Rückverlegung des Aufenthalts in die Heimat getrennten Perioden des Auslandsaufenthalts kann hiernach keine Rede sein. — Bei dieser Sachbewandtnis hat die Thatsache, daß der Kläger während der zehnjährigen, der thatsächlich vollzogenen Auswanderung folgenden Frist zu wiederholten Malen sich auf deutschem Boden befunden hat, zwar die Bedeutung gehabt, daß er zu solchen Zeiten im Inlande anwesend war. Aber an dem im Auslande für ihn bestehenden Aufenthaltsverhältnisse hat das Betreten des Reichsgebiets nicht das Geringste geändert. Es war nicht geeignet „sein deutsches Indigenat zu erhalten." Die angeblichen Aufenthalte in Deutschland waren bloße Reisen die er dorthin zu vorübergehendem Zwecke von seinem ausländischen Aufenthaltsorte aus unternahm. Eine Unterbrechung des Aufenthalts im Auslande im Sinne des § 21 Abs. 1 führten sie nicht herbei.

Dritte Abteilung.

Polizeiliche Angelegenheiten.

I.

Besondere polizeiliche Angelegenheiten.

A. Wasserpolizei und die damit im Zusammenhange stehenden Streitigkeiten der Beteiligten.

a) Wasserpolizeiliche Verfügungen im Sinne des § 66 Zust.-Ges. Räumung von Gräben, Bächen und Wasserläufen (Privatflüssen). Streitigkeiten der Beteiligten.

Nr. 1. Entsch. v. 21. III. 1900 III 551.

§ 66 Zust.-Ges

Die Aufhöhung der Sohle eines Grabens kann unter Umständen zur Räumung gehören, nämlich wenn sie zur Wiederherstellung der natürlichen Sohle und zur Beseitigung von Vorfluthindernissen erforderlich ist (Entsch. Bd. IX S. 263). Selbst wenn aber auch letzteres nicht der Fall ist, so wird dadurch noch nicht der sonst vorhandene Charakter einer erlassenen Verfügung als Räumungsanordnung beseitigt. Vielmehr ist die Folge nur die, daß, weil mit einer solchen nicht mehr als eine Räumung verlangt werden kann, die Verfügung als zu viel fordernd der Aufhebung unterliegt.

Nr. 2. Entsch. v. 27. II. 1901 III 365 (Pr.-V.-Bl. Jahrg. XXII S. 453).

§ 7 Schlesischen Vorflutedikts v. 20. XII. 1746; § 7 Ges. v. 28. II. 43.

1. Die Räumungspflicht der Anlieger eines Privatflusses wird dadurch nicht berührt, daß einem Anderen einzelne Nutzungsrechte (z. B. Jagd und Fischerei) zustehen, nur darf die Gesammtheit der Nutzungsrechte, also das sogen. Eigentum an dem Privatflusse, nicht abgetreten sein.

2. Der § 7 des Schlesischen Vorflutedikts v. 20. XII. 1746, wonach Sträucher und Bäume bis auf sechs Ellen Breite vom Ufer zu entfernen sind, gilt noch.

Nr. 3. Entsch. v. 27. VI. 1901 III 1113 (Pr.-V.-Bl. Jahrg. XXIII S. 249).

§ 100 I 8 A.-L.-R.; § 66 Zust.-Ges.

1. Die Wasserpolizeibehörde kann von dem Räumungspflichtigen verlangen, daß er ein Abflußhindernis beseitigt, gleichgültig ob er oder ein anderer dies Hindernis geschaffen hat.

2. Der von der Verfügung Betroffene bleibt im V.-St.-V. Kläger, auch wenn er das Grundstück, auf dessen Eigentum die Räumungspflicht beruht, veräußert hat, falls nicht der Besitznachfolger in den Rechtsstreit eintritt.

3. Daß eine künstlich hergestellte Rinne ein Graben im Sinne des § 100 Tit. 8 T. I des A.-L.-R.'s sein kann, unterliegt keinem Zweifel (vgl. d. Urt. d. O.-V.-G. v. 19. XII. 95, Entsch Bd. XXIX S. 269); sie ist es, sobald durch sie das Wasser seinen ordentlichen und gewöhnlichen Ablauf hat. Ihre Eigenschaft als ein nach dem § 100 a. a. O. zu unterhaltender Graben wird insbesondere noch nicht dadurch ausgeschlossen, daß der Grundbesitzer, über dessen Grundstück sie geht, sie ohne einen für ihn zwingenden Grund lediglich im Interesse eines Anliegers und aus Gefälligkeit diesem gegenüber angelegt hat. Denn, wie das O.-V.-G. in gleichmäßiger Rechtsprechung angenommen hat, ist es für die Anwendung des § 100 a. a. O. ohne Belang, aus welchem Grunde und zu welchem Zwecke ein Graben oder Kanal, wodurch das Wasser seinen ordentlichen und gewöhnlichen Ablauf hat, angelegt worden ist, und es entscheidet nicht der Ursprung des Grabens oder Kanals, sondern allein die Thatsache, daß er vorhanden ist und das Wasser durch ihn seinen ordentlichen und gewöhnlichen Ablauf hat; es steht selbst eine unbefugte oder widerrechtliche oder die lediglich im Interesse der oberhalb liegenden Grundeigentümer erfolgte Anlegung der Anwendung des § 100 a. a. O. nicht entgegen (vgl. z. B. d. Urt. v. 4. XI. 95, E.-O.-V. Bd. XXIX S. 266/268, und das v. 19. X. 96, Kunze und Kautz, Rechtsgrundsätze, Ergänzungs-Band 1899 S. 144).

4. Die Frage, ob zur Zeit des Einschreitens der Polizeibehörde bereits anzunehmen war, daß der Ablauf des Wassers durch die Rinne ein ordentlicher und gewöhnlicher sei, ist thatsächlicher Natur, insbesondere auch hinsichtlich der Zeitdauer, welche erforderlich ist, um den Zustand des ordentlichen und gewöhnlichen Ablaufs herzustellen (vgl. z. B. d. Urt. d. O.-V.-G. v. 24. IX. 96 und v. 21. XI. 95 bei Kunze und Kautz a. a. O. S. 142 und 143).

Nr. 4. Entsch. v. 10. X. 1901 III 1666 (Pr.-V.-Bl. Jahrg. XXIII S. 357).

§ 10 II 17 A.-L.-R.

Wenn Jemand einen Graben verunreinigt, so daß Gefahren für die Anwohner entstehen, kann die Polizei die Zuführung der betreffenden Abwässer verbieten, auch wenn der Betreffende nur Miturheber der Gefahren ist und wenn nicht zugleich gegen die anderen Personen eingeschritten wird (Erk. vom 4. I. 99 Entsch. Bd. XXXIV S. 436).

Nr. 5. Entsch. v. 17. XI. 1900 III 1962 (Pr.-V.-Bl. Jahrg. XXII S. 302).

§ 66 Zust.-Ges.

1. Eine in sich widersprechende Verfügung ist keine haltbare Grundlage für die Durchführung einer wasserpolizeilichen Anordnung und unterliegt der Aufhebung.

2. Wird gegen eine rechtswidrige Räumungsanordnung geklagt, so können die Klagen aus den Abs. 2 u. 3 des § 66 des Zust.-Ges. nicht damit verbunden werden (Entsch. Bd. XXV S. 256; von Brauchitsch Bd. 1 Anm. 17 zu § 56 des Zust.-Ges.).

Nr. 6. Entsch. v. 27. VI. 1900 III 1198.

§ 66 Abs. 4 Zust.-Ges.

Voraussetzung der Erstattungsklage aus Abs. 4 § 66 des Zust.-Ges. ist, daß der Kläger auf Grund einer Anordnung der Wasserpolizei wegen

Räumung bez. wegen Aufbringung oder Verteilung von Räumungskosten geleistet hat (§ 66 Abs. 1) und das so Geleistete nunmehr vom Räumungspflichtigen zurückerstattet verlangt.

Nr. 7. Entsch. v. 19. XII. 1900 III 2181 (Pr.-V.-Bl. Jahrg. XXII S. 441).
§ 10 Vorflutges. v. 15. XI. 11; § 100 I 8 A.-L.-R.

Wie das O.-V.-G. bereits früher ausgesprochen hat (Entsch. v. 19. X. 96 Nr. III 1291, abgedruckt im Pr.-V.-Bl. Jahrg. XVIII S. 108) betrifft der § 100 Tit. 8 T. I des A.-L.-R.'s auch das unter Häusern und Straßen sich sammelnde Grundwasser und das von solchen Grundstücken oberirdisch abfließende Niederschlagswasser. Der Umstand, daß in einem Graben, durch den solches Grund- und Niederschlagswasser seinen ordentlichen und gewöhnlichen Ablauf hat (§ 100 Tit. 8 T. I des A.-L.-R.'s), infolge der Bebauung des umliegenden Terrains mit Häusern oder infolge von Anlagen der Eigentümer bereits vorhandener Gebäude außerdem auch Haus-, Wirtschaft- oder Kloakenwasser, für dessen Abführung es eine öffentlich-rechtliche Räumungspflicht nicht giebt, eingeleitet wird, vermag wohl Ansprüche des Räumungspflichtigen gegen diejenigen, welche solches Wasser unberechtigt zuführen, auf Unterlassung der Zuführung und Ersatz des verursachten Schadens zu begründen, dagegen kann eine solche unberechtigte Zuleitung, wie an sich klar ist, die im öffentlichen Interesse gesetzlich dem Eigentümer auferlegte Räumungspflicht (§ 100 Tit. 8 T. 1 des A.-L.-R.'s, § 10 des Vorflutgesetzes) nicht einfach aufheben derart, daß die Polizeibehörde nunmehr eine Räumung überhaupt nicht mehr erzwingen könnte, sondern den durch die Nichträumung hervorgerufenen Uebelständen, wie sie in den § 10 des Vorflutgesetzes genannt sind, (Nachteile für die Besitzer anderer Grundstücke oder nutzbarer Anlagen oder für die Gesundheit der Anwohner) machtlos gegenüberstände. Die aus der Einleitung von Haus- und Wirtschaftswasser in einem Graben zu entnehmenden Einwände können daher zur Aufhebung einer Räumungsanordnung nicht führen, sofern überhaupt ein Graben, durch den das Grund- und Niederschlagswasser seinen ordentlichen und gewönlichen Abfluß hat, vorhanden ist.

Nr. 8. Entsch. Bd. XXXVIII S. 258 v. 12. XII. 1900 III C 102/1900 (Pr.-V.-Bl. Jahrg. XXII S. 430).
§ 66 Abs. 3 Zust.-Ges.

1. Der Amtsvorsteher hatte es abgelehnt, dem Beklagten auf Antrag des Klägers die Räumung eines Grabens aufzugeben, weil ein solcher Graben überhaupt auf den Grundstücke des Beklagten nicht bestehe. Darauf klagte der Kläger mit dem Antrage, den beklagten Grundbesitzer zu dem Anerkenntnisse zu verurteilen, daß er die Pflicht habe, den Graben zu räumen. Die Klage wurde als unzulässig abgewiesen. Das Erkenntnis führt aus:

Der Vorderrichter geht mit dem ersten Richter zu Unrecht davon aus, daß es sich bei den von dem Kläger gestellten Anträgen um eine Streitigkeit im Sinne des § 66 Abs. 3 des Zust.-Ges. v. 1. VIII. 83 handele. Hier sind Streitigkeiten der Beteiligten darüber, wem von ihnen die öffentlich-rechtliche Verbindlichkeit zur Räumung von Gräben und sonstigen Wasserläufen obliegt, der Entscheidung im Verwaltungsstreitverfahren unterstellt. Was im Sinne dieser Vorschrift unter den Beteiligten streitig sein muß, betrifft also lediglich die Anwendung des die Räumungspflicht regelnden öffentlichen Rechts mit Bezug auf einen bestimmten Graben oder sonstigen Wasserlauf, d. h. unter den Parteien muß streitig sein, wem von ihnen nach dem öffentlichen Rechte die Räumung eines bestimmten Grabens oder sonstigen

15*

Wasserlaufs obliegt. Um einen Streit dieser Art handelt es sich hier aber nicht; denn darüber hat unter den Parteien kein Streit bestanden und besteht auch jetzt keiner, daß die Räumung desjenigen Grabens, dessen Bestand auf dem Grundstücke des Beklagten bestritten ist, nach öffentlichem Rechte, nämlich nach § 100 Tit. 8 T. I A.-L.-R.'s, dem Beklagten innerhalb der Grenzen seines Besitzes obliegen würde und nicht dem Kläger. Der Beklagte hat nie behauptet und behauptet auch gegenwärtig nicht, daß, wenn der Graben auf seinem Besitze besteht, ein die Räumungspflicht abweichend von dem Grundsatze des § 100 regelnder öffentlich-rechtlicher Titel überhaupt und zu Lasten des Klägers insbesondere in Betracht komme. Was dem Kläger zu seiner Klage Anlaß gegeben hat, ist allein dies, daß der Amtsvorsteher es abgelehnt hat, den Beklagten zur Räumung da anzuhalten, wo nach der von dem Amtsvorsteher nicht geteilten Ueberzeugung des Klägers ein der Vorflut dienender Graben auf dem Grundstücke des Beklagten vorhanden sein soll. Das eigentliche Ziel seiner Anträge geht hiernach ganz offenbar dahin, eine den Beklagten zur Wiederherstellung des Grabens oder doch zu dem Anerkenntnisse, daß der Graben auf seinem Grundstücke bestehe, verurteilende Entscheidung zur erlangen. Hierfür ist die Zuständigkeit der Verwaltungsgerichte in einem Verfahren unter den Beteiligten weder durch den § 66 Abs. 3 des Zust.-Ges. noch durch eine andere Vorschrift begündet.

2. Die Wasserpolizeibehörde kann im Verwaltungsstreitverfahren zum Erlaß einer die Räumung eines Grabens oder sonstigen Wasserlaufs verfügenden Anordnung nicht genötigt werden. Glaubt jemand, daß der Amtsvorsteher zu Unrecht seinem Antrage nicht stattgegeben hat, so kann für ihn nur die Beschwerde an die Aufsichtsbehörde in Frage kommen. Andererseits ist demjenigen, der auf die Räumung eines Grabens einen Anspruch zu haben glaubt, der Weg der Klage gegen denjenigen, den er zur Räumung für verpflichtet hält, im Verwaltungsstreitverfahren nicht eröffnet. Ebensowenig findet eine solche Klage zu dem Zweck einer grundsätzlichen Feststellung, daß ein streitiger bestimmter Graben zu Recht besteht und deshalb offengehalten werden muß, statt.

Nr. 9. Entsch. Bd. XXXVIII S. 261 v. 14. XI. 1900 III C 80/1900.

§ 66 Zust.-Ges.

1. Eine Eisenbahndirektion hatte einen Graben, nachdem Röhren hineingelegt worden, zuschütten lassen. Der Amtsvorsteher ordnete die Oeffnung des Grabens an; das O.-V.-G. wies die Klage der Direktion ab und führte aus: Es ist in der Rechtsprechung des O.-V.-G. seither anerkannt (s. Entsch. Bd. IX S. 241 ff., Bd. XXIII S. 369 ff., Bd. XXXII S. 219 ff.), daß die Zuständigkeit der Ortspolizeibehörde ihre Schranke an der räumlich und sachlich begründeten Zuständigkeit der Bahnpolizeibehörde findet. Räumlich erstreckt sich die Zuständigkeit der Bahnpolizeibehörde jedoch nicht auf alle im Eigentume des Eisenbahnunternehmers stehenden Anlagen, deren Entstehung und Erhaltung auf dieses Unternehmen zurückzuführen ist, oder die in irgend einer Beziehung zu diesem Unternehmen stehen, sondern nur auf die dem Bahnverkehre dienende Anlage und sachlich nur auf die Beaufsichtigung und Sicherstellung der eigentlichen Bahnanlage. Zu ihrer Zuständigkeit gehört also insbesondere auch die Abwehr aller Maßnahmen Dritter, die sich als die Inanspruchnahme der Verfügung über die Bahnanlage oder gar als Eingriff in die Bahnanlage darstellen. Dies gilt

ebenfalls für die Ortspolizeibehörden dahin, daß sie, sofern eine zu ihrer sachlichen Zuständigkeit gewiesene Angelegenheit ihre Erfüllung nicht bloß bis zur Bahnanlage, sondern auch auf der eigentlichen Bahnanlage findet, wie dies z. B. für den öffentlichen Wegeverkehr dann zutrifft, wenn der Bahnkörper zugleich diesem Verkehre dient, sich auf die Befriedigung des Bedürfnisses bis zur Bahnanlage zu beschränken und die Anordnung des Erforderlichen auf der eigentlichen Bahnanlage der Bahnpolizeibehörde zu überlassen haben. Dagegen kann für öffentliche Wege sowie die einem anderen Zwecke bestimmten Anlagen überhaupt und also auch für die Entwässerungsanlagen die Zuständigkeit der Bahnpolizei nicht etwa insoweit in Frage kommen, als sie längs der Bahnanlage oder über oder unter derselben sich hinziehen. Denn wenn auch zutreffen sollte, daß Anlagen dieser Art zur Vermeidung einer Gefährdung der Sicherheit des Bahnkörpers in einem gewissen Zustande zu erhalten sind, so fallen sie doch um deswillen nicht aus der mit Rücksicht auf ihre Zweckbestimmung begründeten Zuständigkeit der Ortspolizeibehörden heraus. Die Wahrung der in Betracht kommenden Bahninteressen gebührt in solchen Fällen den Ortspolizeibehörden, und dafür, daß dies geschieht, steht den Bahnpolizeibehörden das Einvernehmen mit den Ortspolizeibehörden und erforderlichen Falles die Anrufung der Aufsichtsbehörden offen.

2. Es ist auch augenscheinlich, daß die Zuständigkeit der Ortspolizeibehörde nicht schon dann ausgeschlossen sein kann, wenn ein für die Vorflut bestimmter Graben zugleich den Bahnkörper von dem angrenzenden Lande scheiden soll. Aber selbst wenn ein solcher Graben zugleich der Entwässerung des Bahnkörpers dient, ließe sich nicht zu einem anderen Ergebnisse hinsichtlich der Zuständigkeit der Ortspolizeibehörde für eine Anordnung gelangen, die darauf abzielt, den durch eine Planfeststellung gegebenen normalen Zustand für Zwecke der Vorflut zu erhalten.

b) Strom-, Schiffahrts- und Ortspolizei, öffentliche Flüsse und ihre Schiffbarkeit, Strombauverwaltungsgesetz, Uferschutzbauten, Fähren, Wasserbauinspektoren, Schaurichter.

Nr. 1. Entsch. v. 1. XII. 1900 III 2050 (Pr.-V.-Bl. Jahrg. XXII S. 506).
§ 51 Kreis-Ordn. für Schlesw.-Holst. v. 26. V. 88; § 130 L.-V.-G.

Eine öffentliche Schiffahrt liegt nicht vor, wenn der Wasserlauf nur mit Fischerkähnen befahren werden kann. Die Landespolizeibehörde bezw. die mit der Schiffahrtspolizei betrauten Behörden haben nur über solche Wasserläufe eine Verfügungsgewalt, auf denen eine öffentliche Schiffahrt stattfinden kann.

Nr. 2. Entsch. v. 26. IX. 1900 III 1633 (Pr.-V.-Bl. Jahrg. XXII S. 3/4).
§ 21 Tit. 14; § 38 Tit. 15 Teil II A.-L.-R.

Das entscheidende Merkmal der Oeffentlichkeit eines Flusses ist nach den § 21 Tit. 14, § 38 Tit. 15 T. II A.-L.-R.'s dessen Schiffbarkeit, soweit dieselbe sich erstreckt. Es kann aber nicht schon die Möglichkeit, irgend welche Wasserfahrzeuge nebst Bemannung und Ladung auf einem Wasserlaufe fortzubewegen, diesen als einen schiffbaren erscheinen lassen. Vielmehr ist dazu erforderlich, daß der Wasserlauf geeignet ist, dem Frachtschiffahrtsverkehr zu dienen, und daß er hierdurch den Charakter und die volkswirtschaftliche Bedeutung einer Wasserstraße erhält (E.-O.-V. Bd. XVIII S. 229, Bd. XXVIII S. 288). Wenn z. B. nur Heu-, Zwiebel- und Stintkähne von etwa 8 m Länge, 1,60 m Breite und 40 bis 50 Zentnern Tragfähigkeit auf dem Flusse verkehren, so kann er als ein schiffbarer noch nicht angesehen werden. Lasten von 40 bis 50 Zentnern sind wegen ihrer verhältnismäßigen Geringfügigkeit keine Schiffsladung, und ein Wasserlauf, der bei mittlerem Wasserstande den Verkehr mit dieser Ladung zuläßt, wird dadurch nicht zum schiffbaren Flusse. Vielmehr können hier nur die bei der Frachtschiffahrt üblichen, sehr viel größeren Ladungen in Betracht kommen.

Nr. 3. Entsch. v. 4. IV. 1900 III 644.

§ 138 L.-V.-G.

Durch eine Kab.-Ord. v. 13. VI. 95 ist dem Regierungspräsidenten zu Münster die Schiffahrtspolizei auf der ganzen schiffbaren Lippe übertragen worden. Das Erk. spricht in Uebereinstimmung mit dem Erk. vom 18. III. 99 III 254 u. 255 aus, daß gegen die betreffenden Verfügungen des Regierungspräsidenten die Beschwerde an den Oberpräsidenten mit nachfolgender Klage beim O.-V.-G. stattfindet und begründet diese Ansicht ausführlich.

Nr. 4. Entsch. Bd. XXXVIII S. 275 v. 24. XI. 1900 III A 35/1900.

§§ 5, 13 Strombauverwaltungsges. v. $\frac{\text{20. VIII. 83}}{\text{31. V. 84}}$ (G.-S. 1883 S. 333, 1884 S. 103).

1. Das Gesetz, betreffend die Befugnisse der Strombauverwaltung gegenüber den Uferbesitzern an öffentlichen Flüssen v. $\frac{\text{20. VIII. 83}}{\text{31. V. 84}}$ giebt der Strombauverwaltung gegenüber den Eigentümern der in § 5 näher bezeichneten Anlandungen bestimmte, im Gesetze genau bezeichnete Rechte. Soweit der Staat selbst Eigentümer der Anlandungen ist, hat er diese Rechte schon als Eigentümer. Er kann nicht zum Zwecke der Ausbildung und Befestigung, wie der Schlußsatz des § 5 Abs. 2 bestimmt, „in den Besitz und die Nutzung" solcher Anlandungen auf Grund des Gesetzes „treten", deren Besitz und Nutzung ihm kraft seines Eigentums bereits ohnehin zusteht. Wenn ferner der § 13 dem Uferbesitzer gegen die Anordnung des Strombaubeamten die Beschwerde und gegen den sie zurückweisenden Bescheid die Klage beim O.-V.-G. einräumt, so würde, wenn das Gesetz auf die im Eigentume des Staates befindlichen Anlandungen ebenfalls Anwendung fände, auch der dieses Eigentum vertretenden Staatsbehörde die Klage zustehen, was, wie einer weiteren Ausführung nicht bedarf, das Gesetz nicht beabsichtigt haben kann.

2. Wie aus dem vorstehend Ausgeführten, so ergiebt sich auch aus der Ueberschrift und dem ganzen Aufbau des Strombauverwaltungsgesetzes, daß dieses Gesetz nicht den Uferbesitz des Staates, sondern ausschließlich den dritter Eigentümer im Auge hat, daß es Rechte gegenüber einer fremden Sache begründen will und auf das Ufereigentum, das schon dem Staate gehört und ihm alle für die Stromregulierung wünschenswerten Rechte im vollsten Maße gewährt, keine Anwendung findet.

Daraus folgt aber mit Notwendigkeit, daß eine Anordnung aus § 5 des Gesetzes nur erlassen werden kann, wenn die Anlandung, um die es sich handelt, nicht bereits im Eigentume des Staates steht. Behauptet aber der Strombaubeamte, daß der Staat Eigentümer der streitigen Fläche sei, so wird damit der Verfügung aus § 5 des Gesetzes, die das Eigentum des Klägers an der Anlandung zur Voraussetzung hat, der Boden entzogen. Die zuständige staatliche Behörde kann sich nicht in einer und derselben Anordnung auf den Standpunkt stellen, daß die Fläche nicht im Eigentume des Klägers, sondern des Staates sei, daß sie aber doch den Kläger, um ihm aus § 5 des Gesetzes entgegentreten zu können, als Eigentümer behandeln wolle.

3. Eine solche Anordnung ist in sich widersprechend und müßte, falls sie bestehen bliebe, notwendig zu weiteren Widersprüchen und unklaren Rechtsverhältnissen führen. Denn die Strombauverwaltung würde mit ihrer eigenen Behauptung, daß der Staat Eigentümer sei, und mit ihrer Verpflichtung, das staatliche Eigentum nicht preiszugeben, in Widerspruch geraten, wenn sie dem Kläger die nach dem Gesetze dem Uferbesitzer an der vom Staate in Besitz und Nutzung genommenen Anlandung verbleibenden Rechte (Jagdrecht: § 5 Abs. 5; Zugangsrecht zum Flusse: § 5 Abs. 3 u. s. w.) kraft seines Eigentums einräumen wollte, während es andererseits ausgeschlossen erscheint, daß dem Kläger die Rechte als Uferbesitzer von derselben staatlichen Verwaltung bestritten werden dürften, die ihre Befugnisse gegen ihn einzig und allein aus seiner Eigenschaft als Uferbesitzer herleitet. Eine solche Stellungnahme gegenüber dem aus § 5 in Anspruch Genommenen, je nachdem es sich um dessen Rechte oder Pflichten handelt, würde vielmehr mit den Aufgaben einer staatlichen Behörde unvereinbar sein.

Nr. 5. Entsch. v. 28. II. 1900 III 401 (Pr.-V.-Bl. Jahrg. XXII S. 502).
Strombauverwaltungsges. v. 20. VIII. 83 §§ 5 Abs. 2, 7, 10, 13; § 263 I 9 A.-L.-R.

1. Die Beschwerden gegen die Anordnungen des Lokalbaubeamten sind gesetzlich an keine Frist gebunden.

2. Darüber, ob der § 5 Abs. 2 des Ges. v. 20. VIII. 83 auch gegenüber solchen daselbst bezeichneten Anlandungen Platz greift, welche schon zur Zeit des Inkrafttretens des Gesetzes entstanden und von dem Uferbesitzer in Besitz genommen, damit also im Gebiete des A.-L.-R.'s nach dessen § 263 Tit. 9 T. I Eigentum des Uferbesitzers geworden waren (E.-O.-V. Bd. VIII S. 57), besteht Meinungsverschiedenheit. Jener Ansicht sind z. B. Mahraun, Strombauverwaltungsgesetz S. 21 ff. und das Reichsgericht in einem Urt. vom 27. II. 89 (Jur. Wochenschr. 1889 S. 178 Nr. 36), in welchem das Ges. v. 20. VIII. 83 für nicht anwendbar erklärt ist, weil es sich um Strombauten aus früherer Zeit handele. Die andere Ansicht ist in dem bei Mahraun S. 23 abgedruckten Urt. des Reichsgerichts v. 31. III. 86 vertreten. Das O.-V.-G. hat bereits in dem Urt. v. 12. XII. 87 III. 801 (Pr.-V.-Bl. Jahrg. IX S. 186) und sodann wieder in dem v. 13. III. 90 III. 223 (Kunze-Kautz, Rechtsgrundsätze des O.-V.-G. Bd. II S. 19/20) sich dafür entschieden, daß der § 5 Abs. 2 auch auf Anlandungen Anwendung finde, die bereits vor Erlaß des Ges. entstanden und Eigentum des Uferbesitzers geworden seien. Hieran ist festzuhalten.

3. Der § 5 Abs. 2 des Strombauverwaltungsgesetzes kommt für jedes Terrain zur Anwendung, welches in seinem Sinne eine infolge von Anlagen der in § 3 des Ges. gedachten Art entstandene, noch nicht ausgebildete und soweit, daß sie ohne Nachteil für den Strom mit Vorbehalt der Vorschriften der §§ 7 und 10 benutzt werden kann, befestigte Anlandung ist, gleichviel, was es vorher und namentlich, ob es früher eine Insel gewesen ist, und er gilt selbst in Bezug auf schon vor den Anlagen vorhandene Anlandungen und Inseln im Sinne des A.-L.-R.'s, wenn sie noch nicht bestandsfähig waren, sondern erst durch die Anlagen Bestandsfähigkeit erlangt haben. Was infolge von Anlagen der in § 3 gedachten Art erst bestandsfähig geworden ist, kann nicht anders behandelt werden als dasjenige, was infolge der Anlagen überhaupt erst entstanden ist, sofern es einer weiteren Ausbildung und Befestigung im Strominteresse bedarf.

c) Wassergenossenschaften.

Nr. 1. Entsch. Bd. XXXVIII S. 267 v. 28. XI. 1900 III 28/99.
Wassergenossenschaftsges. v. 1. IV. 79 §§ 69, 70.

1. Nach § 69 Ges. v. 1. IV. 79 ist die Wassergenossenschaft verpflichtet, gewisse Eigentümer benachbarter Grundstücke auf deren Verlangen in die Genossenschaft aufzunehmen. Streitigkeiten unterliegen der Entsch. in V.-St.-V. Die Zulässigkeit des V.-St.-V. kann durch Privatvereinbarungen der Interessenten nicht ausgeschlossen werden.

2. Ob ein bestimmter Graben Anlage der Genossenschaft ist oder nicht, kann, sofern das Statut und der ihm zu Grunde liegende Meliorationsplan nicht, was regelmäßig zutreffen wird, jeden Zweifel darüber ausschließen, im einzelnen Falle nur unter Berücksichtigung der ganzen Sachlage beantwortet werden. Entscheidend ist dabei nicht, in wessen Eigentume der Graben steht, und ebensowenig, ob er von der Genossenschaft neu angelegt ist oder, wie häufig, bereits vorher vorhanden war. Es kommt vielmehr darauf an, ob der Graben den Zwecken der Genossenschaft dienstbar gemacht ist und ihren Anordnungen, soweit es die Durchführung der Genossenschaftszwecke erfordert, untersteht.

d) Entwässerung, Verschaffung von Vorflut.

Nr. 1. Entsch. v. 20. VI. 1901 III 1068 (Pr.-V.-Bl. Jahrg. XXIII S. 232).
§§ 20, 21 Ges. v. 15. XI. 11, § 68 Zust.-Ges.

Nach §§ 21 ff. des Ges. v. 15. XI. 11 sind die Schiedsrichter berufen, den Betrag der Entschädigung auszumitteln, die für die Ausführung des genehmigten Entwässerungsplanes zu gewähren ist, und die künftige Unterhaltung des neu angelegten Abzugsgrabens nach dem Grundsatze zu bestimmen, daß der- oder diejenigen, welche in einem bestimmten Verhältnis Vorteil von der neuen Anlage haben, auch in eben dem Verhältnis zur Unterhaltung derselben verpflichtet sind. Daß im Sinne dieser Vorschriften die Entschädigung für dasjenige Land auszumitteln ist, das für die Herstellung des neuen Grabens in Anspruch genommen wird, kann einem Zweifel nicht unterliegen.

Im Sinne des Gesetzes hat die endgültige Feststellung des für die Anlage des Grabens erforderlichen Landes der Entscheidung der Schiedsrichter voranzugehen. Handelt es sich um die Herstellung eines neuen Grabens, so ist es Aufgabe des zur Genehmigung des Entwässerungsplans berufenen Kreisausschusses (§§ 11 bis 18 des Ges. und § 68 des Zust.-Ges.), bei der Genehmigung klarzustellen, in welchem Umfange Land auf demjenigen Grundstück, auf welchem die Anlage des Grabens erfolgen soll, zu diesem Zwecke von dem Unternehmer der Entwässerungsanlage in Anspruch genommen werden darf. Soweit dann noch Streit über die Größe des in Anspruch genommenen Landes bestehen sollte, ist dieser Streit unter den Beteiligten im Rechtswege zum Austrage zu bringen, weil sich hierauf die Zuständigkeit des Kreisausschusses nicht erstreckt (§ 20 des Ges). Ist die Erweiterung eines bestehenden Grabens in Frage, so gilt dasselbe mit der Maßgabe, daß aus dem genehmigten Plane erkennbar sein muß, welche Fläche gegenüber dem bestehenden Zustand für die Erweiterung des Grabens neu in Anspruch genommen werden darf und wofür also in Ermangelung einer Vereinbarung Entschädigung nach Maßgabe des Spruches der Schiedsrichter zu gewähren ist. Wird der Antrag auf Einleitung des Verfahrens von dem Unternehmer erst nach erfolgter Erweiterung eines bestehenden Wasserlaufes gestellt, was nicht unzulässig ist, und fehlt es an der Möglichkeit, den bisherigen Zustand und demgemäß den

Umfang des thatsächlich für die Erweiterung in Anspruch genommenen Landes festzustellen, so muß sich freilich die Zuständigkeit des Kreisausschusses darauf beschränken, ob die Erweiterung des Wasserlaufes in dem bestehenden Umfang zu genehmigen ist; dies indes vorbehaltlich der Feststellung der Größe des für die Erweiterung in Anspruch genommenen Landes im Rechtswege, sofern eine gütliche Vereinbarung der Beteiligten nicht erreichbar ist.

Nr. 2. **Entsch.** v. 5. I. 1900 III 17 (Pr.-V.-Bl. Jahrg. XXII S. 476).
§§ 14, 15 des Vorflutges. v. 15. XI. 11; § 68 Zust.-Ges.

1. Ein Antrag auf Verschaffung von Vorflut im Sinne des § 68 des Zust.-Ges. v. 1. VIII. 83 setzt voraus (zu vgl. Bd. VIII S. 219 der E.-O.-V.), daß der Zweck der Förderung der Bodenkultur die Ziehung des Abwässerungsgrabens durch fremden Boden, also die Aufopferung fremder Rechte notwendig mache. Eine solche Notwendigkeit liegt aber schon dann vor, wenn nach verständigem Ermessen andere Mittel nicht oder nicht mehr in Frage kommen. Dies gilt z. B., wie die Entsch. Bd. VIII S. 219 selbst ausführt, dann, wenn die an sich zwar mögliche Abführung des Wassers auf eigenem Grund und Boden ganz unverhältnismäßigen Kostenaufwand verursachen würde, und ebenso, wenn die Anerkennung eines obligatorischen Anspruches auf Verschaffung von Vorflut von dem Gegner verweigert wird und daher nur auf dem Wege des Prozesses erstritten werden könnte.

2. Unzutreffend ist es, daß Mitglieder des Kreisausschusses nicht gleichzeitig die Rolle als Kommissarien im Sinne des § 16 des Vorflutgesetzes übernehmen und als Richter über denselben Anspruch entscheiden können. Dem steht vielmehr weder das Gesetz noch die Natur der Sache entgegen. Denn die untersuchende und ermittelnde Thätigkeit der beiden Mitglieder des Kreisausschusses ist keine andere, als wie sie der Kreisausschuß in seiner Gesammtheit oder durch einzelne von ihm beauftragte Mitglieder bei Augenscheinseinnahmen in Verwaltungsstreitsachen ebenfalls vornehmen kann und häufig vornimmt. Bestände die Vorschrift des § 16 des Vorflutgesetzes nicht, so würde den Kreisausschuß nichts hindern, zwei seiner Mitglieder als beauftragte Richter (zu vgl. auch § 41 unter 6 der C.-P.-O.) mit derselben Vorermittelung zu beauftragen, die jetzt die Kommissare vornehmen. Das O.-V.-G. hat denn auch schon in einer Entscheidung (Urt. v. 13. XII. 99 Nr. III 1877) ausgesprochen, daß die Kommissare, da das Gesetz ihnen nur eine untersuchende und ausmittelnde Thätigkeit zuweise, den Beschluß über den Antrag auf Verschaffung von Vorflut aber dem Kreisausschuß selbst vorbehalte (§ 68 des Z.-G.), von der Ausübung des Richteramts nicht ausgeschlossen seien.

3. Unzutreffend ist es ferner, daß der § 15 des Vorflutgesetzes auf die Ablassung des Regenwassers von einem Grundstücke keine Anwendung leide. Der § 15 ist vielmehr auf jedes der Ableitung bedürfende Wasser, insbesondere auch auf Regenwasser und nicht nur auf stehende Wasser im Sinne des § 14 a. a. O. zu beziehen, wie das O.-V.-G. in Uebereinstimmung mit dem Gerichtshofe zur Entscheidung der Kompetenzkonflikte (Erk. v. 11. II. 60 J.-M.-B. 1861 S. 127) bereits mehrfach ausgesprochen hat (E.-O.-V. Bd. III S. 228, Bd. XXII S. 270). Im Uebrigen ist die Zuständigkeit des Kreisausschusses, seit dem Erl. des Zust.-Ges. v. 1. VIII. 83 durch die Bestimmung des § 68 daselbst im Gegensatz zu dem früheren Rechtszustand in gleicher Weise für die in den §§ 103 ff. Tit. 8 T. I des A.-L.-R.'s vorgesehenen, dem Privatrecht angehörigen Fälle der Verschaffung von Vorflut wie für die Fälle der §§ 11 ff. des Vorflutgesetzes begründet. Der ordentliche Rechtsweg ist daher auch, soweit es sich um die Verschaffung von Vorflut im Sinne der an-

geführten Bestimmungen des A.-L.-R.'s handelt, ausgeschlossen (zu vgl. von Brauchitsch, die Pr.-V.-G. Bd. IV, 3. Bearb., S. 62 ff., Vorbem. zu §§ 11—34 des Vorflutediktes). Jedes der Ableitung bedürftige Wasser ist in dem Verfahren nach § 68 des Zust.-Ges. zu berücksichtigen.

4. Die Ausmittelung und Festsetzung des Betrages der Entschädigung ist niemals Gegenstand des nach § 68 des Zust.-Ges. stattfindenden Verwaltungsstreitverfahrens, sondern vielmehr des schiedsrichterlichen Verfahrens, nachdem zuvor der Umfang der Rechte, welche jede Partei zur Ausgleichung bringt, sofern er nicht unstreitig ist, durch Entscheidung der ordentlichen Gerichte seine Feststellung erlangt hat (§§ 20 ff. des V.-G., § 68 des Zust.-Ges.; E.-O.-V. v. 16. V. 1900 Nr. III 915).

e) Wassernutzung, Bewässerung, Uferbesitz, Eigentum an Privatflüssen, Flußbett.

Nr. 1. Entsch. v. 30. III. 1901 III 576 (Pr.-V.-Bl. Jahrg. XXII S. 549).

§ 4 Privatflußges. v. 28. II 43, § 231 I 9 A.-L.-R. § 1 Deichges. v. 28 I 48.

1. Es liegt eine polizeiliche Verfügung vor, wenn die Polizei sich für unzuständig erachtet und ein Gesuch um eine polizeiliche Genehmigung an eine andere Behörde abgiebt (von Brauchitsch, Anm. 232 zu §§ 127—131 des L.-V.-G.).

2. Wie das O.-V.-G. bereits wiederholt ausgesprochen hat, ist das Bett eines Wasserlaufes kein ein für allemal unveränderliches und werden frühere Teile des Ufers, die vom Wasser abgerissen und nicht innerhalb angemessener Zeit wiederhergestellt worden sind, zum Flußbette (z. B. Urt. vom 22. IV. 99 und v. 13. XII. 99, Entsch. Bd. XXXV S. 301, Bd. XXXVI S. 310).

3. Deiche werden an dem Gewässer oder in der Nähe des Gewässers angelegt, um durch sie das dahinterliegende Land vor dem sich über die Ufer ausbreitenden Wasser zu schützen, aber nicht ausschließlich in dem Gewässer selbst. Bauten, die bloß in diesem, innerhalb der Ufer und ohne sich über die Höhe der Ufer zu erheben, vorgenommen werden, sind nicht Deich- sondern Wasserregulierungs- oder dergleichen Bauten. Ebenso ist keine deichähnliche Erhöhung der Erdoberfläche, von der § 1 des Deichgesetzes spricht, vorhanden, wenn lediglich in einem Flußbette etwas gebaut wird. Mit der Erdoberfläche ist hier im Gegensatze zu der regelmäßig mit Wasser bedeckten Sohle des Gewässers der nur bei dem zeitweisen Austreten des Wassers aus seinen Ufern überschwemmte Teil der Erde, das Land, das zum Inundationsgebiete gehört und nicht unter dem Gewässer, so lange es in seinen Ufern bleibt, sondern außerhalb desselben liegt, gemeint.

Nr. 2. Entsch. Bd. XXXIX S. 259 v. 23. III. 1901 III A 32/1900.

§ 4 Privatflutges. v. 28. II. 43.

1. Die Polizei kann verlangen, daß eine vom Uferbesitzer in das Bett eines Privatflusses hineingebaute Mauer entfernte werde. Zur Erbauung der Mauer bedarf der Uferbesitzer der Genehmigung der Ortspolizeibehörde, die für die Erhaltung eines Privatflusses in seinem Bestande zu sorgen hat, bei dem Mangel einer gesetzlichen Beschränkung die Genehmigung aus jedem polizeilichen Grunde versagen darf und wegen hiernach mit Recht nicht erteilter Genehmigung der unberechtigten Verfügung über den Teil des Privatflusses entgegentreten kann. Es giebt insbesondere auch ein Eigentum am Grund und Boden noch nicht die Befugnis, diesem seine Eigenschaft als Teil des Bettes eines Privatflusses zu nehmen. Ein solches Eigentum

ist, solange der Grund und Boden mit dem Wasser des Flusses bedeckt ist und einen Teil des Flusses bildet, ein beschränktes und gewährt deshalb nicht die freie Verfügung, die sonst der Eigentümer hat, so wenig, wie etwa der Eigentümer des Grund und Bodens, auf dem sich ein öffentlicher Weg befindet, infolge seines Eigentums in den Bestand des Weges eingreifen darf.

2. Daß das Vorstehende bei einem öffentlichen Flusse zu gelten hätte, kann keinem Bedenken unterliegen (vgl. das Urt. v. 27. XI. 97, Entsch. Bd. XXXII S. 263). Es muß aber bei einem Privatflusse ebenfalls gelten und folgt auch für diesen ohne eine ausdrückliche gesetzliche Vorschrift aus dem Wesen der Privatflüsse und ihrer Bedeutung für das allgemeine Wohl. Der in ihnen von der Natur gespendete Wasserschatz ist für die Allgemeinheit vorhanden. Ein Eingriff in die natürlichen Verhältnisse durch einen Einzelnen in seinem Interesse, der den Bestand des Flusses berührt, ist deshalb unzulässig, so lange er nicht ausdrücklich gestatttet worden ist, und muß es noch mehr sein als das im § 4 des Privatflußgesetzes verbotene bloße Einwerfen und Einwälzen von losen Steinen, Erde und anderen Materialien in Flüsse. Gestattet aber ist ein Eingriff von jener Art weder durch eine Bestimmung des Privatflußgesetzes oder eines anderen Gesetzes, namentlich auch nicht für den Uferbesitzer, noch im vorliegenden Falle durch eine besondere polizeiliche Anordnung.

Nr. 3. Entsch. Bd. XXXVIII S. 253 v. 3. X. 1900 III B 28 1900.

Zust.-Ges § 66, Ges v 28 II 43 (G.-S. S. 41) §§ 1, 13ff.

Handelt es sich um eine Anlage in Ausübung des nach § 1 und §§ 13ff. des Gesetzes über die Benutzung der Privatflüsse v. 28. II. 43 dem Uferbesitzer zustehenden Rechts zur Benutzung des vorüberfließenden Wassers, so ist für eine solche Anlage, und zwar auch für eine zu gewerblichen Zwecken, wie das O.-V.-G. in den Urt. v. 23. X. 84 und v. 26. II. 98 (Entsch. Bd. XI S. 263, Bd. XXXIII S. 305) ausgeführt hat, die Polizei, selbst wenn dabei die Beschränkungen, denen sie unterliegen, nicht innegehalten worden sind, zum Einschreiten nicht befugt. Dies gilt auch, falls die Anlage ein Vorfluthindernis bildet und deshalb ihre Beseitigung durch eine Räumungsverfügung nach § 66 des Zust.-Ges. verlangt werden könnte, wäre sie nicht im Sinne der §§ 1 und 13ff. des Gesetzes v. 28. II. 43 eine Anlage zum Aufstauen des Wassers behufs dessen Benutzung. Wenn die Anlage nicht dazu dient, für das Grundstück, von welchem sie ausgeht, selbst, sondern für ein gegenüberliegendes Grundstück das Flußwasser nutzbar zu machen, so wird ihr noch nicht die Eigenschaft einer Anlage zur Ausübung des in § 1 und §§ 13ff. des Gesetzes v. 28. II. 43 gewährten Rechts genommen. Würde damit gegen die Beschränkungen dieses Rechts, namentlich gegen die im § 14 des Gesetzes ausgesprochenen, verstoßen, so könnte doch nicht die Polizei diesen Verstoß geltend machen, da es grundsätzlich nicht zu ihren Aufgaben gehört, die Innehaltung jener Beschränkungen zu sichern. In dem Urteile v. 23. X. 84 ist denn auch bereits der § 14 unter denjenigen Bestimmungen über die Rechte der Uferbesitzer mitaufgeführt, in denen die Zuständigkeit der Polizeibehörden nicht festgesetzt sei. Noch weniger läßt sich eine polizeiliche Zuständigkeit herleiten, womit das Bett des Flusses in Anspruch genommen ist. Letzteres findet regelmäßig bei Stauanlagen statt. Es würden daher sonst die Stauanlagen zur Bewässerung u. s. w. mit seltenen Ausnahmen rechtlich ganz anders zu behandeln sein, als die übrigen Anlagen zur Benutzung des vorüberfließenden Wassers, wovon nicht die Rede sein kann.

Nr. 4. Entsch. Bd. XXXVIII S. 257 v. 17. XI. 1900 III B 31/1900.
Ges. v. 28. II. 43 (G.-S. S. 41) §§ 1, 13 ff., § 66 Zust.-Ges

Allerdings fügt das Ges. über die Benutzung der Privatflüsse v. 28. II. 43, welches nach seiner Einleitung namentlich die Verwendung des fließenden Wassers zur Verbesserung der Bodenkultur bezweckt, dem im § 1 dem Uferbesitzer gewährten Rechte, das an seinem Grundstücke vorüberfließende Wasser zu seinem Vorteile zu benutzen, im § 13 Nr. 1 die Beschränkung hinzu:

> „daß kein Rückstau über die Grenzen des eigenen Grundstücks hinaus und keine Ueberschwemmung oder Versumpfung fremder Grundstücke verursacht werden darf."

Die thatsächlichen Voraussetzungen für die Anwendung dieser Vorschrift sind gegeben, wenn durch die Benutzung einer zur Bewässerung dienenden Stauanlage die Ueberschwemmung eines fremden Grundstücks verursacht wird. Wie aber das O.-V.-G. bereits in seinem Urt. v. 23. X. 84 (Entsch. Bd. XI S. 263) dargelegt hat, ist die angeführte Vorschrift des § 13 Abs. 1 nicht im öffentlichen Interesse, sondern zum Besten der Uferbesitzer gegeben und liegt ihre Durchführung außerhalb der Zuständigkeit der Polizeibehörden.

f) Stauanlagen für Wassertriebwerke, Merkpfahlsetzung.

Nr. 1. Entsch. v. 30. I. 1901 III 174 (Pr.-V.-Bl. Jahrg. XXIII S. 72).
§§ 1—8, 9 Vorflutges v. 15. XI 11, § 10 II 17 A.-L.-R.

1. Eine Ortspolizeibehörde gab dem Kläger in der Annahme, daß für seine Mühle das zulässige Staurecht in Höhe der oberen Kante des im Stein der Brücke am Z.'er Thor eingehauenen Striches bestimmt worden sei, auf, die Ueberschreitung dieses Staumaßes bei Vermeidung einer Geldstrafe zu unterlassen. Die hiergegen angebrachte Beschwerde wurde von dem Landrate wie auch von dem Regierungspräsident abgewiesen, von letzterem mit der Begründung, daß die Polizeibehörde gemäß § 10 Tit. 17 T. II des A.-L.-R.'s zur Bestimmung des Stauzieles, das nach Angabe des Müllers noch nicht in einem Verfahren nach dem Gesetze v. 15. XI. 11 bestimmt worden sei, behufs Abwendung von Gefahren für zahlreiche Grundbesitzer befugt gewesen sei und daß sie dasselbe, da es sich mit dem im Jahre 1837 angebrachten Merkstrich decke, auch angemessen bestimmt habe. Die dagegen angebrachte Klage wurde vom O.-V.-G. abgewiesen und ausgeführt:

> Nachdem das Verfahren zur Bestimmung des zulässigen höchsten Wasserstandes in den §§ 1—8 des Ges. v. 15. XI. 11 und im § 67 des Zust.-Ges. geregelt worden ist, kann hierfür eine Befugnis der Polizeibehörden auf Grund des § 10 Tit. 17 T. II des A.-L.-R.'s nur noch insofern in Betracht kommen, als es sich um vorübergehende Maßnahmen handelt, die vorbehaltlich des Entschädigungsanspruches des Müllers behufs Abwendung eines dringlichen Notstandes, dem in anderer Art nicht abgeholfen werden kann, getroffen werden. Ein derartiger Notstand liegt aber nicht schon dann vor, wenn die Ländereien der oberhalb der Mühle angesessenen Besitzer unter Wasser gesetzt werden. Die Ortspolizeibehörde hat denn auch nicht in der Absicht, einem Notstand vorzubeugen, ihre Anordnung als eine vorübergehende erlassen, sondern den Müller dauernd zur Einhaltung des maßgebenden Stauzieles nötigen wollen. Dazu war die Polizei befugt.

2. Im Hinblick auf die im § 9 des Gesetzes v. 15. XI. 11 für die Ueberschreitung des Stauzieles angedrohte Strafe darf die Ortspolizeibehörde nicht dazu übergehen, für denselben Fall eine Strafe gemäß § 132 des Gesetzes über die allgemeine Landesverwaltung anzudrohen, unbeschadet ihrer Befugnis, gegebenen Falls die Einleitung eines Strafverfahrens zu beantragen.

Nr. 2. Entsch. v 30. V. 1900 III 1011.

§§ 67, 109, 113 Zust.-Ges., §§ 27, 38 Preuß. Gew.-Ordn.; §§ 16, 23 R. Gew.-Ordn.

1. An dem in dem E.-O.-V. Bd. XXIII S. 230, Bd. XXIX S. 279 (siehe auch das bei von Kamptz, Rechtsprechung des O.-V.-G. Bd. III S. 507 erwähnte Urt. v 6. II. 96) näher begründeten Standpunkt muß dahin festgehalten werden, daß ein Verfahren nach § 67 des Zust.-Ges. dann ausgeschlossen ist, wenn die betreffende Anlage, für die der zulässige höchste Wasserstand streitig ist, nach dem Inkrafttreten des § 27 der Preußischen oder des § 16 der R.-Gew.-Ordn. errichtet worden ist, und daß dieses Verfahren also nur dann stattfindet, wenn die Anlage älter ist und deshalb ohne besondere Genehmigung hat errichtet werden dürfen. Andernfalls hat nach den Grundsätzen der Gew.-Ordn. die für die Genehmigung zuständigen Behörden über die zulässige Höhe des Wasserstandes und über die Setzung des Merkpfahles Bestimmung zu treffen, wobei sie zwar gemäß § 38 der Preußischen und § 23 der R.-Gew.-Ordn im Geltungsbereiche des Vorflutgesetzes v. 15. XI. 11 an dessen materielle Bestimmungen, nicht aber auch an dessen Verfahrensvorschriften gebunden ist. In Fällen dieser Art findet demnach eine Bestimmung des zulässigen höchsten Wasserstandes und die Setzung eines Merkpfahles durch Kommissarien, wie sie § 67 des Zust.-Ges. zur Voraussetzung hat, überhaupt nicht statt, während andererseits auch hinsichtlich der Höhe des Wasserstandes die von der für die Genehmigung zuständigen Behörden — früher die Landespolizeibehörde, jetzt der Kreis-(Stadt-)Ausschuß — getroffene Festsetzung nur mit der Beschwerde an den Minister angreifbar war und so auch gegenwärtig angreifbar ist (§§ 109, 113 des Zust.-Ges.).

2. Im Sinne der Pr. Gew.-Ordn. bildet der Gegensatz der neuen Anlage die alte bei ihrem Inkrafttreten vorhanden gewesene Anlage und es kann insbesondere der Thatbestand der Anlage eines neuen durch Wasser bewegten Triebwerkes nicht schon deshalb in Abrede genommen werden, weil für die einem anderen Zweck dienende, von der alten durchaus verschiedenartige neue Anlage nur die bisherige Wasserkraft in Anspruch genommen wird. Für die Pr. Gew.-Ordn., nach der nicht die Stauanlage, wie dies nach der R.-Gew.-Ordn. der Fall ist, sondern das Triebwerk genehmigungspflichtig war und auch nicht in der Beschränkung auf eigentliche Mühlen, die im § 27 unter den durch Wasser oder Wind bewegten Triebwerken nur als ein Beispiel genannt sind, stellt z. B. die Anlage einer durch Wasser bewegten Drahtnägel-Fabrik an Stelle einer Oelmühle zweifellos die Errichtung eines neuen Triebwerkes dar.

Nr. 3. Entsch. Bd. XXXVIII S. 264 v. 17. X. 1900 III C 54/1900.

§§ 1—7 Ges. v. 15 XI 1811 (G.-S. S. 352), Schles. Mühlenordn. v. 28. VIII. 1777. (Korn's Ediktensamml. XV S. 278) §§ 3ff.

Bei der Feststellung des zulässigen höchsten Wasserstandes kann die Einrichtung der Stauanlage nicht außer Betracht bleiben, wie denn auch das Gesetz wegen des Wasserstaues bei Mühlen v. 15. XI. 11 im § 3 sich nicht auf die Anordnung beschränkt, daß an dem Merkpfahle der zulässige höchste Wasserstand ganz deutlich kennbar bezeichnet wird, sondern weiter verfügt, daß die Höhe mit dem Fachbaume der Mahl- und Freischleuse und mit einem nahe gelegenen unverrückbaren Gegenstande durch Nivellement verglichen und zu Protokoll verschrieben werden müsse. Was danach urkundlich festgestellt werden soll, ist der Unterschied in der Höhenlage des Fachbaums der Mahl- und Freischleuse zu der am Merkpfahle erkennbar gemachten Höhenlage desjenigen Wasserstandes, der unter Benutzung der Mahl- und Freischleuse angestaut werden darf, d. h. die Höhenlage des Fachbaums ist ebenso wie die zulässige Stauhöhe mit einem nahe gelegenen unverrückbaren Gegenstande zu vergleichen und urkundlich festzulegen. Für Stauanlagen, die nicht aus einer Schleuse, sondern aus einem Ueberfallwehre bestehen, gilt selbstverständlich im Sinne des Gesetzes dasselbe für den als Fachbaum in Betracht kommenden Rücken des Ueberfallwehrs, dessen Höhenlage in gleicher Weise urkundlich festzulegen ist. Das Gesetz verfügt indes nicht, wie dies in der Schles. Mühlenordn. v. 28. VIII. 1777 §§ 3ff. geschehen ist, daß zur Erkennbarmachung der Höhenlage der Fachbäume ein Pfahl zu stoßen sei. Dies schließt zwar nicht aus, daß — insbesondere bei Einverständnis der Beteiligten und des Müllers — ein solcher Pfahl auch gelegentlich des Verfahrens zur Feststellung des zulässigen Wasserstaues bei Mühlen gestoßen wird; nur daran ist auf Grund der §§ 1 bis 7 des Ges. vom 15. XI. 11 und des § 67 des Zust.-Ges. festzuhalten, daß das hier für die Feststellung des zulässigen Wasserstaues geregelte Verfahren lediglich zu dem Zwecke, die Höhe des Fachbaums oder des Wehrrückens einer Stauanlage festzustellen und durch einen Pfahl erkennbar zu machen, nicht stattfindet. Ein diesem Zwecke dienender Pfahl, den man im allgemeinen Sicherpfahl zu nennen pflegt, den man aber auch Mahl-, Aich-, Merk- und auch wohl Markpfahl nennen kann (§ 3 der Schles. Mühlenordn., § 58 des Handbuchs des Mühlenrechts von Schilling), hat mit dem zur Erkennbarmachung des mahlgerechten Wassers, d. h. desjenigen Wasserstandes, bei dessen Ueberstauung der Müller die Schützen bis zur Erreichung des normalen Wasserstandes zu ziehen hat, nach dem Gesetze v. 15. XI. 11 zu stoßenden Merkpfahle nichts gemein.

Nr. 4. Entsch. v. 30. I. 1901 III 175 (Pr.-V.-Bl. Jahrg. XXII S. 26).
§§ 1—8 Vorflutges. v. 15. XII 11

1. Der Zweck des Verfahrens wegen Setzung eines Merkpfahles nach Maßgabe der §§ 1 bis 8 des Ges. v. 15. XI. 11 ist die Feststellung und die Markierung des zulässigen Wasserstaues. Es hat deshalb zur Voraussetzung, daß ein Verfahren dieser Art überhaupt nicht stattgefunden hat oder, wenn es stattgefunden hat, daß es zeitig an der Möglichkeit zur Ermittelung des früher festgestellten höchsten Wasserstandes fehlt, weil die hierfür in Betracht kommenden Urkunden oder anderweite Beweismittel gänzlich abhanden gekommen sind. Fehlt es hieran nicht und ist nur der Merkpfahl abhanden gekommen, an dem der zulässige höchste Wasserstau äußerlich erkennbar gemacht war, so kann nur in Frage kommen, ob der Müller zum Ersatz des abhanden gekommenen Merkpfahles angehalten werden kann. Hiermit befaßt sich dieses Gesetz nicht. Wie es sich mit der Befugnis der Beteiligten verhält, ihre vermeintlichen Rechte auf Ersatz des abhanden gekommenen Merkpfahls im ordentlichen Rechtswege zu verfolgen, kann dahingestellt bleiben. Jedenfalls darf die Polizeibehörde, weil das Vorhandensein eines Merkpfahls zugleich im Interesse der öffentlichen Ordnung liegt, auf Antrag oder von Amtswegen die Setzung eines neuen Merkpfahls behufs der dauernden Kontrolle, daß der zulässige höchste Wasserstand nicht überschritten wird, erzwingen.

2. Hieran hat das Zust.-Ges. nichts geändert; insbesondere begründet § 67 die Zuständigkeit der Verwaltungsgerichte nur für die Anfechtung der durch die Kommissarien beim Mangel rechtsverbindlicher deutlicher Bestimmungen be-

wirkten Festsetzung des Wasserstandes und für die gelegentlich eines Verfahrens über die Festsetzung des Wasserstandes entstehenden Streitigkeiten darüber, ob dessen Höhe in rechtsverbindlicher und deutlicher Weise bereits bestimmt ist. Daß aber unter den Streitigkeiten dieser Art nur solche im Sinne der §§ 4 und 5 des Ges. v. 15. XI. 11 gemeint sind, also darüber, ob die Höhe des Wasserstandes durch rechtskräftige Urteile oder gültige Verträge, Verleihungen, rechtsverjährte Besitze u. s. w. bestimmt ist, und nicht auch darüber, ob ein Verfahren nach Maßgabe dieses Gesetzes stattgefunden hat, ergiebt sich aus der Verweisung des § 67 des Zust.-Ges. auf die §§ 1 bis 7 des Ges. v. 15. XI. 11.

3. Da auch eine anderweite Vorschrift die Zuständigkeit der Verwaltungsgerichte für eine Klage auf Feststellung einerseits dessen, daß die Höhe des Wasserstandes nach Maßgabe des Ges. v. 15. XI. 11 bereits rechtsverbindlich stattgefunden habe, und andererseits dessen, daß danach der Merkpfahl zu setzen und die Höhe der Schützen zu berichtigen seien, nicht begründet hat, findet eine Klage unter den Beteiligten mit diesem Ziel behufs grundsätzlicher Entscheidung eines Streites hierüber nicht statt. Es wird hierauf als einen für die Entscheidung wesentlichen Zwischenpunkt dann zwar einzugehen sein, wenn diejenige Höhe des zulässigen Wasserstaues, die durch Beschluß der Kommissarien festgesetzt ist oder von einem Beteiligten auf Grund eines besonderen Titels in Anspruch genommen wird, angefochten wird, weil sie bereits in einem Verfahren nach Maßgabe der §§ 1 bis 8 des Ges. v. 15. XI. 11 anderweit festgesetzt worden sei, jedoch nur mit dem Ziele, daß zutreffenden Falles der abermals gestellte Antrag auf Bestimmung des Wasserstaues als unzulässig abgelehnt wird.

Nr. 5. Entsch. v. 23. I 1900 III 131 (Pr.-V.-Bl. Jahrg. XXII S. 430).
§§ 1—10 Vorflutges. v. 15. XI. 11.

1. Daß das Verfahren gemäß der §§ 1—10 des Vorflutgesetzes v. 15. XI. 11 nicht lediglich dann stattzufinden hat, wenn es sich um die Förderung der Bodenkultur im Sinne einer landwirtschaftlichen Nutzung handelt, sondern überhaupt zu dem Zweck, um einer willkürlichen Anstauung und der Ueberstauung des oberhalb der Mühlen belegenen Grundbesitzes, gleichviel wie er genutzt wird, begegnen zu können, ergiebt der § 1 des Gesetzes und ist von dem O.-V.-G. stets angenommen worden. Dies entspricht der Praxis der Verwaltungsbehörden und was allein streitig ist, ist dies, ob das Verfahren auch auf Antrag des Besitzers eines oberhalb der Stauanlage vorhandenen Triebwerkes zum Schutz desselben stattfindet, was die Verwaltungsbehörden bejaht, das Obertribunal und das Reichsgericht jedoch verneint haben (s. M.-Bl. 1850 S. 69, 1863 S. 167, Entsch. O.-Trib. Bd. XVII S. 73, des Reichsgerichts für Civilsachen Bd. XXI S. 263).

2. Andererseits findet das Verfahren dann nicht statt, wenn der zulässige höchste Wasserstand bereits in einem solchen Verfahren bestimmt worden ist und der Ersatz des abhanden gekommenen Merkpfahles möglich ist, weil der Festpunkt, nachdem der zulässige höchste Wasserstand äußerlich erkennbar gemacht worden worden ist, noch vorhanden ist. Wie es sich in Fällen dieser Art mit der Befugnis der Beteiligten verhält, ihren Anspruch auf Ersatz des abhanden gekommenen Merkpfahles gegenüber dem weigerlichen Müller im ordentlichen Rechtswege zur Geltung zu bringen, kann dahingestellt bleiben. Jedenfalls ist die Befugnis der Polizeibehörden, auch ihrerseits hierauf zu halten, nicht zu bezweifeln, weil die dauernde Erhaltung des Merkphales im Sinne des Gesetzes v. 15. XI. 11 zugleich im Interesse der öffentlichen Ordnung liegt, unbeschadet selbstverständlich der dem Müller und den sonst Beteiligten zustehenden Rechtsbehelfe, sofern sie vermeinen, daß die Polizeibehörde den

Merkpfahl nicht in der dem vorhandenen Festpunkt entsprechenden Höhe hat setzen lassen.

3. Ebenso ist im Sinne jenes Gesetzes die Bestimmung eines verschiedenen Wasserstandes für den Sommer und den Winter nicht unbedingt notwendig, sondern nur dann, wenn es den obwaltenden Verhältnissen nach sich gebietet oder doch empfiehlt (Entsch. d. O.-V.-G. Bd. XXIX S. 284), und nicht mehr nachzuprüfen, ob der Wasserstand vorliegend einheitlich zu bestimmen war.

g) Hannoversches Recht.

Nr. 1. Entsch. v. 2. V. 1901 III 771 (Pr.-V.-Bl. Jahrg XXII S. 558).

§ 66 Zust.-Ges ; §§ 80—83 der Hannov. Wasserp. v. 22. VIII. 47

1. Die Anordnung, das Eis in einem Flußlaufe (Hannover) fortzuschaffen; ist keine Räumungsverfügung (§ 66 Zust.-Ges.).

2. Wird eine von der Wasserpolizeibehörde als Verfügung nach § 66 des Zust.-Ges. bezeichnete Anordnung erlassen, die in Wirklichkeit eine solche nicht ist, sondern eine Verfügung nach §§ 127 ff. des L.-V.-G., und hat der Betroffene Einspruch erhoben und ist der Einspruch durch Beschluß der Wasserpolizeibehörde zurückgewiesen worden, so ist die Klage gegen den Beschluß nach § 128 L.-V.-G. zulässig, denn es ist der Einspruch als Gegenvorstellung und der Beschluß als neue polizeiliche Verfügung nach wiederholter Prüfung des Sachverhalts anzusehen.

Nr. 2. Entsch. v. 12. I. 1900 III 70.

§ 66 Abs. 6 Zust.-Ges.

Der § 66 Abs. 6 des Zust.-Ges. erklärt die in Abs. 1 bis 5 getroffenen Bestimmungen über die Räumung „im Bezirke eines Deichverbandes" nicht für anwendbar. Das O-V.-G. hat die Bedeutung dieser Vorschrift in den Urteilen v. 20. II. 93, 19. IX. 95 und 13. I. 96 eingehend erörtert (Entsch. Bd. XXIV S. 257, Bd. XXIX S. 272). Danach bringt der Abs. 6 zum Ausdruck, daß die Befugnisse der Deichbehörden durch die im § 66 gegebenen Vorschriften nicht beeinflußt werden sollen. Die Zuständigkeit der Wasserpolizeibehörde ist auch dann ausgeschlossen, wenn die Sorge für die Räumung eine Angelegenheit eines Hannoverschen Sielverbandes ist (Erk. vom 19. IX. 95 Entsch. Bd. XVIII S. 261, Erk. des Gerichtshofes zur Entsch. der Kompetenzkonflikte v. 16. I. 97 Pr.-V.-Bl. Jahrg. XXI. S. 98).

Nr. 3. Entsch. v. 23. VI. 1900 III 913.

§§ 66, 95 Zust.-Ges.

Es ergiebt sich aus dem Inhalte des Titels XII des Zust.-Ges. insbesondere aus dem Vorbehalte im § 95 Nr. 1, wonach die Vorschriften dieses Titels die Zuständigkeiten der zur Wahrnehmung der Strom-, Schiffahrts- und Hafenpolizei berufenen Behörden unberührt lassen, daß der Titel XII die Zuständigkeit und also auch das Verfahren für die Anfechtung des von der Behörde in Ansehung der öffentlichen Flüsse (auch in Hannover) gestellten Anforderungen nicht regelt. Es ist daher im § 66 die Frage nicht geregelt, wie die Räumung öffentlicher Flüsse behufs Förderung der Schiffahrt zu erzwingen sei.

Nr. 4. Entsch. v. 28. III. 1900 III 595.

§ 2 Ges. v. 22. VIII. 47 über Ent- und Bewässerung (Hannov. G.-S. S. 262).

1. Nach § 2 Ges. v. 22. VIII. 47 ist außer Zweifel, daß das Herkommen nicht schon bei Erlaß des Gesetzes bestanden zu haben braucht, es

kann sich auch erst nachher bilden (Erk. v. 28. I. 95 III 128 und III 129, vgl. Erk. v. 2. VII. 96 Entsch. Bd. XXX S. 296).

2. Vielfach verdankt eine Gewohnheit ihre Entstehung einem Irrtume, keineswegs schließt ein Irrtum die Bildung der Observanz aus (Neukamp, das Gewohnheitsrecht, im Archiv für bürgerliches Recht Bd. XII S. 109, 111, 137, 138).

h) Schleswig-Holsteinisches Recht.

Nr. 1. Entsch. v. 20. II. 1901 III 325.

§ 81 Zust.-Ges.; provisorische Verf. für das Herzogtum Schleswig v. 6. IX. 63 (Chronologische Samml. S. 232).

Wie im Gebiete der Wasserlösungsordn. für die Geestdistrikte Holsteins vom 16. VII. 57 der Landrat, vereinigen nach der provisorischen Verfügung für Schleswig v. 6. IX. 63 die Schauungsmänner zwei Obliegenheiten in sich. Sie erlassen Verfügungen (wasserpolizeiliche Anordnungen) und entscheiden Streitigkeiten der Beteiligten. Wenn im letzteren Falle dagegen Klage erhoben wird, so geht die Klage gegen die Privatpartei, nicht gegen die Schauungsmänner.

Nr. 2. Entsch. v. 25. X. 1899 III 1618.

§ 1 Wasserlösungsordn. v. 16. VII. 57.

Nach der Wasserlösungsordn. für Holstein v. 16. VII. 57 § 1 hat der verpflichtete Grundbesitzer die Wahl, ob er das Wasser des Oberliegers mittels Grabenziehung oder mittels Röhrenleitung abführen will.

i) Kurhessisches Wasserrecht.

Nr. 1. Entsch. Bd. XXXVIII S. 278 v. 10. X. 1900 III B 149/99.

§§ 16, 17, 20 der Kurh. Verordn. v. 31. XII. 24, den Wasserbau betr. (Sammlung für Kurhessen 1824 S. 99). Zust.-Ges. § 96 Nr. 1.

1. Der § 16 der Kurhessischen Vd. v. 31. XII. 24, den Wasserbau betreffend, bestimmt u. a., daß „an allen Flüssen und Bächen neue Anlagen von Wasserdämmen nicht anders gestattet werden sollen, als wenn deren Unschädlichkeit von der Oberbaudirektion anerkannt und deshalb von ihr eine schriftliche Erlaubnis erteilt worden, worin nach Befinden die Einrichtung der auf den Lauf des Wassers Beziehung habenden Anlagen näher vorzuschreiben ist“. An die Stelle der Oberbaudirektion ist jetzt der Bezirksausschuß getreten, da dieser nach § 96 Nr. 1 des Zust.-Ges., soweit es sich um Deiche handelt, die zu keinem Deichverbande oder Deichbande gehören, auch über die Genehmigung neuer Deichanlagen nach den §§ 16, 17 der gedachten Kurhessischen Verordnung beschließt. Der § 20 dieser Verordnung, der im § 96 des Zust.-Ges. nicht angezogen ist, handelt ebenfalls von Dämmen, indem er unter der Ueberschrift: „Bäume, Gebüsche ꝛc.“ anordnet, daß „Bäume, hohe Gebüsche und andere Hindernisse des freien Flußlaufs ohne besondere Genehmigung des Wasserbaubeamten an der Böschung der Ufer oder gar in den Flußbetten ebensowenig geduldet werden sollen, wie entferntere dichte Zäune, Dämme und andere Befriedigungen, durch welche nachteilige Stauungen, Ueberströmungen oder Versumpfungen veranlaßt werden“.

2. Wenn jemand zu der von ihm vorgenommenen Erhöhung seines am Ufer eines Flusses gelegenen Grundstücks die Genehmigung des Bezirksausschusses weder nachgesucht noch erhalten hat, so kann ihm deren Be-

seitigung ohne weiteres aufgegeben werden, wenn es sich dabei um die Anlage eines Wasserdammes im Sinne des § 16 handelt. Dies ist z. B. der Fall, wenn der errichtete Damm 50 m lang ist, bis unmittelbar an das Ufer reicht und sich etwa 3 m über die Wasserhöhe erhebt; er fällt dann seiner Beschaffenheit nach nicht unter die Dämme des § 20, die das Gesetz dadurch kennzeichnet, daß sie es durch die oben mitgeteilte Ueberschrift und die Worte „Dämme und andere Befriedigungen" den Bäumen, Gebüschen und Befriedigungen gleichgestellt hat.

3. Ob von dem Damme Gefahren zu erwarten sind, ist unerheblich, weil schon der Mangel der im § 96 Nr. 1 des Zust.-Ges. vorgeschriebenen Genehmigung des Bezirksausschusses die Polizeibehörde zum Einschreiten ermächtigt (vgl. z. B. E.-O.-V. Bd. XXIII S. 249 ff., Urt. vom 10. III. 92).

B. Deichpolizei.

Nr. 1. Entsch. v. 3. XI. 1900 III 1886 (Pr.-V.-Bl. Jahrg. XXII S. 419).
§§ 1, 28 des Deichges. v. 28. I 48, § 96 Zust.-Ges., Art II Ziffer 5 des Ges v. 11. IV 72.

1. Das O.-V.-G. erklärte folgende Verfügung der zuständigen Polizeibehörde für gültig:

„Sie haben auf Ihrer Wiese .... ohne Erlaubnis einen Deich angelegt. Es wird Ihnen bei Vermeidung einer Exekutivstrafe ... aufgegeben, bis zum .... entweder die Deichanlage zu entfernen oder deren Genehmigung nachzusuchen".

wiewohl in der Verfügung fälschlich statt des Bezirksausschusses als der zur Genehmigung des Deiches zuständigen Behörde eine Schauungsbehörde angegeben war.

2. In dem Erkenntnisse heißt es:

Den Hauptinhalt der angefochtenen Verfügung bildet das Gebot, die Deichanlage bezw. -Erhöhung bis zum 1. XII. 98 zu entfernen, weil die zu ihr erforderliche Genehmigung fehle. Dieses unstreitig gerechtfertigte Gebot wird von der unrichtigen Bezeichnung der zur Genehmigung berufenen Stelle (nämlich der im § 11 des Hache-Reglements bezeichneten Schauungsbehörde anstatt des nach § 96 des Zust.-Ges. zuständigen Bezirksausschusses) überhaupt nicht berührt, also auch nicht durch die Bezeichnung zu einem rechtswidrigen.

Des Weiteren wäre das Gebot, eine Genehmigung einzuholen, allerdings unzulässig. Ein solches Verlangen hat aber die Polizei auch nicht gestellt, sondern nur von dem Nachweise der Genehmigung gesprochen. Die Hinzufügung dieses Ausspruches zu dem Gebote der Entfernung der Deichanlage ist dahin zu verstehen, daß von dem Verlangen der Entfernung bis zum 1. XII. 98 dann abgesehen werden solle, wenn bis dahin die Genehmigung der Deichanlage nachgewiesen werde. Aber auch hierbei war ein Irrtum der Polizei über die zur Genehmigung berufene Behörde unerheblich. Denn der Kläger war in keiner Weise gehindert, die richtige Behörde um die Genehmigung anzugehen und die angedrohte Strafe durfte nicht vollstreckt werden, wenn bis zum 1. XII. 98 die Genehmigung des Bezirksausschusses nachgewiesen wurde. Auf der anderen Seite war selbst dann, wenn es dem Kläger gelungen wäre, die Genehmigung der — unzuständigen — Schauungsbehörde zu erhalten und er diese Genehmigung nachgewiesen hätte, der Verfügung genügt und deren zwangsweise Vollstreckung ausgeschlossen.

In keiner Weise gereicht also der unzutreffende Hinweis des Beklagten dem Kläger zum Nachteil. Von ihm konnte die sofortige Beseitigung der ungenehmigten Deichanlage gefordert werden. Daß ihm noch eine Frist bis zum 1. XII. 98 gelassen worden ist, um die fehlende Genehmigung zu beschaffen, ist eine Nachsicht, auf die er keinen Anspruch hatte. Ist dabei die Behörde, die die Genehmigung zu erteilen habe, bezeichnet, so ist das eine Rechtsbelehrung, zu der die Polizei nicht verpflichtet war und auf die der Kläger kein Recht hatte, deren Unrichtigkeit daher auch keine Verletzung seiner Rechte herbeiführen kann.

C. Fischerei.

Nr. 1. Entsch. Bd. XXXIX S. 261 v. 15. IV 1901 III 54/1900.

§ 20 Fischereiges. v 30 V 74.

1. Wenn ein Müller, der unterhalb des Mahlmühlengerinnes einen Aalsack angebracht hat, von der Polizei aufgefordert wird, den Aalsack zu beseitigen, so kommt es nicht darauf an, ob mit der Mühle von Alters her das Recht verbunden war, die ganze Breite des Mühlgewässers zum Zwecke des Aalfanges durch eine ständige Fischereivorrichtung zu versperren, und ob eine beliebige derartige Vorrichtung zur Zeit des Inkrafttretens des Fischereigesetzes thatsächlich vorhanden war, sondern darauf, ob die 1874 vorhandene Vorrichtung nicht nur in ihrer Breite, sondern auch in ihrer Konstruktion derzeit zu Recht bestand und seitdem eine gesetzwidrige Abänderung oder Umgestaltung nicht erlitten hat.

2. Die für den Regierungsbezirk Potsdam erlassene Fischerei-Polizeiordnung v. 16. III. 67, durch welche Aalsäcke (Fischerzeuge, mit welchen gewöhnlich in den Mühlgerinnen gefischt wird) sowie die Grund- und Aalquäste verboten sind, ist gültig.

3. Die bei Inkrafttreten des Fischereigesetzes an einer Mühle vorhandene ständige Fischereivorrichtung ist daher, wenn sie aus einem Aalsacke bestand und die Benutzung dieses Fangmittels durch die Fischerei-Polizeiordnung v. 16. III. 67 unter Bezugnahme auf seine herkömmliche Verwendung zur Fischerei in Mühlgerinnen ausdrücklich verboten war, gesetzwidrig, und es kann sich daher nur fragen, ob nicht etwa trotzdem die Ausnahmevorschrift des § 20 Abs. 3 des Fischereigesetzes auf sie zu Gunsten des Müllers mit der Maßgabe Anwendung finden könnte, daß die nachträgliche Ersetzung des Aalsackes durch ein polizeilich gestattetes Fangmittel als zulässig zu erachten wäre. Das muß aber verneint werden. Denn wie bereits in dem Urt. vom 25. II. 95 (Entsch. Bd. XXVIII S. 305) ausgeführt worden ist, erfordert der § 20 Abs. 3 im Gegensatze zu § 22 Nr. 3 Abs. 2, daß die Vorrichtung, die auf Grund der Berechtigung errichtet ist, zur Zeit des Inkrafttretens des Gesetzes auch thatsächlich vorhanden gewesen ist. War dies nicht der Fall, so nützt dem Berechtigten das Bestehen der Berechtigung selbst nichts. Er darf trotzdem eine neue Anlage über das im § 20 Abs. 1 gestattete Maß hinaus nicht anlegen. Derjenige aber, der eine vorhandene Berechtigung mittels einer gesetzwidrigen Vorrichtung ausübt, kann nicht besser gestellt sein, als der, welcher sie garnicht ausübt. Die gesetzwidrige Ausübung kann nicht im Sinne des § 20 Abs. 3 dieselbe Wirkung hervorbringen und den gleichen Schutz verleihen, wie die dem Gesetz entsprechende Ausübung.

Nr. 2. Entsch. Bd. XXXIX S. 274 v. 6. V. 1901 III C 8/1901.

§ 20 Fischereiges. v. 30. V. 74.

Die Vorschrift des ersten Satzes des § 20 des Fischereigesetzes ist dahin aufzufassen, daß für die Ermittelung der Breite im Sinne des § 20 des Fischereigesetzes diejenige Stelle des Gewässers, sei es des Hauptstromes, sei es einer Abzweigung, in Betracht zu ziehen ist, an der sich die ständige Fischereieinrichtung befindet (Erk. v. 2. I. 92 Pr.-V.-Bl. Jahrg. XIII S. 314).

D. Die Jagd.

a) Jagdscheine.

Nr. 1. Entsch. Bd. XXXIX S. 283 v. 2. II. 1901 III A 26/1900.

§§ 6, 7, 8 Jagdscheinges. v. 31 VII 95.

Der § 8 Abs. 1 des Jagdscheingesetzes v. 31. VII. 95 lautet:

„Wenn Thatsachen, welche die Versagung des Jagdscheins rechtfertigen, erst nach Erteilung des Jagdscheins eintreten oder zur Kenntnis der Behörde gelangen, so muß in den Fällen des § 6 und kann in den Fällen des § 7 der Jagdschein von der für die Erteilung zuständigen Behörde für ungültig erklärt und dem Empfänger wieder abgenommen werden."

Es fragt sich, welche Behörde unter der „für die Erteilung zuständigen" zu verstehen ist, ob diejenige Jagdpolizeibehörde, die im gegebenen Falle den Jagdschein erteilt hatte, oder jede im § 1 des Jagdscheingesetzes für die Erteilung als zuständig bezeichnete Behörde.

Die Frage ist von den Kommentatoren des Jagdscheingesetzes unter Hinweis auf dessen Begründung im letzteren Sinne beantwortet worden (Kunze, Das Jagdscheingesetz, 2. Aufl., S. 52 Anm. 2; von Seherr-Thoß, 2. Aufl., S. 79 Anm. 4 — vgl. ferner Kohli, Die Preußischen Jagdgesetze, 3. Aufl., S. 100 Anm. 40 und Stelling, Hannovers Jagdrecht S. 150 Anm. 2 und 3). Dieselbe Ansicht findet sich in der vom Minister des Innern und vom Minister für Landwirtschaft, Domänen und Forsten am 1. VIII. 95 erlassenen Ausführungsverfügung zum Jagdscheingesetze (M.-Bl. S. 231 ff.) vertreten, indem daselbst unter Ziffer 4 Folgendes bestimmt ist:

„Was von der Versagung eines Jagdscheins gesagt ist, gilt sinngemäß auch für die im § 8 vorgesehene Entziehung. Zuständig dafür ist selbstverständlich jede nach § 1 für die Erteilung zuständige Behörde, ohne Rücksicht, ob im einzelnen Falle diejenige Jagdpolizeibehörde, welche die Entziehung ausspricht, auch dieselbe ist, welche seiner Zeit den Jagdschein ausgestellt hat oder nicht."

Das O.-V.-G. hat sich dieser Auslegung nicht anzuschließen vermocht und angenommen, daß unter der „für die Erteilung zuständigen Behörde" des § 8 nur diejenige Jagdpolizeibehörde verstanden werden kann, die im gegebenen Falle den Jagdschein erteilt hat.

Nr. 2. Entsch. v. 20. II. 1901 III 327.

§ 4 Jagdscheinges.

Wie in dem Urteile des O.-V.-G. v. 23. IX. 99 (Entsch. Bd. XXXVI S. 365) dargelegt ist, ist eine untere Grenze für den Begriff von „Grundbesitz" im § 4 des Jagdscheingesetzes weder nach Umfang noch nach Wert gegeben. Deshalb hat jede Person, die Eigentümerin eines Grundstücks überhaupt ist, Grundbesitz im Sinne dieser Vorschrift.

Nr. 3. Entsch. v. 17. II. 1900 III 325.
§ 6 Jagdscheinges.

1. Die Bestimmungen des § 6 des Jagdscheingesetzes sind zwingender Natur und kommen deshalb auch gegenüber den Pächtern einer Hannoverschen Genossenschaftsjagd zur Anwendung, obwohl nach § 6 Abs. 2 der Hann. Jagdordnung schon bei der Zulassung zur Pacht zu prüfen ist, ob den Pachtliebhaber ein Jagdschein erteilt werden darf.

2. Hat sich jemand, der im Jahre 1872 wegen vorsätzlicher Tödtung bestraft ist, gebessert und diese Besserung durch ein jahrelanges Verhalten (bis 1901) dargethan, ist somit nicht mehr zu befürchten, daß er bei Ausübung der Jagd die öffentliche Sicherheit gefährden werde, so kann ihm der Jagdschein nicht versagt werden.

Nr. 4. Entsch. v 6. V 1901 III 806 (Pr.-V.-Bl. Jahrg. XXII S 568).
§ 6 Nr 1 Jagdscheinges. v. 31 VII 95.

Zur Anwendung des § 6 Nr. 1 des Jagdscheingesetzes müssen allerdings bestimmte Thatsachen vorliegen, die die daselbst bezeichnete Besorgnis rechtfertigen (Kunze, Jagdscheinges. II. Aufl. S. 37). Solche Thatsachen können auch geistige und körperliche Zustände des Antragstellers sein. Geistige Beschränktheit, Schwerhörigkeit und Zungenschwerfälligkeit als solche Thatsachen anzusehen, liegt kein Bedenken vor

Nr. 5. Entsch. v 31 X. 1901 III 1785 (Pr.-V.-Bl. Jahrg. XXIII S. 313).
§ 15 Jagdpolizeiges. v. 7. III 50, § 6 Jagdscheinges. v. 31 VII 95.

1. Ueber die Voraussetzung, unter der eine Person als eine solche beurteilt werden darf, von der eine Gefährdung der öffentlichen Sicherheit, oder als eine solche, von der eine unvorsichtige Führung des Schießgewehres zu besorgen sei, hat sich das O.-V.-G. bereits in dem in den Entsch. Bd. XI S. 293 ff. veröffentlichten Urteile dahin ausgesprochen, daß Ersteres, wiewohl eine unvorsichtige Führung des Schießgewehres eine Gefährdung der öffentlichen Sicherheit mit sich bringen kann, im Sinne des Jagdgesetzes doch nur für eine Person zutrifft, von der eine Durchbrechung des geordeten Rechtszustandes nicht lediglich aus Unerfahrenheit oder Leichtsinn zu besorgen ist. Allerdings ist dies damals für § 15 des Jagdpolizeigesetzes v. 7. III. 50, der inzwischen durch § 6 des Jagdscheinges. v. 31 VII. 95 ersetzt worden ist, angenommen worden; es gilt dies aber auch für den aus jenem Gesetze übernommenen Wortlaut des § 6 Nr. 1 des neuen Gesetzes.

2. Danach kann ein Schütze nicht schon um deswillen, weil er über einen öffentlichen Weg geschossen und den Verkehr auf dem öffentlichen Weg gefährdet hat, als eine für die öffentliche Sicherheit gefährliche Person beurteilt werden, wenn er lediglich aus Leichtsinn und nicht infolge einer zu gewaltsamen oder widerrechtlichen Angriffen geneigten Gesinnung oder Veranlagung gefehlt hat.

3. Daß die Jagdpolizeibehörde die Versagung des Jagdscheins nicht auf die Besorgnis einer unvorsichtigen Führung des Schießgewehres gestützt hat, steht dem nicht entgegen, daß die Zulässigkeit ihrer Verfügung aus dieser Rücksicht vom Verwaltungsrichter geprüft wird. Andererseits ist die Voraussetzung für diese Besorgnis im Sinne des Gesetzes nicht bloß dann gegeben, wenn die Abgabe von Schüssen in der Richtung auf Menschen, Haustiere, Gebäude u. s. w. zu befürchten ist.

Nr. 6. Entsch. Bd. XXXIX S. 288 v. 2. V. 1901 III A 47/1900 (Pr.-V.-Bl. Jahrg. XXIII S. 171).

§ 367 Nr 8, § 368 Nr 7 u. 10 des St.-G.-B.; §§ 7, 8 des Jagdscheinges v. 31 VII. 95.

Wird jemand außerhalb eines öffentlichen Weges zur Jagd ausgerüstet auf einem fremden Jagdreviere ohne Genehmigung des Jagdberechtigten und ohne sonstige Befugnis betroffen, und deshalb bestraft (§ 368 Nr. 10 des R.-St.-G.-B.), so kann ihm der Jagdschein entzogen werden. Das Erk. führt aus:

Der Kläger irrt in der Annahme, daß nur Bestrafungen wegen Uebertretung der Nr. 8 des § 367 und der Nr. 7 des § 368 des Reichsstrafgesetzbuches, nicht aber auch der Nr. 10 des § 368 die Jagdpolizeibehörde zur Entziehung des Jagdscheins auf Grund der §§ 7 Nr. 2 und 8 des Jagdscheingesetzes berechtigen. Die im § 7 Nr 2 a. a. O. geklammerten Worte „(§§ 367 Nr. 8 und 368 Nr. 7 des Reichsstrafgesetzbuchs)" beziehen sich selbstverständlich nur auf die vorangegangenen Worte „wegen unbefugten Schießens", denn sie handeln vom Schießen „an bewohnten oder von Menschen besuchten Orten" (§ 367 Nr. 8 des Reichsstrafgesetzbuches) und vom Schießen „in gefährlicher Nähe von Gebäuden oder feuerfangenden Sachen" (§ 368 Nr. 7 daselbst). Für den gegenwärtigen Fall kommen aber die Worte des § 7 Nr. 2 des Jagdscheingesetzes: „wegen der Uebertretung einer jagdpolizeilichen Vorschrift" in Betracht, worunter die Uebertretung jeder in Beziehung auf die Jagd und deren Ausübung gegebenen Vorschrift zu verstehen ist (vgl. Bd. XX S. 333 der Entscheidungen des O.-V.-G.). Daß der § 368 Nr. 10 des Reichsstrafgesetzbuchs eine solche Vorschrift darstellt, ist zweifellos, und es war die Jagdpolizeibehörde, da Kläger wegen Uebertretung dieser Vorschrift rechtskräftig bestraft ist, befugt, ihm auf Grund des § 7 Nr 2 und § 8 des Jagdscheingesetzes den Jagdschein zu entziehen.

b) Jagdpolizeiliche Verfügungen, Gemeinschaftliche und Einzel-Jagdbezirke, Beteiligte, isolierte Höfe, Waldenklaven, Jagdaufkünfte und deren Verteilung, mit Ausschluß des hannoverschen und kurhessischen Jagdrechts.

Nr. 1. Entsch. v. 16. II. 1901 III 305 (Pr.-V.-Bl. Jahrg. XXII S. 466).

§ 10 II 17 A.-L.-R.

Ist eine Jagd an zwei verschiedene Pächter verpachtet, so giebt dies der Jagdpolizeibehörde noch keine Veranlassung, einem der Pächter die Jagd zu untersagen. Es ist notwendig, daß eine Gefahr für die Beteiligten oder eine Störung der öffentlichen Ordnung zu besorgen ist (§ 10 II 17 A.-L.-R.).

Die nachstehende Verfügung wird weitere Kreise interessieren:

„Es hat sich in einigen Gegenden das Bedürfnis fühlbar gemacht, um eine wirksame Handhabung des Jagdschutzes zu erreichen und dem überhandnehmenden Wilderertum nachhaltig entgegenzutreten, die Forstbeamten zur Mitwirkung bei der Ausübung des Jagdschutzes auch außerhalb ihrer Schutzbezirke, namentlich auf den an ihre Reviere angrenzenden Jagdbezirken, heranzuziehen. Die Frage, inwieweit und ob überhaupt die Königlichen Forstschutzbeamten kraft ihrer eigenen Befugnisse zur Ueberwachung und Verfolgung von Jagdvergehen und Jagdpolizeiübertretungen, welche außerhalb ihrer Schutzbezirke begangen werden, berechtigt sind, ist in früherer Zeit von den Gerichten verschiedenartig beurteilt, neuerdings aber von dem Königlichen Kammergericht in Uebereinstimmung mit der schon vorher in der Ministerialinstanz vertretenen Auffassung im verneinenden Sinne entschieden worden. Dies hat dem Minister für Landwirtschaft, Domänen und Forsten Veranlassung gegeben, die Königlichen Forstverwaltungsbehörden mit entsprechender Anweisung zu versehen und ihnen zu empfehlen, soweit ein Bedürfnis vorliegt, sich an die gesetzlich mit der Wahrnehmung der Jagdpolizei betrauten Behörden (§ 103 des Zuständigkeitsgesetzes), mit einer Anregung des Inhalts zu wenden, daß diese für ihren Amtsbezirk oder bestimmte Teile desselben einzelnen geeigneten Königlichen Forstschutzbeamten unter Zustimmung der vorgesetzten Regierung die aushilfsweise Mitwirkung bei der Ausübung der Jagdpolizei übertragen und diese Aufträge unter namentlicher Bezeichnung der mit ihnen betrauten Forstbeamten in ihren Amtsbezirken öffentlich bekannt machen möchten. Der Minister findet nichts dagegen zu erinnern, wenn die mit Wahrnehmung der Jagdpolizei betrauten Behörden des Königlichen Forstdienstes — unter geeigneten Umständen — auch gleichartigen Anträgen der Gemeinden oder privater Forst- und Jagdbesitzer Folge geben, oder aus eigener Entschließung in dieser Weise vorgehen. Es erscheint ferner zulässig, die Uebertragung solcher Hilfeleistungen bei Ausübung der Jagdpolizei nicht auf Königliche Forstbeamte zu beschränken, sondern insoweit es ohne Kosten für die Staatskasse geschehen kann, auch auf solche im Gemeinde- oder Privatdienste stehende Förster und Schutzbeamten mit Genehmigung ihrer Dienstherrschaften auszudehnen, welche für den Jagd- und Forstschutz vereidigt, mit der Berechtigung zum Waffengebrauche ausgestattet sind und an deren Zuverlässigkeit keine Zweifel bestehen. Es versteht sich von selbst, daß die beauftragten Beamten bei Ausübung der Jagdpolizei lediglich als Organe der Jagdpolizeibehörde aufzutreten und zu handeln haben werden."

(Verf v 24 II. 1900 Pr.-V.-Bl. Jahrg. XXI Nr 32.)

Nr. 2. Entsch. v 3 III. 1900 III 421

§ 2 Jagdpolizeiges v 7 III 1850

Keine Privatwege, zu denen auch solche Wege zu rechnen sind, zu deren Erhaltung der Eigentümer nur durch eine privatrechtliche Verpflichtung (Societät u. s. w.) genötigt wird, fallen nicht unter den § 2 des Jagdpolizeiges. (Erk. v. 10. VI. 95, v. 20. IV. 96 Entsch. Bd. XXIX S. 294 und vom 4. II. 97 Pr.-V.-Bl. Jahrg XVIII S. 382).

Nr. 3. Entsch. v. 7 XI. 1901 III 1830 (Pr.-V.-Bl Jahrg. XXIII S. 328).

§ 5 Jagdpolizeiges. v. 7 III 50

Wenn der Instanzrichter Entfernungen von 150, 250 u. 100 m. beim Mangel besonderer Verkehrshindernisse für noch nicht ausreichend erachtet, um einen Hof als isolierten anzusehen, so läßt sich dies in der Revisionsinstanz nicht beanstanden (Erk. v. 11. V. 96 III 637).

Nr. 4. Entsch. Bd. XXXVIII S. 281 v. 5. I. 1901 III C 107/1900.

§ 7 Jagdpolizeiges. v. 7 III 50; § 105 Zust.-Ges ; § 91 Ges. v. 26. VII. 76 (G.-S. S. 297).

1. Ein Enklavenbesitzer hatte gegen den Fiskus, der die Jagd auf der Enklave ausübte, auf Zahlung von Pachtzins in gewisser Höhe nebst Verzugszinsen geklagt. Das O.-V.-G. erklärte, daß das Verwaltungsstreitverfahren ausgeschlossen und der ordentliche Rechtsweg zulässig sei aus folgenden Gründen:

2. Den Gegenstand des Rechtsstreites bildet die Verpflichtung zur Zahlung einer Summe nebst Zinsen, die auf Grund eines einem Jagdpachtvertrage gleichstehenden Rechtsverhältnisses (Entsch. des O.-V.-G. Bd. XXIX S. 306 — Urt. v. 13. IV. 96 — und Bd. XXXVI S. 358 — Urt. v. 11. X. 99), also als Jagdpachtzins gefordert wird. Zur Entscheidung über einen solchen Anspruch, der sich als ein rein privatrechtlicher darstellt, sind die Verwaltungsgerichte unzuständig, wie bei Grundstücken, auf denen die Jagd freiwillig verpachtet worden ist, so auch bei einer Enklave, deren Besitzer nach § 7 Abs. 1 des Jagdpolizeiges. v. 7. III. 50 verpflichtet war, die Ausübung der Jagd auf derselben dem Eigentümer des sie umschließenden Waldes auf dessen Verlangen gegen eine nach dem Jagdertrage zu bemessende Entschädigung zeitpachtweise zu übertragen. Die maßgebenden Vorschriften sind der Abs. 2 des § 7:

„Die Festsetzung der Entschädigung erfolgt im Mangel einer Einigung durch den Landrat vorbehaltlich der beiden Teilen zustehenden Berufung auf richterliche Entscheidung,"

und aus dem § 105 des Zust.-Ges. v. 1. VIII. 83 die Bestimmung, daß der Entscheidung im Verwaltungsstreitverfahren unterliegen Streitigkeiten der Beteiligten über ihre in dem öffentlichen Rechte begründeten Berechtigungen und Verpflichtungen hinsichtlich der Ausübung der Jagd, insbesondere über . . . 3) . . . die den Eigentümern der Grundstücke — d. i. der vorher bezeichneten fremden Grundstücke, welche von einem größeren Walde oder von einem oder mehreren selbständigen Jagdbezirken umschlossen sind, — zu gewährende Entschädigung. Wenn zur Begründung dieser Bestimmung seiner Zeit bemerkt worden ist, daß die Frage der Entschädigung privatrechtlicher Natur, jedoch der Konnexität wegen der verwaltungsgerichtlichen Entscheidung zugewiesen sei (von Brauchitsch, Pr. Verw.-Ges. Bd. I, 13/16. Aufl., Anm. 14 letzter Abs. zum § 105 S. 384), so bedeutet dies nicht, daß alle privatrechtlichen Streitigkeiten aus der pachtweisen Ausübung der Jagd auf Grundstücken von der in Rede stehenden Art der Entscheidung im Verwaltungsstreitverfahren unterworfen werden sollten. Es sollte das vielmehr nur geschehen und ist auch nur geschehen für die „über die zu gewährende Entschädigung", „über die Frage der Entschädigung". Was hierunter im Gebiete des Jagdpolizeiges. v. 7. III. 50 zu verstehen ist, ist aus dessen § 7 Abs. 2 zu entnehmen. Nach dieser Vorschrift hatte der Landrat vorbehaltlich des ordentlichen Rechtswegs zweifellos nur über die Höhe der Entschädigung zu befinden und nicht auch Streitigkeiten zu entscheiden, die nicht den Betrag, sondern lediglich die Zahlung der Entschädigung betrafen. Das wurde durch § 91 des Ges., betreffend die Zuständigkeit der Verwaltungsbehörden und der Verwaltungsgerichtsbehörden im Geltungsbereiche der Prov.-Ordn. vom 29. VI. 75, v. 26. VII. 76 dahin geändert, daß der Besitzer des begrenzenden Waldes im Wege der Klage vor dem Kreis- oder Stadtausschusse vorbehaltlich des Rechtswegs die Feststellung der Pachtentschädigung zu erwirken habe, wenn eine gütliche Einigung unter den Beteiligten nicht stattfinde. Es wurde also lediglich an die Stelle des Landrats der Kreis- oder Stadtausschuß gesetzt. In Bezug auf den Gegenstand, über den zu entscheiden war, wurde dagegen keinerlei Aenderung vorgenommen. Hierbei hat es dann auch der § 105 des Zust.-Ges. belassen. Das Neue, was dieser gebracht hat, ist allein die Beseitigung des bisherigen Vorbehalts zu Gunsten des ordentlichen Rechtswegs, dagegen ist nach wie vor ausschließlich die „Festsetzung" oder „Feststellung" der Entschädigung dasjenige geblieben, was im Verwaltungsstreitverfahren erreicht werden kann. Nach dem oben angegebenen Urteile v. 13. IV. 96 fällt allerdings auch hierunter — zwar nicht die Festsetzung der Dauer der Jagdausübung in Ermangelung einer Willenseinigung der Beteiligten hierüber, wohl aber — die Ermittelung und Feststellung, ob und für welchen Zeitraum zwischen dem Waldeigentümer und dem Enklavenbesitzer eine Einigung über die Dauer der Uebertragung der Jagdausübung auf den ersteren erzielt worden ist. Indessen auch um einen Streit über das Vorhandensein oder Nichtvorhandensein einer solchen Willenseinigung handelt es sich hier nicht. Die Parteien sind darüber einig, daß den Anfangszeitpunkt für das Pachtverhältnis zwischen ihnen der 12. XI. 95 bildet. Und hinsichtlich des Endzeitpunktes wird nicht gestritten, ob und welche Einigung hierüber erzielt worden ist. Es steht vielmehr fest, daß es an jeder Einigung über den Endzeitpunkt fehlt, und der Streit dreht sich nur darum, zu welcher Zeit gegen oder doch ohne den Willen des Klägers durch Kündigung von Seiten des Beklagten eine Endigung des Pachtverhältnisses herbeigeführt worden ist. Dies ist etwas wesentlich Verschiedenes. Ueber die Wirksamkeit einer Kündigung des Pachtverhältnisses ist weder sonst noch bei Waldenklaven das Verwaltungsstreitverfahren zwischen dem Jagdverpächter und dem Jagdpächter eröffnet.

Noch weniger ist bei dem Streite der Parteien darüber, welche Verzugszinsen von dem Jagdpachtzinse zu zahlen sind, von einer Festsetzung der für die Ausübung der Jagd zu zahlenden Entschädigung die Rede. (Vgl. Bauer, Jagdgesetze Preußens 2. Ausg. S. 250 Anm. zu § 105 des Zust.-Ges. und Stelling, Hannovers Jagdrecht S. 234.)

c) Hannoversches Jagdrecht.

d) Kurhessisches Jagdrecht.

e) Wildschaden.

Nr. 1. Entsch. v. 3. X. 1900 III 1676.
§§ 6, 7, 9 Wildschadengeſ. v. 11. VII. 91.

Nach § 7 des Wildschadengeſ. ist allerdings der Jagdpächter zum Schätzungstermine zuzuziehen; einen Vorbescheid gegen den Jagdpächter darf die Polizei aber nicht erlassen, denn ersatzpflichtig sind im gemeinschaftlichen Jagdbezirke die Grundbesitzer des letzteren und auch nur zwischen diesen, die durch die Gemeindebehörde vertreten werden, und dem Ersatzberechtigten ist das in den §§ 6ff. geregelte Verfahren gegeben, während der Jagdpächter nur im ordentlichen Rechtswege seitens der Gemeindebehörde in Anspruch genommen werden kann, wenn er vertraglich den Schaden zu vergüten hat.

E. Schutzwaldungen und Waldgenossenschaften.

F. Ansiedelungen und Kolonien, Errichtung von Feuerstellen in der Nähe von Waldungen.

a) Ansiedelungen und Kolonien.

Nr. 1. Entsch. Bd. XXXVIII S. 376 v. 17. XII. 1900 IV C 118/1900.
§§ 18, 19 Ansiedelungsgeſ. v. 25. VIII. 76

1. Nach der Rechtsprechung des O.-V.-G. ist allerdings zur Einlegung der Rechtsmittel gegen eine polizeiliche Verfügung nicht nur derjenige befugt, an den sie gerichtet worden, sondern auch jeder Dritte, dessen Rechtssphäre durch die Verfügung unmittelbar berührt wird (von Brauchitsch, Anm. 234 zu § 127 des L.-V.-G. und die Entscheidungen daselbst). Daß jedoch nicht unter allen Umständen jede Beeinträchtigung der Vermögensinteressen eines Dritten, welche mit einer polizeilichen Verfügung in irgend welchen ursächlichen Zusammenhang gebracht werden kann, zur Einlegung von Rechtsmitteln legitimiert, ist in dem Urt. v. 30. III. 87 (Entsch. Bd. XV S. 416) dargethan. Die Rechtsmittel gegen polizeiliche Verfügungen sind also dritten Personen nur im Falle eines unmittelbaren Eingriffs in ihre Vermögensrechte gegeben. Ein mittelbares finanzielles Interesse genügt nicht. Wollte man das Gegenteil annehmen, so würde man beispielsweise dazu gelangen müssen, den Hypothekengläubiger zur Einlegung von Rechtsmitteln gegen eine polizeiliche Verfügung für legitimiert zu erachten, welche dem Eigentümer des verpfändeten Grundstücks Beschränkungen auferlegt und dadurch dessen Wert vermindert. Nicht darauf also kommt es an, ob die Verfügung an sich, objektiv,

rechtswidrig ist, sondern darauf, ob sie unmittelbar in die Rechte des Dritten eingreift.

2. Wie die Ansiedelungsgenehmigung wird auch die Koloniegenehmigung unter dem Vorbehalte der Einholung des Baukonsenses durch den einzelnen Ansiedler erteilt. Aus der Koloniegenehmigung ergiebt sich die Berechtigung, dem vorgelegten Plane entsprechend, Wohnhäuser zu errichten; der Unternehmer eines derartigen Baues, der einzelne Ansiedler, hat den Anspruch, daß die Baupolizeibehörde bei Prüfung des Gesuchs um Erteilung des Baukonsenses die ihm aus der Koloniegenehmigung und der Erwerbung eines unter den Kolonieplan fallenden Baugrundstücks erwachsenen Rechte beachtet; thut die Baupolizeibehörde das nicht, so greift sie in die Rechte des einzelnen Ansiedlers ein. Dadurch mag auch mittelbar das Vermögensinteresse des Kolonieunternehmers berührt werden, was jedoch, wie dargelegt, nicht genügt, um ihm ein Klagerecht zu geben; ihm wird nichts geboten oder verboten.

Nr. 2. Entsch. Bd. XXXVIII S. 380 v 20. XII 1900 IV C 34/1900.
§§ 15, 17 Abs. 2 Ansidelungsges v. 25. VIII 76.

Hat der Gemeindevorsteher als solcher, gemäß der dem Vorsteher des Gemeindebezirks im § 15 des Ges. v. 25. VIII. 76 gewährten Befugnis, den Einspruch eingelegt, so ist er auch in dieser amtlichen Eigenschaft nach § 17 Abs. 2 zur Vertretung des Einspruchs im Streitverfahren berufen, nicht aber als Vertreter der Gemeinde.

Nr. 3. Entsch. Bd. XXXVIII S. 387 v. 3. XII 1900 IV C 124/1900.
§ 18 Ansiedelungsges. v 25. VIII 76.

Der Eisenbahnfiskus hatte in Entfernungen von 1,1 km bis 2,8 km Wärterhäuser errichtet, jetzt wollte er ein Wohnhaus für Angestellte errichten. Der Amtsvorsteher sah darin die Anlegung einer Kolonie. Das O.-V.-G. hob den versagenden Bescheid des Amtsvorstehers auf und führte aus:

„In der Errichtung der drei Häuser Nr. 283, 284 und 285 im Jahre 1870 kann nicht die Anlegung einer Kolonie erblickt werden, da sie voneinander zu weit entfernt sind. Der Abstand beträgt zwischen Nr. 283 und 284 1,7 km, zwischen Nr. 284 und 285 über 1,1 km und zwischen Nr. 283 und 285 über 2,8 km. Diese drei Häuser scheiden also bei der Beantwortung der Frage, ob die Anlegung einer Kolonie vorliegt, aus, weil es an jedem räumlichen oder zeitlichen Zusammenhange mit den späteren Bauten fehlt. Das Grundstück, worauf sich die Häuser Nr. 283 a und 283 b befinden und auch das jetzt streitige errichtet werden soll, ist von dem Fiskus erst im Jahre 1875 erworben und liegt von den älteren Häusern 800 m, von Nr. 285 sogar 1,9 km entfernt. Die weiter noch in Aussicht genommene Erbauung eines Hauses in der Gemarkung Sp. kommt hier ebenfalls nicht in Betracht, da es neben dem Gebäude Nr. 283, also 800 m entfernt von dem jetzt streitigen, errichtet werden soll.

Hiernach ist lediglich zu prüfen, ob die Erbauung der Häuser Nr. 283 a, 283 b und des jetzt streitigen sich als die Ausführung eines einheitlichen Kolonisationsplans darstellt. Daß dies nicht der Fall ist, läßt die Zeit der Errichtung der Gebäude genügend erkennen. Nr. 283 a ist im Jahre 1875, Nr. 283 b erst zehn Jahre später im Jahre 1885 erbaut worden, und erst nach weiteren fünfzehn Jahren soll jetzt wieder ein Haus errichtet werden. Die

Richtigkeit der Angabe des Klägers, daß nur Betriebsrücksichten die Anlegung der Häuser allmählich notwendig gemacht haben, ohne daß von vornherein ein einheitlicher Plan gefaßt sei, unterliegt hiernach keinem Bedenken. Die Errichtung dieser drei Häuser ist somit nicht Gegenstand eines einheitlichen Unternehmens, und es handelt sich, wenn ihr Bestehen auch in der Wirkung der einer Kolonieanlage gleichkommen sollte, doch nur um die zufällige Folge der Errichtung mehrerer Ansiedelungen. Gegen die hierdurch etwa hervorgerufene Erschwerung der Lasten des Gutsbezirkes gewährt das Ges. v. 25. VIII. 76 keinen Schutz. Der Umstand allein, daß infolge der Errichtung des streitigen Hauses eine Neuordnung der Schulverhältnisse in Frage kommen kann, giebt einer Ansiedelung nicht den Charakter einer Kolonie (Urt. v. 13. VI. 93, Entsch. Bd XXV S. 396, 398)."

Nr. 4. Entsch. Bd. XXXVIII S. 391 v. 29 X. 1900 IV B 67,1900.

§§ 2, 3 Ges., betr die Gründung einer Ansiedelung in der Provinz Hessen-Nassau, v. 11 VI 90 (G.-S.-S 173)

1. Der Verwaltungsrichter darf über einen Einspruch nicht verhandeln und entscheiden, ohne dem Einsprucherheber Gelegenheit zu geben, seinen Einspruch im Streitverfahren zu vertreten (vgl. E.-O.-V. Bd. IV S. 381, Bd. V S. 403, Urt. v. 14. IX. 78 und v. 4. VI. 79).

2. Ist überhaupt kein Einspruch gegen die Ansiedelung erhoben, so kann die Polizei ihren abweisenden Bescheid auch nicht auf § 3 des Ges. vom 11. VI. 90 stützen. Denn die dort aufgestellten Versagungsgründe — daß die Ansiedelung das Gemeindeinteresse oder den Schutz der Nutzungen benachbarter Grundstücke gefährde — können von der Polizeibehörde nur dann berücksichtigt werden, wenn sie von den dazu nach dem Gesetze Berufenen, den Eigentümern, Nutzungsberechtigten, Pächtern, Gemeinde-(Guts-)Vorstehern, durch Einspruch geltend gemacht werden. Ob die Polizei eine Gefährdung des Gemeindeinteresses oder der Grundstücksnutzungen für gegeben erachtet, ist so lange unerheblich, als die Beteiligten keinen Einspruch erheben. Die gegenteilige Ansicht, daß die Polizeibehörde diese Versagungsgründe auch beim Fehlen jedes Einspruchs von Amtswegen geltend machen könne, ist unrichtig, ihr steht der klare Wortlaut des Gesetzes entgegen. Von Amtswegen kann die Polizei nur aus den in § 2 des Gesetzes genannten Gründen die Ansiedelungsgenehmigung versagen, also wenn es an einem fahrbaren, jederzeit offenen Wege fehlt oder die Gemeinde-, Kirchen- und Schulverhältnisse der Ansiedelung nicht genügend geordnet sind.

Nr. 5. Entsch. Bd. XXXVIII S. 389 v. 7. I. 1901 IV. A 64/1900.

§§ 13, 18 Ansiedelungsges. v 25. VIII. 76.

Geplante Gebäude liegen außerhalb einer Ortschaft, wenn sie nicht innerhalb einer im Zusammenhange gebauten Ortschaft liegen. (Urt. vom 29. XI. 82, 10. VI. 90, 7. XII. 99, 8. IX. 86, Entsch. Bd. IX S. 340, Bd. XIX S. 401, Bd. XXXVI S. 418, Pr.-V.-Bl. Jahrg. VIII S. 12.).

Nr. 6. Entsch. Bd. XXXVIII S. 371 v. 23. V. 1901 IV. C 20/1901.

§§ 13, 18 Ansiedelungsges. v. 25. VIII. 76.

1. Wenn eine Gesellschaft gegen einen Ansiedelungsantrag Einspruch erhoben hat, so darf ihr Vertreter das Richteramt, weil befangen, nicht ausüben, auch wenn die Gesellschaft beim V.-St.-V. irrtümlich nicht zugezogen ist.

2. Dieser Mangel in erster Instanz wird bei gehöriger Besetzung des Berufungsgerichts geheilt (Erk. v. 24. V. 83 Entsch. Bd. X S. 236).

3. Ist die Genehmigung einer Ansiedelung beantragt und zeigt es sich, daß die Genehmigung einer Kolonie nachgesucht werden müsse, so trifft den Kreisausschuß, der als Gericht auf eine Klage wegen Versagung der Ansiedelungsgenehmigung angerufen war, kein Vorwurf, daß er nicht die Sache als Gesuch um Anlegung einer Kolonie im Beschlußverfahren behandelt hat.

b) Errichtung von Feuerstellen in der Nähe von Waldungen.

c) Ansiedelungen und Kolonien in den Provinzen Hannover und Hessen-Nassau.

G. Dismembrationssachen.

H. Baupolizei.

Nr. 1. Entsch. v. 8. VII. 1901 IV 1338 (Pr.-V.-Bl. Jahrg. XXIII S. 329).

Wenn es sich darum handelt, ob Schaukästen an den Häuserfronten zu dulden, so kommen verkehrspolizeiliche, nicht baupolizeiliche Interessen in Frage.

Nr. 2. Entsch. Bd. XXXIX S. 368 v. 1. IV. 1901 IV B 6/1901
§§ 2. 6 ff. Ges. v. 11 III 50.

1. Durch Regulativ des Ministers v. 20. II. 95 ist der städtischen Polizeiverwaltung zu Stettin die Feuerpolizei und die Hochbaupolizei übertragen worden, während der Königlichen Polizeidirektion die Handhabung der ganzen Sicherheitspolizei verblieb. Die Polizeidirektion gab einem Hausbesitzer auf, gewisse Räume nicht mehr als Wohn- und Schlafräume zu benutzen, weil sie wegen ihrer Lage bei ausbrechendem Feuer sehr gefährdet seien, sowie einige bauliche Veränderungen vorzunehmen. Diese Verfügung wurde wegen Unzuständigkeit der Königlichen Polizeidirektion aufgehoben. In dem Erk. heißt es:

> Die Anordnungen fallen unzweifelhaft in das Gebiet der Bau- und Feuerpolizei und damit in die Zuständigkeit der städtischen Polizeiverwaltung. Dem steht keineswegs der Umstand entgegen, daß die getroffenen Maßnahmen die Sicherheit von Bewohnern jener Häuser gegen Feuersgefahr zum Ziele haben. Denn die Hochbaupolizei bezweckt nichts anderes, als die „Sorge für Leben und Gesundheit" und die „Fürsorge gegen Feuersgefahr bei Bauausführungen" (§ 6 f g des Gesetzes über die Polizeiverwaltung v. 11. III. 50). Die gesammten sachlichen Bestimmungen jeder Baupolizeiverordnung, deren Handhabung Aufgabe der Baupolizeibehörde ist, haben die Sicherung von Leben und Gesundheit gegen Gefahren, die aus dem Zustande von Gebäuden erwachsen können, insbesondere auch die Sicherung gegen Feuersgefahr zum Gegenstande. Wo also die Bau- (und Feuer-)polizei der Sicherheitspolizei gegenübergestellt wird, gehören Verfügungen der vorliegenden Art zur Bau- (und Feuer-)polizei.

2. Die Befugnis des Ministers des Innern, die sachliche Zuständigkeit Königlicher Polizeidirektionen und städtischer Polizeiverwaltungen abzugrenzen, darf auf den Regierungspräsidenten nicht übertragen werden.

Nr. 3. Entsch. Bd. XXXIX S. 369 v. 11. III. 1901 IV A 73/1900.

§ 10 Tit. 17 Teil II A.-L.-R.

Es läßt sich nicht ausführen, daß die Handhabung der Lokal-Baupolizeiverordnungen der Baupolizeibehörde zustehe, die des § 10 Tit. 17 T. II A.-L.-R.'s der Sicherheitspolizei. Die sämmtlichen Baupolizeiverordnungen sind lediglich Ausführungen und Spezialisierungen der allgemeinen Vorschrift des § 10 a. a. O. Es giebt aber keine Baupolizeiverordnung, die den § 10 erschöpfte, vielmehr wird eine jede durch § 10 ergänzt. Die Baupolizeiverordnungen und § 10 bilden daher nicht Gegensätze, sondern eine Einheit, derartig, daß, wenn auf § 10 zurückgegangen werden soll, immer erst geprüft werden muß, ob die Polizeiverordnung für die Anwendung der allgemeinen subsidiären Bestimmung Raum läßt.

Nr. 4. Entsch. Bd. XXXVIII S. 353 v. 20. XII. 1900 IV A 40 1900

Das O.-V.-G. hat bereits in dem Urt v. 19 IX. 81 (Bd VIII S. 311 ff.) näher dargelegt, daß die Polizeibehörde in Fällen, in denen es keines Baukonsenses bedarf, zur Gewährung eines solchen nicht verpflichtet sein könne, und daß deshalb gegenüber einer polizeilichen Verfügung, die sich darauf beschränkt, einen garnicht vorgeschriebenen Baukonsens zu versagen, die Voraussetzungen für eine Klage, insbesondere die Verletzung eines subjektiven Rechts des Bauunternehmers fehlen. Wenn hiergegen hervorgehoben worden ist, daß auch die Versagung eines garnicht notwendigen Konsenses das Verbot des beabsichtigten Baues enthalten und dieses Verbot das Recht der Baufreiheit verletzen könne (vgl. Baltz, Das Preußische Baupolizeirecht, 2. Aufl., S. 64), so trifft ein solches Bedenken nicht zu, wenn der Bau bereits aufgeführt ist und die Polizei lediglich den Konsens versagt.

Nr. 5. Entsch. Bd. XXXIX S. 360 v. 18. II. 1901 IV A 65/1901.

§§ 127, 128 L.-V.-G., Ges. v 2 VII 75, § 40 Wegeordn v 11 VII 91

1. Wie der Antrag auf Erteilung des Baukonsenses, auch wenn eine ihn versagende Verfügung unangefochten geblieben ist, dennoch jederzeit wiederholt und gegen jede neue Ablehnung auch wiederum Beschwerde erhoben werden darf, so kann auch der Unternehmer bei der Polizei jederzeit die Abänderung oder Zurücknahme einer im Bauschein auferlegten Bedingung von neuem beantragen, obgleich er den Bauschein zunächst unangefochten gelassen hat. Jeder derartige Antrag hat eine selbständige Bedeutung; seine Ablehnung stellt eine neue polizeiliche Verfügung dar, die mit den zulässigen Rechtsmitteln anfechtbar ist.

2. Das O.-V.-G. hat bereits wiederholt dargelegt, daß Polizeiverordnungen, welche da, wo Baufluchtlinien nicht bestehen, für die Gebäude Entfernungen von dem Rande öffentlicher Wege vorschreiben, der Rechtsgültigkeit keineswegs entbehren. Dabei sind die polizeilichen Motive für solche Anordnungen — die Rücksicht auf Ordnung, Sicherheit und Leichtigkeit des Verkehrs, insbesondere auf eine genügende Abtrocknung der Wege — ausführlich erörtert, und es ist ferner nachgewiesen, daß solche Vorschriften auch nicht dem Gesetz über die Fluchtlinien v. 2. VII. 75 widersprechen, weil dadurch Fluchtlinien im rechtlichen Sinne nicht geschaffen werden, vielmehr den in derartigen Polizeiverordnungen vorgeschriebenen Abstandslinien die Wirkungen, welche das Gesetz v. 2. VII. 75 an die ordnungmäßige Feststellung von Fluchtlinien knüpft, in keiner Weise zukommen. Von dieser rechtlichen Anschauung ausgehend hat auch die Wegeordnung für die Provinz Sachsen v. 11. VII. 91 im § 40 Abs. 2 ausdrücklich die Befugnis der Wegepolizeibehörde bestätigt, da,

wo Straßen- und Baufluchtlinien auf Grund des Gesetzes v. 2. VII. 75 nicht bestehen, für alle baulichen Anlagen eine gewisse Entfernung vom Rande der Wege vorzuschreiben (vgl. die Urteile v. 27. VI. 84, 2. V. und 6. VI. 94, Entsch. Bd. XI S. 374, Bd. XXVI S. 338, 346).

Nr. 6. Entsch. Bd. XXXIX S. 362 v. 23. V. 1901 IV B 23/1901.

§§ 127, 128 L.-V.-G.

In der Rechtsprechung besteht kein Zweifel darüber, daß unter einer polizeilichen Verfügung im Sinne des § 127 des Landesverwaltungsgesetzes nicht jede von einer Polizeibehörde erlassene Verfügung, sondern nur eine solche zu verstehen ist, welche ein polizeiliches Gebot (Forderung einer Leistung) oder ein polizeiliches Verbot (Anordnung einer Unterlassung) oder die Versagung einer erforderlichen polizeilichen Erlaubnis enthält. Erklärt nun die Polizeibehörde, die eine derartige Verfügung erlassen hat, in einer auf Vorstellung erlassenen weiteren Verfügung, daß es bei der ersten Verfügung sein Bewenden behalte, so wird die zweite Verfügung bei einem polizeilichen Gebot oder Verbot, indem sie die erste Anordnung unberührt läßt und eine neue Anordnung nicht an die Stelle der ersten setzen will, allerdings nicht ein selbständiger Gegenstand des Angriffs durch Klage sein können. Anders liegt es jedoch bei der zweiten Gattung polizeilicher Verfügungen, nämlich bei denen, welche die Versagung einer erforderlichen polizeilichen Erlaubnis aussprechen. Wie der Bauunternehmer einen abgelehnten Antrag auf Erteilung des Baukonsenses stets wiederholen und jede erneute Abweisung, auch wenn sie bloß auf die früheren Abweisungsgründe hindeutet, selbständig anfechten kann, so darf er auch jederzeit bei der Polizeibehörde beantragen, die ihm in dem Konsens auferlegten Bedingungen aufzuheben, und die erneute Ablehnung derartiger Anträge ist gleichfalls als neue, selbständig anfechtbare Verfügung anzusehen. Das Recht des Antragstellers auf erneute Erteilung eines anfechtbaren Bescheids — welches gegenüber einer ein Gebot oder Verbot enthaltenden polizeilichen Verfügung nicht gegeben ist — bewirkt gegenüber dem erteilten Bescheide, daß er, auch wenn er nur auf den früheren ablehnenden Bescheid verweist, als neue Ablehnung gilt und von neuem angegriffen werden kann.

Nr. 7. Entsch. Bd. XXXIX S. 365 v. 4. III. 1901 IV A 35/1900.

§§ 127, 128 L.-V.-G.

Die Zurücknahme einer Baugenehmigung ist eine polizeiliche Verfügung, die nicht nach Willkür, sondern nur nach polizeilichen Gesichtspunkten erfolgen darf.

Nr. 8. Entsch. Bd. XXXIX S. 355 v. 18. II. 1901 IV A 67/1900.

§§ 127, 128 L.-V.-G.

1. Wenn der Landrat die Ortspolizeibehörde anweist, einen Baukonsens zurückzunehmen, so sind gegen die Aufsichtsverfügung des Landrats die Rechtsmittel aus den §§ 127, 128 des L.-V.-G. nicht gegeben. Es finden die Rechtsmittel nur gegen die Verfügung der Ortspolizeibehörde statt, wenn diese den Konsens zurücknimmt.

2. Konnte ein Baukonsens gänzlich versagt werden, so liegt eine Verletzung von Rechten nicht vor, wenn der Baukonsens erteilt wird unter Zufügung von Bedingungen.

3. Wenn eine Gemeinde nach § 12 Ges. v. 2. VII. 75 die Genehmigung zum Bau an einer unregulierten Straße giebt, so kann gegen die dabei

auferlegten Bedingungen nicht die Verwaltungsklage angestrengt werden (Erk. v. 13. VI. 98, Entsch. Bd. XXXIV S. 46, 428).

4. Werden die im Baukonsense gestellten Bedingungen nicht erfüllt, so kann der Konsens von der Polizei zurückgenommen werden.

No. 9. Entsch. v. 19. IX. 1901 IV 1658 (Pr.-V.-Bl. Jahrg. XXIII S. 358).

Wenn in einer Bauordnung vorgeschrieben ist, daß Brandmauern keine Oeffnungen haben dürfen, so ist es dieser Vorschrift des öffentlichen Rechts gegenüber gleichgültig, ob der Besitzer gegen den Nachbar die civilrechtliche Befugnis hat, Fenster nach dem Nachbargrundstücke in eine Brandmauer zu legen (jus publicum privatorum pactis mutari non potest).

Nr. 10. Entsch. Bd. XXXVIII S. 347 v. 26. XI. 1900 IV B 45/1900.

Die Rohbauabnahme ist ihrem Zwecke nach eine baupolizeiliche Prüfung des in den Wänden und der Decken- und Balkenanlage vollendeten rohen Baues. Diesem Zwecke entsprechend muß der Bauherr der Polizeibehörde den Bau soweit zugänglich machen und vorweisen, daß die Prüfung nach den bautechnischen Vorschriften möglich ist. Es liegt also dem Bauherrn bei der Rohbauabnahme eine Nachweisepflicht gegenüber der Polizeibehörde ob. Kann wegen vorgefundener Mängel die Rohbauabnahme nicht vollständig zu Ende geführt werden, so dauert die Nachweisepflicht des Bauherrn insoweit fort, bis die Rohbauabnahme vollendet ist.

Nr. 11. Entsch. Bd. XXXVIII S 356 v. 9. VII. 1900 IV A 32/1900.
§ 66 Tit. 8 Teil I; § 10 Tit 17 Teil II A.-L.-R.

1. Daß die Polizeibehörde, obwohl eine Ansiedelungsgenehmigung erteilt ist, aus Rücksichten der Sicherheitspolizei einem Bau dann schon im Entstehen hindernd entgegentreten kann, wenn das Bewohnen des Grundstücks mit einer unmittelbaren Gefahr für Leben und Gesundheit verbunden sein würde, ist in dem Erk. des O.-V.-G. v. 5. V. 81 — Entsch. Bd. VII S. 315 ff. — eingehend dargelegt worden.

2. Es kann als rechtswidrig nicht bezeichnet werden, wenn eine Polizeibehörde einen Neubau, der nur 169 m von einem Pulvermagazin entfernt ist, wegen der Gefahr, die das Pulvermagazin in sich birgt, nicht zuläßt (vgl. Erk. v. 8. XII. 94 Pr.-V.-Bl. Jahrg. XVI S. 184).

3. Mit Bericht v. 24. X. 22 beantragten die zuständigen Minster bei des Königs Majestät die Genehmigung von Vorschriften, wonach u. a. neue Gebäude mit Feuerungsanlagen, desgl. solche Gebäude und Anlagen, deren Benutzungsart überhaupt den Pulverhäusern nachteilig werden könnte, nur in einer Entfernung von mindestens 700 Schritt oder 1400 Fuß (= 430 m) von den Pulverhäusern errichtet werden dürfen. Die hierauf ergangene Allerh. Kab.-Ordr. vom 5. XI. 22 erklärte die vorgeschlagenen Bestimmungen zur möglichsten Abwendung der Gefahr als völlig angemessen und überließ die weitere Anordnung den zuständigen Ministern. Infolgedessen sind denn auch entsprechende Verwaltungsvorschriften in einzelnen Bezirken erlassen worden (vgl. von Rönne, Baupolizei, 3. Aufl., S. 812). Auch die Polizeiverordnung für die Provinz Sachsen vom 2. IV. 75 (Amtsblatt der Regierung zu Magdeburg von 1875 S. 144) geht von der Voraussetzung aus, daß eine Gefahr im Sinne des § 10 Tit. 17 T. II A.-L.-R.'s immer besteht, wenn mit Feuerstellen versehene Gebäude von Pulvermagazinen weniger als 225 m entfernt liegen.

Nr. 12. Entsch. Bd. XXXIX S. 216 v. 18. IV. 1901 IV B 11/1901 (Pr.-V.-Bl. Jahrg. XXII S. 569).

Baufluchtengeſ. v. 2. VII 75.

1. Die Ansicht, daß die Mitwirkung der Polizei bei der Schaffung öffentlicher städtischer Straßen, für welche Fluchtlinien nach Maßgabe des Ges. v. 2. VII. 75 festgesetzt sind, sich in der Genehmigung des Fluchtlinienplans erschöpfe, und deshalb die öffentliche Straße entstehe, sobald die Stadtgemeinde die Straße in den Fluchtlinien fertigstelle und dem Verkehr übergebe, ohne daß es noch einer weiteren, sei es ausdrücklichen oder stillschweigenden Zustimmung der Polizei bedürfe, ist irrig. Durch die Feststellung der Fluchtlinien wird die Straße nur projektiert, nicht schon für den öffentlichen Verkehr geschaffen. Die Zustimmung der Polizei zu dem Fluchtlinienplan (§ 1 des Gesetzes) bedeutet also nur die Genehmigung, daß dem Plane gemäß künftig eine Straße geschaffen werden könne und solle, sie bedeutet aber noch nicht die Zustimmung dazu, daß nun die Stadtgemeinde lediglich nach ihrer eigenen Entschließung die Straße dem öffentlichen Verkehr übergeben und damit die öffentliche Straße schaffen könne. Nur das Projekt, nicht die Schaffung der Straße selbst, ihre Widmung für den öffentlichen Verkehr ist durch den Plan genehmigt. Also bedarf es zu dieser Widmung, zu der Entstehung der Straße als einer öffentlichen Stadtstraße noch einer weiteren Zustimmung der Polizei (vgl. Friedrichs, das Fluchtliniengesetz, 4. Aufl., S. 71).

2. Das Erk. v. 30. XII. 90 (E.-O.-V. Bd. XX S. 223) steht dem nicht entgegen. Der damals entschiedene Fall lag so. Die Polizeibehörde betrachtete eine im Fluchtlinienplane vorgesehene Straße als eine öffentliche, obwohl sie noch nicht freigelegt, noch nicht ausgeführt war, und verlangte die Beseitigung eines den Verkehr sperrenden Zauns. Dieses Verlangen wurde für unberechtigt erklärt, weil die Straße noch nicht bestehe. Wenn dabei in den Entscheidungsgründen gesagt ist, daß öffentliche Straßen „durch die Ausführung des Fluchtlinienplans entstehen“, so hatte dies nur die Bedeutung, daß vor der Ausführung die öffentliche Straße nicht vorhanden ist. Es sollte damit aber keineswegs verneint werden, daß zur Entstehung der öffentlichen Straße noch eine besondere Zustimmung der Polizeibehörde erforderlich ist. Diese Frage kam damals gar nicht in Betracht, da eine Zustimmung der Polizei unzweifelhaft gegeben war.

3. Gegen die Versagung der danach erforderlichen Zustimmung der Polizeibehörde ist eine Klage im Verwaltungsstreitverfahren nicht gegeben. Die Rechtsmittel der §§ 127 ff. des L.-V.-G. können dabei nicht zur Anwendung kommen, weil jene Versagung nicht als eine polizeiliche Verfügung im Sinne jener Bestimmungen angesehen werden kann. Wohl stellt die Versagung einer nach dem öffentlichen Rechte erforderlichen Genehmigung der Polizei unter Umständen eine solche polizeiliche Verfügung dar, aber doch immer nur dann, wenn es sich dabei um einen Eingriff in die Rechte des Einzelnen handelt, wenn also die Handlung, welche von der Zustimmung oder Genehmigung der Polizei abhängt, der Ausfluß eines besonderen Rechtes des Einzelnen ist (vgl. E.-O.-V. Bd. XII S. 365). Davon kann aber bei der Schaffung öffentlicher Wege und Straßen keine Rede sein. Dies ergiebt sich klar aus dem Wesen des öffentlichen Wegerechts. Die öffentlichen Wege sind polizeiliche Anstalten. Kein Privatmann hat das Recht, einen öffentlichen Weg anzulegen, sodaß er etwa an der Ausübung solchen Rechts von der Polizei nur nach Maßgabe der Vorschrift in § 10 Tit. 17 T. II A.-L.-R.'s gehindert werden könnte. Die Thätigkeit der Polizei ist bei der Schaffung der öffentlichen Wege nicht auf eine solche Verhinderung aus § 10 cit. beschränkt, sie ist nicht eine negative, das Recht des Einzelnen einschränkende, sondern eine durchaus positive, schaffende; ohne ihre

Mitwirkung kann kein öffentlicher Weg entstehen. Die Gemeinden stehen hierbei nicht anders als jeder Privatmann. Auch sie haben kein Recht, öffentliche Wege nach ihrem Belieben anzulegen. Wohl haben die Gemeinden vielfach die öffentliche Wegebaulast, und die Polizei kann sie deshalb der Regel nach zwingen, öffentliche Wege dem Verkehrsbedürfnisse entsprechend anzulegen, aber sie haben kein Recht darauf, öffentliche Wege gegen den Willen der Polizei zu schaffen. Sie haben die öffentlich-rechtliche Pflicht, den Verkehrsbedürfnissen durch Anlegung neuer Wege zu genügen; aber wenn sie dieser Pflicht nachkommen wollen, so bedürfen sie der Zustimmung der Polizei; und diese Zustimmung zu erzwingen, haben sie keine Berechtigung, sie sind dabei vielmehr auf die Beschwerde im Aufsichtswege beschränkt. Die Schaffung öffentlicher Wege steht darin der Einziehung und Verlegung gleich. Das öffentliche Recht giebt dem Wegebaupflichtigen keine Klage auf Einziehung eines öffentlichen Weges, sondern verweist ihn lediglich auf das Anrufen der Aufsichtsbehörde (§ 57 Abs. 2 des Zust.-Ges.); ebensowenig steht ihm eine Klage auf Schaffung eines öffentlichen Weges zu.

4. An diesen Grundsätzen ist auch durch das Fluchtliniengesetz nichts geändert. Die Bestimmungen dieses Gesetzes betreffen, wie bemerkt, nur die Vorbereitung für die Straßenanlegung und knüpfen an die Festsetzung der Fluchtlinien gewisse Folgen, welche die Anlegung erleichtern sollen. Im Uebrigen aber ist durch dies Gesetz den Gemeinden nicht etwa ein von der Zustimmung der Polizei unabhängiges Recht, öffentliche Straßen anzulegen, verliehen worden. Für die Anlegung von Straßen gilt in dieser Beziehung dasselbe, wie für alle öffentlichen Wege, sie können nicht ohne eine — von der Genehmigung des Fluchtlinienplans unabhängige — Zustimmung der Polizei entstehen, und gegen die Versagung der Zustimmung greifen die Rechtsmittel der §§ 127 ff. des L.-V.-G. nicht Platz.

Nr. 13. Entsch. Bd. XXXVIII S. 350 v. 21. I 1901 IV B 53 1900.

§ 11 Baufluchtengeſ. v. 2. VII. 75.

1. Unzweifelhaft steht ein Umbau im Sinne des § 11 des Ges. v. 2. VII. 75 in Frage, wenn es sich um die Ersetzung einer ganzen bisher zum großen Teile aus Fachwerk bestehenden und technisch sehr mangelhaft hergestellten Giebelwand eines Gebäudes durch eine neue massive Wand handelt. Das ist nicht nur eine Wiederherstellung einzelner abgängig gewordener Teile, nicht nur eine wenn auch umfangreiche Reparatur, wie sie in den Urt. v. 25. I. 96 und v. 15. XII. 93, Entsch. Bd. XXIX S. 372 ff. behandelt sind, sondern eine eingreifende, das Gebäude teilweise umgestaltende, mithin wesentliche Veränderung der Substanz.

2. Liegt die Sache wie angegeben, so ist die Polizeibehörde berechtigt, die Ausdehnung der Erneuerung der Giebelmauer auf den vor der Baufluchtlinie liegenden Teil des Grundstücks zu untersagen. Dadurch entsteht für den Eigentümer die Pflicht, im Anschluß an die nur bis zur Fluchtlinie reichende Giebelwand für eine den polizeilichen Vorschriften entsprechende Gestaltung des Gebäudes zu sorgen. Kann der polizeimäßige Zustand nicht anders, als durch Niederlegung solcher Gebäudeteile, die von dem Umbau unberührt geblieben sind, hergestellt werden, so kann auch diese Niederlegung gefordert werden.

Nr 14. Entsch. v. 18. III. 1901 IV 576 (Pr.-V.-Bl. Jahrg. XXII S. 560).

§ 12 Baufluchtengeſ. v. 2. VII. 75.

1. Allerdings wird in ländlichen Ortschaften, wenn auch die unbezweifelten Ortsstraßen keine sie von gewöhnlichen Wegen unterscheidende Beschaffenheit

haben, oder wenn solche Beschaffenheit, wie bei den die ländlichen Ortschaften durchziehenden Chausseen, nicht im Interesse des inneren Ortsverkehrs, sondern des Verkehrs von Ort zu Ort hergestellt ist, die Frage, ob ein Weg sich in eine fertige Ortsstraße verwandelt hat, in der Regel nicht nach der Beschaffenheit des Straßenkörpers, sondern nach der Art und dem Umfang der Bebauung zu beantworten sein (zu vgl. Urt. des O.-V.-G. v. 22. I. 96, Entsch. Bd. XXIX S. 382). Allein sollte von der Gemeinde eine Umgestaltung des Wegekörpers vorgenommen, um den Weg dem Anbau zu widmen und von zuständiger Seite durch die neue Aptierung der Weg als für jenen Zweck und den inneren Ortsverkehr fertiggestellt betrachtet worden sein, so würde eine sogenannte historische Straße entstanden sein können, auch wenn noch kein einziges Haus daran gestanden hätte. Ferner würde es unter solchen Umständen unerheblich sein, ob in der Gemeinde vorher bereits eine geschlossene Ortslage, ein Ortsbering, vorhanden war; der betreffende Weg würde dann eben die erste fertige, für den Anbau und den inneren Verkehr bestimmte Straße darstellen. Die Meinung, in Dörfern, in denen es an einer geschlossenen Ortschaft gänzlich fehle, könne von historischen Straßen überhaupt keine Rede sein, kann in dieser Allgemeinheit auf das Urt. des O.-V.-G. v. 10. X. 97 (Entsch. Bd. XXXII S. 362) nicht gestützt werden. Dort ist nur gesagt, für die Ausführung, daß ein Weg eine historische Straße sei, weil er keine schlechtere Beschaffenheit habe, als der eigentliche Ortsbering, fehle die thatsächliche Voraussetzung, wenn in der Gemeinde eine geschlossene Ortschaft überhaupt nicht vorhanden sei. Für Fälle, in denen ein Weg eigens für den Anbau und den inneren Verkehr hergerichtet und bestimmt wird, hat jene Ausführung keine Geltung.

2. In der Zeit vor Erl. des Baufluchtenges・ v. 2. VII. 75 hat der Begriff der Anbaufähigkeit überhaupt keine rechtliche Bedeutung; die Behörden waren nicht befugt, die Bauerlaubnis wegen des unfertigen Zustandes der Straße zu versagen, und der § 12 ist in das Gesetz gerade darum eingefügt, um das sogenannte wilde Bauen an noch nicht fertiggestellten Straßen einzuschränken (zu vgl. Friedrichs, Komm. zu dem Ges. v. 2. VII. 75, 4. Aufl. S. 100).

Nr. 15. Entsch. v. 18. II. 1901 IV 354 (Pr.-V.-Bl. Jahrg. XXII S. 467).

§§ 12, 15 Baufluchtenges. v. 2. VII. 75.

1. Für die Anwendung des § 12 des Ges. v. 2. VII. 75 kommt an sich nur der Gegensatz zwischen unfertigen und historischen oder fertigen Straßen in Betracht, während der § 15 unter den „vorhandenen" diejenigen Straßen versteht, die schon als Ortsstraßen — für den Anbau und den inneren Verkehr bestimmt — bestehen, aber noch nicht allen denjenigen Anforderungen, welche für fertige, historische Straßen des Orts durch besondere Vorschriften oder durch Herkommen gestellt werden, in vollem Umfange entsprechen (vgl. Entsch des O.-V.-G. Bd. XXVII S. 55, 57).

2. Ein Weg, der von der geschlossenen Ortslage getrennt liegt (Feld- oder Kommunikationsweg), ist keine Ortsstraße.

Nr. 16. Entsch. v. 20. XII. 1900 IV 2061 (Pr.-V.-Bl. Jahrg. XXII S. 445).

§ 13 Baufluchtenges. v. 2. VII. 75.

Auch die Freilegung eines bebauten Terrains behufs Anlegung einer Straße gehört zu den Kosten der ersten Einrichtung, die unter die Anlieger zu verteilen sind.

Nr. 17. Entsch. v. 10. XII. 1900 IV 2001 (Pr.-V.-Bl. Jahrg. XXII S. 444).
§§ 15 des Baufluchtengeſ. v. 2. VII. 75.

1. Wenn Gebäude nur vorübergehenden Zwecken dienen und demnächst wieder beseitigt werden sollen, so ist deshalb die Anwendbarkeit des § 15 Ges. v. 2. VII. 75 nicht ausgeschlossen (Friedrichs, Baufluchtengeſ., IV. Aufl. S. 181).

2. Alle Gebäude fallen unter den § 15, welche vor Beginn der Anlegung der Straße an derselben errichtet worden und zur Zeit der Fertigstellung der Straße noch vorhanden sind, so daß für alle solche Gebäude nach Maßgabe des betreffenden Ortsstatuts die Eigentümer der Grundstücke die Straßenbeiträge zu zahlen verpflichtet sind (Friedrichs S. 176 ff.).

3. Ein auf Grund des § 15 erlassenes Ortsstatut ist auf seine Rechtsgültigkeit lediglich nach den Grundsätzen des § 15 und nicht nach den Vorschriften des Komm.-Abg.-Ges. v. 14. VII. 93 zu beurteilen.

J. Wegepolizei.

a) Popularklagen; Beteiligte in verschiedenen Polizeibezirken, Amtsvorsteher als ordentliche Wegepolizei; Wegepolizei auf Deichen, persönlich beteiligte Amtsvorsteher, Nachbarhilfe; interimistische Entscheidung des Kreis-Ausschusses; Verkehrsbedürfnis; Guts- und Gemeindevorsteher.

Nr. 1. Entsch. Bd. XXXVIII S. 237 v. 22. XI. 1900 IV C 47/1900.
§ 56 Zust.-Ges.

1. Soll ein Privatweg (z. B. ein Bahnhofszufuhrweg) in einen öffentlichen Weg (dessen Unterhaltung sich nach öffentlichem Rechte richtet) umgewandelt werden, so genügt es nicht, wenn er nach und nach und thatsächlich dem allgemeinen öffentlichen Verkehre sich erschließt, vielmehr muß der Eigentümer des Weges (Eisenbahngesellschaft, Fiskus), die Wegepolizeibehörde und der Träger der öffentlich-rechtlichen Unterhaltungspflicht mindestens stillschweigend zustimmen und die Wegebaulast übernehmen. (Entsch. Bd. XXXVII S. 232 ff.)

2. In dem Urt. v. 20. II. 89, Bd. XVII S. 313 ff. der Entsch. heißt es S. 319, ursprünglich als Zubehör einer Bahn angelegte Wege könnten im Laufe der Zeit ihre Bestimmung derartig erweitern, daß sie zu gemeinen öffentlichen Wegen würden. Selbstverständlich gehe damit auch die Pflicht zu ihrer Unterhaltung auf den ordentlichen Wegebaupflichtigen über. Damit konnte aber nur gemeint sein, daß unter solchen Umständen der ordentliche Wegebaupflichtige materiell verbunden sei, den Weg als öffentlichen zu übernehmen und zu unterhalten (vgl. Urt. v. 12. VII. 97, Bd. XXXII der Entsch. S. 205, 206), nicht aber, daß solche Verpflichtung formell von selbst entstehe, ohne daß der ordentliche Wegebaupflichtige sie freiwillig übernehme oder zur Uebernahme von der zuständigen Wegepolizeibehörde in dem vorgeschriebenen Verfahren mit Erfolg angehalten werde.

3. Irrig ist es anzunehmen, daß ein ursprünglich als Bahnzufuhrweg angelegter Weg allein durch die thatsächliche Entwickelung des Verkehrs in einen öffentlichen umgewandelt werde dergestalt, daß damit von selbst die Unterhaltungspflicht des Wegeeigentümers erlösche und die Unterhaltungspflicht der anliegenden Gemeinden beginne, ohne daß es dazu eines „Rechtsaktes der Parteien oder einer behördlichen Anordnung" bedürfe. In dem Urt. v. 31. X. 94, Entsch. Bd. XXVII S. 176, ist (S. 182—184) nur die thatsächliche Entwickelung des Verkehrs und Anbaues, die Stellungnahme der Polizeibehörde und das Verhalten des Eisenbahnunternehmers erörtert, der den Weg ursprünglich als Bahnzufuhrweg angelegt und als solchen viele Jahre lang unterhalten hatte. Damals erschien

„nach der gesammten thatsächlichen Lage des Falles die Annahme gerechtfertigt, daß der Eigentümer des Weges sich schließlich in die Bestimmung des Weges für den öffentlichen Verkehr gefügt, daß er ihn selbst so diesem Verkehre gewidmet habe, so daß er sich der polizeilichen Inanspruchnahme für den öffentlichen Verkehr nicht mehr widersetzen könne". Da die Belegenheitsgemeinde nicht mitverklagt war, wurde von einer Entscheidung darüber, ob sie oder der Eisenbahnfiskus zur Unterhaltung des Weges öffentlich-rechtlich verpflichtet sei, abgesehen. In einem späteren Urt. v. 25. XI. 97 hat das O.-V.-G. jedoch ausdrücklich ausgesprochen, daß die Unterhaltung jenes Weges auf Grund eines besonderen öffentlich-rechtlichen Titels, nämlich eines die Verfassung der Gemeinde regelnden Ortsstatuts, dem Eisenbahnfiskus obliege, und es kann angenommen werden, daß diese Ansicht bereits dem Erk. v. 31. X. 94 zu Grunde gelegen hat. Jedenfalls kann in einem Falle, wo im Falle der Oeffentlichkeit des Weges die Gemeinden unterhaltungspflichtig sein würden, ohne deren Beteiligung eine Widmung für den öffentlichen Verkehr nicht angenommen werden.

4. Entwickelt sich auf einem Eisenbahnzufuhrwege (Privatwege) ein lebhafter Verkehr, der die Umwandelung in einen öffentlichen Weg angemessen erscheinen läßt, so muß an die Belegenheitsgemeinde eine wegepolizeiliche Anordnung erlassen werden, durch welche sie angehalten wird, den Weg von dem zur Ueberlassung bereiten Eisenbahnfiskus als öffentlichen zu übernehmen und dem Interesse des öffentlichen Verkehrs entsprechend in den Stand zu setzen.

Nr. 2. Entsch. Bd. XXXIX S. 221 v. 29. IV. 1901 IV A 85/1900.
§ 55 Zust.-Ges.

Das O.-V.-G. begründet den Satz, daß der Wegebaupflichtige (derjenige, der eine Brücke zu unterhalten hat) kein im V.-St.-V. verfolgbares Recht hat, gegen den Willen der Wegepolizei öffentliche Verkehrsanstalten in bestimmterWeise herzurichten, wie folgt:

> Die Sorge dafür, daß den Bedürfnissen des öffentlichen Verkehrs Genüge geschieht, und damit die Bestimmung darüber, durch welche Maßregeln dieses Ziel zu erreichen ist, weist das öffentliche Recht allein der Wegepolizeibehörde und nicht dem Wegebaupflichtigen zu (§ 55 des Zust.-Ges.), entsprechend dem bisherigen Rechtszustande. Der Wegebaupflichtige hat als solcher auf diesem Gebiete nur die Stellung, daß er leisten muß, was die Wegepolizeibehörde, eventuell unter Billigung des Verwaltungsrichters, von ihm fordert; die wegebaulichen Leistungen werden nur unter dem Gesichtspunkte einer dem Wegebaupflichtigen obliegenden Last behandelt, und es sind ihm Rechtsbehelfe (Einspruch und Klage) gegeben, um solche Leistungen von sich abzuwehren.
>
> Selbstverständlich hat der Wegebaupflichtige in der Regel auch ein vermögensrechtliches wirtschaftliches Interesse sowohl am Bestehen der öffentlichen Wege, deren Unterhaltung ihm obliegt, als auch an der Wahl der Wegezüge, an ihrer technischen Beschaffenheit u. s. w. Allein dieses Interesse hat er nicht in seiner Eigenschaft als Wegebaupflichtiger, wie denn Fälle denkbar sind und nicht selten vorkommen, daß der zur Unterhaltung eines Weges Verpflichtete, mag es nun eine Privatperson oder eine öffentlich-rechtliche Korporation (Gemeinde, Kreis, Provinz, Staat) sein, eines wirtschaftlichen Interesses an dem Bestehen und der Beschaffenheit des Weges gänzlich ermangelt. Hat er ein solches Interesse und ergiebt sich für ihn daraus der Wunsch, daß eine wegebauliche Leistung — Anlage eines neuen öffentlichen Weges, Veränderung des Wegezugs,

verbesserter Ausbau — vollzogen werde, so ist er in dieser Beziehung ebenso gestellt, wie jeder andere, der auf die Benutzung des Weges angewiesen ist. Er darf einen bestehenden öffentlichen Weg nicht mit einer veränderten Befestigung oder Einteilung versehen, seinen Zug nicht verändern, einem von ihm neu hergestellten Wege nicht die Eigenschaft eines öffentlichen Weges verleihen, ohne daß die Wegepolizeibehörde dem zustimmt, und er ist nicht legitimiert, im Wege der Verwaltungsklage oder im Wege der förmlichen Beschwerde mit nachfolgender Klage gegen den in letzter Instanz erlassenen Beschwerdebescheid die Zustimmung der Polizeibehörde zu der von ihm geplanten wegebaulichen Leistung oder die Aufhebung eines gegen deren Ausführung gerichteten polizeilichen Verbots zu erzwingen, ebenso wie solchen Personen, denen die Wegebaulast nicht obliegt, nur die Beschwerde im Aufsichtswege zusteht, wenn die Polizeibehörde es ablehnt, eine in Antrag gebrachte wegebauliche Leistung dem Wegebaupflichtigen aufzulegen.

Alles, was hier in Bezug auf öffentliche Wege ausgeführt ist, gilt auch von der polizeimäßigen Instandhaltung einer bestehenden Brücke über einen öffentlichen Strom im Interesse des öffentlichen Verkehrs. Auch der zur Unterhaltung einer solchen Brücke öffentlich-rechtlich Verpflichtete hat daher kein mit förmlicher Beschwerde oder im Verwaltungsstreitverfahren verfolgbares Recht, eine von ihm gewünschte Veränderung mit der Brücke vorzunehmen, er kann mithin auf diesem Wege auch nicht die Aufhebung eines gegen die geplante Maßregel gerichteten polizeilichen Verbots erreichen. (Vgl. Erk. v. 18. IV. 1901, Entsch. Bd. XXXIX S. 216.)

b) Rechtsmittel gegen Anordnungen der Wegepolizeibehörde und Streitigkeiten der Beteiligten (§§ 55 und 56 Zust.-Ges.).

Nr. 1. Entsch. Bd. XXXIX S. 208 v. 28. III. 1901 IV C 57/1900.

§ 56 Abs. 1 Zust.-Ges.; §§ 128, 132, 136, 141 L.-Gem.-Ordn.

Wenn die Wegepolizei einen gemäß der §§ 128 ff. der Landgem.-Ordn. gebildeten Verband zu einer Wegereparatur nach § 56 Abs. 1 des Zust.-Ges. anhält, so hat die Rechtsmittel (Einspruch und Klage) nur der Verbandsvorsteher, nicht etwa eine der dem Verbande angehörigen Gemeinden. Nur insoweit, als infolge des gegen den Verband gerichteten wegepolizeilichen Einschreibens innerhalb des Verbandes eine Heranziehung der Verbandsglieder durch den Verbandsvorsteher in Frage kommt, ist der Gemeinde der Einspruch nach § 136 der Landgem.-Ord. an den Vorsteher eröffnet.

Nr. 2. Entsch. Bd. XXXVIII S. 228 v. 14. I. 1901 IV B 34/1900.

§ 56 Zust.-Ges.

Ist auf Aufhebung eines wegepolizeilichen Beschlusses geklagt und zwar gegen die Wegepolizeibehörde und gegen den angeblich Drittverpflichteten, so ist, wenn der Kläger dem Beschlusse bereits genügt hat, die Klage auf Erhaltung weiter zu instruieren und über sie zu befinden, obwohl der Beschluß z. B. wegen Unzuständigkeit der Behörde aufgehoben werden muß.

Nr. 3. Entsch. Bd. XXXVIII S. 233 v. 15. XI. 1900 IV C 149/99.

§ 56 Abs. 4 Zust.-Ges.

1. Ein Distriktskommissar hatte auf Rechnung einer Stadtgemeinde, da Gefahr im Verzuge war, eine Wegestrecke ausbessern lassen. Er forderte die

Stadtgemeinde auf, die Kosten wieder zu erstatten. Gegen den betreffenden Beschluß klagte die Stadtgemeinde und zwar sowohl gegen den Distriktskommissar als auch gegen einen Gutsbezirk, eventuell aber gegen die Besitzer der zum Gutsbezirke gehörigen drei Güter. Der Kreisausschuß setzte die Anordnung außer Kraft, weil die Klägerin nicht wegeunterhaltungspflichtig sei, wies aber auch die Klage gegen die angeblich Drittverpflichteten ab, da auch ihnen die Wegebaulast nicht obliegt. Dies mißbilligt das O.-V.-G. in folgender Ausführung:

> Der Kreisausschuß hatte einerseits die gegen die Klägerin gerichtete wegepolizeiliche Anordnung des Distriktskommissars aufgehoben, weil sie zu der ihr angesonnenen Leistung nicht verpflichtet sei, andererseits aber die Klägerin mit der gegen die übrigen Beklagten gerichteten Klage abgewiesen, da auch diesen die streitige Leistung nicht obliege. Wenn der Kreisausschuß — übrigens offenbar zu Unrecht — glaubte, bei solcher Rechtslage die wegepolizeiliche Anordnung außer Kraft setzen zu müssen, so hatte sein weiterer Ausspruch keine praktische Bedeutung; denn durch die Aufhebung der Anordnung war die gegen die angeblichen Drittverpflichteten gerichtete Klage gegenstandslos und darum erledigt.

2. Gegen das Urteil des Kreisausschusses legte die Klägerin zunächst und innerhalb der Berufungsfrist das Rechtsmittel nicht ein; sie war dazu auch gar nicht in der Lage, weil sie durch die Aufhebung der wegepolizeilichen Anordnung klaglos gestellt und durch die außerdem ausgesprochene Abweisung ihrer Klage gegen die angeblich statt ihrer Verpflichteten in ihren Rechten nicht verletzt war. Als aber der Distriktskommissar die Berufung eingelegt hatte, schloß sich die Klägerin nachträglich der Berufung unter Wiederholung ihrer gegen die übrigen Beklagten gerichteten Anträge an. Die Grundsätze des Civilprozesses, auf denen die Behauptung beruht, daß diesen Beklagten gegenüber die Abweisung der Klage rechtskräftig feststehe, können für das Verwaltungsstreitverfahren gemäß § 56 Abs. 4 des Zust.-Ges. keine Anwendung finden. Die hier getroffene eigenartige Regelung der Parteiverhältnisse, die sich aus der vorgeschriebenen Verbindung der Klage gegen den an Stelle des Klägers Verpflichteten mit der gegen die Wegepolizeibehörde ergiebt, hat zur notwendigen Folge, daß das ganze Streitverhältnis auf die von einem Beteiligten eingelegte Berufung in vollem Umfange zur Entscheigung der zweiten Instanz gelangt. Auch wenn die Klägerin sich der Berufung des Distriktskommissars nicht angeschlossen hätte, würde der Berufungsrichter die gegen die angeblichen Drittverpflichteten gerichteten Anträge der Klage, insoweit die Klägerin sie aufrecht erhielt, sachlich zu prüfen gehabt haben.

3. In der Revisionsschrift war gerügt worden, daß der Bezirksausschuß den gestellten Eventualklageantrag als unzulässig bezeichnet habe. Diese Rüge hält das O.-V.-G. für begründet. Es sagt:

> Der Vorderrichter bemerkt, mit der Klage seien als Drittverpflichtete zunächst der Gutsbezirk Herrschaft S., vertreten durch den Gutsvorsteher, und eventuell die Eigentümer der Güter A., B. und C. wahlweise in Anspruch genommmen. Durch diese Art der Klageanstellung habe die Klägerin darauf verzichtet, den in Wahrheit zu der Leistung Verpflichteten zu ermitteln, habe vielmehr diese Ermittelung dem Richter zugeschoben. Eine solche sogenannte eventuelle Klage sei nach dem Urt. des O.-V.-G. v. 5. II. 80 (Entsch. Bd. VI S. 51) für unzulässig zu erachten. Dies ist nicht richtig. Damals war eine Klage wegen Heranziehung zu den Kreisabgaben gegen den Kreis und eventuell — nämlich, wie es am Schlusse der Klage hieß, für den Fall, daß die Gemeinde Sz. für mitbeteiligt zu erachten sein

sollte — gegen diese Gemeinde gerichtet. Dazu bemerkte das O.-V.-G., daß eine solche eventuelle Klage, in Ansehung derer die Partei den Entschluß wegen der Einleitung von sich ab- und dem Richter zuschiebe, für zulässig nicht angesehen werden könne. In jenem Falle war der vom Kläger gebrauchte und in dem Urteile referierend wiedergegebene Ausdruck „eventuell" nicht ganz genau; er würde zutreffend gewesen sein, wenn die Klage in erster Linie gegen den Kreis und nur für den Fall, daß der Kreis nicht verpflichtet sein sollte, gegen die Gemeinde gerichtet gewesen wäre. Das war aber nicht geschehen, vielmehr war die Klage gleichzeitig gegen zwei verschiedene Rechtssubjekte erhoben und dem Richter überlassen, die Verpflichteten zu ermitteln und zu verurteilen. Eine derartige alternative — nicht eventuelle — Klage kennt allerdings das Gesetz nicht. Nach § 63 des Landesverwaltungsgesetzes ist in der Klage ein bestimmter Antrag zu stellen und die Person des Beklagten genau zu bezeichnen; für bestimmt kann aber ein Antrag nicht gelten, aus dem nicht zu entnehmen ist, wer nach der Absicht des Klägers zur Uebernahme der ihm angesonnenen Leistung aus Gründen des öffentlichen Rechts für verpflichtet erachtet und demgemäß hierzu verurteilt werden soll. Anders liegt die Sache bei der eventuellen Klage im eigentlichen Sinne: Dabei fehlt es nicht an einem bestimmten Antrage, es sind nur zwei oder mehrere Anträge für den Fall, daß den vorhergehenden nicht stattzugeben sein sollte, aneinandergereiht. So war auch im gegenwärtigen Falle in der Klage ausdrücklich ausgesprochen, es würden als verpflichtet in Anspruch genommen in erster Reihe der Gutsbezirk Herrschaft S. (vertreten durch den Gutsvorsteher), eventuell in zweiter Reihe die Besitzer der Güter A., B. und C. Solche eventuelle Klagen sind denn auch von dem O.-V.-G. gerade auf dem Gebiete des § 56 Abs. 4 des Zust.-Ges. stets zugelassen worden, und das ist umsomehr geboten, weil die polizeiliche Anordnung vollstreckbar wird, wenn es dem Kläger nicht gelingt, in dem gegen die Wegepolizeibehörde gerichteten Verfahren den statt seiner Verpflichteten als Mitbeklagten heranzuziehen, als verpflichtet aber in Wegesachen sehr verschiedene Rechtssubjekte in Betracht kommen können.

4. Daß der Träger der einem Gutsbezirke obliegenden öffentlichen Lasten der Gutsbesitzer und nicht der Gutsvorsteher passiv legitimiert ist, ihn bei der Heranziehung zu solchen Lasten zu vertreten, steht nach der Rechtsprechung des O.-V.-G. fest (Entsch. Bd. VI S. 206, Bd. IX S. 134, Bd. XVIII S. 217, Bd. XIX S. 279, 285, Bd. XXI S. 10). In Armensachen ist die Materie anders geordnet (von Brauchitsch Bd. III Anm. 2 zu § 123 Landgem.-Ordn. v. 3. VII. 91).

Nr. 4. Entsch. v. 11. IV. 1901 IV 732 (Pr.-V.-Bl. Jahrg. XXII S. 493).

§ 57 L.-V.-G.; § 56 Zust.-Ges.

§ 57 des L.-V.-G. regelt die örtliche Zuständigkeit der Verwaltungsgerichte für das Verwaltungsstreitverfahren in der Weise, daß für Angelegenheiten, welche sich auf Grundstücke beziehen, ausschließlich das Gericht der belegenen Sache zuständig sein soll, während für alle sonstigen Fälle im § 57 Abs. 2 Nr. 2 a. a. O. anderweite Bestimmungen gegeben sind.

Zu den Grundstücken im Sinne der ersterwähnten Vorschrift gehören der Natur der Sache nach auch die Wege und die Brücken, wie bereits in dem Erk. v. 16. IX. 90 — E.-O.-V. Bd. XX S. 246 — ausgeführt ist. Die

Anwendbarkeit dieses Rechtssatzes ist auch dann nicht ausgeschlossen, wenn es sich um eine Klage auf Erstattung bereits gezahlter Reparaturkosten gegen einen aus Gründen des öffentlichen Rechts verpflichteten Dritten handelt. Nach der Vorschrift des § 56 Abs. 6 des Zust.-Ges. sind die Ersatzansprüche dieser Art gerade mit Rücksicht darauf, daß sie sich auf Wege und Bestandteile von Wegen beziehen, der Geltendmachung im Verwaltungsstreitverfahren vorbehalten, sie können daher immer nur als Angelegenheiten, die sich auf Grundstücke beziehen, betrachtet und behandelt werden. Die Zuständigkeit der über sie befindenden Gerichte regelt sich auch für sie nach § 57 Abs. 2 Nr. 1 des L.-V.-G. Dies ergiebt sich auch aus der Erwägung, daß derartige Erstattungsklagen mit anderen Klagen aus § 56 des Zust.-Ges., z. B. mit einer Klage auf Feststellung der Wegebaupflicht im allgemeinen, für die sich die Zuständigkeit der Verwaltungsgerichte unzweifelhaft nach § 57 Abs. 2 Nr. 1 des L.-V.-G. regelt, verbunden werden können.

c) Entwässerung von Wegen; polizeimäßige Reinigung, Bürgersteige.

Nr. 1. Entsch. Bd. XXXIX S. 225 v. 2. V. 1901 IV B 82/1900.

§§ 55, 56 Zust.-Ges.

1. Die Wegepolizeibehörde kann die Herstellung eines den Verkehrsbedürfnissen entsprechenden Zustandes der Wege von den nach öffentlichem Rechte Verpflichteten verlangen. In der Regel sind das die Wegebaupflichtigen, und eine Anordnung gegen diese ist eine solche, welche „den Bau und die Unterhaltung der öffentlichen Wege oder die Aufbringung der dazu erforderlichen Kosten“ betrifft und deshalb unter die Bestimmungen des § 56 des Zust.-Ges. fällt. Es kann aber auch ein Dritter sein, welcher den vorhandenen Zustand eines Weges stört, durch seine Handlungen oder Anlagen ein Verkehrshindernis schafft und dann — auf Grund der §§ 55 des Zust.-Ges. und 127 des L.-V.-G. — aufzufordern ist, die rechtswidrige Störung zu beseitigen (Urt. v. 14. XI. 77, E.-O.-V. Bd. III S. 343 und v. 18. I. 90, M.-Bl. d. i. V. S. 48). Der Unterschied zeigt sich, abgesehen von den sachlichen Voraussetzungen, darin, daß die Rechtsmittel verschieden sind — Einspruch mit nachfolgender Klage oder wahlweise Klage oder Beschwerde —, sowie darin, daß im ersten Falle, wenn die Verpflichtung eines Dritten behauptet wird, dieser mitverklagt werden muß, während im zweiten Falle eine Klage gegen den Drittverpflichteten nicht zulässig ist, vielmehr nur die Außerkraftsetzung der polizeilichen Verfügung Gegenstand des Streites sein kann.

2. Wenn eine Polizeibehörde bei Erlaß einer polizeilichen Verfügung in Widerspruch steht mit den Absichten der vorgesetzten Behörde, so bleibt dies ohne Einfluß auf die rechtliche Beurteilung der Verfügung durch den Verwaltungsrichter (Erk. v. 5. V. 97, E.-O.-V. Bd. XXXII S. 419).

3. Allerdings hat der Anlieger kein besonderes, im Verwaltungsstreitverfahren verfolgbares Recht, eine bestimmte seinen Interessen entsprechende Einrichtung des öffentlichen Weges für den Verkehr zu verlangen, vielmehr beruht die Benutzung öffentlicher Wege durch die Anlieger in der Regel nur auf dem Rechte zum Gemeingebrauche, wie bei jedermann, der an der Benutzung des Weges zum Verkehr ein Interesse hat (Bescheid v. 10. V. 97, E.-O.-V. Bd. XXXII S. 213, 215). Allein der Gemeingebrauch der Anlieger hat einen weitergehenden Inhalt als der der sonstigen Benutzer des Weges, denn der Bürgersteig ist auch bestimmt, für den Fahrverkehr von der Fahrstraße nach den anliegenden Privatgrundstücken

hin zu dienen (Urt. v. 22. V. 95, E.-O.-V. Bd. XXVIII S. 197 ff., Jebens, Verwaltungsrechtliche Aufsätze S. 432). Daher gehört es der Regel nach zu den Obliegenheiten des Wegebaupflichtigen, den Bürgersteig so einzurichten, daß er auch diesen Zweck zu erfüllen geeignet ist, soweit nach der Art der Bebauung, der Ortssitte u. s. w. mit dem Einfahren auf die anliegengen Grundstücke zu rechnen ist (Urt. v. 24. II. 98, E.-O.-V. Bd. XXXIII S. 122).

4. Die Auffassung ist nicht richtig, daß der Wegebaupflichtige den Bürgersteig nur in einem für den Fußgängerverkehr geeigneten Zustande zu erhalten brauche und nicht gehalten sei, ihn stärker zu pflastern, weil gelegentlich auch der Gemeingebrauch ein Ueberfahren über den Fußsteig nötig mache; beschädige der Anlieger, dem die Ueberfahrt nicht versagt werden könne, den nur dem Fußgängerverkehr entsprechend leichter gepflasterten Fußsteig, so könne im Interesse des Fußgängerverkehrs die Wegepolizeibehörde einschreiten, was nur so geschehen könne, daß sie dem Anlieger die stärkere Pflasterung des Fußsteiges aufgebe ohne Rücksicht darauf, ob der Anlieger unterhaltungspflichtig sei oder nicht. Diese Auffassung ist mit dem Satze, daß das Benutzen zur Ueberfahrt in dem Gemeingebrauche mit enthalten ist, unvereinbar und wird auch nicht durch das Urteil des O.-V.-G. Bd. XXVIII S. 197 ff. gestützt. Damals handelte es sich um das Befahren des Bürgersteigs durch Baufuhrwerke, also um eine außergewöhnliche, auf eine bestimmte Zeit beschränkte, aber den Bürgersteig offenbar in besonders hohem Maße angreifende Benutzungsart. „Wenn," so heißt es in dem Urteile (S. 200), „im vorliegenden Falle die vom Kläger thatsächlich ausgeübte Benutzung des Bürgersteigs polizeilich zu schützende Interessen verletzte, so war die Polizeibehörde zum Einschreiten wohl befugt. Sie mußte dabei aber immer davon ausgehen, daß der Kläger einen rechtlichen Anspruch darauf hat, in dem beabsichtigten Gebrauche des Bürgersteigs nicht weiter behindert zu werden, als es sachliche Gesichtspunkte rechtfertigen. Sie konnte daher mit Rücksicht darauf, daß der Bürgersteig vor dem Grundstücke des Klägers nur in dem Maße befestigt ist, wie es für den Fußgängerverkehr genügt, dem Kläger die zum Schutze der etwa beeinträchtigten verkehrs- und wegepolizeilichen Interessen erforderlichen Maßnahmen aufgeben, soweit nicht Veranlassung vorlag, von dem Wegebaupflichtigen die Umänderung des Bürgersteigs in einen solchen Zustand zu verlangen, welcher die Möglichkeit des Fahrverkehrs zu den anliegenden Grundstücken nicht in unzulässigem Maße erschwert." Damit sollte gesagt sein: die Polizeibehörde konnte dem Kläger Beschränkungen und sonstige Maßregeln in Bezug auf die Ausübung seines Gebrauchs des Bürgersteigs auflegen, ihm ein bestimmtes Maximalladegewicht vorschreiben, gewisse Arten von Rädern verbieten, die Unterlegung von Brettern anordnen, im Interesse der Sicherheit des Fußgängerverkehrs das Befahren auf gewisse Stunden, z. B. am frühen Morgen, beschränken, die Anstellung von Aufsichtspersonen zur Warnung der Fußgänger anordnen; war aber mit solchen Mitteln die Sicherung des Bürgersteigs nicht oder nicht ohne unzulässige Erschwerung des Fahrverkehrs des Anliegers zu erlangen, war vielmehr dazu eine Umänderung des Bürgersteigs erforderlich, so mußte sie sich dieserhalb an den Wegebaupflichtigen wenden. Daß die Umänderung des Bürgersteigs von dem nicht wegebaupflichtigen Anlieger zu verlangen sei, ist nicht ausgesprochen und aus den wiedergegebenen Darlegungen keineswegs zu folgern.

5. Der Beschluß einer hannoverschen Stadtgemeinde, eine öffentliche Wegeunterhaltungspflicht auf die Stadt zu übernehmen, bedarf nicht der Genehmigung der Kommunalaufsichtsbehörde. Sie tritt in Kraft auch ohne Veröffentlichung (Entsch. Bd. XVII S. 216, Bd. XXV S. 16).

d) Land- und Heerstraßen.

Nr. 1. Entsch. Bd. XXXIX S. 204 v. 11. III. 1901 IV C 71,1900.

1. Aus der Eigenschaft als Zollstraße folgt nicht ohne weiteres die Eigenschaft als Landstraße; die Bestimmung der ersteren geschieht durch die Zollverwaltung, die der letzteren durch die Landespolizeibehörde.

2. Wenn der Fiskus in einem Baufalle vor vielen Jahren eine Strecke eines öffentlichen Weges in dem Irrthume, sie sei eine Zoll- und Landstraße, unterhalten hat, so ist dadurch noch keine Observanz zu seinem Ungunsten entstanden (Erk. v. 2. V. u. 19. XII. 98 Entsch. Bd. XXXIV S. 246, 250).

Nr. 2. Entsch. Bd. XXXIX S. 200 v. 4. II. 1901 IV A 49,1900 (Pr.-V.-Bl. Jahrg. XXII S. 455).

§ 4 Tit 15 Teil II A.-L.-R., § 57 Zust.-Ges.

1. Ein Regierungspräsident hatte eine Bekanntmachung erlassen, wonach er einer gewissen Wegestrecke die Eigenschaft als Landstraße entziehe. Eine Landgemeinde erhob beim Oberpräsidenten gemäß § 130 L.-V.-G. Beschwerde und darauf Klage beim O.-V.-G. Dies wies die Klage als unzulässig ab.

2. Das Erk. führt aus:

Zunächst ist die angegriffene Verfügung zweifellos nicht etwa eine den Bau oder die Unterhaltung öffentlicher Wege oder die Aufbringung und Verteilung der dazu erforderlichen Kosten betreffende Anordnung. Deshalb ist § 56 des Zust.-Ges. v. 1. VIII. 83 nicht anwendbar, abgesehen davon, daß dann nur Einspruch mit darauffolgender Klage zulässig sein würde. Auch § 57 a. a. O. trifft für den vorliegenden Fall nicht zu, da die bisherigen Landstraßenstrecken als gewöhnliche öffentliche Kommunikationswege bestehen bleiben sollen (Urt. v. 11. XII. 95, Entsch. Bd. XXIX S. 212). Es handelt sich um die sogenannte Deklassierung von Landstraßenstrecken gemäß § 4 Tit. 15 T. II A.-L.-R., also um eine Verwaltungsmaßregel des Regierungspräsidenten als Landespolizeibehörde. Nach der Ansicht des Oberpräsidenten kommt § 130 des L.-V.-G. zur Anwendung, wonach gegen polizeiliche Verfügungen des Regierungspräsidenten nach fruchtloser Beschwerde bei dem Oberpräsidenten die Klage beim O.-V.-G. stattfindet. Dem ist aber nicht beizupflichten. Allerdings liegt eine von dem Regierungspräsidenten als Landespolizeibehörde erlassene Verfügung vor, allein nicht jede derartige Verfügung ist eine polizeiliche Verfügung des Regierungspräsidenten im Sinne des § 130 a. a. O. Es ist anerkannten Rechtens, daß nicht jeder Bescheid der Orts- oder Kreispolizeibehörden eine polizeiliche Verfügung im Sinne des § 127 a. a. O. ist, sondern daß die dort geordneten Rechtsmittel nur gegen solche Verfügungen dieser Behörden gegeben sind, die ein Gebot oder Verbot enthalten (zu vgl. von Brauchitsch Anm. 232, 233 zu § 127 a. a. O.). Dasselbe gilt von den polizeilichen Verfügungen des Regierungspräsidenten im Sinne des § 130 a. a. O. Im gegenwärtigen Falle fehlt es aber an dieser Voraussetzung. An die Klägerin ist kein Gebot oder Verbot erlassen, auch wird niemand angehalten, in die Rechte der Klägerin einzugreifen, die Verfügung ist überhaupt an kein bestimmtes Rechtssubjekt, sondern an das gesammte Publikum und an die beteiligten Behörden gerichtet und stellt eine Verwaltungsmaßregel dar, die nicht selbst eine polizeiliche Verfügung ist, vielmehr späterhin polizeilichen Verfügungen als Grundlage und Norm dienen soll. Das hat sie mit solchen Bestimmungen gemein, welche, wie die auf Grund des § 22 der Wegeordnung für die Provinz Sachsen v. 11. VII. 91 ergangenen Regulative oder die in anderen Landesteilen erlassenen Polizeiverordnungen, Vorschriften über die Beschaffenheit öffentlicher Wege erteilen. Auch sie bewirken Veränderungen von Rechtszuständen, die vielfach mittelbar, nämlich durch die auf sie gestützten polizeilichen Verfügungen, in die Rechtssphäre der Beteiligten zu deren Nachteil eingreifen, sie selbst aber sind nicht durch Klage im Verwaltungsstreitverfahren oder durch förmliche Beschwerde und durch Klage bei dem O.-V.-G. gegen den Bescheid der höchsten Beschwerdeinstanz angreifbar.

3. Nach ständiger Rechtsprechung des O.-V.-G. kann sich die Veränderung und Verlegung von Landstraßen gemäß § 4 Tit. 15 T. II A.-L.-R außer durch förmlichen Ausspruch auch thatsächlich unter stillschweigender Zustimmung der Landespolizeibehörde durch sogenannte konkludente Handlungen vollziehen (zu vgl. das angeführte Urt. v. 11. XII. 95). Das hätte nicht angenommen werden können, wenn in der Deklassierung eine polizeiliche Verfügung gemäß §§ 127, 130 des L.-V.-G. zu finden wäre. Andere gesetzliche Bestimmungen, auf die sich die Klage gründen ließe, kommen überhaupt nicht in Betracht; gegen den angegriffenen Bescheid des Oberpräsidenten ist also nur die an keine Frist gebundene Beschwerde im Aufsichtswege an den Minister der öffentlichen Arbeiten gegeben.

4. Richtig ist, daß die Landespolizeibehörde durch § 4 Tit. 15 T. II A.-L.-R. nicht nur zur Verlegung, sondern auch zur gänzlichen Aufhebung von Landstraßen ermächtigt ist (Urt. v. 1. V. 99, Entsch. Bd. XXXV S. 257 ff.). Ob infolge einer Deklassierung von Landstraßenstrecken die öffentlich-rechtliche Pflicht zu ihrer Unterhaltung von dem Fiskus auf eine Gemeinde von selbst übergegangen ist, kann nur durch Klagen im Verwaltungsstreitverfahren gemäß § 56 Abs. 4 oder Abs. 5 des Zust.-Ges. entschieden werden. Für die Beantwortung der Frage wird z. B. im Fürstentume Minden wesentlich in Betracht kommen, ob die bisherige Verpflichtung des Fiskus auf den §§ 11 ff. Tit. 15 T. II A.-L.-R. oder etwa nach dem dort zur Anwendung kommenden Wegerechte des Fürstentums Minden auf einer anderen rechtlichen Grundlage beruht (zu vgl. Germershausen, Wegerecht Bd. I, 2. Aufl., S. 212, 213; Urt. v. 30. XI. 99, Entsch. Bd. XXXVI S. 276 ff., 278, 279).

e) Chausseen, Chausseegelderhebung.

Nr. 1. Entsch. Bd. XXXIX S. 236 v. 18. IV. 1901 IV B 73/99.

§ 12 Ges. v. 20. VI. 87 (G.-S. S. 301).

1. Das Gesetz bietet keine allgemeine Definition für den Rechtsbegriff einer Chaussee, d. h. einer Kunststraße im rechtlichen Sinne. In ständiger Rechtsprechung hat das O.-V.-G. aber daran festgehalten, daß eine Straße die Eigenschaft einer Kunststraße oder Chaussee im rechtlichen Sinne des Wortes nicht schon durch die Art ihres Ausbaues, sondern erst dadurch erhält, daß sie den für Chausseen erlassenen gesetzlichen und reglementarischen Bestimmungen unterstellt wird (Urt. v. 7. IV. 93, Entsch. Bd. XXIV S. 204, und die daselbst angeführten Erkenntnisse). Während hiernach die Frage, ob ein Weg als Kunststraße im rechtlichen Sinne zu betrachten sei, früher nur nach den besonderen für jeden einzelnen Landesteil maßgebenden Bestimmungen beantwortet werden konnte, hat das Ges. v. 20. VI. 87, betreffend die Abänderung der Vd. v. 17. III. 39, betreffend den Verkehr auf den Kunststraßen u. s. w. hierin insofern eine wesentliche Veränderung geschaffen, als es

im § 12 diejenigen bereits vorhandenen Kunststraßen kennzeichnet, welche allein in Zukunft als Chausseen im gesetzlichen Sinne gelten sollen, und weiter vorschreibt, unter welchen Bedingungen und in welcher Weise künftighin derartige Chausseen sollen entstehen können.

§ 12 a. a. O. bestimmt, daß als Kunststraßen (Chausseen) im gesetzlichen Sinne in dem Geltungsbereiche des Gesetzes gelten sollen:

1. alle Kunststraßen, auf welche die Vd. v. 17. III. 39, betreffend den Verkehr auf den Kunststraßen (G.-S. S. 80) Anwendung findet;
2. alle Kunststraßen, für welche das Recht zur Erhebung von Chausseegeld verliehen ist oder die zusätzlichen Bestimmungen zu dem Chausseegeldtarif v. 29. II. 40 (G.-S. S. 97) für anwendbar erklärt sind;
3. diejenigen Kunststraßen, welche auf Antrag des Unterhaltungspflichtigen als solche staatlich von dem Oberpräsidenten anerkannt werden.

§ 12 Abs. 2 a. a. O. ordnet weiter an, daß ein Verzeichnis der Kunststraßen, auf welche demgemäß die Bestimmungen des Gesetzes Anwendung finden, von dem Oberpräsidenten durch das Amtsblatt derjenigen Regierung, in deren Bezirke die Straße liegt, veröffentlicht werden soll. In derselben Weise soll auch jede Erweiterung und anderweitige Abänderung des Verzeichnisses zur öffentlichen Kenntnis gebracht werden.

2. Im übrigen schließt die Nichtaufnahme einer Straße in das von dem Oberpräsidenten geführte Verzeichnis der Chausseen nicht aus, daß die Straße gleichwohl rechtlich Chaussee ist. Dann fragt es sich für die Provinz Posen, ob die unter § 12 Nr. 1 oder 2 a. a. O. angeführten Merkmale bei denjenigen Kunststraßen zutreffen, welche in Gemäßheit der Vd. v. 21. VII. 43 betreffend die Bildung, Verwaltung und Verwendung eines Provinzial-Straßenbau-Fonds für das Großherzogtum Posen (M.-Bl. d. i. V. S. 248 und Rönne, Wegepolizei S. 177) und des Erl. v. 24. V. 53 (Amtsblatt der Regierung zu Posen S. 299) die Eigenschaft von „Provinzialstraßen" der Provinz Posen besitzen, und ob der betreffende Weg zu diesen Provinzialstraßen gehört.

3. Nach § 5 der Vd. v. 21. VII. 43 war der Provinzialwegebaufonds dazu bestimmt, die nicht für Rechnung des Staates auszubauenden, gleichwohl aber für den Verkehr der Provinz wichtigen Straßen — welche den Namen „Provinzialstraßen" erhalten — kunstmäßig auszubauen und zu unterhalten. Die bautechnischen Vorschriften dafür enthält der § 10 a. a. O., während der § 11 a. a. O. eine besondere Beschleunigung des Ausbaues bei solchen Strecken vorsieht, für welche von Kreisversammlungen, Gemeinden oder deren Vertretern freiwillige Erbietungen von Bedeutung gemacht werden. Der § 8 a. a. O. kennzeichnete die fertig gebauten Provinzialstraßen als Chausseen im Rechtssinne, indem er die Wegegelderhebung für ihre Benutzung nach dem für die Staatsstraßen zu jeder Zeit bestehenden Tarife regelte. § 6 a. a. O. schrieb endlich vor, daß eine Provinzialstraße, nachdem sie einmal zu einer solchen erklärt worden, nur durch landesherrliche Verordnung wieder in die Klasse der Gemeindewege zurückversetzt oder als Staatsstraße übernommen werden könne.

4. Steht die Eigenschaft eines Weges als Provinzialstraße und damit als Kunststraße im Sinne des § 12 Ges. v. 20. VI. 87 fest, so folgt daraus die Zuständigkeit des Regierungspräsidenten zum Erlasse einer wegebaupolizeilichen Verfügung.

Nr. 2. Entsch. Bd. XXXVIII S. 217 v. 15. X. 1900 IV C 14/1900.

§ 56 Abs. 4 u. 7 Zust.-Ges.; Edikt wegen Wegebesserung v. 7 I 1769 § 21 (v. Rönne, Wegepolizei S. 619); § 12 Ges. v. 20. VI. 87

1. Wenn die Klage gegen den Beschluß der Wegepolizeibehörde bei dem Kreisausschusse rechtzeitig angebracht ist und nach Ablauf der Klagefrist die Klage

gegen die Provinz mit gerichtet wird, so ist die Sache dennoch an den Bezirksausschuß abzugeben. Wird dem entgegen bei dem Kreisausschusse weiter verhandelt, die Klage gegen die Provinz später zurückgenommen, so wird der bestehende Mangel geheilt (Entsch. Bd. XXVII S. 191 v. 19. XII. 94).

2. Wenn eine Aktiengesellschaft, der bei Erbauung einer ihr gehörigen Chaussee das Recht zur Erhebung von Chausseegeld verliehen ist, sich auflöst, so ist kein Chausseeunterhaltungspflichtiger mehr vorhanden. Allerdings kann eine Chaussee auch bestehen, wenn ein Unterhaltungspflichtiger nicht mehr da ist (Entsch. Bd. XI S. 218, Bd. XXIV S. 207). Um dem Wege seine rechtliche Eigenschaft als Chaussee zu nehmen, muß die Deklassierung erfolgen. Hierfür ist der Regierungspräsident zuständig (Entsch. Bd. XI S. 209). Einer vorgängigen Löschung der Straße in dem Kunststraßen-Verzeichnisse des Oberpräsidenten bedarf es nicht; denn dieses Verzeichnis hat bei Kunststraßen, für welche ein Chausseegeld-Heberecht verliehen war (§ 12 Nr. 2 des Gesetzes, betreffend die Abänderung der Vd. vom 17 III. 39 u. s. w., v. 20. VI. 87), nur deklaratorische, keine konstitutive Bedeutung, während allerdings bei Kunststraßen, die unter § 12 Nr. 3 daselbst fallen, die also nur infolge ihrer Anerkennung durch den Oberpräsidenten als Kunststraßen gelten, auch nur dieser die Deklassierung aussprechen darf (vgl. E.-O.-V. Bd. XXIV S. 209/210, Bd. XXVI S. 214, Bd. XXXV S. 263, Urt. v. 7. IV. 93, v. 27. II. 94 und v. 18. V. 99).

3. Soll eine ehemalige Chaussee als gewöhnlicher öffentlicher Weg weiter unterhalten werden und hat vor Anlegung der Chaussee früher kein öffentlicher Weg bestanden, so ist die Angelegenheit von denselben Gesichtspunkten aus zu prüfen, als ob es sich um die Anlegung eines neuen Weges handelte (vgl. E.-O.-V. Bd. XXX S. 257, Urt. v. 7. X. 96). Es muß also geprüft werden, ob der Weg für den öffentlichen Verkehr notwendig ist und ob die Höhe der zur Unterhaltung erforderlichen Aufwendungen mit dem Umfange des beteiligten Verkehrsinteresses im Einklange steht (E.-O.-V. Bd. XXIV S. 212, Urt. v. 31. I. 93).

4. Die Leistungsfähigkeit der Gemeinde — die sonst in Betracht zu ziehen ist — kann in dem Gebiete der früheren Grafschaft Mark nicht so ohne weiteres berücksichtigt werden. Denn das dort geltende Edikt wegen der Wegebesserung v. 7. I. 1769 (v. Rönne, Wegepolizei S. 619, Scotti, Sammlung der Verordnungen und Gesetze für das Herzogtum Cleve und die Grafschaft Mark Bd. III S. 1911) schreibt in § 21 vor:

> „Wenn jedoch eine Dorfschaft, Kommune oder Feldmark wegen der ganz schlechten Beschaffenheit der Wege und des Erdreichs auch Mangel an Materialien gar zu schwer und unthunlich werden sollte, selbige in ihrem Distrikt im ersten Anfange herzustellen und zu unterhalten, so sollen die nächst Belegenen, die nicht soviel Beschwerde haben, oder der ganze Kreis nach Billigkeit derselben zu Hilfe kommen."

Hiernach hat also eine Gemeinde, die über ihre regelmäßige Leistungsfähigkeit hinaus zu Wegebaulasten herangezogen wird, schon kraft Gesetzes Anspruch auf Nachbar- und Kreishilfe, so daß ihre Ueberlastung regelmäßig ohne weiteres ausgeschlossen erscheint. Es kann mithin auch eine von der Wegepolizei geforderte Leistung nicht schon deshalb für unberechtigt erklärt werden, weil die wegebaupflichtige Gemeinde dadurch zu stark belastet werden würde; denn wenn das etwa der Fall sein sollte, so hat gemäß § 21 a. a. O. die Nachbar- und Kreishilfe mit einzutreten. Die Prüfung aber, ob und in welchem Maße diese Hilfe erforderlich ist, kann immer erst erfolgen, wenn zuvor festgestellt ist, was die in erster Reihe zum Wegebau verpflichtete Gemeinde im Interesse des öffentlichen Verkehrs leisten muß (vgl. E.-O.-V. Bd. IV S. 248/249, Bd. XXIV S. 216/217, Urt. v. 28. IX. 78 und v. 31. I. 93). Der Verwaltungsrichter hat also die Leistungsfähigkeit der Gemeinde unberücksichtigt zu lassen.

f) Fähren und Brücken.

Nr. 1. Entsch. Bd. XXXVIII S. 212 v. 10. XII. 1900 IV B 7/1900.

§§ 16, 17 Hannov. Ges über den Chausseebau v. 20. VI. 51, § 56 Hannov. Wegeges. v. 28. VII. 51

1. Wenn § 17 des Gesetzes über den Chausseebau v. 20. VI. 51, der nach § 56 Abs. 3 des Wegegesetzes v. 28. VII. 51 auch für die in Landstraßen belegenen Brücken und Durchlässe sinngemäß in Anwendung kommt, vorschreibt:

> „Wird rücksichtlich der vorstehend unter 1 und 2 erwähnten Brücken und Durchlässe für Zwecke der Chaussee eine kostspieligere Einrichtung, Verstärkung u. s. w., nachhaltig oder nicht, erforderlich, so fallen die Mehrkosten der Anlegung und Unterhaltung der Chausseeverwaltung zur Last,“

so betrifft diese Bestimmung nur solche Brücken und Durchlässe, welche in § 16 unter Ziff. 1 und 2 des Chausseebaugesetzes und in § 56 Abs. 2 unter Ziff. 2 und 3 des Wegegesetzes aufgeführt sind. Es scheiden die in § 16 Ziff. 2 des ersteren und § 56 Ziff. 3 des letzteren Gesetzes bezeichneten Brücken aus der Betrachtung aus, wenn es sich nicht um eine im Grund- oder Oberbau mit einem anderen Werke verbundene Brücke handelt.

2. Es steht außer Zweifel, daß, weil die Brücken im Wegezuge nichts anderes als Teile des Weges sind, der Regel nach die Wegebaulast die Brückenunterhaltung in sich schließt. Demgegenüber erscheint es als eine Ausnahme, wenn, sei es observanzmäßig, sei es wie nach Hannoverschem Wegerecht in weitem Umfange gemäß Vorschriften des geschriebenen Rechts, die Verpflichtung zur Unterhaltung einzelner Brücken in Wegezügen anderen Rechtssubjekten obliegt als dem Wegebaupflichtigen. Wo dies der Fall und wo die Unterhaltungslast sich auf Brücken über Wasserzüge (Ströme, Privatflüsse, Gräben) bezieht, da unterliegt es keinem Zweifel, daß diese Last die Verpflichtung in sich schließt, die Brücke gemäß ihrer erkennbaren Bestimmung, den öffentlichen Verkehr über einen bestimmten Wasserlauf zu leiten, je nach den Bedürfnissen eben dieses Verkehrs wie entsprechend den in dem Wasserlaufe etwa eintretenden Veränderungen zu erhalten, sie daher auch nach Bedürfnis zu erhöhen, zu verbreitern, zu verlängern, widerstandsfähiger zu bauen. Es muß deshalb der Brückenunterhaltungspflichtige eine Brücke erhöhen, wenn die Chaussee, der Weg, erhöht werden muß.

3. Anders liegt der Fall, wenn eine Verlängerung der Brücke gefordert wird, um bei Ueberschwemmungen mehr Wasser durchzulassen und die Verlängerung nur deshalb erwünscht ist, damit der Wegebaupflichtige keine besondere Flutbrücke zu bauen braucht. Die Kosten dieser Verlängerung hat der Wegebaupflichtige zu tragen.

Nr. 2. Entsch. Bd. XXXIX S. 244 v. 28. II. 1901 IV B 61/1900.

§§ 53, 54 Tit. 15 Teil II A.-L.-R.

1. Nach dem in Schleswig-Holstein geltenden öffentlichen Wegerechte haben die Brücken über öffentliche Flüsse keine andere rechtliche Stellung, als alle anderen Brücken über Privatflüsse und Gräben. Der Grundsatz, daß Brücken über öffentliche Ströme als besondere für sich bestehende Kommunikationsanstalten anzusehen sind (vgl. die Urt. v. 2. XI. 82,

6. XI. 91 und 12. I. 92, Entsch. Bd. XII S. 243, Bd. XXII S. 179ff., und v. 21. XII. 87, Pr.-V.-Bl. Jahrg. X S. 47), beruht auf der ausdrücklichen Vorschrift des § 53 Tit. 15 T. II A.-L.-R.'s, die in der Provinz Schleswig-Holstein keine Geltung hat. In dem für das gemeinrechtliche Gebiet der Provinz Hannover ergangenen Erk. des O.-V.-G. v. 17. VI. 1900 (Entsch. Bd. XXXVII S. 257) ist nachgewiesen, daß das gemeine Recht einen Unterschied zwischen Brücken über öffentliche und Privatgewässer nicht kennt, vielmehr alle Brücken nach dem Grundsatze behandelt, den § 54 Tit. 15 T. II A.-L.-R. für Brücken über Privatflüsse beibehalten hat, daß sie nämlich von denjenigen, welchen die Besserung des Weges obliegt, unterhalten werden müssen, daß mithin nach gemeinem Rechte die Brücken einschließlich derjenigen über öffentliche Flüsse keine für sich bestehende Kommunikationsanstalten, sondern in wegerechtlicher Beziehung den öffentlichen Wegen, in deren Zuge sie liegen, gleichartig, sonach den Normen des gemeinen Wegerechts unterworfen sind. Derselbe Rechtsgrundsatz gilt auch in der zum ehemaligen Gebiete des gemeinen Rechts zählenden Provinz Schleswig-Holstein, mit Ausnahme des Kreises Herzogtum Lauenburg, dessen Wegeordnung v. 7. II. 76 (Offizielles Wochenblatt von 1876 S. 27, abgedruckt bei Germershausen, Wegerecht Bd. II S. 216) in § 20 Abs. 2 und § 32 den landrechtlichen Grundsatz aufgenommen hat.

2. Für die älteren Provinzen hat das O.-V.-G. ausgesprochen, daß eine Straße die Eigenschaft einer Kunststraße oder Chaussee im Rechtssinne des Wortes nicht schon durch die Art ihres Ausbaues, sondern erst dadurch erhält, daß sie den für Chausseen erlassenen gesetzlichen und reglementarischen Bestimmungen unterstellt wird (Urt. v. 7. IV. 93, Entsch. Bd. XXIV S. 204). Für den Geltungsbereich des Gesetzes, betreffend die Abänderung der Vd. vom 17. III. 39 über den Verkehr auf den Kunststraßen u. s. w., v. 20. VI. 87 (G.-S. S. 301), zu welchem die Provinz Schleswig-Holstein nicht gehört, hat dessen § 12 den Begriff der Kunststraßen festgestellt (vgl. Germershausen, Wegerecht Bd. I, 2. Aufl., S. 369ff.). Für die Provinz Schleswig-Holstein kommt Folgendes in Betracht (vgl. die Begründung des Ges. v. 26. II. 79, Kühl, Wegegesetzgebung der Provinz Schleswig-Holstein, 2. Aufl., S. 66): Die Wegeverordnung v. 1. III. 42 geht von der Einteilung in Hauptlandstraßen, Nebenlandstraßen, Nebenwege und öffentliche Fußsteige aus (§§ 2 bis 6). Sämmtliche Hauptlandstraßen sollten allmählich auf Staatskosten in Kunststraßen verwandelt werden (§ 64). Diese Kunststraßen waren unzweifelhaft Chaussen im Rechtssinne. Die Ausdrücke: Chaussee, Chaussierung, Chausseeverwaltung u. s. w. werden in zahlreichen Bestimmungen des Gesetzes von den Kunststraßen gebraucht. Nach § 74 a. a. O. kann den Kommunen die Chaussierung von Hauptlandstraßen überlassen und ihnen die Erhebung von Chausseegeld gestattet werden. Die Festsetzung der Bedingungen, unter denen Kommunen, Privat- oder Aktienvereinen die Bewilligung zur Chaussierung von Nebenlandstraßen und Nebenwegen zu erteilen sei, wurde landesherrlicher spezieller Resolution vorbehalten (§ 75). Auch diese gemäß §§ 74 und 75 chaussierten Straßen gehören zu den Chausseen (Kunststraßen) im Rechtssinne. Die für die Benutzung von Kunststraßen in §§ 85ff. gegebenen besonderen Vorschriften gelten auch für die nach § 75 chaussierten Wege.

3. Die Wegeverordnung vom 1. III. 42, nach deren § 17 die Schleswig-Holsteinische Regierung die allgemeine Aufsicht über das ganze Wegewesen führte, hatte im § 18 die besondere Aufsicht über die Erbauung und Unterhaltung der Kunststraßen, die für Rechnung der landesherrlichen Finanzkasse geschah, von der Aufsicht über die sonstigen öffentlichen Wege getrennt und einer Abteilung

des Ingenieur-Corps unter Leitung eines zu dem Corps gehörigen Stabsoffiziers übertragen. Der Stabsoffizier und der Oberlandweginspektor wurden der Schleswig-Holsteinschen **Regierung** als außerordentliche Mitglieder beigeordnet und hatten sich über die Angelegenheiten ihres Geschäftskreises, zu deren Beratung sie gezogen wurden, gutachtlich zu äußern (§ 19). Die Anträge und Berichte der Behörden über Gegenstände des Chausseewesens waren regelmäßig an die Regierung zu richten, die rein technischen und sonstigen laufenden Chausseedienstsachen erledigte der dirigierende Ingenieur-Offizier, in den übrigen zu seinem Geschäftskreise gehörenden Angelegenheiten vollzog er die Beschlüsse der Regierung (§ 22). Die Bestimmung der Neubauten und des Ausgabeetats des nächsten Jahres, die Veränderung in den bereits genehmigten Bauplänen und außerordentliche Verwendungen für den Kunststraßenbau waren auf Vortrag der Regierung der landesherrlichen Resolution vorbehalten (§ 26). Danach war für den Bau und die Unterhaltung der Staatschausseen mithin für die Chausseebaupolizei im heutigen Sinne, die Regierung die leitende Behörde, welche ihre Befugnisse teilweise, namentlich auf technischem Gebiete durch ihr außerordentliches Mitglied, den dirigierenden Stabsoffizier, ausübte. Dem entsprach auch das Regulativ für die Verwaltung der für Rechnung der Königlichen Kasse zu erbauenden und zu unterhaltenden Kunststraßen in den Herzogtümern Schleswig, Holstein und Lauenburg v. 9. IV. 42 (Chronologische Sammlung der Verordnungen und Verfügungen für die Herzogtümer Schleswig und Holstein von 1756—1850 S. 397). Nach dem Allerh. Erl. v. 20. VI. 68 (G.-S. S. 620), betreffend die Bestimmungen über den Wirkuugskreis des Oberpräsidenten und die Einrichtung einer Regierung in der Provinz Schleswig-Holstein, gelten für die innere Organisation, den Wirkungskreis und den Geschäftsgang dieser Regierung die Instruktion für die Geschäftsführung der Regierungen v. 23. X. 17 (G.-S. S. 248) und die zu derselben ergangenen erläuternden und abändernden Bestimmungen. Nach § 3 Ziff. 2 c der Regierungsinstruktion, die unter anderen landespolizeilichen Angelegenheiten die Chausseeanlagen aufzählt, gehört aber die **Chausseebaupolizei zum Ressort der Regierungen**, und zwar nach der Allerh. Ordre. v. 31. XII. 25 (G.-S. 1826 S. 5) der Abteilung des Innern, jetzt also des Regierungspräsidenten (vgl. Urt. v. 3. XI. 84, Entsch. Bd. XI S. 209). Danach ist zweifellos der Regierungspräsident in Schleswig **Chausseebaupolizeibehörde**.

g) Eisenbahnpolizei, Zufuhrwege zu Eisenbahnanlagen; öffentliche Wege, die der Eisenbahnunternehmer zu unterhalten hat.

h) Inanspruchnahme von Wegen für den öffentlichen Verkehr (§ 56 Zust.-Ges.); Privatrechte an öffentlichen Wegen.

i) Einziehung und Verlegung öffentlicher Wege (§ 57 Zust.-Ges.).

Nr. 1. Entsch. Bd. XXXIX S. 196 v. 4. II. 1901 IV C 99/1900.

§ 57 Zust.-Ges.

1. Das Urt. v. 10. X. 93 (Entsch. Bd. XXV S. 222) spricht allerdings den Satz aus, daß nach dem bestehenden Rechte **öffentliche Wege** auch dann **einzuziehen** seien,

„wenn der öffentliche Weg zwar nicht überflüssig ist, gleichwohl aber anderweite **öffentliche Interessen, welche die Polizei wahrzunehmen** hat, **überwiegend** für die Einziehung sprechen.“

Man darf diesem Satze nicht den Sinn unterlegen, als müßten die öffentlichen Interessen solche sein, deren **berufsmäßiger** Schutz den Polizeibehörden gesetzlich übertragen ist, während der Ausdruck „wahrnehmen“ nichts anderes besagen soll, als „beachten“ und „berücksichtigen“. Daß dem so ist, ergiebt schon der weitere Inhalt der angezogenen Entscheidung selbst.

2. In gleichmäßiger Rechtsprechung hat das O.-V.-G ferner anerkannt, daß auch volkswirtschaftliche Interessen zu denjenigen gehören, welche bei einem Streite um eine wegebaupolizeiliche Anordnung von der Polizei mitberücksichtigt werden müssen, so insbesondere die Fürsorge für die Erhaltung der wirtschaftlichen Existenz des Wegebaupflichtigen (vgl. die Urt. v. 29. I. 81 und v 26. IX. 88, E.-O.-V. Bd. VII S. 256 und Bd. XVII S. 291). Das Erk. v. 12. XI. 89 (E.-O.-V. Bd. XVIII S. 239) spricht sich über eine mit Rücksicht auf die Anlage einer großen Schiffswerft beabsichtigte Wegeverlegung wie folgt aus:

„Die Bedeutung derartiger großer industrieller Unternehmungen, wie der hier in Rede stehenden, hebt dieselbe aber offenbar weit über den Bereich privater Verhältnisse hinaus, vielmehr konkurrieren öffentliche Interessen dabei in sehr erheblichem Grade. Wenn die Polizeibehörde also sich des Schutzes und der Förderung derselben durch Beseitigung entgegenstehender Hindernisse annimmt, so handelt sie durchaus in den gesetzlichen Grenzen ihrer Befugnisse.“

3. Daß die Gewinnung von Bodenschätzen, die für die Lebensführung des Menschen nach den verschiedensten Richtungen hin unentbehrlich sind, zu den nach dem Vorgesagten von der Polizei wahrzunehmenden öffentlichen Interessen gehört, liegt in der Natur der Sache und findet seine Bestätigung in der Gesetzgebung über den Bergbau, insbesondere in der von ihr in größerem oder geringerem Umfange zugelassenen Verleihung des Enteignungsrechts an die Unternehmer bergmännischer Betriebe. Das gilt auch von dem Stein- und Braunkohlenbergbau innerhalb des Landesteils, für welchen nach § 9 c des Gesetzes, betreffend die Rechtsverhältnisse des Stein- und Braunkohlenbergbaues in denjenigen Landesteilen, in welchen das Kurfürstlich Sächsische Mandat v. 19. VIII. 1743 Gesetzeskraft hat, v. 22. II. 69 (G.-S. S. 401) die Grundabtretung insoweit gefordert werden kann, als die Benutzung eines fremden Grundstücks zur Anlage von Wegen, Eisenbahnen, Kanälen, Wasserläufen und Hilfsbauten zum Zwecke des Grubenbetriebs und des Absatzes der Kohlen notwendig ist.

Nr. 2. Entsch. v. 20. V. 1901 IV 998 (Pr.-V.-Bl. Jahrg. XXII S. 593).

§ 57 Zust.-Ges.

1. Als das gewöhnliche Verfahren setzt der § 57 des Zust.-Ges. voraus, daß die Wegepolizeibehörde mit dem Beschlusse über erhobene Einsprüche den Beschluß darüber, ob der Weg einzuziehen, verbindet. Es ist jedoch nicht ausgeschlossen, daß die Behörde zunächst die erhobenen Einsprüche zurückweist und demnächst getrennt von diesem Beschlusse, die Einziehung des Weges anordnet. Dann ist gegen den die Zurückweisung des Einspruchs aussprechenden Beschluß, nicht etwa gegen die den Einsprechenden bekannt gemachte Entschließung über die Einziehung, der im Gesetze vorgesehene Klageweg eröffnet. Bei der Verlegung eines Weges ist ebenso, wie bei der Einziehung, Gegenstand des im § 57 vorgesehenen Verfahrens nur der Ausspruch der Wegepolizeibehörde, daß ein öffentlicher Weg aufhören solle, öffentlicher Weg zu sein. Der Unterschied liegt nur darin, daß bei der Verlegung mit dem Bestehen oder der Herstellung eines Ersatzweges gerechnet wird, während das Verfahren nach § 57 in beiden Fällen nur den Zweck hat, die Einwendungen gegen die Kassierung

des bestehenden Weges zu prüfen (Erk. v. 23. VI. 91 und v. 17. V. 1900, Entsch. Bd. XXI S. 253, 254 und Bd. XXXVII S. 272.

2. In dem Verfahren über Verlegung öffentlicher Wege kann die Wegepolizeibehörde zunächst die Einsprüche zurückweisen, wogegen die Klage stattfindet, und sich den Beschluß wegen Verlegung des Weges vorbehalten.

k) Heranziehung der Fabriken, Bergwerke und ähnlichen Unternehmungen zu Vorausleistungen für den Wegebau.

l) Provinzialrechte.

Nr. 1. Entsch. Bd. XXXIX S. 234 v. 14. III. 1901 IV C 204/99.

Reglement wegen Unterhaltung der Drömlings-Melioration v. 13. IV. 1805.
§ 42 der Sächs. Wegeordn. v. 11. VII. 91.

Mit § 42 der Sächsischen Wegeordnung v. 11. VII. 91 ist keineswegs beabsichtigt worden, daß auch bestimmte einzelne Wegeunterhaltungspflichten, die in einem das Wegerecht als solches nicht regelnden, einen anderen Gegenstand hauptsächlich betreffenden Gesetze nebenher einem Rechtssubjekt auferlegt sind, nach Einführung der Wegeordnung aufgehoben sein sollten. Beseitigt werden sollte nur, wie die Begründung des 1891 vorgelegten Entwurfes zu § 52 ergiebt, die „auf dem früheren Wegerechte beruhende Unterhaltungspflicht", und es sind danach durch § 42 a. a. O. nur alle bisherigen allgemeinen und besonderen das Wegerecht als solches behandelnden Vorschriften aufgehoben worden. Nähme man das nicht an, so müßten für die Provinz Sachsen alle die Regelung von Wegeunterhaltungspflichten betreffenden Vorschriften für beseitigt gelten, die nach dem Gesetz über die Eisenbahnunternehmungen v. 3. XI. 38, dem Enteignungsgesetze v. 11. VI. 74, dem Gesetz über die Benutzung der Privatflüsse v. 28. II. 43, dem § 109 Tit. 8 T. I A.-L.-R. und anderen bestehen, eine Folge, welche der Absicht des § 42 zweifellos nicht entspricht. Wenn daher in dem zur besseren Urbarmachung und zur Unterhaltung der Meliorationswerke des Drömlings erlassenen Reglement v. 13. IV. 05 auch die Unterhaltung einzelner Wege oder Brücken der Drömlingskorporation auferlegt ist, so ist eine solche Bestimmung nicht durch § 42 der Wegeordnung beseitigt.

Nr. 2. Entsch. Bd. XXXIX S. 210 v. 11. IV. 1901 IV C 145/1900 (Pr.-V.-Bl. Jahrg. XXII S. 468).

§§ 22, 23 Wegeordn. für die Prov. Sachsen v. 11. VII. 91.

1. Die §§ 22, 23 der Wegeordnung für die Provinz Sachsen. v. 11. VII. 91 ermächtigen nur dazu, durch Regulative über die Beschaffenheit, in welcher die Gemeindewege sowie deren Zubehörungen anzulegen und zu unterhalten sind, Bestimmung zu treffen. Daß zu den Bestimmungen über die Beschaffenheit von Wegen nicht eine Anordnung gehört, regelmäßige Arbeiter (Wegewärter) anzunehmen, bedarf keiner näheren Darlegung. Der zweite Absatz des § 22 a. a. O. bezeichnet denn auch als Inhalt der Regulative „Normen über die Einrichtung der öffentlichen Wege, insbesondere über deren kunstmäßigen Ausbau, ferner über Breite, Steigerungsverhältnisse und Entwässerung, über die Anlage von Baumpflanzungen, das Aufstellen von Schutzsteinen, Seitengeländern u. s. w." Diese Erläuterungen beziehen sich gleichfalls lediglich auf die Beschaffenheit der Wege; von den Mitteln, mit denen sie hergestellt werden sollen, insbesondere der Anstellung von Arbeitspersonal, ist darin keine Rede.

2. Der Begriff der Wegebaulast ist für die Provinz Sachsen in den §§ 4 bis 8 der Wegeordnung v. 11. VII. 91 genau bestimmt, aber nur dahin, daß

die sachlichen Leistungen aufgezählt werden, die unter den Begriff fallen; nicht im Geringsten ist angedeutet, daß darunter auch die Verpflichtung begriffen sei, die Wegeverwaltung nach polizeilich vorzuschreibenden Normen zu organisieren, insbesondere ständige Wegearbeiter oder Wegewärter anzunehmen. Das ist übrigens keine Besonderheit der Sächsischen Wegeordnung, sie giebt hier vielmehr nur das wieder, was allgemein im Preußischen Staate Rechtens ist (zu vgl. Germershausen, Wegerecht, Bd. I 2. Aufl. § 2 Ziff. 3 S. 26 f.). Die ganze Entwicklung der Gesetzgebung, wie sie aus den älteren gesetzlichen Bestimmungen über das Wegewesen und den in den sechsziger und siebenziger Jahren des 19. Jahrhunderts vorgelegten Entwürfen einer Wegeordnung erkennbar wird, ist dahin gegangen, daß die Wegebaulast nur die Verpflichtung zu sachlichen Leistungen, nicht zur Anstellung und Unterhaltung eines organisierten Wegebaupersonals in sich schließt. Dem Zust.-Ges. v. 1. VIII. 83 liegt diese Auffassung gleichfalls zu Grunde. Nach § 55 a. a. O. bleiben die Befugnisse der Wegepolizeibehörde dieselben wie bisher, die erforderlichen Leistungen sind dem Pflichtigen aufzugeben, bei Gefahr im Verzuge ist die vorzunehmende Arbeit von der Polizeibehörde auszuführen. Hier wie im § 56 a. a. O. fehlt es an jeder Andeutung, daß die dauernde Anstellung von Personen gefordert werden dürfe. Das ist auch schon darum ausgeschlossen, weil die Wegebaulast, neben öffentlich-rechtlich organisierten Korporationen, wie Gemeinden, Kreisen und Provinzen, und den Gutsherrschaften als Trägern der öffentlich-rechtlichen Verpflichtungen der Gutsbezirke, auf Grund der mannigfaltigsten Rechtstitel auch Privatpersonen, den einzelnen Adjazenten, den Hebungsberechtigten, den Besitzern von Mühlengrundstücken, obliegen kann — und zwar auch in der Provinz Sachsen —, denen gegenüber gar nicht daran gedacht werden kann, die Herstellung dauernder Organisationen von Wegeunterhaltungspersonal zu fordern.

Nr. 3. Entsch. Bd. XXXVIII S. 249 v. 21. VI. 1900 IV C 25/1900.

§ 56 Zust.-Ges.; § 65 Tit. 22 Teil I A.-L.-R.

1. Ein öffentlicher Fußweg sollte behufs Ausbesserung vorübergehend mit Karren befahren werden. Der Eigentümer hinderte dies. Der Amtsvorsteher wendete Gewalt an, um diese Behinderung zu beseitigen. Es fragt sich, ob darin eine wegepolizeiliche Verfügung zu finden. Das O.-V.-G. bejahte dies mit folgender Ausführung: Die Inanspruchnahme eines Weges für den öffentlichen Verkehr im Sinne des § 56 des Zust.-Ges. liegt überall da vor, wo Anordnungen der Wegepolizeibehörde, welche Terrain für den öffentlichen Verkehr in Anspruch nehmen, den Anlaß zum Streite über den Bestand der öffentlichen Wege zwischen der Polizeibehörde und demjenigen geben, der über das Grundstück seinerseits zur Ausschließung oder Einschränkung des öffentlichen Gebrauchs mit der Behauptung verfügt, daß ihm dafür ein Privatrecht zur Seite stehe. Hier bestreitet der Kläger, welcher Eigentümer des Wegekörpers ist, sowohl im allgemeinen die Oeffentlichkeit des Weges, als auch im besonderen die Befugnis, ihn zum Bekarren zu benutzen. Gerade auf die gegenteilige Behauptung hat die Polizeibehörde das Recht zum polizeilichen Einschreiten gestützt. Ob es sich dabei um eine nur zu einem vorübergehenden Zwecke getroffene einmalige Maßregel handelte, ist gleichgültig. Denn auch wenn nur eine solche in Frage ist, bewegt sich der Streit darum, ob dazu ein Recht der Wegepolizeibehörde vorhanden oder wegen eines entgegenstehenden Privatrechts des Klägers ausgeschlossen ist.

2. In § 65 Tit. 22 T. I heißt es:

„Wer das Recht hat, über das Grundstück des Andern zu gehen, darf sich dessen weder zum Reiten noch zum Fahren, auch nicht mit einrädrigen Karren bedienen“, ein Grundsatz, der nach anerkanntem Rechte auch für den Gebrauch eines öffentlichen Fußweges maßgebend ist (Striethorst, Archiv Bd. XXXIX S. 239). Dasselbe gilt aber auch für das Neuvorpommersche und Rügensche Recht. Nach dem Entwurfe des Provinzialrechts des Herzogtums Neuvorpommern und des Fürstentums Rügen vom Jahre 1837 Bd. V S. 26, 40, Bd. XII S. 116 §§ 393, 1667 ist zwar nur, im wörtlichen Anschluß an Nr. 4 des Patents der Regierung zu Stralsund vom 4. XI. 1796 und der Nr. 2 des Publikandums derselben Regierung vom 16. XI. 17 (bei Rönne, Wegerecht S. 541, 469) gesagt, daß auf Fußsteigen weder gefahren noch geritten werden dürfe. Aber die Verfasser des Entwurfs waren darüber nicht im Zweifel, daß in Neuvorpommern und Rügen im allgemeinen die Grundsätze des gemeinen Römischen Rechts zur Anwendung zu kommen hätten (Entwurf T. II S. 354, 355). Nach Römischem Rechte war aber in dem Rechte des iter (Fußwegs) wohl die Berechtigung zum Gehen, Reiten und Tragen einer Sänfte (pr. J. II. 3 de serv., l. 7, 12 D. VIII. 3 de serv. praed. rust.) enthalten, wovon sich im gemeinen Rechte die Abweichung, daß auf einem Fußweg auch nicht geritten werden durfte, entwickelt hatte (Dernburg, Pandekten Bd. I § 242 S. 573). Aber das Römische Recht gestattete nicht, daß das iter mit einem auf Rädern laufenden Transportmittel, also etwa einer Karre, befahren werde (vgl. Erk. des Ober-Appellations-Gerichts zu Lübeck v. 13. IV. 30 in Seuffert's Archiv Bd. V Nr. 5). Wenn hiernach anzuerkennen ist, daß an sich der Gemeingebrauch öffentlicher Fußwege nicht den Gebrauch zum Befahren mit Karren in sich schließt, so versteht es sich doch von selbst, daß solche Benutzungsarten, die zur Bestandserhaltung eines Weges überhaupt nötig oder sachgemäß sind, erlaubt sein müssen, weil sonst der Weg verfallen und dadurch dem Gemeingebrauche, für den er bestimmt ist, entzogen werden würde. Eine derartige Benutzung muß der Wegepolizeibehörde, der die Aufsicht und Fürsorge für den Bestand der öffentlichen Wege anvertraut ist, auch ohne und gegen den Willen des Wegeeigentümers freistehen.

3. Wenn der Eigentümer eines öffentlichen Fußweges sich gefallen lassen muß, daß aus Anlaß einer Reparatur des Weges auch Wagen und Karren über den Wegekörper geführt werden, so besteht diese Beschränkung nicht nur, wenn der ganze Weg, sondern auch, wenn ein Teil in Stand gesetzt werden soll. Dem entspricht es weiter, daß, wenn sich der öffentliche Weg nach einzelnen Strecken im Eigentume mehrerer befindet, der Eigentümer des nicht reparaturbedürftigen Wegestücks die bezeichnete Beschränkung zu Gunsten der Herstellung der reparaturbedürftigen, im Eigentum eines andern befindlichen Teilstrecke auf sich nehmen muß.

Nr. 4. Entsch. v. 2. X. 1900 I 1418 (Pr.-V.-Bl. Jahrg. XXII S. 382).

§ 5 Wegereglement v. 4. V. 1796; §§ 68, 40, 41, 42 des Kommunalabgabengef. v. 14. VII. 83.

1. Nach dem § 5 des Wegereglements für Westpreußen und die Netzdistrikte v. 4. V. 1796 (abgedruckt bei Germershausen, Wegerecht und Wegeverwaltung, Bd. II S. 72 ff.) liegt die Wegebaulast allerdings nicht den Gemeinden, sondern einzelnen eigentümlichen Grundbesitzern ob, die verpflichtet sind, die innerhalb der Grenzen ihrer Grundstücke befindlichen Wege, Brücken, Stege, Fahrdämme und Abzugsgräben auf eigene Kosten und von eigenen Materialien zu unterhalten. Diese Bestimmung läßt jedoch, wie in dem Urt. v. 21. III. 90 (E.-O.-V. Bd. XIX S. 260 ff.) des Näheren dargelegt ist, abweichende ortsrechtliche Bildungen zu. Rechtlich ist daher die Umbildung der Wegebaulast in eine Gemeindelast möglich.

2. Für die Frage, ob jemandem bei Wegebaudiensten ein Befreiungsanspruch zusteht, sind jetzt die Bestimmungen des § 68 des Komm.-Abg.-Ges. v. 14. VII. 93 maßgebend. Dieser regelt im Schlußsatz auch die noch aufrecht zu erhaltenden Befreiungen, er erwähnt aber nur diejenigen der in den §§ 40, 41, 42 des Gesetzes genannten Personen und gedenkt der auf besonderem Rechtstitel beruhenden Vorrechte einzelner Grundstücke nicht, enthält sonach keine dem § 21 des Gesetzes entsprechende Vorschrift. Daher können auch Befreiungen bestimmter Grundstücke selbst dann nicht zu denjenigen gezählt werden, welche das eine erschöpfende Regelung der Pflicht zu Gemeindeabgaben und -Diensten beabsichtigende Komm.-Abg.-Ges. noch als zu Recht bestehend anerkennt, wenn sie auf einem besonderen Rechtstitel beruhen; denn der § 21 des Gesetzes bezieht sich allein auf Gemeindesteuern, aber nicht auf Naturaldienste, wie in dem Urt. v. 13. XI. 96 (Entsch. Bd. XXX S. 137) des Näheren nachgewiesen ist.

Nr. 5. Entsch. v. 6. V. 1901 IV 903 (Pr.-V.-Bl. Jahrg. XXII S. 579).

§ 5 Wegereglement für Schlesien v. 11. I. 1767.

1. Die Schlesischen Wegereglements und Verordnungen enthalten keine Bestimmung darüber, unter welchen Voraussetzungen ein Weg als öffentlicher anzusehen sei. Auch der § 5 des Wegereglem. v. 11. I. 1767, der überschrieben ist: „was unter die öffentlichen Landstraßen zu rechnen sei“, sagt nicht, wann die dort erwähnten „Feld- und übrigen Wege, so nur von einem Dorfe zum anderen führen und außerhalb obgedachten Hauptstraßen liegen“, als öffentliche zu gelten haben. In Ermangelung besonderer Vorschriften ist in Schlesien das gemeine preußische Recht anzuwenden, nach welchem, wie das O.-V.-G. in zahlreichen Entscheidungen ausgesprochen hat, für die Oeffentlichkeit eines Weges erforderlich ist, daß er dem öffentlichen Verkehre unter Zustimmung der rechtlich Beteiligten gewidmet ist (E.-O.-V. Bd. XX S. 217, Bd. XXV S. 212, Bd. XXVII S. 401, Bd. XXIX S. 238: auch Germershausen, Wegerecht, 2. Aufl. Bd. I S. 5). Dementsprechend hat das O.-V.-G. auch in seinen das Schlesische Wegerecht betreffenden Entscheidungen stets die Feststellung einer solchen Widmung für notwendig erachtet (z. B. in der Entsch. Bd. XXV S. 208 ff., 212 und in der Entsch. v. 25. II. 01 IV. 411).

2. Es genügt, wenn aus den Umständen, unter denen die thatsächliche Benutzung des Weges erfolgt ist, zu erkennen ist, daß er unter Zustimmung der rechtlich Beteiligten dem öffentlichen Verkehre gewidmet ist (zu vgl. die oben genannten Entscheidungen).

Nr. 6. Entsch. v. 25. II. 1901 IV 411 (Pr.-V.-Bl. Jahrg. XXII S. 580).

§ 5 Wegereglement für Schlesien v. 11. I. 1767.

Es giebt Fälle, in denen der Eigentümer lange Zeit den ungehinderten Verkehr des Publikums auf einem Wege zuläßt, ohne daß er daran denkt, dadurch den Weg dem öffentlichen Verkehre zu widmen und ihn der Obhut der Wegepolizei und der Wegebaupflicht des öffentlichen Wegebaupflichtigen zu übergeben, wie denn z. B. Wege in Parkanlagen oder Eisenbahnzufuhrwege jahrzehntelang unter stillschweigender Duldung des Eigentümers dem Verkehre des Publikums dienen, ohne doch dadurch zu öffentlichen Wegen zu werden. Es würde eine rechtsirrtümliche Anschauung sein, wenn angenommen würde, daß in jedem Fall, in dem der Eigentümer stillschweigend dem Verkehre des Publikums auf einem Wege zustimmt, eine zur Oeffentlichwerdung genügende Widmung liege.

Nr. 7. Entsch. Bd. XXXVIII S. 245 v. 19. XI. 1900 IV C 3/1900.

§ 159 Wegeordnung für die Herzogtümer Schleswig und Holstein v. 1. III. 42.
§ 14 Enteignungsges. v. 11. VI. 74.

1. Weder das Eigentum an dem Wegekörper noch das an seinen Gräben begründet nach dem Schleswig-Holsteinschen Wegerecht eine öffentlich-rechtliche Wegebaulast. Die Vorschrift in § 159 der Wege.-Bd. v. 1. III. 42 begründet eine Verpflichtung der Anlieger zur Unterhaltung der — zugleich ihre anstoßenden Felder befriedigenden — Wegegräben.

2. Da der § 14 des Enteignungsgesetzes die Bestimmung enthält, daß der Unternehmer die im öffentlichen Interesse notwendigen Wege nicht nur anzulegen, sondern auch insoweit zu unterhalten hat, als die Unterhaltung „über den Umfang der bestehenden Verpflichtungen zur Unterhaltung vorhandener, demselben Zwecke dienender Anlagen hinausgeht“, so kann er sehr wohl zu den gesetzlichen Vorschriften gerechnet werden, welche die Unterhaltung der gelegentlich einer Enteignung neu geschaffenen Wege regeln und auf Grund deren der Regierungspräsident im Planfestsetzungsverfahren dem Enteigner eine Wegebaulast auferlegen kann. Der Abs. 2 des § 14 ist dahin zu verstehen, daß die Unterhaltungslast jedes einzelnen Verpflichteten nicht durch das neue Unternehmen vermehrt werden soll. Für jeden einzelnen Pflichtigen ist also der Umfang der Lasten vor und nach Ausführung des Unternehmens zu vergleichen. Wird seine Last vermehrt, so hat der Unternehmer einzutreten und kann sich nicht darauf berufen, daß etwa die Last eines anderen Pflichtigen verringert sei.

Nr. 8. Entsch. Bd. XXXIX S. 253 v. 12. XI. 1900 IV B 49/1900.

§ 113 Hess. L.-Gem.-Ordn. v. 4. VIII. 97 (G.-S. S. 301); §§ 55, 56, 57 Zust.-Ges.
§§ 1, 8 Wegeges. v. 16. III. 79.

1. Es ist vom O.-V.-G. stets daran festgehalten worden, daß da, wo für die Feststellung der Leistung einer Gemeinde im Gesetz ein besonderes Verfahren vorgeschrieben ist, dieses ausschließlich vor jeder Zwangsetatisierung zur Anwendung zu kommen hat. Ein solches Verfahren schreiben aber die §§ 55 ff. des Zust.-Ges. für wegebaupolizeiliche Leistungen vor. Eine Geldsumme, die von einer Gemeinde in Erfüllung ihrer gesetzlichen Wegebaupflicht verlangt wird, kann somit erst dann durch Zwangsetatisierung beschafft werden, wenn die Verpflichtung der Gemeinde und die Höhe der zu leistenden Summe durch das in den genannten Bestimmungen des Zust.-Ges. angeordnete Verfahren festgestellt ist. Erst dann liegt der notwendige Titel für das weitere Verfahren aus § 113 der Hessischen Landgem.-Ordn vor. (Urt. v. 7. IX. 89, Bd. XVIII S. 142 der E.-O.-V.)

2. Von einer wegebaupflichtigen Gemeinde ist in der Regel die betreffende wegebauliche Leistung, nicht statt derselben eine Geldsumme zu fordern, wenn der Fall der Schlußbestimmung des § 55 des Zust.-Ges. nicht vorliegt. Die Verpflichtung zum Neubau eines Landweges in Kurhessen liegt nach § 1 Ges. v. 16. III. 79 der Gemeinde ob. Wird eine Korrektion eines Landweges verlangt, so fällt die geforderte wegebauliche Leistung nicht unter den Begriff des Neubaues, sondern unter den der laufenden Unterhaltung des bestehenden Landwegs. In diesem Falle kommt nicht das Verfahren aus § 8 des Ges. v. 16. III. 79, sondern lediglich das aus § 56 des Zust.-Ges. in Frage. Handelt es sich aber um eine Wegeverlegung im Sinne des Wegerechts, d. h. um die Einziehung des bisherigen Landwegs (§ 57 des Zust.-Ges.), und um die Neuanlage eines Landwegs zum Ersatze des bisherigen, so ist dann allerdings die Gemeinde nach § 1 des Ges. v. 16. III. 79 wegebaupflichtig. Das Verfahren regelt sich dann für die Neuanlegung nach § 8 a. a. O. (Urt. v. 26. IX. 98, Entsch. Bd. XXXIV S. 280 ff.).

K. Gewerbepolizei.

a) Allgemeines, Gewerbefreiheit, Zulassung zum Gewerbebetriebe, Ausübung desselben.

Nr. 1. Entsch. v. 9. V. 1900 III 861.

§ 1 Gew.-Ordn.; § 10 II 17 A.-L.-R.

Wenn in § 1 der R.-Gew.-Ordn. auch die Gewerbefreiheit grundsätzlich anerkannt ist, so ist sie doch nicht in dem Sinne anerkannt, daß die Gewerbetreibenden sich der Erfüllung derjenigen Anforderungen entziehen dürfen, deren Erfüllung von jedermann gefordert werden kann. Sie dürfen deshalb ein Gewerbe nicht mit Gefahr für Leben und Gesundheit anderer ausüben.

b) Gast- und Schankwirtschaft, Kleinhandel mit Branntwein und Spiritus, Stellvertretung in diesen Gewerben, Verlust und Entziehung der Konzession, Polizeiliches Einschreiten, Polizeistunde, die in den §§ 33a, 33b, und 33c aufgeführten Gewerbe, Lustbarkeiten u. s. w.

Nr. 1. Entsch. Bd. XXXIX S. 292 v. 13. II. 1901 III C 118/1900.

§ 127 L.-V.-G. § 10 Tit. 17 Teil II A.-L.-R.

1. Das O.-V.-G. ist in ständiger Rechtsprechung davon ausgegangen, daß die Abwendung von Belästigungen keinen Gegenstand der polizeilichen Verfügungs- und Verordnungsgewalt bildet (s. u. a. Entsch. Bd. XVIII S. 300ff., Bd. XXIV S. 394ff., Bd. XXV S. 382ff.), sofern nicht die Gesetze ein Anderes bestimmen, wie dies z. B. für den Straßenverkehr (Ges. über die Polizeiverwaltung v. 11. III. 50, § 6 Buchst. b) zutrifft. Ferner ist daran festzuhalten, daß die gewährte Erlaubnis zur Ausübung des Gewerbes über die allgemein festgesetzte Polizeistunde hinaus nur aus Rücksichten polizeilicher Art, deren Wahrung das Amt der Polizeibehörde ist, entzogen werden darf und nicht schon zu dem Zwecke, die Nachbarschaft vor Belästigungen zu schützen.

2. Die Polzeibehörde kann die Polizeistunde beschränken, wenn die Besorgnis der Störung der öffentlichen Ordnung vorliegt. Der Verwaltungsrichter hat dann zu prüfen, ob die Besorgnis der Polizeibehörde den Umständen nach berechtigt war, d. h. ob Thatsachen die Annahme rechtfertigen, daß die öffentliche Sicherheit oder Ordnung unmittelbar gefährdet (s. u. a. das Urt. v. 13. VI. 91, Entsch. Bd. XXI S. 400, 408) und weiter, ob zur Abwendung der drohenden Gefahr das gewählte Mittel geboten oder doch dienlich gewesen sei. Beides unterliegt, wenn auch in der durch § 127 des L.-V.-G. gezogenen Beschränkung, der Nachprüfung des Verwaltungsrichters. Als eine Thatsache, die die Besorgnis einer unmittelbaren Gefährdung der öffentlichen Sicherheit oder Ordnung begründet, läßt sich aber nicht schlechthin die Einberufung einer Versammlung durch einen Ungenannten beurteilen. Auch wenn davon abzusehen wäre, daß der Inhaber des Lokals, in dem die Versammlung stattfinden soll, eine gewisse Gewähr für die Fernhaltung einer Störung der öffentlichen Sicherheit oder Ordnung bietet, so kann doch ohne besonderen thatsächlichen Anhalt im Einzelfalle nicht mit dem Ausbruch einer Störung der öffentlichen Sicherheit oder Ordnung gelegentlich einer von einem Unbekannten einberufenen Versammlung gerechnet werden.

3. Wenn einem Schankwirt die Polizeistunde beschränkt wird, so ist zur Klage nicht berechtigt der Hauswirt oder der Bierlieferant, da sie nur eine Schädigung ihrer pekuniären Interessen erleiden.

Nr. 2. Entsch. v. 15. XII. 1900 III 2153 (Pr.-V.-Bl. Jahrg. XXII S. 465).
§ 46 R.-Gew.-Ordn.

Nach dem Tode eines Gewerbetreibenden darf das konzessionspflichtige Gewerbe von der Witwe und den minderjährigen Kindern für gemeinschaftliche Rechnung weiterbetrieben werden. Ist aber das Gewerbe auf die Witwe oder die minderjährigen Kinder allein übergegangen, so darf der ausgeschiedene Teil ohne neue Konzession das Gewerbe nicht weiterbetreiben (Entsch. Bd. XXXIV S. 311, Erk. v. 11. I. 99).

Nr. 3. Entsch. Bd. XXXVIII S. 285 v. 24. XI. 1900 III C 56/1900.
§§ 53, 147 Nr. 1 Gew.-Ordn.

1. Auf Klage einer Polizeibehörde war einem Schankwirt die Konzession entzogen worden, weil die die Fertigstellung der für die Schankwirtschaft bestimmten Räume betreffende Bescheinigung v. 1. VIII. 98 sich als irrig erwiesen habe und deshalb die Unrichtigkeit eines Nachweises, auf Grund dessen die Konzession erteilt, dargethan sei. Das O.-V.-G. wies die Klage ab und führte aus:

2. Der Vorderrichter irrt in der Annahme, daß es sich um die Unrichtigkeit eines Nachweises im Sinne des § 53 der Gew.-Ordn. handele. Nach Inhalt dieser gesetzlichen Bestimmung kann eine Approbation, Genehmigung oder Bestallung zurückgenommen werden, wenn die Unrichtigkeit der Nachweise dargethan wird, auf Grund deren sie erteilt worden ist. Die Erteilung der polizeilichen Genehmigung zum Betriebe der Schankwirtschaft an den Beklagten ist aber nicht auf Grund der vom Vorderrichter als unrichtiger Nachweis erachteten Bescheinigung v. 1. VIII. 98 erfolgt, sondern dem Beklagten ist bereits durch die Verfügung des Kreisausschusses v. 3. IV. 97, in welcher es heißt:

> „Auf Ihren Antrag v. 1. Dezember v. Js. werden Sie hiermit benachrichtigt, daß wir beschlossen haben, Ihnen die Konzession zum Betriebe der Gastwirtschaft in Ihrem zu B. zu erbauenden Hause für die Zeit v. 1. Mai bis 1. Oktober jeden Jahres zu erteilen“,

eine solche Genehmigung erteilt worden. Nur die Zufertigung der Konzession, d. i. der Konzessionsurkunde, wird im zweiten Absatze der Verfügung vom Nachweise der Errichtung und Einrichtung gewisser Baulichkeiten abhängig gemacht. Da ein derartiges Verfahren der Genehmigungsbehörde nach den Grundsätzen des Urteils des O.-V.-G. v. 30. VI. 76 (Bd. I S. 291 der Entsch.) als durch die Bestimmungen der Gew.-Ordn. gestattet anzusehen ist, so hat auch der Beklagte die Genehmigung zum Schankwirtschaftsbetriebe durch die Verfügung v. 3. IV. 97 erworben, so daß die Art der Verwendung der später ausgestellten Bescheinigung höchstens als ein unrichtiger Nachweis bezüglich der Erfüllung der in der Konzession gestellten Bedingungen erscheinen könnte. Zur Erreichung einer ordnungsmäßigen Erfüllung der letzteren oder der Einstellung des ungesetzlichen Betriebs ist aber nicht der § 53 a. a. O. in Anwendung zu bringen, sondern sind der Polizeibehörde die Strafbestimmung des § 147 Nr. 1 a. a. O. bezw. der Gebrauch unmittelbaren Zwanges (§ 132 Nr. 3 des L.-V.-G., Entsch. des Gerichtshofs Bd. IX S. 280 und Bd. XXXI S. 291) gegeben.

Nr. 4. Entsch. v. 18. IV. 1901 III 680.
§ 33a Gew.-Ordn.

Ein höheres Interesse der Kunst ist nur dann vorhanden, wenn ein wirkliches Interesse der Kunst dem Gegenstande, der Darstellungsweise und der Ausführung nach vorliegt und ein solches kann nur dann vorhanden sein, wenn die Darbietung, wo auch immer sie stattfindet, als eine Künstlerische zu beachten ist (Erk. v. 22. III. 98, Entsch. Bd. XXXIV S. 203; Landmann, Gew.-Ordn. 3. Aufl. Anm. 4 zu § 33a).

Nr. 5. Entsch. Bd. XXXVIII S. 428 v. 14. XII. 1900 I B 28/99.

Polizeiverordn. für Berlin v. 19. III. 98 (Amtsbl. S. 120), betr. äußere Heilighaltung der Sonn- und Festtage.

Wenn in § 12 der Pol.-Vd. für Berlin v. 19. III. 98 nur geistliche Musikaufführungen am Charfreitag und Bußtag als öffentliche Lustbarkeit zugelassen sind, so sind nur solche geistliche Musikaufführungen gemeint, die in der Form von Oratorien dargeboten werden.

Nr. 6. Entsch. v. 21. II. 1900 III/359.

§ 286 Abs. 2 St.-G.-B.

Ein sog. Tivoli-Automat, zur öffentlichen Benutzung ausgestellt, kann polizeilich verboten werden, weil die Entscheidung über Gewinn und Verlust bei seiner Benutzung nicht von der Ueberlegung oder Geschicklichkeit des Spielenden, sodann lediglich vom Zufall abhängt (Pr.-V.-Bl. Jahrg. XXI S. 109; Kunze-Kautz, Rechtsgrundsätze Bd. II S. 298, Erg.-Bd. 1900 S. 233).

c) Gewerbliche Einrichtungen, gewerbliche Anlagen, geräuschvolle Anlagen, gefährliche Gewerbebetriebe, Abdeckereien, Enteignung von gewerblichen Anlagen.

Nr. 1. Entsch. Bd. XXXIX S. 297 v. 27. II. 1901 III A 23/1900.

§§ 120a bis 120c Gew.-Ordn.

1. Ist eine polizeiliche Verfügung zur Durchführung der in den §§ 120a bis 120c der Gew.-Ordn. enthaltenen Grundsätzen erlassen, so sind zu ihrer Anfechtung nicht die Rechtsmittel der §§ 127, 128 L.-V.-G., sondern die Beschwerde an die höhere Verwaltungsbehörde und die weitere Beschwerde an die Centralinstanz gegeben, auch wenn die Verfügung ihre Grundlage in einer den Gegenstand allgemein regelnden Polizeiverordnung findet (vgl. Erk. vom 12. XI. 99 Entsch. Bd. XXXVI S. 382).

2. Die Polizeiverordnungen des § 120e der Gew.-Ordn. unterscheiden sich von den allein auf Grund des Pr. Polizeiverwaltungsges. vom 11. III. 50 erlassenen Polizeiverordnungen dadurch, daß nach Abs. 2 des § 120e zuvor den Vorständen der beteiligten Berufsgenossenschaften Gelegenheit zu einer gutachtlichen Aeußerung zu geben ist, und daß sie, wenn den gleichen Gegenstand betreffende Vorschriften durch Beschluß des Bundesrats erlassen werden, ohne weiteres als beseitigt anzusehen sind. Es kann ferner der Inhalt dieser Polizeiverordnungen — wie derartiger allgemeiner Vorschriften aus § 120e überhaupt — nicht immer in genau begrenzten Anordnungen bestehen, da eine einheitliche Regelung oft aus Zweckmäßigkeitsgründen unthunlich ist, sondern es wird den Behörden, die den örtlichen Verhältnissen näher stehen, vielfach ein gewisses freies Ermessen belassen werden müssen. Das ist u. a. geschehen im § 4 Abs. 1, § 5 Abs. 1, § 6 Satz 2, § 10 der auf Beschluß des Bundesrats aus § 120e beruhenden Bekanntmachung des Reichskanzlers, betreffend die Einrichtung und den Betrieb von Anlagen zur Anfertigung von Zündhölzern unter Verwendung von weißem Phosphor, v. 8. VII. 93 (R.-G.-Bl. S. 209). Treffen die Ortspolizeibehörden dann zur Durchführung solcher allgemeiner Anordnungen im Einzelfalle die ihnen erforderlich erscheinenden Verfügungen, so kommt für diese unzweifelhaft der Instanzenzug des § 120d zur Anwendung, und es würde, da somit ein großer Teil der polizeilichen Anordnungen dem Verwaltungs-

streitverfahren trotz Erlasses einer Polizeiverordnung entzogen ist, für den Geltungsbereich ein und derselben allgemeinen Anordnung bald nur das Beschwerdeverfahren nach Maßgabe des § 120d a. a. O., bald das Verwaltungsstreitverfahren wahlweise neben einem anders geregelten Beschwerdeverfahren stattfinden, wenn es zur Anfechtung der auf Grund allgemeiner Vorschriften ergangenen polizeilichen Verfügungen im übrigen bei den Rechtsmitteln der §§ 127, 128 des Pr. L.-V.-G. verblieben wäre. Das kann der Reichsgesetzgeber nicht gewollt haben. Wie sehr dieser bemüht gewesen ist, jede Konkurrenz gerichtlicher Behörden mit den reichsgesetzlichen Beschwerdeinstanzen auszuschließen, geht auch daraus hervor, daß er dem Strafrichter die Prüfung, ob in den hier in Betracht kommenden Fällen von dem Gewerbetreibenden dem Gesetze zuwidergehandelt worden ist, entzogen und ihm im § 147 Nr. 4 der Gew.-Ordn. nur die Prüfung überlassen hat, ob gegen die auf Grund des § 120d endgültig erlassenen Verfügungen oder die auf Grund des § 120e erlassenen Vorschriften verstoßen ist. Die Begründung zu dieser Bestimmung bezeichnet hierbei ausdrücklich als Zweck, außer Zweifel zu stellen, „daß dem Richter ein Urteil darüber, ob die in der polizeilichen Verfügung gestellte Anforderung auf Grund der §§ 120a bis 120c gestellt werden konnte, nicht zusteht" (Drucksachen des Reichstags, 8. Legislaturperiode, I. Session 1890 Nr. 4 S. 49).

Nr. 2. Entsch. v 20. V. 1901 III 882 (Pr.-V.-Bl. Jahrg. XXIII S 229).
§§ 16, 51 Gew.-Ordn., § 27 Pr Gew.-Ordn.

1. Sowohl nach § 36 der Pr. wie nach § 25 der Gew.-Ordn. dürfen Gerbereien, die zur Zeit der Einführung dieser Gesetze bestanden, ohne nachträgliche Einholung einer Genehmigung fortbetrieben werden, so lange die Betriebsstätte oder der Betrieb nicht wesentlich geändert werden (vgl. z. B. von Rönne, die Gewerbepolizei des Preußischen Staates, Bd. II S. 39 und von Landmann, die G.-O. rc. 3. Aufl. Bd. I S. 212 Anm. 5). Daraus, daß weder dem § 27 der Pr. Gew.-Ordn. noch dem § 16 der Gew.-Ordn. eine rückwirkende Kraft beiwohnt, folgt ferner, daß die vor Erlaß dieser Gesetze errichteten Gerbereien auch jetzt noch als nicht genehmigungspflichtige Anlagen zu behandeln sind und mithin an der privilegierten Stellung der konzessionierten Anlagen des § 16 a. a. O. nicht teilnehmen (vgl. die Urt. des O.-V.-G. v. 23. II. 88 — III. 138 — und v. 13. VI. 92 — III. 571, sowie von Landmann a. a. O. Bd. I S. 142). Ihnen gegenüber ist die Polizeibehörde deshalb gemäß § 3 des Privatflußgesetzes befugt, mit einem Verbote, die schmutzigen Gewässer in einen Privatfluß abzuführen, einzuschreiten, wenn durch die Zuleitung der Abwässer der Bedarf der Umgegend an reinem Wasser beeinträchtigt oder eine erhebliche Belästigung des Publikums verursacht wird. Das Vorgehen würde selbst dann noch nicht den § 51 der Gew.-Ordn. verletzen, wenn es den Besitzer der Gerberei zu einem Aufgeben seines Gewerbebetriebes nötigte (vgl. z. B. das Urt. v. 12. XI. 91 im Pr.-V.-Bl. Jahrg. XIII S. 473). Ebensowenig wird die Befugnis der Polizeibehörde zum Einschreiten dadurch ausgeschlossen, daß sie von ihrem Rechte bisher keinen Gebrauch gemacht hat. Und endlich kann es auch nicht darauf ankommen, daß die Gerberei vor Erlaß des Privatflußgesetzes errichtet worden ist. Sie muß den im § 3 daselbst gegebenen Vorschriften unterliegen, weil die dort als gesetzwidrig bezeichneten Zustände mit dem Zeitpunkte des Inkrafttretens des Gesetzes aufhören sollten.

2. Ist die Verunreinigung zu einem wesentlichen Teil auf Handlungen desjenigen, an den die Verfügung ergangen ist, zurückzuführen, so wird das polizeiliche Einschreiten gegen ihn nicht dadurch ausgeschlossen, daß er nicht der

alleinige Urheber des polizeiwidrigen Zustandes ist, sondern zu diesem auch von anderer Seite beigetragen wird. Es genügt vielmehr, daß die Thätigkeit des ersteren in Verbindung mit derjenigen anderer Personen die eine Belästigung des Publikums herbeiführende Verunreinigung bewirkt. Ebensowenig kann es darauf ankommen, daß durch die Nichteinführung der Abwässer aus der Gerberei die Belästigung noch nicht gänzlich aufhört. Die Polizeibehörde kann jedem Miturheber aufgeben, daß er seinerseits das unterläßt, wodurch er zu dem polizeiwidrigen Zustande wesentlich beiträgt; andernfalls würde in solchen Fällen die Einleitung niemandem untersagt werden können, wenn z. B. von 50 Anlagen eine jede in gleicher Weise zur Verunreinigung beitrüge (vgl. das Urt. v. 19. I. 1901, Pr.-V.-Bl. Jahrg. XXII S. 442 und das dort angezogene Erkenntnis, Entsch. Bd. XXXIV S. 438).

d) Straßengewerbe, Auktionatoren und Fleischbeschauer, Geschäftsvermittler, Schwimm- und Tanzlehrer, Winkelkonsulenten, Trödler, Pfandleiher, Auswandererunternehmer, Hufschmiede, Landmesser.

Nr. 1. Entsch. Bd. XXXIX S. 291 v. 2. V. 1901 III B 138/1900 (Pr.-V.-Bl. Jahrg. XXIII S 217).

§ 35 Gew.-Ordn.

Es ist selbstverständlich, daß eine Person, welche gewerbsmäßig die Besorgung fremder Rechtsangelegenheiten und bei Behörden wahrzunehmender Geschäfte betreibt, sich nicht im Besitze der für dies Gewerbe erforderlichen Zuverlässigkeit befindet, wenn ihr wegen Geisteskrankheit oder Geistesschwäche die Geschäftsfähigkeit in ihren eigenen Angelegenheiten völlig entzogen oder beschränkt worden ist (§§ 104 Nr. 3, 105, 114, 106 des B.-G.-B.). Eine solche Person, welche zweifellos nicht in der Lage ist, sich selbst allein zu beraten und eben deshalb einen Vormund erhält, kann anderen Personen nicht Rat erteilen und deren Angelegenheiten bei Behörden wahrnehmen.

Nr. 2. Entsch. Bd. XXXIX S. 289 v. 23. III. 1900 III B 173/99.

§§ 36, 53 Gew.-Ordn.; Minist.-Anweisung v. 9. VIII. 99 (M.-Bl. S. 127).

Soll gegen einen Feldmesser (Landmesser) auf Zurücknahme seiner Bestallung geklagt werden, so ist ausschließlich die Ortspolizeibehörde des Betriebsortes zuständig. Für die auf Grund des § 35 der Gew.-Ordn. in Verbindung mit § 119 des Zust.-Ges. v. 1. VIII. 83 anzustellenden Klagen ist die alleinige Zuständigkeit der Polizeibehörde des Betriebsorts in dem in Bd. XXII der E.-O.-V. S. 318 ff. abgedruckten Urteile v. 22. IV. 92 dargelegt. Die dort entwickelten Gründe sind auf eine auf § 53 Abs. 2 und § 36 der Gew.-Ordn. in Verbindung mit § 120 Nr. 1 des Zust.-Ges. beruhende Klage gleichmäßig anwendbar. Hinzuzufügen ist, daß in der Anweisung zur Ausführung der Gew.-Ordn., Tit. I, II, IV, V vom 9. VIII. 99 (M.-Bl. f. d. i. V. S. 127) dieselbe Auffassung der gesetzlichen Bestimmungen zu Tage tritt. Dort ist unter Nr. 49 zu den §§ 35 und 53 der Gew.-Ordn. ausdrücklich bestimmt:

> „Zur Erhebung der Klage auf Untersagung des Gewerbebetriebs (§§ 35, 53 Abs. 3 des Gesetzes) und Zurücknahme von . . . Bestallungen (§ 53 Abs. 1 und 2 des Gesetzes) ist die Ortspolizeibehörde des Ortes, an welchem das Gewerbe ausgeübt wird, mit der Maßgabe zuständig, daß sie zuvor die Ermächtigung des Regierungspräsidenten

hierzu einzuholen hat, wenn die Klage abzielt auf die Zurücknahme ... der Bestallung eines Feld(Land-)messers."

Nr. 3. Entsch. v. 21. II. 1900 III 360.
§ 37 Gew.-Ordn.

In Betreff der Straßengewerbe (Droschken, Packträger u. s. w.) überläßt die Gew.-Ordn. der ortspolizeilichen Regelung alles und zwar absolut und beschränkt, bis auf die in § 40 geregelte Untersagung des Betriebes, insbesondere kann der Betrieb des Gewerbes an eine polizeiliche Konzession geknüpft werden. (Entsch. Bd. II S. 323, Bd. XV S. 347; Anw. v. 4. IX. 69 M.-Bl. S. 202; Erlaß v. 29. III. 73 M.-Bl. S. 123; Stengel, Wörterbuch 2. Aufl. S. 590.)

e) Wandergewerbescheine, Legitimationsscheine, Legitimationskarten, Genehmigung zum Feilbieten von Druckschriften.

Nr. 1. Entsch. v. 21. X. 1901 III 1727 (Pr.-V.-Bl. Jahrg. XXIII S. 312).
§§ 44, 44a Gew.-Ordn.

1. Außer Zweifel ist, daß der Betrieb eines stehenden Gewerbes durch denjenigen, welcher die Ausstellung einer Legitimationskarte nach den §§ 44, 44a der Gew.-Ord. beantragt hat, eine wesentliche Voraussetzung für deren Erteilung bildet, und zwar muß das Gewerbe mit den Waren betrieben werden, für die die Legitimationskarte gelten soll (Urteile des O.-V.-G. v. 4. X. 88 in dessen Entsch. Bd. XVII S. 344, 13. XI 90, daselbst Bd. XX S. 338 und v. 15. XI. 99, ebenda S. 380).

2. Auf den Umfang des Gewerbebetriebes kommt es nicht an, also auch nicht auf das Vorhandensein größerer Warenvorräte. Ebenso ist nicht wesentlich, ob der Antragsteller einen offenen Laden oder eine sonstige offene Verkaufsstätte hat; es genügt, wenn er als Geschäftslokal die Wohnung benutzt und darin auch die vorhandenen Vorräte aufbewahrt (Urteil des O.-V.-G. v. 31. X. 1900, Pr.-V.-Bl. Jahrg. XXII S. 591). Selbst der Betrieb eines bloßen Versandgeschäfts kann ein stehender Gewerbebetrieb sein, so daß dafür die §§ 44, 44a der Gew.-Ordn. ebenfalls anwendbar sind. Noch weniger ist ein Schaufenster oder ein Firmenschild notwendig.

Nr. 2. Entsch. v. 31. X. 1900 III 1854 (P.-V.-Bl. Jahrg. XXII S. 591).
§§ 44, 44a Abs. 1, 55 Gew.-Ordn.

1. Ueber die thatsächlichen Voraussetzungen für die Annahme eines stehenden Gewerbebetriebes dessen, der auch ein Gewerbe im Umherziehen betreibt, spricht sich das Erk. wie folgt, aus:

> Nach Inhalt der über das Geschäft des Klägers in den Akten angestellten Ermittelungen kann nicht in Zweifel gezogen werden, daß er ein stehendes Gewerbe in A. betreibt. Unstreitig besitzt er daselbst ein Wohnhaus nebst Stallungen für etwa 30 Ferkel und leitet von diesem seinem Wohnsitz aus den Viehankauf, den Bahnversand, das Rechnungswesen und die Korrespondenz für sein Geschäft. Sein Geschäftsbetrieb ist auch von nicht unerheblichem Umfange, wie sich schon daraus ergiebt, daß er drei Gehilfen für den Viehankauf hält und regelmäßig an zwei Wochentagen das gekaufte Vieh in Waggonladungen per Bahn versendet. Nach seiner von dem Beklagten nicht in Zweifel gezogenen Angabe in der Klage erfordert deshalb die Leitung des Geschäfts, insbesondere die Wahrnehmung der Lieferungstage, die Kontrolle der Ge-

hilfen und die Rechnungsführung auch so viel Zeit für ihn, daß er selbst an dem Viehankauf nur wenig teilnehmen kann. Daß er in seinem Hause einen besonderen Geschäftsraum (Bureau, Kontor oder dergleichen) zur Erledigung seiner geschäftlichen Angelegenheiten besitzt, ist zwar in den Akten nicht festgestellt, es ist dies aber auch nicht nötig. Das Geschäftslokal kann vielmehr mit der Wohnung identisch sein (zu vgl. v. Landmann, Gew.-Ordn. Anm. 5 zu § 55). Entscheidend fällt ferner ins Gewicht, daß der Kläger einen nicht unerheblichen Teil des von ihm angekauften Viehes in A. selbst verkauft. Wenn er diesen Teil auch nur auf „noch nicht den 10. Teil" seines Gesammtumsatzes angiebt, so fällt ein Verkauf in diesem Umfange am Wohnorte doch keinenfalls mehr unter die Ausnahmebestimmung des § 5 des Ges. v. 3. VII. 76, betreffend die Besteuerung des Gewerbebetriebes im Umherziehen, welcher lautet:

„Wer ein der Steuer vom Gewerbebetriebe im Umherziehen unterworfenes Gewerbe nach Entrichtung dieser Steuer auch an seinem Wohnorte ohne Begründung einer gewerblichen Niederlassung vorübergehend ausübt, unterliegt dieserhalb nicht der Steuer vom stehenden Gewerbebetriebe."

Selbst wenn der Geschäftsbetrieb des Klägers daher im Uebrigen als ein Gewerbebetrieb im Umherziehen anzusehen wäre, würde sein Geschäft in A. selbst doch nicht lediglich als ein Ausfluß seines Gewerbebetriebes im Umherziehen erachtet werden können, da es weder bloß vorübergehend dort ausgeübt wird, noch es an der Begründung einer gewerblichen Niederlassung fehlt. Mit dieser Auffassung stimmen auch die Anweisungen des Finanzministers v. 3. IX. 76 und v. 27. VIII. 96 zur Ausführung des Ges. v. 3. VII. 76 (M.-Bl. Jahrg. 77 S. 18, Strutz, Besteuerung des Gewerbetriebs im Umherziehen S. 68) überein, wenn sie unter Nr. 9 Abs. 3 bezw. Nr. 8 Abs. 2 sagen:

„Wer also nicht bloß zu Zeiten, sondern ununterbrochen — auch während gleichzeitig der Geschäftsbetrieb außerhalb des Wohnortes auf Grund des Gewerbescheines vor sich geht — am Wohnorte selbst (durch Gehilfen oder Angehörige) sein Geschäft betreibt, oder wer am Wohnorte solche Veranstaltungen trifft, welche als Begründung einer gewerblichen Niederlassung anzusehen sind, z. B. eine feste Verkaufsstätte behufs dauernden Absatzes seiner Waaren am Wohnorte eröffnet, wenngleich diese nicht ununterbrochen offen gehalten, sondern zu Zeiten geschlossen wird, unterliegt neben der Hausiersteuer auch den Vorschriften über Anmeldung und Besteuerung des stehenden Gewerbebetriebes an seinem Wohnorte."

Auf einem gegenteiligen Standpunkt steht auch nicht der Min.-Erl. v. 13. XII. 83 (M.-Bl. 84 S. 11), der die Frage, ob bei Viehhandelsgeschäften der dort beschriebenen Art das Vorhandensein eines stehenden Gewerbtriebes überhaupt zu verneinen sei, nicht behandelt, sondern sich nur über das Erfordernis der Lösung eines Wandergewerbescheines zur Ausübung eines derartigen Gewerbebetriebes ohne Rücksicht darauf, ob der Viehhändler zugleich ein stehendes Gewerbe betreibt, ausspricht.

2. Betreibt jemand ein stehendes Gewerbe, so hat er nach den §§ 44, 44a der Gew.-Ordn. einen Anspruch auf die Ausstellung von Legitimationskarten für sich und seine Gehilfen. Dies gilt auch selbst dann, wenn ein Teil seines gesammten Gewerbebetriebes nicht mehr unter den Begriff des stehenden Gewerbes fällt, sondern sich als Gewerbebetrieb im Umher-

ziehen darstellt. Denn das kann immer nur dazu führen, daß für die Ausübung des Gewerbes außer der Legitimationskarte auch die Lösung eines Wandergewerbescheines erforderlich ist, nicht aber dazu, daß ihm, obwohl er ein stehendes Gewerbe betreibt, die Ausstellung von Legitimationskarten überhaupt verweigert werden kann (vgl. Entsch. des O.-V.-G. Bd. XVII S. 394 und Bd. XXXVI S. 380).

Nr. 3. Entsch. v. 25. IV. 1900 III 758 (Pr.-V.-Bl. Jahrg. XXII S. 536).

§ 56 Abs. 3 Gew.-Ordn. in der Fassung des Ges v. 6. VIII. 96 (R.-G.-Bl. S. 685)

Auf Grund des § 56 Abs. 3 der Gew.-Ordn. in der Fassung des Ges. v. 6. VIII. 96, welcher lautet:

„Ausgeschlossen vom Feilbieten und Aufsuchen von Bestellungen im Umherziehen sind ferner:

12. Druckschriften, andere Schriften und Bildwerke, insofern sie in sittlicher oder religiöser Beziehung Aergernis zu geben geeignet sind . . .“

hatte der Polizeipräsident zu dem von der Klägerin beabsichtigten Feilbieten der Druckschrift: „Dr. med. Rosch, die Grundursache der meisten chronischen Krankheiten besonders der beständigen Leiden des weiblichen Geschlechts“ im Umherziehen die ihm im § 56 Abs. 4 der Gew.-Ordn., verbunden mit § 3 Abs. 1 der Pr. Vd. v. 31. XII. 83 (G.-S. 1884 S. 7), vorbehaltene Genehmigung versagt. Mit der hiergegen gerichteten Klage durch Entscheidung des Bezirksausschusses abgewiesen, hat die Klägerin das als Berufung bezeichnete Rechtsmittel eingelegt. Sie hat den Klageantrag, welcher dahin geht, den Beklagten kostenpflichtig zu verurteilen, die Genehmigung zur Aufnahme der vorbezeichneten Druckschrift in das nach § 56 der Gew.-Ordn. zu führende Verzeichnis zu erteilen, wiederholt und zur Rechtfertigung ausgeführt, daß die Schrift in keiner Weise gegen Moralgebote verstoße oder die sittliche Ordnung lockere, sondern allein die wirkliche sittliche, der Natur und Vernunft entsprechende Ordnung des ehelichen Geschlechtsverkehrs im Einklange mit dem Gesetze (§§ 178 und 179 Tit. 1 T. II des A.-L.-R.'s) feststelle. Auf Grund des Nachweises, daß der Beischlaf nach erfolgter Empfängnis gesundheitsschädlich sei, bekämpfe sie dessen nicht durch den Zeugungszweck gerechtfertigte Vollziehung als eine auf Unwissenheit und sinnlicher Gier beruhende, wider das Gesetz stattfindende Uebung. Der Kampf gegen solchen Mißstand könne nur durch möglichst umfassende Verbreitung der vorbezeichneten aufklärenden und sittlichen Schrift wirksam geführt werden. Außerdem sei durch die Geistesbildung und den Charakter der Klägerin die Gewähr für eine dem Zwecke der Schrift entsprechende Art ihrer Verbreitung gegeben. Endlich sei gerade aus positiv christlichen Kreisen, von Missionsvereinen, Vereinen zu Hebung der Sittlichkeit und von gleichgesinnten Personen die Schrift in größerem Umfange bestellt worden.

Der Beklagte hatte die Bestätigung der Vorentscheidung beantragt. Diesem Antrage wurde stattgegeben. Das O.-V.-G. führt aus:

„Das gegen die Vorentscheidung gegebene Rechtsmittel ist nicht die Berufung, sondern die Revision (§ 3 der Pr. Vd. v. 31. XII. 83).

Wenn durch die im § 56 Abs. 3 der Gew.-Ordn. enthaltene Vorschrift Druckschriften vom Feilbieten im Umherziehen ausgeschlossen werden,

„insofern sie in sittlicher oder religiöser Beziehung Aergernis zu geben geeignet sind“,

so ist die hiermit gegebene Begriffsbestimmung offenbar eine weitgehende. Ihre hier wesentlichste Ausdehnung erhält die Bestimmung dadurch, daß es nach den Worten: „Aergernis zu geben geeignet sind“ nicht sowohl auf den Inhalt der Druckschrift an sich, als vielmehr auf eine bestimmte Wirkung ankommt, welche die Druckschrift bei Gelegenheit und infolge ihrer Verbreitung durch das Wandergewerbe auf Käufer oder Nichtkäufer auszuüben geeignet ist.

Wegen der besonderen Art dieser Verbreitung wird die bezeichnete Wirkung durch an sich anerkennenswerte Eigenschaften einer Druckschrift, wie wissenschaftliche Richtung, Reinheit und Gesetzmäßigkeit der Absicht des Verfassers, nicht ausgeschlossen. Es fragt sich nur, ob die Druckschrift, wenn sie im Umherziehen feilgeboten wird, nach vernünftigem Ermessen im stande ist, ein berechtigtes sittliches oder religiöses Gefühl zu verletzen und dadurch Aergernis zu geben.

Diese Frage ist hinsichtlich der hier in Rede stehenden Druckschrift, deren Wert und Bedeutung im Uebrigen ganz dahingestellt bleiben können, unbedenklich zu bejahen. Es genügen dazu die Thatsachen, daß die Schrift ausschließlich von dem Geschlechtsleben des Menschen handelt, daß sie die Absicht verfolgt, die Zeiten, in welchen die Beischlafsvollziehung naturgemäß und daher allein zulässig sei, einschränkend zu bestimmen und daß sie diesen Zweck durch lebhaft gefärbte Schilderungen des für zulässig erachteten sowie des angeblich naturwidrigen Beischlafs und deren Folgen zu erreichen sucht

Ueber die Zulässigkeit des Feilbietens einer solchen Druckschrift in einer Buchhandlung für die ärztliche Fachwissenschaft oder in einem sonstigen stehenden Gewerbebetriebe ist vorliegend nicht zu entscheiden. Wichtig ist hier, daß der im Umherziehen stattfindende Gewerbebetrieb sich seiner Natur nach an die breitesten Schichten der Bevölkerung wendet. Sein Publikum setzt sich zu einem erheblichen Teile aus Personen zusammen, welche durch den Mangel an Zeit und Gelegenheit, an Geldmitteln und an Erfahrung sich abhalten lassen, die Stätten des stehenden Gewerbebetriebes aufzusuchen. Unter diesen Personen befinden sich naturgemäß viele, welche aus Mangel an geistiger Reife gar nicht im stande sind, an einer Druckschrift wie der hier vorliegenden ein berechtigtes, namentlich ein wissenschaftliches Interesse zu nehmen und welche aller Voraussicht nach von dem Inhalte der Schrift, wenn er ihnen nicht durch den Betrieb des Wandergewerbes zugänglich gemacht worden wäre, keine Kenntnis erlangt haben würden. Es bedarf aber keines Beweises dafür, daß die den wesentlichen Inhalt der hier fraglichen Druckschrift ausmachenden Erörterungen über die Beischlafsvollziehung und deren Folgen, bei dem Fortfalle eines berechtigten Interesses, die nach den Grundsätzen der Sittlichkeit als Gebot anerkannte Schamhaftigkeit verletzen. Danach ist die Schrift durchaus geeignet, sowohl den Leser, dem das berechtigte Interesse an ihrem Inhalte abgeht, als auch anderen Personen, die an dem Lesen der Schrift durch derartig Unberufene ihrerseits Anstoß nehmen, in ihrem sittlichen Gefühl zu verletzen und dadurch Aergernis zu geben. — Daß die gleichen Ursachen des Aergernisses möglicherweise auch ohne die Vermittelung des Wandergewerbes gegeben sein können, ist für die Beurteilung unerheblich. Denn die Absicht des Gesetzgebers ist erkennbar darauf gerichtet, durch den Ausschluß solcher Druckschriften, welche das Aergernis zu geben geeignet sind, vom Feilbieten im Umherziehen, wenngleich nur eine, so doch eine besonders wirksame Veranlassung zu der Herbeiführung des Aergernisses zu beseitigen."

Nr. 4. Entsch. v. 3. X. 1901 III 1618 (Pr.-V.-Bl. Jahrg. XXIII S. 176).

§ 10 II 17 A.-L.-R.; § 2 Abs. 1 Reichspreßges. v. 7 V. 74; § 55 Preuß. Preßges. v. 12. V. 51

1. Das R.-G. über die Presse v. 7. V. 74 findet nach § 2 Abs. 1 Anwendung „auf alle Erzeugnisse der Buchdruckerpresse, sowie auf alle anderen, durch mechanische oder chemische Mittel bewirkten, zur Verbreitung bestimmten

Vervielfältigungen von Schriften und bildlichen Darstellungen mit oder ohne Schrift, und von Musikalien mit Text oder Erläuterungen". Was von Druckschriften im Gesetz verordnet ist, gilt nach § 2 Abs. 2 für alle vorstehend bezeichneten Erzeugnisse. Daß unter die bildlichen Darstellungen Photographien fallen, ist in der Begründung zu dem Entwurf des Gesetzes (vgl. Drucks. d. Reichstages 1874 I. Session Nr. 23 S. 139) anerkannt; um dies zweifelsfreier zum Ausdruck zu bringen, ist die von dem § 55 des Preußischen Preßgesetzes v. 12. V. 51, das lediglich der auf mechanischem Wege bewirkten Vervielfältigungen gedachte, abweichende Fassung gewählt worden (vgl. Marquardsen, Reichspreßgesetz S. 55).

2. Der erste Absatz des § 2 ist ersichtlich nicht etwa in dem Sinne wörtlich zu nehmen, daß die durch mechanische oder chemische Mittel bewirkten Vervielfältigungen unter das Gesetz nur dann fallen, wenn sie nach einer bereits vorhandenen Schrift oder bildlichen Darstellung hergestellt worden sind. Worauf es für die Anwendung des Gesetzes im Hinblick auf sein Ziel, die Freiheit der Gedankenäußerung zu regeln, allein ankommt, ist, ob das, was auf mechanischem oder chemischem Wege als Schrift oder bildliche Darstellung u. s. w. hergestellt wird, thatsächlich in einer Mehrheit von Exemplaren hergestellt worden ist, um verbreitet zu werden. Hinsichtlich der Photographien macht es also keinen Unterschied, ob sie nach einer bereits vorhandenen bildlichen Darstellung oder nach der Natur aufgenommen worden sind. Auch Photographien, die das Ebenbild von Menschen wiedergeben, fallen demnach ebenfalls unter das Gesetz (vgl. Entsch. d. R.-G. in Straff. Bd. IV S. 362).

3. Als Verbreitung einer Druckschrift gilt nach § 3 auch das Anschlagen, Ausstellen oder Auslegen an Orten, wo sie der Kenntnisnahme des Publikums zugänglich ist, insbesondere also auch in einem Schaufenster oder in einem Kalloskop, wie in der Rechtsprechung der Strafgerichte, auf die in der Begründung S. 139 für die Feststellung des im Gesetze nicht erschöpfend gegebenen Begriffes „Verbreitung" verwiesen worden ist, anerkannt (Entsch. d. R.-G. in Straff. Bd. XIV S. 397, Bd. XXXIII S. 17) und füglich auch nicht zweifelhaft ist.

4. Inwiefern aber für das Reichspreßgesetz an dem Erfordernis einer erkennbaren Gedankenäußerung in den Druckschriften festzuhalten ist und sich die Ausschließung solcher Photographien rechtfertigt, die lediglich das Lichtbild einer Person oder eines Gegenstandes der Natur sind (vgl. Reichspreßrecht von Liszt S. 15, 17, Kloeppel S. 144, 147, 278, Reichspreßgesetz von Schwarze 3. Aufl. S. 8, Kah S. 15), ist streitig. Wenn Photographien nach dem Inhalt dessen, was sie darstellen, und nach der Art, wie sie es darstellen, einer gewissen Gedankenäußerung nicht entbehren, soweit mit einer solchen bei bildlichen Darstellungen zu rechnen ist, und auch über eine reine mechanische Wiedergabe von Personen und Sachen hinausgehen, so gilt für sie § 1 des Reichspreßgesetzes, wonach die Presse — selbstverständlich in dem im § 2 erläuterten Sinne — nur denjenigen Beschränkungen unterliegt, welche durch dieses Gesetz vorgeschrieben oder zugelassen sind.

5. Zwar ist auch dies nicht derart wörtlich zu nehmen, daß die Landesgesetze für die Presse nur insoweit maßgebend sind, als sie sich mit einer ihnen im Preßgesetz vorbehaltenen Regelung befassen. Was der Landesgesetzgebung versagt ist, betrifft den Erlaß von Vorschriften lediglich für die Presse. Maßgebend bleiben wie für die Gewerbebetriebe überhaupt, so auch für die Presse die Landesgesetze soweit, als sie allgemeine verbindliche Satzungen statuieren und nicht etwa eine Angelegenheit betreffen, die in einem Reichsgesetz ihre abschließende Regelung gefunden hat (vgl. von Schwarze S. 6, Stenglein,

strafrechtliche Nebengesetze S. 494). Inwieweit aber die Verbreitung und also auch die öffentliche Ausstellung der Druckschriften im weiteren Sinne anders als im Wege der richterlichen Beschlagnahme behindert werden darf, bestimmt das Reichspreßgesetz abschließend dahin, daß die nicht richterliche Beschlagnahme — von den in den §§ 14, 15, 30 Abs. 1 vorgesehenen Fällen abgesehen — von der Staatsanwaltschaft und der Polizeibehörde nur bei dem Vorhandensein des im § 23 vorgesehenen strafbaren Thatbestandes verfügt werden darf und daß die weitere Verbreitung nur während der Dauer der Beschlagnahme unstatthaft ist (§§ 24, 28). Bei den der Feststellung des Gesetzes vorausgegangenen Verhandlungen ist es zum völlig zweifelsfreien Ausdruck gelangt, daß behufs Wahrung der Freiheit der Gedankenäußerung die vorgedachten Beschränkungen das äußerste Maß dessen darstellt, was unter Ausschluß der nach den Landesgesetzen etwa weitergehenden behördlichen Zuständigkeit gegen die Verbreitung der Presse neben den nach dem Strafgesetz (§§ 41, 42) und dem Strafprozeß möglichen richterlichen Maßnahmen in Zukunft zulässig ist (vgl. die Begründung S. 142 und wegen der weiteren Verhandlungen Marquardsen S. 214ff., Kloeppel S. 457, von Schwarze S. 206). Zu einem Verbot der Ausstellung ist die Ortspolizeibehörde weder auf Grund ihrer durch § 10 Tit. 17 T. II des A.-L.-R.'s allgemein begründeten Zuständigkeit zur Verhinderung strafbarer Handlungen, noch auf Grund ihrer Zuständigkeit zu Maßnahmen behufs Vermeidung einer Gefährdung der Sittlichkeit befugt, worauf bereits in dem Urteile v. 23. VI. 92 (Entsch. d. O.-V.-G. Bd. XXIII S. 274) hingewiesen worden ist.

6. Bei einer Verfügung, die nicht in Uebung der im Reichsgesetze der Polizeibehörde vorbehaltlich der Nachprüfung des Staatsanwalts zugestandenen Befugnis ergangen ist, kann es demnach nicht bewenden, auch wenn die gesetzliche Voraussetzung für eine Beschlagnahme gegeben sein sollte. Ebensowenig aber dann, wenn es an dieser Voraussetzung fehlt, die Ausstellung der Photographien sich etwa als grober Unfug im Sinne des § 360 Nr. 11 des Strafgesetzbuches beurteilen ließe (vgl. Entsch. d. R.-G. in Straff. Bd. XXXIII S. 17), weil sich alsdann die Polizeibehörde darauf zu beschränken hätte, die Anregung zur strafgerichtlichen Verfolgung zu geben.

Die Verfügung der Polizei hat hiernach das O.-V.-G. für zu Unrecht erlassen erklärt und aufgehoben. Dem Antrage des Klägers, ihm die Wiedereinstellung der Bilder in die Kalloskopen zu gestatten, konnte nicht stattgegeben werden, weil hierfür die Zuständigkeit der Verwaltungsgerichte nicht begründet ist. Polizeilich kann der Kläger hieran nur dann verhindert werden, wenn die Voraussetzungen des Preßgesetzes, was von dem O.-V.-G. nicht zu prüfen ist, gegeben sind, und auch dann vorbehaltlich der weiteren Entschließung des Staatsanwalts und der Strafgerichte.

Nr. 5. Entsch. v. 7. VII. 1900 III 1275 (Pr.-V.-Bl. Jahrg. XXII S. 289).

§ 66 Abs. 1 u. 2 Gew.-Ordn.

Der § 62 Abs. 1 und 2 der Gew.-Ord. muß auch bezüglich der eignen Kinder der Nachsuchenden Platz greifen (v. Landmann S. 578 Anm. 10). Im Uebrigen unterscheidet der § 62 zwischen Begleitern über und unter 14 Jahren; bezüglich der ersteren ist die Erlaubnis im Allgemeinen nach den §§ 57 bis 57b zu erteilen oder zu versagen; wäre sie danach zu erteilen, so muß sie danach versagt werden, wenn der Begleiter im schulpflichtigen Alter und eines ausreichenden Unterrichts nicht gewiß ist und kann sie demnach versagt werden, wenn es sich — abgesehen von Gatten, Kindern und Enkeln — um Personen anderen Geschlechts handelt.

Nr. 6. Entsch. Bd. XXXVIII S. 289 v. 12. XII. 1900 III C 89/1900.
Gew.-Ordn. § 57 b.

Ist einem Antragsteller von der Behörde der Wandergewerbeschein erteilt worden, obwohl ersterer wegen eines vorsätzlichen Angriffs auf das Leben eines Menschen gemäß § 57b Gew.-Ordn. bestraft worden, so kann bei einem neuen Antrage dieser Versagungsgrund nicht geltend gemacht werden, vorausgesetzt, daß der Behörde die betreffende Thatsache früher bekannt war (vgl. Entsch. Bd. XIII S. 343 und Bd. XXXVII S. 306).

f) Privat-, Kranken-, Entbindungs- und Irrenanstalten.

Nr. 1. Entsch. v. 18. X. 99 III 1568.
§§ 16, 30 Gew.-Ord.; § 115 Zust.-Ges.

Die Ermächtigung der Medizinalaufsichtsbehörde ist für den Erlaß allgemeiner Anordnungen über den gesundlichen Zustand von Irrenanstalten nur in dem Sinne begründet, daß sie entweder ohne Zulassung von Ausnahmen für maßgebend erklärt werden oder daß, wenn Ausnahmen von den aufgestellten Grundsätzen zugelassen werden, die Entschließung darüber, ob in einem einzelnen Falle eine Ausnahme zuzulassen sei, der für die Erteilung der Erlaubnis zuständigen Behörde zu überlassen ist.

g) Apotheker, Aerzte, Droguenhändler, Handel mit Gift, Zahnärzte, Genfer Kreuz, Kaiserlicher Adler, Wappen, Impfzwang, Heilquellen.

Nr. 1. Entsch. v. 5. XII. 1901 III 2013.
§ 53 Abs. 1 Gew.-Ordn.

1. Es ist Absicht der gesetzgebenden Faktoren bei Erlaß der Vorschrift des § 53 Abs. 1 der Gew.-Ordn. gewesen, einem Arzte, dem die bürgerlichen Ehrenrechte aberkannt sind, in der Regel auch die Approbation zu entziehen. Der Verwaltungsrichter soll namentlich prüfen, ob der Verurteilte in moralischer Beziehung würdig ist, dem ärztlichen Stande länger anzugehören (Erk. vom 17. I. 89 III 54 Pr.-V.-Bl. Jahrg. X S. 374).

2. Der Verwaltungsrichter hat nicht zu prüfen, ob der Strafrichter zu Recht die bürgerlichen Ehrenrechte aberkannt hat.

Nr. 2. Entsch. Bd. XXXVIII S. 287 v. 19. XII. 1900 III B 121/1900.
§ 10 Tit. 17 Teil II A.-L.-R.; § 147 Nr. 3 Gew.-Ordn.

1. Ein Zahntechniker hatte von der Academia Illinois in Chicago ein Diplom über den Doktorgrad (der Zahnheilkunde) erhalten. Er nannte sich: „Doktor der Zahnheilkunde, in Amerika promoviert" und „Dr. chir. dent., in Amerika promoviert". Die Polizei verbot ihm dies; die gegen die polizeiliche Verfügung angestrengte Klage wurde zurückgewiesen. In den Gründen heißt es:

2. Dem Kläger ist zwar zuzugeben, daß die Annahme des Vorderrichters, die Bezeichnung als Doktor der Zahnheilkunde verstoße gegen den § 147 Nr. 3 der Reichsgewerbeordnung, nicht zutrifft. Der sich unmittelbar anschließende Zusatz „in Amerika promoviert" läßt selbst bei dem nicht sachkundigen Teile des Publikums den Glauben nicht aufkommen, der Kläger sei eine im Inlande geprüfte Medizinalperson. Die Sachlage ist ähnlich der, auf die sich in den Urteilen des O.-V.-G. v. 6. IX. 88 (Entsch. Bd. XVII S. 356 ff.) die Ausführungen S. 361 bis 364 und v. 5. X. 96 (Entsch. Bd. XXX S. 326 ff.) diejenigen S. 328 und 329 beziehen.

3. Auch durch die Bezeichnung als Dr. chir. dent. wird noch nicht dem § 147 Nr. 3 zuwider gehandelt (Urt. des O.-V.-G. v. 25. II. 97, Entsch. Bd. XXXI S. 308), umsoweniger, als ihr ebenfalls hinzugefügt ist, „in Amerika promoviert".

4. Dagegen ist das polizeiliche Vorgehen gegen den Kläger gerechtfertigt, weil die Academia Illinois in Chicago zur Verleihung des Doktortitels nicht berechtigt war, und zwar ist es aus diesem Grunde nicht bloß, wie der Vorderrichter angenommen hat, hinsichtlich der Bezeichnung als Dr. chir. dent. gerechtfertigt, sondern auch hinsichtlich der als Doktor der Zahnheilkunde. Wie bei einer ungültigen ausländischen Approbation (Entsch. Bd. XXX S. 329 ff.), so kann auch bei einer ungültigen ausländischen Promotion die Polizei gegen die darauf beruhende Bezeichnung einschreiten, weil die gewerbliche Ordnung (§ 10 T. II Tit. 17 A.-L.-R.) gestört wird. Daß aber die Academia Jllinois in Chicago ein Schwindelunternehmen ist, ist erwiesen.

Nr. 3. Entsch. v. 7. II. 1900 III 256.

§ 35 Abs. 4 Gew.-Ordn.

Nach der Geschichte des § 35 Abs. 4 der Gew.-Ordn., welche das Erk. mitteilt, ist der Inhalt der Vorschrift folgender:

> Das Gesetz gestattet nur, den Handel mit solchen Droguen und chemischen Präparaten zu untersagen, die zu Heilzwecken dienen, es läßt dagegen nicht die Untersagung des gesammten Betriebes einer Droguenhandlung zu. Für die Untersagung genügt nicht die Feststellung, daß Thatsachen vorliegen, die die Unzuverlässigkeit des Gewerbetreibenden in Bezug auf diesen Gewerbebetrieb darthun. Erforderlich ist, daß die Handhabung des Gewerbebetriebes Leben und Gesundheit von Menschen gefährdet.

Nr. 4. Entsch. Bd. XXXVIII S. 291 v. 29. IX. 1900 III A 41/99.

Wenn eine Polizeiverordnung allgemein verordnet, daß Eingrabungen und Einschrotungen unter ein bestimmtes Niveau zum Schutze aller Mineralquellen verboten seien, so geht dies zu weit; solche Polizeiverordnungen sind ungültig. Wird eine polizeiliche Verfügung darauf gestützt, so ist sie aufzuheben. Unbenutzt bleibende Mineralquellen hat die Polizei nicht zu schützen, auch nicht Mineralquellen, die ohne spezifische Heilordnung lediglich zur Gewinnung kohlensauren Tafelwassers für Genußzwecke sowie zur Gewinnung feiner Kohlensäure zu industriellen Zwecken dienen.

Nr. 5. Entsch. Bd. XXXVIII S. 295 v. 8. XI. 1900 III B 53/1900.

§§ 4 ff. Allg. Bergges. v. 24. VI. 65 (G.-S. S. 705); Verordn. v. 8. V. 67 (G.-S. S. 601).

1. Eine Polizeibehörde (in Hannover) untersagte einem Besitzer weitere Bohrungen zum Zwecke der Aufsuchung von Kalisalzen, weil damit der Bestand einer Saline gefährdet werde. Das O.-V.-G. hob die Verfügung auf. In dem Erk. heißt es:

2. Für die Ausübung des eigentlichen Schürfrechts, d. h. die Aufsuchung der von dem Verfügungsrechte des Grundeigentümers ausgeschlossenen regalen Mineralien, sind Maßnahmen, wie sie hier streitig sind, unter den in §§ 4 ff. des Allgem. Berggesetzes v. 24. VI. 65 angegebenen Voraussetzungen freilich zulässig. Dagegen besteht Meinungsverschiedenheit, ob für ihren Erlaß und ihre Durchführung lediglich die Ortspolizeibehörden oder die Bergbehörden zuständig sind, und ob die letzteren insbesondere hierfür auf Grund

ihrer im Berggesetze begründeten, eigentlichen bergpolizeilichen Befugnisse oder ihres Aufsichtsrechts über den Bergbau berufen sind (s. Brassert, Allgem. Berggesetz S. 499, Arndt, dgl., 2. Aufl., S. 189, Klostermann, 5. Aufl., S. 584, Urteil des Kammergerichts vom 31. V. 94 in der Zeitschrift für Bergrecht Bd. XXXVI S. 392).

3. In Hannover hat die Regalität mit Bezug auf Salz und Salzquellen von jeher nicht bestanden (s. Grefe, Hannoversches Recht, Bd. II S. 90, Stobbe, Deutsches Privatrecht Bd. II S. 533), und hieran hat die spätere Gesetzgebung nichts geändert. Durch die Bd. v. 8. V. 67 ist das Allgem. Berggesetz v. 24. VI. 65 in Hannover aber mit der Maßgabe eingeführt worden, daß von den im § 1 dieses Gesetzes von dem Verfügungsrechte des Grundeigentümers ausgeschlossenen Mineralien „Steinsalz nebst den mit denselben auf der nämlichen Lagerstätte vorkommenden Salzen und die Soolquellen" in Wegfall kommen (Art. II). Ebenso hat das Gesetz, betreffend die Ausdehnung verschiedener Bestimmungen des Allgem. Berggesetzes v. 24. VI. 65 auf den Stein- und Kalisalzbergbau in der Provinz Hannover, v. 14. VII. 95 (G.-S. S. 295) das ausschließliche Verfügungsrecht des Grundeigentümers über Steinsalz und die sogenannten Abraumsalze wie auch über die Soolquellen völlig unberührt gelassen und sich darauf beschränkt, die Betriebe für die Gewinnung dieser Mineralien den Vorschriften des Allgem. Berggesetzes insoweit zu unterstellen, als es sich um die Beaufsichtigung des Bergbaues, die Regelung der Verhältnisse der Arbeiter und Betriebsbeamten, die Ersatzpflicht für Beschädigungen des Grundeigentums, die Sicherung öffentlicher Verkehrsanstalten und die Befugnis zur zwangsweisen Erwerbung der für den Betrieb erforderlichen Grundstücke handelt (s. die Begründung zu dem Entwurfe dieses Gesetzes, Verhandlungen des Herrenhauses 1895 Bd. II S. 406 ff.). Auf solche Betriebe sind jedoch, da die Gewinnung von Steinsalz einschließlich der Abraumsalze und die Soolquellen auch fortan keinen Gegenstand der bergrechtlichen Verleihung bilden, die auf das Schürfen, Muten und auf das Verleihen des Bergwerkeigentums bezüglichen Vorschriften des Berggesetzes nicht ausgedehnt. Auf Bohrungen zum Zwecke der Erschließung von Steinsalzen und Abraumsalzen, zu denen die Kalisalze gehören, sind demnach die für das Schürfen gegebenen Vorschriften des Allgemeinen Berggesetzes nicht anwendbar und, soweit sich eine Regelung der Bohrungen und anderer unterirdischer Anlagen zum Zwecke lediglich der Erschließung und nicht des bergmännischen Abbaues von Salzen als notwendig erweist, kann hierfür mangels eines anderweitigen, die Zuständigkeit der Bergbehörden einführenden Gesetzes nur die Zuständigkeit der Orts- und Landespolizeibehörden in Frage kommen.

4. Da die Erschließung und Gewinnung von Kalisalz unterhalb des eigenen Besitzes zu den im Eigentume begründeten Rechten gehören, ist die Zulässigkeit des streitigen Verbots nach denselben Grundsätzen zu beurteilen, die für die Verbote und Einschränkungen anderweitiger nutzbarer Rechte des Eigentümers, soweit sie nicht gesetzlich besonderen Schranken unterworfen sind, in Betracht kommen, z. B. der Erschließung von Wasserzuflüssen u. s. w. Hierbei kann es sich allein fragen, ob die Polizeibehörde zu seiner Anordnung im Hinblick auf die in der Polzeigewalt begründeten allgemeinen Befugnisse, wie sie im § 10 Tit. 17 T. II A.-L.-R. ihre Umschreibung gefunden haben, ermächtigt war. Dies aber ist zu verneinen. Das O.-V.-G. ist in ständiger Rechtsprechung davon ausgegangen, daß die Pflege der Wohlfahrt nicht einen Gegenstand des polizeilichen Verfügungs- und Zwangsrechts bildet (s. E.-O.-V. Bd. IX S. 353 ff., Bd. XV S. 434, Bd. XXIII S. 369 ff., Bd. XXVI S. 328 ff.) und ebenso davon, daß die Polizeibehörden zu Eingriffen in das Privat-

eigentum, die nicht in Beschränkungen, denen das Eigentum im öffentlichen Interesse allgemein oder in bestimmten Bezirken unterliegt, sondern in Anforderungen an den Einzelnen auf Aufgabe seiner im Eigentume begründeten Rechte zu Gunsten Dritter oder auch des gemeinen Wohles bestehen, nur in Fällen eines in der Weise obwaltenden Notstandes ermächtigt sind, daß eine unmittelbar bevorstehende Gefahr auf andere Art nicht abzuwenden ist (a. a. O. Bd. VII S. 361, Bd. XXII S. 309), und auch das selbstverständlich unbeschadet des im ordentlichen Rechtswege verfolgbaren Entschädigungsanspruchs. Andererseits ist den Polizeibehörden die Befugnis zu Maßnahmen zum Schutze des Privateigentums, also auch zur Erhaltung von Vermögenswerten, über die Abwehr strafbarer Handlungen hinaus nicht grundsätzlich abgesprochen, sondern anerkannt worden, daß sie sich auch hiermit selbst im Falle eines Notstandes befassen dürfen, der bloß darin besteht, daß die zum Schutze gegebene regelmäßige Hilfe, insbesondere die bei dem ordentlichen Richter, nicht rechtzeitig erreichbar ist (s. Zeitschrift für Bergrecht Bd. XXXVII S. 487, E.-O.-V. Bd. XXXII S. 429). Nach diesen Grundsätzen sind die Polizeibehörden nicht ermächtigt, die Einrichtung von Soolbädern oder anderen zu Heilzwecken bestimmten Anstalten zu erzwingen und ebensowenig ermächtigt, deren Aufgabe den hierzu geneigten Besitzern zu verbieten.

h) Hebammen.

Nr. 1. Entsch. v. 23. V. 1901 III 907 (Pr.-V.-Bl. Jahrg. XXII S. 618).
§ 53 Gew.-Ordn.; Allg. Verf. v. 6. VIII. 83 (M.-Bl. S. 211).

1. Wenn es in der Instr. v. 6. VIII. 83 unter Ziff. 3 heißt:

> „Bei der Vorprüfung der Hebammenschülerinnen ist mehr als bisher auf ihre allgemein sittliche und intellektuelle Bildung, sowie auf ihre geistige Befähigung, dem Unterricht in der Anstalt im Anschluß an das neue Hebammenlehrbuch zu folgen, Rücksicht zu nehmen,"

so ist hiermit nur eine Anweisung für die Ausführung der Vorprüfung gegeben, kein Grund dagegen zu der Annahme vorhanden, daß durch die allgemeine Bestimmung: es solle dabei mehr als bisher auf die allgemein sittliche Bildung der Schülerinnen Rücksicht genommen werden, eine Vermehrung derjenigen Anforderungen festgesetzt sei, welche in der Allgemeinen Verfügung selbst an die sittlichen Eigenschaften der aufzunehmenden Schülerinnen gestellt werden.

Es bleibt daher in dieser Beziehung bei der in der Allgemeinen Verfügung v. 6. VIII. 83 aufgestellten Voraussetzung, daß die Schülerinnen

> „unbescholtenen Rufes sind und insbesondere nicht außerehelich geboren haben."

2. Wird einer Hebamme ein unsittlicher Lebenswandel vorgeworfen, so müssen die Thatsachen nach Erteilung des Prüfungszeugnisses vorgekommen sein (Entsch. Bd. V S. 266). Das Verhalten vor Erteilung des Zeugnisses kann nur adminikulierend Berücksichtigung finden.

Nr. 2. Entsch. v. 18. IV. 1901 III 678.
§ 53 Gew.-Ordn.

Wenn eine Hebamme sich als Witwe schwängern läßt, dies dann in der Gemeinde bekannt wird und Aergernis erregt, so verliert sie ihren unbescholtenen Ruf und es kann ihr das Prüfungszeugnis entzogen werden.

Nr. 3. Entsch. v. 3. III. 1900 III 423.
§ 53 Gew.-Ordn.

Schwere Verfehlungen einer Hebamme gegen Vorschriften des Hebammenlehrbuches rechtfertigen die Entziehung des Prüfungszeugnisses. Der Hebamme fehlt dann die erforderliche Zuverlässigkeit in Bezug auf ihren Beruf (§ 3 Abs. 4 der Allg. Verf. v. 6. VIII. 83, Erk. v. 28. XI. 1900 III 2019).

Nr. 4. Entsch. v. 6. III. 1901 III 412.
§ 53 Gew.-Ordn.

Sind Hebammen für ihren Beruf nicht mehr körperlich und geistig befähigt, so kann das Prüfungszeugnis entzogen werden (§ 3 Abs. 4 Allg. Verf. v. 6. VIII. 83 M.-Bl. S. 211).

Nr. 5. Entsch. v. 3. I. 1900 III 12.
§ 53 Gew.-Ordn.

Ist eine Hebamme bei der Nachprüfung mit der Beschaffenheit des Beckens nicht vertraut, ebensowenig mit den bei Entbindungen gebotenen Maßnahmen bei fehlerhaftem Becken, mit den bei der inneren Untersuchung vorgeschriebenen Vorsichtsmaßregeln, mit den sicheren Schwangerschaftszeichen und ähnlichem, so entbehrt sie der erforderlichen Zuverlässigkeit.

i) Innungen.

Nr. 1. Entsch. v. 30. I. 1901 III 74 (Pr.-V.-Bl. Jahrg. XXII S. 432).
§§ 92c, 100c Gew.-Ordn.

Ist ein Mitglied einer Innung in eine Ordnungsstrafe genommen, weil es gegen eine statutarische Bestimmung verstoßen hat, und hat das Mitglied sich dagegen bei der Aufsichtsbehörde beschwert und darauf Klage bei dem Bezirksausschusse erhoben, so ist dessen Entscheidung endgültig (Hoffmann im Pr.-V.-Bl. Jahrg. XX S. 2).

k) Marktverkehr.

l) Maße und Gewichte, Taxen.

Nr. 1. Entsch. v. 18. IV. 1901 III 677 (Pr.-V.-Bl. Jahrg. XXII S. 515).

An den Grundsätzen, wie sie in dem Urt. des O.-V.-G. (E.-O.-V. Bd. XXVII S. 325) auf Grund des bestehenden Rechtes als maßgebend entwickelt worden sind, ist dahin festzuhalten, daß die Polizeibehörden zwar in Räumen, die Jedermann zum An- und Verkauf von Waren u. s. w. eröffnet sind, zur Revision der Maße und Gewichte befugt sind, nicht aber auch in Privaträumen, in denen sich ein derart offener Handel nicht vollzieht, so lange es an einem die Zuständigkeit der Ortspolizeibehörden auch hierfür begründenden Gesetze fehlt. Hiervon ist auch nach der Veröffentlichung des Min.-Erl. v. 19. VII. 95 (M.-Bl. S. 235), in dem übrigens, soviel erkennbar, eine grundsätzlich abweichende Ansicht nicht vertreten wird, in einem Urt. v. 4. X. 99 ausgegangen worden. Die Ortspolizeibehörde hatte in dem damals zur Entscheidung gelangten Falle die Befugnis zum Betreten der Fabrikationsräume behufs der Revision der hier vorhandenen Maße und Gewichte in Anspruch genommen und diese Befugnis ist ihr abgesprochen, weil aus der Fabrik nur gelegentlich und aus Gefälligkeit ab und zu einzelne Materialien auf vorherige Bestellung käuflich abgegeben waren und also ein öffentlicher Verkauf in der

Fabrik nicht stattgefunden hatte. Aus der gleichen Erwägung läßt sich auch eine Pflicht in Verpackungs- und Versandträumen die Revision der Maße und Gewichte zu gestatten, nicht schon daraus herleiten, daß hier Waren nach Gewicht und also unter Benutzung von Gewichten zur Verpackung und zum Versand gelangen, um demnächst in gleichen Packeten in offenen Verkaufsläden ausgeboten zu werden. Diese Thätigkeit ist der polizeilichen Revision überhaupt und auch hinsichtlich der zur Verwendung gelangenden Maße und Gewichte entzogen, unbeschadet der Befugnis der Polizeibehörden zu einer Revision der Maße und Gewichte da, wo die Packete mit den Waren für den öffentlichen Verkauf feilgehalten werden.

m) Zwangs- und Bannrechte.

n) Schauspielunternehmer.

o) Gewerbegerichte.

Nr. 1. Entsch. Bd. XXXIX S. 375 v. 20. II. 1901 III A 22/1900.

§§ 71 ff. Ges. betr. Gewerbegerichte v. 29. VII. 90 (G.-S. S. 141).

Hat ein Gewerbegericht dahin erkannt, daß ein Arbeiter das Arbeitsverhältnis fortsetzen solle, und ersucht das Gewerbegericht eine Polizeibehörde, den Arbeiter zur Rückkehr anzuhalten, so ist eine dahin gehende Zwangsverfügung keine polizeiliche im Sinne der §§ 127, 128 des L.-V.-G., die mit den dort angegebenen Rechtsmitteln anfechtbar wäre (Erk. v. 6. VI. 76 Entsch. Bd. I S. 333).

p) Feuerversicherungen, Versicherungsanstalten im Allgemeinen, staatliche Aufsicht über Privatgesellschaften.

Nr. 1. Entsch. Bd. XXXIX S. 311 v. 10. VI. 1901 III A 2/1901.

§ 5 Ges. über das Mobiliar-Feuerversicherungswesen v. 8. V. 37 (G.-S. S. 102).

1. Wenn der Versicherungsnehmer der Polizeibehörde sagt, daß er keine oder wenigstens keine ausreichenden Bücher über die zu versichernden Vorräte, ihren Zu- und Abgang führe, kann er das Unbedenklichkeitsattest gemäß § 5 Abs. 1 Satz 2, Abs. 2 und Abs. 3 des Ges. v. 8. V. 37 nicht beanspruchen.

2. Legt er solche Bücher, die in ordnungsmäßig geführten Listen bestehen können, nachträglich vor, nachdem das V.-St.-V. begonnen, und wird infolgedessen das Unbedenklichkeitsattest erteilt, so ist damit nicht die Klage zu Ungunsten der Polizeibehörde erledigt, denn im V.-St.-V. soll darüber erkannt werden, ob die vorgegriffene Versagung des Unbedenklichkeitsattestes gerechtfertigt war.

Allgemeine Verfügung v. 10. XII. 1901, betreffend die polizeiliche Ueberwachung der Feuerversicherungsanträge (Pr.-V.-Bl. Jahrg. XXIII S. 365):

„Das Reichsgesetz über die privaten Versicherungsunternehmungen vom 12. V. 1901 (R.-G.-Bl. S. 139) trat gemäß der Kais. Vd. v. 24. XI. 1901 (R.-G.-Bl. S. 489) am 1. I. 1902 in vollem Umfange in Kraft. Nach § 121 Abs. 1 dieses Gesetzes bleiben unberührt die landesrechtlichen Vorschriften über die polizeiliche Ueberwachung der Feuerversicherungsverträge nach ihrem Abschluß und der Auszahlung von Brandentschädigungen. Landesrechtliche Vorschriften über die polizeiliche Ueberwachung der Feuerversicherungsverträge nach ihrem Abschluß bestehen bisher in Preußen nicht. Die erwähnte Vorschrift ist daher für Preußen nur insofern von Bedeutung, als die landesrechtlichtlichen Vorschriften aufrecht erhalten werden, welche die polizeiliche Ueberwachung der Auszahlung von Brandentschädigungen betreffen. Es sind demgemäß die Vorschriften des § 18 des Gesetzes über das Mobiliarversicherungswesen v. 8. V. 37 (G.-S. S. 102) und der §§ 4d und 12 der Hannoverschen Verordnung, betreffend die Beaufsichtigung der Privat-Feuerversicherungsanstalten, v. 24. I. 28 (Hannov. G.-S. S. 3) in Kraft geblieben und wie bisher zu befolgen. Auch die in einzelnen Gesetzen enthaltenen Vorschriften, betreffend das Verbot und die Strafbarkeit der Ueberversicherung und der Doppelversicherung, sind durch das Reichsgesetz nicht berührt. Vgl. §§ 1, 2, 20 bis 22, 24 des Gesetzes vom 8. V. 37, §§ 11, 14 der Hannoverschen Verordnung v. 24. I. 28. Dasselbe trifft zu hinsichtlich der Verpflichtung der Agenten zur Führung von Büchern und der Befugnis der Polizeibehörden zur Einsichtnahme in diese Bücher gemäß § 13 des Gesetzes von 37, § 4e der Hannoverschen Verordnung von 28. Aufgehoben werden dagegen durch § 121 Abs. 1 des Reichsgesetzes die landesrechtlichen Vorschriften, welche den Abschluß von Feuerversicherungsgeschäften von einer vorgängigen polizeilichen Genehmigung abhängig machen, sowie die landesrechtlichen Vorschriften, durch welche der unmittelbare Abschluß von Feuerversicherungsverträgen mit solchen Vertretungen verboten wird, die sich nicht im Staatsgebiet befinden. In ersterer Beziehung treten demgemäß mit dem 1. I. 1902 außer Kraft sämmtliche, die sog. Präventivkontrolle betreffenden Vorschriften, welche in Gesetzen, Verordnungen, Polizeiverordnungen oder ministeriellen Erlassen enthalten sind, insbesondere die §§ 14 und 15 des erwähnten Gesetzes von 37 und die allerhöchste Kabinetts-Ordre von 41 (G.-S. S. 122), die §§ 5 und 6 der Hannoverschen Verordnung von 28, die Polizeiverordnung für Schleswig-Holstein vom 27. XII. 83 mit Ausnahme des § 6 daselbst, das Ausschreiben des vormals Kurfürstlich-Hessischen Staatsministeriums v. 21. IV. 30, und § 4 des Nassauischen Edikts v. 27. V. 34. Demgemäß hat vom 1. I. 1902 ab die Vorlegung der Feuerversicherungsverträge vor ihrem Abschlusse zur polizeilichen Prüfung und Ausstellung des polizeilichen Unbedenklichkeitsattestes nicht mehr zu erfolgen. Nur noch die etwa vor dem 1. I. 1902 ausgestellten Policen und Verlängerungsanträge, welche den Polizeibehörden erst nach diesem Tage vorgelegt werden, sind in der bisherigen Weise zu behandeln. Unberührt bleibt jedoch die Befugnis der Polizeibehörden, durch Einsicht der von den Agenten zu führenden Bücher innerhalb deren Geschäftsräume in allen Fällen zu prüfen, ob zu hohe Versicherungen stattgefunden haben, und das Erforderliche wegen entsprechender Herabsetzung der Versicherungssumme bezw. strafrechtlicher Verfolgung zu veranlassen. Infolge der erwähnten Aufhebung der landesrechtlichen Vorschriften, betreffend das Verbot des unmittelbaren Abschlusses von Feuerversicherungsverträgen, endlich sind die Bestimmungen der §§ 3, 25 des Gesetzes von 37 sowie des § 7 des Hannoverschen Gesetzes von 28 beseitigt."

Nr. 2. Entsch. Bd. XXXVIII S. 309 v. 3. XI. 1900 III B 27/1900.

§§ 1, 5 Ges. v. 17. V. 53, betr. Geschäftsverkehr der Versicherungsgesellschaften (G.-S. S. 293). § 120 Nr. 2 Zust.-Ges.; Erlaß v. 27. XII. 99 (G.-S. 1900 S. 2).

1. Es ist außer Zweifel, daß der § 1 des Ges. v. 17. V. 53 auch für Versicherungsanstalten gilt, die auf Gegenseitigkeit errichtet sind (Koch, Komm. zum A.-L.-R., 8. Aufl., Bd. III S. 1062 Anm. 45 und von Brauchitsch, Pr. V.-G. Bd. V, 5. Aufl., 2. Bearbeitung, S. 768 Anm. 2). Eine solche Anstalt bedarf daher, um Versicherungsgeschäfte betreiben zu können, der Genehmigung der Staatsbehörde, und zwar, wenn ihr Wirkungskreis sich nicht auf eine Provinz beschränkte, der des Ministers des Innern.

2. Eine Versicherungsanstalt kann von einer natürlichen oder von einer juristischen Person unternommen werden. Im letzteren Falle ist, wenn es sich nicht um eine bereits bestehende juristische Person handelt, zweierlei erforderlich: der Akt, durch den die juristische Person ins Leben gerufen wird, und deren Konzessionierung für den Betrieb von Versicherungsgeschäften. Beides ist dem Wesen nach völlig verschieden. Jener Akt enthält noch nicht die Konzession, und die nach dem Ges. v. 17. V. 53 erteilte Genehmigung giebt noch nicht die Rechte einer juristischen Person (Urt. des O.-V.-G. v. 5. I. 93, Kunze und Kautz, Rechtsgrundsätze Bd. II S. 383).

3. Die Genehmigung einer Versicherungsanstalt bedarf keiner besonderen Form, letztere ist nirgends vorgeschrieben. Wenn sie der Minister des Innern

zu erteilen hat, kann sie darin gefunden werden, daß er bei der Verleihung der Rechte einer juristischen Person mitgewirkt hat.

4. Die polizeiliche Konzession kann auf dem im § 5 des Ges. v. 17. V. 53 und § 120 Nr. 2 des Zust.-Ges. geordneten Wege zurückgenommen werden, wenn aus Handlungen oder Unterlassungen des Unternehmers der Versicherungsanstalt klar erhellt, daß er die bei der Erteilung der Genehmigung an ihn vorausgesetzten Eigenschaften der Unbescholtenheit und Zuverlässigkeit nicht mehr besitzt (§§ 5 und 1 des Ges. v. 17. V. 53; vgl. von Brauchitsch a. a. O. S. 770 Anm. 7). Der Entziehung steht nicht entgegen, daß die Rechte einer juristischen Person verliehen worden sind. Das Gesetz unterscheidet bei der Konzessionsentziehung nicht, ob die Versicherungsanstalten von natürlichen oder juristischen Personen betrieben werden, und nimmt die letzteren nicht aus. Wäre das V.-St.-V. auf Konzessionsentziehung deshalb nicht zulässig, weil die Beklagte die Rechte einer juristischen Person erhalten hat, so würde, seitdem durch den Allerh. Erl., betreffend die Beilegung der Rechte der juristischen Persönlichkeit an die Versicherungsgesellschaften auf Gegenseitigkeit, v. 27. XII. 99 allen bestehenden, landespolizeilich genehmigten Versicherungsgesellschaften auf Gegenseitigkeit, welche in Preußen ihren Sitz haben, mit Einschluß der in Liquidation befindlichen, die Rechte juristischer Personen verliehen worden sind, den Versicherungsgesellschaften auf Gegenseitigkeit überhaupt nicht mehr die Konzession genommen werden können.

5. Unternehmer der von einer juristischen Person betriebenen Versicherungsanstalt und Inhaber der hierfür erteilten polizeilichen Genehmigung ist die juristische Person. Für die Zurücknahme der Genehmigung kommt es daher an sich nicht auf die Zuverlässigkeit der Organe oder einzelner derselben, sondern auf die Zuverlässigkeit der juristischen Person selbst und darauf an, ob diese Zuverlässigkeit fehlt. Eine juristische Person ist aber als solche willens- und handlungsunfähig; für sie wollen und handeln ihre Organe. Deren Wille und Handlungen müssen daher, wenngleich nicht unbedingt, so doch in gewissem Umfange der juristischen Person auch dafür, ob sie zuverlässig ist oder nicht, angerechnet werden. Sonst wäre es z. B. ganz unmöglich, eine Genossenschaft nach dem § 81 des Ges., betreffend die Erwerbs- und Wirtschaftsgenossenschaften, vom 1. V. 89 aufzulösen, weil sie sich gesetzwidriger Handlungen oder Unterlassungen schuldig gemacht habe, durch welche das Gemeinwohl gefährdet wird, oder weil sie andere als die in diesem Gesetze (§ 1) bezeichneten geschäftlichen Zwecke verfolge, und einem Verein die Erlaubnis zum Betriebe der Gastwirtschaft u. s. w., die ihm nach dem § 33 Abs. 6 und 7 der Gew.-Ordn. erteilt werden kann und erteilt worden ist, gemäß § 53 daselbst zu entziehen, weil von ihm ein Mißbrauch des Gewerbes zur Förderung der Völlerei, des verbotenen Spiels, der Hehlerei oder der Unsittlichkeit zu besorgen sei. Denn auch eine Genossenschaft als solche und ein Verein als solcher sind willens- und handlungsunfähig; und jene kann nicht gesetzwidrig handeln, dieser nicht das Gewerbe mißbrauchen. Es wäre ferner unmöglich gewesen, einer Handelsgesellschaft, einer Genossenschaft oder einer juristischen Person, die nach dem Gesetze, betreffend die Beförderung von Auswanderern, v. 7. V. 53 eine Konzession erhalten hatte, diese nach dem § 8 wieder zu nehmen, weil sie die Eigenschaften der Unbescholtenheit und Zuverlässigkeit — also dieselben Eigenschaften, die der Unternehmer einer Versicherungsanstalt besitzen muß, — nicht mehr habe (vgl. jetzt die §§ 1, 2, 3, 10, 50 des R.-G. über das Auswanderungswesen v. 9. VI. 97. In allen solchen Fällen müssen innerhalb gewisser Grenzen gerade so, wie es auf dem Gebiete des Privatrechts geschieht (siehe für das A.-L.-R. z. B. Entsch. des R.-Ger. in Civilsachen Bd. XIX S. 348 und Bd. XXXIV S. 294 und das Bürgerliche

Gesetzbuch §§ 31, 89 Abs. 1), die Organe mit der juristischen Person, der Genossenschaft u. s. w. selbst rechtlich gleich gestellt und die Handlungen und Unterlassungen der ersteren als Handlungen und Unterlassungen der letzteren behandelt werden.

6. Wenn eine Versicherungsanstalt in schlechte Vermögenslage kommt und zur Verschleierung die Aktiva und Passiva unrichtig darstellt, so kann sie als unzuverlässig erachtet werden, denn wer so verfährt, gewährleistet nicht eine sachgemäße Leitung und Verwaltung einer Versicherungsanstalt.

I. Vereine, geschlossene Gesellschaften, Gebrauch der deutschen Sprache, Prozessionen, Religionsunterricht, Freimaurerorden, Erwerbs- und Wirtschaftsgenossenschaften, sozialdemokratische Vereine.

Nr. 1. Entsch. v. 13. XI. 1900 I 1679 (Pr.-V.-Bl. Jahrg. XXIII S. 100).
§ 8 Vereinsges v. 11 III 50.

Vereine, welche neben dem Zwecke politischer Erörterungen und Versammlungen noch andere Zwecke verfolgen, unterliegen als politische Vereine der Beschränkung, daß Frauenspersonen den Versammlungen nicht beiwohnen dürfen, auch wenn diese ausschließlich anderen Zwecken als dem politischer Erörterungen dienen sollen (z. B. Tanzlustbarkeiten, Erk. v. 1. X. 90 Entsch. Bd. XX S. 432).

Nr. 2. Entsch. Bd. XXXVIII S. 405 v. 27 III. 1900 I A 19/99.
§§ 2, 8 Vereinsges v 11 III 50, § 152 Gew.-Ordn., Verf.-Urk Art. 29, 30.

1. Durch § 152 der Gew.-Ordn. sind alle landesgesetzlichen Verbote und Strafbestimmungen, die sich gegen Verabredungen und Vereinigungen der Gewerbetreibenden, gewerblichen Gehilfen, Gesellen oder Fabrikarbeiter zum Behufe der Erlangung günstiger Lohn- und Arbeitsbedingungen, insbesondere mittels Einstellung der Arbeit (Ausstand, Streik) oder Entlassung der Arbeiter (Aussperrung) richteten, aufgehoben worden. Damit ist den gewerblichen Unternehmern und Arbeitern reichsgesetzlich die Möglichkeit eröffnet worden, die von ihnen geschlossenen Arbeitsverträge durch unmittelbare Einwirkung auf den anderen Teil günstiger zu gestalten. Dem klaren Wortlaute nach bezieht sich jedoch der § 152 lediglich auf Verabredungen und Verbände, welche konkrete Dienstverträge zwischen Arbeitgebern und Arbeitnehmern zum Gegenstande haben, welche es demnach mit den unmittelbar durch die Verträge geregelten Lohn- und Arbeitsbedingungen zu thun haben und eine wirtschaftliche Interessenorganisation der Arbeiter und Unternehmer behufs Durchführung der um diese Bedingungen geführten Kämpfe bezwecken (Urt. des R.-Ger. v. 10. XI. 87 — Entsch. in Straff. Bd. XVI S. 383, Entsch. des O.-V.-G. v. 13. XII. 93 — Pr.-V.-Bl. Jahrg. XV S. 397; s. auch Landmann, Die Gewerbeordnung für das Deutsche Reich, 3. Aufl. Bd. II S. 465). Geht also ein gewerblicher Verband (Gewerkschaft oder Unternehmerverband) über die bezeichneten Ziele hinaus, will er mit den Mitteln der Organisation eine Aenderung in der rechtlichen, wirtschaftlichen oder sozialen Lage des Arbeiter- oder Unternehmerstandes im allgemeinen erreichen, oder erstrebt er eine Besserung der Lohn- und Arbeitsverhältnisse seiner Mitglieder mittelbar dadurch, daß er für seine Forderungen ein Eingreifen des Staates herbeizuführen sucht, so steht er insoweit nicht mehr unter dem Schutze der Gew.-Ordn.,

sondern unterliegt gegebenen Falles den Beschränkungen, unter die das Landesrecht die Vereins- und Versammlungsfreiheit gestellt hat.

2. Die Einführung der sogenannten gewerblichen Koalitionsfreiheit hat sonach für die darunter fallenden Personenklassen keineswegs die Beseitigung derjenigen Vorschrift zur Folge gehabt, welche in den Einzelstaaten das öffentliche Vereinsrecht regeln. Diese Vorschriften sind in Kraft geblieben, sofern sie nur nicht mit der Gew.-Ordn. im Widerspruche stehen, d. h. sofern sie nicht die von dem Reichsgesetze freigegebenen gewerblichen Verbände an sich durch Verbote oder Strafbestimmungen treffen. Hält sich ein derartiger Verband innerhalb der durch § 152 der Gew.-Ord. gezogenen Rechtsschranken, so kann er landesrechtlich weder verboten oder geschlossen, noch von vorheriger Genehmigung abhängig gemacht oder anderen als den für alle Vereine oder Versammlungen geltenden, auf deren polizeiliche Ueberwachung abzielenden Beschränkungen und Ordnungsvorschriften unterworfen und bei Zuwiderhandlungen mit Strafe belegt werden.

3. Nicht berührt worden ist demgemäß durch die Gew.-Ordn. die Pr. Vd. v. 11. III. 50 über die Verhütung eines die gesetzliche Freiheit und Ordnung gefährdenden Mißbrauchs des Versammlungs- und Vereinigungsrechts Erlassen zur Ausführung der Verfassungsartikel 29 und 30, hat die Vd. einerseits spezielle Beschränkungen der gewerblichen Assoziationsfreiheit weder unmittelbar noch mittelbar vorgesehen, worin sie von dem Vereinsrecht anderer deutscher Staaten abweicht (vgl. die Zusammenstellungen in dem Aufsatze von Löning, Das Vereins- und Koalitionsrecht der Arbeiter im Deutschen Reiche, Schriften des Vereins für Sozialpolitik Bd. LXXVI S. 284). Andererseits giebt die Vd. zwar ihren auf die staatliche Ueberwachung des Vereinslebens gerichteten Festsetzungen einen allgemeinen Charakter, trifft aber mit ihnen nicht alle, sondern nur solche Vereine, welche eine Einwirkung auf öffentliche Angelegenheiten bezwecken (§ 2), oder welche bezwecken, politische Gegenstände in Versammlungen zu erörtern (§ 8) und insofern als politische Vereine gekennzeichnet werden (§ 8 Abs. 3, § 16). Freilich spricht sich die Vd. darüber nicht aus, welche Angelegenheiten als öffentliche und welche Gegenstände als politische zu erachten sind, und im Einzelfalle mag das zweifelhaft sein. Jedenfalls aber erstreckt sich der Begriff der öffentlichen Angelgenheiten, wie ihn die Rechtsprechung festgestellt hat, auf das weite Gebiet aller Verhältnisse, welche, über den Rechtskreis bestimmter natürlicher oder juristischer Personen hinausgreifend, die Gesammtheit angehen und deren Interessen berühren (Urt. des Kammergerichts v. 12. I. und 16. IV. 91 — Jahrbuch der Entsch. von Johow, Bd. XI S. 309, 307, des R.-Ger. v. 25. I. 92 — Entsch. in Straff. Bd. XXII S. 338, des O.-V.-G. v. 17. XI. 96 — Pr.-V.-Bl. Jahrg. XVIII S. 307). Und politisch ist oder wird ein Verein, wenn den Erörterungen, die er bezweckt, die Richtung auf Kritik und Beeinflussung staatlicher Einrichtungen und Anordnungen gegeben wird (Urt. des O.-V.-G. v. 13. XII. 93 und 17. XI. 96 — Pr.-V.-Bl. Jahrg. XV S. 397, Jahrg. XVIII S. 307). Beabsichtigt daher ein gewerblicher Verband, der sich auf Grund des § 152 der Gew.-Ordn. gebildet hat, aus dem Bereiche wirtschaftlicher Interessen seiner Mitglieder hinaustretend auf öffentliche Angelegenheiten einzuwirken oder politische Gegenstände in Versammlungen zu erörtern, so stellt er sich damit unter das Vereinsgesetz, auch wenn er es thut, um zugleich für seine Mitglieder bessere Lohn- und Arbeitsbedingungen zu erreichen. Er kann nicht unter Berufung auf die durch § 152 der Gew.-Ordn. zugelassenen Koalitionszwecke eine bevorzugte Rechtsstellung im öffentlichen Vereinsrechte beanspruchen. In ständiger Rechtsprechung halten sowohl das R.-Ger. und das

O.-V.-G. wie auch das Kammergericht (Urt. v. 26. IV. 88, Jahrbuch von Johow, Bd. VIII S. 215) an dem Grundsatze fest, daß auf den vermeintlichen Rechtstitel gewerblicher Assoziationsfreiheit hin nicht Unbeschränktheit politischer Vereinsthätigkeit gefordert werden könne.

4. Es sind Bestrebungen sozialer Natur, wenn sie sich richten auf die Stellung, die innerhalb der gegenwärtigen Gesellschaftsordnung der Arbeiterstand gegenüber anderen Ständen, Berufen, Bevölkerungsklassen einnimmt. Insoweit sie eine Aenderung darin bezwecken, berühren sie das Interesse der Gesammtheit und wirken auf öffentliche Angelegenheiten ein. Daß die Gewerk- und Fachvereine von der Rechtsprechung als solche Vereine angesehen werden, die eine Einwirkung auf öffentliche Angelegenheiten bezwecken, demnach dem Vereinsgesetze zu unterstellen sind, hat denn auch in den bei Groschuff a. a. O. S. 49 zusammengestellten Entscheidungen höchster Gerichtshöfe Anerkennung gefunden (vgl. auch Entsch. des O.-V.-G. im Pr.-V.-Bl. Jahrg. XVIII S. 307, Jahrg. XV S. 397).

5. Das Erk. untersucht, ob die Zahlstellen des klagenden Verbandes als selbständige Vereine anzusehen sind. Es heißt dabei:

> Nach diesen Bestimmungen sind die Zahlstellen des Verbandes als besondere Vereine zu erachten, allerdings der Selbständigkeit entbehrende, durch ein ihnen auferlegtes Statut organisierte, der Leitung und Kontrolle des Verbands unterstellte, gleichwohl aber zu eigener Vereinsthätigkeit berufene Gliederungen des Gesammtvereins, welche — abgesehen von den ihnen speziell übertragenen Geschäften — den allgemeinen Vereinszweck in örtlich abgeschlossener Wirksamkeit zu fördern haben (Urteile des ehemaligen O.-Trib. v. 9. VI. 70 und 16. IV. 74 — Oppenhof, Rechtsp. Bd. XI S. 346, Bd. XV S. 230; des R.-Ger. v. 25. I 92 — Entsch. in Strafs. Bd. XXII S. 337; des O.-V.-G. v. 26. I. 97 — Entsch. Bd. XXXI S. 412). Soweit die statutenmäßige Organisation durchgeführt wird, ist daher jedes Verbandsmitglied zugleich Mitglied eines Ortsvereins, nämlich der Zahlstelle, der es zugewiesen ist. Und wie die Vorsteher des Verbandes vermöge der Einwirkung auf öffentliche Angelegenheiten, die dieser bezweckt, den Ordnungsvorschriften in § 2 des Vereinsgesetzes zu genügen haben, so liegt den Vorstehern der Filialen die nämliche Verpflichtung gegenüber ihren Ortspolizeibehörden ob. Damit steht das von dem genannten Gesetze der polizeilichen Ueberwachung der Vereine zu Grunde gelegte Prinzip der Lokalisierung (vgl. Lisko, Die Deutschen Vereinsgesetze, 2. Aufl., S. 7 Nr. 3) nicht in Widerspruch, da es sich nicht darum handelt, die Ortspolizeibehörde am Sitze des Gesammtvereins zugleich mit den polizeilichen Funktionen gegenüber den ihm angeschlossenen Zweigvereinen zu betrauen, sondern verschiedene, örtlich abgegrenzte, wenn auch in nächster Verbindung stehende und die nämlichen Personen umfassende Vereine der Ueberwachung durch die zuständigen Polizeibehörden zu unterstellen. Mit Erfüllung der den Vorständen der Zahlstellen nach § 2 des Gesetzes zufallenden Pflichten fällt keineswegs die gesetzliche Pflicht des Verbandsvorstandes weg, auch seinerseits ein Verzeichnis sämmtlicher Verbandsmitglieder der Polizeibehörde des Ortes, an dem der Verband seinen Sitz hat, zur Kenntnisnahme einzureichen, gleichviel ob diese Mitglieder in dem Polizeibezirke wohnen oder nicht, und ob sie einer Zahlstelle zugewiesen sind oder, ohne an einer örtlichen Vereins-

thätigkeit beteiligt zu sein, der einheitlichen Leitung des Verbandes unmittelbar unterstehen (Urt. des O.-V.-G. v. 26. I. 97, Entsch. Bd. XXXI S. 416).

Nr. 3. Entsch. Bd. XXXVIII S. 417 v. 16. X. 1900 I A 111/99.

§§ 2, 8 Vereinsges. v. 11. III. 50.

1. Die Statuten eines Vereins sind nicht allein maßgebend für die Frage, ob er ein politischer Verein ist, vielmehr müssen seine wirklichen Zwecke selbständig unter Berücksichtigung aller zur Kenntnis gekommenen Thatsachen, namentlich nach der Thätigkeit, die er entwickelt, und nach dem Verhalten seiner Organe und Mitglieder beurteilt und festgestellt werden; sonst wäre es möglich, durch beliebige, den wahren Zweck des Vereins verhüllende Bestimmungen der Statuten den Verein der gesetzlich vorgeschriebenen Kontrolle zu entziehen.

2. Die Beteiligung eines Vereins an ausgesprochen sozialdemokratischen Festen kann sehr wohl durch das bewußte Bestreben, sie durch Gesangvorträge zu beleben und zu verschönen, ihre Erklärung finden und den Verein als einen solchen, der sich in den Dienst einer bestimmten politischen Partei stellt und sie fördert, kennzeichnen. Dies würde genügen zu der Annahme, daß der Verein eine Einwirkung auf öffentliche Angelegenheiten bezweckt (Urt. des O.-V.-G. v. 3. I. 96 — Entsch. Bd. XXIX S. 425 — und v. 11. XI. 58 — Pr.-V.-Bl. Jahrg. XX S. 249). Dagegen reicht jene Bethätigung des Vereins noch nicht aus, um die Feststellung zu rechtfertigen, daß er auch politische Gegenstände in Versammlungen zu erörtern bezweckt habe.

3. Unter den Versammlungen und Sitzungen in § 8 Abs. 3 des Vereinsgesetzes sind alle durch den Verein oder doch von Vereinswegen veranstalteten Zusammenkünfte der Mitglieder oder Dritter zu verstehen (Entsch. des O.-V.-G. Bd. XX S. 444).

4. Auch das Singen von Liedern, die zweifellos eine sozialdemokratische Gesinnung erkennen lassen, ist nicht als Erörterung politischer Gegenstände aufzufassen. Unzweifelhaft wird ein politischer Vortrag in seiner rechtlichen Bedeutung nicht dadurch beeinflußt, ob er gesprochen oder gesungen wird; das Mittel, durch welches der Vortragende sich den Hörern verständlich macht, ist rechtlich gleichgültig. Immer aber muß eine bestimmte politische Angelegenheit erörtert, das heißt nach ihrem Grunde und Wesen untersucht, auseinandergesetzt, auseinandergelegt werden, sei es auch, daß der Vortragende nicht mit seiner eigenen Meinung über dieselbe hervortritt, sondern nur die Ansichten oder Anschauungen anderer wiedergiebt.

Nr. 4. Entsch. Bd. XXXIX S. 426 v. 12. II. 1901 I A 14/1900.

§§ 2, 8 Abs. 1 Vereinsges. v. 11. III. 50; Art. 30 Verf.-Urk. v. 31 I. 50.

1. Zu einem Vereine im Sinne des Vereinsgesetzes vom 11. III. 50 gehört eine Mehrheit physischer Personen als Vereinsmitglieder. Das Vereinsgesetz bezweckt die Verhütung eines die gesetzliche Freiheit und Ordnung gefährdenden Mißbrauchs des in den Art. 29 und 30 der Verfassung allen Preußen, also physischen Personen, gewährleisteten Versammlungs- und Vereinigungsrechts. Will das Vereinsgesetz durch seine Bestimmungen über Vereine das Vereinigungsrecht der physischen Personen regeln, so müssen die vom Vereinsgesetze betroffenen Vereine aus physischen Personen bestehen oder es muß doch die Thätigkeit der Vereine als eine Ausübung des Vereinigungsrechts physischer Personen anzusehen sein.

2. In der Rechtsprechung ist stets angenommen worden, daß ein Verein im Sinne des Vereinsgesetzes aus physischen Personen bestehen müsse. Hiervon geht namentlich das Urteil des O.-V.-G. v. 3. I. 96 (Entsch. Bd. XXIX S. 425 ff.) aus; denn es spricht dem Einwande, daß der Bund nur Vereine als Glieder aufnehme, die Bedeutung deshalb ab, weil damit nur die Aufnahme der einzelnen Personen an die Bedingung vorhergehender Vereinigung zu Gruppen geknüpft sei und der Bund doch eine Vereinigung physischer Personen darstelle (a. a. O. S. 427, vgl. ferner die Entsch. v. 24. XI. 99 in Bd. XXXIV S. 444 der Sammlung sowie vom 13. XI. 1900 I. A. 131/99). Aber auch die ältere Entsch. des Kammergerichts v. 3. X. 95 läßt durchaus nicht erkennen, daß sie die einzelnen Gewerkschaften als Vereinsmitglieder betrachte, sie spricht vielmehr von den Personen, die den Verein bilden, wie denn auch das Landgericht zu Frankfurt a. M. in dem Urt. v. 11. VI. 95 die Delegierten der einzelnen Gewerkschaften als die Mitglieder des Vereins angesehen hatte. (Vgl. Entsch. des R.-Ger. in Strafsachen Bd. XVIII S. 172, Bd. XXVIII S. 67 ff.)

3. In einem früheren ähnlichen Falle hat das O.-V.-G. ausgesprochen, daß die Abgeordneten (Delegierten) einzelner Gewerkschaften zusammen keinen Verein bilden, wenn zwischen den Abgeordneten kein rechtliches Band begründet wird, wenn sie vielmehr in rechtlichen Beziehungen nur zu den Gewerkschaften, von denen sie abgeordnet sind, nicht unter sich stehen (Entsch. v. 13. XI. 1900 — I. A. 131/99). Hieran ist festzuhalten. Ohne irgend eine wechselseitige persönliche rechtliche Verbindung der Delegierten unter einander läßt sich ein zwischen ihnen bestehender Verein nicht annehmen (vgl. Krückmann in Gruchots Beiträgen Bd. XXXVII S. 220, 221, sowie die angezogene Entsch. des O.-V.-G. Bd. XXXIV S. 444 ff.). Treten sie sich nur als Beauftragte der einzelnen Gewerkschaften gegenüber, so stehen sie selbst zu einander nicht im Verhältnisse von Vereinsmitgliedern (vgl. Entsch. des Kammergerichts Bd. XIX S. 295).

4. Auch ohne Rechtspersönlichkeit haben Vereine als organisierte Personenmehrheiten einen durch Art. 30 der Verfassung und durch das Vereinsgesetz v. 11. III. 50 anerkanntes rechtliches Dasein. Schon nach § 14 Tit. 6 T. II A.-L.-R.'s hatten die erlaubten Privatgesellschaften die inneren Rechte der Korporationen (vgl. auch Leist, Vereinsherrschaft und Vereinsfreiheit S. 32 ff., Eck a. a. O. S. 49). Wenngleich den Vereinen nach außen hin die allgemeine Fähigkeit abgeht, selbst Träger von Rechten und Pflichen zu sein, so erscheinen sie doch vermöge ihrer Organisation als Einheit (vgl. die Entsch. des O.-V.-G. Bd. XXXIV S. 444). Als solche behandelt sie das Vereinsgesetz, wenn es im § 8 für politische Vereine bestimmt, daß sie — nämlich die Vereine — gewisse Personen nicht aufnehmen und mit anderen Vereinen nicht in Verbindung treten, bei Ueberschreitung dieser Beschränkungen aber geschlossen werden dürfen (vgl. auch Art. 30 Abs. 3 der Verfassungsurkunde). Die neuere Gesetzgebung hat ja auch den nicht rechtsfähigen Vereinen die passive Parteifähigkeit beigelegt (§ 50 Abs. 2 C.-P.-O., vgl. auch § 735 ebenda und Planck zu § 54 B.-G.-B.). Eine dauernde rechtliche Verbindung mehrerer Vereine als solcher, ohne daß diese dabei in ihre einzelnen Mitglieder auseinanderfallen, muß daher als rechtlich möglich angesehen werden, obgleich sie keinen Verein im Sinne des Vereinsgesetzes darstellt. Andernfalls hätte die Vorschrift im § 8 Abs. 1b des Vereinsgesetzes über die Unzulässigkeit der Verbindung mehrerer Vereine namentlich auch durch Zentralorgane kaum einen rechten Sinn gehabt, weil dann die verbundenen Vereine nicht mehr Glieder der Verbindung wären, diese vielmehr aus den einzelnen Mitgliedern der verbundenen

Vereine bestände. Gerade das Verbot der organischen Verbindung von politischen Vereinen läßt die rechtliche Möglichkeit einer solchen Verbindung von Vereinen erkennen. Die Mitglieder eines größeren Vereins können freilich Zweigvereine bilden, so daß die Mitglieder der letzteren zugleich Mitglieder des ersteren sind, aber bei einer vereinsartigen Verbindung mehrerer Vereine werden nicht ohne weiteres alle Mitglieder der Einzelvereine zu Mitgliedern eines Gesammtvereins.

5. In Uebereinstimmung mit dem Erk. des Kammergerichts v. 16. XI. 99 (Entsch. des Kammergerichts Bd. XIX S. 295) kann daher ein Gewerkschaftskartell für einen Verein im Sinne des Vereinsgesetzes v. 11. III. 50 nicht erachtet werden und es ist somit ein auf § 2 dieses Gesetzes gestütztes Verlangen einer Einreichung des Statuts und des Mitgliederverzeichnisses ungerechtfertigt. Die entsprechenden Befugnisse der Ortspolizeibehörde in Betreff der einzelnen Gewerkschaften werden dadurch natürlich nicht berührt. Auch bleibt der Ortspolizeibehörde gegenüber den Organen des Gewerkschaftskartells das allgemeine Recht auf Auskunftserteilung, wenn sie der Auskunft zur Erfüllung ihrer Obliegenheiten bedarf (vgl. Urt. des O.-V.-G. v. 3. IV. 94 und 3. VI. 98 Bd. XXVI S. 401 ff. der Sammlung und im Pr.-V.-Bl. Jahrg. XX S. 428 ff. sowie die dort erwähnten früheren Entscheidungen.

Nr. 5. Entsch. Bd. XXXIX S. 434 v. 12. II 1901 I A 153/99.

Die Selbständigkeit ist kein Erfordernis eines Vereins im Sinne des Vereinsgesetzes v. 11. III. 50 (Groschuff, Pr. Strafgesetze S. 47; Oppenhoff, Rechtspr. des O.-Trib. Bd. X S. 279). Ebensowenig schließt der Umstand, daß der Vorstand eines Centralverbandes allgemein über die Aufnahme von Mitgliedern entscheidet, das Bestehen besonderer Vereine unter den Mitgliedern an einzelnen Orten aus.

Nr. 6. Entsch. Bd. XXXIX S. 440 v. 1. III. 1901 I B 36 1900 (Pr.-V.-Bl. Jahrg. XXII S. 410).

§§ 61, 62 B.-G.-B., Art. 3 Abs 2 Verordn v 16. XI. 99 (G.-S. S. 562), Ges. v 27. IV 85 (G.-S. S. 127) § 83 L.-V.-G.

1. Wird gegen den Einspruch (§§ 61, 62 B.-G.-B.) beim Bezirksausschusse geklagt, so findet gegen dessen Entsch. noch die Berufung an das O.-V.-G. statt.

2. Nur über das Vorhandensein der gesetzlichen Voraussetzungen zur Erhebung des Einspruchs hat der Verwaltungsrichter zu entscheiden, nicht auch darüber, ob die Erhebung des Einspruchs im öffentlichen Interesse zweckmäßig sei oder gewesen sei. Auf Grund des § 62 Abs. 2 des B.-G.-B. kann der Einspruch nur wegen Mangels der gesetzlichen Voraussetzungen angefochten werden (vgl. Planck, Anm. 2 zu § 62 des B.-G.-B. S. 109, Enneccerus und Lehmann, Das Bürgerliche Recht, 2. Aufl. Bd. I S. 91). So wurde schon bei den Verhandlungen des 23. deutschen Juristentags die vorgeschlagene Bestimmung von verschiedenen Seiten aufgefaßt (vgl. Verhandlungen des 23. deutschen Juristentags, namentlich die Aeußerungen von Gierke, Enneccerus, Wilke und Levy — Verhandlungen Bd. II S. 18, 55, 57, 35 und 57), und es wurde von der Kommission für die zweite Lesung des Entwurfs des B.-G.-B. zu Protokoll als die Auffassung der Kommission festgestellt: „daß die Anfechtung des Einspruchs . . . nur darauf gestützt werden könne, daß die Voraussetzungen nicht vorliegen, unter denen die Verwaltungsbehörde . . . zum Einspruche berechtigt ist.“ (Vgl. Protokolle S. 8395, sowie bei Achilles u. s. w. Bd. VI S. 144, Zeller im Verwaltungsarchiv Bd. VI S. 45 ff.) Ebenso hatte der

Staatssekretär des Reichsjustizamts in der Kommission des Reichstags nach deren Berichte (Aktenstück Nr. 440, 3. Anlageband zu den stenographischen Berichten 1895/97 S. 1945) in Bezug auf den der Fassung des Gesetzes entsprechenden Antrag erklärt, für diejenigen Fälle, in denen der Einspruch mit der Behauptung angefochten werde, daß der Verein keine politischen, sozialpolitischen oder religiösen Zwecke verfolge, verlange der Antrag, daß über die Berechtigung des so begründeten Einspruchs, also über die Befugnis der Behörde, von ihrem Einspruchsrechte Gebrauch zu machen, im V.-St.-V. entschieden werden solle (vgl. auch die frühere Aeußerung des Staatssekretärs des Reichsjustizamts a. a. O. S. 1940 rechts unten). Es erhellt nicht, daß in der Kommission oder im Reichstage selbst bei Annahme des Antrags Widerspruch gegen diese Auffassung erhoben und geltend gemacht worden wäre, im V.-St.-V. solle auch darüber entschieden werden, ob die Erhebung des Einspruchs im öffentlichen Interesse zweckmäßig sei. Die gelegentliche Aeußerung eines einzelnen Redners, daß es sich hier um Fragen des freieren Ermessens handele, für die sich das V.-St.-V. besser eigne als das Verfahren vor den ordentlichen Gerichten (vgl. die Rede des Abgeordneten von Buchka in den stenographischen Berichten des Reichstags 1895/97 Bd. IV S. 2742), kann nicht ins Gewicht fallen. Durch § 62 Abs. 2 des B.-G.-B. ist daher nur vorgeschrieben, daß der Einspruch wegen Mangels der gesetzlichen Voraussetzungen im V.-St.-V. angefochten werden kann. Ob landesgesetzlich die Nachprüfung des Verwaltungsrichters auf die Frage der Zweckmäßigkeit der Einspruchserhebung ausgedehnt werden darf, wie von mehreren Seiten angenommen wird (Endemann, Lehrbuch des bürgerlichen Rechts 8. Aufl. S. 189, Hölder, Komm. zum allgemeinen Teile des B.-G.-B. S. 181, Staudinger, Vereinsrecht S. 70), kann dahin gestellt bleiben, weil nach Art. 3 Abs. 2 der Pr. Vd. zur Ausführung des B.-G.-B. v. 16. XI. 99 eine solche Ausdehnung der Nachprüfung des Verwaltungsrichters keinesfalls erfolgt ist.

Nr. 7. Entsch. Bd. XXXIX S. 444 v. 1. III. 1901 I B 1/1901

§ 61 Abs. 2 B.-G.-B

1. Gegen die Eintragung eines Vereins für Feuerbestattung hat die Behörde Einspruch erhoben. Das O.-V.-G. wies die Klage ab, indem es den Verein für einen politischen, aber nicht für einen religiösen erklärte. Folgende Sätze sind beachtenswert:

2. Die Verfolgung eines politischen Zweckes ist bei einem Vereine, dessen Bestrebungen auf Beeinflussung der Gesetzgebung oder der Verwaltung des Staates gerichtet sind, zu bejahen (Entsch. des R.-Ger. in Strafsachen Bd. XVI S. 383, Bd. XXIII S. 340 und Urt. des O.-V.-G. v. 10. und 17. XI. 96, Pr.-V.-Bl. Jahrg. XVIII S. 369, 307 — vgl. auch Eck, Vorträge über das B.-G.-B. S. 72, Endemann, Lehrbuch des Bürgerlichen Rechtes, Bd. I 8. Aufl. S. 188 Anm. a; Hölder, Komm. zum Allgemeinen Teil des B.-G.-B., S. 176ff.; Bornhak im Verwaltungsarchiv Bd. VIII S. 42; Planck Anm. 2 Abs. 3 zu § 61 B.-G.-B.; Zeller im Verwaltungsarchiv Bd. VI S. 42ff.). Wenn Zweck eines Vereins für Feuerbestattung nach § 1 seiner Satzungen ist: „die Förderung der auf Zulassung der fakultativen Feuerbestattung gerichteten Bestrebungen,“ so hängt die Zulassung der fakultativen Feuerbestattung zweifellos von der Gesetzgebung des Staates oder von der Handhabung der Gesetze durch die Organe des Staates ab. Daher richten sich die auf Zulassung der fakultativen Feuerbestattung abzielenden Bestrebungen notwendig auf eine Beeinflussung der Gesetzgebung oder der Organe des Staates.

3. Um einen politischen Zweck anzunehmen, genügt es, daß der Verein nach seinen Satzungen die Zulassung der fakultativen Feuerbestattung, also einen

Akt der Gesetzgebung oder der Verwaltung bezweckt. Die Erforderlichkeit des Aktes kommt für die Beurteilung des Vereinszwecks nicht notwendig in Betracht. Außerdem ist aber bekannt, daß die Leichenverbrennung in Preußen von den Behörden nicht gestattet wird (vgl. Entsch. v. 3. X. 88 — I. B. 19/88 — im Pr.-V.-Bl. Jahrg. X S. 132; Jolly in von Stengel's Wörterbuch des Deutschen Verwaltungsrechts „Beerdigungswesen", § 4 Bd. I S. 144). Selbst wenn das Verbot keine ausreichende Stütze in den Gesetzen haben sollte, würde in seiner Bekämpfung der Versuch einer Einwirkung auf die Organe der Verwaltung zu erblicken sein. Denn das ist auch bei Geltendmachung der bestehenden Gesetze gegenüber den Organen der Verwaltung der Fall. Bildete sich z. B. ein Verein zur Wahrung des Vereinsrechts gegen Uebergriffe der Polizeibehörde oder zur Aufrechterhaltung der Verfassung gegen Uebergriffe der Staatsregierung, so würde nicht zu bezweifeln sein, daß der Verein einen politischen Zweck verfolge, obwohl er nur dahin wirken will, daß sich die Behörden in den Schranken des Gesetzes halten.

4. Die Feuerbestattung ist an sich keine religiöse Handlung. Sie soll freilich an Stelle des Begräbnisses treten, das von der Kirche als religiöse Handlung aufgefaßt wird (vgl. Richter, Kirchenrecht, 8. Aufl. S. 1213; Jacobson, Pr. Kirchenrecht, S. 507 ff.; Eichhorn, Kirchenrecht Bd. II S. 548 ff.). Die Kirche versagt auch, wenigstens zum Teil, ihre Mitwirkung bei der Feuerbestattung, indem sie diese mißbilligt. Insofern mögen daher die Bestrebungen des Vereins im Gegensatze zu der kirchlichen Anschauung stehen. Darum kann man den Zweck des Vereins aber nicht als einen religiösen betrachten. Zu berücksichtigen ist, da den Bestrebungen des Vereins für Feuerbestattung ebenso wie religiöse so auch religionsfeindliche Beweggründe fernliegen, daß vielmehr diese Bestrebungen auf gesundheitlichen, ästhetischen, historischen und wirtschaftlichen Grundsätzen beruhen.

M. Gesindepolizei, auch Streitigkeiten zwischen Meister und Gesellen.

Nr. 1. Entsch. Bd. XXXIX S. 420 v. 2. IV. 1901 I A 78/1900.

§§ 51, 167 Gesindeordn. v. 8. XI. 1810.

1. Derjenige Amtsvorsteher, in dessen Amtsbezirke die Herrschaft wohnt und der Dienst geleistet werden soll, ist allein befugt, darüber zu befinden, ob ein Dienstbote in den Dienst zurückzuführen ist. Die Polizeibehörde des jeweiligen Aufenthalts oder Wohnorts des Dienstboten ist dafür nicht zuständig.

2. Das O.-V.-G. ist mehrfach mit der Rechtsfrage befaßt worden, welche Polizeibehörde zuständig ist (vgl. die in dem Urt. v. 21. IX. 1901, I. 1350 — Pr.-V.-Bl. Jahrg. XII S. 285 — aufgeführten Entscheidungen). Sämmtliche früheren Fälle lagen so, daß der klagende Dienstbote die Zuständigkeit der Polizeibehörde des Dienstortes, ihn zur Fortsetzung des verlassenen Dienstes durch Zwangsmittel anzuhalten, mit der Behauptung bestritten hatte, daß er dort nicht mehr wohne, und daß nur die Ortspolizeibehörde des Wohn- oder Aufenthaltsortes zur Anwendung von Zwangsmitteln gegen ihn befugt gewesen sein würde. Derart begründete Angriffe gegen die Gesetzmäßigkeit gesindepolizeilicher Verfügungen hat das O.-V.-G. in ständiger Rechtsprechung zurückgewiesen, so in einem Urt. v. 13. XI. 89, I. 1332 mit der Ausführung: „Der Angriff ist verfehlt, weil unbedenklich diejenige Polizeibehörde, in deren Bezirk ein Gesindedienstverhältnis besteht, wo also der Dienst zu leisten ist und durch dessen Verlassen die Rechtsordnung gestört wird, nach den §§ 59, 60 der Kr.-Ordn. örtlich zuständig erscheint, den vorläufigen polizeilichen Schutz zu gewähren, unter welchen

der § 167 der Gesinde-Ordn. das Gesindeverhältnis gestellt hat." Mit diesen Entscheidungen ist freilich die Frage noch nicht beantwortet, ob etwa neben der Polizeibehörde des Dienstortes auch diejenige des Ortes, wo das vertragsbrüchige Gesinde seinen Wohnsitz oder Aufenthalt hat, zur Anordnung und Durchführung von Zwangsmaßregeln zuständig sei. Wäre sie zu bejahen, so würde in sinngemäßer Anwendung der civilprozessualischen Elektivkonkurrenz zwischen mehreren für dieselbe Streitsache begründeten Gerichtsständen (C.-P.-O. § 35) der Dienstherrschaft die Wahl zustehen, bei welcher von beiden Ortspolizeibehörden sie ihren Antrag auf zwangsweise Zu- oder Zurückführung des den Antritt oder die Fortsetzung des Dienstverhältnisses weigernden Gesindes zu stellen hätte. In der That wird die Meinung, daß dem so sei, unter Berufung auf das angeführte Erkenntnis des Kammergerichts in dem neuen Kommentar zur Gesindeordnung von Jacobi (Die Preußische Gesindeordnung, 1900, S. 210, Anm. 5) ausdrücklich aufgestellt. Auch ist es nach dem eben Gesagten zweifellos, daß eine Herrschaft, die es auf den Rechtsweg ankommen läßt und gegen den vertragsbrüchigen Dienstboten den Anspruch auf Fortsetzung des Dienstverhältnisses oder Leistung des Interesses (§§ 888, 893 C.-P.-O. in der neuen Fassung) verfolgen will, zwischen dem Gerichte des Wohn- oder Aufenthaltsortes und dem des Erfüllungsortes wählen kann.

Sind aber auch nach der Organisation der Gerichtsbarkeit in zahlreichen Fällen für denselben Rechtsstreit verschiedene Gerichte aus dem Grunde zuständig, weil verschiedenartige Beziehungen eines Rechtsanspruchs zu mehreren Gerichtssprengeln bestehen können, so geht es doch nicht an, die einschlägigen civilprozessualischen Vorschriften auf die örtliche Zuständigkeit der Polizeibehörden zu übertragen. Da es das Amt der Polizei ist, die nötigen Anstalten zur Erhaltung der öffentlichen Ruhe, Sicherheit und Ordnung und zur Abwendung von Gefahren zu treffen (§ 10 Tit. 17 T. II A.-L.-R.), so ergiebt sich aus der örtlichen Abgrenzung, in welcher die mit Wahrnehmung dieser Seite der Staatsgewalt betrauten Organe ihres Amtes zu walten haben, notwendig die Folge, daß ihr Einschreiten zum Schutze der bedrohten oder geschädigten öffentlichen Interessen rechtlich an die Voraussetzung gebunden sein muß, daß innerhalb des ihnen zugewiesenen Amtsbezirkes und nicht anderswo, jene Interessen gefährdet oder verletzt sind (vgl. Urt. d. O.-V.-G. v. 26. X. 89, Entsch. Bd. XVIII S. 420). Es kann weder Pflicht noch Recht einer Ortspolizeibehörde sein, durch ihre Anordnungen für die Herstellung eines polizeimäßigen Zustandes in einem anderen als ihrem eigenen Amtsbezirke Sorge zu tragen und Maßregeln gegen die dort dem Gemeinwohle drohenden Gefahren zu treffen. Eine Verfügung, die dort in Wirksamkeit zu treten bestimmt wäre, im vorliegenden Falle die zwangsweise Zuführung des den Dienstantritt verweigernden Gesindes, würde einen unzulässigen Uebergriff in eine fremde Amtsgewalt darstellen und könnte nicht als eine durch die gesetzlichen Befugnisse der Behörde (§ 132 des L.-V.-G.) gerechtfertigte Anordnung erachtet werden. Daß diese in der Natur der Sache begründeten Gesichtspunkte für die Regelung der örtlichen Zuständigkeit der Polizeibehörden auch für Gesindesachen gelten, kann nicht zweifelhaft sein.

3. Das Gesindeverhältnis unterscheidet sich von anderen vertragsmäßigen Arbeits- und Dienstverhältnissen des Privatrechts dadurch, daß die übernommenen Dienste dem Hausstande der Dienstherrschaft geleistet werden, daß das Gesinde in die häusliche Gemeinschaft aufgenommen und der Hausordnung unterstellt wird (§ 4 Tit. 1 T. I A.-L.-R.). Der Gesindedienst zieht einerseits die Unterwerfung unter die Hausgewalt des Dienstherrn nach sich; andererseits ist dieser zur Fürsorge für das sittliche und körperliche Wohl des Dienstboten verpflichtet. Insoweit gehört das Rechtsverhältnis dem öffentlichen

Rechte an. Es bildet einen Bestandteil der öffentlichen Ordnung. Zu seinem Schutze gegen Mißbrauch, Mißachtung und Störungen lassen die Gesetze ein polizeiliches Einschreiten zu, das in Voraussetzungen, Verfahren und Erfolg gänzlich geschieden ist von dem privat- und strafrechtlichen Schutze, unter den das Verhältnis gestellt wird (vgl. Urt. v. 26. III. 81, E.-O.-V. Bd. VII S. 377). Indem nun aber die Gesindeordnung zur Wahrnehmung der Ordnungspolizei in ihrem Bereiche die Ortspolizeibehörden beruft, will sie das Gesindeverhältnis da geschützt wissen, wo es seinen Sitz hat, also in demjenigen Polizeibezirke, wo die Herrschaft wohnt oder sich aufhält. Denn nur hier wird durch die ungesetzliche Weigerung, den Dienst anzutreten oder fortzusetzen, oder durch die ungerechtfertigte Weigerung, das gemietete Gesinde anzunehmen, die öffentliche Ordnung, zu deren Wächter die Polizeigewalt des Staates bestellt ist, gebrochen. Nur hier ist ein den Beginn, die Fortsetzung, die Beendigung des Verhältnisses berührender ordnungswidriger Zustand, der eine Quelle öffentlicher Gefahren sein kann, eingetreten. Und nur hier ist die Polizeibehörde in der Lage, durch Sammlung des Materials und Prüfung des Sachverhältnisses die im Interesse der Ordnung zu schleuniger Regelung des streitigen Verhältnisses notwendigen Maßregeln vorläufig, bis zu etwaiger Anrufung des Richters zu treffen. Dagegen wird die öffentliche Ordnung eines Polizeibezirkes durch die Thatsache, daß sich daselbst jemand aufhält, gegen den von auswärts die Beschuldigung erhoben wird, vertragsmäßigen Dienstpflichten nicht nachgekommen zu sein, an sich nicht gestört. Es ist gänzlich ausgeschlossen, daß die dortige Polizeibehörde aus eigenem Rechte befugt sein könnte, den in Anspruch Genommenen zur Erfüllung seiner anderswo übernommenen Vertragspflichten zwangsweise anzuhalten; dies um so mehr, als der Betroffene sich durch Wechsel des Aufenthaltes dem polizeilichen Zwange entziehen kann.

Nr. 2. Entsch. v. 21. IX. 1900 I 1350 (Pr.-V.-Bl. Jahrg. XXII S. 285).
§§ 127 ff. L.-V.-G.

1. Eine Vorschrift, daß eine polizeiliche Verfügung eine Belehrung über die Rechtsmittel enthalten müsse, besteht nicht.

2. Trotz ungünstiger Entscheidung der Polizei kann ein Dienstbote im ordentlichen Rechtswege gegen die Herrschaft mit dem Antrage klagen, daß diese anerkenne, er sei zum Verlassen des Dienstes berechtigt gewesen (Rehbein, Entsch. des O.-Trib. Bd. IV S. 729).

3. Welcher Polizeibehörde die Zwangsmaßnahmen gegen entlaufenes Gesinde zustehen oder obliegen, ist im § 132 des L.-V.-G. nicht gesagt. Lindenberg-Posseldt (das Preußische Gesinderecht 5. Aufl. S. 161 Note 2) hält unter Berufung auf die Entscheidung des Kammergerichts v. 25. IX. 90 (Jahrb. Bd. XI S. 258) die Ortspolizeibehörde des Aufenthaltsorts des Gesindes für zuständig, während Zürn (Handb. des Preußischen Gesinderechts, 1895, S. 135) ausführt, daß jede Polizeibehörde für die Dienstverhältnisse ihres Bezirks zuständig sei, und daß insbesondere nur die Polizeibehörde des Orts, wo der Dienstvertrag zu erfüllen, bei verweigertem Antritt oder verweigerter Fortsetzung über den Bestand oder Fortbestand des Dienstes zu entscheiden habe. Schon in dem Bescheide des Ministers des Innern v. 6. VI. 88 (Parey, die Selbstverwaltung Jahrg. XV S. 285) wird hervorgehoben, die Zuständigkeit der Polizeibehörden beschränke sich auf die Dienstverhältnisse „innerhalb des Polizeibezirks“. In der Entsch. des O.-V.-G. v. 13. XI. 89 (I. C. 140) ist dann die örtliche Zuständigkeit derjenigen Polizeibehörde, in deren Bezirk das Gesindedienstverhältnis besteht, durch dessen Verlassen die Rechtsordnung gestört wird, unter Bezugnahme auf die §§ 59, 60 der Kr.-Ordn. bejaht.

Endlich ist in dem Urt. desselben Gerichts v. 6. II. 92 (Parey, Selbstverwaltung Jahrg. XIX S. 265) ausgeführt:

> „Das der Polizeibehörde gegebene Recht zur zwangsweisen Nötigung des Gesindes beruhe augenscheinlich darauf, daß an der Erfüllung der Dienstverträge neben dem Privatinteresse der Herrschaften zugleich die öffentliche Ordnung als beteiligt erachtet worden sei; für die Wahrnehmung dieser sei im Sinne des Gesetzes jedenfalls die Zuständigkeit derjenigen Polizeibehörde begründet, innerhalb deren Bezirk der Dienstvertrag zu erfüllen sei, weil hier durch die verweigerte Erfüllung desselben von Seiten des Gesindes die öffentliche Ordnung gestört werde."

Von diesen überzeugenden Ausführungen abzuweichen, liegt kein Grund vor. Es ist auch in der kammergerichtlichen Entscheidung, auf welche Lindenberg seine gegenteilige Ansicht stützt, keineswegs ausgesprochen, daß nur die Polizeibehörde des Aufenthaltsortes des vertragsbrüchigen Dienstboten zuständig sei, vielmehr die Frage, ob die Zwangsmaßnahmen auch von der Behörde des durch den Erfüllungsort des Vertrags bestimmten Bezirks ausgehen dürfen, vollständig offen gelassen, weil es für den zu entscheidenden Fall auf letztere Frage gar nicht ankam. Jedenfalls kann aus § 1 Abs. 3 des Gesetzes über die Polizeiverwaltung v. 11. III. 50, der bestimmt:

> „Jeder, der sich im Verwaltungsbezirke einer örtlichen Polizeibehörde aufhält oder daselbst ansässig ist, muß den polizeilichen Anordnungen derselben Folge leisten"

nicht hergeleitet werden, daß das Gesinde nur den Anordnungen der Polizeibehörde ihres Wohn- oder Aufenthaltsortes zu folgen verpflichtet sei, sofern die Zuständigkeit anderer Polizeibehörden anderweitig begründet ist.

N. Polizeiliche Verfügungen vermischten Inhalts.

Nr. 1. Entsch. v. 8. XI. 1900 III 95.

Das O.-V.-G. ist stets davon ausgegangen, daß die Pflege der Wohlfahrt nicht einen Gegenstand des polizeilichen Verfügungs- und Zwangsrechts bildet (Entsch. Bd. XV S. 434, Bd. XXIII S. 369, Bd. XXVI S. 328) und ebenso davon, daß die Polizeibehörden zu Eingriffen in das Privateigentum, die nicht in Beschränkungen, denen das Eigentum im öffentlichen Interesse allgemein oder in bestimmten Bezirken unterliegt, bestehen, sondern in Anforderungen an den Einzelnen auf Aufgabe seiner im Eigentum begründeten Rechte zu Gunsten Dritter oder auch des gemeinen Wohls, nur in Fällen eines in dem Sinne obwaltenden Notstandes ermächtigt sind, daß eine unmittelbar bevorstehende Gefahr auf andere Art nicht abzuwenden ist (Entsch. Bd. III S. 361, Bd. XXII S. 309) und auch dies selbstverständlich unbeschadet des im ordentlichen Rechtswege verfolgbaren Entschädigungsanspruchs. Andererseits ist den Polizeibehörden die Befugnis zu Maßnahmen zum Schutze des Privateigentums und also auch zur Erhaltung von Vermögenswerten über die Abwehr strafbarer Handlungen hinaus nicht grundsätzlich abgesprochen, sondern verordnet, daß sie sich auch hiermit selbst im Falle eines nur in dem Sinne bestehenden Notstandes befassen dürfen, daß die zum Schutze gegebene regelmäßige Hilfe und insbesondere bei dem ordentlichen Richter nicht rechtzeitig erreichbar ist (Entsch. Bd. XXXII S. 429, Zeitschrift für Bergrecht Bd. XXXVII S. 487). Nach diesen Grundsätzen sind die Polizeibehörden nicht ermächtigt, die Einrichtung von Soolbädern oder anderen zu

Heilzwecken bestimmten Anstalten zu erzwingen und ebensowenig dazu, deren Aufgabe den hierzu geneigten Besitzer zu verbieten.

Nr. 2. Entsch. Bd. XXXVIII S. 444 v. 11. X. 1900 IV C 155/99.

1. Sind Wegegräben (auch Chausseegräben) gesundheitsschädlich geworden, weil z. B. stinkende Abwässer in sie gelangen, so ist es Sache der Ortspolizei, als Gesundheitspolizei, dagegen einzuschreiten.

2. Will die Polizei gegen eine Anzahl Adjacenten, die die Verunreinigung verschulden, vorgehen und ihnen je eine Auflage machen, so ist sie nicht befugt, die Abstellung des polizeiwidrigen Zustandes den dazu verpflichteten Einzelpersonen als eine unter gemeinsamer Haftung einheitlich zu beschaffende Leistung aufzugeben (im vorliegenden Falle eine Rohrleitung gemeinsam anzulegen d. h. als Gesammtschuldner). Die Polizei muß sich nach den geltenden allgemeinen Rechtsgrundsätzen zur Abstellung eines polizeiwidrigen Zustandes an die zur Vorkehrung des Erforderlichen verpflichtete Einzelperson halten und ist nicht befugt, da, wo es zur vollen Erreichung des von ihr angestrebten Erfolges des gleichartigen und gleichzeitigen Vorgehens gegen mehrere einzelne, unabhängig von einander dastehende Verpflichtete bedarf, diese in der Art zu einer Gemeinschaft zusammenzufassen, daß eine von sämmtlichen Verpflichteten im Wege gemeinsamen Vorgehens zu beschaffende Leistung erfordert wird, wobei, wenn es sich um die Durchsetzung der Auflage im Falle der Nichtbefolgung handelt, die Säumnis des Einzelnen gegen die durch die Verfügung geschaffene Gesammtheit wirken soll.

Nr. 3. Entsch. v. 7. XII. 1900 I 1807 (Pr.-V.-Bl. Jahrg. XXIII S. 68).
§ 10 II 17 A.-L.-R.

Die Polizei darf dem Besitzer eines bösartigen Hundes aufgeben, ihn außerhalb seines Gehöfts an einer Leine zu führen.

Nr. 4. Entsch. v. 7. I. 1901 IV 33 (Pr.-V.-Bl. Jahrg. XXII S. 454).

1. Die Grundeigentümer haben gegenüber der Polizei die Verpflichtung, ihr Grundstück in einem polizeimäßigen, den öffentlichen Interessen entsprechenden Zustande zu erhalten. Dazu gehört auch eine ordnungsmäßige Einrichtung der Abtrittsgruben, die ordnungsmäßige Entleerung derselben sowie die Fortschaffung der Fäkalien. Andererseits sind die Stadtgemeinden wohl berechtigt, durch besondere statutarische Anordnungen die Abfuhr der Fäkalien und die damit im Zusammenhange stehende Entleerung der Abtrittsgruben in den Kreis der von ihnen zu erledigenden Aufgaben zu ziehen (Entsch. d. O.-V.-G. Bd. XXXII S. 305). Und da diese Abfuhr und ihre Regelung durch die Gemeinde häufig nur dann vollständig und sicher durchgeführt werden kann, wenn ein allgemeiner Zwang zur Benutzung der von der Gemeinde eingerichteten Abfuhranstalt angeordnet wird, so erscheint die Polizei befugt, alle bewohnten Grundstücke einem solchen Zwange zu unterwerfen und den Eigentümern die Benutzung der städtischen Abfuhranstalt für die Entleerung der Gruben und Fortschaffung der Fäkalien vorzuschreiben. Denn damit verfolgt die Polizei nur gesundheitspolizeiliche Zwecke, die Beseitigung und Abwehr von Gefahren für die Gesundheit der Einwohner, wie sie sich leicht bei ungenügender und ordnungswidriger Entleerung der Gruben, sowie bei unsorgfältiger Fortschaffung ihres Inhalts durch Benutzung ungeeigneter Transportmittel ergeben (Entsch. d. O.-V.-G. Bd. XXXII S. 306, Bd. XXVI S. 54, Bd. XXVIII S. 356).

2. Aber die unerläßliche Voraussetzung für den polizeilichen Zwang, sich solcher durch das Ortsstatut eingerichteten Anstalt zu bedienen, ist stets, daß

das Ortsstatut selbst rechtlichen Bestand hat. Ist dies nicht der Fall, sind in dem Statut für die Benutzung der Anstalt Bedingungen aufgestellt, die dem Recht widersprechen, so kann die Polizei ihrerseits die Eigentümer nicht zwingen, sich solchen rechtswidrigen Bedingungen zu unterwerfen. Mit dem Rechtsbestand der statutarischen Abfuhranstalt fällt auch der Rechtsbestand einer die Benutzung dieser Anstalt zwangsweise vorschreibenden Verordnung.

3. Im Ortsstatute muß die Gemeinde die Verpflichtung übernehmen, die Abfuhranstalt von jedem Eigentümer benutzen zu lassen. Im andern Falle ist die Polizei nicht befugt, den Grundeigentümer zu zwingen, sich der Anstalt zu bedienen.

Nr. 5. Entsch. Bd. XXXIX S. 396 v. 17 V 1901 I A 163/1900.
§ 10 Tit. 17 Teil II A.-L.-R., §§ 905, 907, 910 B.-G.-B.

Tannenpflanzungen überragen das erste Stockwerk eines Nachbargrundstücks und nehmen der Schule auf diesem Grundstücke Licht und Luft. Die Polizei gab dem Besitzer der Tannen auf, diese zu fällen; die Verfügung wurde aufgehoben. Aus dem Erk. sind folgende Sätze bemerkenswert:

> Was die in der Verfügung geforderte Beseitigung der Tannen anbetrifft, so rügt die Klägerin, daß die Verfügung einen unberechtigten Eingriff in ihre Privatrechte enthalte, und bestreitet, daß die von der Polizeibehörde angenommene Gefährdung vorliege. Unzweifelhaft greift das Verlangen in das Eigentumsrecht der Klägerin ein, das an sich die Befugnis in sich schließt, Bäume bis zu unbegrenzter Höhe und Dichtigkeit über der Oberfläche des Grundstücks zu haben (§ 905 B.-G.-B.). Es besteht keine gesetzliche Vorschrift, welche den Grundeigentümer in der Benutzung des Bodens zum Anpflanzen und Haben von Bäumen beschränkte; Bäume und Sträucher gehören nicht zu den Anlagen, deren Herstellung oder Haltung zu Gunsten des Nachbargrundstücks gewissen Einschränkungen unterworfen ist (§ 907 Abs. 2 a. a. O.). Gegenüber den in das Nachbargrundstück eingedrungenen Baumwurzeln und den hinüberragenden Zweigen ist, sofern hierdurch die Benutzung des Grundstücks beeinträchtigt wird, das Recht des Abschneidens gegeben (§ 910 a. a. O.); im übrigen sind nach Art. 124 des Einführungsgesetzes zum Bürgerlichen Gesetzbuch auch jetzt noch die landesgesetzlichen Bestimmungen maßgebend, welche das Grundeigentum zu Gunsten der Nachbarn beschränken oder das Halten von Bäumen und Sträuchern nur in gewissen Abständen von der Grenze gestatten. Neben diesen privatrechtlichen bestehen nach Art. 109 und 111 a. a. O. die früheren landesgesetzlichen Vorschriften fort, welche im öffentlichen Interesse die Entziehung einer Sache oder die Beschränkung des Eigentums zulassen oder das letztere in Ansehung thatsächlicher Verfügungen beschränken. Im Gebiete des gemeinen Rechtes giebt es besondere das Grundeigentum in der bezeichneten Richtung einschränkende Vorschriften ebensowenig wie Rechtssätze, welche Eigentumsbeschränkungen überhaupt oder in gewissen Beziehungen verbieten. Es bleibt somit nur übrig, zu erörtern, ob die angefochtene Verfügung eine rechtliche Stütze findet an dem Grundsatze, der durch die allgemeine Vorschrift des § 10 Tit. 17 T. II A.-L.-R. zum Ausdrucke gelangt ist. Nach zahlreichen Entsch. des O.-V.-G. (vgl. die Zusammenstellung bei Biermann, Privatrecht und Polizei, S. 124 Anm. 1) die sich über die aus jenem Grundsatze zu folgernde Zulässigkeit polizeilicher Eigentumsbeschränkungen näher aussprechen, ist jeder Eigentümer gehalten, Sorge zu tragen, daß sein

Eigentum sich jeder Zeit und dauernd in einem mit dem Gemeinwohle verträglichen Zustande befindet, und es nur so zu benutzen, daß polizeilich zu schützende öffentliche Interessen nicht beeinträchtigt oder gefährdet werden. Einer Prüfung nach Maßgabe dieser Gesichtspunkte hält das an die Klägerin gerichtete Gebot, ihre Tannenpflanzung zu beseitigen, in keiner Richtung Stand.

Zunächst kann nicht anerkannt werden, daß die Verminderung des Zutritts von Licht und Luft in einzelne Räume des an die baumbepflanzten Streifen des Gartens der Klägerin grenzenden Instituts einen Zustand herbeiführt, der mit dem Gemeinwohl unverträglich ist, und daß ein polizeilich zu schützendes öffentliches Interesse gebietet, Institutsräumen ein ausreichendes Maß von Licht und Luft zu verschaffen. Ob das Institut die Beeinträchtigung seiner Baulichkeiten durch die Bäume des Nachbargrundstücks sich gefallen lassen muß oder die Beseitigung der Störung fordern kann, ist vielmehr lediglich eine Frage des Privatrechts, zu deren Entscheidung die ordentlichen Gerichte berufen sind. Die Ordnung privatrechtlicher Beziehungen steht grundsätzlich der Polizei nicht zu. In der angegriffenen Verfügung ist anscheinend das Vorliegen eines öffentlichen Interesses deshalb angenommen worden, weil die durch die Tannen in ihrer Benutzbarkeit beeinträchtigten Räume Schulsäle sind und eine große Anzahl von Schulkindern durch die unzulängliche Beleuchtung und Lüftung der Räume in ihrer Gesundheit gefährdet werde. Hieraus würde indessen nur folgen, daß die Benutzung der Räume zu Schulzwecken nicht geduldet werden darf, nicht aber, daß die Klägerin zu Gunsten des Nachbargrundstücks dauernd in der ihr gesetzlich nicht verwehrten Art des Gebrauchs ihres Grundstücks eingeschränkt werden muß. Denn jeder Eigentümer ist — wie in dem Urt. des O.-V.-G. v. 21. III. 98 (Entsch. Bd. XXXIII S. 413) dargelgt ist — zwar verpflichtet, sein Grundstück in einem den polizeilichen Anforderungen entsprechenden Zustande zu erhalten, und die Polizei ist berechtigt, über das Bestehen dieses Zustandes zu wachen, sie kann aber nicht verlangen, daß der Eigentümer in seinen aus dem Eigentume folgenden Befugnissen Einschränkungen erleide, damit ein anderes Grundstück in einem polizeimäßigen Zustande bleibe. Dafür hat nur dessen Eigentümer zu sorgen; an ihn muß sich die Polizei halten.

Nr. 6. Entsch. Bd. XXXIX S. 390 v. 1. II. 1901 I B 48/1900.

§ 10 Tit. 17 Teil II A.-L.-R.

1. Die Ortspolizeibehörde hatte einem Grundstückseigentümer verboten, das Wasser seines Brunnens, das gesundheitsgefährlich war, „zum menschlichen Genusse zu verwenden oder verwenden zu lassen", auch aufgegeben, am Brunnen eine Warnungstafel auf seine Kosten anbringen zu lassen. Der erste Teil der Verfügung wurde aufgehoben und zwar das Verbot, „das Wasser verwenden zu lassen", als zu unbestimmt und das Verbot, „das Wasser selbst zu verwenden" aus folgenden Gründen:

2. Das Reichsgesetz, betreffend den Verkehr mit Nahrungsmitteln, Genußmitteln u. s. w. v. 14. V. 79 dient einem solchen Verbote offenbar nicht zur Stütze. In der willkürlichen Wahl von Speisen und Getränken zum eigenen Genusse darf die Polizei den Einzelnen regelmäßig auch nicht im Interesse seiner Gesundheit beschränken. Gefahren, denen sich der Einzelne

freiwillig aussetzt, wenn er gewisse Speisen oder Getränke zu sich nimmt, rechtfertigen nicht ein polizeiliches Einschreiten. Denn Aufgabe der Polizei ist es im allgemeinen nicht, die Menschen gegen sich selbst zu schützen, und zu ihren Befugnissen gehört es im allgemeinen nicht, bestimmte Handlungen, die dem sie Vornehmenden selbst schädlich werden können, aus diesem Grunde zu verbieten. Sonst würde die Polizei in die natürliche Handlungsfreiheit des Einzelnen eingreifen, die begrifflich auch in sich schließt, daß jeder über seinen Körper verfügen und insbesondere bestimmen kann, welche Nahrungs- und Genußmittel er seinem Körper zuführen will; die reine Selbstverletzung ist nicht strafbar (vgl. Binding, Handbuch des Strafrechts Bd. I S. 695 ff.). Gleichwohl mag die Polizei unbedenklich befugt sein, einen Vergiftungsversuch wie überhaupt einen Selbstmordversuch oder einen Selbstverstümmelungsversuch — letzteren auch in anderen Fällen als denen des § 142 des Strafgesetzbuchs — zu hindern (vgl. § 6 des Gesetzes zum Schutze der persönlichen Freiheit vom 12. II. 50, § 25 der Gendarmerieinstruktion v. 30. XII. 20). Allein daraus folgt nicht, daß die Polizei dem Einzelnen auch andere nicht unmittelbar auf Vernichtung des Lebens oder auf Zerstörung von Organen gerichtete Handlungen verbieten darf, weil sie nachteilige Folgen für seine Gesundheit haben können (vgl. Foerstemann, Polizeirecht S. 6 ff., O. Mayer, Deutsches Verwaltungsrecht Bd. I S. 259 ff., Neukamp im Verwaltungsarchiv Bd. III S. 57). Wird durch derartige Handlungen wegen der Ansteckungsmöglichkeit zugleich die Gesundheit weiterer Kreise gefährdet, so kann unter Umständen eine polizeiliche Verhinderung der Gesundheitsschädigung oder ein polizeilicher Zwang zur Heilung einer Krankheit — wie bei der Zwangsheilung syphilitisch kranker prostituierter Frauenspersonen — gerechtfertigt sein. Aber unbedingt ist ein Recht der Polizei, dem Einzelnen zu verbieten, daß er sich einer Gesundheitsgefahr — namentlich durch Genuß gewisser Speisen und Getränke — aussetze, auch da nicht anzuerkennen, wo die Möglichkeit der Weiterverbreitung einer von dem Genusse zu befürchtenden Krankheit durch Ansteckung an sich im Bereiche der Möglichkeit liegt. Keinesfalls läßt sich daher mit der allgemeinen durch Thatsacheu nicht besonders begründeten Erwägung, daß der Genuß von schlechtem Wasser Typhus verursachen und so die Gefahr der Weiterverbreitung dieser Krankheit entstehen könne, das Verbot des Wassergenusses rechtfertigen. Zur Verhütung solcher ganz entfernter Gefahren darf die Polizei die Handlungsfreiheit des Einzelnen nicht beschränken (Rosin, Begriff der Polizei S. 61, 62 Anm. 179, Neukamp im Verwaltungsarchiv Bd. III S. 61 und 62 Anm. 50, ferner die Zusammenstellung der E.-O.-V. bei Biermann Privatrecht und Polizei S. 18 ff.; s. auch Sammlung der E. d. O.-V.-G. Bd. XX S. 408). Wenn auch die Polizei im Interesse der Allgemeinheit die Schließung eines Brunnens mit gesundheitsschädlichem Wasser anordnen kann, wodurch zugleich dem Eigentümer dessen Benutzung unmöglich gemacht wird (Pr.-V.-Bl. Jahrg. XIX S. 343, vgl. Sammlung der E.-O.-V. Bd. XII S. 385, Bd. XXX S. 424), so darf sie doch dem Eigentümer des Brunnens den eigenen Genuß des Wassers nicht einfach verbieten (vgl. auch den Hinweis auf das Interesse weiterer Kreise im Pr.-V.-Bl. Jahrg. VIII S. 421).

3. Die Klage wurde hinsichtlich des Gebots, eine Warnungstafel anzubringen, abgewiesen. In dem Erk. heißt es:

> Ist mit der thatsächlichen Möglichkeit einer Benutzung des Grundstücks durch Dritte zu rechnen, so muß der Eigentümer thunlichst dafür sorgen, daß der Zustand seines Grundstücks auch unter der Voraussetzung einer solchen, wenn gleich unbefugten oder ordnungswidrigen, Benutzung nicht gefahrdrohend sei. Die Fürsorge der Polizei

beschränkt sich nicht auf den Schutz gegen Gefahren, denen jemand ausgesetzt ist, wenn er innerhalb seiner Befugnisse bleibt oder wenn er ordnungsmäßig handelt. Zu einem, den polizeilich zu schützenden Interessen entsprechenden Zustande eines Grundstücks gehört auch die thunlichste Fernhaltung von Gefahren bei einer zwar unbefugten oder ordnungswidrigen aber thatsächlich stattfindenden Benutzung des Grundstücks. Hier ist überdies zu berücksichtigen, daß fremde Personen, die das Grundstück betreten, ohne ein ausdrückliches Verbot des Besitzers dessen Einverständnis mit der Benutzung des Brunnens leicht voraussetzen können. Man hat also nicht bloß an einen bewußt rechtswidrigen Genuß des Wassers zu denken. So hat auch das O.-V.-G. früher in einem ähnlichen Falle nur auf die Zugänglichkeit des Brunnens Gewicht gelegt, ohne die Befugnis anderer zur Benutzung des Brunnens zu erörtern (Pr.-V.-Bl. Jahrg. XIX S. 343). Dem Besitzer liegt somit geeignete Vorkehr dafür ob, daß aus der gesundheitsgefährlichen Beschaffenheit des Wassers in seinem Brunnen nicht für fremde Personen, die sein Grundstück betreten und thatsächlich in die Lage kommen, das Brunnenwasser genießen zu können, eine Gesundheitsgefahr entstehe. Die Polizei darf daher Veranstaltungen zur Verhinderung einer solchen Gefahr für Dritte verlangen. Zu dem Zwecke hat sie vom Besitzer die Anbringung und dauernde Erhaltung einer genau vorgeschriebenen Warnung verlangt. Eine solche Anordnung war nach dem Gesagten zulässig. Da die Veranstaltung dazu dienen soll, eine aus der Beschaffenheit des Brunnens entspringende Gefahr zu beseitigen, liegt dem Grundstückseigentümer die Ausführung auf seine Kosten ob (vgl. E.-O.-V. Bd. VII S. 348 ff., besonders S. 350, Bd. VIII S. 330, Bd. XII S. 310 ff., Bd. XXIII S. 396 und namentlich für Hannover Bd. XXX S. 424 ff.).

Nr. 7. Entsch. Bd. XXXIX S. 377 v. 27. III 1901 III A 44/1900.

§ 17 Reichsges., betr. Abwehr von Viehseuchen v. $\frac{23.\ VI\ 80}{I.\ V\ 94}$, § 7 Ausf.-Ges. dazu v. 12. III 81 (G.-S. S. 128), §§ 130, 134 Abs. 2 L.-V.-G.

1. Wenn der Regierungspräsident zur Ausführung der Gesetze über die Abwehr von Viehseuchen eine polizeiliche Verfügung erläßt, so sind dagegen die Rechtsmittel aus § 130 L.-V.-G. zulässig. Nur wenn die Ortspolizeibehörden oder der Landrat solche Verfügungen erlassen, sind die Rechtsmittel der §§ 127, 128 L.-V.-G. unzulässig.

2. Es gilt als polizeiliche Verfügung, wenn der Regierungspräsident einen Viehhalter auffordert, die Kosten, die durch die tierärztliche Beaufsichtigung seiner Viehställe entstehen, zu zahlen.

3. Die die Zulässigkeit der Beaufsichtigung der Ställe der Viehhändler durch beamtete Tierärzte anordnende Bestimmung ist dem § 17 des Reichsviehseuchengesetzes v. 23. VI. 80 erst durch das R.-G. v. 1. V. 94 hinzugefügt. Die auf den § 17 des R.-G. v. 23. VI. 80 bezügliche Vorschrift des § 24 des Ausf.-Ges. v. 12. III. 81 ist demnächst durch § 7 des Ausf.-Ges. v. 18. VI. 94 auf die dem § 17 durch das R.-G. v. 1. V. 94 gegebene erweiterte Fassung ausgedehnt worden. Danach sind die Kosten, welche durch die auf Grund des § 7 des Ausf.-Ges. v. 12. III. 81 von dem Regierungspräsidenten angeordnete Beaufsichtigung der Ställe der Viehhändler durch beamtete Tierärzte entstehen, von den Viehhändlern zu tragen.

Nr. 8. Entsch. v. 21. II. 99 I 399 (Pr.-V.-Bl. Jahrg. XX S 548).

1. Besondere gesetzliche Bestimmungen, welche die Ausübung der Gesundheitspolizei den Landespolzeibehörden vorbehalten, bestehen nicht, vielmehr wird die Gesundheitspolizei vielfach in gesetzlichen Vorschriften zu den Aufgaben der Ortspolizei gezählt, so namentlich in der Verordnung über die Polizeiverwaltung in den neu erworbenen Landesteilen v. 20. IX. 67 (G.-S. S. 1529), die in § 6 litt. f unter den Gegenständen der ortspolizeilichen Vorschriften die Sorge für Leben und Gesundheit aufführt. Daraus ist indes nicht zu schließen, daß jede gesundheitspolizeiliche Maßregel als Handhabung der Ortspolizei anzusehen ist, es ist vielmehr nach dem Ziele, welches die polizeilichen Anordnungen verfolgen, zu unterscheiden. So lange diese nur bezwecken, die Entstehung und Verbreitung von Krankheiten innerhalb eines bestimmten Ortes zu verhüten, haben sie einen ortspolizeilichen Charakter; erst wenn sie hierüber hinausgehen und entweder der Einschleppung von Krankheiten in das Staatsgebiet oder ihrer Verbreitung von Gegend zu Gegend entgegenwirken sollen, nehmen sie einen landespolizeilichen Charakter an (vgl. Urt. v. 6. I. 94 in den veröffentlichten Entsch. d. O.-V.-G. Bd. XXVI S. 87 ff., insbesondere S. 89 und Urt. v. 11 II. 96 Bd. XXIX S. 104 a. a. O.).

2. Wenn eine Wasserleitung Gefahren für die Gesundheit der Bewohner mit sich bringt, so kann sie polizeilich geschlossen werden, auch wenn ihr Wasser zu gewerblichen Zwecken brauchbar und nützlich ist.

3. Die Schließung kann erfolgen, wenn Gefahr droht; es braucht noch kein Gesundheitsschaden entstanden zu sein.

4. Die Versorgung der Ortsbewohner mit Wasser gehört nicht zu denjenigen Pflichten, welche der Ortsgemeinde der Polizei gegenüber obliegen, sie bildet keine Polizeilast (Erk. v. 4. I. 81 und 18. XI. 85, Entsch. Bd. VII S. 354 und Bd. XII S. 382).

Nr. 9. Entsch. Bd. XXXIX S. 403 v 18. VI. 1901 I B 12/1900.
§ 10 Tit. 17 Teil II A.-L.-R., Kab.-Ord. v 15. IV 22 (G.-S. S. 108)
Kab.-Ord v. 12. VII. 67 (G.-S S 1310).

1. In dem Geburtsregister war jemand Szulc eingetragen, während der richtige Name Schultz war. Die Polizeibehörde untersagte, ferner den Namen Szulc zu führen. Das O.-V.-G. wies die Klage ab. In dem Erk. finden sich folgende Sätze:

2. Ist in der Schreibweise „Szulc" statt „Schultz" eine Aenderung des Familiennamens zu finden, so stellen diejenigen Handlungen, in denen die Aenderung äußerlich und öffentlich zu Tage tritt, Störungen der öffentlichen Ordnung dar, denen entgegenzutreten die Polizeibehörde kraft der ihr im § 10 Tit. 17 T. II A.-L.-R. zugewiesenen Aufgabe, die nötigen Anstalten zur Erhaltung der öffentlichen Ordnung zu treffen, wohl befugt ist. Als eine derartige Handlung aber muß das Aushängen eines Geschäftsschildes, auf dem sich der Inhaber einen geänderten Namen beilegt, erachtet werden; denn sie enthält die an die Oeffentlichkeit gerichtete und sich während der ganzen Dauer der Aushängung des Schildes fortsetzende Bekanntmachung, daß der darauf geschriebene Name derjenige des Inhabers sei. Danach war, wenn in der Beilegung des Namens „Szulc" eine unter das Verbot der Kab.-Ord. v. 15. IV. 22 fallende Aenderung lag, die Polizeibehörde berechtigt, deren weitere Fortsetzung zu verbieten und auf Aenderung oder Beseitigung des Schildes zu dringen. Um aber ihr Gebot durchzusetzen, durfte sie nach § 132 Nr. 1 des L.-V.-G. das

Zwangsmittel der Ausführung durch einen Dritten androhen, da dieses überall, wo es thatsächlich ausführbar, auch rechtlich zulässig ist.

3. Das Kammergericht hat an der früheren Ansicht, daß eine Aenderung des Namens dann nicht vorliege, wenn die Schriftzeichen des geschriebenen Wortes geändert werden, das gesprochene Wort aber dasselbe bleibt, nicht festgehalten, sondern in einem Urt. v. 12. IV. 1900 (M.-Bl. S. 208) angenommen, daß jede Aenderung der Schreibweise eines Familiennamens auch als Aenderung des Namens selbst anzusehen sei, und hat diesen Grundsatz gerade auf einen Fall angewendet, in welchem der Name „Schulz" in polnischer Schreibart „Szulc" geschrieben war. Seine Abweichung von der früheren Rechtsprechung hat das Kammergericht dahin begründet:

> „Der Zweck der Bestimmung der Kab.-Ord. v. 15. IV. 22 ist, eine Verdunkelung der Personenidentität zu verhindern, dieser Zweck kann nur erreicht werden, wenn der Zwang besteht, den richtigen Namen auch richtig zu schreiben. Deshalb ist jede schriftliche Abweichung von dem richtigen Namen als „Aenderung" des Namens im Sinne der Allerh. Kab.-Ord. anzusehen. Nur bei dieser Auslegung der fraglichen Vorschrift ist ein fester Boden gewonnen."

Nr. 10. Entsch. Bd. XXXVIII S. 421 v. 21. IX. 1900 I A 31 99.
§ 10 Tit 17 Teil II A.-L.-R.

1. Dem einzelnen Einwohner einer Ortschaft, insbesondere einer Landgemeinde, steht ein persönliches Recht auf Beibehaltung des bisherigen Ortsnamens und seiner hergebrachten Schreibweise nicht zur Seite; eine Berechtigung, diese zu wahren, kann vielmehr nur der Landgemeinde selbst zuerkannt werden. Eine Verfügung des Regierungspräsidenten, wonach die Schreibweise des Namens einer Gemeinde bestimmt wird, berührt daher die persönlichen Rechte der einzelnen Einwohner nicht und kann deshalb von ihnen aus eigenem Rechte nicht angefochten werden. Zur Wahrnehmung der Rechte der Gemeinde aber sind die einzelnen Einwohner selbst dann nicht befugt, wenn sie Gemeindeglieder sind und die Mehrheit derselben ausmachen; denn zur Vertretung der Gemeinde sind nur die durch Gesetz bestellten Organe der Landgemeinde, insbesondere der Gemeindevorsteher, befugt.

2. Die Ansicht, daß Aenderungen von Ortsnamen dem Landesherrn vorbehalten seien, unterliegt keinem Bedenken. Eine positive Bestimmung, welche die Entscheidung über Veränderung von Ortsnamen Allerhöchster Entschließung vorbehält, besteht zwar nicht, wohl aber ist eine solche auf einem verwandten Gebiete, dem der Aenderung von Familien- und Geschlechtsnamen, getroffen. Nach der Kab.-Ord. v. 15. IV. 22 (G.-S. S. 108) sollte eine Aenderung der letztbezeichneten Art ohne unmittelbare landesherrliche Erlaubnis niemandem bei Vermeidung einer Geldbuße gestattet sein. Erst später ist durch den Erlaß v. 12. VII. 67 (G.-S. S. 1310) die Genehmigung zu Namensänderungen der Regel nach den Bezirksregierungen, in der Provinz Hannover den Landdrosteien übertragen worden, jedoch mit der Einschränkung, daß die Allerhöchste Entscheidung vorbehalten bleibt, wenn es sich um Annahme adeliger Prädikate oder um Aenderung adeliger Namen handelt. Nach diesen Vorschriften kennzeichnet sich die Einwilligung in die Aenderung von Familien- und Geschlechtsnamen als ein dem Landesherrn vorbehaltenes staatliches Hoheitsrecht, woran nichts ändert, daß die Ausübung der Regel nach den Landespolizeibehörden infolge eines allgemeinen Auftrags zusteht.

3. Hieraus ist auf die rechtliche Natur der Anordnungen, welche die Aenderung von Ortsnamen betreffen, zu schließen. Die Unveränderlichkeit

der Ortsnamen ist für die Staatsverwaltung von gleichem, wenn nicht höherem Interesse, wie die der Familiennamen, die nur für einen engeren Kreis von Personen Bedeutung haben. Sie ist nicht nur im Interesse der öffentlichen Ordnung erforderlich, sondern berührt auch die Steuererhebung, die Heeresergänzung, die staatliche Aufsicht über die Verwaltung der Angelegenheiten der örtlichen Kommunalverbände, ja selbst die Rechtspflege. Ist schon die weit weniger bedeutsame Aenderung von Familiennamen von der Zustimmung des Landesherrn abhängig gemacht, so muß dasselbe auch von der Aenderung der Ortsnamen gelten, sofern nicht eine positive gesetzliche Vorschrift nachweisbar ist, welche die Zuständigkeit zur Aenderung von Ortsnamen abweichend von diesem Grundsatze regelt. An einer dahingehenden Vorschrift fehlt es.

4. Von der Aenderung der Ortsnamen ist die Feststellung ihrer Schreibweise zu unterscheiden. In der Verwaltungspraxis hat niemals ein Zweifel darüber bestanden, daß Maßnahmen der letztbezeichneten Art zur Zuständigkeit der Landespolizeibehörden gehören. Das hat noch neuerdings in dem Erlasse des Ministers des Innern v. 27. X. 98 (M.-Bl. S. 221) Ausdruck gefunden; denn wenn dort die Regierungspräsidenten angewiesen werden, „landespolizeiliche Verfügungen“ über die Feststellung der Schreibweise von Ortsnamen nicht ohne vorherige Zustimmung des Ministers zu treffen, so ist damit zwar das freie Ermessen der die Landespolizei wahrnehmenden Regierungspräsidenten eingeschränkt, aber zugleich auch ausgesprochen, daß die Feststellung der Schreibweise von Ortsnamen Gegenstand landespolizeilicher Regelung ist. Dieser Auffassung ist beizutreten. Wie das O.-V.-G. schon in nichtveröffentlichten Urteilen ausgeführt hat, erfordert das Interesse der öffentlichen Ordnung, daß im amtlichen Verkehre für die Bezeichnung jeder Ortschaft eine bestimmte, allein maßgebende Schreibweise besteht. Bestimmungen hierüber zu erlassen, ist die Aufgabe der Polizeibehörde, zu deren Amte es nach § 10 Tit. 17 T. II des A.-L.-R.'s gehört, die zur Erhaltung der öffentlichen Ordnung nötigen Anstalten zu treffen, und zwar der Landespolizeibehörde und nicht der Ortspolizeibehörde, da es sich bei Feststellung der Schreibweise einer Ortschaft stets um eine Angelegenheit handelt, bei der ein über den räumlichen Bezirk der Ortspolizeiverwaltung mehr oder minder hinausreichender Kreis von Beteiligten berührt wird.

5. Bestimmte gesetzliche Vorschriften darüber, unter welchen Voraussetzungen die Landespolizei eine Feststellung der Schreibweise von Ortsnamen zu treffen, und welche Rücksichten sie dabei zu beobachten hat, bestehen nicht, insbesondere ist nirgendwo verordnet, daß die Landespolizeibehörde lediglich die von Alters hergebrachte Schreibweise festzustellen und gegen neuerliche Abweichungen zu schützen habe. Deshalb können beim Mangel von Vorschriften, die das Ermessen der Landespolizeibehörde einschränken, ihre Anordnungen auf diesem Gebiete nur dann für unrechtmäßig erklärt werden, wenn sie jedes erkennbaren polizeilichen Beweggrundes entbehren. Zu den polizeilich zu schützenden Interessen, die durch die Schreibweise von Ortsnamen berührt werden, gehört aber nicht nur das der öffentlichen Ordnung, sondern auch das der Leichtigkeit und Sicherheit des öffentlichen Verkehrs, um deren willen es erforderlich sein kann, daß fremdsprachige, weiteren Kreisen schwer verständliche Schriftzeichen durch die entsprechenden deutschen ersetzt werden.

Nr. 11. Entsch. v. 22. I. 1901 I 134 (Pr.-V.-Bl. Jahrg. XXIII S. 246).

§ 10 II 17 A.-L.-R.; §§ 127 ff. L.-V.-G.

1. Wenn in einer Polizeiverordnung die Benutzung eines Schießstandes von polizeilicher Genehmigung abhängig gemacht wird, so stellt die Ver-

sagung der Genehmigung eine polizeiliche Verfügung im Sinne der §§ 127 ff. des L.-V.-G. dar.

2. Findet der Verwaltungsrichter bei Einlegung der Klage gegen die polizeiliche Verfügung, daß eine Gefahr des Publikums, die die Voraussetzung der Versagung gewesen, nicht vorliegt, so ist die Verfügung aufzuheben.

3. Die Verfügung wird nicht dadurch gehalten, daß die Nachbarschaft durch das Schießen bloß belästigt wird (Entsch. Bd. VI S. 349, Bd. XXI S. 411).

Nr. 12. Entsch. Bd. XXXVIII S. 435 v. 23. XI 1900 I A 152/99

§ 18 Reg.-Instr v 23. X. 17 (G.-S S 248), § 3 Nr. 4 Verordn., betr die Ressortverordn der evangel Kirche v. 27 VI 45 (G.-S S. 440).

1. Einem Geistlichen der Lutheraner (die sich von der Landeskirche getrennt halten), war vom Regierungspräsidenten verboten worden, sich im amtlichen Verkehre als „evangelisch-lutherischen“ Pfarrer und seine Gemeinde und deren Gotteshaus als „evangelisch-lutherische Kirche“ zu bezeichnen. Das O.-V.-G. hält das Gebot für berechtigt und den Regierungspräsidenten für zuständig. In dem Erk. heißt es:

2. Von den im Staatswesen maßgebenden Anschauungen aus besteht, wie in dem Erk. des O.-V.-G. v. 29 VI. 98 (Entsch. Bd. XXXIII S. 29) nachgewiesen ist, die geschichtlich gegebene lutherische Kirchengesellschaft heute nur, uniert mit der gleich ihr aufgenommenen reformierten Kirchengesellschaft, in der evangelischen Landeskirche fort. In ihren staatlichen Beziehungen bildeten nach Einführung der Union diejenigen Lutheraner keine aufgenommene Kirchengesellschaft, welche sich — unter Trennung von ihren Gemeinden und von der durch Zusammenschließung der beiden reformatorischen Bekenntnisstände, des evangelischen und des reformierten, zu einer Gemeinsamkeit in der Verfassung und im Gemeindeleben umgestalteten Landeskirche — zu neuen Gemeinden vereinigten. Ebensowenig sind sie später als privilegierte Korporation (§ 17 Tit. 11 T. II A.-L.-R.) ausdrücklich aufgenommen worden. Namentlich ist dies nicht durch die ihnen verliehene Generalkonzession v. 23. VII. 45 (G.-S. S. 516) geschehen. Nach den Grundsätzen des A.-L.-R.'s und des Patentes, betreffend die Bildung neuer Religionsgesellschaften, v. 30. IV. 47 (G.-S. S. 121) ist daher ihre Religionsgesellschaft nur geduldet. Sie haben in gleicher Weise wie die evangelische Landeskirche Teil an der durch Art. 12 der Verfassungsurkunde v. 31. I. 50 von neuem gewährleisteten Religionsfreiheit und sind in ihren organisierten örtlichen Verbänden, da diesen Korporationsrechte zustehen, von den Ordnungsvorschriften der §§ 1, 2 des Vereinsges. v. 11. III. 50 befreit. Im übrigen aber bestimmt sich ihre Rechtsstellung nach der Generalkonzession von 1845 und der dazu auf Grund Allerhöchster Ermächtigung erlassenen ministeriellen Ausf.-Instr. vom 7. VIII. 47 (M.-Bl. d. i. V. S. 317).

3. Die Generalkonzession hat den getrennten Lutheranern — im Gegensatze zu den Angehörigen der Landeskirche, für die schon durch Allerh. Kab.-Ord. v. 3. IV. 21 (von Kamptz, Annalen, Bd. V Heft 1 S. 342) die Bezeichnung „evangelisch“ statt der früher üblich gewesenen „protestantisch“ festgestellt war, so daß sich deren Gemeinden in „evangelisch-lutherische“ und „evangelisch-reformierte“ gliedern — die Bezeichnung der „von der Gemeinschaft der evangelischen Landeskirche sich getrennt haltenden Lutheraner“ vorgeschrieben, eine Bezeichnung, die an einigen Stellen der Ausf.-Instr. durch die gleichbedeutende, nur abgekürzte Bezeichnung der „getrennten Lutheraner“ wiedergegeben wird. Den gottesdienstlichen Gebäuden der getrennten Lutheraner sind in der Generalkonzession der Name und die Rechte der Kirchen unter Hinweis auf

§ 18 Tit. 11 T. II A.-L.-R., woselbst dieser Name nebst den entsprechenden Rechten den Gotteshäusern der aufgenommenen Kirchengesellschaften vorbehalten ist, ausdrücklich versagt worden. Nicht unerwähnt mag bleiben, daß die Generalkonzession lediglich staatsrechtliche Verhältnisse regelt und dogmatische Fragen mit keinem Worte auch nur streift. Umsomehr ist es für ihre Geltung durchaus belanglos, daß die von der Gemeinschaft der evangelischen Landeskirche sich getrennt haltenden Lutheraner dem lutherischen Bekenntnisse folgen, welches auf dem Boden des Evangeliums steht. Aus diesem, auf religiöse Ueberzeugungen zurückgehenden Grunde können sie angesichts der positiven Bestimmungen der Generalkonzession, die sie „Lutheraner" nennt und in Verbindung hiermit zugleich ihre Trennung von der Gemeinschaft der evangelischen Landeskirche feststellt, nicht den Anspruch auf die Benennung „evangelisch-lutherisch" herleiten.

4. Geistliche der getrennten Lutheraner sind demnach nicht berechtigt, im amtlichen Verkehre von ihren Gemeinden und deren dem Gottesdienste gewidmeten Gebäuden als „evangelisch-lutherischen" Kirchengemeinden oder Kirchen und von sich selbst als „evangelisch-lutherischen" Pfarrern oder Pastoren zu reden.

II.

Allgemeines über polizeiliche Verfügungen.

A. Allgemeines.

Nr. 1. Entsch. v. 21. X. 1901 III 1728 (Pr.-V.-Bl. Jahrg. XXIII S. 344).
§§ 127, 128 L.-V.-G.

1. Wenn eine Verfügung der Polizeibehörde ein Gebot enthält, daß sie mit polizeilichen exekutiven Personen, also mit ihrem eigenen polizeilichen Mitteln durchführen will, so fällt sie unter den § 127 L.-V.-G. (Erk. vom 4. I. 99 Entsch. Bd. XXXIV S. 429).

2. Wenn eine polizeiliche Verfügung jemanden etwas aufgiebt, das bereits in einer früheren, rechtskräftig gewordenen Verfügung aufgegeben worden ist, so wird der Betroffene dadurch in seinen Rechten nicht verletzt (Erk. vom 2. XI. 98 Entsch. Bd. XXXIV S. 290; Verwaltungsarchiv Bd. IX S. 95).

Nr. 2. Entsch. Bd. XXXVIII S. 223 v. 1. X. 1900 IV C 61/1900.
Kreisordn. für Hessen-Nassau v. 7 VI 85.

1. Obwohl die Kr.-Ordn. für Hessen-Nassau v. 7. VI. 85 eine entsprechende ausdrückliche Vorschrift nicht enthält, ist der Grundsatz für diese Provinz als maßgebend ebenfalls anzuerkennen, daß ein Polizeibeamter, dessen persönliches Interesse von einer Amtshandlung wesentlich betroffen wird, sich der Beteiligung an einer solchen zu enthalten hat (Urt. v. 8. VII. 92 Bd. XXIII S. 212 der Entsch.).

2. Eine polizeiliche Verfügung ist wegen persönlicher Beteiligung des Anordnenden nicht nur dann aufzuheben, wenn der Beamte sie nachweisbar in seinem persönlichen Interesse erlassen und die Amtsgewalt zur Wahrnehmung seiner eigenen Angelegenheiten pflichtwidrig gemißbraucht hat. Es kommt vielmehr lediglich darauf an, ob thatsächlich die Verhältnisse so liegen, daß ein persönliches Interesse des Beamten berührt wird.

3. Nur dann liegt eine von einer Amtshandlung ausschließende persönliche Beteiligung vor, wenn ein besonderes von dem allgemeinen verschiedenes Interesse des Beamten betroffen wird (Urt. v. 10. IV. 80 und v. 20. III. 84 Bd. VI S. 359 ff. Bd. X S. 368 der Entsch.).

4. Eine polizeiliche Verfügung kann nicht zugleich von dem hierfür sachlich zuständigen Beamten und von seinem Stellvertreter erlassen werden; als der Beschließende ist immer nur einer von beiden anzusehen. Ist z. B. der Polizeiverwalter persönlich beteiligt und er unterzeichnet die Verfügung, sowie sein Stellvertreter, so wird durch die Unterzeichnung durch den letzteren der der Verfügung anhaftende Mangel nicht geheilt.

Nr. 3. Entsch. v. 31 III 1900 III 625.

§ 57 Kr.-Ordn.

Eine persönliche Beteiligung eines Amtsvorstehers kann angenommen werden, wenn bei der zu regelnden Angelegenheit Verwandte und Verschwägerte des Amtsvorsteher beteiligt sind.

Nr. 4. Entsch. v. 19. XII 1900 III 2181 (Pr.-V.-Bl. Jahrg XXII S 441).

§ 127 L.-V.-G.

Ist eine polizeiliche Verfügung sachlich zutreffend, so wird sie durch die Anführung einer unzutreffenden Gesetzesstelle nicht ungültig.

Nr. 5. Entsch. Bd. XXXVIII S. 447 v. 27 IX 1900 IV C 194/99

§ 127 L.-V.-G.

1. Demjenigen, der eine polizeiliche Verfügung angreift, weil sie zwar nicht an ihn gerichtet ist, aber in seine Rechte eingreift, ist es unschädlich wenn er in der Klage über Datum und Wortlaut der Verfügung irrtümliche Angaben macht, wenn nur kein Zweifel besteht, welche Verfügung angegriffen werden soll.

2. Sind in der Verfügung zwei Auflagen dahin gemacht, daß der Betroffene die Wahl hat, welcher der Auflagen er nachkommen will, so kann, wenn ihn eine Auflage in seinen Rechten verletzt, Klage erhoben werden.

3. Es ist nicht Aufgabe der Polizei, ohne dringende Not in privatrechtliche Streitigkeiten einzugreifen, wenn den Anforderungen des öffentlichen Interesses auf einem andern Wege Genüge geleistet werden kann. Das O.-V.-G. ist stets davon ausgegangen, daß, wenn streitige Privatrechtsverhältnisse in Betracht kamen, die Polizei jedenfalls nur dasjenige fordern darf, was geboten ist, eine vorhandene Gefahr zu beseitigen. Ist der Polizeibehörde bekannt, daß zwischen dem Dritten und dem, an dem die Verfügung gerichtet ist, Streit besteht, ob der letztere das, was in der Verfügung aufgegeben ist, thun darf, so ist die Polizei verpflichtet, so vorzugehen, daß sie der vorhandenen Gefahr auf eine Weise Abhilfe verschafft, mit der sie möglichst wenig in die bestehende Privatstreitigkeit eingreift.

B. Zwangsmittel.

Nr. 1. Entsch. Bd. XXXVIII S. 453 v. 19. I. 1901 III A 64/1900 (Pr.-V.-Bl. Jahrg. XXII S. 442).

§ 132 L.-V.-G.

1. Eine Strafandrohung ist dann nicht richtig, wenn eine Geldstrafe für „jeden Tag bezw. für jeden Fall des Zuwiderhandelns“ angedroht

ist. Zulässig ist nach dem § 132 Nr. 2 des L.-V.-G., wie bei der Erzwingung einer Handlung (E.-O.-V. Bd. XXI S. 324), so auch bei der Erzwingung einer Unterlassung (Urt. v 17. IX. 91 — Pr.-V.-Bl. Jahrg. XIII S. 54 —) allein die Androhung der Exekutivstrafe für jeden Fall des Zuwiderhandelns (Anschütz im Verwaltungsarchiv Bd. I S. 456, 457). Der § 132 Nr. 2 bezieht sich gleichmäßig auf die Erzwingung einer Handlung und auf die einer Unterlassung. Schon dies spricht dafür, daß auch bei der daselbst unterschiedslos zugelassenen Androhung einer Geldstrafe zwischen jener und dieser kein Unterschied zu machen ist, nicht bei der Erzwingung einer Handlung lediglich der Fall der Zuwiderhandlung maßgebend ist, dagegen bei der Erzwingung einer Unterlassung der Tag der Zuwiderhandlung ausschließlich oder wahlweise neben dem Falle der Zuwiderhandlung maßgebend wäre. Einer solchen Unterscheidung steht ferner entgegen, daß sich nicht selten eine polizeiliche Anordnung ebensogut positiv als Gebot wie negativ als Verbot aussprechen läßt, und es dann von der zufälligen äußeren Fassung abhängen würde, ob die angedrohte Geldstrafe sich nach dem Tage des Zuwiderhandelns richten darf oder nicht. Hierzu kommt noch, daß bei Zulässigkeit des Tages es zweifelhaft bliebe, ob darunter der Kalendertag oder ein Zeitraum von 24 Stunden zu verstehen sein würde, daß füglich statt des Tages auch eine kleinere Zeiteinheit, etwa eine Stunde, gesetzt werden könnte, und daß die Polizeibehörde durch ein Hinausschieben der Festsetzung den Betrag der schließlich verwirkten Geldstrafe zu vergrößern in der Lage wäre, z. B. die für jeden Tag der Unterlassung mit 5 M. angedrohte Strafe, nachdem sie sich ein Jahr lang unthätig erhalten, auf 365 × 5 M. festsetzen dürfte. Daß es unter Umständen bei den Unterlassungen besonders schwierig ist, zu bestimmen, wann noch derselbe Fall der Zuwiderhandlung vorliegt, d. h. die eine Zuwiderhandlung angefangen und geendet hat, vermag nicht dahin zu führen, daß bei ihnen nicht der Fall, sondern der Tag des Zuwiderhandelns entscheidet, umsoweniger, als gleiche Schwierigkeiten auch bei den Handlungen vorkommen können, und als es sonst möglich wäre, daß durch ein und dasselbe Verhalten, das kurz vor Mitternacht oder der 24 Stunden begonnen und gleich nach Mitternacht oder der 24 Stunden aufgehört hat, die angedrohte Strafe zweimal verwirkt würde.

2. Das O.-V.-G. strich in der Verfügung die Worte „jeden Tag bezw. für", so daß der Rest der Verfügung, wonach die Strafe für jeden Fall der Uebertretung festzusetzen sei, verblieb.

C. Polizeiverordnungen.

Nr. 1. Entsch. Bd. XXXIX S. 382 v. 25. VI. 1901 I A 19/1901.

§§ 4, 6, 13 Verordn. v. 20. IX. 67 (G.-S. S. 1529); §§ 13, 32, 49 Gesind.-Ordn. für Schlesw.-Holst. v. 25. II 40 (Chronol. Samml. S. 35); §§ 1627, 1631, B.-G.-B.. § 1 Ges. über die Fürsorgeerziehung v. 2. VII. 1900.

1. Im Kreise Apenrade war eine Polizeiverordnung des Landrats erlassen, wonach derjenige, der schulpflichtige Kinder gegen Entgelt in sein Haus aufnimmt, um sie zu häuslichen Arbeiten zu verwenden, der polizeilichen Erlaubnis bedarf. Das O.-V.-G. erklärte diese Verordnung für rechtsungültig. In dem Erk. wird ausgeführt:

2. Das rechtliche Verhältnis, zu dessen Eingehung der Dienstherr der ortspolizeilichen Genehmigung bedarf, ist ein Gesindedienstverhältnis im Sinne des § 1 der Gesindeordnung für die Herzogtümer Schleswig und Holstein v. 25. II. 40. Denn es handelt sich darum, daß Kinder unter Aufnahme in das Haus des Dienstherrn für eine Gegenleistung häusliche oder wirt-

schaftliche Dienste verrichten sollen. Die Gesindeordnung bezweckt aber nach ihrem Eingange eine übereinstimmende Gesetzgebung im Gesindewesen, und zwar nicht bloß in privatrechtlicher, sondern auch in öffentlich-rechtlicher Hinsicht (vgl. §§ 13, 32 ff.). Sie regelt insbesondere die Voraussetzungen, unter denen ein Gesindedienstverhältnis eingegangen werden kann, und trifft namentlich auch Bestimmungen über Minderjährige, die in ein Dienstverhältnis treten. Minderjährige bis zum achtzehnten Lebensjahre bedurften nach § 7 der Gesindeordnung zur Eingehung des Dienstverhältnisses der Einwilligung ihrer Gewalthaber; unkonfirmierte Dienende sollten ferner nach § 5 von der Herrschaft zum Besuche der Kirche und der Schule angehalten werden. Inwieweit diese Vorschriften durch das B.-G.-B. abgeändert sind (vgl. Art. 95 Abs. 2 des Einführungsgesetzes zum B.-G.-B. sowie insbesondere § 618 Abs. 2 B.-G.-B.), kann dahin gestellt bleiben. Nur darauf kommt es an, daß die Gesindeordnung das Gesindewesen allgemein hat regeln wollen, und daß dies auch für den Eintritt Minderjähriger in ein Gesindedienstverhältnis ebenso in öffentlich-rechtlicher wie in privatrechtlicher Hinsicht angenommen werden muß. Dabei fällt der besondere Vorbehalt, den der § 49 der Gesindeordnung macht, ins Gewicht. Denn der Vorbehalt, erforderlichen Falles in einzelnen größeren Städten durch nähere landesherrliche Vorschriften eine genauere polizeiliche Aufsicht über das Gesinde anzuordnen, zeigt, daß die polizeilichen Befugnisse durch die Gesindeordnung begrenzt sein sollen. Da nun nach der Gesindeordnung zur Annahme schulpflichtiger Kinder als Gesinde keine ortspolizeiliche Erlaubnis nötig ist, so steht eine Polizeiverordnung, die gleichwohl eine solche Erlaubnis verlangt, mit der Gesindeordnung in Widerspruch. Eine Polizeiverordnung darf aber nach § 13 der Vd. über die Polizeiverwaltung v. 20. IX. 67 nicht mit den Gesetzen in Widerspruch stehen (vgl. Biermann, Privatrecht und Polizei S. 14, Rosin, a. a. O. S. 145 Anm. 14).

3. Allein auch abgesehen hiervon ist die Polizeibehörde nicht befugt, durch eine Verordnung wie die erlassene, die Annahme schulpflichtiger Kinder zu häuslichen und wirtschaftlichen Arbeiten außerhalb der Schulzeit von ortspolizeilicher Genehmigung abhängig zu machen. Nach § 2 der Vd. soll die Erlaubnis nur erteilt werden, wenn sich der Dienstherr verpflichtet, das Kind wie ein Mitglied seiner Familie zu behandeln und dafür zu sorgen, daß das Kind nicht mit erwachsenen Dienstboten in einem Raume schläft, u. s. w. Die Polizeiverordnung will also verhindern, daß das Kind infolge seiner Annahme zu häuslichen oder landwirtschaftlichen Arbeiten eine andere Behandlung als die eines Familienmitglieds erfahre, geistig oder körperlich verwahrlose oder aufhöre, regelmäßig die Schule und die Kirche zu besuchen. Ueber den im § 6 der Vd. v. 20. IX. 67 bezeichneten Rahmen der ortspolizeilichen Vorschriften geht eine solche Polizeiverordnung hinaus; denn die Sorge für eine gedeihliche Erziehung der Kinder durch Behandlung als Familienmitglied und namentlich auch die Sorge für regelmäßigen Schul- und Kirchenbesuch gehört nicht zum Schutze der Person und zur Sorge für Leben und Gesundheit im Sinne des § 6 litt. a und f der Vd. (vgl. Entsch. des Kammergerichts Bd. XI S. 194, Bd. XIV S. 274 und Entsch. des O.-V.-G. Bd. VII S. 217, Bd. XXVI S. 410, Bd. XXXIV S. 233; vgl. auch Rosin a. a. O. S. 167). Das Gebeit der kreispolizeilichen Vorschriften ist nach § 142 des L.-V.-G. kein weiteres (vgl. Jebens, Verwaltungsrechtliche Aufsätze S. 122, 123).

4. Von dem Dienst- und Arbeitsverhältnisse schulpflichtiger Kinder ist die fast überall durch Polizeiverordnungen geregelte Erziehung von Kindern gegen ein dem Erziehenden zu gewährendes Entgeld — das Verhältnis der sogenannten Zieh- oder Haltekinder — zu unterscheiden (vgl. § 6 der Gew.-Ordn. — sowie

Landmann, Gew.-Ordn. 3. Aufl. Bd. I S. 72, 73 —, Min.-Erl. v. 20. III. 96 — M.-Bl. S. 67 und für Schleswig-Holstein in Wagner's Handbuch der Polizeiverordnungen S. 270 —, ferner Min.-Erl. v. 18. VII. 74 — M.-Bl. S. 173 —). Hier bleiben die Bestimmungen der Gesindeordnung außer Betracht. Polizeiverordnungen zum Schutze von Leben und Gesundheit solcher Kinder sind zweifellos rechtsgültig und können jetzt namentlich die Zulässigkeit der Uebernahme der Kinder von polizeilicher Erlaubnis abhängig machen, nachdem im § 6 der Gew.-Ordn. ausdrücklich ausgesprochen ist, daß die Gew.-Ordn. hierauf keine Anwendung findet (vgl. Biermann, a. a. O. S. 115, Landmann, Gew.-Ordn. Bd. I S. 72, 46, Min.-Erl. v. 18. VII. 74, von Rönne, a. a. O. Bd. IV S. 258).

5. Ein Vater hat das Recht und die Pflicht, für die Person seines Kindes zu sorgen, es zu erziehen, zu beaufsichtigen und seinen Aufenthalt zu bestimmen (§§ 1627, 1631 B.-G.-B.). Wird das geistige oder leibliche Wohl des Kindes dadurch gefährdet, daß der Vater sein Recht mißbraucht oder das Kind vernachlässigt, so hat das Vermundschaftsgericht nach § 1666 B.-G.-B. die zur Abwendung der Gefahr erforderlichen Maßregeln zu treffen. Das Vormundschaftsgericht kann insbesondere anordnen, daß das Kind nicht mehr in dem bisherigen Dienste bleibe (vgl. Planck zu § 1666 Anm. 1. Abs. 2 und Anm. 2a Abs. 2). Nach § 1 des seit dem 1. IV. 1901 geltenden Gesetzes über die Fürsorgeerziehung v. 2. VII. 1900 können ferner Minderjährige in den dort bezeichneten Fällen der Fürsorgeerziehung überwiesen werden, namentlich auch wenn eine solche wegen Unzulänglichkeit der erziehlichen Einwirkung der Eltern zur Verhütung des völligen sittlichen Verderbens notwendig ist (§ 1 Nr. 3). Das Vorhandensein der Voraussetzungen muß aber nach § 3 des Ges. v. 2. VII. 1900 durch Beschluß des Vormundschaftsgerichts festgestellt sein. Somit hat zunächst der Vater zu ermessen, ob der Aufenthalt seines Kindes mit Gefahr für sein geistiges oder leibliches Wohl verbunden ist, und ob er es aus einem Dienstverhältnisse fortnehmen will (vgl. auch § 27 Abs. 1a und c der Gesindeordnung v. 25. II. 40). Wenn aber der Vater die Pflichten gegen sein Kind in dieser Beziehung nicht erfüllt, oder wenn das Kind auch ohne Verschulden des Vaters Gefahr läuft, zu verwahrlosen (vgl. auch § 1665 B.-G.-B., Art. 135 des Einf.-Ges. zum B.-G.-B.), so hat das Vormundschaftsgericht über die im Interesse des Kindes nötigen Maßregeln zu beschließen. Von den Verwaltungsbehörden sind daher eintretenden Falles geeignete Maßnahmen beim Vormundschaftsgericht anzuregen (§ 4 Abs. 1 des Ges. 2. VII. 1900 sowie II Abs. 2, 3, 5 und III der Ausführungsbestimmungen v 18. XII. 1900 — M.-Bl. von 1901 S. 27 — vgl. auch Verfügung des Ministers des Innern v. 22. II. 1901 — S. 73 —). Bei Gefahr im Verzuge kann das Vormundschaftsgericht nach § 5 des Fürsorgeerziehungsgesetzes auch eine vorläufige Unterbringung anordnen.

Nr. 2. **Entsch. Bd. XXXIX S.** 410 v. 12. IV. 1901 I B 2/1901.

§ 903 B.-G.-B., Art. 2 Einf -Ges. dazu, § 6 Satz b u. i Verordn v. 20. IX. 67

Nach einer Polizeiverordnung war es verboten, öffentliche Anzeigen auf öffentlichen Straßen und Plätzen anders als an den zu diesem Zwecke bestimmten Tafeln, Säulen u. s. w. anzubringen. Nur Grundstücksbesitzer und Mieter durften Anzeigen, die lediglich ihr eigenes Interesse betreffen, auf ihren Grundstücken oder Mietsräumen anbringen. Ein Gewerbetreibender hatte an einem fremden Hause mit Erlaubnis des Eigentümers an einer Giebelwand, die nicht an einer öffentlichen Straße lag, aber von dort aus gesehen werden konnte, ein Plakat anbringen lassen. Das O.-V.-G. hielt die Auflage, das Plakat zu entfernen, aufrecht und die Polizeiverordnung für gültig. In dem Erk. heißt es:

In welchem Umfange die Polizei auf das Eigentum einwirken kann, bestimmt sich nach den Landesgesetzen. Die Befugnis des Eigentümers, mit seiner Sache nach Belieben zu verfahren, wird durch die vom Gesetze gezogenen Grenzen eingeschränkt und muß, da „Gesetz" im Sinne des B.-G.-B. und des Einführungsgesetzes dazu: „jede Rechtsnorm" bedeutet, überall da zurücktreten, wo die nach den Landesgesetzen zulässigen Polizeiverordnungen eine einzelne Art der Benutzung des Eigentums verbieten (§ 903 B.-G.-B., Art. 2 des Einführungsgesetzes). Zu solchen Normen gehört die über das Anschlagwesen erlassene Polizeiverordnung, die den Grundstücksbesitzern und Mietern nur solche Anzeigen auf ihren Grundstücken oder Mietsräumen auszuhängen oder anzuschlagen gestattet, welche lediglich ihr eigenes Interesse betreffen, im übrigen aber alle öffentlichen Anzeigen an die dazu bestimmten Tafeln, Säulen und sonstigen Vorrichtungen verweist, mithin die Benutzung der Grundstücke zu allen das eigene Interesse des Besitzers oder Mieters nicht betreffenden Anzeigen verbietet. Im Eingange der Verordnung ist auf § 6 Satz b und i der Verordnung über die Polizeiverwaltung in den neu erworbenen Landesteilen v. 20. IX. 67 Bezug genommen, und der Vorderrichter hat ausgeführt, daß unbedenklich der Satz b jener Verordnung zutreffe, weil durch die Regelung des Anschlagwesens die Ordnung, Sicherheit und Leichtigkeit des Verkehrs auf öffentlichen Straßen, Wegen und Plätzen bezweckt werde. Dem war lediglich beizutreten; denn die tägliche Erfahrung lehrt, daß der öffentliche Verkehr gehemmt wird, wenn das die Straßen benutzende Publikum durch Anzeigen irgend welcher Art zum Stehenbleiben, Lesen und Anschauen veranlaßt wird. Aber auch Satz i a. a. O. kann als Grundlage der Verordnung angesehen werden, wenn erwogen wird, daß das Zusammendrängen der öffentlichen Anzeigen an gewissen von der Behörde bestimmten Orten das Interesse der Einwohner fördert, insofern es die Kenntnisnahme von den Anzeigen erleichtert und auch den polizeilichen Interessen insoweit dient, als es die Polizeiorgane in den Stand setzt, die notwendige Ueberwachung des Inhaltes der Anzeigen mit geringerem Zeitaufwand und umfassend durchzuführen. Die Rechtsbeständigkeit der Verordnung war hiernach nicht zu bezweifeln.

Nr. 3. Entsch. Bd. XXXIX S. 415 v. 16. IV. 1901 I C 12/1901.

§ 6 i Verordn. v. 20. IX 67; § 6 i Pol.-Verw.-Ges. v. 11. III. 50.

1. Eine Polizeiverordnung verbot die Anbringung von Reklameschildern außerhalb der geschlossenen Ortschaften in der Nähe der Ufer des Rheins. Das O.-V.-G. erachtete die Polizeiverordnung für rechtsungültig. Das Erk. führt aus:

2. Für die Annahme, die Verordnung wolle die Verkehrsinteressen schützen, fehlt es jedoch an jeglichem Anhalte, da ihre Vorschriften sich auf diejenigen Orte, wo hauptsächlich ein Verkehr stattfindet, gar nicht beziehen, sondern gerade außerhalb der geschlossenen Ortschaften an den Ufern des Rheinstroms wirksam werden sollen. Wie aus ihrem Inhalte, in dem des öffentlichen Verkehrs mit keinem Worte Erwähnung geschieht, zu ersehen ist, bezweckt die Verordnung nicht, einer thatsächlichen Verhinderung oder Hemmung des Verkehrs an öffentlichen Orten entgegenzutreten, sondern dem Schutze der landschaft-

lichen Schönheit ihres Geltungsbereichs zu dienen. Wollte man aber auch unterstellen, die Verordnung sei aus verkehrspolizeilichen Gründen erlassen, so würde nicht einzusehen sein, wie die Anbringung von Reklameschildern außerhalb der Ortschaften den öffentlichen Verkehr zu hindern geeignet sein sollte. Wenn Polizeiverordnungen, die für öffentliche d. h. von öffentlichen Orten aus sichtbare Anzeigen innerhalb der Städte gewisse Beschränkungen aufstellen, für rechtsgültig erachtet worden sind, so ist hierfür die Erwägung maßgebend gewesen, daß dergleichen Anzeigen, wie die tägliche Erfahrung lehrt, das auf den Straßen verkehrende Publikum zum Anschauen und Lesen, dadurch aber zum Stehenbleiben veranlassen, und daß die auf diese Weise entstehenden Ansammlungen von Menschen den öffentlichen Verkehr stören und hindern können. Solche Gefährdung des Verkehrs tritt aber nicht ein, wenn an den Ufern eines Stromes Reklameschilder aufgestellt werden, die von den auf dem Strome verkehrenden Schiffen aus gesehen und gelesen werden können; wie hierdurch der Verkehr sollte beeinträchtigt werden können, ist nicht zu erkennen. Der Meinung, eine polizeilich zu beseitigende Verkehrsbehinderung lasse sich auch darin finden, daß dergleichen Schilder das ästhetische Gefühl der Bewohner einer Gegend oder der dieselbe besuchenden Reisenden verletzen könnten, steht der in ständiger Rechtsprechung des O.-V.-G. festgehaltene Grundsatz entgegen, daß die Polizei zum Schutze ästhetischer Interessen nicht berufen ist. Die gegenteiligen Ausführungen des Kammergerichts in dem Urt. v. 7. IX. 99 sind auch nicht aufrecht erhalten worden; vielmehr hat das Kammergericht neuerdings in einem Urt. v. 4. II. 1901 (Jahrbuch für Entsch. des Kammergerichts Bd. XXI S. 58) unter ausdrücklicher Verweisung auf die Rechtsprechung des O.-V.-G. sich dahin ausgesprochen, daß das ästhetische Empfinden gegenüber den Schönheiten einer Landschaft nicht zu den der polizeilichen Regelung unterstellten Gegenständen gehöre und auch unter dem Gesichtspunkte der Fürsorge für einen geordneten, leichten und sicheren Verkehr nicht polizeilich geschützt werden könne.

3. Die Ansicht, der polizeiliche Schutz ästhetischer Interessen lasse sich aus § 6 i der Vd. v. 20. IX. 67 rechtfertigen, setzt sich mit der Bedeutung, welche der Vorschrift unter i in zahlreichen Entsch. des O.-V.-G. beigelegt wird, ohne jede weitere Begründung in Widerspruch und ist nicht stichhaltig. Der § 6 i a. a. O. giebt ebenso wie § 6 i des Ges. v. 11. III. 50, dem er nachgebildet ist, der Polizeibehörde nicht das Recht, jegliche Materie beim Vorhandensein irgend eines Interesses durch Verordnungen zu regeln, sondern begründet für die Polizei ein Verordnungsrecht nur in dem durch § 10 Tit. 17 T. II A.-L.-R. gezogenen Rahmen; die unter i gegebene Generalklausel soll nur zur Ausfüllung etwaiger, in dem Voraufgehenden gebliebener Lücken dienen, und auf ihrer Grundlage erlassene Polizeiverordnungen müssen sich in den Grenzen halten, die durch § 10 a. a. O. der Polizei gesetzt sind. Da der Grundsatz der letztgedachten Bestimmung nicht bloß für das Gebiet des A.-L.-R.'s, sondern für den ganzen Umfang der Preußischen Monarchie die Aufgaben der Polizei umschreibt, kann auf Grund des § 6 i der Vd. v. 20. IX. 67 die Machtbefugnis der Polizei nicht allgemein auf die Pflege der öffentlichen Wohlfahrt ausgedehnt werden. Dies würde nur zulässig sein, wenn Spezialgesetze nach dieser besonderen Richtung den Wirkungskreis der Polizei erweitert hätten. Dahin gehörige gesetzliche Vorschriften bestehen im Gebiete des ehemaligen Herzogtums Nassau beispielsweise für die Baupolizei zu Recht, der die Befugnis beigelegt ist, „für möglichste Anständigkeit im Aeußeren“ zu sorgen, und die deshalb der Verunstaltung der Straßen durch Gebäude entgegenzutreten berufen ist (Urt. v. 15. VI. 99, E.-O.-V. Bd. XXXV S. 389).

Nr. 4. Entsch. Bd. XXXIX S. 278 v. 13. V. 1901 III C 133/1900 (Pr.-V.-Bl. Jahrg. XXII S. 629).

§ 10 II 17 A.-L.-R.; § 6 litt. h; Ges. über die Polizeiverw. v. 11. III. 50. Verordn. v. 20. IX. 67, § 6 litt. h.

1. Eine von der Ortspolizeibehörde für Geisenheim erlassene Feldpolizeiverordnung v. 10. IV. 99 bestimmt, nachdem in § 1 das Anpflanzen von Weinstöcken geregelt worden ist:

in § 2.

Mauern dürfen nicht die Bodenflächen des planierten Grundstücks überragen. Schutzwände gegen Wind (Mauern, Bretterwände ꝛc.), die geeignet sind, die Nachbar-Weinberge zu beschatten, dürfen nicht aufgeführt werden.

und § 10.

Umfriedigungen von Grundstücken innerhalb der Feldgemarkung dürfen nur in einer Höhe bis zu 1,20 m angelegt werden. Diese Bestimmung findet keine Anwendung auf solche Umfriedigungen, welche 0,30 m von der Grenze entfernt in das betreffende Grundstück hineingerückt werden.

Eine Grundbesitzerin wollte an der Grenze des Nachbars eine Umfassungsmauer aufführen. Die Polizei untersagte ihr dies, weil die Beschattung der daranstoßenden Weinberge durch die Mauer zu befürchten sei. Das O.-V.-G. setzte die Verfügung außer Kraft und führte aus:

2. Der Vorderrichter hat darin zwar recht, daß das polizeiliche Verordnungsrecht auch die Befugnis enthält, zum Schutz der ihm gesetzlich zugewiesenen Interessen das Grundeigentum gewissen Beschränkungen zu unterwerfen; er irrt aber darin, daß dies, wie von ihm, weil hier streitig, augenscheinlich hat anerkannt werden sollen, zum Zweck der Förderung der wirtschaftlichen Interessen des Nachbarn geschehen darf. Für das polizeiliche Verfügungsrecht ist zwar eine so weitgehende Befugnis der Polizei behufs Abwendung von eigentlichen Notständen und unter Umständen auch dann anzuerkennen, wenn zur Abwendung von erheblichen Vermögensnachteilen die nach den Gesetzen mögliche Hilfe bei der zuständigen Behörde nicht rechtzeitig zu erlangen ist, indes vorbehaltlich des im Rechtswege zu verfolgenden Entschädigungsanspruchs des von der Verfügung Betroffenen gegen denjenigen, zu dessen Gunsten sie ergangen ist. Für das polizeiliche Verordnungsrecht, das auf die Aufstellung allgemeiner Normen abzielt, besteht aber, soweit die Gesetze im Einzelnen nicht ein Mehreres zulassen, die aus der Aufgabe der Polizeibehörden, wie sie im § 10 Tit. 17 T. II des A.-L.-R.'s ihre Umschreibung gefunden hat, sich ergebende Schranke, daß sie nur das Erforderliche zur Erhaltung der öffentlichen Ruhe, Sicherheit und Ordnung und zur Abwendung der dem Publikum oder einzelnen Mitgliedern desselben bevorstehenden Gefahren zu verfügen haben. Als ein zu einer hierüber hinausgehenden Anordnung ermächtigendes Gesetz kommt insbesondere der dem § 6 des Gesetzes über die Polizeigewalt v. 11. III. 50 entnommene § 6 litt. i der Vd. v. 20. IX. 67 nicht in Betracht, wonach zu den Gegenständen der ortspolizeilichen Vorschriften neben dem hier unter a bis h Aufgeführten auch „alles andere gehört, was im besonderen Interesse der Gemeinden oder ihrer Angehörigen polizeilich geordnet werden muß". Zu dieser Auffassung hat sich das O.-V.-G. seither in ständiger Rechtsprechung bekannt und hieran auch in Uebereinstimmung mit dem Reichsgericht (s. das Urteil des 2. Strafsenats bei Reger 1901 — 2. Ergänzungsband S. 186 —) gegenüber dem von Rosin in der Abhandlung über den Begriff der Polizei ꝛc. (s. Verwaltungsarchiv Bd. III

S. 249 ff.) vertretenen gegenteiligen Standpunkt festgehalten (s. u. a. Entsch. d. O.-V.-G. Bd. VII S. 361, Bd. IX S. 353 ff., Bd. XXXII S. 429). Insbesondere ist, soweit nicht eine einzelne abweichende gesetzliche Vorschrift ein Mehreres zuläßt, für das Baupolizeiwesen noch neuerdings daran festgehalten worden, daß die Polizeiverordnungen das Bauwesen lediglich nach Rücksichten zur Abwendung von Gefahren für Leben und Gesundheit der Anwohner regeln dürfen und also nicht behufs Abwendung von Belästigungen oder gar nur wirtschaftlicher Nachteile für die Nachbarn (s. a. a. O. Bd. XXXV S. 382 ff.). Und auch hinsichtlich des Schutzes der Weinberge ist aus den gleichen Gründen (a. a. O. Bd. XXXII S. 425 ff.) der Polizeibehörde, weil es sich hierbei um den Schutz des Privateigentums handelt, eine weitergehende Befugnis, sofern sie nicht in einem besonderen Gesetze ihre Stütze findet, für das Polizeiverordnungsrecht selbst dann abgesprochen, wenn an dem einzelnen Orte eine die gegenseitigen Beziehungen der Weinbergsbesitzer regelnde Observanz — wobei hier dahingestellt bleiben kann, inwiefern eine solche Observanz nach dem Inkrafttreten des B.-G.-B. noch maßgebend wäre — sich ausgebildet haben sollte.

Danach war die Entscheidung davon abhängig zu machen, ob die in Frage kommenden Satzungen der Polizeiverordnung in einem besonderen Gesetze oder in litt. h des § 6 der Vd. v. 20. IX. 67 ihre Stütze finden. Welches besondere Gesetz aber für Nassau in Betracht kommen könnte, hat die Beklagte nicht dargelegt. Daß ein solches nicht besteht, ist, da ein jüngeres Gesetz nicht in Frage kommt, dem Gesetz über die Feldfrevel v. 28. II. 63 für das Herzogtum Nassau (V.-Bl. S. 103) zu entnehmen, das unter Aufhebung des Gesetzes v. 22. I. 51 und aller entgegenstehenden Bestimmungen die Feldpolizei abschließend regelt, ohne daß hier die Polizeibehörden zu weitergehenden Anordnungen ermächtigt worden sind, wie dies ihnen im Feld- und Forstpolizeigesetz v. 1. IV. 80 (s. § 60) nachgelassen worden ist. Denn daraus, daß in jenem Gesetz hinsichtlich der Weinberge nur die in § 19 wiedergegebene Vorschrift, wonach sie zu der von dem Bürgermeister bestimmten geschlossenen Zeit nicht betreten werden dürfen, Aufnahme gefunden hat, muß entnommen werden, daß ein weitergehender feldpolizeilicher Schutz für die Weinberge, insbesondere über die sonstigen Vorschriften des Gesetzes hinaus nicht für notwendig erachtet worden ist.

Was aber endlich die litt. h des § 6 der gedachten Verordnung anbetrifft, wonach der Schutz der Felder, Wiesen, Weiden, Baumpflanzungen, Weinberge rc. ortspolizeilich geregelt werden darf, so ist die hierdurch begründete Zuständigkeit der Polizeibehörden durch das Feld- und Forstpolizeigesetz v. 1. IV. 80 grundsätzlich unberührt geblieben und nur insoweit eingeschränkt, als das Gesetz einzelne auf den Schutz der Felder rc. abzielende Maßnahmen abschließend geregelt hat (s. hierfür die zur Ausführung des Gesetzes erlassene allgemeine Verfügung des Ministers für Landwirtschaft, Domänen und Forsten v. 12. V. 80 bei von Bülow und Sterneberg, Feld- und Forstpolizeigesetz, 4. Aufl. S. 120 ff.). Inwiefern sich Bedenken gegen die Rechtsgültigkeit polizeilicher Anordnungen der hier in Betracht kommenden Art aus dem Nassauischen Gesetz v. 28. II. 63, das insoweit, als seine Vorschriften mit denjenigen des Gesetzes v. 1. IV. 80 nicht in Widerspruch stehen (s. § 96), nicht außer Kraft gesetzt worden ist, geltend machen lassen und weiter inwiefern gegenüber den in Ausführung des Gesetzes vom 1. IV. 80 ergangenen Polizeiverordnungen des Regierungspräsidenten v. 6. V. 82 und 14. V. 87 (Wiesbadener Amtsblatt S. 152 und 278) die Befugnis der Ortspolizeibehörden zum Erlaß von Satzungen auf diesem Gebiet, dessen einheitliche Regelung der Minister für Landwirtschaft, Domänen und Forsten in seinem Erlaß v. 12. V. 80 angeordnet hat, eingeschränkt ist, kann dahingestellt bleiben.

Keinenfalls kann als eine im Sinne der Vd. v. 20. IX. 67 zum Schutze der Felder ꝛc. zulässige polizeiliche Satzung eine solche anerkannt werden, die darauf abzielt, dem einzelnen Grundbesitzer die von ihm zum Schutz des eigenen Besitzes für notwendig erachtete Umwehrung deshalb zu untersagen, weil die von dem Nachbar gewählte Kulturart seines Besitzes die Fernhaltung der Beschattung erfordert. Solche Maßnahmen sind Eingriffe in die erlaubten Nutzungsrechte des einzelnen zum Zweck der Förderung der Nutzungsrechte des anderen und gehen über dasjenige hinaus, was zum Schutz der Felder ꝛc. allgemein oder im Einzelfall angeordnet werden darf. Für die in diesem Sinne gegebene Rechtslage macht es keinen Unterschied, ob es sich um Bezirke handelt, in denen der Weinbau stattfindet, oder um solche, in denen er nicht stattfindet und nicht stattfinden kann. Es mag diese Folgerung in Weinbaubezirken dem nicht entsprechen, was hier in Uebung ist, aber so lange, als für die Weinbaubezirke nicht ein anderes gesetzlich bestimmt wird, läßt sich zu einem anderen Ergebnis nicht gelangen.

Vierte Abteilung.

Anderweitige Zuständigkeiten der Verwaltungsgerichte.

I.

Eingeschriebene Hilfskassen.

Nr. 1. Entsch. Bd. XXXIX S. 315 v. 2. III. 1901 III C 136/1900.

§§ 3, 15 Hilfskassenges. v. $\frac{7.\ IV.\ 76.}{1.\ VI.\ 84.}$

In dem Statute einer Hilfskasse steht (§ 6):

„Mitgliedern, welche aus dem Kassenbezirke verziehen, scheiden mit dem Tage der Abreise aus der Kasse aus:

Ein Ortsarmenverband hatte ein Kassenmitglied, daß vor der Erkrankung verzogen war, verpflegt; das O.-V.-G. nahm an, daß die obige Bestimmung gültig und der Erkrankte zur Zeit der Erkrankung wegen seines Wegzuges nicht mehr Mitglied gewesen sei. In den Gründen heißt es:

Darüber, ob nach dem Gesetz über die eingeschriebenen Hilfskassen außer dem Austritte aus der Kasse — d. i. einer dem Beitritt entsprechenden freiwilligen, eigenen Willenserklärung des Mitglieds, nicht mehr Mitglied sein zu wollen — und dem Ausschlusse — d. i. einer der Aufnahme entsprechenden Willenserklärung der Kasse oder ihrer Organe, ein Mitglied nicht mehr als solches behalten zu wollen — durch Statut noch ein Ausscheiden, d. i. ein durch den Eintritt einer bloßen Thatsache sich von selbst vollziehender Verlust der Mitgliedschaft, vorgesehen werden darf, besteht Meinungsverschiedenheit (vgl. z. B. Hirsch, Leitfaden mit Musterstatuten für freie Hilfskassen S. 36 — § 5 des entworfenen Statuts nebst Bemerkung dazu — sowie S. 60, von Schicker, Krankenversicherungsgesetz und Hilfskassengesetz, 2. Aufl., S. 468 Anm. 1 Satz 2 zu § 15 des Hilfskassengesetzes und S. 667 — § 5 Abs. 3 des hier abgedruckten, nicht amtlichen Musterstatuts —, Hahn, Hilfskassengesetz S. 14 Anm. 3 zu § 3, S. 52 Anm. 1b zu § 15 und Olshausen in der Arbeiter-Versorgung Jahrg. XVII S. 201). Für einen Fall der vorliegenden Art muß der bejahenden Ansicht beigetreten werden. Hierfür spricht schon, daß nicht nur der Ausdruck „Ausscheiden aus einer Hilfskasse“ gesetzlich gebraucht wird (§ 27 Abs. 2 des Hilfskassengesetzes, § 49a Abs. 1 des Krankenversicherungsgesetzes —), sondern auch die freiwillige nach dem Krankenversicherungsgesetze von selbst infolge einer bloßen Thatsache erlöschen kann (§ 4 Abs. 4, § 27 Abs. 2 des Krankenversicherungsgesetzes). Entscheidend ist indessen Folgendes:

Es steht im Ermessen der Hilfskassen, ihren Zweck (§ 3 des Hilfskassengesetzes) zu regeln. Es darf deshalb eine Hilfskasse als ihren Zweck lediglich die Unterstützung solcher Personen bezeichnen, die innerhalb eines bestimmten örtlichen Bezirkes wohnen, der Art, daß die Unterstützung derjenigen, die nicht mehr in dem Bezirke wohnen, außerhalb des Zweckes liegt. Geschieht dies, wie es sonach durch das Statut geschehen kann, so ist der Verlust der Mitgliedschaft durch Verlegung der Wohnung aus dem Kassenbezirke heraus eine selbstverständliche Folge der Zweckbestimmung der Hilfskasse, und es kann dem im Statute dahin Ausdruck gegeben werden, daß der Wegzug aus dem Kassenbezirk als Ausscheiden aus der Kasse den Verlust der Mitgliedschaft ohne weiteres bewirkt. Somit durfte, da die beklagte Hilfskasse nach den §§ 3 und 4 ihres Statuts nur die Unterstützung von Personen bezweckt, die in ihrem eng begrenzten Bezirke wohnen, die Bestimmung im § 6 Abs. 2 des Statuts getroffen werden. Es wird dadurch nicht gegen den Zweck der Kasse verstoßen, in welchem Falle sie nach dem § 3 Abs. 2 des Hilfskassengesetzes unzulässig gewesen wäre; im Gegenteil, sie entspricht gerade dem beschränkten Zwecke der beklagten Kasse. Ebensowenig läuft sie Vorschriften des Hilfskassengesetzes zuwider, was sie nach dem § 3 Abs. 2 ebenfalls ungültig machen würde. Insbesondere widerstreitet sie nicht dem § 15. Dieser handelt lediglich von dem Ausschlusse von Mitgliedern, also der Aufhebung der Mitgliedschaft durch eine Willenserklärung der dazu berufenen Kassenorgane gegen oder doch ohne den Willen des Mitglieds. Er hindert nicht, im Statut auszusprechen, daß als Folge des beschränkten Zweckes der Kasse der Wegzug aus dem Kassenbezirke von selbst die Mitgliedschaft beendigt. Nur dann würde er entgegenstehen, wenn ein solcher Wegzug durch ihn lediglich zum Ausschließungsgrund erklärt worden wäre, was nicht geschehen ist.

II.

Kranken-, Unfall-, Invaliditäts- und Altersversicherung.

Nr. 1. Entsch. Bd. XXXIX S. 324 v. 30. III. 1901 III C 142/1900.

§§ 1, 5a Kr.-V.-Ges.

1. Das Krankenversicherungsgesetz regelt, wie dies auch für die Unfallversicherungsgesetze zutrifft, die Versicherungspflicht nur für stehende Betriebe, d. h. solche, die einen bestimmten örtlichen Betriebssitz (Betriebsstätte) haben, an dem oder von dem aus sich der Betrieb vollzieht. Für die in § 1 unter Nr. 1 aufgeführten Betriebe — abgesehen vom Binnenschiffahrts- und Baggereibetrieb — ist ein solcher Betriebssitz schon in der Stätte gegeben, in der sich der Betrieb vollzieht, davon aber, daß im Sinne des Gesetzes Schiffahrts- und Baggereibetrieb dem Versicherungszwange nur dann unterliegen, wenn sie einen Betriebssitz innerhalb des Geltungsbereichs des Gesetzes haben, ist bei der

Beratung des Entwurfes zum Gesetz über die Ausdehnung der Unfall- und Krankenversicherung v. 28. V. 85 (R.-G.-Bl. S. 159) ausgegangen, indem hierbei die Versicherungspflicht für die von Ausländern betriebenen Transportgewerbe nur bei dem Vorhandensein eines Betriebssitzes in Deutschland angenommen worden ist (s. Kommissionsbericht S. 3, Drucksache 238, Session 1884/85). Es hat dies auch in dem durch die Novelle v. 10. IV. 92 § 5a ersetzten § 15 jenes Gesetzes dadurch Ausdruck gefunden, daß hier der Sitz des Gewerbebetriebs, in welchem die Beschäftigung stattfindet, im Zweifel für den Beschäftigungsort im Sinne des K.-V.-G. erklärt worden ist. Für die in § 1 unter Nr. 2 genannten Betriebe folgt dasselbe aus der Beschränkung der Versicherungspflicht auf „die sonstigen stehenden Gewerbetriebe." Für die unter Nr. 2a genannten Betriebe ist das Vorhandensein eines Betriebssitzes ebenfalls selbstverständlich. Daß aber mit den Betrieben unter Nr. 3 etwas anderes gemeint sei und im Falle der Verwendung von Dampfkesseln oder durch elementare Kraft bewegten Triebwerken Betriebe dem Versicherungszwange auch dann unterliegen sollten, wenn sie eines bestimmten örtlichen Betriebssitzes entbehren, dafür fehlt es an jeglichem Anhalte. Zwar kommt es darauf nicht an, ob derartige Betriebe einem Erwerbszwecke dienen, aber das Vorhandensein eines bestimmten Betriebssitzes, nach welchem sich die örtliche Zugehörigkeit zu den Krankenkassen richtet, ist im Sinne des Gesetzes auch für die Vorschrift der Nr. 3 des § 1 eine notwendige Voraussetzung. Denn wiewohl die Rücksicht auf die Gefahren, die mit der Verwendung von Dampfmaschinen oder durch elementare Kraft bewegten Triebwerken verbunden sind, dafür bestimmend gewesen ist, derartige Betriebe allgemein dem Versicherungszwange zu unterstellen, so ist doch dem Ausschlusse dieses Zwanges für den Fall der bloß vorübergehenden Benutzung einer nicht zur Betriebsanlange gehörigen Kraftmaschine zu entnehmen, daß nur mit Betrieben gerechnet wird, die einer dem Betriebe dienenden Anlage und damit eines Betriebssitzes nicht entbehren. Es kann endlich auch nicht unterstellt werden, daß über die erheblichen Unbequemlichkeiten und Unzuträglichkeiten eines steten, dem jeweiligen vorübergehenden Beschäftigungsorte folgenden Wechsels des Versicherungsverhältnisses für die unter § 1 Nr. 3 fallenden Betriebe hinweggegangen und nur im übrigen der Versicherungszwang bei örtlich wechselnder Beschäftigung, wie § 5a in Erläuterung des § 5 besagt, an die Kasse desjenigen Ortes gebunden worden ist, wo sich der Betriebssitz und damit diejenige Stätte befindet, an der oder von der aus sich der Betrieb den Umständen nach dauernd vollziehen soll (Rosin, Recht der Arbeiterversicherung Bd. I S. 188/89, 209 ff., 216, 225 ff., Handbuch der Unfallversicherung, 2. Aufl., S. 195).

2. Die Versicherungspflicht besteht demnach nicht für Betriebe, die lediglich im Umherziehen stattfinden und eines bestimmten Betriebssitzes, wenn auch nur in dem Sinne, daß sich hier die wirtschaftliche Leitung des Unternehmens vollzieht, entbehren. Anderenfalls, wenn es an solchem Betriebssitze nicht fehlt, ändert es an der Versicherungspflicht, wie dem § 5a zu entnehmen ist (s. Entsch. Bd. XXIX S. 321 ff., Urt. v. 26. III. 96), nichts, daß die eigentliche Betriebsthätigkeit sich an wechselnden Orten vollzieht, und ebensowenig, daß für gewisse Betriebsarten die Ausübung im Umherziehen, d. h. an Orten, wo es für den Betrieb an einer besonderen gewerblichen Niederlassung fehlt, nach den Grundsätzen der Gewerbeordnung von der Lösung eines Wandergewerbescheins abhängig ist.

Nr. 2. Entsch. v. 9. V. 1901 III 829 (Pr.-V.-Bl. Jahrg. XXII S. 592).
§ 126 Gew.-Ordn.; § 1 Kr.-V.-Ges.

1. Der Begriff des Lehrlings hat zur Voraussetzung, daß dem Arbeitsverhältnis hauptsächlich die Absicht zu Grunde liegt, demjenigen Arbeiter, der als Lehrling beurteilt werden soll, die Ausbildung in dem Gewerbszweig seines Arbeitgebers zu ermöglichen.

2. Versicherungspflichtig ist auch ein solcher Arbeiter, bei dem die Höhe des Lohnes nicht ausdrücklich durch Verabredung festgesetzt ist, wenn nur soviel verabredet ist, daß sich die Höhe des Lohnes nach dem Maße und der Güte der Arbeit richtet. Auch wenn der Arbeiter nur zur Probe angestellt ist, ist er versicherungspflichtig, es müßte denn erklärt worden sein, daß die Beschäftigung auf weniger als eine Woche bemessen werde.

Nr. 3. Entsch. v. 6. III. 1901 III 413 (Pr.-V.-Bl. Jahrg. XXII S. 492).
§ 1 Kr.-V.-Ges.

1. Im Gesetze bedeutet der Ausdruck „an wechselnden Orten" im Gegensatze zu einer festen, für verhältnismäßig lange Dauer eingerichteten Arbeitsstätte:

„an nur für einen vorübergehenden Zweck dienenden zur Vornahme einer einzelnen Arbeit oder verhältnismäßig schnell zu beendenden Arbeiten bestimmten und deshalb häufig und beständig wechselnden Arbeitsstätten."

2. Im vorliegenden Falle handelte es sich um folgenden Fall. Der Schlächtermeister W. in G., der dort kein offenes Geschäft besitzt, sondern nur das Schlachten des Viehes vornimmt, hat seit Jahren einen festgemieteten Stand in einer Markthalle zu Berlin und übt darin das Fleischergewerbe aus. Er beschäftigte hierbei den Schlächter B. am Dienstag, Freitag und Sonnabend jeder Woche. Im Uebrigen war B. nicht für W. thätig, wohnte auch nicht in G., sondern in Berlin. Das O.-V.-G. nahm an, daß B. der Ortskrankenkasse zu Berlin nicht der zu G. angehöre, da die Natur des Gewerbebetriebes des W. es nicht mit sich bringe, daß einzelne Arbeiten an wechselnden Orten ausgeführt würden. Der Geselle sei nicht in einem Gewerbebetriebe innerhalb des Gemeindebezirks zu G. beschäftigt gewesen.

Nr. 4. Entsch. v. 16. V. 1900 III 914.
§ 1 Kr.-V.-Ges.; §§ 33a, 33b, 55 Ziff. 4, 105 Gew.-Ordn.

Für das Invaliditäts- und Altersversich.-Ges. v. 22. VI. 89 und das Invalidenversich.-Ges. v. 13. VII. 99 kann als herrschende Ansicht angesehen werden, daß Musiker dann versicherungspflichtig sind, wenn sie bei Musikaufführungen, bei denen ein höheres Interesse der Kunst nicht obwaltet, mitwirken und daß lediglich das Gesammtwesen des Unternehmens entscheidet, auf die Leistungsfähigkeit und Vorbildung des einzelnen Mitwirkenden es aber nicht ankommt. Für das Krankenversich.-Ges. trifft dasselbe zu, wie dies richtig in der Entschließung des Sächsischen Minist. v. 3. V. 99 Pr.-V.-Bl. Jahrg. XX S. 40 ausgeführt ist. Unter stehendem Gewerbe im Krankenversich.-Ges. muß dasselbe verstanden werden, was die Gew.-Ordn. darunter versteht (vgl. §§ 33a, 33b, 55 Ziffer 4, 105 Gew.-Ordn.).

Nr. 5. Entsch. v. 17. III. 1900 III 524.
§ 1 Kr.-V.-Ges.

Jede in einem versicherungspflichtigen Betriebe gegen Entgelt geleistete Thätigkeit, gleichviel worin sie besteht, insbesondere auch lediglich die

Reinigung der dem Betriebe dienenden Räume begründet die Versicherungspflicht, sofern es sich nicht bloß um eine gelegentliche und also vorübergehende oder zwar um eine dauernde, aber nach Leistung oder Lohn derart geringfügige Thätigkeit handelt, daß sie um deswillen als eine Beschäftigung im Sinne des § 1 der Krankenversich.-Ges. nicht beurteilt werden kann (Erk. v. 5. II. 98 Pr.-V.-Bl. Jahrg. XIX S. 425). Dies kommt bei Dienstboten, die neben ihrer Thätigkeit in dem Haushalte zugleich in dem Gewerbebetriebe des Dienstherrn beschäftigt werden, in Betracht.

Nr. 6. Entsch. Bd. XXXVIII S. 317 v. 1. XII. 1900 III C 98/1900.

Kr.-V.-Ges. §§ 1, 28, 78a.

1. Kellnerinnen, welche gegen freie Kost und Anweisung auf Trinkgelder dienen, sind gewerbliche Arbeiter im Sinne des VII. Titels der Gew.-Ordn. (Berger-Wilhelmi, Gew.-Ordn. 15. Aufl., S. 355) und sind versicherungspflichtig.

2. Der § 78a der K.-V.-G. gilt auch für die Berechnung der drei Wochen, die ein Kassenmitglied der Kasse angehört haben muß, um beim Ausscheiden aus der Kasse einen Anspruch auf die gesetzlichen Mindestleistungen zu haben (Hahn, K.-V.-G. 2. Aufl. S. 125, 263).

3. In Theorie und Praxis geht die wohl als herrschend zu bezeichnende Ansicht dahin, daß für das Gebiet der Krankenversicherung das Beschäftigungsverhältnis durch einen Vertragsbruch beendigt wird. So führt Rosin, Recht der Arbeiterversicherung Bd. I S. 175 Anm. 5 aus:

> „Die Beschäftigung hört auf mit Eintritt eines erklärten Kontraktbruchs des Arbeiters, obgleich die Forderung des Arbeitgebers rechtlich" — d. h. civilrechtlich — „nicht dadurch berührt wird. Auch umgekehrt für den Fall kontraktwidriger Entlassung des Arbeiters durch den Arbeitgeber muß das Gleiche trotz des für den Arbeiter bestehenden Rechtsanspruchs behauptet werden: animo in contrarium acto kann kein Besitz bestehen; doch kann die mittelbare Einwirkung auf den Bestand der Versicherung Entschädigungsansprüche erzeugen."

Vgl. ferner noch z. B. Weyl, Lehrbuch des Reichsversicherungsrechts S. 129 Anm. 2, die Entscheidung des Badischen Verwaltungsgerichtshofs v. 28. IX. 98 (Arbeiter-Versorgung Bd. XI S. 614) in den Worten:

> „durch gegenseitige Willensübereinstimmung erhalten bleibt (vgl. Rosin, Recht der Arbeiterversorgung Bd. I S. 177),"

die Antwort des Herausgebers der Arbeiter-Versorgung in Bd. XVI derselben, S. 412 unter Nr. 3, das in Bd. XXIX S. 345 der Entscheidungen des O.-V.-G. angezogene Urteil in den Worten:

> „und dazu bedarf es einer Willenserklärung von seiten des Arbeiters oder Arbeitgebers,"

auch das Urteil des O.-V.-G. v. 4. VII. 1900 (Entsch. Bd. XXXVII S. 386, Arbeiter-Versorgung Bd. XVII S. 646), in welchem bei einer bloßen thatsächlichen Unterbrechung der Arbeitsleistung Gewicht gelegt worden ist auf das Fortbestehen des Einverständnisses zwischen dem Arbeitgeber und dem Arbeiter darüber, daß der Arbeitsvertrag unberührt bleibe. Wenn sonach ein Gastwirt einer Kellnerin mitteilt, daß sie bei ihm nicht mehr werde beschäftigt werden und sie infolgedessen aus der Beschäftigung wegbleibt, so ist das Beschäftigungsverhältnis im Sinne des K.-V.-G. beendet, mag die Kellnerin auch Ersatz für ihren Schaden fordern und erreichen. Es kann dahingestellt bleiben, ob nicht auch damit das Beschäftigungsverhältnis für das Civilrecht sein Ende erreicht haben würde. Denn für das Krankenversicherungsrecht ist es jedenfalls schon dadurch gelöst worden, daß der Gastwirt den Vertrag brach und die Kellnerin hiervon in Kenntnis setzte. Civilrechtlich mag es noch nachher bestanden haben, besonders wegen des trotz des Vertragsbruchs dem anderen Teile bleibenden Rechts, die Erfüllung zu fordern. Das Gleiche kann aber nicht für das Krankenversicherungsrecht gelten, für welches sich das Beschäftigungsverhältnis nicht unbedingt mit einem civilrechtlich wirksamen Beschäftigungsverhältnisse deckt, z. B. anerkanntermaßen anzunehmen ist, obwohl es an der civilrechtlich notwendigen Genehmigung des Vaters oder Vormundes oder des Vormundschaftgerichts fehlt, und überhaupt das Arbeitsverhältnis nicht ausschließlich rechtlicher, sondern zu einem wesentlichen Teile thatsächlicher Natur ist. Hier besteht ein solches wie schon bei thatsächlicher Arbeitsthätigkeit auf Grund von Willensübereinstimmung zwischen dem Arbeitgeber und dem Arbeitnehmer, so nicht mehr, wenn ein entgegenstehender Wille ausgesprochen wird und deshalb die Beschäftigung thatsächlich unterbleiben muß und unterbleibt. Es hat das im Krankenversicherungsgesetze selbst besonders dadurch Anerkennung gefunden, daß der Anspruch aus § 28 auch bei einer durch Vertragsbruch des Arbeiters herbeigeführten Erwerbslosigkeit gewährt ist (Entsch. des O.-V.-G. Bd. XXIX S. 317/318, Urt. v. 4 XI. 95). Denn wenn dieser Vertragsbruch das Beschäftigungsverhältnis nicht beendigte, könnte es keine dadurch veranlaßte Erwerbslosigkeit geben. Hiernach hat der Vertragsbruch des Arbeitgebers freilich die Wirkung, dem Arbeiter den Anspruch aus dem § 1 des K.-V.-G. zu nehmen und ihn auf den an besondere Voraussetzungen gebundenen und eng begrenzten Anspruch aus § 28 zu beschränken. Es darf aber deshalb noch nicht dem Vertragsbruche des Arbeitgebers und dem für die Auflösung des Arbeitsverhältnisses gleich zu behandelnden Vertragsbruche des Arbeiters die Bedeutung versagt werden, das Arbeitsverhältnis zu lösen, vielmehr kann jener Nachteil für den Arbeiter nur zu denjenigen Schäden gerechnet werden, wegen deren ihm der Vertragsbruch des Arbeitgebers ein Recht auf Ersatz giebt.

Nr. 7. Entsch. Bd. XXXVIII S. 322 v. 6. X. 1900 III C 61/1900.

§ 1 Abs. 4 Kr.-V.-Ges., § 63 Handelsges.-B. v. 10. V 97

Der Abs. 4 des § 1 des K.-V.-G. bestimmt:

> „Handlungsgehilfen und -Lehrlinge unterliegen der Versicherungspflicht nur, sofern durch Vertrag die ihnen nach Art. 60 des Deutschen Handelsgesetzbuchs zustehenden Rechte aufgehoben oder beschränkt sind.“

An die Stelle des Art. 60 des Deutschen Handelsgesetzbuchs ist seit dem 1. I. 98 der § 63 des Handelsgesetzbuchs v. 10. V. 97 getreten (Art. 3 des Einf.-Ges. dazu), dessen Abs. 1 lautet:

> „Wird der Handlungsgehilfe durch unverschuldetes Unglück an der Leistung der Dienste verhindert, so behält er seinen Anspruch auf Gehalt und Unterhalt, jedoch nicht über die Dauer von sechs Wochen hinaus.“

Danach ist ein Handlungsgehilfe, in dessen Vertrage steht:

> „Dieser Vertrag kann beiderseits unter Einhaltung einer Kündigungsfrist von einem Monate zu auf Ende eines Kalendermonats gelöst werden“

versicherungspflichtig. Es besteht die Möglichkeit, daß er Gehalt und Unterhalt auf weniger als sechs Wochen erhält. Sie ist nicht bloß gegeben in dem Falle, daß ihm schon vor einer Erkrankung gekündigt war, sondern auch dann, wenn die Krankheit in der zweiten Hälfte eines Monats eingetreten ist und der Prinzipal darauf sofort zum Schlusse des nächsten Monats kündigt. Es liegt also eine Beschränkung der im § 63 des Handelsgesetzbuchs gewährleisteten Rechte vor (vgl. Hamburger in der Arbeiter-Versorgung Bd. XV S. 411/412, Bd. XXI S. 16; Regers Entsch. Bd. XVIII S. 198).

Nr. 8. Entsch. v. 24. VI. 1901 III 1091 (Pr.-V.-Bl. Jahrg. XXIII S. 264).
§ 5a Kr.-V.-Ges.

1. Das Erfordernis des § 5a des K.-V.-Ges., daß einzelne Arbeiten an wechselnden Orten außerhalb der Betriebsstätte ausgeführt werden, enthält, wie das O.-V.-G. bereits in dem Erk. v. 26. III. 96 (Entsch. Bd. XXIX S. 325) ausgesprochen hat, nicht auch noch das weitere Erfordernis, daß an der Betriebsstätte ebenfalls Arbeiten ausgeführt werden. Der Gewerbebetrieb eines Pflastermeisters, der Pflasterungsarbeiten an verschiedenen wechselnden Orten ausführt, fällt also auch dann unter den § 5a, wenn er etwa in seinem Wohnorte solche Arbeiten zufällig nicht ausführt, sofern er dort nur seine Betriebsstätte, d. h. den bleibenden Sitz und Mittelpunkt seines Gewerbebetriebes hat. Sein Gewerbebetrieb ist eben wegen der Verschiedenheit der Orte für die Pflasterungsarbeiten ein Gewerbebetrieb, dessen Natur es mit sich bringt, daß einzelne Arbeiten an wechselnden Orten außerhalb der Betriebsstätte ausgeführt werden. Daß gerade der Gewerbebetrieb eines Pflastermeisters unter den § 5a fällt, hat das O.-V.-G. auch bereits in einer früheren Entscheidung v. 26. III. 96 III c 92/95 (Entsch. Bd. XXIX S. 326) ausdrücklich ausgesprochen.

2. Die Frage, ob die von Bauunternehmern und ähnlichen Gewerbetreibenden außerhalb ihres Betriebssitzes beschäftigten Personen bei der Krankenkasse, in deren Bezirk die Beschäftigung erfolgt, auch abgesehen von der Errichtung einer Zweigsbetriebsleitung schon dann versicherungspflichtig seien, wenn es sich um die Ausführung einer bestimmten größeren Arbeit handele, ist von dem O.-V.-G. bereits in dem Urt. v. 26. III. 96 III c 95/95 (Entsch. Bd. XXIX S. 320) in Uebereinstimmung mit dem Urt. des R.-Ger. VI Civilsenat v. 7. II. 95 (Entsch. des R.-Ger. in Civilsachen Bd. XXXIV S. 129) und dem Urt. des Strafsenats des Kammergerichts v. 22. IV. 95 (Arb.-Vers. Jahrg. XII S. 294) verneinend beantwortet worden. Und daran ist auch jetzt festzuhalten (zu vgl. auch von Woedtke, K.-V.-G. 5. Aufl. S. 129 Anm. 2 zu § 5a; abweichend: Hahn K.-V.-G. 2. Aufl. S. 47 ff., Anm. 1a zu § 5a).

3. Wie das O.-V.-G. bereits früher (Entsch. Bd. XXIX S. 330, 323) ebenfalls in Uebereinstimmung mit dem R.-Ger.-Urt. v. 7. II. 95 ausgeführt hat, sind auch die nur an Ort und Stelle zur Ausführung der einen bestimmten Arbeit angenommenen Arbeiter im Falle des § 5a des Gesetzes ebenso wie die ständigen Arbeiter des Betriebsunternehmers am Sitze dessen Gewerbebetriebes versichert (übereinstimmend auch Hahn a. a. O. S. 50, Anm. 1c zu § 5a).

Nr. 9. Entsch. v. 20. VI. 1901 III 1067 (Pr.-V.-Bl. Jahrg. XXIII S. 231).
§§ 2, 27 Abs. 1 Kr.-V.-Ges.

1. Nach dem § 2 des K.-V.-G. ist die Versicherungspflicht der daselbst bezeichneten Personen von einer statutarischen Bestimmung der Gemeinde oder des weiteren Kommunalverbandes abhängig. Die statutarische Erstreckung der Versicherungspflicht braucht sich zwar nicht auf alle diese Personen zu beziehen, sondern kann sich auf die eine oder die andere Klasse von ihnen und selbst auf einen Teil der zu einer Klasse gehörenden Personen beschränken (vgl. z. B. die Kommentare zum K.-V.-G. von v. Woedtke, 5. Aufl., S. 99, 100, 101, Anm. 17 Abs. 4 und 5, Anm. 20; Reger, 6. Aufl.; von

Henle, S. 44 Anm. 15, und von Schicker, 2. Aufl., S. 38 Anm. 14, je zu § 2). Ob dies jedoch auch für die unter der Nr. 6 des § 2 aufgeführten in der Land- und Forstwirtschaft beschäftigten Arbeiter und Betriebsbeamten gilt (siehe hierzu die Begründung zum Entwurf des Gesetzes, betreffend die Krankenversicherung der Arbeiter, §§ 1 und 2, S. 145 des Aktenstückes Nr. 14 zu den Verhandlungen des Reichstags 1882), kann dahingestellt bleiben. Denn jedenfalls darf die Beschränkung nicht dadurch geschehen, daß eine Voraussetzung für die Versicherungspflicht aufgestellt wird, welche, wie die freiwillige Mitgliedschaft bei einer anderen Kasse, auf einem ganz verschiedenen Gebiete, als dem der für die Versicherungspflicht maßgebenden Art der Beschäftigung, liegt, im freien Willen des Beteiligten steht und einer Person, die an sich zu der allgemein für versicherungspflichtig erklärten Klasse gehört, ermöglicht, sich dem Versicherungszwange zu entziehen.

2. Wenn auch im § 27 Abs. 1 des K.-V.-G. das Uebergehen zu einer Beschäftigung, durch welche die Zwangsmitgliedschaft bei einer Kasse begründet wird, nur als ein Grund bezeichnet ist, der die Erlangung der freiwilligen Mitgliedschaft hindert, so ist es doch zugleich auch, wenn es nach erlangter freiwilliger Mitgliedschaft stattfindet, ein Grund, der diese beendigt. Es kann niemand zugleich Zwangsmitglied der einen Ortskrankenkasse und nach dem § 27 freiwilliges Mitglied einer anderen Ortskrankenkasse sein (vgl. z. B. Entsch. d. R.-G. in Civils. Bd. XXI S. 103 und das Urt. des O.-V.-G. v. 24. IX. 98 in der „Arbeiterversorgung" Jahrg. XVI S. 90).

Nr. 10. Entsch. Bd. XXXIX S. 348 v. 15 IV 1901 III C 144 1900.

§§ 6, 7 Kr.-V.-Ges.

1. In den Urt. v. 23. X. 90 und 14. I. 99 (Entsch. Bd. XX S. 360 und Bd. XXXIV S. 364) ist allerdings ausgesprochen, daß der Zeitraum, für den die Krankenunterstützung zu gewähren ist, in der Regel von demjenigen Tage ab gerechnet werden muß, an welchem das erkrankte Mitglied die Unterstützung zuerst in Anspruch genommen hat, und nicht von demjenigen Tage ab, an welchem das Mitglied thatsächlich erkrankt ist, gleichviel ob die Unterstützung nur in der Gewährung der Heilbehandlung oder zugleich oder ausschließlich in der Gewährung des Krankengeldes bestanden hat. Nach dem damals in Betracht kommenden Thatbestande war die Krankenunterstützung von dem Tage ab, an welchem sie zuerst nachgesucht war, fortlaufend in Anspruch genommen.

2. Wenn ein Kassenmitglied bei der Kasse die Heilbehandlung vorübergehend und erst nach mehrmonatlicher Unterbrechung bei dem Armenverbande die Krankenhausbehandlung in Anspruch genommen hat, so entsteht die Frage, ob das Kassenmitglied bei fortdauernder Krankheit und Erwerbsunfähigkeit ermächtigt ist, je nach seinem Belieben die Krankenunterstützung fortlaufend oder mit der ihm angemessen erscheinenden Unterbrechung in Anspruch zu nehmen. Ein solches Wahlrecht steht ihm nicht zu.

Die ursprüngliche Fassung des zweiten Absatzes des § 6, dahin lautend:

> „Die Krankenunterstützung endet spätestens mit dem Ablauf der dreizehnten Woche nach Beginn der Krankheit."

brachte es klar zum Ausdrucke, daß die im ersten Absatze bestimmte Krankenunterstützung über die dreizehnte Woche hinaus, sofern die Unterstützungszeit nicht statutarisch länger bemessen ist, nicht zu gewähren war, gleichviel ob sie bis dahin nur in der Gewährung der Heilbehandlung oder zugleich oder ausschließlich in der Gewährung des Krankengeldes bestanden hatte. Durch die Novelle v. 10. IV. 92 hat der Absatz zwar folgende Fassung erhalten:

„Die Krankenunterstützung endet spätestens mit dem Ablauf der dreizehnten Woche nach Beginn der Krankheit, im Falle der Erwerbsunfähigkeit spätestens mit dem Ablauf der dreizehnten Woche nach Beginn des Krankengeldbezuges. Endet der Bezug des Krankengeldes erst nach Ablauf der dreizehnten Woche nach dem Beginn der Krankheit, so endet mit dem Bezuge des Krankengeldes zugleich auch der Anspruch auf die in Absatz 1 unter Ziffer 1 bezeichneten Leistungen."

Hierdurch ist, worauf schon in dem Urt. v. 22. VI. 96 (Bd. XXX S. 351 der E.-O.-V.) hingewiesen worden ist, daran nichts geändert, daß der Anspruch auf die Krankenunterstützung mit dem Ablaufe der dreizehnten Woche nach wie vor dann endet, wenn während dieser Zeit dem erkrankten Mitgliede lediglich die Heilbehandlung gewährt worden ist und nach der Art der Krankheit auch allein zu gewähren war. Nur insofern ist eine Erweiterung eingetreten, als die 13 Wochen dann, wenn die Krankheit zunächst bloß die Gewährung der Heilbehandlung und später, aber innerhalb der 13 Wochen, wegen inzwischen eingetretener Erwerbsunfähigkeit die Gewährung des Krankengeldes bedingt, erst von dem Bezuge des Krankengeldes zu rechnen sind, und als die dreitägige Karenzzeit fortfällt, wenn mit der Krankheit Erwerbsunfähigkeit sogleich verbunden ist. Weder der Wortlaut noch der für die Erweiterung der Kassenleistungen maßgebend gewesene Beweggrund — Billigkeitsrücksichten, wie auch die Absicht, den Arbeitern den Anreiz zur Arbeitseinstellung bei leichterer Erkrankung zu nehmen (s. die Begründung zur Novelle bei von Woedtke, Krankenversicherung, 5. Aufl., S. 146) — berechtigen zu der Annahme, daß mit dem Grundsatze, wonach die Krankenunterstützung von dem Tage ab, an dem sie zuerst in Anspruch genommen worden ist, wie sich dies behufs Förderung der Heilung empfiehlt, fortlaufend in Anspruch zu nehmen und zu gewähren ist, für den Fall hat gebrochen werden sollen, daß die zum Bezuge des Krankengeldes berechtigende Erwerbsunfähigkeit nach Aufnahme der Heilbehandlung eintritt. Insbesondere sind die Worte „nach Beginn des Krankengeldbezuges" nicht in dem Sinne wörtlich zu nehmen, daß es für die Berechnung der dreizehn Wochen auf den Tag ankommt, an welchem der Krankengeldbezug thatsächlich begonnen hat, sondern in dem Sinne, daß es darauf ankommt, an welchem Tage trotz der Heilbehandlung die zum Krankengeldbezuge berechtigende Erwerbsunfähigkeit hinzugetreten ist. Es ist auch nicht abzusehen, welche Gründe dafür hätten bestimmend sein können, den Kassenmitgliedern in dieser Beziehung ein Wahlrecht zu eröffnen, das dazu führen kann, daß an die Krankenkassen wegen einer Krankheit, die ihnen zur Gewährung der Heilbehandlung bereits Anlaß gegeben hat, noch nach Verlauf langer Zeit Ansprüche erhoben werden, zumal da das Gesetz die Krankenkassen ermächtigt hat, unter gewissen Voraussetzungen (§ 7) die Kassenmitglieder zum Bezuge der vollen Krankenunterstützung zu nötigen.

Nr. 11. Entsch. Bd. XXXVIII S. 330 v. 26. IX. 1900 III C 40/1900.

§ 24 Abs. 1 u. 2, § 37 Abs. 1 u. 2 Kr.-V.-Ges.

1. Nach dem § 24 Abs. 1 und 2 des K.-V.-G. darf die Genehmigung zu der Abänderung eines Kassenstatuts versagt werden, wenn sie den Anforderungen dieses Gesetzes nicht genügt, oder wenn die Bestimmung über die Klassen von Personen, welche der Kasse angehören sollen (§ 23 Abs. 2 Nr. 1), mit den Bestimmungen des Statuts einer anderen Kasse im Widerspruche steht. Es scheiden dabei alle bloßen Zweckmäßigkeitserwägungen aus (Entsch.

des O.-V.-G. Bd. XXX S. 366, Urt. v. 17. IX. 96), und es ist deshalb stets unerheblich, ob die Abänderung des Statuts nicht im Interesse der Kasse liegt, ob mit ihr z. B. sozialdemokratische Zwecke verfolgt werden und dergleichen.

2. Für politische Wahlen, namentlich für diejenigen zu Volksvertretungen, ist Proportionalwahl schon vielfach in den verschiedensten Systemen in Vorschlag gebracht worden, teilweise sogar in gesetzlicher Geltung (vgl. z. B. Bernatzik, Das System der Proportinalwahl in Schmollers Jahrbuche für Gesetzgebung u. s. w. Bd. XVII — 93 — S. 393 ff., v. Seydel in den Blättern für administrative Praxis Bd. XLVIII — 98 — S. 209 ff., Einhauser, Proportionalwahl in Schäffle's Zeitschrift für die gesammte Staatswissenschaft Bd. LIV — 98 — S. 720 ff. und Krazeisen in den Blättern für administrative Praxis Bd. L — 1900 — S. 257 ff.); den Anforderungen des K.-V.-G. entspricht das Proportinalsystem nicht, es gewährleistet insbesondere keine Geheimhaltung des Wahlaktes, es werden notwendig die Wahlberechtigten sowohl in der Auswahl unter den wählbaren Personen beschränkt als auch gezwungen, die Wahl durch Listen zu vollziehen, deren Inhalt dem Vorstande bekannt ist. Freie und geheime Wahl ist somit nur der Form, nicht dem Wesen nach gegeben.

Nr. 12. Entsch. Bd. XXXVIII S. 325 v. 23. I. 1901 III C 104/1900

Kr.-V.-Ges. § 26a Abs. 3.

1. Ueber die Einwirkung von Statutenänderungen auf früher begründete Unterstützungsfälle und sonstige Verhältnisse im Gebiete des Krankenversicherungsrechts, insbesondere auch von solchen, durch welche der Inhalt oder der Umfang der Leistungen einer Krankenkasse an ihre Mitglieder erweitert wird, besteht Meinungsverschiedenheit. Von den einen wird angenommen, daß die Erweiterung auch noch denen, welchen bereits zur Zeit des Zustandekommens der Statutenänderung wegen eingetretener Erkrankung ein Anspruch auf Unterstützung zustand, für die Dauer dieser Krankheit zugute komme, es müßte denn dies besonders ausgeschlossen und der Statutenänderung nur Wirksamkeit für die nach ihrem Erlaß eintretenden Unterstützungsfälle beigelegt sein. Die anderen dagegen wollen die Erweiterung beim Mangel einer dabei getroffenen entgegenstehenden besonderen Bestimmung nicht für schon erkrankte Kassenmitglieder gelten lassen. Jene Ansicht ist bisher am meisten in Theorie und Praxis vertreten (vgl. außer den Kommentaren zum Krankenversicherungsgesetze, z. B. denen von v. Woedtke, 5. Aufl., S. 252 Anm. 34 zu § 26a und Hahn, 2. Aufl., S. 120/121 Anm. 12 zu § 26a, namentlich noch Arbeiter-Versorgung Jahrg. IX S. 653, Jahrg. XI S. 641, Jahrg. XII S. 616, Jahrg. XIII S. 346, Jahrg. XV S. 388 und Jahrg. XVII S. 14; daselbst Jahrg. XVI S. 444; ebenda Jahrg. IX S. 721, Jahrg. XIV S. 5/6).

2. Das O.-V.-G. hat in dem Urt. v. 17. IX. 96 (Entsch. Bd. XXX S. 341) ausgesprochen, daß durch die nachträgliche Aenderung des Statuts einer eingeschriebenen Hilfskasse beim Mangel einer entgegenstehenden Bestimmung im Statut bereits erworbene Unterstützungsansprüche nicht herabgemindert werden können. Zu Unrecht aber ist aus den darin gemachten Ausführungen in der Arbeiter-Versorgung Jahrg. XIV S. 5/6 gefolgert worden, daß Erhöhungen der Leistungen einer Ortskrankenkasse auf schwebende Unterstützungfälle ohne Einfluß seien, erkrankte Mitglieder mithin vom Zeitpunkte des Inkrafttretens der Statutenänderung nur dann die erhöhten Leistungen erhielten, wenn dies im Statut ausdrücklich bestimmt werde. Eine Entscheidung hierüber war damals nicht zu treffen und ist nicht einmal mittelbar getroffen worden.

3. Darüber herrscht Einigkeit, daß bei der Statutenänderung, soweit nicht der die Herabsetzung der bisherigen Kassenleistungen betreffende Abs. 3 des § 26a

des K.-V.-G. entgegensteht, vorgesehen werden darf, ob und inwieweit sie auf die vor ihrem Erlaß eingetretenen Unterstützungsfälle zur Anwendung kommen soll. Dies ist richtig.

4. Für den Fall, daß es an einer Bestimmung über die Tragweite der die Kassenleistungen erweiternden Statutenänderung fehlt, erscheint die namentlich von Hahn vertretene Meinung, daß eine solche Aenderung den schon früher erwachsenen Unterstützungsanspruch nicht beeinflusse, als die richtigere. Mit Recht wendet Hahn gegen die aus dem Abs. 3 des § 26a des K.-V.-G. entnommene Begründung der entgegengesetzten Ansicht ein, es sei dadurch weiter nichts vorgeschrieben, als daß die Rückwirkung einer statutarischen Herabsetzung der Unterstützungsansprüche auf bereits schwebende Ansprüche auch durch das Statut nicht vorgesehen werden dürfe, und der einzig zulässige Schluß sei daher der, daß bei Erhöhungen und Erweiterungen der Leistungen das Statut die Anwendung auch auf schwebende Unterstützungsansprüche bestimmen könne. Ebensowenig läßt sich dem von dem Landgerichte zu Breslau in seinem Urteile v. 10. XI. 99 (Arbeiter-Versorgung Jahrg. XVII S. 14) herangezogenen Grunde beitreten, daß mit jedem Tage der die Fortdauer der Unterstützungspflicht bedingenden Krankheit sich auch die Unterstützungspflicht der Kasse nach Maßgabe des jeweilig in Kraft stehenden Statuts fortsetze und es hiernach gleichgültig sei, zu welchem Zeitpunkt und unter der Herrschaft welchen Statuts die Krankheit begonnen habe. Bei dem Krankenunterstützungsanspruche hat man es nicht mit einem an jedem weiteren Krankheitstage neu entstehenden Anspruche zu thun. Vielmehr ist das Recht auf Unterstützung ein für allemal mit der Erkrankung gegeben. Es bleibt somit nur die allgemeine Erwägung, daß es mit den wohlwollenden Zwecken unserer sozialpolitischen Gesetzgebung im Einklange stehe, Erweiterungen der Kassenleistungen auch auf bereits schwebende Unterstützungsfälle zur Anwendung zu bringen. Diese Erwägung reicht jedoch nicht aus, um von der Rechtskonsequenz abzuweichen, welche fordert, daß bestehende und schon fest begründete Rechtsverhältnisse von nachträglichen Veränderungen nicht berührt werden, und namentlich ausschließt, daß die Rückwirkung einer Statutenänderung, obwohl sie zu Ungunsten des Kassenmitglieds nicht möglich ist, trotzdem zu dessen Gunsten eintreten soll. Hieran muß umsomehr festgehalten werden, als man sonst auf mannigfache Bedenken und Widersprüche stößt, so z. B. insofern, als die Verlängerung der Unterstützungsdauer zwar demjenigen zugute kommen würde, für den die Unterstützungsdauer beim Inkrafttreten der Statutenänderung noch einen Tag lief, aber nicht auch demjenigen, für den sie schon einen Tag vorher abgelaufen war. Gegen sie läßt sich auch nichts daraus herleiten, daß bei einem Kassenwechsel ein erkranktes Kassenmitglied mehr erhalten kann, als es erhalten haben würde, wenn der Kassenwechsel nicht eingetreten wäre (Urt. des O.-V.-G. v. 30. IV. 98, Entsch. Bd. XXXIII S. 386). Denn hierbei handelt es sich um ganz besondere Verhältnisse und entspricht der Möglichkeit, mehr zu erhalten, auch die Möglichkeit, weniger zu erhalten (a. a. O. S. 392).

Nr. 13. Entsch. Bd. XXXIX S. 328 v. 20. VI. 1901 III C 20/1901.

§§ 2, 27 Kr.-V.-Ges.

1. Nach dem § 2 des K.-V.-G. ist die Versicherungspflicht der daselbst bezeichneten Personen von einer statutarischen Bestimmung der Gemeinde oder des weiteren Kommunalverbandes abhängig. Die statutarische Erstreckung der Versicherungspflicht braucht sich zwar nicht auf alle diese Personen zu beziehen, sondern kann sich auf die eine oder die andere Klasse von ihnen und selbst auf einen Teil der zu einer Klasse gehörenden Personen

beschränken (vgl. z. B. die Kommentare zum K.-V.-G. von v. Woedtke, 5. Aufl., S. 99, 100, 101 Anm. 17 Abs. 4 und 5, Anm. 20; Reger, 6. Aufl., von Henle, S. 44 Anm. 15 und von Schicker, 2. Aufl., S. 38 Anm. 14, je zu § 2). Ob dies jedoch auch für die unter der Nr. 6 des § 2 aufgeführten in der Land- und Forstwirtschaft beschäftigten Arbeiter und Betriebsbeamten gilt (s. hierzu die Begründung zum Entwurfe des Gesetzes, betreffend die Krankenversicherung der Arbeiter, §§ 1 und 2, S. 145 des Aktenstücks Nr. 14 zu den Verhandlungen des Reichstags 1882), kann dahingestellt bleiben. Denn jedenfalls darf die Beschränkung nicht dadurch geschehen, daß eine Voraussetzung für die Versicherungspflicht aufgestellt wird, welche, wie die freiwillige Mitgliedschaft bei einer anderen Kasse, auf einem ganz verschiedenen Gebiete als dem der für die Versicherungspflicht maßgebenden Art der Beschäftigung liegt, im freien Willen des Beteiligten steht und einer Person, die an sich zu der allgemein für versicherungspflichtig erklärten Klasse gehört, ermöglicht, sich dem Versicherungszwange zu entziehen.

2. Wenn auch im § 27 Abs. 1 des K.-V.-G. das Uebergehen zu einer Beschäftigung, durch welche die Zwangsmitgliedschaft bei einer Kasse begründet wird, nur als ein Grund bezeichnet ist, der die Erlangung der freiwilligen Mitgliedschaft hindert, so ist es doch zugleich, wenn es nach erlangter freiwilliger Mitgliedschaft stattfindet, auch ein Grund, der diese beendigt. Es kann niemand gleichzeitig Zwangsmitglied der einen Ortskrankenkasse und nach dem § 27 freiwilliges Mitglied einer anderen Ortskrankenkasse sein (vgl. E.-O.-V. v. 24. IX. 98, Arb.-Vers. Jahrg. XVI S. 90).

Nr. 14. Entsch. Bd. XXXIX S. 310 v. 16. II. 1901 III C 132/1900.

§§ 1, 27 Abs 1 Satz 1 Kr.-V.-Ges.

1. Wenn ein Mitglied einer Krankenkasse zwar erkrankt ist, Arbeitgeber und Arbeitnehmer die Absicht haben, das Arbeitsverhältnis fortzusetzen, so unterbricht die Krankheit dasselbe, löst es nicht auf (Hahn, K.-V.-G., 2. Aufl., S. 18, Urt. v. 4. VII. 1900, Entsch. Bd. XXXVII S. 382).

2. Der § 27 Abs. 1 Satz 1 des K.-V.-G. verlangt zur Erhaltung der bisherigen Zwangsmitgliedschaft als freiwilliger Mitgliedschaft auf der einen Seite unbedingt, auf der anderen Seite aber nur die dahingehende Absicht des Kassenmitglieds („ihre", d. h. die der Kassenmitglieder, welche aus der die Mitgliedschaft begründenden Beschäftigung ausscheiden, „dahingehende Absicht") und die Anzeige dieser Absicht an den Kassenvorstand binnen einer Woche. Wenn nun Satz 2 der ausdrücklichen Anzeige die Zahlung der Kassenbeiträge gleichstellt, so kommt es auch hierbei nur darauf an, daß dadurch die Absicht des Kassenmitglieds, die Mitgliedschaft zu erhalten, als durch eine hierfür konkludente Handlung zum Ausdruck gebracht wird. Wie die Kasse oder ihr Vorstand nicht durch Ablehnung, Zurückweisung, Zurückgabe u. dgl. der ausdrücklichen Anzeige die Entstehung der freiwilligen Mitgliedschaft zu hindern vermag, so kann deren Erlangung auch nicht durch eine Nichtannahme der Beiträge, die das Kassenmitglied in der Absicht zahlt, sich die Mitgliedschaft zu erhalten, von dem Kassenvorstand oder dadurch vereitelt werden, daß der letztere sie in der irrtümlichen Annahme einer anderen Veranlassung für die Zahlung entgegennimmt und behält. Der Kassenvorstand durfte die Beiträge gar nicht zurückweisen. Ob auch er die Fortsetzung der Mitgliedschaft will, ist gleichgültig. Die Mitgliedschaft wird erhalten, wenn nur das Kassenmitglied dasjenige gethan hat, was von ihm und allein von ihm hierfür zu thun war. Auf die Absichten und Meinungen des Kassenvorstandes kommt es, wenngleich die Kasse ein Inter-

esse daran hat, bestimmt zu wissen, ob ihr jemand als Zwangsmitglied nach § 1 oder als freiwilliges Mitglied nach § 27 des K.-V.-G.'s angehört, nach der Fassung, welche dem § 27 gegeben worden ist, überall nicht an. Die Entgegennahme eines Beitrags durch den Kassenvorstand als nach § 51 oder nach § 52 des K.-V.-G.'s geleistet vermag daher nicht auszuschließen, daß die vom Kassenmitglied oder mit seiner Ermächtigung nicht auf Grund dieser Vorschriften, sondern in der Absicht, sich die Mitgliedschaft zu erhalten, geleistete Zahlung die ausdrückliche Anzeige dieser Absicht ersetzt und deshalb die Mitgliedschaft erhält.

Nr. 15. Entsch. v. 24. X. 1901 III 1746 (Pr.-V.-Bl. Jahrg. XXIII S. 327).
§ 47 Kr.-V.-Ges.

Wenn für eine Gemeinde eine Ortskrankenkasse errichtet ist und die Gemeinde mit einer anderen vereinigt wird, so verliert dadurch die Ortskrankenkasse ihre rechtliche Existenz nicht. Auch ist es nicht zulässig, bloß wegen der Einverleibung die Kasse zu schließen.

Nr. 16. Entsch. Bd. XXXIX S. 339 v. 13. III. 1901 III C 134/1900.
§§ 54a, 28, 73, 19, 20, 63 Kr.-V.-Ges.

1. Das O.-V.-G. ist nicht bloß in dem Urt. v. 5. III. 96 (E.-O.-V. Bd. XXIX S. 341 ff.), sondern auch in dem Urt. v. 30. IV. 98 (Bd. XXXIII S. 386 ff.) davon ausgegangen, daß der auf Grund der Kassenmitgliedschaft infolge des Eintritts einer Krankheit entstandene Unterstützungsanspruch gegen eine Zwangskasse dieser gegenüber erlischt, sobald der Unterstützungsberechtigte während der Dauer der Krankheit versicherungspflichtiges Mitglied einer anderen Zwangskasse wird, und daß die Unterstützungspflicht für den Rest der Unterstützungszeit auf diese Kasse übergeht. Es ist bei diesem Urteile mit der angenommenen Rechtslage nur für den Fall gerechnet, daß ein ohne Beeinträchtigung seiner Erwerbsfähigkeit erkranktes Kassenmitglied bei fortdauernder Krankheit in eine Beschäftigung übertritt, die seine Mitgliedschaft bei einer anderen Krankenkasse bedingt, und weiter für den Fall, daß der Betrieb, in dem das erkrankte Mitglied beschäftigt ist, während der Krankheit, gleichviel ob die Beschäftigung thatsächlich fortgesetzt war oder ob sie wegen eingetretener Erwerbsunfähigkeit eingestellt worden ist, infolge Aenderung in der Kasseneinrichtung einer anderen Krankenkasse zufällt. Bei vorliegender Erwerbsunfähigkeit ist dies indes nur unter der Voraussetzung angenommen, daß das Beschäftigungsverhältnis nicht etwa vorher bereits gelöst war, weil nach Lösung des Beschäftigungsverhältnisses die Zugehörigkeit zu dem Betrieb und damit auch die Möglichkeit zum Wechsel der Kassenmitgliedschaft fortfällt.

2. Die Urteile und deren Begründung sind nicht ohne Anfechtung geblieben (s. Hahn in der Arbeiter-Versorgung Jahrg. XV S. 565 ff., Jahrg. XVI S. 77 ff.), namentlich haben sich der Badische und der Bayerische Verwaltungsgerichtshof auf den gegenteiligen Standpunkt gestellt (a. a. O. S. 371, 601). Was hierfür erwogen worden ist, hat jedoch das O.-V.-G. schon bei seinen Urteilen mitberücksichtigt, und auch nach wiederholter Erwägung hat sich das O.-V.-G. nicht bestimmt gefunden, von seiner Ansicht abzugehen. Alsdann läßt sich aber für alle Fälle, in denen der Wechsel der Kassenmitgliedschaft für die in einem Betriebe beschäftigten Arbeiter auf eine Veränderung in dem Betriebe, z. B. die Verlegung seines Sitzes, infolge freier Entschließung des Arbeitgebers zurückzuführen ist, die zur Entscheidung stehende Frage nicht anders beurteilen. Denn da die verwerteten Erwägungen ihre Stütze nicht in besonderen Vorschriften des Gesetzes, insbesondere über die Wirkungen einer Aenderung in den Kasseneinrichtungen, finden, sondern in dem das Gesetz beherrschenden Grundgedanken,

so treffen sie auch für die Fälle zu, in denen der Wechsel der Kassenmitgliedschaft auf Aenderungen der Betriebe durch ihre Inhaber beruht. In diesem Sinne hat das L.-G. zu Cöln neuerlich in einem Falle entschieden, in welchem der Wechsel in der Kassenmitgliedschaft für ein erwerbsunfähig erkranktes Kassenmitglied während der Dauer der Unterstützungszeit auf die Verlegung des Betriebs nach einem anderen Orte zurückzuführen war, wenn auch freilich in Abweichung von dem Standpunkte des O.-V.-G. mit der Maßstabe, daß die alte Kasse für die Mehrleistungen, die die neue Kasse nicht gewährt, dem Kassenmitgliede verhaftet bleibt (a. a. O. Jahrg. XVII S. 445ff.).

Nr. 17. Entsch. Bd. XXXVIII S. 337 v. 9. I. 1901 III C 119/1900.

Kr.-V.-Ges. §§ 21 Nr. 5, 57 Abs. 2 u. 5.

1. In gleichmäßiger Rechtsprechung ist vom O.-V.-G. angenommen worden, daß, wenn eine Krankenkasse nach ihrem Statut auf Grund des § 21 Nr. 5 des K.-V.-G. den Familienangehörigen ihrer Mitglieder Unterstützung gewährt, dem Mitgliede mit der Erkrankung seines Angehörigen ein Unterstützungsanspruch erwächst und daß dieser Anspruch auf den Armenverband, der dem Angehörigen Armenpflege hat zu teil werden lassen, gemäß § 57 Abs. 2 Kr.-V.-Ges. übergeht (vgl. z. B. die Urt. vom 28. V. 88 und 30. IV. 98, E.-O.-V. Bd. XVI S. 359 und Bd. XXXIII S. 386, sowie die v. 29. V. 93, 17. II. 96, 26. II. 98, 18. X. 99 und 30. VI. 1900, Pr.-V.-Bl. Jahrg. XV S. 49, Jahrg. XVIII S. 43, Jahrg. XX S. 8, Jahrg. XXI S. 258, und Arb.-Vers. Jahrg. X S. 484, Jahrg. XV S. 476, Jahrg. XVII S. 135, 152 und 722).

2. Darüber, ob der § 57 Abs. 5 des K.-V.-G. bei der Unterstützung von Familienangehörigen anwendbar ist, besteht Meinungsverschiedenheit. Es hat namentlich das Königlich Sächsische Ministerium die Anwendbarkeit verneint (Arb.-Vers. Jahrg. IX S. 473, vgl. auch daselbst S. 700). Das O.-V.-G. hat sich auf den anderen Standpunkt gestellt und diesen stets festgehalten (s. besonders das Urt. v. 29. V. 93). Es ist das jedoch immer nur geschehen für Fälle, in denen die Kasse den Angehörigen die im § 6 Abs. 1 Ziff. 1 des K.-V.-G. bezeichneten Leistungen sämmtlich gewährte. Gewährt sie bloß die eine oder die andere dieser drei Leistungen, so muß, wie auch schon der an sich auf dem gleichen Standpunkte stehende Großherzoglich Badische Verwaltungsgerichtshof als zweifelhaft bezeichnet hat (Arb.-Vers. Jahrg. XIII S. 39), der Abs. 5 außer Betracht gelassen werden. Der Abs. 5 setzt den Pauschsatz an die Stelle der im § 6 Abs. 1 Ziff. 1 bezeichneten Leistungen schlechthin, d. h. an sich nur an die Stelle aller dieser Leistungen. Ob der gesetzgeberische Grund für den Abs. 5, besondere Berechnungen entbehrlich zu machen und eine meist nicht sachgemäße Umständlichkeit zu vermeiden, dazu führen kann, da, wo bloß eine unbedeutende und untergeordnete Leistung nicht gewährt wird, namentlich ein Anspruch auf die sog. kleinen Heilmittel nicht eingeräumt ist, während die freie ärztliche Behandlung und die freie Arznei unbeschränkt gewährt werden, die Vorschrift noch für anwendbar zu halten, was der Badische Verwaltungsgerichtshof a. a. O. angenommen hat, bedarf keiner Untersuchung. Jedenfalls kann der Abs. 5 keine Anwendung mehr finden, wenn die Kasse lediglich freie ärztliche Behandlung, dagegen weder freie Arznei noch Heilmittel gewährt. Genügte es zu seiner Anwendung schon, daß auch nur eine einzelne von den im § 6 Abs. 1 Ziff. 1 aufgeführten Arten der Krankenunterstützung geleistet wird, so müßte der Pauschsatz selbst dann eintreten, wenn nur gewisse Heilmittel zu gewähren sind und er nicht einmal im allgemeinen Durchschnitte den angemessenen Ersatz bildet, sondern viel zu hoch ist. Das O.-V.-G. hat denn auch bereits für den mit dem Abs. 5 des § 57 übereinstimmenden Abs. 4 des

§ 57 a des K.-V.-G. ausgesprochen, daß diese Vorschrift bei der Gewährung nur einzelner Heilmittel unanwendbar sei (Bescheid v. 6. X. 1900, III. 1436, Arb.-Vers. Jahrg. XVIII S. 116).

Nr. 18. Entsch. Bd. XXXVIII S. 338 v. 30. I. 1901 III C 110/1900.

§§ 21 Nr. 5, 57 Abs. 2 Kr.-V.-Ges.

1. Es steht im freien Ermessen der Kasse, ob sie von der gesetzlichen Ermächtigung des § 21 Nr. 5 des Gesetzes, für erkrankte Familienangehörige der Mitglieder Unterstützungen zu gewähren, Gebrauch machen will oder nicht. Eine ganz andere Frage aber ist, ob es auch im Belieben der Kasse steht, wenn sie von der Ermächtigung Gebrauch macht und den Mitgliedern durch ihr Statut einen bestimmten Unterstützungsanspruch einräumt, nichtsdestoweniger den Uebergang des Anspruchs auf den unterstützenden Armenverband auszuschließen. Diese Frage ist zu verneinen. Der § 57 Abs. 2 schließt eine derartige Befugnis der Kasse aus. Räumt sie ihren Mitgliedern durch das Statut einen Unterstützungsanspruch für ihre Familienangehörigen ein, so geht der Anspruch kraft Gesetzes auf den unterstützenden Armenverband über. Die Kasse hat also zwar die freie Wahl, ob sie Angehörigenunterstützung durch das Statut einführen will, keineswegs aber auch die Wahl, ob sie den einmal im Statut gewährten Anspruch auf diese Unterstützung auf den Armenverband übergehen lassen will oder nicht.

2. Das O.-V.-G. hat bereits wiederholt näher dargelegt und in gleichmäßiger Rechtsprechung daran festgehalten, daß der Uebergang des Anspruchs aus § 57 Abs. 2 des Gesetzes nicht davon abhängig ist, daß der Armenverband die Unterstützung eines Kassenmitglieds nach den Bestimmungen des Kassenstatuts gewährt. Ganz das Gleiche gilt auch dann, wenn es sich um den Uebergang des Anspruchs eines Mitglieds infolge der Unterstützung seiner erkrankten Familienangehörigen handelt. Der Armenverband hat die Unterstützungen in derjenigen Weise, in welcher er die Armenpflege überhaupt auszuüben hat, zu gewähren, nicht aber nach den für die Verwaltung der einzelnen Krankenkassen, denen die Unterstützten zufällig angehören, maßgebenden Vorschriften. Diese haben für ihn keine verbindliche Kraft, und ihre Befolgung würde für ihn in den meisten Fällen nicht einmal möglich sein (vgl. E.-O.-V. Bd. XIII S. 378, Bd. XVI S. 359, Bd. XXXIII S. 386, Pr.-V.-Bl. Jahrg. XXI S. 258, Arb.-Vers. Jahrg. XV S. 476, Jahrg. XVII S. 722).

Nr. 19. Entsch. v. 20. VI. 1901 III 1065.

§ 57 Kr.-V.-Ges.

Für die Ersatzansprüche der Armenverbände kommt es im Sinne des § 57 des K.-V.-G., wie das O.-V.-G. wiederholt dargelegt hat (siehe E.-O.-V. Bd. XIII S. 374, Pr.-V.-Bl. Jahrg. XVII S. 280), nur darauf an, ob dem erkrankten Kassenmitgliede dann die Krankenunterstützung von der Krankenkasse zu gewähren gewesen wäre, wenn es sie unter Beachtung der statutarischen Satzungen bei der Krankenkasse in Anspruch genommen hätte. In dieser Hinsicht zu unterscheiden, ob sich die Krankenunterstützung auf die gesetzlichen Leistungen beschränkt oder ob sie von der Krankenkasse auf Grund ihrer gesetzlich anerkannten Befugnis freiwillig hierüber hinaus bemessen worden ist, und für die freiwilligen Leistungen die Ersatzpflicht der Krankenkassen gegenüber den Armenverbänden zu verneinen, rechtfertigt sich nicht auf Grund des Wortlautes des § 57 a. a. O. In diesem Sinne ist von dem O.-V.-G. bereits in dem Urt. v. 30. I. 1901 — III. C. 110/1900. —, entschieden und hieran festzuhalten. Daß eine Krankenkasse bei der Abfassung des Statuts von einer anderen Auffassung ausgegangen ist und daß dem Kassenmitgliede, wenn es sich selbst die Heilbehandlung beschafft hätte, ein Ersatzanspruch an die Krankenkasse nicht zugestanden haben würde, ist für das Rechtsverhältnis der Krankenkasse gegenüber dem Armenverbande, der seiner Unterstützungspflicht vorbehaltlich des Ersatzanspruches an die Krankenkasse nach Maßgabe des § 57 zu genügen hat, unerheblich.

Nr. 20. Entsch. v. 6. X. 1900 III 1436 (Pr.-V.-Bl. Jahrg. XXII S. 315).
Kr.-V.-Ges. § 57a Abs. 1, 4, § 57 Abs. 5.

Der Abs. 1 des § 57a des K.-V.-G. spricht den aus dem Wesen der Sache — Vorhandensein eines Auftragsverhältnisses zwischen der ersuchenden und der ersuchten Gemeindekrankenversicherung oder Ortskrankenkasse — folgenden Grundsatz aus, daß die Kosten, die aus der Uebernahme der Fürsorge für eine bei einer anderen Gemeindekrankenversicherung oder Ortskrankenkasse versicherte Person erwachsen, vollständig zu erstatten sind. Damit stände es in Widerspruch, wenn überall, wo kein Anspruch auf Krankengeld besteht, die ersuchte Gemeindekrankenversicherung oder Ortskrankenkasse, die dem Ersuchen Folge leisten muß, keinen Ersatz ihrer Auslagen erhielte. Letzteres folgt auch in keiner Weise aus dem Abs. 4. Das Krankengeld, von dem hier die Rede ist, ist das an sich nach dem Gesetz und dem Statut im einzelnen Falle dem Versicherten gebührende ohne Rücksicht darauf, ob es thatsächlich zu zahlen oder gezahlt worden ist (vgl. § 57 Abs. 5).

Nr. 21. Entsch. v. 21 II. 1900 III 354
§ 57a Kr.-V.-Ges.

Die in § 57a des K.-V.-G. bestimmte Vergütung für die Heilbehandlung der ersuchten Kasse von der ersuchenden Kasse ist für die ganze Zeit zu zahlen, in der die ersuchte Kasse thatsächlich dem Mitgliede der ersuchenden Kasse die Heilbehandlung gewährt hat (Erk. v. 12. VI. 97 Pr.-V.-Bl. Jahrg. XIX S. 8). Maßgebend ist für die Höhe der Vergütung dasjenige Krankengeld, das die ersuchende Kasse nach dem Gesetze und ihrem Statute ihrem Mitgliede zu gewähren hat.

Nr. 22. Entsch. v. 14. II. 1900 III 311.
§ 57 Abs. 2, § 76c Abs 1, § 57a Kr.-V.-Ges.

Für die Ersatzansprüche der Armenverbände und der Berufsgenossenschaften gegen die Krankenkassen gemäß § 57 Abs. 2 und § 76c Abs. 1 des K.-V.- G. ist anerkannten Rechts, daß als Krankengeld auch die nach dem Unfallversicherungsgesetze zu gewährende Erhöhung gilt und daß die Krankenkassen den Armenverbänden und den Berufsgenossenschaften, sofern die thatsächlichen Voraussetzungen hierfür vorliegen, Ersatz bis zur Höhe des nach dem U.-V.-G. zu berechnenden Krankengeldes leisten müssen (Entsch. Bd. XXVII S. 361 und Bd. XXXI S. 334). Hieran ist auch für die im § 57a K.-V.-G. geregelten Ersatzansprüche der Krankenkassen untereinander und der Betriebsunternehmer gegen die Krankenkassen festzuhalten. Daß die Vergütung für die Heilbehandlung u. s. w. nach der Höhe des Krankengeldes zu bemessen ist, wie es auf Grund der Vorschriften des K.-V.-G. und der betreffenden Statuten festzustellen ist, dies bestimmt der § 57a im Abs. 4 nicht. Es ist hier vielmehr auf das Krankengeld ohne jede Einschränkung verwiesen und deshalb geboten, für die Höhe des Krankengelds auch diejenigen Reichsgesetze in Betracht zu nehmen, die mit Rücksicht auf die Ursache der Erkrankung die Gewährung eines höheren Krankengelds verordnen, wie dies in dem U.-V.-G. v. 6. VII. 84, v. 11. und 13. VII. 87 zutrifft.

Nr. 23. Entsch. v. 7. II. 1900 III 253.
§ 57b Kr.=V.=Ges.

Der § 57b des K.=V.=G. setzt voraus, daß Gemeindekrankenversicherungen aus Ortskrankenkassen oder Ortskrankenkassen untereinander über die Frage, welcher von ihnen die in einem Gewerbszweige oder in einer Betriebsart oder in einem einzelnen Betriebe beschäftigten Personen angehören, streiten.

Nr. 24. Entsch. v. 7. XI. 1901 III 1829 (Pr.=V.=Bl. Jahrg. XXIII S. 313).
§ 171 Allg. Berggeſ v. 24. VI. 65, §§ 20, 58 Abſ. 2, § 74 Kr =V.=Geſ.

Zu den Vorschriften, welche für Knappschaftskassen nach § 74 des K.=V.=G. gelten, gehören der 58 Abs. 2 desselben Ges. und die in dessen Ausführung erlassene Vd. v. 9. VIII. 92 nicht. Wie das V.=St.=V. nicht für die Geltendmachung eines Unterstützungsanspruchs gegen eine Knappschaftskasse oder einen Knappschaftsverein durch einen Ortsarmenverband stattfindet (Erk. v. 6. X. 87 Entsch. Bd. XV S. 403 und v. 4. IV. 92 bei Brassert, Novelle zum Allg. Berggeſ. S. 195), so ist es deshalb auch nicht für eine Streitigkeit über den Ersatz einer irrtümlich geleisteten Unterstützung (§ 58 Abs. 2) gegeben (Bescheid v. 17. II. 1900 Arb.=Vers. Jahrg. XVII S. 368).

Nr. 25. Entsch. v. 23. IX. 1901 III 1544 (Pr.=V.=Bl. Jahrg. XXIII S. 277).
§ 58 Abſ. 2 Kr.=V =Geſ., § 66 Handelsgeſ.=B., § 620 B.=G.=B.

1. Im V.=St.=V. kann nur über den Ersatz einer geleisteten Krankenunterstützung und hierüber im einzelnen Falle nur mit derjenigen Kasse, welcher diese Krankenunterstützung rechtlich oblag, gestritten worden (§ 58 Abs. 2 K.=V.=G.).

2. Ist aus der Beschaffenheit oder dem Zwecke gewisser Dienste die Dauer derselben zu entnehmen, so ist das Dienstverhältnis zwischen Prinzipal und Handlungsgehilfen kein solches, das für unbestimmte Zeit geschlossen ist.

Nr. 26. Entsch. Bd. XXXIX S. 342 v. 13. II. 1901 III C 130/1900.
§§ 58, 26 Satz 1 Kr =V.=Geſ.

1. Prozeßkosten können nicht im V.=St.=V. auf Grund des § 58 Abs. 2 des K.=V.=G. als „irrtümlich geleistete Unterstützungen“ eingeklagt werden.

2. Allerdings wird die Gemeindekrankenversicherung wegen ihrer Subsidiarität durch Errichtung einer Ortskrankenkasse von der Fürsorge auf dem Gebiete der Krankenversicherung frei in der Art, daß hinsichtlich der Mitglieder der Ortskrankenkasse nicht mehr die Gemeindekrankenversicherung sondern die Ortskrankenkasse die Fürsorgepflicht hat. Allein die Fürsorgepflicht der Ortskrankenkasse beginnt doch erst von deren Errichtung ab.

3. Nach § 26 Satz 1 des K.=V.=G. beginnt für versicherungspflichtige Mitglieder einer Ortskrankenkasse der Anspruch auf die gesetzlichen Unterstützungen der Kasse zum Betrage der gesetzlichen Mindestleistungen der Kasse (§ 20) schon, andererseits jedoch auch erst mit dem Zeitpunkt, in welchem sie Mitglieder der Kasse geworden sind (§ 19). Bei den die Mindestleistungen übersteigenden Unterstützungen ist ein früherer Anspruch ebenfalls nicht gegeben.

4. Der Anspruch auf die Unterstützungen einer Ortskrankenkasse beginnt zwar mit der Mitgliedschaft bei derselben auch dann, wenn das versicherungspflichtige Mitglied schon vorher krank war (Urt. v. 30. IV. 98, Entsch. Bd. XXXIII S. 386 und Hahn im Verwaltungsarchiv Bd. V S. 259—261), und nach dem angezogenen Urteile hört infolge der Errichtung einer Orts-

krankenkasse die Fürsorgepflicht der Gemeindekrankenversicherung auf und tritt lediglich eine Fürsorgepflicht der neuen Ortskrankenkasse ein, selbst wenn die Gemeindekrankenversicherung bereits mit der Unterstützung begonnen hatte, die Krankheit aber noch fortdauerte. Es gilt dies jedoch, worüber auch das Urt. v. 30. IV. 98 keinen Zweifel läßt, nicht bei vollständig erledigten Unterstützungsansprüchen, wegen deren zur Zeit der Errichtung der Ortskrankenkasse der zur Zeit seiner Erkankung bei der Gemeindekrankenversicherung Versicherte nichts mehr fordern kann, weil er schon längst erhalten hat, was ihm gebührte. Hierbei würde es sich nicht mehr um einen Eintritt der neuen Ortskrankenkasse in die Pflicht der bisher zur Fürsorge verpflichteten Gemeindekrankenversicherung handeln, sondern um eine nachträgliche Deckung der Verpflichtung, welche die Gemeindekrankenversicherung allein hatte und allein haben konnte, weil sie, während der Unterstützungsanspruch noch schwebte, allein vorhanden und daher auch allein verpflichtet war.

5. Die Gemeindekrankenversicherung ist kein für sich bestehendes Rechtssubjekt, sondern bloß eine Verwaltungseinrichtung der Gemeinde, und die Gemeinde bleibt selbstverständlich auch nach Errichtung einer alle bisherigen Angehörigen der Gemeindekrankenversicherung umfassenden Ortskrankenkasse und obwohl deshalb die Gemeindekrankenversicherung bis auf weiteres thatsächlich ganz ruhen mag. Eine Rechtsnachfolge könnte daher nur dahin in Betracht kommen, daß neben dem Fortbestehen der Gemeinde und damit rechtlich auch der Gemeindekrankenversicherung die Ortskrankenkasse an deren Stelle nicht bloß so, daß Rechte und Pflichten für die Gemeindekrankenversicherung aufhören und für die Ortskrankenkasse neu beginnen, sondern auch in der Art tritt, daß die Pflichten der Gemeindekrankenversicherung, wenngleich sie Pflichten der Gemeindekrankenversicherung sind und bleiben, doch von der Ortskrankenkasse erfüllt werden müssen. Hierbei würde, während es dort an einer Rechtsnachfolge fehlt und die Pflicht der Gemeindekrankenversicherung nicht auf die Ortskrankenkasse übergeht, sondern deshalb endigt, weil eine damit wegen der Unzulässigkeit gleichzeitiger Versicherung bei einer Gemeindekrankenversicherung und einer Ortskrankenkasse nicht vereinbare Pflicht der Ortskrankenkasse entsteht, eine wirkliche Rechtsnachfolge vorhanden sein. Dafür bietet aber das Gesetz keinen Anhalt. Könnte man selbst die in den §§ 47 Abs. 5, 48 Abs. 4, 67a Abs. 2, 68 Abs. 5, 72 Abs. 2 des K.-V.-G. für den Fall der Schließung oder Auflösung einer Orts-, Betriebs- oder Bau-Krankenkasse sowie für den Fall der Ausscheidung einzelner Gewerbszweige oder Betriebsarten aus einer gemeinsamen Ortskrankenkasse oder eines Teilbetriebs aus einer Betriebs- oder Bau-Krankenkasse getroffenen Bestimmungen über die Berichtigung der etwa vorhandenen Schulden und die Deckung der vor der Schließung, Auflösung oder Ausscheidung bereits entstandenen Unterstützungsansprüche auf den Fall der Errichtung einer Ortskrankenkasse trotz der Verschiedenheit der Verhältnisse entsprechend anwenden, so würde sich doch nicht ein Uebergang der Pflichten der Gemeindekrankenversicherung auf die Ortskrankenkasse ergeben. Denn auch nach jenen Bestimmungen findet ein Uebergang der Pflichten der bisher verpflichteten Kasse auf eine andere Kasse nicht statt, vielmehr sind die Verpflichtungen nach wie vor aus dem Vermögen der früher zuständigen Kasse zu decken (Hahn a. a. O. S. 264).

Nr. 27. Entsch. Bd. XXXVIII S. 342 v. 8. XI. 1900 III C 78/1900.

Kr.-V.-Ges. § 58 Abs. 2.

1. Bevor durch die Novelle v. 10. IV. 92 (R.-G.-Bl. S. 379) in den § 58 Abs. 2 des K.-V.-G. die Worte:

„ferner Streitigkeiten zwischen Gemeindekrankenversicherungen und Krankenkassen über den Ersatz irrtümlich geleisteter Unterstützungen"

eingefügt wurden, konnte es keinem Zweifel unterliegen, daß, wenn eine Kasse die Mitglieder einer anderen unterstützt hatte, der ihr dadurch erwachsene Anspruch auf Ersatz bei den ordentlichen Gerichten geltend zu machen war und sich sachlich als ein Anspruch wegen ungerechtfertigter Bereicherung darstellte. Von dieser Auffassung ist insbesondere auch die Begründung zur Novelle (S. 70) ausgegangen (s. die Mitteilung in den Kommentaren zum § 58 des K.-V.-G. z. B. von v. Woedtke, 5. Aufl., S. 401 und von Hahn, 2. Aufl., S. 217). Die eingefügten Worte betreffen lediglich das Verfahren, indem an die Stelle des bisher allein zulässigen ordentlichen Rechtswegs das Verwaltungsstreitverfahren, wo ein solches nicht besteht, die Entscheidung der Aufsichtsbehörde mit nachfolgendem Rekurse nach Maßgabe der §§ 20 und 21 der Gewerbeordnung gesetzt worden ist. Den materiellen Rechtsgrund des Anspruchs haben sie dagegen völlig unberührt gelassen. Demgemäß hat denn auch das O.-V.-G. bei seiner Rechtsprechung stets den Anspruch als einen solchen aufgefaßt, der seinen Grund in dem Vorhandensein einer ungerechtfertigten Bereicherung habe und darauf gerichtet sei, diese in der Ersparung von Ausgaben bestehende Bereicherung auszugleichen (vgl. besonders dessen Urteile in seinen Entsch. Bd. XXVII S. 373, 383, Bd. XXIX S. 320, Bd. XXXIV S. 367, Bd. XXXV S. 368). Dem haben sich Theorie und Praxis angeschlossen (s. die Ausführungen a. a. O. Bd. XXXV S. 369, ferner jetzt noch Hoffmann, K.-V.-G. S. 139 Anm. 8 zu § 58 und die Entsch. der Württembergischen Kreisregierung zu Ulm v. 31. XII. 98 in Arb.-Vers. Jahrg. XVI S. 398). Weil nur eine Ausgleichung der unbillig verrückten Vermögenslagen zweier Parteien erstrebt werden kann, findet der Anspruch seine Grenze einerseits in der Höhe des Schadens, so daß der überschießende Vorteil dem Bereicherten bleibt, andererseits in der Höhe der Bereicherung, so daß niemals mehr zurückzuerstatten ist, als diese beträgt (Eccius, Preußisches Privatrecht, 7. Aufl., Bd. II § 148 S. 461/462). Verzugszinsen der eingeklagten Forderung aber gehören an sich weder zu den Ausgaben, die die Klägerin ohne Grund gemacht hat, d. h. zu den an die Mitglieder der beklagten Kasse geleisteten Unterstützungen, noch sind sie der Beklagten durch die Ausgaben der Klägerin erspart, noch so die Beklagte um sie bereichert worden. Hiernach geht es fehl, wenn der Zinsanspruch schon auf Grund der durch die irrtümliche Leistung von Krankenunterstützungen bewirkten Bereicherung für berechtigt gehalten wird (vgl. Striethorst, Archiv Bd. XXXIV S. 125, Eccius a. a. O. S. 462 bei Anm. 39, Dernburg, Lehrbuch des Preußischen Privatrechts, 5. Aufl., Bd. II § 288 Anm. 24 S. 883).

2. Ist die beklagte Kasse zur Erstattung gemahnt worden oder ist aus sonstigen besonderen Gründen eine Verpflichtung zur Zahlung von Verzugszinsen entstanden (das Erkenntnis giebt ein Beispiel), so sind diese im V.-St.-V. einzuklagen.

Nr. 28. Entsch. v. 1. IV. 1901 III 546 (Pr.-V.-Bl. Jahrg. XXII S. 514).

§ 59 A.-L.-R. I 16; Art. 11 Ausf.-Ges. zum B.-G.-B. v. 20. IX. 99 (G.-S. S. 183).

Zahlungen aus öffentlichen Kassen sind, wenn nicht ein anderes bestimmt ist, an der Kasse in Empfang zu nehmen und zwar mit maßgebender Bedeutung auch für Zahlungen von einer öffentlichen Kasse (Pr.-V.-Bl. Jahr. XXI S. 486). Oeffentliche Kasse in diesem Sinne sind die Krankenkassen wie die Kassen der Versicherungsanstalten der Unfall- und Invalidenversicherungsgesetze.

Nr. 29. Entsch. Bd. XXXIX S. 333 v. 27. III. 1901 III C 87/1900.
§§ 133, 136 Ges. v. 5. V. 86, §§ 6, 7 Kr.-V.-Ges.

1. Maßgebend für die Befreiung der land- und forstwirtschaftlichen Arbeiter und die sich daraus ergebende Unterstützungspflicht des Arbeitgebers ist nicht § 3a des K.-V.-G. in der Fassung v. 10. IV. 92, sondern § 136 des Ges. v. 5. V. 86. Dessen Bestimmung — Abs. 4 —

„Die Befreiung gilt für die Dauer des Arbeitsvertrags"

hat nur die Bedeutung, daß während der Dauer des Arbeitsverhältnisses eine Erneuerung des Antrags auf Befreiung des Arbeiters von der Versicherungspflicht durch den Arbeitgeber nicht stattzufinden braucht, gestattet aber nicht die Folgerung, daß mit dem Arbeitsverhältnisse gleichzeitig auch die Unterstützungspflicht des Arbeitgebers aufhöre. Nach den vorangehenden Vorschriften des § 136 a. a. O. wird als Voraussetzung für die Befreiung des Arbeiters gefordert, daß der Arbeiter

„mindestens für dreizehn Wochen nach der Erkrankung dem Arbeitgeber gegenüber einen Rechtsanspruch auf eine den Bestimmmungen des § 6 des K.-V.-G. entsprechende oder gleichwertige Unterstützung"

habe. Hiernach muß von dem an die Stelle der Kasse tretenden Arbeitgeber die Unterstützungspflicht in jedem Falle für mindestens 13 Wochen übernommen werden, sofern er seinen Arbeiter befreit haben will, und sie ist übernommen, wenn ihm die Befreiung von der Kasse gewährt wird. Der Inhalt des Arbeitsvertrags ist demgegenüber bedeutungslos.

2. Für die Krankenversicherung der land- und forstwirtschaftlichen Arbeiter ist im § 133 des Ges. v. 5. V. 86 als oberster Grundsatz aufgestellt, daß auf diese Versicherung das K.-V.-G. v. $\frac{15. \text{ V } 83}{10. \text{ IV. } 92}$ Anwendung findet, soweit sich nicht aus den §§ 134 bis 142 des Gesetzes selbst Aenderungen ergeben. Hiernach ist dem erkrankten versicherungspflichtigen Arbeiter von der Gemeindekrankenversicherung oder Krankenkasse die Krankenunterstützung nach Maßgabe des § 6 des K.-V.-G. oder „an Stelle" derselben gemäß § 7 des letzteren freie Kur und Verpflegung in einem Krankenhause und in diesem Falle, wenn der Erkrankte Angehörige besitzt, deren Unterhalt er bisher aus seinem Arbeitsverdienste bestritten hat, außerdem die Hälfte des im § 6 als Krankengeld festgesetzten Betrags für diese Angehörigen zu gewähren. Damit hat das Gesetz auch für die Versicherung der land- und forstwirtschaftlichen Arbeiter das festgelegt, was für jede andere reichsgesetzlich geregelte Krankenversicherung zutrifft — auch für diejenige der eingeschriebenen Hilfskassen (§ 75 Abs. 1 des K.-V.-G.) —, nämlich, daß für einen erkrankten Versicherungspflichtigen, der Angehörige der bezeichneten Art hat, nicht die freie Kur und Verpflegung im Krankenhaus allein, sondern diese in Verbindung mit der Angehörigenunterstützung als eine dem § 6 des K.-V.-G. gleichwertige Leistung anzusehen ist.

3. An diesem Versicherungsgrundsatz ist durch den die Befreiung versicherungspflichtiger Arbeiter von der Versicherungspflicht regelnden § 136 des Ges. v. 5. V. 86 nichts geändert worden. Wenn im Abs. 1 des § 136 gefordert wird, daß die zu befreiende Person dem Arbeitgeber gegenüber einen Rechtsanspruch auf eine „den Bestimmungen des § 6 des K.-V.-G. entsprechende oder gleichwertige Unterstützung" haben muß, und im Abs. 5 daselbst angeordnet ist, daß die Gemeindekrankenversicherung oder Kranken-

kasse, insoweit dem Befreiten im Falle der Erkrankung von dem Arbeitgeber eine „den Bestimmungen des § 6 des K.-V.-G. entsprechende oder gleichwertige Unterstützung“ nicht gewährt wird, „dieselbe“ auf Antrag zu gewähren und der Arbeitgeber „die hiernach gemachten Aufwendungen“ zu ersetzen hat, so handelt es sich auch hier nach der Begründung zu dem dem § 136 des Gesetzes entsprechenden § 127 des Entwurfes (S. 70 der Nr. 75 der Drucksachen des Reichstags 1885/86) um die Gewährung der „dem K.-V.-G. entsprechenden vollen Leistungen“, zunächst durch den Arbeitgeber und bei dessen Säumigkeit durch die Gemeindekrankenversicherung oder Krankenkasse.

Nr. 30. Entsch. v. 7. X. 1901 III 1638 (Pr.-V.-Bl. Jahrg. XXIII S. 184).
§ 10 Ges v. 5. V 1886, § 27 Unfallges. für Land- und Forstwirtschaft v. 5. VII. 1900.

1. Zu den „Arbeitern“ im Sinne des § 10 des Ges. betreffend die Unfall- und Krankenversicherung der in land- und forstwirtschaftlichen Betrieben beschäftigten Personen v. 5. V. 86[1]) gehören im Gegensatz zum K.-V.-G., für das die Beschäftigung gegen Lohn oder Gehalt wesentlich ist, auch die ohne Lohn oder Gehalt in dem Betriebe des Familienhauptes Arbeiterdienste verrichtenden Familienangehörigen. Das O.-V.-G. hat dies in dem Urt. v. 23. XII. 89 — Bd. XIX S. 355 der veröffentlichten Entscheidungen — eingehend begründet und seitdem in gleichmäßiger Rechtsprechung daran festgehalten. Danach ist es gleichgültig, ob Söhne gegen Lohn oder Gehalt sei es als Tagelöhner, sei es als Dienstboten zur Zeit des ihnen zugestoßenen Unfalles im Betriebe ihres Vaters beschäftigt waren, oder ob sie zu dieser Zeit lediglich als Haussöhne, ohne Lohn oder Gehalt zu empfangen, dort arbeiteten. Die Klage auf Erstattung der Kosten des Heilverfahrens in dem im § 6 Abs. 1 Ziff. 1 des K.-V.-G. bezeichneten Umfange gegen die Gemeinde ist daher aus § 10 des Ges. v. 5. V. 86 begründet, sofern nicht „die Verletzten auf Grund landesgesetzlicher Bestimmungen oder auf Grund der Krankenversicherung Anspruch auf eine gleiche Fürsorge hatten oder nach § 136 des Ges. v. 5. V. 86 von der Versicherungspflicht befreit waren.“

2. Daß zu den landesgesetzlichen Vorschriften, welche die Pflicht der Beschäftigungsgemeinde zur Gewährung der Kosten des Heilverfahrens während der ersten dreizehn Wochen nach dem Unfall eines land- oder forstwirtschaftlichen Arbeiters ausschließen, nicht auch die Vorschriften des bürgerlichen Rechts über die Unterstützungspflicht vermögender Eltern gegen bedürftige Kinder und umgekehrt gehören, ist unzweifelhaft, wie das O.-V.-G. in der Bd. XXVIII S. 399 abgedruckten Entsch. v. 9. III. 98 näher dargelegt und seitdem in gleichmäßiger Rechtsprechung anerkannt hat.

3. Es gehören die in der Landwirtschaft beschäftigten Dienstboten, wie das O.-V.-G. in dem Bd. XVI S. 364 der Entsch. veröffentlichten Urt. vom 30. IV. 88 unter Bezugnahme auf den Sprachgebrauch und die Entstehungsgeschichte des K.-V.-G. näher ausgeführt hat, im Gegensatz zu § 10 des Ges. v. 5. V. 86, der auch die Dienstboten und Familienangehörigen mitbegreift, zu den „in der Landwirtschaft beschäftigten Arbeitern“ im Sinne des § 2 unter 6 des K.-V.-G., welche der Versicherungspflicht durch statutarische Bestimmung unterworfen werden können, nicht.

---

[1]) Siehe jetzt § 27 des Unfallversicherungsgesetzes für Land- und Forstwirtschaft v. 5. VII. 1900.

Nr. 31. Entsch. Bd. XXXIX S. 352 v. 1 IV. 1901 III C 145/1900.

§§ 18, 23 Inv.-V.-Ges. v. 13. VII. 99 (R.-G.-Bl. S. 463); Verordn. v. 23. VIII 99 (G.-S. S. 166). Art. 11 Ausf.-Ges. z. V.-G.-B. v. 20. IX 99 (G.-S. S. 183)

1. Die Verwaltungsgerichte sind bei Ersatzansprüchen der Landesversicherungsanstalten auch dann zuständig, wenn es sich lediglich um Zeit, Ort oder Art der Zahlung handelt.

2. Die Versicherungsanstalt hat den ihr zu ersetzenden Betrag entweder von der Krankenkasse abzuholen oder der Betrag ist ihr auf ihre eigene Gefahr und Kosten zu übersenden. Krankenkassen und die Kassen der Versicherungsanstalten gelten als öffentliche Kassen (Art. 11 Ausf.-Ges. v. 20. IX. 99; Kappelmann, Pr.-V.-Bl. Jahrg. XXI S. 486).

Nr. 32. Entsch. v 10. VI. 1901 III 723 (Pr.-V.-Bl Jahrg. XXIII S. 264).

§ 18 Abs. 3 Inv.-V.-Ges. v. 19 VII 1900.

1. Wenn der § 18 Abs. 3 Satz 2 des Invalidenversicherungsgesetzes der Versicherungsanstalt als Ersatz dafür, daß vom Beginne des Heilverfahrens an bis zu dessen Beendigung die Verpflichtungen der Krankenkasse gegen den Versicherten auf sie übergegangen waren, das Krankengeld, welches der Versicherte von der Krankenkasse für sich beanspruchen konnte, zuspricht, so kann es keinem Zweifel unterliegen, daß es sich hierbei nur um das Krankengeld für die Zeit während des Heilverfahrens handelt, nicht auch um ein solches, welches erst für eine spätere Zeit beansprucht werden könnte oder für eine frühere Zeit rückständig ist.

2. Es mag im Falle des § 49 Abs. 2 des Invalidenversicherungsgesetzes möglich sein, auch rückständige Rentenbeträge als Ersatz zu überweisen. Beim § 18 ist aber die Rechtslage eine andere. Hier findet keine Ueberweisung von Krankengeld statt, sondern es ist Ersatz zu leisten in Höhe desjenigen Krankengeldes, welches der Versicherte von der Krankenkasse für die Zeit vom Beginne bis zur Beendigung des Heilverfahrens für sich beanspruchen konnte (vgl. Hoffmann in der Arb.-Vers. Jahrg. XVII S. 6).

Nr. 33. Entsch. v. 13. V. 1901 III 853 (Pr.-V.-Bl. Jahrg. XXII S. 617).

§ 35 Abs. 2 Ges v. 22 VI. 89, § 49 Ges. v. 19. VII. 99

1. Nach § 35 Abs. 2 des Ges. v. 22. VI. 89 geht der Anspruch auf Rente im Betrage der infolge gesetzlicher Vorschrift einem Rentenempfänger geleisteten Unterstützung auf die Armenverbände über. Nach § 49 des Ges. v. 19. VII. 99 ist den Armenverbänden durch Ueberweisung von Rentenbeträgen Ersatz zu leisten und zwar, wenn es sich um eine vorübergehende Unterstützung des Rentenempfängers handelt, bis zur Hälfte von drei Monatsbeträgen der Rente, bei fortlaufender Unterstützung, falls sie in der Gewährung des Unterhalts in einer Anstalt besteht, für dessen Dauer und in dem zur Ersatzleistung erforderlichen Betrage durch fortlaufende Ueberweisung der vollen Rente, im Uebrigen durch fortlaufende Ueberweisung von höchstens der halben Rente. Durch diese veränderte Fassung wird einerseits mit Rücksicht auf die Auslegung, die der § 35 Abs. 2 in der Praxis gefunden hatte, zum zweifelsfreien Ausdruck gebracht, daß die Armenverbände wegen ihrer Ersatzansprüche nicht auf die für den Zeitraum, in dem die Unterstützung gewährt worden ist, entfallende Rente beschränkt sind, und andererseits neu bestimmt, daß den Versicherten, sofern ihnen nicht Unterhalt in einer Anstalt gewährt wird, die Hälfte der Monatsrente verbleibt und den Armenverbänden die volle Rente nicht mehr in allen Fällen, wie dies für § 35 des alten Gesetzes zutraf, für die Deckung ihrer Ersatzansprüche zur Verfügung

steht (s. die Begründung zu § 35 des Entwurfs zum neuen Gesetz bei von Landmann-Graßmann 2. Aufl. S. 434/36).

2. Dem mit dem 1. I. 1900 in Kraft getretenen § 49 des neuen Gesetzes ist durch § 193 rückwirkende Kraft nicht beigelegt. Unter den Vorschriften des neuen Gesetzes, die danach für das zur Zeit seines Inkrafttretens schwebende Feststellungsverfahren über Ansprüche auf Rente und Beitragserstattungen, weil den Versicherten günstiger, Anwendung zu finden haben, sind diejenigen gemeint, die gegenüber dem bisherigen Recht die Höhe der zu bewilligenden Rente und der zu erstattenden Beiträge und die Voraussetzungen hierfür für die Versicherten günstiger regeln (s. die Begründung zu § 158a des Entwurfs bei von Landmann-Graßmann a. a. O. S. 844). Inwiefern noch anderweiten Vorschriften des neuen Gesetzes, hinsichtlich deren es an einer Bestimmung, wie sie in § 193 gegeben ist, fehlt, mit Rücksicht auf ihren Inhalt und das Ziel des neuen Gesetzes rückwirkende Kraft beizumessen ist, kann dahingestellt bleiben. Jedenfalls ist für Vorschriften neuer Gesetze, die, wie § 49, die Rechte Dritter gegenüber dem bisherigen Recht abweichend und einschränkend regeln, nach bekannten Grundsätzen mit der rückwirkenden Kraft nur dann zu rechnen, wenn die Absicht, in die nach dem alten Recht bereits begründeten Rechtsverhältnisse einzugreifen, in dem neuen Gesetz erkennbar zum Ausdruck gelangt ist. Hieran fehlt es für den § 49, wie denn auch bei der der Feststellung des Gesetzes vorausgegangenen Verhandlung nirgend die Absicht hervorgetreten ist, die Grundsätze des § 49 auf die vor seinem Inkrafttreten entstandenen Ansprüche der Armenverbände zu übertragen (s. hierfür Landmann-Graßmann a. a. O. S. 435; Arb.-Vers. Jahrg. XVII S. 129).

III.

Verfahren in Disziplinarsachen.

IV.

Kleinbahnen und Privatanschlußbahnen.

Nr. 1. Entsch. Bd. XXXVIII S. 371 v. 11. II. 1901 IV A 60/1900.

Kleinbahnges. v. 28. VII. 92.

1. In der Stadt K. bestand eine Kleinbahn mit elektrischem Betriebe. Die Stadt machte eine elektrische Beleuchtungsanlage. Es kam häufig vor, daß die Trolleystangen der Wagen aus der Starkstromleitung heraussprangen, in die Höhe schnellten und die Leitungsdrähte der Beleuchtungsanlage beschädigten und zerstörten. Dadurch entstanden Gefahren für Menschen und Eigentum. Die Ortspolizeiverwaltung gab darauf der Stadt auf, die Lichtleitungen höher zu legen. Die Klage gegen den letztinstanzlichen Bescheid wurde abgewiesen. Aus den Gründen der Entsch. sind folgende Stellen beachtenswert:

a) Die Klägerin irrt zunächst, wenn sie ausführt, daß die Polizeiverwaltung zum Erlaß ihrer Verfügung nicht zuständig gewesen sei, da es sich um eine Anordnung auf Grund des Kleinbahngesetzes v. 28. VII. 92 handele, zu der nur die Landespolizeibehörde berufen erscheine. Die Verfügung richtet sich aber nicht gegen den Unternehmer der Kleinbahnen, sondern gegen die Stadtgemeinde, ihr Inhalt betrifft nicht die Kleinbahnen und deren Betrieb oder Einrichtung, sie stützt sich auch nicht auf Vorschriften des Kleinbahngesetzes. Verlangt wird vielmehr aus allgemeinen Gründen des öffentlichen Rechts, daß die Stadt als Eigentümerin der Beleuchtungsanlage diese so einrichten soll, daß keine Gefahren für das allgemeine Wohl entstehen können. Eine derartige Anordnung zu treffen, ist Sache der Ortspolizei. Der Umstand, daß die Verfügung durch den Betrieb der Straßenbahnen mitveranlaßt ist, macht sie keineswegs zu einer Verfügung auf Grund des Kleinbahngesetzes.

b) Weiter macht die Klägerin geltend, daß die Gefahren wesentlich aus der Einrichtung und dem Betriebe der Straßenbahnen entstünden, deshalb müsse die Polizei die Bauunternehmerin anhalten, Maßnahmen zur Beseitigung der Gefahren zu treffen, dürfe aber nicht zum Vorteile der Unternehmerin von der Klägerin kostspielige Aenderungen ihrer ordnungsmäßigen Beleuchtungsanlage verlangen. Der Oberpräsident hält diese Ausführungen schon deshalb für unzutreffend, weil es im gegenwärtigen Falle dem Ermessen der Polizeibehörden überlassen sei, sich zur Abstellung der Gefahren an die Stadtgemeinde oder an die Unternehmerin der Straßenbahnen zu wenden. Dem war im wesentlichen beizutreten. Daß in K. durch die Beschädigung der Lichtleitungen erhebliche Gefahren für die öffentliche Sicherheit entstehen, ist unbestritten, es lag also der Ortspolizeibehörde ob, für ihre Abstellung Sorge zu tragen. Allerdings ist nun die Behauptung der Klägerin richtig, daß ihre Lichtleitungen, für sich allein betrachtet, keine Gefahren verursachen; dasselbe gilt aber für die Starkstromleitungen der Straßenbahnen und für ihren Betrieb; auch sie bringen, für sich betrachtet, die Gefahren nicht hervor. Diese entstehen hier vielmehr lediglich durch die Nähe der beiden Anlagen und durch die sich daraus ergebende Möglichkeit, daß die an der Starkstromleitung entlanggleitenden Stangen beim Abspringen von der Leitung die Lichtzuführungsdrähte beschädigen. Nur durch das Nebeneinanderbestehen der beiden Anlagen wird die öffentliche Gefahr verursacht. In solchen Fällen, in welchen zwei Anlagen verschiedener Eigentümer durch ihre Wechselwirkung aufeinander polizeilich nicht zu duldende Zustände herbeiführen, hat die Polizei in der Regel die Wahl, an welchen der beiden Eigentümer sie sich halten will, um den polizeilich unzulässigen Zustand zu beseitigen. Denn sie ist berechtigt, sich gegen jeden der beiden Eigentümer zu wenden; entschied sie sich bei ihrer nach verständigem Ermessen zu treffenden Wahl, der Stadt als der Eigentümerin der einen der beiden Anlagen die erforderlichen Auflagen zu machen, so blieb sie völlig im Rahmen der ihr zustehenden Befugnisse (vgl. Urt. des O.-V.-G. v. 4. IV. 91, 8. X. 92, 7. I. 93, Bd. XXI S. 416, Bd. XXIII S. 416/417, Bd. XXIV S. 400/401). Die Klägerin ist daher auch in ihren Rechten nicht verletzt, sie kann nicht fordern, daß die Polizei sich gegen den Eigentümer der anderen Anlage wende.

c) Eine Abweichung von diesen Grundsätzen könnte nur dann eintreten, wenn die eine der beiden in Betracht kommenden Anlagen schon an und für sich dem öffentlichen Rechte widerspräche und die Gefahren, welche entstehen, wesentlich in deren rechtswidriger Beschaffenheit ihren Grund fänden. Dann würde die Polizei verpflichtet sein, in erster Linie gegen diejenige Anlage, welche das öffentliche Recht verletzt, einzuschreiten, und sie könnte nicht dem Eigentümer der zweiten, dem öffentlichen Rechte entsprechenden Anlage Auflagen machen, um die aus der rechtswidrigen Beschaffenheit der anderen Anlage entspringenden Gefahren zu beseitigen. Denn alsdann ist die Voraussetzung zur Ausübung des vorher erwähnten Wahlrechts der Polizei nicht gegeben; der polizeiwidrige Zustand ist dann nicht durch das Zusammenwirken zweier an sich rechtmäßiger Anlagen, sondern allein durch die rechtswidrige Beschaffenheit der einen verursacht. Aber hier ist von einem solchen Falle nicht die Rede. Die Ausführungen der Klägerin gehen auch nur dahin, daß die Polizei gegen die Straßenbahnen einschreiten solle, weil die Starkstromleitung später angelegt sei, als die Lichtleitung, und weil die Unternehmerin der Straßenbahn den Uebelständen durch einfachere und weniger kostspielige Mittel abhelfen könne. Allein darauf, welche der beiden Anlagen früher hergestellt ist, kann es für jenes Wahlrecht der Polizei nicht ankommen; denn aus der Zeit der Herstellung folgt an sich nichts für oder gegen die Rechtmäßigkeit.

Nr. 2. Entsch. Bd. XXXVIII S. 362 v 25 X 1900 IV A 2 1900.

Kleinbahnges. v. 28. VII. 92 § 3, L.-V.-G. § 130.

1. Wenn in den Genehmigungsbedingungen für eine Kleinbahn gesagt ist:

„Bei der Ausführung des Baues hat die Unternehmerin dafür zu sorgen, daß die Benutzung der öffentlichen Wege durch die Bauarbeiten nicht verhindert wird. Die in dieser Richtung erforderlichen polizeilichen Anordnungen bleiben vorbehalten."

so bedeutet dies nicht, daß sich die Genehmigungsbehörde vorbehalten habe, ihrerseits zur Ergänzung der Genehmigungsbedingungen alle weiteren Anordnungen zu treffen, sondern vielmehr, daß die erteilte Genehmigung nach dieser Richtung die gewöhnliche Thätigkeit der Ortspolizei nicht ausschließen solle; es wird betont, daß die Unternehmerin durch die Genehmigung keine unbeschränkte Verfügung über die öffentlichen Wege bei Ausführung des Baues erhalte, daß sie die Ausführung nicht nach eigenem Belieben und Ermessen regeln könne, daß sie vielmehr dabei allen Anordnungen der Ortspolizei unterworfen bleibe, welche diese mit Rücksicht auf die Interessen des öffentlichen Verkehrs für erforderlich halten werde. Dabei kann dahingestellt bleiben, ob die Genehmigungsbehörde nicht unter Umständen auch auf Grund des § 22 des Kleinbahngesetzes selbständige Anforderungen an die Unternehmerin stellen könnte. Hat sie das nicht gethan, sondern die Anordnung der im Interesse des Verkehrs erforderlichen Maßnahmen der Ortspolizei überlassen, so ist dies zulässig, wie denn auch darüber kein Zweifel besteht, daß die Kleinbahnen einer Aufsicht der besonders geregelten Instanzen nur „rücksichtlich der Erfüllung der Genehmigungsbedingungen und der Vorschriften des Kleinbahngesetzes" unterstehen, im übrigen aber der allgemeinen polizeilichen Ueberwachung durch die Ortspolizei unterworfen bleiben (vgl. Gleim, Das Gesetz über die Kleinbahnen, 3. Aufl., S. 139).

2. Hat bei einer ortspolizeilichen Anordnung im Beschwerdewege der Regierungspräsident die ortspolizeiliche Verfügung nicht aufgehoben, sondern an deren Stelle eine ganz neue selbständige Anordnung getroffen, so sind die Rechtsbehelfe aus § 130 L.-V.-G. gegeben.

3. Dadurch, daß die Polizei ein Thun des Kleinbahnunternehmens duldet, greift sie selbst nicht in die Rechtssphäre des Dritten z. B. des Wegebau-

pflichtigen ein, gegen welche sich etwa das Thun des Unternehmers richtet. Hier würde immer nur der Unternehmer selbst die angeblichen Rechte des Dritten verletzen, dieser würde sich also auch nur auf dem gesetzlich gegebenen Wege gegen den Unternehmer wenden können. Ein Eingriff der Polizei in die Rechte des Dritten würde nicht vorliegen, dem Dritten würden also auch gegen die Erlaubnis, gegen die Duldung, dagegen, daß die Polizei seine vermeintlichen Rechte vor dem Eingriffe des Unternehmers nicht schützen will, die Rechtsmittel der §§ 127 ff. des L.=V.=G. nicht gegeben sein. Wohl aber stehen ihm diese Rechtsmittel zu, wenn die Polizei einem andern eine Auflage macht, die in seine Rechte eingreift, wenn sie also durch ihre Verfügung zu einem solchen Eingriffe veranlaßt und nötigt (Urt. v. 29. XII. 83, Entsch. Bd. X S. 199).

4. Solange die Genehmigung zum Bau einer Kleinbahn nicht wieder aufgehoben oder abgeändert ist, bildet sie für das Verhalten der örtlichen Polizei die rechtliche Grundlage. Die Ortspolizei hat nicht zu prüfen, ob die Genehmigung in ihrem rechtlichen Bestande durch eine von dem Wegebaupflichtigen ausgesprochene Aufhebung der mit dem Unternehmer geschlossenen Verträge irgendwie berührt werden könne. Auch trifft es nicht zu, daß eine vorbehaltlos erteilte Genehmigung mit der Aufhebung ohne weiteres nichtig und hinfällig wird Welche Rechte der Wegebaupflichtige aus der Aufhebung des Vertrages auch immer gegen den Unternehmer abzuleiten haben mag, jedenfalls muß die Ortspolizei die von den übergeordneten Behörden erteilte Genehmigung so lange beachten, als diese Genehmigung nicht wieder beseitigt ist. Sie darf also den Bau der Bahn auf den Wegen nicht hindern und ist deshalb auch befugt, dem Unternehmer Maßnahmen vorzuschreiben, wie der Bau vorgenommen werden soll.

Nr. 3. Entsch. Bd. XXXVIII S. 359 v. 15. X. 1900 IV C 145/99.

Kleinbahngeſ. v. 28. VII. 92, §§ 3, 17, 18, 19.

Wenn der Regierungspräsident in Gemeinschaft mit der Eisenbahndirektion einer Kleinbahngesellschaft eine Auflage dahin macht, einen Weg in gewisser Weise herzustellen, so ist der Amtsvorsteher nicht zuständig, diese Herstellung polizeilich durchzusetzen. Zu solchen Anordnungen ist nur die Behörde zuständig, welche zur Erteilung der Genehmigung des Unternehmens zuständig war. Für die Frage nach der Zuständigkeit eines Beamten zum Erlasse einer Anordnung ist daher die rechtliche Natur der Verfügung von wesentlicher Bedeutung, welche in der Verfügung selbst zum Ausdrucke gelangt (Erk. vom 28. IV. 88, E.=O.=V. Bd. XVI S. 288 und v. 9. I. 94, Pr.=V.=Bl Jahrg. XV S. 274).

V.

Handelskammern, kaufmännische Korporationen und Börsen.

Nr. 1. Entsch. Bd. XXXIX S. 301 v. 25. IV. 1901 III C 147/1900.

§ 3 Nr. 4, § 26 Handelskammergeſ. v. $\frac{24. II. 70}{19. VIII. 97}$ (G.=S. 97 S. 355).

Nach § 3 Nr. 4 und § 26 des Handelskammergesetzes sind unter der Voraussetzung ihrer Veranlagung zur Gewerbesteuer wahlberechtigt und andererseits zu den Umlagen beitragspflichtig auch „die Besitzer von im Handelskammerbezirke belegenen Betriebsstätten, welche zu einem außerhalb dieses Bezirkes bestehenden, im Handelsregister eingetragenen Unternehmen gehören, auch wenn die Betriebsstätten nicht im Handelsregister eingetragen stehen, sofern dieselben nach Art und Umfang einen in kaufmännischer Weise eingerichteten Geschäftsbetrieb erfordern."

Im Sinne dieser Vorschrift kommen solche Betriebsstätten in Betracht, die nach ihrer Stellung zu dem außerhalb des Bezirkes belegenen Unternehmen der die Zweigniederlassungen gemäß § 13 des Handelsgesetzbuchs charakterisierenden Selbständigkeit hinsichtlich der Betriebsleitung entbehren (Kommissionsbericht des Abgeordnetenhauses Nr. 126, IV. Session 1896/97, S. 10, 50, Makower, Handelsgesetzbuch, 12. Aufl., S. 29 ff.). Andernfalls sind sie in das Handelsregister einzutragen, und es ergeben sich für ihre Besitzer die Wahlberechtigung und die Beitragspflicht in dem Handelskammerbezirke für den Belegenheitsort schon aus § 3 Nr. 1 bis 3 des Handelskammergesetzes (s. auch § 5 Nr. 2 daselbst). Was aber die weitere, unter Abänderung der Regierungsvorlage zufolge der Anregung des Abgeordnetenhauses in das Gesetz aufgenommene Voraussetzung anbetrifft, daß die Betriebsstätte nach Art und Umfang einen in kaufmännischer Weise eingerichteten Geschäftsbetrieb erfordert, so kommt es darauf nicht an, an welchem Orte, ob am Sitze der Betriebsstätte oder des Hauptunternehmens oder einer Zweigniederlassung, sich der in kaufmännischer Weise eingerichtete Geschäftsbetrieb thatsächlich vollzieht, und ob er überhaupt eingerichtet war, sondern allein darauf, ob nach Art und Umfang der gewerblichen Thätigkeit an der Betriebsstätte, d. h. danach, wie sich hier die gewerbliche Thätigkeit thatsächlich vollzieht, ein kaufmännisch eingerichteter Geschäftsbetrieb erforderlich war und also hätte eingerichtet werden sollen, wenn die Betriebsstätte als eine selbstständige Unternehmung bestanden hätte. Wofür „Art und Umfang" des Betriebs entscheidend sein sollen, ist dies, ob es sich um einen kaufmännischen oder um einen handwerksmäßigen oder Kleingewerbebetrieb handelt, weil Betriebe der letzteren Art das Wahlrecht und die Beitragspflicht für die Handelskammer des Belegenheitsorts nicht begründen.

Nr. 2. Entsch. Bd. XXXIX S. 306 v. 20. V 1901 III C 19/1901

§ 29 Handelskammerges v. 19. VIII 97, § 60 Kommunalabgabenges. v. 14. VII. 93.

1. Soweit die Verwaltungsgerichte mit der Entscheidung von Streitigkeiten zwischen den zur Erhebung von Steuern und Abgaben berechtigten Kommunalverbänden oder anderen Korporationen und den Pflichtigen gesetzlich betraut worden sind, erstreckt sich ihre Zuständigkeit auf Streitigkeiten sowohl über die Rechtmäßigkeit der Veranlagung, wie auch über die Verpflichtung zur Ermäßigung oder Inabgangstellung wegen inzwischen eingetretener Veränderung und zur Erstattung der zu Unrecht erhobenen Steuern und Abgaben (s. u. a. E.-O.-V. Bd. XV S. 165 ff., Bd. XXI S. 152 ff.). Dies galt auch für die durch § 135 des Zust.-Ges. v. 1. VIII. 83 begründete Zuständigkeit der Verwaltungsgerichte für die Entscheidung über die auf Beschwerden wegen unrichtiger Einschätzung zu einer fingierten Gewerbesteuer gemäß § 23 des Gesetzes über die Handelskammern v. 24. II. 70 ergangenen Beschlüsse der Handelskammern. Daß diese Zuständigkeit durch § 29 des Gesetzes über die Handelskammern in der ihm durch das Gesetz v. 19. VIII. 97 gegebenen Fassung hat eingeschränkt werden sollen, ist weder in der Begründung zum Entwurfe des neuen Gesetzes noch in den seiner Feststellung vorausgegangenen Verhandlungen zum Ausdruck gelangt und kann nicht schon daraus gefolgert werden, daß nunmehr die Klage gegen den einen Einspruch ablehnenden Beschluß gegeben ist. Das Wort „Einspruch" ist im weiteren, die Beschwerde über-

Ueberbürdung wegen nachträglich eingetretener Veränderung mitumfassenden Sinne zu verstehen (s. hierfür auch die Urt. v. 20. II. und 3. III. 97 in den E.-O.-V. Bd. XXXI S. 34 und 41).

2. Es besteht auf Grund des § 29 kein Anstand, daß von den Pflichtigen binnen zwei Wochen nach Empfang der Zahlungsaufforderung die teilweise Inabgangstellung des Jahresbeitrags wegen der damals bereits feststehenden oder im Laufe des Etatsjahrs sicher bevorstehenden Veränderung mittels Einspruchs in Anspruch genommen und hierüber nach Ablehnung des Einspruchs im Verwaltungsstreitverfahren erkannt wird.

3. Das Gewerbesteuergesetz regelt die Steuerpflicht gegenüber dem Staate und die hier in den §§ 33, 41, 58 gegebenen Vorschriften für die Begrenzung der durch die Veranlagung entstandenen Steuerpflicht gegenüber dem Staate, solange die Erhebung der Gewerbesteuer stattfand, sind für die Kommunalverbände und Korporationen, die zur Umlegung ihrer Bedürfnisse auf den Pflichtigen nach dem Maßstabe der Staatsgewerbesteuer gesetzlich ermächtigt sind, nicht ohne weiteres maßgebend. Was insoweit für die Kommunalverbände und anderen Korporationen Rechtens ist, bestimmt sich nach den ihr Steuer- und Abgabenrecht regelnden Gesetzen, gleichviel ob es sich für die Gemeinde um besondere Gewerbesteuern oder um Prozente der vom Staate veranlagten Gewerbesteuer und für die anderen Korporationen um Prozente der einen oder der anderen Gewerbesteuer handelt (s. hierfür E.-O.-V. Bd. XXV S. 55/57, Bd. XXX S. 35, Bd. XXXIII S. 78).

4. Inwieweit die zur Erhebung von Steuern und Abgaben ermächtigten Kommunalverbände und Korporationen Nachlaß an den umgelegten Steuern und Abgaben wegen inzwischen eingetretener Veränderungen zu gewähren haben, dafür sind sie solange, als gesetzlich nicht ein anderes für den einzelnen Kommunalverband oder die einzelne Korporation bestimmt worden ist, die Grundsätze des Gesetzes über die Verjährungsfristen bei öffentlichen Abgaben v. 18. VI. 40 maßgebend (siehe § 14). Im § 1 Abs. 4 ist hier verordnet:

> „Tritt eine solche Veränderung ein, wodurch die bisherige Steuerverpflichtung aufgehoben wird, so muß der Behörde Anzeige gemacht werden. Bis zu Ende des Monats, in welchem die Anzeige erfolgt, kann die Entrichtung der Steuer gefordert werden.“

Dieser Grundsatz war für das Steuerrecht der Gemeinden bestimmend (E.-O.-V. Bd. XII S. 78 ff., Urt. v. 18. V. 85), bis die Frage — in übrigens gleicher Art — ihre besondere Regelung in § 60 des Komm.-Abg.-Ges. vom 14. VII. 93 gefunden hat; und er ist wie für alle anderen Korporationen, so auch für die mit Korporationsrechten ausgestatteten Handelskammern maßgebend, sofern nicht das Handelskammergesetz ein anderes bestimmt. Das ist nicht der Fall.

5. Danach tritt der Abgang einer veranlagten Steuer oder Abgabe zwar nicht schon auf Grund des Fortfalls der Voraussetzungen für die Steuerpflicht ein; er darf aber auf Antrag vom Ende des Monats ab, in welchem der Antrag eingeht, von dem Steuer- und Abgabeberechtigten nicht versagt werden. Die Steuerpflicht gegenüber der Handelskammer kann also noch zu einer Zeit bestehen, in der die Wahlberechtigung nicht mehr besteht, jedoch nicht, wie Reitz, Kommentar zum Handelskammergesetze S. 97 annimmt, gemäß § 33 des Gewerbesteuergesetzes bis zum Ende desjenigen Kalendervierteljahrs, in dem das Gewerbe abgemeldet wird.

Nr. 3. Entsch. Bd. XXXVIII S. 301 v. 23. I. 1901 III C 99/1900.

§§ 10—15, 16, 17, 20, 21 Ges. über die Handelskammer v. 24. II. 70 (G.-S. S. 124) / 19. VIII. 97 (G.-S. S. 343); § 135 Zust.-Ges.

1. Es ist nicht zutreffend, wenn angenommen wird, daß das Gesetz vom 19. VIII. 97 den bis dahin bestehenden *Rechtszustand* in Beziehung auf die *Zulässigkeit der Anfechtung von Beschlüssen der Handelskammern* durch die Klage im Verwaltungsstreitverfahren (§ 135 des Zust.-Ges.) *abgeändert* habe oder habe abändern *wollen*. Daraus folgt, daß die Bestimmung des § 15 des jetzigen Gesetzes eine Abweichung von § 135 des Zust.-Ges. in sachlicher Beziehung nicht enthalten sollte und auch nicht enthält.

2. Es unterliegt aber keinem Zweifel, daß die Klage aus § 135 des Zust.-Ges. *nicht in dem engen Sinne* auf die Geltendmachung *formeller* Mängel des Wahlverfahrens beschränkt war, und daß es nicht etwa neben der Verwaltungsklage aus § 135 *zugleich eine Beschwerde* an die der Handelskammer vorgesetzte Aufsichtsbehörde zur Abstellung *materieller* Verletzungen der auf die *Wahlen* bezüglichen Vorschriften gab. Dementsprechend hat denn auch das O.-V.-G. in der Entsch. v. 17. X. 89 (Entsch. Bd. XVIII S. 330) als den Gegenstand des Einspruchs und der Klage gegen die Wahl von Mitgliedern der Handelskammern nach § 15 des Gesetzes v. 24. II. 70 sowie nach § 135 des Zust.-Ges. bezeichnet, „ob die Wahl einer bestimmten Person zum Mitgliede der Handelskammer gültig sei oder nicht", ohne dabei irgend einen Unterschied nach der Richtung zu machen, ob Gültigkeit oder Ungültigkeit von Fragen formeller oder materiell-rechtlicher Natur abhängen. In gleicher Weise hat das O.-V.-G. in dem Urt. v. 8. II. 97 (Entsch. Bd. XXXI S. 322) in der Revisionsinstanz die Vorentscheidung bestätigt, weil der Bürgermeister einer als Inhaberin einer Firma im Handelsregister eingetragenen Stadt mit kollegialem Magistrate nicht zum Mitgliede der Handelskammer habe gewählt werden können.

3. Das Handelskammergesetz unterscheidet scharf zwischen *Ergänzungswahlen* (§ 16) und *Ersatzwahlen* (§ 17). Ergänzungswahlen finden alle zwei Jahre in regelmäßiger Wiederkehr zur Ergänzung der Zahl der Mitglieder für das gesetzlich ausscheidende Drittteil statt, Ersatzwahlen dagegen zum Ersatze von Mitgliedern, die außerhalb der regelmäßigen Ergänzung der Handelskammer ausgeschieden sind, z. B. beim Tode eines Mitglieds. Die *Ersatzwahlen* sind daher stets für einen kürzeren Zeitraum zu vollziehen, als die Ergänzungswahlen (vgl. Lusensky, Gesetz über die Handelskammern, S. 138 Anm. 4 zu § 17).

4. Nirgends bietet das Gesetz einen Anhalt dafür, daß bei der das erste und zweite Mal gebotenen Feststellung der Ausscheidenden durch das Los (§ 16 Abs. 2) die begriffliche Unterscheidung zwischen Ergänzungs- und Ersatzwahlen habe durchbrochen werden sollen. Umsoweniger kann dies angenommen werden, als die in das Ermessen der Handelskammer gestellte frühere Vollziehung der Wahl (§ 17 Abs. 2) notwendig die Eigenschaft einer Ersatzwahl gehabt haben würde, die Veränderung des Zeitpunktes der Wahl also zugleich der Handelskammer die Möglichkeit geboten hätte, nach ihrem Ermessen entweder eine Ersatzwahl oder eine Ergänzungswahl stattfinden zu lassen mit dem Ergebnisse, daß sich danach auch die Amtsdauer des neu zu erwählenden Mitglieds richtete. Ueber die Dauer der Funktion und den Wechsel der Mitglieder (§§ 16 ff.) hat aber das Gesetz zwingende Bestimmungen getroffen und in dieser Beziehung anders, als in Beziehung auf das Wahlverfahren (§§ 10 und 14 Abs. 2 des Gesetzes, Lusensky Einleitung S. 36), den Handelskammern keinerlei Autonomie eingeräumt, wie aus der Fassung der §§ 16 und 17 im Gegensatze zu derjenigen der §§ 10 und 14 Abs. 2 ohne weiteres hervorgeht.

5. Nach der klaren Vorschrift des § 15 des Gesetzes sind die Einsprüche gegen die Wahl zu richten und nicht etwa gegen die ihr vorhergegangene Auslosung der ausscheidenden Mitglieder (§ 16 Abs. 2 a. a. O.) oder die auf Grund des § 12 a. a. O. erfolgende öffentliche Bekanntmachung.

6. Zum Verständnisse obiger Auslosungen wird bemerkt:

Ein Mitglied der Handelskammer war am 1. IV. 98 gestorben und am 19. IX. 99 waren drei Mitglieder ausgelost wurden, am 28. XI. 99 wurden vier Mitglieder gewählt. Das O.-V.-G. nimmt an, daß für das verstorbene Mitglied eine Ersatzwahl (§ 17) zu vollziehen war, die sofortige Vollziehung der Ergänzungswahl (§ 16) wurde für unzulässig erklärt. Es heißt dann:

Die Auslosung ist auf Grund der unrichtigen Rechtsauffassung der Kammer in der Weise erfolgt, daß drei aus der Zahl der noch lebenden Mitglieder ausgelost worden sind, während durch die Auslosung festgestellt war, für welche vier der bisherigen dreizehn Mitglieder eine Ergänzungswahl geboten war. Wie hierbei der für das verstorbene Mitglied in die Wahlurne einzulegende Zettel zu beschreiben oder zu bezeichnen war, ist für die Sache selbst ohne jede Bedeutung und konnte von der Kammer nach ihrem Ermessen bestimmt werden. Jedenfalls lag in dieser Beziehung irgend eine Schwierigkeit, die die Durchführung des gesetzmäßigen Verfahrens hätte verhindern können, nicht vor. Daß aber die Auslosung von drei aus zwölf Namen sachlich der Auslosung von vier aus dreizehn Namen nicht gleichbedeutend ist, sondern die Möglichkeit der Auslosung für jedes einzelne Mitglied ändert, bedarf einer weiteren Ausführung nicht.

Nr. 4. Entsch. v. 2. XI. 1901 III 2000 (Pr.-V.-Bl. Jahrg. XXIII S. 344).

§ 137 Zust.-Ges.; §§ 1, 2, 6 Börsenordn. für Berlin v. 23. XII. 96.

Das V.-St.-V. findet nicht statt, wenn der Börsen-Vorstand der Berliner Börse jemanden von der Börse ausschließt.

VI.

Feuerlöschwesen.

VII.

Konflikte.

Nr. 1. Entsch. v. 11. XII. 1900 I 1825 (Pr.-V.-Bl. Jahrg. XXIII S. 169).

Wenn ein Bahnpolizeibeamter einen Frevler sofort nach Verübung der That über ein fremdes Grundstück verfolgt, so macht er sich dadurch keiner Amtsüberschreitung schuldig. Wird er deshalb belangt, so ist der Konflikt begründet.

Nr. 2. Entsch. v. 30. XI. 1900 I 1777 (Pr.-V.-Bl. Jahrg. XXII S. 395).
§ 58 Abs. 2 Städteordn. v. 30. V. 53; § 8 Instr. für die Stadtmagistrate v. 25. V. 35.

1. Die Verwaltung der städtischen Angelegenheiten ist nach §§ 10 und 56 der St.-Ordn. v. 30. V. 53 in die Hände des Magistrats gelegt. Namentlich hat der Magistrat das Eigentum der Stadtgemeinde zu verwalten und deren Rechte zu wahren (§ 56 Nr. 5 ebenda), sowie er auch die Einkünfte der Stadtgemeinde zu verwalten, Einnahmen und Ausgaben anzuweisen, das Rechnungs- und Kassenwesen zu überwachen hat (§ 56 Nr. 4 ebenda). Allerdings können Sachen, die ihren angewiesenen Gang haben, unerhebliche Gegenstände und solche, bei denen die Entscheidung auf unzweifelhaften und ausdrücklichen Bestimmungen beruht, ohne Vortrag erledigt werden (vgl. § 8 der Instr. für die Stadtmagistrate v. 25. V. 35 in Verbindung mit Art. XIII der Instr. v. 20. VI. 53). Aber die Zurücknahme eines Antrags auf zwangsweise Versteigerung von Grundstücken kann hierzu nicht gerechnet werden. Auch wenn die Zahlung der beizutreibenden Summe die rechtliche Folge hat, daß der Gläubiger zur Zurücknahme des Versteigerungsantrags verpflichtet ist, so unterliegt doch die Feststellung, daß die beizutreibende Summe vollständig bezahlt ist, der Beschlußnahme des Magistrats, und es hat sich auch dieser über die Maßnahmen schlüssig zu machen, welche sich nach der Zahlung aus der nunmehrigen Rechtslage ergeben. Eine Pflichtwidrigkeit ist daher in der Ablehnung eigenmächtiger Zurücknahme eines Versteigerungsantrags nicht zu finden.

2. Aus § 58 Abs. 2 der St.-Ordn. v. 30. V. 53 ist die Entbehrlichkeit eines Magistratsbeschlusses aber ebensowenig zu folgern. Denn wenn danach der Bürgermeister die dem Magistrate obliegenden Geschäfte vorläufig allein besorgen „muß“, wo die vorherige Beschlußfassung durch den Magistrat einen nachteiligen Zeitverlust verursachen würde, so ist an einen Nachteil gedacht, den die Stadtgemeinde durch Zeitverlust erleiden würde, es soll aber nicht das Privatinteresse eines andern an schleuniger Erledigung einer zwischen ihm und der Stadt schwebenden Angelegenheit einen Einfluß auf die Rechte und Pflichten des Bürgermeisters haben.

3. Der Magistratsdirigent darf nach § 8 der Instr. für die Stadtmagistrate v. 25. V. 35 die dringendsten Verfügungen sofort erlassen; gemeint ist eine sich aus dem städtischen Interesse ergebende Dringlichkeit.

Nr. 3. Entsch. v. 25. VI. 1901 I 1096 (Pr.-V.-Bl. Jahrg. XXIII S. 149).
§ 1 Ges. v. 13. II. 54; § 11 Einf.-Ges. z. Ger.-Verf.-Ges

Im Konfliktsverfahren ist nach § 1 des Ges. v. 13. II. 54 und § 11 des des Einf.-Ges. zum Gerichtsverfassungsgesetze nur zu prüfen, ob dem Beklagten eine Ueberschreitung seiner Amtsbefugnisse zur Last falle. Kann nicht die Ueberzeugung gewonnen werden, daß dies nicht der Fall ist (vgl. Entsch. Bd. IX S. 438), so muß der Konflikt für unbegründet erklärt werden, ohne daß es weiter auf die Zulässigkeit des ordentlichen Rechtswegs ankommt. Daher würde z. B. nicht zu entscheiden sein, ob der ordentliche Rechtsweg darum ausgeschlossen sei, weil es sich um die Durchführung eines Zwangsmittels handele — vgl. § 133 Abs. 2 und § 60 des L.-V.-G. v. 30. VII. 83 — oder weil die Vorbedingung einer Regreßklage wegen einer polizeilichen Verf. nach § 6 des Ges. v. 11. V. 42 deren im Beschwerdewege erfolgte Aufhebung sei (vgl. Entsch. Bd. VIII S. 411 ff., Bd. XIV S. 423 ff.).

Nr. 4. Entsch. v. 4. V. 1900 I 703 (Pr.-V.-Bl. Jahrg. XXII S. 343).

§§ 88, 89 Tit. 10 Teil II A.-L.-R.

Eine Verletzung der Amtspflicht und demgemäß eine Ueberschreitung der Amtsbefugnisse fällt dem Beamten nicht schon dann zur Last, wenn die Thatsachen, die seine Amtshandlung rechtfertigen, in Wirklichkeit nicht vorgelegen haben und von ihm nur irrtümlich als vorliegend angesehen worden sind. Ein thatsächlicher Irrtum ist auch bei Anwendung der pflichtmäßigen Aufmerksamkeit (§§ 88, 89 Tit. 10 T. II des A.-L.-R.'s) möglich. Einer Amtsüberschreitung macht sich vielmehr der Beamte erst dann schuldig, wenn er die Amtshandlung vorgenommen hat, obwohl er wußte, daß die zur Begründung seiner Befugnis erforderlichen Thatsachen nicht vorlagen, oder wenn er zu der irrigen Annahme des Gegenteils infolge Unterlassens einer pflichtmäßigen Prüfung der obwaltenden Umstände gelangt ist (vgl. E.-O.-V. Bd. VIII S. 414, 421, Bd. XIV S. 425, Bd. XV S. 448).

VIII.

Angelegenheiten der Landwirtschaftskammern.

Fünfte Abteilung.

Verwaltungsstreitverfahren.

Nr. 1. Entsch. Bd. XXXIX S. 449 v. 24. VI. 1901 IV 1148.
§§ 61, 59, 70 L.-V.-G.; § 42 Civ.-Pr.-Ordn.

1. Gemäß § 61 des L.-V.-G. in Verbindung mit § 42 der Civ.-Pr.-Ordn. kann ein Richter wegen Besorgnis der Befangenheit abgelehnt werden, d. h. wenn ein Grund vorliegt, der geeignet ist, Mißtrauen gegen seine Unparteilichkeit zu rechtfertigen. Es handelt sich dabei stets um die besonderen Verhältnisse einzelner richterlicher Personen. Eine Ablehnung ganzer zur Verwaltungsrechtsprechung berufener Behörden wegen Besorgnis der Befangenheit kennt das Gesetz nicht.

2. Beteiligt ist eine Kreiskorporation auch dann, wenn es sich um ihre Beiladung handelt.

3. Schwebt die Sache beim Kreisausschusse und wird beantragt, die betreffende Kreiskorporation (vertreten durch denselben Kreisausschuß) beizuladen, so sind die Akten an den Bezirksausschuß abzugeben, der denjenigen Kreisausschuß bestimmt, der über den Beiladungsantrag befindet. Wird der Antrag abgelehnt, so bleibt die Sache bei dem ersten Kreisausschusse.

Nr. 2. Entsch. v. 7. XI. 1901 III 1830 (Pr.-V.-Bl. Jahrg. XXIII S. 328).
§ 61 L.-V.-G.; § 41 Civ.-Pr.-Ordn.

Im Sinne des § 41 Nr. 1 ist Mitberechtigter oder Mitverpflichteter einer Partei nur derjenige, der ein gegenwärtiges unmittelbares Interesse am Ausgange des Rechtsstreites, der aus dessen Entscheidung unmittelbar Nutzen oder Schaden zu erwarten hat, während ein nur mittelbares Interesse, insbesondere auch das Verhältnis als Gläubiger oder Schuldner einer Partei, höchstens einen Ablehnungsgrund geben kann (z. B. die Kommentare zur Civ.-Pr.-Ordn. von Gaupp-Stein, 4. Aufl. Bd. I S. 117 und von Petersen-Anger, 4. Aufl. Bd. I S. 108).

Nr. 3. Entsch. v. 24. I. 1900 III 158.
§ 63 L.-V.-G.

Eine Klage genügt den Anforderungen des § 63 L.-V.-G. dann, wenn aus ihrem Inhalte in Verbindung mit den Vorgängen mit ausreichender Sicherheit zu entnehmen ist, worin die Absicht und das Ziel der Klage besteht, gegen wen der Kläger seinen Anspruch richten will und welche Thatsachen er den letzteren zu Grunde legt (Erk. v. 19. IX. 94 Pr.-V.-Bl. Jahrg. XVI S. 88). Ferner enthält der § 63 nicht derart zwingendes Recht, daß der Verwaltungsrichter eine Klage abzuweisen hätte, die zwar im Zusammenhange mit ihren Vorgängen

Zweck und Ziel vollständig erkennen läßt, aber den Beklagten unrichtig bezeichnet (Erk. v. 23. IV. 94 III 500 und v. 1. IV. 97 III 477; Entsch. Bd. XXVIII S. 253).

Nr. 4. Entsch. v. 28. II. 1900 III 401 (Pr.=V.=Bl. Jahrg. XXII S. 502).

§§ 76, 78 L.=V.=G.; § 406 (371) Civ.=Pr.=Ordn.

Nach dem § 76 des Ges. über die allgemeine Landesverwaltung ist das Verwaltungsgericht in der Auswahl der zuzuziehenden Sachverständigen ganz unbeschränkt, und es ist durch keine Vorschrift gehindert, das von einer Partei aus eigenem Antriebe überreichte Gutachten eines Sachverständigen, nachdem es der Gegenpartei mitgeteilt und dieser dadurch Gelegenheit gegeben worden ist, sich zu ihm zu äußern, zu benutzen. Im Verwaltungsprozeß mag ferner nach dem § 78 a. a. O. ein Sachverständiger ganz so abgelehnt werden dürfen, wie im Civilprozeß nach dem § 406, früher § 371, der Civ.=Pr.=Ordn. (vgl. von Brauchitsch, Verwaltungsgesetze, Bd. I, 13./15. Aufl., S. 540, wo der § 371 mit abgedruckt ist), es müßte aber zur Ablehnung nach § 406 und den daselbst in Bezug genommenen §§ 41ff., früher ebenfalls §§ 41ff., der Civ.=Pr.=Ordn. berechtigender Grund gegeben sein.

Nr. 5. Entsch. Bd. XXXIX S. 453 v. 12. II. 1900 I C 37/1901.

§ 87 L.=V.=G.; § 521 Civ.=Pr.=Ordn. in der Fassung v. 20. V. 98 (R.=G.=Bl. S. 369).

1. Im Civilprozeß soll der Verzicht einer Partei auf die Hauptberufung der Regel nach so ausgelegt werden, als ob er nur unter der Voraussetzung der Gegenseitigkeit abgegeben werde; er enthält daher im Zweifel keinen Verzicht dieser Partei, sich der — entgegen der gehegten Voraussetzung — von dem Gegner eingelegten Berufung anzuschließen (§ 521 der Civ.=Pr.=Ordn. in der Fassung der Bekanntmachung v. 20. V. 98). Wohl aber kann die Anschlußberufung mit voller Wirkung ausgeschlossen werden, wenn der Verzicht unmittelbar hierauf gerichtet ist; denn dann steht die Einlegung der Berufung durch den Gegner, mithin das Gegenteil jener Voraussetzung der Gegenseitigkeit bereits fest (Begründung zu § 461 des Entwurfs der Civ.=Pr.=Ordn. — Kommentare zur Civ.=Pr.=Ordn. von Gaupp, 2. Aufl. Bd. II S. 27 und von Struckmann und Koch, 7. Aufl. S. 609/10). Dasselbe muß analog für das Verwaltungsstreitverfahren gelten.

2. Hat einmal der teilweise unterlegene Berufungsbeklagte, dem gegenüber die Entscheidung durch Fristversäumniß, Verzicht auf die Berufung oder Zurücknahme derselben in Rechtskraft übergegangen war, von der Befugnis Gebrauch gemacht, infolge Einlegung der Berufung durch den Kläger nun auch seinerseits mit seinem ganzen ursprünglichen Antrage wieder hervorzutreten, so ist er der im Gesetze vorgesehenen Rechtswohlthat teilhaftig geworden. Nimmt er demnächst die Anschließung zurück, so fehlt es an jedem Anhalte sowohl im Wortlaute wie in den Materialien des L.=V.=G. oder des Verwaltungsgerichtsgesetzes und nicht minder an einem sich aus der Natur der Sache ergebenden Grunde, ihm den Widerruf dieser Erklärung zu gestatten. Alsdann bewendet es vielmehr bei der auch für das Verwaltungsstreitverfahren anerkannten Regel, wonach die Zurücknahme eines Rechtsmittels unzweifelhaft — wenigstens, wenn sie nach Ablauf der Notfrist erfolgt — für diejenige Partei, welche die Erklärung abgiebt, zur prozessualen Folge hat, daß ihr gegenüber die angegriffene Entsch. formell rechtskräftig wird (Endurteil v. 22. IV. 80, Entsch. Bd. VI S. 387ff.). Eine Annahme hiervon hat das Gesetz nur für die Anschließung, nicht auch für deren Zurücknahme zugelassen.

Nr. 6. Entsch. Bd. XXXIX S. 456 v. 4. VI. 1901

§§ 86, 95 L.-V.-G.

1. Wird für die Einlegung der Revision eine Nachfrist erbeten, aber kein Bescheid erteilt, sondern nur eine Reproduktion verfügt, so kann hierin eine stillschweigende Bewilligung der Frist gefunden werden.

2. Die Prüfung des Gerichts erster Instanz hat sich ausschließlich auf die Wahrung der gesetzlichen Frist zur Anmeldung der Revision zu beschränken. Ist diese gewahrt, so ist die Sache nach Eingang der Rechtfertigung oder nach Ablauf der gesetzlichen oder der weiter bewilligten Frist zu instruieren und alsdann dem zur Entscheidung über das Rechtsmittel berufenen Gerichte zu übersenden, das allein darüber zu befinden hat, ob die Rechtfertigung rechtzeitig erfolgt ist. Es ist deshalb ungesetzlich, wenn der Vorsitzende des Kreisausschusses die Revision als unzulässig zurückweist. Ungesetzlich ist weiter eine Aufhebung dieses Bescheids durch den Bezirksausschuß. Ueber die von der Partei dagegen eingelegte Beschwerde hat allein das Beschwerdegericht, also das O.-V.-G., zu entscheiden.

Nr. 7. Entsch. v. 4. VI. 1901 II 940 (Pr.-V.-Bl. Jahrg. XXIII S. 248).

§§ 94 ff. L.-V.-G.

Handelt es sich um die Feststellung des Textes eines Lokalgesetzes, so hat der Revisionsrichter freie Beurteilung.

Nr. 8. Entsch. v. 7. XI. 1901 III 1830.

§ 94 L.-V.-G.

Wie das O.-V.-G. in gleichmäßiger Rechtsprechung angenommen hat, bildet ein Mangel des Verfahrens in erster Instanz, der das Verfahren in der zweiten Instanz nicht beeinflußt hat, keinen Revisionsgrund. Dies gilt insbesondere auch bei der Mitwirkung eines kraft Gesetzes von der Ausübung des Richteramtes ausgeschlossenen Richters in erster Instanz bei ordnungsmäßiger Besetzung des Gerichtshofes zweiter Instanz (Erk. v. 23. V. 1901 IV 735).

Nr. 9. Entsch. v. 15. IV. 1901 IV 765 (Pr.-V.-Bl. Jahrg. XXII S. 507).

Das Erk. spricht sich darüber aus, unter welchen Voraussetzungen der Einwand der rechtskräftig entschiedenen Sache begründet sei. Zum besseren Verständnisse wird das Erk. im Großen und Ganzen wiedergegeben:

> Die klägerische Gemeinde fordert von der Beklagten Stadtgemeinde Erstattung der Aufwendungen, welche sie in der Zeit v. 1879—1894 für die Unterhaltung der Wegestrecke K. bis Sch. gemacht hat, und stützt diesen Anspruch darauf, daß diese Wegestrecke, wie durch die Urt. des O.-V.-G. v. 30. X. 95 und 13. I. 98 festgestellt, eine Chaussee ist, deren Unterhaltung der Beklagten obliegt und obgelegen hat. Die Beklagte hat gegen den Anspruch der Klägerin vor Allem den Einwand der rechtskräftig entschiedenen Sache erhoben, weil die Klägerin bereits durch Urt. des Landgerichts mit dem Antrage: festzustellen, daß die in dem Bezirke der Gemeinden G. und N. liegende Wegestrecke von K. bis Sch. als eine Straße der Stadt B. anzusehen ist und derselben die Unterhaltungspflicht obliegt, daß die Stadt B. auch schuldig ist, die in separato ihrem Betrage nach festzustellenden Ausgaben, welche die klagenden Gemeinden auf die Instandsetzung und Unterhaltung der Straße notwendig haben verwenden müssen, ihnen zu erstatten, abgewiesen ist.

Der Bezirksausschuß hat diesen Einwand für nicht begründet erachtet und die Beklagte durch Entsch. v. 24. X. 1900 zur Zahlung von 5927,99 M., als dem nachgewiesenen Betrage der Aufwendungen, verurteilt, Klägerin aber mit der Mehrforderung von 4000 M. abgewiesen.

Gegen diese Entscheidung hat die Beklagte Berufung eingelegt und sich zur Begründung auf die Rechtskraft jenes Urt. v. 27. XI. 86 gestützt.

Der Berufung war auch stattzugeben.

Die Frage, welche Bedeutung dem Urt. des Landgerichts zu E. v. 27. XI. 86 beizumessen, ist in den Entsch. des O.-V.-G. v. 30. X. 95 (IV. 1495) und v. 13. I. 98 (IV. 97) nur gestreift. Einer Entsch. über diese Frage bedurfte es in den damaligen Streitsachen nicht, weil in dem ersten Falle die jetzige Klägerin gar nicht beteiligt war, in dem zweiten die angegriffene Anordnung des Amtsmanns schon wegen der Unzuständigkeit desselben aufgehoben werden mußte. Die Frage der Rechtskraft jenes Urt. blieb deshalb dahingestellt, und es wurde nur bemerkt, daß sie zweifelhaft sein könne. Bei der jetzt notwendig gewordenen näheren Prüfung erscheinen aber die damals als möglich angedeuteten Zweifel nicht begründet.

In den Jahren 1877 und 1878 war die Klägerin und die Gemeinde N. von der Königlichen Regierung zu A. zur polizeimäßigen Instandsetzung der fraglichen Wegestrecke angehalten. Auf die Beschwerden der Gemeinden, daß nicht sie, sondern die Stadt B. zur Unterhaltung verpflichtet sei, hielt der Minister die Anordnungen der Regierung mit dem Bemerken aufrecht, daß es den Gemeinden überlassen bleibe, den Ersatz ihrer Kosten und die Verpflichtung zur dauernden Unterhaltung gegen die Stadt B. im Rechtswege geltend zu machen. Demgemäß erhoben die beiden Gemeinden bei dem Landgericht zu E. Klage mit dem obengedachten Antrage. Sie stützten die Klage darauf, daß die Unterhaltungspflicht der Stadt B. sich aus den Verhandlungen zwischen den städtischen Behörden und der Staatsregierung in den Jahren 1849 1850 ergebe, daß damals die Stadt die Unterhaltung unbedingt und für alle Zukunft übernommen, auch eine Chausseebau-Prämie und das Recht zur Erhebung von Chausseegeld bewilligt erhalten habe. Eine nähere Darlegung aller der damals von den Gemeinden vorgebrachten einzelnen Umstände erübrigt sich hier, da diese in den vielen Streitsachen der Parteien schon wiederholt erörtert und insbesondere auch in den mehrgedachten Entsch. des O.-V.-G. v. 30. X. 95 und 13. I. 98 ausführlich dargestellt sind. Das Landgericht wies die Klage ab, davon ausgehend, daß die Klägerinnen aus jenen Verhandlungen zwischen der Stadt B. und dem Staat für sich keine Rechte herleiten könnten, daß die früher vertraglich begründete Unterhaltungspflicht durch den Fortfall des Chausseegeld-Erhebungsrechts aufgehoben sei und im Uebrigen eine gesetzliche Pflicht der Stadtgemeinde nicht vorliege. Dieses Urteil ist rechtskräftig geworden. Damit war nicht nur der damals erhobene Erstattungsanspruch, sondern — da gleichzeitig die Feststellung der Unterhaltungspflicht beantragt war — auch überhaupt verneint, daß den klagenden Gemeinden gegenüber irgend eine Unterhaltungspflicht der Stadt B. aus den in der Klage geltend gemachten Gründen, den Vorgängen in den Jahren 1849/1850, abgeleitet werden könne. Daraus ergiebt sich, daß der jetzt erhobene

Erstattungsanspruch unter das damals ergangene Urteil fällt. Es handelt sich um dieselben Parteien; es handelt sich um denselben Anspruch, denn es wird Erstattung von Kosten für Unterhaltung desselben Weges gefordert, deren Ersatz auch damals zum Teil ausdrücklich gefordert wurde, zum anderen Teil durch die damals geforderte Feststellung der Unterhaltungspflicht umfaßt wird; und es handelt sich endlich auch um denselben Rechtsgrund (eadem causa, idem jus). Denn jetzt wie damals stützt sich die Klage auf die von der Stadt B. in den Jahren 1849/1850 übernommene Pflicht zur Unterhaltung der Wegestrecke, auf den gesammten Inhalt der Vorgänge in jenen Jahren und auf die aus diesen Vorgängen sich ergebenden rechtlichen Folgen. Darauf, ob das landgerichtliche Urteil den ihm zur Entscheidung unterbreiteten Thatbestand rechtlich unzutreffend gewürdigt hat, kann es für die Wirkung der Rechtskraft dieses Urteils nicht ankommen. Maßgebend ist allein, daß der jetzige Anspruch in dem damals erhobenen Anspruch enthalten und völlig auf denselben Thatbestand, auf die Behauptung derselben, sich aus diesem Thatbestand ergebenden Unterhaltungspflicht gestützt wird. Es ist also auch unwesentlich, ob das Landgericht den Charakter des Weges als Chaussee verkannt hat. Es handelte sich dabei immer nur um eine für die Wirkung der Rechtskraft nicht in Betracht kommende unrichtige Beurteilung. Der Thatbestand, aus dem sich der Charakter des Weges als Chaussee und die Chausseebaupflicht der Stadt B. ergab, war auch damals dem Gericht in demselben Umfange wie jetzt zur Entscheidung unterbreitet. Und die Sache liegt nicht etwa so, daß der Weg erst nach jenem Urteil des Landgerichts Chaussee geworden und also erst nachher in ein rechtlich anderes Verkehrsmittel umgewandelt ist.

Danach erscheint der von der Beklagten erhobene Einwand der rechtskräftig entschiedenen Sache begründet. Dem stehen auch keineswegs die vom Vorderrichter in Bezug genommenen Entsch. des O.-V.-G. entgegen. In der v. 12. XII. 93 (Bd. XXVI S. 205/212) ist der Einwand zurückgewiesen, weil in dem ersten Rechtsstreit der Kläger nicht gänzlich abgewiesen, sondern ihm die Verfolgung seines Anspruchs in einem anderen Streitverfahren vorbehalten war. Und bei der Entsch. v. 5. IV. 92 (Bd. XXII S. 196; Pr.-V.-Bl. Jahrg. XIII S. 431) konnte die Rechtskraft der früheren, zwischen den Gemeinden S. und R. ergangenen Urteils auch deshalb nicht in Betracht kommen, weil der neue Rechtsstreit vom Fiskus erhoben war, und die Gemeinde R. gar keine Anträge gegen die Gemeinde S. gestellt hatte (Bd. XXII S. 199, Bd. XVIII S. 228).

In Abänderung der Vorentscheidung war daher die Klage, wie geschehen, gänzlich abzuweisen.

Dabei mag noch bemerkt werden, daß das Urteil des Landgerichts v. 27. XI. 86 zwar, wie dargelegt, negativ den Erstattungsanspruch der Klägerin ausschließt, aber nicht geeignet sein würde, positiv einem etwaigen Erstattungsanspruche der Beklagten gegen die Klägerin zur Grundlage zu dienen. Denn jenes Urteil weist nur den Feststellungsanspruch der Klägerin zurück, weil keine Unterhaltungspflicht der Beklagten bestehe, es läßt aber gänzlich dahingestellt, wem etwa die Unterhaltungspflicht obliege, und spricht in keiner Weise aus, daß die Klägerin unterhaltungspflichtig sei. Für derartige Fälle kann eine positive Wirkung aus der Abweisung einer Feststellungsklage (vgl. Entsch. des O.-V.-G. Bd. XXVII S. 201) nicht gefolgert werden.

Nr. 10. Entsch. Bd. XXXIX S. 459 v. 6. VI. 1901 IV A 114/99.

§ 103 Abs. 3 L.-V.-G.; Art. 1, 2 Ges. über die Gebühren für Rechtsanwälte v. 27. IX. 99 (G.-S. S. 317).

Das Ges. v. 27. IX. 99 verordnet in Art. 1:

„Die Vergütung für die Berufungsthätigkeit der Rechtsanwälte bestimmt sich, soweit sie nicht reichsgesetzlich geregelt ist, ausschließlich nach den nachstehenden Vorschriften" und Art. 2: „Die deutsche Gebührenordnung für Rechtsanwälte findet entsprechende Anwendung auf die Berufungsthätigkeit des Rechtsanwalts: 1. u. s. w. 3. im Verwaltungstreitverfahren."

Hier ist wiederholt, was schon § 103 Abs. 3 des L.-V.-G. vorschreibt, daß sich nämlich die Gebühren der Rechtsanwälte im Verwaltungsstreitverfahren nach den für dieselben bei den ordentlichen Gerichten geltenden Vorschriften bestimmen (zu vgl. Sydow und Busch, die Deutsche Gebührenordnung Anm. 2 zu Art. 2 Ziff. 3, 6. Aufl. S. 134). Der Abs. 3 des § 103 a. a. O. aber bezog sich in erster Linie auf das Verhältnis des Rechtsanwalts zu seinem Auftraggeber (zu vgl. v. Brauchitsch, Verwaltungsgesetze, Anm. 179 zu § 103 a. a. O.), wogegen der Erstattungsanspruch des Letzteren gegen den im Verwaltungsstreitverfahren unterliegenden Teil im Abs. 1 des § 103 a. a. O. geordnet ist. Auch an dessen Vorschrift ist durch das Gesetz v. $\frac{27.\ \mathrm{IX.}}{6.\ \mathrm{X.}}$ 1899 nichts geändert. Sie geht, abweichend von den §§ 91 (87) ff. der Civ.-Pr.-Ordn., welche über die Erstattungspflicht im Civilprozesse Bestimmung treffen, dahin, daß der unterliegende Teil die Gebühren eines Rechtsanwalts des obsiegenden Teils nur insoweit zu erstatten hat, als dieselben für Wahrnehmung der mündlichen Verhandlung vor dem Bezirksausschuß und dem O.-V.-G. zu zahlen sind (Bescheid v. 11. V. 82 Entsch. Bd. VIII S. 428 ff.).

Nr. 11. Entsch. v. 14. VI. 1901 II 1000 (Pr.-V.-Bl. Jahrg. XXIII S. 138).

§§ 52, 112 L.-V.-G.

Der Kläger war im Jahre 1898 auf Grund einer lokalen Ordnung zur Umsatzsteuer herangezogen worden und hatte damals keinen Einspruch erhoben. Später ist die Ordnung vom O.-V.-G. in einem Urteil v. 29. VI. 1900 für ungültig erklärt worden. Als dies dem Kläger bekannt geworden war, erhob er nachträglich im September 1900 Einspruch mit der Bitte um Wiedereinsetzung in den vorigen Stand. Dieser Antrag wurde abgelehnt, auch die gegen den Bescheid des Gemeindevorstandes erhobene Klage abgewiesen. Das O.-V.-G. bestätigte und führte aus:

Allerdings ist dem Revisionsbeklagten nicht darin beizutreten, daß die Feststellung des Bezirksausschusses über die Fristenfrage als eine thatsächliche in der Revisionsinstanz nicht mehr anfechtbar sei; vielmehr ist die Innehaltung der Fristen von Amtswegen zu prüfen und unterliegt hierbei der freien Beurteilung auch des Revisionsrichters.

Bei dieser Beurteilung kann die Fristversäumnis des Klägers nicht als eine unverschuldete angesehen werden. Denn da das Gesetz verlangt, daß der Zensit den Einspruch binnen einer Frist von vier Wochen einlege, so ist es Sache des Herangezogenen, innerhalb jener Frist sich zu entschließen, ob er die an ihn gestellte Forderung ablehnen will. Gerade dafür ist die Frist gegeben, daß die Erwägungen, ob die Heranziehung thatsächlich und rechtlich begründet erscheint, angestellt und eventuell die Bedenken dem Gemeindevorstande zu einer Entscheidung unterbreitet werden, welche dann dem Instanzenwege untersteht. Da hier der Kläger durch nichts gehindert gewesen ist, die Einspruchsfrist zu benutzen, so kann er nicht hinterher auf Grund einer abweichenden Rechtsansicht, mag er diese auf einen Schriftsteller oder auf das Erkenntnis eines Gerichtshofs stützen, die seit Jahren endgültig gewordene Heranziehung aus der Welt schaffen, sondern er hat es der eigenen Säumnis zuzuschreiben, daß er die Frage nicht im geordneten Wege rechtzeitig zur Entscheidung verstellt hat.

Sechste Abteilung.

Entscheidungen in Staatssteuersachen.

Litteratur: Wagner, Finanzwissenschaft, 4. Teil. Spezielle Steuerlehre (Praxis der Besteuerung). Die deutsche Besteuerung des 19. Jahrhunderts (Staats-, Kommunal- und Reichsbesteuerung) 2. Halbband. Baden, Hessen, Elsaß-Lothringen, Meklenburg, sämmtliche Kleinstaaten, Deutsches Reich. (Aus: „Lehr- und Handbuch der politischen Oekonomie"). Leipzig 1901

I.

Einkommensteuer.

Litteratur: Fuisting, die direkten Steuern, Bd. I, Kommentar zum Einkommensteuergesetz, 5. Aufl., 2. Ausg., Berlin 1901.

1. Steuerpflicht der physischen Personen.

A. Unbeschränkte subjektive Steuerpflicht.

Nr. 1. Entsch. Bd. IX i. St. S. 1 v. 17. X. 1900 E IVa 2 1900

Eink.-St.-Ges. § 1 Nr 1c; Ausf.-Anw Art. 1 Nr 1c Abs 2.

1. Der zweijährige Aufenthalt im Auslande, der das Aufhören der Steuerpflicht preußischer Staatsangehöriger bewirkt, muß ohne Unterbrechung und ohne vorübergehende Rückkehr stattfinden. Wenn daher ein Steuerpflichtiger nach eigenem Zugeständnis im Jahre 1897 während 61 Tagen und im Jahre 1898 während 46 Tagen in Berlin anwesend gewesen ist, so kann er seine Steuerpflicht für 1899 nicht bestreiten.

2. Ist aber die Steuerpflicht durch dauernden zweijährigen Aufenthalt im Auslande einmal erloschen, so soll eine vorübergehende — z. B. besuchsweise — Rückkehr nach dem Inlande nicht gleich deren Wiedereintritt begründen.

Nr. 2. Entsch. Bd. IX i. St. S. 3 v. 7. IV. 1900 VI 4/99.

Eink.-St.-Ges §§ 1 3, 2b, 6 2; Erg.-St.-Ges. §§ 2, 4 II.

1. Die Heranziehung aller, eine gewerbliche Thätigkeit in eigenem oder fremdem Interesse ausübenden und deshalb einen vorübergehenden Aufenthalt in Preußen nehmenden Gewerbetreibenden und Gewerbegehilfen zu einer das gesammte Einkommen und Vermögen ergreifenden Steuer würde als eine wegen der drohenden internationalen

Verwickelungen und Gegenmaßregeln den inländischen Handel und Verkehr auf das Empfindlichste schädigende Steuerpolitik erscheinen.

Die Absicht der gesetzlichen Vorschriften über die Besteuerung der Ausländer ist aus den §§ 1 Nr. 3, 2 b, 6 Nr. 2 des Eink.-St.-Ges., §§ 2, 4 II des Erg.-St.-Ges. deutlich zu erkennen. Diejenigen Ausländer, die zum preußischen Staate überhaupt nicht in persönlichen, sondern nur in wirtschaftlichen, durch Grundbesitz oder Gewerbebetrieb vermittelten Beziehungen stehen, werden nur mit diesem Vermögen und dem daraus fließenden Einkommen zur Besteuerung herangezogen. Die durch Wohnsitz oder mehr als einjährige Aufenthaltsnahme begründete rein persönliche Verbindung mit dem preußischen Staate hat die steuerliche Gleichstellung der Ausländer mit den preußischen Staatsangehörigen, jedoch unter Ausschluß des aus dem ausländischen Grundbesitz und Gewerbebetrieb fließenden Einkommens von der Besteuerung zur Folge. Die in der Aufenthaltsnahme des Erwerbes wegen sich äußernden persönlichen und wirtschaftlichen Beziehungen zum preußischen Staate endlich ziehen die volle steuerliche Gleichstellung der Ausländer mit den Preußischen Staatsangehörigen nach sich.

Der Grund dieser Steigerung im Umfange der Steuerpflichtigkeit der Ausländer liegt offenbar in dem geringeren oder höheren Grade ihrer Beziehungen zum preußischen Staate und seinen Einrichtungen. Die Steigerung erreicht ihren höchsten Grad in der Besteuerung derjenigen Ausländer, die sich des Erwerbes wegen in Preußen aufhalten. Wer als Ausländer zugleich persönlich und wirtschaftlich zum preußischen Staate und seinen Einrichtungen in so enge Beziehungen tritt, daß er mit Ausnahme rein politischer Rechte in gleichem Grade wie ein preußischer Staatsangehöriger die Vorteile genießt, soll auch ebenso wie dieser besteuert werden.

Derartig enge Beziehungen werden nicht schon durch einen bloß vorübergehenden, nur mittelbar oder gelegentlich mit Erwerbszwecken verbundenen Aufenthalt begründet.

2. Als notwendige Voraussetzung der Begründung der Steuerpflicht durch Aufenthalt des Erwerbes wegen erscheint vielmehr allgemein nur eine mit der Absicht längerer Dauer und mit dem Hauptzwecke der Erzielung eigenen Erwerbes unternommene Aufenthaltsnahme in Preußen. Kann auch die Dauer des Aufenthaltes nicht nach einem bestimmten, überall gleichen Zeitmaße bemessen werden, so wird doch jedenfalls durch eine rein gelegentliche und vorübergehende, diesen Charakter während der ganzen Dauer des Aufenthaltes an sich tragende Erwerbsthätigkeit die Steuerpflicht nicht begründet.

3. Die Aufstellung im Auslande gefertigter Maschinen in Preußen durch einen im Dienste der ausländischen Maschinenfabrik stehenden ausländischen Monteur begründet für letzteren keine Steuerpflicht in Preußen infolge Aufenthalts des Erwerbes wegen. Der Monteur ist bei der Aufstellung einer von seinem Geschäftsherrn gelieferten Maschine in dessen Gewerbebetriebe thätig; nicht der Monteur, sondern der Fabrikant erstrebt gewerblichen Gewinn und die Erzielung dieses gewerblichen Gewinnes des Fabrikanten ist der Zweck des Aufenthaltes des Monteurs in Preußen. Der Monteur übt zwar bei dieser Gelegenheit seine gewinnbringende Beschäftigung in Preußen aus, aber die Erzielung des Lohnes ist nicht die Ursache seines preußischen Aufenthaltes. Er empfängt seinen Lohn von dem ausländischen Geschäftsherrn, nicht von dem preußischen Besteller der Maschine, und würde den Lohn ebenso erhalten, wenn er nicht

zufällig und gelegentlich in Preußen, sondern in dem heimatlichen Fabrikbetriebe beschäftigt wäre.

Ebensowenig wie den gesetzlichen Vorschriften die Absicht unterstellt werden kann, Ausländer, z. B. einen sein preußisches Gut zu Aufsichtszwecken besuchenden Gutsbesitzer, einen zur Behandlung eines Kranken in Preußen berufenen Arzt, einen seinen zu Vergnügungszwecken reisenden Herrn begleitenden Diener u. s. w., lediglich wegen ihres vorübergehenden, mit entfernten und gelegentlichen Erwerbszwecken verbundenen Aufenthaltes in Preußen nach ihrem ganzen Einkommen und Vermögen wie preußische Staatsangehörige zu besteuern, läßt sich dies für vorübergehend im Auftrage ihrer ausländischen Geschäftsherren in Preußen thätige ausländische Gewerbegehilfen annehmen.

Nr. 3. Entsch. Bd. IX i. St. S. 7 v. 28. XI. 1900 III 117/1900

Eink.-St.-Ges. §§ 1³, 6²

1. Das Einkommen der nach § 1 ³ des Eink.-St.-Ges. steuerpflichtigen Ausländer aus ausländischem Grundbesitz oder Gewerbetrieb ist von der Besteuerung ausgeschlossen, sofern sie nicht des Erwerbes wegen in Preußen einen Wohnsitz haben. Um also das Einkommen eines Ausländers aus ausländischem Grundbesitz oder Gewerbebetrieb zur Einkommensteuer heranziehen zu können, muß thatsächlich festgestellt werden, daß der Ausländer seinen Wohnsitz in Preußen des Erwerbes wegen hat, d. h. daß der Hauptzweck seines Wohnsitzes in Preußen der Erwerb ist.

2. Der Umstand, daß ein Ausländer Mitglied des Aufsichtsrats einer in Preußen am Orte seines Wohnsitzes domizilierten Aktiengesellschaft ist und als solcher Tantième bezieht, ist nicht geeignet, die Annahme eines Wohnsitzes oder Aufenthalts des Erwerbes wegen in Preußen zu rechtfertigen; dies umso weniger, wenn er schon Jahrzehnte vor Uebernahme der Stellung in Preußen seinen Wohnsitz gehabt und die Höhe der Tantième — im Durchschnitt der 3 letzten Jahre 1770 M. — im Verhältnis zu dem veranlagten Einkommen von 82 680 M. eine äußerst geringfügige ist.

Nr. 4. Entsch. Bd. IX i. St. S. 10 v. 10. I. 1901 E XIIb 7/1900.

Eink.-St.-Ges. § 1³; Erg.-St.-Ges. § 2 I.

Nach § 1 Nr. 3 des Eink.-St.-Ges. und § 2 I des Erg.-St.-Ges. sind einkommen- und ergänzungssteuerpflichtig diejenigen Ausländer, die in Preußen einen Wohnsitz haben oder sich daselbst länger als ein Jahr aufhalten. Die Steuerpflicht des Ausländers auf Grund des Wohnsitzes in Preußen geht mit der Aufgebung der Wohnung und hiermit des Wohnsitzes in die Steuerpflicht auf Grund des Aufenthaltes über, wenn der frühere Wohnsitz mit mehr als einjähriger Aufenthaltsnahme verbunden gewesen ist und der Aufenthalt in Preußen nach Aufgebung des Wohnsitzes fortgesetzt wird. Die Fortsetzung des Aufenthaltes wird durch zeitweilige Abwesenheit außerhalb Preußens nicht aufgehoben.

B. Beschränkte subjektive Steuerpflicht.

Nr. 1. Entsch. Bd. IX i. St. S. 11 v. 17. XI. 1900 VIIIb 59/1900.

Eink.-St.-Ges. § 2b; Ausf.-Anw. Art. 2c, 5, 17 Abs. 4.

1. Betreibt ein außerhalb Preußens in einem anderen Bundesstaate wohnhafter Kaufmann in Preußen ein Gewerbe und zwar

einen Grundstückshandel, insofern er Grundstücke zum Wiederverkauf ankauft und sie entweder im ganzen oder nach Zerlegung in kleinere Parzellen wieder verkauft (vgl. E.-O.-V. in St. Bd. V S. 431 ff.), so unterliegt aus diesem Gewerbebetrieb er der Einkommensbesteuerung in Preußen gemäß § 2 b des Eink.-St.-Ges., wenn er in Preußen eine Gewerbe- oder Handelsanlage oder eine sonstige gewerbliche Betriebsstätte unterhält. Wenn nun auch ein einzelnes Grundstück, das zum Wiederverkauf angekauft worden ist, an sich nicht als Betriebsort im Sinne dieser Vorschrift angesehen werden kann, so kann dies dennoch der Fall sein, wenn eine bestimmte Art der Verwaltung des Grundstücks mit Bezug auf den Verkauf, gewissermaßen eine Bearbeitung desselben, um es für den Verkauf besser vorzubereiten und den Verkauf gewinnbringender zu gestalten, stattfindet. Insbesondere wird dies dann zutreffen, wenn das betreffende Gut infolge des Geschäftsgebahrens des Besitzers sich als eine Niederlage von zu verkaufenden Waren, die hier in Grundstücken bestehen, verbunden mit einer Verkaufsstätte dieser Waren darstellt. Nach dieser Richtung hin ist zu ermitteln in welcher Weise sich der Verkauf der erworbenen Grundstücke vollzieht, ob ein Parzellierungsplan aufgestellt wird, der der Veräußerung der einzelnen Parzellen zu Grunde gelegt wird, ob diese zum Verkauf besonders hergerichtet werden, ob ein öffentliches Ausgebot zur Einreichung von Kaufofferten stattfindet oder ob ein Versteigerungstermin und zwar hinsichtlich welcher Gegenstände anberaumt und an welchem Orte die Versteigerungen und Auktionen stattgefunden haben und durch wen solche Termine abgehalten sind.

2. Ist auf Grund dieser Ermittelungen die Steuerpflicht des Beschwerdeführers in Preußen anzunehmen, so sind in Verhandlung mit dem Zensiten die innerhalb der in Frage kommenden Periode stattgehabten Verkäufe und ihre Erträge festzustellen, wobei zu berücksichtigen bleibt, daß auch die Erträge aus dem zum Wiederverkauf erworbenen Landbesitz dem gewerblichen Einkommen zuzurechnen sind (vgl. E.-O.-V. in St. Bd. VI S. 177 ff.).

3. Da der Zensit aus dem in Preußen betriebenen Grundstückshandel der Besteuerung unterliegt, so muß, falls der in Preußen steuerpflichtige Gewerbebetrieb mit dem nicht steuerpflichtigen Gewerbebetriebe des Zensiten außerhalb Preußens dergestalt im Zusammenhange stehen sollte, daß eine gesonderte Gewinnberechnung nicht ausführbar ist, der Gewinn für den gesammten Gewerbebetrieb der in Betracht kommenden Geschäftsjahre ermittelt und nach Maßgbe des Art. 17 Abs. 4 und 5 der Ausf.-Anw. der auf Preußen entfallende Gewinnanteil festgestellt werden.

Nr. 2. Entsch. Bd. IX i. St. S. 13 v. 4. X. 1900 XIIb 25/1900.

Eink.-St.-Ges. § 2a.

Bundesges. v. 13. V. 70 (B.-G.-Bl. S. 119) über die Beseitigung der Doppelbesteuerung, § 4.

Die auf Grund des Staatsvertrages zwischen Preußen und Hessen wegen Abtretung der auf Hessischem Gebiete belegenen Strecke der Main-Weserbahn an den Preußischen Staat v. 20. XI. 78 an das frühere Großherzoglich Hessische Mitglied der Direktion dieser Eisenbahn gezahlte Pension wird aus der Preußischen Staatskasse gezahlt und ist der Einkommensbesteuerung in Preußen unterworfen. (Vgl. E.-O.-V. in St. Bd. I S. 346, Bd. II S. 339, 343, Bd. III S. 120, Bd. IV. S. 9, Bd. XII S. 365).

2. Einkommen der physischen Personen.

A. Allgemeine Grundsätze.

b) Berechnungsart.

Nr. 1. Entsch. Bd. IX i. St. S. 15 v. 7. IV. 1900 VI 5/99.[1])

Eink.-St.-Ges. §§ 1 [4], [5], 6—11, 14; Handelsges.-B. Art. 85 ff., 150 ff.

1. Das Eink.-St.-Ges. enthält bezüglich der Besteuerung des Einkommens der offenen Handelsgesellschaften oder deren Mitglieder keine besonderen Vorschriften. Es behandelt vielmehr die Besteuerung des Einkommens aus Handels- und gewerblichen Unternehmungen einschließlich des Bergbaues, soweit diese von physischen Personen oder von den nicht nach § 1 Nr. 4 und 5 steuerpflichtigen Erwerbsgesellschaften betrieben werden, zusammen in dem § 14. In Abs. 1 dieses Paragraphen wird zunächst bestimmt, daß das Einkommen aus Handel und Gewerbe einschließlich des Bergbaues in dem in Gemäßheit der allgemeinen Grundsätze (§§ 6 bis 11) ermittelten Geschäftsgewinne besteht und daß mit dieser Maßgabe der Reingewinn aus dem Handel und Gewerbebetriebe nach den Grundsätzen zu berechnen ist, wie solche für die Inventur und Bilanz durch das Allgemeine Deutsche Handelsgesetzbuch vorgeschrieben sind und sonst dem Gebrauche eines ordentlichen Kaufmanns entsprechen. Darauf ist in Abs. 2 wörtlich Folgendes angeordnet:

1. Die Zinsen des im Handels- oder Gewerbebetrieb angelegten Kapitals des Steuerpflichtigen sind als Teile des Geschäftsgewinnes zu betrachten.
2. Der von einer nicht nach § 1 Nr. 4 und 5 steuerpflichtigen Erwerbsgesellschaft erzielte Geschäftsgewinn ist den einzelnen Teilhabern nach Maßgabe ihres Anteils anzurechnen.

Aus diesen Gesetzesvorschriften ergiebt sich für die Besteuerung der in Abs. 2 Nr. 2 erwähnten, nicht nach § 1 Nr. 4 und 5 steuerpflichtigen Erwerbsgesellschaften, zu denen zweifelsfrei auch die offenen Handelsgesellschaften und die einfachen Kommanditgesellschaften des H.-G.-B. (Art. 85 ff. bezw. 150 ff.) gehören, mit Bestimmtheit zweierlei:

a) Das steuerpflichtige Subjekt ist bei diesen Gesellschaften nicht, wie bei Aktiengesellschaften und den übrigen in § 1 Nr. 4 und 5 aufgeführten Personenvereinigungen, die Gesellschaft als solche, sondern jeder Gesellschafter für sich als Einzelperson.

b) Das steuerpflichtige Einkommen jedes einzelnen Gesellschafters aus dem Gesellschaftsunternehmen ist in der Weise zu ermitteln, daß zunächst der Gesammtgewinn der Gesellschaft nach Maßgabe der Vorschriften in Abs. 1 und Abs. 2 Nr. 1 des § 14 — also ganz nach denselben Grundsätzen, als wenn das Gesellschaftsunternehmen nur von einer einzelnen physischen Person betrieben würde — festgestellt und der sich hiernach ergebende Gewinn der Gesellschaft dem einzelnen Teilhaber nach Maßgabe seines „Anteils" als steuerpflichtiges Einkommen angerechnet wird. Dabei ist unter dem „Anteile" jedes Gesellschafters der nach den Bestimmungen des Gesellschaftsvertrages auf ihn entfallende Anteil an dem Jahresgewinne der Gesellschschaft und nicht etwa der Geschäfts- oder Gesellschaftsanteil in dem Sinne eines Anteils des einzelnen Gesellschafters an dem Gesellschaftsvermögen zu verstehen. Hierfür spricht

[1]) Vgl. E.-O.-V. i. St. Bd. VIII S. 75.

zunächst unzweideutig die Fassung der Vorschrift in § 14 Abs. 2 Nr. 2, die eine Hindeutung auf den Anteil des einzelnen Geschellschafters am Gesellschaftsvermögen nicht enthält. In gleicher Weise ergiebt sich die Notwendigkeit dieser Auslegung aber auch aus dem vom Gesetzgeber mit der Aufnahme dieser Vorschrift in das Gesetz verfolgten Zwecke. Mit dieser Vorschrift sollte, wie der Mangel jeglicher anderen darauf bezüglichen Bestimmung erkennen läßt, die Besteuerung des Gewinnes sämmtlicher nicht nach § 1 Nr. 4 und 5 steuerpflichtigen Erwerbsgesellschaften geregelt werden. Sie mußte also eine derartige Fassung erhalten, daß sie die Besteuerung der hier in Betracht kommenden Erwerbsgesellschaften für alle Fälle, insbesondere auch für den Fall regelt, daß bei einer derartigen Gesellschaft einem Mitgliede oder mehreren nur ein Anteil am Geschäftsgewinne, nicht aber auch ein Anteil am Vermögen der Gesellschaft zusteht. Derartige Fälle sind insbesondere auch bei offenen Handelsgesellschaften infolge der diesen nach Art. 90 Abs. 1 des H.-G.-B.gegebenen Freiheit zur beliebigen Regelung der inneren Gesellschaftsverhältnisse erfahrungsgemäß nicht selten. Jedenfalls ist es rechtlich zulässig, daß bei einer derartigen Gesellschaft nach dem Gesellschaftsvertrage ein Teil nur gewisse Dienste zu leisten, der andere dagegen das gesammte Kapital einzubringen hat. In diesem Falle hat der erstere am Schluß des ersten Geschäftsjahres überhaupt keinen Anteil am Gesellschaftsvermögen. Das Gleiche würde für die folgenden Geschäftsjahre zutreffen, wenn er nach dem Gesellschaftsvertrage zur Erbebung seines gesammten Gewinnanteils berechtigt ist und diesen auch thatsächlich fortgesetzt abhebt. Wollte man das Wort „Anteil" im § 14 Abs. 2 Nr. 2 des Eink.-St.-Ges. nicht im Sinne von Gewinnanteil, sondern in dem Sinne des Anteils am Gesellschaftsvermögen auffassen, so würden Fälle der letzteren Art von dieser Gesetzesvorschrift nicht getroffen, also bei dem Mangel sonstiger Bestimmungen durch das Gesetz überhaupt nicht geregelt sein.

Hiernach gilt nach den Vorschriften des Eink.-St.-Ges. bei offenen Handelsgesellschaften als steuerpflichtiges Einkommen jedes Mitgliedes unter allen Umständen, namentlich ohne Rücksicht darauf, ob und in welcher Weise der einzelne an der Geschäftsführung und Vertretung, wie an dem Vermögen der Gesellschaft beteiligt ist, der ihm nach dem Gesellschaftsvertrage zustehende Anteil am Geschäftsgewinne der Gesellschaft. Daraus folgt mit Notwendigkeit, daß im Sinne dieses Ges. als Einkommensquelle der Mitglieder einer offenen Handesgesellschaft nicht der „Gesellschaftsanteil" des einzelnen angesehen werden kann, mag man darunter den Anspruch des einzelnen auf dasjenige, was ihm bei der Auseinandersetzung zukommt, oder den Anspruch auf einen Gewinnanteil während des Bestehens der Gesellschaft verstehen. Die Einkommensquelle ist vielmehr für jedes Mitglied, auch wenn es weder mit einer Kapitalseinlage, noch an der Geschäftsführung und Vertretung beteiligt ist, der unter der Gesellschaftsfirma ausgeübte Betrieb des gewerblichen oder Handelsunternehmens der Gesellschaft; nur hat diese Quelle, ebenso wie z. B. ein mehreren Personen zu ideellen Anteilen gemeinschaftlich gehöriges Grundstück, infolge der konkurrierenden Rechte der übrigen Teilhaber das Besondere, daß dem einzelnen das daraus fließende Einkommen nicht in voller Höhe, sondern nur zu dem durch den Gesellschaftsvertrag oder in Ermangelung einer besonderen Vereinbarung durch das Gesetz bestimmten Anteile zukommt und demgemäß auch nur insoweit als steuerpflichtiges Einkommen angerechnet werden darf.

Ist aber danach die Einkommensquelle bei jedem Mitgliede einer offenen Handelsgesellschaft nicht der ihm am Gewinn oder Vermögen der Gesellschaft zustehende Anteil, sondern der gewerbliche Betrieb der Gesellschaft mit dem durch die Rechte der übrigen Gesellschafter beschränkten Anspruche auf den Geschäftsgewinn, so kann auch das steuerpflichtige Einkommen des einzelnen Mitgliedes aus dem gesellschaflichen Betriebe nur einheitlich und nach denselben Grundsätzen für die ganze Quelle ermittelt werden. Es ist dagegen unzulässig, dieses Einkommen gesondert für mehrere Geschäfts- oder Gewinnanteile nach Maßgabe verschiedener Grundsätze festzustellen und insbesondere dabei von den Ergebnissen mehrerer der nach § 10 des Eink.-St.-Ges. für die Ermittelung des steuerpflichtigen Einkommens aus einer bestimmten Einkommensquelle in Frage kommenden verschiedenen Zeiträume auszugehen.

2. Das Einkommen eines Mitgliedes einer offenen Handelsgesellschaft aus dem Gesellschaftsunternehmen ist also Einkommen aus Handel und Gewerbe, mithin ein in seinem Betrage unbestimmtes und schwankendes, und demgemäß, falls die Einkommensquelle für den Steuerpflichtigen schon so lange bestanden hat, d. h., wenn er schon so lange Mitglied der Gesellschaft war, gemäß § 10 Abs. 1 des Eink.-St.-Ges. nach dem Durchschnitt der drei letzten, der Veranlagung unmittelbar vorangegangenen Jahre zu berechnen. Dabei kommt nichts darauf an, ob der dem Steuerpflichtigen zur Zeit der Veranlagung bezw. bei Beginn des Steuerjahres zustehende Anteil am Gesellschaftsgewinne unverändert oder wesentlich verschieden ist von demjenigen, der ihm in den einzelnen Jahren der maßgebenden Durchschnittsperiode zustand, die Durchschnittsberechnung ist vielmehr grundsätzlich auch in dem letzteren Falle in der Weise anzulegen, daß der in jedem dieser Jahre thatsächlich auf den Steuerpflichtigen entfallene Gewinnbetrag ermittelt und der dritte Teil der Summe der drei Jahresbeträge als sein steuerpflichtiges Einkommen aus dem gesellschaftlichen Unternehmen angesehen wird (vgl. E.-O.-V. in St. Bd. VII S. 134 ff.).

3. Eine Ausnahme greift dagegen dann Platz, wenn die Verhältnisse des gewerblichen Unternehmens im Laufe der Vorjahre eine so erhebliche Veränderung erfahren haben, daß der Charakter, der Verlauf und Umfang des Geschäftes in den beiden der Vergangenheit und der Zukunft angehörigen Zeiträumen wesentlich ungleichartig sind. In diesen Fällen ist das Einkommen unter Anwendung des § 10 Abs. 2 des Eink.-St.-Ges. nach dem Durchschnitt der Ergebnisse seit dem Eintritt der wesentlichen Veränderung der Betriebsverhältnisse, nötigenfalls nach dem mutmaßlichen Jahresertrage in Ansatz zu bringen.

Ebenso **Entsch. Bd. IX i. St. S.** 23 v. 21. VI. 1900 XI a 24/1900.

Hier lag der Thatbestand folgendermaßen:

„Die Steuerpflichtige war an der Firma G. u. F., einer offenen Handelsgesellschaft, bis zum 1. VII. 98 mit einem Drittel beteiligt; seitdem betrug ihr Anteil, infolge Abtretung der Hälfte ihrer Beteiligung an ihren Sohn A. F., nur noch ein Sechstel. Die Berufungskommission berechnete das für 1899 steuerpflichtige Einkommen der Beschwerdeführerin aus dem gesellschaftlichen Unternehmen in der Weise, daß sie die der letzteren in den drei mit den Kalenderjahren zusammenfallenden Geschäftsjahren 1896, 1897, 1898 thatsächlich zugeflossenen Gewinnbeträge feststellte und den dritten Teil der Summe dieser Beträge als den steuerpflichtigen Anteil der Beschwerdeführerin ansah. Die letztere beanspruchte dagegen, daß, da ihr Gewinnanteil bei Beginn des Steuerjahres nur ein Sechstel betrug, auch nur ein Sechstel der im Durchschnitt der drei letzten Jahre auf sie entfallenden Gewinnbeträge in Ansatz gebracht werde. Ihre Beschwerde wurde indes vom O.-V.-G. zurückgewiesen.

Ebenso ferner Entsch. Bd. IX i. St. S. 27 v. 29. III. 99 145/98.

Nr. 2. Entsch. Bd. IX i. St. S. 25 v. 25. X. 1900 XIIIb 26/1900.

Eink.-St.-Ges. §§ 1 [4], [5], 6—11, 14.

1. Für die Anwendung der Durchschnittsberechnung des gewerblichen Ertrages ist bei objektiver Gleichartigkeit des Geschäftes die bloß subjektive Veränderung in der Anteilsberechtigung ohne Bedeutung. Es kommt nicht darauf an, ob der dem Steuerpflichtigen zur Zeit der Veranlagung bezw. bei Beginn des Steuerjahres zustehende Anteil am Gesellschaftsgewinn unverändert oder wesentlich verschieden ist von demjenigen, der ihm in den einzelnen Jahren der maßgebenden Durchschnittsperiode zustand, die Durchschnittsberechnung ist vielmehr grundsätzlich auch in dem letzteren Falle in der Weise anzulegen, daß der in jedem dieser Jahre thatsächlich auf den Steuerpflichtigen entfallene Gewinnbetrag ermittelt und der dritte Teil der Summe der drei Jahresbeträge als sein steuerpflichtiges Einkommen aus dem gesellschaftlichen Unternehmen angesehen wird (vgl. E.-O.-V. in St. Bd. VII S. 134 ff.).

2. Die Nachteile, die aus der Anwendung dieses Grundsatzes bald für die Steuerpflichtigen, bald für den Staat erwachsen, sind eine Folge der gesetzlichen Anordnung, daß die Veranlagung im Voraus für das Steuerjahr unter Berechnung der unbestimmten oder schwankenden Einnahmen und Ausgaben nach dem Durchschnitte der Vergangenheit, und zwar regelmäßig der drei Vorjahre, erfolgen soll. Die sich hieraus ergebenden Härten und Unvollkommenheiten kann die Rechtsprechung nicht vermeiden.

Nr. 3. Entsch. Bd. IX i. St. S. 29 v. 18. IV. 1900 XIIIc 107/99.

Eink.-St.-Ges. § 10; Ausf.-Anw. Art. 5.

Der Steuerpflichtige betrieb in den Jahren 1896 und 1897 in A. eine Maschinenfabrik und Reparaturwerkstatt als alleiniger Inhaber, verkaufte diesen Betrieb Ende 1897, so daß er für das Jahr 1898 an dem Betriebsergebnisse nicht mehr beteiligt war, und trat im November 1897 als Mitgesellschafter in die offene Handelsgesellschaft N. zu B. ein. Er hatte bei Abgabe der Steuererklärung für 1899 und in den späteren Verhandlungen aus seiner Beteiligung an dem fraglichen Gesellschaftsbetriebe nur seinen Gewinnanteil für das Geschäftsjahr 1898 angegeben, für die Jahre 1896 und 1897 aber sein gewerbliches Einkommen aus dem Betriebe in A. In der Berufungsentscheidung wurde dieses letztere Einkommen jedoch für die Besteuerung im Steuerjahre 1899 völlig außer Betracht gelassen und das O.-V.-G. wies die Beschwerde hiergegen zurück aus folgenden Gründen:

In Bezug auf das Einkommen aus Gewerbe ist für einen Gewerbetreibenden Einkommensquelle nur der jeweilige Betrieb eines bestimmten Gewerbes, so daß die darin bestehende einzelne Einkommensquelle für ihn mit der Aufgabe dieses Betriebes oder dem Austritte daraus erlischt. Geht ein Gewerbetreibender von einem Betriebe zu einem davon völlig verschiedenen über, so findet ein Wechsel der Einkommensquellen statt. Für die Besteuerung in einem bestimmten Steuerjahr kommt nur das Einkommen aus derjenigen Quelle in Betracht, die beim Beginn des Steuerjahres noch für ihn besteht.

Nr. 4. Entsch. Bd. IX i. St. S. 68 v. 7. IV. 1900 VI 1/1900.

Eink.-St.-Ges. § 10.

Der Umstand, daß ein Geschäft im Entstehen, bezw. in aufsteigender Entwickelung begriffen ist, schließt ebensowenig die Anwendung der Durchschnittsberechnung aus, wie der stattfindende Rückgang. Gegenteilige Erwägungen würden der Absicht des § 10 Eink.-St.-Ges. entschieden zuwiderlaufen. (Vgl. E.-O.-V. in St. Bd. VIII S. 16.)

Nr. 5. Entsch. Bd. IX i. St. S. 31 v. 13. VI. 1900 Xa 7/1900.

Eink.-St.-Ges. §§ 10, 56.

Besteht bei Beginn des Steuerjahres eine Einkommensquelle ohne bestimmten Endtermin, so ist mit dem Einkommen daraus für das Steuerjahr zu rechnen. Dies gilt auch für einen Staatsbeamten, dem zum Zwecke einer anderweiten gewinnbringenden Beschäftigung ein im Steuerjahr ablaufender Urlaub erteilt worden ist.

Im vorliegenden Falle hatte ein Gerichtsassessor mit dem Vorstand einer Invaliditäts- und Altersversicherungsanstalt einen Dienstvertrag abgeschlossen, wonach — abgesehen von dem Fall der Zurückziehung des vom Justizminister bis zum 31. V. 99 bewilligten Urlaubes — die Beendigung der Beschäftigung nur auf eine jedem Teile zustehende vierteljährliche Kündigung erfolgen sollte. Anlangend dies Urlaubsverhältnis, kann aus dem Umstand, daß der Urlaub nur bis zum 31. V. 99 erteilt war, nicht entnommen werden, daß die Einkommensquelle bis dahin zeitlich begrenzt war. Diese bestand bis auf weiteres ohne bestimmten Endtermin. Die „Möglichkeit der Kündigung" kommt dabei nicht in Betracht, ebensowenig der Umstand, daß der Steuerpflichtige, um seine Beschäftigung bei der Versicherungsanstalt über den 31. V. 99 hinaus fortzusetzen, genötigt war, die Verlängerung seines Urlaubs zu erwirken. Auch eine etwaige Verweigerung des Urlaubs würde noch nicht die notwendige Folge gehabt haben, daß deshalb nun auch das Dienstverhältnis bei der Versicherungsanstalt aufhörte, da es dem Steuerpflichtigen freigestanden hätte, durch seinen Austritt aus dem Justizdienst dieses Hindernis der Fortsetzung des Vertrages zu beseitigen.

Hiernach war die Veranlagung des Gerichtsassessors für 1899 nach dem für das ganze Steuerjahr zu berechnenden Betrag der ihm im Voraus festgesetzten monatlichen Vergütigung mit Recht erfolgt.

Nr. 6. Entsch. Bd. IX i. St. S. 33 v. 5. XII. 1900 III 113/1900.

Eink.-St.-Ges. §§ 10, 56, 58.

1. Nach dem sich aus den §§ 10, 56 bis 58 Eink.-St.-Ges. ergebenden, die ganze Veranlagung beherrschenden Grundsatze sind alle für die Steuerfestsetzung wesentlichen thatsächlichen wie rechtlichen Voraussetzungen nach dem Stande zur Zeit der Abgabe der Steuererklärung bezw. bei Beginn des Steuerjahres zu beurteilen. Es kommt daher insbesondere sowohl in Betreff der Einkommensquellen, wie bezüglich der Schulden, deren Zinsen vom Gesammteinkommen in Abzug zu bringen sind, lediglich auf den Stand zu diesem Zeitpunkt an, während erst nach Beginn des Steuerjahres darin eingetretene Veränderungen für die Veranlagung grundsätzlich außer Betracht zu bleiben haben (E.-O.-V. in St. Bd. VIII S. 231, 234). Besitzt der Steuerpflichtige bei Beginn des Steuerjahres 1899 noch 15 Millionen Mark Aktien, so ist hiernach für die Veranlagung pro 1899 unter allen Umständen und ohne Rücksicht auf den Verkauf von drei Millionen Mark im Mai 1899 mit der Dividende von 15 Millionen Mark als steuerpflichtiges Einkommen zu rechnen.

2. Für die Beurteilung der Frage, ob zugesicherte Zinsen von Kapitalien dem steuerpflichtigen Einkommen hinzuzurechnen sind, ist lediglich der Zeitraum, für den sie zugesichert sind, nicht aber der Zeitpunkt der Zahlung maßgebend (E.-O.-V. in St. Bd. III

S. 86). Die Sicherheit und Beitreiblichkeit einer Forderung ist nach dem oben zu 1 angeführten Grundsatze nur unter Berücksichtigung der bei Beginn des Steuerjahres bestehenden Verhältnisse zu beurteilen, erst später eingetretene Umstände haben außer Betracht zu bleiben. Das Ergebnis der letzteren Prüfung liegt aber auf thatsächlichem Gebiet und entzieht sich deshalb der Nachprüfung durch das Beschwerdegericht.

3. Ein weiterer Punkt betraf die Ansetzung von Schuldenzinsen nach dem mutmaßlichen Betrage des Steuerjahrs. Der Steuerpflichtige hatte im März 1898 ein Darlehn von 3 000 000 M. erhalten, das auf Verlangen eines der Beteiligten jeder Zeit im Ganzen oder in Teilbeträgen rückzahlbar sein und in Höhe des wechselnden Bankdiskontes verzinst werden sollte. Auf dieses Darlehn verschuldete er bei Abgabe der Steuererklärung wie bei Beginn des Steuerjahres noch den Betrag von 1 500 000 M., den er demnächst am 30. IV. 99 zurückzahlte. Die Berufungskommission hatte an Zinsen dieser Schuld von dem Gesammteinkommen nur den vom Steuerpflichtigen für die Zeit v. 1. bis 30. IV. 99 gezahlten Betrag von 5 625 M. in Abzug gebracht, weil die Zinsen den Charakter einer unbestimmten Ausgabe gehabt und danach wegen der Kürze des Bestehens der Schuld nach § 10 Abs. 2 des Eink.-St.-Ges. mit dem mutmaßlichen Betrage des Steuerjahres hätten in Ansatz gebracht werden müssen, an dessen Stelle nach dem inzwischen erfolgten Ablaufe des Steuerjahres der in Wirklichkeit in diesem gezahlte Zinsenbetrag zu treten habe. Dabei ist übersehen, daß nach dem oben zu 1 erwähnten Grundsatze für die Berechnung der vom Gesammteinkommen in Abzug zu bringenden Schuldenzinsen ohne Rücksicht auf später eingetretene Veränderungen die Höhe der Schulden bei Beginn des Steuerjahres unbedingt maßgebend ist und daß die Zinsen der hier in Rede stehenden Schuld nur deshalb den Charakter einer unbestimmten Ausgabe hatten, weil von den beiden für ihre Berechnung maßgebenden Faktoren — der Höhe der Schuld und der Höhe des Zinsfußes — nur der letztere, wegen seiner Abhängigkeit von der wechselnden Höhe des Bankdiskonts, unbestimmt war. Der erste Faktor für die Berechnung der abzugsfähigen Zinsen, die Höhe der Schuld, stand mit dem Betrage von 1 500 000 M. bei Beginn des Steuerjahres unveränderlich fest, gleichviel ob der Zinsfuß nach dem Durchschnitt eines vergangenen Zeitraumes oder nach seiner mutmaßlichen Höhe im Steuerjahre zu bemessen war. Die Berufungskommission durfte daher dem vor Erlaß ihrer Entscheidung eingetretenen Ablaufe des Steuerjahres bei Berechnung der Höhe des Zinsenabzuges auch von ihrem Standpunkte aus nur in der Weise Rechnung tragen, daß sie die Höhe des Zinsfußes nach dem Durchschnitt der Höhe des Bankdiskonts in den zwölf Monaten des Steuerjahres feststellte und nach Maßgabe dieses Satzes die Jahreszinsen der Schuld von 1 500 000 M. in Ansatz brachte. Nunmehr wird behufs anderweiter Entscheidung zunächst zu prüfen sein, warum der Zeitraum vom März 1898, dem Tage der Entnahme des Darlehns, bis zur Abgabe der Steuererklärung nicht ausreichend erscheint, um mit seinen Ergebnissen als Grundlage für Ermittelung der Höhe des Bankdiskonts im Durchschnitt eines vollen Jahres zu dienen. Denn nach § 10 Abs. 2 sollen ihrem Betrage nach unbestimmte Einnahmen und Ausgaben auch bei ihrem Bestehen während eines Zeitraums von weniger als einem Jahr grundsätzlich nach den Ergebnissen des vergangenen Zeitraums und nur ausnahmsweise, „nötigenfalls" nach dem mutmaßlichen Betrage im Steuerjahr in Ansatz kommen (E.-O.-V. in St. Bd. VIII S. 21). Die letztere Berechnungsart ist daher überall da ausgeschlossen, wo die Ergebnisse eines ver-

gangenen Zeitraums für die Ermittelung des Jahresergebnisses eine ausreichende Grundlage gewähren. Erscheint dieser Zeitraum nicht ausreichend, so sind die Gründe dafür in der Entscheidung anzugeben.

Nr. 7. Entsch. Bd. IX i. St. S. 40 v. 22. XII. 1900 IV b 54/1900.
Eink.-St.-Ges. § 10; Ausf.-Anw. v. 5. VIII. 91 Art. 5[2], 11.

Nach Art. 5 Nr. 2 der Ausf.-Anw. v. 5. VIII. 91 richtet sich der für die Durchschnittsberechnung maßgebende Zeitabschnitt bei jedem einzelnen Steuerpflichtigen nach dem von diesem angenommenen Betriebs- oder Wirtschaftsjahre. Hiernach darf ein Bauergutsbesitzer, auch ohne daß er über Einnahmen und Ausgaben Buch führt, ein vom Kalenderjahr abweichendes Wirtschaftsjahr haben und seiner Schätzung die bei Landwirten übliche Zeit v. 1. VII. bis 30. VI. zu Grunde legen, falls er ein hiermit übereinstimmendes Wirtschaftsjahr angenommen hat. Die Schätzung soll, wenn sie zum richtigen Resultate kommen will, alle Einnahmen und Ausgaben nach Art. 11 a. a. O. berücksichtigen, und mit Bezug auf den Bestand an Wirtschaftserzeugnissen ist nicht nur diese Schätzung für den Landwirt viel leichter und übersichtlicher, sondern es ist auch bei Kenntnis der Wirtschaftsergebnisse eines Jahres überhaupt viel Zutreffenderes zu erlangen, wenn er das gedachte Wirtschaftsjahr annimmt. Die Ausf.-Anw. spricht a. a. O. auch nur von einem Betriebs- oder Wirtschaftsjahre des Steuerpflichtigen, woraus erhellt, daß es lediglich auf diese Jahre allein ankommt und daß die thatsächliche Betriebs- und Wirtschaftsführung allein entscheiden soll.

Ist dies der Fall und wird der Nachweis dafür in äußerlich erkennbarer Art, wie durch Notizen, Bestandsaufnahmen, sonstige Aufzeichnungen u. s. w. erbracht, so muß das angenommene Wirtschaftsjahr der Einkommensfeststellung zu Grunde gelegt werden.

Nr. 8. Entsch. Bd. IX i. St. S. 42 v. 22. XII. 1900 III 166/1900.
Eink.-St.-Ges. § 10.

Das Tagegeld einer Telegraphistin ist eine schwankende Einnahme, falls sie es nur für die Tage erhält, an denen sie ihren Dienst verrichtet und falls ihr ein Anspruch darauf bei Unterbrechung ihrer Thätigkeit durch Krankheit oder Urlaub pp. nicht zusteht.

Nr. 9. Entsch. Bd. IX i. St. S. 43 v. 20. VI. 1900 III 97/1900.
Eink.-St.-Ges. §§ 10, 56; Handelsges.-B. Art. 165

Die in der verzinslichen Darlehnsforderung an eine Kommanditgesellschaft bestehende Einkommensquelle wird dadurch nicht verändert, daß die Kommanditgesellschaft zu bestehen aufhört, der persönlich haftende Gesellschafter zahlungsunfähig ist und gegen einen ausgeschiedenen Kommanditisten auf Rückzahlung Klage erhoben wird.

Für die Beurteilung des Sachverhaltes in steuerlicher Hinsicht kommt es auf den Stand der Quelle beim Beginne des Steuerjahres an. Für die Darlehnsforderung der Steuerpflichtigen gegen die Kommanditgesellschaft haftet neben der Gesellschaft und neben dem persönlich haftenden Gesellschafter gemäß Art. 165 H.-G.-B. auch der Kommanditist bis zum Betrage seiner Einlage, soweit sie nicht eingezahlt war. Der Klaggrund im Verhältnis des Steuerpflichtigen als Gläubiger gegen den Kommanditisten ist das Rechtsverhältnis des Steuerpflichtigen zu der Gesellschaft, also die ursprüngliche Darlehnsforderung.

Hieraus folgt, daß eine neue Einkommensquelle durch die Erhebung der Klage nicht zur Entstehung gelangt, während ein erst im Laufe des Steuerjahres abgeschlossener Vergleich für die Beurteilung der Sachlage bei Beginn des Steuerjahres nicht in Betracht kommen kann. Dadurch, daß die Gesellschaft nicht mehr in Anspruch genommen werden kann, weil sie nicht mehr besteht, und dadurch, daß der persönlich haftende Gesellschafter nichts hat und daher von ihm nichts beitreibbar war, wird die Natur des Anspruchs gegen den Kommanditisten nicht verändert.

c) Haushaltungsangehörige.

Nr. 1. Entsch. Bd. IX i. St. S. 45 v. 21. VI. 1900 VII c 348/99.

Eink.=St.=Ges. § 11.

Die Unfallrente, die eine Ehefrau für ihre vaterlosen Kinder erster Ehe empfängt, ist bei der Besteuerung ihres zweiten Ehemanns nicht in Anrechnung zu bringen. Voraussetzung ist, daß es sich nicht etwa um eine der ersteren bewilligte Erziehungsbeihilfe, sondern thatsächlich um die ihren vaterlosen Kindern nach § 6 2 a des U.=V.=G. v. 6. VII. 84 zustehende Unfallrente handelt.

B. Arten des Einkommens.

a) Einkommen aus Kapitalvermögen.

Nr. 1. Entsch. Bd. IX i. St. S. 46 v. 5. XII. 1900 III 49/1900.

Eink.=St.=Ges. §§ 7, 9; Ausf.=Anw. Art. 11, 16.

Die Kosten für die Versicherung von Wertpapieren gegen Auslosung sind abzugsfähig.

Wie beim Grundbesitz und beim Gewerbetriebe, so müssen daher auch beim Kapitalvermögen die zu seiner Erhaltung aufgewendeten Kosten, insoweit sie durch gute Wirtschaft geboten sind, zum Abzuge von den Roheinnahmen zugelassen werden. Zu derartigen Ausgaben gehören aber, analog wie die Ausgaben für Versicherung von Gebäuden u. s. w. gegen Feuersgefahr, gegen den Verlust der Gebäude u. s. w., die Beiträge, die, wie die hier streitigen, zur Versicherung gegen Kursverlust bei Auslosung von Wertpapieren, zur Abwendung eines Verlustes am vorhandenen Kapitalvermögen entrichtet werden. Der Grund zur Entrichtung dieser Beiträge und der Zweck, der durch ihre Zahlung erreicht werden soll, ist genau derselbe, wie bei den sonstigen obengenannten Versicherungsbeiträgen, nämlich Abwendung der Wirkungen eines, von dem Willen des Versicherers unabhängigen und meist sogar gegen seinen Willen eintretenden Ereignisses, wodurch der Verlust der Einkommensquelle selbst und damit des Einkommens daraus oder die Verminderung und Verschlechterung ihres Bestandes und der Einkünfte daraus herbeigeführt wird.

Nr. 2. Entsch. Bd. IX i. St. S. 48 v. 27. IV. 1900 III 305/99.

Eink.=St.=Ges. § 12; Ausf.=Anw. Art. 9.

Bei der Gewinnberechnung bei teilweiser Veräußerung von mehreren zu Spekulationszwecken zusammen erworbenen Parzellen ergiebt sich der für das einzelne Veräußerungsgeschäft zu berechnende Gewinn aus der Gegenüberstellung einerseits des Anschaffungspreises unter Hinzurechnung der auf die Erhöhung des Kapitalwertes, die Erhaltung und Bewirtschaftung etwa verwendeter Kosten, andererseits des erzielten Erlöses. Wenn in einem solchen Falle für drei in der Subhastation erstandene Parzellen ein einheitlicher Kaufpreis bezahlt worden ist, und von diesen Parzellen nur zwei wieder veräußert worden sind, so muß zuvörderst ermittelt werden, welche Quote des Ankaufspreises auf die zwei wieder veräußerten Parzellen entfällt. Diese Quote kann richtig nur dadurch gefunden werden, daß der durch die Wiederveräußerung der beiden Parzellen erzielte Preis und der Wert der noch unveräußerten Parzelle zu dem Ankaufspreise und den für die drei Parzellen einheitlich aufgewendeten Kosten in eine Verhältnisrechnung gebracht und hieraus der auf die beiden wiederveräußerten Parzellen entfallende Ankaufspreis ermittelt wird. Es werden zunächst in Verhandlung mit dem Steuerpflichtigen einerseits der Wert der noch unverkauften Parzelle und andererseits die aufgewendeten Kosten zu ermitteln sein. Hinsichtlich des ersteren sind die für die Feststellung des gemeinen Wertes, das ist des Verkaufswertes des Grundstücks, aufgestellten und in ständiger Rechtsprechung aufrecht erhaltenen Grundsätze in Ergänzungssteuersachen zur Anwendung zu bringen. Sodann ist der Ankaufspreis der wiederveräußerten beiden Parzellen aus folgender Gleichung zu berechnen:

> Der Gesammtankaufspreis für die drei Parzellen unter Hinzurechnung der für die drei Parzellen einheitlich aufgewendeten Kosten verhält sich zu der Summe der erzielten Erlöse und des Wertes der unveräußerten Parzelle, wie x zu dem aus dem Verkaufe der beiden Parzellen erzielten Erlöse. Der Betrag x stellt dann den Anschaffungspreis plus Kosten für die beiden wiederveräußerten Parzellen dar. Dieser ist dem erzielten Erlöse gegenüberzustellen. Die Differenz beider Beträge bildet den Spekulationsgewinn. Vorausgesetzt ist hierbei, daß die aufgewendeten Kosten ebenso wie der Ankaufspreis einheitlich für alle drei Parzellen entstanden sind; soweit diese Voraussetzung nicht zutrifft, sind die für die einzelnen Parzellen besonders aufgewendeten Kosten bei Berechnung des Spekulationsgewinns für jede der beiden verkauften Parzellen noch besonders in Ansatz zu bringen.

Nr. 3. Entsch. Bd. IX i. St. S. 51 v. 27. VI 1900 III 44/1900.

Eink.=St.=Ges. § 12; Ausf.=Anw. Art 9

Grundstücke, die zur besseren Verwertung von in spekulativer Absicht erworbenen Grundstücken erworben werden, sind ebenfalls als zu Spekulationszwecken erworben anzusehen.

Nr. 4. Entsch. Bd. IX i. St. S. 53 v. 17. XI. 1900 XIc 80/1900.

Eink.=St.=Ges § 12; Ausf.=Anw. Art. 9

Die gelegentliche Spekulation in Grundstücken hat zur Voraussetzung, daß einzelne Grundstücke bei sich darbietender Gelegenheit — nicht berufsmäßig und in ständiger Wiederholung — in der Absicht der Gewinnerzielung angekauft und demnächst weiter veräußert werden. Beides gehört zusammen. Ein Grundstück, das nicht von vornherein in der Absicht gelegentlicher Spekulation erworben war, kann nicht den Gegenstand einer Gelegenheitsspekulation durch späteren Verkauf bilden. (E.=O.=V. in St. Bd. VI S. 59.) Hat ein Grundstückshändler Grundstücke als Ware gekauft, so kann er unter Umständen auch nach Einstellung des Zukaufes von Grundstücken durch den Verkauf der noch vorhandenen Grundstücke den Gewerbebetrieb fortsetzen. (E.=O.=V. in St. Bd. IV

S. 414, B. V S. 431.) Hat er aber seinen Geschäftsbetrieb, den Grundstückshandel, gänzlich eingestellt, so können spätere Verkäufe von Grundstücken nur das Vermögen berühren. Gelegenheitsspekulation ist alsdann ausgeschlossen, weil die Grundstücke nicht in der Absicht gelegentlicher Spekulation erworben waren.

b) Einkommen aus Grundvermögen.

Nr. 1. Entsch. Bd. IX i. St. S. 55 v. 22. II. 1900 IX 26/1900.

Eink.-St.-Ges. §§ 9, 13, Ausf.-Anw. Art. 11.

1. Die Schätzung des landwirtschaftlichen Einkommens darf nicht nach allgemeinen, in Theorie und Praxis hinsichtlich der Möglichkeit der Erzielung von Erträgen bewährten Grundsätzen erfolgen, sondern es sind allein die thatsächlichen, individuellen Verhältnisse der Besitzung, des Besitzers und die besondere Art der Wirtschaft entscheidend (vgl. z. B. E.-O.-V. in St. Bd. I S. 91, Bd. IV S. 111, Bd. VII S. 1, 19, 27 ff.). Diesem Grundsatze widerspricht ein Gutachten, wenn es, wie im vorliegenden Falle, das Einkommen ohne Berücksichtigung der Kulturarten, die bei dem Steuerpflichtigen vorhanden sind, und ohne Berücksichtigung des Umstandes schätzt, daß die wesentlichsten Einnahmen neben dem Verkaufe der Bodenerzeugnisse diejenigen aus dem Verkaufe von Vieh und Milch sind, lediglich nach dem Werte der gesammten, aufwachsenden Bodenerzeugnisse und zwar einschließlich einiger Fruchtarten, die der Steuerpflichtige gar nicht anbaut, wie z. B. Buchweizen und Erbsen.

2. Bei der Aufrechnung gemäß Art. 11, I und II ist weder in Einnahme noch in Ausgabe zu stellen der Geldwert der für die Wirtschaft, für Unterhalt des Wirtschaftsgesindes und der sonstigen Hilfskräfte, sowie des gesammten Viehes verwendeten „eigenen Wirtschaftserzeugnisse". Werden indes dem Art. 11 zuwider von einem Grundbesitz die gesammten Einnahmen geschätzt, so ist der Wert jener Wirtschaftserzeugnisse wieder abzusetzen oder bei den Ausgaben wenigstens hinzuzusetzen.

Nr. 2. Entsch. Bd. IX i. St. S. 59 v. 28. XI. 1900 IX 53/1900.

Eink.-St.-Ges. §§ 9, 13, Ausf.-Anw. Art. 11.

1. Für die Frage, ob und inwieweit Mehr- oder Minderwerte des lebenden Inventars das Jahreseinkommen im Landwirtschaftsbetrieb beeinflussen, muß der Sachverhalt innerhalb der in Betracht kommenden drei Wirtschaftsjahre näher aufgeklärt werden. Rührt die Differenz von der Stückzahl des zum Betriebe erforderlichen Viehes her, so ist zu beachten, daß zum Betriebe auch das zum Wiederverkauf bezw. Selbstverbrauch bestimmte Vieh gehört. Ist dessen Bestand infolge der Art des Betriebes erheblichen Schwankungen unterworfen, so muß der Geldwert nach Maßgabe des Art. 11 I 4 und II 9 der Ausf.-Anw. bei Berechnung des Ertrages Berücksichtigung finden. Beschäftigt sich der Steuerpflichtige vorwiegend mit Viehzucht und mit dem An- und Verkauf von Vieh. so wird wahrscheinlich sein, daß er seinen ganzen Viehbestand lediglich als Verkaufsobjekt hält und daß dieser in keiner Weise das notwendige Wirtschaftsinventar für den Betrieb der Ackerwirtschaft bildet. Ist dies der Fall dann müssen alle Minder- und Mehrbestände und Werte des Viehbestandes berücksichtigt werden. Vgl. übrigens Art. 11 I 4 und II 9 der Ausf.-Anw. vom 6. VII. 1900, worin jetzt ohne Einschränkung von Wirtschaftserzeugnissen und

Vorräten im Gegensatze zu der früheren eingeschränkten Fassung die Rede ist. Der Unterschied von der früheren Fassung dieser Bestimmungen besteht darin, daß jetzt auch die für den Wirtschaftsbetrieb erforderlichen Wirtschaftserzeugnisse und Vorräte in Ansatz kommen. Die Frage der Anrechnung ist somit von der Entscheidung der Frage abhängig, ob und inwieweit der Viehbestand d. i. der Beschlag als Wirtschaftserzeugnisse und Vorräte anzusehen ist. Dies ist, insoweit es sich um das eigentliche Inventar handelt, nicht der Fall. Daher muß eine Prüfung nach der Richtung hin vorgenommen werden, inwieweit der Viehbestand zu dem eigentlichen, zur Bewirtschaftung notwendigen Inventar zu rechnen ist oder nicht. Nur insoweit dies geschehen muß, bleiben Veränderungen im Bestande und Werte desselben außer Betracht. Maßgebend sind dabei die individuellen Verhältnisse des in Frage stehenden Wirtschaftsbetriebes, der sehr wohl derartig geführt werden kann, daß im wesentlichen das gesammte lebende Inventar nicht als solches in dem angegebenen engeren Sinne angesehen werden darf.

2. Entscheidend ist für die Feststellung der in Betracht zu ziehenden Beträge der Bestand bei Beginn der maßgebenden Periode und am Ende derselben. Auf die Zwischenveränderungen kommt es nicht an. Nur wenn sich der Bestand an Vieh innerhalb der dreijährigen Periode im wesentlichen ausgeglichen hat, so daß z. B. der Mehrbestand an zur Mästung aufgestelltem Jungvieh durch den Minderbestand eines späteren Jahres sich deckt, kann von der Anrechnung solcher zu den Wirtschaftserzeugnissen gehörigen Vorräte nach Nr. V a. a. O. Abstand genommen werden.

Nr. 3. Entsch. Bd. IX i. St. S. 62 v. 20. XII. 1900 I b 167/1900.
Eink.-St.-Ges. §§ 7—9, 10; Ausf.-Anw. Art. 11.

1. Die angebliche Unmöglichkeit der Feststellung der einzelnen Jahreserträge ist gegenüber der ausdrücklichen Vorschrift des Eink.-St.-Ges. in § 10 ohne jede Bedeutung. (E.-O.-V. in St. Bd. IV S. 66.) Das steuerpflichtige Reineinkommen einer bestimmten Person aus einer bestimmten Quelle — hier der Bewirtschaftung von Liegenschaften — ergiebt sich nach den §§ 7 und 9 Eink.-St.-Ges. aus der Gegenüberstellung der anrechnungsfähigen Einnahmen und der abzugsfähigen Ausgaben. Da nach § 10 des Gesetzes Einnahmen bezw. Ausgaben „schwankender oder unbestimmter“ Art, die hier fast ausschließlich in Frage kommen, in der Regel nach einer bestimmten Periode der Vergangenheit — hier nach drei Wirtschaftsjahren des Pflichtigen — ihrer Höhe nach ermittelt werden sollen, so ist die Ermittelung des in einem bestimmten Wirtschaftsjahre vom Zensiten erzielten Ueberschusses der Einnahmen über die Bewirtschaftungskosten die den bei der Veranlagung mitwirkenden Kommissionen und den die Veranlagung leitenden Behörden und Beamten durch das Gesetz gestellte Aufgabe. Ob diese Ermittelung auf Grund rechnungsmäßiger Nachweise bewirkt werden kann oder im Wege der Schätzung vorgenommen werden muß (vgl. E.-O.-V. in St. Bd. IV S. 66), ihr Gegenstand bleibt derselbe. Erklären sich namentlich die örtlich nächstbeteiligten Organe dieser ihrer Aufgabe nicht gewachsen, so wird es Sache der vorgesetzten Kommissionen und ihrer Vorsitzenden sein, sie zu deren Erfüllung anzuleiten bezw. anzuhalten.

2. Wenn bei der Schätzung des Reinertrages u. a. auf „Kulturarten und Bonitätsklassen“ gerücksichtigt werden soll, so ist hierbei nicht an die vor einer langen Reihe von Jahren bei der Grundsteuer-Reinertragsermittelung angenommenen Kulturarten und Klassen der Bodengüte (§§ 5 bis 7 der (Haupt-)Anw. v. 21. V. 61 für das Ermittelungsverfahren behufs ander-

weiter Regelung der Grundsteuer), sondern vielmehr an die in maßgebender Zeit vorhandenen Verhältnisse der Bestandteile (Kulturarten) und der Güte des Bodens der betreffenden Besitzung in der Art und dem Erfolge, wie solche vom Zensiten thatsächlich genutzt werden bezw. genutzt worden sind, zu denken (vgl. die im Art. 42 III der Ausf.-Anw. v. 5. VIII. 91 bezw. in dem Min.-Erl. v. 29. VIII. 92, Anh. 10a S. 196 der Ausf.-Anw. von 1900, angezogenen §§ 5 und 6 der Instr. vom 3. I. 77). Ueber diese Verhältnisse und die Art der Benutzung seitens des Steuerpflichtigen wird der letztere selbst, und werden nötigenfalls die den örtlichen Verhältnissen näherstehenden Kommissionsmitglieder und Beamten die etwa erforderliche Auskunft zu geben wohl stets in der Lage sein.

3. Die Vornahme einer gesonderten Schätzung der Erträge etwa für das einzelne Hektar jeder Kulturart ist nicht angängig.

4. Bei Mißernten verringern sich notwendigerweise die Einnahmen durch Ausfälle im Vergleich mit regelmäßigen Jahren; bei Viehverlusten vermehren sich durch Ausgaben für Ersatzbeschaffung die Bewirtschaftungskosten für das betreffende Wirtschaftsjahr im Vergleich mit deren Höhe im regelmäßigen Verlaufe der Dinge. Außerdem können „Verluste“ solcher Art bei Gegenüberstellung des Bestandes an Wirtschaftserzeugnissen beim Beginne und Schluß der Perioden zur Geltung kommen.

5. Als besondere Unglücksfälle im Sinne des § 19 sind dergleichen Umstände dagegen nur insoweit in Betracht zu ziehen, als trotz der sie berücksichtigenden Einkommens-Schätzungen die allgemeine (steuerliche) Leistungsfähigkeit des Zensiten darüber hinaus noch nachhaltig beeinträchtigt wird.

Nr. 4. Entsch. Bd. IX i. St. S. 65 v. 28. VI. 1900 VII c 53/1900.

Eink.-St.-Ges. §§ 9, 13; Ausf.-Anw. Art. 11.

Daß bei Feststellung des Einkommens aus Landwirtschaft, aus der Bewirtschaftung des Landes, Viehzucht u. s. w. die Einnahmen aus Verleihung der Zugkraft ohne Abzug der Betriebskosten (Unkosten für Gespanne und Wagen) angesetzt worden sind, würde bei einer Berechnung des Einkommens gemäß Art. 11 der Ausf.-Anw., wenn die sämmtlichen Betriebskosten rechnungsmäßig abgezogen werden, und die Einnahmen ziffernmäßig festgestellt werden, nicht zu beanstanden sein. Bei einer Schätzung des Einkommens dagegen muß bei einer derartigen Trennung wegen des Ineinandergreifens der sämmtlichen zur Landwirtschaft gehörigen Betriebe ein unrichtiges Ergebnis eintreten, weil entweder eine ungenügende, zu niedrige oder zu hohe oder gar keine Berücksichtigung der Unkosten des Fuhrwerksbetriebes stattgefunden hat. In solchen Fällen müßte zum Mindesten klargestellt werden, in welcher Weise die Einnahmen und die Ausgaben im Einzelnen angerechnet worden sind. Kann dies nicht geschehen, so muß die Schätzung einheitlich in einer Summe erfolgen.[1])

---

[1]) In dieser Beziehung ist in der Entsch. Bd. IX in St. S. 66 i. d. Anm. vom 28. VI. 1900 Rep. VII. c 353/99 — Folgendes bemerkt worden:

Die Einstellung von 2205 M. als Reingewinn aus Liegenschaften in der Berufungsentscheidung beruht nach den Akten auf folgender Unterlage:

„Nach dem Gutachten des Gemeindevorstehers ist die Schätzung der Veranlagungsbehörden bezüglich des Einkommens aus der Landwirtschaft aufrecht zu erhalten . . . . 2075 M.
und hierzu noch der Gewinn für einen ersparten Arbeiter mit 130 „
hinzuzurechnen . . . . zusammen 2205 M.“

Dieser Ermittelungsweg entspricht nicht der Vorschrift des § 10 des Eink.-St.-Ges., wonach es sich darum handelt, den Ueberschuß der Ein-

Nr. 5. Entsch. Bd. IX i. St. S. 290 v. 26. IV. 1900 IVb 187/99.

Eink.-St.-Ges. §§ 9, 13.

Den Kosten einer Haushälterin in einem landwirtschaftlichen Betriebe darf die Eigenschaft als Betriebskosten nicht unter allen Umständen abgesprochen werden, weil eine Magd die Arbeiten vollauf verrichten könne. Es kommt überall nicht auf den möglichen, sondern auf den thatsächlichen Zustand an. Wenn die Haushälterin thatsächlich an der Bewirtschaftung teilnimmt, auch nur durch Aufsichtsführung, so ist ein entsprechender Teil der Kosten als Betriebskosten abzugsfähig.

Nr. 6. Entsch. Bd. IX i. St. S. 68 v. 7. IV. 1900 VI 1/1900 und Entsch. Bd. IX i. St. S. 75 v. 18. IV. 1900 XIIIc 17/1900.

Eink.-St.-Ges. §§ 9, 13.

1. Steht bei Beginn des Steuerjahres fest, daß ein Neubau zu einer bestimmten Zeit des Steuerjahres zur Benutzung durch Selbstbewohnung oder Vermietung gelangen wird, so ist bei der Veranlagung mit dem Einkommen aus dieser neu eröffneten Quelle von dem genannten Zeitpunkte ab bis zum Ende des Steuerjahres zu rechnen und das Einkommen nach dem mutmaßlichen Betrage in Ansatz zu bringen.

Der Umstand, daß der Steuerpflichtige einzelne bestimmte Räume des Neubaues schon vor dem Beginn des Steuerjahres vermietet hat, bevor dieser vollständig fertiggestellt war, kann nicht dazu führen, die übrigen Wohnungen des Neubaues außer Betracht zu lassen, sofern deren Vermietbarkeit in gleicher Weise feststeht. Nach Ablauf des Steuerjahres sind die wirklich erzielten Einnahmen an Mietswert und Mieten anzusetzen. (E.-O.-V. in St. Bd. VII S. 196ff.)

2. Die Berücksichtigung von Mietsausfällen bei feststehenden Mieten ist unzulässig, sie kann nur dann stattfinden, wenn die Mietseinnahmen als unbestimmte und schwankende anzusehen und nach dem Durchschnitte der Vergangenheit zu berechnen sind.

3. Die grundsätzliche Ablehnung des Abzugs von Reparaturkosten bei Neubauten ist unzulässig; denn abgesehen davon, daß der Gebrauch des Neubaues naturgemäß Aufwendungen bedingen kann, steht es auch erfahrungsmäßig fest, daß nach Fertigstellung eines Mietshauses nicht nur zum Zwecke der Vermietung, sondern auch zur Beseitigung unvorhergesehener Schäden Aufwendungen erforderlich werden, die unzweifelhaft abzugsfähig sind, da sie in erster Stelle die Erzielung und Sicherung der Einnahmen bezwecken.

4. Die Nichtmitteilung von, den Angaben des Steuerpflichtigen abweichender, thatsächlicher Annahmen an diesen und die Verhandlung mit ihm darüber stellt auch dann einen wesentlichen Mangel des Verfahrens dar, wenn sie einem bei der Entscheidung berücksichtigten Gutachten zu Grunde liegen. Dies ist umsomehr notwendig, wenn die Auslassung des Gutachters nicht einmal erkennen läßt, ob und inwieweit seine Angaben auf eigener Kenntnis beruhten oder sicherer Unterlagen ermangelten.

---

nahmen über die Betriebsausgaben für jedes der drei maßgebenden Vorjahre zu ermitteln. „Ein ersparter Arbeiter" wirft kein steuerpflichtiges „Einkommen" im gesetzlichen Sinne ab. Ersparnis von Arbeitskraft — z. B. durch Mithilfe eigener Haushaltsangehörigen — neben der Schätzung des Einkommens noch besonders anzurechnen, ist daher unzulässig; vielmehr ist solche stets schon bei der Schätzung mit zu berücksichtigen. (Vgl. E.-O.-V. in St. Bd. II Nr. 58 Bd. IV Nr. 32.)

Nr. 7. Entsch. Bd. IX i. St. S. 76 v. 5. VII. 1900 VIIc 342/99.

Eink.-St.-Ges. §§ 9, 13; A.-L.-R. I 5 §§ 131 ff., 21, §§ 267, 268, 269.

Ein Mietsvertrag, der nach dem A.-L.-R. — T. I Tit. 5 §§ 131 ff., Tit. 21 §§ 267, 268 und 269 — bei einer Höhe des Mietszinses über 150 M. nur mündlich geschlossen und daher nur auf 1 Jahr gültig ist, berechtigt den Mieter ohne weiteres nach Ablauf des Jahres auszuziehen, indem dann der Vertrag von selbst seine Endschaft erreicht (vgl. Dernburg, Pr. Privatrecht 2. Bd. 5. Aufl. Note 12 zu § 166 S. 453). Dasselbe gilt bei einer stillschweigenden Verlängerung des Vertrags auf ein Jahr (das. § 328). Hiernach dürfen die Einnahmen aus den einzelnen Wohnungen pp. eines Hauses nur dann als feststehende Jahreseinnahmen angesetzt werden, wenn der Vertrag gerade an dem dem Beginn des Steuerjahrs entsprechenden Zeitpunkt, also am 1. April, abgeschlossen wäre. Trifft dies aber nicht zu, so sind die Mietseinnahmen ohne weiteres als schwankende zu behandeln. (Vgl. E.-O.-V. in St. Bd. VI S. 309 ff.)

Nr. 8. Entsch. Bd. IX i. St. S. 78 v. 27. IX. 1900 XIIIc 33/1900.

Eink.-St.-Ges. §§ 9, 13.

Die Einkommensteuerpflicht des Einkommens aus einem neu- oder umgebauten Wohnhause hängt davon ab, ob bereits vor dem 1. April feststand, daß mit dem Hause als Einkommensquelle für einen bestimmten Termin im Steuerjahre zu rechnen sei. Das wäre z. B. der Fall, wenn der Steuerpflichtige, der in sein Haus einzuziehen beabsichtigt, bereits vor dem 1. April seine bisherige Wohnung gekündigt oder einen Mietsvertrag über eine Wohnung in seinem Hause abgeschlossen hat. Dann ist die neue Einkommenquelle für den ersten so in Aussicht genommenen Termin eröffnet, und die Einnahmen und Ausgaben im Rest des Steuerjahres sind vor dessen Beginn, also auch für die Besteuerung, im Voraus zu berechnen oder zu schätzen. Ist dagegen in diesem Zeitpunkte die Bewohnbarkeit bezw. die Vermietung des Hauses für das Steuerjahr oder einen bestimmten Teil völlig unsicher, fehlt etwa jeder thatsächliche Anhalt für die Annahme eines absehbaren Anfangstermines, dann darf das Haus als Einkommensquelle für das Steuerjahr überhaupt nicht gelten, also mit Einnahmen und Ausgaben vom Hause noch nicht gerechnet werden.

Nr. 9. Entsch. Bd. IX i. St. S. 80 v. 4. X. 1900 XIIa 83/1900.

Eink.-St.-Ges. §§ 9, 13; Ausf.-Anw. Art. 16 I².

Der Mietswert einer großen, in schönem Garten frei gelegenen Villa mit 27 heizbaren, bewohnbaren Räumen in zum Teil erheblichen Dimensionen, war seitens der Veranlagungs- und der Berufungskommission unter Berücksichtigung der Lage und Umgebung, wie namentlich auch der bequemen Eisenbahnverbindung mit der großen Stadt B. mangels jeder Möglichkeit, ihn durch Vergleichung mit wirklichen Mietserträgen gleichartiger Wohnungen geschätzt worden. Zwei zur Vergleichung vorgeschlagene vermietete Wohnungen mit 7, bezw. 12 Räumen und Mietswerten von 800 bezw. 1500 M. wurden als passende Vergleichsobjekte nicht anerkannt. Auch in den Nachbarorten von A. für gleichartige Wohnungen wirklich gezahlte Mietspreise hatte der Steuerpflichtige nicht angegeben. Hinsichtlich der von ihm bezeichneten Häuser in den Nachbarorten wies er nur auf den deren Besitzern angerechneten Mietswert hin. Auf die Mietswerte kommt aber nichts an, da auch sie nur auf Schätzung beruhen und deshalb für sich allein keinen thatsächlichen Anhalt für die Bemessung des Mietswertes der Wohnung der Steuerpflichtigen bieten.

Ebensowenig läßt es sich beanstanden, daß die Berufungskommission den behufs Veranlagung zur Gebäudesteuer eingeschätzten Nutzungswert nicht als geeigneten Anhalt zur Bemessung des Mietswertes der Wohnung der Steuerpflichtigen angesehen hat, zumal wenn der Steuerpflichtige selbst letzteren höher als den Gebäudesteuernutzungswert geschätzt hat. Dieser beträgt laut Schätzungsbogen für das Wohnhaus allein nur 1950, für sämmtliche Gebäude 2460 M., während Zensit den Bruttomietswert der Villa allein auf 3000 M. angegeben hat.

Die Beschwerde gegen diese Ausführungen wurde als unbegründet zurückgewiesen.

Nr. 10. Entsch. Bd. IX i. St. S. 82 v. 21. VI. 1900 XIIb 30/1900.

Eink.-St.-Ges. §§ 9, 13, Ausf.-Anw. Art. 16.

Wenn die zu einem Gute gehörigen Forsten, Seen u. s. w. bei selbständiger Bewirtschaftung besondere Quellen für sich neben dem landwirtschaftlich genutzten Gute bilden, obwohl sie zusammen mit dem übrigen Gute eine rechtliche Einheit darstellen, so ist es auch nicht ausgeschlossen, die zu Wohnzwecken dienende Villa für sich allein als Ertragsquelle zu behandeln und die Garten- und Parkanlagen als einen in wirtschaftlicher und steuerlicher Beziehung selbständigen Bestandteil des Vermögens anzusehen. Dienen die Garten- und Parkanlagen in der Hauptsache, nicht bloß gelegentlich, zur Erzielung eines Ertrages, so bilden sie alsdann eine selbständige Quelle; andernfalls kommen sie überhaupt als Quelle nicht in Betracht. Im ersteren Falle würden die gesammten Unterhaltungskosten aus dem Rohertrage der Quelle ausgesondert werden müssen.

Nr. 11. Entsch. Bd. IX i. St. S. 84 v. 8. XII. 99 III 434/98.

Eink.-St.-Ges. § 9 I 1, Ausf.-Anw. Art. 16 II Abs. 2.

1. Dem Steuerpflichtigen ist der Abzug der im Durchschnitt der drei letzten Jahre thatsächlich aufgewendeten Nebenabgaben (Ausgaben für Gas, Wasser, Hausverwaltung u. s. w.) vom Einkommen aus Wohngebäuden anstatt des ortsüblichen Prozentbetrages von der Miete — hier 8% der Bruttomiete — nicht zu versagen.

2. Wenn nach einzelnen Mietsverträgen die Mieter neben der Miete einen bestimmten Betrag für Nebenkosten zu zahlen haben, müssen diese Beträge bei Berechnung des Einkommens des Zensiten eigentlich ausscheiden und es darf dafür dann auch ein entsprechender Abzug für Nebenkosten vom Zensiten nicht gemacht werden. Es steht aber nichts im Wege, wenn nach der Mehrzahl der Verträge die Nebenabgaben in den zu entrichtenden Mietzinsen mitenthalten sind, so zu rechnen, daß von dem Gesammtbetrage der von den Mietern zu zahlenden Mietzinsen und Nebenkosten die nachgewiesenen Ausgaben für Nebenabgaben in Abzug gebracht werden. Nach § 9 I 1 des Eink.St.-Ges. sind auch die Kosten der Hausverwaltung abzugsfähig.

Nr. 12. Entsch. Bd. IX i. St. S. 86 v. 6. X. 1900 XIIIe 39/99.

Eink.-St.-Ges. §§ 9, 13.

Betriebskosten, die nicht innerhalb der maßgebenden Durchschnittsperiode entstanden, sind nicht abzugsfähig.

Der Beschwerdeführer hatte mehrere Hausgeschosse vom Januar 93 ab auf zehn Jahre vermietet. Zu ihrer Herrichtung in einen einheitlichen Ladenraum hatte er 18 800 M. aufgewendet und diese Geldmittel durch ein Dahrlehn beschafft, das er mit 3 300 M. jährlich zurückzuerstatten hatte. Diese 3 300 M. wollte er bei der Veranlagung für 1899 von der auf 9 800 M. bemessenen Jahresmiete abziehen.

Nach wirtschaftlichen Grundsätzen mag Zensit richtig gehandelt haben, daß er die Kosten bezw. das Darlehn aus den Jahreserträgen der Miete während des ganzen zehnjährigen Zeitraums zu decken bestrebt ist. Allein § 10 gestattet nicht eine solche Verteilung von Betriebskosten auf einen längeren Zeitraum. Sie gehören vielmehr dem Jahre an, in welchem sie entstanden, und dürfen nur für die sich hiernach ergebende Durchschnittsperiode berücksichtigt werden.

Nr. 13. Entsch. Bd. IX i. St. S. 87 v. 26. IV. 1900 XII b 5/1900.

Eink.-St.-Ges. §§ 9, 13.

Der wirtschaftliche Grund und die wirtschaftliche Bedeutung der in § 9 I 5 des Eink.-St.-Ges. zugelassenen regelmäßigen jährlichen Absetzungen für Abnutzung von Gebäuden, Maschinen, Betriebsgerätschaften u. dgl. liegen darin, daß am Schlusse einer Wirtschaftsperiode aus der Roheinnahme einer Einkommmensquelle derjenige Betrag, um welchen sich der Wert des Stammvermögens durch Verwendung von einzelnen Bestandteilen zur Erzielung der Roheinnahme seit dem Beginne der Periode thatsächlich verringert hat, ausgesondert werden muß, bevor sich Reineinkommen ergeben kann; dieser Betrag ist nur scheinbar Einkommen, in Wirklichkeit vielmehr nur ein Surrogat des durch die Verwendung der betreffenden Gegenstände zur Einkommenserziehung verbrauchten Teils des Stammvermögens (vgl. E.-O.-V. in St. Bd. V S. 270, Bd. VI S. 331). Hieraus folgt, daß der *Anspruch auf Berücksichtigung derartiger Abschreibungen bei der Feststellung des steuerpflichtigen Einkommens nur demjenigen zustehen kann, dessen Stammvermögen durch die Verwendung* der betreffenden Gegenstände *zur Einkommenserzielung vermindert* worden ist, *also regelmäßig nur dem Eigentümer.* Der *Nießbraucher* hat, da bei ihm diese Voraussetzung nicht zutrifft, nach dem Gesetz einen *Anspruch darauf nicht.* (Vgl. a. a. O. Bd. I S. 364.)

Nr. 14. Entsch. Bd. IX i. St. S. 89 v. 14. V. 1900 VI a 228/99.

Eink.-St.-Ges. §§ 9, 13.

Die *Abnutzung eines Gebäudes* erfolgt erfahrungsmäßig im Anfange seiner Dauer sehr langsam und *steigt in ihrer Stärke mit der Länge seiner Nutzungsdauer.* Die wirkliche Abnutzung kann demnach *nicht nach Maßgabe der angenommenen „Gesammtnutzungsdauer“* eines Gebäudes *in einem gleichmäßigen Prozentsatze* zum richtigen Ausdruck gelangen.

Die Abnutzungsquote für Gebäude, Maschinen u. s. w. bemißt sich vielmehr *nach dem wirklichen Werte beim Beginne des für die Veranlagung maßgebenden Zeitraums* (E.-O.-V. in St. Bd. V S. 270 ff.).

c) Aus Handel und Gewerbe einschließlich des Bergbaues.

Nr. 1. Entsch. Bd. IX i. St. S. 91 v. 21. VI. 98 IVb 82/97.

Eink.-St.-Ges. §§ 10, 14.

1. Die Schätzung des steuerpflichtigen gewerblichen Einkommens muß sich auf das wirkliche Einkommen während der maßgebenden Vorjahre erstrecken. Bei dieser sind demnach nicht nur die regelmäßig und bei gewöhnlichem Verlaufe der Geschäfte eintretenden, sondern auch etwaige außergewöhnliche Geschäftsverluste in den Durchschnittsjahren voll zu berücksichtigen.

2. Verluste in einem Gewerbebetriebe, der vor Beginn des Steuerjahres bereits eingestellt ist, also bei Beginn des Steuerjahres nicht mehr besteht, sind bei der Einkommensermittelung außer Betracht zu lassen.

Nr. 2. Entsch. Bd. IX i. St. S. 93 v. 31. I. 1901 XIa 152/1900.

Eink.-St.-Ges. §§ 6—11, 14; Handelsges.-B. Art. 106—108, 161.

1. Der Gewinnanteil der Kommanditisten der einfachen Kommanditgesellschaft ist, als Einkommen aus Handel und Gewerbe und als Quote des Geschäftsgewinnes der Gesellschaft, nach den Vorschriften des § 14 Eink.-St.-Ges., also auf Grund der kaufmännischen Inventuren und Bilanzen der Gesellschaft zu berechnen. Diese Sondervorschriften sind indessen nach dem Eingang des § 14 nur mit der Maßgabe anzuwenden, daß den allgemeinen Grundsätzen der §§ 6 bis 11 des Ges. kein Abbruch geschieht. Dazu gehört auch die Vorschrift (§§ 7, 9, 10), daß unter den Einnahmen und Ausgaben (Gewinn und Verlust, Forderungen und Schulden, Zu- und Abschreibungen) die Jahres-Einkünfte und Abzüge zu verstehen sind, d. h. die einem der maßgebenden Durchschnittsjahre angehörenden, in diesem Zeitraum fälligen Plus- und Minusposten.

2. Die Zuschreibungen zum Kommanditkapital stellen Kapitalsvermehrungen in den maßgebenden Geschäftsjahren dar. Sie sind deshalb, da sie aus dem Gewinne dieser Jahre entnommen sind, nicht als abzugsfähige Ausgaben zu erachten. Die bei einzelnen Einkommensquellen eingetretenen Verluste aus früheren, der Durchschnittsperiode vorausgegangenen Jahren waren bei den früheren Veranlagungen und den damaligen Berechnungen des steuerpflichtigen Gesammteinkommens zu berücksichtigen. Die damals etwa verbliebenen Verluste der Steuerpflichtigen können jedenfalls nicht zur Ausgleichung mit dem Einkommen in Geschäftsjahren einer Durchschnittsperiode dienen, zu welcher die Verlustjahre nicht mehr gehören.

3. An diesen steuerrechtlichen Grundsätzen wird auch durch die Bestimmung des Art. 161 H.-G.-B. nichts geändert, wonach, „so lange seine (des Kommanditisten) ursprüngliche Einlage durch Verlust vermindert ist, der jährliche Gewinn d. i. sein nach Art. 161, 106 bis 108 zu bestimmender Gewinnanteil zur Deckung des Verlustes verwendet wird." Schon aus dieser Wortfassung ergiebt sich, daß trotz früherer, noch nicht ersetzter Verluste, ein Gewinn sowohl der Gesellschaft, als des Kommanditisten in einem späteren Geschäftsjahre berechnet werden kann. Dieser letztere Gewinn kommt auch dem Kommanditisten zugute. Es ist nur über die Verwendung eine gesetzliche Bestimmung getroffen, wodurch die freie Verfügung, die der Kommanditist nach Art. 161, 108 ohne den früheren Verlust haben würde, ausgeschlossen wird. Zu einem entsprechenden Betrage soll der Gewinn auf-

gespart und zur Wiederergänzung der ursprünglichen Einlage verwendet werden. Aber damit wird dem Gewinne der Charakter als Einkommen des Kommanditisten nicht genommen.

Nr. 3. Entsch. Bd. IX i. St. S. 105 v. 16. III. 1900 E III 7/99.

Im Sinne des Eink.-St.-Ges. und des Erg.-St.-Ges. ist das Einkommen, das ein persönlich haftender Gesellschafter einer Kommanditgesellschaft auf Aktien als solcher bezieht, nicht Einkommen aus Gewerbe und seine statutarische Kapitalseinlage nicht gewerbliches Anlage- und Betriebskapital. Die Gesellschaft ist diejenige, die das Gewerbe betreibt, der Steuerträger; es kann also nicht gleichzeitig auch der persönlich haftende Gesellschafter dasselbe Gewerbe betreiben. Dementsprechend und nach Maßgabe der §§ 5 3, 7a Erg.-St.-Ges. ist dessen Geschäftsanteil als Kapitalvermögen zu bewerten. (Vgl. E.-O.-V. Bd. XXIV S. 40, E.-O.-V. in St. Bd. VI S. 254, 340; Bd. VII S. 344, 345.)

Nr. 4. Entsch. Bd. IX i. St. S. 96 v. 26. II. 1900 IVb 206/99.

Eink.-St.-Ges. §§ 9, 14.

1. Der aus dem Verkaufe von Waren jeder Art erzielte Geschäftsgewinn kann begrifflich nur aus dem Ueberschusse des Verkaufspreises über die Kosten der Anschaffung oder Herstellung und die Unkosten des Verkaufes u. s. w. bestehen. Diese Kosten müssen daher unter allen Umständen, auch bei der Gewinnberechnung für das erste Geschäftsjahr eines von dem Steuerpflichtigen neu begründeten oder von einem anderen übernommenen Geschäftes, von der Roheinnahme behufs Feststellung des Reingewinnes abgesetzt werden. Anderenfalls würde man zu dem unhaltbaren Ergebnisse gelangen, daß sich der Gewerbetreibende den Bruttoerlös als Reingewinn anrechnen lassen müßte, obwohl sich doch behufs Anschaffung der in diesem Jahre verkauften Waren sein gewerbliches Vermögen um den Anschaffungspreis vermindert hatte und vor dessen Wiedererstattung aus dem Verkaufserlöse wirtschaftlich eine Gewinnerzielung ausgeschlossen ist.

2. Diese wirtschaftliche Erwägung führt zunächst zu der notwendigen Anerkennung der Anschaffungs- oder Herstellungskosten der Waren als Betriebskosten insoweit, als sie den bis zum Schluß des Geschäftsjahres verkauften Waren entsprechen. Allein die Eigenschaft des dem unverkauft gebliebenen Teile entsprechenden Betrages der Ausgaben für Anschaffung oder Herstellung der Waren als Betriebskosten im Sinne des § 9 I 1 a. a. O. ergiebt sich mit derselben Notwendigkeit daraus, daß einerseits auch der Wert dieser Waren bei der Berechnung des jährlichen Geschäftsgewinnes als Teil der Bruttoeinnahme oder des Bruttogewinnes zu behandeln und daß andererseits der entsprechende Anschaffungs- oder Herstellungspreis behufs Erwerbung dieses Aktivums der Gewinnberechnung aus dem gewerblichen Vermögen aufgewendet ist.

Die Richtigkeit dieser Auffassung zeigt folgendes Beispiel:

Ein Gewerbetreibender schafft im Laufe des ersten Geschäftsjahres für 10000 M. Waren an, verkauft davon $^4/_5$ bis zum Jahresschluß und erzielt dafür nach Abzug der sonstigen Unkosten einen Reinerlös von 15000 M., während der Wert des unverkauft gebliebenen Fünftels am Jahresschluß 2000 M. beträgt. Dann beläuft sich der Reingewinn des Geschäftsjahres nicht bloß auf 15000 M. — 10000 M. = 5000 M., sondern auf 5000 M. + 2000 M. = 7000 M. Denn sein gewerbliches Vermögen ist am Jahresschluß gegenüber dem Stande beim Jahresanfange nicht bloß um den Barerlös von 5000 M., sondern auch um den Wert der vorhandenen Waren von 2000 M. vermehrt.

3. Dieser Mehrbetrag, der sich wirtschaftlich als der Geschäftsgewinn darstellt, muß der Natur der Sache nach auch steuerlich als solcher gelten. Bei einer Gewinnberechnung auf Grund kaufmännischer Bilanzen kann darüber kein Zweifel sein, da eine solche, falls im Laufe des Jahres nicht noch andere Umstände auf das Anlage- und Betriebskapital vermehrend oder vermindernd eingewirkt haben, notwendig zu demselben rechnerischen Ergebnisse führt. Das Gleiche muß aber bei der Berechnung des Geschäftsgewinnes durch Gegenüberstellung der Betriebseinnahmen und Ausgaben gelten. Auch diese Berechnung darf nicht zu einem Ergebnis führen, das mit dem wirtschaftlichen Gewinnbegriffe unvereinbar ist. Auch bei derartiger Gewinnberechnung muß daher der Verkaufswert der am Schluß des Geschäftsjahres vorhandenen Waren unter der Roheinnahme erscheinen. Behufs Ermittelung des Gewinnes in den folgenden Geschäftsjahren ist andererseits der Geld- oder Verkaufswert der beim Jahresanfange vorhandenen Waren unter den Ausgaben von der Roheinnahme abzusetzen. Denn ihr Wert war bereits bei Beginn des Geschäftsjahres vorhanden, ist also nicht durch den Betrieb im Geschäftsjahre erworben und muß deshalb behufs Feststellung des in dessen Verlaufe erzielten Reingewinnes aus den Aktiven oder Einnahmen der Gewinnberechnung ausgeschieden werden.

Nr. 5. Entsch. Bd. IX i. St. S. 99 v. 12. III. 1900 V 8/98.

Eink.-St.-Ges. §§ 9, 14.

Das Einkommen aus Handel und Gewerbe einschließlich des Bergbaues besteht nach § 14 Eink.-St.-Ges. in dem Geschäftsgewinne. Dieser aber wird nach der Auffassung, die im wirtschaftlichen Leben mit ihm verbunden wird, dadurch, daß der Wert der am Ende einer Wirtschaftsperiode vorhandenen Betriebsvorräte geringer ist, als der Wert des beim Beginn der Periode vorhandenen Bestandes ebenso vermindert, wie andererseits durch den Ueberschuß jenes Wertes über diesen erhöht. Ob das gewerbliche Vermögen und zwar infolge des Betriebes am Schlusse der Periode sich vermehrt oder vermindert hat, ob also ein Geschäftsgewinn und welcher erzielt ist, oder ein Geschäftsverlust, kann richtig nur durch Mitberücksichtigung einerseits der aus der früheren Periode übernommenen Vorräte, andererseits der am Ende der in Frage stehenden Periode vorhandenen Vorräte festgestellt werden. Bei einer Berechnung des Reingewinnes aus Handel und Gewerbe nach den Grundsätzen, wie solche für die Inventur und Bilanz durch das Allgemeine Deutsche H.-G.-B. vorgeschrieben sind, kommt eine Wertsdifferenz bei den zum Betriebe gehörigen Gegenständen, da es sich bei der Bilanzziehung um eine Feststellung des Vermögensstandes handelt, selbstverständlich zur Geltung.

Aber auch, wenn das Einkommen dadurch gefunden werden muß, daß die Betriebseinnahmen und die Betriebsausgaben sich gegenübergestellt werden, müssen die beim Beginn und die am Ende der Wirtschaftsperiode vorhandenen Warenbestände berücksichtigt werden, und zwar in der Weise, daß die am Ende der Periode vorhandenen Waren in Einnahme und die beim Beginn der Periode vorhandenen Waren in Ausgabe erscheinen. Denn da der Anfangsbestand nicht durch den Geschäftsbetrieb in dieser Periode erworben ist, so muß er bei Ermittelung des in dieser Periode erzielten Geschäftsgewinnes ausgeschieden werden. Dieses geschieht durch Einstellung unter den Betriebskosten, ebenso wie dort die Kosten der in der Geschäftsperiode angeschafften Waren aufzuführen sind. Andererseits ist dann der Endbestand an Waren unter den Betriebseinnahmen einzustellen. Nur auf diesem Wege wird ein Resultat der Berechnung sichergestellt, das dem im wirtschaftlichen Leben feststehenden Begriff des Geschäftsgewinnes oder des Geschäftsverlustes entspricht.

Nr. 6. Entsch. Bd. IX i. St. S. 104 i. d. Anm. v. 20. IX. 1900 VIa 210/1900.
Eink.=St.=Ges. §§ 9, 14.

Die Hinzurechnung der ausstehenden Forderungen bei dem durch Gegenüberstellung der Betriebseinnahmen und =Ausgaben ermittelten gewerblichen Einkommen darf allein bei der Bruttoeinnahme stattfinden. Alsdann müssen aber auch die bei Beginn der Periode vorhandenen Forderungen abgerechnet werden. Außerdem müssen dann ferner bei Ermittelung der Bruttoeinnahmen und Betriebsausgaben die bei Beginn und am Ende der Periode vorhandenen Geschäftsschulden und Warenvorräte entsprechend berücksichtigt werden. Jede andere Art der Berücksichtigung muß zu unrichtigen Ergebnissen führen und steht mit den maßgebenden Vorschriften in Widerspruch.

Nr. 7. Entsch. Bd. IX i. St. S. 108 v. 21. II. 1901 XIIIb 245/1900.
Eink.=St.=Ges. §§ 9, 14.

1. Der Eintritt eines weiteren Teilhabers in eine offene Handelsgesellschaft begründet für sich allein, ohne Hinzutreten besonderer, den Betrieb und die Gesammtverhältnisse ergreifender Umstände, noch nicht mit Notwendigkeit die Annahme einer Aenderung der Einkommensquelle für die bisherigen Teilhaber (E.=O.=V. in St. Bd. I S. 144, Bd. IV S. 173).

2. Bei dem Eintritt eines neuen Gesellschafters in eine offene Handelsgesellschaft war gleichzeitig mit der Jahresbilanz eine sogenannte Eröffnungsbilanz aufgestellt worden. In der letzteren war, „weil es in allen Geschäften üblich sei, einem neuen Teilhaber nicht die (zeitigen) Buch=, sondern die vereinbarten Werte anzurechnen", der Abschreibungen für die gewerblichen Gebäude und Maschinen 2c. gar nicht gedacht, vielmehr deren voller Buchwert eingestellt worden, wofür ein Ausgleich auf einzelnen Konten der bisherigen Teilhaber vorgenommen war.

Einer so wechselnden Behandlung von Buchwerten und Abschreibungen darf die Steuerbehörde, die an den wahren Werten und entsprechenden regelmäßigen Abschreibungen, sowie an ununterbrochenem Zusammenhange der für die Durchschnittsberechnungen maßgebenden Jahresaufstellungen festzuhalten hat, selbstverständlich nicht folgen. Vielmehr hat sie die Richtigkeit der verlangten Abschreibung zu prüfen. Dagegen ist sie selbst bei einer nachträglichen Verwirrung der bisherigen Bilanzaufstellungen seitens der Steuerpflichtigen und seiner Teilhaber nicht befugt, Abschreibungen bei solchen Gegenständen, für die das Gesetz sie zugelassen hat, gänzlich auszuschließen, z. B. im vorliegenden Falle die in der Schlußbilanz des voraufgegangenen Betriebsjahres vorgenommenen Abschreibungen für Gebäude und Maschinen pp. zu streichen.

Nr. 8. Entsch. Bd. IX i. St. S. 111 v. 25. X. 1900 XIIIb 32/1900.
Eink.=St.=Ges. § 14.

Die Bezüge eines Agenten, der nur für bestimmte Firmen, aber in selbständiger Stellung thätig ist, und für die Geschäftsvermittelung von ihnen Provisionen bezieht, sind Einkommen aus Gewerbebetrieb, und nicht aus gewinnbringender Beschäftigung. Für die Höhe seines Einkommens sind die Provisionslisten ein völlig ausreichendes Beweismaterial, neben dem die Führung von Büchern nicht verlangt werden kann. Ein Zweifel darüber, ob der Agent noch mit anderen Firmen in geschäftlicher Verbindung steht, oder ob er noch irgend welche andere Agenturgeschäfte sonstigen Charakters betreibt, sind aufzuklären. Einen Nachweis des Agenten kann man nicht verlangen, denn die Negative läßt sich nicht beweisen.

Nr. 9. Entsch. Bd. IX i. St. S. 114 v. 8. XI. 1900 XIIIb 56/1900.

Eink.=St.=Ges. § 14.

Alle im Gewerbebetriebe entstandenen Schuldenzinsen, insbesondere die aus dem Bankverkehr entsprungenen Zinsen erscheinen für das Jahr der Entstehung als abzugsfähige Betriebskosten, ohne daß es auf den Schuldenbestand beim Beginne oder im Verlaufe des Steuerjahres irgendwie ankäme. Es ist daher unzulässig, solche Schuldenzinsen vom Gesammteinkommen abzuziehen. Geschieht dies dennoch, so darf der Antrag deshalb nicht etwa versagt werden. Vielmehr haben bei Geltendmachung bestimmter Geschäftsschulden die Veranlagungsbehörden von Amtswegen festzustellen, mit welchem Betrage die Zinsen in Abzug zu bringen sind und sie dann an der richtigen Stelle, bei Feststellung des Ertrages aus dem Gewerbebetriebe zu berücksichtigen.

Nr. 10. Entsch. Bd. IX i. St. S. 116 v. 10. I. 1901 XIc $\frac{249}{250}$/1900.

Eink.=St.=Ges. § 14.

1. Der individuelle Ertrag einer Quelle läßt sich nur finden, wenn man die besonderen Verhältnisse berücksichtigt, von denen die Höhe der Einnahmen und Ausgaben abhängt. Um die richtige Berücksichtigung der Ausgaben zu sichern, ist die Bruttoschätzung notwendig. Diese ist von der Höhe der Betriebskosten u. s. w. völlig unabhängig. Zwar wird der Gewerbetreibende selbst nach Möglichkeit zwischen den Einnahmen und den Betriebskosten u. s. w. einen solchen Ausgleich zu finden suchen, daß ihm ein möglichst hoher Gewinn verbleibt. Allein es sind ihm durch die Konkurrenz, durch die Rücksicht auf die Verhältnisse seiner Kunden u. s. w. in der Bemessung der Preise für seine Waren Grenzen gezogen, die er nicht überschreiten darf, ohne seinem Geschäfte selbst zu schaden. Jedenfalls läßt sich bei einem auf Warenumsatz gerichteten Geschäfte die Höhe des Rohertrages — und das ist der Gegenstand der Bruttoschätzung — nur bestimmen, wenn man die Höhe der Einkaufs- und Verkaufspreise kennt. Diese Kenntnis ist die Vorbedingung der individuellen Schätzung.

2. Bei einem Schankwirte, der in ganz überwiegendem Maße seinen Verdienst aus dem Umsatze von Getränken erzielt, lassen sich die Mengen der verschänkten Getränke, sowie Einkaufs- und Verkaufspreise unschwer ermitteln. Wird ein Teil der Getränke, wie beim Verkaufe über die Straße, zu geringeren Preisen abgegeben, so bedarf es auch der Feststellung der zu höheren und der zu niedrigeren Preisen verkauften Mengen.

Ueber diese thatsächlichen Voraussetzung der Bruttoschätzung wird jeder Wirt zuverlässige Auskunft geben können und seine Angaben werden sich auch in Bezug auf ihre Richtigkeit ohne Schwierigkeit nachprüfen lassen. Es kommt hierbei nur auf eine sachverständige Beurteilung an.

Der Steuerpflichtige muß deshalb, um im Wege der amtlichen Ermittelung den notwendigen Schätzungsstoff zu gewinnen, über die thatsächlichen Unterlagen befragt werden.

Unzulässig ist es, ohne ihn zu befragen oder ohne seine thatsächlichen Angaben zu würdigen, beliebige Verdienstsätze anzunehmen, deren Unterlagen sich nicht erkennnen lassen.

Nr. 11. Entsch. Bd. IX i. St. S. 118 v. 10. V. 1900 IVb 188/99.

Eink.-St.-Ges. § 14.

1. „Durchschnittsverdienstsätze" zur Feststellung des gewerblichen Einkommens eines Schlächters bedürfen einer Berechnung und können in Bezug auf die Richtigkeit nur nachgeprüft werden, wenn die thatsächlichen Unterlagen der Berechnung, insbesondere die durchschnittlichen Vieheinkaufs- und die Fleischverkaufspreise der einzelnen Jahre der Durchschnittsperiode, sowie die vorausgesetzten Betriebskosten nach Art und Höhe bekannt sind. Der Umstand, daß bei der Aufstellung den zeitweisen Schwankungen der Viehpreise und dem zeitweisen Viehmangel Rechnung getragen worden sei, ist ohne Wert, solange nicht ersichtlich ist, wie die Berufungskommission diesen und allen sonstigen, für die Feststellung des individuellen Ertrages maßgebenden Umständen Rechnung getragen hat. Nur dann können der Pflichtige und event. das Beschwerdegericht prüfen, ob bei der Aufstellung der Durchschnittssätze und bei der Anwendung auf den einzelnen Pflichtigen ohne Irrtümer thatsächlicher und rechtlicher Art verfahren ist.

2. Ist aber der Pflichtige zur Nachweisung seiner individuellen Betriebskosten imstande, so muß von der Nettoschätzung, demgemäß also auch bei den Fleischern von der Schätzung nach Nettostücksätzen, Abstand genommen werden. Alsdann ist vielmehr zur Festsetzung des allein steuerpflichtigen individuellen Einkommens der Weg der Bruttoschätzung unter Berücksichtigung der individuellen Verhältnisse einzuschlagen und von der hiermit gefundenen Summe der Roheinnahme sind die Betriebskosten zahlenmäßig abzuziehen. Insbesondere sind also bei der Schätzung des Ertrages der Fleischerei nicht Netto-, sondern Bruttostücksätze anzuwenden, und diese sind nach den für den einzelnen Betrieb maßgebenden durchschnittlichen Vieheinkaufs- und Fleischverkaufspreisen der einzelnen Jahre der Durchschnittsperiode zu bemessen; hierbei ist die Art des Betriebes in allen für die Höhe des Ertrages wesentlichen Einzelheiten zu berücksichtigen. Von dem so gefundenen Ergebnisse ist die Summe der Betriebskosten zahlenmäßig in Abzug zu bringen.

Nr. 12. Entsch. Bd. IX i. St. S. 121 v. 31. V. 1900 XIIb 39/99,
Entsch. Bd. IX i. St. S. 124 v. 27. IX. 1900 XIa 148/99 und
Entsch. Bd. IX i. St. S. 126 v. 28. XI. 1900 VIIIa 73/1900.

Eink.-St.-Ges. § 14.

Im Berufungsverfahren ist die Anwendung von Nettostücksätzen auf Grund tarifmäßiger Aufstellungen für größere Bezirke, Kreise u. s. w. wenigstens dann nicht zulässig, wenn die Betriebskosten im einzelnen nachgewiesen werden können. Vielmehr ist es die Obliegenheit der Berufungskommission gewesen, den Bruttoertrag nach den vom O.-V.-G. aufgestellten Grundsätzen (vgl. E.-O.-V. in St. Bd. IV S. 375, Bd. V S. 9ff., 185) zu ermitteln und hiervon die Betriebskosten in Abzug zu bringen. Die festen Stücksätze können nur die durchschnittliche Ertragsfähigkeit der betreffenden Betriebe eines Ortes oder Bezirks zum Ausdruck bringen, sie dürfen deshalb auch nur als ein allgemeiner Anhalt dienen, neben dem die konkreten Verhältnisse des einzelnen Betriebes berücksichtigt werden müssen.

Nr. 13. Entsch. Bd. IX i. St. S. 306 v. 31. III. 1900 XII a 2/1900.
Eink.-St.-Ges. §§ 9, 14.

In Betreff der Ausgaben des Steuerpflichtigen (eines Viehhändlers) für seinen Unterhalt auf Geschäftsreisen muß geprüft werden, inwieweit durch sie Kosten in seinem Haushalte infolge seiner Abwesenheit erspart werden. Denn die Mehrkosten erwachsen ihm lediglich dadurch, daß er dem Betriebe seines Gewerbes außerhalb seines Haushalts nachgeht, sie werden also von ihm behufs Erwerbung, Sicherung und Erhaltung des Einkommens aufgewendet und stellen sich daher nach § 9 I 1 des Eink.-St.-Ges. als abzugsfähige Betriebskosten dar. Bei denjenigen Personen, die einen Familienhaushalt führen, wird indes von einer wesentlichen Ersparnis an Haushaltungskosten infolge der Reise in der Regel nicht geredet werden können und deshalb dem Aufwande für Beköstigung, ebenso wie dem für die Beherbergung, im allgemeinen die Eigenschaft einer abzugsfähigen Betriebsausgabe zuzuerkennen sein.

Nr. 14. Entsch. Bd. IX i. St. S. 129 v. 6. II. 1901 III 321/1900.
Eink.-St.-Ges. §§ 7, 12, 14.

1. Ein Steuerpflichtiger hatte zur Durchführung von Spekulationsgeschäften in Wertpapieren außer seinem eigenen Kapitale beträchtliche Wechselkredite bei einer Bank in Anspruch genommen, ausschließlich Industriepapiere und sonstige Effekten mit mehr oder minder schwankendem Kursstande an- und verkauft, daneben auch Differenz- und Termingeschäfte an der Börse gemacht, und diese Thätigkeit durch Vermittelung eines Bankiers bezw. einer Bank in regelmäßiger Wiederholung seit einer Reihe von Jahren fortgesetzt. Die Berufungskommission hatte auf Grund dieser Thatsachen einen gewerbsmäßigen Betrieb von Spekulationsgeschäften und ferner angenommen, daß dieser gewerbsmäßige Betrieb auch noch nach der Abtrennung von einem bisher betriebenen Verlagsgeschäfte seit 2 Jahren als besondere Einnahmequelle fortbestehe.

Das O.-V.-G. hob diese Entscheidung aus folgenden Gründen auf:

2. Im § 7 des Eink.-St.-Ges. werden die einzelnen Quellen aufgeführt, deren Erträge als steuerpflichtiges Einkommen gelten. Diese Vorschrift ist von wesentlich materieller Bedeutung insofern, als die nicht aus einer der vier dort genannten Quellen entspringenden Einkünfte kein steuerpflichtiges Einkommen bilden. Von den Spekulationsgeschäften, die entweder gewerbsmäßig oder nicht gewerbsmäßig betrieben werden können, sollen die letzteren, also die nur gelegentlich betriebenen Spekulationsgeschäfte, nach der besonderen Vorschrift im § 12 d a. a. O. als Einkommen aus Kapitalvermögen gelten, wobei bestimmt ist, daß auf die Ermittelung dieses Einkommens die für die Berechnung des Einkommens aus Handel und Gewerbe maßgebenden Grundsätze, welche aber im Uebrigen nicht Platz greifen, Anwendung finden sollen.

Hinsichtlich der gewerbsmäßig betriebenen Spekulationsgeschäfte enthält dagegen das Eink.-St.-Ges. keinerlei besondere Vorschriften, auf sie finden daher allein die Vorschriften des Eink.-St.-Ges. über das Einkommen aus Handel und Gewerbe Anwendung und zwar in vollem Umfange. Das Eink.-St.-Ges. kennt eine Einkommensquelle, die etwa zwischen den als Betrieb von Handel anzusehenden und den nur gelegentlich betriebenen Spekulationsgeschäften als dritte Quelle, bestehend in dem gewerbsmäßigen Betriebe von Spekulationsgeschäften oder einer besonderen Effektenspekulation liegen könnte, überhaupt nicht.

3. Giebt es hiernach nur nicht gewerbsmäßige Spekulationsgeschäfte und gewerbsmäßige, im Betriebe von Handel und Gewerbe bestehende, so muß, wenn der gewerbsmäßige Betrieb von Spekulationsgeschäften angenommen werden soll, festgestellt werden, daß ein Betrieb von Handel und Gewerbe vorliegt.

Der Begriff des Gewerbebetriebes ist vom O.-V.-G. unter Anlehnung an die frühere Gewerbesteuergesetzgebung dahin definiert, daß unter „Gewerbe" eine mit der Absicht auf Gewinnerzielung unternommene, selbstständige, berufsmäßige und erlaubte Thätigkeit, welche sich als Beteiligung im allgemeinen wirtschaftlichen Verkehr darstellt, zu verstehen ist (vgl. E.-O.-V. Bd. XXXIII S. 81 ff.; E.-O.-V. in St. Bd. III S. 320, 351, 389, Bd. IV S. 323; Bd. VII S. 421).

4. Fehlt eines der hiernach wesentlichen Momente des Gewerbebegriffs, so ist infolgedessen die Feststellung des Vorhandenseins des Betriebes von Handel und Gewerbe nicht möglich. Insbesondere ist dies in allen denjenigen Fällen nicht möglich, in denen die betreffende Thätigkeit sich nicht als eine berufsmäßige darstellt. Die Frage der Berufsmäßigkeit ist aber für den vorliegenden Fall, in welchem es sich um den An- und Verkauf von Wertpapieren durch Vermittelung eines Bankiers oder einer Bank handelt, von entscheidender Bedeutung. Es bedarf daher der näheren Untersuchung, ob die Thätigkeit des Steuerpflichtigen das Merkmal der Berufsmäßigkeit an sich trägt.

Nach Rechtsprechung und Wissenschaft

(folgt nähere Beweisführung)

ist auch für den steuerlichen Gewerbebegriff wesentlich nicht nur eine Mehrheit gleichartiger, auf Gewinnerzielung gerichteter Handlungen, sondern die Absicht, diese Handlungen zu einem berufsmäßig abgegrenzten Wirkungskreis zu vereinigen und daraus eine dauernde Einnahmequelle zu machen.

Wird nun der hinsichtlich der in Betracht kommenden Thätigkeit des Steuerpflichtigen vorliegende Thatbestand daraufhin geprüft, ob das Merkmal der Berufsmäßigkeit in dem vorstehend dargelegten Sinne vorhanden ist, so ist es ohne weiteres klar, daß dies nicht der Fall ist. Der Steuerpflichtige hat wiederholt in Wertpapieren spekuliert, er mag dies sogar gewohnheitsmäßig gethan haben, aber seine Absicht war nicht einheitlich auf den ganzen Komplex von Spekulationsgeschäften und nicht darauf gerichtet, aus dieser Thätigkeit eine dauernde Einnahmequelle zu machen. Dies trifft auch für die Zeit vor Aufgabe seines Geschäfts zu. Von gewerbsmäßiger Spekulation des Steuerpflichtigen kann daher nicht die Rede sein. Das Einkommen aus den Spekulationsgeschäften in Wertpapieren ist demnach unter dem Gesichtspunkte der nicht gewerbsmäßigen Spekulation im dreijährigen Durchschnitt zu ermitteln.

Nr. 15. Entsch. Bd. IX i. St. S. 134 v. 9. III. 1901 III 477/1900.

Eink.-St.-Ges. § 14; Ausf.-Anw. Art. 18.

Der gewerbsmäßige Betrieb von Spekulationsgeschäften in Grundstücken kann nur dann vorliegen, wenn feststellbar ist, daß nach Maßgabe des allgemeinen Gewerbebegriffs (E.-O.-V. in St. Bd. V S. 431, Bd. VII S. 421) der Betrieb von Handel und Gewerbe vorliegt. Ist das der Fall, so darf mit einem gewerblichen Einkommen hieraus nur dann gerechnet werden, wenn der Betrieb als Einkommensquelle beim Beginn des Steuerjahres noch fortbesteht, während bei nicht gewerbsmäßigen Spekulationsgeschäften ohne Rücksicht hierauf der vereinnahmte Gewinn nach dreijährigem Durchschnitte anzurechnen wäre. Bei der Berechnung des Einkommens ist alsdann auch der Wert des Bestandes an Waren (Grundstücken) beim Beginn und am Schlusse der für die Durchschnittsberechnung maßgebenden Zeit in Betracht zu ziehen.

Nr. 16. Entsch. Bd. IX i. St. S. 137 v. 25. X. 1900 XI c 64/1900.

Eink.-St.-Ges. § 14

1. Hat ein Baugeschäft zwei gewerbliche Zweige zum Gegenstande, nämlich Ausführung von Bauten für fremde Rechnung und Erbauung von Häusern für eigene Rechnung zum Zwecke des gewinnbringenden Verkaufes, so erscheint der Gewerbetreibende in dem ersteren Gewerbezweige als Bauunternehmer, während der letztere Immobiliarhandel darstellt.

2 Bei dem Gewerbebetriebe des Bauunternehmers ist es möglich und bei richtiger Ausführung auch zulässig, den Reinverdienst nach der Zahl der auf die Bauten verwendeten Tagewerke zu bemessen. Selbstverständlicherweise dürfen hierbei aber nur die auf Bauten für fremde Rechnung verwendenten Tagewerke berücksichtigt werden, also unter Ausschließung aller für eigene Rechnung, sei es zum Zwecke des Verkaufes, sei es zu eigenem Gebrauche, errichteten Gebäude.

Denn die Errichtung der Gebäude zum dauernden eigenen Gebrauche, verursacht nur Kosten, während ein Gewinn nicht durch die Errichtung der Gebäude, sondern erst durch ihre spätere Verwendung im gewerblichen Betriebe erzielt werden kann. Ebensowenig findet eine Gewinnerzielung statt durch die Errichtung von Gebäuden auf eigene Rechnung zum Zwecke des Verkaufes; hier kann vielmehr erst durch den Verkauf der Gebäude und in der Zwischenzeit durch Vermietung Gewinn entstehen, und dieser Gewinn fließt aus der Quelle des Immobiliarhandels. Der Gewinn aus dem Immobiliarhandel läßt sich nur nach den vollzogenen Verkaufsgeschäften unter Berücksichtigung der Anschaffungs- oder Herstellungs- und der Verkaufspreise sowie der etwaigen Zwischennutzungen (Miete) bemessen. Die Anzahl der Tagewerke berührt nur einen Teil der Herstellungskosten, ist aber für die Frage, ob und in welcher Höhe ein Gewinn erzielt wird, ohne jede Bedeutung.

Nr. 17. Entsch. Bd. IX i. St. S. 139 v. 12. XII. 1900 IV b 134 1900.

Eink.-St.-Ges § 14; Ausf.-Anw. Art. 18.

1. Betreibt ein Zimmermeister und Bauunternehmer neben seiner Thätigkeit als Unternehmer für fremde Rechnung die Erbauung von Häusern für eigene Rechnung zum Zwecke des gewinnbringenden Verkaufs, so bedarf es für die Steuerpflicht der Feststellung, ob der Thatbestand des Immobiliarhandels vorliegt.

2. Das ist der Fall, wenn die berufsmäßige Thätgkeit des Zensiten in der fortgesetzten Errichtung und dem Verkaufe der von ihm fertiggestellten Häuser besteht.

3. Wenn dies zutrifft, dann muß das Einkommen daraus, sofern Zensit keine Handelsbücher führt, dadurch gefunden werden, daß die Betriebseinnahmen und die Betriebsausgaben sich gegenübergestellt werden. Hierbei sind die beim Beginne und die am Ende der Wirschaftsperiode vorhandenen Bestände an Materialien, Grundstücken u. s. w. sowie die auf eigene Rechnung hergestellten Baulichkeiten zu berücksichtigen und zwar in der

Weise, daß die am Ende der Periode vorhandenen Bestände mit ihrem Werte in Einnahme, und die beim Beginn der Periode vorhandenen Waren mit ihrem Werte in Ausgabe gestellt werden.

(Folgt eingehende Begründung.)

4. Zu den Einnahmen aus dem Immobiliarhandel sind ferner die Mieten und vorübergehenden Nutzungen, zu den Ausgaben die Unterhaltungskosten der Häuser zu rechnen (vgl. E.-O.-V. in St. Bd. IV S. 275).

5. Läßt sich ein Handel mit Immobilien nicht feststellen, dann würde bei Bemessung des Einkommens aus der Herstellung von Wohnhäusern auf eigene Rechnung in Betracht kommen, daß die Erbauung von Häusern zum Zwecke der Vermietung keinen Gewerbebetrieb bildet (vgl. E.-O.-V. in St. Bd. III S. 285). Es könnte dann nur in Frage kommen, da der Steuerpflichtige Gewerbetreibender ist, welche Materialien und Arbeitskräfte derselbe etwa aus seinem Baugeschäft behufs Herstellung von Häusern auf eigene Rechnung entnommen hat. Da die Ausgaben dafür unter den gewerblichen Betriebskosten abgezogen werden, so würde deren Wert im Sinne des Art. 18 I 3 Ausf.-Anw. bei Festellung des gewerblichen Einkommens in Einnahme zu stellen sein (vgl a. a. O. Bd. VII S. 129, 233). Voraussetzung für die Anrechnung ist jedoch, daß eine Trennung des eigenen Zwecken dienenden Betriebes und seiner Kosten von dem gewerblichen Betriebe und dessen Einnahmen und Ausgaben nicht möglich ist.

Aehnlich **Entsch. Bd. IX i. St. S. 140** v. 25. X. 1900 VI b 102/1900.

Der Steuerpflichtige kaufte Waldbestände mit und ohne Grund und Boden zum Zwecke der Abholzung und des demnächstigen Verkaufs an, trieb also gemeinsamen Holz- und Grundstückshandel. Dazu bemerkte das O.-V.-G. Folgendes:

> Die Einnahmen und die Ausgaben des gesammten Betriebes während der drei maßgebenden Vorjahre sind einander gegenüberzustellen, wie dies den Vorschriften im § 14 des Eink.-St.-Ges. und dem Art. 18 der Ausf.-Anw. entspricht. Zu den Einnahmen gehören hier die Erlöse aus Verkauf von Holz und Grundstücken, die Erträge aus dem selbstbewirtschafteten Lande, die Pachterträge und die am Schlusse der Periode vorhandenen Warenbestände, dargestellt durch den Wert der Grundstücke und Holzungen, sowie der Betrag der ausstehenden Forderungen; zu den Ausgaben gehören die Ankaufskosten für die Grundstücke und Holzungen, insoweit sie während der Wirtschaftsperiode gezahlt oder kreditiert sind, die Wirtschafts- und Abholzungskosten und die beim Beginne dieser Periode übernommenen, oben bezeichneten Warenbestände und ausstehenden Forderungen.

Nr. 18. Entsch. Bd. IX i. St. S. 142 v. 5. I. 1901 III 56/98 und **Entsch. Bd. IX i. St. S. 144** i. d. Anm. v. 5. I. 1901 III 57/98.

Eink.-St.-Ges. § 14; Ausf.-Anw. Art. 18, 19.

Entscheidend für die Frage, ob der neben einer Ziegelei und einem Handel mit Baumaterialien betriebene Handel mit Grundstücken als eine selbständige Einkommensquelle anzusehen, oder ob ein einheitlicher Betrieb und demnach nur eine Einkommensquelle anzunehmen ist, ist lediglich die Art des gesammten Betriebs und der einzelnen Betriebszweige und der wirtschaftliche Zusammenhang der letzteren untereinander. Ein Kaufmann hatte Grundstücke zunächst zum Zwecke der Lagerung von Baumaterialien angekauft, die Mittel hierzu und für die spätere Herrichtung der Grundstücke als Handelsobjekte durch Anlegung von Straßen und Kanalisation aus den Ueberschüssen seiner übrigen Betriebe entnommen, die Erträge des Immobilienhandels wieder für die anderen Betriebe verwandt, die Handlungsunkosten sämmtlicher Geschäftszweige gemeinschaftlich verrechnet und sich ferner beim Verkauf seiner Grundstücke die Lieferung der Baumaterialien ausbedungen. Das O.-V.-G. stellte in diesem Falle einen einheitlichen Betrieb ohne wesentliche Veränderung der Einkommensquelle durch den Hinzutritt des Immobiliarhandels fest und bezeichnete es als unbedenklich, das Einkommen aus diesem Betriebe bei einem Vollkaufmann auch einheitlich nach den handelsrechtlichen Grundsätzen über Inventur und Bilanz zu ermitteln.

Nr. 19. Entsch. Bd. IX i. St. S. 145 v. 26. I. 1901 IVa 97/1900.

Eink.-St.-Ges. §§ 9, 14.

Die Unterhaltungskosten eines zum Zwecke des Gewerbebetriebes gehaltenen Fuhrwerks sind in ihrem ganzen Umfange abzugsfähige Betriebskosten auch dann, wenn das Fuhrwerk bei Nichtbenutzung zum Gewerbebetriebe für private Zwecke benutzt wird.

Der letztere Umstand kann bei der Bemessung der Unterhaltungskosten nicht in Betracht kommen, weil diese infolge solcher Benutzung sich nicht erhöhen und insbesondere die Leistungsfähigkeit eines Pferdes seine regelmäßige Benutzung erfordert.

Nr. 20. Entsch. Bd. IX i. St. S. 292 v. 3. XI. 1900 VI a 279/1900.

Eink.-St.-Ges. § 9.

Die wesentlich durch Geschäftsreisen veranlaßten Ausgaben für Reiseausrüstung (Geschäftspelz und ähnliches) sind als abzugsfähige Ausgaben zu erachten.

d) Aus gewinnbringender Beschäftigung und aus Rechten auf periodische Hebungen rc.

Nr. 1. Entsch. Bd. IX i. St. S. 147 v. 8. II. 1900 IIa 98/99,
Entsch. Bd. IX i. St. S. 148 v. 9. VII. 1900 XIIa 65/1900 und
Entsch. Bd. IX i. St. S. 151 v. 5. I. 1901 IVa 91/1900.

Eink.-St.-Ges. § 9.

1. Ist ein Steuerpflichtiger, der an seinem Wohnort ein Schankgewerbe betreibt oder mit Grundbesitz angesessen ist, unter Zurücklassung seiner Familie für längere Zeit in eine entferntere Gegend verzogen, um dort ein Einkommen aus gewinnbringender Beschäftigung, also aus einer anderen Einkommensquelle zu erzielen, so darf er die zur Erwerbung dieses Arbeitseinkommens unmittelbar dienenden Kosten bezw. Mehrkosten in Abzug bringen, welche ihm für die Hin- und Rückreise, sowie für die Wohnung und Verpflegung außerhalb seines Haushalts entstehen. Denn diese besonderen Aufwendungen für Reisen, Wohnung, Zehrung, welche einem Steuerpflichtigen durch seine gewinnbringende Beschäftigung außerhalb seines Wohnortes, an dem eine zweite Einkommensquelle für ihn besteht, verursacht werden, sind abzugsfähige Betriebskosten.

2. Der Wert der an Stelle derartiger Aufwendungen seitens des Arbeitgebers gewährten Wohnung und Beköstigung bildet daher keinen Teil des steuerpflichtigen Einkommens; ein solches ist nur insoweit vorhanden, als infolge der freien Wohnung und Beköstigung die Haushaltungskosten des Steuerpflichtigen vermindert werden. — Bei einem Familienhaushalte spricht die Vermutung gegen derartige Ersparnisse.

Ebenso **Entsch. Bd. IX i. St. S.** 150 v. 22. XII. 1900 III 206/1900,

wo unter gewissen Umständen auch für den Fall, daß eine zweite Einkommensquelle sich an dem Wohnorte nicht befindet, daselbst aber die Familie des Steuerpflichtigen dauernd wohnt und zurückgeblieben ist, Mehrkosten für Wohnung und Beköstigung außerhalb des Haushalts als abzugsfähig zugelassen werden. Das ist der Fall, wenn ein Steuerpflichtiger zwar den größten Teil des Jahres für seine Prinzipalin als Reisender thätig, aber vertragsmäßig auch verpflichtet ist, zeitweise im Kontor der Firma außerhalb seines Wohnortes zu arbeiten. Während seiner letzteren Thätigkeit ist er genötigt, an letzterem Orte zu wohnen, ohne daß er dafür von der Firma eine Entschädigung erhält. Die ihm dadurch entstehenden Kosten für die Wohnung wie die Mehrausgaben infolge seiner Beköstigung außerhalb seines Haushaltes, stellen sich als Ausgaben dar, die unmittelbar der Erwerbung und Erhaltung des Einkommens dienen und demgemäß nach § 9 I 1 des Eink.-St.-Ges. von der Roheinnahme der Quelle der Gewinnbringenden Beschäftigung in Abzug kommen müssen.

Nr. 2. **Entsch. Bd. IX i. St. S. 152** v. 27. III. 1900 XIII c 16/1900 und **Entsch. Bd. IX i. St. S. 154** v. 18. IV. 1901 XIII a 55/1900

Eink.-St.-Ges. § 15, Ausf.-Anw. Art. 21

1. Der „Freitrunk" des Braugehilfen, d. h. die Befugnis, aus den Vorräten der Brauerei des Arbeitgebers täglich während der Arbeit eine gewisse Menge Bier frei zu genießen, kann nicht als Recht auf den Bezug zu beliebiger Verwertung behandelt, sondern höchstens nur mit demjenigen Werte angerechnet werden, den die Befugnis zum Genuß auf der Stelle für den Einzelnen hat, und es muß zudem erörtert werden, ob die Zuwendung neben dem Gehalte auch als ein Teil der Gegenleistung für die Arbeit gewährt wird oder gelten kann.

Diese letztere Voraussetzung wird aber nur dann zutreffen, wenn besondere Abreden oder Gepflogenheiten bestehen, aus denen die Bedeutung des Rechtes zum Freitrunk als Entgelt für die Arbeitsleistung mit Sicherheit entnommen werden kann. Hierbei handelt es sich also um Ausnahmefälle; der Regel nach kommt dem Rechte des Freitrunks diese Bedeutung nicht zu.

Schon die Beschränkung des Rechtes auf den Genuß an Ort und Stelle während der Arbeit läßt erkennen, daß in Ermangelung besonderer Abreden oder Gepflogenheiten das Freibier als Entgelt für die Arbeitsleistung weder gegeben, noch empfangen wird. Es dient zunächst zur Befriedigung eines durch die oft körperlich schwere Arbeit des Brauers, also durch seinen besonderen Beruf, verursachten Bedürfnisses. Weiter aber wird hier, wie in anderen Betrieben zur Herstellung oder Verwertung von Genußmitteln der Arbeitgeber vornehmlich durch geschäftliche Rücksichten bestimmt, den hierbei fortwährend beschäftigten Arbeitern einen Genuß auf der Stelle nicht zu versagen. Die Absicht der Gewährung eines in Naturalien bestehenden Entgeltes für die Arbeitsleistung und hiermit eines „Verdienstes" ist regelmäßig ausgeschlossen.

2. Hierdurch unterscheidet sich der Freitrunk des Braugehilfen wesentlich von dem Haustrunke, wobei es sich um Bier handelt, das der Brauer zur beliebigen Verwendung nachhause mitnehmen darf. Daß der Wert des zum häuslichen Genusse oder zu sonstiger beliebiger Verwendung verabfolgten Freibieres ein Entgelt für Arbeitsleistung darstellt und hiermit als steuerpflichtiges Einkommen anzurechnen ist, kann keinem Zweifel unterliegen.

Nr. 3. **Entsch. Bd. IX i. St. S. 156** v. 28. VI. 1900 XII a $\frac{42}{43}$/1900.

Eink.-St.-Ges. § 9.

Da die Brauer im Interesse ihrer Gesundheit wegen des Temperaturunterschiedes in den verschiedenen Abteilungen des Brauereibetriebes eines größeren Aufwandes an Unterzeug und wegen der vorhandenen Nässe eines Mehraufwandes an Schuhwerk bedürfen, so ist es gerechtfertigt, ihnen für diesen Mehrverbrauch gegenüber ihren persönlichen Bedürfnissen außerhalb ihres Berufs einen Abzug zu gestatten, der nach dreijährigem Durchschnitt unbedenklich auf mindestens 30 M. bemessen werden kann. Denn solche Aufwendungen dienen unmittelbar der Erwerbung des Einkommens und sind deshalb nach § 9 I 1 des Eink.-St.-Ges. von der Roheinnahme in Abzug zu bringen.

Nr. 4. Entsch. Bd. IX i. St. S. 157 v. 5. VII. 1900 VIIc 328/99.

Eink.-St.-Ges. §§ 9, 15.

1. Wenn nach dem für die Stellung eines Oberkellners in einem großen Hotel feststehenden geschäftlichen Gebrauche oder nach ausdrücklicher Abmachung zwischen dem Geschäftsherrn und dem betreffenden Gewerbegehilfen dieser verpflichtet ist, bestimmte Aufwendungen für Kleidung und Wäsche zu machen, die zweifellos über dessen standesmäßige persönliche Bedürfnisse hinausgehen, so sind die durch dieses Mehr bedingten Kosten nicht für die persönlichen Bedürfnisse des Betreffenden aufgewendet, sondern sie gehören zu den für die Gewährung des Stelleneinkommens stipulierten Gegenleistungen. Ihre Aufwendung bildet ebenso eine Bedingung für die Erlangung des fraglichen Einkommens, wie die Erfüllung der mit der betreffenden Stellung verbundenen rein persönlichen Obliegenheiten; sie dienen alsdann also zur Erwerbung und Erhaltung des fraglichen Einkommens und sind deshalb abzugsfähig.

2. Im vorliegenden Falle hatte der Oberkellner einen Abzug dafür beansprucht, daß er täglich frische Leibwäsche und alle drei Monate einen neuen Frack gebrauche.

Nr. 5. Entsch. Bd. IX i. St. S. 158 v. 18. V. 1900 III 8/1900.

Eink.-St.-Ges. § 9

Bezieht ein Bierfahrer von den Kunden je 1 M. Spundgeld pro Tonne, so ist es unzulässig, dieses Spundgeld bei der Berechnung des steuerpflichtigen Einkommens mit dem vollen Betrage in Ansatz zu bringen, wenn nach der vom Zensiten beigebrachten Bescheinigung seiner Arbeitgeberin er das Spundgeld bei ihren Kunden größtenteils verzehren muß. Hier erwartet die Brauerei, daß der Zensit von dem Spundgelde, das er mit 1 M. für die Tonne Bier von den Kunden zu erhalten hat, einen Teil bei den Kunden verzehrt. Diese Kosten sind also unmittelbar mit der Ausübung seines Dienstes verknüpft und stellen Betriebskosten im Sinne des § 9 I 1 des Eink.-St.-Ges. dar.

Nr. 6. Entsch. Bd. IX i. St. S. 160 v. 25. V. 1900 III 39/1900.

Eink.-St.-Ges. §§ 7, 15.

Remunerationen, die dem Steuerpflichtigen als Entgelt für seine Thätigkeit gezahlt werden, sind auch dann steuerpflichtig, wenn sie nur gutgeschrieben werden und ihre Auszahlung von einer auflösenden Bedingung abhängig ist. Der Umstand, daß sich der Steuerpflichtige verpflichtet hat, auf die Remuneration zu verzichten, falls er seine Stellung vor Ablauf des Vertrages aufgeben sollte, macht das Forderungsrecht des Zensiten nur von einer Resolutivbedingung abhängig, die überdies noch in den Willen des Zensiten gestellt ist. Allerdings kann er in der Zwischenzeit über die Beträge nicht frei verfügen, aber es wird durch diese im Grunde auf seinem Willen beruhende Verfügungsbeschränkung ebensowenig wie durch die Resolutivbedingung jenen Bezügen der Charakter des Einkommens genommen.

Nr. 7. Entsch. Bd. IX i. St. S. 161 v. 6. X. 1900 XIIa 76/1900 und **Entsch. Bd. IX i. St. S. 164** v. 6. II. 1901 III 277/1900.

Eink.-St.-Ges. §§ 7, 15; Ausf.-Anw. Art. 21, 23.

Bestehen Zweifel, ob Remunerationen als Unterstützung, also aus Veranlassung eines besonderen Bedürfnisses gewährt und daher nicht steuerpflichtig sind, oder ob sie herkömmliche Weihnachtsgratifikationen, mithin also steuerpflichtige herkömmliche Gegenleistungen für eine dienstliche Thätigkeit darstellen, so sind die betreffenden Verhältnisse genau festzustellen.

Nr. 8. Entsch. Bd. IX i. St. S. 163 v. 22. XII. 1900 III 168/1900.

Eink.-St.-Ges. §§ 7, 10, 15; Ausf.-Anw. Art. 21.

Gratifikationen, die der Steuerpflichtige als Beamter oder Angestellter erhält, sind ihrem Betrage nach schwankende und unbestimmte Einnahmen, deren ihm für ein bestimmtes Steuerjahr als steuerpflichtiges Einkommen anzurechnender Betrag nach § 10 Eink.-St.-Ges. je nach dem Zeitpunkte, seitdem die Einkommensquelle, aus der sie fließen, für den Steuerpflichtigen besteht, zu ermitteln ist. Sodann bedarf es außer der Feststellung des Zeitpunktes, seit welchem der Steuerpflichtige die Stellung inne hat, noch der Ermittelung, wann die Gratifikation bewilligt worden ist. Steht hiermit der Rechtsanspruch auf den Bezug der Remuneration fest, so ist es unerheblich ob und wann sie ausgezahlt worden ist.

Nr. 9. Entsch. Bd. IX i. St. S. 165 v. 3. IV. 1901 XIIIa 129/1900.

Eink.-St.-Ges. § 15, Ausf.-Anw. Art. 21.

Gelegenheitsgeschenke von Genußmitteln geringeren Wertes, z. B. ein Kistchen Cigarren, haben nicht den Charakter von Remunerationen und bilden überhaupt kein steuerpflichtiges Einkommen, zumal sie nicht als Gegenleistung für die Thätigkeit der Angestellten oder in Anerkennung ihrer Leistungen gewährt zu werden pflegen.

Nr. 10. Entsch. Bd. IX i. St. S. 167 v. 28. VI. 1900 XIa 138/99.

Eink.-St.-Ges. §§ 9, 15.

Die Ausgaben der Aerzte für die Fachlitteratur (medizinische Bücher und Zeitschriften) dürfen bei der Feststellung ihres Einkommens aus der ärztlichen Thätigkeit nicht gemäß § 9 I 1 des Eink.-St.-Ges. in Abzug gebracht werden, weil diese Aufwendungen nicht unmittelbar zur Erwerbung, Sicherung und Erhaltung des ärztlichen Einkommens, vielmehr nur dazu dienen, den Arzt im allgemeinen auf der Höhe der neuesten wissenschaftlichen Forschungen zu erhalten, seine Kenntnisse zu bereichern und ihn zu befähigen, gegebenenen Falls die neu erfundenen Heilmethoden zur Anwendung zu bringen u. s. w., danach aber sich regelmäßig nur auf den ärztlichen Beruf als Einkommensquelle beziehen (vgl. E.-O.-V. in St. Bd. IV S. 196).[1])

---

[1]) Die Beschwerde eines Arztes wurde durch Entsch. Bd. IX in St. S. 168 i. d. Anm. v. 9. III. 1900 Va 150/99 mit folgender Ausführung ebenfalls zurückgewiesen:

Daß die Berufungskommission die auf 600 + 100 M. angegebenen Unkosten für eine Wirtschafterin — Repräsentantin — und die Ausgaben von 20 M. für ärztliche Vereine und wohlthätige Zwecke für nicht

Nr. 11. Entsch. Bd. IX i. St. S. 171 v. 6. II. 1901 Xf 1/1901.

Hannov.=Land=Gem.=Ordn. v. 28. IV. 59 (Hannov. G.=S. S. 393) § 35.
Eink.=St.=Ges. § 15; Ausf.=Anw. Art. 22[3].

Die den Gemeindevorstehern in der Provinz Hannover gemäß § 35 der Landgem.=Ordn. v. 28. IV. 59 ausgesetzte mäßige Besoldung ist steuerpflichtiges Einkommen, wovon indes die besonders zu berechnenden Dienstaufwandskosten in Abzug zu bringen sind (vgl. hinsichtlich der sieben östlichen Provinzen E.=O.=V. in St. Bd. VIII S. 93).

Nr. 12. Entsch. Bd. IX i. St. S. 173 v. 29. V. 1900 XIc 180/99.

Eink.=St.=Ges. § 15; Ausf.=Anw. Art. 22 [1], [3].

Ein Polizeiwachtmeister beanspruchte Abzüge von seinem Diensteinkommen in Höhe von 75 M. für Dienstkleidung und von 250 M. für sonstigen Dienstaufwand. Das O.=V.=G. ließ nur den ersteren mit folgender Begründung zu:

> Nach den Anstellungsbedingungen ist dem Steuerpflichtigen, soweit es sich um Dienstaufwandskosten handelt, allerdings für die durch das Tragen einer besonderen Dienstkleidung erwachsenden Ausgaben eine Entschädigung, und zwar ursprünglich in einem bestimmten Betrage, später aber in dem Gesammtgehalte selbst, bewilligt worden, dagegen hat eine solche Bewilligung aber für andere Dienstaufwandskosten in keinerlei Form stattgefunden. Es ist auch vom Steuerpflichtigen nicht dargethan, daß und welche andere Aufwendungen nach Maßgabe der sein Amt betreffenden Vorschriften von ihm für dienstliche Interessen zu machen oder gemacht seien. Wenn der Steuerpflichtige durch die Art seiner dienstlichen Thätigkeit sich vielleicht zu persönlichen Ausgaben veranlaßt sehen mag, die er unter anderen Umständen unterlassen würde, so können doch solche Aufwendungen ebensowenig, wie die durch die Bekleidung eines bestimmten Amtes etwa verursachten Mehrkosten für Wohnung und sonstige Lebenshaltung überhaupt als Dienstaufwand angesehen werden.

Nr. 13. Entsch. Bd. IX i. St. S. 175 v. 16. II. 1901 VIIIb 96/1900.

Eink.=St.=Ges. §§ 9, 15; Ausf.=Anw. Art. 21, 22 [1].

Die den Grenz- und Steueraufsehern nach den Anstellungsetats zustehenden Bezüge zur Beschaffung einer vorschriftsmäßigen, ihr Ansehen und ihre Stellung nach außen hin wahrenden Uniform (Dienstbekleidungszuschüsse) sind Dienstaufwandsgelder, und bilden demnach einen Teil des Diensteinkommens, der nicht zum steuerpflichtigen Einkommen zählt.

Ebenso **Entsch. Bd. IX i. St. S. 177** i. d. Anm. v. 3. IV. 1901 VIIIb 111/1900 hinsichtlich der Dienstbekleidungszuschüsse der Hauptsteueramtsdiener.

---

abzugsfähig erachtet hat, steht nicht im Widerspruch mit dem bestehenden Rechte. Die angebliche Wirtschafterin, die Zensit jetzt als Repräsentantin bezeichnet, ist die leibliche Mutter des Zensiten. Sie gehört zu den Haushaltsangehörigen; ihre Unterhaltung liegt dem Zensiten ob, da sie nach seiner Angabe vollkommen vermögenslos ist. Solche Unterhaltungskosten gehören zu den gewöhnlichen Haushaltungskosten, die dem Abzuge nicht unterliegen.

Die Abzugsfähigkeit kommt auch den Ausgaben des Zensiten für ärztliche Vereine und wohlthätige Zwecke nicht zu. Wenn sie auch mit der Berufsthätigkeit im Zusammenhang stehen, so dienen sie doch nicht unmittelbar zur Erwerbung, Sicherung oder Erhaltung des ärztlichen Einkommens.

Nr. 14. Entsch. Bd. IX i. St. S. 177 v. 3. I. 1901 II a 46/1900.
Eink.-St.-Ges. §§ 9, 15; Ausf.-Anw Art. 22

Der Wert der Dienstkleidung des Wagenführers einer privaten Straßenbahngesellschaft ist auch dann seinem steuerpflichtigen Einkommen zuzurechnen, wenn der Dienstherr die Summe oder die Kleidung ausdrücklich als Dienstaufwand gewährt. Auf Angestellte einer Privatgesellschaft ist die für öffentliche Beamte, Geistliche und Lehrer getroffene Bestimmung des Abs. 3 des § 15 Eink.-St.-Ges. nicht anwendbar. Von einem Dienstaufwande etwa im weiteren Sinne kann vielmehr lediglich im Sinne des § 9 I 1 im Gegensatze zu II a. a. O. hier die Rede sein. Diese Bestimmung bildet zugleich den Maßstab, an dem die einer in Privatdiensten stehenden Person unter der Bezeichnung Dienstaufwandsentschädigung zugewendeten Vorteile daraufhin zu prüfen sind, ob sie der auf sie angewendeten Bezeichnung thatsächlich entsprechen oder nicht, während diese Bezeichnung an sich selbst und die etwa in ihrer Anwendung liegende Absicht des privaten Dienstherrn im Gegensatze zu der Bestimmung des § 15 Abs. 3 a. a. O. nicht maßgebend sind.

Hiermit steht die unter Nr. 2 des Art. 22 Ausf.-Anw. getroffene Bestimmung im Einklange. Ihr Sinn geht im wesentlichen und in deutlich erkennbarem Gegensatze zu der unmittelbar vorangegangenen, unter Nr. 1 vorgesehenen, hier nicht zur Anwendung kommenden Anordnung dahin, daß Privatbedienstete Ersparnisse an fest bestimmten Beträgen, die ihnen zur Verwendung für die mit ihren dienstlichen Verrichtungen verbundenen Ausgaben gewährt sind, zu versteuern haben. Denn die hier so genannte „Dienstkleidung" der Wagenführer der Straßenbahnen ist im wesentlichen eine in Naturalien gewährte Vergütung für die Dienstleistungen dieser Privatbediensteten, die ihnen innerhalb wie außerhalb des Dienstes zugute kommt und ein notwendiges persönliches Bedürfnis befriedigt.

Nr. 15. Entsch. Bd. IX i. St. S. 179 v. 29. XI. 1900 II b 72/99.
Eink.-St.-Ges. § 15, Ausf.-Anw. Art. 22 [3].

Die Ausgaben eines Geistlichen für einen Vikar sind abzugsfähig, wenn ein bestimmter Teil des Pfarreinkommens als Dienstaufwand zur Bestreitung dieser Ausgaben bestimmt worden ist. (Vgl. E.-O.-V. in St. Bd. I S. 254).

Nr. 16. Entsch. Bd. IX i. St. S. 182 v. 28. VI. 1900 I a 201/99.
Eink.-St.-Ges. §§ 7, 10.

Die Feststellung, daß die angenommene Einkommensquelle eines Steuerpflichtigen bei Beginn des Steuerjahres noch bestand, ist die notwendige Voraussetzung der Heranziehung zur Steuer. Ist die Vollmacht eines Testamentsvollstreckers und damit seine Thätigkeit als solcher vor Beginn des Steuerjahres erloschen, so kann von einem Fortbestehen der entsprechenden Einkommensquelle im neuen Steuerjahre nicht mehr die Rede sein. Die steuerliche Anrechnung von Bezügen, die jemand mit Bezug auf seine bisherige Thätigkeit als Testamentsvollstrecker im Vorjahre erhalten hat, ist daher im neuen Jahre nicht mehr statthaft. Denn in dem Bestehen der Vollmacht muß nach Lage der Sache ein unentbehrliches Merkmal für das Vorhandensein der allein in Betracht kommenden Einkommensquelle erblickt werden, wenn der Steuerpflichtige einen Beruf, zu dessen Geschäften seiner Art nach Testamentsvollstreckungen gehören könnten, nicht ausübt, und daher auch ein solcher als die individuelle Einkommensquelle, die jene einzelne Testamentsvollstreckung in sich einschlösse, nicht in Frage steht.

Nr. 17. Entsch. Bd. IX i. St. S. 187 v. 22. XII. 1900 III 189/99 und Entsch. Bd. IX i. St. S. 188 v. 4. X. 1900 XIa 76/99.

Eink.-St.-Ges. §§ 9, 15; Ausf.-Anw. Art. 22.

Vertrauensspesen und ihrer Höhe nach bestimmte Reisespesen eines Geschäftsreisenden stellen eine Dienstaufwandsentschädigung dar, die ihrem vollen Betrage nach für die mit den dienstlichen Verrichtungen verbundenen Ausgaben verwendet worden ist und hinsichtlich deren die Vermutung dagegen spricht, daß die Absicht der Beteiligten auf Erzielung bezw. Gewährung irgend welcher Vorteile für den Beauftragten gerichtet sei. Auf sie findet daher die Nr. 2 des Art. 22 der Ausf.-Anw. Anwendung, ohne daß es einer Erörterung bedarf, ob einzelne Aufwendungen im geschäftlichen Interesse für den Reisenden Ersparnisse an persönlichen Ausgaben zur Folge haben. Vor allem erscheinen die für den Lebensunterhalt des Reisenden auf den Geschäftsreisen gemachten Aufwendungen in der Regel nur als Betriebskosten und es kommt höchstens in Frage, ob durch die Abwesenheit des Reisenden von Hause hierbei Ersparnisse eingetreten sind, um deren Betrag die Betriebskosten vermindert würden; aber auch dies ist „regelmäßig" zu verneinen.

Etwas anders lag der Fall in **Entsch. Bd. IX i. St. S. 190** v. 22. XII. 1900 126/1900, wo ein Geschäftsreisender neben seinem Gehalt feste Spesen von 23 M. für den Tag, sowie als Provision 1 % vom Umsatz bezog. Er behauptete, daß er von den Reisespesen von 23 M. für den Tag, die er von der Firma zur Bestreitung der Ausgaben an Eisenbahnfahrten, Geschirr, Ueberfracht der Koffer, Trinkgelder der Kofferträger u. s. w., Logis und für die durch das Gasthausleben entstehenden Mehrausgaben erhalte, nichts für seinen gewöhnlichen Privatbedarf verbrauche, im Gegenteil zur Deckung aller dieser geschäftlichen Reiseunkosten auch die gesammten Bezüge an Provision verwenden müsse. Die Steuerbehörde hatte mangels jeden Nachweises und Anhaltes dafür angenommen, daß er nur $^1/_3$ der Provision im geschäftlichen Interesse verwenden müsse. Das O.-V.-G. entschied, daß er sich diese Schätzung beim Mangel jeden entgegenstehenden Nachweises gefallen lassen müße.

Nr. 18. Entsch. Bd. IX i. St. S. 192 v. 11. XII. 99 IX 152/99.

Eink.-St.-Ges. § 9.

Ausgaben eines selbständigen Gewerbetreibenden für Geschäftsreisen und Beköstigung während derselben sind an sich abzugsfähige Betriebskosten. Sie vermindern sich aber um denjenigen Teil der den infolge der Reisen ersparten Haushaltungskosten gleichkommt. Derartige Ersparnisse können im allgemeinen bei Gewerbtreibenden mit einem Familienhaushalt nicht angenommen werden.

Nr. 19. Entsch. Bd. IX i. St. S. 194 v. 16. I. 1901 IX 43/99.

Eink.-St.-Ges. § 15.

Unter dem in § 15 Abs. 1 des Eink.-St.-Ges. erwähnten baren Gehalt, nach dem der Wert der Dienstwohnungen bemessen werden muß, ist das zugesicherte bare Gehalt unter Ausscheidung aller nicht baren Bezüge zu verstehen.

Unter die vokationsmäßigen baren Teile des Gehalts eines Pastors sind unbedenklich zu rechnen die Gefälle, der Kanon, die Hypothekenzinsen, die Sparkassenzinsen, die Zinsen der Konsols.

Nr. 20. Entsch. Bd. IX i. St. S. 196 i. d. Anm. v. 16. I. 1901 Vb 55/1900.

Eink.-St.-Ges. § 15.

Als Wert der freien Feuerung eines Volksschullehrers darf nur der seitens der Schulaufsichtsbehörde dafür gemachte Abzug vom

Grundgehalte bei Berechnung des steuerpflichtigen Einkommens in Ansatz gebracht werden.

Da nach der neuen gesetzlichen Ordnung (Lehrerbesoldungsges. v. 3. III. 97 G.-S. S. 25) dieser Abzug als ein Teil der Lehrerbesoldung (Grundgehalt) anzusehen ist, der das Bargehalt um eine bestimmte, amtlich festgestellte Summe mindert.

C. Abzüge vom Gesammteinkommen.

Nr. 1. Entsch. Bd. IX i. St. S. 197 v. 12. X. 99 VIIc 271/98 und Entsch. Bd. IX i. St. S. 199 v. 22. XII. 1900.

Eink.-St.-Ges. §§ 8, 9.

1. Nach § 9 I 6 des Eink.-St.-Ges. sind nur die laufenden, d. h. regelmäßig wiederkehrenden, Beiträge zu Kranken-, Witwen- und Waisen- u. s. w. Kassen abzugsfähig. Während die einmaligen und außerordentlichen Zahlungen an jene Kassen, z. B. Nachzahlungen für verflossene Jahre, Eintrittsgelder, Einkaufsgelder bei Wiederverheiratung, ein für allemal zu entrichtende Teilbeträge der Einkommenerhöhung pp., im Sinne des § 9 II 1 und § 8 des Ein.-St.-Ges. als Kapitalsanlagen zu behandeln sind, die das Stammvermögen und nicht das Jahreseinkommen mindern.

2. Mit einer Gehaltserhöhung darf nur gerechnet werden, wenn der Steuerpflichtige bei Beginn des Steuerjahres auf Gruud vorgängiger Benachrichtigung einen Rechtsanspruch darauf hat.

Nr. 2. Entsch. Bd. IX i. St. S. 201 v. 13. X. 1900 VIIa 37/1900.

Eink.-St.-Ges. § 9.

Nach § 9 I 6 des Eink.-St.-Ges. sind von dem Einkommen in Abzug zu bringen die von dem Steuerpflichtigen gesetz- oder vertragsmäßig zu entrichtenden Beiträge zu Pensionskassen. Unter diese Bestimmung fallen nicht einmalige Einzahlungen an die bezeichneten Kassen, da auf sie die Bezeichnung als Beiträge sprachlich nicht anwendbar ist; letztere bezeichnen vielmehr nur laufende, wiederkehrende Zahlungen; und zwar sind solche, sofern es feststehende sind, nach § 10 Abs. 1 und 3 a. a. O. nach ihrem Betrage für das Steuerjahr in Abzug zu bringen. Demnach steht den nachträglich für vergangene Jahre zu entichtenden Beitragszahlungen zu einer bezüglichen Kasse die Abzugsfähigkeit nicht zu.

Nr. 3. Entsch. Bd. IX i. St. S. 201 v. 8. III 1900 Vb 16/99.

Eink.-St.-Ges. § 9.

Die Beiträge, die ein Fideikommißbesitzer statutenmäßig zur Bildung eines Reservefonds zu entrichten hat, sind als eine auf einem besonderen Rechtstitel beruhende dauernde Last anzusehen. (E.-O.-V. Bd. IV in St. S. 188, Bd. VI in St. S. 14, 16, 347, 357, 358.)

Der Meinung, daß die nach § 73 Tit. 4 T. II A.-L.-R.'s als Obereigentümerin in Betracht kommende Familie gleichwohl nicht als eine juristische Person angesehen werden dürfe, welcher gegenüber eine rechtliche Verpflichtung im Sinne des § 9 I 3 Eink.-St.-Ges. begründet werden könnte trifft nicht zu. Denn die Theorie vom qualitativ geteiltem Eigentum, der hier gefolgt werden muß, hat die Annahme zweier Personen, deren einer das Obereigentum, deren anderer das nutzbare Eigentum zusteht, zur notwendigen Voraussetzung und ist ohne diese Annahme nicht verständlich. Hiermit zerfällt zugleich jede Anologie mit dem landschaftlichen Amortisationsfonds.

Ebenso Entsch. Bd. IX i. St. S. 204 i. d. Anm. v. 12. XI. 96 Vc 1408/95, wo die Verneinung der Abzugsfähigkeit der zur Ansammlung eines Fideikommißfonds gezahlten Beträge für den Fall, daß die Rücklage nicht etwa für den Pflichtigen, sondern für andere erfolgen sollte, für irrig erklärt wird. Ist der Bezug der Zinsen des zu bildenden Fonds in der That für andere bestimmt, so erscheinen die bezüglichen Leistungen des Zensiten nach § 9 I 2 oder 3 des Eink.-St.-Ges. als abzugsfähig, gleichviel ob der bezugsberechtigte Dritte eine physische oder juristische Person — die Familie (A.-L.-R. T. II Tit. 4 § 73) — ist. Wenn jede Möglichkeit fehlt, daß dem Zensiten selbst die zur Kapitalsansammlung bestimmten Beträge irgendwie zugute kommen, so ist der stiftungsmäßige Zweck der Verwendung jener Leistungen für ihn ohne Bedeutung.

Nr. 4. Entsch. Bd. IX i. St. S. 206 v. 28. VI. 1900 XIIb 8/1900.

Eink.-St.-Ges. §§ 9, 15.

Die Erfüllung einer in einem Veräußerungsvertrage von dem Erwerber zu Gunsten des Veräußerers übernommenen Verpflichtung stellt nur dann eine Kapitalabtragung dar, wenn es sich um die Tilgung einer auf die Zahlung eines Kapitals im wirtschaftlichen Sinne dieses Wortes lautenden Verpflichtung handelt. Ebensowenig wie die Zahlung von Renten und die Gewährung eines Ausgedinges Kapitalabtragungen sind, ist dies der Fall bei Leistungen aus einem internen Gesellschaftsvertrag zwischen dem Veräußerer und dem Erwerber des Anteils an einer offenen Handelsgesellschaft hinsichtlich der Gewinnverteilung zwischen beiden, die der letztere dem ersteren zu gewähren verpflichtet ist, z. B., wie im vorliegenden Falle, 60 Prozent des Gesellschaftsgewinnes auf zwei Jahre. Der Veräußerer hat diese Summe vielmehr als Einkommen (Gewinnanteil) zu versteuern.

Nr. 5. Entsch. Bd. IX i. St. S. 208 v. 16. II. 1900 III 133/99.

Eink.-St.-Ges. §§ 7, 15.

Eine Kapitalunterstützung bildet auch dann, wenn sie in Raten erfolgt, kein steuerpflichtiges Einkommen.

Im vorliegenden Falle bestimmte das Statut einer eingetragenen Genossenschaft (Schornsteinfegermeisterschaft):

> „Hinterläßt ein verstorbener Genossenschafter eine Witwe, so hat dieselbe sämmtliche Kehrverträge, Bücher und Listen über die von dem Verstorbenen hinter lassenen Schornsteinfegerarbeiten innerhalb einer Woche nach dem Ableben des Genossenschafters (den Todestag nicht mit eingerechnet) an den Vorsitzenden der Genossenschaft, welcher der Verstorbene bis zu seinem Tode angehörte, zu übergeben. Ist die Uebergabe der vorerwähnten Kehrverträge, Bücher und Listen an den Genossenschaftsvorsitzenden rechtzeitig erfolgt, so erhält die Witwe von der Genossenschaft den aus der von dem verstorbenen Genossen seitens der Genossenschaft übernommenen Arbeit erzielten sechsmaligen Vierteljahrs-Bruttoertrag aus der Genossenschaftskasse als Unterstützung in vierteljährlichen Raten nachträglich und zwar jedesmal spätestens am 20. Tage des nächstfolgenden Kalender-Vierteljahrs gegen Quittung ausgezahlt.“

Das O.-V.-G. erklärte diese Ratenzahlungen nicht als wiederkehrende Rente, oder als vorläufig gewährte Unterstützung zur Bestreitung des Lebensunterhalts, sondern als Kapitalunterstützung, durch deren Nutzung der Zensitin die Möglichkeit gegeben werden soll, ihren Lebensunterhalt dauernd zu bestreiten. Steuerpflichtig ist daher nicht die Ratenzahlung selbst, sondern der Zinsertrag davon.

Nr. 6. Entsch. Bd. IX i. St. S. 210 v. 12. VII. 1900 VIIa 17/1900.

Eink.-St.-Ges. §§ 9, 14, Ausf.-Anw. Art. 24.

Bei Feststellung des Einkommens aus Handel und Gewerbe sind nur die Zinsen für Geschäftsschulden, d. h. solche Schulden, die sich aus der laufenden Geschäftsführung ergeben und auf dem regelmäßigen Geschäftskredit beruhen, wie die aus dem Kontokorrentverkehr und aus dem Bezuge von Waren gegen Kredit, in Abzug zu bringen, während der Abzug aller übrigen Schuldenzinsen vom Gesammteinkommen stattzufinden hat. Im Zweifel muß die Art und Weise des Abzugs der Schuldenzinsen beim Einkommen aus Handel und Gewerbe nachgewiesen werden, und die Unterlassung eines solchen bildet einen wesentlichen Verfahrensmangel.

Nr. 7. Entsch. Bd. IX i. St. S. 213 v. 24. I. 1901 E XII a 20/1900.

Nach Art. 38 I Abs. 1 und 2 der Ausf.-Anw. v. 5. VIII. 91 und Art. 23 I Abs. 1 der Ausf.-Anw. v. 3. IV. 94 hat der Gemeindevorstand über alle Thatsachen, Verhältnisse und Merkmale, die für die Beurteilung der Einkommens- und Vermögensverhältnisse der in dem Verzeichnisse Muster III (Art. 37 der ersteren Ausf.-Anw.) aufgeführten Personen in Betracht kommen können, möglichst vollständige Nachrichten einzuziehen und das Ergebnis seiner Ermittelungen in die Staatssteuerliste einzutragen. In Art. 38 II 6 der ersteren Ausf.-Anw. ist dann noch die Ausfüllung der Spalten 19 zu I („Kapitalschulden“) und 20 („Schuldenzinsen“) besonders vorgeschrieben.

Hiernach kann es keinem Zweifel unterliegen, daß bei Aufstellung der Staatssteuerlisten geprüft werden muß, ob und welche Schulden aus der Staatssteuerliste für das Vorjahr zu übernehmen sind.

Nr. 8. Entsch. Bd. IX i. St. S. 214 v. 25. X. 1900 XIII b 41/1900.
Eink.-St.-Ges. § 9.

Agenten-, Rechtsanwalts-, Gerichts- und andere Kosten für Aenderung der auf einem Wohnhause ruhenden Hypothekenschulden gehören nicht zu den Ausgaben behufs Erwerbung, Sicherung und Erhaltung des Einkommens und sind daher nicht abzugsfähig. Gleichgültig bleibt, ob der Eigentümer eines Hauses alsbald beim Erwerbe — oder der Erbauer bereits während des Bauens — die Beleihung mit solchem Kostenaufwande beschaffen muß, oder ob er in späterer Zeit zu einer weiteren Aufnahme oder auch zu einer Aenderung der bestehenden Hypotheken sich veranlaßt sieht; stets handelt es sich um eine Kapitalaufwendung, gleich dem Kaufpreise.

Wenn nach lokalen Geschäftsgepflogenheiten die Hypothekenverhältnisse von Zeit zu Zeit der Aenderung bedürfen, weil die Hypotheken nur auf bestimmte Jahre gegeben und dann zurückgezogen werden, so ändert das an der rechtlichen Natur der Aufwendungen nichts. Andererseits ist es dafür unerheblich, ob die neue Hypothek zu geringerem oder zu höherem Zinsfuße beschafft wird.

Nr. 9. Entsch. Bd. IX i. St. S. 216 v. 4. X. 1900 VI a 291/99.
Eink.-St.-Ges. §§ 2 b, 9.

1. Die neben den Schuldenzinsen seitens der Schuldner an die Landschaft zu entrichtenden Verwaltungskostenbeiträge sind insoweit abzugsfähig, als sie nicht zum Amortisationsfonds fließen und zur Tilgung der betreffenden Schulden verwendet werden.

2. Zinsbeträge, die der Pächter eines Gutes an den Verpächter zur Verzinsung und Amortisierung der von diesem zur Anschaffung des Inventars aufgewendeten Kapitalien neben dem sonstigen Pachtzins zu entrichten hat, sind in rechtlicher Hinsicht als Pachtzinsen und Einnahmen aus Grundvermögen anzusehen. An dieser rechtlichen Auffassung

kann der Umstand nichts ändern, daß der Betrag dieses Teiles des Pachtzinses nach dem Vertrage einer besonderen Ermittelung (auf Grund einer Werttaxe) unterliegt.

Nr. 10. Entsch. Bd. IX i. St. S. 217 i. d. Anm. v. 4. X. 1900 VIa 230/1900.

Eink.-St.-Ges. §§ 2b, 9; Ausf.-Anw. Art. 11.

1. Auch die Zins- und Tilgungsraten, die der Pächter für die vorschußweise vom Verpächter zu Bauten und Drainageanlagen erhaltenen Kapitalien zu zahlen hat, sind als Zuschläge zum Pachtzinse und als ihm gleichstehend zu behandeln. Der Verpächter hat die Kapitalien lediglich zur Erhöhung des Werts und der Ertragsfähigkeit des Pachtobjekts hergegeben, und durch die Verwendung der Kapitalien zur Verbesserung des Pachtobjekts ist der Erfolg herbeigeführt worden, daß die Vergütung für die Benutzung des Pachtobjekts seitens des Pächters sich erhöht hat. Ob diese Vergütung gesondert und nachträglich, sowie in welcher Form sie vereinbart ist, und auf welche Weise der Verpächter die Kapitalien beschafft hat, kann an dieser rechtlichen Auffassung nichts ändern. Die betreffende Vergütung bildet hiernach also ebenfalls Einkommen aus Grundvermögen.

2. Kosten in der Prozeßsache mit einer evangelischen Kirchengemeinde wegen Anerkennung des Pfarrwahlrechts sind nicht abzugsfähig, da sie mit dem Einkommen aus Grundvermögen in keinem unmittelbaren Zusammenhange stehen. Ebenso sind die Kosten der Vermessung des Grundbesitzes nicht abzugsfähig, da sie zum Zwecke der Feststellung und Sicherung des Vermögensbestandes, der Einkommensquelle selbst, verwendet werden, dagegen keineswegs unmittelbar zur Erzielung und Sicherung des Einkommens dienen.

Nr. 11. Entsch. Bd. IX i. St. S. 219 v. 10. I. 1901 VIIa 262/1900.

Eink.-St.-Ges. §§ 9, 11.

Bei Anrechnung des Einkommens der Ehefrau sind die mit deren Einkommen in unmittelbarem Zusammenhange stehenden und von ihr zu entrichtenden Beiträge zu Kranken- und Invalidenversicherungskassen abzuziehen. Dagegen ist die von der Ehefrau zu zahlende Lebensversicherungsprämie nicht abzugsfähig. (Vgl. E.-O.-V. in St. Bd. VIII S. 132.) Dasselbe gilt von Ausgaben des Zensiten für häusliche Zwecke (Beaufsichtigung der Kinder und Wäsche). (E.-O.-V. in St. Bd. II S. 304.)

Nr. 12. Entsch. Bd. IX i. St. S. 220 i. d. Anm. v. 4. X. 1900 VIIa 43/1900.

Eink.-St.-Ges. §§ 9, 11.

Die Bestimmung des § 9 I 6 des Eink.-St.-Ges., wonach die von dem Steuerpflichtigen zu entrichtenden Beiträge der dort genannten Art abzuziehen sind, muß, insofern ein nach § 11 a. a. O. dem Einkommen des Haushaltungsvorstandes zuzurechnendes Einkommen eines Angehörigen der Haushaltung in Frage steht, hinsichtlich des in Anrechnung zu bringenden Einkommens zur Anwendung gebracht werden und es müssen daher von dem Arbeitsverdienst der Ehefrau des Zensiten derartige Beiträge derselben abgezogen werden.

Nr. 13. Entsch. Bd. IX i. St. S. 220 v. 3. IV. 1901 VIIIb 133/1900.

Eink.-St.-Ges. § 9.

Rechtsgültig zugesicherte Zulagen an Offiziere sind auch dann abzugsfähig, wenn die letzteren außerpreußischen Truppenteilen angehören. Denn die Abzugsfähigkeit ist nicht davon abhängig, daß sie auch beim Empfänger in Preußen zur Einkommensteuer herangezogen werden kann, es kommt vielmehr lediglich darauf an, ob die Zulage eine auf einem besonderen Rechtstitel beruhende dauernde Last darstellt. Ist die Zusicherung in rechtsgültiger Form erfolgt, so sind später so zugesicherte Erhöhungen ebenso abzugsfähig, wie die Zulage beim Eintritt in den Militärdienst. (E.-O.-V. in St. Bd. I S. 167, Bd. III S. 1, Bd. VIII S. 98 ff.)

Nr. 14. Entsch. Bd. IX i. St. S. 222 v. 31. III. 1900 E XII b $\frac{1}{2}$/1900.

Eink.-St.-Ges. § 9

Die testamentarische Bestimmung, daß der Fiduziarerbe (Vorerbe) nur über einen Teil der Erbschaftseinkünfte frei verfügen darf, der Ueberrest dagegen dem in der Verwaltung von Testamentsvollstreckern befindlichen Fideikommißvermögen zuwachsen soll, begründet auch nach dem bis zum 1. Januar 1900 in Frankfurt a./M. geltend gewesenen Recht nicht eine bei der Feststellung des steuerpflichtigen Vermögens und Einkommens zu berücksichtigende dauernde Last im Sinne des § 9 I 3 des Eink.-St.-Ges.

Denn unter einer derartigen Last ist nur eine solche zu verstehen, durch die das Einkommen des Steuerpflichtigen verringert wird; dies trifft aber auf den vorliegenden Fall, wo die Ehefrau des Steuerpflichtigen nur in dem Verbrauche eines Teils ihrer Einkünfte gehindert und zu deren Aufsparung verpflichtet ist, nicht zu.

Nr. 15. Entsch. Bd. IX i. St. S. 15 (23) v. 7. IV. 1900 VI 5/99.

Eink.-St.-Ges. § 9 [1], [4].

Die Grund-, Gebäude- und Gewerbesteuer haben, seit dem Inkrafttreten des Ges., betr. die Aufhebung direkter Staatssteuern v. 14. VII. 93 (G.-S. S. 119), d. i. seit dem 1. IV. 95, die Eigenschaft direkter Staatssteuern verloren und sind seitdem gemäß § 9 I 1 und 4 des Eink.-St.-Ges. nicht mehr bei der Feststellung des steuerpflichtigen Einkommens in Abzug zu bringen. (Vgl. E.-O.-V. in St. Bd. VI S. 131 bis 133.) Diese Grundsätze gelten nicht nur bei Berechnung des Einkommens physischer Personen, sondern auch bei Feststellung des Geschäftsgewinnes einer offenen Handelsgesellschaft.

3. Steuerpflicht der nichtphysischen Personen.

B. Steuerpflichtiges Einkommen.

a) Der Aktiengesellschaften und der Kommanditgesellschaften auf Aktien.

Nr. 1. Entsch. Bd. IX i. St. S. 225 v. 4. III. 99 V A 131/97.

Eink.-St.-Ges. §§ 16, 24; Ausf.-Anw. Art. 27, 48.

1. Die Vorschrift des § 24 Abs. 2, wonach den Aktiengesellschaften die Einreichung ihrer Geschäftsberichte und Jahresabschlüsse sowie der darauf bezüglichen Beschlüsse der Generalversammlungen obliegt, wendet sich an alle Aktiengesellschaften und macht keinen Unterschied zwischen solchen, die ihren Sitz in Preußen haben und daher auf Grund des § 1 Nr. 4 a. a. O. zur Besteuerung herangezogen werden, und ausländischer, bei denen nach § 2 a. a. O. nur eine beschränkte Steuerpflicht begründet ist.

2. Die Verpflichtung zur Einreichung der Geschäftsberichte u. s. w. ist nicht davon abhängig, daß sie veröffentlicht sind. Auch wenn die

Gesellschaft nach ihrem Landesrechte nicht verpflichtet ist, ihre Geschäftsabschlüsse zu veröffentlichen, wird sie von ihren gesetzlichen Pflichten in Preußen nicht befreit.

3. Wird die Einreichung dieser Schriftstücke von der Gesellschaft verweigert, so sieht sich die Steuerbehörde darauf angewiesen, zum Zweck der Festsetzung der steuerpflichtigen Ueberschüsse von dem Hilfsmittel der Schätzung Gebrauch zu machen.

Nr. 2. Entsch. Bd. IX i. St. S. 231 v. 4. III. 99 V A 5/99 und
Entsch. Bd. IX i. St. S. 234 v. 24. III. 99 V A 125/98.

Eink.-St.-Ges. § 16; Ausf.-Anw. Art. 27.

1. Im Fall des § 2b des Eink.-St.-Ges. sind behufs Feststellung des Preußischen Steuerobjekts zunächst die steuerpflichtigen Ueberschüsse für jedes Durchschnittsjahr so zu ermitteln, wie wenn die Aktiengesellschaft in Preußen unbeschränkt steuerpflichtig wäre, und alsdann ist der auf Preußen fallende Teil zu bestimmen.

2. Die Verwendungen des durch die Reduktion des Aktienkapitals erzielten Buchgewinns sind steuerfrei. Die „Ueberschüsse" im Sinne des § 16 des Eink.-St.-Ges. werden durch Verminderung des Aktienkapitals nicht vermehrt. Sie werden, weil unter den Ueberschüssen der Vermögenszuwachs verstanden wird, den die Gesellschaft im Laufe des Jahres erfährt, durch die Reduktion des Aktienkapitals an sich nicht berührt, da durch sie weder die Aktiva erhöht, noch die Passiva vermindert werden. Insbesondere stellt das unter den Passivis in der Bilanz aufzuführende Aktienkapital keine reelle Schuld der Gesellschaft dar. Darauf aber, ob und welche wirkliche Vermehrung des Vermögens stattfindet, kommt es an; die formale Buchungsart ist nicht maßgebend. Daher sind auch die Verwendungen des durch die Reduktion des Aktienkapitals erzielten Buchgewinns zu Abschreibungen und Reservefondsbildungen, da sie nicht die Bedeutung von „Ueberschußverwendungen" haben, steuerfrei. (Vgl. E.-O.-V. in St. Bd. VII S. 319ff.)

Nr. 3. Entsch. Bd. IX i. St. S. 236 v. 17. XI. 99 V A 81/98.

Eink.-St.-Ges. §§ 2b 16; Ausf.-Anw. Art. 27 Nr. 4.

1. Eine im Auslande domizilierte Aktiengesellschaft mit einer Zweigniederlassung in Berlin ist nur in der von § 2b des Eink.-St.-Ges. vorgesehenen Beschränkung steuerpflichtig; nur mit dem Einkommen aus der Preußischen Betriebsstätte kann sie besteuert werden. Nach § 16 Abs. 2 a. a. O. gilt in diesem Falle als steuerpflichtiges Einkommen der Teil der nach Abs. 1 daselbst ermittelten Gesammtüberschüsse, der auf den in Preußen belegenen Betrieb entfällt. Dabei können nur die Geschäftsjahre, während welcher die Preußische Betriebsstätte bestanden hat, bei der Durchschnittsberechnung berücksichtigt werden.

2. Dafür, daß ein einheitlicher Gesammtbetrieb vorliegt und eine besondere Gewinnberechnung für die Preußische Betriebsstätte unthunlich ist, spricht, wenn die Thätigkeit der Berliner Zweigstätte auf die Ueberwachung der im Auslande befindlichen Gesellschaftsorgane sowie auf die Vermittelung der von diesen vorbereiteten Angelegenheiten für die anderen in Berlin thätigen Gesellschaftsorgane (Aufsichtsrat und Generalversammlung) gerichtet ist.

Nr. 4. Entsch. Bd. IX i. St. S. 240 v. 20. I. 1900 V A 9/99.

Eink.-St.-Ges. § 16.

Zur rechtlichen Natur der von einer Aktiengesellschaft ausgegebenen sogenannten Genußscheine führt das O.-V.-G. in einem Sonderfalle Folgendes aus:

In den Jahren 1895 und 1896 sind je 24829 M. aus dem berechneten Reingewinn zur Zahlung eines Gewinnanteils von 6 % auf die Genußscheine und zur Tilgung von durch das Los bestimmten Genußscheinen verwendet. Daß diese Beträge den „Ueberschüssen" (§ 16) angehören, unterliegt, weil sie aus dem Reingewinn entnommen, keinem Bedenken. Fraglich bleibt dagegen, ob und inwieweit sie eine steuerpflichtige Verwendung gefunden haben (§ 16 Abs. 1). Zur Beantwortung dieser Frage muß die rechtliche Natur dieser Genußscheine klargestellt werden. Sollte sich ergeben, daß die Inhaber den Aktionären gleichzustellen, also als Mitglieder der A.-G. zu erachten sind, so würde, insoweit an sie Gewinnanteile zur Verteilung gekommen sind, eine steuerpflichtige Verwendung von Ueberschüssen vorliegen. Wenn aber eine Mitgliedschaft nicht anzunehmen ist, so entsteht die Frage, ob die Genußscheininhaber als Gläubiger der A.-G. anzusehen sind, so daß durch die zur Einlösung von Genußscheinen gezahlten Beträge der steuerpflichtige Verwendungsfall einer Tilgung von Schulden stattgefunden hat.

Die hier in Frage stehenden Genußscheine sind nun laut Beschluß der Generalversammlung von 1893 den Aktionären zuteil geworden und zwar denjenigen, die in Gemäßheit dieses Beschlusses die Zuzahlung von 35 % ihrer Aktien geleistet haben. Die Genußscheine sind ausgestellt auf den Betrag der geleisteten Zuzahlung (175 M. auf eine Aktie über 500 M. und 350 M. auf eine Aktie über 1000 M.); sie lauten auf Namen, sind an Ordre gestellt und durch Indossament übertragbar. Sie gewähren den Inhabern kein Stimmrecht. Dagegen ist alljährlich von dem nach der Bilanz sich ergebenden und zur Dividendenverteilung bereiten Reingewinn ein Betrag von 25000 M. in Abzug zu bringen, um daraus in erster Reihe den Inhabern der Genußscheine 6 % auf die Genußscheinbeträge als Gewinnanteil zu zahlen, während der Rest zur Tilgung von durch das Los zu bestimmenden Genußscheinen verwendet werden soll. Bei etwa eintretender Auflösung der Aktiengesellschaft steht den Genußscheinen keinerlei Anteilsrecht an dem Vermögen der Gesellschaft zu. Durch die selbständige Uebertragbarkeit des Genußscheins ist hiernach der Zusammenhang mit der Aktie, auf welche der Zuschuß, für dessen Zahlung der Schein gewährt wurde, geleistet ist, vollständig gelöst. Der Inhaber des Genußscheins hat zwar einen Anspruch am Reingewinn, wenn die Bilanz solchen nachweist; er hat aber weder im Fall der Auflösung einen Anspruch auf einen verhältnismäßigen Anteil am Vermögen der Gesellschaft, noch insbesondere, solange die Gesellschaft besteht, ein Stimmrecht in der Generalversammlung, die in erster Reihe berufen ist, den Willen der Gesellschafter zum Ausdruck zu bringen. Eine Mitgliedschaft kann hiernach dem Genußscheininhaber nicht zugesprochen werden. Vielmehr besteht zwischen ihm und der Aktiengesellschaft nur ein obligatorisches Verhältnis zunächst auf einen Anteil am Reingewinn. Durch dessen Zahlung wird jedoch keine Kapitalschuld getilgt, wie § 16, wo von Tilgung der Schulden die Rede ist, voraussetzt. Es wird vielmehr, ähnlich wie den Vorstands- und Aufsichtsratsmitgliedern gegenüber für ihre Mühewaltung, so hier für den gewährten Zuschuß eine Verbindlichkeit aus den Ueberschüssen erfüllt. Eine steuerpflichtige Verwendung hat also insoweit nicht stattgefunden, als den Genußscheininhabern Gewinnanteile ausgezahlt sind.

Dagegen ist der zur Tilgung von Genußscheinen verwendete Teil obiger 24 829 M. den steuerpflichtigen Ueberschüssen zuzurechnen, weil die Genußscheine eine Kapitalschuld — wenn auch nur eine unvollkommene — darstellen, die nur auf dem oben dargelegten Wege der Auslosung zur Tilgung gelangt und in der Bilanz nicht zum Ausdruck kommt.

Nr. 5. Entsch. Bd. IX i. St. S. 242 v. 18. V. 1900 V A 89/99.

Eink.-St.-Ges. § 16.

Die Feststellung der Ueberschüsse des § 16 des Eink.-St.-Ges. hat auf Grund der für die maßgebenden Betriebsjahre festgestellten Bilanzen zu erfolgen, und zwar so, daß nur die bilanzmäßige Bewertung der Vermögensstücke zu prüfen, und also, wenn in der Bilanz keine Abschreibung erfolgt sei, eine solche auch steuerfrei nicht zuzulassen ist. (Vgl. E.-O.-V. i. St. Bd. II S. 36, Bd. IV S. 418.) Maßgebend für die Beurteilung sind nicht die von den Gesellschaftsvorständen entworfenen, sondern die von den Generalversammlungen festgestellten Bilanzen; Abschreibungen, die erst von den letzteren beschlossen werden, sind daher, falls sie überhaupt zulässig sind, bei der Veranlagung zu berücksichtigen.

Nr. 6. Entsch. Bd. IX i. St. S. 244 v. 31. V. 1900 V A 78/99.

Eink.-St.-Ges. § 16; Ausf.-Anw. Art. 27.

1. Eine Aktiengesellschaft, die den Zweck verfolgt, Grundstücke zu erwerben, mit Wohnhäusern für Arbeiter zu bebauen und diese zu vermieten, kann auch nach dem Liquidationsbeschlusse noch steuerpflichtige Ueberschüsse, insbesondere durch Reservebildung, erzielen. (Vgl. E.-O.-V. Bd. V S. 210.) Zum Begriff einer Aktiengesellschaft gehört keineswegs, daß sie ein Gewerbe betreibt und ebensowenig ist dies für die subjektive Steuerpflicht gemäß § 1 4 des Eink.-St.-Ges. erforderlich.

2. Ein Reservefonds ist immer dann vorhanden, wenn ein Vermögensbetrag von der Aktiengesellschaft für irgend welche künftige Verwendung zurückbehalten wird, wenn er also nicht verteilt oder sonst über ihn verfügt wird, sondern er im Vermögen der Gesellschaft bleibt und dieser damit die Möglichkeit einer künftigen Disposition über ihn offen läßt.

3. Die von einer Terrain-Aktiengesellschaft in Liquidation durch Grundstücksverkäufe erzielten und zur künftigen Verwendung reservierten Gewinne sind daher steuerpflichtig. (Vgl. E.-O.-V. in St. Bd. I S. 200, Bd. II S. 279, Bd. VII S. 92, 97.)

Nr. 7. Entsch. Bd. IX i. St. S. 247 v. 31. V. 1900 V A 95/99.

Eink.-St.-Ges. § 16.

Diejenigen Beträge der Ueberschüsse, die einem Erneuerungsfonds zum Zwecke des Ersatzes von daraus bestrittenen Betriebskosten überwiesen werden, sind nicht steuerpflichtig. Alle Betriebsausgaben mindern die Ueberschüsse; wenn sie zunächst aus einer Reserve, hier dem sogenannten Erneuerungsfonds, bestritten, demnächst aber aus den Betriebsüberschüssen dem betreffenden Fonds wieder erstattet werden, vermindern sich die

Ueberschüsse um den zu solcher Ergänzung verwendeten Betrag ebenso, als wenn er gar nicht erst in der Gewinn- und Verlustrechnung dem Reingewinn zugezählt worden wäre.

b) Der Berggewerkschaften.

Nr. 1. Entsch. Bd. IX i. St. S. 250 v. 26. IV. 1900 VI A $\frac{3}{4}$/99.

Eink.-St.-Ges. § 9; Ausf.-Anw. Art. 27.

1. Wenn eine Gewerkschaft zum Zweck der Verbilligung ihrer An- und Abfuhr selbst eine Schienenverbindung zu einer in einiger Entfernung von ihr vorbeiführenden Eisenbahn oder Schiffahrtsstraße anlegt, so ist nicht zweifellos, daß eine derartige Verbindung sich thatsächlich als eine wesentliche Verbesserung ihres Betriebes darstellt, die durch Ersparung von Transportkosten den Ertrag dauernd und nicht bloß den eines einzelnen Geschäftsjahres in steigender Richtung beeinflußt. Die zu diesem Zweck von der Gewerkschaft verausgabten Beträge würden daher unbedenklich als zur Erzielung eines höheren Ertrages und zur Verbesserung des Betriebes verwendet und demnach als abzugsfähige Betriebsausgabe nicht anzuerkennen sein. Das Gleiche muß aber auch gelten bezüglich derjenigen Beträge, die ein Steuerpflichtiger behufs dauernder Ersparung von Transportkosten in seinem Betriebe an einen Dritten dafür zahlt, daß dieser eine Eisenbahn oder einen Kanal unmittelbar an dem Etablissement des Steuerpflichtigen vorüberführt. Denn letzteres und der Betrieb des Steuerpflichtigen sind infolge der billigeren Transportgelegenheit nicht minder verbessert, auch wenn die Eisenbahn oder der Kanal nicht ihm, sondern einem Dritten gehört.

2. Bei Prüfung der Frage, ob die Kosten von Neuanlagen aus dem Stammvermögen oder aus den Betriebseinnahmen bestritten worden sind, und der im Zusammenhange hiermit stehenden Frage der Zulässigkeit von Abschreibungen dürfen die Veranlagungsbehörden sich nicht darauf beschränken, ihre Entscheidung nach Maßgabe der Buchführung der Steuerpflichtigen zu treffen, sondern sie sind auch verpflichtet, alle diejenigen Umstände, die zur Widerlegung der durch die Buchführung begründeten Vermutung geeignet erscheinen, zu würdigen. (Vgl. E.-O.-V. in St. Bd. VI S. 161.)

3. Abschreibungen auf den fundus sind zulässig, wenn eine Abnutzung und Entwertung desselben durch infolge des eigenen Bergbaues eingetretene Schäden herbeigeführt ist. Für derartige Fälle eine Abschreibung zu versagen, würde mit der Vorschrift im § 9 I 5 des Eink.-St.-Ges., wonach Abschreibungen wegen Abnutzung bei allen Gegenständen für zulässig erklärt werden, die thatsächlich einer Abnutzung und einer dadurch bedingten Wertsverminderung unterliegen, nicht zu vereinbaren sein. In E.-O.-V. in St. Bd. VI S. 175 ist allerdings bemerkt, daß Abschreibungen auf unbebaute Grundstücke überhaupt unzulässig seien. Dabei ist aber damit gerechnet, daß eine Abnutzung von Grund und Boden nur in seltenen Fällen stattfindet und daß deshalb die Zulassung einer Abschreibung nach Maßgabe dieses Gesetzes hier in der Regel ausgeschlossen erscheint. Jedenfalls kann der Satz in der dortigen Ausdehnung nicht aufrecht erhalten werden.

Nr. 2. Entsch. Bd. IX i. St. S. 256 v. 7. II. 1901 VI A 3/1900.
Eink.-St.-Ges. §§ 10, 16.

Für die Berechnung des Grundkapitals einer Berggewerkschaft zur Bestimmung des $3\frac{1}{2}$ prozentigen Abzuges ist sein Stand am Schlusse, nicht zu Anfang jedes Betriebsjahres maßgebend.

Im Wesen einer Durchschnittsberechnung nach der Vergangenheit überhaupt liegt es, nicht nur für die Verschiedenheiten in den Ergebnissen der betreffenden Jahre untereinander einen Ausgleich zu schaffen, sondern auch das Ergebnis jedes einzelnen Jahres auf Grund der gesammten Geschäftsvorgänge innerhalb dieses ganzen Zeitraumes zum Ausdruck gelangen zu lassen; das ergiebt nur die Jahresschluß-Rechnung.

Bei Aktiengesellschaften, die ein wirkliches Grundkapital, das Aktienkapital, haben, müssen also alle hierauf bezüglichen Aenderungen, Vermehrungen und Verringerungen während des Betriebsjahres für die Berechnung des steuerpflichtigen Jahresertrages und damit des Durchschnitts aus mehreren Jahren in Betracht gezogen werden (E.-O.-V. in St. Bd. I S. 99, 148, 215, 345; Bd. II S. 34, 188). Bei dem Anlagekapital der Berggewerkschaft kann es in dieser Beziehung nicht anders sein. Auch dieses kann Veränderungen im Laufe des Betriebsjahres unterliegen, die in dessen steuerpflichtigem Ergebnisse zum Ausdruck kommen müssen. Betriebsanlagen scheiden aus (Schächte und Grubenstrecken werden verlassen, Versuchsanlagen verfallen) oder kommen hinzu; die seiner Zeit für jene gemachten Aufwendungen müssen deshalb außer Rechnung bleiben, die neuen Aufwendungen einbezogen werden; sonst kommt kein richtiges Ergebnis des betreffenden Jahres zustande (vgl. E.-O.-V. in St. Bd. VI S. 179, Bd. VIII S. 214, 219).

Auch die Berücksichtigung des Zweckes der fraglichen Gesetzesbestimmung führt zu dem gleichen Schlusse. Mit dem $3\frac{1}{2}$ prozentigen Abzuge soll für die Aktionäre u. s. w. eine Doppelbesteuerung bis zu dieser Höhe vermieden werden, d. h. $3\frac{1}{2}$ % des Grundkapitals werden bei der Gesellschaft freigelassen, weil der entsprechende Betrag der Dividende u. s. w. bei den Aktionären u. s. w. und nur bei diesen versteuert werden soll. Der Jahresgewinn und die hiernach zu bemessende Dividende u. s. w. stehen aber erst beim Schlusse des Jahres fest und deshalb kann folgerichtigerweise auch das Grundkapital nur nach dem Stande beim Jahresschlusse berechnet werden.

4. Steuererklärung.

Nr. 1. Entsch. Bd. IX i. St. S. 258 v. 2. III. 1900 E Vb 29/98.
Eink.-St.-Ges. § 29 Abs. 2.

Abwesende können die Steuererklärung auch dann durch Bevollmächtigte abgeben, wenn sie durch Abwesenheit nicht behindert sind, die Steuererklärung selbst abzugeben.

Denn der Wortlaut des § 29 Abs. 2 läßt darüber keinen Zweifel, daß schon die Abwesenheit allein ein die Stellvertretung rechtfertigender Hinderungsgrund ist. Die Verhinderung kann durch Abwesenheit oder durch sonstige Gründe herbeigeführt sein, die bloße Abwesenheit ist einer der möglichen Hinderungsgründe. Die Auffassung, daß eine solche Abwesenheit, durch die eine Behinderung bedingt ist, vorliegen müsse, trägt in die Gesetzesbestimmung eine Beschränkung hinein, die mit der Wortfassung nicht vereinbar ist.

Nr. 2. Entsch. Bd. IX i. St. S. 261 v. 17. III. 99 V A 72/98.

Eink.-St.-Ges. § 30.

1. Für die Anwendung des § 30 Abs. 1 des Eink.-St.-Ges. macht es keinen Unterschied, ob die Frist zur Abgabe der Steuererklärung durch öffentliche Bekanntmachung allgemein gesetzt oder ob sie durch besondere Verfügung des Vorsitzenden der Veranlagungskommission für den einzelnen Fall bestimmt war.

2. Durch eine Verlängerung der allgemein oder durch besondere Verfügung bestimmten Frist wird eine neue Frist zur Abgabe der Steuererklärung gesetzt, auf die die Bestimmungen im § 30 Abs .1 in gleicher Weise Anwendung finden.

Nr. 3. Entsch. Bd. IX i. St. S. 290 v. 26. IV. 1900 IVb 187/99.

Eink.-St.-Ges. § 38.

Der § 38 des Eink.-St.-Ges. erfordert zur Rechtfertigung der Abweichung vom Inhalte der Steuererklärung unbedingt die Beanstandung. In dieser Beziehung unterscheidet die Ausf.-Anw. scharf zwischen dem Verlangen bloßer Erläuterungen (Art. 55 II — Muster S. 142 bis 145) und förmlicher Beanstandung (Art. 55 III — Muster S. 146 ff.). Bei dem Verlangen nach Erläuterungen handelt es sich um bloße Versuche der Verständigung; sie sollen deshalb der förmlichen Beanstandung in geeigneten Fällen vorhergehen. Bleibt das Verlangen erfolglos, so muß die förmliche Beanstandung nachfolgen.

Nr. 4. Entsch. Bd. IX i. St. S. 118 v. 10. V. 1900 IVb 188/99.

Eink.-St.-Ges. § 38.

Hat ein Steuerpflichtiger bei Abgabe seiner Steuererklärung unter schätzungsweiser Angabe seines gewerblichen Einkommens auf die große Verschiedenheit seiner Einkaufspreise in der Durchschnittsperiode und auf die Unmöglichkeit der zutreffenden Bemessung seines Einkommens nach Nettostücksätzen ausdrücklich hingewiesen, und seine Betriebskosten wenigstens teilweise angegeben, so ist die bloße Eröffnung, daß und nach welchen Stücksätzen die Schätzung erfolgen werde, keine Beanstandung im Sinne des § 38 des Ges. In solchem Falle ist vielmehr die weitere Verfolgung des von dem Steuerpflichtigen angedeuteten Verfahrens geboten, um im Anschlusse an die etwa vorhandene Buchführung das Material für eine Bruttoschätzung und die Feststellung der Betriebskosten zu beschaffen. Der Steuerpflichtige ist zu diesem Zwecke in erster Linie zu einer enspr
echenden Vervollständigung seiner Angaben zu veranlassen.

Nr. 5. Entsch. Bd. IX i. St. S. 266 v. 5. VII. 1900 VIIa 22/1900.

Eink.-St.-Ges. § 30.

Eine irrtümliche Bezeichnung des Standes des Steuerpflichtigen in der Aufforderung zur Steuererklärung ist, falls über seine Person kein Zweifel besteht, auf die Gültigkeit der Aufforderung wie ihrer Zustellung ohne Einfluß.

5. Veranlagungsverfahren.

A. Allgemeine Grundsätze.

Nr. 1. Entsch. Bd. IX i. St. S. 264 v. 16. II. 1901 VIII a 46/1900.

Eink.-St Ges. § 3.

Der Anspruch eines Erbpächters, dessen Vorfahren durch Erbzinsverschreibung vom Jahre 1753 „von nun an und zu ewigen Zeiten" Freiheit von allen Landesabgaben zugesichert worden, um Steuerbefreiung ist unbegründet, weil die zugesicherte Freiheit durch die bestehende Steuergesetzgebung aufgehoben ist. Im Uebrigen dürfen in dem durch das Eink.-St.-Ges. geregelten Verfahren nur die in diesem Gesetze vorgesehenen Befreiungsgründe berücksichtigt werden. Der Anspruch auf Steuerfreiheit infolge besonderer Rechtstitel ist im ordentlichen Rechtswege geltend zu machen.

Nr. 2. Entsch. Bd. IX i. St. S. 282 v 20. IX. 1900 II b 52/1900.

Der Steuerpflichtige war im Beanstandungsverfahren befragt, ob er geordnete Bücher in Betreff des landwirtschaftlichen Einkommens führe, mit der Aufforderung, bejahenden Falles getrennte Zusammenstellungen über die Einnahmen und Ausgaben der letzten drei Jahre einzureichen. Er hatte darauf erklärt, er habe die Ausgaben und Einnahmen so in seine Bücher eingetragen, daß er eine genügende Zusammenstellung machen könne, und hatte auch eine solche in Betreff des Wirtschaftsjahres v. 1. VII. 97 bis 30. VI. 98 eingereicht. Ueber deren Inhalt ist aber weder mit ihm verhandelt, noch sind die Bücher eingesehen worden. Wenn darauf im Berufungsverfahren der Steuerpflichtige nach einem über eine Verhandlung mit ihm am 16. VIII. 99 aufgenommenen Protokoll, entsprechend dem dazu schon durch Druck vorbereiteten Formular, erklärt haben soll, „über Einnahmen und Ausgaben führe er keine geordneten Bücher und könne sein Einkommen nur schätzungsweise angeben," so erscheint diese angebliche Erklärung, zumal wenn der darin enthaltene direkte Widerspruch mit der oben erwähnten früheren eigenen Angabe des Steuerpflichtigen und der damit überreichten Einkommensaufstellung in keiner Weise erörtert und aufgeklärt ist, jedenfalls ungeeignet, um darauf die Annahme begründen zu können, daß es an einer für die Ermittelung des bezüglichen Einkommens irgendwie dienlichen Buchführung des Steuerpflichtigen in der That fehle. Der Mangel eines in ausreichender und zweckmäßiger Weise durchgeführten Beanstandungsverfahrens erscheint sonach auch nicht als im Berufungsverfahren beseitigt, und die in der Berufungsentscheidung unter der Bezugnahme auf den Mangel eines ausreichenden Nachweises getroffene summarische Schätzung des fraglichen Einkommens beruht daher auf wesentlichem Verfahrensmangel (vgl. E.-O.-V. in St. Bd. I S. 87, Bd. II S. 65 und Bd. V S. 175).

Nr. 3. Entsch. Bd. IX i. St. S. 284 v. 27. IX. 1900 XIII b 94/1900.

Aus dem Vermerk in einem von dem Steuerpflichtigen unterschriebenen Protokolle, daß ihm die Besteuerungsmerkmale bekannt gegeben seien und daß er gegen sie nichts einzuwenden habe, kann ein Anerkenntnis bestimmter einzelner Besteuerungsmerkmale in der Regel nicht entnommen werden.

Nr. 4. Entsch. Bd. IX i. St. S. 286 v. 15. III. 1900 E VIIIc 29/99.

1. Ein Steuersekretär war von dem Vorsitzenden der Veranlagungskommission mit der Vernehmung des Steuerpflichtigen über den Inhalt seiner Berufung beauftragt. Der Auftrag konnte also nur die weitere Aufklärung des Sach- und Rechtsverhaltes sowie die Gewinnung zuverlässiger Schätzungsunterlagen zum Gegenstande haben; einen weitergehenden Auftrag hätte ihm der Vorsitzende der Veranlagungskommission in der Berufungsinstanz überhaupt nicht erteilen können. Der Steuersekretär hatte aber den ihm erteilten Auftrag und seine Obliegenheiten völlig verkannt. Es heißt im Protokolle mit dem Steuerpflichtigen:

> „Herrn M. wurde daraufhin eröffnet, daß sein gewerbliches Einkommen mangels eines ziffernmäßigen Nachweises oder sonstiger Unterlagen folgendermaßen geschätzt werden wird" . . .
>
> „Ferner wurde Herrn M. eröffnet, daß der Verdienst an Speisen auf mindestens 60 M. netto zu schätzen ist, da" . . .

Irgend eine sachdienliche Befragung hat nach dem Inhalt des Protokolls überhaupt nicht stattgefunden, sondern der Steuerpflichtige hat nur Eröffnungen des Steuersekretärs entgegenzunehmen gehabt, zu denen dieser überhaupt nicht befugt war. Die Eröffnungen kennzeichnen sich als Uebergriff in die Befugnisse der Berufungskommission. Die Ergebnisse der dieser Behörde obliegenden Nachprüfung der Schätzungen waren selbstverständlich nicht im voraus bekannt und ebensowenig hatte der Steuersekretär ein Recht, ihr vorzugreifen oder Weisungen zu erteilen.

Der Steuerpflichtige kann deshalb mit vollem Rechte die Unterzeichnung solcher Protokolle ablehnen.

2. Erklärungen in einer Verhandlung, deren Unterschrift der Steuerpflichtige verweigert hat, dürfen überhaupt nicht gegen ihn verwertet werden.

Nr. 5. Entsch. Bd. IX i. St. S. 288 v. 12. VII. 1900 IIa 38/1900.

Eink.-St.-Ges. § 38; Ausf.-Anw. Art. 55.

Der Zweck der Beanstandung ist, auch im Falle der Notwendigkeit der Schätzung die Herbeischaffung der für eine zuverlässige Schätzung erforderlichen Unterlagen und Anhaltspunkte zu bewirken. Dahin gehört zur Schätzung des Wohnungswertes die Ermittelung der Räume der Wohnung nach Anzahl und Beschaffenheit, zur Schätzung des landwirtschaftlichen Einkommens die Ermittelung der verschiedenen Kultur- und Bodenarten, des Viehstandes, der Art der Bewirtschaftung, wenn möglich auch der geernteten Mengen und der Betriebskosten im einzelnen.

Nr. 6. Entsch. Bd. IX i. St. S. 290 v. 26. IV. 1900 IVb 187/99.

Eink.-St.-Ges. § 38.

In einer Beanstandung hinsichtlich des gewerblichen Einkommens nur mit der Bemerkung

> „Da Sie Ihr gewerbliches Einkommen geschätzt haben, so wird die Veranlagungskommission dasselbe gleichfalls schätzen."

ist weder eine sachdienliche, noch überhaupt eine Beanstandung zu finden.

Nr. 7. Entsch. Bd. IX i. St. S. 292 v. 3. XI. 1900 VIa 279/1900.
Eink.-St.-Ges. § 38.

Wenn nach erhobener Berufung der Vorsitzende der Veranlagungskommission dem Steuerpflichtigen mitteilt, die Veranlagungskommission habe nicht die Ueberzeugung gewinnen können, daß der angegebene Ertrag dem thatsächlichen Geschäftsumfange entspreche und deshalb die nachträgliche Beanstandung der Steuererklärung beschlossen, so kann dieser Erklärung die Bedeutung einer Beanstandung im Sinne des § 38 Eink.-St.-Ges. schon deshalb nicht beigelegt werden, weil nach erfolgter Veranlagung die genannte Kommission zur Beanstandung nicht mehr zuständig ist. (Vgl. E.-O.-V. in St. Bd. I S. 142.) Auch eine demnächst von dem Vorsitzenden der Berufungskommission erlassene Anfrage an den Steuerpflichtigen, ob er zur Vorlegung seiner Geschäftsbücher bereit sei, kann als eine Beanstandung der Steuererklärung nicht angesehen werden (vgl. insbesondere E.-O.-V. in St. Bd. III S. 197).

Nr. 8. Entsch. Bd. IX i. St. S. 296 v. 31. V. 1900 XIa $\frac{122}{123}$/99.

1. Die Veranlagungsbehörden sind keineswegs verpflichtet, den Angaben eines Steuerpflichtigen über die Höhe seines gewerblichen Einkommens, ohne weiteres zu folgen. Es steht ihnen vielmehr das Recht, behufs Prüfung dieser Angabe, die Einsicht der Bilanzen der maßgebenden Geschäftsjahre, nötigenfalls auch der vollständigen Geschäftsbücher zu verlangen, schon deshalb zu, weil nur dadurch die Ueberzeugung zu gewinnen ist, ob bei der Buchführung die in steuerlicher Beziehung erheblichen Gesichtspunkte beachtet und die Ergebnisse demnach auch für die Steuerveranlagung ohne weiteres verwertbar sind (vgl. E.-O.-V. in St. Bd. I S. 26). Allerdings kann der Steuerpflichtige zur Vorlegung der Bilanzen und Geschäftsbücher nicht gezwungen werden; er wird sich aber zu vergegenwärtigen haben, daß er sich durch die Weigerung der Vorlegung selbst des wesentlichsten Beweismittels für die Richtigkeit des von ihm behaupteten Mindereinkommens begiebt und dadurch der Gefahr aussetzt, daß die Berufungskommission das gewerbliche Einkommen der Firma in den drei maßgebenden Geschäftsjahren auf Grund der amtlich ermittelten Unterlagen anderweit im Wege der Schätzung feststellt.

2. Inwieweit dabei ein beeideter Sachverständiger zuzuziehen ist, unterliegt dem pflichtmäßigen Ermessen der Veranlagungsbehörden.

Nr. 9. Entsch. Bd. IX i. St. S. 300 v. 10. V. 1900 IVb 151/99
Eink.-St.-Ges. §§ 24, 66; Anm. 21 zu Art. 30 d. Ausf.-Anw.

1. Wenn im § 24 des Eink.-St.-Ges. die Versicherung, daß die Angaben in den Steuererklärungen nach bestem Wissen und Gewissen gemacht seien, gefordert und im § 66 die auf wissentlich unrichtigen Angaben beruhende Hinterziehung von Steuerbeträgen mit Strafe bedroht wird, so ist hieraus die Absicht des Ges. deutlich erkennbar, daß von den thatsächlichen Angaben der Pflichtigen nicht ohne bestimmte sachliche Gründe abgewichen werden darf. Dies gilt insbesondere für den Inhalt ordnungsmäßig geführter Geschäftsbücher. Die Unglaubwürdigkeit der Geschäftsbücher enthält den Vorwurf falscher Buchführung, und ein solcher Vorwurf darf einem Gewerbetreibenden nur auf Grund schlüssiger Thatsachen gemacht werden. Der Mangel an Belägen, die nach der Art der Geschäftsführung überhaupt nicht beigebracht werden können, begründet einen derartigen Vorwurf nicht.

2. Für einen Fleischer, der sein Vieh bei den Landwirten und auf Viehmärkten ankauft, ist die Beibringung von Quittungen über die gezahlten Viehpreise und die aufgewendeten Reisekosten regelmäßig unmöglich. Mit demselben Rechte könnte man verlangen, daß auch die Einnahmen bescheinigt werden sollten, daß also der Verkauf von jedem Pfund Fleisch und jedem Stück Wurst u. s. w. mit einer den gezahlten Preis ergebenden Bescheinigung des Käufers belegt werden müßte.

Ebenso **Entsch. Bd. IX i. St. S. 310** v. 16. I 1901 IVb 154/1900 hinsichtlich der Beweiskraft landwirtschaftlicher Buchführung in einem Falle, wo der Steuerpflichtige erklärte, daß er die Einnahmen und Ausgaben täglich mit Blei in ein Notizbuch eintrage und auf Grund dieser Eintragungen demnächst die in dem vorgelegten Buche enthaltenen Zusammenstellungen am Schluß eines jeden Jahres mache. Denn wenn die Eintragungen in das erstere Notizbuch in dieser Weise gemacht und sodann in das zweite, wenn teilweise auch nur in Pauschalsummen, richtig übertragen sind, so enthalten beide Bücher zusammen bezüglich der Einnahmen und Ausgaben denselben buchmäßigen Nachweis, als wenn sie von vornherein und überhaupt nur in ein Buch eingetragen worden wären. Der Umstand allein aber, daß das eine der beiden Bücher nur mit Bleistift geführt ist, erscheint an sich unerheblich, es müßte also besonders festgestellt sein, daß die darin bewirkten Eintragungen wenigstens zum Teil aus anderen Gründen zu wesentlichen Bedenken Veranlassung geben.

Bietet das Ergebnis der Büchereinsicht für die rechnungsmäßige Feststellung des landwirtschaftlichen Einkommens eines der in Betracht kommenden Wirtschaftsjahre keine ausreichende Grundlage, so daß Schätzung erfolgen muß, so hat die Berufungskommission bei deren Vornahme die nach den Büchern gewonnenen Unterlagen als Anhalt zu benutzen und die in der Rechtsprechung des O.-V.-G. angenommenen Grundsätze (vgl. insbesondere E.-O.-V. in St. Bd. IV S. 110ff.; Bd. VII S. 19ff., 27ff., 220ff., 224, 229; Bd. VIII S. 286) zu beachten.

Nr. 10. Entsch. Bd. IX i. St. S. 303 v. 9. VII. 1900 XIIa 101/1900.

Eink.-St.-Ges. §§ 24, 66.

1. Die Beweiskraft von Geschäfts- oder Wirtschaftsbüchern hängt lediglich davon ab, ob sie ordnungsmäßig, d. h. so geführt sind, daß aus ihrer Einrichtung und thatsächlichen Führung auf die Absicht des Steuerpflichtigen geschlossen werden darf, die Eintragungen, für die die Bücher bestimmt sind, vollständig und richtig zu bewirken. Trifft dies zu, so haben sie ohne weiteres Anspruch auf Glaubwürdigkeit, und es liegt dem Steuerpflichtigen nicht noch die Pflicht ob, die Richtigkeit der einzelnen Eintragungen den Veranlagungsbehörden unaufgefordert besonders nachzuweisen (vgl. E.-O.-V. in St. Bd. III S. 279, Bd. IV S. 154 und Bd. V S. 172).

2. Der Mangel oder die Nichtvorlegung von Belägen steht mit der Beweiskraft der Bücher im allgemeinen überhaupt nicht im Zusammenhange, kann also auch nicht als Grund für die Verneinung der Beweiskraft im einzelnen Falle verwertet werden. Die von dem Steuerpflichtigen gebuchten Einnahmen insbesondere sind so lange als maßgebend anzusehen, als den Veranlagungsbehörden nicht die Feststellung gelingt, daß einzelne von ihm übergangen oder zu niedrig eingetragen sind. Hinsichtlich der Ausgaben wird sich der Steuerpflichtige allerdings ohne die Gefahr, daß einzelne bei der Berechnung des steuerpflichtigen Einkommens unberücksichtigt bleiben, nicht weigern dürfen, den Veranlagungsbehörden auf Aufforderung insoweit Aufschluß zu geben, daß diese, nötigenfalls nach Erhebung der vom Steuerpflichtigen anzugebenden Beweise, sich über die thatsächliche Entstehung und die Abzugsfähigkeit nach Maßgabe der steuerrechtlichen Vorschriften ein Urteil bilden können. Allein ohne eine entsprechende Aufforderung zur Aufklärung der im Einzelnen zu bezeichnenden Ausgaben, die den Veranlagungs-

behörden zu Bedenken Anlaß geben, liegt dem Steuerpflichtigen eine Pflicht zur besonderen Rechtfertigung der gebuchten Ausgaben, insbesondere durch Vorlegung von Belägen, nicht ob.

3. Für den Nachweis solcher Ausgaben, über die nach den obwaltenden Verhältnissen und nach der Verkehrssitte Quittungen u. s. w. nicht ausgestellt zu werden pflegen, dürfen auch schriftliche Beläge nicht gefordert werden.

Nr. 11. Entsch. Bd. IX i. St. S. 306 v. 31. III. 1900 XIIa 2/1900.

Eink.-St.-Ges. §§ 24, 66.

1. Enthalten die Einnahmeverzeichnisse eines Viehhändlers in fortlaufender zeitlicher Reihenfolge die einzelnen Viehhandelsgeschäfte unter Angabe des Einkaufs- und Verkaufspreises und des sich darnach ergebenden Gewinnes und Verlustes, so muß der sich darnach für jedes Jahr ergebende Gesammtgewinn oder Verlust der Berechnung des gewerblichen Einkommens unbedingt zu Grunde gelegt werden, falls nicht bestimmte Thatsachen festzustellen sind, aus denen sich die Unvollständigkeit oder Unrichtigkeit der Eintragungen ergiebt.

2. Sind dem Steuerpflichtigen Geschäftsunkosten bestimmter Art erweislich erwachsen, so können Zweifel über die Höhe ihre Nichtberücksichtigung nicht rechtfertigen, sondern nur die Notwendigkeit der schätzungsweisen Ermittelung ihrer Höhe begründen.

Nr. 12. Entsch. Bd. IX i. St. S. 312 v. 18. V. 99 XIIa 104/98.

Eink.-St.-Ges. § 10.

Bei der Schätzung des mutmaßlichen Einkommens im Steuerjahre dürfen rechnungsmäßige Nachweise hinsichtlich des Ergebnisses eines noch nicht ein volles Jahr bestehenden gewerblichen Betriebes nicht unberücksichtigt gelassen werden. Ein derartiger ziffermäßiger Nachweis enthält, falls er hinsichtlich seiner Vollständigkeit und Richtigkeit zu wesentlichen Bedenken keinen Anlaß giebt, wertvolle Anhaltspunkte für die Schätzung.

Nr. 13. Entsch. Bd. IX i. St. S. 313 v. 8. XI. 1900 XIa 64/1900.

Die rein mechanische Anwendung sogenannter Schätzungsnormen bei der Schätzung des Geldwertes der im Haushalt des Steuerpflichtigen verbrauchten Erzeugnisse des eigenen landwirtschaftlichen Betriebes ist unzulässig.

Selbst wenn der Wert der Erzeugnisse in einem ganzen Kreise übereinstimmen sollte, so wird doch die Höhe des Verbrauches von den verschiedensten Rücksichten bestimmt, wie z. B. Größe der Besitzung, Art der Bewirtschaftung, Art und Menge der gewonnenen und der verbrauchten Erzeugnisse, Wohlhabenheit und Lebenshaltung u. s. w. Diese Verhältnisse sind überall so ungleich, daß die Bestimmung eines durchschnittlichen Verbrauches nicht möglich ist; hiermit schwindet aber auch die Möglichkeit einer durchschnittlichen Bewertung. Besonders ist darauf hinzuweisen, daß die Anrechnung von 120 M. für jedes Kind unter 14 Jahren zu ganz willkürlichen Ergebnissen führen muß, da doch z. B. ein Säugling nichts, und ein kleines Kind erheblich weniger als ein größeres an Wirtschaftserzeugnissen verbraucht. (Vgl. E.-O.-V. in St. Bd. IV S. 1, Bd. VI S. 123, Bd. VII S. 233, Bd. VIII S. 42.)

B. Berücksichtigung der persönlichen Leistungsfähigkeit.

Nr. 1. Entsch. Bd. IX i. St. S. 268 v. 5. XII. 1900 E Xb 18/1900.

Eink.-St.-Ges. §§ 19, 57

Nach dem Wortlaute des § 57 des Eink.-St.-Ges. handelt es sich bei der anderweiten Veranlagung infolge Erbanfalls um eine neue Veranlagung, bei der einmal die schon früher festgestellte Summe des Einkommens und dann die noch festzustellende Summe des ererbten Einkommens in die Rechnung einzustellen und so ein neuer Steuersatz zu finden ist. Hierbei ist die Veranlagungsbehörde ebenso wie der Steuerpflichtige nur an das bei der ursprünglichen Veranlagung festgestellte Einkommen innerhalb der nicht mehr anfechtbaren Steuerstufe, nicht aber an den Steuersatz gebunden, und die Steuerbehörde ist, wie bei jeder neuen Veranlagung, nicht nur berechtigt, sondern auch verpflichtet, von neuem zu prüfen, ob die Voraussetzungen für eine Ermäßigung nach § 19 des Eink.-St.-Ges. zutreffen. Gerade durch die infolge des Erbanfalles eingetretene Vermehrung des Vermögens und des Einkommens können die wirtschaftlichen Verhältnisse des Steuerpflichtigen, die zur Annahme einer wesentlichen Beeinträchtigung der steuerlichen Leistungsfähigkeit und demnach zu der Zubilligung einer Ermäßigung nach § 19 a. a. O. führten, sich wesentlich geändert haben.

Die gleichen Grundsätze finden auf die Ermäßigung nach § 18 a. a. O. um eine Stufe der Einkommensteuer beim Vorhandensein von 3 oder mehr Kindern unter 14 Jahren Anwendung.

C. Veränderungen der veranlagten Steuer im Laufe des Jahres.

Nr. 1. Entsch. Bd. IX i. St. S. 315 v. 12. XII. 1900 E IVa 22/1900.

Eink.-St.-Ges. §§ 57, 59, Ausf.-Anw. Art. 6 I 2 Abs. 3, Erg.-St.-Ges. §§ 38, 40.

1. Die Veranlagung eines Erben wegen des ererbten Vermögens und des Einkommens daraus zur Ergänzungs- bezw. Einkommensteuer ist unzulässig, so lange seine Erbquote nicht feststeht.

2. Die Erbquote jedes Mitgliedes der als Erbe eingesetzten künftigen Deszendenz einer Person ist so lange eine unbestimmte, bis durch den Tod des Vaters der Deszendenz feststeht, daß andere Berechtigte nicht mehr hinzukommen können.

Nr. 2. Entsch. Bd. IX i. St. S. 318 v. 28. VI. 1900 VIIa 54/99.

Eink.-St.-Ges. §§ 57, 59.

Der Anfall eines Familienfideikommisses ist nicht ein Erbanfall im Sinne des § 57 des Eink.-St.-Ges.

(Folgt eingehende Begründung.)

Eine anderweite Veranlagung des neuen Fideikommißbesitzers im Laufe des Steuerjahres ist daher unzulässig.

Nr. 3. Entsch. Bd. IX i. St. S. 323 v. 2. XI. 1900 E Vb 11/1900 und **Entsch. Bd. IX i. St. S.** 324 i. d. Anm. v. 5. XII. 1900 E Xb 18/1900.

Eink.-St.-Ges. §§ 11, 57; Erg.-St.-Ges. §§ 5 4, 38.

Nach § 11 des Eink.-St.-Ges. und § 5 Nr. 4 des Erg.-St.-Ges. kann die Veranlagung der Ehefrau nur durch die anderweite Veranlagung ihres Ehemannes ins Werk gesetzt werden, weil sie nach Lage der angezogenen Bestimmungen im vorliegenden Falle nicht selbständig zu veranlagen ist, sondern zur Haushaltung ihres Ehemannes gehört. Daher ist der Ehemann der Steuerträger für seine nicht dauernd von ihm getrennt lebende Ehefrau und demgemäß auch infolge einer durch einen Erbanfall an letztere im Laufe des Steuerjahres bedingten Vermehrung seines steuerpflichtigen Vermögens oder Einkommens nach § 38 des Erg.-St.-Ges. bezw. § 57 des Eink.-St.-Ges. anderweit zu veranlagen.

Nr. 4. Entsch. Bd. IX i. St. S. 325 v. 27. II. 1901 E XIb $\frac{3}{4}$/1900.

Eink.-St.-Ges. §§ 44, 57, 80; Erg.-St.-Ges. §§ 36, 38, 46.

1. Nach dem Testamente eines im Januar 1896 verstorbenen Erblassers sollte seine gesammte Nachlaßmasse bis zum nächsten auf seinen Todestag folgenden 1. Januar, also bis zum 1. I. 97 für Rechnung der ruhenden Erbschaft verwaltet werden und die Antretung der Erbschaften erst an diesem Tage erfolgen. Bis zu diesem Termine sollte jeder der testamentarischen Erben, deren Erbportion in einer Verhältniszahl festgesetzt worden war, eine bestimmte Summe aus den Einkünften der Erbschaft erhalten. Diese Testamentsbestimmungen hatte nun die Berufungskommission dahin ausgelegt, daß der Erbanfall bereits mit dem Todestage stattgefunden habe und die Erben sowie die einzelnen Erbportionen bereits am Todestage vorhanden gewesen seien, und daß die Feststellung des 1. I. 97 als Auseinandersetzungstermin lediglich den Zweck gehabt habe, die Erbschaft besser realisieren und leichter teilen zu können.

Diese Auslegung der testamentarischen Bestimmungen beruht im wesentlichen auf thatsächlichem Gebiete und entzieht sich aus diesem Grunde bei der beschränkten Natur des Rechtsmittels der Beschwerde, die nur auf Rechtsverletzung oder wesentliche Mängel des Verfahrens gestützt werden kann, der Nachprüfung im Beschwerdeverfahren.

2. Wird die Veranlagung wegen eines Erbanfalls erst nach Ablauf desjenigen Steuerjahres, in dem der Erbfall eingetreten ist, bewirkt, so handelt es sich nicht mehr um eine anderweite Veranlagung aus § 57 Eink.-St.-Ges. oder § 38 Erg.-St.-Ges., sondern um eine Nachsteuerveranlagung gemäß § 80 Eink.-St.-Ges. oder § 46 Erg.-St.-Ges.

Nr. 5. Entsch. Bd. IX i. St. S. 329 v. 18. IV. 1900 XIIIb 163/99.

Eink.-St.-Ges. § 57.

Aus der Bestimmung des § 57 Eink.-St.-Ges., daß die darin unter der Voraussetzung einer Vermehrung des Einkommens durch Erbanfall vorgeschriebene anderweite Veranlagung entsprechend der Vermehrung des Einkommens erfolgen soll, ergiebt sich (vgl. E.-O.-V. in St. Bd. III S. 130/34 und Bd. V S. 306/9), daß die ursprünglich für das betreffende Steuerjahr veranlagte Steuer und ebenso die Höhe des bei dieser Veranlagung oder deren späteren Berichtigung im Rechtsmittelverfahren gegenüber dem Steuerpflichtigen endgültig festgestellten steuerpflichtigen Einkommens den Maßstab für die Beurteilung der Frage bilden sollen, ob eine Vermehrung des Einkommens durch den Erbanfall stattgefunden hat. Bei dieser Veranlagung müssen andere Einkommensvermehrungen, die etwa im Laufe des Steuerjahres stattgefunden haben mögen, außer Betracht bleiben. Daraus ergiebt sich, daß auch dann, wenn eine solche im Laufe des Steuerjahres aus anderer Ursache, als einem Erbanfall eingetretene Einkommensvermehrung durch den Erbanfall oder mit diesem wieder in Wegfall kommt, dies für die anderweite Veranlagung ohne Bedeutung sein muß.

D. Nachbesteuerung.

Nr. 1. Entsch. Bd. IX i. St. S. 332 v. 17. XI. 1900 XIa 34/35/36/1900.

Eink.-St.-Ges. §§ 66, 67, 70, 80.

Die Nachbesteuerung gemäß § 80 des Eink.-St.-Ges. ist unzulässig, so lange gegen den Steuerpflichtigen ein Strafverfahren wegen Steuerhinterziehung (§§ 66, 67) schwebt. Dies ergiebt sich nicht nur aus der ausdrücklichen Fassung des § 80 — „ohne daß eine strafbare Hinterziehung der Steuer stattgefunden hätte (§§ 66 und 67)" —, sondern auch aus dem Wesen der Sache.

Nach § 67 a. a. O. erstreckt sich die Verbindlichkeit zur Nachzahlung der hinterzogenen Steuer auf einen Zeitraum von zehn Jahren zurück und die Festsetzung dieser Nachsteuer gebührt der Regierung mit Vorbehalt der Beschwerde an den Finanzminister. Dagegen ist die Veranlagung der Nachsteuer außerhalb der Hinterziehungsfälle (§ 80) auf einen dreijährigen Zeitraum beschränkt und den allgemein zuständigen Steuerbehörden unter Eröffnung des allgemeinen Rechtsmittelweges übertragen. Es handelt sich also um zwei völlig verschiedene Arten des Verfahrens, die schon wegen der gänzlich voneinander abweichenden Bestimmungen über Zuständigkeit und Instanzenzug nicht zugleich zur Anwendung gelangen können. Hier muß das Hinterziehungsverfahren vorgehen. Soweit in diesem Verfahren eine Festsetzung der hinterzogenen Steuer (Nachsteuer auf Grund des § 67) erfolgt, ist jede Nachbesteuerung gemäß § 80 ausgeschlossen. Dagegen ist bei einem negativen Ergebnisse des Hinterziehungsverfahrens noch die Nachbesteuerung im Rahmen des § 80 gestattet.

Es kann auch, sofern die zuständigen Behörden eine Steuerhinterziehung im Sinne des § 66 für ausgeschlossen halten, von vornherein zur Nachbesteuerung gemäß § 80 geschritten werden. Trifft aber diese Voraussetzung nicht zu, so ist die Zulässigkeit der Nachbesteuerung auf Grund des § 80 von dem Ausfalle des Hinterziehungsverfahrens abhängig. Ob die Voraussetzungen der Steuerhinterziehung zutreffen oder nicht, können mit bindender Wirkung nur die hierfür zuständigen Behörden (§ 70 Abs. 2 bis 4) feststellen. Durch eine negative Feststellung seitens der zur Nachbesteuerung gemäß § 80 zuständigen Behörden würden die zur Verfolgung der Hinterziehung berufenen Behörden nicht gebunden werden können. Hieraus folgt mit Notwendigkeit die Abstandnahme von jeder Nachbesteuerung auf Grund des § 80 während eines noch schwebenden Strafverfahrens wegen Steuerhinterziehung.

Nr. 2. Entsch. Bd. IX i. St. S. 333 v. 12. III. 1900 V 4—7/98.

Eink.-St.-Ges. §§ 57, 59, 60, 80.

1. Nach § 80 des Eink.-St.-Ges. erstreckt sich die Verpflichtung zur Entrichtung des der Staatskasse entzogenen Betrages auf die drei Steuerjahre zurück, die dem Steuerjahre, in dem die Verkürzung festgestellt worden, vorausgegangen sind.

2. Unter „Verkürzung" in Abs. 1 Satz 2 des § 80 ist die Thatsache zu verstehen, daß der Staatskasse ein Steuerbetrag entzogen ist. Die Feststellung aber darüber, ob eine Steuer zu entrichten ist, ist im Eink.-St.-Ges. bestimmten, zu diesem Zweck eingesetzten Organen übertragen, woraus folgt, daß

die Feststellung jener Verkürzung nur durch diese Organe erfolgen kann. Im § 80 wird nun, in Abs. 3, ausdrücklich bestimmt, daß die Einziehung der entzogenen Steuer infolge einer Veranlagung stattfindet, und diese Vorschrift läßt eine andere Deutung nicht zu, wie die, daß sich durch die Veranlagung eben die Feststellung der Verkürzung vollzieht, wovon der zweite Satz im Abs. 1 spricht. Aus diesen Erwägungen (vgl. E.-O.-V. in St. Bd. VI S. 337 ff.) kommt es auf den Beschluß der Veranlagungskommission an. Auch der Vorsitzende der Veranlagungskommission ist jedenfalls ohne Zustimmung der Voreinschätzungskommission nicht berufen und daher nicht befugt, die Feststellung der Verkürzung wirksam vorzunehmen. Sollte dieser etwa zur vorläufigen Feststellung befugt sein, wie in den Fällen der §§ 57 und 59 in Gemäßheit des § 60 des Eink.-St.-Ges., so hätte solches bestimmt werden müssen, was nicht geschehen ist.

3. Ueber die Zulässigkeit der Nachbesteuerung in Betreff der sonst erforderlichen materiellen Grundlagen ist von den vereinigten Steuersenaten des O.-V.-G. in der Sitzung v. 4. XII. 99 in einschränkender Abänderung der früheren Rechtsprechung (E.-O.-V. in St. Bd. II S. 280 ff.) dahin entschieden worden, daß die Nachbesteuerung nur auf Grund der Ermittelung neuer, bisher nicht bekannter Thatsachen erfolgen darf. Der Vorschrift in Art. 85 Nr. 2 Abs. 4 der Ausf.-Anw. v. 31. VIII. 94, wonach eine nachträgliche Berichtigung der rechtskräftigen Veranlagung nur herbeizuführen ist, „wenn mit Bezug auf die Einkommens- oder Vermögensverhältnisse des Steuerpflichtigen neue Thatsachen oder Beweismittel, welche eine höhere Veranlagung begründen, erst nachträglich zu einer Zeit ermittelt werden, zu welcher die Geltendmachung im Wege der ordentlichen Rechtsmittel nicht mehr möglich war," kommt nicht eine bloß instruktionelle Bedeutung zu, es sind hier vielmehr zutreffend die Grenzen angegeben, innerhalb welcher die Nachbesteuerung zulässig ist.

4. Durch den Umstand, daß der Steuerpflichtige bei der Personenstandsaufnahme von der ihm gebotenen Gelegenheit, seine Einkommensverhältnisse anzugeben, keinen Gebrauch gemacht hat, kann die im § 80 des Eink.-St.-Ges. zu Gunsten der Staatskasse begründete Verpflichtung des Steuerpflichtigen zur Entrichtung des der Staatskasse entzogenen Betrages nicht beseitigt werden. Auch bleibt der zur Anwendung des § 80 nach dem obigen erforderliche Thatbestand, wenn er gegeben ist, davon unberührt, daß die Einschätzungskommission den Pflichtigen nicht, wie sie hätte thun können, nach seinem Einkommen gefragt hat, und daß, wenn diese Frage gestellt wäre, möglicherweise der zutreffende Sachverhalt schon bei den ersten Veranlagungen zur Kenntnis der Behörde gekommen wäre.

Nr. 3. Entsch. Bd. IX i. St. S. 339 v. 16. III. 1900 $\frac{\text{V A } \frac{61}{62}/99.}{\text{E III } \frac{13}{14}/99.}$

Eink.-St.-Ges. § 80.

1. Erstreckt sich die Nachbesteuerung auf mehrere Steuerjahre zurück, so ist die für die Vornahme der Nachbesteuerung für das letzte Steuerjahr örtlich zuständige Veranlagungskommission auch für die Nachbesteuerung in Betreff der früheren Jahre zuständig, selbst wenn der Steuerpflichtige inzwischen den Wohnsitz gewechselt hat.

2. Bei der Ermittelung des nachsteuerpflichtigen Einkommens ist zu beachten, daß nach dem letzten Abs. des § 80 des Eink.-St.-Ges. die Veranlagung zur Nachsteuer nach den Vorschriften dieses Ges. zu erfolgen hat.

Es ist also bei der Nachveranlagung ebenso zu verfahren wie bei der ordentlichen Veranlagung, bei der für die Berechnung des steuerpflichtigen Einkommens der Bestand der einzelnen Quellen beim Beginne des Steuerjahres maßgebend ist. Die Auffassung, daß es bei der nachträglichen Veranlagung auf den Bestand der Einkommensquellen beim Beginne des Jahres, für das die Veranlagung zur Nachsteuer zu erfolgen hat, nicht ankomme, daß vielmehr auch die im Laufe des Steuerjahres hierin vorgekommenen Veränderungen zu berücksichtigen seien, also auch das Einkommen aus Quellen, die erst im Laufe des Steuerjahres neu entstanden sind, als steuerpflichtig heranzuziehen sei, ist rechtsirrig. (Vgl. E.-O.-V. in St. Bd. VI S. 335ff.)

In der einheitlich für den ganzen Zeitraum, auf den sich die Verpflichtung zur Entrichtung der Nachsteuer erstreckt, zu treffenden Entscheidung ist sodann ersichtlich zu machen, nach welcher Norm des § 10 des Eink.-St.-Ges. das Einkommen aus einer jeden beim Beginne des Steuerjahres, für das die Nachveranlagnng erfolgt, vorhanden gewesenen Einkommensquelle in Ansatz gebracht worden ist. Ist es nach dem Durchschnitt der Vergangenheit berechnet, so ist der Zeitraum und die Art der Berechnung anzugeben; war die Durchschnittsberechnung ausgeschlossen und ist bei der Veranlagung das Einkommen nach dem mutmaßlichen Ertrage für das Steuerjahr in Ansatz gebracht, so ist anzugeben, wie das aus dieser Einkommensquelle im Steuerjahre erzielte Einkommen ermittelt worden ist.

6. Rechtsmittel.

A. Verfahren in der Berufungsinstanz.

Nr. 1. Entsch. Bd. IX i. St. S. 343 v 16. II. 1901 IVa 135/1900.

Die bedingte Einlegung eines Rechtsmittels und die nachträgliche Beifügung einer Bedingung bei einem zunächst unbedingt eingelegten Rechtsmittel sind unwirksam.

Durch die nachträgliche Beifügung einer Bedingung kann daher der Steuerpflichtige die zunächst unbedingte Einlegung der Beschwerde nicht zu einer bedingten machen, sondern er hat nur die Wahl, entweder das Rechtsmittel zurückzunehmen oder es bei der unbedingten Anrufung des O.-V.-G. zu belassen.

Nr. 2. Entsch. Bd. IX i. St. S. 353 v. 3. XI. 1900 E IIa 3/1900.

Die Wiedereinsetzung in den vorigen Stand wegen eines bei der Bestellung der Beschwerdeschrift durch den Postboten begangenen Versehens wurde in folgendem Falle vom O.-V.-G. gewährt:

> Die Beschwerdeschrift, für deren Einreichung die Frist am 27. XII. 99 ablief, ist erst am 28. XII. bei dem Vorsitzenden der Berufungskommission eingegangen. Zwar tragen die Briefadressen den Postausgabestempel „D. 27. 12. 99 6—7 N." und den Vermerk „Sofort durch Eilboten zu bestellen, Bote bezahlt"; die Ermittelungen haben jedoch ergeben, daß der mit der Eilbestellung beauftragte Postbote die Briefe versehentlich in den Briefkasten des Königl. Polizeipräsidenten, der Vorsitzender der Veranlagungskommission für den Stadtkreis D. ist, geworfen hat, daß sie dort am 28. XII. Vorm. 7 Uhr vorgefunden und an demselben Tag uneröffnet an den Vorsitzenden der Berufungskommission weitergegeben sind. Unter diesen Umständen ist zweifellos die Beschwerde verspätet eingegangen, und würde deshalb das Rechts-

mittel als verloren anzusehen sein, falls nicht gemäß § 47 Erg.-St.-Ges. Wiedereinsetzung in den vorigen Stand gewährt wird. Der Steuerpflichtige hat innerhalb der gesetzlichen Frist unter Aufführung obiger Thatsachen den Antrag auf Wiedereinsetzung gestellt und dargethan, es sei ein „unabweisbarer Zufall" gewesen, daß seine Beschwerde an der zuständigen Stelle verspätet eingegangen sei. Diesem Antrag zu entsprechen ist unbedenklich, da das Hindernis erst gehoben war, als Zensit von dem verspäteten Eingang der Beschwerde Kenntnis erhielt.

Nr. 3. Entsch. Bd. IX i. St. S. 348 v. 10. I. 1900 VI 62/97.

Eink.-St.-Ges. § 40.

Die Einlegung der Berufung seitens des Vorsitzenden der Veranlagungskommission kann, auch wenn er zu deren Einlegung höheren Ortes angewiesen ist, rechtswirksam nur dadurch erfolgen, daß er die Berufungsschrift innerhalb der vierwöchentlichen Ausschlußfrist bei dem Vorsitzenden der Berufungskommission einreicht.

Nr. 4. Entsch. Bd. IX i. St. S. 344 v. 15. III. 1900 E VIIIa 9/1900.

Eink.-St.-Ges. §§ 21—23, 32, 35, 36, 40, 74, 75; Ausf.-Anw. Art. 38, 41, 45, 47, 63.

1. Den Vorsitzenden der Veranlagungskommissionen steht das Rechtsmittel der Berufung gegen die auf die Kommunalbesteuerung bezüglichen Beschlüsse der Voreinschätzungskommissionen (§§ 74, 75 des Eink.-St.-Ges.) nicht zu.

Wenn der § 40 a. a. O. ihnen gegen das „Ergebnis der Veranlagung" das Rechtsmittel der Berufung gewährt, so kann hiermit nur das durch Beschluß der Veranlagungskommission festgestellte Ergebnis der Veranlagung gemeint sein. Gegen Beschlüsse der Voreinschätzungskommissionen ist dem Vorsitzenden der Veranlagungskommission das Rechtsmittel der Berufung überhaupt nicht gegeben, weil das Gesetz hierfür ein besonderes Verfahren angeordnet hat. Nach § 36 a. a. O. hat nämlich der Vorsitzende der Veranlagungskommission bei Beanstandung der von den Voreinschätzungskommissionen vorgeschlagenen Steuersätze die Verhandlungen der Veranlagungskommission zur Beschlußfassung vorzulegen und erst gegen das Ergebnis dieser Beschlußfassung ist ihm gemäß § 40 a. a. O. die Berufung gestattet.

2. Die Vorsitzenden der Veranlagungskomissionen haben es aber bei richtiger Erfüllung ihrer Obliegenheiten in der Hand, gemäß § 36 des Eink.-St.-Ges. die Freilassung der nicht in die Staatssteuerliste übernommenen Personen ihrerseits zu beanstanden, einen Beschluß der Veranlagungskommission hierüber herbeizuführen und einen die Freilassung aufrecht erhaltenden Beschluß im Wege der Berufung anzufechten. Unterläßt sie die Beanstandung, so ist hiermit die Freilassung von der Staatssteuer endgültig erfolgt und ein hierbei begangenes Versehen kann nicht durch Anfechtung des Ergebnisses der Kommunalbesteuerung berichtigt werden. Der § 75 a. a. O. giebt dem Vorsitzenden der Veranlagungskommission kein Anfechtungsrecht, wie auch im Art. 63 Nr. 4 der Ausf.-Anw. in richtiger Auslegung des Gesetzes ohne irgend eine Einschränkung anerkannt ist.

3. Die Ansicht, daß jede Veranlagung zu einem fingierten Normalsteuersatze zugleich den Ausspruch über die Befreiung von der Staatssteuer enthalte und insoweit die Festsetzung durch die geordneten Organe ein Ergebnis der Staatssteuerveranlagung sei, ist unrichtig. Die Freilassung von der Staatssteuer ist die Voraussetzung der Veranlagung

eines fingierten Normalsteuersatzes. Die kommunale Veranlagung gemäß § 75 des Eink.-St.-Ges. enthält keine Anordnung oder Beschlußfassung über Befreiung von der Staatssteuer, worüber die Voreinschätzungskommission in diesem Stadium des Verfahrens gar nicht mehr zu befinden hat, sondern sie ist lediglich die Folge der bereits beschlossenen und von dem Vorsitzenden der Veranlagungskommission nicht beanstandeten Staatssteuerbefreiung.

Nr. 5. Entsch. Bd. IX i. St. S. 349 v. 28. VI. 1900 Ia 208/98.

Der Steuerpflichtige, der rechtzeitig Berufung wegen zu hoher Besteuerung eingelegt hat, kann auch nach Ablauf der Berufungsfrist bis zum Erlasse der Berufungsentscheidung eine noch höhere Besteuerung mit Erfolg beantragen. Denn es kann keinem Zweifel unterliegen, daß die Steuerpflichtigen, die zur Stellung eines besonderen Berufungsantrags überhaupt nicht verpflichtet sind, zur Abänderung des gestellten Antrags nach jeder Richtung hin, eventuell auch zur Vermeidung einer Nachbesteuerung nach § 80 des Eink.-St.-Ges., so lange berechtigt sind, als das Berufungsverfahren durch Erlaß der Berufungsentscheidung noch nicht abgeschlossen worden ist.

Nr. 6. Entsch. Bd. IX i. St. S. 271 v. 26. X. 99 XIIb 28/99.

Mündliche Verhandlungen mit den Steuerpflichtigen müssen in sachdienlicher und vollständiger, die Notwendigkeit einer nochmaligen Vernehmung ausschließenden Weise erfolgen. Bei der Aufnahme protokollarischer Berufungen ist der Berufer über alle für die richtige Veranlagung wesentlichen Punkte vollständig zu befragen und zu vernehmen und es sind seine Angaben im Protokolle zu vermerken. Soweit der Berufer bei voller Kenntnis der Unterlagen der Veranlagung seinen Angriff ausdrücklich auf einzelne bestimmte Punkte beschränkt, braucht auch die Vernehmung, sofern nicht etwa aus sachlichen Gründen eine Aufklärung bezüglich anderer Punkte erforderlich ist, nicht weiter ausgedehnt zu werden. Wenn aber eine solche Beschränkung nicht stattgefunden hat, sondern die Veranlagung in ihrem ganzen Umfange angefochten werden soll, so darf auch die Befragung u. s. w. nicht auf einzelne, dem protokollierenden Beamten wichtig erscheinenden Punkte, insbesondere nicht auf die dem Berufer ungünstigen Punkte beschränkt werden, sondern es muß eine sachdienliche, vollständige Befragung über sämmtliche für die Veranlagung in Betracht kommenden thatsächlichen wie rechtlichen Verhältnisse ohne Unterschied, ob sie die Steuerpflicht oder den Steuersatz zu Gunsten oder zu Ungunsten der Veranlagten beeinflussen, erfolgen. Dies gilt insbesondere auch von den gesetzlichen Abzügen, namentlich von solchen, die aus den Verhandlungen über frühere Veranlagungen oder aus dem sonstigen Inhalt der Akten hervorgehen, für das Steuerjahr aber von dem Steuerpflichtigen bisher nicht ausdrücklich geltend gemacht sind.

Nr. 7. Entsch. Bd. IX i. St. S. 273 v. 15. III. 1900 E VIII c 17/99.

Wenn der Berufer zur näheren Erläuterung seines Vorbringens und zur Vorbereitnng der zu erlassenden Entscheidung amtlich vernommen wird, so muß die Befragung und Vernehmung sachlich und vollständig sein. Der Berufer muß über alle, der Aufklärung bedürfenden Einkommens- und Vermögensverhältnisse und sämmtliche für die richtige Besteuerung wesentlichen Punkte so eingehend befragt und vernommen werden, daß sich die zuständige Kommission überall ein sicheres Urteil zu bilden vermag. Der vernehmende Beamte muß es sich angelegen sein lassen, auf unrichtigen thatsächlichen oder rechtlichen Voraussetzungen oder auf mangelnder Rechtskenntnis beruhende Mißverständnisse des Berufers aufzuklären, ihn auf Unklarheiten oder auf Widersprüche aufmerksam zu machen und überall seine wirkliche Meinung und Absicht zu erforschen. Hierbei ist mit besonderer Vorsicht gegenüber solchen Personen zu verfahren, denen es an ausreichender Rechtskenntnis oder an der Fähigkeit fehlt, ihre Meinung und Absicht klar und verständlich auszudrücken. Ganz und gar unstatthaft würde es sein, Mißverständnisse und Irrtümer des Berufers zu seinem Nachteile zu benutzen oder ihn gar zu Aeußerungen zu veranlassen, die seiner wirklichen Meinung und Absicht nicht entsprechen.

Nr. 8. Entsch. Bd. IX i. St. S. 276 v. 26. IV. 1900 E VIIIc 34/99.

Die Aufgabe der Berufungskommission ist es, das steuerpflichtige Vermögen und Einkommen und die hiernach zutreffenden Steuersätze unter selbständiger Nachprüfung der Veranlagung gemäß den gesetzlichen Vorschriften in materieller Richtigkeit festzustellen. Es ist selbstverständlich, daß sie hierbei die eigenen Anerkenntnisse und Zugeständnisse des Berufers verwerten darf; aber ebenso selbstverständlich, daß dies nur für solche Erklärungen gilt, die die Absicht und Willensmeinung des Erklärenden in zweifelloser Weise zum Ausdruck bringen. Wie es unzulässig ist, einen Steuerpflichtigen durch unrichtige oder von ihm nicht verstandene Vorhaltungen und Belehrungen zur Abgabe von Erklärungen zu veranlassen, die seiner Absicht und Willensmeinung nicht entsprechen, ebenso unstatthaft erscheint es, mit solchen Mängeln behaftete Erklärungen zu seinem Nachteile zu verwerten.

Nr. 9. Entsch. Bd. IX i. St. S. 294 v. 16. III. 99 IX 214/98.

Die Steuerpflichtigen haben kein Recht, zu verlangen, daß der Vorsitzende der Berufungskommission ihre Handels- oder Wirtschaftsbücher ohne Beisein eines Dritten einsieht. Denn dieser ist befugt, sich bei der Erhebung des Bücherbeweises nach seinem pflichtmäßigen Ermessen vertreten oder durch ihm zu diesem Behufe zugewiesene subalterne Hilfskräfte bei den Verhandlungen mit den Steuerpflichtigen unterstützen zu lassen.

Nr. 10. Entsch. Bd. IX i. St. S. 298 v. 31. III. 1900 Vb 86/99.

Die Berufungskommission hatte die vom Steuerpflichtigen zum Nachweise seiner auf Grund der Geschäftsbücher angegebenen Reingewinnbeträge für die drei der Veranlagung vorangegangenen Jahre angebotene Vorlage der Bücher vor dem Vorsitzenden der Berufungskommission aus dem Grunde abgelehnt, weil Zensit die von ihm vorher verlangte Einreichung ordnungsmäßiger Bilanzen und der Abschriften des Geschäftsunkostenkontos aus den maßgebenden drei Jahren verweigert habe. Der Steuerpflichtige hatte nur einen als Gewinn- und Verlustkonto bezeichneten Auszug eingereicht, woraus allerdings das Verhältnis des Vermögens und der Schulden, wie bei einer Bilanz im Sinne des Art. 29 des H.-G.-B., nicht hervorgeht. Es war demnach — eine kaufmännische Buchführung vorausgesetzt — das Verlangen der Einreichung von Bilanzabschriften begründet. Dagegen geht die Auflage der Beibringung von Abschriften des Geschäftsunkostenkontos aus den drei Vorjahren zu weit. Die Berufungskommission bezw. deren Vorsitzender mußte zunächst die Bücher selbst einsehen oder in seinem Auftrage einsehen lassen, um festzustellen, ob überhaupt eine kaufmännische Buchführung vorliegt. Erst nach Kenntnisnahme von der Art der Buchführung und von ihrem Inhalte ließ sich beurteilen, ob und welche Zusammenstellungen, Auszüge und Erläuterungen noch notwendig sein würden.

Nr. 11. **Entsch. Bd. IX** i. St. S. 280 v. 22. XII. 1900 IVb 140/1900.

Wenn ein Steuerpflichtiger nach Einlegung der Berufung zur näheren Erläuterung seines Vorbringens und zur Vorbereitung der zu erlassenden Entscheidung amtlich vernommen wird, so muß die Vernehmung sachgemäß und vollständig sein. Er muß daher über alle der Aufklärung bedürfenden Einkommensverhältnisse und sämmtliche für die richtige Besteuerung wesentlichen Punkte so eingehend vernommen werden, daß sich die Berufungskommission und eventuell das Beschwerdegericht überall ein sicheres Urteil zu bilden vermögen. Der vernehmende Beamte muß es sich angelegen sein lassen, auf unrichtigen thatsächlichen oder rechtlichen Voraussetzungen oder auf mangelhafter Rechtskenntnis beruhende Mißverständnisse des Berufers aufzuklären, ihn auf Unklarheiten oder Widersprüche aufmerksam zu machen und überall seine wirkliche Meinung zu erforschen.

B. Beschwerdeverfahren.

Nr. 1. **Entsch. Bd. IX** i. St. S. 350 v. 22. XII. 1900 VIIIa 63/1900.
Eink.-St.-Ges. § 30.

Der Umstand, daß der Vorsitzende der Veranlagungskommission nicht das sämmtliche die Veranlagung des Steuerpflichtigen betreffende Aktenmaterial der Berufungskommission vorgelegt und diese demgemäß ohne Kenntnis des vollständigen Sachverhalts über die Berufung des Steuerpflichtigen entschieden hat, darf dem letzteren nicht zum Nachteil gereichen. Es muß vielmehr hierin ein wesentlicher Verfahrensmangel gefunden werden, weil im vorliegenden Falle nach Lage der Sache die Annahme nicht ausgeschlossen erscheint, daß die Berufungskommission bei Kenntnis des vollständigen Thatbestandes eine Fristversäumnis des Steuerpflichtigen bei Abgabe der Steuererklärung entweder überhaupt nicht für vorliegend oder die vorliegende für entschuldbar erachtet haben würde.

Aehnlich **Entsch. Bd. IX** i. St. S. 353 i. d. Anm. v. 18. X. 1900 XIIIb 122/1900.

Der Beschwerdeführer hatte zwar anfangs die Vorlegung seiner Bücher abgelehnt, sich aber schließlich dazu ausdrücklich bereit erklärt. Daß diese Erklärung vom Vorsitzenden der Veranlagungskommission zurückbehalten und der Berufungskommission nicht vorgelegt worden ist, darf dem Beschwerdeführer nicht zum Nachteil gereichen. Die Unterlassung der Einreichung der Erklärung des Beschwerdeführers an die Berufungskommission stellt sich vielmehr als wesentlicher Mangel des Verfahrens dar.

II.

Ergänzungssteuer.

Litteratur: Fernow, Ergänzungssteuerges. v. 14. VII. 93. 3. Aufl., Berlin 1901.

1. Steuerpflicht.

Nr. 1. Entsch. Bd. IX i. St. S. 1 v. 17. X. 1900 E IVa 2/1900.

Siehe oben S. 367.

Nr. 2. Entsch. Bd. IX i. St. S. 3 v. 7. IV. 1900 VI 4/99.

Siehe oben S. 367.

Nr. 3. Entsch. Bd. IX i. St. S. 7 v. 28. XI. 1900 III 117/1900.

Siehe oben S. 369.

Nr. 4. Entsch. Bd. IX i. St. S. 10 v. 10. I. 1901 E XIIb 7/1900.

Siehe oben S. 369.

Nr. 5. Entsch. Bd. IX i. St. S. 355 v. 15. III. 1900 E Xf 2—4/99.

Erg.-St.-Ges. §§ 2 IIa, 4 I 1.

Die Vorschrift im § 2 IIa des Erg.-St.-Ges. kann nur auf die Eigentümer von Grundstücken bezogen werden; denn gegenüber Personen, denen nicht das Eigentum, sondern irgend ein anderes Recht an einem Grundstück zusteht, kann nicht von „ihrem Grundbesitz" die Rede sein. Unter Grundbesitz kann nichts anderes verstanden werden, als das, was im § 4 I 1 a. a. O. mit den Worten „Grundstücke (Liegenschaften und Gebäude) nebst allem Zubehör" ausgedrückt ist. So würde z. B. auch das Nießbrauchsrecht eines von der unbeschränkten Steuerpflicht Ausgeschlossenen an einem Preußischen Grundbesitz nicht steuerpflichtig sein. Dasselbe gilt von einer testamentarisch bestimmten Rente aus den Erträgnissen eines Grundstücks.

2. Maßstab der Besteuerung.

Nr. 1. Entsch. Bd. IX i. St. S. 105 v. 16. III. 1900 E III 7/99.

Siehe oben S. 388.

Nr. 2. Entsch. Bd. IX i. St. S. 356 v. 16. III. 1900 E III 20/99.

Erg.-St.-Ges. §§ 9, 10, 26 Abs. 5; Ausf.-Anw. Art. 5 3, 36 II 1.

Ist in den Fällen des § 10 des Erg.-St.-Ges. eine Vermögensanzeige abgegeben, so gilt als das letzte Wirtschafts- oder Rechnungsjahr dasjenige, dessen Ergebnis bei Abgabe der Vermögensanzeige feststand.

Nr. 3. Entsch. Bd. IX i. St. S. 358 v. 9. III. 1900 E III 12/98.

Erg.-St.-Ges. § 10; Ausf.-Anw. Art. 5 3.

Ein Gewerbtreibender, der regelmäßige jährliche Abschlüsse macht, kann verlangen, daß alle Bestandteile des steuerbaren Vermögens nach dem Stande am Schlusse des letzten Wirtschaftsjahres, nicht nach dem am Schluße des Steuerjahres festgestellt und bewertet werden.

Wollte man nur für das gewerbliche Anlage- und Betriebskapital jenen Zeitpunkt zu Grunde legen, im übrigen aber den Vermögensstand zu einem anderen Zeitpunkte für maßgebend erachten, so würde dies auch zu unhaltbaren praktischen Konsequenzen führen, indem nach solcher Berechnung, für den Fall, daß nach dem für den Gewerbebetrieb gemachten Abschlusse ein Betrag aus dem Betriebe herausgezogen und vor dem Beginn des betreffenden Steuerjahres als Kapitalvermögen angelegt würde, dieser Vermögensbestandteil doppelt zur Anrechnung käme.

Nr. 4. Entsch. Bd. IX i. St. S. 361 v. 22. XII. 1900 E IVb 42/1900.
Erg.-St.-Ges. § 7 c.

Bei der Feststellung des Kapitalwertes eines von dem Steuerpflichtigen zu leistenden Altenteils sind auch solche Verpflichtungen zu berücksichtigen, die ihm zwar keine unmittelbaren Ausgaben an Geld oder Geldeswert verursachen, ihn aber auf andere Weise in der Nutzung seines Grundstücks beschränken und deshalb den Verkaufswert des letzteren mindern. Dies trifft z. B. zu, wenn dem Auszügler das Recht zusteht, in dem belasteten Grundstücke frei zu wohnen, gewisse Ländereien ohne Entgelt für sich zu bewirtschaften und dergleichen.

Nr. 5. Entsch. Bd. IX i. St. S. 363 v. 18. V. 1900 E IVa 3/1900.
Erg.-St.-Ges. § 9.

1. Nach § 9 des Erg.-St.-Ges. ist bei der Schätzung des steuerbaren Vermögens der gemeine Wert, d. i. der Kaufwert seiner einzelnen Bestandteile zur Zeit der Veranlagung zu Grunde zu legen.

Hieraus folgt, daß, wenn das zu bewertende Grundstück in neuerer Zeit selbst den Gegenstand eines Kaufgeschäftes gebildet hat, behufs Ermittelung des gemeinen Wertes von dem Kaufpreise auszugehen ist, sofern nicht bestimmte thatsächliche Gründe gegen die Annahme gemeingewöhnlicher, normaler Verhältnisse bei der Preisbildung sprechen. Dafür, daß der Kaufpreis angemessen ist, spricht bei Kaufgeschäften im freien Verkehr die Vermutung und deshalb ist, sofern von dem Kaufpreise nicht ausgegangen wird, das Vorhandensein anormaler Verhältnisse thatsächlich festzustellen. Bei Zugrundelegung des Kaufpreises erübrigt dann nur noch, das seit dem Kaufe auf Grund allgemeiner Erfahrungen etwa eingetretene Steigen oder Fallen der Grundstückswerte, sowie eine etwaige aus sonstigen Umständen zu entnehmende Erhöhung oder Verminderung des Wertes des zu schätzenden Grundstücks zu berücksichtigen. Der Betrag, um den das Grundstück höher oder niedriger bewertet wird, bedarf jedoch der Begründung. Zu diesem Zwecke sind die thatsächlichen Umstände, aus denen eine Erhöhung oder Verminderung des Wertes abgeleitet wird, in Verhandlung mit dem Pflichtigen festzustellen und ersichtlich zu machen. Wird aus allgemeinen Umständen eine Wertssteigerung oder Wertsverminderung angenommen, so ist eine solche nach den für gleichartige Grundstücke bezahlten Kaufpreisen zu bemessen.

2. Kann von dem Kaufpreise nicht ausgegangen werden, so hat die Berufungskommission von Amtswegen die zur Vergleichung geeigneten gleichartigen Grundstücke, für die normale Kaufpreise in neuerer oder neuester Zeit bezahlt worden sind, zu ermitteln (vgl. Art. 8 der Techn. Anl. vom 26. XII. 93), weil in dem bezeichneten Falle auf diese Weise der Kaufwert des Grundstücks am zuverlässigsten festgestellt werden kann (E.-O.-V. in St. Bd. V S. 63ff.). Die von Amtswegen ermittelten Grundstücke und Preise, sowie der hieraus abgeleitete Vergleichungsmaßstab sind dem Pflichtigen, der auch Gelegenheit erhalten muß, seinerseits Vergleichungsobjekte zu bezeichnen, zur Prüfung und Aeußerung mitzuteilen, bevor der gemeine Wert des Grundstücks festgestellt

wird. Sind derartige Grundstücke nicht zu ermitteln, so sind die hierauf gerichtet gewesenen Nachforschungen aktenkundig zu machen. Macht der Steuerpflichtige solche Grundstücke namhaft, so ist, falls sie ungeeignet befunden werden, ihm dies unter Angabe der Gründe zu eröffnen, damit er sich in seinem Interesse weiter zur Sache äußern kann.

3. Nur wenn Vergleichungsobjekte nicht vorhanden sind, darf die Berufungskommission auf den Schätzungsbogen zurückgreifen (Art. 14 bis 24, 38 der Techn. Anl.). Aber auch in diesem Falle muß dem Steuerpflichtigen mitgeteilt werden, für welche Art von Grundstücken nach Fläche und Grundsteuerreinertrag beziehungsweise Nutzungswert der Einheitssatz ermittelt worden ist, um ihm Gelegenheit zur Prüfung zu geben.

4. Ist ein Gebäude, das früher für Bureauzwecke diente, vom Zensiten mit einem sehr erheblichen Kostenaufwand umgebaut und gegen früher wesentlich verändert worden, so kann fraglich sein, ob das zu bewertende Grundstück noch mit dem, wie es zur Zeit des Erwerbes vorhanden war, gleichartig — nach der Verkehrsanschauung — angesehen werden kann. Ist dieses nicht der Fall, so kann man, weil der gemeine Wert eines Gegenstandes sich durch die Auffassung im Verkehrsleben bestimmt, auf der Grundlage des Kaufpreises nicht zu einer zutreffenden Wertsermittelung gelangen. Aber auch dann, wenn von dem Kaufpreise ausgegangen werden darf, kann die durch den Umbau und durch die allgemeine Preissteigerung eingetretene Wertserhöhung nur durch Heranziehung von Vergleichungsobjekten erkannt und auf dieser Grundlage bemessen werden. Alsdann ist in dieser Richtung mit dem Zensiten, der auch Gelegenheit erhalten muß, seinerseits zur Vergleichung geeignete Kauffälle zu bezeichnen, eingehend zu verhandeln. Verbietet es sich überhaupt, hier mit dem Erwerbspreise zu rechnen, so tritt der Modus der Wertermittelung auf der Basis von Vergleichungsobjekten in den Vordergrund.

Nr. 6. Entsch. Bd. IX i. St. S. 367 v. 28. XI. 1900 E IVa 18/1900.

Erg.-St.-Ges. § 9

1. Bei Ermittelung des Wertes einer bäuerlichen Besitzung ist zunächst unanfechtbar festzustellen, ob der gesammte Grundbesitz eine einzige wirtschaftliche Einheit bildet oder ob er in mehrere derderartige Einheiten zerfällt. Je nachdem diese Feststellung erfolgt, müssen sodann Nachforschungen nach Kaufpreisen, die für gleichartige Besitzungen in jüngster Zeit gezahlt worden sind, vorgenommen werden. Der Zensit wird gut thun, seinerseits sich ebenfalls an diesen Ermittelungen zu beteiligen. Werden derartige Kaufpreise ermittelt, so ist der Vergleichungsmaßstab (Fläche oder Grundsteuerreinertrag) daraus abzuleiten, sodann sind die einzelnen Abweichungen, die für einzelne Flächen der zu bewertenden Besitzung eine höhere Bewertung angezeigt erscheinen lassen, festzustellen (Art. 4 und 18 der Techn. Anl. v. 26. XII. 93). Ueber alle diese Punkte muß mit dem Zensiten eingehend verhandelt und ihm Gelegenheit zur Aeußerung gegeben werden.

2. Liegen Kaufpreise einer gleichartiger Besitzung oder gleichartiger wirtschaftlicher Einheiten, wie sie die genannte Besitzung enthält, nicht vor, so ist dies aktenkundig zu machen, auch dem Zensiten zu eröffnen. Es kann dann zwar auf Verkaufspreise anderer wirtschaftlicher Einheiten, insbesondere einzelner Parzellen, die in neuerer Zeit gezahlt worden sind, zurückgegangen werden. Die Vergleichsobjekte müssen aber in Größe, Lage und Beschaffenheit den Flächen des zu bewertenden Grundstücks möglichst nahe kommen und sind im einzelnen ersichtlich zu machen. Der Einheitspreis pro Hektar, Ar oder Grundsteuer-

reinertrag ist sodann aus dem einzelnen Vergleichsobjekt zu ermitteln. *Unzulässig ist es aber*, aus den so für einzelne Bestandteile der zu bewertenden wirtschaftlichen Einheit gefundenen Werten *den Wert der gesammten wirtschaftlichen Einheit in der Art* festzustellen, das die einzelnen Werte mechanisch zusammengezählt werden und die Summe als der gemeine Wert der gesammten Einheit angenommen wird (vgl. Art. 38 der Tech. Anl.). Der sachverständigen Beurteilung unterliegt es vielmehr, aus den Kaufpreisen für einzelne Parzellen den Gesammtwert größerer Flächen oder eines ganzen Guts als wirtschaftliche Einheit pflichtmäßig zu bemessen. Eventuell sind auch die Grundsätze für die Unterscheidung von Bauplätzen und Bauterrains in E.-O.-V. Bd. V S. 146 ff. zu beachten.

Nr. 7. Entsch. Bd. IX i. St. S. 369 v. 15. III. 1900 E IX 42/99.

Erg.-St.-Ges. § 9.

Ueber *unzulässige Zusätze zu dem Maßstab des Gebäudesteuernutzungswerts gebildeten Einheitssätzen* erging seitens des O.-V.-G. folgende Entsch.:

Die Besitzung ist im *Schätzungsbogen nach einem Grundsteuernutzungswerte von* 1119 M. unter Anwendung eines Einheitssatzes von $24_{,3}$ M. zu 27190 M. bewertet. Zugerechnet sind:

a) Mehrwert durch größere Fläche . . . . 2810 M.
b) Art. 378 = $5_{,42}$ a siehe Nebenbogen . . . . . . 3000 „
c) 1897/98 Zugang durch lit. e . . . . 2000 „

Hiervon ist die Zusetzung zu a unberechtigt, weil der als Maßstab angewandte *Grundsteuernutzungswert die gesammte Bodenfläche einschließlich Hofraum und Hausgarten* umfaßt. Im Schätzungsbogen sind ausdrücklich als Nutzungswert von Wohnhaus mit Hofraum und Hausgarten 900 M., von der Werkstätte 75 M. und vom Holzschuppen 120 M. angegeben, und diese Werte sind in dem als Maßstab angewandten Nutzungswert von 1119 M. enthalten. Insoweit liegt also in der *Zusetzung wegen der größeren Fläche eine Doppelbewertung.*

Die Zusetzung zu b läßt nicht erkennen, ob es sich um ein für sich zu bewertendes Grundstück oder um einen Teil der ganzen Besitzung handelt.

Die Zusetzung wegen des Lagerschuppens (zu c) ist in dieser Form nicht richtig. Wenn der Nutzungswert als Maßstab angewandt wird, muß stets der *gesammte Nutzungswert* den Maßstab bilden.

Die Berufungsentscheidung war hiernach aufzuheben, und der gemeine Wert nach den vom O.-V.-G. angenommenen Grundsätzen von neuem zu ermitteln (vgl. insbesondere E.-O.-V. in St. Bd. V S. 63 ff., 96 ff., 231; Bd. VI S. 4 ff., 29, 60, 301, 330; Bd. VII S. 123, 128).

3. Veranlagungsverfahren.

Nr. 1. Entsch. Bd. IX i. St. S. 323 v. 2. XI. 1900 E Vb 11/1900.

Siehe oben S. 420.

Nr. 2. Entsch. Bd. IX i. St. S. 325 v. 27. II. 1901 E XIb $\frac{3}{4}$/1900.

Siehe oben S. 421.

Nr. 3. Entsch. Bd. IX i. St. S. 315 v. 12. XII. 1900 E IVa 22/1900.

Siehe oben S. 420.

Nr. 4. Entsch. Bd. IX i. St. S. 371 v. 16. I. 1901 E VIIIb 23/1900.

Erg.-St.-Ges. §§ 2 II a, 5 Abs. 2, 20, 46.

Die zu A. im Königreich Sachsen wohnhafte, in Preußen nur beschränkt Steuerpflichtige, die für 1898/99 von der Veranlagungskommission in B. von einem Einkommen von 1865 M. und einem steuerbaren Vermögen von 43 500 M. veranlagt war, ist infolge Erbanfalls hinter dem im Dezember 1898 verstorbenen Rentier N. v. 1. I. 99 ab unter Hinzurechnung von $^1/_{10}$ des Werts des zu C. im Regierungsbezirk B. belegenen, zum Nachlasse gehörigen Hausgrundstücks im Betrage von 6000 M. nach einem steuerbaren Vermögen von zusammen 49 500 M. in der Ergänzungssteuer von 21 M. auf den Steuersatz von 25,20 M. erhöht worden, während durch Hinzurechnung ihres Anteils an dem Einkommen aus diesem Grundbesitz von nur 48 M. die Steuerstufe nicht beeinflußt wurde und deshalb eine Erhöhung des Einkommensteuersatzes nicht stattgefunden hat. Die Nachsteuer-Veranlagung ist auf den Vorschlag des Vorsitzenden der Veranlagungskommission zu B. vom 11. IV. 99 durch die Veranlagungskommission erfolgt.

Berufung und Beschwerde waren ohne Erfolg.

Die Vorschrift des § 2 II a des Erg.-St.-Ges., wonach der Ergänzungssteuer alle physischen Personen nach dem Wert ihres preußischen Grundbesitzes unterliegen, setzt allerdings voraus, daß der Grundbesitz im Eigentum der physischen Person steht. In Verbindung mit der Vorschrift im § 5 Abs. 2 daselbst kann es bei ungeteilten Erbschaften für die Annahme der beschränkten Steuerpflicht nur darauf ankommen, daß der Nachlaß, zu dem der preußische Grundbesitz gehört, im Miteigentum der Erben steht, was der Fall ist, wenn die Personen der Erben und ihre Erbanteile feststehen. Dies trifft hier zu. (E.-O.-V. in St. Bd. VI S. 153.)

Auch die formelle Rüge gegen den Ort der Veranlagung — B. und nicht C., wie Zensitin als allein zuständig beantragt — ist unbegründet, denn das der letzteren gemäß Art. 35 Nr. 6 der Ausf.-Anw. etwa zustehende Wahlrecht hätte nach Art. 35 Nr. 3 Abs. 2 jedenfalls vor der Nachveranlagung ausgeübt werden müssen.

5. Rechtsmittel.

A. Verfahren in der Berufungsinstanz.

Nr. 1. Entsch. Bd. IX i. St. S. 360 v. 28. XI. 1900 E III 10/1900.

Erg.-St.-Ges. §§ 4 ff.

Die Feststellung der Höhe des Kapitalvermögens durch Kapitalisierung des bei der Veranlagung zur Einkommensteuer im Wege der Schätzung ermittelten Kapitaleinkommens ist, falls diese Schätzung einen Rechtsirrtum oder wesentlichen Verfahrensmangel erkennen läßt, nicht deshalb der Anfechtung im Rechtsmittelwege entzogen, weil der Steuerpflichtige gemäß § 30 Abs. 1 des Eink.-St.-Ges. die Rechtsmittel gegen seine Veranlagung zur Einkommensteuer verloren hat.

III.

Gewerbesteuer.

1. Gegenstand der Besteuerung und subjektive Steuerpflicht.

A. Allgemeine Grundsätze.

Nr. 1. Entsch. Bd. IX i. St. S. 373 v. 31. I. 95 VI G 672/94.

Gew.-St.-Ges. §§ 1, 18; Ausf.-Anw. Art. 2 3, 12 1, 16 II 3.

Eine Vereinigung mehrerer selbständiger Gewerbetreibenden behufs Unterhaltung einer gemeinschaftlichen Fabrikanlage für die Zwecke der Einzelbetriebe der Teilnehmer ist, je nachdem damit die Erzielung von Gewinn für die Gesellschaft als solche erstrebt wird oder nicht, steuerpflichtig oder steuerfrei. Denn eine solche offene Handelsgesellschaft hat zwar nicht die Eigenschaft einer von ihren Mitgliedern verschiedenen juristischen Person; immerhin aber besitzt ihr Vermögen eine derartige Selbständigkeit, daß zwischen der Gesellschaft als solcher und ihren Teilnehmern vollwirksame, sachenrechtliche, wie obligatorische Beziehungen bestehen können. (Vgl. E.-O.-V. in St. Bd. IV S. 207, Bd. VII S. 436.) Insoweit also in dem vorliegenden Falle die einzelnen Mitglieder der Societät für die Benutzung von Raum und Kraft in dem Societätsetablissement zum Zwecke des eigenen Gewerbebetriebes vertragsmäßig ein Entgelt entrichten müssen, stehen sie der Societät als solcher ganz in derselben Weise gegenüber, wie jeder Dritte, der mit ihr ein gleiches Vertragsverhältnis eingegangen ist. Das von ihnen zu entrichtende Entgelt hat den rechtlichen Charakter eines Mietzinses und stellt sich auf Seiten der Gesellschaft als eine gewerbliche Einnahme, auf Seiten der einzelnen Mitglieder dagegen als eine durch den Betrieb des eigenen Gewerbes bedingte Ausgabe, also als ein Teil der Betriebskosten des letzteren dar.

Ebenso **Entsch. Bd. IX i. St. S.** 375 v. 4. I. 1900 VI G 258/99.

Wenn verschiedene Gewerbetreibende eine gemeinschaftliche Fabrikanlage errichten und jeder für seinen Gewerbebetrieb benutzen und aus diesem Anlasse sich in irgend einer Gesellschaftsform vereinigen, so liegt hierin allein noch keineswegs ein Gewerbebetrieb. Es handelt sich nur um Ersparnis von Betriebskosten für den Einzelnen. Es müssen also noch besondere Umstände hinzutreten, um eine gewerbliche Thätigkeit der Gesellschaft annehmen zu können. Die bloße Vermietung von Raum in der Fabrik würde nur als Nutzung der Immobilien erscheinen. Nur die gleichzeitige Ueberlassung von Kraft gegen Entgelt könnte als gewerbliche Thätigkeit angesehen werden. Soll diese aber nur gelegentlich zur Ersparnis von Betriebskosten stattfinden, so würde ein steuerpflichtiger Gewerbebetrieb der Gesellschaft nicht angenommen werden dürfen.

Nr. 2. Entsch. Bd. IX i. St. S. 377 v. 23. VI. 98 VI G 170/98.

Gew.-St.-Ges. § 1.

Eine Aktiengesellschaft mit dem statutenmäßigen Zwecke, Privatunternehmungen, welche die Besorgung der Pflege und Unterstützung hilfsbedürftiger Personen in oder außerhalb von Anstalten zum Gegenstande haben, durch Beschaffung und entgeltliche Ueberlassung geeigneter Anstalten oder auf andere entgeltliche Weise zu fördern, unterliegt nur bei dem Hinzutreten besonderer, die Annahme eines Gewerbebetriebes rechtfertigenden Umstände der Gewerbesteuer.

Nr. 3. Entsch. Bd. IX i. St. S. 378 v. 19. I. 99 VI G 254/98.
Gew.-St.-Ges. § 1 Abs. 1 und 2.

Die von einem Mitgliede einer offenen Handelsgesellschaft in deren Interesse ausgeübte Thätigkeit gilt, falls nicht erhellt, daß es dabei nicht als Gesellschaftsorgan gehandelt hat, als gewerbliche Thätigkeit der Gesellschaft.

Nr. 4. Entsch. Bd. IX i. St. S. 384 v. 25. X. 1900 VI G 99/1900.
Gew.-St.-Ges. § 1.

1. Der Beschwerdeführer gab zu, daß er mit einem ihm gehörigen Schiffe für eigene Rechnung und in eigenem Namen die Seeschiffahrt betreibe, bestritt aber seine Gewerbesteuerpflicht deshalb, weil er sich in der Person des Rheders A. zu B. einen „Korrespondentrheder" bestellt habe, der deshalb auch allein als der Vertreter des Gewerbebetriebes zu gelten habe.

2. Diese Ansicht ist rechtsirrig. Allerdings ist nicht der Schiffseigentümer als solcher gewerbesteuerpflichtig, sondern derjenige, der das Schiffergewerbe für eigene Rechnung betreibt. Aber gerade dies trifft bei dem Beschwerdeführer zu.

Der Umstand, daß A. verschiedene, ihrer Art nach zu den üblichen Geschäften eines Korrespondentrheders gehörige Geschäfte für ihn besorgt (Versicherung des Schiffes, Beschaffung von Frachten pp.) ändert daran nichts.

Sein Geschäftsführer ist kein Korrespondentrheder im Sinne des H.-G.-B. Ein solcher kann nur von mehreren Mitrhedern für den gemeinschaftlichen Betrieb, die Rhederei, bestellt werden, die wegen ihres eigenartigen juristischen Charakters als eine von der Personenmehrheit der Mitrheder verschiedene, rechtlich selbständige Persönlichkeit, nach außen, wie auch gegenüber den etwaigen Sonderinteressen einzelner Mitrheder, eines Vertreters mit besonderen, auf Vertrag und Gesetz geregelten Rechten und Pflichten bedarf.

Ganz anders liegt der Fall hier, wo nur mehrere Schiffseigentümer, jeder getrennt für sein Schiff, einen und denselben Geschäftsführer angenommen haben.

Nr. 5. Entsch. Bd. IX i. St. S. 383 v. 8. XI. 1900 VI G 230/1900.
Gew.-St.-Ges. §§ 1, 4 7.

1. Unter „Gewerbe" versteht man eine mit der Absicht auf Gewinnerzielung unternommene selbständige, berufsmäßige und erlaubte Arbeitsthätigkeit, die sich als Beteiligung am allgemeinen wirtschaftlichen Verkehr darstellt (E.-O.-V. in St. Bd. III S. 320, 351, 389; Bd. IV S. 323; Bd. VII S. 421). Alle diese Merkmale treffen auf die Thätigkeit des Zuckerprobeziehers zu. Insbesondere wird die für den Gewerbebegriff wesentliche Selbständigkeit des Betriebes nicht dadurch ausgeschlossen, daß der Probezieher jedesmal nur in besonderem Auftrage einer Zuckerraffinerie in Thätigkeit tritt, weil er dennoch den Betrieb auf eigene Rechnung und unter eigener Verantwortlichkeit ausübt. Unerheblich ist ferner, daß die Entschädigung des Probeziehers für seine Bemühungen in Gestalt von Gebühren erfolgt, weil nur die Absicht der Gewinnerzielung überhaupt für den Gewerbebegriff wesentlich ist, während es nicht darauf ankommt, in welcher Form ein Gewinn in Geld oder sonstigen Vermögensvorteilen erzielt wird. Daß der Gewerbebegriff ein „Feilhalten" nicht voraussetzt, bedarf keiner Ausführung.

2. Wenn die Feldmesser und die Markscheider, obwohl sie Gewerbetreibende sind, der Gewerbesteuer nach § 4 Nr. 7 des Gew.-St.-Ges. nicht unterliegen, so ist ihre Befreiung eine auf besonderen Gründen be-

ruhende Ausnahme, die nicht auf andere Gewerbetreibende, insbesondere nicht auf die sonst in § 36 der Gew.-Ordn. bezeichneten, ausgedehnt werden darf (E.-O.-V. in St. Bd. III a. a. O. S. 349, Bd. V S. 389).

Nr. 6. Entsch. Bd. IX i. St. S. 385 v. 30. III. 99 VI G 278/98.

Gew.-St.-Ges. §§ 1, 22, 23.

1. Der „Protokollhandel", darin bestehend, daß der Beschwerdeführer Versteigerungsprotokolle — richtiger ausgedrückt, die sich daraus ergebenden Kaufgeldforderungen der Verkäufer an die Käufer — unter dem Nennwerte in der Absicht erwirbt, sich durch die Einziehung des Nennbetrages vom Käufer, wohl auch durch Weiterveräußerung der Forderungen mit Vorteil, einen Gewinn zu verschaffen. Diese Thätigkeit enthält, da der Beschwerdeführer derartige Forderungen unstreitig fortgesetzt erwirbt und verwertet, alle Merkmale des Gewerbebegriffs. Denn sie stellt sich dar als eine fortgesetzte, mit der Absicht der Gewinnerzielung unternommene, selbstständige, auf Beteiligung am allgemeinen wirtschaftlichen Verkehre abzielende Thätigkeit. Daß der Beschwerdeführer nicht ein offenes Handelsgeschäft betreibt und nicht im Handelsregister eingetragen ist, kommt nicht in Betracht, ebensowenig, ob er den Protokollhandel ausschließlich mit eigenem oder teilweise oder ganz mit fremdem Gelde betreibt.

2. Bei dieser Sachlage gehören die den Gegenstand des Protokollhandels bildenden Kaufgeldforderungen zweifelsfrei zum gewerblichen Anlage- und Betriebskapital im Sinne des § 23 des Gew.-St.-Ges. und folgeweise die Zinsen, die dem Beschwerdeführer bis zur Realisierung oder Weiterveräußerung dieser Forderungen als Zwischennutzungen eines Bestandteils des Anlage- und Betriebskapitals erwachsen, auch zu dem steuerpflichtigen Ertrage im Sinne des § 22 (vgl. E.-O.-V. in St. Bd. III S. 289, Bd. IV S. 275).

Nr. 7. Entsch. Bd. IX i. St. S. 387 v. 8. II 1900 VI G 293/99.

Gew.-St.-Ges. § 1.

Der fortgesetzte Ankauf und die Realisierung zweifelhafter Forderungen in der Absicht der Gewinnerzielung enthält alle Merkmale eines stehenden Gewerbes und unterliegt deshalb nach § 1 des Gew.-St.-Ges. der Besteuerung nach Maßgabe dieses Ges.

Nr. 8. Entsch. Bd. IX i. St. S. 388 v. 5. X. 99 VI G 215/99.

Gew.-St.-Ges. § 1.

Wie sich die längere Fortsetzung oder regelmäßige Wiederholung der Vermietung möblierter Zimmer oder Wohnungen als ein steuerpflichtiger Gewerbebetrieb darstellt, und zwar gleichviel, ob dieser Erwerbszweig die Mittel zum Lebensunterhalte oder nur Nebeneinnahmen gewähren soll (vgl. E.-O.-V. in St. Bd. III S. 242), kann unter Umständen auch die Vermietung eines ganzen Hauses mit vollständiger Wohnungseinrichtung (z. B. einer dazu eingerichteten und bestimmten Villa an Badegäste) nicht mehr bloße Nutzung des Grundeigentums, sondern ein gewerblicher Betrieb sein.

Nr. 9. Entsch. Bd. IX i. St. S. 389 v. 17. II. 98 VI G 149/97.

Gew.-St.-Ges. §§ 1, 4 [7], Ausf.-Anw. Art. 9 [3]

Wenn ein, als solcher gewerbesteuerfreier, Gerichtstaxator außer gerichtlichen Auktionen solche im Auftrage von Privatpersonen und auch sonstige der Steuerpflicht unterliegende Privatgeschäfte ausführt, so betreibt er insoweit ein steuerpflichtiges Gewerbe.

Ist die Thätigkeit des Beschwerdeführers nur zum Teil steuerpflichtig, so kommt für die Ermittelung des Ertrages und des Anlage- und Betriebskapitals im Interesse der Veranlagung zur Gewerbesteuer auch nur der steuerpflichtige Betriebszweig in Betracht.

Ebenso **Entsch. Bd. IX i. St. S. 390** v. 9. II. 99 VI G 244/98.

Die Thätigkeit des Beschwerdeführers — die Anfertigung von Taxen, Gutachten, Inventarienverzeichnissen in Nachlaßangelegenheiten, die Abschätzung von Grundstücken zu Darlehnszwecken u. dergl. im Auftrage von Privatpersonen gegen Entgelt — enthält sämmtliche Merkmale des Gewerbebegriffs. Denn sie stellt sich dar als eine mit der Absicht auf Gewinnerzielung unternommene, selbständige und berufsmäßige, insbesondere auch als eine auf Beteiligung am allgemeinen wirtschaftlichen Verkehre abzielende Arbeitsthätigkeit. Dagegen trifft auf sie keine der in den §§ 3 bis 5 des Gew.-St.-Ges. vorgesehenen Befreiungen von der Gewerbesteuer zu. Insbesondere enthält die festgestellte Thätigkeit nicht die Ausübung eines amtlichen Berufes im Sinne des § 4 Nr. 7 a. a. O., etwa weil der Beschwerdeführer als Gerichtstaxator vereidigt ist.

Nr. 10. Entsch. Bd. IX i. St. S. 391 v. 31. III. 1900 VI G 311/99.

Gew.-St.-Ges. § 1.

Die Verwaltung einer Sterbekasse durch ein Kassenmitglied stellt sich, da der Grund für ihre Uebertragung an erster Stelle in der Mitgliedschaft liegt, auch bei einem Gewerbetreibenden nicht als eine gewerbliche Thätigkeit, als Gewerbebetrieb, sondern als gewinnbringende Beschäftigung dar.

Nr. 11. Entsch. Bd. IX i. St. S. 392 v. 15. III. 1900 VI G 343/98.

Ges. v. $\frac{\text{18. III. 68 (G.-S. S. 227)}}{\text{9. III. 81 (G.-S. S. 273)}}$, betreffend die Errichtung öffentlicher Schlachthäuser, §§ 5, 12.

Gew.-St.-Ges. § 1.

1. Der gemäß § 12 des Ges. v. $\frac{\text{18. III. 68}}{\text{9. III. 81}}$ auf Grund eines Vertrages mit der Gemeinde übernommene Betrieb eines öffentlichen Schlachthauses stellt sich, wenn er mit der Absicht der Gewinnerzielung verbunden ist, als Gewerbebetieb dar und hieran wird durch die gesetzlichen Vorschriften über die Festsetzung der Gebühren in einer den Gewinn beschränkenden Weise nichts geändert, sofern nur die Höhe der zugelassenen Gebühren überhaupt noch eine Gewinnerzielung ermöglicht.

2. Dagegen liegt ein Gewerbebetrieb nicht vor, wenn die Möglichkeit einer Gewinnerzielung davon abhängt, in welcher Weise die Gemeinde von gewissen ihr in dem Vertrage eingeräumten hier nicht näher zu erörternden Rechten Gebrauch macht.

Diese völlige Unsicherheit schließt die Absicht der Gewinnerzielung seitens der Innung aus. Mit gewerblichen Unternehmungen ist zwar häufig ein größeres Risiko verbunden, und der Größe des Risikos pflegt die Höhe der beabsichtigten Gewinnerzielung zu entsprechen. Beim Risiko entscheiden aber stets mehr oder weniger zufällige Umstände und die größere oder geringere Voraussicht in der Beurteilung dieser Umstände und ihre Folgen. Wenn indessen, wie hier, die ganze Entscheidung über die Möglichkeit einer Gewinnerzielung nicht von zufälligen, irgend eine Vorausberechnung gestattenden Umständen, sondern vertragsmäßig von der einseitigen Willensbestimmung eines Dritten abhängt, so handelt es sich nicht mehr um ein gewerbliches Risoko, sondern um eine nicht von der Absicht der Gewinnerzielung geleitete, also nicht gewerbliche Unternehmung.

2. Die Steuerbefreiungen. Vorliegen oder Nichtvorliegen ihrer Voraussetzungen.

B. Nach § 4 des Gewerbesteuergesetzes.

Nr. 1. Entsch. Bd. IX i. St. S. 395 v. 31. III. 98 VI G 357/97.

Gew.-St.-Ges. § 4 [1] Abs. 1; Ausf.-Anw. Art. 8 [1—3].

Weidenkultur ist in ihrem ganzen Umfange einschließlich der Zurichtung der Weiden zum Verkauf durch Schneiden, Schälen und dergl. Betrieb der Forstwirtschaft und unterliegt deshalb einschließlich des Absatzes der Weiden nicht der Gewerbesteuer.

Nr. 2. Entsch. Bd. IX i. St. S. 398 v. 14. XII. 99 VI G 192/99.

Gew.-St.-Ges. § 4 [7].

Die nur gelegentlich, durch besondere, etwa in der Person des Bauherrn liegende Umstände veranlaßte Thätigkeit eines Baukünstlers als Unternehmer von Bauausführungen ist kein steuerpflichtiger Gewerbebetrieb. Das Gleiche gilt von dem An- und Verkauf von Grundstücken, die ein Baukünstler erwirbt, um sich Gelegenheit zur Ausübung der Baukunst zu verschaffen, z. B. auch um die Bebauung mit Einzelwohnhäusern im Gegensatz zu Mietshäusern zu ermöglichen. Denn einen Grundstückshandel betreibt nur derjenige, der in berufsmäßiger Thätigkeit Grundstücke zum Gegenstande des Handels macht, um durch den Vertrieb der Grundstücke als Ware, vorzugsweise also durch An- und Verkauf, Gewinn zu erzielen.

Nr. 3. Entsch. Bd. IX. i. St. S. 397 v. 13. XII. 1900 VI G 190/1900.

Gew.-St.-Ges. § 4 [7].

Zur Ausübung der Baukunst im Sinne des § 4 Nr. 7 des Gew.-St.-Ges. v. 24. VI. 91 bedarf es keineswegs der akademischen Vorbildung des Baukünstlers. Indessen muß ein Architekt, der nicht infolge akademischer Vorbildung und demnächstiger Ablegung der Staatsprüfungen die staatliche Anerkennung seiner Befähigung als Baukünstler erlangt hat, bei Inanspruchnahme der Gewerbesteuerfreiheit in überzeugender Weise darthun, daß seine Thätigkeit eine künstlerische ist. Hierfür genügt aber keineswegs der Nachweis, daß der Architekt bei Baukünstlern unterrichtet, ausgebildet oder beschäftigt worden ist. Noch weniger kann entscheidend sein, ob er selbst seine Bauten für Kunstwerke ansieht. (Vgl. E.-O.-V. in St. Bd. III S. 263; Bd. IV S. 260.)

Nr. 4. Entsch. Bd. IX i. St. S. 402 v. 8. XI. 1900 VI G 82/1900.

Gew.-St.-Ges. § 4 [7].

Nach § 4 Nr. 7 des Gew.-St.-Ges. erscheint die Ausübung der Kunst nicht als steuerpflichtiger Gewerbebetrieb. Steuerfrei sind demnach diejenigen Musiker, die die Musik als Kunst ausüben, und zwar ebensowohl die einzelnen Musiker als auch die Vereinigungen von Musikern, welche als geschlossene Einheit (Orchester, Korps u. s. w.) künstlerische Musikaufführungen unternehmen und darbieten. Hierbei kommt es weder auf die Person des Leiters noch auf die Art der Gewinnerzielung und Verteilung an. Daß die Leistungen der Preußischen Militärmusikkorps bei Konzertaufführungen im ganzen durchweg als Kunstleistungen gelten können, ist bei den heutigen Anforderungen sowohl der Militärbehörden als des Publikums in Bezug auf Vorbildung und Leistungen nicht zu bezweifeln.

Die Ausführung von Tanzmusik erscheint dagegen regelmäßig nicht als Ausübung der Kunst, weil Tanzmusik nur zum Zweck des Tanzens, nicht aber als Kunst dargeboten und entgegengenommen wird.

Während hiernach die Konzertaufführungen eines Trompeterkorps als Ausübung der Kunst steuerfrei sind, ist die entgeltliche Ausübung der Tanzmusik seitens des Trompeterkorps als zweifellos gewerbliche Thätigkeit ebenso der Gewerbesteuerpflicht unterworfen, wie der gleiche Gewerbebetrieb der Civilmusiker.

C. Nach § 5 des Gewerbesteuergesetzes.

Nr. 1. Entsch. Bd. IX i. St. S. 408 v. 15. III. 1900 VI G 381/98.

Gew.-St.-Ges. § 5.

Erscheint ein Verein nach dem Inhalt seiner Statuten als Gewerbtreibender, so kann seine Gewerbesteuerpflicht nur durch den Nachweis, daß sich thatsächlich seine Geschäftsführung ausschließlich auf Gegenstände nicht gewerblicher Art erstreckt, ausgeschlossen werden.

Nr. 2. Entsch. Bd. IX i. St. S. 404 v. 26. IV. 1900 VI G 40/1900.

Gew.-St.-Ges. § 5; Ausf.-Anw. Art. 10 [1].

1. Nach § 5 Abs. 1 des Gew.-St.-Ges. sind Vereine, eingetragene Genossenschaften und Korporationen, die nur die eigenen Bedürfnisse ihrer Mitglieder an Geld, Lebensmitteln und anderen Gegenständen zu beschaffen bezwecken, von der Gewerbesteuer befreit, wenn sie satzungsgemäß und thatsächlich

a) ihren Verkehr auf ihre Mitglieder beschränken,
b) keinen Gewinn unter die Mitglieder verteilen,
c) auch eine Verteilung des aus dem Gewinne angesammelten Vermögens unter die Mitglieder für den Fall der Auflösung ausschließen.

Steuerfreiheit kann daher nur dann beansprucht werden, wenn bei einem Vereine solcher Art die sämmtlichen zu a, b, c gedachten Erfordernisse zutreffen, während schon das Fehlen eines von ihnen die Steuerfreiheit ausschließt (vgl. E.-O.-V. in St. Bd. III S. 381, Bd. VII S. 450). Es unterliegen daher namentlich auch diejenigen Vereine, die satzungsgemäß und thatsächlich ihren Verkehr auf ihre Mitglieder beschränken, dann der Gewerbesteuerpflicht, wenn entweder Gewinn unter die Mitglieder verteilt wird, oder eine Verteilung des aus dem Gewinn angesammelten Vermögens unter die Mitglieder für den Fall der Auflösung nicht ausgeschlossen ist. Dabei genügt ferner, wie bei dem Mangel jeder Einschränkung in der Fassung des Gesetzes angenommen werden muß, jegliche Verteilung von Gewinn oder Vermögen ohne Rücksicht auf ihren Umfang.

2. Im Sinne des Gew.-St.-Ges. sind zum Gewinne eines gewerblichen Betriebes, wie sich aus dem Verbote des Abzuges der Zinsen für das Anlage- und Betriebskapital bei der Ermittelung des steuerpflichtigen Ertrages in § 22 ergiebt, auch die Zinsen zu rechnen, die nach kaufmännischem Gebrauche von den gewerblichen Kapitalien, Einlagen u. s. w. vor der Feststellung des Geschäftsgewinnes festgestellt und gutgeschrieben zu werden pflegen (vgl. E.-O.-V. in St. Bd. IV S. 273, Bd. V S. 417). Ueberdies ergiebt sich auch aus der Entstehungsgeschichte des Gew.-St.-Ges. mit voller Gewißheit, daß nach der Absicht der Gesetzgebung jede Verteilung der Geschäftsüberschüsse, die nach anderen Rücksichten als nach dem Verhältnis der von den Mitgliedern mit dem Verein gemachten, seinem Zwecke entsprechenden

Geschäfte (Darlehen, Warenbezüge u. s. w.) erfolgt, die Gewerbesteuerpflicht begründen soll.

Nr. 3. Entsch. Bd. IX i. St. S. 379 v. 24. I. 1901 VI G 330/99.

Gew.-St.-Ges. §§ 1, 5.

Einer streng geschlossenen Kasinogesellschaft, die statutenmäßig lediglich gesellige Unterhaltung bezweckt, fehlt das für den Gewerbebegriff unerläßliche Merkmal der Beteiligung am allgemeinen wirtschaftlichen Verkehre; und wenn durch die Verabfolgung von Speisen und Getränken an die Mitglieder der Gesellschaft auch ein Gewinn erzielt wird, so geschieht dies doch nur innerhalb des geschlossenen Kreises, mag die Verabfolgung sich auf die gesellschaftlichen Räume beschränken oder darüber hinausgehen; es kann deshalb darin ein Gewerbebetrieb nicht gefunden werden. Nur wenn festgestellt werden könnte, daß eine solche Gesellschaft, die statutenmäßig keine Erwerbszwecke verfolgt, mit dem Verkauf von Wein und Aehnlichem an ihre Mitglieder außerhalb des Gesellschaftshauses die Absicht verbinde, dadurch nicht nur sich die Mittel zur Bestreitung der mit der Verfolgung ihrer Gesellschaftszwecke verbundenen Unkosten zu beschaffen, sondern auch noch einen weiteren Gewinn zu erzielen, oder daß ein Verkauf an Fremde mit der Absicht der Gewinnerzielung stattfinde, so könnte dies zur begründeten Annahme eines thatsächlichen Gewerbebetriebes führen, sofern auch die sonstigen begrifflichen Merkmale zuträfen. Zu diesen Merkmalen gehört insbesondere auch eine fortgesetzte, dauernde Ausübung werbender Thätigkeit, die erkennen läßt, daß sie das Ergebnis des Entschlusses ist, dieselben Handlungen zur Gewinnerzielung in der Zukunft zu wiederholen.

2. Im vorliegenden Falle wird ein Gewinn an dem Weinverkauf nur insoweit beabsichtigt, als der Verkauf in den Gesellschaftsräumen selbst erfolgt und auch hier nur, um dadurch einen Teil der durch die Gesellschaftszwecke entstehenden Kosten aufzubringen. Dagegen findet die Abgabe von Wein an Gesellschaftsmitglieder außer dem Hause nicht in der Absicht einer Gewinnerzielung, sondern nur zu dem Zweck statt, diesen durch Abgabe des Weines gegen die ungefähren Selbstkosten eine Gefälligkeit zu erweisen. Eine Abgabe von Wein an Fremde hat nur ausnahmsweise und zwar während der Jahre 1892 bis 1898 in 3 Fällen, aber ebenfalls ohne die Absicht einer Gewinnerzielung stattgefunden. Dies letztere trifft nach den Angaben des Gesellschaftsvorstandes auch zu in betreff der regelmäßig erfolgenden Weinabgabe an den Gesellschaftsküfer. Diesem soll durch die billige Weinabgabe zum Weiterverkauf auf eigene Rechnung eine Unterstützung gewährt werden.

Alle diese Merkmale reichen zur Annahme eines steuerpflichtigen Gewerbebetriebes mit der Absicht einer Gewinnerzielung nicht aus.

Nr. 4. Entsch. Bd. IX i. St. S. 411 v. 24. I. 1901 VI G 315/1900.

Gew.-St.-Ges. § 5 Abs. 2.

Eine nach § 5 Abs. 2 des Gew.-St.-Ges. steuerpflichtige Konsumanstalt besteht nicht, wenn ein gewerblicher Unternehmer neben seinem Hauptbetriebe einen Spezereiwarenhandel in offenem Laden in der Weise betreibt, daß seine Angestellten und Arbeiter dabei vor anderen Abnehmern in keiner Weise bevorzugt werden.

Nr. 5. Entsch. Bd. IX i. St. S. 410 v. 24. I. 1901 VI G 226/1900.

Gew.-St.-Ges. § 5.

Die Vorschriften im § 5 des Gew.-St.-Ges. betreffen nur diejenigen Vereine u. s. w., die ein Gewerbe betreiben, und gewähren unter den dort näher bezeichneten Voraussetzungen für gewerbetreibende Vereine die Steuerfreiheit.

Ein Verein, der, ohne Gewinnzwecke für sich und seine Mitglieder, nur den Zweck verfolgt, seinen Mitgliedern beim Einkauf von Waren bei anderen einen Rabatt zu verschaffen und ihn zu sparen, betreibt kein Gewerbe und ist schon deshalb nicht gewerbesteuerpflichtig.

3. Maßstab der Besteuerung.

B. Ertrag.

b) Betriebskosten.

Nr. 1. Entsch. Bd. IX i. St. S. 413 v. 8. XI. 1900 VI G 123/1900.

Ausf.-Anw. Art. 16.

Bei der Feststellung des steuerpflichtigen Ertrages durch Gegenüberstellung der Betriebs-Einnahmen und Ausgaben dürfen Schulden für die vor Beginn des maßgebenden Jahres bezogenen Waren nicht berücksichtigt werden.

Denn die Anschaffungskosten der Waren bilden, gleichviel ob sie von dem Gewerbetreibenden sofort bezahlt werden oder nicht, eine Betriebsausgabe desjenigen Jahres, in dem sie entstanden sind.

Nr. 2. Entsch. Bd. IX i. St. S. 414 v. 15. III. 1900 VI G 83/99.

Gew.-St.-Ges. § 22.

1. In dem Schlußsatz des § 22 des Gew.-St.-Ges. werden als bei der Ermittelung des steuerpflichtigen Ertrages nicht abzugsfähig nur erklärt Zinsen für das Anlage- und Betriebskapital, es mag dem Gewerbetreibenden selbst oder Dritten gehören, und für Schulden, die „behufs" Anlage oder Erweiterung des Geschäftes, Verstärkung des Betriebskapitals oder zu sonstigen Verbesserungen aufgenommen sind. Die Zinsen für alle anderen Schulden, vorausgesetzt, daß sie für die Zwecke des Betriebes aufgenommen sind, gehören dagegen zu den abzugsfähigen Betriebskosten (vgl. E.-O.-V. in St. Bd. V S. 417).

2. Der Abzug von Hypothekenzinsen darf daher nur dann versagt werden, wenn der Steuerpflichtige die betreffenden Hypotheken „behufs" Anlage oder Erweiterung des Geschäftes, Verstärkung des Betriebskapitals oder zu sonstigen Verbesserungen bestellt oder übernommen hat. Diese Voraussetzung trifft nur dann zu, wenn die Steuerpflichtige durch die Bestellung oder Uebernahme der Hypotheken einen der angegebenen Zwecke zu fördern oder zu erreichen beabsichtigte, also wenn sie sich durch Aufnahme der Schulden, im Wege des Kredits die dazu erforderlichen Geldbeträge beschaffen wollte, weil sie die entstehenden Ausgaben aus ihren bereiten Mitteln entweder nicht bestreiten konnte oder aus irgend einem Grunde nicht bestreiten mochte. Anders liegt dagegen die Sache, wenn jemand bei der Verfolgung eines der im Gesetz angegebenen Zwecke gegen seinen Willen eine Schuld eingehen oder übernehmen muß, weil er anderenfalls den verfolgten Zweck nicht erreichen konnte. Denn in diesem Falle nimmt er die Schuld zwar bei Gelegenheit der Verfolgung dieses Zweckes, nicht aber

deshalb auf, um sich die dazu erforderlichen Geldmittel im Wege des Kredits zu beschaffen. Beabsichtigt also z. B. eine rein gewerbliche Aktiengesellschaft den Erwerb eines Grundstücks zur Erweiterung ihres Geschäftsbetriebes und wird sie zur Uebernahme einer darauf haftenden Hypothek nur wegen deren zeitiger Unkündbarkeit genötigt, während sie zur Zahlung des ganzen Kaufpreises aus eigenen Mitteln in der Lage und Willens ist, so hat sie zwar das Grundstück behufs Erweiterung ihres Geschäftsbetriebes erworben, die Hypothek aber nicht zu diesem Zweck, sondern nur bei Gelegenheit der Verfolgung dieses Zweckes übernommen. Denn sie wollte zu diesem Zweck überhaupt nicht eine Schuld aufnehmen und brauchte auch eine Verstärkung ihrer Betriebsmittel nicht. Die durch die Uebernahme der Schuld thatsächlich eintretende Verstärkung des Anlage- und Betriebskapitals ist nicht mit ihrem Willen, sondern gegen ihn erfolgt; es kann daher auch nicht behauptet werden, daß eine derartige Schuld zum Zwecke, also in der Absicht einer Verstärkung des Anlage- und Betriebskapitals aufgenommen ist. Die Ausführungen in E.-O.-V. in St. Bd. IV S. 407 ff., insbesondere S. 410 können, soweit sie mit dem Vorstehenden in Widerspruch stehen, nicht aufrecht erhalten werden.

Nr. 3. Entsch. Bd. IX i. St. S. 417 v. 26. II. 1900 VI G 303/99.

Gew.-St.-Ges. § 22; Ausf.-Anw. Art. 16.

Zu den Betriebskosten, die bei der Ausmittelung des steuerpflichtigen Ertrages in Abzug zu bringen sind, gehören sämmtliche Aufwendungen, die von dem Gewerbetreibenden unmittelbar oder mittelbar behufs der Gewinnerzielung gemacht werden (vgl. E.-O.-V. in St. Bd. III S. 408). Eine Gesellschaft, die in der Hauptsache Tagebau betreibt, den Abbau der Kohlen also nicht, wie beim Tiefbau in vertikaler, sondern in horizontaler Richtung bewirkt, kann zu den Flötzen nur dadurch gelangen, daß sie die darüber lagernden Erdschichten abräumt. Um letzteres ausführen zu können, muß sie Besitzerin der Oberfläche sein und deshalb die betreffenden Grundstücke in der Regel zu Eigentum erwerben. Thut sie dies im Laufe ihres Betriebes und erwirbt sie dabei immer nur soviel Land, als erforderlich ist, um den Betrieb in dem bisherigen Umfange fortsetzen zu können, so fehlt jeder Grund, um den Erwerbskosten die Eigenschaft abzugsfähiger Betriebskosten abzusprechen. Denn ohne ihre Aufwendung wäre die Fortsetzung des Betriebes und damit jede Gewinnerzielung unmöglich. Ob der Unternehmer das für den Abbau der ihm verliehenen Felder erforderliche Land bei der Anlage des Bergwerkes auf einmal im ganzen hätte erwerben können, ist schon deshalb ohne Bedeutung, weil bei Beurteilung der Abzugsfähigkeit der Betriebskosten grundsätzlich nur die thatsächliche Gestaltung des Betriebes in Betracht kommt (vgl. a. a. O. Bd. IV S. 261). Die Abzugsfähigkeit der Landerwerbskosten kann vielmehr im laufenden Geschäftsbetriebe nur insoweit versagt werden, als sie in der Absicht der Erhöhung der Produktion und einer damit verbundenen Erzielung eines höheren Gewinnes aufgewendet sind. Die Kosten für den Landerwerb beim Tagebau sind daher bezüglich ihrer Abzugsfähigkeit als Betriebskosten ganz ebenso zu behandeln wie die Kosten für die Anlegung eines neuen Schachtes beim Tiefbau (vgl. a. a. O. Bd. V S. 51).

Nr. 4. Entsch. Bd. IX i. St. S. 419 v. 18. X. 1900 VI G 84/99.

Gew.-St.-Ges. § 22; Ausf.-Anw. Art. 16 Abs. 1[1].

Bei Beurteilung der Abzugsfähigkeit der von einer Erwerbsgesellschaft an Pensions- oder Unterstützungsfonds für Beamte und Arbeiter überwiesenen Beträge dürfen ethische, wirtschaftliche oder soziale Rücksichten, durch die sich die Gesellschaft zu den Zuwendungen bestimmen ließ, nicht in Betracht kommen. Ihre Steuerpflichtigkeit unterliegt keinem Bedenken, da sie sich lediglich als eine Vermögensansammlung darstellen. (E.-O.-V. in St. Bd. VIII S. 179ff.)

Allerdings ist in E.-O.-V. Bd. III S. 419ff. Folgendes ausgeführt:

> Ueberweisungen, welche ohne jegliche Verpflichtung der Gesellschaft erfolgen und keinerlei Ansprüche ihrer Angestellten und Arbeiter begründen, also beliebige anderweitige Verwendung finden können, sind Vermögensansammlungen ohne den Charakter von Betriebskosten. Die hier aufgestellten Merkmale können aber nicht nach den Voraussetzungen rechtlicher Erzwingbarkeit oder Klagbarkeit beurteilt werden. Vielmehr kommen hier auch moralische und soziale Verpflichtungen und Berechtigungen als gleichwertig in Betracht.

Die letztere Annahme läßt sich indes bei erneuter Erwägung nicht aufrecht erhalten.

Unter den Betriebskosten, die nach § 22 des Gew.-St.-Ges. bei der Ermittelung des steuerpflichtigen Ertrages von der Roheinnahme in Abzug kommen, sind die von dem Gewerbetreibenden aus seinem Vermögen zur Erzielung des Gewinnes gemachten Aufwendungen zu verstehen. Als Betriebskosten eines bestimmten Geschäftsjahres können demnach nur diejenigen Beträge angesehen werden, die der Gewerbetreibende in dem Zeitraume vom Beginn bis zum Ende dieses Jahres zum Zweck der Erzielung des Geschäftsgewinnes entweder thatsächlich aus seinem Vermögen verausgabt hat oder wenigstens in der Art schuldig geworden ist, daß die am Jahresschluß noch ungetilgten Verbindlichkeiten in der Bilanz als Schulden in Ansatz kommen müssen. Diejenigen Beträge dagegen, die er aus der Roheinnahme des betreffenden Jahres am Schlusse desselben für künftige Zwecke jeder Art, namentlich auch zur Bestreitung erst künftig entstehender Betriebskosten zurückbehält, bilden eine im gewerblichen Vermögen verbleibende und den Ertrag dieses Jahres nicht schmälernde Kapitalansammlung, also einen unbedingt steuerpflichtigen Reservefonds. Ob aber ein Betrag bis zum Schluß des betreffenden Jahres aus dem Vermögen des Gewerbetreibenden ausgeschieden und in dasjenige eines anderen Rechtssubjecktes übergegangen ist, oder ob er sich am Jahresschluß noch in dem Vermögen des ersteren befindet, läßt sich nur nach den Grundsätzen des in Betracht kommenden Privatrechts entscheiden. Ganz dasselbe gilt auch bezüglich der Frage, ob beim Jahresschluß gegenüber einem bestimmten anderen Rechtssubjekte eine Verbindlichkeit des Gewerbetreibenden besteht, die nach den für die Anfertigung der Bilanz maßgebenden Gesichtspunkten als bilanzmäßiges Passivum Berücksichtigung finden muß. Ethische, wirtschaftliche oder soziale Rücksichten, durch die sich eine Erwerbsgesellschaft zu Ueberweisungen an Pensions- oder Unterstützungsfonds für Beamte und Arbeiter bestimmen läßt, haben nur die Bedeutung von Motiven für diese Maßnahmen, können aber bei der Beurteilung der Steuerpflichtigkeit der fraglichen Beträge nicht in Betracht kommen.

c) Abschreibungen.

Nr. 1. Entsch. Bd. IX i. St. S. 422 v. 10. V. 1900 VI G 325/99.

Gew.-St.-Ges. § 22.

Wenn auch der Buchwert der Aktiva durch Abschreibungen nicht unter den wirklichen Wert zur Zeit der Bilanzaufstellung herabgesetzt werden darf (vgl. E.-O.-V. in St. Bd. III S. 395 ff., Bd. IV S. 279 und 334, Bd. V S. 393, Bd. VI S. 439), so steht doch dieser Grundsatz auch bei Aktiengesellschaften der Zulassung von Abschreibungen nicht entgegen, wenn bereits in der Bilanz für das Vorjahr die Aktiva mit einem geringeren, als dem wirklichen Werte in Ansatz gebracht waren. Denn für die Berechnung des Ertrages im steuerlichen Interesse ist überall die wirkliche Sachlage, nicht eine davon abweichende buchmäßige Behandlung maßgebend. Da durch die gesetzlich zugelassenen Abschreibungen die Wertsverminderung ausgeglichen werden soll, die die in Frage kommenden Aktiva seit dem Beginn des betreffenden Geschäftsjahres bis zu dessen Ende erlitten haben, so ist steuerlich eine Abschreibung jedenfalls insoweit nicht zu beanstanden, als sie der Differenz zwischen dem wirklichen Werte der Aktiva beim Anfange und am Ende des Geschäftsjahres entspricht. (E.-O.-V. in St. Bd. VII S. 453, Bd. VIII S. 416, 425, 426.)

d) Anlage- und Betriebskapital.

Nr. 1. Entsch. Bd. IX i. St. S. 424 v. 16. III. 99 VI G 327/98.

Gew.-St.-Ges. § 23.

Bei einer offenen Handelsgesellschaft gehören Hypotheken und Wertpapiere, die aus dem Gesellschaftsvermögen für die Gesellschaft erworben worden sind, bis zur Uebereignung an einen der Gesellschafter oder an eine andere Person unbedingt zu dem gewerblichen Anlage- und Betriebskapital, gleichviel ob sie gerade augenblicklich unmittelbar im Geschäftsbetriebe Verwendung finden oder nicht. Demgemäß gehören auch die davon aufkommenden Zinsen, wie die bei der Veräußerung der Wertpapiere erzielten Kursgewinne zum steuerpflichtigen Ertrage. (Vgl. E.-O.-V. in St. Bd. III S. 234, Bd. IV S. 361.)

Nr. 2. Entsch. Bd. IX i. St. S. 426 v. 28. X. 1900 VI G 92/1900.

Gew.-St.-Ges. §§ 22, 23; Ausf.-Anw. Art. 16 IV.

1. Zu dem gewerblichen Anlage- und Betriebskapital gehören diejenigen Werte nicht, bezüglich deren das Merkmal der dauernden Widmung zum Betriebe des Gewerbes fehlt, insbesondere nicht Werte, die von anderen Personen dem Unternehmer eines gewerblichen Betriebes als Kaution übergeben sind. Denn der Zweck der Stellung einer Kaution ist regelmäßig nur die Gewährung einer Sicherheit für Ansprüche des Empfängers an den Besteller, während insbesondere dem letzteren die Absicht fehlt, sich mit dem zur Kautionsstellung verwendeten Werte an dem gewerblichen Unternehmen des Empfängers als mit einem dauernd zum Mitarbeiten bestimmten Kapitale zu beteiligen. Dem gegenüber kommt auch nichts darauf an, ob der Empfänger den betreffenden Wert, sei es mit oder ohne Genehmigung des betreffenden Bestellers, während des Bestehens des Kautionsverhältnisses, also nur vorübergehend, zum Betriebe des Gewerbes verwendet (vgl. E.-O.-V. i. St. Bd. III S. 298 ff., Bd. VIII S. 383).

2. Ebensowenig gehören die Kautionszinsen zu dem steuerpflichtigen Ertrage. Denn so lange ein als Kaution bestellter zinstragender Wert in Natur beim Empfänger vorhanden ist, bleibt er ein Bestandteil des Vermögens des Bestellers. Die Zinsen wachsen also auch dem Vermögen des letzteren zu, nicht dem des Empfängers. Hat aber der Empfänger die als Kaution erhaltenen Werte auf Grund der mit dem Besteller getroffenen Vereinbarung für seinen Gewerbebetrieb verwendet und deshalb dem Besteller Zinsen zu entrichten, so gehören die zu zahlenden Zinsen zu den laufenden Geschäftsschulden, da sie sich aus der laufenden Geschäftsführung ergeben und auf dem regelmäßigen Geschäftskredit beruhen. Insbesondere sind sie nicht Zinsen für solche Schulden, die behufs dauernder Verstärkung des Betriebskapitals aufgenommen wurden und demgemäß nach dem Schlußsatz des § 22 des Gew.-St.-Ges. bei der Ermittelung des steuerpflichtigen Ertrages nicht in Abzug gebracht werden dürfen.

4. Veranlagungsverfahren.

Nr. 1. Entsch. Bd. IX i. St. S. 428 v. 25. X. 1900 VI G 168 1900.

Handelsges.-B. §§ 17, 29 ff

1. Die Firma eines Kaufmanns ist der Name, unter dem er im Handel seine Geschäfte betreibt und die Unterschrift abgiebt, gleichviel, ob er mit seinem bürgerlichen Namen übereinstimmt oder nicht. Sie ist, kürzer ausgedrückt, der Handelsname des Kaufmanns, also ebenso, wie der bürgerliche Name eine rein äußerliche, thatsächliche Bezeichnung der Person des Kaufmanns oder sonstigen Gewerbetreibenden, nicht ein Sachname oder der Name des Geschäfts und noch weniger die Vertreterin einer besonderen, eine Vermögensmasse repräsentierenden juristischen Person; sie vertritt keinerlei Rechtspersönlichkeit neben dem Geschäftsinhaber oder außerhalb desselben. Die Firma entsteht auch nicht etwa erst durch die Eintragung in das Handelsregister, sondern die Eintragung bezweckt lediglich die Veröffentlichung der Firma.

2. Die Veranlagung eines Gewerbetreibenden, der eine im Handelsregister eingetragene Firma nicht hat, wie die Zustellung der Steuerzuschrift sind daher falls über die veranlagte Person kein Zweifel besteht, nicht deshalb ungiltig, weil der Steuerpflichtige irrtümlich mit einer seinem Namen entsprechenden Firma bezeichnet worden ist.

Nr. 2. Entsch. Bd. IX i. St. S. 431 v. 18. X. 1900 VI G 79 99.

Gew.-St.-Ges. § 24.

1. Die Anwendung der Vorschrift in § 24 Abs. 2 des Gew.-St.-Ges., wonach für die Veranlagung zur Gewerbesteuer der Ertrag des bei ihrer Vornahme abgelaufenen Jahres, bezw. das Anlage- und Betriebskapital nach seinem mittleren Stande im abgelaufenen Jahre maßgebend ist, setzt eine wesentliche Gleichartigkeit des Gewerbebetriebes im Vorjahre und im Steuerjahe voraus. Anderenfalls sind gemäß § 24 Abs. 3 der Ertrag und das Anlage- und Betriebskapital im Steuerjahre nach Maßgabe des zur Zeit der Veranlagung vorliegenden Anhaltes zu schätzen (vgl. E.-O.-V. in St. Bd. III S. 315).

2. Bei Feststellung einer wesentlichen Verschiedenheit der Betriebsverhältnisse eines gewerblichen Unternehmens im Steuerjahre und im Vorjahre dürfen auch Veränderungen berücksichtigt werden, die zwar bei Beginn des Steuerjahres noch nicht eingetreten

waren, deren Eintritt im Laufe des Steuerjahres aber schon vor dessen Beginn mit Sicherheit feststand.

Nr. 3. Entsch. Bd. IX i. St. S. 434 v. 31. III 1900 VI G 54/1900.
Gew.-St.-Ges. §§ 17, 24, 29, 33, 34.

Für einen Gewerbetreibenden, der für das Steuerjahr positiv — unter Bestimmung eines Steuersatzes — oder negativ — steuerfrei — veranlagt ist, soll nach der ausdrücklichen uneingeschränkten Bestimmung im § 24 Abs. 4 des Gew.-St.-Ges. ohne Rücksicht auf irgend welche Aenderungen des Betriebes das Veranlagungsergebnis während des ganzen Steuerjahres gelten, sofern nicht etwa die Steuerpflicht vollständig erlischt. Dieser Grundsatz ist in Verbindung mit dem im § 17 a. a. O. ausgesprochenen Prinzipe der Besteuerung aller in einer Hand vereinigten Betriebe als Einheit auch für die Zugangsveranlagungen maßgebend. Hiernach findet eine Zugangsveranlagung nur dann statt, wenn im Laufe des Steuerjahres oder nach Beginn der jährlichen Veranlagung von einem bisher überhaupt nicht Veranlagten ein steuerpflichtiger Betrieb neu eröffnet wird.

Nr. 4. Entsch. Bd. IX i. St. S. 436 v 26 X 99 VI G 238/99.
Gew.-St.-Ges. § 41; Ausf.-Anw Art 14, 27⁴

Nach § 41 des Gew.-St.-Ges. und den Art. 14 und 27 Nr. 4 der Ausf.-Anw. tritt eine Umschreibung der veranlagten Steuer nur ein, wenn der Gewerbebetrieb, d. h. der veranlagte Betrieb in seiner Gesammtheit, von einer anderen Person „unverändert" fortgesetzt wird. Nur in einem solchen Falle kann überhaupt die veranlagte Steuer auf den Namen des neuen Inhabers umgeschrieben werden, denn die Veranlagung bezieht sich auf die Gesammtheit der Betriebe desselben Inhabers. Wird nur ein Teil- oder Zweigbetrieb des bisherigen Inhabers veräußert, so findet seitens des Erwerbers eine unveränderte Fortsetzung des Betriebes nicht statt. Vielmehr handelt es sich für den Erwerber um die Eröffnung eines neuen Betriebes, welcher, sofern der Erwerber bisher noch nicht veranlagt war, gemäß § 34 a. a. O. die Zugangsveranlagung zur Folge hat.

Nr. 5. Entsch. Bd. IX i. St. S. 437 v 22 VI 99 VI G 112/99.
Gew.-St.-Ges §§ 34, 41

Hat jemand von einem Müller und Schankwirt nur den Betrieb der Schankwirtschaft übernommen, so hat er im Sinne des Gew.-St.-Ges. nicht den Gewerbebetrieb des letzteren unverändert fortgesetzt, sondern nach Beginn der jährlichen Veranlagung einen Gewerbebetrieb erst angefangen (§ 34). Denn dem Anfangen eines Betriebes steht die Uebernahme des Betriebes von einem anderen unter wesentlicher Veränderung gleich.

Nr. 6. Entsch. Bd. IX i. St. S. 439 v. 21. IX 99 VI G 55/99.
Gew.-St.-Ges. §§ 34, 41

Wie die in § 41 des Gew.-St.-Ges. hervorgehobenen Beispiele, die Fälle der Vererbung, Verpachtung und Veräußerung, erkennen lassen, soll die bereits auf einen Gewerbetreibenden veranlagte Gewerbesteuer nur dann, wenn dessen Betrieb nach der Veranlagung auf eine andere Person übergeht und von dieser als Nachfolger wesentlich unverändert fortgesetzt wird, bis zum Ablaufe des Steuerjahres von dem Nachfolger fortentrichtet und deshalb, ohne daß eine Neuveranlagung des letzteren stattfindet, auf seinen Namen umgeschrieben werden. Hierbei wird demnach vorausgesetzt, daß jemand das gesammte, einen gewerblichen Betrieb darstellende Unternehmen eines anderen als solches übernimmt und für eigene Rechnung und in eigenem Namen fortsetzt, so daß wesentlich nur eine Veränderung in der Person des Betriebsinhabers eintritt. Dagegen greift die Vorschrift des § 41 nicht Platz, wenn jemand lediglich die Räumlichkeiten, in denen bisher ein anderer ein Gewerbe betrieben hat, übernimmt und darin ohne Beziehung zu dessen Betriebe ein, wenn auch gleichartiges Gewerbe neu beginnt.

5. Rechtsmittel.

A. Allgemeines.

Nr. 1. Entsch. Bd. IX i. St. S. 441 v. 8. II. 1900 VI G 302/99.

Den Steuerpflichtigen steht gegen eine von der Regierung gemäß § 29 Abs. 1 des Gew.-St.-Ges. erlassene Berufungsentscheidung ein Rechtsmittel nicht zu. Sie sind vielmehr nur zur Anfechtung des ihnen nach § 32 a. a. O. mitgeteilten Ergebnisses durch die in den §§ 35—37 geordneten Rechtsmittel befugt.

6. Verteilung des Steuersatzes auf mehrere Kommunalbezirke.

A. Allgemeines.

Nr. 1. Entsch. Bd. IX i. St. S. 444 v. 31. III. 1900 VI G 210/99.

Gew.-St.-Ges. §§ 24, 38; Ausf.-Anw. Art. 18, 53 [2].

1. Den bei Zerlegung eines Steuersatzes gemäß § 38 Gew.-St.-Ges. beteiligten Gemeinden steht ein Rechtsmittel gegen die Veranlagung selbst überhaupt nicht zu. Dagegen kann ihnen im Zerlegungsverfahren die Befugnis nicht versagt werden, die Herbeiführung einer dem Gesetze entsprechenden Zerlegung zu fordern und zu diesem Zwecke insbesondere zu beanspruchen, daß der Verteilung des Steuersatzes der maßgebende Zeitabschnitt zu Grunde gelegt wird.

2. Ist die Veranlagung des Steuerpflichtigen im Widerspruch mit der Vorschrift im § 24 Abs. 2 des Gew.-St.-Ges. nicht nach dem Ertrage des letzten bei ihrer Vornahme abgelaufenen, sondern nach dem eines früheren Jahres erfolgt, so hat trotzdem eine Gemeinde, in dessen Bezirk erst im Laufe des letzten Jahres vor der Veranlagung ein Betrieb neu eröffnet worden ist, ein Recht darauf, daß die Zerlegung des Steuersatzes nach Maßgabe des Ertrages und der Verhältnisse in dem letzten Jahre vor der Veranlagung bewirkt wird. (E.-O.-V. i. St. Bd. III S. 385.)

Nr. 2. Entsch. Bd. IX i. St. S. 446 v. 17. XI. 1900 VI G 162—165/1900.

Gew.-St.-Ges. §§ 38, 79.

Ges. v. 18. VI. 40 (G.-S. S. 140) über die Verjährungsfristen bei öffentlichen Abgaben, §§ 5, 6.

Der Fall der Uebergehung einer einen Betriebsort bildenden Gemeinde, mag die Zerlegung ganz unterblieben oder eine berechtigte Gemeinde im Zerlegungsbeschlusse übergangen sein, ist im Gew.-St.-Ges. nicht ausdrücklich vorgesehen. Da nach § 38 ein Antrag der Gemeinde nicht erforderlich, die Zerlegung vielmehr von Amtswegen zu bewirken ist, so würde es einer ausdrücklichen Gesetzesbestimmung bedurft haben, um den Verlust des Anspruchs der übergegangenen Gemeinde auf den Teilbetrag als Rechtsfolge der Uebergehung annehmen zu können. Da es an einer derartigen Vorschrift fehlt, so muß die Möglichkeit einer nachträglichen Zerlegung des Steuersatzes auf Verlangen einer beteiligten Gemeinde und die Abänderung der bereits erfolgten Zerlegung zu Gunsten einer hierbei nicht berücksichtigten Gemeinde im Wege der Berufung zugelassen werden. Sie finden aber ihre zeitliche Beschränkung durch die §§ 5, 6 des Verjährungsges. v. 18. VI. 40, das nach § 79 des Gew.-St.-Ges. Anwendung zu finden hat, soweit das letztere keine abweichenden Bestimmungen enthält. Da das Gew.-St.-Ges. nichts abweichendes bestimmt, so beschränken sich die Nachforderungen auf das Steuerjahr, in dem der Anspruch von der übergangenen Gemeinde geltend gemacht wird; für die Vorjahre sind sie dagegen ausgeschlossen.

Nr. 3. Entsch. Bd. IX i. St. S. 450 v. 27. IV. 99 VI G 124/99.

Gew.-St.-Ges. § 38.

1. Der Lauf der Ausschlußfrist für die Einlegung der Berufung gegen den Zerlegungsbeschluß des Steuerausschusses beginnt auch für die darin nicht berücksichtigten Gemeinden erst mit der Zustellung des Beschlusses an diese.

2. Der Umstand, daß die Eigenschaft einer Gemeinde als Betriebsort dem Steuerausschuß bei der Zerlegung des Steuersatzes nicht bekannt war, steht, auch wenn dies auf einem Verschulden ihrer Vertreter beruht, ihrem Anspruche auf Ueberweisung eines Teiles des Steuersatzes durch die Regierung nicht entgegen, wenn der von dem Steuerpflichtigen in der Gemeinde erzielte Ertrag bei der Feststellung des der Bemessung des Steuersatzes zu Grunde liegenden Gesammtertrages berücksichtigt worden ist.

B. Berechtigte Gemeinden. Begriff des Betriebsortes.

Nr. 1. Entsch. Bd. IX i. St. S. 443 v. 31. III. 1900 VI G 67/1900.

Gew.-St.-Ges. § 38.

Einer Gemeinde, die für das Steuerjahr aufgehört hat, Betriebsort zu sein, darf irgend ein Teil des Steuersatzes nicht überwiesen werden, wenn auch für die Bestimmung des Steuersatzes der Ertrag des Vorjahres unter Mitberücksichtigung des Betriebes an den früheren Betriebsorten maßgebend gewesen ist. Betriebsorte im Sinne des § 38 des Gew.-St.-Ges. sind nur die gegenwärtigen Betriebsorte.

Nr. 2. Entsch. Bd. IX i. St. S. 460 v. 30. III. 99 VI G 236/98.

Gew.-St.-Ges. § 38.

Der Verkauf von Waren durch ein Verkaufssyndikat mehrerer selbständiger Gewerbtreibender begründet die Eigenschaft des Verkaufsortes als Betriebsort der einzelnen Teilnehmer nicht, wenn in dem Syndikat (der Vereinigung mehrerer Ziegeleibesitzer) eine selbständige Erwerbsgesellschaft begründet ist, die die von den einzelnen Teilnehmern fabrizierten Ziegel als Käuferin abnimmt und im Namen und für Rechnung der Gesellschaft zum Zweck eines von dieser zu erzielenden Gewinnes weiter vertreibt. Dagegen ist eine Verkaufsstätte der einzelnen

Teilnehmer und damit ein Betriebsort ihres Unternehmens anzunehmen, wenn das Syndikat die Ziegel lediglich als deren gemeinschaftlicher Bevollmächtigter im Namen und für Rechnung jedes einzelnen Auftraggebers vertreibt.

Nr. 3. Entsch. Bd. IX i. St. S. 463 v. 27. IV. 99 VI G 54/99

Gew.-St.-Ges. § 38.

In der Verpachtung eines Gewerbes, insbesondere auch in der Verpachtung eines Straßenbahnbetriebes nebst Ausrüstung an einen Dritten zum Betriebe in dessen Namen und für dessen Rechnung, liegt für sich allein kein Gewerbebetrieb (vgl. E.-O.-V. in St. Bd. VI S. 392). Der Umstand, daß sich in dem Bezirk einer Gemeinde ein Teil der Geleise oder der sonstigen Betriebsanlagen einer verpachteten Straßenbahn befindet oder daß sich dort ein oberer Betriebsleiter mit selbständiger Verantwortlichkeit dauernd aufhält, ist daher folgeweise allein nicht geeignet, die Eigenschaft dieser Gemeinde als Betriebsort der Verpächterin des Straßenbahnbetriebes im Sinne des § 38 des Gew.-St.-Ges. zu begründen.

Nr. 4. Entsch. Bd. IX i. St. S. 458 v. 8. II 1900 VI G 211/99.

Gew.-St.-Ges. § 38.

1. Automatische Verkaufsapparate auf Bahnhöfen begründen die Eigenschaft der Gemeinde, in der sie sich befinden, als Betriebsort des den Verkauf der Waren betreibenden Unternehmers.[1]) Denn solche Verkaufsapparate, die als besondere Einrichtung für den Absatz von Waren an die Herantretenden gegen Erlegung des festen Preises aufgestellt sind, stellen Verkaufsstätten dar. Daß die Automaten auf fiskalischem Terrain stehen, ist unerheblich, da der Charakter einer Verkaufsstätte als solche davon unabhängig ist, auf wessen Grund und Boden sie sich befindet.

2. Die in Art. 53 Nr. 2 Abs. 2 der Ausf.-Anw. v. 4. XI. 95 empfohlene Abrundung der Bruchteile des Steuersatzes in volle Markbeträge darf nicht dazu führen, daß die Summe der den beteiligten Gemeinden überwiesenen Teilbeträge den veranlagten Steuersatz übersteigt.

Nr. 5. Entsch. Bd. IX i. St. S. 462 v. 18. X. 1900 VI G 203/99.

Gew.-St.-Ges. § 38.

Ob eine Gemeinde durch die bloße Durchführung eines gewerblich betriebenen Wasserwerks zu einer Betriebsstätte und hiermit zu einem Betriebsorte im Sinne des Gew.-St.-Ges. wird, richtet sich nach den konkreten Verhältnissen.

---

[1]) Ebenso Entsch. Bd. IX i. St. S. 459 v. 31. III. 1900 VI G 71/1900, auch wenn solche Verkaufsapparate durch den Bahnhofsportier überwacht werden. Der Portier ist lediglich Beauftragter der Automaten-Aktiengesellschaft. In diesem Verhältnisse wird dadurch nichts geändert, daß dem Portier die Verantwortung für den ordnungsmäßigen Verkauf mittels der Automaten insofern auferlegt ist, als er vertragsmäßig den vollen „fakturierten" Preis der gelieferten Waren unter Kürzung von zehn Prozent Rabatt zu entrichten hat. Dies erscheint nur als Mittel zur Sicherung der Gesellschaft gegenüber ihrem Beauftragten. Sie bleibt die alleinige Inhaberin der Verkaufsstelle; der Verkauf geschieht durch ihren Bevollmächtigten und auf ihre Rechnung, und deshalb ist sie Inhaberin des Betriebes.

C. Maßstab und Ausführung zur Verteilung.

Nr. 1. Entsch. Bd. IX i. St. S. 452 v. 26. II. 1900 VI G 291/99.

Gew.-St.-Ges. § 38.

1. Es ist vom O.-V.-G. bereits vielfach darauf hingewiesen, daß Gewerbetreibende, deren gewerbliches Unternehmen sich über mehrere Betriebsorte erstreckt, auch dann, wenn sich der Ertrag zweifelsfrei nur einheitlich im ganzen ermitteln läßt, dennoch buchmäßig die einzelnen Betriebe vielfach als selbständige behandeln und dann durch fingierte Belastungen derselben untereinander zu getrennten Erträgen gelangen. Für die Beurteilung der Frage, ob sich bei einem derartigen gewerblichen Unternehmen die Feststellung der Einzelerträge durch Rechnung oder Schätzung ermöglichen läßt, kann daher die von dem Unternehmer im einzelnen Falle beliebte buchmäßige Behandlung der mehreren Betriebe nicht von maßgebender Bedeutung sein. Entscheidend ist vielmehr lediglich die Natur des gesammten Unternehmens, je nachdem es sich dabei um eine organische Verbindung der Einzelbetriebe zu einem einheitlichen Gesammtbetriebe handelt oder nicht (vgl. E.-O.-V. Bd. II S. 397, Bd. VI S. 425, 426).

2. Bei einem Warenabzahlungsgeschäfte ist aber nach der Natur der Sache eine gesonderte Ertragsfeststellung insoweit ausgeschlossen, als die von dem einen Betriebsorte aus angeschafften Waren an einen anderen zum Verkaufe gelangen. Denn unter diesen Umständen wird der Geschäftsgewinn nicht bloß durch die beim Verkauf, also am Verkaufsorte, sondern auch durch die beim Einkauf entwickelte Thätigkeit, also durch das Zusammenwirken beider Thätigkeiten erzielt.

Nr. 2. Entsch. Bd. IX i. St. S. 454 v. 18. X. 1900 VI G 93—95/1900.

Gew.-St.-Ges. § 38.

Wenn bei einem Holzgeschäft an einem Betriebsorte nur das Schneiden der Hölzer, an den übrigen Betriebsorten dagegen ausschließlich der Ein- und Verkauf stattfindet, so ist der Betrieb ein derartig einheitlicher, daß auch der Ertrag nur einheitlich für das ganze Unternehmen, nicht gesondert für die einzelnen Betriebsorte ermittelt werden kann. Hat in dem für die Veranlagung maßgebenden Geschäftsjahre das Unternehmen einen Gewinn ergeben, so muß die Zerlegung des Steuersatzes gemäß Art. 55 Nr. 2 der Ausf.-Anw. v. 10. IV. 92 nach Maßgabe des Ertrages und nach Art. 19 I Abs. 2 die Ermittelung der auf die einzelnen Betriebsorte entfallenden Teile des Gesammtbetrages unter Berücksichtigung des Verhältnisses der für die Gewinnerzielung vornehmlich entscheidenden Merkmale in angemessener Weise erfolgen.

Die Regierung hat im vorliegenden Falle die Zerlegung des auf die Firma veranlagten Steuersatzes nach Maßgabe des Ertrages unter Zugrundelegung des Verhältnisses des Geschäftsumsatzes, d. h. der an den einzelnen Betriebsorten erzielten Roheinnahme für verkaufte Hölzer, bewirkt. Daß sie dabei den Steuersatz direkt nach dem Geschäftsumsatze zerlegt und nicht zunächst den Ertrag nach dem Umsatze verteilt und erst nach dem so ermittelten Ertrage den Steuersatz zerlegt hat, erscheint unerheblich, weil das Ergebnis in beiden Fällen ganz dasselbe ist.

Die Auswahl des Zerlegungsmaßstabes, wie die quantitative Ausführung der Zerlegung liegen wesentlich auf thatsächlichem Gebiet und entziehen sich deshalb insoweit der Anfechtung mit der Beschwerde. Daß die Regierung dabei zum Nachteile des Beschwerdeführers von rechtsirrtümlichen Ansichten ausgegangen sei oder gegen einen wesentlichen Grundsatz des Verfahrens verstoßen habe, ist nirgends ersichtlich.

Allerdings wird durch das bloße Schneiden der Bretter an einem Orte ein Geschäftsumsatz im Sinne der Roheinnahme für verkaufte Hölzer in Wirklichkeit nicht erzielt. Es läßt sich aber rechtlich nicht beanstanden, wenn für die Zwecke der Zerlegung des Gesammtertrages auf die einzelnen Betriebsgemeinden gemäß Art. 19 I Abs. 2 der Ausf.-Anw. als am Schneideorte erzielte Roheinnahme derjenige Teil des durch die Veräußerung der geschnittenen Hölzer an den beiden anderen Betriebsorten erzielten Verkaufspreises angesehen wird, der auf die Kosten des Schneidens und die durch das Schneiden erzielte Preiserhöhung entfällt. Die gedachte Gemeinde ist daher durch das Verfahren der Regierung jedenfalls dann nicht beschwert, wenn ein dementsprechender Betrag bei der Zerlegung des Steuersatzes als daselbst erzielter Geschäftsumsatz in Anrechnung gebracht ist.

Chronologische Zusammenstellung der Entscheidungen.

Die Ziffern in der Rubrik „Seite" verweisen auf die Seite des vorliegenden Bandes.

Datum der Entsch.	Materie	Seite
1895.		
31. I.	Gewerbebesteuerung	434
1896.		
12. XI.	Abzug v. Einkommen	405
1898.		
17. II.	Gewerbesteuerpflicht	436
31. III.	Gewerbesteuerbefr.	438
21. VI.	Gewerbl. Einkommen	387
23. „	Gewerbebesteuerung	434
1899.		
19. I.	Gewerbesteuerpflicht	435
9. II.	„	437
21. „	Wasserleitung	314
4. III.	Steuerpfl. Einkommen	408
4. „	„	409
16. „	Berufungsverfahren	427
16. „	Gewerbesteuer	444
17. „	Steuererklärung	414
24. „	Steuerpfl. Einkommen	409
29. „	Steuerberechnungsart	374
30. „	Gewerbesteuerpflicht	436
30. „	Betriebsort	448
27. IV.	Vert. d. Gew.-Steuers.	448
27. „	Betriebsort	449
18. V.	Veranlagungsverf.	419
22. VI.	„	446
23. „	Abg.-Regulierungspl.	69
21. IX.	Veranlagungsverf.	446
5. X.	Gewerbebesteuerung	436
12. „	Abzugsf. Kassenbeitr.	404
18. „	Privatirrenanstalten	290
25. „	Wasserrecht	241
26. „	Berufungsverfahren	426
26. „	Veranlagungsverf.	446
7. XI.	Gemeindevorsteher	52
17. „	Steuerpfl. Einkommen	409
8. XII.	Eink. aus Grundverm.	385
11. „	Abzugsf. Betriebskost.	403
14. „	Gewerbesteuerbefr.	438
1900.		
3. I.	Anliegerbeiträge	79
3. „	Hebammen	294
4. „	Gewerbebesteuerung	434
5. „	Vorflut	233
10. „	Rechtsmittel	425
12. „	Deichverband	240
20. „	Steuerpfl. Einkommen	410
23. „	Merkpfahl	239
24. „	Verw.-Streitverf.	360
7. II.	Droguenhandel	291
7. „	Krankenversicherung	344
8. „	Gewinnbr. Beschäftig.	397
8. „	Gewerbebesteuerung	436
1900.		
8. II.	Rechtsmittel	447
8. „	Betriebsort	449
10. „	Kreisverwaltung	12
12. „	Verw.-Streitverf.	361
14. „	Krankenversicherung	343
16. „	Schulunterhaltungsl.	194
16. „	Abzug v. Einkommen	405
17. „	Jagdschein	245
20. „	Gemeindevorsteher	54
21. „	Glückspiel	281
21. „	Straßengewerbe	284
21. „	Krankenversicherung	343
22. „	Landwirtsch. Eink.	380
26. „	Eink. aus Gewerbe	388
26. „	Gew.-Betriebskosten	442
26. „	Gewerbesteuerverteil.	450
28. „	Strombaupolizei	231
28. „	Sachverständige	361
2. III.	Steuererklärung	413
3. „	Jagdpolizei	247
3. „	Hebammen	294
6. „	Schullasten	179
6. „	Schulabgaben	182
6. „	Schulbaupflicht	212
8. „	Abzug v. Einkommen	404
9. „	Abzugsfähige Ausg.	400
9. „	Erg.-Best.-Maßstab	429
12. „	Eink. a. Hand. u. Gew.	389
12. „	Nachbesteuerung	422
15. „	Veranlagungsverf.	416
15. „	Rechtsmittel	425
15. „	Berufungsverfahren	426
15. „	Erg.-Steuerpflicht	429
15. „	Erg.-Best.-Maßstab	432
15. „	Gewerbebesteuerung	437
15. „	Gew.-Steuerbefr.	439
15. „	Gew.-Betriebskosten	441
16. „	Eink. aus Handel	388
16. „	Nachbesteuerung	423
16. „	Erg.-Best.-Maßstab	429
17. „	Krankenversicherung	331
20. „	Schulvorstand	147
20. „	Hausväterbeiträge	159
20. „	Schulsteuer	160
20. „	Schulleistungen	176
21. „	Grabenräumung	225
23. „	Landmesser	283
27. „	Umschulungen	158
27. „	Schulabgaben	159
27. „	Vereinsrecht	298
27. „	Einkommensteuer	398
28. „	Wasserrecht	240

Datum der Entsch.	Materie	Seite	Datum der Entsch.	Materie	Seite
1900.			1900.		
31. III.	Persönl. Beteiligte	319	1. VI.	Schulbaubeiträge	202
31. „	Eink. a. Hand. u. Gew.	393	1. „	Schulunterhalt.-Pfl.	218
31. „	Abzug v. Einkommen	408	8. „	Umsatzsteuern	85
31. „	Veranlagungsverf.	419	8. „	Handdienste	128
31. „	Berufungsverfahren	427	8. „	Rechtsmittel-Frist	133
31. „	Gewinnbr. Beschäftig.	437	8. „	Schul- u. Küsterhäuser	214
31. „	Veranlagungsverf.	446	12. „	Polizeikosten	30
31. „	Vert. d. Gew.-Steuers.	447	12. „	Rechtl.Stell.d.Gutsbz.	33
31. „	Betriebsort	448	12. „	Spanndienste	129
31. „	„	449	12. „	Rechtsmittel-Verf.	134
4. IV.	Schiffahrtspolizei	230	13. „	Steuerberechnungsart	375
7. „	Steuerpflicht	367	19. „	Schullasten	188
7. „	Steuerberechnungsart	371	19. „	Schulabgaben	190
7. „	Durchschnittsberechn.	375	19. „	Lehrerkassenbeiträge	199
7. „	Eink. a. Grundverm.	383	19. „	Schulbaustreitigkeit	203
7. „	Abzug v. Einkommen	408	20. „	Steuerberechnungsart	377
7. „	Erg.-Steuerpflicht	429	21. „	Wegepolizei	275
10. „	Hausväterbeiträge	164	21. „	Steuerberechnungsart	373
10. „	Schulunterhalt.-Kost.	195	21. „	Eink.d.Haush.-Angeh.	378
10. „	Lehrerkassenbeiträge	198	21. „	Eink. a. Grundverm.	385
18. „	Steuerberechnungsart	374	23. „	Wasserrecht	240
18. „	Eink. a. Grundverm.	383	25. „	Anliegerbeiträge	76
18. „	Steuerveränderung	421	26. „	Rechtl.Stell.d.Gutsbz.	33
20. „	Schulbeiträge	149	26. „	Gem.-Abg. f. w. Hufen	71
20. „	Schulunterhaltungsl.	193	26. „	Rechtsmittel-Verf.	136
24. „	Schulabgaben	150	26. „	Schulrezesse	146
25. „	Druckschriften	286	26. „	Schulleistungen	172
26. „	Landwirt. Betriebsk.	383	26. „	Schulabgaben	183
26. „	Eink. a. Grundverm.	386	27. „	Grabenräumung	226
26. „	Eink.d.Berggewerksch.	412	27. „	Eink. a. Kapitalverm.	379
26. „	Steuererklärung	414	28. „	Landwirtsch. Eink.	382
26. „	Veranlagungsverf.	416	28. „	Einkommensteuer	398
26. „	Berufungsverfahren	427	28. „	Abzugsfähige Ausg.	400
26. „	Gewerbesteuerbefr.	439	28. „	Einkommensteuer	402
27. „	Eink. a. Kapitalverm.	378	28. „	Abzug v. Eink.	405
4. V.	Konflikt	359	28. „	Steuerveränderung	420
9. „	Gewerbefreiheit	279	28. „	Rechtsmittel	426
10. „	Gewerbl. Einkommen	392	3. VII.	Realst. v. Grundbes.	98
10. „	Steuererklärung	414	3. „	Schulleistungen	176
10. „	Veranlagungsverf.	417	3. „	Schulbaustreitigkeit	206
10. „	Abschreibungen	444	5. „	Eink. a. Grundverm.	384
11. „	Kommunale Eigensch.	36	5. „	Einkommensteuer	399
11. „	Schulangelegenheit	170	5. „	Steuererklärung	414
14. „	Eink. a. Grundverm.	386	7. „	Wandergewerbe	289
16. „	Krankenversicherung	331	9. „	Baupolizei	255
18. „	Gemeindewahlen	48	9. „	Gewinnbr. Beschäftig.	397
18. „	Schulsteuer	160	9. „	Veranlagungsverf.	418
18. „	Einkommensteuer	399	10. „	Lehrerkassenbeiträge	200
18. „	Steuerpfl. Eink.	411	12. „	Nachbesteuerung	140
18. „	Erg.-Best.-Maßstab	430	12. „	Abzug v. Eink.	405
22. „	Staatsangehörigkeit	222	12. „	Veranlagungsverf.	416
25. „	Einkommensteuer	399	18. IX.	Steuerpfl. d. Geistlich.	124
29. „	Dienstaufwand	401	20. „	Eink. a. Hand. u. Gew.	390
30. „	Merkpfahl	237	20. „	Veranlagungsverf.	415
31. „	Eink. a. Gewerbebetr.	392	21. „	Wahlangelegenheiten	11
31. „	Steuerpfl. Eink.	411	21. „	Stadtverordn.-Wahl	19
31. „	Veranlagungsverf.	417	21. „	Gem.-Gewerbesteuer	110
1. VI.	Steuerpflicht d. Lehrer	124	21. „	Schullasten	191
1. „	Jüd. Elementarschul.	189	21. „	Schulbaustreitigkeit	203

Datum der Entsch.	Materie	Seite	Datum der Entsch.	Materie	Seite
1901.			1901.		
7. I.	Polizeil. Verfügung	309	5. II.	Kommun. Eigenschaft	43
8. „	Gemeindebeamte	26	5. „	"	45
8. „	Kommun. Eigenschaft	42	5. „	Gemeindewahlen	51
8. „	Umsatzsteuern	90	5. „	Gemeindegebühren	76
8. „	Gem.-Gewerbesteuer	104	5. „	Umsatzsteuern	87
8. „	"	111	6. „	Gewerbl. Eink.	393
9. „	Krankenversicherung	341	6. „	Remunerationen	400
10. „	Steuerpflicht	369	6. „	Dienstaufwandskosten	401
10. „	Eink. a. Gewerbebetr.	391	7. „	Eink. d. Berggewerksch.	413
10. „	Erg.-Steuerpflicht	429	10. „	Abzugsf. Kassenbeitr.	407
11. „	Kosten d. Amtsverw.	14	11. „	Kleinbahnen	350
11. „	Gemeindeanstalten	29	12. „	Schulunterhaltung	169
11. „	Nachbesteuerung	143	12. „	Schulunterhalt.-Kost.	180
11. „	Hausväterbeiträge	161	12. „	Vereinsrecht	301
11. „	"	165	12. „	"	303
14. „	Wegepolizei	261	13. „	Polizeistunde	279
15. „	Kreisabgaben	2	13. „	Krankenversicherung	344
15. „	"	4	15. „	Küsterschulbaupflicht	219
15. „	Realst. v. Grundbesitz	96	16. „	Jagdpolizei	246
15. „	Eink. a. Kapitalverm.	112	16. „	Krankenversicherung	339
15. „	Steuerpfl. d. Forensen	117	16. „	Dienstaufwand	401
15. „	Rechtsmittel-Frist	133	16. „	Veranlagungsverf.	415
15. „	Schulunterhaltungsl.	155	16. „	Rechtsmittel	424
15. „	Schulabgaben	157	18. „	Anliegerbeiträge	81
16. „	Abzugsf. Einnahme	403	18. „	Baukonsens	253
16. „	Dienstwohnung	403	18. „	"	254
16. „	Veranlagungsverf.	418	18. „	Historische Straßen	258
16. „	"	433	19. „	Kreisabgaben	5
19. „	Zwangsmittel	319	19. „	Stadtverordn.-Vers.	26
20. „	Umbau	257	19. „	Städt. Betriebsverw.	27
22. „	Eink. a. Kapitalverm.	112	19. „	Hausväterbeiträge	162
22. „	Vermeid. Doppelbest.	125	19. „	Schulleistungen	172
22. „	Rechtsmittel-Verf.	136	19. „	Lehrerkassenbeiträge	200
22. „	Hausväterbeiträge	157	20. „	Wasserrecht	241
22. „	Schulangelegenheiten	166	20. „	Jagdschein	244
22. „	Schießstand	316	20. „	Gewerbegericht	295
23. „	Krankenversicherung	337	21. „	Eink. a. Hand. u. Gew.	390
23. „	Handelskammerwahl.	356	22. „	Gemeindegewerbest.	106
24. „	Anliegerbeiträge	80	22. „	Vermeid. Doppelbest.	125
24. „	Abzug v. Einkommen	406	22. „	Rechtsmittel-Verf.	135
24. „	Gewerbesteuerfreiheit	440	25. „	Wegepolizei	277
24. „	Gewerbesteuerbefr.	441	27. „	Privatflußräumung	225
25. „	Kreisabgaben	1	27. „	Gewerbl. Anlagen	281
25. „	Steuerpfl. d. Forensen	118	27. „	Steuerveränderung	421
26. „	Abzugsfäh. Unkosten	397	27. „	Veranlagungsverf.	432
30. „	Stauanlagen	236	28. „	Brücken	270
30. „	Merkpfahl	238	1. III.	Schulbaustreitigkeit	204
30. „	Innungen	294	1. „	Eingetr. Verein	303
30. „	Krankenversicherung	342	1. „	"	304
31. „	Eink. a. Hand. u. Gew.	387	2. „	Eingeschr. Hilfskassen	328
1. II.	Gemeindewahlen	49	4. „	Baukonsens	254
1. „	Gemeindeabgaben	70	5. „	Umsatzsteuern	89
1. „	Verbrauchssteuern	82	5. „	Eink. a. Hand. u. Gew.	113
1. „	Umsatzsteuern	87	5. „	Gem.-Steuerveranl.	132
1. „	Gem.-Steuerveranl.	131	5. „	Schullast	198
1. „	Poliz. Verfügung	311	6. „	Hebammen	294
2. „	Jagdschein	244	6. „	Krankenversicherung	331
4. „	Landstraßen	266	9. „	Gewerbl. Einkommen	394
4. „	Wegeeinziehung	272	11. „	Baupolizei	253

Chronologisches Register.

Alphabetisches Register.

NB. Die beigefügten Zahlen verweisen auf die Seiten des vorliegenden Ergänzungsbandes.

A.

G.

H.

J.

K.

L.

M.

N.

O.

P.

S.

V.

W.

Z.

Verzeichnis der Abkürzungen.

a. a. O. = am angeführten Orte.
Abs. = Absatz.
A.-H. = Abgeordnetenhaus.
A.-L.-R. = Preuß. Allgem. Landrecht.
Allg. Verf. = Allgemeine Verfügung.
Anm. = Anmerkung.
Art. = Artikel.
Aufl. = Auflage.
Ausf.-Anw. = Ausführungsanweisung.
Ausf.-Ges. = Ausführungsgesetz.
Ausf.-Instr. = Ausführungsinstruktion.
Bd. = Band.
Circ.-Reskr. = Circular-Reskript.
Dot.-Ges. = Dotationsgesetz.
Eink.-St.-Ges. = Einkommensteuergesetz.
Entsch. = Entscheidung.
E.-O.-V. = Entsch. d. Ob. Verwaltungsgerichts.
Erk. = Erkenntnis.
Ges. = Gesetz.
G.-S. = Gesetz-Sammlung d. Pr. Staat.
Gew.-Ordn. = Gewerbeordnung.
H.-H. = Herrenhaus.
Kab.-Ord. = Kabinettsordre.
Komm.-B. = Kommissionsbericht.
Komm. = Kommentar.
Komm.-Abg.-Ges. — Kommunalabgabengesetz v. 14. Juli 1893.
K.-V.-G. = Krankenversicherungsgesetz.
Kr.-Ordn. = Kreisordnung.
L.-V.-G. = Landes-Verwaltungsgesetz.
M.-Bl. = Pr. Ministerialblatt f. d. ges. innere Verwaltung.
Min.-Erl. = Ministerial-Erlaß.
Min.-Inst. = Ministerial-Instruktion.
O.-Trib. = Obertribunal.
O.-V.-G. = Oberverwaltungs-Gericht.
Pr. Ausf.-Ges. = Pr. Ausführungs-Gesetz.
Prov.-Verb. = Provinzialverband.
Prov.-Ordn. = Provinzialordnung.
R.-G. = Reichsgesetz.
R.-G.-Bl. = Reichs-Gesetzblatt.
R.-Ger. = Reichsgericht.
R.-Gew.-Ordn. = Reichsgewerbeordnung.
R.-Str.-G.-B. = Reichsstrafgesetzbuch.
R.-T. = Reichstag.
Reskr. = Reskript.
S. = Seite.
St.-Ordn. = Städte-Ordnung.
Sten.-Ber. = Stenographischer Bericht.
U.-V.-G. = Unfallversicherungsgesetz.
Urt. = Urteil.
Verf. = Verfügung.
Vd. = Verordnung.
Zust.-Ges. = Zuständigkeitsgesetz vom 1. August 1883.

Druck von A. Rietz & Sohn, Naumburg a/S.

FSC
www.fsc.org
MIX
Papier | Fördert gute Waldnutzung
FSC® C083411

Kolibri 360 GmbH
Ferdinand-Jühlke-Straße 7
99095 Erfurt, Deutschland
produktsicherheit@kolibri360.de